本书承清华大学本科生教育教学改革项目、山东省泰山学者工程项目联合资助，为山东省社科理论重点研究基地孔子研究院中外文明交流互鉴研究基地成果。

春秋左传人物谱（增订本）上

方朝晖 编著

北京出版集团
文津出版社

推荐序

《左传》即《春秋左氏传》,传为及见孔子的鲁国人左丘明所作,是中国传统文化中最重要的经典之一,在十三经之列。以现代学术的眼光看,《左传》内涵极为丰富,可称研究中国古代历史文化的重要依据。学者有志于探索中国古代历史文化,都不能离开《左传》。这部宏著在世界学术史上的地位,实足与希罗多德的《历史》相媲美。

东汉时许慎在《说文解字·叙》中记述,《左传》于汉初为北平侯张苍所献,即《汉书·艺文志》所著录的《春秋》古经12篇、《左氏传》30卷。《左传》虽非逐句说经,与《公羊传》《榖梁传》体例有异,但正如桓谭《新论》说的:"《左氏传》之与经,犹衣之表里,相待而成。有经而无传,使圣人闭门思之,十年不能知也。"古代种种史实事迹,端赖《左传》才得以保存,其价值的宝贵,不言而喻。

《左传》一书,自左丘明、曾申、吴起、吴期、铎椒、虞卿、荀况,以至张苍,世代授受,见于刘向《别录》,在群经传流中最有典据。汉代以下,一些学者讥评《左传》,主要是站在《公》《榖》之学的立场上,由经学的角度进行指摘。到清代中叶以后,今文经学盛行,提出了《左传》乃刘歆伪作的说法,以刘逢禄《左氏春秋考证》、康有为《新学伪经考》为代表,详情可参看沈玉成等的《春秋左传史稿》。

《左传》伪作说,早已被章太炎的《春秋左传读》,刘师培的《周秦诸子述左传考》《左氏学行于西汉考》,钱穆的《刘向、歆父子年谱》等著作驳倒了。特别是1943年出版的罗倬汉《史记十二诸侯年表考证》,以无可辩驳的证据说明,"司马迁时,《左传》本子即已如此"(顾颉刚先生语),可以说结束了这一问题的讨论。

晚清以来不断进展的金文研究,在很多例子中印证了《左传》的记载。几年前,我曾举出河南淅川所出楚令尹子庚鼎中的令尹子庚即王子午,惟见《左传》,是传文可据的佳例。至于金文中的事迹、舆地,与《左传》相合的,更不知凡几。考古调查发掘所得古代城邑,也多与传文一致。正因为这样,《左传》日益为学界推重,其翔实可信已成绝大多数学者的共识。

《春秋》经文是编年体,《左传》也是分年叙事,头绪纷繁,难于梳理。晋代杜预以下,有许多《左传》研究者对传文做各种整理,使之便于阅读。最著称的,如清代马骕的《左传事纬》,高士奇的《左传纪事本末》,顾栋高的《春秋大事表》等，均足当左氏的功臣。

《左传》人物众多，世系、名号异常复杂，是读该书的一大障碍。《隋唐志》已有《春秋诸大夫世谱》《左氏牒例》一类书籍，可惜俱已无存。传世的以五代蜀冯继先的《春秋名号归一图》为最早。清代有陈厚耀的《春秋世族谱》及常茂徕等人的著作，而以嘉庆时万希槐所作《左传列国人名分编》6卷最为完备便用。不过，这些都仅仅是工具书，并非对《左传》人物的系统研究。

方朝晖先生的这部《春秋左传人物谱》，对《左传》书中一百余位重要人物的记述做了详细整理，使其各自的言行活动一目了然。这种分人系事的做法，确发前人所未发。尤其值得称道的是，方朝晖先生以其多年研究思想史的专长，就《左传》很多人物的思想进行分析，更是其他著作罕能做到的。如钱逊教授所说："对于《春秋左传》中人物的研究，历来都是从其中史料价值出发的，而较少从其思想价值出发。其实《左传》本来是一部经书，往往借史以喻义。因此，《左传》中大量人物的刻画，不仅对于我们了解《左传》作者的思想倾向有益，甚至有益于我们研究我国春秋时代的思想史。"

《春秋左传人物谱》兼有研究著作与工具书、资料书之长，且能充分吸取前人有关研究成果，这是我愿意在这里向大家推荐的缘由。

李学勤
2000年9月1日
于清华大学思想文化研究所

新版自序

《春秋左传人物谱》一书是我20多年前初入国学之门时用心研究《左传》的一份成果。当年我之所以花很大心思和精力研究此书，主要是因为此书与其他先秦经典相比的最大区别是，它不是从正面来讲儒家，而是从反面、从中国人生动具体的生活方式，特别是那些血淋淋的人际矛盾和斗争出发，描写那个时代的人的价值、道德、观念和思想。我当时的一个基本思想是，要认清儒学在现代以及未来能否复兴，或者说儒学对未来中华文明的进步是否还有价值，一定要搞清它在中国文化中是不是还有牢固的基础。因为过去我们一直都认为，在社会存在的基础即现当代社会政治、经济、制度彻底变化以后，儒学的复兴就已经完全不可能了。从五四人物到列文森、余英时辈，都有这方面的看法。从政治、经济、制度等"硬基础"看，这一说法确似有理。但是我认为还有一个不能忽视的方面，就是文化。有人认为，文化就其指生活方式和思维方式等而言，是没有定数的、随时变化的，是经济、制度、政治基础塑造的产物。真是这样的吗？文化中确有很多成分在变化，但如果你认真读《左传》，就会发现古人与我们一样重视个人的为人或人品，当时人的价值、道德与今人没太大差别。更重要的是，你会发现春秋时期的"中国人"和我们今天一样重视人际关系，而人际关系背后所反映的中国社会自我整合的内在机制及其所展示的中国政治的逻辑，依然顽固地存在于当代中国，并继续深深地主宰着我们。这种文化特征，我从文化心理学角度称之为"关系本位"。但是我身边的朋友们未必都理解我关于中国文化习性的观点，不知道我讲文化习性，并不是泛泛而论，而是针对某些特定的层面或因素来谈的。

在我看来，《左传》的意义正是帮助我们认识什么是中国文化，这不是从正面、从思想体系或美好道德情操来呈现的中国文化，而是从反面、从活生生甚至血淋淋的生活来展示的中国文化。这当然是中国文化的一个重要方面，而且是现实的方面。我们不能基于民族自尊心原因，在弘扬中国文化的时候忽略中国文化中客观存在的内在逻辑和机制，特别是其中负面的、包括与人性对立的成分，是如何一直顽强地存在并发挥作用的。因为这些东西你忽视它，它不忽视你，依然在深深地影响着我们的日常生活，稍不小心就可能让我们付出代价。当然，这不是否定从正面研究儒家乃至道家思想的意义，其实我自己也从事后者这方面的工作，并对儒家、道家信奉有加的，只是我认为《左传》一书有它独特的、其他先秦经典所无法忽略和代替的价值。

近年来，我与一批学者和学生系统地读《左传》，将我当年对此书的感情和记忆唤醒，再次强化了我当年对《左传》的特殊价值，特别是它与中国文化关系的看法，学员及学生们投入了巨大精力读《左传》，他们在研读《左传》中提出了很多深入的想法和意见，给了我很多启发。恰逢这学期以来，我给清华日新书院一年级学生开设"左传研读"一课，同学们对《左传》的热情、痴迷和喜爱，包括对拙著的意见，深深地打动了我，也使我开始重新审视此书可能有的价值。

事实上，此书当年出版之后，我在学术研究上已经按照我的文化习性论往其他领域转移了，所以很长时间内没有再去碰《左传》，尽管我深知自己当年对《左传》的研究还很不足，特别在训诂、考据等领域，我本当系统地研究一下顾炎武至章太炎之间有关《左传》的成果的，但却未能做到。这是一个遗憾，今天仍无法弥补。既然没有进一步研究，自然不能有进一步成果。正因为《左传》读书班，让我感觉可以借助众力将此书进一步完善，从而激起了我再版此书的愿望。而清华大学"左传研读"课上同学们对有关人物的看法，也使我觉得有必要对原书个别地方加以修订。这些都是现在再版此书的重要原因。

总的来说，这次修订，我把主要精力花在了材料的增补上。除了增加了近50位人物（包括卫灵公、越王勾践在内的七位国君及孔子等人在内的一批人物），还在开头增加了三个有关列国国君、卿大夫来源及世系的材料，并对全书人物全面地增加世系等生平材料，总计增加了近20万字。人物点评方面虽然也做了全面润色和加工、修改，但不如材料增加上变化大，而我一直认为此书的精华是在点评而不是材料上。具体修改在后记中有详细说明。

这本书是不是对于将来的学子们读《左传》还有帮助？这个问题交给读者来回答。

方朝晖

2022年5月22日星期日

编纂说明

一、编纂缘由

1.《春秋左传》一书历来以人物众多而使人望而却步。初步估计,《左传》中所提到的人名多达3400多个,相应的人物则有2400多人①,这些人物在《左传》中往往一人多名,少则二三个姓名,多则七八个甚至十余个;二是人物世系关系复杂,难以理清其社会背景。正因如此,历代学者编写了不少《左传》人名及人物世系一类的工具书,从晋杜预的《春秋释例》,蜀冯继先的《春秋名号归一图》,到清顾栋高的《春秋大事表》,陈厚耀的《春秋世族谱》等,再到日本重泽俊郎、左藤匡玄的《左传人名地名索引》,及当代学者杨伯峻、徐提的《春秋左传词典》,程发轫《春秋人谱》②等皆这方面之力作。然而这些著作侧重点皆在于搜罗《春秋》及《左传》中之人名、理清其世系关系,而不注重《左传》对人物活动及思想之描写,故于了解《左传》人物之思想及《左传》对他们的刻画并无直接帮助。

2.中国历史上的《春秋左传》研究,曾长期停留在是否释经或释经是否

---

① 据笔者统计,日本学者重泽俊郎、佐藤匡玄《左传人名地名索引》一书收录人物之名共有3454个,相应的人物是2455人。据程发轫《春秋人谱》一书中的统计数字,春秋时期列国人名之见之于经传者共计2767人,但程书所列人物并不限于《左传》,故不可依。

② 程发轫《春秋人谱》一书可以说是新近出版的《春秋》经、传人物最系统的研究之作。该书分三卷,其中,"卷一,为各国世族表,将各国王公氏族名臣列女,计2767人,其姓名系统大致具备;卷二,为《春秋名号归一图》补正;卷三,为春秋人名分析表。前者用归纳法,将一人之名号,有四、五称,或六、七称,归纳为一人,以其名实相符。后者用分析法,将姓名相同之名称,或因地而异人,或因时而异人,或时同地同名同,而人仍有异者,一一表明。"(见该书扉页尾部)但是该书第一部"各国世族表",从格式上说与清人陈厚耀《春秋世族谱》如出一辙(仅仅增加"列女"一项),而作者对于二书之间的差别未做任何交代;从内容上说前人在春秋人物世系方面做得最完整的是清人陈厚耀的《春秋世族谱》、顾栋高的《春秋大事表·卿大夫世系表》,但程氏书对于前人之作只提到了杜预《春秋释例》和宋人程公说《春秋分纪》;从体例上说,程书对于每一世族的谱系必上朔至最初,但没有交代整个谱系人物世系排序依据何书,比如说《史记》《国语》《世本》《新唐书·世系表》《春秋》《春秋》三传、郑玄、韦昭、杜预、孔颖达以及程公说书等之中的哪一个。比如说,晋国荀氏一族,陈书、顾书均将荀林父与荀首视为同辈,而程书则视荀首为荀林父之子,而未交代原因;又如鲁东门氏中的公孙归父(子家)之子、子家羁(子家懿伯)之父,《春秋》经、传无明文记载,陈氏、顾氏皆从阙,而程氏记以"子家圻(文伯)",理应交代出处。相比之下,陈厚耀、顾栋高对人物世系的每一排列均明确交代出处。此外,该书还有一些重要失误,如视仲婴齐为子家羁之子,《春秋》明载仲婴齐卒在成十五年,比春秋末年(昭二十五年)出现于《左传》的子家羁要早近70年,怎么可能是子家羁之子呢? 再如,《史记》等明载周定王为顷王之子、匡王之弟,而程书却以周定王为匡王之子、顷王之孙。这些明显的错误在陈厚耀、顾栋高的书中均不存在。

得当之上,直到宋代才有不少人撇开《春秋》经单独研究《左传》,并开始分别从国别、纪事及人物等不同角度来重新整理《左传》。但是与从纪事、国别及史料等角度所开展的研究相比,从人物出发研究《左传》一书的思想价值的则为数极少。宋人王当著《春秋臣传》,明人刘节有《春秋列传》,二书只重收录《左传》人物有思想价值的片言只语,而不求材料齐备。因此对《左传》一书人物进行专门的研究,同时注重材料的完整性、人物名号的统一性及人物言行的思想价值的专著迄未出现。

3.《左传》一书在人物描写方面有许多极其重要的特色:一是描写一个人常常不限于一年一事,有些重要人物的言行在《左传》中前后横跨40余年,但却遥相呼应;二是对人物形象的刻画极为生动,且对不同人物的描写也从不拘于一种笔法,有的注重记事,有的注重记言,有的从正面写,有的从侧面写;三是对人物的刻画非常注意情节的完整性,将同一人物在不同年代的所有言行都搜集起来,构成一篇文章,有时如同一篇优美的散文;四是借叙事以寓思想,常常借人物对话或他人言论来表达关于为人处世方面的思想精神。从思想史的角度看,《左传》中对人物的记叙极为生动、丰富地展现了中国人的文化个性,为我们研究中国人的文化心态、研究中国人的文化生存方式提供了极其宝贵的原始资料。由此可见,《左传》一书对人物刻画不单具有重要的史料价值和文学价值,而且对于我们研究中国古代思想史大有裨益。

4.近半个多世纪以来,海内外不少学者都曾注意到《左传》一书在一些人物(如子产、晏子、叔向、郑庄公等)刻画方面的文学价值或思想价值。但是从这些研究所涉及的人物数量看仍然是相当片面的。直到今天为止,对《左传》一书中的人物从整体上进行全面研究的专门著作尚且没有。本书试图提供一套更加完整的《春秋》《左传》人物的资料,同时对人物的姓氏世系、言行人品及思想加以交代或评点,以弥补目前《左传》研究之空白。

二、编纂方法

1.本书选取列国国君、卿大夫、君夫人等共199位,其中有国君40位,卿大夫等159位,涉及各种人物名称788个。本书对于他们在《春秋》《左传》中历年间所出现时的传文进行全面的汇总,所录《经》《传》文字包括当事人本人的言行,他人对当事人的议论,《左传》借"君子""君子曰"等方式对当事人的评价等一切有关的文字。汇整出来的材料可以准确而全面地反映这些人物的全部事迹、思想以及《左传》对这些人物的刻画方式。对于每一个人物的姓氏、名号、世系、称呼及其一生主要言行、大事、思想、品格、个性、才能、作为等在《经》《传》文字右侧另设专栏进行分析、介绍、概括和评点。

2. 人物的选取：主要选取那些在《左传》中（1）出现次数较多；（2）被传文较突出地描写且个性鲜明；（3）在春秋时代政治、社会生活中影响较大；（4）能较好地反映左氏笔法、义法的人物。选取时考虑这四个因素中的至少两个。有一些列国的世卿，他们的整个家族在春秋时代一直有较大的作用，故合于一处记之，如卫孔氏、石氏、孙氏、宁氏、楚鬭氏、蒍氏、屈氏、申氏、晋羊舌氏、卫北宫氏、鲁子服氏、晋士贞子族等。另外，这次还增加了孔子弟子一项。有些人物，在《左传》中出现次数虽不多，但他们或与春秋时代之大事有较深的关系（如楚申公巫臣、晋卜偃、陈夏姬），或从《左传》对他们的描写可以较好地反映左氏义法，如卫州吁、蔡哀侯、晋阴饴甥、楚莫敖屈瑕、晋师旷、鲁文姜、鲁阳虎等，故亦专门辑录。有些人物，出现次数虽不少，但其事迹均可从本书对他人的辑录中体现，或其人在《左传》叙事中只起辅助作用，未专门辑录，如晋骊姬、里克之事见于太子申生，等等。有些人物，特别是一些国君或世族，在《左传》中出现次数虽不少或常见，但《左传》对这些人物的直接描写很少，其思想或个性在《左传》中并不突出，这些人物本书也不再专门辑录，像鲁之僖公、襄公、定公，宋之平公、景公等列国国君，还有如鲁之公氏、公父氏，等等，都是如此。总之，本书人物的选取不以求全为旨，而以重义为宗。

3. 材料的辑录：编纂时先确定人物，再根据顾栋高《春秋大事表》，陈厚耀《春秋世族谱》，杨伯峻、徐提《春秋左传词典》等书对其出处、世系、名号、称呼、简历做一大致了解，然后逐一查找该人物的每一个称呼在《左传》中的所有出处，并将这些出处按年代顺序汇整、编排，然后将当事人历年中的全部相关材料辑录于一处。材料的编排虽以杨书为据，但并不限于杨书，因为一方面《左传》中不少段落文字虽不直接描写所录人物或不包含所录人物之名，但其段落内容与所录当事人间接相关，这部分文字也属本书择取范围。特别是当所录人物为列国国君或执政之卿时，该人物在位期间本国所发生的所有大小事件往往均需辑入。此外，本书还增补了杨书的遗漏。

三、其他说明

1. 相对于2001年的旧版，增订本共计增加了47人，由于删减了旧版中的1人，总人数增加了46人。以下是新旧版人数对照表（同一人物新旧版卷数及位置可能不同）：

	卷一	卷二	卷三	卷四	总计
旧版	46	31	32	44	153
新版	47	33	50	69	199

新版卷一国君22人，卷二4人，卷三4人，卷四10人，相比于旧版新增了7位国君。

此外，新版增加列国国君世次表、列国公族来源表、列国卿大夫世系表等三个重要卷首，在人物表第三栏增加大量小表格说明世系，这些对于了解人物背景有帮助；新版对第二栏所引《左传》原文进行了压缩，对第三栏点评文字的全面修订期能更准确地把握人物特点。修订详细情况参本书修订后记。

2.春秋人物名称的特点是人名可包括姓（主要女性）、氏、名、字、谥，还可包括排行（以伯、仲、叔、季为次），它们可随意搭配形成各种昵称、俗称、简称等。男性之氏可取封地（邑）、职官、王父字等，一个人的封地可以变化，一人的字也可有几个（大量称"子某"），加以大国卿大夫盛行谥号（如文子、武子之类），导致了一人多称极为普遍。比如晋卿士会，本氏士、名会，后受范地，又称范会；曾受随地，称随会；谥武子，称范武子；以季为字，又称士季、随季。这样同一人就有了士会、士季、范会、范武子、武子、随季、随会、季氏、会、随武子等十个不同称呼。女性命名则简单得多，往往是姓在后、名称在前。比如"仲子"指宋女（子姓）、排行第二；"文姜"表示齐女（姜姓），而"文"则是谥。凡此读者掌握规律即好理解。

3.《春秋左传》中的一系列人物，历来见于不少传世文献，包括《国语》《论语》《孟子》《晏子春秋》《韩非子》《史记》《说苑》等，不一而足，亦有不少见于出土文献如《竹书纪年》（有今古本）、《春秋事语》（马王堆帛书）、各种出土器物（铜器、简帛及其他文物）等。近年发布的清华简《系年》内容丰富，其中许多人物亦见于《左传》。这些文献中与《左传》一致或相关的人物，在描写方式上与《左传》往往有同有异（具体个案研究已有不少）。综合所有文献对《左传》人物进行系统研究，远远超出了本书范围，因为本书的主旨是提炼《左传》义法。尽管如此，还是希望读者注意《左传》人物见于其他文献或器物的信息；若能综合起来研究，价值不容忽视。

凡 例

1.《经》《传》中凡有与主题相关者必录之。

2.《经》《传》内容放在不同位置,即《经》在最左侧,《传》在正中间,以示区别。

3.忠实于原文,所录文字皆为《经》《传》中原有。

4.与主题并无直接关系,但又不可不录者,尽量从简录入。从简录入后,上下文通顺时不再注明,否则以省略号提示。

5.目录中所列人名,取自《左传》中出现较多的称呼。我们在人物表第三栏罗列人物所有称呼,在小表格中则往往将氏、名、字、谥等排在一起并以小楷区别(如陈桓子,名无宇,小表格写作"陈桓子无宇","无宇"用小楷)。正文前有《本书所收人物一览表》,书末附有《人物名号统一表》《人名总索引》。

6.正文及目录每个标题人名之后附该人物在《经》《传》中首次出现的公元年代及其卒年或生前最后一次出现的公元年代。全书人物排序按其卒年或其在《左传》中最后一次出现时的年代先后顺序。人物表第三栏"例见年"指人物出现的典型年份。书末附有《鲁十二公公元年代对照表》。

7.汉字简化:一般情况下本书引用《春秋左传》文字皆依现行汉字简化标准进行简化,但涉及人物姓名、地名以及其他专用名词或存疑的字,则一般不简化。主要有:鬭不作斗、蒍不作䓕、蔿不作芛、雒不作洛、鍼不作针、於越不作于越、殽不作崤、蒐不作搜、谿不作溪、檗不作概、鹹不作咸、洩不作泄、竈不作灶、犂不作犁、醜不作丑、審不作审、慼不作戚、勾不作句、鞏不作巩等。卫甯氏已流行简写为宁氏,仍从简写。部分文字同时有两种使用方式。如:適,名词作適(嫡),动词作适;偪,一般作逼,而"偪姑"例外;彊,一般作强,而楚人物名"蒍启彊"例外,等等。

8.人物表第三栏人物关系小表格根据空间布局需要,文字或竖排,或横排,读者据上下文知之。

本书所收人物一览表*

周	王子带（1）		庆封（3）		子犯（1）		楚文王（1）
	王子颓（1）		晏桓子（3）		郑厉公（1）		楚武王（1）
	王子朝（3）		晏婴（3）	郑	郑昭公（1）		楚昭王（4）
鲁	隐公（1）		子羔（4）①		郑庄公（1）		楚庄王（1）
	庄公（1）	晋	晋悼公（2）		罕氏（3）		伯州犁（4）
	昭公（3）		晋惠公（1）		申侯（3）		鬬伯比（3）
	澹台子羽（4）		晋景公（1）		子产（3）		鬬成然（3）
	樊迟（4）		晋平公（2）		子大叔（3）		鬬廉（3）
	共仲（1）		晋文公（1）		子罕（3）		鬬氏（3）
	季平子（4）		晋献公（1）		子皮（3）		鬬辛（3）
	季文子（2）		伯宗（4）		子展（3）		费无极（3）
	季武子（3）		卜偃（1）	宋	宋殇公（1）		令尹子文（3）
	孔子（4）		范文子（1）		宋文公（1）		屈建（3）
	孔子弟子（4）		范献子（4）		宋襄公（1）		屈氏（3）
	孟献子（2）		范宣子（2）		宋元公（3）		屈完（3）
	孟懿子（4）		韩厥（2）		华元（2）		屈瑕（3）
	南宫敬叔（4）		韩宣子（3）		乐祁（4）		申包胥（3）
	秦丕兹（4）		栾书（2）		向戌（2）		申氏（3）
	琴张（4）		栾黡（2）		子罕（2）		申公巫臣（3）
	冉有（4）		栾盈（2）	卫	卫出公（4）		申叔时（3）
	叔弓（4）		三郤（2）		卫惠公（1）		申叔豫（3）
	叔老（4）		申生（1）		卫灵公（4）		申叔展（3）
	叔孙豹（2）		师旷（2）		卫献公（2）		申无宇（3）
	叔孙侨如（1）		士会（1）		卫庄公（4）		申舟（3）
	叔孙婼（3）		士景伯（3）		北宫括（4）		沈尹戍（4）
	文姜（1）		士蒍（1）		北宫氏（4）		孙叔敖（4）
	襄仲（1）		士文伯（3）		北宫佗（4）		蒍贾（4）
	阳虎（4）		士贞子（3）		北宫喜（4）		蒍吕臣（4）
	有若（4）		士贞子族（3）		孔成子（4）		蒍氏（4）
	臧文仲（1）		士庄子（3）		孔达（4）		蒍子冯（4）
	臧武仲（3）		叔向（3）		孔悝（4）		薳罢（4）
	臧宣叔（3）		魏绛（2）		孔氏（4）		薳启疆（4）

* 按国别排列，括弧内数字为所在本书卷数。一人多名参书末"附二:《人物名号统一表》"。

① 高柴，《孔子家语》称齐人，《礼记·檀弓》疏引《史记》称郑人（不见今本《史记》），《史记》裴骃集解引郑玄称曰卫人（然不见今本《礼记》注），不知究竟何国人。这里暂放齐人。

齐	薳掩（4）	郤犨（2）	孔文子（4）		子贡（4）	楚
	子服惠伯（4）	郤克（1）	宁氏（2）	楚	楚灵王（3）	
	子服景伯（4）	郤锜（2）	宁速（2）		楚平王（3）	
	子服氏（4）	郤至（2）	宁喜（2）		薳越（4）	
	子服昭伯（4）	先轸（1）	宁相（2）		伍参（3）	
	子家懿伯（3）	荀林父（1）	宁俞（2）		伍举（4）	
	子路（4）	荀偃（2）	宁殖（2）		伍尚（4）	
	子叔声伯（4）	羊舌赤（3）	石成子（4）		伍奢（4）	
	子叔氏（4）	羊舌大夫（3）	石悼子（4）		伍氏（4）	
	齐悼公（4）	羊舌鲋（3）	石共子（4）		伍员（4）	
	齐桓公（1）	羊舌虎（3）	石圃（4）		叶公（4）	
	齐简公（4）	羊舌氏（3）	石祁子（4）		子常（3）	
	齐景公（4）	羊舌职（3）	石碏（4）		子囊（2）	
	齐襄公（1）	阳处父（1）	石乞（4）		子西（4）	
	齐懿公（1）	杨食我（3）	石曼姑（4）	吴	吴王阖庐（4）	
	齐庄公（2）	阴饴甥（1）	石共子（4）		吴王夫差（4）	
	陈恒（4）	赵盾（1）	石魋（4）		季札（4）	
	陈桓子（3）	赵简子（4）	石氏（4）		大宰嚭（4）	
	陈乞（4）	赵括（1）	孙蒯（2）	陈	夏姬（1）	
	陈文子（3）	赵同（1）	孙良夫（2）	蔡	蔡哀侯（1）	
	崔杼（2）	赵武（2）	孙林父（2）	虢	虢公丑（1）	
	管仲（1）	赵婴（1）	孙氏（2）	秦	秦穆公（1）	
	魏献子（3）	知䓨（2）	州吁（1）	越	勾践（4）	

（排序原则：先列国君，卿大夫按拼音排序。各人物具体卷、页码请查书末《人名总索引》。）

目　录

卷首一　王室及列国国君世次表 …………………………………… 1
卷首二　王室及列国公族来源表 …………………………………… 12
卷首三　王室及列国卿大夫世系 …………………………………… 31

卷一

卫州吁（前720—前719）………………………………………… 55
鲁隐公（前722—前712）………………………………………… 56
宋殇公（前720—前710）………………………………………… 61
郑庄公（前722—前701）………………………………………… 64
郑昭公（前720—前695）………………………………………… 71
齐襄公（前697—前686）………………………………………… 74
蔡哀侯（前695—前680）………………………………………… 77
楚武王附楚文王（前706—前675）……………………………… 78
鲁文姜（前709—前673）………………………………………… 83
郑厉公（前714—前673）………………………………………… 85
周王子颓（前678—前673）……………………………………… 89
卫惠公（前699—前669）………………………………………… 91
鲁庄公（前706—前662）………………………………………… 93
鲁共仲（前692—前660）………………………………………… 102
晋申生（前666—前655）………………………………………… 104
虢公醜（前678—前655）………………………………………… 107
晋士蒍（前671—前655）………………………………………… 111
晋献公（前676—前651）………………………………………… 112
齐桓公（前686—前643）………………………………………… 119
齐管仲（前686—前643）………………………………………… 132
宋襄公（前652—前637）………………………………………… 135
晋惠公（前666—前637）………………………………………… 139
晋阴饴甥（前650—前636）……………………………………… 145
周王子带（前655—前635）……………………………………… 147
晋子犯（前637—前630）………………………………………… 151
晋文公（前666—前628）………………………………………… 155

1

晋卜偃（前661—前628）　170
晋先轸（前633—前627）　172
秦穆公（前651—前621）　175
鲁臧文仲（前683—前617）　186
齐懿公（前643—前609）　189
晋赵盾附阳处父（前637—前601）　191
鲁襄仲（前635—前601）　200
晋荀林父（前663—前594）　206
楚庄王（前613—前591）　214
宋文公（前611—前589）　225
晋士会（前632—前589）　228
晋郤克（前597—前588）　234
陈夏姬（前600—前584）　238
晋赵同赵括赵婴（前637—前583）　242
晋景公（前599—前581）　245
鲁叔孙侨如（前616—前575）　263
晋范文子（前592—前574）　267

卷二

晋三郤（前589—前574）　275
晋栾书（前597—前573）　281
宋华元（前611—前568）　293
鲁季文子（前621—前568）　301
晋韩厥（前597—前566）　308
晋知䓨（前597—前560）　312
楚子囊（前576—前559）　320
晋悼公（前574—前558）　325
晋魏绛（前573—前555）　339
晋荀偃（前575—前554）　343
鲁孟献子（前612—前554）　350
宋子罕（前567—前544）　355
晋栾黡附栾盈（前586—前550）　357
晋范宣子（前575—前549）　365
齐庄公（前572—前548）　379
卫宁氏（前688—前546）　388
齐崔杼（前599—前546）　396

卫献公（前577—前544）……………………………………………………… 405
卫孙林父（前602—前544）…………………………………………………… 416
晋赵武（前583—前541）……………………………………………………… 424
宋向戌（前576—前538）……………………………………………………… 437
鲁叔孙豹（前575—前538）…………………………………………………… 444
齐庆封（前574—前538）……………………………………………………… 454
鲁季武子（前567—前535）…………………………………………………… 459
晋师旷（前559—前533）……………………………………………………… 472
晋平公（前557—前532）……………………………………………………… 475

卷三

鲁臧武仲附臧宣叔（前591—前532）………………………………………… 495
齐陈文子附陈桓子（前672—前532）………………………………………… 504
楚灵王（前547—前529）……………………………………………………… 511
郑罕氏（前581—前529）……………………………………………………… 527
郑子产（前565—前522）……………………………………………………… 541
宋元公（前547—前517）……………………………………………………… 568
鲁叔孙婼（前538—前517）…………………………………………………… 574
楚平王附费无极（前538—前515）…………………………………………… 583
齐晏婴附晏桓子（前595—前516）…………………………………………… 594
楚屈氏（前701—前514）……………………………………………………… 607
晋韩宣子（前566—前514）…………………………………………………… 619
晋羊舌氏（前660—前514）…………………………………………………… 634
鲁昭公附子家懿伯（前542—前510）………………………………………… 658
晋魏献子（前550—前509）…………………………………………………… 676
晋士贞子族（前597—前509）………………………………………………… 682
楚子常（前519—前506）……………………………………………………… 692
郑子大叔（前551—前506）…………………………………………………… 698
楚鬭氏（前706—前505）……………………………………………………… 709
楚申氏（前656—前505）……………………………………………………… 719
周王子朝（前535—前505）…………………………………………………… 726

卷四

鲁季平子（前533—前505）…………………………………………………… 739
晋范献子（前559—前502）…………………………………………………… 750
宋乐祁（前520—前502）……………………………………………………… 762

卫北宫氏（前574—前496）……………………………………………… 764
卫灵公（前540—前493）……………………………………………… 770
吴王阖庐（前525—前496）…………………………………………… 780
齐景公（前548—前490）……………………………………………… 786
楚昭王（前516—前489）……………………………………………… 809
鲁阳虎（前515—前486）……………………………………………… 819
吴季札（前559—前485）……………………………………………… 823
楚伍氏（前597—前484）……………………………………………… 826
鲁子服氏（前550—前480）…………………………………………… 835
齐悼公附简公（前491—前479）……………………………………… 844
鲁孔子（前632—前479）……………………………………………… 849
楚子西（前516—前479）……………………………………………… 867
晋赵简子（前517—前478）…………………………………………… 872
卫庄公（前497—前478）……………………………………………… 885
卫孔氏（前660—前479）……………………………………………… 891
卫石氏（前720—前477）……………………………………………… 897
楚蔿氏（前706—前477）……………………………………………… 902
楚沈尹戌附叶公（前523—前476）…………………………………… 914
吴王夫差（前496—前473）…………………………………………… 920
鲁子叔氏（前592—前472）…………………………………………… 931
晋伯宗附伯州犁大宰嚭（前594—前471）…………………………… 936
卫出公（前493—前469）……………………………………………… 943
孔子弟子（前563—前468）…………………………………………… 950
越王勾践（前496—前468）…………………………………………… 959
齐陈乞陈恒（前491—前468）………………………………………… 965

参考文献………………………………………………………………… 971
附录……………………………………………………………………… 975
  附一：鲁十二公公元年代对照表……………………………… 975
  附二：人物名号统一表………………………………………… 976
  附三：人名总索引……………………………………………… 983
后记……………………………………………………………………… 1009
修订后记………………………………………………………………… 1011

卷首一　王室及列国国君世次表

以下（包括文字）主要依陈厚耀原著、叶兰（字琪园）补钞本《春秋世族谱》编写（有纠正）①，国君排序按即位先后，不按辈分。国君若非前王或前君之子，则注明。按春秋鲁十二君纪年。简况中年代指在位年。所列天子、国君以春秋时代为限，超出者限见于《春秋左传》人物。

1. 周王室世次

姬姓，黄帝之苗裔，后稷之后也。

王名	简况
平王宜臼	四十九年入春秋，隐三崩，在位五十一年
桓王琳	平王孙，隐四至桓十五年，在位二十三年
庄王佗	桓十六至庄十二年，在位十五年
僖王胡齐	庄十三至庄十七年，在位五年
惠王阆	庄十八至僖八年，在位二十五年
襄王郑	僖九至文八年，在位三十三年
顷王壬臣	文九至文十四年，在位六年
匡王班	文十五至宣二年，在位六年
定王喻	匡王弟，宣三至成五，在位二十一年
简王夷	成六至襄元年，在位十四年
灵王泄心	襄二至襄二十八年，在位二十七年
景王贵	襄二十九至昭二十二年，在位二十五年
悼王猛	昭二十二，在位不足一年
敬王丐	景王子、悼王弟，昭二十三至哀十九年，在位四十四年
元王	哀二十年立，未见春秋

2. 鲁国君世次

姬姓，侯爵，周文王第四子周公旦之后。周公留相天子，使嫡子伯禽就

---

① 叶氏补钞本为清嘉庆五年刻本，清华大学馆藏。

封于鲁，都曲阜，十三世传至隐公。

国君	简况
惠公	隐公元年见，孝公之子，卒在春秋前
隐公息姑	隐元至十一年，在位十一年，桓公弑之
桓公允	一名轨，隐公弟、惠公子，在位十八年
庄公同	在位三十二年
子般	庄三十二年立，共仲弑之
闵公启方	庄公庶子，在位二年，共仲弑之
僖公申	庄公子、闵公兄，在位三十三年
文公兴	在位十八年
宣公倭	一名接，在位十八年
成公黑肱	在位十八年
襄公午	在位三十一年
子野	襄三十一年立，寻卒
昭公稠	子野弟、襄公子，在位三十一年
定公宋	昭公弟、襄公子，在位十五年
哀公蒋	在位二十七年
悼公宁	入春秋后

3. 晋国君世次

姬姓，侯爵，周武王少子唐叔虞之后。成王封唐叔居古大夏，实沈之墟，在河汾之东，始都于翼，唐叔子燮父为晋侯（至此名晋，以前曰唐）。

国君	简况
穆侯	桓二见，春秋前卒
殇叔	穆侯弟，代穆侯自立，立四年穆侯太子仇袭杀殇叔而立，见《史记》
文侯仇	穆侯子，桓二见，春秋前惠之二十四年卒
昭侯伯	桓二见，春秋前惠之三十年弑
孝侯平	桓二见，春秋前惠之四十五年曲沃庄伯弑之
鄂侯郄	又称翼侯，昭侯子、孝侯弟（或云孝侯子），立二年入春秋，隐五年奔随，在位六年

（续表）

国君	简况
哀侯光	又称翼侯，隐六至桓三年，在位八年，曲沃武公弑之
小子侯	桓四至桓七年，在位四年。曲沃武公诱弑
缗	哀侯弟、鄂侯子，桓八至庄十六年，在位二十七年，曲沃武公灭之
曲沃武公	又称晋武公、曲沃伯，曲沃庄伯子，成师（桓叔）之孙，穆侯曾孙，庄十六年灭翼，为晋君，庄十七年卒
献公佹诸	或作诡诸。庄十八至僖九年，在位二十六年
奚齐	僖九年立，里克杀之
卓子	奚齐弟、献公子，僖九年立，里克杀之，乃立惠公
惠公夷吾	奚齐兄、献公子，僖十至二十三年，在位十四年
怀公	太子圉，僖十五年立，寻弑
文公重耳	惠公兄、献公子，僖二十四至三十二年，在位九年
襄公骊	僖三十三至文七年，在位七年
灵公夷皋	文七至宣二年，在位十四年，弑
成公黑臀	襄公弟、文公子，宣三至宣九年，在位七年
景公獳	宣十至成十，在位十九年
厉公州蒲	成十一至成十八年，在位八年，弑
悼公周	襄公曾孙，襄元至襄十五年，在位十五年
平公彪	襄十六至昭十年，在位二十六年
昭公夷	昭十一至昭十六年，在位六年
顷公去疾	昭十七至昭三十年，在位十四年
定公午	昭三十一至哀二十年，在位三十七年
出公凿	哀二十一立，卒在春秋后

4. 齐国君世次

姜姓，侯爵，太公望之后也。

国君	简况
庄公购	在春秋前，齐有两庄公
僖公禄父	九年入春秋，桓十四年卒，在位三十三年
襄公诸兒	桓十五至庄八年，在位十二年，公孙无知弑之
桓公小白	僖公子、襄公弟，庄九至僖十七年，在位四十三年

（续表）

国君	简况
公子无亏	又称武孟。僖十七年立，僖十八年被杀，孝公立
孝公昭	桓公子，僖十八至僖二十七年，在位十年
昭公潘	桓公子，僖二十八至文十四年在位二十年，子舍继立寻被杀
懿公商人	桓公子，文十五弑公子舍自立，至文十八年被弑，在位四年
惠公元	桓公子，宣元至宣十年，在位十年
顷公无野	宣十一至成九年，在位十七年
灵公环	成十至襄十九年，在位二十八年
庄公光	襄二十至襄二十五年，在位六年，崔杼弑之
景公杵臼	灵公子、庄公弟，襄二十至哀五年，在位五十八年
安孺子荼	哀五年立，六年弑
悼公阳生	景公子，哀七至哀十年，在位四年，弑
简公壬	哀十一至哀十四年，在位四年，弑
平公骜	悼公子、平公弟，哀十五年立，立二十五年，卒在春秋后

5.卫国君世次

姬姓，侯爵，武王同母弟少弟康叔封所封也。

国君	简况
庄公扬	隐三见，卒在春秋前
桓公完	十三年入春秋，隐四年州吁弑之，在位十六年
宣公晋	隐五至桓十二年，在位十九年
惠公朔	桓十三年立，桓十六年奔齐，立公子黔牟，庄六年复入，庄二十五年卒，实在位二十四年
公子黔牟	宣公子，桓十六年立，庄六年奔周，在位八年
懿公赤	惠公子，庄二十六至闵二年，在位九年，闵二狄灭卫，杀之
戴公申	宣公孙、昭伯子，闵二年立，寻卒
文公燬	宣公孙、昭伯子、戴公弟，僖元至僖二十五年，在位二十五年
成公郑	僖二十六至宣九年，在位三十五年
穆公遫	宣十至成二年，在位十一年
定公臧	成三至成十四年，在位十二年
献公衎	成十五立，立十八年至襄十四年奔，立公孙剽，襄二十六年复入，立三年至襄二十九年卒

（续表）

国君	简况
公孙剽	字子叔，是为殇公。襄十四年卫人出献公而立之，立十二年至襄二十六年弑，复立献公
襄公恶	襄三十至昭七年，在位九年
灵公元	昭八至哀二年，在位四十二年
出公辄	灵公孙、庄公蒯聩子，先庄公立，哀二年立，立十三年，哀十五年奔鲁，十八年复入立，立九年至哀二十六年出奔，卒于越，卫立悼公
庄公蒯聩	灵公子、出公父，定十四年得罪出奔，子辄先立，哀十五年入立，哀十七年弑，立公孙般师
公孙般师	襄公孙，哀十七年庄公弑乃立，寻为齐所执，立公子起
公子起	灵公子，哀十七齐执般师而立起，明年逐起，奔齐，出公辄复立
悼公黚	哀二十六年继出公立，立五年卒在春秋后

6. 郑国君世次

姬姓，伯爵，周厉王少子、宣王庶弟桓公友所封也。周宣王立二十二年封友于郑。

国君	简况
武公掘突	桓公子，在春秋前。桓公为幽王司徒而死于犬戎之难，其子武公定平王于东都，亦为司徒
庄公寤生	郑国第三位国君，二十二年入春秋，桓十一年卒，在位凡四十三年
昭公忽	桓十一年立，寻奔卫，厉公立，桓十五年厉公奔蔡，昭公复归，立，立二年桓十七年弑，子亹立
厉公突	庄公子，桓十一年立，桓十五年奔蔡，庄十四年复立，立七年至庄二十一年卒。
公子亹	庄公子，桓十七年立，次年为齐所杀，立子仪
子仪	又称郑子，庄公子，桓十八年立，立十五年至庄十四年弑，复立厉公
文公捷	厉公子，庄二十二至僖三十二年，在位四十五年
穆公兰	僖三十三至宣三年，在位二十二年

（续表）

国君	简况
灵公夷	又称幽公（初谥）、太子夷、子蛮、子貉，宣四年立，寻弑
襄公坚	穆公子，宣五至成四年，在位十八年
悼公费	成五至成六年，在位二年
成公睔	襄公子、成公弟，成七至襄二年在位
僖公髡顽	襄三至襄七年，在位五年，弑
简公嘉	襄八至昭十二年，在位三十六年
定公宁	昭十三至昭二十八年，在位十六年
献公虿	昭二十九至定九年，在位十三年
声公胜	定十年立，立三十八年春秋后卒

7.宋国君世次

子姓，公爵，出自商帝乙之长庶子启（纣庶兄），食采于微，谓之微子。武庚诛后，武王更封微子为宋公，以奉汤祀（都梁国睢阳，后世河南归德府商邱县）。

国君	简况
戴公	在春秋前
武公司空	在春秋前，桓六见
宣公力	春秋前卒，让国于弟和，隐三年见
穆公和	七年入春秋，立九年隐三年卒，让于宣公子殇公
殇公与夷	宣公子，隐四至桓二年，在位十年，弑
庄公冯	穆公子，桓三至庄二年，在位十八年
闵公捷	庄三至庄十二年在位十年，弑，立子游
子游	庄公子，庄十二年立，寻弑，立桓公
桓公御说	庄公子，庄十三至僖九年，在位三十一年
襄公兹父	僖十至僖二十三年，位十四年
成公王臣	僖二十四至文七年，在位十七年
昭公杵臼	文八至文十六年，在位九年，弑
文公鲍	成公子、昭公弟，文十七至成二年，在位二十二年
共公固	成三至成十五年，在位十三年

(续表)

国君	简况
平公成	成十六至昭十年，在位四十四年
元公佐	昭十一至昭二十五年，在位十五年
景公栾	昭二十六至哀二十六年，在位四十八年
啟	景公孙，哀二十六立，寻奔楚，昭公乃立
昭公得	景公孙，哀二十六年立，景公养以为嗣，卒在春秋后

8. 秦国君世次

嬴姓，伯爵，帝颛顼之苗裔。舜赐姓嬴氏。周孝王时邑之秦，平王东迁时秦襄公救周有功，封以岐雍之地，始列为诸侯。

国君	简况
秦文公	四十四年入春秋，至隐七年卒
宁公	隐八至桓八年，在位十二年
出公	宁公少子，桓九至桓十四年在位，弑
武公	宁公太子，桓十五至庄十六年，在位二十年
德公	宁公子、武公弟，庄十七至庄十八年，在位二年
宣公	庄十九至庄三十年，在位十二年
成公	德公子、宣公弟，庄三十一至闵二年，在位四年
穆公任好	宣公子、成公弟，僖元至文六年，在位三十九年
康公䓨	文七至文十八年，在位十二年
共公稻	宣元至宣四年，在位四年
桓公	宣五至成十四年，在位二十八年
景公	成十五至昭五年，在位四十年
哀公	昭六至定九年，在位三十六年
惠公	哀公孙，定十至哀四年，在位十年
悼公	哀五至哀十八年，在位十四年，未见春秋
厉共公	在春秋后

9. 楚国君世次

芈姓，子爵，出自颛顼孙重黎，季连之苗裔鬻熊之曾孙熊绎成王时封于荆蛮，其地居丹阳。

国君	简况
若敖熊仪	在春秋前,僖二十八见
霄敖熊坎	在春秋前
蚡冒	在春秋前,文十六、宣十二见,《史记》作武王兄
武王熊通	十九年入春秋,桓八年称王,立五十一年至庄四年卒
文王熊赀	庄五至庄十九年,在位十五年
堵敖熊艰	庄二十至庄二十二年在位三年,成王弑之
成王頵	文王子、堵敖弟(《史记》頵作恽),庄二十三至文元在位四十六年,太子商臣弑之
穆王商臣	又称太子商臣,文元年弑君自立,文二至文十三年在位十二年
庄王旅	文十四至宣十八年在位二十三年
共王审	成元至襄十三年在位三十一年
康王昭	襄十四至襄二十八年在位十五年
郏敖	又称楚子麇,襄二十九至昭元年在位四年,灵王弑之
灵王围	共王子,又称楚子虔、令尹围、王子围,昭元年弑郏敖自立,昭十三年自缢,在位十二年
公子比	共王子,又称子干、訾敖,昭十三年立,寻自杀,平王立
平王弃疾	共王子,又称公子弃疾、蔡公、君司马、熊居、楚子居,昭十四至昭二十六年在位十三年
昭王轸	太子壬、楚子轸,昭二十七至哀六年在位二十七年
惠王章	哀七年立,立五十七年卒在春秋后

10.陈国君世次

妫姓,侯爵,出自帝舜之后。舜曾娶尧二女,居妫汭,故姓妫氏。武王求舜之裔得妫满,封于陈(太皞之墟,后世河南陈州府),以奉舜祀。

国君	简况
文公圉	在春秋前
桓公鲍	二十三年入春秋,立三十八年至桓五年卒
陈佗五父	文公子、桓公弟,桓五年弑桓公太子免自立,桓六年蔡人弑之,立厉公
厉公跃	桓公子,桓六至桓十二年在位七年
庄公林	桓十三至庄元年在位七年(《史记》陈佗、厉公、庄公、宣公关系不同)

(续表)

国君	简况
宣公杵臼	庄二至僖十二年在位四十三年
穆公款	僖十三至僖二十八年在位十六年
共公朔	僖二十九至文十三年在位十八年
灵公平国	文十四至宣十年在位十五年，弑
成公午	宣十一至襄四年在位三十年
哀公溺	襄五至昭八年在位三十五年，缢
公子留	哀公庶子，昭八年立，楚灭陈，奔郑
惠公吴	哀公孙、悼太子偃师之子，昭八年楚灵王灭陈，昭十三年楚平王复封陈，陈乃立惠公，立二十四年至定四年卒
怀公柳	定五至定八在位四年
闵公越	定九年立，立二十三年至哀十六年楚灭陈，杀闵公

11. 蔡国君世次

姬姓，侯爵，武王同母弟叔度所封也。武王克商，封叔度于蔡。管、蔡之乱，成王复封其子胡于蔡。

国君	简况
宣公考父	二十八年入春秋，立三十五年至隐八年卒
桓侯封人	隐九至桓十七年在位二十年
哀侯献舞	又称蔡季，宣公子、桓侯弟，桓十八至庄十九年在位二十年，卒于楚
穆侯肸	庄二十至僖十四年在位二十九年
庄公甲午	见《史记》。僖十五至文十五年在位三十四年
文公申	又称蔡侯申、文侯，文十六至宣十七年在位二十年
景公固	又称景侯，宣十八至襄三十年在位四十九年
灵公般	又称蔡侯般、太子般、灵侯，襄三十一至昭十一年在位十二年，为楚灵王杀，国灭中绝二年，楚平王复之
平公庐	又称平侯、蔡侯庐，灵公孙、隐太子之子，昭十三年复封蔡，乃立平公，立八年至昭二十年卒（《史记》作景公之少子）
蔡侯朱	又称大子朱，昭二十一年立，悼侯逐之奔楚而自立
悼侯东国	灵公孙、隐太子之子、平公弟，昭二十一至昭二十三年在位三年，弟昭公立

（续表）

国君	简况
昭公申	昭侯、蔡侯申，灵公孙、隐太子之子、悼侯弟，昭二十四至哀四年在位二十八年，弑（申与文公同名，疑误，《史记》作甲，是）
成侯朔	见《史记》。哀四年立，立二十九年卒在春秋后

12. 吴国君世次

姬姓，子爵，周太王长子泰伯之后，至寿梦十七世始大，称王。

国君	简况
吴子寿梦	吴子乘，寿梦元年为鲁成公六年，成七年始见春秋，立二十五至襄十二年卒
吴子诸樊	吴子遏，襄十三至襄二十五年在位十三年
吴子馀祭	戴吴，寿梦子、诸樊弟，襄二十六至襄二十九年在位，为阍所弑
吴子夷末	勾馀，夷末《公羊》作夷昧，寿梦子、诸樊弟，襄三十至昭十五在位十七年
僚	州吁，昭十六立，立十二年至昭二十七年为公子光所弑（《公羊》以为寿梦子）
吴子光	公子光、阖庐，昭二十七弑王僚而立，立十九年至定十四年卒
夫差	定十五至哀二十二年在位二十三年，越入吴，夫差自杀，国灭

13. 邾

曹姓，子爵，颛顼之裔，陆终第五子晏安之后，与楚同祖。武王克殷，封其苗裔曹挟于邾，为附庸（今山东邹城市）。

国君	简况
邾子克	邾仪父，入春秋未详何年，隐元见，庄十六年卒，一云邾庄公
邾子琐	庄十七至庄二十八年在位十二年
邾文公蘧蒢	庄二十九至文十三年在位五十二年
定公貜且	文十四至成十七年在位四十年
邾宣公牼	成十八至襄十七年在位十八年
邾悼公华	邾子华，襄十八至昭元年在位十五年
邾庄公穿	昭二至定三年在位三十四年

国君	简况
邾隐公益	定四年立，定十五年见，哀八年吴执之，立太子革，哀二十二年复入，立，哀二十四年越执之以归，立公子何
桓公革	太子革，哀八年立，哀二十二年奔越
公子何	邾隐公子，哀二十四年立，其后改国曰邹，邹穆公其后也

14. 其他

曹，姬姓，伯爵，武王同母弟叔振铎所封也，武王克商，封叔振铎于曹（山东定陶县）。

滕，姬姓，侯爵，周文王子叔绣所封也（山东滕县）。

燕，姬姓，伯爵，周同姓召公奭之后也。召公奭食邑于召，主陕以西诸侯，封其子于蓟（后世顺天府大兴县），号为北燕。

杞，姒姓，伯爵，武王克商，求夏禹之苗裔，得东楼公，封杞以奉禹祀，本都陈留雍邱（河南杞县）。

许，姜姓，男爵，与齐同祖。武王封四岳之苗裔文叔于许（河南许州）。

薛，任姓，侯爵，黄帝之后，奚仲封于薛（山东滕县南四十里有薛城）。

莒，嬴姓，子爵，少昊之后，武王封莒兹舆期于莒（山东莒州）。

小邾，曹姓，子爵，出自邾挟之后，与邾同祖。夷父颜有功于周，封其子友于郳为附庸，齐桓公时进爵为小邾子。

虞，姬姓，公爵，周太王次子仲雍之后也，与吴泰伯同源。泰伯之后周章已君吴，别封其弟虞仲于夏墟（山西平陆县境），为晋献公所灭。

虢，姬姓，公爵，周王季子虢仲之后也（文王弟）。仲与虢叔同为卿士，谓之二虢。武王封仲于虢城（河南陕州），东迁后虢公忌父、林父犹相，后入于晋。

越，姒姓，子爵，其先禹之苗裔，而夏后帝少康之庶子也。封于会稽（后世浙江绍兴），以奉禹之祀。后二十余世至于允常，从楚伐吴，始见于经。允常之子勾践。

卷首二　王室及列国公族来源表*

公族者，列国国君之子孙也。春秋时列国公卿大夫皆以公族为主，也可以说，公族是春秋时期主导列国内政的主要力量。然而，各国公族发展情况极不相称，势力兴衰也差异很大。尤其晋国，自献公以下，公族较弱。武、献之时，君强臣弱。文公以来，君弱臣强。至春秋后期，特别是鲁哀以来，晋国内政后逐渐聚集于赵、韩、魏、知四家（四家之中，唯韩氏为公族，然亦出于远祖）。而齐国的公族至齐庄公光以后，随着崔氏、庆氏之灭，一蹶不振，内政逐渐为陈氏支配。卫国公族如孙氏、宁氏春秋后期皆灭，异姓孔氏实掌政权。在楚国，虽然一直是公族掌权，但从楚武王至楚灵王，大体上君强臣弱，王权大于卿大夫，故总体上未出现如晋、齐、鲁、卫、郑等各国君权被卿大夫架空的现象。鲁国的情况则较为特殊，自从僖公以来，国君无为，卿大夫主导内政外交，君弱臣强较为明显。不过，公族之间盛衰起落不断，逐渐形成"三桓"执政的局面。

春秋时期是世族社会，列国卿大夫皆世族，各国皆形成若干支实力较强的世家大族，主导本国内政，各世族的盛衰、消长堪为了解列国内政的一面最好的镜子。世族的盛衰、消长由若干矛盾促成：一是公族内部的矛盾，鲁国、宋国等较为典型；二是公族与非公族之间的矛盾，齐国较为明显，而晋国、卫国亦存在；三是世族与国君之间的矛盾，列国皆有而楚国尤为突出，典型地表现为弑杀现象。在本部分将描述列国公族消长，卷首三将注意各国异姓世族消长。

以下各表"始见者"指《春秋左传》始见之人。

1. 周室公族来源表

周之卿大夫，除尹氏可能非公族外，余皆为公族。周王室卿大夫，以召氏、刘氏、单氏、原氏为大，王叔氏、甘氏（王子带之后）晚起。儋氏、尹氏、王叔氏、成氏、祭氏、巩氏皆非显族。周氏自成十二年周公出奔晋之后不再见于春秋，祭氏庄二十三年后、王叔氏襄公十年后不再见。王子朝之乱

---

* 卷首二、三各表多据陈厚耀《春秋世族谱》（叶兰补钞本）及顾栋高《春秋大事表·列国卿大夫世系表》编写，辅以杜注、孔疏及《史记》等书。查证各族氏来源时，除依据了杜注、孔疏、《世本》（孔疏所引）、陈厚耀《世族谱》、顾栋高《大事表》等书外，还参照了王符《潜夫论·志氏姓》、杜预《春秋释例·世族谱》（四库全书所收清人辑本）、林宝《元和姓纂》、《新唐书·宰相世系表》、郑樵《通志·氏族略》、程公说《春秋分纪·世谱》、应劭《风俗通》等书。

（昭二十二至昭二十五年）刘氏、单氏胜出，支持王子朝的召氏、毛氏、尹氏、甘氏遭重创，从此几于销声匿迹。此外，虢公、郑伯世代为王卿士，然自庄二十一年郑厉公卒及僖五年晋灭虢之后，郑、虢已不主王室之事。

来源	族名	始祖	始见者	简况
太王	樊氏	仲山甫	樊皮（仲皮）	樊皮庄二十九见，仲山甫之后
文王	周氏	周公	周桓公（黑肩）	周公黑肩隐六见
	召氏	召公	召伯廖	召伯廖庄二十七见
	原氏	原伯	原庄公（原伯）	原庄公庄十八见
	毛氏	毛叔郑	毛伯卫	文元见
	成氏	郕叔武	成肃公	文王子郕叔武之后，成肃公成十三见
	祭氏	祭伯	祭伯	隐元见
成王	单氏	臻	单伯	成王封幼子臻于单。单伯庄元年见
惠王	甘氏	甘昭公（大叔带）	甘昭公	僖七见
襄王	王叔氏	王叔文公	王叔文公（王子虎）	僖二十九见
顷王	刘氏	子季子（刘康公）	刘康公（王季子）	王季子为定王母弟，宣十见
简王	儋氏	儋季	儋季	儋季襄三十见

周氏：据《史记》索隐，周公长子伯禽封鲁，次子留相王室，代为周公。

原氏：文王第十六子封于原。《氏族略一》："周文王第十六子原伯之后，封于河内，今泽州沁水是其地也。"属以邑为氏。

祭氏：周公之支子封于祭。《氏族略三》："周公第七子所封，其地今郑州管城东北祭城是也。周畿内之邑，故祭氏世为周卿士，子孙以邑为氏。"《广韵·十六怪》称："周公第五子祭伯，其后以为氏。"二说有异。

毛氏：文王之子封于毛，曰毛叔郑。成王将崩，毛公同太保奭受顾命。

单氏：成王封幼子臻于单。

儋氏：襄三十杜注："儋季，周灵王弟。"郑氏纳入以名为氏。

樊氏：《潜夫论·志氏姓》："昔仲山甫亦姓樊，谥穆仲，封于南阳……后有樊倾。"杜预《春秋释例》称为攀氏为仲山甫后，宣王时有樊侯。《氏族略三·以邑为氏》更详:"姬姓,周太王之子虞仲支孙仲山甫,为周宣王卿士,食采于樊,曰大侯,因邑命氏,其地一名阳樊,今河南济源东南三十八里皮城是也。以樊皮居之故名皮城。又:商人七族有樊氏,仲尼弟子有樊迟,鲁人,盖其后也。"

王叔氏:《氏族略五》:"王叔氏,周襄王之子王叔虎之后也。"属以爵系为氏。

2.鲁国公族来源表

鲁之公族,一般以为"三桓"即孟孙(又称仲孙)、叔孙、季孙为大,然亦有其他较大公族如臧孙氏、东门氏、子叔氏。臧孙氏源出孝公,来源最早,早期影响也很大。展氏、郈氏亦皆出孝公,与出惠公之施氏皆小族,影响较小。施氏、展氏、郈氏均甚少出现,展氏襄二十九年后即不见。此外,孟孙分出子服氏,叔孙分出叔仲氏,季孙分出公鉏氏、公父氏。鲁庄公之子东门襄仲在文、宣之间权倾朝野、威风一时,但因襄仲杀嫡立庶,故宣公死后鲁逐东门氏,从此东门氏失势,直到昭公期间有一子家羁(后亦外逃)。东门氏、子叔氏、子服氏、叔仲氏、公氏、公父氏皆晚出,其中子叔氏、子服氏、叔仲氏较有影响。臧孙氏襄二十三年臧武仲(纥)出奔后受打击,但迄春秋晚期仍有活动。严格说来,自昭公以来,鲁公族才以季孙、叔孙、孟孙三支为最大。鲁公族来源表如下:

来源	族名	始祖	始见者	简况
孝公	臧孙氏	臧僖伯(公子彄)	臧僖伯	孝公子臧僖伯隐五年见
	展氏	公子展	夷伯	公子展之子夷伯僖十五年见,柳下惠(展禽)其后也(僖二十六)
	郈氏	郈惠伯(鞏)	郈成子(郈成叔)	郈成叔襄十四见,惠伯后
惠公	施氏	施父(公子尾)	施父	惠公子施父桓九年见,其后人施孝叔成十一年见
桓公	孟孙氏	共仲(公子庆父)	共仲	桓公之子公子庆父庄二见
	叔孙氏	僖叔(公子牙)	僖叔	桓公子公子牙庄三十二见
	季孙氏	成季(公子友)	成季	桓公子公子友庄二十五见
	子服氏	子服孝伯(它)	子服惠伯(椒)	孟献子之孙子服惠伯襄二十三见

（续表）

来源	族名	始祖	始见者	简况
	叔仲氏	叔仲惠伯（彭生）	叔仲惠伯	叔牙孙叔仲惠伯文七见
	公鉏氏	公弥	公弥（公鉏）	季武子长子公弥为公鉏氏
	公父氏	公父穆伯（靖）	公父文伯（歜）	公父穆伯之子公父文伯定五见
庄公	东门氏	襄仲（公子遂）	襄仲	公子遂僖二十六年见，宣八卒
文公	子叔氏	叔肸	叔肸	文公子叔肸宣十七见，子叔声伯、叔弓皆其后

隐八年传："无骇卒，羽父请谥与族。公问族于众仲。众仲对曰：'天子建德，因生以赐姓，胙之土而命之氏。诸侯以字为谥，因以为族。官有世功，则有官族。邑亦如之。'公命以字，为展氏。"杜注："诸侯之子称公子，公子之子称公孙，公孙之子以王父字为氏。无骇，公子展之孙，故为展氏。"此段说明时人命名方式：以字为氏、以官为氏、以邑为氏。展氏属以字为氏。

臧孙氏，又称臧氏，当属以字为氏。杜预《春秋释例》："臧僖伯，公子彄，字子臧，孝公子。"或云臧氏以邑为氏。郑樵《氏族略五》："鲁公子彄食邑于臧，其后谓之臧孙。"郑说不知所出。臧氏加孙称臧孙，盖自孙辈始称祖辈之字为氏故，孟孙（仲孙）、叔孙、季孙、郈孙同例。

鲁之"三桓"仲孙（亦称孟孙）、叔孙、季孙当属以次为氏（郑樵《氏族略四》），或称以字为氏，似不甚准确。庄二年孔疏："盖庆父虽为庶长，而以仲为字，其后子孙以字为氏，是以经书'仲孙'。时人以其庶长称'孟'，故传称孟孙。其以谥配字，而谓之共仲。"庄八年传有"仲庆父"，文十五年传称"孟氏"，成二年传称"孟孙"；然经皆称"仲孙"，不称孟孙或孟氏。郑樵谓称孟孙因为共仲杀闵公，为闵公讳故（《氏族略五》），此说似难通。方按：孟（仲）孙、叔孙、季孙分别出自共仲、叔牙和季友，孟、仲、叔、季皆指兄弟排次。共仲即公子庆父为鲁庄公庶兄（庄二年杜注），论年为长故称孟，论位排二故称仲，故既称孟，复称仲。孟（仲）、叔、季之后加孙，称孟孙（仲孙）、叔孙、季孙，至孙辈始称氏，尊先祖也，时人已如此称矣。

郈氏，亦称后氏，后亦称厚，以邑为氏。《元和姓纂》引《风俗通》云："鲁大夫郈昭伯食采于郈，因氏焉。"（不见今本《风俗通》）。王引之《经义述闻·左传下》考订以为"郈氏"当作"后氏",且与"厚"通。

施氏:《氏族略三》称:"惠公之子公子尾,字施父,其子因以为氏。"

东门氏属以居为氏。僖二十六传杜注:"襄仲居东门,故以为氏。"襄仲为鲁庄公子公子遂,字襄仲。

子服氏:《氏族略三》称:"孟懿伯字子服,其后以为氏。"

子叔氏,又称叔氏。《礼记·檀弓下》"子叔敬叔吊"郑玄注:"子叔敬叔,鲁宣公弟叔肸之曾孙叔弓也。"孔颖达正义曰:"叔是其氏,此记云子叔者,子是男子通称,故以子冠叔也。"故叔氏又称子叔氏,郑樵亦纳入以字为氏(《氏族略三》)。方按:叔肸为字,其中叔当指排行。此亦类叔孙氏之以次为氏,因叔在字中,亦可称以字为氏。

公父氏、公鉏氏亦以字为氏,公父氏亦称公甫氏。林宝《元和姓纂》卷一引《世本》云:"公父,鲁季悼子纥生穆伯,穆伯生文歜。文伯歜生成伯。成伯生顷,顷为公父氏。"郑樵《氏族略三》:"公父氏,姬姓,鲁季悼子之子靖、字公父之后也。"属以字为氏。故高士奇《左传纪事本末·列卿嗣世》亦曰:"文子生武子宿,无適子,公弥长而爱悼子纥,臧氏立之……而公弥别为公鉏氏。悼子之子穆伯靖,又别为公甫氏。"

3.晋国公族来源表

《左传》昭三年叔向曰:"虽吾公室,今亦季世也。……栾、郤、胥、原、狐、续、庆、伯降在皂隶……公室之卑,其何日之有?"据此栾、郤、胥、原、狐、续、庆、伯八氏皆公族。其中续氏盖即狐氏别族(文二年续简伯)。又《国语·晋语》云:"胥、籍、狐、箕、栾、郤、柏、先、羊舌、董、韩,实掌近官。诸姬之良,掌其中官;异姓之能,掌其远官"。(柏即伯,郤即郤)据此十一族皆姬姓,当为晋公族,其中董氏、庆氏、籍氏不显。秦嘉谟辑补本《世本·氏姓篇中》对比上面《左传》《国语》之语,认为左氏昭三年所称原氏,当即先氏。

陈厚耀《世族谱》云:"晋之公族,同出自献公以上公族。狐氏,唐叔之子孙,别在戎狄者也。栾氏,出自靖侯;祁氏,出自献侯。羊舌氏,出自武公,见《路史》。韩氏亦公族也。自献公以下,诅无畜群公子,由是晋之公族鲜矣。"除此之外,郤氏亦晋公族(参王符《潜夫论·志氏姓》)。又郑樵《氏族略三·以邑为氏》云:"荀氏,晋之公族也,隰叔之后。"然隰叔为周宣王大夫杜伯之子(《国语·晋语》),与士氏同祖,为尧后刘累之裔,如此则非公族。又,王符《潜夫论·志氏姓》云:"靖侯之孙栾宾及富氏、游氏、贾氏、狐氏、羊舌氏、季凤氏、籍氏及襄公之孙孙鷹,皆晋姬姓也。"富氏、游氏杜注以为桓、庄之族，皆于庄二十四被灭。贾氏即贾季，狐偃（子犯）子，属狐氏。又，昭五年孔疏引《世本》云："叔向兄弟有季夙。"则季夙氏属羊舌氏。《元和姓纂》以季夙氏为"晋靖公孙季夙氏之后"，而以《潜夫论·志氏姓》为据，当误（参清汪培《潜夫论笺》及林宝《元和姓纂》岑仲勉校记）。

宣二年传："骊姬之乱，诅无畜群公子，自是晋无公族。"从下表可见，晋之公族，皆出献公以上，而不见出于春秋晋君者。这些公族自晋献公以来经历了一场又一场残酷的杀戮，尤其是僖三十二年晋文公卒后，他们的兴衰起落有一条明显可见的线索。大体来说，狐氏早亡（文六年贾季奔狄）。栾氏、郤氏、羊舌氏曾为大族，然成十七年晋杀其大夫郤锜、郤犨、郤至，自是郤氏亡。襄二十一至二十三年晋灭栾氏，羊舌氏受难。昭二十八年，晋灭祁氏、羊舌氏。自是晋之公族唯剩韩氏。而韩氏来源虽早，乃后起之族，自韩厥之后始为卿（韩厥成十三将下军，参卷二"晋韩厥"）。此外，伯氏为郤氏别支，张氏则韩氏别支（据《潜夫论》《氏族略》），皆为小族。晋国另有里、丕二氏，可能亦为公族，曾有势力，亡于惠、怀之乱（僖九至僖二十三年之间）。

今列晋主要公族如下：

来源	族名	始祖	始见者	简况
唐叔	狐氏	（缺）	狐突	狐突（字伯行）为大狐伯之子（《氏族略》引《世本》），大狐伯是否为狐氏始祖未知
靖侯	栾氏	栾叔	栾宾	栾叔为靖侯之子，栾叔之子为栾宾（桓二传）
献侯	祁氏	祁奚	祁奚	献侯四世孙（《氏族略四》），祁奚成八年始见
穆侯	韩氏	韩万	韩万	韩万为穆侯之孙、桓叔之子（桓三传）
	籍氏	孙伯黶	籍偃	伯黶为穆侯孙，文侯之弟阳叔子。八世孙籍偃成十八见
桓叔	张氏	解张	解张	韩万之后解张成二年鞌之战中御郤克
武公	羊舌氏	羊舌突	羊舌突	羊舌突（羊舌大夫）为武公曾孙，闵二传
（缺）	郤氏	郤豹	郤芮	郤芮（字子公）为郤豹（字叔虎）叔虎子（《晋语》注），郤芮僖九年见
（缺）	先氏	（缺）	先友、先丹木	先友、先丹木闵二年见，先轸僖二十八年将中军

（续表）

来源	族名	始祖	始见者	简况
（缺）	胥氏	（缺）	胥臣	胥臣（白季，司空季子）僖二十二年传为文公从者
（缺）	箕氏	（缺）	箕郑	箕郑（箕郑父）文七年将上军（孔疏），襄二十一年有箕遗
（缺）	伯氏	孙伯起	伯宗	伯宗宣十五见，成十五杀，其子奔楚

上表：唐叔为武王子、成王弟，晋国始封君。自唐叔至靖侯五世，靖侯十七年为周共和元年；晋献侯为靖侯孙，晋穆侯为献侯子，春秋前卒，桓二见，其子成师（桓叔）后封于曲沃。晋文侯仇为穆侯子，桓二见，文侯十年周幽王所犬戎所杀，卒于春秋前惠之二十四年。武公为穆侯曾孙、桓叔（成师）孙。（以上春秋前世系见《史记·晋世家》）

狐氏：《国语·晋语》："狐氏出自唐叔。狐姬，伯行之子也，实生重耳。"韦昭注："狐氏，重耳外家也，出自唐叔，与晋同祖，唐叔之后，别在犬戎者。"又郑樵《氏族略·以名为氏》引《世本》云："晋大夫大狐伯生突。"

祁氏：《氏族略·以邑为氏》："祁氏，姬姓，晋献侯四世孙奚为晋大夫，食邑于祁，遂以为氏，其地即今大原祁县是也，犹有祁奚墓。"《世本》卷七中《氏姓篇》（秦嘉谟辑补本）："献侯之曾孙高梁伯生祁奚……其先食邑于祁，因以为氏。"

栾氏：桓二年传："惠之二十四年……封桓叔于曲沃，靖侯之孙栾宾傅之。"《氏族略三》称栾宾封于栾，故栾氏以地为氏。

先氏：根据上引《左传》昭三年叔向语及《晋语》，秦嘉谟推断先氏为公族，称先氏"初封于先，故以为氏"，是以邑为氏（秦嘉谟辑补本《世本》卷七上《氏姓篇》）。《氏族略三》："先氏，晋大夫先辅之后，世为晋卿。"陈厚耀《世族谱》谓："或云先氏与范氏同祖隰叔，初封于先，故有先氏。"不知何据。

羊舌氏：《新唐书·宰相世系表》称："晋武公子伯侨生文，文生突，羊舌大夫也。"然郑樵《氏族略三·以邑为氏》称羊舌氏为"靖侯之后，食采于此，故为羊舌大夫"，今从《新唐书》。羊舌突称羊舌大夫，姑以为羊舌氏始祖；羊舌本为食邑名，故属以邑为氏。

韩氏：韩万为曲沃庄伯之弟、桓叔之子，见于桓三年（桓叔为晋穆侯之子、文侯之弟，封于曲沃者）。韩氏当属以地为氏。《氏族略二》称毕万"食采于韩原"，又称"一云成王……赐毕万韩原之地，其地今同州韩城县南十八里故城"。二说略异,然皆以韩氏源于韩原地名。

郤氏:郤,又作郄。王符《潜夫论·志氏姓》:"晋之公族郤氏……郤芮又从邑为冀。"《晋语》韦注云:"郤叔虎,郤芮之父郤豹也。"《说文》:"郤,晋大夫叔虎邑也。"据此叔虎似为郤氏始祖。郑樵《通志·氏族略三》:"郤氏,姬姓,晋之公族也。晋大夫郤文子食邑于郤,世为晋卿,以邑为氏。"据梁履绳《左通补释》考证,文子即郤豹(叔虎)之谥。因郤芮居冀,其后又称冀氏(参《氏族略三》)。郤氏出何祖不详。

张氏:《潜夫论·志氏姓》:"凡桓叔之后,有韩氏、言氏、婴氏、祸余氏、公族氏、张氏,此皆韩后姬姓也。"据此则晋之张氏为姬姓、公族,源自桓叔。郑樵《通志·氏族略三》谓:"晋有解张,字张侯,自此晋国世有张氏,则因张侯之字以命氏,可无疑也。"汉之张良为韩国公子,或因张氏为韩国公族之后也。

又,《新唐书·宰相世系表》称:"张氏出自姬姓。黄帝子少昊青阳氏第五子挥为弓正,始制弓矢,子孙赐姓张氏。周宣王时有卿士张仲,其后裔事晋为大夫。张侯生老,老生趯,趯生骼。至三卿分晋,张氏仕韩。韩相张开地,生平,凡相五君。平生良,字子房,汉留文成侯。"此说较流行,或出《元和姓纂》(卷五)。然郑樵《通志·氏族略三》谓以弓为氏"非命姓之道",郑说于义为长,且来源更早(《潜夫论》),故从郑氏。

籍氏:当属以事为氏。昭十五年传:"昔而高祖孙伯黡司晋之典籍,以为大政,故曰籍氏。"杜注:"孙伯黡,晋正卿,籍谈九世祖。"孔疏引《世本》云:"黡生司空颉,颉生南里叔子,子生叔正官伯,伯生司徒公,公生曲沃正少襄,襄生司功大伯,伯生侯季子,子生籍游,游生谈,谈生秦。"孔疏又云:"九世之祖称高祖者,言是高远之祖也。"唐林宝《元和姓纂》卷十:"晋文侯仇弟阳叔,生伯黡,司晋典籍,为籍氏。"

伯氏:前引《左传》昭三年叔向语及《国语·晋语》皆以伯氏为公族,为郤氏旁支。《潜夫论·志氏姓》:"凡郤氏之班,有冀氏、吕氏、苦成氏、温氏、伯氏。"据此伯氏为姬姓。伯氏当属以字为氏。《元和姓纂》卷十引《世本》云:"晋孙伯起生伯宗,因氏焉。"然《元和姓纂》卷一又称"宋微子之后桓公曾孙伯宗仕晋,生州犁",卷十又引《风俗通》言伯氏云:"嬴姓,伯益之后,晋大夫伯宗生州犁,仕楚。"同书有几种不同说法,或子姓,或嬴姓。《新唐书·宰相世系表》以为伯宗出于宋襄公弟敖,亦以伯氏为子姓。今参《左传》及《潜夫论》,皆以伯氏为姬姓,为晋公族,来源较早,故从公族之说。盖因伯氏出郤氏,故伯宗之子逃楚后,楚有郤宛。

4.齐国公族来源表

《潜夫论·志氏姓》历数齐公族云:"及齐之国氏、高氏、襄氏、隰氏、士强氏、东郭氏、雍门氏、子雅氏、子尾氏、子襄氏、子渊氏、子干氏、公旗氏、翰公氏、贺氏、卢氏,皆姜姓也。"其中国氏、高氏悠远,子雅氏、子尾氏即《左传》中的栾氏、高氏(出惠公,与前出文公高氏不同)。卢氏当即卢蒲氏。又陈厚耀《春秋世族谱》述齐公族云:"《纪事年表》云'齐公族崔氏出自丁公',东郭氏出自桓公,见《左传》。命卿高氏出自文公,见唐《宰相表》。国氏亦姜姓,不知所出也。隰氏出自庄公,见《国语》注。庆氏出自桓公,或云无亏之后。栾氏、高氏出自惠公,是为'二惠'。其异姓则有管氏,姬姓;鲍氏,姒姓,俱见《国语》注。晏氏不知所出;陈氏出自陈公子完,一曰田氏,后代有齐国。"(本书晏氏作公族,见下)

今按:齐国公族见于春秋者,崔氏、高氏、国氏历史最长,影响亦大。晏氏历史亦长,有影响,然非强族。后起之秀有庆氏、栾氏、高氏(齐有二高氏),分出于桓公、惠公。隰氏、闾丘氏、卢蒲氏、东郭氏及非公族之管氏皆小族,无实际力量。公族之中,最先覆灭的是崔氏(襄二十七年崔氏之乱崔杼自缢)。接着是庆封襄二十八年奔鲁,昭四年被杀。庆氏自庆克起,至庆封败亡,三代而没。崔氏、庆氏曾先后当国,败灭亦速。再下来是"二惠"之难,即栾、高之难。昭十年的栾、高之难,陈氏经多年养晦,锋芒外现,故能与鲍氏共灭"二惠"(栾氏、高氏皆出惠公)。哀五年齐景公卒后,陈氏通过离间公族中硕果仅存的高氏、国氏与诸大夫关系,并利用于众臣对景公立子的不满,再次联合鲍氏大败二氏(哀六年),从此高、国二氏已不成气候,晏氏亦受牵连(晏婴之子晏圉哀六年奔鲁),至此齐国公族几尽,而政权尽握于陈氏一族(不过春秋后期鲍氏亦有势力)。

下列齐主要公族来源表如下(参《史记·齐世家》《新唐书·世系表》、顾栋高《大事表》及陈厚耀《世族谱》):

来源	族名	公子始祖	始见者	简况
齐丁公	崔氏	季子	崔夭	季子八世孙崔夭僖二十八见
齐文公	高氏	公子高	高傒	文公子公子高之孙高傒(敬仲)庄九见
(缺)	国氏	(缺)	懿仲	僖十二"天子之二守国、高在"杜注
齐庄公	隰氏	公子廖	隰朋	齐庄公四世孙、公子廖曾孙僖九见
	晏氏	(缺)	晏弱	晏弱(桓子)宣十四见
	闾丘氏	(缺)	闾丘婴	闾丘婴襄二十五见

（续表）

来源	族名	公子始祖	始见者	简况
齐桓公	庆氏	公子无亏	公子无亏	公子无亏闵二见，其子庆克成十七见
	东郭氏	（缺）	东郭偃	东郭偃襄二十五见，臣崔武子
	卢蒲氏	（缺）	卢蒲就魁	成二年顷公之嬖人卢蒲就魁门焉
齐惠公	栾氏	公子坚（子栾）	子雅	公子坚之子子雅（公孙竈）襄二十八见
	高氏	公子旗（子高）	子尾	公子旗之子子尾襄二十八见

上表齐丁公、齐文公、齐庄公均在春秋前（齐有二庄公，此庄公名购，非襄二十至二十五年在位之庄公名光），齐文公为齐太公之孙。《史记·齐世家》："盖太公之卒百有余年，子丁公吕伋立。"齐庄公购，文公孙，丁公七世孙，卒在鲁隐元年前一年。

国氏、高氏：僖十二年，王以上卿之礼享管仲，管仲辞曰："臣，贱有司也。有天子之二守国、高在。"杜注："国子、高子，天子所命为齐守臣，皆上卿也。"据此国、高之命为卿久矣，"不始于佐管仲也"（陈厚耀《世族谱》）。高氏出公子高，属以字为氏。然国氏源出何君，则不知。

东郭氏、崔氏：襄二十五年棠公死，东郭偃御武子以吊焉。偃曰："男女辨姓，今君出自丁，臣出自桓。"此证崔氏出丁公，东郭氏出桓公。陈厚耀《世族谱》谓："桓公四世孙曰东郭偃。"又《氏族略三》谓："齐丁公嫡子季子让国于叔乙，食采于崔，遂为崔氏。"则属以邑为氏。

晏氏：程公说《春秋分纪》卷十五《世谱六》称"晏氏、闾丘氏出庄公之孙"，《氏族略三》谓"晏氏，或云齐公族"，并举襄二十九年季札之言。梁履绳《左通补释十二》考证认为"晏以邑为氏"。梁并据《晏子春秋六》景公欲嫁爱女于晏子，称晏氏非公族。方按：梁说或不可据。襄二十五年传载崔武子明知东郭偃与己同姓，却娶其姊（棠公之妻），是春秋同姓婚姻一例。襄二十八年传庆舍嫁女于卢蒲癸。庆舍之士谓卢蒲癸曰："男女辨姓，子不辟宗，何也？"癸曰："宗不余辟，余独焉辟之？赋诗断章，余取所求焉，恶识宗？"此春秋同姓婚姻二例。昭元年，晋平公有疾，子产论其因曰："男女辨姓，礼之大司也。今君内实有四姬焉，其无乃是也乎？"是同姓婚三例。以上三例同姓婚姻，有二例在齐。从卢蒲癸之答，可知时人对发生婚态度已生变。又，昭三年"齐侯使晏婴请继室于晋"，晏当非姬姓。襄二十九年吴季札劝晏平仲速纳政与邑，以免于栾、高之难，盖栾、高二氏为齐公族故

21

也。昭三年晏子与晋叔向议公室之卑，晏子曰："此季世也，吾弗知齐其为陈氏矣。"叔向答曰："然。虽吾公室，今亦季世也。"晏子以陈将代齐，论齐处季世，盖因公族之衰。同年，齐公孙竈（子雅，栾氏）卒。司马竈见晏子，曰："又丧子雅矣。"晏子曰："惜也！子旗不免，殆哉！姜族弱矣，而妫将始昌。二惠竞爽犹可，又弱一个焉。姜其危哉！"晏氏对公族之衰似有切肤之痛，或与己有关。今姑从程说。

庆氏、卢蒲氏：又据襄二十八年传云"庆舍之士谓卢蒲癸曰：'男女辨姓，子不辟宗，何也？'"杜注："别姓而后可相取，庆氏、卢蒲氏皆姜姓。"郑樵《氏族略五》称"卢蒲氏，姜姓，齐桓公之后"，《氏族略三》引称齐桓公之子公子无亏"生庆克，亦谓之庆父，名字通用，是亦以字为氏者"。

5.卫国公族来源表

王符《潜夫论·志氏姓》称"卫之公族，石氏、世叔氏、孙氏、宁氏……皆姬姓也"，以石氏为卫公族之首，其中世叔氏即大叔氏。陈厚耀《世族谱》引《纪事年表》云："公族孙氏、宁氏出自武公，北宫氏出自成公，公叔氏出自献公，公孟氏出自襄公，南氏出自灵公。别族有石氏、孔氏、史氏。孔氏姞姓，其余无考。"

卫公族之中，孙氏最早亡。襄二十六年孙林父以戚如晋，逐君故也（襄十四）。襄二十七年宁喜被杀，宁氏亡。宁氏之难，石恶出奔晋，石氏亦受挫，但仍有势力。大叔氏、北宫氏、公叔氏、公孟氏、南氏皆晚出，而未显强势。公叔氏后亦亡（定十三、定十四）。

来源	族名	始祖	始见者	简况
靖伯	石氏	石碏	石碏	靖伯四世孙（隐三见）
武公	孙氏	惠孙	孙昭子	惠孙为武公子，孙昭子（炎）为武公曾孙（文元见）
	宁氏	季亹	宁跪	宁跪为武公孙
文公	大叔氏	大叔仪（文子）	大叔仪	文公之子大叔仪襄十四见
成公	北宫氏	北宫括	北宫括	北宫括（懿子）为卫成公曾孙，成十七见
献公	公叔氏	公叔当（成子）	公叔发（文子）	献公生公叔成子当。其子公叔发襄二十九见
襄公	公孟氏	孟絷（公孟、公孟絷）	孟絷	卫襄公之子、灵公兄公孟昭七见

(续表)

来源	族名	始祖	始见者	简况
灵公	南氏	子南（公子郢）	子南（公子郢）	灵公之子子南哀二见

上表：卫靖伯为卫康叔五世孙（康叔为武王母弟）。武公为卫庄公扬之父，武公四十二年犬戎杀周幽王。庄公二十三年卒，其子桓公十三年为春秋元年。

石氏：石氏自石碏始，当以王父字为氏。杜预《春秋释例·世族谱》称"石碏，石子，靖伯孙"，复称"石祁子，靖伯八世孙"。程公说《春秋分纪》以石祁子为石碏曾孙，据此则石碏为靖伯玄孙，似更合理。靖伯为卫康叔五世孙，靖伯曾孙厘侯十三年当周共和元年前一年（《史记·卫世家》）。共和元年为前841年，距隐三年（前720年）石碏出现约120年，考虑靖伯距厘侯已有四代，其间至少有60年间隔，则石碏距靖伯约180年，其为靖伯之孙甚可疑，今不从。

宁氏：襄二十五年杜注："宁氏出卫武公，至喜九世。"林宝《元和姓纂》（卷九）："卫康叔之后，至武公，生季亹，食采于宁。弟顷叔，生跪。跪孙速。速生武子俞，俞生殖。殖生悼子喜。"郑樵《世族略三·以邑为氏》："卫武公生季亹，食采于宁，因以为氏。"宁氏属以邑为氏。

孙氏：《新唐书·世系表》："卫康叔八世孙武公和生公子惠孙，惠孙生耳，为卫上卿，食采于戚，生武仲乙，以王父字为氏。乙生昭子炎。"孙氏属以字为氏。

北宫氏：成十七年经杜注："括，成公曾孙。"括即北宫括。《氏族略三》纳入因山为氏，盖北宫本山名。

公叔氏：《礼记·檀弓》"公叔文子卒，其子戌请谥于君"，郑玄注："文子，献公之孙。"孔疏引《世本》："献公生成子当，当生文子拔，拔生朱，为公叔氏。"《氏族略三》称"献公之子公子当字公叔之后也"，故公叔氏为以字为氏。

南氏：哀二年杜注："子南，灵公子也。"《世本》作昭子郢。公子郢字子南，以字为氏而有南氏。

大叔氏（大或作太）：又称世叔氏。《氏族略四》称："太叔氏，姬姓，卫文公之子大叔仪之后也。"郑樵称大叔氏为以次为氏，盖因叔为排行故也。

公孟氏：昭七年传："卫襄公姜氏无子，嬖人婤姶生孟絷。"《氏族略三》称"公孟氏，姬姓，卫公孟之后也"，并入"以字为氏"。然孟絷字公孟，而孟亦排次也。

6. 郑国七穆来源表

郑穆公（僖三十三至宣三年在位，共在位二十二年）是郑国国君中经历最为奇特的人。本为郑文公贱妾所生，身份、地位一文不名，却在群公子之难中意外胜出，赖大国（晋国）之力成为国君（僖二十四、宣三年传），其后代在郑国极为昌盛（吴闿生《左传微·郑穆公之立》有精彩分析）。郑文公（庄二十二至僖三十二年在位，共在位四十五年）诸子情况如下：

来源	文公子	别称	简况
郑文公	世子华	子华	僖七见，僖十六年杀
	穆公	公子兰	僖三十见，僖三十三年立，立二十二年至宣三年卒
	子臧		僖二十四年见，杀
	公子士		僖二十见，后为楚所杀（见宣三）
	公子瑕	子瑕	僖三十一见，僖三十三杀
	子俞弥		宣三见，早卒

文公诸子的命运，决定了贱妾之子公子兰即穆公能即位，而穆公诸子虽然有命运不佳者，整体上却极为兴盛。左氏记郑穆公十一子，太子夷（又称子蛮）宣四年立，为郑灵公，寻弑。次子公子坚（襄公）宣五年立，成四年卒（在位十八年）。余下各子命运各不同，但最终形成了"七穆"掌权的格局。因后来郑国内政由郑穆公"七子"之后主导，号称"七穆"。所谓"七穆"，包括罕氏、驷氏、丰氏、游氏、印氏、国氏、良氏。陈厚耀《世族谱》谓："穆公十三子，灵、襄嗣位，余十一子为大夫，公子嘉诛，子然士，子孔之子以嘉故出亡。余七子，各自为氏，号'七穆'。舍之之子为罕氏，夏为驷氏，段为丰氏，虿为游氏，印段为印氏，侨为国氏，辄为良氏。外子羽号羽氏，以未为卿，故不在七穆中。"

其实郑穆之后，"七穆"之外，尚有孔氏、羽氏、士孔氏、然氏（其中孔氏为顾栋高所称，羽氏为陈厚耀所称，士孔氏、然氏为本书所称），四氏不在七穆之内，亦为势力消长结果。试略析之：襄七年，子驷弑僖公；襄十年，"子驷当国，子国为司马，子耳为司空，子孔为司徒"。是年发生尉氏、司氏之乱，子驷、子国（公子发）、子耳（良氏）被杀，惟子孔逃脱。此后子孔当国，于是郑穆之后分为两派：子孔、士子孔、子然三支一派，良氏似与之；子蟜（游氏）、子张（印氏）、子西（驷氏）、子展（罕氏）、子产（国氏）为另一派。

襄十九年，子展（罕氏）、子西（国氏）率国人杀子孔而分其室，子革（然氏）、子良（士孔氏）奔楚，从此孔氏、士孔氏、然氏三族消失。子孔之难后，子展当国，子西为政，立子产为卿，从此形成七穆主政，而在此前襄十至襄十九年间，子孔曾当国，地位本不在七穆之下也。

然而"七穆"之中亦有内耗，而势力各不同。襄二十七年，郑伯享赵孟于垂陇，子展、伯有、子西、子产、子大叔、二子石从，其中子展为罕氏，伯有为良氏，子西为驷氏，子产为国氏，子大叔为游氏，二子石分别为印段（印氏）、公孙段（丰氏），盖七穆盛时也。但好景不长，紧接着襄二十九至三十年发生了伯有（良氏）与子晳（驷氏）之争，伯有为戮。襄三十年子皮（罕氏）授子产（国氏）政，子产始为政，此后逐丰卷（襄三十年）、杀子晳（昭二年）。子晳被杀实因游氏（子南）与驷氏（子晳）相争。昭七年，郑人相惊以伯有，而罕氏内混，罕朔杀罕魋，罕朔奔晋。定八年，郑驷歂嗣子大叔为政，哀五年郑人杀驷秦。盖七穆之中，以罕氏、驷氏、游氏、国氏尤能主导国政。另外，羽氏从头至尾未见势头，成十三年子羽被杀，其后羽颉受伯有之乱牵连，于襄三十年奔晋。

穆公诸子（不包括灵公、襄公）情况如下：

来源	氏名	始祖	始祖字	简况
穆公	罕氏	公子喜	子罕	成十见，子展、子皮皆其后
	驷氏	公子骈	子驷	成十见，襄十杀，子西、子晳、驷带皆其后
	丰氏	子丰	子丰	襄七见，公孙段、丰卷、子旗其后人
	游氏	公子偃	子游	成三见，公孙虿、游贩、子大叔其后人
	印氏	公子舒	子印	成十三见，杀。公孙黑肱、印段其后人
	国氏	公子发	子国	成五见，襄十杀。子产、国参其后人
	良氏	公子去疾	子良	宣四见，公孙辄、伯有其后人
	羽氏	子羽	子羽	成三见，杀。此与行人子羽、名公孙挥者别。
	孔氏	公子嘉	子孔	又称司徒孔，公孙沄、孔张其后
	士孔氏	公子志	士子孔	襄八卒，襄十九见传。子良为其子
	然氏	子然	子然	成十见，襄六卒，子革、然明其后人

7.宋国公族来源表

陈厚耀《春秋世族谱》云："宋六族：戴公之后为华氏、乐氏、老氏、皇氏；庄公之后为仲氏；桓公之后为鱼氏、荡氏、鳞氏、向氏；文公之后为灵氏；皆公族也。其武公之后曰武族，穆公之后曰穆族，以司城须之难，宋文公尽攻而出之，见文十八年，其名未见。"方按：宋之公族，以乐氏、华氏及桓族（包括鱼氏、荡氏、鳞氏、向氏四支）为大，皇氏、老氏、灵氏皆不显。文十八年司城须之难，文公尽逐武、穆之族。成十五至襄元年桓族之难，桓族五大夫出奔楚，桓族受重挫，惟向氏独存。从此宋国公族以华氏、向氏、乐氏三支为主。昭二十至二十二年华、向之乱，华氏几灭，向氏受挫，此后乐氏独兴，而向氏仍存。此外，宋公族尚有石氏、边氏，皆后起且不显也。今据陈厚耀《世族谱》、顾栋高《大事表》制宋主要公族表如下：

来源	族名	公子始祖	始见者	简况
戴公	华氏	好父说	华父督	好父说之子督桓二年为太宰
	乐氏	乐父术	乐吕	乐吕文十八为司寇，杜注戴公曾孙
	皇氏	皇父充石	皇父	司徒皇父文十一年见，杜注戴公子
	老氏	（缺）	老佐	老佐成十五年为司马，杜注戴公五世孙
武公	武氏	（缺）	（缺）	文十八传宋文公出武、穆之族
穆公	穆族	（缺）	（缺）	文十八传宋文公出武、穆之族
庄公	仲氏	公子成（子仲）	公子成	公子成文七年为右师，杜注庄公子
桓公	鱼氏	公子目夷（子鱼）	公子目夷	公子目夷僖九年为左师，故鱼氏世为左师，杜注襄公庶兄
	荡氏	公子荡	公子荡	公子荡文七年为司城
	鳞氏	公子鳞	鳞矔	公子鳞之子鳞矔文七年为司徒
	向氏	向父肸	向戌	向父肸之孙向戌成十五年为左师
文公	灵氏	公子围龟（子灵）	公子围龟	公子围龟成五年为质于楚而归，杜注文公子
共公	石氏	公子段（子石）	公子段	襄二十年褚师段逆之以受享
平公	边氏	公子御戎（子边）	边卬	御戎之孙边卬昭二十二年为大司徒

宋国公族多以字为氏，除桓族四支外，皇氏、仲氏、乐氏、灵氏、石氏、边氏皆以字为氏，氏名源于始祖公子之字。唯华氏不然，以邑为氏。

华氏:《氏族略三》:"华氏,子姓,宋戴公子考父食采于华,因氏焉。"属以邑为氏。

仲氏:《氏族略六》:"宋庄公之子子仲之后,亦为仲氏。"文十八年孔疏:"庄公生右师戌,戌生司城师。"盖庄公之子名戌,字子仲,为右师,其后为仲氏。此乃以字为氏,与鲁国仲庆父之后之仲氏、又称仲孙氏者同称异实。

皇氏:皇父充石之后以字为氏,皇父为字,充石为名。文十一年"皇父充石"杜注:"皇父,戴公子。充石,皇父名。"孔疏:"皇父戴公子,《世本》文。古人连言名字者,皆先字后名。且此人子孙以皇为氏,知皇父字,充石名。"《氏族略四》亦称:"宋有皇氏……以字为氏者。"皇父又称皇甫(父、甫音同通假)。

乐氏:以字为氏。《氏族略三》:"戴公生公子衎,字乐父,子孙以王父字为氏。"《左传》文七年孔疏引《世本》云:"戴公生乐甫术,术生硕甫泽,泽生季甫,甫生子仆伊与乐豫是也。"乐父,又称乐甫、乐甫术、乐父术(甫、父通)。

老氏:杜注老佐为宋戴公五世孙,各本无纪其源,故老氏始祖不详,可能以字为氏。老氏于春秋仅见老佐一人。

8. 楚国公族来源表

王符《潜夫论·志氏姓》:"芈姓之裔熊严,成王封之于楚,是谓鬻熊,又号鬻子。……公族有楚季氏、列宗氏、鬬强氏、良臣氏、耆氏、门氏、侯氏、季融氏、仲熊氏、子季氏、阳氏、无钩氏、蔿氏、善氏、阳氏、昭氏、景氏、严氏、婴齐氏、来氏、来纤氏、即氏、申氏、訍氏、沈氏、贺氏、咸氏、吉白氏、伍氏、沈瀸氏、馀推氏、公建氏、子南氏、子庚氏、子午氏、子西氏、王孙、田公氏、舒坚氏、鲁阳氏、黑肱氏,皆芈姓也。"此中楚公族春秋所见者有鬬氏、蔿氏、申氏、阳氏、沈氏、伍氏等。又,此中婴齐氏当出楚穆王之子公子婴齐(子重,宣十一),子南氏当出庄王之子公子追舒(子南,襄十五),子西氏当出平王之子子西(公子申,昭二十六),子庚氏、子午氏当出楚共王子公子午(子庚,襄十二),然皆不显。其他各氏或不显,或后起也。

今列春秋楚公族鬬氏、成氏(俱出若敖)、蔿氏(薳氏)(出蚡冒)、屈氏(出武王)、阳氏(出穆王)、囊氏(出庄王)、沈氏(出庄王)、伍氏、申氏、沈氏、熊氏、潘氏等。公族之中以鬬氏、蔿氏、屈氏三支最大,伍氏、申氏、沈氏亦颇有影响,阳氏、囊氏皆后出,潘氏、熊氏为小族,影响小。

来源	族名	公子始祖	始见者	简况
若敖	鬬氏	鬬伯比、鬬廉	鬬伯比、鬬廉	若敖之子鬬伯比桓六初见；鬬廉（射师）桓九见
	成氏	（缺）	成得臣	若敖曾孙成得臣（子玉）僖二十三年见，为令尹
蚡冒	蒍氏（蔿氏）	蒍章	蒍章	蚡冒之子蒍章桓六年求成于随
武王	屈氏	屈瑕	屈瑕	武王之子屈瑕为莫敖，桓十一见
穆王	阳氏	王子扬	阳匄	穆王曾孙阳匄（子瑕）昭十七年为令尹
庄王	囊氏	公子贞（子囊）	子囊	庄王之子子囊襄五年为令尹
	沈氏	沈尹	沈尹	沈尹宣十二年将中军
（缺）	申氏	（缺）	申舟	申舟（文之无畏）文十年为左司马
（缺）	潘氏	（缺）	潘崇	文元年穆王使潘崇为太师
（缺）	熊氏	（缺）	熊率且比	桓六年见
（缺）	伍氏	（缺）	伍参	宣十二年嬖人伍参欲战

鬬氏：又称若敖氏，出于楚君若敖（前790至前765年在位，据《史记·楚世家》）。宣四年传若敖娶于䢵，生鬬伯比，为鬬氏始祖。又杜预《春秋释例·世族谱》称鬬廉（射师）为若敖子（庄三十年孔疏引）。郑樵《通志·氏族略》称："鬬氏，芈姓，若敖之后。若敖名熊仪，其先无字，鬬者必邑也。"郑氏之说，盖因鬬氏非以王父字为氏推得。

成氏：始祖子玉（成得臣），亦出若敖。僖二十八年传"子玉以若敖之六卒将中军"，昭十二年传"楚子谓成虎，若敖之余也"，可知成氏出若敖。据《国语·晋语》注："子玉，若敖之曾孙。"僖二十八年杜注："葬若敖者，子玉之祖也。"《氏族略三》称成氏"以字为氏"。

蒍氏：蒍氏又称蔿氏（蔿、蒍通①），为楚世代大族。《新唐书·宰相世

---

① [唐]张参《五经文字》〈序例〉称"蒍、蔿同姓，春秋互出"，〈艹部〉"蒍"条："《春秋传》及《释文》或作蔿，與蒍同。"段玉裁《说文解字注》"蒍"条亦云："《左传》蒍、蔿错出，蒍即蔿也。"方按：《左传》襄十五、十八"蒍子冯"，襄二十一、二十二、二十五作"蔿子冯"；襄二十四"蔿子"，襄二十五年作"蒍子"；襄二十五年"蒍掩"，昭十三年作"蔿掩"，皆是其证。尤其是襄二十五前文说"蔿子冯卒"，后文却称"先大夫蒍子"，指同一人。襄三十年传"楚公子围杀大司马蒍掩而取其室"，至昭十三年提及同一事时说"楚子之为令尹也，杀大司马蔿掩而取其室"，分明蒍掩、蔿掩不分。昭十三年同一年传文中前面"蒍掩"与后面"蔿氏之族"相应，亦以蒍氏即蔿氏。又，陆德明《经典释文》引《左传》襄十八年"蒍子冯"作"蔿子冯"，且下注"本又作蒍"；引《左传》昭十一年"蔿氏之篦"，"蔿"下注："本又作蒍。"

系表》称楚王蚡冒生王子蔿章（蚡冒前741至725年在位，据《史记·楚世家》）；卒后其弟熊通弑其子自立，是为武王（《史记·楚世家》），楚武王十九年入春秋，为鲁隐公元年。据此则蔿氏出自楚王蚡冒。《左传》僖二十七年传"子玉复治兵于蔿"，据此蔿为楚邑（参杜注）。《通志·氏族略》称"蔿章食邑于蔿，故以命氏"，故蔿氏源于以邑为氏。

屈氏：《楚辞·离骚》王逸注称楚武王僭号称王后，"始都于郢，是时生子瑕，受屈为客卿，因以为氏"。唐林宝《元和姓纂》云："屈，楚公族，芈姓之后。楚武王子瑕食采于屈，因氏焉。"据《史记·楚世家》，楚武王前740至前690年在位（卒年在庄四年），其子公子瑕为屈氏始祖，以邑为氏，屈原即其后人。

囊氏：成十五年杜注："子囊，庄王子公子贞。"囊氏属以字为氏。

阳氏：昭十七年杜注："阳匄，穆王曾孙。"孔疏引《世本》："穆王生王子扬，扬生尹，尹生令尹匄。"

沈氏：王符《潜夫论》以为楚公族。《潜夫论·志氏姓》及《左传》昭十九年杜注均以沈尹戌为楚庄王曾孙。楚庄王文十四至宣十八年在位，其间宣十二年传载"沈尹将中军"。此时之沈尹非沈尹戌，是否庄王之子尚可讨论。《墨子·所染篇》称"楚庄染于孙叔、沈尹"，《吕氏春秋》中的《当染篇》《尊师篇》《察传篇》亦有类似说法，其中《尊师篇》称"楚庄王师孙叔敖、沈尹巫"。又《新序·杂事五》云"楚庄王学孙叔敖、沈尹竺"；据此沈尹似较庄王为长，故庄王尊师之，不似庄王之子。据杨伯峻考证（宣十二年注），庄王尊事之沈尹，不同文献中其名有"蒸""巫""茎""竺"等相似写法，为同一人。而沈尹戌昭十九始见，与庄王即位年（文十四）相距90年，则沈尹戌为庄王曾孙之说年代不成问题，但不知其是否为宣十二年传沈尹之后。沈氏似非以地为氏。

又有沈氏出自沈子之说。此说出《新唐书·宰相世系表》，谓沈国"春秋鲁成公八年为晋所灭"，沈子逞奔楚为沈氏，生嘉，二子尹丙、尹戌。此沈国源出"周文王第十子叔季"。然《春秋经》成八年只载"晋侵沈，获沈子揖初"，未言灭沈；且此后，沈子多次参加列国会盟或征伐，至昭二十三年传载"沈子逞灭"，定四年经载"蔡公孙姓帅师灭沈，以沈子嘉归"。故沈国不可能成八年灭于晋。

通观《春秋左传》，可以发现沈国之君沈子与楚国沈尹实不相干。沈子出现于成八传、襄二十八年传、昭四年经、昭五年经、昭二十三年经传、定四年经。而在沈尹戌之前，除宣十二年沈尹将中军外，尚有成七年子重"使沈尹与王子罢分子荡之室"，襄二十四年楚子使沈尹寿让之舒鸠，昭四年沈尹射奔命于夏汭，昭五年沈尹赤会楚子，楚子使沈尹射待命于巢。凡此可见沈尹氏早在成八年之前即已在楚国举足轻重，难说沈尹氏与沈子有何关系。如此，则沈尹氏出自沈子说难成立。

申氏：《潜夫论》以为公族。梁履绳《左通补释》称"楚申氏，芈姓也"，亦以为楚公族。郑樵《通志·氏族略六》称"申氏……楚之申邑，申公居之，以邑为氏"，《氏族略五》称"楚大夫叔侯食邑于申"。笔者推测楚文王灭申，以公族子弟居之，自是而有申氏，以邑为氏，与申国之后号申氏者异，然楚申氏之始出待考。郑樵《通志·氏族略》以申叔氏为申氏别出，称"申加叔为申叔氏，以别于申氏"。陈厚耀《世族谱》列申氏、申叔氏为楚二氏。考《左传》申氏、申叔氏始见时间相近，传申叔展又称叔展（宣十二），申叔豫又称叔豫（襄二十一），似不以申叔为氏，故顾栋高《大事表·世系表》将申氏、申叔氏合于申氏一支。今从顾。

申本国名，春秋早期为楚文王所灭。隐元年杜注以为申在（河南）南阳宛县。庄六年传载楚文王伐申，庄十八年传"及文王即位，与巴人伐申"，哀十七年传楚文王"实县申、息"。楚文王于鲁庄公五至十九年（前689—前675）在位，灭申当在此间。故推测楚文王灭申后，以公族居于申，其后以邑为氏，而有申氏[①]。从楚文王之对申侯之好（僖七年传），亦可见申氏与楚君关系非同一般。

伍氏：前引《潜夫论》以伍氏为楚公族，《氏族略三》亦称"伍氏，芈姓，楚大夫伍参之后也"，复以伍氏"名字未辨"，盖不知伍氏以邑为氏、抑或以字为氏。

熊氏：郑樵《通志·氏族略·古帝王氏》云："楚以熊氏之故，世称鬻熊氏，女子则称芈焉。"卷二十八《氏族略·楚人名》云："熊氏，楚鬻熊之后以名为氏。"鬻熊为楚之祖先，周文王时季连之苗裔。

潘氏：郑樵《氏族略·楚人字》云："潘氏，芈姓，楚之公族，以字为氏。潘崇之先未详其始。"

[①] 郑樵《通志》以为申氏除芈姓外，尚有古申国之后、不出楚姓者，属以国为氏。其《通志·氏族略》（卷二十六）曰："申氏，伯爵姜姓，炎帝四岳之后，封于申，号申伯，周宣王元舅也。今信阳军乃唐申州，即其国也，子孙以国为氏。后为楚之邑，申公居之，又为申氏，是以邑为氏也。"这段话讲到了两个申氏，一为申国之后，一国楚人之后（芈姓）。然僖七年之申侯当非申苗裔，而为楚之同姓。

卷首三　王室及列国卿大夫世系

王符《潜夫论·志氏姓》曰：

昔尧赐契姓子，赐弃姓姬；赐禹姓姒，氏曰有夏；伯夷为姜，氏曰有吕。下及三代，官有世功，则有官族，邑亦如之。后世微末，因是以为姓，则不能改也。故或传本姓，或氏号邑谥，或氏于国，或氏于爵，或氏于官，或氏于字，或氏于事，或氏于居，或氏于志。……王氏、侯氏、王孙、公孙，所谓爵也；司马、司徒、中行、下军，所谓官也；伯有、孟孙、子服、叔子，所谓字也；巫氏、匠氏、陶氏，所谓事也；东门、西门、南宫、东郭、北郭，所谓居也；三乌、五鹿、青牛、白马，所谓志也：凡厥姓氏，皆出属而不可胜纪也。

此段述古人姓氏来源甚备。春秋时列国公卿大夫姓氏来源复杂，其中最重要的来源我认为有三：一是以官为氏，晋荀林父后称中行氏是也；二是以子为字，隐八年公子展之后以展为氏，郑七穆亦皆以王父字为氏是也；三是以地为氏。以地为氏复可分为四，曰以邑为氏，曰以封地为氏（如楚国申氏），曰以居为氏（如鲁东门氏），曰以国为氏（如齐陈氏）。以邑为氏与以封地为氏实难区分，二者亦可合为一。而郑樵《氏族略》更列以山为氏、以乡为氏、以亭为氏、以郡国为氏，皆可称以地为氏，其说涵盖汉代以后，春秋时罕有。以官、以爵、以事为氏，三者性质相近，春秋亦复不少。鲁国"三桓"以兄弟排次为氏，而有孟（仲）、叔、季三氏，则是另一种类型，春秋亦不时见到。此外，郑樵《氏族略》复列以姓为氏、以族为氏、以名为氏、以谥为氏等，春秋时偶见，非主流。

方按：以下世系主要依陈厚耀《世族谱》、顾栋高《大事表·卿大夫世系表》编写。括弧中注明始见年。一人多见，一般只注始见年。一人多名或多称，括弧中简略体现。凡父子关系，中加→。"（缺）"表示中间缺一代，"（缺*代）"表示世系缺若干代。世系不明时，人物之间依年代用分号相隔。同祖子孙属同辈者并列，中间以顿号隔开。各公族来源见前卷首二。《春秋左传》未见之人物及人名，原则上不录，但偶尔基于世系前后衔接需要，据孔疏或他书补录。

1. 周室卿大夫世系

周之卿大夫皆公族，皆姬姓，唯尹氏来源不明（见下），其盛衰情况见卷首二。

周氏：周桓公（黑肩，隐六）；周公忌父（或云桓公子，宰孔弟，庄十六）；周公孔（宰周公，僖九）；周公阅（宰周公，僖三十）；周公楚（或云周公阅曾孙，成十二）。

召氏：召伯廖（庄二十七）、召武公（僖十一）→（武公子）召昭伯（召昭公，文五）→召桓公（宣六）、召戴公（宣十五）→（戴公子）召襄（宣十五）→（缺）→召庄公奂（召伯奂，昭二十二）→召简公盈（召伯盈，昭二十四）。

祭氏：祭伯（隐元）→祭公（桓八）→祭叔（庄二十三，《穀梁》作祭公）。

樊氏：樊皮（樊仲皮，庄二十九）；樊顷子（樊齐，昭二十二）。

原氏：原庄公（原伯，庄十八）→原伯贯（僖二十五）→原襄公（宣十六）→（缺）→原伯绞（昭十二）、原伯鲁（昭十八）、公子跪寻（昭十二）。系未详：原寿过（定元）。

毛氏：毛伯卫（文元）→（缺）→毛伯过（昭十八）；毛伯得（毛得，杜注过之族，昭十八）。

成氏：成肃公（成十三）→成简公（昭七）→成桓公（定八）。

单氏：单伯（庄元）→（缺）→单襄公朝（成元）→单顷公（襄三）→单靖公（襄十）、单公子愆期（成愆，襄三十）→（靖公子）单献公（昭七）、单成公（昭七）→（成公子）单穆公旗（昭二十二）→单武公（定七）→单平公（哀十三）。

王叔氏：王叔文公（王子虎，僖二十九）→王叔桓公（文三）→王叔简公（陈生，襄五）。

甘氏：甘昭公（叔带，王子带，大叔带，僖七）→甘成公（昭十二）→（分二支，如下）：

一支：甘成公→甘景公（昭十二）→甘简公（昭十二）、甘悼公过（昭十二）。

二支：甘成公→（缺）→甘平公（昭十二）→甘桓公（昭二十四）。

系未详：甘歜（文十七）；甘大夫襄（昭九）。

刘氏：刘康公（王季子，宣十）→刘定公（刘夏，官师，刘子，襄十四）→刘献公（刘子挚，昭十二）→刘文公（刘卷，伯蚠，刘蚠，刘狄，昭二十二）→刘桓公（定七）。世系不详：刘毅（襄三十）；刘州鸠（昭十二）；刘佗（昭二十三）。

儋氏：儋季（襄三十）→儋括（襄三十）→儋翩（定六）。

尹氏：尹武公（成十六）→（缺二代）→尹文公（尹固，尹圉，尹氏固，昭二十三）。系未详：尹言多（襄三十）；尹辛（昭二十三）。

来源说明：

尹氏：《元和姓纂》卷六："尹，少昊之子封尹城，因氏焉。《风俗通》云：'师尹，三公官也。'以官为姓。"《通志·氏族略三》同其说，并谓尹氏"子孙世为周卿士，食采于尹，今汾州有尹吉甫墓，即其地也"。《潜夫论·志氏姓》："周氏、邵氏、毕氏、荣氏、单氏、尹氏、镏氏、富氏、巩氏、莨氏，此皆周室之世公卿家也。……尹者，本官名也，若宋有太师，楚有令尹、左尹矣。尹吉甫相宣王者大功绩，诗云'尹氏太师，维周之底'也。"据上，尹氏究竟以官为氏，抑或以邑为氏，尚不确定，《潜夫论》与《元和姓纂》、郑樵之说法不一。陈厚耀《世族谱》云："周之卿士无先代诸侯之裔，尹氏出自少昊，亦未可据。"陈氏似以尹氏为公族。

2.鲁国卿大夫世系

春秋时鲁国卿大夫，纯为公族，皆姬姓，其盛衰见前公族来源表。

臧孙氏（出孝公）：臧僖伯（公子彄，隐五）→臧哀伯（臧孙达，桓二）→（缺）→臧文仲（臧孙辰，庄十一）→臧宣叔（臧孙许，宣十八）→臧武仲（臧孙纥，成十八）、臧为（襄二十三）、臧贾（襄十七）、臧畴（襄十七）（杜注臧贾、臧畴皆纥之昆弟）→（分二支，如下）：

一支：臧贾→臧会（昭二十五）→臧宾如（哀八）→臧石（哀二十）。

二支：臧为→臧昭伯（昭二十五）。

系未详：臧坚（襄十七）。

东门氏（出庄公）：东门襄仲（公子遂，仲遂，东门遂，僖十六）→公孙归父（子家，宣十）、仲婴齐（成十五）→（缺）→子家懿伯（子家羁，子家子，昭五）。

孟孙氏（又称仲孙氏，出桓公）：共仲（公子庆父，仲庆父，庄二）→穆伯（公孙敖，僖十五）→文伯毂（《鲁语》孟文子，文元）、惠叔难（文十四）、莒二子（文十四）→（文伯子）孟献子（仲孙蔑，文十五）→孟庄子（仲孙速，孟孺子速，襄十六）、懿伯（昭三）、子服孝伯（仲孙它，子服它，孝伯，见《鲁语》）→（孟庄子后）孺子秩（襄二十三）、仲孙羯（孟孝伯，襄二十四）→（仲孙羯后）仲孙貜（孟僖子，昭七）→仲孙何忌（孟懿子，昭七）、仲孙说（南宫敬叔，别为南宫氏，昭七）→（仲孙何忌后）孟武伯（孟孺子洩，武伯彘，哀十一）→（孟武伯后）仲孙捷（孟敬子，入春秋后）。

❖ **子服氏（孟孙旁支，出孟献子）**：子服孝伯（孟献子子）→子服惠伯（子服椒，子服湫，孟椒，襄二十）→子服昭伯（子服回，昭十六）→子服景伯（子服何，哀七）。

系未详：孟公绰（襄二十五）；公期（定八）；孟子反（孟之侧，哀十一）。

叔孙氏（出桓公）：公子牙（僖叔，叔牙，庄三十二）→叔孙戴伯（公孙兹，僖四）→叔孙庄叔（叔孙得臣，文元）、叔仲惠伯（叔仲彭生，叔彭生，文七）→（叔孙庄叔后）叔孙侨如（叔孙宣伯，文十一）、叔孙豹（叔孙穆子，穆叔，子叔孙，成十六）、虺（襄三十）→（叔孙豹后）孟丙（昭四）、仲壬（昭四）、叔孙昭子（叔孙婼，昭四）→（叔孙昭子后）叔孙不敢（叔孙成子，宣元）→叔孙州仇（叔孙武叔，武叔懿子，子叔孙，定八）→叔孙文子（叔孙舒，哀二）。

❖ **叔仲氏（叔孙旁支）**：叔仲惠伯（叔仲彭生，叔彭生，叔孙戴伯子）→（缺）→叔仲昭伯（叔仲带，叔仲昭子）→叔仲穆子（叔仲小，叔仲子）→叔仲志。

系未详：叔孙辄（子张，定八）；公若（公若藐，定十）；叔仲皮、叔仲衍及仲皮之子子柳、子硕（后四人俱见《礼记·檀弓》，参郑玄注）。

季孙氏（出桓公）：成季（公子友，季友，成季，成季友，季子，庄二十五）→齐仲无佚（见《国语》注）→季文子（季孙行父，文六）→季武子（季孙宿，襄六）→公弥（公鉏，襄二十三）、季悼子（季孙纥，襄二十三）、季公鸟（昭二十五，生子甲）、季公若（季公亥，昭二十五）→（季悼子后）季平子（季孙意如，襄二十三）、公甫（昭二十五）、公之（昭二十五）、公父穆伯（靖，见《国语》）→（季平子后）季桓子（季孙斯，定五）、季寤（子言，定八）、季魴侯（季孙昭伯，哀八）→季康子（季孙肥，哀三）、南孺子（子之，哀三）。

❖ **公氏（季孙旁支，出季武子）**：公鉏（公弥）→（缺二代）→公鉏极（定八）。

❖ **公父氏（季孙旁支，出季悼子，亦称公甫氏）**：公父穆伯（见《国语》）→公父文伯（公父歜，定五）。

系未详：公冶（宿之族子，襄二十九）；公思展（昭二十五）；公何藐（定五）；季子然（陈《谱》以为季平子之子，见《论语·先进》）；季昭子（强，季孙肥曾孙，见《礼记·檀弓》）。

展氏（出孝公）：公子展（春秋未见）→夷伯（僖十五）→无骇（司空无骇，隐二）→展禽（柳下惠，展获，柳下季，季子①，僖二十六）、展喜（乙喜，郑樵《通志·列传》，僖二十六）（此依陈《谱》。《国语》注只言展禽为展无骇之后。另顾《表》以为展喜系未详）。系未详：展庄叔（襄二十八）；展瑕（襄二十九）；展玉父（襄二十九）。

郈氏（出孝公，郈亦作厚）：郈惠伯（鞶，《国语》及《檀弓》注）→（缺二代）→郈敬子（敬伯同，见《国语·鲁语》）→（缺）→郈成子（瘠，厚成叔，厚孙，襄十四）→（缺）→郈昭伯（郈孙，恶，昭二十五）。按：郈惠伯、郈敬子不见春秋，《鲁语》韦注谓敬子为惠伯之后、孝公玄孙敬伯同。

施氏（出惠公）：施父（公子尾，桓九）→施伯（《齐语》）→（缺）→施孝叔（成十一）

叔氏（出文公，又称子叔氏）：叔肸（宣十七）→子叔声伯（公孙婴齐，子叔婴齐，成二）→子叔齐子（叔老，齐子，襄十四）→子叔子（叔弓，敬子，襄三十）→定伯阅（见孔疏）、叔辄（伯张，子叔，昭二十一）、叔鞅（昭二十二）→（分二支，如下）：

一支：定伯阅→西巷敬伯→成子（叔还，定十一）→叔青（哀十九）（定伯阅、西巷敬伯俱见定十一年孔疏）。

二支：叔鞅→叔诣（子叔诣）。

3. 晋国卿大夫世系

陈厚耀《世族谱》云："晋卿十一族，赵、魏、韩、狐、胥、先、郤、栾、范、知、中行也。知、中行同族荀氏。"此外，尚有祁氏、张氏、女叔氏、籍氏、伯氏、丕氏，皆非显族。晋献公僖九年卒后，丕氏欲纳文公未成，僖十年丕豹奔秦，从此丕氏失势。伯宗宣十五年为三郤所杀，伯氏之子奔楚，伯氏失势。故晋之大族实以上述十一族代表。然狐氏、先氏、郤氏、胥氏、栾氏、中行氏、范氏先后被灭。狐氏最早失势，文六年狐射姑（贾季）奔狄。先氏次之，宣十二年晋楚邲之战，晋人归罪于先縠而杀之（宣

---

① 僖二十六所孔疏论展禽人名："氏展，名获，字禽，柳下是其食邑名，谥曰惠。……柳下季者，季是五十字，禽是二十字。"

十三），先氏从此销声。郤氏、胥氏又次之。成十七至十八年厉公之难，郤氏被灭，胥童被杀，郤氏、胥氏从此近于消失。栾氏又次之。襄二十一至二十三年间，因栾、范相斗，晋灭栾氏。羊舌氏、祁氏又次之。羊舌氏本为大族（但位不及卿），昭二十八年与祁氏同被灭。接下来是范氏、中行氏。此二氏皆世代强族，互为一体，定、哀之间与赵氏相斗，列国相救而未成。哀五年，荀寅、士吉射奔齐，从此范氏、中行氏彻底失势。故晋之卿大夫至春秋末期哀五年以来渐集于赵、魏、韩、知四家。知氏（即智氏）为荀氏别族。《左传》记悼之四年，韩、魏与赵氏联手，共灭知氏。故战国以知（智）氏之灭为始，三家分晋乃晋文公卒后一百六十年间卿大夫之间相互争斗的结果，其中狐氏、先氏、郤氏、栾氏、中行氏、范氏、知氏均曾有权倾朝野、显赫一时的日子，其灭亡各有原因，谁能想到。

韩、赵、魏三家的发展可以说也是一波三折，颇有戏剧性：赵氏来源甚早，因赵衰追随文公而大兴。但赵盾以来，因与栾、郤不和，成八年几乎被灭，幸赖赵武（赵文子）独苗得存，后世显达，中有韩氏相助。韩氏、魏氏原非显族，位不在六卿，幸而后起，各有原因。韩氏兴起于韩厥，韩厥宣十二年尚为司马，至成三年将新中军，成十三年将下军，至此韩氏始为卿。魏氏兴起最晚，主要因为襄元年晋悼公即位后大力提拔魏绛，此前魏犨僖二十七年为右，并差点在城濮之战中被文公所杀。赵氏灭而又起，可谓侥幸；韩氏、魏氏后来居上，出人所料。

赵氏（出造父，嬴姓）：公明（成十二年孔疏）→赵夙、赵衰→（分二支，见下）：

一支：赵夙（闵元）→（缺）→赵穿（文十二）→赵旃（赵㑃，文十二）→赵胜（襄二十三）→赵午（邯郸午，定十）→赵稷；另有赵朝（杜注赵胜曾孙，昭二十八）。

二支：赵衰（赵成子，子余，孟子馀，成季，僖二十三）→赵盾（赵宣子，宣孟，僖二十三）、赵同（原同，原，原叔，僖二十四）、赵括（屏括，屏，屏季，僖二十四）、赵婴齐（楼婴、赵婴，僖二十四）→（赵盾后）赵朔（赵庄子，宣八）→赵武（赵文子，成八）→赵成（赵景子，昭五）、赵获（昭三）→（赵成后）赵鞅（赵孟，志父，赵简子，昭二十五）→赵襄子（赵无恤，哀二十）。

系未详：赵罗（哀二见）。

魏氏（出毕公高，姬姓）：毕万（闵元）→（缺）→魏武子（魏犨，僖二十三）→魏锜（厨武子，厨子，吕锜，宣十二）、魏颗（令狐颗，宣十五）、魏绛（魏庄子，成十八）→（魏绛后）魏舒（魏献子，襄二十三）→魏简子（《世本》）、魏戊（昭二十八）→（魏简子之子）魏曼多（魏襄子，定十三）。

✧ 吕氏（魏氏旁支，出魏武子）：魏锜→吕相（魏相，《国语》吕宣子，成十三）。

✧ 令狐氏（魏氏旁支，出魏武子）：魏颗→魏颉（令狐文子，成十八）。
系未详：魏寿馀（文十三）。

韩氏（出曲沃桓叔，姬姓）：韩万（桓三）→（缺）→韩简（僖十五）→子舆（成二，《晋语》注作子镇）→韩厥（韩献子，宣十二）→韩无忌（公族穆子，成十八）、韩起（韩宣子，士起，襄七）→（分二支如下）：

一支：韩无忌→韩襄（襄十六）。

二支：韩起→韩须（昭二）、韩籍（叔禽，昭五）、叔椒（昭五）、子羽（昭五）→（韩须后）韩不信（韩简子，伯音，昭三十二）、韩固（昭二十八）。

系未详：韩穿（宣十二）。

范氏（尧后刘累之裔，又称士氏）：隰叔（见《晋语》）→士蒍（子舆，庄二十三）→士縠（成伯缺，文二）①→士会（范武子，范会，士季，随季，随会，随武子，僖二十八）→士燮（范文子，范叔，宣十七）、士鲂（范共子，彘子，彘共子，成十八）→（分二支，如下）：

一支：士燮→士匄（范宣子，范匄，成十六）→士鞅（范献子，范鞅，范叔，襄十四）→士吉射（范昭子，范吉射，定十三）。

二支：士鲂→彘裘（襄十四）。

✧ 士贞子族（士蒍别族）：士蒍→（缺二代）→士贞子（士渥浊，士贞伯，士伯，宣十二）→士弱（士庄子，士庄伯，襄九）→士匄（士文伯，伯瑕，襄三十）→士弥牟（士景伯，司马弥牟，士伯，昭十三）。

系未详：士富（襄三，杜注士会别族，《晋语》注范文子昆弟）；范无恤（文十二）；士庄伯（巩朔，文十七，或即士弱，不可知）；范皋夷（士皋夷，定十三）；士鲋（定十四）；士蔑（哀四）。

荀氏（姬姓，或曰子姓）：荀息（荀叔，僖二见）之后无考。《世本》逝敖生荀林父、荀首（《中史记·赵世家》索隐）。此兄弟二人分二支，即中行氏（荀林父之后）、知氏（荀首之后），亦仍称荀氏；荀林父之弟荀骓之后尚

---

① 陈厚耀《谱》士縠即成伯缺，故以士会为士縠之子，据文十三年孔疏引《世本》"士蒍生成伯缺，缺生武子士会"。顾栋高《大事表·卿大夫世系表》不以士会为士縠之子，盖以士縠与成伯缺为二人。成伯缺之名未见《春秋》。

有别族程氏。

　　✧ **中行氏**：荀林父（中行桓子，荀伯，中行，伯氏，僖三十七）→荀庚（中行伯，成二）→荀偃（中行偃，中行献子，伯游，成十六）→荀吴（中行吴，中行穆子，郑甥，襄十九）→荀寅（中行寅，中行文子，昭二十九二）。

　　✧ **知氏（亦称智氏）**：荀首（知庄子，知季，宣十二）→知䓨（荀䓨，知武子，成十六）→知朔（襄十四）→知盈（知悼子，荀盈，伯凤，襄十四）→知跞（知文子，荀跞，文伯，昭九）→知宣子（甲，见《国语》）→（知宣子后）荀瑶（知襄子，知伯，哀二十三）。

　　✧ **程氏**：荀骓（《晋语》注）→（缺）→程季（《晋语》注）→程郑（成十八）。

　　系未详：知徐吾（昭二十八，知盈孙）；荀骓（成二）；荀家（成十八）；荀宾（成十八）；荀会（成十八、襄三）；中行喜（襄二十一）；知起（襄二十一）。

　　栾氏（出靖侯，姬姓）：栾叔（《世本》）→栾宾（桓二）→栾共叔（桓三）→栾枝（栾贞子，僖二十七）→栾盾（文十二）→栾书（栾武子，栾伯，宣十二）→栾黡（栾桓子，成十六）、栾鍼（成十三）→（栾黡后）栾盈（栾怀子，栾孺子，襄十四）→栾鲂（襄十九，据《世本》秦嘉谟辑本补）。

　　系未详：栾京庐（宣十七）；栾弗忌（成十五）；栾纠（弁纠，成十八）；栾乐（襄二十三）；栾豹（盈之族，昭三）。

　　郤氏（姬姓，公族）：郤叔虎（郤豹，见《晋语》）→郤芮（冀芮，僖六）、郤义（成二孔疏引《世本》）→（分二支如下）：

　　一支：郤芮→郤缺（冀缺，郤成子，僖三十三）→郤克（郤献子，驹伯，宣十二）→郤锜（驹伯，成十三）。

　　二支：郤义→步扬（僖十五）→郤犨（苦成叔，苦叔，成十五）、蒲城鵵居（成二年孔疏引《世本》）→（蒲城鵵居后）郤毅（步毅，成十三）、郤至（温季，季子，成二）。

　　系未详：郤称（僖十、昭三）；郤乞（僖十五）；郤縠（僖二十七、二十八）；郤溱（僖二十七）。

　　狐氏（出唐叔，姬姓，公族）：狐突（伯行，闵二）→狐毛（僖二十三）、子犯（狐偃，僖二十三）→狐溱（僖二十五，狐毛之子）、狐射姑（贾季，文六，子犯之子）。

　　系未详：续简伯（狐鞫居，续鞫居，文二）；狐父（昭十一）。

先氏（姬姓，公族）：先轸（原轸，僖二十七）→先且居（霍伯，僖三十三）→先克（文七）→先縠（彘子，原縠，宣十二）。

系未详：先友（闵二）；先丹木（闵二）；先蔑（僖二十八）；先仆（文三）；先都（文七）；先辛（宣元）。

胥氏（姬姓，公族）：胥臣（司空季子，臼季，僖二十三）→胥甲（胥甲父，文十二）→胥克（宣元）→胥童（成十七）。

系未详：胥午（襄二十三）；胥梁带（襄二十六）。

祁氏（出献侯，姬姓）：祁奚（成八）→祁午（襄三）→祁盈（昭二十八）。

系未详：祁举（僖十）；祁瞒（僖二十八）；祁胜（昭二十八）。

羊舌氏（出武公，姬姓）：羊舌大夫（闵二）→羊舌职（宣十五）→羊舌赤（铜鞮伯华，伯华，襄三）、叔向（羊舌肸，叔肸，杨肸，襄十一）、羊舌虎（叔虎，《世本》作季夙，一曰叔罴，襄二十一）、羊舌鲋（叔鲋，叔鱼，昭十三）→子容（昭二十八，羊舌赤之子）、杨食我（子我，伯石，杨石，昭五，叔向之子）。

籍氏（出穆侯，姬姓）：籍季（《晋语》注）→籍偃（籍游，成十八）→籍谈（叔氏，籍父，昭五）→籍秦（昭二十七）。

伯氏（公族，姬姓，来源不详）：伯宗（宣十五）→伯州犁（成十五）→（缺）→太宰嚭（定四）。①

张氏（公族，姬姓，出韩氏）：张侯（解张，成二）→张老（张孟，成十八）→张君臣（襄十六）、张趯（张孟，昭三）→（张趯后）张骼（襄二十四）。

丕氏（来源不详）：丕郑父（丕郑，僖九）→丕豹（僖十）。

女叔氏（来源不详）：女齐（女叔侯，叔侯，司马侯，女叔齐，襄二十六）→司马叔游（昭二十八）、女宽（女叔宽，昭二十六）。

来源说明：

（1）赵氏：据《史记·赵世家》，赵氏与秦共祖，为"帝颛顼之苗裔"，其先造父曾为周穆王御，穆王赐造父赵城，故有赵氏。造父七世孙叔带避周幽王乱，始建赵氏于晋，在晋文侯时。叔带后五世而生赵夙。《左传》赵氏事始于赵夙、赵衰兄弟二人。《国语·晋语》韦昭注："衰，公明之少子。"成

---

① 伯州犁奔楚后别出郤氏，定四传："楚之杀郤宛也，伯氏之族出。伯州犁之孙嚭为吴大宰以谋楚。"

十年孔疏亦引《世本》："公明生赵夙。"公明不见于《春秋》。《左传》闵二年有"赵夙御戎",《晋语》云"赵衰,其先君之戎御赵氏之弟也",故赵衰为赵夙弟。僖二十三年杜注亦以衰为赵夙弟。然《史记》《世本》所载赵夙、赵衰关系不同,今不从。

（2）魏氏：姬姓,出周文王子第十五子毕公高,以邑为氏。魏氏源于晋献公灭魏以封其大夫犨,属以邑为氏。王符《潜夫论·志氏姓》："毕公高与周同姓,封于毕,因为氏。周公之薨也,高继职焉。其后子孙失守,为庶世。及毕万佐晋献公,十六年使赵夙御戎,毕万为右,以灭耿灭魏封万,今之河北县是也。魏颗又氏令狐。自万后九世为魏文侯。"郑樵《氏族略三·晋邑》称："毕万仕晋,其子犨封于魏。"又谓"毕公高,周文王第十五子"（《氏族略二》）。

（3）范氏：本称士氏,自士会封于范,始称范氏。《国语·晋语》："隰叔子违周难于晋国,生子舆",韦注："隰叔,杜伯之子。宣王杀杜伯,隰叔避害适晋。"可见杜伯为周宣王大夫,为宣王所杀,其子隰叔避难于晋,生子舆,即士蔿。故杜伯为士蔿祖父。据此,士蔿出自周宣王大夫杜伯。

另据《左传》,士蔿当为尧后刘累之后。文十三年,传载士会（士蔿后）在秦,"其处者为刘氏",杜注因士会为"尧后刘累之胤,别族复累之姓"（此说汉代即有,参是年杨伯峻注）。襄二十四年士蔿之后范宣子（士匄）夸耀其祖先"自虞以上为陶唐氏,在夏为御龙氏,在商为豕韦氏,在周为唐杜氏",所谓唐杜氏盖即指杜伯家族；昭二十九年蔡墨亦称陶唐氏后有刘累,事孔甲,夏后赐氏曰御龙,后迁于鲁县,范氏其后也。据此列晋士氏（亦称范氏）来源如下：

晋士氏（范氏）来源	
朝代	氏名
唐虞	陶唐氏
夏	刘累（事孔甲）→御龙氏
商	豕韦氏
西周	唐杜氏→杜伯（周宣王时）
东周晋国	隰叔（杜伯子）→士蔿

士氏之名，或曰来自以官为氏。《氏族略三》："隰叔奔晋，为士师，故为士氏。"《潜夫论·志氏姓》亦曰："周衰，有隰叔子违周难于晋国，生子舆……故氏为士氏。"

士氏称范氏，自士会始，盖以邑为氏。士会先居随（故称随季、随武子），后受范。①

（4）荀氏：荀氏来源，历来说法不一。郑樵《氏族略三·以邑为氏》称荀氏为"晋之公族"，又为"隰叔之后"。隰叔为范氏祖，若荀氏与范氏同祖，则不为晋之公族矣。故郑说不自含矛盾。考荀氏来源，三种说法较为有据：一说荀氏出自郇侯，周文王之后。《左传》僖二十四年富辰曰："管、蔡、郕、霍、鲁、卫、毛、聃、郜、雍、曹、滕、毕、原、酆、郇，文之昭也。"其中"郇"后称"荀"。《元和姓纂》卷三："荀，周文王第十七子郇侯之后，以国为氏，后去'邑'为荀。晋有林父，生庚，裔孙况。"《诗经·曹风·下泉》"郇伯劳之"，其中郇伯郑笺以为即文王之子。据此荀氏为周文王之后，姬姓，但非晋公族。②二说荀氏出自晋大夫原黯，称荀叔。此说出《汲郡古文》（即《竹书纪年》），原文纪晋武公三十九年（鲁庄十七年），"武公灭荀，以赐大夫原氏黯，是为荀叔"（参王国维《古本竹书纪年辑校》）。《汉书·地理志》臣瓒注、郦道元《水经注》（卷六）、《文选》李善注皆引此文（《文选》注引荀作郇，原氏黯作原点，盖形近而误）。因荀氏为晋人，后来荀况为赵人（赵出于晋），故荀氏源于晋灭郇而有。原氏出周文王第十六子原伯（《氏族略三》），则晋国荀氏亦为姬姓，但非公族。③三说以荀子为子姓，出戎狄，此为清人秦嘉谟所提。秦嘉谟据《左传》襄十九年荀偃"郑甥可"一语，知荀氏娶于郑国，郑为姬姓，则荀非姬姓。又据《史记·赵世家》云"主君之

---

① 顾栋高考证认为，范本当为赤狄潞氏地（山东濮州范县），宣十五年士会、荀林父灭之，宣十六年士会又灭甲氏、留吁，晋侯赐士会范邑当在宣十六年役后（参顾栋高《春秋大事表》卷三十九《春秋四裔表·范为士会封邑考》）。

② 王先谦将荀氏推源于黄帝，亦落实到周文王之子郇侯（即《诗》郇伯）。氏著《荀子集解》于篇首《考证下·又郇卿别传二十二事》据《国语·晋语》司空季子称黄帝之子二十五人，"其得姓者十四人，为十二姓，姬、酉、祁、巳、滕、葳、任、荀、僖、姞、儇、依是也"，其中有荀氏，因说"荀姓乃黄帝之后"，而亦称《诗经》中文王之子郇伯为荀况之先。

③ 此说梁履绳驳之。梁著《左通补释五》以为原黯即荀息（原黯名息，字荀），然荀息僖九年死于卓子之难，其后不当继有荀地，"岂能世守采邑，必惠公、文公时夺绝，更赐逝敖耳"。且认《竹书纪年》所记之曲沃庄伯时之荀叔轸，其称荀叔当为后人追记。总之，荀林父之父逝敖与荀息当来源不同。其理由尚有：《路史·后纪十》叙荀氏，晋之公族，独不及荀息；《路史·国名后纪五》叙武穆之分云荀逝遨，采《史记·赵系家》索隐引《世本》"晋大夫逝敖生桓伯林父"。据此，则《竹书纪年》中武公灭荀后赐原黯之荀氏，与荀林父之荀氏为二氏，而荀林父、荀首之荀氏，或为公族。方按：武公三十九年灭郇，距荀息闵二年首见相距二十年，时间不为长。然荀息死卓子，为献公忠臣，精神可赞，所谓惠、文夺其邑，赐予逝敖，纯属推断，并无实据。荀息是否即是荀林父之先固不可知，而推论荀息即原黯，亦似武断。

子将克二国于翟，皆子姓也"，《正义》曰"谓代及智氏也"，得出知氏（知氏出荀氏）乃子姓，故称"或荀、知皆戎人之后"，并称《元和姓纂》以荀为郇侯后及《氏族略》以荀为姬姓皆误。① 方按：汲郡竹书纪晋武公灭郇，赐其大夫原黡，称荀叔，最为有据。据此荀氏属以地为氏，出于原氏。郇本侯国，然既为武公所灭，则晋之荀氏不当为郇侯之后矣。

荀氏后分二支，即荀林父之后为中行氏，荀首之后为知氏（又称智氏，知、智通）。其中中行氏乃以官为氏。僖二十八年传"荀林父将中行"，时人亦称林父为"中行伯"（宣十五、成二传）。② 又，知氏（智氏）当源于以官为氏。《氏族略三》："荀首则食智邑，又为智氏。"

（5）羋氏、女叔氏来源不详。

4.齐国卿大夫世系

齐国的世族，除陈氏、管氏、鲍氏外，基本上皆公族，其中影响最大的属高氏、崔氏、庆氏、晏氏及出自惠公的栾氏、高氏（齐有二高氏，一先一后）。哀六年传，齐国夏奔莒，遂及归高张、晏圉、弦施来奔（晏圉为晏婴之子）。哀十五传高无丕出奔北燕。故至哀十五年后，齐国主要公族基本上皆已全面失势，无实际力量矣，齐国内政已逐渐集中于陈氏手中。大体来说，陈氏的兴起，主要是在齐景公在位期间（襄二十至哀五年），籍由崔、庆之乱而逐步实现的。

高氏（出齐文公，姜姓）：高傒（敬仲，高子，庄九）→（缺二代）→高固（宣子，宣五）、高郰（高偃，武子，襄二十九）→（分二支，如下）：

一支：高固→高厚（襄六）、高无咎（成十五）→（复分二支，如下）：

高厚→高止（子容，襄二十九）→高竖（襄二十九）。

高无咎→高弱（成十七）。

二支：高郰（高偃）③→高张（昭子，昭二十九）→高无丕（哀十一）。

系未详：高发（昭十九）；高龁（昭二十六）。

---

① 宋衷注、秦嘉谟等辑：《世本八种·秦嘉谟辑补本》（各本独立页码），北京：中华书局2008年版，第264页。

② 《史记·赵世家》索隐引《世本》，称"晋大夫逝敖生桓伯林父……本姓荀，自荀偃将中军，晋改中军曰中行，因氏"，《赵世家》张守节正义亦曰："荀偃将中军，为中行，因号中行氏。"据此，中行氏源于荀偃将中军。然荀偃将中军在襄九年，而传载时人称荀林父为中行伯早在宣十五年即有，此说似非。

③ 襄二十九年高郰，与昭十二年高偃（高武子）当是一人，音同而写法不同所致。以郰为高傒曾孙据襄二十九年传（与《世本》不同）。襄参宋衷注，秦嘉谟等辑：《世本八种·张澍稡集补注本》，北京：中华书局2008年版，第113页。

国氏（公族，姜姓）：懿仲（僖十二注）→国归父（庄子，僖二十八）→国佐（武子，宾媚人，宣十）→国胜（成十七）、国弱（景子，成十八）→（国弱后）国夏（惠子，定七）。

系未详：国书（哀十一）；国观（国书子，哀十七）。另有国子高、国昭子见于《礼记·檀弓》。

管氏（出周穆王，姬姓）：管至父（管至父，庄八）；管仲（夷吾，管敬仲，庄八）；管于奚（成十一）；管修（哀十六，敬仲七世孙）。

鲍氏（来源不详）：鲍叔牙（鲍叔，庄八）→（缺二代）→鲍牵（庄子，成十七）、鲍国（文子，成十七）→（缺）→（鲍国孙）鲍牧（哀六）。系未详：鲍点（哀六）。

隰氏（出春秋前之庄公，姜姓）：隰朋（僖九）→（缺二代）→隰鉏（襄二十五）。

系未详：隰党（昭十四）。

晏氏（出春秋前之庄公，姜姓）：晏弱（桓子，宣十四）→晏婴（平仲，襄十七）→晏圉（哀六）。

系未详：晏氂（襄二十三）。

崔氏（出丁公，姜姓）：崔夭（僖二十八）→崔杼（武子，宣十）→崔成（襄二十七）、崔强（襄二十七）、崔明（襄二十七）。

系未详：崔如（襄二十三）。

庆氏（出桓公子无亏，姜姓）：庆克（庆父，成十七）→庆封（庆季，子家，成十八）、庆佐（成十八）→（庆封子）庆舍（子之，襄二十八）。系未详：庆嗣（麻婴，子息，襄二十八）；庆绳（庆奊，襄二十八）。

高氏（出惠公，姜姓）：公子旗（子高，春秋未见）→公孙虿（子尾，襄二十八）→高强（子良，强氏，昭二）。

栾氏（出惠公，姜姓）：公子坚（子栾，未见春秋）→公孙竈（子雅，襄二十八）→栾施（子旗，昭二）。

闾丘氏（出庄公[前]，姜姓）：闾丘婴（襄二十五）；闾丘明（哀八）；闾丘息（哀二十一）。

东郭氏（出桓公，姜姓）：东郭（襄二十五）；东郭书（定九）；东郭贾（大陆子方，哀十四）。

卢蒲氏（出桓公，姜姓）：卢蒲就魁（成二）；卢蒲癸（襄二十三）；卢蒲嫳（襄二十七）。

陈氏（出陈厉公，妫姓）：陈公子完（敬仲，庄二十二）→（缺二代）→陈须无（文子，襄二十三）→陈无宇（桓子，襄六）→陈书（子占，孙书，昭十九)、陈乞(僖子,哀四)、陈武子(子疆,昭二十六)→(陈乞之后)陈恒(成子,哀十四)、陈瑾(子玉,哀十一)、陈庄(昭子,哀十一)、子士(哀六)。

系未详:陈逆(子行,哀十一);陈豹(哀十四)。

来源说明:

陈氏:庄二十二年传:"二十二年春,陈人杀其大子御寇。陈公子完与颛孙奔齐。"齐侯使敬仲为卿,而敬仲辞之。

管氏:僖十二年孔疏:"《世族谱》管氏出自周穆王。"郑樵《氏族略二》承其说。

鲍氏:《氏族略三》:"鲍氏,姒姓,不知所出。或云夏禹之后有鲍叔,仕齐,食采于鲍,因以为氏。鲍叔,字叔牙。"

5.卫国卿大夫世系

卫之世族,除孔氏外,皆公族,以石氏、孙氏、宁氏、孔氏、北宫氏为大。大叔氏亦可,南氏出灵公,最为晚出。至春秋后期,孙氏、宁氏、公叔氏已亡,而石氏、北宫氏、大叔氏、公孟氏、南氏皆不强,惟孔氏尚盛,故孔悝主卫国之政,而有子路之难。凡公族皆姬姓。

石氏(出靖伯,姬姓): 石碏(石子,隐三)→石厚(隐三)→(缺二代)→石稷(成子,成二)→石买(共子,襄十七)→石恶(悼子,襄十九)→石圃(襄二十八)。系未详:石骀仲(《礼记·檀弓》);石祁子(骀仲子,庄十一);石曼姑(哀三);石魋(曼姑子,哀十八);石乞(哀十五)。

宁氏(出武公,姬姓): 宁跪(庄六)→宁速(庄子,闵二)→宁俞(武子,僖二十八)→宁相(成二)→宁殖(惠子,成十四)→宁喜(悼子,襄二十)(顾栋高表未以宁跪为宁速之父,此据陈《谱》)。

系未详:宁跪(哀四,与庄六年宁跪不同人)。

孙氏(出武公,姬姓): 孙昭子(文元)→孙良夫(桓子,宣七)→孙林父(文子,成七)→孙蒯(襄十)、孙嘉(襄二十六)、孙襄(伯国,襄二十六)。

系未详:孙免(宣六);孙庄子(哀二十六)。

孔氏(姞姓,来源不详): 孔达(闵二)→(缺)→孔烝鉏(成子,文元)→孔羁(昭七)→(缺)→孔圉(文子,仲叔圉,昭七)→孔悝(孔叔,哀十五)。

系未详：孔婴齐（闵二）。

北宫氏（出成公，姬姓）：北宫括（懿子，成十七）→北宫遗（襄二十六）、北宫佗（文子，襄三十）→（北宫佗后）北宫喜（贞子，昭十）。

系未详：北宫结（定七）。

大叔氏（又称世叔氏，出文公，姬姓）：大叔仪（世叔仪，大叔文子，襄十四）→（缺）→大叔懿子（哀十一）、世叔申（昭三十）→（懿子之子）大叔疾（悼子，世叔齐，哀十一）、大叔遗（僖子，哀十一）。

公叔氏（出献公，姬姓）：公叔发（文子，襄二十九）→公叔戍（定十三）、公叔木（见《檀弓》）。

公孟氏（出襄公，姬姓）：孟絷（公孟絷，公孟，昭七）→公孟彄（定十二）。

南氏（出灵公，姬姓）：子南（公子郢，哀二）→公孙弥牟（文子，子之，南氏，哀二十五）、司寇惠子（《礼·檀弓》）→（弥牟后）瑕（简子，弥牟子，《檀弓上》郑注）。

史氏（来源不详，姬姓）：史朝（昭七）→史狗（史苟，襄二十九），系未详：史鰌（襄二十九）。

来源说明：

孔氏：姞姓，以字为氏，但来源不详。《通志·氏族略·同名异实》（卷三十）称春秋时宋、卫、郑三国皆有孔氏，皆"以字为氏"，然三孔同氏而不同姓。杨伯峻据哀十一年传孔文子以孔姞妻太叔疾之文，断卫孔氏为姞姓，甚为有据（参文元年注）。①据此，孔氏于卫非公族。孔氏为卫国世臣，最早见者有闵二年之孔婴齐（然与孔达关系不明）。

史氏：《氏族略四·以官为氏》："周太史史佚之后，以官为氏。"又云："史之为氏者，非独佚也。周有史佚、史兴，晋有史苏、史赵、史龟、史墨，楚有史猈、史皇，卫有史鰌、史狗、史朝，齐有史嚚，凡此之类，并以史为氏而未得世系者。又有太史氏、内史氏、左史氏、右史氏，皆主于史，不容无则。"其言备矣。方按：史氏当出周公室，或为卫公族，为姬姓。

---

① 王符《潜夫论》称卫孔氏为姬氏；《通志》卷二十七《氏族略·宋人字》称"卫有孔氏，不知所出"。然清人已指卫孔氏属姞姓，如四库全书《钦定仪礼义疏》（乾隆十三年御定）卷三《士昏礼第二之一》即称"卫孔氏为姞姓"，惜未交代依据。按：姞姓为黄帝后裔，春秋时有南燕国、密须国、宋国雍氏皆姞姓。

6. 郑国卿大夫世系

襄九年，子驷弑僖公后当国，次年子驷被杀，子孔当国。襄十九年子孔被杀，子展（罕氏）当国。襄三十年子展死，子产（国氏）为政。昭二十年子产卒，子大叔为政。定八年子大叔卒，驷歂为政。是驷氏、孔氏、罕氏、国氏轮番执政。惜子孔被灭（襄十九年），否则郑有八穆（甚至更多）矣。下列各大夫皆姬姓。

罕氏：子罕（公子喜，成十）→子展（公孙舍子，襄八）、公孙虿（襄三十）→（分二支，如下）：

一支：子展→子皮（罕虎，冢宰，襄二十九）、罕魋（昭七）→（子皮之后）婴齐（子齹，孺子，昭十六）→罕达（子姚，武子剩，子剩，定十五）。

二支：公孙虿→罕朔（马师氏，昭七）。

驷氏：子驷（公子騑，成二）→子西（公孙夏，襄十）、子晳（公孙黑，襄十五）→（分二支，如下）：

一支：子西→驷带（子上，襄三十）、驷乞（子瑕，昭十九）→（复分二支，如下）：

一支1：驷带→驷偃（子游，昭十六）→丝（昭十九）。

一支2：驷乞（子瑕，昭十九）→驷歂（子然，定八）→驷弘（子般，哀七）。

二支：子晳→印（昭二）。

系未详：驷秦（哀五）。

丰氏：子丰（襄七）→公孙段（伯石，襄二十）→丰卷（子张，襄三十）、丰施（子旗，昭七）。

游氏：子游（公子偃，成三）→公孙虿（子蟜，襄八）、公孙楚（游楚，子南，昭元）→（公孙虿之后）游眅（子明，襄二十二）、游吉（子大叔，昭元）→良（襄二十二，游眅子）、游速（子宽，昭十八，游吉子）。

印氏：子印（公子舒，成十三）→子张（公孙黑肱，伯张，宣十四）→印段（叚，子石，襄二十二）→印癸（子柳，昭十六）。

系未详：印堇父（襄二十六）。

国氏：子国（公子发，成五）→子产（公孙侨，子美，襄八）→国参（子思，桓子思，昭三十二）。

良氏：子良（公子去疾，宣四）→子耳（公孙辄，襄八）→良霄（伯有，襄十一）→良止（昭七）。

孔氏：子孔（公子嘉，司徒孔，襄八）→公孙泄（昭七）→孔张（昭十六）。

然氏：子然（成十）→然丹（公孙革，子革，襄十九）。

系未详：然明（鬷蔑，鬷明。襄二十四）。

士孔氏：士子孔（公子志，襄八）→子良（襄十九）。

羽氏：子羽（成十三。此与行人子羽、名公孙挥者别）→（缺）→羽颉（马师颉，襄三十）。

来源说明：

襄十九年传："子然、子孔，宋子之子也；士子孔，圭妫之子也。圭妫之班亚宋子，而相亲也；二子孔亦相亲也。僖之四年，子然卒；简之元年，士子孔卒。司徒孔实相子革、子良之室，三室如一。"其中僖之四年（郑僖公）当鲁襄六年，简之元年（郑简公）当鲁襄八年。孔氏、子孔氏传称"二子孔"，传称然氏、孔氏、士孔氏三族相亲。

7.宋国卿大夫世系

宋之公卿皆公族，子姓，今依"卷首二"所列公族顺序列其世系如下：

戴族：

华氏：[①] 好父说→华父督（宋督，太宰督，司马督，桓元）→（分数支，如下）：

一支：华父督→世子家（文十六孔疏）→秀老（文十六孔疏）、华御事（文七）→（复分二支，如下）：

一支1：秀老→司徒郑（文十六孔疏）→华喜（司徒喜，成十五）。

一支2：华御事→华元（右师，文十六）→华阅（襄九）、华臣（襄九）→（华阅子）华皋比（襄十七）。

二支：华父督→（缺二代）→华耦（子伯，司马华孙，文九）。

三支：华父督→（缺数代）→华费遂（司马，昭四）→华貙（子皮，昭二十）、华多僚（昭二十一）、华登（昭二十）。

四支：华父督→（缺数代）→华椒（宣十二）→（缺）→华弱（襄六）、

[①] 华氏世系关系，陈厚耀《春秋世族谱》与顾栋高《春秋大事表》差别较大，顾《春秋大事表》出处清楚，以顾为主，小误纠之。

华定（襄二十九）→（华定子）华启（昭二十五）。

系未详：华吴（襄十七）；华合比（右师，昭六）；华亥（昭六，杜注华合比弟）；华无慼（昭二十，华亥子）；华牼（昭二十，杜注华亥庶兄）；华妵（昭二十一）；华豹（吕封人，昭二十一）。

乐氏：乐父术→（缺）→乐吕（司寇，文十八）、乐豫（文七）→（缺）→（乐吕后）乐喜（子罕，司城，襄六）、乐惧（成十六）→（缺）→（乐喜后）乐祁（乐祁犁，子梁，司城子梁昭二十二）、乐舍（昭二十）、乐挽（昭二十二）→（分二支，如下）：

一支：乐祁→乐溷（子明，定六）→乐茷（子潞，司城茷，哀二十六）

二支：乐挽→乐朱鉏（哀二十六）。

系未详：乐婴齐（宣十五）；乐举（成二）；乐裔（成十五）；将鉏（成十六）；乐辔（子荡，襄六）；乐遄（襄九）；乐大心（桐门右师，昭七。杜注子明族父）；乐髡（哀三）；乐得（哀二十六）。

皇氏：皇父充石（司徒皇父，戴公子，文十一）后人世系多缺，今列局部世系已知者：

皇瑗（哀七）→郧般（哀十七）、麇（哀十七）。

皇野（司马子仲，哀十四）→伯（哀十七）、皇非我（哀十七）。

系未详：皇郧（襄九）；皇国父（襄十七）；皇奄伤（昭二十二）；皇怀（杜注皇非我从昆弟，哀二十六）；皇缓（杜注皇瑗从子，哀十八）。

老氏：老佐（成十五，戴公五世孙）。

庄族：

仲氏：公子成（庄公子，春秋未见）→公孙师（司城，文十八）→仲江（襄十四）→（缺）→仲几（昭二十二）→仲佗（定十）。

桓族：

鱼氏：公子目夷（子鱼，司马子鱼，僖八）→公孙友（右师，文七）→（缺）→鱼府（成十五）。

系未详：鱼石（左师，成十五）。

荡氏：公子荡→公孙寿→荡意诸、荡虺。

鳞氏：公子鳞（春秋未见）→鳞矔（文七）→（缺二代）→鳞朱（少司寇，成十五。杜注以为鳞矔孙，此据《世本》）。

向氏：向父肸（春秋未见）→（缺）→向戌（成十五）→（分二支，如下）：

一支：向戌→向宁（昭十九）、向宜（子禄，昭二十）、向郑（昭二十）→（向宁子）向罗（昭二十）。

二支：向戌→（缺一代）→向巢（左师，左师巢）、向魋（桓魋，桓司马)、子颀（哀十四）、子车（哀十四）、司马牛（哀十四）。[①]

系未详：向带（成十五）；向为人（成五）；向胜、向行（俱昭二十）。

文族：

灵氏：公子围龟（子灵，成五）。系未详：灵不缓（左师，哀二十六）。

石氏（出共公）：公子段（子石，襄二十五）→石彄（定十）。

边氏（出平公）：公子御戎（子边，春秋未见）→（缺）→边卬（昭二十二）。

8. 楚国卿大夫世系

楚卿大夫皆为公族，芈姓。

楚之世族，以鬭氏、蒍氏、屈氏为最大。鬭氏早衰而未绝。灵王之难（昭元至昭十三年在位），多支宗族受打击，成氏、蒍氏、屈氏、伍氏皆受牵连。其中蒍氏（即薳氏）、成氏、屈氏皆受灵王打击。因与灵王关系，平王即位后逐伍氏（伍举为灵王党），亦未重用屈氏。故平王之后，鬭氏、成氏、屈氏、蒍氏衰，囊氏、阳氏、子西氏兴。盖楚卿大夫兴衰，以灵王、平王时期（昭元至昭二十六年）为一重要转折。沈氏、申氏一直有影响，然非强宗。囊氏、阳氏皆后起，有重要人物，然非大族。熊氏、潘氏为小族，并不显要。下面分言之：

鬭氏人物在春秋早期多见，宣四年楚庄王灭若敖氏，鬭氏受重挫。不过此后鬭氏仍活跃于楚政坛，只是担任要职者不多。昭十三年子旗（鬭成然，鬭伯比六世孙）为令尹，为鬭氏此后仅见为令尹者。定四年柏举之战，鬭辛、鬭巢（鬭伯比七世孙）舍身救昭王，堪为壮举。

成氏与鬭氏皆若敖之裔，皆早兴。僖二十八年城濮之战令尹子玉自杀，后来其子大孙伯、其族成嘉仍先后为令尹（文十二）。至昭十二年楚灵王以成虎为若敖之余而杀之，从此成氏族人消失于经传。

蒍氏（即薳氏）自蒍章以来多任令尹、太宰、大司马、司马等要职（参卷四"楚蒍氏"）。昭元年楚灵王即位，薳罢为令尹，薳启彊为大宰。然昭十三年传载"楚子之为令尹也，杀大司马薳掩，而取其室。及即位，夺薳居田……故薳氏之族及薳居、许围、蔡洧、蔓成然，皆王所不礼也"，盖薳氏在灵王期间颇受打击。昭十三年灵王死后，未见薳氏为楚令尹、太宰等职者，但仍有薳越为司马（昭二十三），多次率师出征或御敌。其后薳射城州

[①] 定九年杜注以向巢为向戌曾孙、向雎兄，然《礼记·檀弓》"桓司马"郑注曰："向戌孙名魋。"《檀弓》孔颖达疏引《世本》亦以向巢为向戌孙。杜注与郑注不一，《檀弓》正义所《世本》有据，似为以孙之说为是。

屈（昭二十五）、为吴所擒（定五），蒍固败巴师于鄾（定十八）。总的来说，平王以后，蒍氏人物渐少，似已渐衰。

屈氏自楚武王以来世代多为莫敖，盖承始祖屈瑕而来。计屈氏为莫敖者有屈瑕、屈重、屈到、屈建、屈荡、屈生诸人（参卷三"楚屈氏"）。成二至七年申公巫臣之逃，子重、子反杀屈巫族人。然此后屈氏仍有屈建（子木）、屈荡、屈生先后于襄十二、襄二十五、昭五年为莫敖，而屈建襄二十至二十八年为令尹。及灵王即位，杀屈申（屈荡子）、用屈生（昭五）。自昭十四年平王即位后，屈氏于春秋经传仅一见（昭十四年"使屈罢简东国之兵于召陵"）。盖屈氏于灵王、平王时期明显下挫矣。

伍氏之中，伍举为灵王同党，故灵王死后伍氏受挫。昭二十年楚平王杀伍奢、伍尚，伍奢之子伍员奔吴，伍氏亡于楚矣。

沈氏、申氏人物不多，沈氏早期不显要，二族不乏见识不凡之人，然终非要族。

鬭氏（出若敖）：若敖之子鬭伯比、鬭廉分鬭氏为二支，鬭伯比之后又分二支。

一支：鬭伯比（桓六）→鬭穀于菟（子文，庄三十）、司马子良（宣四）→（复分二支，如下）：

一支1：鬭伯比→鬭穀于菟（子文）、鬭般（子扬，宣四）→箴尹克黄（箴尹，生宣四）→弃疾（宫厩尹，昭六）→鬭韦龟（昭四）→鬭成然（子旗，蔓成然，昭十三）→鬭辛（郧公，昭十四）、鬭怀（定四）、鬭巢（定四）。

一支2：鬭伯比→司马子良→鬭椒（伯棼，子越椒，子越，伯贲，僖二十八）→苗贲皇（宣十七）。

二支：鬭廉（鬭射师，桓九）→鬭班（庄三十）→鬭克（申公子仪，僖二十五）。

系未详：鬭丹（桓八）；鬭祁（庄四）；鬭缗（庄十六）；鬭禦强（庄二十八）；鬭梧（庄二十八）；鬭章（僖二）；鬭宜申（子西，僖二十六）；鬭勃（子上，僖二十八）。

成氏（出若敖）：成得臣（子玉，令尹子玉，僖二十三）→成大心（孙伯，大孙伯，僖二十八）。

系未详：成熊（成虎，昭十二。杜注子玉之孙，不知谁之子）；成嘉（子孔，文十二见，杜注若敖曾孙）。

蒍氏（出蚡冒，亦称蔿氏）：蒍章（桓六）→蒍吕臣（叔伯，僖二十三）→蒍贾（伯嬴，僖二十七）→蒍艾猎（宣十一）、孙叔敖（蒍敖，宣十二）①→（蒍艾猎之子）蒍子冯（襄十五）→蒍掩（襄二十五）。

系未详：蒍启彊（襄二十四）；蒍罢（子荡，襄二十七）；蒍射（昭五）；蒍泄（昭六）；蒍居（昭十三）；蒍越（昭二十一）；蒍固（箴尹固②，哀十八）。

屈氏（出武王）：屈瑕（莫敖，桓十一）之后屈氏多人世系不详，今列有世系者数支如下：

屈荡（宣十二）→屈到（子夕，襄十五）→屈建（子木，襄二十二）→屈生（昭五）。

屈巫（子灵，申公巫臣，宣十二）→屈狐庸（成七）；屈巫族人：子阎（成二）、子荡（成二）、弗忌（成二）。

屈荡（襄二十五）→屈申（昭四）（屈荡与宣十二之屈荡同名不同人）。③

系未详：屈重（庄四）；屈完（僖四）；屈御寇（子边，息公子边，僖二十五）；屈罢（昭十四）。

阳氏（出穆王）：王子扬（昭十七孔疏）→尹（昭十七孔疏）→阳匄（子瑕，昭十七）→阳令终（中廐尹）、完、佗（三人俱昭二十）。

囊氏（出庄王）：子囊（成十五）→（缺）→囊瓦（子常，瓦，昭二十三）。

沈氏（出庄王）：沈尹戌（左司马戌，昭十九）→沈诸梁（子高，叶公，定五）、后臧（定五）→（沈诸梁之后）沈尹射（昭四）→沈尹赤（昭五）、沈尹朱（哀十七）。

系未详：沈尹（宣十二）；沈尹寿（襄二十四）。

申氏（来源不详）：申氏人物世系多不详，今列局部世系清楚者如下：

申公叔侯（申叔，僖二十六）→申叔时（宣十一）→申叔跪（成二）→申叔豫（襄二十一）（陈《谱》以叔侯为申叔时父，顾栋高不从）。

申舟（文之无畏，文十）→申犀（宣十四）。

申无宇（芋尹，襄三十）→申亥（昭十三）。

---

① 王符《潜夫论·志氏姓》："蚡冒生蒍章者，王子无钩也。令尹孙叔敖者，蒍章之子也。"蒍章桓六年（前706年）始见，孙叔敖宣十一年（前598年）始见，时间相距108年，不当为蒍章之子。此从杜注。又杜预以孙叔敖、蒍艾猎为同一人，皆为蒍贾之子（僖二十七年注）；孔疏以为，宣十一传"令尹蒍艾猎"，宣十二传"令尹孙叔敖"，相隔仅一年，皆为令尹，故为一人。今按：宣十一孔疏引《世本》以孙叔敖与蒍艾猎非一人，叔敖为弟，艾猎为兄，而以蒍子冯为艾猎之子；襄十五杜注亦以蒍子冯为叔敖从子。则杜注前后不一，似当从《世本》。陈厚耀、顾栋高皆以蒍艾猎、孙叔敖为同一人，今不从。

② 蒍固即定四年之箴尹固，梁履绳《左通补释三十二》考之甚详。

③ 陈厚耀《谱》以此屈荡为屈狐庸之子，未知所据。按成二年屈巫奔晋后，族人为子西等所灭，当仍有子孙为要职（襄二十五年屈荡为莫敖）。

系未详：申叔展（申叔，宣十二）；申骊（成八）；申包胥（定四）。

伍氏（来源不详）：伍参（宣十二）→伍举（椒举，襄二十六）→椒鸣（襄二十六）、伍奢（连尹奢，昭十九）→（伍奢之后）伍尚（棠君尚，昭二十）、伍员（子胥，昭二十）→（伍员后）伍丰（哀十一，为王孙氏）。

熊氏（来源不详）：熊氏世系皆不详。熊率且比（桓六）；熊负羁（宣十二）；熊相宜僚（宣十二）；熊相禖（昭二十五）；熊宜僚（哀十六）。

潘氏（来源不详）：潘崇（文元）→（缺）→潘尫（宣十二）→潘党（叔党，宣十二）。系未详：潘子（昭十二）；潘子臣（定六）。

卷一

卫州吁（前720—前719）

隐三	隐三
	卫庄公娶于齐东宫得臣之妹，曰庄姜，美而无子，卫人所为赋《硕人》也。又娶于陈，曰厉妫，生孝伯，早死。其娣戴妫生桓公，庄姜以为己子。公子州吁，嬖人之子也，有宠而好兵。公弗禁，庄姜恶之。石碏谏曰："臣闻爱子，教之以义方，弗纳于邪。骄奢淫泆，所自邪也。四者之来，宠禄过也。将立州吁，乃定之矣。若犹未也，阶之为祸。夫宠而不骄，骄而能降，降而不憾，憾而能眕者，鲜矣。且夫贱妨贵，少陵长，远间亲，新间旧，小加大，淫破义，所谓六逆也。君义，臣行，父慈，子孝，兄爱，弟敬，所谓六顺也。去顺效逆，所以速祸也。君人者，将祸是务去，而速之，无乃不可乎？"弗听。其子厚与州吁游，禁之，不可。桓公立，乃老。
隐四 戊申，卫州吁弑其君完。夏，公及宋公遇于清。宋公、陈侯、蔡人、卫人伐郑。九月，卫杀州吁于濮。冬，十有二月，卫人立晋。	**隐四** 卫州吁弑桓公而立。 公与宋公为会，将寻宿之盟。未及期，卫人来告乱。夏，公及宋公遇于清。 宋殇公之即位也，公子冯出奔郑，郑人欲纳之。及卫州吁立，将修先君之怨于郑，而求宠于诸侯，以和其民。使告于宋曰："君若伐郑以除君害，君为主，敝邑以赋与陈、蔡从，则卫国之愿也。"宋人许之。于是陈、蔡方睦于卫，故宋公、陈侯、蔡人、卫人伐郑，围其东门，五日而还。 公问于众仲曰："卫州吁其成乎？"

州吁，卫庄公之子，隐四年弑卫桓公自立，当年为卫人所杀。卫庄公诸子关系如下：

父	卫庄公			春秋前
母	庄姜	厉妫	戴妫	[缺]	嬖姜
子	无子	孝伯	卫桓公完	卫宣公晋	公子州吁

（上表：卫庄公在春秋前，隐三年见。卫桓公完在位十三年入春秋，隐四年被弑时已在位十六年。卫宣公即公子晋[隐四年见]，《卫世家》称为卫桓公之弟。卫宣公隐四年立，立十九年，至桓十二年卒。卫庄公之子尚有左公子职、右公子泄[据桓十六年孔疏]，桓十六年杜注以为职、泄为左右媵之子。）

《左传》中有

	对曰："臣闻以德和民，不闻以乱。以乱，犹治丝而棼之也。夫州吁，阻兵而安忍。阻兵，无众；安忍，无亲。众叛、亲离，难以济矣。夫兵，犹火也，弗戢，将自焚也。夫州吁弑其君而虐其民，于是乎不务令德，而欲以乱成，必不免矣！" 州吁未能和其民，厚问定君于石子。石子曰："王觐为可。"曰："何以得觐？"曰："陈桓公方有宠于王。陈、卫方睦，若朝陈使请，必可得也。"厚从州吁如陈。石碏使告于陈曰："卫国褊小，老夫耄矣，无能为也。此二人者，实弑寡君，敢即图之！"陈人执之，而请莅于卫。九月，卫人使右宰丑莅杀州吁于濮，石碏使其宰獳羊肩杀石厚于陈。君子曰："石碏，纯臣也，恶州吁而厚与焉。大义灭亲，其是之谓乎？" 卫人逆公子晋于邢。冬，十二月，宣公即位。书曰："卫人立晋。"众也。	关公子州吁的故事不多，但却体现了《左传》义法的鲜明特点，即一方面，记事时将重点放在刻画那些能反映人物性格特征的细节上，通过介绍当事人的性格与其政治命运的关系，表达了作者在做人方面的思想。如写州吁"有宠而好兵"，"修先君之怨"，"求宠于诸侯"，"庄姜恶之"，皆能从性格方面揭示州吁必败的缘由；另一方面，通过记言，即穿插大量的人物对话，对人物或事件做出总结，进一步突出作者的思想。在州吁之乱中，借石碏之口表达的对卫庄公教子无方的谴责，通过众仲之口对州吁贪婪自私的人品的刻画，可以说都是在对州吁之乱做了更深刻的总结。
隐五 夏，四月，葬卫桓公。	**隐五** 夏，葬卫桓公。卫乱是以缓。	

鲁隐公（前722—前712）

	惠公元妃孟子。孟子卒，继室以声子，生隐公。宋武公生仲子，仲子生而有文在其手，曰："为鲁夫人。"故仲子归于我。生桓公而惠公薨，是以隐公立而奉之。	隐公，姬姓，名息姑，鲁惠公之子。春秋时鲁国第一位国君，为其异母弟桓公所弑，共在位十一

隐元	隐元
春，王正月。三月，公及邾仪父盟于蔑。九月，及宋人盟于宿。	元年春，王周正月。不书即位，摄也。 三月，公及邾仪父盟于蔑，邾子克也。未王命，故不书爵。曰仪父，贵之也。公摄位而欲求好于邾，故为蔑之盟。 惠公之季年，败宋师于黄。公立而求成焉。九月，及宋人盟于宿，始通也。 冬，十月庚申，改葬惠公。公弗临，故不书。惠公之薨也，有宋师，大子少，葬故有阙，是以改葬。 卫侯来会葬，不见公，亦不书。 夏，四月，费伯帅师城郎。不书，非公命也。 郑共叔之乱，公孙滑出奔卫。卫人为之伐郑，取廪延。郑人以王师、虢师伐卫南鄙。请师于邾。邾子使私于公子豫，豫请往，公弗许。遂行。及邾人、郑人盟于翼。不书，非公命也。
隐二	**隐二**
春，公会戎于潜。无骇帅师入极。秋，八月庚辰，公及戎盟于唐。九月，纪裂繻来逆女。冬，十月，伯姬归于纪。纪子帛、莒子盟于密。十有二月乙卯，夫人子氏薨。	春，公会戎于潜，修惠公之好也。戎请盟，公辞。 司空无骇入极，费庈父胜之。 戎请盟。秋，盟于唐，复修戎好也。 九月，纪裂繻来逆女，卿为君逆也。 冬，纪子帛、莒子盟于密，鲁故也。
隐三	**隐三**
夏，四月辛卯，君氏卒。	夏，君氏卒，声子也。不赴于诸侯，不反哭于寝，不祔于姑，故不曰薨。不称夫人，故不言葬，不书姓。为公故，曰君氏。

年。隐公前后鲁君世系如下（据陈厚耀《世族谱》）：

孝公 春秋前				
惠公	臧僖伯	公子益师	公子展	郕惠伯
（以下惠公子）				
隐公		桓公		施父

（上表：孝公之子惠公隐元年见，卒在隐元年前一年。公子益师即众父，隐元年卒。臧僖伯即公子彄，隐五年见并卒，其后代为臧孙氏。公子展未见经传，其子夷伯僖十五年见，其孙展无骇［又称司空无骇］隐二见，隐八卒，赐族为展氏。其曾孙展禽［又称柳下惠、展获及柳下季、季子］僖二十六年见。郕惠伯巩见于《国语》，其后有挥敬子［见《国语》］，郕成子［双称厚成叔、瘠、厚孙］襄十四年见，郕昭伯［郕孙］见昭二十五。惠公之子施父即公子帐，桓九年见，其后施伯见《国语·齐语》、施孝叔成十一年见［杜注孝公五世孙］。）

隐四	隐四	隐公与桓公关系如下：

| 戊申，卫州吁弑其君完。夏，公及宋公遇于清。宋公、陈侯、蔡人、卫人伐郑。秋，翚帅师会宋公、陈侯、蔡人、卫人伐郑。九月，卫人杀州吁于濮。 | 春，卫州吁弑桓公而立。公与宋公为会，将寻宿之盟。未及期，卫人来告乱。夏，公及宋公遇于清。
公问于众仲曰："卫州吁其成乎？"对曰："臣闻以德和民，不闻以乱。以乱，犹治丝而棼之也。夫州吁，阻兵而安忍。阻兵无众，安忍无亲。众叛亲离，难以济矣。夫兵，犹火也，弗戢，将自焚也。夫州吁弑其君而虐用其民，于是乎不务令德，而欲以乱成，必不免矣！"
秋，诸侯复伐郑。宋公使来乞师，公辞之。羽父请以师会之，公弗许，固请而行。故书曰"翚帅师"，疾之也。 | |

父	惠公	春秋前
母	孟子	声子	仲子
子		隐公	桓公

杜注谓隐公之母声子为惠公嫡夫人孟子之侄娣，并称"诸侯始娶，则同姓之国以侄娣媵。元妃死，则次妃摄治内事，犹不得称夫人，故谓之继室"。刘文淇分辨以为侄娣非嫡夫人，但为"妾之贵者"，盖以其为孟子卒后主管后宫女事者（参《春秋左氏传旧注疏证》隐公元年）。

惠公死后，隐公虽为长子，但为成全父志，在桓公尚幼的情况下，摄位以待桓公，没有正式即位，而实行国君之权。后被桓公所杀，共在位十一年。吴闿生《左传微·隐公之难》篇首称："此篇以隐公让位居摄，谨小节而昧大体、卒遭篡弑之祸为主，所以惜隐公之贤而不获伸其志。意指所寄，皆于隐约吞吐间见之。"又评隐五年臧僖伯之谏曰："著此一谏，以明公之失政，所以惜

隐五	隐五	
春，公矢鱼于棠。九月，考仲子之宫，初献六羽。邾人、郑人伐宋。冬，十有二月辛巳，公子彄卒。	春，公将如棠观鱼者。臧僖伯谏曰："凡物不足以讲大事，其材不足以备器用，则君不举焉。君，将纳民于轨物者也。故讲事以度轨量谓之轨，取材以章物采谓之物。不轨不物，谓之乱政。乱政亟行，所以败也。故春蒐、夏苗、秋狝、冬狩，皆于农隙以讲事也。三年而治兵，入而振旅，归而饮至，以数军实，昭文章，明贵贱，辨等列，顺少长，习威仪也。鸟兽之肉不登于俎，皮革、齿牙、骨角、毛羽不登于器，则公不射，古之制也。若夫山林川泽之实，器用之资，皂隶之事，官司之守，非君所及也。"公曰："吾将略地焉。"遂往，陈鱼而观之。僖伯称疾，不从。书曰："公矢鱼于棠。"非礼也，且言远地也。 九月，考仲子之宫，将《万》焉。公问羽数于众仲。对曰："天子用八，诸侯用六，大夫四，士二。夫舞，所以节八音而行八风，故自	

	八以下。"公从之。于是初献六羽,始用六佾也。 宋人取郜田。郜人告于郑曰:"请君释憾于宋,敝邑为道。"郑人以王师会之。伐宋,入其郛,以报东门之役。宋人使来告命。公闻其入郛也,将救之,问于使者曰:"师何及?"对曰:"未及国。"公怒,乃止,辞使者曰:"君命寡人同恤社稷之难,今问使者,曰'师未及国',非寡人之所敢知也。" 冬,十二月辛巳,臧僖伯卒。公曰:"叔父有憾于寡人,寡人弗敢忘。"葬之加一等。	其无远大之图而不能纳民于轨物,以致败也。" 从隐公在位期间鲁国发生的一系列事情可以看出,隐公生前对手下权臣过于迁就,放任费伯(隐元)、公子豫(隐元)、公子翚(隐四年、十年)等大臣擅自用兵,可能也是导致他"卒遭篡弑之祸"的重要原因之一。 隐公一生在为政方面最值得欣赏的地方也许是他对中原列国关系的处理。隐公在位期间,中原列国关系动荡不安。宋国自宋殇公即位后联合了卫、陈、蔡、戴等许多国家多次伐郑,而郑庄公则欲联合周、齐、邾、鲁等国共同对付宋国。由于鲁国不像周、齐那样在列国中有举足轻重的地位,处理列国关系稍不适当就有可能遭来横祸。隐公刚即位时,曾几次与宋公为会(元年、四年),显然有和外以安内之意。但四年宋人欲与蔡、卫、陈诸国伐郑,隐公却辞不答应;五年又不愿派兵援宋;七年,郑及宋平,故隐公伐邾以
隐六	隐六	
春,郑人来渝平。夏,五月辛酉,公会齐侯,盟于艾。	春,郑人来渝平,更成也。 夏,盟于艾,始平于齐也。 冬,京师来告饥,公为之请籴于宋、卫、齐、郑,礼也。	
隐七	隐七	
齐侯使其弟年来聘。秋,公伐邾。	齐侯使夷仲年来聘,结艾之盟也。 秋,宋及郑平。七月庚申,盟于宿。公伐邾,为宋讨也。	
隐八	隐八	
三月,郑伯使宛来归祊。庚寅,我入祊。九月辛卯,公及莒人盟于浮来。	郑伯请释泰山之祀而祀周公,以泰山之祊易许田。三月,郑伯使宛来归祊,不祀泰山也。 公及莒人盟于浮来,以成纪好也。 冬,齐侯使来告成三国,公使众仲对曰:"君释三国之图,以鸠其民,君之惠也。寡君闻命矣,敢不承受君之明德。"	
隐九	隐九	
冬,公会齐侯于防。	宋公不王,郑伯为王左卿士,以王命讨之。伐宋。宋以入郛之役怨公,不告命。公怒,绝宋使。秋,郑人以王命来告伐宋。冬,公会齐侯于防,谋伐宋也。	

隐十	隐十	
春，王二月，公会齐侯、郑伯于中丘。夏，翚帅师会齐人、郑人伐宋。六月壬戌，公败宋师于菅。辛未，取郜。辛巳，取防。	春，王正月，公会齐侯、郑伯于中丘。癸丑，盟于邓，为师期。夏，五月，羽父先会齐侯、郑伯伐宋。六月戊申，公会齐侯、郑伯于老桃。壬戌，公败宋师于菅。庚午，郑师入郜。辛未，归于我。庚辰，郑师入防。辛巳，归于我。君子谓："郑庄公于是乎可谓正矣。以王命讨不庭，不贪其土，以劳王爵，正之体也。"	和宋。到九、十年，宋公不王，隐公绝宋使，与郑、齐合谋伐宋。总之，和齐、联郑，是隐公这一时间处理列国关系的主要方面，也使鲁国一直处在一个与己较有利的位置。 从隐公对于卫乱及宋公不义行为的态度（隐四、五、九年），均可看出他处理列国关系绝非唯利所在而已。隐公刚即位时曾盟邾、和宋、盟戎、平纪莒，以求和外，但同时却不见卫侯，不与郑人伐卫，可见他并不是无原则地和外自保。这大概是他在列国关系中立于不败的根本原因吧。从隐公在处理戎人请盟（隐二年）、与郑易许田（隐八年）等一系列事情上的方法可以看出他在外交上是相当有手段的。分明是愿意和戎，但却不轻易结盟；分明是愿意与郑易许田（隐八年鲁入祊），却表现得很不情愿，与日后的桓公形成鲜明对照。盖隐公品端故行正，而桓公品恶故行邪。
隐十一	隐十一	
春，滕侯、薛侯来朝。夏，公会郑伯于时来。秋，七月壬午，公及齐侯、郑伯入许。冬，十有一月壬辰，公薨。	春，滕侯、薛侯来朝，争长。薛侯曰："我先封。"滕侯曰："我，周之卜正也。薛，庶姓也，我不可以后之。" 公使羽父请于薛侯曰："君与滕君，辱在寡人，周谚有之曰：'山有木，工则度之；宾有礼，主则择之。'周之宗盟，异姓为后。寡人若朝于薛，不敢与诸任齿。君若辱贶寡人，则愿以滕君为请。"薛侯许之，乃长滕侯。 夏，公会郑伯于时郲，谋伐许也。秋七月，公会齐侯、郑伯伐许。庚辰，傅于许。壬午，遂入许。许庄公奔卫。齐侯以许让公，公曰："君谓许不共，故从君讨之。许既伏其罪矣，虽君有命，寡人弗敢与闻。"乃与郑人。郑伯使许大夫百里奉许叔以居东偏。 羽父请杀桓公，将以求大宰。公曰："为其少故也，吾将授之矣。使营菟裘，吾将老焉。"羽父惧，反谮公于桓公而请弑之。公之为公子也，与郑人战于狐壤，止焉。郑人囚诸尹氏，赂尹氏而祷于其主钟巫，遂与尹氏归，而立其主。十一月，公祭钟巫，齐于社圃，馆于寪氏。壬辰，羽父使贼弑公于寪氏，立桓公，而讨寪氏，有死者。不书葬，不成丧也。	

桓元	桓元	
春，王正月，公即位。三月，公会郑伯于垂。郑伯以璧假许田。夏，四月丁未，公及郑伯盟于越。	春，公即位，修好于郑。郑人请复祀周公，卒易祊田。公许之。三月，郑伯以璧假许田，为周公祊故也。夏，四月丁未，公及郑伯盟于越，结祊成也。盟曰："渝盟无享国。"冬，郑伯拜盟。	
桓十七	桓十七	
二月丙午，公会邾仪父，盟于趡。	及邾仪父盟于趡，寻蔑之盟也。	

宋殇公（前720—前710）

隐三	隐三	宋殇公，子姓，名与夷，宋宣公之子。隐四年立，桓二年被弑，共在位十年。宋殇公相关世系如下：
八月庚辰，宋公和卒。癸未，葬宋穆公。	宋穆公疾，召大司马孔父而属殇公焉，曰："先君舍与夷而立寡人，寡人弗敢忘。若以大夫之灵，得保首领以没，先君若问与夷，其将何以辞对？请子奉之，以主社稷。寡人虽死，亦无悔焉。"对曰："群臣愿奉冯也。"公曰："不可。先君以寡人为贤，使主社稷。若弃德不让，是废先君之举也，岂曰能贤？光昭先君之令德，可不务乎？吾子其无废先君之功。"使公子冯出居于郑。八月庚辰，宋穆公卒，殇公即位。 君子曰："宋宣公可谓知人矣。立穆公，其子飨之，命以义夫！《商颂》曰：'殷受命咸宜，百禄是何荷。'其是之谓乎！"	

		戴公
		宋武公
		宣公力1 春秋前卒，让位于其弟穆公	穆公和2 七年入春秋，隐三年卒让位殇公夷
		殇公夷3 隐三即位，桓二被弑，立庄公	庄公冯4 桓三至庄二年在位十八年

隐四	隐四	（上表：1、2、3、4表四国君即位顺序。戴公、武公、穆公俱卒在春秋前，武公桓六年见。）
夏，公及宋公遇于清。宋公、陈侯、蔡人、卫人伐郑。秋，翚帅师会宋公、	公与宋公为会，将寻宿之盟。未及期，卫人来告乱。夏，公及宋公遇于清。 宋殇公之即位也，公子冯出奔郑，郑人欲纳之。及卫州吁立，将修先君之怨于郑，而求宠于诸侯，以和其民；使告于宋曰："君欲伐郑以除君害，君为	

陈侯、蔡人、卫人伐郑。	主，敝邑以赋与陈、蔡从，则卫国之愿也。"宋人许之。于是陈蔡方睦于卫，故宋公、陈侯、蔡人、卫人伐郑，围其东门，五日而还。 秋，诸侯复伐郑。宋公使来乞师，公辞之。羽父请以师会之，公弗许，固请而行，故书曰"翚帅师"，疾之也。诸侯之师败郑徒兵，取其禾而还。	宋宣公临终舍其子与夷，而立其弟穆公，故穆公临终时出其子冯，而立宣公子与夷。宋殇公即位后非但不报答穆公，反以穆公子奔郑之故，联合卫、陈、蔡伐郑，导致了一场长达十余年的宋、郑之战。后来桓二年殇公死后，宋、郑仍不断交兵，自桓十一、十二、十三、十四年，至庄十六年齐桓率列国讨郑为止，宋、郑之争持续了几十年（若从隐四年算起，前后共达四十一年），其中包括桓十一年宋人引发了郑国的昭、厉之争。总之，这场四十一年宋、郑之战，宋殇公罪责难逃。 殇公即位之初，列国之中和宋者甚多：宋、卫相睦，陈、蔡、燕与之，鲁国两度与宋修好。由于宋人行为不义，宋、鲁很快生隙（隐四、五年）；隐八年齐侯平宋、郑，鲁君"闻命"；但次年，宋公与王室不和，郑国趁机联合齐、鲁伐宋。宋
隐五	**隐五**	
邾人、郑人伐宋。宋人伐郑，围长葛。	宋人取邾田。邾人告于郑曰："请君释憾于宋，敝邑为道。"郑人以王师会之，伐宋，入其郛，以报东门之役。宋人使来告命。公闻其入郛也，将救之，问于使者曰："师何及？"对曰："未及国。"公怒，乃止，辞使者曰："君命寡人同恤社稷之难，今问使者，曰'师未及国'，非寡人之所敢知也。" 宋人伐郑，围长葛，以报入郛之役也。	
隐六	**隐六**	
冬，宋人取长葛。	秋，宋人取长葛。	
隐七	**隐七**	
秋，公伐邾。	秋，宋及郑平。七月庚申，盟于宿。公伐邾，为宋讨也。	
隐八	**隐八**	
春，宋公卫侯遇于垂。秋，七月庚午，宋公、齐侯、卫侯盟于瓦屋。	春，齐侯将平宋、卫，有会期。宋公以币请于卫，请先相见。卫侯许之，故遇于犬丘。 齐人卒平宋、卫于郑。秋，会于温，盟于瓦屋，以释东门之役，礼也。 冬，齐侯使来告成三国。公使众仲对曰："君释三国之图以鸠其民，君之惠也。寡君闻命矣，敢不承受君之明德？"	
隐九	**隐九**	
公会齐侯于防。	宋公不王，郑伯为王左卿士，以王命讨之，伐宋。 宋以入郛之役怨公，不告命。公怒，绝宋使。 秋，郑人以王命来告伐宋。冬，公会齐侯于防，谋伐宋也。	

隐十	隐十	殇公显然也没有处理好与陈、蔡、卫、燕的关系。隐十年"宋、卫既入郑，而以伐戴召蔡人，蔡人怒，故不和而败"就是一例。
宋殇公因穆公之恩而上台，但他却对穆公之子穷追不舍，不肯放手；卫公子州吁弑君篡位，人皆以为不义，但宋殇公却与之沆瀣一气，联手伐郑。为了个人的权位与虚荣，殇公穷兵黩武，搞得民不聊生；为了一时的利益与需要，殇公背信弃义，终致众叛亲离。"宋殇公立，十年十一战，民不堪命"（桓二年），这句话对他的政治算是一个总结。
按：桓二年孔父之死，与其说死于对殇公之忠，不如说死于对穆公之忠，事参隐三年（孔父为孔子六世祖）。
春，王二月，公会齐侯、郑伯于中丘。夏，翚帅师会齐人、郑人伐宋。六月壬戌，公败宋师于菅。辛未，取郜。辛巳，取防。秋，宋人、卫人入郑。宋人、蔡人、卫人伐戴。郑伯伐取之。	春，王正月，公会齐侯、郑伯于中丘。癸丑，盟于邓，为师期。
夏，五月，羽父先会齐侯、郑伯伐宋。
六月戊申，公会齐侯、郑伯于老桃。壬戌，公败宋师于菅。庚午，郑师入郜。辛未，归于我。庚辰，郑师入防。辛巳，归于我。君子谓："郑庄公于是乎可谓正矣，以王命讨不庭，不贪其土，以劳王爵，正之体也。"
秋，七月庚寅，郑师入郊，犹在郊。宋人、卫人入郑，蔡人从之伐戴。八月壬戌，郑伯围戴。癸亥，克之，取三师焉。宋、卫既入郑，而以伐戴召蔡人，蔡人怒，故不和而败。
九月戊寅，郑伯入宋。	
隐十一	隐十一	
	冬，十月，郑伯以虢师伐宋。壬戌，大败宋师，以报其入郑也。宋不告命，故不书。	
桓元	桓元	
	宋华父督见孔父之妻于路，目逆而送之，曰："美而艳。"	
桓二	桓二	
春，王正月戊申，宋督弑其君与夷及其大夫孔父。三月，公会齐侯、陈侯、郑伯于稷，以成宋乱。夏，四月，取郜大鼎于宋，戊申，纳于大庙。	宋督攻孔氏，杀孔父而取其妻。公怒，督惧，遂弑殇公。君子以为督为有无君之心而后动于恶，故先书弑其君。
会于稷，以成宋乱，为赂故，立华氏也。宋殇公立，十年十一战，民不堪命。孔父嘉为司马，督为大宰，故因民之不堪命，先宣言曰："司马则然。"已杀孔父而弑殇公，召庄公于郑而立之，以亲郑。以郜大鼎赂公，齐、陈、郑皆有赂，故遂相宋公。夏，四月，取郜大鼎于宋。戊申，纳于大庙，非礼也。	

文十五	文十五	
三月，宋司马华孙来盟。	三月，宋华耦来盟，其官皆从之。书曰"宋司马华孙"，贵之也。公与之宴，辞曰："君之先臣督得罪于宋殇公，名在诸侯之策。臣承其祀，其敢辱君？请承命于亚旅。"鲁人以为敏。	

郑庄公（前722—前701）

隐元	隐元	郑庄公，姬姓，郑武公之子、郑桓公孙，名寤生，又称郑伯，郑伯寤生等。郑庄公即位二十二年入春秋，至鲁桓公十一年卒，共在位四十三年。郑庄公相关世系如下（据陈厚耀《世族谱》）：
夏，五月，郑伯克段于鄢。	初，郑武公娶于申，曰武姜，生庄公及共叔段。庄公寤生，惊姜氏，故名曰"寤生"，遂恶之。爱共叔段，欲立之，亟请于武公，公弗许。及庄公即位，为之请制。公曰："制，岩邑也，虢叔死焉。佗邑惟命。"请京，使居之，谓之"京城大叔"。祭仲曰："都城过百雉，国之害也。先王之制，大都不过参国之一，中五之一，小九之一。今京不度，非制也，君将不堪。"公曰："姜氏欲之，焉辟害？"对曰："姜氏何厌之有？不如早为之所，无使滋蔓。蔓，难图也。蔓草犹不可除，况君之宠弟乎？"公曰："多行不义必自毙，子姑待之。"既而大叔命西鄙、北鄙贰于己。公子吕曰："国不堪贰，君将若之何？欲与大叔，臣请事之。若弗与，则请除之，无生民心。"公曰："无庸，将自及。"大叔又收贰以为己邑，至于廪延。子封曰："可矣，厚将得众。"公曰："不义不昵，厚将崩。"大叔完聚，缮甲兵，具卒乘，将袭郑。夫人将启之。公闻其期，曰："可矣。"命子封帅车二百乘以伐京。京叛大叔段，段入于鄢，公伐诸鄢。五月辛丑，大叔出奔共。书曰："郑伯克段于鄢。"段不弟，故不言弟。如二君，故曰克。称郑伯，讥失教也；谓之郑志。不言出奔，难之也。	

武公掘突		
庄公寤生		共叔段
昭公忽	公子亹	子仪	厉公突	子人	公孙滑
			文公捷	[缺]	公父定叔
				穆公兰	子人九

（上表：郑桓公友为幽王司徒而死于犬戎之难，其子武公

		掘突定平王于东都，亦为司徒。桓公、武公皆卒于春秋前。武公子共叔段，又称大叔段、京城大叔、大叔，隐元见，奔共。段之子公孙滑隐元见。滑之子公父定叔庄十六见。庄公数子：昭公忽、厉公突已有专栏；公子亹桓十七年立，桓十八年为齐杀，立子仪；子仪[郑子]桓十八年立，立十四年至庄十四年弑，复立厉公。庄公另一子子人[语]桓十四见，其后为子人氏，僖二十八见。）
	遂置姜氏于城颍，而誓之曰："不入黄泉，无相见也。"既而悔之。颍考叔为颍谷封人，闻之，有献于公。公赐之食，食舍肉。公问之，对曰："小人有母，皆尝小人之食矣，未尝君之羹，请以遗之。"公曰："尔有母遗，繄我独无！"颍考叔曰："敢问可谓也？"公语之故，且告之悔。对曰："君何患焉？若阙地及泉，隧而相见，其谁曰不然？"公从之。公入而赋："大隧之中，其乐也融融。"姜出而赋："大隧之外，其乐也洩洩。"遂为母子如初。君子曰："颍考叔，纯孝也，爱其母，施及庄公。《诗》曰：'孝子不匮，永锡尔类。'其是之谓乎？" 郑共叔之乱，公孙滑出奔卫。卫人为之伐郑，取廪延。郑人以王师、虢师伐卫南鄙。请师于邾，邾子使私于公于豫往，公弗许。遂行，及邾人郑人盟于翼。不书，非公命也。	
隐二	隐二	
郑人伐卫。	郑人伐卫，讨公孙滑之乱也。	
隐三	隐三	郑庄公大概是春秋时期郑国历史上最有作为的一位国君，同时也是春秋早年中原地区最具影响力的诸侯之一。《左传》虽然只记载了郑庄公在位最后二十二年间之事，也已足以给人们留下深刻的印象。郑庄公一生经历了许多大事，其中在内政方面有大叔段之乱，在外交方面有周、郑交恶，宋、郑交兵，克燕、伐许，克息、侵陈，
冬十有二月，齐侯、郑伯盟于石门。	郑武公、庄公为平王卿士，王贰于虢，郑伯怨王，王曰："无之。"故周、郑交质，王子孤为质于郑，郑公子忽为质于周。王崩，周人将畀虢公政。四月，郑祭足帅师取温之麦。秋，又取成周之禾。周、郑交恶。君子曰："信不由中，质无益也。明恕而行，要之以礼，虽无有质，谁能间之？苟有明信，涧溪沼沚之毛，蘋蘩薀藻之菜，筐筥锜釜之器，潢汗行潦之水，可荐于鬼神，可羞于王公，而况君子结二国之信，行之以礼，又焉用质？《风》有《采蘩》《采蘋》，《雅》有《行苇》《泂酌》，昭忠信也。" 冬，齐、郑盟于石门，寻卢之盟也。庚戌，郑伯之车偾于济。	

隐四	隐四	
宋公、陈侯、蔡人、卫人伐郑。会宋公、陈侯、蔡人、卫人伐郑。	宋殇公之即位也，公子冯出奔郑，郑人欲纳之。及卫州吁立，将修先君之怨于郑，而求宠于诸侯，以和其民；使告于宋曰："君若伐郑以除君害，君为主，敝邑以赋与陈、蔡从，则卫国之愿也。"宋人许之。于是陈、蔡方睦于卫，故宋公、陈侯、蔡人、卫人伐郑，围其东门，五日而还。 秋，诸侯复伐郑。宋公使来乞师，公辞之。羽父请以师会之，公弗许，固请而行。故书曰"翚帅师"，疾之也。诸侯之师败郑徒兵，取其禾而还。	御北戎以及与鲁易祊，等等。这些大事都让我们对他的政治才能有了较深的认识。 郑庄公的政治才能首先体现在隐公元年"克段"之事上，庄公在整个事件期间所显示出来的沉着持重绝非常人所及，也遭到了历代不少春秋家的讥评（如吕祖谦《东莱博议》，魏禧《左传经世抄》等）。其实庄公一生的政治成就主要还是体现在处理与列国的关系上。 与鲁易许田，一次不行二次，隐公不愿找桓公，终于达到了自己的目的。与周交恶，既恨周之弃己，又用周之权威；虽与王室战争，又能联周抗宋。郑庄公在位期间，分别击败过周、卫、陈、蔡联军及宋、陈、蔡、卫、鲁等国联军等。御燕、侵陈，大胜之；伐许、克息，大败之；伐周、伐宋、御北戎，攻必克，战必胜，一生功业可谓辉煌。 宋、郑之争是
隐五	隐五	
邾人、郑人伐宋。宋人伐郑，围长葛。	四月，郑人侵卫牧，以报东门之役。卫人以燕师伐郑。郑祭足、原繁、洩驾以三军军其前，使曼伯与子元潜军军其后。燕人畏郑三军，而不虞制人。六月，郑二公子以制人败燕师于北制。君子曰："不备不虞，不可以师。" 宋人取邾田。邾人告于郑曰："请君释憾于宋，敝邑为道。"郑人以王师会之，伐宋，入其郛，以报东门之役。 宋人伐郑，围长葛，以报入郛之役也。	
隐六	隐六	
春，郑人来输平。冬，宋人取长葛。	春，郑人来渝平，更成也。 五月庚申，郑伯侵陈，大获。往岁，郑伯请成于陈，陈侯不许。五父谏曰："亲仁善邻，国之宝也。君其许郑！"陈侯曰："宋、卫实难，郑何能为？"遂不许。君子曰："善不可失，恶不可长，其陈桓公之谓乎？长恶不悛，从自及也。虽欲救之，其将能乎？《商书》曰：'恶之易也，如火之燎于原，不可乡迩，其犹可扑灭？'周任有言：'为国家者，见恶如农夫之务除草焉，芟夷蕴崇之，绝其本根，勿使能殖，则善者信矣。'" 秋，宋人取长葛。 冬，京师来告饥，公为之请籴于宋、卫、齐、郑，礼也。	

	郑伯如周，始朝桓王也。王不礼焉。周桓公言于王曰："我周之东迁，晋、郑焉依。善郑以劝来者，犹惧不蔇，况不礼焉？郑不来矣。"	郑庄公一生遇到的主要大事之一。这场争斗一开始，宋国咄咄逼人、不可一世，纠集了包括卫、陈、蔡、燕、鲁在内的多国联军，大有非把郑国铲平不可的气势。在这种情况下，若非庄公胆识过人，决不低头屈服，是难以支撑住的。郑庄公所以能在宋郑之争中最终取得胜利，不能仅仅归结为军事上的胜利，与他处理列国关系非常成功也有极大的关系。不计前嫌，尽可能联合一切可以利用的政治力量为己服务，是郑庄公处理列国关系时的主要准则。陈国虽曾与宋国一起侵郑，但郑庄公却在击败陈师之后，主动与陈和好。鲁国曾在伐郑之役中出兵援宋，但郑庄公并未因此忌恨于鲁，而是主动向鲁国求和，终成同盟。处理与蔡国的关系也是如此（桓二）。此外，郑庄公还利用了周天子的权威及齐国的势力来要挟宋人，以泄私愤，终于在隐十年联合
隐七 秋，公伐邾。	隐七 秋，宋及郑平。七月庚申，盟于宿。公伐邾，为宋讨也。 陈及郑平。十二月，陈五父如郑莅盟。壬申，及郑伯盟，歃如忘。洩伯曰："五父必不免，不赖盟矣。"郑良佐如陈莅盟。辛巳，及陈侯盟，亦知陈之将乱也。郑公子忽在王所，故陈侯请妻之。郑伯许之，乃成昏。	
隐八 三月，郑伯使宛来归祊。庚寅，我入祊。秋，七月庚午，宋公、齐侯、卫侯盟于瓦屋。	隐八 郑伯请释泰山之祀而祀周公，以泰山之祊易许田。三月，郑伯使宛来归祊，不祀泰山也。 四月甲辰，郑公子忽如陈逆妇妫。辛亥，以妫氏归。甲寅，入于郑。陈鍼子送女。 齐人卒平宋、卫于郑。秋，会于温，盟于瓦屋，以释东门之役，礼也。 八月丙戌，郑伯以齐人朝王，礼也。 冬，齐侯使来告成三国。公使众仲对曰："君释三国之图以鸠其民，君之惠也。寡君闻命矣，敢不承受君之明德？"	
隐九	隐九 宋公不王，郑伯为王左卿士，以王命讨之，伐宋。宋以入郛之役怨公，不告命。公怒，绝宋使。秋，郑人以王命来告伐宋。冬，公会齐侯于防，谋伐宋也。 北戎侵郑，郑伯御之，患戎师，曰："彼徒我车，惧其侵轶我也。"公子突曰："使勇而无刚者，尝寇而速去之，君为三覆以待。戎轻而不整，贪而无亲，胜不相让，败不相救。先者见获必务进，进而遇覆必速奔，后者不救，则无继矣。乃可以逞。"从之。戎人之前遇覆者奔，祝聃逐之，衷戎师，前后击之，尽殪。戎师大奔。十二月甲寅，郑人大败戎师。	

隐十	隐十	
春，王二月，公会齐侯、郑伯于丘。夏，翬帅师会齐人、郑人伐宋。六月壬戌，公败宋师于菅。辛未，取郜。辛巳，取防。秋，宋人、卫人入郑。宋人、蔡人、卫人伐戴，郑伯伐取之。冬，十月壬午，齐人、郑人入郕。	春，王正月，公会齐侯、郑伯于中丘。癸丑，盟于邓，为师期。 夏，五月，羽父先会齐侯、郑伯伐宋。 六月戊申，公会齐侯、郑伯于老桃。壬戌，公败宋师于菅。庚午，郑师入郜；辛未，归于我。庚辰，郑师入防；辛巳，归于我。君子谓："郑庄公于是乎可谓正矣，以王命讨不庭，不贪其土以劳王爵，正之体也。" 蔡人、卫人、郕人不会王命。 秋，七月庚寅，郑师入郊，犹在郊。宋人、卫人入郑，蔡人从之，伐戴。八月壬戌，郑伯围戴。癸亥，克之，取三师焉。宋、卫既入郑，而以伐戴召蔡人，蔡人怒，故不和而败。 九月戊寅，郑伯入宋。 冬，齐人、郑人入郕，讨违王命也。	齐、鲁之师，以天子之命伐宋，后又击败了宋、卫、蔡三国联军。总之，他在处理周、陈、蔡、鲁、齐、邾等国的关系上是非常成功的。桓二年宋殇公为宋人所弑、宋郑之争告一段落，殇公之死虽不是郑人所为，但与郑庄公多年来对宋殇公决不妥协让步是有很大关系的。桓二年传曰："宋殇公立，十年十一战，民不堪命。已杀孔父而弑殇公，召庄公于郑而立之，以亲郑。以郜大鼎赂公，齐、陈、郑皆有赂，故遂相宋公。"郑庄公终于在宋郑之争中大获全胜。 总之，《左传》中的郑庄公是个既会打仗又善外交，既善权谋又有眼光，既凶狠阴险又有恻隐之心的有血有肉的人。如果说军事上一次又一次的胜利证明他会谋略、善用兵，那么处理列国关系时能分辨小利与大利，让小利服从大利，从而能从大局出发，多次成功地化敌为友，
隐十一	隐十一	
夏，公会郑伯于时来。秋，七月壬午，公及齐侯、郑伯入许。	夏，公会郑伯于时来，谋伐许也。郑伯将伐许，五月甲辰，授兵于大宫。公孙阏与颍考叔争车，颍考叔挟辀以走，子都拔棘以逐之。及大逵，弗及，子都怒。 秋七月，公会齐侯、郑伯伐许。庚辰，傅于许。颍考叔取郑伯之旗蝥弧以先登，子都自下射之，颠。瑕叔盈又以蝥弧登，周麾而呼曰："君登矣！"郑师毕登。壬午，遂入许。许庄公奔卫。 齐侯以许让公，公曰："君谓许不共，故从君讨之。许既伏其罪矣，虽君有命，寡人弗敢与闻。"乃与郑人。郑伯使许大夫百里奉许叔以居许东偏，曰："天祸许国，鬼神实不逞于许君，而假手于我寡人。寡人唯是一二父兄不能共亿，其敢以许自为功乎？寡人有弟，不能和协，而使糊其口于四方，其况能	

	久有许乎？吾子其奉许叔以抚柔此民也，吾将使获也佐吾子。若寡人得没于地，天其以礼悔祸于许，无宁兹许公复奉其社稷。唯我郑国之有请谒焉，如旧昏媾，其能降以相从也？无滋他族，实逼处此，以与我郑国争此土也。吾子孙其覆亡之不暇，而况能禋祀许乎？寡人之使吾子处此，不唯许国之为，亦聊以固吾圉也。"乃使公孙获处许西偏，曰："凡而器用财贿，无置于许。我死，乃亟去之。吾先君新邑于此。王室而既卑矣，周之子孙日失其序。夫许，大岳之胤也。天而既厌周德矣，吾其能与许争乎？" 君子谓郑庄公于是乎有礼。礼，经国家，定社稷，序民人，利后嗣者也。许无刑而伐之，服而舍之；度德而处之，量力而行之；相时而动，无累后人，可谓知礼矣。 郑伯使卒出豭，行出犬鸡，以诅射颍考叔者。君子谓："郑庄公失政刑矣。政以治民，刑以正邪。既无德政，又无威刑，是以及邪。邪而诅之，将何益矣！" 王取邬、刘、蒍、邗之田于郑，而与郑人苏忿生之田温、原、絺、樊、隰郕、攒茅、向、盟、州、陉、隤、怀。君子是以知桓王之失郑也。恕而行之，德之则也，礼之经也。己弗能有，而以与人。人之不至，不亦宜乎？ 郑、息有违言，息侯伐郑。郑伯与战于竟，息师大败而还。君子是以知息之将亡也。不度德，不量力，不亲亲，不征辞，不察有罪。犯五不韪，而以伐人，其丧师也，不亦宜乎？ 冬十月，郑伯以虢师伐宋。壬戌，大败宋师，以报其入郑也。宋不告命，故不书。	则证明他的胸怀和目光不同凡俗。 此外，《左传》对郑庄公的内心世界也做了极为细腻的刻画，从中我们也对他的性格有了较深刻的认识。伐许而不贪其地；大败王师，又夜使祭足劳王，这些都包含着对郑庄公丰富生动的内心世界和极具特色的个性的刻画。在这方面，下面两段话最具代表性，一是隐十一年伐许大胜后的一段话，庄公曰："寡人有弟，不能和协，而使其糊其口于四方，其况能久有许乎？"二是桓五年大败王师后的一段记载："公曰：'君子不欲多上人，况敢陵天子乎？苟自救也，社稷无陨多矣。'夜，郑伯使祭足劳王，且问左右。" 郑庄公一生最重要的政治失误也许是生前没有对昭公之位做出妥善安排，致使庄公一死郑国立即陷入昭、厉之争，为害甚久。郑庄公的另一个重要失误也许是重用高渠弥，这为
桓元	桓元	
三月，公会郑伯于垂。郑伯以璧假	公即位，修好于郑。郑人请复祀周公，卒易祊田，公许之。三月，郑伯以璧假许田，为周公祊故也。夏，四月丁	

许田。夏，四月丁未，公及郑伯盟于越。	未，公及郑伯盟于越，结祊成也。盟曰："渝盟无享国。"冬，郑伯拜盟。	郑国留下了严重后患（桓十七年，高渠弥弑昭公而立公子亹）。
桓二	**桓二**	
春，王正月戊申，宋督弑其君与夷及其大夫孔父。三月，公会齐侯、陈侯、郑伯于稷，以成宋乱。蔡侯、郑伯会于邓。	会于稷，以成宋乱，为赂故，立华氏也。 宋殇公立，十年十一战，民不堪命。已杀孔父而弑殇公，召庄公于郑而立之，以亲郑。以郜大鼎赂公，齐、陈、郑皆有赂，故遂相宋公。 蔡侯、郑伯会于邓，始惧楚也。	
桓五	**桓五**	
秋，蔡人、卫人、陈人从王伐郑。	夏，齐侯、郑伯朝于纪，欲以袭之。纪人知之。 王夺郑伯政，郑伯不朝。秋，王以诸侯伐郑。郑伯御之。王为中军；虢公林父将右军，蔡人、卫人属焉；周公黑肩将左军，陈人属焉。郑子元请为左拒以当蔡人、卫人，为右拒以当陈人，曰："陈乱，民莫有斗心。若先犯之，必奔。王卒顾之，必乱。蔡、卫不枝，固将先奔，既而萃于王卒，可以集事。"从之。蔡、卫、陈皆奔，王卒乱。郑师合以攻之，王卒大败。祝聃射王中肩，王亦能军。祝聃请从之，公曰："君子不欲多上人，况敢陵天子乎？苟自救也，社稷无陨多矣。"夜，郑伯使祭足劳王，且问左右。	
桓七	**桓七**	
	盟、向求成于郑，既而背之。秋，郑人、齐人、卫人伐盟、向，王迁盟、向之民于郑。	
桓十	**桓十**	
冬，十有二月丙午，	冬，齐、卫、郑来战于郎，我有辞也。初，北戎病齐，诸侯救之。郑公子忽	

齐侯、卫侯、郑伯来战于郎。	有功焉。齐人馈诸侯，使鲁次之。鲁以周班后郑。郑人怒，请师于齐。齐人以卫师助之，故不称侵伐。先书齐、卫，王爵也。	
桓十一	桓十一	
春，正月，齐人、卫人、郑人盟于恶曹。夏，五月癸未，郑伯寤生卒。秋，七月，葬郑庄公。	春，齐、卫、郑、宋盟于恶曹。夏，郑庄公卒。	
桓十七	桓十七	
	初，郑伯将以高渠弥为卿，昭公恶之，固谏，不听。昭公立，惧其杀己也。辛卯，弑昭公而立公子亹。君子谓昭公知所恶矣。公子达曰："高伯其为戮乎？复恶已甚矣。"	
昭十一	昭十一	
	择子莫如父，择臣莫如君。郑庄公城栎，而置子元焉，使昭公不立……郑京栎，实杀曼伯；末大必折，尾大不掉，君所知也。	

郑昭公（前720—前695）

隐三	隐三	郑昭公，郑庄公子之子，又称大子忽，世子忽、公子忽、郑忽、忽、昭公、昭等。桓十一年郑庄公卒，祭仲立昭公，旋因宋人协迫奔卫。桓十五年入国复位，十七年为高渠弥所杀，实在位三年左右。
	郑武公、庄公为平王卿士。王贰于虢，郑伯怨王，王曰："无之。"故周、郑交质，王子狐为质于郑，郑公子忽为质于周。	
隐七	隐七	
	陈及郑平。十二月，陈五父如郑莅盟。壬申，及郑伯盟，歃如忘。郑良佐如陈莅盟。辛巳，及陈侯盟，亦知陈之将乱也。郑公子忽在王所，故陈侯请妻之。郑伯许之，乃成昏。	昭公一生命运与其

隐八	隐八	弟郑厉公关系甚大，下为郑庄公三子关系表：
	四月甲辰，郑公子忽如陈逆妇妫。辛亥，以妫氏归。甲寅，入于郑。陈鍼子送女。先配而后祖，鍼子曰："是不为夫妇，诬其祖矣。非礼也，何以能育？"	
桓六	桓六	
	北戎伐齐，齐侯使乞师于郑。郑大子忽师师救齐。六月，大败戎师，获其二帅大良、少良，甲首三百，以献于齐。于是诸侯之大夫戍齐，齐人馈之饩，使鲁为其班，后郑。郑忽以其有功也，怒，故有郎之师。 公之未昏于齐也，齐侯欲以文姜妻郑大子忽，大子忽辞。人问其故，大子曰："人各有耦，齐大，非吾耦也。《诗》云'自求多福'，在我而已，大国何为？"君子曰："善自为谋。"及其败戎师也，齐侯又请妻之，固辞。人问其故，大子曰："无事于齐，吾犹不敢。今以君命奔齐之急，而受室以归，是以师昏也。民其谓我何？"遂辞诸郑伯。	
桓十	桓十	
冬，十有二月丙午，齐侯、卫侯、郑伯来战于郎。	冬，齐、卫、郑来战于郎，我有辞也。初，北戎病齐，诸侯救之。郑公子忽有功焉。齐人饩诸侯，使鲁次之。鲁以周班后郑。郑人怒，请师于齐。齐人以卫师助之，故不称侵伐。先书齐、卫，王爵也。	
桓十一	桓十一	
夏，五月癸未，郑伯寤生卒。秋，七月，葬郑庄公。九月，宋人执郑祭仲。突归于郑。郑忽出奔卫。	郑昭公之败北戎也，齐人将妻之，昭公辞。祭仲曰："必取之！君多内宠，子无大援，将不立。三公子皆君也。"弗从。 夏，郑庄公卒。初，祭封人仲足有宠于庄公，庄公使为卿，为公娶邓曼，生昭公，故祭仲立之。 宋雍氏女于郑庄公，曰雍姞，生厉公。雍氏宗有宠于宋庄公，故诱祭	

郑庄公三子关系表：

父	郑庄公			
母	邓曼	雍姞	缺	缺
子	昭公	厉公	公子亹	子仪
后台	祭仲	宋人	高渠弥	祭仲

（上表：杜注子仪为庄公弟。公子亹桓十七年立，桓十八年为齐杀，立子仪；子仪[郑子]桓十八年立，立十四年至庄十四年弑，复立厉公。）

《左传》在介绍公子忽时将重点放在揭示他的性格之上，并将他一生的命运和他刚愎自用的性格联系在一起。左氏特别写到了如下几件事：

隐八年公子忽娶妻时先配后祖，陈妫讥之；桓六年败北戎后辞妻、怒鲁，发动郎之师（桓六、十年）。这些导致郑昭公失去了齐、鲁这两个重要国家的支持。后来鲁国在昭、厉之争中总是站在谋纳厉公的势力一边（桓十五、十六年）。

齐国从郑庄公以来，与郑国多年同盟，

	仲而执之，曰："不立突，将死！"亦执厉公而求赂焉。祭仲与宋人盟，以厉公归而立之。 秋，九月丁亥，昭公奔卫。己亥，厉公立。	昭公未即位时，齐侯欲嫁女昭公，以加固两国关系，但遭到了昭公的拒绝。后来庄公死后，齐国虽然也曾在昭、厉之争中一度起到过重要作用（桓十八年杀子亹而轘高渠弥），但一直未直接援救昭公。桓十一年宋人执祭仲，立厉公；桓十五年昭公入国，宋国遂纠集鲁、卫、陈、蔡等国多次相会，谋纳厉公。在这些关键时刻，齐国并没有像郑庄公在位期间宋、郑两国交兵时那样出兵干预，致使昭公失去外援。 左氏几次提到昭公不听祭仲"君多内宠，子无大援"之劝，实际上是从一个方面总结了昭公之败。昭公最终不是死在列国或厉公的势力之下，而是死在一个与昭、厉之争并无任何直接关系的高渠弥之手，这似乎再次证明了昭公的个性对他一生的命运产生了重大影响。这或许正是《左传》所想告诉读者的一个做人道理吧。 婚姻关系在昭、厉之争中的重要作用，除了前述昭公拒齐之外，还体现在其他地方。祭仲为庄公娶邓
桓十五	桓十五	
五月，郑伯突出奔蔡。郑世子忽复归于郑。秋，九月，郑伯突入于栎。冬，十有一月，公会宋公、卫侯、陈侯于袤，伐郑。	祭仲专，郑伯患之，使其婿雍纠杀之。将享诸郊。雍姬知之，谓其母曰："父与夫孰亲？"其母曰："人尽夫也，父一而已，胡可比也？"遂告祭仲曰："雍氏舍其室而将享子于郊，吾惑之，以告。"祭仲杀雍纠，尸诸周氏之汪。公载以出，曰："谋及妇人，宜其死也。"夏，厉公出奔蔡。 六月，乙亥，昭公入。 秋，郑伯因栎人杀檀伯，而遂居栎。 冬，会于袤，谋伐郑，将纳厉公也。弗克而还。	
桓十六	桓十六	
春，正月，公会宋公、蔡侯、卫侯于曹。夏，四月，公会宋公、卫侯、陈侯、蔡侯伐郑。秋，七月，公至自伐郑。	春，正月，会于曹，谋伐郑也。 夏，伐郑。 秋，七月，公至自伐郑，以饮至之礼也。	
桓十七	桓十七	
	初，郑伯将以高渠弥为卿，昭公恶之，固谏，不听。昭公立，惧其杀己也。辛卯，弑昭公而立公子亹。君子谓："昭公知所恶矣。"公子达曰："高伯其为戮乎！复恶已甚矣。"	
桓十八	桓十八	
	秋，齐侯师于首止。子亹会之，高渠弥相。七月戊戌，齐人杀子亹而轘高渠弥。祭仲逆郑子于陈而立之。	

	是行也，祭仲知之，故称疾不往。人曰："祭仲以知免。"仲曰："信也。"	曼，生昭公忽，故祭仲立昭公。宋雍氏嫁女于庄公，生厉公突，故宋人助厉公。桓十一年，祭仲受宋人挟持，被迫逐昭立厉。四年后，祭仲驱逐厉公，复逆昭公。昭、厉之争大事如下：
桓十一年，郑庄公卒，祭仲立昭公。旋奔卫，郑人立厉公。
桓十五年，祭仲逐厉公，昭公复位。
桓十七年，高渠弥弑昭公，立公子亹。
桓十八年，齐人杀公子亹，祭仲立子仪。
昭十四年，傅瑕杀郑子及其二子，郑厉公入。至此，昭、厉之争告一段落。
昭十一	昭十一	
	楚子城陈、蔡、不羹，使弃疾为蔡公。王问于申无宇曰："弃疾在蔡，何如？"对曰："择子莫如父，择臣莫如君。郑庄公城栎而置子元焉，使昭公不立。齐桓公城谷而置管仲焉，至于今赖之。臣闻五大不在边，五细不在庭。亲不在外，羁不在内。今弃疾在外，郑丹在内，君其少戒！"王曰："国有大城，何如？"对曰："郑京、栎实杀曼伯，宋萧、亳实杀子游，齐渠丘实杀无知，卫蒲、戚实出献公。若由是观之，则害于国。末大必折，尾大不掉，君所知也。"	

齐襄公（前697—前686）

桓十五	桓十五	齐襄公，姜姓，名诸儿，齐僖公之子。桓十五年即位，庄八年被臣下谋杀，共在位十二年。齐襄公相关世系如下（据陈厚耀《世族谱》）：
夏，四月己巳，葬齐僖公。许叔入于许。公会齐侯于艾。	公会齐侯于艾，谋定许也。	
桓十七	桓十七	
春，正月丙辰，公会齐侯、纪侯盟于黄。夏，五月丙午，及齐师战于奚。	春，盟于黄，平齐、纪，且谋卫故也。
夏，及齐师战于奚，疆事也。于是齐人侵鲁疆，疆吏来告。公曰："疆场之事，慎守其一，而备其不虞。姑尽所备焉。事至而战，又何谒焉？"	

桓十八	桓十八
春，王正月，公会齐侯于泺。公与夫人姜氏遂如齐。夏，四月丙子，公薨于齐。丁酉，公之丧至自齐。冬，十有二月己丑，葬我君桓公。	公会齐侯于泺，遂及文姜如齐。齐侯通焉。公谪之，以告。夏，四月丙子，享公。使公子彭生乘公，公薨于车。鲁人告于齐曰："寡君畏君之威，不敢宁居，来修旧好。礼成而不反，无所归咎，恶于诸侯。请以彭生除之。"齐人杀彭生。 秋，齐侯师于首止。子亹会之，高渠弥相。七月戊戌，齐人杀郑子亹，而辕高渠弥。祭仲逆郑子于陈而立之。
庄元	庄元
三月，夫人孙于齐。齐师迁纪郱、鄑、郚。	春，不称即位，文姜出故也。三月，夫人孙于齐。不称姜氏，绝不为亲，礼也。
庄二	庄二
冬，十有二月，夫人姜氏会齐侯于禚。	冬，夫人姜氏会齐侯于禚。书，奸也。
庄三	庄三
秋，纪季以酅入于齐。冬，公次于滑。	秋，纪季以酅入于齐，纪于是乎始判。 冬，公次于滑，将会郑伯，谋纪故也。郑伯辞以难。凡师一宿为舍，再宿为信，过信为次。
庄四	庄四
春，王二月，夫人姜氏享齐侯于祝丘。三月，纪伯姬卒。夏，齐侯、陈侯、郑伯遇于垂。纪侯大去其国。六月乙丑，齐侯葬纪伯姬。冬，公及齐人狩于禚。	纪侯不能下齐，以与纪季。夏，纪侯大去其国，违齐难也。

庄公购	
僖公禄父	夷仲年
襄公诸儿 / 桓公小白 / 公子纠	公孙无知

（上表：庄公购卒在春秋前。齐有两庄公，本表庄公与春秋后期庄公为两人。齐僖公九年入春秋，桓十四年卒，其子襄公立。齐僖公有弟得臣，隐三称东宫得臣，盖为太子而未立。庄公之子夷仲年隐七年见，其子公孙无知，又称仲孙，庄八年弑襄公而立。明年齐人杀之，桓公立。）

齐襄公之死，死在一个"虐"字之上。襄公之虐，首先体现在他处理与鲁国的关系上。桓十五年新立时曾与鲁桓公相会、谋定许，桓十七年二国再盟，但很快却兴师侵鲁。兹后鲁桓会齐侯，齐侯却与桓公夫人文姜私通，并杀桓公。鲁桓公死后，齐襄公仍与文姜多年私通。庄八年齐、鲁之师围郕，郕降于齐，仲庆父请伐齐师。

庄五	庄五
夏，夫人姜氏如齐师。冬，公会齐人、宋人、陈人、蔡人伐卫。	冬，伐卫，纳惠公也。
庄六	庄六
冬，齐人来归卫俘。	齐人来归卫宝，文姜请之也。
庄七	庄七
春，夫人会齐侯于防。冬，夫人姜氏会齐侯于穀。	春，文姜会齐侯于防，齐志也。
庄八	庄八
甲午，治兵。夏，师及齐师围郕，郕降于齐师。秋，师还。冬，十有一月癸未，齐无知弑其君诸儿。	春，治兵于庙，礼也。 夏，师及齐师围郕，郕降于齐师。仲庆父请伐齐师，公曰："不可。我实不德，齐师何罪？罪我之由。《夏书》曰：'皋陶迈种德。德，乃降。'姑务修德以待时乎！"秋，师还。君子是以善鲁庄公。 齐侯使连称、管至父戍葵丘，瓜时而往，曰："及瓜而代。"期戍，公问不至；请代，弗许。故谋作乱。僖公之母弟曰夷仲年，生公孙无知，有宠于僖公，衣服礼秩如适。襄公绌之。二人因之以作乱。连称有从妹在公宫，无宠。使间公，曰："捷，吾以女为夫人。"冬，十二月，齐侯游于姑棼，遂田于贝丘。见大豕，从者曰："公子彭生也。"公怒，曰："彭生敢见！"射之。豕人立而啼。公惧，队于车。伤足，丧屦。反，诛屦于徒人费。弗得，鞭之，见血。走出，遇贼于门，劫而束之。费曰："我奚御哉？"袒而示之背，信之。费请先入。伏公而出，斗，死于门中。石之纷如死于阶下。

可以说齐襄公纯粹以大国之威仗势欺人，毫无信义可言。

其次，齐襄公在处理与纪（庄元、三、四年）、郑（桓十八年）、郕（庄八年）等列国的关系上，也是以势压人。只见齐侯称兵于一时，而不见他有任何德行。

最后，齐侯因贪愎、自私、无信而得罪于连称、管至父、公孙无知等人，以致被这些人所害，再一次证明了齐襄公死于一个"虐"字。

《左传》对襄公之死的细节描写可谓栩栩如生。写他如何的因贪虐而得罪公孙无知，如何的因做了亏心事而惧怕公子彭生，如何的藏于床下却露足于外，将一个平时汏虐自私、不可一世，临死时仓皇逃窜、本相尽露的小丑形象，刻画得淋漓尽致。

庄八年，传曰："初，襄公立，无常。鲍叔牙曰：'君使民慢，乱将作矣。'"《左传》从字里行间刻画了齐襄

	遂入，杀孟阳于床，曰："非君也，不类。"见公之足于户下，遂弑之，而立无知。 初，襄公立，无常。鲍叔牙曰："君使民慢，乱将作矣。"奉公子小白出奔莒。乱作，管夷吾、召忽奉公子纠来奔。	公反复无常、贪愎自私、毫无信义可言的性格与他的死之间的必然联系，寓意深远。
庄九 秋，七月丁酉，葬齐襄公。	庄九	

蔡哀侯（前695—前680）

桓十七 六月丁丑，蔡侯封人卒。秋，八月，蔡季自陈归于蔡。癸巳，葬蔡桓侯。	桓十七 蔡桓侯卒。蔡人召蔡季于陈。 秋，蔡季自陈归于蔡，蔡人嘉之也。	蔡哀侯，姬姓，又称蔡侯，蔡季，蔡侯献舞等。蔡宣公子，蔡桓侯弟。桓十七年立，庄十年为楚文王所虏，庄十九年卒于楚，共在位二十年。蔡哀侯相关世系如下（据陈厚耀《世族谱》）：
庄十 秋，九月，荆败蔡师于莘，以蔡侯献舞归。	庄十 蔡哀侯娶于陈，息侯亦娶焉。息妫将归，过蔡，蔡侯曰："吾姨也。"止而见之，弗宾。息侯闻之，怒，使谓楚文王曰："伐我，吾求救于蔡而伐之。"楚子从之。秋，九月，楚败蔡师于莘，以蔡侯献舞归。	宣公考父 桓侯封人｜哀侯献舞 （以下哀侯之后） 穆侯肸 庄公甲午 文公申｜公子燮｜公子履 （上表：宣公[蔡侯考父]二十八年入春秋，立三十五年至隐八年卒。宣公子桓侯[蔡侯封人]隐九年立，立二十至桓十七年卒，弟哀侯立。哀侯庄十九年卒后，其子穆侯[蔡侯肸]庄二十年立，僖六年见，立二十九至僖十四年卒。穆侯子庄公见《史记》，僖十五年立，立三十四至文十五年卒。庄公三子：文公，又称文侯、蔡侯申，文十六年立，立二十至宣十七年卒；公子
庄十四 秋，七月，荆入蔡。	庄十四 蔡哀侯为莘故，绳息妫以语楚子。楚子如息，以食入享，遂灭息，以息妫归；生堵敖及成王焉，未	

言。楚子问之，对曰："吾一妇人而事二夫，纵弗能死，其又奚言？"楚子以蔡侯灭息，遂伐蔡。秋七月，楚入蔡。 君子曰："《商书》所谓'恶之易也，如火之燎于原，不可乡迩，其犹可扑灭'者，其如蔡哀侯乎？"	燮，又称司马燮、蔡司马，襄八见，襄二十杀；公子履襄二十奔楚。） 《左传》写蔡哀侯因贪于女色而遭息侯暗算，可谓因色惹祸。但他没有总结自己贪的本性，反欲利用楚子的好色之心来报复息侯，结果差点将蔡国葬送。庄十四年引《商书》"恶之易也，如火之燎于原，不可乡迩"，是对哀侯的一个总结，也体现了左氏的惯用笔法。	

楚武王附楚文王（前706—前675）

桓二	桓二	
秋，蔡侯、郑伯会于邓。	秋，蔡侯、郑伯会于邓，始惧楚也。	楚武王熊通，芈姓，又称楚子、武王。楚君若敖之孙、霄敖之子、蚡冒之弟（《史记·楚世家》）。在位第十九年入春秋，庄四年卒，共在位五十一年。
桓六	**桓六**	武王为春秋时期楚国第一位国君，也是楚国以及春秋时期第一位自称王者。《春秋》书楚自庄十年始（时武王已卒），然初称"荆"不称"楚"，自僖元年始称"楚"。《左传》书楚自桓二年始，开始即称"楚"。 武王在位时长，尚无问鼎中原之心，却有称霸汉东之志，实启挺进华夏之路。
	春，楚武王侵随，使薳章求成焉，军于瑕以待之。随人使少师董成。 鬬伯比言于楚子曰："吾不得志于汉东也，我则使然。我张吾三军，而被吾甲兵，以武临之，彼则惧而协以谋我，故难间也。汉东之国，随为大。随张，必弃小国。小国离，楚之利也。少师侈，请羸师以张之。"熊率且比曰："季梁在，何益？"鬬伯比曰："以为后图，少师得其君。"王毁军而纳少师。 少师归，请追楚师。随侯将许之。季梁止之曰："天方授楚，楚之羸，其诱我也。君何急焉？臣闻小之能敌大也，小道大淫。所谓道，忠于民而信于神也。上思利民，忠也；祝史正辞，信也。今民馁而君逞欲，祝史矫举以祭，臣不知其可也。"公曰："吾牲牷肥腯，粢盛丰备，何则不信？"对曰："夫民，神之主也，是以圣王先成民而后致力于神。	

	故奉牲以告曰'博硕肥腯',谓民力之普存也,谓其畜之硕大蕃滋也,谓其不疾瘯蠡也,谓其备腯咸有也;奉盛以告曰'絜粢丰盛',谓其三时不害而民和年丰也;奉酒醴以告曰'嘉栗旨酒',谓其上下皆有嘉德而无违心也。所谓馨香,无谗慝也。故务其三时,修其五教,亲其九族,以致其禋祀,于是乎民和而神降之福,故动则有成。今民各有心,而鬼神乏主;君虽独丰,其何福之有?君姑修政而亲兄弟之国,庶免于难。"随侯惧而修政,楚不敢伐。	武王的主要业绩,在征服周边诸小国,开疆辟土,令国势大振。桓六年,侵随;八年,合诸侯于沈陆,伐随;九年,大败邓师;十一年,大败郧师(郧又称邧)、鄾人;十二年,大败绞师;十三年,大败于罗。庄四年,武王将伐随而卒。另据庄十八、哀十七年传,楚武王还曾克权、州、蓼,服随、唐,大启群蛮。桓二年经载"蔡侯、郑伯会于邓",传谓"始惧楚也"。盖楚之威慑中原,自桓二年始也。虽然,终武王之世,楚尚未直接与中原诸侯交手,直到其子楚文王之世,楚国才开始与中原诸侯交手,开始了征伐蔡国、郑国。 楚武王任贤使能,手下重臣有:薳章、鬬伯比、莫敖屈瑕、鬬廉、莫敖屈重,还有熊率且比、鬬丹等。其中鬬伯比之见识见于桓六、桓八年谋随,桓十三年之论屈瑕。鬬廉才能见于桓九年败邓师,桓十一年败郧之谋;
桓八	桓八 春,随少师有宠。楚鬬伯比曰:"可矣。雠有衅,不可失也。" 夏,楚子合诸侯于沈鹿。黄、随不会。使薳章让黄。楚子伐随。军于汉、淮之间。 季梁请下之:"弗许而后战,所以怒我而怠寇也。"少师谓随侯曰:"必速战。不然,将失楚师。"随侯御之。望楚师。季梁曰:"楚人上左,君必左,无与王遇,且攻其右。右无良焉,必败。偏败,众乃携矣。"少师曰:"不当王,非敌也。"弗从。战于速杞。随师败绩。随侯逸。鬬丹获其戎车,与其戎右少师。 秋,随及楚平,楚子将不许。鬬伯比曰:"天去其疾矣,随未可克也。"乃盟而还。	
桓九	桓九 春,巴子使韩服告于楚,请与邓为好。楚子使道朔将巴客以聘于邓,邓南鄙鄾人攻而夺之币,杀道朔及巴行人。楚子使薳章让于邓。邓人弗受。 夏,楚使鬬廉帅师及巴师围鄾。邓养甥、聃甥帅师救鄾。三逐巴师,不克。鬬廉横陈其师于巴师之中,以战,而北。邓人逐之,背巴师;而夹攻之。邓师大败。鄾人宵溃。	

桓十一	桓十一	莫敖屈瑕之才干见于桓十一年败郧师，桓十一年大败绞人；此外，令尹鬬祁、莫敖屈重在武王卒后，济汉而后发丧，亦堪重任（庄四年）。武王亦能自警，能听邓曼之言；故莫敖虽败而免众责，且称"孤之罪"（桓十三）。 武王的成就当与夫人邓曼之见识有关。邓曼分别见于桓十三及庄四年。桓十三年知莫敖必败，庄四年知武王将终。其劝武王"君抚小民以信，训诸司以德，而威莫敖以刑也"，"君训众而好镇抚之，召诸司而劝之以令德，见莫敖而告诸天之不假易也"（桓十三），堪为至论。及称"盈而荡，天之道也"（庄四），亦不寻常。 《史记·楚世家》中楚武王事只有弑蚡冒子代立、自称王、两次侵随。远少于《左传》。然《左传》未载武王篡位及称王之事。据《楚世家》称王在桓八年，然左氏自始即以楚武王称之。
	春，楚屈瑕将盟贰、轸。郧人军于蒲骚，将以随、绞、州、蓼伐楚师。莫敖患之。鬬廉曰："郧人军其郊，必不诫。且日虞四邑之至也。君次于郊郢，以御四邑，我以锐师宵加于郧。郧有虞心而恃其城，莫有鬬志。若败郧师，四邑必离。"莫敖曰："盍请济师于王？"对曰："师克在和，不在众。商、周之不敌，君之所闻也。成军以出，又何济焉？"莫敖曰："卜之？"对曰："卜以决疑。不疑，何卜？"遂败郧师于蒲骚，卒盟而还。	
桓十二	桓十二	
	楚伐绞，军其南门。莫敖屈瑕曰："绞小而轻，轻则寡谋。请无扞采樵者以诱之。"从之。绞人获三十人。明日，绞人争出，驱楚役徒于山中。楚人坐其北门，而覆诸山下。大败之。为城下之盟而还。 伐绞之役，楚师分涉于彭。罗人欲伐之。使伯嘉谍之。三巡数之。	
桓十三	桓十三	
	春，楚屈瑕伐罗，鬬伯比送之。还，谓其御曰："莫敖必败。举趾高，心不固矣。"遂见楚子，曰："必济师！"楚子辞焉。入告夫人邓曼。邓曼曰："大夫其非众之谓，其谓君抚小民以信，训诸司以德，而威莫敖以刑也。莫敖狃于蒲骚之役，将自用也，必小罗。君若不镇抚，其不设备乎！夫固谓君训众而好镇抚之，召诸司而劝之以令德，见莫敖而告诸天之不假易也。不然，夫岂不知楚师之尽行也？"楚子使赖人追之，不及。 莫敖使徇于师曰："谏者有刑！"及鄢，乱次以济，遂无次。且不设备。及罗，罗与卢戎两军之，大败之。莫敖缢于荒谷。群帅囚于冶父以听刑。楚子曰："孤之罪也。"皆免之。	

庄四	庄四 春王三月，楚武王荆尸，授师孑焉，以伐随。将齐，入告夫人邓曼曰："余心荡。"邓曼叹曰："王禄尽矣。盈而荡，天之道也。先君其知之矣，故临武事，将发大命，而荡王心焉。若师徒无亏，王薨于行，国之福也。"王遂行，卒于樠木之下。令尹斗祁、莫敖屈重除道、梁溠，营军临随，随人惧，行成。莫敖以王命入盟随侯，且请为会于汉汭，而还。济汉而后发丧。	楚文王，芈姓，名熊赀，楚武王之子，又称楚子、文王。庄五至十九年在位，共在位十五年。 楚文王子承父志，并将其父事业大大推进。虽左氏所记不多，然在位十五年，伐申、灭邓（庄六），伐蔡、虏蔡侯（庄十），灭息（庄十四），伐郑（庄十六），伐黄（庄十九）。灭申、邓、息而县之（参哀十七），后世郡县之制初见于此；伐郑、伐蔡，数百年中原争霸自此登场。 又，听鬻拳之强谏，堪称虚心（庄十九）；征申侯之多欲，见其识人。"女专利而不厌，予取予求……后之人将求多于女，女必不免"（僖七），临终对申侯之言，足见其水平。 今列楚武王前后楚君与公子关系表如下（据陈厚耀《世族谱》）：
庄六	庄六 冬，楚文王伐申。过邓。邓祁侯曰："吾甥也。"止而享之。骓甥、聃甥、养甥请杀楚子。邓侯弗许。三甥曰："亡邓国者，必此人也。若不早图，后君噬齐。其及图之乎！图之，此为时矣。"邓侯曰："人将不食吾余。"对曰："若不从三臣，抑社稷实不血食，而君焉取余？"弗从。还年，楚子伐邓。十六年，楚复伐邓，灭之。	
庄十 秋九月，荆败蔡师于莘。以蔡侯献舞归。	庄十 蔡哀侯娶于陈，息侯亦娶焉。息妫将归，过蔡。蔡侯曰："吾姨也。"止而见之，弗宾。息侯闻之，怒，使谓楚文王曰："伐我，吾求救于蔡而伐之。"楚子从之。秋九月，楚败蔡师于莘，以蔡侯献舞归。	
庄十四 秋七月，荆入蔡。	庄十四 蔡哀侯为莘故，绳息妫以语楚子。楚子如息，以食入享，遂灭息。以息妫归，生堵敖及成王焉。未言。楚子问之。对曰："吾一妇人，而事二夫，纵弗能死，其又奚言？"楚子以蔡侯灭息，遂伐蔡。秋七月，楚入蔡。 君子曰："商书所谓'恶之易也，如火之燎于原，不可乡迩，其犹可扑灭'者，其如蔡哀侯乎！"	
庄十六 秋，荆伐郑。	庄十六 郑伯自栎入，缓告于楚。秋，楚伐郑，及栎，为不礼故也。	

庄十八	庄十八	若敖
	初,楚武王克权,使鬬缗尹之,以叛,围而杀之。迁权于那处,使阎敖尹之。及文王即位,与巴人伐申,而惊其师。巴人叛楚而伐那处,取之,遂门于楚。阎敖游涌而逸。楚子杀之。其族为乱。冬,巴人因之以伐楚。	霄敖 / 鬬伯比 / 鬬廉 / 成氏祖
		（以下霄敖子）
		蚡冒
		武王 / 蒍章
庄十九	庄十九	（以下武王子）
	春,楚子御之,大败于津。还,鬻拳弗纳,遂伐黄。败黄师于踖陵。还,及湫,有疾。夏六月庚申,卒。鬻拳葬诸夕室。亦自杀也,而葬于绖皇。 初,鬻拳强谏楚子。楚子弗从。临之以兵,惧而从之。鬻拳曰:"吾惧君以兵,罪莫大焉。"遂自刖也。楚人以为大阍,谓之大伯。使其后掌之。 君子曰:"鬻拳可谓爱君矣:谏以自纳于刑,刑犹不忘纳君于善。"	文王 / 子元 / 屈瑕
		（以下文王子）
		堵敖 / 成王
		（以下成王后）
		穆王 / 王子职
		庄王
僖七	僖七	（上表：上表见楚国大族如鬬氏、成氏、蒍氏、屈氏来源。武王前的三位楚君即若敖、霄敖、蚡冒均在春秋前,其中若敖见于僖二十八,蚡冒见于文十六及宣十二,具见《史记·楚世家》。鬬伯比、鬬廉见卷四"楚鬬氏"。成氏始见者成得臣又称令尹子玉,《国语》注称若敖曾孙,僖二十三见,二十八年杀。蒍章桓六见,蒍作䓕,见卷四"楚蒍氏"。屈瑕桓十一见,见卷四"楚屈氏"。子元即公子元庄二十八见,庄三十杀。王子职文元见。）
夏,郑杀其大夫申侯。	夏,郑杀申侯以说于齐,且用陈辕涛涂之谮也。初,申侯,申出也,有宠于楚文王。文王将死,与之璧,使行,曰:"唯我知女。女专利而不厌,予取予求,不女疵瑕也。后之人将求多于女,女必不免。我死,女必速行,无适小国,将不女容焉。"既葬,出奔郑,又有宠于厉公。子文闻其死也,曰:"古人有言曰:'知臣莫若君。'弗可改也已。"	
宣四	宣四	
	王使巡师曰:"吾先君文王克息,获三矢焉,伯棼窃其二,尽于是矣。"	
	哀十七	
	楚子问帅于大师子谷与叶公诸梁,子谷曰:"观丁父,鄀俘也,武王以为军率,是以克州、蓼,服随、唐,大启群蛮。彭仲爽,申俘也,文王以为令尹,实县申、息,朝陈、蔡,封畛于汝。"	

鲁文姜（前709—前673）

		文姜，又称姜氏、夫人姜氏、夫人，小君文姜等。鲁桓公夫人，齐僖公之女，齐襄公庶妹。桓三年嫁于鲁，齐襄公亲送之，庄二十二年卒。相关人物关系如下：
桓三　春，正月，公会齐侯于嬴。公子翚如齐逆女。九月，齐侯送姜氏于讙。公会齐侯于讙。夫人姜氏至自齐。冬，齐侯使其弟年来聘。	**桓三**　会于嬴，成昏于齐也。　秋，公子翚如齐逆女。修先君之好，故曰"公子"。　齐侯送姜氏，非礼也。凡公子嫁于敌国，姊妹则上卿送之，以礼于先君；公子则下卿送之。于大国，虽公子亦上卿送之。于天子，则诸卿皆行，公不自送。于小国，则上大夫送之。　冬，齐仲年来聘，致夫人也。	
桓六　九月丁卯，子同生。	**桓六**　公之未昏于齐也，齐侯欲以文姜妻郑大子忽，大子忽辞。　九月丁卯，子同生。以大子生之礼举之：接以大牢，卜士负之，士妻食之，公与文姜、宗妇命之。	

齐僖公	
九年入春秋，桓十四年卒	
齐襄公 桓十五至庄八年在位，桓十八年为文姜杀鲁桓公	**文姜** 桓三年嫁鲁桓公为夫人，桓十八年如齐，与齐襄公私通

		《春秋》经、传多记夫人姜氏之淫：桓十八年与齐襄公私通，并因此害死鲁桓，此后庄元至八年期间多次与齐侯相会。此外，在齐襄公于庄八年死后，她还分别于庄十五、十九、二十年多次非礼越境。
桓十八　公会齐侯于泺。公与夫人姜氏遂如齐。夏，四月丙子，公薨于齐。丁酉，公之丧至自齐。冬，十有二月己丑，葬我君桓公。	**桓十八**　春，公将有行，遂与姜氏如齐。申繻曰："女有家，男有室，无相渎也，谓之有礼。易此，必败。"　公会齐侯于泺，遂及文姜如齐。齐侯通焉。公谪之，以告。夏，四月丙子，享公。使公子彭生乘公，公薨于车。鲁人告于齐曰："寡君畏君之威，不敢宁居，来修旧好。礼成而不反，无所归咎，恶于诸侯。请以彭生除之。"齐人杀彭生。	
庄元　三月，夫人孙于齐。	**庄元**　春，不称即位，文姜出故也。　三月，夫人孙于齐。不称姜氏，绝不为亲，礼也。	《左传》在记文姜时，借他人之口对文姜之乱做了深刻的总结。桓十八年申繻曰"女有家，男有室，无相渎也，

庄二 冬，十有二月，夫人姜氏会齐侯于禚。	庄二 冬，夫人姜氏会齐侯于禚。书，奸也。	谓之有礼，易此必败"，其中的微言大义是显而易见的。 　　文姜之子除了鲁庄公外，尚有公子季友。庄公死后，季友在公子庆父之乱中立僖公，为稳定鲁国政局发挥了重要作用。
庄四 春，王二月，夫人姜氏享齐侯于祝丘。	庄四	
庄五 夏，夫人姜氏如齐师。	庄五	
庄六 冬，齐人来归卫俘。	庄六 冬，齐人来归卫宝，文姜请之也。	
庄七 春，夫人姜氏会齐侯于防。冬，夫人姜氏会齐侯于穀。	庄七 春，文姜会齐侯于防，齐志也。	
庄八 冬，十有一月癸未，齐无知弑其君诸儿。	庄八	
庄十五 夏，夫人姜氏如齐。	庄十五	
庄十九 夫人姜氏如莒。	庄十九	

庄二十 春,夫人姜氏如莒。	庄二十
庄二十一 秋,七月戊戌,夫人姜氏薨。	庄二十一
庄二十二 癸丑,葬我小君文姜。	庄二十二

郑厉公（前714—前673）

隐九	隐九
	北戎侵郑。郑伯御之,患戎师,曰:"彼徒我车,惧其侵轶我也。"公子突曰:"使勇而无刚者,尝寇而速去之,君为三覆以待之。戎轻而不整,贪而无亲,胜不相让,败不相救。先者见获,必务进;进而遇覆,必速奔,后者不救,则无继矣。乃可以逞。"从之。戎人之前遇覆者奔,祝聃逐之,衷戎师,前后击之,尽殪。戎师大奔。十一月甲寅,郑人大败戎师。
桓十一	桓十一
夏,五月癸未,郑伯寤生卒。秋,七月,葬郑庄公。九月,宋人执郑祭仲。突归于郑。郑忽出奔卫。	夏,郑庄公卒。初,祭封人仲足有宠于庄公,庄公使为卿。为公娶邓曼,生昭公,故祭仲立之。 宋雍氏女于郑庄公,曰雍姞,生厉公。雍氏宗有宠于宋庄公,故诱祭仲而执之,曰:"不立突,将死!"亦执厉公而求赂焉。祭仲与宋人盟,以厉公归而立之。 秋,九月,丁亥,昭公奔卫。己亥,厉公立。

郑厉公,名突,又称郑伯,郑伯突,公子突,突。厉公为郑庄公之子,郑昭公庶弟。鲁桓十一年立,十五年出奔蔡,庄十四年复入,庄二十一年卒,在位二十八年。除去被逐在外时间,实在位十二年。

下为郑庄公三子关系表:

父	郑庄公		
母	邓曼	雍姞	[缺]
子	昭公	厉公	公子亹

桓十二	桓十二
丙戌，公会郑伯，盟于武父。十有二月，及郑师伐宋。丁未，战于宋。	公欲平宋、郑。秋，公及宋公盟于句渎之丘。宋成未可知也，故又会于虚。冬，又会于龟。宋公辞平，故与郑伯盟于武父，遂帅师而伐宋，战焉，宋无信也。君子曰："苟信不继，盟无益也。《诗》云：'君子屡盟，乱是用长。'无信也。"
桓十三	桓十三
春，二月，公会纪侯、郑伯。己巳，及齐侯、宋公、卫侯、燕人战，齐师、宋师、卫师、燕师败绩。	宋多责赂于郑，郑不堪命。故以纪、鲁及宋与齐、卫、燕战。不书所战，后也。 郑人来请修好。
桓十四	桓十四
春，正月，公会郑伯于曹。郑伯使其弟语来盟。宋人以齐人、蔡人、卫人、陈人伐郑。	春，会于曹，曹人致饩，礼也。 夏，郑子人来寻盟，且修曹之会。 冬，宋人以诸侯伐郑，报宋之战也。焚渠门，入，及大逵。伐东郊，取牛首，以大宫之椽归，为卢门之椽。
桓十五	桓十五
五月，郑伯突出奔蔡。郑世子忽复归于郑。秋，九月，郑伯突入于栎。冬，十有一月，公会宋公、卫侯、陈侯于袲，伐郑。	祭仲专，郑伯患之，使其婿雍纠杀之。将享诸郊。雍姬知之，谓其母曰："父与夫孰亲？"其母曰："人尽夫也，父一而已，胡可比也？"遂告祭仲曰："雍氏舍其室而将享子于郊，吾惑之，以告。"祭仲杀雍纠，尸诸周氏之汪。公载以出，曰："谋及妇人，宜其死也。"夏，厉公出奔蔡。 六月，乙亥，昭公入。 秋，郑伯因栎人杀檀伯，而遂居栎。冬，会于袲，谋伐郑，纳厉公也。弗克而还。

高渠弥	宋人	祭仲	后台

《左传》中郑厉公一生言行主要有如下几件：一是隐九年为公子时以计败北戎；二是桓十一至庄十五年之间的君位争夺战，其中涉及昭公、子仪及权臣祭仲、傅瑕、原繁等人；三是在外交上处理郑国与周、鲁、齐、宋、卫等国的关系，其中尤其是庄十四年复入后和王室，立大功。

郑厉公本非嫡长子，无权继位，他之所以能成为国君，完全靠宋人帮助。由于厉公之母为宋女，故在郑、宋长期相争中，宋人欲立厉公，自然可以理解。桓十五年，他欲杀祭仲，不成而奔蔡，郑人先后立昭公、公子亹、子仪为君。庄十四年厉公用傅瑕，杀子仪，出而复入，再夺君位。复位后杀傅瑕、责原繁，又杀公子阏、刖强鉏。这一方面表现

庄十四 冬,单伯会齐侯、宋公、卫侯、郑伯于鄄。	**庄十四** 郑厉公自栎侵郑,及大陵,获傅瑕。傅瑕曰:"苟舍我,吾请纳君。"与之盟而赦之。六月甲子,傅瑕杀郑子及其二子而纳厉公。 初,内蛇与外蛇斗于南门中,内蛇死。六年而厉公入,公闻之,问于申繻曰:"犹有妖乎?"对曰:"人之所忌,其气焰以取之。妖由人兴也。人无衅焉,妖不自作。人弃常,则妖兴,故有妖。" 厉公入,遂杀傅瑕。使谓原繁曰:"傅瑕贰,周有常刑,既伏其罪矣。纳我而无贰心者,吾皆许之上大夫之事,吾愿与伯父图之。且寡人出,伯父无里言;入,又不念寡人,寡人憾焉!"对曰:"先君桓公使我先人典司宗祏。社稷有主而外其心,其何贰如之?苟主社稷,国内之民其谁不为臣?臣无贰心,天之制也。子仪在位十四年矣,而谋召君者,庸非贰乎?庄公之子犹有八人,若皆以官爵行赂、劝贰而可以济事,君其若之何?臣闻命矣!"乃缢而死。	了厉公对于权位当仁不让,毫无谦让之意。另一方面从傅瑕之死、原繁之诉中也看出,厉公为了权力而背信弃义,既狡猾又狠毒。 厉公为人的特点,从他处理与宋国的关系上也能得到证实。宋、郑两国自郑庄公以来多年长期不和,交兵不断。宋人之所以执祭仲、立厉公,正是为了改变两国关系。但厉公上台后,对于宋国一点也不比其父庄公好。桓十一年厉公立,次年即与鲁国伐宋,十三、十四年又多次与鲁、纪相会,并与宋国交战。 郑厉公在谋略和见识方面似乎远高于昭公、子亹、子仪等人。这一点可从他评戎狄"贪而无亲"(隐九年)、评雍纠"谋及妇人,宜其死也"(桓十五年)及评王子颓乐及"遍舞"(庄二十年)的对话得到证明,这大概可用来解释:为什么郑厉公虽然阴险狠毒、背信弃义,但他的政治命运却比昭公、
庄十五 春,齐侯、宋公、陈侯、卫侯、郑伯会于鄄。秋,宋人、齐人、邾人伐郳。郑人侵宋。	**庄十五** 春,复会焉,齐始霸也。 秋,诸侯为宋伐郳。郑人间之而侵宋。	
庄十六 夏,宋人、齐人、卫人伐郑。秋,荆伐郑。冬,十有二月,会齐侯、宋公、陈侯、卫侯、郑伯、	**庄十六** 夏,诸侯复伐郑,宋故也。 郑伯自栎入,缓告于楚。秋,楚伐郑,及栎,为不礼故也。 郑伯治与于雍纠之乱者。九月,杀公子阏,刖强鉏。公父定叔出奔卫。三年而复之,曰:"不可使共叔无后于郑。"使以十月入,曰:"良月也,就盈数焉。" 君子谓:"强鉏不能卫其足。"	

许男、滑伯、滕子，同盟于幽。	冬，同盟于幽，郑成也。	子亹、子仪好得多。 庄十四年鲁庄公与申繻关于"妖"的一段对话，颇见左氏笔法，颇值玩味：
庄十七 春，齐人执郑詹。秋，郑詹自齐逃来。	**庄十七** 春，齐人执郑詹，郑不朝也。	六年而厉公入，公闻之，问于申繻曰："犹有妖乎？"对曰："人之所忌，其气焰以取之。妖由人兴也。人无衅焉，妖不自作。人弃常，则妖兴，故有妖。"
庄十八	**庄十八** 虢公、晋侯、郑伯使原庄公逆王后于陈。陈妫归于京师，实惠后。	
庄十九	**庄十九** 秋，五大夫奉子颓以伐王，不克，出奔温。苏子奉子颓以奔卫。卫师、燕师伐周。 冬，立子颓。	为什么郑国连连出现内讧，不得安宁呢？因为一直有人在兴妖作怪呀！ 又，庄十四年原繁自缢前一段话，也有助于我们认识厉公的为人，以及郑国昭、厉之争所展现的人性残酷。
庄二十	**庄二十** 春，郑伯和王室，不克。执燕仲父。 夏，郑伯遂以王归，王处于栎。 秋，王及郑伯入于邬。遂入成周，取其宝器而还。 冬，王子颓享五大夫，乐及遍舞。郑伯闻之，见虢叔，曰："寡人闻之：哀乐失时，殃咎必至。今王子颓歌舞不倦，乐祸也。夫司寇行戮，君为之不举，而况敢乐祸乎？奸王之位，祸孰大焉？临祸忘忧，忧必及之。盍纳王乎？"虢公曰："寡人之愿也。"	
庄二十一 夏，五月辛酉，郑伯突卒。冬，十有二月，葬郑厉公。	**庄二十一** 春，胥命于弭。 夏，同伐王城。郑伯将王自圉门入，虢叔自北门入。杀王子颓及五大夫。郑伯享王于阙西辟，乐备。王与之武公之略，自虎牢以东。原伯曰："郑伯效尤，其亦将有咎。"王巡虢守。虢公为王宫于玤，王与之酒泉。郑伯之享王也，王以后鞶鉴与之。虢公请器，王与之爵。郑伯由是始恶于王。 冬，王归自虢。	

昭十一	昭十一	
	楚子城陈、蔡、不羹，使弃疾为蔡公。王问于申无宇曰："弃疾在蔡，何如？"对曰："择子莫如父，择臣莫如君。郑庄公城栎而置子元焉，使昭公不立。齐桓公城谷而置管仲焉，至于今赖之。臣闻五大不在边，五细不在庭。亲不在外，羁不在内。今弃疾在外，郑丹在内，君其少戒！"王曰："国有大城，何如？"对曰："郑京、栎实杀曼伯，宋萧、亳实杀子游，齐渠丘实杀无知，卫蒲、戚实出献公。若由是观之，则害于国。末大必折，尾大不掉，君所知也。"	

周王子颓（前678—前673）

庄十六	庄十六	王子颓为周庄王之子，周惠王（庄十八至僖七在位）庶弟。惠王即位后，王子颓求王位，庄十九年五大夫奉子颓伐王不克，庄二十一年为郑伯、虢叔所杀。王子颓世系如下（据陈厚耀《世族谱》）：
	初，晋武公伐夷，执夷诡诸。蒍国请而免之，既而弗报，故子国作乱，谓晋人曰："与我伐夷而取其地。"遂以晋师伐夷，杀夷诡诸。周公忌父出奔虢。惠王立而复之。	
庄十九	庄十九	

（表格右栏下部世系表）

平王宜臼 四十九年入春秋，隐三年崩	
太子洩父 见《史记》，未立先卒	王子狐 隐三年见，质于郑
桓王琳 隐四年立，桓十五年崩	
（以下桓王子）	
庄王佗 庄十九年见，桓十六年立，庄十二年崩	王子克 子仪 桓十八见，奔燕

庄十九		初，王姚嬖于庄王，生子颓。子颓有宠，蒍国为之师。及惠王即位，取蒍国之圃以为囿。边伯之宫近于王宫，王取之。王夺子禽、祝跪与詹父田，而收膳夫之秩，故蒍国、边伯、石速、詹父、子禽、祝跪作乱，因苏氏。秋，五大夫奉子颓以伐王，不克，出奔温。苏子奉子颓以奔卫。卫师、燕师伐周。冬，立子颓。
庄二十	庄二十	春，郑伯和王室，不克。执燕仲父。

		(以下庄王子)	
		僖王胡齐 庄十三年立，庄十七年崩，在位五年	王子颓 庄十九年篡，庄二十一年杀
	夏，郑伯遂以王归，王处于栎。 秋，王及郑伯入于邬。遂入成周，取其宝器而还。 冬，王子颓享五大夫，乐及遍舞。郑伯闻之，见虢叔，曰："寡人闻之：哀乐失时，殃咎必至。今王子颓歌舞不倦，乐祸也。夫司寇行戮，君为之不举，而况敢乐祸乎！奸王之位，祸孰大焉？临祸忘忧，忧必及之。盍纳王乎？"虢公曰："寡人之愿也。"	王子颓因其母受宠于庄王而生。庄十八年周庄王卒、周惠王即位后，子颓在蒍国、边伯、石速、子禽、祝跪等一批人与惠王有怨的人的唆使下，发动叛乱。王子颓之死，细究可发现是他身边的人为报私仇、玩弄他于股掌之上的结果。 且看子颓的亲信都是些什么样的人：蒍国、子禽、祝跪、詹父等人都是些忌小怨而忘大体、心量极为狭小的人，比如蒍国因夷诡诸不报请免之情而以师攻之，心胸极为狭隘；另一个奉子颓之人苏子则以"无信"著称（参僖十年）。 庄二十年，王子颓乐及遍舞，郑伯论其"哀乐失时""临祸忘忧"。左氏正是以此来说明他的人生为什么是那样的结局，即王子颓是个没有头脑、故极易被他人利用的人。	
庄二十一	庄二十一 春，胥命于弭。夏，同伐王城。郑伯将王自圉门入，虢叔自北门入。杀王子颓及五大夫。郑伯享王于阙西辟，乐备，王与之武公之略，自虎牢以东。原伯曰："郑伯效尤，其亦将有咎。"五月，郑厉公卒。王巡虢守，虢公为王宫于玤，王与之酒泉。郑伯之享王也，王以后之鞶鉴予之。虢公请器，王予之爵。郑伯由是始恶于王。 冬，王归自虢。		
庄二十七	庄二十七 王使召伯廖赐齐侯命，且请伐卫，以其立子颓也。		
庄二十八	庄二十八 春，齐侯伐卫。战，败卫师，数之以王命，取赂而还。		
昭二十六 尹氏、召伯、毛伯以王子朝奔楚。	昭二十六 王子朝使告于诸侯曰："……至于惠王，天不靖周，生颓祸心，施于叔带。……"		

卫惠公（前699—前669）

恒十三	恒十三
二月，公会纪侯、郑伯。己巳，及齐侯、宋公、卫侯、燕人战，齐师、宋师、卫师、燕师败绩。三月，葬卫宣公。	宋多责赂于郑，郑不堪命。故以纪、鲁及齐与宋、卫、燕战。不书所战，后也。
恒十四	**恒十四**
宋人以齐人、蔡人、卫人、陈人伐郑。	冬，宋人以诸侯伐郑，报宋之战也。焚渠门，入，及大逵。伐东郊，取牛首，以大宫之椽归，为卢门之椽。
恒十五	**恒十五**
冬，十有一月，公会宋公、卫侯、陈侯会于袤，伐郑。	冬，会于袤，谋伐郑。将纳厉公也，弗克而还。
桓十六	**桓十六**
十有一月，卫侯朔出奔齐。	初，卫宣公烝于夷姜，生急子，属诸右公子。为之娶于齐而美，公取之，生寿及朔，属寿于左公子。夷姜缢，宣姜与公子朔构急子。公使诸齐，使盗待诸莘，将杀之。寿子告之，使行，不可。曰："弃父之命，恶用子矣？有无父之国则可也。"及行，饮以酒，寿子载其旌以先，盗杀之。急子至，曰："我之求也，此何罪？请杀我乎？"又杀之。二公子故怨惠公。十一月，左公子泄、右公子职立公子黔牟，惠公奔齐。

卫惠公，名朔，又称卫侯朔、公子朔、朔，卫宣公之子。桓十三年立，十六年奔齐，庄六年复入，二十五年卒。其在位时间横跨三十一年（包括出逃在外的八年）。

卫庄公不爱庄姜而爱嬖妾，启州吁篡弑之祸；卫宣公烝夷姜而夺子妻，启惠公被逐之乱。及至惠公之子懿公，爱鹤甚于爱民，终亡卫国。庄公之后如下表：

庄公扬 春秋未见				
桓公完	宣公晋	公子州吁	左公子泄	右公子职
（以下卫宣公之后）				
急子 夷姜生	惠公公子朔 宣姜生	公子寿 宣姜生	公子黔牟	昭伯公子顽
（惠公子）	（昭伯子女）			
懿公赤	戴公申	文公燬	齐子	

（上表：卫庄公见于隐三年。庄公子桓公在位十三年入春秋，立十六至隐四年州吁弑之自立。州吁事见卷

		一"卫州吁"。州吁死后卫宣公［公子晋］隐四年立，立十九至桓十二年卒。卫惠公桓十六年奔齐后，公子黔牟立，庄六年黔牟奔周，惠公复立。惠公庄二十五年卒后，其子懿公庄二十六年立，立八至闵二年狄灭卫，杀之，立戴公。戴公闵二年立，寻卒，其弟文公立。文公燬闵二年见，僖元年立，立二十五至僖二十五年卒。庄公之子左公子、右公子俱桓十六年见，为宣公兄弟，庄六年被杀。急子［《史记》作太子汲］、公子寿事见桓十六年传。昭伯与宣姜生齐子、戴公及文公，其中齐子为女公子，嫁齐桓公、生公子无亏，见闵二传。卫后世国君皆卫文公之后。）
桓十七	桓十七	
春，正月丙辰，公会齐侯、纪侯，盟于黄。	春，盟于黄，平齐、纪，且谋卫故也。	
庄五	庄五	
冬，公会齐人、宋人、陈人、蔡人伐卫。	冬，伐卫，纳惠公也。	
庄六	庄六	
春，王人子突救卫。夏，卫侯朔入于卫。秋，公至自伐卫。	春，王人救卫。夏，卫侯入，放公子黔牟于周，放宁跪于秦，杀左公子泄、右公子职，乃即位。君子以二公子之立黔牟为不度矣。夫能固位者，必度于本末，而后立衷焉。不知其本，不谋；知本之不枝，弗强。《诗》云："本枝百世。"	
庄十五	庄十五	《左传》写卫惠公，淋漓尽致地展现了春秋时期一些列国的国君道貌岸然而内心猥琐、衣冠楚楚却灵魂丑陋的形象，与齐襄公堪可一比。
春，齐侯、宋公、陈侯、卫侯、郑伯会于鄄。	春，复会焉，齐始霸也。	
庄十六	庄十六	卫宣公与庶母夷姜私通生急子，复夺急子之妻宣姜。夷姜因此上吊自杀。宣姜与宣公生寿及朔，遂与公子朔合谋害急子，宣公从命，却不料公子寿亦死。公子寿、急子之死，引左、右二公子不满，毕竟有多年养育之情啊！故二公子逐惠公、立黔牟。庄六年，惠公朔在列国帮助下复位，展开了疯狂报复：将公子黔牟、
夏，宋人、齐人、卫人伐郑。冬，十有二月，会齐侯、宋公、陈侯、卫侯、郑伯、许男、滑伯、滕子，同盟于幽。	夏，诸侯复伐郑，宋故也。 冬，同盟于幽，郑成也。	
庄二十五	庄二十五	
夏，五月癸丑，卫侯朔卒。		

闵二	闵二	宁跪等驱逐出境,将左、右公子统统杀死。
十有二月,狄入卫。	冬,十二月,狄人伐卫。及狄人战于荥泽,卫师败绩。遂灭卫。 初,惠公之即位也少,齐人使昭伯烝于宣姜。不可,强之。生齐子、戴公、文公、宋桓夫人、许穆夫人。 文公为卫之多患也,先适齐。及败,宋桓公逆诸河,宵济。卫之遗民男女七百有三十人,益之以共滕之民为五千人,立戴公以庐于曹。许穆夫人赋《载驰》。齐侯使公子无亏帅车三百乘,甲士三千人以戍曹;归公乘马,祭服五称,牛、羊、豕、鸡、狗皆三百,与门材;归夫人鱼轩,重锦三十两。	如果说卫惠公一生未得恶报,到其子卫懿公,却遭了厄运。闵二年,狄人灭卫。若非齐桓公大义,卫国从此亡矣。可以看出,卫宣公、卫惠公、卫懿公三代纵欲、自私、玩忽,共同导致了卫国的命运。(卫懿公庄二十六至闵元年在位,凡八年) 闵二年传载"齐人使昭伯烝于宣姜。不可,强之。生齐子、戴公、文公、宋桓夫人、许穆夫人",宣姜之后盛矣哉!

鲁庄公(前706—前662)

桓六	桓六	鲁庄公,
九月丁卯,子同生。	九月丁卯,子同生。以大子生之礼举之:接以大牢,卜士负之,士妻食之,公与文姜、宗妇命之。公问名于申繻,对曰:"名有五:有信,有义,有象,有假,有类。以名生为信,以德命为义,以类命为象,取于物为假,取于父为类。不以国,不以官,不以山川,不以隐疾,不以畜牲,不以器币。周人以讳事神,名终将讳之。故以国则废名,以官则废职,以山川则废主,以畜牲则废祀,以器币则废礼。晋以僖侯废司徒,宋以武公废司空,先君献、武废二山,是以大物不可以命。"公曰:"是其生也,与吾同物,命之曰同。"	名同,鲁桓公之子,其母文姜。鲁庄公于桓六年生,桓十八年即位,在位凡三十二年。他即位时只有十二岁,终年四十四岁。鲁庄公世系如下(下表隐公为惠公庶长子、桓公庶兄):

93

庄元	庄元	鲁惠公 春秋前
春，王正月。三月，夫人孙于齐。夏，单伯送王姬。秋，筑王姬之馆于外。冬，王使荣叔来锡桓公命。王姬归于齐。	春，不称即位，文姜出故也。三月，夫人孙于齐。不称姜氏，绝不为亲，礼也。秋，筑王姬之馆于外。为外，礼也。	隐公 桓公
		息姑 / 庄公同 / 共仲 / 叔牙 / 季友

庄二	庄二
夏，公子庆父帅师伐于余丘。冬，十有二月，夫人姜氏会齐侯于禚。	冬，夫人姜氏会齐侯于禚。书，奸也。

庄三	庄三
春，王正月，溺会齐师伐卫。冬，公次于滑。	春，溺会齐师伐卫，疾之也。冬，公次于滑，将会郑伯谋纪故也，郑伯辞以难。凡师，一宿为舍，再宿为信。过信为次。

庄四	庄四
春，王二月，夫人姜氏享齐侯于祝丘。冬，公及齐人狩于禚。	

庄五	庄五
夏，夫人姜氏如齐师。秋，倪犁来来朝。冬，公会齐人、宋人、陈人、蔡人伐卫。	秋，倪犁来来朝。名，未王命也。冬，伐卫，纳惠公也。

庄六	庄六
春，王正月，王人子突救卫。夏，六月，卫侯朔入于卫。秋，公至自伐卫。冬，齐人来归卫俘。	春，王人救卫。夏，六月，卫侯入。冬，齐人来归卫宝，文姜请之也。

鲁庄公可能是春秋鲁史上最难得的贤能之君，有卧薪尝胆之志，有恤民图强之心，有自制自律之德。唯一可惜的是晚年因色误国，导致了一场死后长达数年的巨大内乱。

《春秋》及《左传》皆备载庄公出生的详情，这在《春秋》及《左传》中是独一无二的。古人有以为桓六年经、传备载"子同生"一事，目的在于避免后人误以庄公为齐襄之子（庄公母文姜与齐襄公私通）。

鲁庄公是在父亲桓公为齐襄公所杀的情况下即位的，而导致桓公为齐襄所杀

庄七	庄七
春，夫人姜氏会齐侯于防。夏，四月辛卯夜，恒星不见；夜中，星陨如雨。秋，大水。无麦苗。冬，夫人姜氏会齐侯于穀。	春，夫人姜氏会齐侯于防，齐志也。秋，无麦苗，不害嘉谷也。

庄八	庄八
春，师次于郎，以俟陈人、蔡人。甲午，治兵。夏，师及齐师围郕，郕降于齐师。秋，师还。冬，十有一月癸未，齐无知弑其君诸儿。	治兵于庙，礼也。夏，师及齐师围郕，郕降于齐师。仲庆父请伐齐，公曰："不可。我实不德，齐师何罪？罪我之由。《夏书》曰：'皋陶迈种德，德乃降。'姑务修德以待时乎！"秋，师还。君子是以善鲁庄公。

庄九	庄九
公及齐大夫盟于蔇。夏，公伐齐，纳子纠。齐小白入于齐。八月庚申，及齐师战于乾时，我师败绩。九月，齐人取子纠杀之。	公及齐大夫盟于蔇，齐无君也。夏，公伐齐，纳子纠。桓公自莒先入。秋，师及齐师战于乾时，我师败绩。公丧戎路，传乘而归。秦子、梁子以公旗辟于下道，是以皆止。鲍叔师师来言曰："子纠，亲也，请君讨之。管、召，仇也，请受而甘心焉。"乃杀子纠于生窦。召忽死之。管仲请囚，鲍叔受之，及堂阜而税之。归而以告曰："管夷吾治于高傒，使相可也。"公从之。冬，浚洙。

庄十	庄十
春，王正月，公败齐师于长勺。二月，公侵宋。夏，六月，齐师、宋师次	春，齐师伐我。公将战，曹刿请见。其乡人曰："肉食者谋之，又何间焉？"刿曰："肉食者鄙，未能远谋。"乃入见。问何以战，公曰："衣食所安，弗敢专也，必以分人。"对曰："小惠未遍，民弗从

的原因是其母文姜与齐襄公诸儿私通。庄公即位之初，其母仍与齐侯频频私会，鲁人不敢阻止；与此同时，庄三至八年之间，鲁国还多次会齐人伐卫、狩禚、围郕，表明齐国对鲁虽有杀父之仇，鲁国仍不得不听命于齐，宛如齐之附庸。庄八年传载："师及齐师围郕，郕降于齐师。仲庆父请伐齐。公曰不可。"可以说这是春秋时期小国倍受大国欺负而无可奈何的普遍状况的真实写照。

纵观整个春秋时期的齐、鲁关系，鲁国长期受齐国欺压，边境之争不断，削地之事难止。鲁隐公善于外交，在位期间一直在郑、宋、卫、齐等国之间穿梭，齐、鲁关系

于郎。公败宋师于乘丘。	也。"公曰："牺牲玉帛，弗敢加也，必以信。"对曰："小信未孚，神弗福也。"公曰："小大之狱，虽不能察，必以情。"对曰："忠之属也，可以一战。战则请从。"公与之乘。战于长勺。公将鼓之，刿曰："未可。"齐人三鼓，刿曰："可矣。"齐师败绩。公将驰之，刿曰："未可。"下视其辙，登轼而望之，曰："可矣。"遂逐齐师。既克，公问其故。对曰："夫战，勇气也。一鼓作气，再而衰，三而竭。彼竭我盈，故克之。夫大国，难测也，惧有伏焉。吾视其辙乱，望其旗靡，故逐之。" 夏，六月，齐师、宋师次于郎。公子偃曰："宋师不整，可败也。宋败，齐必还。请击之。"公弗许。自雩门窃出，蒙皋比而先犯之，公从之，大败宋师于乘丘。齐师乃还。	尚好。到了鲁桓公，齐、鲁交兵不断（桓十、十三、十五、十七年），而鲁桓终为齐襄所害。庄九年齐襄公被齐人所弑，鲁庄公积极插手齐国内政，欲改变鲁国在齐鲁关系中的被动局面。虽未如愿，但鲁庄公百折不挠，几次击败齐师。后来齐桓始伯之会，庄公皆不参加。在这种情况下，齐桓公却改变了对鲁态度，没有大肆兴兵，反而主动与鲁结姻，事见庄十一年及其后和鲁诸事。后来，齐桓称霸中原，威震华夏，而同时亦能善待鲁国，故齐、鲁关系在齐桓公在位期间和好几十年。但齐桓公一死，齐、鲁关系立即陷入僵局。僖二十六年齐人
庄十一	庄十一	
夏，五月戊寅，公败宋师于鄑。冬，王姬归于齐。	宋为乘丘之役故侵我。公御之。宋师未陈而薄之，败诸鄑。凡师，敌未陈曰败某师，皆陈曰战，大崩曰败绩，得俊曰克，覆而败之曰取某师，京师败曰王师败绩于某。 秋，宋大水，公使吊焉，曰："天作淫雨，害于粢盛，若之何不吊？"对曰："孤实不敬，天降之灾；又以为君忧，拜命之辱。" 冬，齐侯来逆共姬。 乘丘之役，公以金仆姑射南宫长万，公右歂孙生搏之。宋人请之。宋公靳之，曰："始吾敬子，今子鲁囚也是，吾弗敬子矣。"病之。	
庄十三	庄十三	
春，齐侯、宋人、陈人、蔡人、邾人会于北杏。冬，公会齐侯，盟于柯。	春，会于北杏，以平宋乱。 冬，盟于柯，始及齐平也。	

庄十四	**庄十四**	侵鲁，鲁人求助于楚。后来晋文称霸，鲁、齐均为晋之同盟，但齐国作为东方大国，对晋国的盟主地位常有不臣之举，时有违抗之意，故常侵鲁以抗晋。文十五至成二年及襄十五至二十年之间，齐国屡次侵鲁，都是这种性质。到了春秋末年，晋国霸业已衰，而鲁国仍为晋之与国，齐景公曾于定七至十年间屡次侵鲁，目的在于与晋争霸。 鲁庄公一生之事首先可从他处理与齐国的关系上来看。他先是在齐襄公的欺辱下忍气吞声、韬光养晦。齐襄一死，立即发兵入齐，虽未为齐立君，仍能多次败齐。此后尽管齐桓公霸业兴盛，鲁君也决
春，齐人、陈人、曹人伐宋。夏，单伯会伐宋。	春，诸侯伐宋。齐请师于周。夏，单伯会之。取成于宋而还。 初，内蛇与外蛇斗于郑南门中，内蛇死。六年而厉公入，公闻之，问于申繻曰："犹有妖乎？"对曰："人之所忌，其气焰以取之。妖由人兴也。人无衅焉，妖不自作。人弃常，则妖兴，故有妖。" 冬，会于鄄，宋服故也。	
庄十五	**庄十五**	
春，齐侯、宋公、陈侯、卫侯、郑伯会于鄄。夏，夫人姜氏如齐。秋，宋人、齐人、邾人伐郳。郑人侵宋。	春，复会焉，齐始霸也。 秋，诸侯为宋伐郳。 郑人间之而侵宋。	
庄十六	**庄十六**	
夏，宋人、齐人、卫人伐郑。秋，荆伐郑。冬，十有二月，会齐侯、宋公、陈侯、卫侯、郑伯、许男、滑伯、滕子，同盟于幽。	夏，诸侯伐郑，宋故也。 冬，同盟于幽，郑成也。	
庄十七	**庄十七**	
冬，多麋。		
庄十八	**庄十八**	
春，王三月，日有食之。夏，公追戎于济西。秋，有蜮。	夏，公追戎于济西。不言其来，讳之也。 秋，有蜮，为灾也。	
庄十九	**庄十九**	
秋，公子结媵陈人之妇于鄄，遂及齐侯、		

宋公盟。夫人姜氏如莒。冬，齐人、宋人、陈人伐我西鄙。		不轻易低头。庄公虽十三年参加了齐国的北杏之会，但是并未因此而真正成为齐国盟友。十四年齐国的伐宋之役、鄄之会，十五年齐国的鄄之会、伐郳之役，十六年齐国的伐郑之役、幽之会，鲁国都未参加，显然是不想再做齐桓附庸。事实上在齐桓称霸的过程中，他并没有向齐桓公提供任何真正的帮助。然而，齐桓公却对鲁国表现了极大的胸怀，主动与之联姻、和好、结盟，直到庄二十三年鲁庄公与齐侯关系才真正开始亲密起来，从此成为齐国的忠实同盟。齐桓公在位期间不但没有欺鲁之意，而且在庄公死后鲁国发生公子庆父之难、国将
庄二十	庄二十	
春，王二月，夫人姜氏如莒。		
庄二十一	庄二十一	
秋，七月戊戌，夫人姜氏薨。		
庄二十二	庄二十二	
春，王正月，肆大眚。癸丑，葬我小君文姜。秋七月丙申，及齐高傒盟于防。冬，公如齐纳币。		
庄二十三	庄二十三	
春，公至自齐。祭叔来聘。夏，公如齐观社。公至自齐。荆人来聘。公及齐侯遇于榖。萧叔朝公。十有二月甲寅，公会齐侯，盟于扈。	夏，公如齐观社，非礼也。曹刿谏曰："不可。夫礼，所以整民也。故会以训上下之则，制财用之节。朝以正班爵之义，帅长幼之序。征伐以讨其不然。诸侯有王，王有巡守，以大习之。非是，君不举矣。君举，必书。书而不法，后嗣何观？"	
庄二十四	庄二十四	
春，王三月，刻桓宫桷。夏，公如齐逆女。秋，公至自齐。八月丁丑，夫人姜氏入。戊寅，大夫、宗妇觌用币。大水。	春，刻其桷，皆非礼也。御孙谏曰："臣闻之：'俭，德之共也；侈，恶之大也。'先君有共德，而君纳诸大恶，无乃不可乎？" 秋，哀姜至。公使宗妇觌，用币，非礼也。御孙曰："男贽：大者玉帛，小者禽鸟，以章物也。女贽不过榛栗、枣、修，以告虔也。今男女同贽，是无别也。男女之别，国之大节也，而由夫人乱之，无乃不可乎？"	

庄二十五	庄二十五	不国的危急时刻派人赴鲁，为鲁立僖公，为鲁国的政局安宁做出了不小的贡献。这些虽然要归功于齐国的宽宏大量，但从另一方面也说明了鲁庄公并非懦弱无能之辈，而是较有头脑或见识，故能赢得齐桓公尊重。 　　庄八年仲庆父欲伐齐师，公曰："不可。我实不德，齐师何罪？罪我之由……姑务修德以待时乎！"十年庄公与曹刿论战"衣食所安，弗敢专也，必以分人"；"牺牲玉帛，弗敢加也，必以信"；"小大之狱，虽不能察，必以情"。这些对话都充分说明了庄公有不同凡响的见识。但二十三年如齐观社、二十四年刻其桷，这些非礼的行径似可说明他和儒家所
春，陈侯使女叔来聘。六月辛未，朔，日有食之。鼓、用牲于社。伯姬归于杞。秋，大水，鼓、用牲于社，于门。冬，公子友如陈。	春，陈女叔来聘，始结陈好也。嘉之，故不名。 　　夏，六月辛未朔，日有食之。鼓、用牲于社，非常也。唯正月之朔，慝未作，日有食之，于是乎用币于社，伐鼓于朝。 　　秋，大水。鼓，用牲于社、于门，亦非常也。凡天灾，有币无牲。非日月之眚，不鼓。	
庄二十六	庄二十六	
春，公伐戎。夏，公至自伐戎。秋，公会宋人、齐人伐徐。		
庄二十七	庄二十七	
春，公会杞伯姬于洮。夏，六月，公会齐侯、宋公、陈侯、郑伯，同盟于幽。秋，公子友如陈葬原仲。冬，杞伯姬来。莒庆来逆叔姬。杞伯来朝。公会齐侯于城濮。	春，公会杞伯姬于洮，非事也。天子非展义不巡守，诸侯非民事不举，卿非君命不越竟。 　　夏，同盟于幽，陈、郑服也。 　　秋，公子友如陈葬原仲，非礼也。原仲，季友之旧也。 　　冬，杞伯姬来，归宁也。凡诸侯之女归宁曰来，出曰来归；夫人归宁曰如某，出曰归于某。	
庄二十八	庄二十八	
公会齐人、宋人救郑。冬，筑郿。大无麦禾。臧孙辰告籴于齐。	春，齐侯伐卫。战，败卫师。数之以王命，取赂而还。 　　冬，饥，臧孙辰告籴于齐，礼也。	
庄二十九	庄二十九	
春，新延厩。秋，有蜚。城诸及防。	春，新作延厩。书，不时也。凡马，日中而出，日中而入。 　　秋，有蜚，为灾也。凡物，不为灾，不书。	

	冬，十二月，城诸及防。书，时也。凡土功，龙见而毕务，戒事也；火见而致用，水昏正而栽，日至而毕。	向往的贤明之君还有差距。
庄三十	庄三十	庄公一生在政治上的一个重要失误是因女色而忘国体，给鲁国内政埋下了巨大隐患。庄公一死，鲁国立即陷入内乱，他的两个儿子子般和闵公先后被杀，鲁国几易其君，直到齐人立僖公，鲁国方得安宁。鲁庄公诸子关系如下：
夏，次于成。八月癸亥，葬纪叔姬。九月庚午，朔，日有食之。鼓，用牲于社。冬，公及齐侯遇于鲁济。	冬，遇于鲁济，谋山戎也。以其病燕故也。	
庄三十一	庄三十一	
春，筑台于郎。六月，齐侯来献戎捷。冬，不雨。	夏，六月，齐侯来献戎捷，非礼也。凡诸侯有四夷之功，则献于王，王以警于夷。中国则否。诸侯不相遗俘。	
庄三十二	庄三十二	
春，城小穀。秋，七月癸巳，公子牙卒。八月癸亥，公薨于路寝。冬，十月己未，子般卒。公子庆父如齐。	春，城小穀，为管仲也。 　齐侯为楚伐郑之故，请会于诸侯。宋公请先见于齐侯。夏，遇于梁丘。 　初，公筑台，临党氏，见孟任，从之，閟。而以夫人言，许之，割臂盟公。生子般焉。雩，讲于梁氏，女公子观之，圉人荦自墙外与之戏。子般怒，使鞭之。公曰："不如杀之，是不可鞭。荦有力焉，能投盖于稷门。" 　公疾，问后于叔牙，对曰："庆父材。"问于季友，对曰："臣以死奉般。"公曰："乡者牙曰庆父材。"成季使以君命命僖叔，待于鍼巫氏，使鍼季酖之，曰："饮此，则有后于鲁国。不然，死且无后。"饮之，归，及逵泉而卒。立叔孙氏。 　八月癸亥，公薨于路寝。子般即位，次于党氏。 　冬，十月己未，共仲使圉人荦贼子般于党氏。成季奔陈。立闵公。	父　鲁庄公 母　孟淑成［缺］ 　　任姜风 子　子闵僖襄 　　般公公仲 　鲁庄公在世时与其几位异母兄关系较好，这几位兄弟的后代就是日后鲁国的强臣季孙、叔孙和孟孙氏三族。鲁桓公四子中，同妻生共仲（公子庆父，仲孙氏）
闵元	闵元	
春，王正月。夏，六月辛酉，	春，不书即位，乱故也。 　夏，六月，葬庄公。乱故，是以缓。	与僖叔（叔牙，叔孙氏），

葬我君庄公。秋，八月，公及齐侯盟于落姑。冬，齐仲孙来。	秋，八月，公及齐侯盟于落姑，请复季友也。齐侯许之，使召诸陈，公次于郎以待之。"季子来归。"嘉之也。 冬，齐仲孙湫来省难，书曰："仲孙。"亦嘉之也。仲孙归，曰："不去庆父，鲁难未已。"公曰："若之何而去之？"对曰："难不已，将自毙，君其待之。"公曰："鲁可取乎？"对曰："不可。犹秉周礼。周礼，所以本也。臣闻之：'国将亡，本必先颠，而后枝叶从之。'鲁不弃周礼，未可动也。君其务宁鲁难而亲之。亲有礼，因重固，间携贰，覆昏乱，霸王之器也。"	又同妻生成季（友，季孙氏）和子同（即庄公）。鲁庄公亦有四子：子般、闵公、僖公及公子遂（东门襄仲）。子般为孟任所生，闵公为叔姜所生，僖公为成风所生。成季与庄公同母，故欲立子般；共仲与哀姜私通，故立闵公；成季与成风私通，故欲立僖公。成季若不害僖叔，共仲或不会弑子般；共仲若不想自立，不至于连弑二君。这就是共仲之乱。从庄公临死前与僖叔、成季的对话可以看出，他生前是非常信任和重用自己的几位庶母兄弟的。这或许是三桓后来得以成为鲁国强臣的重要原因吧。
闵二	**闵二**	
吉禘于庄公。秋，八月辛丑，公薨。九月，夫人姜氏孙于邾。公子庆父出奔莒。	夏，吉禘于庄公，速也。 初，公傅夺卜齮田，公不禁。秋，八月辛丑，共仲使卜齮贼公于武闱。成季以僖公适邾。共仲奔莒，乃入，立之。以赂求共仲于莒，莒人归之。及密，使公子鱼表。不许，哭而往。共仲曰："奚斯之声也。"乃缢。 闵公，哀姜之娣叔姜之子也，故齐人立之。共仲通于哀姜，哀姜欲立之。闵公之死也，哀姜与知之，故孙于邾。齐人取而杀之于夷，以其尸归。僖公请而葬之。 成季之将生也，桓公使卜楚丘之父卜之，曰："男也。其名曰友，在公之右，间于两社，为公室辅。季氏亡，则鲁不昌。"又筮之，遇《大有》☰之《乾》☰，曰："同复于父，敬如君所。"及生，有文在其手，曰"友"，遂以命之。成风闻成季之繇，乃事之，而属僖公焉，故成季立之。	
僖元	**僖元**	
春，王正月。秋，七月戊辰，夫人姜氏薨于夷，齐人以归。十有二月丁巳，夫人氏之丧至自齐。	春，不称即位，公出故也。公出复入，不书，讳之也。讳国恶，礼也。 夫人氏之丧至自齐。君子以齐人之杀哀姜也为已甚矣，女子从人者也。	

鲁共仲（前692—前660）

庄二	庄二
夏，公子庆父帅师伐于余丘。	
庄八	**庄八**
夏，师及齐师围郕。郕降于齐师。 秋，师还。	夏，师及齐师围郕。郕降于齐师。仲庆父请伐齐师。公曰："不可。我实不德，齐师何罪？罪我之由。夏书曰：'皋陶迈种德，德，乃降。'姑务修德，以待时乎！" 秋，师还。君子是以善鲁庄公。
庄三十二	**庄三十二**
公子庆父如齐。	初，公筑台，临党氏，见孟任，从之。閟。而以夫人言，许之，割臂盟公。生子般焉。 雩，讲于梁氏，女公子观之。圉人荦自墙外与之戏。子般怒，使鞭之。公曰："不如杀之，是不可鞭。荦有力焉，能投盖于稷门。" 公疾，问后于叔牙。对曰："庆父材。"问于季友。对曰："臣以死奉般。"公曰："乡者牙曰'庆父材'。" 成季使以君命命僖叔，待于鍼巫氏，使鍼季酖之。曰："饮此，则有后于鲁国；不然，死且无后。"饮之，归，及逵泉而卒。立叔孙氏。 八月癸亥，公薨于路寝。子般即位，次于党氏。 冬十月己未，共仲使圉人荦贼子般于党氏。成季奔陈。立闵公。
闵元	**闵元**
夏六月辛酉，葬我君庄公。 秋八月，公及齐侯盟于落姑。季子来归。	夏六月，葬庄公。乱故，是以缓。 秋八月，公及齐侯盟于落姑，请复季友也。齐侯许之，使召诸陈，公次于郎以待之。"季子来归"，嘉之也。 冬，齐仲孙湫来省难，书曰"仲孙"，亦嘉之也。

共仲，鲁桓公子、鲁庄公弟，又称公子庆父、庆父、仲庆父，鲁仲孙氏（又称孟孙氏）始祖。与叔牙（又称僖叔）、季友（又称成季）三人为后世"三桓"始祖，其中叔牙为庆父同母弟（杜注）。鲁庄公卒后，共仲欲得君位，连弑二君，闵二年被逼自杀。

鲁"三桓"关系图：

父	鲁桓公			
母	文姜	［缺］		文姜
子	庄公	共仲	叔牙	季友
三桓		仲孙氏	叔孙氏	季孙氏

共仲在庄公时几次带兵征战（庄二、庄八），握有兵权。庄公临终问后于叔牙，叔牙答以"庆父材"。此后，庆父连弑二君，野心尽露。

共仲以公子身份，受庄公信任，位尊权重，久生得位之心。想必其弟叔牙亦曾多次唆使、

冬，齐仲孙来。	仲孙归，曰："不去庆父，鲁难未已。"公曰："若之何而去之？"对曰："难不已，将自毙，君其待之！"公曰："鲁可取乎？"对曰："不可。犹秉周礼。周礼，所以本也。臣闻之：'国将亡，本必先颠，而后枝叶从之。'鲁不弃周礼，未可动也。君其务宁鲁难而亲之。亲有礼，因重固，间携贰，覆昏乱，霸王之器也。"	鼓动过他。然庄公有子，且以夫人子继位，本亦自然。且庆父之欲，为季友所不容，于是兄弟相残。僖叔欲立共仲，成季使人害之；成季争立子般，共仲使贼杀之。共仲既杀子般，欲自立而不敢为，遂立闵公。
闵二	**闵二**	闵公为哀姜之娣叔姜之子，共仲与哀姜私通，故立闵公。然而世事难料，闵公新立，即欲复成季。闵公既为共仲所立，又为共仲所弑，则共仲之罪难逃。共仲弑子般或有原委，弑闵公，且在立二年之后，故不得不死。齐仲孙曰："不去庆父，鲁难未已。"足见共仲为内乱渊薮。共仲弑闵公而奔莒，足见其心虚；闻奚斯之声而自尽，足见其畏罪（《公羊传》以闵元年"齐仲孙"为共仲，与《春秋》前后文 不协）。 然而，共仲之乱，庄公亦非无责。好色而立孟任，且以其子继位，人心难服，故启共仲之心。若庄公行事正大，共仲或不敢生此心，身后抑或无乱。
九月，夫人姜氏孙于邾。公子庆父出奔莒。冬，齐高子来盟。	夏，吉禘于庄公，速也。初，公傅夺卜齮田，公不禁。秋八月辛丑，共仲使卜齮贼公于武闱。成季以僖公适邾。共仲奔莒。乃入，立之。以赂求共仲于莒，莒人归之。及密，使公子鱼请。不许，哭而往。共仲曰："奚斯之声也。"乃缢。闵公，哀姜之娣叔姜之子也，故齐人立之。共仲通于哀姜，哀姜欲立之。闵公之死也，哀姜与知之，故孙于邾。齐人取而杀之于夷，以其尸归，僖公请而葬之。成季之将生也，桓公使卜楚丘之父卜之，曰："男也，其名曰友，在公之右；间于两社，为公室辅。季氏亡，则鲁不昌。"又筮之，遇《大有》䷍之《乾》䷀。曰："同复于父，敬如君所。"及生，有文在其手曰"友"，遂以命之。	
文十五	**文十五**	
齐人归公孙敖之丧。	齐人或为孟氏谋，曰："鲁，尔亲也，饰棺置诸堂阜，鲁必取之。"从之。卞人以告。惠叔犹毁以为请，立于朝以待命。许之。取而殡之。齐人送之。书曰"齐人归公孙敖之丧"，为孟氏，且国故也。葬视共仲。	

晋申生（前666—前655）

庄二十八	庄二十八	晋大子申生，又称申生，世子申生，晋申生，共大子，大子，共子等。申生为晋献公烝于齐姜所生，僖四年因骊姬之谮自缢而死。晋献公诸子关系如下：
	晋献公娶于贾，无子。烝于齐姜，生秦穆夫人及大子申生。又娶二女于戎，大戎狐姬生重耳，小戎子生夷吾。晋伐骊戎，骊戎男女以骊姬。归，生奚齐。其娣生卓子。骊姬嬖，欲立其子。赂外嬖梁五与东关嬖五，使言于公曰："曲沃，君之宗也；蒲与二屈，君之疆也，不可以无主。宗邑无主，则民不威；疆场无主，则启戎心。戎之生心，民慢其政，国之患也。若使大子主曲沃，而重耳、夷吾主蒲与屈，则可以威民而惧戎，且旌君伐。"使俱曰："狄之广莫，于晋为都。晋之启土，不亦宜乎？！"晋侯说之。夏，使大子居曲沃，重耳居蒲城，夷吾居屈。群公子皆鄙，惟二姬之子在绛。二五卒与骊姬谮群公子而立奚齐，晋人谓之"二五耦"。	
闵元	闵元	
	晋侯作二军，公将上军，大子申生将下军。赵夙御戎，毕万为右，以灭耿、灭霍、灭魏。还，为大子城曲沃，赐赵夙耿，赐毕万魏，以为大夫。 　　士蒍曰："大子不得立矣。分之都城而位以卿，先为之极，又焉得立？不如逃之，无使罪至。为吴大伯，不亦可乎？犹有令名，与其及也。且谚曰：'心苟无瑕，何恤乎无家？'天若祚大子，其无晋乎？"	
闵二	闵二	
	晋侯使大子申生伐东山皋落氏。里克谏曰："大子奉冢祀，社稷之粢盛，以朝夕视君膳者也，故曰冢子。君行则守，有守则从。从曰抚军，守曰监国，古之制也。夫帅师，专行谋，誓军旅，君与国政之所图也，非大子之事也。师在制命而已，禀命则不威，专命则不孝，故君之嗣适不可以帅师。君失其官，帅师不威，将焉用之？且臣闻皋落氏将战，君其舍之。"公曰："寡人有子，未知其谁立焉。"不对而退。见大子，大子曰：	

夫	妇	子女	说明
晋献公	贾君		
	齐姜	申生	太子
		穆姬	嫁秦穆
	大戎狐姬	重耳	文公
	小戎子	夷吾	惠公
	骊姬	奚齐	后被杀
	骊姬娣	卓子	

	"吾其废乎?"对曰:"告之以临民,教之以军旅,不共是惧,何故废乎?且子惧不孝,无惧弗得立。修己而不责人,则免于难。" 　　大子帅师,公衣之偏衣,佩之金玦。狐突御戎,先友为右。梁余子养御罕夷,先丹木为右。羊舌大夫为尉。先友曰:"衣身之偏,握兵之要,在此行也,子其勉之。偏躬无慝,兵要远灾,亲以无灾,又何患焉?"狐突叹曰:"时,事之征也。衣,身之章也。佩,衷之旗也。故敬其事,则命以始。服其身,则衣之纯。用其衷,则佩之度。今命以时卒,闷其事也。衣之尨服,远其躬也。佩以金玦,弃其衷也。服以远之,时以闷;尨凉冬杀,金寒玦离,胡可恃也!虽欲勉之,狄可尽乎?"梁余子养曰:"帅师者,受命于庙,受脤于社,有常服矣。不获而尨,命可知也。死而不孝,不如逃之。"罕夷曰:"尨奇无常,金玦不复。虽复何为?君有心矣!"先丹木曰:"是服也,狂夫阻之。曰'尽敌而反',敌可尽乎?虽尽敌,犹有内谗,不如违之。"狐突欲行,羊舌大夫曰:"不可!违命不孝,弃事不忠。虽知其寒,恶不可取。子其死之!"大子将战,狐突谏曰:"不可!昔辛伯谂周桓公云:'内宠并后,外宠二政,嬖子配适,大都耦国,乱之本也。'周公弗从,故及于难。今乱本成矣,立可必乎?孝而安民,子其图之!与其危身以速罪也。"	《左传》写大子申生之死,写得最让人心痛。在申生死前,从各个不同的侧面来展示申生之冤和值得同情:骊姬之谮(庄二十八年,僖四年),士蒍之议(闵元年),里克之谏(闵二年),狐突、先友、梁余子养及羊舌大夫战前之对话(闵二年),都是从侧面让人对申生之命运深表同情。而申生闵二年与里克之间的对话(太子曰:"吾其废乎")及僖四年弃君出逃之言,简直催人泪下。不仅如此,最让人难受的还是僖十年大子以魂灵的面目再现,夷吾改葬共大子而大子反欲害之,狐突批评大子失刑乏祀……这些
僖四	僖四 　　初,晋献公欲以骊姬为夫人。卜之,不吉;筮之,吉。公曰:"从筮。"卜人曰:"筮短龟长,不如从长。且其繇曰:'专之渝,攘公之羭。一薰一莸,十年尚犹有臭。'必不可。"弗听,立之,生奚齐。其娣生卓子。及将立奚齐,既与中大夫成谋。姬谓大子曰:"君梦齐姜,必速祭之!"大子祭于曲沃,归胙于公。公田,姬置诸宫六日。公至,毒而献之。公祭之地,地坟;与犬,犬毙;与小臣,小臣亦毙。姬泣曰:"贼由大子。"大子奔新城。公杀其傅杜原款。	

	或谓大子："子辞，君必辩焉。"大子曰："君非姬氏，居不安，食不饱。我辞，姬必有罪。君老矣，吾又不乐。"曰："子其行乎？"大子曰："君实不察其罪。被此名也以出，人谁纳我？"十二月戊申，缢于新城。 姬遂谮二公子曰："皆知之。"重耳奔蒲，夷吾奔屈。	似乎都是意在表现申生一生心肠极善却难免遭人诟谤的不幸命运。 《左传》记里克在申生死后连弑二君之后自刭，我认为里克弑君至少有一半是出于义愤，出于对申生之死和晋国政局的强烈不满。 昭二十八年叔向之母所谓"且三代之亡，共子之废，皆是物也"之言，"是物"即以色祸国之女。
僖五 晋侯杀其世子申生。	**僖五** 晋侯使以杀大子申生之故来告。初，晋侯使士蒍为二公子筑蒲与屈，不慎，置薪焉。夷吾诉之。公使让之。士蒍稽首而对曰："臣闻之：'无丧而戚，忧必雠焉。无戎而城，雠必保焉。'寇雠之保，又增慎焉？守官废命，不敬；固雠之保，不忠。失忠与敬，何以事君？《诗》云：'怀德惟宁，宗子惟城。'君其修德而固宗子，何城如之？三年将寻师焉，焉用慎？"退而赋曰："狐裘尨茸，一国三公，吾谁适从？"	
僖九 甲子，晋侯佹诸卒。冬，晋里克杀其君之子奚齐。	**僖九** 九月，晋献公卒。里克、丕郑欲纳文公，故以三公子之徒作乱。初，献公使荀息傅奚齐。公疾，召之，曰："以是藐诸孤，辱在大夫，其若之何？"稽首而对曰："臣竭其股肱之力，加之以忠贞。其济，君之灵也；不济，则以死继之。" 冬，十月，里克杀奚齐于次。书曰："杀其君之子。"未葬也。荀息将死之。人曰："不如立卓子而辅之。"荀息立公子卓以葬。十一月，里克杀公子卓于朝，荀息死之。	
僖十 晋里克弑其君卓及其大夫荀息。晋杀其大夫里克。	**僖十** 夏，四月，周公忌父、王子党会齐隰朋立晋侯。晋侯杀里克以说。将杀里克，公使谓之曰："微子，则不及此。虽然，子弑二君与一大夫，为子君者，不亦难乎？"对曰："不有废也，君何以兴？欲加之罪，其无辞乎？臣闻命矣。"伏剑而死。于是丕郑聘于秦，且谢缓赂，故不及。 晋侯改葬共大子。秋，狐突适下国，遇大子。大子使登仆而告之曰："夷吾无礼，余	

	得请于帝矣。将以晋畀秦，秦将祀余。"对曰："臣闻之：神不歆非类，民不祀非族。君祀无乃殄乎？且民何罪？失刑，乏祀，君其图之！"君曰："诺。吾将复请。七日新城西偏，将有巫者而见我焉。"许之，遂不见。及期而往，告之曰："帝许我罚有罪矣，敝于韩。"	
昭二十八	昭二十八	
	初，叔向欲娶于申公巫臣氏，其母欲娶其党。叔向曰："吾母多而庶鲜，吾惩舅氏矣。"其母曰："子灵之妻杀三夫、一君、一子，而亡一国、两卿矣，可无惩乎？吾闻之：'甚美必有甚恶。'是郑穆少妃之姚子之子，子貉之妹也。子貉早死，无后，而天钟美于是，将必以是大有败也。昔有仍氏生女，鬒黑而甚美，光可以鉴，名曰玄妻。乐正后夔取之，生伯封，实有豕心，贪惏无餍，忿颣无期，谓之封豕。有穷后羿灭之，夔是以不祀。且三代之亡，共子之废，皆是物也，女何以为哉？夫有尤物，足以移人，苟非德义，则必有祸。"叔向惧，不敢取。	

虢公醜（前678—前655）

庄十六	庄十六	《国语·晋语》称文王"敬友二虢"，僖五年左氏传称"虢仲、虢叔，王季之穆"，盖王季二子虢仲、虢叔皆文王母弟，分封东西，故称东虢、西虢（隐元年孔疏）。东虢春秋前为郑所灭，即隐元"虢叔死焉"所指，其地在荥阳县。此后凡左氏所言虢师（隐元、十一），虢公（隐三、五，庄十六、
	王使虢公命曲沃伯以一军为晋侯。	
庄十八	庄十八	
	春，虢公、晋侯朝王。王飨醴，命之宥，皆赐玉五瑴、马三匹，非礼也。王命诸侯，名位不同，礼亦异数，不以礼假人。 虢公、晋侯、郑伯使原庄公逆王后于陈。陈妫归于京师，实惠后。	
庄十九	庄十九	
	秋，五大夫奉子颓以伐王，不克，出奔温。苏子奉子颓以奔卫。卫师、燕师伐周。 冬，立子颓。	

| 庄二十 | 庄二十 | 十八、二十、二十一、二十七、三十、三十二，闵二，僖二、五），虢仲（桓八、九、十），虢叔（庄二十、二十一），包括虢公忌父（隐八）、虢公林父（桓五）、虢公醜（僖五）者，皆当为西虢君之后，其地在陕县，世代为王卿士（隐八、僖五传）。①

虢公醜，姬姓，又称虢公、虢叔，西虢国之君。周王室卿士，僖五年为晋所灭，奔京师。

虢公既为周王室卿士，亦为一封建诸侯，有己封地。|
|---|---|---|
| | 冬，王子颓享五大夫，乐及遍舞。郑伯闻之，见虢叔，曰："寡人闻之：哀乐失时，殃咎必至。今王子颓歌舞不倦，乐祸也。夫司寇行戮，君为之不举，而况敢乐祸乎？奸王之位，祸孰大焉？临祸忘忧，忧必及之。盍纳王乎？"虢公曰："寡人之愿也。" | |
| 庄二十一 | 庄二十一 | |
| | 春，胥命于弭。夏，同伐王城。郑伯将王自圉门入，虢叔自北门入。杀王子颓及五大夫。郑伯享王于阙西辟。乐备，王与之武公之略，自虎牢以东。原伯曰："郑伯效尤，其亦将有咎。"五月，郑厉公卒。王巡虢守，虢公为王宫于玤，王与之酒泉。郑伯之享王也，王以后之鞶鉴予之。虢公请器，王予之爵。郑伯由是始恶于王。冬，王归自虢。 | |

---

① 韦昭以东虢为虢仲后，西虢为虢叔后（《国语》《周语》《郑语》注），然《左传》隐元年传、《国语·郑语》皆称东虢公为"虢叔"。故僖五年孔疏云："据传文，郑灭一虢，晋灭一虢，不知谁是仲后，谁是叔后。"据《汉书·地理志》臣瓒注，东虢为郑桓公所灭，事在幽王败后四年，虢叔（东虢公）之死当在此年。隐八年传为王卿士之虢公忌父与桓五年为王将右军之虢公林父，相隔仅八年，当为同一人或父子。僖五年之虢公醜，则当为虢公林父之后，西虢国之继承者。同为西虢公，或称虢仲（桓八、九、十），或称虢叔（庄二十、二十一），原因见下。

杨伯峻、徐提《左传词典》称东虢、西虢之外复有南虢、北虢，称庄十八年以来传所言虢公又称虢叔者，包括虢公林父、虢公醜，皆为南虢公，与隐八年以来为王卿士之虢公又称虢仲者非同一人，盖以庄二十、二十一年平定王子颓之虢叔（亦称虢公），不能既称虢仲又称虢叔（杨伯峻、徐提：《春秋左传词典》，北京：中华书局1985年版，第874—875页；杨伯峻：《春秋左传注》，北京：中华书局2016年第4版，第233—234页）。其说似有理，然整个来看未必成立。僖五年之虢公醜，传言为文王始封虢仲或虢叔其一之后，且为王卿士，则当即隐三至隐八年作卿士于周之虢公后，亦即桓八、九、十年虢仲之后（为王亲命重臣，当即作卿士之虢公，杜注称虢仲即桓五年之虢公林父）。然庄公二十、二十一年之虢公所以称虢叔，或因其本人在兄弟排行中为"叔"（即杜注所谓字叔者），韦昭称其即虢公林父（《周语》注）。或因其始祖称"仲"，故同一人既称虢仲，又可称虢叔。僖五年之虢公醜，《国语·郑语》称其为虢叔，与庄二十、二十一年之所称虢叔当是同一人。杨伯峻以为既称虢叔，则与前面虢仲不同，理由是仲、叔之称不可指同一人。然贾逵、韦昭、杜预、孔疏均以为叔为虢公之字，则与前面的虢仲为同一人未必不可。又，虢叔（称虢公者）既助周王平定王子颓，当即前面为王卿士之虢公，即西虢。不当在西虢公之外，复有南虢公，况南虢之说无出处。

综而言之，隐三、五、八年称虢公，当指虢公忌父；桓五、八、九、十年之虢公亦称虢仲者，当指虢公林父；忌父与林父之关系，或为同一人，或为父子。庄十六、十八年，孔疏称其为虢仲，则或为虢公林父或为其后。据庄十八杨注，此虢公即后面之虢公醜（本表从之）。本表虢公醜从庄十六年起算。因桓十年之虢仲，与庄十六年虢公相距二十四年，是否一人不详。

庄二十六	庄二十六	这与郑国类似，只不过虢国太小，过早被灭。
虢公醜忠心效力于王室，功劳卓著：立晋侯（庄十六年），逆陈后（庄十八年），平内乱、纳惠王（庄十九、二十、二十一年），讨樊皮（庄三十年），等等。但令人费解的是，《左传》在写虢公之灭时却一再铺张虢公无道，虽未举出任何有说服力的证据，能证明虢公咎由自取，但似乎在强调一个观点，即虢公之亡是罪有应得——庄二十七年，士蒍说虢公骄，必弃其民；庄三十二年史嚚谓虢多凉德，国将亡；闵二年舟之侨谓虢公无德而禄，殃将至矣；僖二年，荀息谓今虢为不道，卜偃谓天夺之鉴而益其疾矣；僖五年，童谣说虢公"均服振振，取虢之旂……火中成军，虢公其奔"。简直对虢公极尽讽刺之能事！
然而从僖五年官之奇谏虞公之言，似可听出《左传》对虢国之灭是抱有
	秋，虢人侵晋。冬，虢人又侵晋。	
庄二十七	庄二十七	
	晋侯将伐虢，士蒍曰："不可。虢公骄，若骤得胜于我，必弃其民。无众而后伐之，欲御我，谁与？夫礼乐慈爱，战所畜也。夫民，让事，乐和，爱亲，哀丧，而后可用也。虢弗畜也，亟战，将饥。"	
庄二十九	庄二十九	
	樊皮叛王。	
庄三十	庄三十	
	春，王命虢公讨樊皮。夏，四月丙辰，虢公入樊，执樊仲皮，归京师。	
庄三十二	庄三十二	
	秋，七月，有神降于莘。惠王问诸内史过曰："是何故也？"对曰："国之将兴，明神降之，监其德也。将亡，神又降之，观其恶也。故有得神以兴，亦有以亡。虞、夏、商、周皆有之。"王曰："若之何？"对曰："以其物享焉。其至之日，亦其物也。"王从之。内史过往，闻虢请命，反曰："虢必亡矣。虐而听于神。"神居莘六月。虢公使祝应、宗区、史嚚享焉。神赐之土田。史嚚曰："虢其亡乎！吾闻之：国将兴，听于民；将亡，听于神。神，聪明正直而壹者也，依人而行。虢多凉德，其何土之能得？"	
闵二	闵二	
	春，虢公败犬戎于渭汭。舟之侨曰："无德而禄，殃也。殃将至矣！"遂奔晋。	
僖二	僖二	
虞师、晋师灭下阳。	晋荀息请以屈产之乘与垂棘之璧，假道于虞以伐虢。公曰："是吾宝也。"对曰："若得道于虞，犹外府也。"	

109

	公曰："宫之奇存焉。"对曰："宫之奇之为人也，懦而不能强谏。且少长于君，君昵之，虽谏，将不听。"乃使荀息假道于虞，曰："冀为不道，入自颠转，伐鄍三门。冀之既病，则亦惟君故。今虢为不道，保于逆旅，以侵敝邑之南鄙，敢请假道，以请罪于虢。"虢公许之，且请先伐虢。宫之奇谏，不听。遂起师。夏，晋里克、荀息帅师会虞师伐虢，灭下阳。先书虞，贿故也。 　　虢公败戎于桑田。晋卜偃曰："虢必亡矣。亡下阳不惧，而又有功，是天夺之鉴，而益其疾也。必易晋而不抚其民矣。不可以五稔。"	同情的，而对于晋国假途伐虢大有谴责之意："大伯、虞仲，大王之昭也。大伯不从，是以不嗣。虢仲、虢叔，王季之穆也。为文王卿士，勋在王室，藏于盟府。将虢是灭，何爱于虞？"从《左传》前后关于虢公事迹之记载，似可看出作者对于虢国因骄而灭带着某种伤痛。吴闿生认为这体现了左氏惯用的笔法"文若责之者，皆诡词也"，"虞、虢无罪，以见侵欺于强大而灭"尔！（《左传微·晋灭虞虢》）
僖五 　　冬，晋人执虞公。	**僖五** 　　晋侯复假道于虞以伐虢。宫之奇谏曰："虢，虞之表也。虢亡，虞必从之。晋不可启，寇不可玩。一之谓甚，其可再乎？谚所谓'辅车相依，唇亡齿寒'者，其虞、虢之谓也。"公曰："晋，吾宗也，岂害我哉？"对曰："大伯、虞仲，大王之昭也。大伯不从，是以不嗣。虢仲、虢叔，王季之穆也。为文王卿士，勋在王室，藏于盟府。将虢是灭，何爱于虞？且虞能亲于桓、庄乎？其爱之也，桓、庄之族何罪，而以为戮，不惟逼乎？亲以宠逼，犹尚害之，况以国乎？"公曰："吾享祀丰洁，神必据我。"对曰："臣闻之，鬼神非人实亲，惟德是依。故《周书》曰：'皇天无亲，惟德是辅。'又曰：'黍稷非馨，明德惟馨。'又曰：'民不易物，惟德繄物。'如是，则非德，民不和，神不享矣。神所冯依，将在德矣。若晋取虞而明德以荐馨香，神其吐之乎？"弗听，许晋使。宫之奇以其族行，曰："虞不腊矣！在此行也，晋不更举矣。" 　　八月甲午，晋侯围上阳。问于卜	其实《左传》写春秋时期小国之见灭于大国，几乎是千篇一律地侧重于写小国如何因内部不和或内政问题，而被大国一举消灭。我认为作者的本意并不是说小国内部不和，就应当被灭；而是说在一个近乎丛林的世界里，人人自危，任何人稍不小心都会被吞灭！

	偃曰："吾其济乎？"对曰："克之。"公曰："何时？"对曰："童谣云：'丙之晨，龙尾伏辰。均服振振，取虢之旗。鹑之贲贲，天策焞焞。火中成军，虢公其奔。'其九月、十月之交乎？丙子旦，日在尾，月在策，鹑火中，必是时也。" 冬十二月丙子朔，晋灭虢。虢公醜奔京师。师还，馆于虞，遂袭虞，灭之。执虞公及其大夫井伯，以媵秦穆姬。而修虞祀，且归其职贡于王。故书曰："晋人执虞公。"罪虞公，且言易也。	

晋士蒍（前671—前655）

庄二十三	庄二十三 　　晋桓、庄之族逼，献公患之。士蒍曰："去富子，则群公子可谋也已。"公曰："尔试其事。"士蒍与群公子谋，谮富子而去之。	士蒍，字子舆，晋范氏之先。晋献公手下重臣，晋国范氏（又称士氏）之祖。 　　据《国语·晋语》，士蒍之祖杜伯为周宣王大夫，为宣王所杀，其子隰叔奔晋，生子舆，即士蒍。并称赞士蒍"为理以正于朝，无奸官；为司空以正于国，国无败绩"。士蒍来源如下： 　　杜伯→隰叔→士蒍 　　《左传》中的士蒍给人留下深刻印象的地方是他帮助晋献公逐杀桓、庄之族群公子，其手腕工绝一时。先谮富子
庄二十四	庄二十四 　　晋士蒍又与群公子谋，使杀游氏之二子。士蒍告晋侯曰："可矣。不过二年，君必无患。"	
庄二十五	庄二十五 　　晋士蒍使群公子尽杀游氏之族，乃城聚而处之。冬，晋侯围聚，尽杀群公子。	
庄二十六	庄二十六 　　春，晋士蒍为大司空。夏，士蒍城绛，以深其宫。	
庄二十七	庄二十七 　　晋侯将伐虢，士蒍曰："不可。虢公骄，若骤得胜于我，必弃其民。无众而后伐之，欲御我，谁与？夫礼乐慈爱，战所畜也。夫民，让事，乐和，爱亲，哀丧，而后可用也。虢弗畜也，亟战，将饥。"	

闵元	闵元	而去之，后杀游氏之二子，然而尽杀游氏之族，最后尽杀桓、庄群公子。
	晋侯作二军，公将上军，大子申生将下军。赵夙御戎，毕万为右，以灭耿、灭霍、灭魏。还，为大子城曲沃，赐赵夙耿，赐毕万魏，以为大夫。士蔿曰："大子不得立矣。分之都城而位以卿，先为之极，又焉得立？不如逃之，无使罪至。为吴大伯，不亦可乎？犹有令名，与其及也。且谚曰：'心苟无瑕，何恤乎无家？'天若祚大子，其无晋乎？"	然而《左传》中的士蔿并不是一个只知玩弄权术的小人。庄二十六年晋侯拜士蔿为大司空。此后士蔿的几次言论都极有分量：一是庄二十七年论战之所畜，二是闵元年论太子申生命运，三是僖五年劝献公"修德而固宗子"。成十八年晋悼公即位，"使修士蔿之法"。这些皆可见士蔿之不凡及贡献。
僖五	僖五	
春，晋侯杀其世子申生。	晋侯使以杀大子申生之故来告。初，晋侯使士蔿为二公子筑蒲与屈，不慎，置薪焉。夷吾诉之。公使让之。士蔿稽首而对曰："臣闻之：'无丧而戚，忧必雠焉。无戎而城，雠必保焉。'寇雠之保，又何慎焉？守官废命，不敬；固雠之保，不忠。失忠与敬，何以事君？《诗》云：'怀德惟宁，宗子惟城。'君其修德而固宗子，何城如之？三年将寻师焉，焉用慎？"退而赋曰："狐裘龙茸，一国三公，吾谁适从？"	士蔿之后发达，除士会（范武子）一支位在重外，尚有士縠文二年为司空、士庄伯（巩朔，成三年将新军）、士贞子族（卷四）等。
成十八	成十八	
	二月己酉朔，晋悼公即位于朝。……右行辛为司空，使修士蔿之法。	

晋献公（前676—前651）

庄十八	庄十八	晋献公，名佹诸（亦作诡诸），晋武公之子，庄公十八年即位，至僖九年卒，共在位二十三年。晋献公世系如下（别称附下）：
	春，虢公、晋侯朝王。王飨醴，命之宥，皆赐玉五瑴、马三匹，非礼也。王命诸侯，名位不同，礼亦异数，不以礼假人。虢公、晋侯、郑伯使原庄公逆王后于陈。陈妫归于京师，实惠后。	

			人名	简况
庄二十三	庄二十三 　　晋桓、庄之族逼，献公患之。士蒍曰："去富子，则群公子可谋也已。"公曰："尔试其事。"士蒍与群公子谋，谮富子而去之。		晋穆侯	卒在春秋前
			桓叔 成师	惠公二十四年昭侯封之于曲沃，桓二年见
庄二十四	庄二十四 　　晋士蒍又与群公子谋，使杀游氏之二子。士蒍告晋侯曰："可矣。不过二年，君必无患。"		曲沃庄伯鲜	在位十一年入春秋，隐五见，隐六卒
庄二十五	庄二十五 　　晋士蒍使群公子尽杀游氏之族，乃城聚而处之。冬，晋侯围聚，尽杀群公子。		武公 曲沃伯 晋武公	桓三见，庄十六年灭翼，次年卒
			献公 佹诸	庄十八年立
庄二十六	庄二十六 　　春，晋士蒍为大司空。夏，士蒍城绛，以深其宫。 　　秋，虢人侵晋。 　　冬，虢人又侵晋。		晋献公是晋国历史上最重要的国君之一。他的一生对于晋国在春秋时代的整个命运起到了决定性作用。在他即位之前，晋国历史上你死我活的曲沃与晋侯之争进行了长达六十七年之久而告终，曲沃连弑五位晋侯，终于灭翼，庄十六年"王使虢公命曲沃伯以一军为晋侯"，是为晋武公。献公之父晋武公一生连弑晋哀侯、晋小子侯及晋缗侯三位晋君，事见《左传》隐五、六、七，桓二、三、四、七、八及庄十七年，武公代晋二岁而卒，献公在这种情况下即位	
庄二十七	庄二十七 　　晋侯将伐虢，士蒍曰："不可。虢公骄，若骤得胜于我，必弃其民。无众而后伐之，欲御我，谁与？夫礼乐慈爱，战所畜也。夫民，让事，乐和，爱亲，哀丧，而后可用也。虢弗畜也，亟战，将饥。"			
庄二十八	庄二十八 　　晋献公娶于贾，无子。烝于齐姜，生秦穆夫人及大子申生。又娶二女于戎，大戎狐姬生重耳，小戎子生夷吾。晋伐骊戎，骊戎男女以骊姬。归，生奚齐。其娣生卓子。骊姬嬖，欲立其子。赂外嬖梁五与东关嬖五，使言于公曰："曲沃，君之宗也；蒲与二屈，君之疆也，不可以无主。宗邑无主，则民不威；疆场无主，则启戎心。戎之生心，民慢其政，国之患也。若使大子主曲沃，而重耳、夷吾主蒲与屈，则可以威民而惧戎，且旌君伐。"使俱曰："狄之广莫，于晋			

	为都。晋之启土，不亦宜乎?!"晋侯说之。夏，使大子居曲沃，重耳居蒲城，夷吾居屈。群公子皆鄙，惟二姬之子在绛。二五卒与骊姬谮群公子而立奚齐，晋人谓之"二五耦"。	为君，可以说他是晋国历史上曲沃代晋后承前启后的关键人物。
庄三十二	庄三十二 秋，七月，有神降于莘。惠王问诸内史过曰："是何故也？"对曰："国之将兴，明神降之，监其德也。将亡，神又降之，观其恶也。故有得神以兴，亦有以亡。虞、夏、商、周皆有之。"王曰："若之何？"对曰："以其物享焉。其至之日，亦其物也。"王从之。内史过往，闻虢请命，反曰："虢必亡矣。虐而听于神。"神居莘六月。虢公使祝应、宗区、史嚚享焉。神赐之土田。史嚚曰："虢其亡乎！吾闻之：国将兴，听于民；将亡，听于神。神，聪明正直而壹者也，依人而行。虢多凉德，其何土之能得？"	晋献公在位期间，正是齐桓公霸业如日中天，晋国以堂堂大国自居，从未参加齐国为首的任何盟会，而齐桓公也未因此对晋兴师问罪。特别是僖五年晋伐灭虢、虞，虢、虞都是周之后裔，晋侯如此无道，齐桓公竟不敢以诸侯之师讨伐，想必是畏晋之大。《左传》载僖九年晋侯欲与齐盟会，听宰孔之言而退。直到僖九年献公死后，晋国发生内乱，齐桓以诸侯之师伐晋，"及高梁而还"，未起实质作用，倒是秦国在此后多年里一直对晋国内政发挥着重大作用。
闵元	闵元 晋侯作二军，公将上军，大子申生将下军。赵夙御戎，毕万为右，以灭耿、灭霍、灭魏。还，为大子城曲沃，赐赵夙耿，赐毕万魏，以为大夫。士蒍曰："大子不得立矣。分之都城而位以卿，先为之极，又焉得立？不如逃之，无使罪至。为吴大伯，不亦可乎？犹有令名，与其及也。且谚曰：'心苟无瑕，何恤乎无家？'天若祚大子，其无晋乎？"	晋献公在位期间，大体上做了三件对晋国日后发展有重要影响的大事： 1.伐灭包括虢、虞在内的一系列众小国，扩大了晋国疆土，增强了晋国实力。其中闵元年灭耿、灭霍、灭魏，僖五年灭虢、灭虞。
闵二	闵二 晋侯使大子申生伐东山皋落氏。里克谏曰："大子奉冢祀、社稷之粢盛，以朝夕视君膳者也，故曰冢子。君行则守，有守则从。从曰抚军，守曰监国，古之制也。夫帅师，专行谋，誓军旅，君与国政之所图也，非大子之事也。师在制命而已，禀命则	

不威，专命则不孝，故君之嗣适不可以帅师。君失其官，帅师不威，将焉用之？且臣闻皋落氏将战，君其舍之。"公曰："寡人有子，未知其谁立焉。"不对而退。见大子，大子曰："吾其废乎？"对曰："告之以临民，教之以军旅，不共是惧，何故废乎？且子惧不孝，无惧弗得立。修己而不责人，则免于难。"

大子帅师，公衣之偏衣，佩之金玦。狐突御戎，先友为右。梁余子养御罕夷，先丹木为右。羊舌大夫为尉。先友曰："衣身之偏，握兵之要，在此行也，子其勉之。偏躬无慝，兵要远灾，亲以无灾，又何患焉？"狐突叹曰："时，事之征也。衣，身之章也。佩，衷之旗也。故敬其事，则命以始。服其身，则衣之纯。用其衷，则佩之度。今命以时卒，闶其事也。衣之尨服，远其躬也。佩以金玦，弃其衷也。服以远之，时以闶之；尨凉冬杀，金寒玦离，胡可恃也！虽欲勉之，狄可尽乎？"梁余子养曰："帅师者，受命于庙，受脤于社，有常服矣。不获而尨，命可知也。死而不孝，不如逃之。"罕夷曰："尨奇无常，金玦不复。虽复何为？君有心矣！"先丹木曰："是服也，狂夫阻之。曰'尽敌而反'，敌可尽乎？虽尽敌，犹有内谗，不如违之。"狐突欲行，羊舌大夫曰："不可！违命不孝，弃事不忠。虽知其寒，恶不可取。子其死之！"大子将战，狐突谏曰："不可！昔辛伯谂周桓公云：'内宠并后，外宠二政，嬖子配嫡，大都耦国，乱之本也。'周公弗从，故及于难。今乱本成矣，立可必乎？孝而安民，子其图之！与其危身以速罪也。"

晋国后来一百多年的霸业，实与晋国自献公以来开疆启土、大增国力有较大关系。

2.重用士蔿，消灭桓、庄之族等公族势力，巩固了晋君地位，也使得曲沃代晋后晋国政制重新整顿。晋献公之所以这样做，客观上是在吸取晋国自文侯以来曲沃伐晋的血的教训。桓、庄之族或许在曲沃并晋的战争中发挥过不少的作用，所以才能势逼公室。如不及时消灭，势必威胁国君。

3.听信骊姬之谗，杀申生，立奚齐。这导致他死后晋国内政陷入巨大混乱，长期不得安宁，直到僖二十三年晋惠公卒、献公之子重耳返国，开创了晋国一百多年霸业，威震华夏，对春秋时代中国的政治、经济、文化无不产生了深刻影响。从这个角度看，可以说晋献公是"歪打正着"，对后来晋国的霸业有开启之功。

晋献公决不能算作一位无为之君。

<table>
<tr><th>僖二</th><th>僖二</th><td rowspan="4">其中庄十八年平王室之乱，庄二十三至二十五年灭桓庄之族，灭虢、灭虞、灭耿、灭霍、灭魏，都体现了他的能力。晋献公善用人，手下有一批忠臣良将，其中尤其以士蔿、里克、荀息三人为甚。没有他们，晋献公不可能在政治上有那么多作为。晋献公手下的大臣魏氏（毕万）、士氏、赵氏、狐氏、先氏、郤氏、羊舌氏的后代子孙都在后来晋国的政治舞台上扮演了重要角色，对日后晋国政治发生了深刻影响。这也是对晋献公在晋国及整个春秋时期历史地位异常重要的又一原因。
晋献公的三个儿子申生、重耳及夷吾的形象都在《左传》中得到了详尽刻画，左氏对这三位重要人物进行详尽刻画，可能因为他们都与后来晋国的霸业有极大的关系，所以从另一个方面看也可以说申生、夷吾都是为重耳作传的。从《左传》对这三位人物的刻画</td></tr>
<tr><td>虞师、晋师灭下阳。</td><td>晋荀息请以屈产之乘与垂棘之璧，假道于虞以伐虢。公曰：“是吾宝也。”对曰：“若得道于虞，犹外府也。”公曰：“宫之奇存焉。”对曰：“宫之奇之为人也，懦而不能强谏。且少长于君，君昵之，虽谏，将不听。”乃使荀息假道于虞，曰：“冀为不道，入自颠軨，伐鄍三门。冀之既病，则亦唯君故。今虢为不道，保于逆旅，以侵敝邑之南鄙，敢请假道，以请罪于虢。”虞公许之，且请先伐虢。宫之奇谏，不听。遂起师。夏，晋里克、荀息帅师会虞师伐虢，灭下阳。先书虞，贿故也。
虢公败戎于桑田。晋卜偃曰：“虢必亡矣。亡下阳不惧，而又有功，是天夺之鉴，而益其疾也。必易晋而不抚其民矣。不可以五稔。”</td></tr>
<tr><th>僖四</th><th>僖四</th></tr>
<tr><td></td><td>初，晋献公欲以骊姬为夫人。卜之，不吉；筮之，吉。公曰：“从筮。”卜人曰：“筮短龟长，不如从长。且其繇曰：‘专之渝，攘公之羭。一薰一莸，十年尚犹有臭。’必不可。”弗听，立之，生奚齐。其娣生卓子。及将立奚齐，既与中大夫成谋。姬谓大子曰：“君梦齐姜，必速祭之！”大子祭于曲沃，归胙于公。公田，姬置诸宫六日。公至，毒而献之。公祭之地，地坟；与犬，犬毙；与小臣，小臣亦毙。姬泣曰：“贼由大子。”大子奔新城。公杀其傅杜原款。
或谓大子：“子辞，君必辩焉。”大子曰：“君非姬氏，居不安，食不饱。我辞，姬必有罪。君老矣，吾又不乐。”曰：“子其行乎？”大子曰：“君实不察其罪。被此名也以出，人谁纳我？”十二月戊申，缢于新城。
姬遂谮二公子曰：“皆知之。”重耳奔蒲，夷吾奔屈。</td></tr>
</table>

僖五	僖五	
春，晋侯杀其世子申生。冬，晋人执虞公。	晋侯使以杀大子申生之故来告。初，晋侯使士蒍为二公子筑蒲与屈，不慎，置薪焉。夷吾诉之。公使让之。士蒍稽首而对曰："臣闻之：'无丧而戚，忧必雠焉。无戎而城，雠必保焉。'寇雠之保，又增慎焉？守官废命，不敬；固雠之保，不忠。失忠与敬，何以事君？《诗》云：'怀德惟宁，宗子惟城。'君其修德而固宗子，何城如之？三年将寻师焉，焉用慎？"退而赋曰："狐裘龙茸，一国三公，吾谁适从？"及难，公使寺人披伐蒲。重耳曰："君父之命不校。"乃徇曰："校者，吾仇也。"逾垣而走。披斩其袪。 晋侯复假道于虞以伐虢。宫之奇谏曰："虢，虞之表也。虢亡，虞必从之。晋不可启，寇不可玩。一之谓甚，其可再乎？谚所谓'辅车相依，唇亡齿寒'者，其虞、虢之谓也。"公曰："晋，吾宗也，岂害我哉？"对曰："大伯、虞仲，大王之昭也。大伯不从，是以不嗣。虢仲、虢叔，王季之穆也。为文王卿士，勋在王室，藏于盟府。将虢是灭，何爱于虞？且虞能亲于桓、庄乎？其爱之也，桓、庄之族何罪，而以为戮，不惟逼乎？亲以宠逼，犹尚害之，况以国乎？"公曰："吾享祀丰洁，神必据我。"对曰："臣闻之，鬼神非人实亲，惟德是依。故《周书》曰：'皇天无亲，惟德是辅。'又曰：'黍稷非馨，明德惟馨。'又曰：'民不易物，惟德繄物。'如是，则非德，民不和，神不享矣。神所冯依，将在德矣。若晋取虞而明德以荐馨香，神其吐之乎？"弗听，许晋使。宫之奇以其族行，曰："虞不腊矣！在此行也，晋不更举矣。" 八月甲午，晋侯围上阳。问于	中，我们不仅能领略到他们三个各自不同的个性及品质，而且可以发现他们三个手下都有一批不同凡响的忠实的追随者。重耳不说，申生手下的狐突、先丹木、羊舌大夫、梁余子养等皆非平庸之辈；而夷吾手下的郤芮、庆郑、阴饴甥，也个个见识不凡（参本书卷一"晋惠公"）。 晋献公谋杀群公子，导致晋无公族。宣二年传曰："初，丽姬之乱，诅无畜群公子，自是晋无公族。及成公即位，乃宦卿之适而为之田，以为公族。……晋于是有公族、余子、公行。"但此时的公族并非国君直系亲属，只是享受公族待遇之卿大夫子孙而已。比如赵盾以屏括为公族大夫（宣二年），荀家、荀会、栾黡、韩无忌为公族大夫（成十八年），另参宣十二年，襄七年，十六年、二十一年，昭二年、三年、五年传。昭三年传叔向曰："晋之公族尽矣。肸闻之，公

	卜偃曰："吾其济乎？"对曰："克之。"公曰："何时？"对曰："童谣云：'丙之晨，龙尾伏辰。均服振振，取虢之旗。鹑之贲贲，天策焞焞。火中成军，虢公其奔。'其九月、十月之交乎？丙子旦，日在尾，月在策，鹑火中，必是时也。" 　　冬十二月丙子朔，晋灭虢。虢公丑奔京师。师还，馆于虞，遂袭虞，灭之。执虞公及其大夫井伯，以媵秦穆姬。而修虞祀，且归其职贡于王。故书曰："晋人执虞公。"罪虞，且言易也。	室将卑，其宗族枝叶先落，则公室从之。"
僖八	**僖八**	
夏，狄伐晋。	晋里克帅师，梁由靡御，虢射为右，以败狄于采桑。梁由靡曰："狄无耻。从之，必大克。"里克曰："惧之而已，无速众敌。"虢射曰："期年狄必至，师之弱矣。"夏，狄伐晋，报采桑之役也。复期月。	
僖九	**僖九**	
夏，公会宰周公、齐侯、宋子、卫侯、郑伯、许男、曹伯于葵丘。九月戊辰，诸侯盟于葵丘。甲子，晋侯佹诸卒。冬，晋里克杀其君之子奚齐。	夏，会于葵丘。寻盟，且修好，礼也。秋，齐侯盟诸侯于葵丘。曰："凡我同盟之人，既盟之后，言归于好。" 　　宰孔先归，遇晋侯，曰："可无会也。齐侯不务德而勤远略，故北伐山戎，南伐楚，西为此会也。东略之不知，西则否矣。其在乱乎？君务靖乱，无勤于行！"晋侯乃还。 　　九月，晋献公卒。里克、郑欲纳文公，故以三公子之徒作乱。初，献公使荀息傅奚齐。公疾，召之，曰："以是藐诸孤，辱在大夫，其若之何？"稽首而对曰："臣竭其股肱之力，加之以忠贞。其济，君之灵也；不济，则以死继之。"公曰："何谓忠贞？"对曰："公家之利，知无不为，忠也；送往事居，耦俱无猜，贞	

也。"及里克将杀奚齐，先告荀息曰："三怨将作，秦晋辅之。子将何如？"荀息曰："将死之。"里克曰："无益也。"荀叔曰："吾与先君言矣，不可以贰。能欲复言，而爱身乎？虽无益也，将焉辟之！且人之欲善，谁不如我？我欲无贰，而能谓人已乎？"

冬，十月，里克杀奚齐于次。书曰："杀其君之子。"未葬也。荀息将死之。人曰：'不如立卓子而辅之。'荀息立公子卓以葬。十一月，里克杀公子卓于朝。荀息死之。君子曰："《诗》所谓'白圭之玷，尚可磨也；斯人之玷，不可为也'，荀息有焉。"

齐侯以诸侯之师伐晋，及高梁而还，讨晋乱也。令不及鲁，故不书。晋郤芮使夷吾重赂秦以求入，曰："人实有国，我何爱焉？入而能民，土于何有？"从之。齐隰朋帅师会秦师，纳惠公。秦伯谓郤芮曰："公子谁恃？"对曰："臣闻亡人无党，有党必有仇。夷吾弱，不好弄，能斗不过，长亦不改，不识其他。"公谓公孙枝曰："夷吾其定乎？"对曰："臣闻之：惟则定国。《诗》云：'不识不知，顺帝之则。'文王之谓也。又曰：'不僭不贼，鲜不为则。'无好无恶，不忌不克之谓也。今其言多忌克，难哉！"公曰："忌则多怨，又焉能克？是吾利也。"

齐桓公（前686—前643）

庄八	庄八	
冬，十有一月癸未，齐无知弑其君诸儿。	初，襄公立，无常。鲍叔牙曰："君使民慢，乱将作矣。"奉公子小白出奔莒。乱作，管夷吾、召忽奉公子纠来奔。 初，公孙无知虐于雍廪。	齐桓公，名小白，又称桓公，齐桓，齐侯，齐侯小白，齐小白，小白，公子小白，等。桓公为齐僖公之子，

庄九	庄九	齐襄公之弟，其母为卫女（《史记·齐世家》）。庄九年立，僖十七年卒，共在位四十三年。 齐桓公世系如下（据陈厚耀《世族谱》）：
春，齐人杀无知。公及齐大夫盟于蔇。公伐齐，纳子纠。齐小白入于齐。秋，七月丁酉，葬齐襄公。八月庚申，及齐师战于乾时，我师败绩。九月，齐人取子纠杀之。冬，浚洙。	春，雍廪杀无知。 公及齐大夫盟于蔇，齐无君也。 夏，公伐齐，纳子纠。桓公自莒先入。 秋，师及齐战于乾时。我师败绩。公丧戎路，传乘而归。秦子、梁子以公旗辟于下道，是以皆止。 鲍叔师师来言曰："子纠，亲也，请君讨之。管、召，仇也，请受而甘心焉。"乃杀子纠于生窦，召忽死之，管仲请囚，鲍叔受之。及堂阜而税之。归而以告曰："管夷吾治于高傒，使相可也。"公从之。	
		僖公
		襄公 | 桓公 | 公子纠
		（以下桓公六子）
		公子无亏 | 孝公 | 昭公 | 懿公 | 惠公 | 公子雍
		（上表：僖公九年入春秋，桓十四年卒，其子襄公立。襄公诸兒桓十五年立，立十二年至庄八年卒，庄公之孙公孙无知弑之自立，寻弑。庄九年桓公立。桓公之诸子情况参卷一"齐懿公"。）
庄十	庄十	
春，王正月，公败齐师于长勺。二月，公侵宋。夏，六月，齐师、宋师次于郎。公败宋师于乘丘。冬，齐师灭谭，谭子奔莒。	春，齐师伐我。公将战，曹刿请见。公与之乘，战于长勺。齐师败绩。 夏，六月，齐师、宋师次于郎。公子偃曰："宋师不整，可败也。宋败，齐必还。请击之。"公弗许。自雩门窃出，蒙皋比而先犯之，公从之，大败宋师于乘丘。齐师乃还。 齐侯之出也，过谭，谭不礼焉。及其入也，诸侯皆贺，谭又不至。冬，齐师灭谭，谭无礼也。谭子奔莒，同盟故也。	
庄十一	庄十一	桓公先因襄公之立出奔莒，庄九年入国为君，遏鲁、杀子纠；此后伐宋、平宋乱；灭谭、灭遂、盟鲁，为北杏之会；庄十四年复伐宋，庄十五年齐侯、宋公、陈侯、卫侯、郑伯会于鄄，
冬，王姬归于齐。	冬，齐侯来逆共姬。	
庄十三	庄十三	
春，齐侯、宋人、陈人、蔡人、邾人会于北杏。夏，六月，齐人灭遂。冬，公会齐侯，盟于柯。	春，会于北杏，以平宋乱。遂人不至。 夏，齐人灭遂而戍之。 冬，盟于柯，始及齐平也。 宋人背北杏之会。	

庄十四	庄十四	传称"齐始霸也"；庄十六年同盟于幽，霸主地位正式确立。
《左传》记齐桓公九合诸侯，远不如记晋文之霸详细；对齐桓公的人品多有讥诮之处，而对管仲之德则称赞有加。
今按：《左传》中对于齐桓公人品之讥诮有如下几次：庄十年，以私怨灭谭；十三年以遂人不至而灭遂；十七年齐人歼遂因氏等；二十八年败卫师后取赂而还；三十一年齐侯来献戎捷，传称"非礼也"；闵元年齐桓听仲孙湫之言而有取鲁之心；僖三年怒蔡姬而伐蔡，以力假人；五年王使周公召郑伯叛齐（估计是因为齐桓欲假天子之命以令诸侯而非实欲勤王）；九年《左传》记齐侯小白下拜于周天子，吴闿生认为这是"左氏欲以见天子之礼侮弄之，故偏写其恭谨之状"（《左传微》第101页）。此后记周宰孔论齐侯不务德而勤远略，以见其虚伪作态；十五、十六、十七
春，齐人、陈人、曹人伐宋。夏，单伯会伐宋。冬，单伯会齐侯、宋公、卫侯、郑伯于鄄。	春，诸侯伐宋。齐请师于周。夏，单伯会之。取成于宋而还。冬，会于鄄，宋服故也。	
庄十五	庄十五	
春，齐侯、宋公、陈侯、卫侯、郑伯会于鄄。夏，夫人姜氏如齐。秋，宋人、齐人、邾人伐郳。郑人侵宋。	春，复会焉，齐始霸也。秋，诸侯为宋伐郳。郑人间之而侵宋。	
庄十六	庄十六	
夏，宋人、齐人、卫人伐郑。冬，十有二月，会齐侯、宋公、陈侯、卫侯、郑伯、许男、滑伯、滕子，同盟于幽。	夏，诸侯伐郑，宋故也。冬，同盟于幽，郑成也。	
庄十七	庄十七	
春，齐人执郑詹。夏，齐人歼于遂。秋，郑詹自齐逃来。	春，齐人执郑詹，郑不朝也。夏，遂因氏、颌氏、工娄氏、须遂氏飨齐戍，醉而杀之，齐人歼焉。	
庄二十二	庄二十二	
秋，七月丙申，及齐高傒盟于防。冬，公如齐纳币。	陈公子完与颛孙奔齐。颛孙自齐来奔。齐侯使敬仲为卿。
及陈之初亡也，陈桓子始大于齐。其后亡也，成子得政。	

庄二十三	庄二十三	
春，公至自齐。夏，公如齐观社。公至自齐。公及齐侯遇于榖。十有二月甲寅，公会齐侯，盟于扈。	夏，公如齐观社，非礼也。曹刿谏曰："不可。夫礼，所以整民也。故会以训上下之则，制财用之节。朝以正班爵之义，帅长幼之序。征伐以讨其不然。诸侯有王，王有巡守，以大习之。非是，君不举矣。君举，必书。书而不法，后嗣何观？"	年记其救徐而却伐英氏，谋鄟，东略，役人夜呼……似乎都是在讽刺齐侯不道。
然而这些只是一个方面的事情，不可以以此作为对桓公一生的定论。《论语·宪问》评管仲之言曰："管仲相桓公，霸诸侯，一匡天下，民到于今受其赐。微管仲，吾其被发左衽矣！""如其仁！如其仁！"虽是赞管仲，其实从功劳方面讲，管仲之功亦是齐桓之功，本不能分。《左传》中有大量齐桓公卒后他人赞扬齐桓公功德的言论。这与《左传》对齐桓公生前之事记载甚略形成对照。从这些也可看出在那个天下无道、人人自危的年代齐桓公一生的事业还是很得人心的：僖十九年陈穆公谓"无忘齐桓之德"；同年宋司马子鱼谓齐桓公"存三亡国，义士犹曰薄德"；僖二十四年寺人披赞齐桓公"置射钩而使管仲相"；僖二十六年展喜谓齐桓公"纠合诸侯，谋其不协，匡救其
庄二十四	庄二十四	
夏，公如齐逆女。秋，公至自齐。八月丁丑，夫人姜氏入。戊寅，大夫、宗妇觌，用币。	秋，哀姜至，公使宗妇觌，用币，非礼也。	
庄二十六	庄二十六	
秋，公会宋人、齐人伐徐。		
庄二十七	庄二十七	
夏，六月，公会齐侯、宋公、陈侯、郑伯，同盟于幽。公会齐侯于城濮。	夏，同盟于幽，陈、郑服也。王使召伯廖赐齐侯命，且请伐卫，以其立子颓也。	
庄二十八	庄二十八	
春，王三月甲寅，齐人伐卫。卫人及齐人战，卫人败绩。公会齐人、宋人救郑。臧孙辰告籴于齐。	春，齐侯伐卫。战，败卫师。数之以王命，取赂而还。
冬，饥，臧孙辰告籴于齐，礼也。	

庄三十 夏，次于成。秋，七月，齐人降鄣。冬，公及齐侯遇于鲁济。齐人伐山戎。	庄三十 冬，遇于鲁济，谋山戎也，以其病燕故也。	灾"；僖二十八年曹伯之竖谓齐桓公"为会而封异姓"；昭十年传曰"'陈锡哉周'，能施也，桓公是以霸"；昭十一年申无宇谓齐桓公"城穀而置管仲焉，至于今赖之"；昭十三年叔向谓齐桓公"从善如流，下善齐肃，不藏贿，不从欲，施舍不倦，求善不厌"；昭四年记楚灵王欲携诸侯以礼，故"用齐桓"。 按：齐桓公存三亡国，据杜注、孔疏，三国为鲁、卫、邢。其中鲁国之事在庄三十二年、闵元、二年（参《春秋公羊传》），卫国之事在闵二年及僖元、二年；邢国之事在闵元年、僖元年。 又按：从齐桓公在位期间对于鲁国的态度与齐国其他国君之间的差别，可以充分反映齐桓公不仅为人有胸怀、度量和眼光，更重要的是不以大欺小，能以德服人。齐桓未入国之时，鲁庄公千方百计欲纳公子纠，后因齐桓先入，齐鲁多次交战，但齐桓未因
庄三十一 六月，齐侯来献戎捷。	庄三十一 夏，六月，齐侯来献戎捷，非礼也。凡诸侯有四夷之功，则献于王，王以警于夷。中国则否。诸侯不相遗俘。	
庄三十二 春，城小穀。夏，宋公、齐侯遇于梁丘。公子庆父如齐。	庄三十二 春，城小穀，为管仲也。 齐侯为楚伐郑之故，请会于诸侯。宋公请先见于齐侯。夏，遇于梁丘。	
闵元 齐人救邢。秋，八月，公及齐侯盟于落姑。冬，齐仲孙来。	闵元 狄人伐邢。管敬仲言于齐侯曰："戎狄豺狼，不可厌也。诸夏亲昵，不可弃也。宴安酖毒，不可怀也。《诗》云：'岂不怀归？畏此简书。'简书，同恶相恤之谓也。请救邢以从简书。"齐人救邢。 秋，八月，公及齐侯盟于落姑，请复季友也。齐侯许之，使召诸陈，公次于郎以待之。"季子"来归，嘉之也。 冬，齐仲孙湫来省难。书曰"仲孙"，亦嘉之也。仲孙归，曰："不去庆父，鲁难未已。"公曰："若之何而去之？"对曰："难不已，将自毙。君其待之。"公曰："鲁可取乎？"对曰："不可。犹秉周礼，所以本也。臣闻之：'国将亡，本必先颠，而后枝叶从之。'鲁不弃周礼，未可动也。君其务宁鲁难而亲之。亲有礼，因重固，间携贰，覆昏乱，霸王之器也。"	

闵二	闵二	
春，王正月，齐人迁阳。九月，夫人姜氏孙于邾。公子庆父出奔莒。冬，齐高子来盟。十有二月，狄入卫。	闵公之死也，哀姜与知之，故孙于邾。齐人取而杀之于夷，以其尸归，僖公请而葬之。 冬，十二月，狄人伐卫。及狄人战于荥泽，卫师败绩。遂灭卫。齐侯使公子无亏帅车三百乘，甲士三千人以戍曹；归公乘马，祭服五称，牛、羊、豕、鸡、狗皆三百，与门材；归夫人鱼轩，重锦三十两。 僖之元年，齐桓公迁邢于夷仪。二年，封卫于楚丘。邢迁如归，卫国忘亡。	此报复鲁国，而是主动与鲁结盟，化干戈为玉帛。庄十年齐、鲁刚战，庄十一年齐侯来逆共姬，显示结鲁之心；十三年公会齐侯盟于柯，齐、鲁始平；此后若干年内，鲁君对于齐侯仍颇有戒心，庄十五、十六、十七年几次确立齐国霸主地位的诸侯盟会，鲁庄公均未参加。直到庄二十二、二十三年庄公与齐结姻、再盟之后，鲁君才开始对齐之盟会无不参加，而鲁庄与齐桓的往来也日渐频繁。
僖元	僖元	
齐师、宋师、曹伯次于聂北，救邢。夏，六月，邢迁于夷仪。齐师、宋师、曹师城邢。秋，七月戊辰，夫人姜氏薨于夷，齐人以归。楚人伐郑。八月，公会齐侯、宋公、郑伯、曹伯、邾人于柽。十有二月丁巳，夫人氏之丧至自齐。	诸侯救邢。邢人溃，出奔师。师遂逐狄人，具邢器用而迁之，师无私焉。 夏，邢迁于夷仪。诸侯城之，救患也。凡诸侯救患、分灾、讨罪，礼也。 秋，楚人伐郑，郑即齐故也。盟于荦，谋救郑也。 九月，公败邾师于偃。虚丘之戍，将归者也。 冬，莒人来求赂。公子友败诸郦，获莒子之弟挐。非卿也，嘉获之也。公赐季友汶阳之田及费。 夫人氏之丧至自齐。君子以齐人杀哀姜为已甚矣。女子，从人者也。	鲁庄公死后，鲁国发生内乱，共仲因与季孙氏有怨，连弑二君，鲁有亡国之危，齐侯并没有乘人之危，而是派高子赴鲁立僖公（参见《公羊传》），可以说是拯救鲁国于危难之中！齐桓公对于鲁国的态度，不仅与他之前杀死鲁桓公的齐襄公形成鲜明对比，而且纵观整个春秋时期的历史，除了齐桓之外，绝大多数齐君对于鲁国都有仗势欺人之举，在《春
僖二	僖二	
春，王正月，城楚丘。秋，九月，齐侯、宋公、江人、黄人盟于贯。楚人侵郑。	春，诸侯城楚丘，而封卫焉。不书所会，后也。 秋，盟于贯，服江、黄也。 冬，楚人伐郑，鬭章囚郑聃伯。	

僖三	僖三
秋，齐侯、宋公、江人、黄人会于阳穀。冬，公子友如齐莅盟。楚人伐郑。	秋，会于阳穀，谋伐楚也。 齐侯为阳穀之会，来寻盟。冬，公子友如齐莅盟。 楚人伐郑，郑伯欲成，孔叔不可，曰："齐方勤我，弃德不祥。" 齐侯与蔡姬乘舟于囿，荡公。公惧变色，禁之，不可。公怒，归之，未绝之也。蔡人嫁之。
僖四	僖四
春，王正月，公会齐侯、宋公、陈侯、卫侯、郑伯、许男、曹伯侵蔡。蔡溃。遂伐楚，次于陉。夏，许男新臣卒。楚屈完来盟于师，盟于召陵。齐人执陈辕涛涂。秋，及江人、黄人伐陈。八月，公至自伐楚。葬许穆公。冬，十有二月，公孙兹帅师会齐人、宋人、卫人、郑人、许人、曹人侵陈。	春，齐侯以诸侯之师侵蔡。蔡溃，遂伐楚。楚子使与师言曰："君处北海，寡人处南海，唯是风马牛不相及也。不虞君之涉吾地也，何故？"管仲对曰："昔召康公命我先君大公曰：'五侯九伯，女实征之，以夹辅周室。'赐我先君履，东至于海，西至于河，南至于穆陵，北至于无棣。尔贡包茅不入，王祭不共，无以缩酒，寡人是征；昭王南征而不复，寡人是问。"对曰："贡之不入，寡君之罪也，敢不共给？昭王之不复，君其问诸水滨。"师进，次于陉。 夏，楚子使屈完如师。师退，次于召陵。齐侯陈诸侯之师，与屈完乘而观之。齐侯曰："岂不穀是为？先君之好是继。与不穀同好，如何？"对曰："君惠徼福于敝邑之社稷，辱收寡君，寡君之愿也。"齐侯曰："以此众战，谁能御之？以此攻城，何城不克？"对曰："君若以德绥诸侯，谁敢不服？君若以力，楚国方城以为城，汉水以为池；虽众，无所用之。"屈完及诸侯盟。 陈辕涛涂谓郑申侯曰："师出于陈、郑之间，国必甚病。若出于东方，观兵于东夷，循海而归，其可也。"申侯曰："善。"涛涂以告齐侯，许之。申侯见曰："师老矣，若出于东方而遇敌，惧不可用也。若出

秋》经、传中不胜枚举（参见本书卷一："鲁庄公"，或顾栋高《大事表·春秋齐鲁交兵表》）。像齐桓公这样宽宏大度、以德报怨、诚心结鲁的齐君，再也未曾有过。可以说齐桓在位期间是齐、鲁两国春秋数百年间关系最好的时期。

齐桓公纠合诸侯据《春秋》经、传所载至少有十四次，而不止九次：庄十三年五国会于北杏，以平宋乱；十五年五国会于鄄，齐始伯也；十六年，九国同盟于幽，郑成也；二十七年，五国同盟于幽，郑服也；僖元年，六国会于柽，谋救郑也；四年，八国会师侵蔡伐楚；五年，九国侯伯会王世子于首止，谋宁周也；六年，六国会伐郑，以其逃首止之盟故也；七年，五国盟于甯母，谋郑故也；八年，八国盟于洮，谋王室也；九年，八国会盟于葵丘，寻盟且修好；十三年，八国会于鹹，淮夷病杞故也，且谋王室也；十五年，八国盟于

	陈、郑之间，共其资粮扉屦，其可也。"齐侯说，与之虎牢，执辕涛涂。 秋，伐陈，讨不忠也。 许穆公卒于师，葬之以侯，礼也。凡诸侯薨于朝会，加一等；死王事，加二等。于是有以衮敛。 冬，叔孙戴伯帅师会诸侯之师，侵陈。陈成，归辕涛涂。	牡丘，寻葵丘之盟，且救徐也；十六年，九国会于淮，谋鄫，且东略也。 　　齐桓公一生最大的失败大概是生前没有处理好继承人的问题，同时也没有为齐国培养出一个好政体及人才不竭的局面。这一点他与晋文公形成了鲜明对照。齐桓公一死，齐国立即陷入空前的内乱之中（僖十七、十八年），而齐国之霸也马上土崩瓦解。对此后人将齐桓与晋文相比所发的议论可谓多矣。齐桓公一生之所以能称霸于天下，主要由于以下几个原因：一是胸襟广阔，"不藏贿，下善齐肃，从善如流"，能用善人（昭十三年叔向言）。从庄二十二年厚待陈公子颛孙来奔，僖十二、十三年讨周之乱又能容王子带入齐且为之请于周，僖二十三年厚待晋公子重耳之事，亦可见一斑。二是"纠合诸侯，谋其不协，匡救其灾，施舍不倦"（僖十九、二十六、二十九年
僖五	**僖五**	
公及齐侯、宋公、陈侯、卫侯、郑伯、许男、曹伯会王世子于首止。秋，八月，诸侯盟于首止。郑伯逃归不盟。	会王大子郑，谋宁周也。 秋，诸侯盟。王使周公召郑伯曰："吾抚女以从楚，辅之以晋，可以少安。"郑伯喜于王命，而惧其不朝于齐也，故逃归不盟。孔叔止之曰："国君不可以轻，轻则失亲。失亲，患必至。病而乞盟，所丧多矣，君必悔之。"弗听，逃其师而归。	
僖六	**僖六**	
夏，公会齐侯、宋公、陈侯、卫侯、曹伯伐郑，围新城。冬，公至自伐郑。	夏，诸侯伐郑，以其逃首止之盟故也。围新密，郑所以不时城也。 秋，楚人围许以救郑，诸侯救许，乃还。	
僖七	**僖七**	
春，齐人伐郑。郑杀其大夫申侯。秋，七月，公会齐侯、宋公、陈世子款、郑世子华，盟于宁母。公子友如齐。	春，齐人伐郑。孔叔言于郑伯曰："谚有之曰：'心则不竞，何惮于病？'既不能强，又不能弱，所以毙也。国危矣！请下齐以救国。"公曰："吾知其所由来矣。姑少待我。"对曰："朝不及夕，何以待君？"夏，郑杀申侯以说于齐，且用陈辕涛涂之谮也。 秋，盟于宁母，谋郑故也。管仲言于齐侯曰："臣闻之，招携以礼，怀远以德。德礼不易，无人不怀。"齐侯修礼于诸侯，诸侯官受方物。 郑伯使大子华听命于会，言于齐侯曰："洩氏、孔氏、子人氏三族，	

	实违君命。若君去之以为成，我以郑为内臣，君亦无所不利焉。"齐侯将许之。管仲曰："君以礼与信属诸侯，而以奸终之，无乃不可乎？子父不奸之谓礼，守命共时之谓信。违此二者，奸莫大焉。"公曰："诸侯有讨于郑，未捷。今苟有衅，从之，不亦可乎？"对曰："君若绥之以德，加之以训辞，而帅诸侯以讨郑，郑将覆亡之不暇，岂敢不惧？若总其罪人以临之，郑有辞矣，何惧？且夫合诸侯，以崇德也。会而列奸，何以示后嗣？夫诸侯之会，其德刑礼义，无国不记。记奸之位，君盟替矣。作而不记，非盛德也。君其勿许，郑必受盟。夫子华既为大子，而求介于大国以弱其国，亦必不免。郑有叔詹、堵叔、师叔三良为政，未可间也。"齐侯辞焉。子华由是得罪于郑。 　　冬，郑伯使请盟于齐。 　　闰月，惠王崩。襄王恶大叔带之难，惧不立，不发丧而告难于齐。	及昭十、十三年之言）。三是合诸侯以礼，不以大欺小，不乘人之危，不从私欲，排夷狄、存亡国，不贪其利（事见庄三十、三十二年，闵元、二年，僖元、二年燕、鲁、卫、邢之事等；此外晋、徐、杞等国有难亦一马当先救援之）。四是谋王室，定天下。所救周王室之乱分别有王子颓之乱（庄二十七、二十八年）及王子带之乱（僖四、五、七、八、九、十二、十三、十六年）。由此可见仅仅将齐桓公一生的政治成就归结为管仲一人，未免太简单化了。
僖八	**僖八**	
春，王正月，公会王人、齐侯、宋公、卫侯、许男、曹伯、陈世子款，盟于洮。郑伯乞盟。	春，盟于洮，谋王室也。 郑伯乞盟，请服也。	
僖九	**僖九**	
夏，公会宰周公、齐侯、宋子、卫侯、郑伯、许男、曹伯于葵丘。九月戊辰，诸侯盟于葵丘。	夏，会于葵丘。寻盟，且修好，礼也。 王使宰孔赐齐侯胙，曰："天子有事于文武，使孔赐伯舅胙。"齐侯将下拜。孔曰："且有后命，天子使孔曰：'以伯舅耋老，加劳，赐一级，无下拜。'"对曰："天威不违颜咫尺，小白余敢贪天子之命，无下拜？恐陨	

	越于下，以遗天子羞，敢不下拜？"下拜，登受。 秋，齐侯盟诸侯于葵丘。曰："凡我同盟之人，既盟之后，言归于好。" 宰孔先归，遇晋侯，曰："可无会也。齐侯不务德而勤远略，故北伐山戎，南伐楚，西为此会也。东略之不知，西则否矣。其在乱乎？君务靖乱，无勤于行！"晋侯乃还。 齐侯以诸侯之师伐晋，及高梁而还，讨晋乱也。令不及鲁，故不书。
僖十	**僖十**
春，王正月，公如齐。夏，齐侯、许男伐北戎。	
僖十一	**僖十一**
夏，公及夫人姜氏会齐侯于阳穀。冬，楚人伐黄。	
僖十二	**僖十二**
夏，楚人灭黄。	春，诸侯城卫楚丘之郛，惧狄难也。 黄人恃诸侯之睦于齐也，不共楚职。曰："自郢及我九百里，焉能害我？"夏，楚灭黄。 王以戎难故，讨王子带。秋，王子带奔齐。 冬，齐侯使管夷吾平戎于王。使隰朋平戎于晋。王以上卿之礼飨管仲。管仲辞曰："臣，贱有司也。有天子之二守国、高在，若节春秋来承王命，何以礼焉？陪臣敢辞。"王曰："舅氏，余嘉乃勋。应乃懿德，谓督不忘。往践乃职，无逆朕命。"管仲受下卿之礼而还。君子曰："管氏之世祀也宜哉！让不忘其上。《诗》云：'恺悌君子，神所劳矣。'"

僖十三	**僖十三**
公会齐侯、宋公、陈侯、卫侯、郑伯、许男、曹伯于咸。冬，公子友如齐。	春，齐侯使仲孙湫聘于周，且言王子带。事毕，不与王言。归，复命曰："未可，王怒未息，其十年乎？不十年，王弗召也。" 夏，会于咸，淮夷病杞故，且谋王室也。 秋，为戎难故，诸侯戍周。齐仲孙湫致之。
僖十四	**僖十四**
春，诸侯城缘陵。	春，诸侯城城缘陵而迁杞焉。不书其人，有阙也。
僖十五	**僖十五**
春，王正月，公如齐。楚人伐徐。三月，公会齐侯、宋公、陈侯、卫侯、郑伯、许男、曹伯，盟于牡丘，遂次于匡。公孙敖帅师及诸侯之大夫救徐。秋，七月，齐师、曹师伐厉。九月，公至自会。楚人败徐于娄林。	春，楚人伐徐，徐即诸夏故也。三月，盟于牡丘，寻葵丘之盟，且救徐也。孟穆伯师师及诸侯之师救徐，诸侯次于匡以待之。 秋，伐厉以救徐也。 楚败徐于娄林，徐恃救也。
僖十六	**僖十六**
春，王正月戊申朔，陨石于宋五。是月，六鹢退飞过宋都。冬，十有二月，公会齐侯、宋公、陈侯、卫	春，陨石于宋五，陨星也。六鹢退飞过宋都，风也。周内史叔兴聘于宋，宋襄公问焉，曰："是何祥也？吉凶焉在？"对曰："今兹鲁多大丧，明年齐有乱，君得诸侯而不终。"退而告人曰："君失问，是阴阳之事，非吉凶所生也。吉凶由人，吾不敢逆君故也。"

侯、郑伯、许男、邢侯、曹伯于淮。	夏,齐伐厉,不克,救徐而还。 王以戎难告于齐。齐征诸侯而戍周。 十二月,会于淮,谋鄫,且东略也。城鄫,役人病。有夜登丘而呼曰:"齐有乱!"不果城而还。	
僖十七	**僖十七**	
春,齐人、徐人伐英氏。夏,灭项。秋,夫人姜氏会齐侯于卞。九月,公至自会。冬,十有二月乙亥,齐侯小白卒。	春,齐人为徐伐英氏,以报娄林之役也。 师灭项。淮之会,公有诸侯之事,未归而取项。齐人以为讨,而止公。 秋,声姜以公故,会齐侯于卞。九月,公至。书曰:"至自会",犹有诸侯之事焉,且讳之也。 齐侯之夫人三:王姬、徐嬴、蔡姬,皆无子。齐侯好内,多内宠。内嬖如夫人者六人:长卫姬,生武孟;少卫姬,生惠公;郑姬,生孝公;葛嬴,生昭公;密姬,生懿公;宋华子,生公子雍。公与管仲属孝公于宋襄公,以为大子。雍巫有宠于卫共姬,因寺人貂以荐羞于公,亦有宠。公许之立武孟。管仲卒,五公子皆求立。冬,十月乙亥,齐桓公卒。易牙入,与寺人貂因内宠以杀群吏,而立公子无亏。孝公奔宋。十二月乙亥,赴。辛巳,夜殡。	
僖十八	**僖十八**	僖十八年齐桓公刚死,狄人、邢人马上伐卫,而郑伯始朝于楚。
春,王正月,宋公、曹伯、卫人、邾人伐齐。夏,师救齐。五月戊寅,宋师及齐师战于甗,齐师败绩。狄救齐。冬,邢人、狄人伐卫。	春,宋襄公以诸侯伐齐。三月,齐人杀无亏。 郑伯始朝于楚。楚子赐之金,既而悔之,与之盟曰:"无以铸兵。"故以铸三钟。 齐人将立孝公,不胜四公子之徒,遂与宋人战。夏五月,宋败齐师于甗,立孝公而还。 冬,邢人、狄人伐卫,围菟圃。	

僖十九	僖十九	
夏，六月，宋公、曹人、邾人盟于曹南。鄫子会盟于邾。己酉，邾人执鄫子，用之。冬，会陈人、蔡人、楚人、郑人，盟于齐。	夏，宋公使邾文公用鄫子于次睢之社，欲以属东夷。司马子鱼曰："古者六畜不相为用，小事不用大牲，而况敢用人乎？祭祀以为人也。民，神之主也。用人，其谁飨？齐桓公存三亡国，以属诸侯，义士犹曰薄德。今一会而虐二国之君，又用诸淫昏之鬼，将以求霸，不亦难乎？得死为幸！" 陈穆公请修好于诸侯，以无忘齐桓之德。冬，盟于齐，修桓公之好也。	
僖二十三	僖二十三	
	晋公子重耳之及于难也……及齐，齐桓公妻之。有马二十乘，公子安之。	
僖二十四	僖二十四	
	齐桓公置射钩，而使管仲相。君若易之，何辱命焉？	
僖二十六	僖二十六	
夏，齐人伐我北鄙。	夏，齐孝公伐我北鄙。公使展喜犒师，使受命于展禽。齐侯未入竟，展喜从之，曰："寡君闻君亲举玉趾，将辱于敝邑，使下臣犒执事。"齐侯曰："鲁人恐乎？"对曰："小人恐矣，君子则否。"齐侯曰："室如悬罄，野无青草，何恃而不恐？"对曰："恃先王之命。昔周公、大公股肱周室，夹辅成王。成王劳之，而赐之盟，曰'世世子孙，无相害也。'载在盟府，大师职之。桓公是以纠合诸侯，而谋其不协，弥缝其阙，而匡救其灾，昭旧职也。及君即位，诸侯之望曰：'其帅桓之功！'我敝邑用不敢保聚，曰：'岂其嗣世九年，而弃命废职，其若先君何？君必不然。'恃此以不恐。"齐侯乃还。	

僖二十八 曹伯襄复归于曹，遂会诸侯，围许。	僖二十八 晋侯有疾，曹伯之竖侯獳货筮史，使曰以曹为解："齐桓公为会而封异姓，今君为会而灭同姓。"
僖三十三	僖三十三 管敬仲，桓之贼也，实相以济。
昭四	昭四 齐有仲孙之难，而获桓公，至今赖之。晋有里、丕之难，而获文公，是以为盟主。卫、邢无难，敌亦丧之。故人之难，不可虞也。 齐桓有召陵之师，晋文有践土之盟。君其何用？
昭十	昭十 曰："《诗》云：'陈锡哉周。'能施也。桓公是以霸。"
昭十一	昭十一 郑庄公城栎，而置子元焉，使昭公不立；齐桓公城穀，而置管仲焉，至于今赖之。
昭十三	昭十三 宣子曰："齐桓、晋文，不亦是乎？"对曰："齐桓，卫姬之子也，有宠于僖，有鲍叔牙、宾须无、隰朋以为辅佐，有莒、卫以为外主，有国、高以为内主，从善如流，下善齐肃，不藏贿，不从欲，施舍不倦，求善不厌，是以有国，不亦宜乎？……"

齐管仲（前686—前643）

庄八	庄八 初，襄公立，无常。鲍叔牙曰："君使民慢，乱将作矣。"奉公子小白出奔莒。乱作，管夷吾、召忽奉公子纠来奔。	管仲，姬姓，又称管夷吾、夷吾、管敬仲、敬仲等。僖十二年孔疏曰："《世族谱》管

庄九	**庄九**	氏出自周穆王。"如此则管氏非齐同姓。郑樵《氏族略》同说，并谓管氏"自夷吾始显于齐"。《左传》中管氏不多见，庄八年有管至父，成十一年有管于奚，哀十六年有管修，世系皆不详。僖十二年传曰："管氏之世祀也，宜哉！"可见管氏之后虽世代祀于齐，但却多不见于经、传，当皆非显族。 管仲在《左传》中主要做了齐桓公手下最重要谋臣出场。然左氏对于管仲一生在齐国的政绩及其攻城略地之事未置一言，除了庄八、九年记其入国为相，僖二十四、三十三年及昭十一年有若干次他人提及管仲的一些话之外，实际上重点记述了管仲的几次言论，次数虽不多，但这些言论都极有深度，能深刻反映管仲在为人为政方面境界之高、人品之正、胸襟之开阔，大概左氏认为只有这些才是他一生功成名就的真正法宝吧！这也可算是《左
夏，公伐齐，纳子纠。齐小白入于齐。八月庚申，及齐师战于乾时，我师败绩。九月，齐人取子纠杀之。	公及齐大夫盟于蔇，齐无君也。夏，公伐齐，纳子纠。桓公自莒先入。秋，师及齐师战于乾时。我师败绩。鲍叔帅师来言曰："子纠，亲也，请君讨之。管、召，雠也，请受而甘心焉。"乃杀子纠于生窦。召忽死之。管仲请囚，鲍叔受之。及堂阜而税之。归而以告曰："管夷吾治于高傒，使相可也。"公从之。	
庄三十二	**庄三十二**	
春，城小穀。	春，城小穀，为管仲也。	
闵元	**闵元**	
齐人救邢。	狄人伐邢。管敬仲言于齐侯曰："戎狄豺狼，不可厌也。诸夏亲暱，不可弃也。宴安酖毒，不可怀也。《诗》云：'岂不怀归？畏此简书。'简书，同恶相恤之谓也。请救邢以从简书。"齐人救邢。	
僖四	**僖四**	
春，王正月，公会齐侯、宋公、陈侯、卫侯、郑伯、许男、曹伯侵蔡。蔡溃。遂伐楚。次于陉。	春，齐侯以诸侯之师侵蔡。蔡溃，遂伐楚。楚子使与师言曰："君处北海，寡人处南海，唯是风马牛不相及也。不虞君之涉吾地也，何故？"管仲对曰："昔召康公命我先君大公曰：'五侯九伯，汝实征之，以夹辅周室。'赐我先君履，东至于海，西至于河，南至于穆陵，北至于无棣。尔贡包茅不入，王祭不共，无以缩酒，寡人是征；昭王南征而不复，寡人是问。"对曰："贡之不入，寡君之罪也，敢不共给？昭王之不复，君其问诸水滨。"师进，次于陉。	
僖七	**僖七**	
春，齐人伐郑。郑杀其	秋，盟于甯母，谋郑故也。管仲言于齐侯曰："臣闻之，招携以礼，	

大夫申侯。秋七月，公会齐侯、宋公、陈世子款、郑世子华，盟于甯母。	怀远以德。德礼不易，无人不怀。"齐侯修礼于诸侯，诸侯官受方物。 　　郑伯使大子华听命于会，言于齐侯曰："洩氏、孔氏、子人氏三族，实违君命。若君去之以为成，我以郑为内臣，君亦无所不利焉。"齐侯将许之。管仲曰："君以礼与信属诸侯，而以奸终之，无乃不可乎？子父不奸之谓礼，守命共时之谓信。违此二者，奸莫大焉。"公曰："诸侯有讨于郑，未捷。今苟有衅，从之，不亦可乎？"对曰："君若绥之以德，加之以训辞，而帅诸侯以讨郑，郑将覆亡之不暇，岂敢不惧？若总其罪人以临之，郑有辞矣，何惧？且夫合诸侯，以崇德也。会而列奸，何以示后嗣？夫诸侯之会，其德刑礼义，无国不记。记奸之位，君盟替矣。作而不记，非盛德也。君其勿许，郑必受盟。夫子华既为大子，而求介于大国以弱其国，亦必不免。郑有叔詹、堵叔、师叔三良以为政，未可间也。"齐侯辞焉。子华由是得罪于郑。 　　冬，郑伯使请盟于齐。	传》义法的一个重要证据。 　　《左传》直接记录管仲的言论共有四次：一是闵元年，与齐侯论华夷之辨及伐狄之道；二是僖四年责楚不共王职之言；三是僖七年论霸主之道；四是僖十二年辞王之礼之言。最值得一提的是，僖四年管仲责楚之言，与紧接于其后的齐侯对屈完之言形成鲜明对照。
僖十二	僖十二	
	王以戎难故，讨王子带。秋，王子带奔齐。 　　冬，齐侯使管夷吾平戎于王。使隰朋平戎于晋。王以上卿之礼飨管仲。管仲辞曰："臣，贱有司也。有天子之二守国、高在，若节春秋来承王命，何以礼焉？陪臣敢辞。"王曰："舅氏，余嘉乃勋。应乃懿德，谓督不忘。往践乃职，无逆朕命。"管仲受下卿之礼而还。君子曰："管氏之世祀也宜哉！让不忘其上。《诗》云：'恺悌君子，神所劳矣。'"	
僖十七	僖十七	
冬，十有二月乙亥，齐	齐侯之夫人三：王姬、徐嬴、蔡姬，皆无子。齐侯好内，多内宠。内	

侯小白卒。	嬖如夫人者六人：长卫姬，生武孟；少卫姬，生惠公；郑姬，生孝公；葛嬴，生昭公；密姬，生懿公；宋华子，生公子雍。公与管仲属孝公于宋襄公，以为大子。雍巫有宠于卫共姬，因寺人貂以荐羞于公，亦有宠。公许之立武孟。管仲卒，五公子皆求立。冬，十月乙亥，齐桓公卒。易牙入，与寺人貂因内宠以杀群吏，而立公子无亏。孝公奔宋。十二月乙亥，赴。辛巳，夜殡。
僖二十四	僖二十四 齐桓公置射钩，而使管仲相。
僖三十三	僖三十三 管敬仲，桓之贼也，实相以济。
昭十一	昭十一 齐桓公城穀，而置管仲焉，至于今赖之。

宋襄公（前652—前637）

僖八	僖八 宋公疾，大子兹父固请曰："目夷长且仁，君其立之。"公命子鱼。子鱼辞曰："能以国让，仁孰大焉？臣不及也，且又不顺。"遂走而退。	宋襄公，名兹父，宋桓公之子。鲁僖公十年立，二十三年卒。共在位十四年。宋襄公相关世系如下（据陈厚耀《世族谱》）：
僖九 王三月丁丑，宋公御说卒。夏，公会宰周公、齐侯、宋子、卫侯、郑伯、许男、曹伯于葵丘。	僖九 春，宋桓公卒。未葬而襄公会诸侯，故曰子。凡在丧，王曰小童，公侯曰子。 宋襄公即位，以公子目夷为仁，使为左师以听政，于是宋治。故鱼氏世为左师。	庄公冯 闵公捷／子游／桓公御说／公子仲／公子成／公子朝／公孙固之父 （以下桓公子）
僖十三 公会齐侯、宋公、陈侯、卫侯、郑伯、许男、曹伯于鹹。	僖十三 夏，会于鹹，淮夷病杞故，且谋王室也。	

僖十五	僖十五	襄公兹父	公子目夷(鱼氏)	公子荡(荡氏)	公子鳞(鳞氏)	公子向(向氏)
楚人伐徐。三月，公会齐侯、宋公、陈侯、卫侯、郑伯、许男、曹伯，盟于牡丘，遂次于匡。公孙敖帅师及诸侯之大夫救徐。冬，宋人伐曹。	三月，盟于牡丘，寻葵丘之盟，且救徐也。孟穆伯帅师及诸侯之师救徐，诸侯次于匡以待之。 秋，伐厉以救徐也。 冬，宋人伐曹，讨旧怨也。					

（上表：庄公隐三见，桓二年立，立十九年至庄二年卒。闵公庄三年立，立十至庄十二年弑，立子游。子游庄二十二年，寻弑，立桓公。桓公公子御说庄十一见，庄十三年立，立三十一年，至僖九年卒，子襄公立。襄公子成公僖二十四年立，立十七至文七年卒。桓公四公子即宋襄公诸兄弟发展为四公族，相关世系参卷二"宋向戌"。）

僖十六	僖十六
春，王正月戊申朔，陨石于宋五。是月，六鹢退飞过宋都。冬，十有二月，公会齐侯、宋公、陈侯、卫侯、郑伯、许男、邢侯、曹伯于淮。	春，陨石于宋五，陨星也。六鹢退飞过宋都，风也。周内史叔兴聘于宋，宋襄公问焉，曰："是何祥也？吉凶焉在？"对曰："今兹鲁多大丧，明年齐有乱，君将得诸侯而不终。"退而告人曰："君失问，是阴阳之事，非吉凶所生也。吉凶由人，吾不敢逆君故也。" 十二月，会于淮，谋鄫，且东略也。城鄫，役人病。有夜登丘而呼曰："齐有乱！"不果城而还。

左氏用大量笔墨来写宋襄公如何因求霸心切而死，同时也生动地刻画了宋襄公为人为政表现出来的个性。

僖十七	僖十七
冬，十有二月乙亥，齐侯小白卒。	齐侯之夫人三：王姬、徐嬴、蔡姬，皆无子。齐侯好内，多内宠。内嬖如夫人者六人：长卫姬，生武孟；少卫姬，生惠公；郑姬，生孝公；葛嬴，生昭公；密姬，生懿公；宋华子，生公子雍。公与管仲属孝公于宋襄公，以为大子。雍巫有宠于卫共姬，因寺人貂以荐羞于公，亦有宠。公许之立武孟。管仲卒，五公子皆求立。冬，十月乙亥，齐桓公卒。易牙入，与寺人貂因内宠以杀群吏，而立公子无亏。孝公奔宋。十二月乙亥，赴。辛巳，夜殡。

《左传》记宋襄公之事几乎是一篇完美的散文。僖八年身为大子欲让位于司马子鱼，子鱼评其仁；次年即位后乃重用子鱼，可能出于感激。这反

僖十八	**僖十八**	映了襄公为人之仁的方面。僖十七年齐桓公死后，齐国陷入群公子争立的混乱，襄公按照桓公、管仲生前之托，发动诸侯之兵讨齐，立孝公而还，可见桓公和管仲没有看错人。这是襄公为人之义的方面。宋襄公既已合诸侯，遂生称霸之野心。僖十九年执滕子、用鄫子，讨曹、伐郑，欲以力服人；不知度德量力，审时度势，欲合诸侯反为所执。僖十九至二十二年间多次记司马子鱼之言，臧文仲之评，国人之咎，都体现了他为人之贪的方面；从僖二十二年宋楚泓之战中襄公"不重伤、不禽二毛"之言及其因此而毙命，可看出襄公为人之迂腐的方面。 综合此人即位以来的全部行为，可看出襄公死于懦，或者说死于无能。不过，如果不是有求霸之心，亦何以死，可见其死也与贪有关。 若将襄公因求霸而死，与齐桓公
春，王正月，宋公、曹伯、卫人、邾人伐齐。夏，师救齐。五月戊寅，宋师及齐师战于甗，齐师败绩。狄救齐。秋，八月丁亥，葬齐桓公。	春，宋襄公以诸侯伐齐。三月，齐人杀无亏。 齐人将立孝公，不胜四公子之徒，遂与宋人战。夏五月，宋败齐师于甗，立孝公而还。	
僖十九	**僖十九**	
春，王三月，宋人执滕子婴齐。夏，六月，宋公、曹人、邾人盟于曹南。鄫子会盟于邾。己酉，邾人执鄫子，用之。冬，会陈人、蔡人、楚人、郑人，盟于齐。	宋人执滕宣公。 夏，宋公使邾文公用鄫子于次睢之社，欲以属东夷。司马子鱼曰："古者六畜不相为用，小事不用大牲，而况敢用人乎？祭祀以为人也。民，神之主也。用人，其谁飨之？齐桓公存三亡国，以属诸侯，义士犹曰薄德。今一会而虐二国之君，又用诸淫昏之鬼，将以求霸，不亦难乎？得死为幸！" 宋人围曹，讨不服也。子鱼言于宋公曰："文王闻崇德乱而伐之，军三旬而不降，退修教而复伐之，因垒而降。《诗》曰：'刑于寡妻，至于兄弟，以御于家邦。'今君德无乃犹有所阙，而以伐人，若之何？盍姑内省德乎？无阙而后动。" 陈穆公请修好于诸侯，以无忘齐桓之德。冬，盟于齐，修桓公之好也。	
僖二十	**僖二十**	
	宋襄公欲合诸侯。臧文仲闻之，曰："以欲从人则可，以人从欲鲜济。"	
僖二十一	**僖二十一**	
宋人、齐人、楚人盟于鹿上。秋，宋	春，宋人为鹿上之盟，以求诸侯于楚，楚人许之。公子目夷曰："小国争盟，祸也。宋其亡乎？幸而后败。"	

公、楚子、陈侯、蔡侯、郑伯、许男、曹伯会于盂，执宋公以伐宋。十有二月癸丑，公会诸侯，盟于薄，释宋公。	秋，诸侯会宋公于盂。子鱼曰："祸其在此乎？君欲已甚，其何以堪之！"于是楚执宋公以伐宋。 冬，会于薄以释之。子鱼曰："祸犹未也，未足以惩君。"	求霸而成做一对比，则可发现霸主必须具备两个条件：一是要有"力"，齐桓、晋文皆凭其力而服诸侯；二是要有"德"，这一点可从《左传》中关于齐桓之德及晋霸之道的大量论述中得到证明。
僖二十二	**僖二十二**	《左传》中有大量关于霸主之德的论述。相比之下，宋襄公既无霸主之力，又无霸主之德。霸主人之所欲，故必须有力。人人皆有此欲，故仅有力尚不够，还必须有德。
夏，宋公、卫侯、许男、滕子伐郑。冬，十有一月己巳朔，宋公及楚人战于泓，宋师败绩。	夏，宋公伐郑。子鱼曰："所谓祸在此矣。" 楚人伐宋以救郑。宋公将战，大司马固谏曰："天之弃商久矣。君将兴之，弗可赦也已。"弗听。 冬，十一月己巳，朔，宋公及楚人战于泓。宋人既成列，楚人未既济。司马曰："彼众我寡，及其未既济也，请击之。"公曰："不可。"既济而未成列，又以告。公曰："未可。"既陈而后击之，宋师败绩。公伤股，门官歼焉。国人皆咎公。公曰："君子不重伤，不禽二毛。古之为军也，不以阻隘也。寡人虽亡国之余，不鼓不成列。"子鱼曰："君未知战。勍敌之人，隘而不列，天赞我也。阻而鼓之，不亦可乎？犹有惧焉。且今之勍者，皆吾敌也。虽及胡耇，获则取之，何有于二毛？明耻教战，求杀敌也。伤未及死，如何勿重？若爱重伤，则如勿伤。爱其二毛，则如服焉。三军以利用也，金鼓以声气也。利而用之，阻隘可也，声盛致志，鼓儳可也。"	僖十九年宋襄公执滕子、用鄫子：他这么做真是因为他不懂以力服人终究不够吗？其实不是，全部问题出在他的称霸心切上。有此心切，心思自然就不同于往日了…… 宋襄公虽无能，其夫人却很能干，身为周襄王之姊，文八年夫人因戴氏之族杀襄公之孙孔叔、公孙钟离及大司马公子卬，文十六年夫人王姬使帅甸攻而杀宋昭
僖二十三	**僖二十三**	
春，齐侯伐宋，围缗。夏，五月庚寅，宋公兹父卒。	春，齐侯伐宋，围缗，以讨其不与盟于齐也。 夏，五月庚寅，宋襄公卒，伤于泓故也。	

文八	文八 　宋襄夫人，襄王之姊也。昭公不礼焉，夫人因戴氏之族以杀襄公之孙孔叔、公孙钟离及大司马公子卬，皆昭公之党也。	公。夫人欲与公子鲍私通未成，为公子鲍所用，助而立之，是为宋文公。
文十六	文十六 　公子鲍美而艳，襄夫人欲通之，而不可，夫人助之施。昭公无道，国人奉公子鲍以因夫人。……冬，十一月甲寅，宋昭公将田孟诸。未至，夫人王姬使帅甸攻而杀之。	

晋惠公（前666—前637）

庄二十八	庄二十八 　晋献公娶于贾，无子。烝于齐姜，生秦穆夫人及大子申生。又娶二女于戎，大戎狐姬生重耳，小戎子生夷吾。 　晋伐骊戎，骊戎男女以骊姬。归，生奚齐。其娣生卓子。骊姬嬖，欲立其子。赂外嬖梁五与东关嬖五，使言于公曰："曲沃，君之宗也；蒲与二屈，君之疆也，不可以无主。宗邑无主，则民不威；疆场无主，则启戎心。戎之生心，民慢其政，国之患也。若使大子主曲沃，而重耳、夷吾主蒲与屈，则可以威民而惧戎，且旌君伐。"使俱曰："狄之广莫，于晋为都。晋之启土，不亦宜乎?!"晋侯说之。夏，使大子居曲沃，重耳居蒲城，夷吾居屈。群公子皆鄙，惟二姬之子在绛。二五卒与骊姬谮群公子而立奚齐，晋人谓之"二五耦"。	晋惠公夷吾，晋献公与小戎子所生之子，重耳之庶弟（世系参卷一"晋申生"）。僖四年因骊姬之谮和大子申生之难奔屈，六年奔梁，九年晋献公死后因秦穆之助入国为君，二十三年卒，共在位十四年。 　《左传》中的晋惠公，是一个典型的贪婪、无信、无义的
僖四	僖四 　姬遂谮二公子曰："皆知之。"重耳奔蒲，夷吾奔屈。	
僖五	僖五 　初，晋侯使士蒍为二公子筑蒲与屈，不慎，置薪焉。夷吾诉之。	
僖六	僖六 　春，晋侯使贾华伐屈。夷吾不能守，盟而	

	行。将奔狄，郤芮曰："后出同走，罪也。不如之梁，梁近秦而幸焉。"乃之梁。	小人。僖九年重赂秦以求入，他的话表明为了成为晋国国君，宁可卖国于人。公孙枝评其为人"言多忌克"（僖九年），大子申生谓其无礼（僖十年），丕豹称他"背大主而忌小怨，民弗与也"（僖十年），可谓言简意赅。僖十三年乞籴于秦，背施不报，庆郑之言已将他的人品，即"背施、幸灾、贪爱、怒邻"，做了最全面的总结。僖十五年传记夷吾不听穆姬之言，烝于贾君，不纳群公子，许赂中大夫而皆背之，赂秦伯以地而弗与，致使其
僖九 甲子，晋侯佹诸卒。冬，晋里克杀其君之子奚齐。	**僖九** 　　九月，晋献公卒。里克、丕郑欲纳文公，故以三公子之徒作乱。冬，十月，里克杀奚齐于次。荀息立公子卓以葬。十一月，里克杀公子卓于朝。 　　齐侯以诸侯之师伐晋，及高梁而还，讨晋乱也。令不及鲁，故不书。晋郤芮使夷吾重赂秦以求入，曰："人实有国，我何爱焉？入而能民，土于何有？"从之。齐隰朋帅师会秦师，纳晋惠公。 　　秦伯谓郤芮曰："公子谁恃？"对曰："臣闻亡人无党，有党必有仇。夷吾弱，不好弄，能斗不过，长亦不改，不识其他。" 　　公谓公孙枝曰："夷吾其定乎？"对曰："臣闻之：惟则定国。《诗》云：'不识不知，顺帝之则。'文王之谓也。又：'不僭不贼，鲜不为则。'无好无恶，不忌不克之谓也。今其言多忌克，难哉！"公曰："忌则我怨，又焉能克？是吾利也。"	
僖十 晋里克弑其君卓及其大夫荀息。晋杀其大夫里克。	**僖十** 　　夏，四月，周公忌父、王子党会齐隰朋立晋侯。晋侯杀里克以说。于是丕郑聘于秦，且谢缓赂，故不及。 　　丕郑之如秦也，言于秦伯曰："吕甥、郤称、冀芮，实为不从。若重问以召之，臣出晋君，君纳重耳，蔑不济矣。"冬，秦伯使泠至报问，且召三子。郤芮曰："币重而言甘，诱我也。"遂杀丕郑、祁举及七舆大夫：左行共华、右行贾华、叔坚、骓歂、累虎、特宫、山祁，皆里、丕之党也。 　　丕豹奔秦，言于秦伯曰："晋侯背大主而忌小怨，民弗与也。伐之，必出。"公曰："失众，焉能杀？违祸，谁能出君？"	
僖十一 春，晋杀其大夫丕郑父。	**僖十一** 　　春，晋侯使以丕郑之乱来告。天王使召武公、内史过，赐晋侯命。受玉惰。过归，告王曰："晋侯其无后乎？王赐之命，而惰于受瑞，	

	先自弃也已,其何继之有?礼,国之干也;敬,礼之舆也。不敬,则礼不行;礼不行,则上下昏,何以长世?" 夏,扬、拒、泉、皋、伊、雒之戎同伐京师。入王城,焚东门。王子带召之也。秦、晋伐戎以救周。秋,晋侯平戎于王。	大臣个个反首拔舍,幸望得囚于秦,惠公真可谓不义之至。庆郑之言、史苏之占、大夫之行,均极好地表现了晋侯的人品。这大概正是《左传》的义法所在吧。 然而夷吾虽无礼至极,却有不少人或对之披肝沥胆,或与之生死与共,或为之赴汤蹈火。郤芮之助,阴饴甥之忠,穆姬之誓,或使夷吾走上君位,或使之幸免于难。夷吾背叛秦伯,而秦伯却一而再、再而三对之施惠,先是饩粟,再是服于穆姬,然后是"怨其君而矜其民",于
僖十三	僖十三	
	冬,晋荐饥,使乞籴于秦。秦伯谓子桑:"与诸乎?"对曰:"重施而报,君将何求?重施而不报,其民必携。携而讨焉,无众必败。"谓百里:"与诸乎?"对曰:"天灾流行,国家代有。救灾恤邻,道也。行道有福。" 丕郑之子豹在秦,请伐晋。秦伯曰:"其君是恶,其民何罪?"秦于是输粟于晋,自雍及绛相继,命之曰:"泛舟之役。"	
僖十四	僖十四	
秋,八月辛卯,沙鹿崩。	秋,八月辛卯,沙鹿崩。晋卜偃曰:"期年将有大咎,几亡国。" 冬,秦饥,使乞籴于晋,晋人弗与。庆郑曰:"背施无亲,幸灾不仁,贪爱不祥,怒邻不义。四德皆失,何以守国?"虢射曰:"皮之不存,毛将安傅?"庆郑曰:"弃信背邻,患孰恤之?无信患作,失援必毙,是则然矣。"虢射曰:"无损于怨而厚于寇,不如勿与。"庆郑曰:"背施幸灾,民所弃也。近犹仇之,况怨敌乎?"弗听。退曰:"君其悔是哉!"	
僖十五	僖十五	
十有一月壬戌,晋侯及秦伯距于韩,获晋侯。	晋侯之入也,秦穆姬属贾君焉,且曰:"尽纳群公子。"晋侯烝于贾君,又不纳群公子,是以穆姬怨之。晋侯许赂中大夫,既而皆背之。赂秦伯以河外列城五,东尽虢略,南及华山,内及解梁城。既而不与。晋饥,秦输之粟;秦饥,晋闭之籴。故秦伯伐晋。 卜徒父筮之:"吉!涉河,侯车败。"诘之,对曰:"乃大吉也。三败,必获晋君。其卦遇蛊,曰:'千乘三去,三去之余,获其雄狐。'夫狐蛊,必其君也。蛊之贞,风也;其悔,山也。岁云秋矣,我落其实而取其材,所以克也。实落材亡,不败何待?"三败及韩。	

141

晋侯谓庆郑曰："寇深矣。若之何？"对曰："君实深之，可若何！"公曰："不孙！"卜右，庆郑吉，弗使。步扬御戎，家仆徒为右。乘小驷，郑入也。庆郑曰："古者大事，必乘其产。生其水土，而知其人心；安其教训，而服习其道。惟所纳之，无不如志。今乘异产，以从戎事，及惧而变，将与人易。乱气狡愤，阴血周作；张脉偾兴，外强中干；进退不可，周旋不能。君必悔之！"弗听。

九月，晋侯逆秦师。使韩简视师，复曰："师少于我，斗士倍我。"公曰："何故？"对曰："出因其资，入用其宠，饥食其粟，三施而无报，是以来也。今又击之，我怠秦奋，倍犹未也。"公曰："一夫不可狃，况国乎？"遂使请战，曰："寡人不佞，能合其众而不能离也。君若不还，无所逃命。"秦伯使公孙枝对曰："君之未入，寡人惧之；入而未定列，犹吾忧也。苟列定矣，敢不承命！"韩简退曰："吾幸而得囚。"

壬戌，战于韩原，晋戎马还泞而止。公号庆郑，庆郑曰："愎谏违卜，固败是求，又何逃焉？"遂去之。梁由靡御韩简，虢射为右，辂秦伯，将止之。郑以救公误之，遂失秦伯。秦获晋侯以归。晋大夫反首拔舍从之，秦伯使辞焉，曰："二三子何其戚也！寡人之从君而西也，亦晋之妖梦是践，岂敢以至？"晋大夫三拜稽首曰："君履后土而戴皇天，皇天后土，实闻君之言。群臣敢在下风！"

穆姬闻晋侯将至，以大子䓨、弘与女简璧，登台而履薪焉，使以免服衰绖逆，且告曰："上天降灾，使我两君匪以玉帛相见，而以兴戎。若晋君朝以入，则婢子夕以死；夕以入，则朝以死。唯君裁之！"乃舍诸灵台。

大夫请以入，公曰："获晋侯，以厚归也。既而丧归，焉用之？大夫其何有焉！且晋人戚忧以重我，天地以要我，不图晋忧，重其怒也。我食吾言，背天地也。重怒难任，背天不祥，必归晋君。"公子絷曰："不如杀之，无聚慝焉。"子桑曰："归之而质其大子，必得大成。晋未可灭，而杀其君，只以成恶。且史佚有言曰：'无始祸，无怙乱，无重怒。'重怒难任，陵人不祥。"乃许晋平。

是又饩之粟……夷吾真可谓幸运之至矣！

僖二十三年，惠公夷吾卒，其子圉立，是为怀公。传记怀公既无德又无义，只知一味弄权，不知其父作恶多端，自己死期将至。僖二十三年狐突、卜偃之言可以说是对他最生动的概括："民不见德，而惟戮是闻，其何后之有？"僖二十四年，介之推曰："惠、怀无亲，外内弃之。"昭十三年叔向谓："惠、怀弃民，民从而与之。"（指与晋文）都是后人对于当时政治环境的恰当评价。

僖十五

晋侯使郤乞告瑕吕饴甥，且召之。子金教之言曰："朝国人而以君命赏，且告之曰：'孤虽归，辱社稷矣！其卜贰圉也。'"众皆哭，晋于是乎作爱田。吕甥曰："君亡之不恤，而群臣是忧，惠之至也。将若君何？"众曰："何为而可？"对曰："征缮以辅孺子。诸侯闻之，丧君有君，群臣辑睦，甲兵益多。好我者劝，恶我者惧，庶有益乎？"众说。晋于是乎作州兵。

初，晋献公筮嫁伯姬于秦，遇《归妹》䷖之《睽》䷥。史苏占之曰："不吉。其繇曰：'士刲羊。亦无衁也。女承筐，亦无贶也。西邻责言，不可偿也。归妹之睽，犹无相也。'震之离，亦离之震。'为雷为火，为嬴败姬。车脱其輹，火焚其旗，不利行师，败于宗丘。归妹、睽孤，寇张之弧。侄其从姑，六年其逋，逃归其国，而弃其家，明年其死于高梁之虚。'"及惠公在秦，曰："先君若从史苏之占，吾不及此夫！"韩简侍曰："龟，象也。筮，数也。物生而后有象，象而后有滋，滋而后有数。先君之败德，及可数乎？史苏是占，勿从何益？《诗》曰：'下民之孽，匪降自天。僔沓背憎，职竞由人。'"

十月，晋阴饴甥会秦伯，盟于王城。秦伯曰："晋国和乎？"对曰："不和。小人耻失其君而悼丧其亲，不惮征缮以立圉也。曰：'必报仇，宁事戎狄！'君子爱其君而知其罪，不惮征缮以待秦命。曰：'必报德，有死无二！'以此不和。"秦伯曰："国谓君何？"对曰："小人戚，谓之不免；君子恕，以为必归。小人曰：'我毒秦，秦岂归君？'君子曰：'我知罪矣，秦必归君。贰而执之，服而舍之，德莫厚焉，刑莫威焉。服者怀德，贰者畏刑。此一役也，秦可以霸。纳而不定，废而不立，以德为怨，秦不其然。'"秦伯曰："是吾心也。"改馆晋侯，馈七牢焉。

蛾析谓庆郑曰："盍行乎？"对曰："陷君于败，败而不死，又使失刑，非人臣也。臣而不臣，行将焉入？"十一月，晋侯归。丁丑，杀庆郑而后入。

是岁，晋又饥，秦伯又饩之粟，曰："吾怨其君而矜其民。且吾闻唐叔之封也，箕子曰：'其后必大。'晋其庸可冀乎？姑树德焉，以待能者。"于是秦始征晋河东，置官司焉。

年韩之战，是《左传》浓墨重彩描写的一场战争，其重心在于突出惠公如何不得人心，以致手下众叛亲离。

晋惠公夷吾一生也做过一件让他人对他感激涕零的好事。那就是他自秦逃亡回来之后，曾将晋国一块没有开发的土地赐予备受秦人虐待的姜戎，使之得以生息，事见襄十四年戎子驹支之言。但昭九年周人提起此事时，认为惠公招戎狄入中国，罪莫大矣："戎有中国，谁之咎也？"按：惠公于僖六年奔之梁，梁近秦，僖九年入国，估计

僖二十三	僖二十三	在此期间结识了姜戎。
	九月，晋惠公卒。	
僖二十四	僖二十四	
晋侯夷吾卒。	推曰："……惠、怀无亲，外内弃之。"	
成十三	成十三	
夏，五月，公自京师，遂会晋侯、齐侯、宋公、卫侯、郑伯、曹伯、邾人、滕人伐秦。	夏，四月戊午，晋侯使吕相绝秦，曰："昔逮我献公及穆公相好，戮力同心，申之以盟誓，重之以昏姻。天祸晋国，文公如齐，惠公如秦。无禄，献公即世，穆公不忘旧德，俾我惠公用能奉祀于晋，又不能成大勋，而为韩之师。亦悔于厥心，用集我文公，是穆之成也。"	
襄十四	襄十四	
春，王正月，季孙宿、叔老会晋士匄、齐人、宋人、卫人、郑公孙虿、曹人、莒人、邾人、滕人、薛人、杞人、小邾人会吴人于向。	春，会于向，将执戎子驹支，范宣子亲数诸朝曰："来，姜戎氏。昔秦人迫逐乃祖吾离于瓜州，乃祖吾离被苫盖，蒙荆棘以来归我先君，我先君惠公有不腆之田，与女剖分而食之。……"对曰："昔秦人负恃其众，贪于土地，逐我诸戎。惠公蠲其大德，谓我诸戎，是四岳之裔胄也，毋是翦弃。赐我南鄙之田，狐狸所居，豺狼所嗥。我诸戎除其荆棘，驱其狐狸豺狼，以为先君不侵不叛之臣，至于今不贰。……"	
昭九	昭九	
	周甘人与晋阎嘉争阎田。晋梁丙、张趯率阴戎伐颍。王使詹桓伯辞于晋，曰："……伯父惠公归自秦，而诱以来，使逼我诸姬，入我郊甸，则戎焉取之。戎有中国，谁之咎也？"	
昭十三	昭十三	
	惠、怀弃民，民从而与之。	

晋阴饴甥（前650—前636）

僖十	僖十	
晋里克弑其君卓及其大夫荀息。晋杀其大夫里克。	夏，四月，周公忌父、王子党会齐隰朋立晋侯。晋侯杀里克以说。于是丕郑聘于秦，且谢缓赂，故不及。 丕郑之如秦也，言于秦伯曰："吕甥、郤称、冀芮，实为不从。若重问以召之，臣出晋君，君纳重耳，蔑不济矣。"冬，秦伯使泠至报问，且召三子。郤芮曰："币重而言甘，诱我也。"遂杀丕郑、祁举及七舆大夫：左行共华、右行贾华、叔坚、骓歂、累虎、特宫、山祁，皆里、丕之党也。丕豹奔秦，言于秦伯曰："晋侯背大主而忌小怨，民弗与也。伐之必出。"公曰："失众，焉能杀？违祸，谁能出君？"	阴饴甥，又称瑕吕饴甥、瑕甥、吕甥、子金。僖十五年杜注："瑕吕饴甥即吕甥也。盖姓瑕吕，名饴甥，字子金。"又曰："食采于阴，故曰阴吕甥。"然洪亮吉《春秋左传诂》以为瑕、阴、吕皆为食采之名。则吕氏为以邑为氏。① 阴饴甥为晋惠公手下重臣，僖二十四年为秦穆公诱杀。 阴饴甥作为晋惠公的追随者，可谓忠心耿耿，死心塌地，其大智大勇亦堪为绝唱。这主要体现于僖
僖十五	**僖十五**	
十有一月壬戌，晋侯及秦伯战于韩，获晋侯。	晋侯之入也，秦穆姬属贾君焉，且曰："尽纳群公子。"晋侯烝于贾君，又不纳群公子，是以穆姬怨之。晋侯许赂中大夫，既而皆背之。赂秦伯以河外列城五，东尽虢略，南及华山，内及解梁城。既而不与。晋饥，秦输之粟；秦饥，晋闭之籴。故秦伯伐晋。壬戌，战于韩原，晋戎马还泞而止。秦获晋侯以归。 晋侯使郤乞告瑕吕饴甥，且召之。子金教之言曰："朝国人而以君命赏，且告之曰：'孤虽归，辱社稷矣！其卜贰圉也。'"众皆哭，晋于是乎作爰田。吕甥曰："君亡之不恤，而群臣是忧，惠之至也。将若君何？"众曰："何为而可？"对曰："征缮以辅孺子。诸侯闻之，丧君有君，群臣辑睦，甲兵益多。好我者劝，恶我者惧，庶有益乎？"众说。晋于是乎作州兵。	

---

① 王符《潜夫论·志氏姓》以吕氏为郤氏之分支，"晋之公族，又班为吕"，"郤氏之班有冀氏、吕氏……皆晋姬姓也"，不知王符所指是否指吕甥（同书以驹伯郤錡为吕锜，作为吕氏为公族例证，依此似以吕甥为公族）。晋魏犨之后亦有吕氏（"卷首三 晋国卿大夫世系·魏氏"），如吕锜、吕相，然皆非公族。

	十月，晋阴饴甥会秦伯，盟于王城。秦伯曰："晋国和乎？"对曰："不和。小人耻失其君而悼丧其亲，不惮征缮以立圉也。曰：'必报仇，宁事戎狄！'君子爱其君而知其罪，不惮征缮以待秦命。曰：'必报德，有死无二！'以此不和。"秦伯曰："国谓君何？"对曰："小人戚，谓之不免；君子恕，以为必归。小人曰：'我毒秦，秦岂归君？'君子曰：'我知罪矣，秦必归君。贰而执之，服而舍之，德莫厚焉，刑莫威焉。服者怀德，贰者畏刑。此一役也，秦可以霸。纳而不定，废而不立，以德为怨，秦不其然。'"秦伯曰："是吾心也。"改馆晋侯，馈七牢焉。 是岁，晋又饥，秦伯又饩之粟，曰："吾怨其君则矜其民。且吾闻唐叔之封也，箕子曰：'其后必大。'晋其庸可冀乎？姑树德焉，以待能者。"于是秦始征晋河东，置官司焉。	十五年瑕吕饴甥获知晋惠公在韩之战中被执之后，及时教郤乞以言动众臣，又力主征缮以辅孺子，作爰田，作州兵，以惧秦人；其后会秦伯，在与秦伯的对话中几乎摸透了秦伯之心，从各种不同角度迫使秦伯按照晋国社稷利益的方向去做。后重耳入国而弑怀公，吕、郤欲焚公宫而弑晋侯，虽事未成，为秦伯诱杀，但其忠君精神亦甚可佩。
僖二十四 晋侯夷吾卒。	僖二十四 春，王正月，秦伯纳之。济河，围令狐，入桑泉，取臼衰。二月甲午，晋师军于庐柳，秦伯使公子絷如晋师。师退，军于郇。辛丑，狐偃及秦、晋之大夫盟于郇。壬寅，公子入晋师。丙午，入于曲沃。丁未，朝于武宫。戊申，使杀怀公于高梁。不书，亦不告也。 吕、郤畏逼，将焚公宫而弑晋侯。己丑，晦，公宫火，瑕甥、郤芮不获公，乃如河上。秦伯诱而杀之。晋侯逆夫人嬴氏以归。秦伯送卫于晋三千人，实纪纲之仆。	
文七 戊子，晋人及秦人战于令狐。	文七 秦康公送公子雍于晋，曰："文公之入也无卫，故有吕、郤之难。"乃多与之徒卫。	

周王子带（前655—前635）

僖五	僖五	又称大叔带、大叔、叔带、子带、甘昭公等。周惠王之子，周襄王异母弟（《史记·周本纪》）。僖七年周惠王死，王子带争立，僖十一、僖二十四以戎师或狄师伐周，僖二十五被杀。王子带相关世系如下（据陈厚耀《世族谱》）：
公及齐侯、宋公、陈侯、卫侯、郑伯、许男、曹伯会王世子于首止。秋，八月，诸侯盟于首止。	会于首止，会王大子郑，谋宁周也。	
僖七	僖七	
	闰月，惠王崩。襄王恶大叔带之难，惧不立，不发丧而告难于齐。	
僖八	僖八	
春，王正月，公会王人、齐侯、宋公、卫侯、许男、曹伯、陈世子款，盟于洮。	春，盟于洮，谋王室也。襄王定位而后发丧。	
僖九	僖九	
冬，十有二月丁未，天王崩。	冬，王人来告丧。难故也，是以缓。	
僖十一	僖十一	
夏，公及夫人姜氏，会齐侯于阳榖。	夏，扬、拒、泉、皋、伊、雒之戎同伐京师，入王城，焚东门，王子带召之也。秦、晋伐戎以救周。秋，晋侯平戎于王。	
僖十二	僖十二	
	王以戎难故，讨王子带。秋，王子带奔齐。齐侯使管夷吾平戎于王，使隰朋平戎于晋。王以上卿之礼飨管仲，管仲辞曰："臣，贱有司也。有天子之守国、高在，若节春秋，来承王命，	

庄王佗	
僖王胡齐	王子颓
（以下僖王子）	
惠王阆 庄十八年立，僖八年崩，在位二十五年	王子虎 王叔文公 僖二十八见，文三卒
（以下惠王子）	
襄王郑 僖五年见，僖九年立，文八年崩	大叔带 甘昭公

《左传》记王子带因其母惠后得宠于周惠王，故周襄王未即位时即已苦于大叔带。僖五年，"会王大子郑，谋宁周也"。僖七年惠王崩，不发丧而告难于齐。

大叔带之乱可分为两个阶段。第一阶

	何以礼焉？陪臣敢辞。"王曰："舅氏，余嘉乃勋，应乃懿德，谓督不忘。往践乃职，无逆朕命。"管仲受下卿之礼而还。君子曰："管氏之世祀也宜哉！让不忘其上。《诗》云：'恺悌君子，神所劳矣。'"	段：僖五至僖十二年大叔带首次作乱，周襄王因齐人之力平息之；第二阶段，僖十三至二十五年，大叔带在齐人及富辰说情下返周，但返周后再次作乱，终被杀。 　　大叔带之为人，我们从《左传》所记可以看得一清二楚：身为王室子孙，几次勾结戎、狄之师讨伐王室，仅为了个人权位。特别是僖二十二年在众人说情和帮助下重返京师后，非但没有能吸取逃难十年的惨痛教训，仍时刻想着以不义手段谋取王位，并再次引狄师伐周，给王室带来了巨大灾难，也激起了中原诸侯的义愤，终于被郑、晋、秦之师所杀。 　　但是《左传》记大叔带之乱并没有将重点放在说明大叔带如何不义上，而是将重点放在说明王室处理与诸侯的关系之中所包含的深刻道理，这种道理对于我们今天来理解儒家思想仍然重要。只有把握到这一点，才能理解为什么《左传》多次借他人之口直接责备周襄王，却无一处讽刺王子带。作者这
僖十三	**僖十三**	
公会齐侯、宋公、陈侯、卫侯、郑伯、许男、曹伯于咸。	春，齐侯使仲孙湫聘于周，且言王子带。事毕，不与王言。归，复命曰："未可。王怒未怠，其十年乎？不十年，王弗召也。" 　　夏，会于咸。淮夷病杞故，且谋王室也。 　　秋，为戎难故，诸侯戍周。齐仲孙湫致之。	
僖十六	**僖十六**	
	王以戎难告于齐，征诸侯戍周。	
僖二十二	**僖二十二**	
	富辰言于王曰："请召大叔。《诗》曰：'协比其邻，昏姻孔云。'吾兄弟之不协，焉能怨诸侯之不睦？"王说。王子带自齐复归于京师，王召之也。	
僖二十四	**僖二十四**	
夏，狄伐郑。冬，天王出居于郑。	郑之入滑也，滑人听命。师还。又即卫。郑公子士、洩堵俞弥帅师伐滑。王使伯服、游孙伯如郑请滑。郑伯怨惠王之入而不与厉公爵也。又怨襄王之与卫、滑也，故不听王命，而执二子。王怒，将以狄伐郑。富辰谏曰："不可！臣闻太上以德抚民，其次亲亲，以相及也。昔周公吊二叔之不咸，故封建亲戚，以藩屏周。管、蔡、郕、霍、鲁、卫、毛、聃、郜、雍、曹、滕、毕、原、酆、郇，文之昭也。邘、晋、应、韩，武之穆也。凡、蒋、邢、茅、胙、祭，周公之胤也。召穆公思周德之不类，故纠合宗族于成周，而作诗曰：'常棣之华，鄂不韡韡。凡今之人，莫如兄弟。'	

其四章曰:'兄弟阋于墙,外御其侮。'如是,则兄弟遂有小忿,不废懿亲。今天子不忍小忿,以弃郑亲,其若之何?庸勋,亲亲,昵近,尊之,德之大者也。即聋,从昧,与玩,用嚚,奸之大者也。弃德崇奸,祸之大者也。郑有平、惠之勋,又有厉、宣之亲,弃嬖宠而用三良,于诸姬为近,四德具矣。耳不听五声之和为聋,目不别五色之章为昧,心不则德义之经为玩,口不道忠信之言为嚚。狄皆则之,四奸具矣。周之有懿德也,犹曰'莫如兄弟',故封建之。其怀柔天下也,犹惧有外侮。扞御侮者,莫如亲亲,故以亲屏周。召穆公亦云。今周德既衰,于是乎又渝周、召,以从诸奸,无乃不可乎?民未忘祸,王又兴之,其若文武何?"王弗听,使颓叔、桃子出狄师。

夏,狄伐郑,取栎。王德狄人,将以其女为后。富辰谏曰:"不可!臣闻之曰:'报者倦矣,施者未厌。'狄固贪惏,王又启之。女德无极,妇怨无终,狄必为患。"王又弗听。

初,甘昭公有宠于惠后,惠后将立之,未及而卒。昭公奔齐,王复之,又通于隗氏。王替隗氏。颓叔、桃子曰:"我实使狄,狄其怨我。"遂奉大叔,以狄师攻王。王御士将御之。王曰:"先后其谓我何?宁使诸侯图之。"王遂出,及坎欿,国人纳之。秋,颓叔、桃子奉大叔以狄师伐周,大败周师,获周公忌父、原伯、毛伯、富辰。王出适郑,处于汜。大叔以隗氏居于温。

冬,王使来告难,曰:"不穀不德,得罪于母宠子带,鄙在郑地汜,敢告叔父。"文仲对曰:"天子蒙尘在外,敢不奔问官守?"王使简师父告于晋,使左鄢父告于秦。天子无出,书

样做显然不是要为王子带辩护,也更不是认为王子带作乱应当归因于周襄王无德或无能,而只是想通过王子带之乱来说明亲亲之道无比重要的意义,因此传文中几次责备周襄王也是为了说明亲亲之道的价值。《左传》在表达这一思想主题的过程中运用了下列笔法:

1.描写周天子不能以亲亲之道对待郑国这样的王室之胤,可是到关键时候真正能竭股肱之力保卫王室的还是郑国,由此来间接说明"兄弟阋于墙,外御其侮"的道理。这一点从僖二十四年叙述周、郑关系中可以看出。

2.描写周天子不分内外,德狄人,出狄师,终为狄师所困,说明周公"封建亲戚,以藩屏周"的深刻道理。富辰僖二十四年"狄固贪惏,王又启之。女德无极,妇怨无终,狄必为患"之言,实在是极好地表达了左氏的这一思想。

3.通过富辰僖二十四年之言对王子带之乱总结,全面而集中地阐发了"太上以

	曰："天王出居于郑。"辟母弟之难也。天子凶服降名，礼也。 郑伯与孔将鉏、石甲父、侯宣多省视官具于氾，而后听其私政，礼也。	德抚民，其次亲亲，以相及也"这一经世治民思想。 下面这段话写得极为沉痛、感人，让人回味。富辰曰：
僖二十五	僖二十五 秦伯师于河上，将纳王。狐偃言于晋侯曰："求诸侯，莫如勤王。诸侯信之，且大义也。继文之业，而信于诸侯，今为可矣。"使卜偃卜之，曰："吉。遇黄帝战于阪泉之兆。"公曰："吾不堪也。"对曰："周礼未改，今之王，古之帝也。"公曰："筮之。"筮之，遇《大有》☰之《睽》☲，曰："吉。'遇公用享于天子'之卦。战克而王飨，吉孰大焉？且是卦也，天为泽以当日，天子降心以逆公，不亦可乎？《大有》去《睽》而复，亦其所也。"晋侯辞诸侯而下。三月甲辰，次于阳樊，右师围温，左师逆王。 夏，四月丁巳，王入于王城，取大叔于温，杀之于隰城。戊午，晋侯朝王。王飨醴，命之宥。取隧，弗许。曰："王章也，未有代德，而有二王，亦叔父之所恶也。"与之阳樊、温、原、攢茅之田，晋于是乎始启南阳。阳樊不服，围之。仓葛呼曰："德以柔中国，刑以威四夷，宜吾不敢服也。此谁非王之亲姻，其俘之也？"乃出其民。	昔周公吊二叔之不咸，故封建亲戚，以蕃屏周。……周之有懿德也，犹曰"莫如兄弟"，故封建之。其怀柔天下也，犹惧有外侮。扦御侮者，莫如亲亲，故以亲屏周。 又，周惠王即位时王子颓因其母宠爱而生乱，惠王未能吸取教训，而复因惠后宠爱王子带而生乱。王子颓之乱（庄十九至二十一年）与王子带之乱性质相同，如出一辙。春秋历史上因母后宠爱而生公子之乱，时有所生。隐元年的郑共叔段之乱，隐三至四年的卫州吁之乱，皆是其例。 大叔带之后为甘氏，世系为：甘昭公→甘成公→甘景公→甘简公、甘悼公、甘平公→甘桓公。见昭十二年传，甘桓公见昭二十四年。
昭二十六 尹氏、召伯、毛伯以王子朝奔楚。	昭二十六 王子朝使告于诸侯曰："……至于惠王，天不靖周，生颓祸心，施于叔带。惠、襄辟难，越去王都，则有晋、郑咸黜不端，以绥定王家，则是兄弟之能率先王之命也。"	

晋子犯（前637—前630）

僖二十三	僖二十三	子犯，又称狐偃、舅犯、舅氏、偃等，狐突之子，狐毛之弟，重耳之舅。狐氏虽出于狄，但《晋语》韦昭注谓狐氏"与晋俱唐叔之后，别在犬戎者"。《左传》子犯后代人物关系如下：
	九月，晋惠公卒。怀公命无从亡人，期，期而不至，无赦。狐突之子毛及偃从重耳在秦，弗召。冬，怀公执狐突，曰："子来则免。"对曰："子之能仕，父教之忠，古之制。策名、委质，贰乃辟也。今臣之子，名在重耳，有年数矣。若又召之，教之贰也。父教子贰，何以事君？刑之不滥，君之明也，臣之愿也。淫刑以逞，谁则无罪？臣闻命矣。"乃杀之。 晋公子重耳之及于难也，晋人伐诸蒲城。遂奔狄。从者狐偃、赵衰、颠颉、魏武子、司空季子。处狄十二年而行。 过卫，卫文公不礼焉。出于五鹿，乞食于野人，野人与之块。公子怒，欲鞭之。子犯曰："天赐也。"稽首受而载之。 及齐，齐桓公妻之。有马二十乘，公子安之。从者以为不可。将行，谋于桑下。蚕妾在其上，以告姜氏。姜氏杀之，而谓公子曰："子有四方之志，其闻之者，吾杀之矣。"公子曰："无之。"姜曰："行也。怀与安，实败名。"公子不可。姜与子犯谋，醉而遣之。醒，以戈逐子犯。 乃送诸秦。他日公享之，子犯曰："吾不如衰之文，请使衰从。"	

父	狐突 伯行		
子女	狐毛	子犯（狐偃）	狐姬
孙、外孙	狐溱	贾季（狐射姑）	重耳

狐突之女狐姬嫁献公而生晋文公重耳（庄二十八《左传》献公"娶二女于戎，大戎狐姬生重耳，小戎子生夷吾"；《晋语》："狐姬，伯行之子也，实生重耳"）。重耳出逃期间，狐偃（子犯）与狐毛多年追随重耳在外，并成为重耳手下最忠实的谋臣。此外同族尚有续简伯（又称狐鞠居、续鞫居，见于 |
| 僖二十四 | 僖二十四 | |
| | 春，王正月，秦伯纳之。不书，不告入也。及河，子犯以璧授公子曰："臣负羁绁，从君巡于天下，臣之罪甚多矣。臣犹知之，而况君乎？请由此亡。"公子曰："所不与舅氏同 | |

	心者，有如白水！"投其璧于河。济河，围令狐，入桑泉，取臼衰。二月甲午，晋师军于庐柳，秦伯使公子絷如晋师。师退，军于郇。辛丑，狐偃及秦、晋之大夫盟于郇。壬寅，公子入于晋师。丙午，入于曲沃。丁未，朝于武宫。	文二、六年）。 《左传》中子犯之事集中在僖公二十三、二十四、二十五、二十七、二十八年这五年当中，我们不妨从如下几方面来看子犯：
僖二十五	僖二十五 秦伯师于河上，将纳王。狐偃言于晋侯曰："求诸侯，莫如勤王。诸侯信之，且大义也。继文之业，而信于诸侯，今为可矣。"晋侯辞秦师而下。三月甲辰，次于阳樊，右师围温，左师逆王。夏四月丁巳，王入于王城。取大叔于温，杀之于隰城。戊午，晋侯朝王。	1.对重耳至忠。 这首先体现在子犯在重耳面前言语耿直，毫不避讳，故而时有冒犯。僖二十三年传记其醉遣公子，重耳醒后以戈逐子犯，这种事只有子犯才做得出来；僖二十四年重耳入国时子犯欲逃亡，被公子所阻，大概是深知自己对公子多有冒犯的缘故。子犯之所以对重耳敢于经常冒犯，正是出于他作为舅氏对重耳一片至忠。作为重耳的舅氏他的另一个重要的与众不同的地方就是言词吊诡，似戏晋侯而实欲助之，这也同样从另一个方面反映了子犯之忠。僖二十三年"野人与之块"，公子怒，子犯受而载之；僖二十八年晋侯梦楚子伏己而惧，子犯为稳定晋侯之心而曲加解释（参吴闿生
僖二十七 冬，楚人、陈侯、蔡侯、郑伯、许男围宋。十有二月甲戌，公会诸侯，盟于宋。	僖二十七 冬，楚子及诸侯围宋。宋公孙固如晋告急。先轸曰："报施救患，取威定霸，于是乎在矣！"狐偃曰："楚始得曹，而新昏于卫，若伐曹、卫，楚必救之，则齐、宋免矣。"于是乎蒐于被庐，作三军，谋元帅。乃使郤縠将中军，郤溱佐之。使狐偃将上军，让于狐毛，而佐之。命赵衰为卿，让于栾枝、先轸。使栾枝将下军，先轸佐之。荀林父御戎，魏犫为右。 晋侯始入而教其民，二年，欲用之。子犯曰："民未知义，未安其居。"于是乎出定襄王，入务利民，民怀生矣。将用之。子犯曰："民未知信，未宣其用。"于是乎伐原以示之信。民易资者，不求丰焉，明征其辞。公曰："可矣乎？"子犯曰："民未知礼，未生其共。"于是乎大蒐，以示之礼，作执秩以正其官，民听不惑，而后用之。出穀戍，释宋围，一战而霸，文之教也。	

僖二十八	僖二十八	
春，晋侯侵曹，晋侯伐卫。楚人救卫。三月丙午，晋侯入曹，执曹伯，畀宋人。夏，四月己巳，晋侯、齐师、宋师、秦师及楚人战于城濮，楚师败绩。楚杀其大夫得臣。五月癸丑，公会晋侯、齐侯、宋公、蔡侯、郑伯、卫子、莒子，盟于践土。	春，晋侯将伐曹，假道于卫，卫人弗许。还，自南河济，侵曹、伐卫。正月戊申，取五鹿。二月，晋郤縠卒。原轸将中军，胥臣佐下军。 晋侯、齐侯盟于敛盂。卫侯请盟，晋人弗许。卫侯欲与楚，国人不欲，故出其君以说于晋。卫侯出居于襄牛。晋侯围曹。宋人使门尹般如晋告急。执曹伯，分曹、卫之田以畀宋人。 子玉使宛春告于晋师曰："请复卫侯而封曹，臣亦释宋之围。"子犯曰："子玉无礼哉！君取一，臣取二，不可失矣。"先轸曰："子与之！定人谓之礼，楚一言而定三国，我一言而亡之。我则无礼，何以战乎？不许楚言，是弃宋也；救而弃之，谓诸侯何？楚有三施，我有三怨。怨仇已多，将何以战？不如私许复曹、卫以携之，执宛春以怒楚，既战而后图之。"公说，乃拘宛春于卫，且私许复曹、卫。曹、卫告绝于楚。 子玉怒，从晋师。晋师退。军吏曰："以君辟臣，辱也。且楚师老矣，何故退？"子犯曰："师直为壮，曲为老，岂在久乎？微楚之惠不及此，退三舍辟之，所以报也。背惠食言，以亢其雠，我曲楚直，其众素饱，不可谓老。我退而楚还，我将何求？若其不还，君退臣犯，曲在彼矣。"退三舍。楚众欲止，子玉不可。 夏，四月戊辰，晋侯、宋公、齐国归父、崔夭、秦小子憗次于城濮。楚师背酅而舍，晋侯患之。听舆人之诵曰："原田每每，舍其旧而新是谋。"公疑焉。子犯曰："战也！战而捷，必得诸侯。若其不捷，表里山河，必无害也。"晋侯梦与楚子搏，楚子伏己，而盬其脑，是以惧。子犯	《左传微》）。 2.有自知之明，不贪功自傲。僖二十三年自称"吾不如衰之文也"，僖二十七年让狐毛将上军。子犯作为帮重耳立国的功臣而能有如此胸怀，是晋侯死后晋国人才不竭的重要原因。 3.深懂治国安邦之道。僖二十七年"民未知义""民未知信""民未知礼"数言，充分说明狐偃对于治国安民、树威成霸之道胸有成竹，绝非等闲之辈。 4.论战之道，一是战略有方，有"师直为壮、曲为老"之言为证；二是战术高明，僖二十七年论伐曹卫以击楚，确实不同凡响。 5.论求霸之道，颇有气势。僖二十五年劝晋侯继文之业，宣信于诸侯，勤王而求诸侯；僖二十八年对晋侯劝战之言曰："战而捷，必得诸侯；若其不捷，表里山河，必无害也。"真是铮铮有声，让我们如见其人，如闻其声。子犯对晋国有如此大功，然而却不能有后于晋国，实在是一大遗憾。子犯死后，他的儿子

	曰："吉。我得天，楚伏其罪，吾且柔之矣。" 己巳，晋师陈于莘北，胥臣以下军之佐当陈、蔡。子玉以若敖之六卒将中军，子西将左，子玉将右。胥臣蒙马以虎皮，先犯陈、蔡。陈、蔡奔，楚右师溃。狐毛设二旆而退之。栾枝使舆曳柴而伪遁，楚师驰之，原轸、郤溱以中军公族横击之。狐毛、狐偃以上军夹攻子西，楚左师溃。楚师败绩。	贾季（又称狐射姑）因与赵衰之子赵盾的矛盾而不得不逃亡到狄，从此狐氏从晋国的政治舞台上消失。 子犯言行在《大学》《国语》《孟子》等书中亦有记录，可参考。
僖二十九 夏，六月，会王人、晋人、宋人、齐人、陈人、蔡人、秦人，盟于翟泉。	僖二十九 夏，公会王子虎、晋狐偃、宋公孙固、齐国归父、陈辕涛涂、秦小子憖，盟于翟泉，寻践土之盟，且谋伐郑也。卿不书，罪之也。在礼：卿不会公侯，会伯子男可也。	
僖三十 晋人、秦人围郑。	僖三十 九月甲午，晋侯、秦伯围郑，以其无礼于晋，且贰于楚也。晋军函陵，秦军氾南。佚之狐言于郑伯曰："国危矣！若使烛之武见秦军，师必退。"公从之。夜缒而出，见秦伯曰："秦、晋围郑，郑既知亡矣。若亡郑而有益于君，敢以烦执事。越国以鄙远，君知其难也。焉用亡郑以陪邻？邻之厚，君之薄也。若舍郑以为东道主，行李之往来，共其乏困，君亦无所害。且君尝为晋君赐矣，许君焦、瑕，朝济而夕设版焉，君之所知也。夫晋何厌之有？既东封郑，又欲肆其西封，若不阙秦，将焉取之？阙秦以利晋，唯君图之！"秦伯说，与郑人盟，使杞子、逢孙、扬孙戍之，乃还。子犯请击之，公曰："不可！微夫人之力不及此。因人之力而敝之，不仁；失其所与，不知；以乱易整，不武。吾其还也。"亦去之。	

文八	文八 夷之蒐，晋侯将登箕郑父、先都，而使士縠、梁益耳将中军。先克曰："狐、赵之勋，不可废也。"从之。	
宣十二	宣十二 栾武子曰："先大夫子犯有言曰：'师直为壮，曲为老。'我则不德，而徼怨于楚。我曲楚直，不可谓老。"	此晋楚邲之战中栾武子引子犯之言（宣十二年）。
昭十三	昭十三 我先君文公，狐季姬之子也……有先大夫子余、子犯以为腹心，有魏犨、贾佗以为股肱，有齐、宋、秦、楚以为外主，有栾、郤、狐、先以为内主。"	此晋叔向与韩宣子论楚子干之辞（昭十三年）。

晋文公（前666—前628）

庄二十八	庄二十八 晋献公娶于贾，无子。烝于齐姜，生秦穆夫人及大子申生。又娶二女于戎，大戎狐姬生重耳，小戎子生夷吾。晋伐骊戎，骊戎男女以骊姬。归，生奚齐。其娣生卓子。骊姬嬖，欲立其子。赂外嬖梁五与东关嬖五，使言于公曰："曲沃，君之宗也；蒲与二屈，君之疆也，不可以无主。宗邑无主，则民不威；疆场无主，则启戎心。戎之生心，民慢其政，国之患也。若使大子主曲沃，而重耳、夷吾主蒲与屈，则可以威民而惧戎，且旌君伐。"使俱曰："狄之广莫，于晋为都。晋之启土，不亦宜乎？！"晋侯说之。夏，使大子居曲沃，重耳居蒲城，夷吾居屈。群公子皆鄙，惟二姬之子在绛。二五卒与骊姬谮群公子而立奚齐，晋人谓之"二五耦"。	晋文公重耳，晋献公与大戎狐姬之子，僖四年因骊姬之谗逃亡在外，僖二十四年在秦穆公重兵护送之下入国为君，三十二年卒，共在位八年。晋文公后世关系如下（据陈厚耀《世族谱》，晋献公数子关系见卷一"晋申生"）。 文公 | 伯儵 | 叔刘 | 襄公 | 成公 | 公子雍 | 公子乐 | |		（襄公后）	（成公后）		| | 灵公 | 少子捷 | 景公 |		|

僖四	僖四
	初，晋献公欲以骊姬为夫人。卜之，不吉；筮之，吉。公曰："从筮。"卜人曰："筮短龟长，不如从长。且其繇曰：'专之渝，攘公之羭。一薰一莸，十年尚犹有臭。'必不可。"弗听，立之，生奚齐。其娣生卓子。及将立奚齐，既与中大夫成谋。姬谓大子曰："君梦齐姜，必速祭之！"大子祭于曲沃，归胙于公。公田，姬置于宫六日。公至，毒而献之。公祭之地，地坟；与犬，犬毙；与小臣，小臣亦毙。姬泣曰："贼由大子。"大子奔新城。公杀其傅杜原款。或谓大子："子辞，君必辩焉。"大子曰："君非姬氏，居不安，食不饱。我辞，姬必有罪。君老矣，吾又不乐。"曰："子其行乎？"大子曰："君实不察其罪。被此名也以出，人谁纳我？"十二月戊申，缢于新城。姬遂谮二公子曰："皆知之。"重耳奔蒲，夷吾奔屈。
僖五	僖五
	晋侯使以杀大子申生之故来告。初，晋侯使士蒍为二公子筑蒲与屈，不慎，置薪焉。夷吾诉之。公使让之。士蒍稽首而对曰："臣闻之：'无丧而戚，忧必雠焉。无戎而城，雠必保焉。'寇雠之保，又何慎焉？守官废命，不敬；固雠之保，不忠。失忠与敬，何以事君？《诗》云：'怀德惟宁，宗子惟城。'君其修德而固宗子，何城如之？三年将寻师焉，焉用慎？"退而赋曰："狐裘尨茸，一国三公，吾谁适从？"及难，公使寺人披伐蒲。重耳曰："君父之命不校。"乃徇曰："校者，吾雠也。"逾垣而走。披斩其祛。遂出奔翟。

惠伯谈	厉公
（以下惠伯子）	
周子兄	悼公	扬干

（上表：伯儵、叔刘俱僖二十三见，公子雍文六见，公子乐文六见杀。少子捷、惠伯谈不见春秋。）

　　《左传》写晋文公，极尽铺张之能事，与写齐桓公成鲜明对比。总的来说，《左传》一书写晋国之霸及其内部事务颇为详尽，而且晋文以后晋国几乎一直是《左传》的一个重心。

　　大体上讲，《左传》写晋文公重耳之为人突出了如下几个方面：

　　1. 善用人。魏犨、赵衰、子犯及先轸、白季皆其忠良之士。欲杀魏犨而爱其材（僖二十八），听寺人之言而封赵衰（僖二十五）、听赵衰之言用郤縠（僖二十七），听白季之言而用郤缺（僖三十三）。爱材、惜材、用材且能得臣下之心，是其成功关键。从重耳对待

僖九	**僖九**	赵衰之真诚（如僖二十三年妻赵衰）及答子犯之言（僖二十四年）均可看出文公能以腹心对待手下，颇能得人之心。从城濮之战及殽之战中其臣下之对话，亦可看出其臣下跟文公之关系，可谓肝胆相照、生死与共。赵衰、子犯、白季乃至介之推等人胸怀博大，见高识远，并不因其有开国之大勋而居功自傲，反而进贤使能，自甘人下，使晋文之业后继有人，这一方面也反映了晋文公眼力不凡。郤縠、栾枝、原轸、荀林父、士会（范氏）等人均未追随重耳出逃，功劳远不及狐、赵等人，然重耳一入国即委以重任，甚至赋予中军帅大位，这些人以及他们的后代在后来晋国的内政外交等一系列重要事务中发挥了极大的作用，功不可没，也使这几族后来成为晋国的世家大族。这些都是用人有方的见证。总之，晋文公在用人方面远胜于齐桓
甲子，晋侯佹诸卒。	九月，晋献公卒。里克、丕郑欲纳文公，故以三公子之徒作乱。……	
僖十	**僖十**	
晋杀其大夫里克。	丕郑之如秦也，言于秦伯曰："吕甥、郤称、冀芮，实为不从。若重问以召之，臣出晋君，君纳重耳，蔑不济矣。"冬，秦伯使泠至报问，且召三子。郤芮曰："币重而言甘，诱我也。"遂杀丕郑、祁举及七舆大夫：左行共华、右行贾华、叔坚、骓歂、累虎、特宫、山祁，皆里、丕之党也。丕豹奔秦，言于秦伯曰："晋侯背大主而忌小怨，民弗与也。伐之必出。"公曰："失众，焉能杀？违祸，谁能出君？"	
僖二十三	**僖二十三**	
	九月，晋惠公卒。怀公命无从亡人，期，期而不至，无赦。狐突之子毛及偃从重耳在秦，弗召。冬，怀公执狐突，曰："子来则免。"对曰："子之能仕，父教之忠，古之制也。策名、委质，贰乃辟也。今臣之子，名在重耳，有年数矣。若又召之，教之贰也。父教子贰，何以事君？刑之不滥，君之明也，臣之愿也。淫刑以逞，谁则无罪？臣闻命矣。"乃杀之。卜偃称疾不出，曰："《周书》有之：'乃大明服。'己则不明，而杀人以逞，不亦难乎？民不见德，而惟戮是闻，其何后之有？" 晋公子重耳之及于难也，晋人伐诸蒲城。蒲城人欲战，重耳不可，曰："保君父之命而享其生禄，于是乎得人。有人而校，罪莫大焉。吾其奔也。"遂奔狄。从者狐偃、赵衰、颠颉、魏武子、司空季子。狄人伐廧咎如，获其二女叔隗、季隗，纳诸公子。公子取季隗，生伯鲦、叔刘。以	

叔隗妻赵衰，生盾。将适齐，谓季隗曰："待我二十五年，不来而后嫁。"对曰："我二十五年矣，又如是而嫁，则就木焉。请待子。"处狄十二年而行。

过卫，卫文公不礼焉。出于五鹿，乞食于野人，野人与之块。公子怒，欲鞭之。子犯曰："天赐也。"稽首受而载之。

及齐，齐桓公妻之。有马二十乘，公子安之。从者以为不可。将行，谋于桑下。蚕妾在其上，以告姜氏。姜氏杀之，而谓公子曰："子有四方之志，其闻之者，吾杀之矣。"公子曰："无之。"姜曰："行也。怀与安，实败名。"姜与子犯谋，醉而遣之。醒，以戈逐子犯。

及曹，曹共公闻其骈胁，欲观其裸。浴，薄而观之。僖负羁之妻曰："吾观晋公子之从者，皆足以相国。若以相夫子，必反其国。反其国，必得志于诸侯。得志于诸侯而诛无礼，曹其首也。子盍蚤自贰焉。"乃馈盘飧置璧焉，公子受飧反璧。

及宋，宋襄公赠之以马二十乘。

及郑，郑文公亦不礼焉。叔詹谏曰："臣闻天之所启，人弗及也。晋公子有三焉，天其或者将建诸？君其礼焉。男女同姓，其生不蕃。晋公子，姬出也，而至于今，一也。离外之患，而天不靖晋国，殆将启之，二也。有三士，足以上人，而从之，三也。晋、郑同侪，其过子弟，固将礼焉。况天之所启乎！"弗听。

及楚，楚子飨之，曰："公子若反晋国，则何以报不穀？"对曰："子女玉帛，则君有之。羽毛齿革，则君地生焉。其波及晋国者，君之余也。其何以报君？"曰："虽然，何以报我？"对曰："若以君之灵得反晋

公。齐桓公一死其霸业立即土崩瓦解，而晋文死后其霸业能长期维持下去，其主要原因恐怕正在于此吧！（这一点历代春秋家也多有评论）

2.能听谏言及反面意见。在这方面，僖二十四年寺人披及竖头须与晋文公的对话很能说明问题。介之推之事，虽然有人说是做作，但也能说明他不固执己见，不刚愎自用，能及时反躬自省。能容人、能下人、不自负，这对于一个国君来说是异常重要的。

然而《左传》对晋文公的为人及为政从未夸赞，对晋文的霸业则直书其事，反而让人对其贪功求霸之心一目了然。入国之前拜怀嬴（僖二十三），杀怀公（僖二十四），其心昭昭。请隧于王而王讥之（僖二十五），苍葛呼之（僖二十五），先轸"报施救患，取威定霸"之言（僖二十七年），城濮之役中晋侯既多疑又多患（僖二十八），

	国,晋、楚治兵,遇于中原,其辟君三舍。若不获命,其左执鞭弭,右属橐鞬,以与君周旋。"子玉请杀之,楚子曰:"晋公子广而俭,文而有礼。其从者肃而宽,忠而能力。晋侯无亲,外内恶之。吾闻姬姓唐叔之后,其后衰者也,其将由晋公子乎!天将兴之,谁能废之?违天,必有大咎。"乃送诸秦。 秦伯纳女五人,怀嬴与焉,奉匜沃盥。既而挥之,怒曰:"秦、晋匹也。何以卑我?"公子惧,降服而囚。他日公享之,子犯曰:"吾不如衰之文,请使衰从。"公子赋《河水》,公赋《六月》。赵衰曰:"重耳拜赐。"公子降拜稽首,公降一级而辞焉。衰曰:"君称所以佐天子者命重耳,重耳敢不拜?"	兹后让"天王狩于河阳",仲尼讥之,欲杀卫侯而未成,以私怨执曹侯、分曹地(僖二十八),无不是其贪功求霸之心的明证。大体来说,《左传》在写齐恒、晋文时,力图展现他们如何巧妙运用了诸如仁、义、信、德等一类霸术,说明他们是刻意求霸而不是真心造福。这与《左传》在写管仲、叔孙穆子、叔向、子产等人以赞美其德性为主,形成鲜明对照。
僖二十四 晋侯夷吾卒。	僖二十四 春,王正月,秦伯纳之。不书,不告入也。及河,子犯以璧援公子曰:"臣负羁绁,从君巡于天下,臣之罪甚多矣。臣犹知之,而况君乎?请由此亡。"公子曰:"所不与舅氏同心者,有如白水!"投其璧于河。济河,围令狐,入桑泉,取臼衰。二月甲午,晋师军于庐柳,秦伯使公子絷如晋师。师退,军于郇。辛丑,狐偃及秦、晋之大夫盟于郇。壬寅,公子入于晋师。丙午,入于曲沃。丁未,朝于武宫。戊申,使杀怀公于高梁。不书,亦不告也。 吕、郤畏逼,将焚公宫而弑晋侯。寺人披请见,公使让之,且辞焉,曰:"蒲城之役,君命一宿,女即至。其后余从狄君,以田渭滨,女为惠公来求杀余。命女三宿,女中宿至。虽有君命,何其速也!夫袪犹在,女其行乎!"对曰:"臣谓君之人也,其知之矣。若犹未也,又将及	

难。君命无二，古之制也。除君之恶，唯力是视。蒲人、狄人，余何有焉？今君即位，其无蒲、狄乎？齐桓公置射钩，而使管仲相。君若易之，何辱命焉！行者甚众，岂唯刑臣？"公见之，以难告。三月，晋侯潜会秦伯于王城。己丑，晦，公宫火，瑕甥、郤芮不获公，乃如河上。秦伯诱而杀之。晋侯逆夫人嬴氏以归。秦伯送卫于晋三千人，实纪纲之仆。

初，晋侯之竖头须，守藏者也。其出也，窃藏以逃，尽用以求纳之。及入，求见，公辞以沐。谓仆人曰："沐则心覆，心覆则图反，宜吾不得见也。居者为社稷之守，行者为羁绁之仆，其亦可也，何必罪居者？国君而雠匹夫，惧者甚众矣。"仆人以告，公遽见之。

狄人归季隗于晋，而请其二子。文公妻赵衰，生原同、屏括、楼婴。赵姬请逆盾与其母，子余辞。姬曰："得宠而忘旧，何以使人？必逆之！"固请，许之。来，以盾为才，固请于公，以为适子，而使其三子下之；以叔隗为内子，而己下之。

晋侯赏从亡者，介之推不言禄，禄亦弗及。推曰："献公之子九人，惟君在矣。惠、怀无亲，外内弃之。天未绝晋，必将有主。主晋祀者，非君而谁？天实置之，而二三子以为己力，不亦诬乎？窃人之财，犹谓之盗，况贪天之功以为己力乎？下义其罪，上赏其奸，上下相蒙，难与处矣。"其母曰："盍亦求之？以死，谁怼？"对曰："尤而效之，罪又甚焉。且出怨言，不食其食。"其母曰："亦使知之，若何？"对曰："言，身之文也。身将隐，焉用文之？是求显也。"其母曰："能如是乎？与女偕隐。"遂隐而死。晋侯求之，不获。以绵上为

	之田，曰："以志吾过，且旌善人。"
冬，王使来告难，曰："不穀不德，得罪于母之宠子带，鄙在郑地汜，敢告叔父。"臧文仲对曰："天子蒙尘在外，敢不奔问官守？"王使简师父告于晋，使左鄢父告于秦。天子无出，书曰："天王出居于郑。"辟母弟之难也。天子凶服降名，礼也。
僖二十五	**僖二十五**
秦伯师于河上，将纳王。狐偃言于晋侯曰："求诸侯，莫如勤王。诸侯信之，且大义也。继文之业，而信于诸侯，今为可矣。"使卜偃卜之，曰："吉。遇黄帝战于阪泉之兆。"公曰："吾不堪也。"对曰："周礼未改，今之王，古之帝也。"公曰："筮之。"筮之，遇《大有》䷍之《睽》䷥，曰："吉。'遇公用享于天子'之卦。战克而王飨，吉孰大焉？且是卦也，天为泽以当日，天子降心以逆公，不亦可乎？《大有》去《睽》而复，亦其所也。"晋侯辞秦师而下。三月甲辰，次于阳樊，右师围温，左师逆王。
夏，四月丁巳，王入于王城，取大叔于温，杀之于隰城。
戊午，晋侯朝王。王飨醴，命之宥。请隧，弗许。曰："王章也，未有代德，而有二王，亦叔父之所恶也。"与之阳樊、温、原、攒茅之田，晋于是乎始启南阳。阳樊不服，围之。苍葛呼曰："德以柔中国，刑以威四夷，宜吾不敢服也。此谁非王之亲姻，其俘之也？"乃出其民。
秋，秦、晋伐鄀。楚斗克、屈御寇以申、息之师戍商密，秦人过析隈，入而系舆人，以围商密，昏而傅焉。宵，坎血加书，伪与子仪、子边盟者。商密人惧曰："秦取析矣，戍人反矣。"乃降秦师。秦师因申公子仪、息公子边以归。楚令尹子玉追秦

	师,弗及。 冬,晋侯围原,命三日之粮。原不降,命去之。谍出,曰:"原将降矣。"军吏曰:"请待之。"公曰:"信,国之宝也,民之所庇也。得原失信,何以庇之?所亡滋多。"退一舍而原降。迁原伯贯于冀。赵衰退为原大夫,狐溱为温大夫。 晋侯问原守人于寺人勃鞮,对曰:"昔赵衰以壶飧从径,馁而弗食。"故使处原。	
僖二十六	僖二十六 宋以其善于晋侯也,叛楚即晋。冬,楚令尹子玉、司马子西帅师伐宋,围缗。	
僖二十七 冬,楚人、陈侯、蔡侯、郑伯、许男围宋。十有二月甲戌,公会诸侯,盟于宋。	僖二十七 楚子将围宋,使子文治兵于睽。 冬,楚子及诸侯围宋。宋公孙固如晋告急。先轸曰:"报施救患,取威定霸,于是乎在矣!"狐偃曰:"楚始得曹,而新昏于卫,若伐曹、卫,楚必救之,则齐、宋免矣。"于是乎蒐于被庐,作三军,谋元帅。赵衰曰:"郤縠可。臣亟闻其言矣,说礼、乐而敦诗、书。诗、书,义之府也。礼、乐,德之则也。德、义,利之本也。《夏书》曰:'赋纳以言,明试以功,车服以庸。'君其试之。"乃使郤縠将中军,郤溱佐之。使狐偃将上军,让于狐毛,而佐之。命赵衰为卿,让于栾枝、先轸。使栾枝将下军,先轸佐之。荀林父御戎,魏犫为右。 晋侯始入而教其民,二年,欲用之。子犯曰:"民未知义,未安其居。"于是乎出定襄王,入务利民,民怀生矣。将用之。子犯曰:"民未知信,未宣其用。"于是乎伐原以示之信。民易资者,不求丰焉,明征其辞。公曰:"可矣乎?"子犯曰:"民未	僖二十七年赵衰、子犯之语真乃千古名言!为后面晋国战胜楚国做了铺垫,同时表达了作者关于战之道主要取决于人道的思想。

	知礼，未生其共。"于是乎大蒐，以示之礼，作执秩以正其官，民听不惑，而后用之。出穀戍，释宋围，一战而霸，文之教也。
僖二十八	**僖二十八**
春，晋侯侵曹，晋侯伐卫。公子买戍卫，不卒戍，刺之。楚人救卫。三月丙午，晋侯入曹，执曹伯，畀宋人。夏，四月己巳，晋侯、齐师、宋师、秦师及楚人战于城濮，楚师败绩。楚杀其大夫得臣。五月癸丑，公会晋侯、齐侯、宋公、蔡侯、郑伯、卫子、莒子，盟于践土。陈侯如会。六月，卫侯郑自楚复归于卫。卫元咺出奔晋。秋，杞伯姬来。冬，公会晋侯、齐侯、宋公、蔡侯、郑伯、陈子、莒子、邾子、秦人盟于温。天王狩于河阳。壬申，公朝于	春，晋侯将伐曹，假道于卫，卫人弗许。还，自南河济，侵曹、伐卫。正月戊申，取五鹿。二月，晋郤穀卒。原轸将中军，胥臣佐下军，上德也。晋侯、齐侯盟于敛盂。卫侯请盟，晋人弗许。卫侯欲与楚，国人不欲，故出其君以说于晋。卫侯出居于襄牛。 公子买戍卫，楚人救卫，不克。公惧于晋，杀子丛以说焉。谓楚人曰："不卒戍也。" 晋侯围曹，门焉，多死，曹人尸诸城上，晋侯患之。听舆人之谋，曰称舍于墓。师迁焉。曹人凶惧，为其所得者棺而出之。因其凶也而攻之。三月丙午，入曹，数之以其不用僖负羁，而乘轩者三百人也，且曰献状。令无入僖负羁之宫，而免其族，报施也。魏犨、颠颉怒曰："劳之不图，报于何有？"爇僖负羁氏。魏犨伤于胸。公欲杀之，而爱其材。使问，且视之，病，将杀之。魏犨束胸见使者，曰："以君之灵，不有宁也。"距跃三百，曲踊三百，乃舍之。杀颠颉，以徇于师。立舟之侨以为戎右。 宋人使门尹般如晋告急。公曰："宋人告急，舍之则绝，告楚不许。我欲战矣，齐、秦未可，若之何？"先轸曰："使宋舍我而赂齐、秦，藉之告楚。我执曹君而分曹、卫之田，以赐宋人。楚爱曹、卫，必不许也。喜赂怒顽，能无战乎？"公说。执曹伯，分曹、卫之田以畀宋人。 楚子入居于申，使申叔去穀，使子玉去宋，曰："无从晋师！晋侯在

王所。晋人执卫侯，归之于京师。卫元咺自晋复归于卫。诸侯遂围许。曹伯襄复于曹，遂会诸侯围许。

外十九年矣，而果得晋国。险阻艰难，备尝之矣；民之情伪，尽知之矣。天假之年，而除其害，天之所置，其可废乎？《军志》曰：'允当则归。'又曰：'知难而退。'又曰：'有德不可敌。'此三志者，晋之谓矣！"子玉使伯棼请战，曰："非敢必有功也，愿以间执谗慝之口。"王怒，少与之师，唯西广、东宫与若敖之六卒实从之。

子玉使宛春告于晋师曰："请复卫侯而封曹，臣亦释宋之围。"子犯曰："子玉无礼哉！君取一，臣取二，不可失矣。"先轸曰："子与之！定人谓之礼，楚一言而定三国，我一言而亡之。我则无礼，何以战乎？不许楚言，是弃宋也；救而弃之，谓诸侯何？楚有三施，我有三怨。怨仇已多，将何以战？不如私许复曹、卫以携之，执宛春以怒楚，既战而后图之。"公说，乃拘宛春于卫，且私许复曹、卫。曹、卫告绝于楚。

子玉怒，从晋师。晋师退。军吏曰："以君辟臣，辱也。且楚师老矣，何故退？"子犯曰："师直为壮，曲为老，岂在久乎？微楚之惠不及此，退三舍辟之，所以报也。背惠食言，以亢其雠，吾曲楚直，其众素饱，不可谓老。我退而楚还，我将何求？若其不还，君退臣犯，曲在彼矣。"退三舍。楚众欲止，子玉不可。

夏，四月戊辰，晋侯、宋公、齐国归父、崔夭、秦小子慭次于城濮。楚师背酅而舍，晋侯患之。听舆人之诵曰："原田每每，舍其旧而新是谋。"公疑焉。子犯曰："战也！战而捷，必得诸侯。若其不捷，表里山河，必无害也。"公曰："若楚惠何？"栾贞子曰："汉阳诸姬，楚实尽之。思小惠而忘大耻，不如战也。"晋侯梦与楚子搏，楚子伏己，而盬其脑，是以惧。子犯曰："吉。我得天，楚伏其罪，吾且柔之矣。"

子玉使鬬勃请战，曰："请与君之士戏。君冯轼而观之，得臣与寓目焉。"晋侯使栾贞对曰："寡君闻命矣。楚君之惠，未之敢忘，是以在此。为大夫退，其敢当君乎？既不获命矣，敢烦大夫谓二三子'戒尔车乘，敬尔君事，诘朝将见'。"

晋车七百乘，韅靷鞅靽。晋侯登有莘之墟以观师，曰："少长有礼，其可用也。"遂伐其木，以益其兵。

己巳，晋师陈于莘北，胥臣以下军之佐当陈、蔡。子玉以若敖之六卒将中军，曰："今日必无晋矣。"子西将左，子玉将右。胥臣蒙马以虎皮，先犯陈、蔡。陈、蔡奔，楚右师溃。狐毛设二旆而退之。栾枝使舆曳柴而伪遁，楚师驰之，原轸、郤溱以中军公族横击之。狐毛、狐偃以上军夹攻子西，楚左师溃。楚师败绩。子玉收其卒而止，故不败。

晋师三日馆谷，及癸酉而还。甲午，至于衡雍，作王宫于践土。

乡役之三月，郑伯如楚致其师。为楚师既败而惧，使子人九行成于晋。晋栾枝入盟郑伯。五月丙午，晋侯及郑伯盟于衡雍。

丁未，献楚俘于王：驷介百乘，徒兵千。郑伯傅王，用平礼也。己酉，王享醴，命晋侯宥。王命尹氏及王子虎、内史叔兴父策命晋侯为侯伯，赐之大辂之服、戎辂之服，彤弓一，彤矢百，玈弓矢千，秬鬯一卣，虎贲三百人，曰："王谓叔父：'敬服王命，以绥四国，纠逖王慝。'"晋侯三辞，从命，曰："重耳敢再拜稽首，奉扬天子之丕显休命！"受策以出，出入三觐。

卫侯闻楚师败，惧，出奔楚，遂适陈，使元咺奉叔武以受盟。癸亥，王子虎盟诸侯于王庭，要言曰："皆奖王室，无相害也！有渝此盟，神明殛之。俾队其师，无克祚国，及其玄孙，无有老幼。"君子谓是盟也信，谓晋于是役也，能以德攻。

初，楚子玉自为琼弁玉缨，未之服也。既败，王使谓之曰："大夫若入，其若申、息之老何？"子西、孙伯曰："得臣将死，二臣止之，曰：'君其将以为戮。'"及连穀而死。晋侯闻之而后喜可知也，曰："莫余毒也已。蒍吕臣实为令尹，奉己而已，不在民矣。"

六月，晋人复卫侯。

城濮之战，晋中军风于泽，亡大旆之左旃。祁瞒奸命，司马杀之，以徇于诸侯，使茅茷代之。师还。壬午，济河。舟之侨先归，士会摄右。秋，七月丙申，振旅恺以入于晋。献俘受馘，饮至大赏，征会讨贰，杀舟之侨以徇于国。民于是大服。君子谓："文公其能刑矣，三罪而民服。《诗》云：'惠此中国，以绥四方。'不失赏刑之谓也。"

会于温，讨不服也。

卫侯与元咺讼，宁武子为辅，鍼庄子为坐，士荣为大夫。卫侯不胜，杀士荣，刖鍼庄子，谓宁俞忠而免之。执卫侯归之京师，置诸深室。宁子职纳橐饘焉。元咺归于卫，立公子瑕。

是会也，晋侯召王，以诸侯见，且使王狩。仲尼曰："以臣召君，不可以训。故书曰：'天王狩于河阳。'"言非其地也，且明德也。壬申，公朝于王所。

丁丑，诸侯围许。晋侯有疾，曹伯之竖侯獳货筮史，使曰："以曹为

	解。齐桓公为会而封异姓，今君为会而灭同姓。曹叔振铎，文之昭也；先君唐叔，武之穆也。且合诸侯而灭兄弟，非礼也；与卫偕命而不与偕复，非信也；同罪异罚，非刑也。礼以行义，信以守礼，刑以正邪。舍此三者，君将若之何？"公说，复曹伯，遂会诸侯于许。 　　晋侯作三行以御狄。荀林父将中行，屠击将右行，先蔑将左行。
僖二十九 　　夏，六月，会王人、晋人、宋人、齐人、陈人、蔡人、秦人，盟于翟泉。	**僖二十九** 　　夏，公会王子虎、晋狐偃、宋公孙固、齐国归父、陈辕涛涂、秦小子憖，盟于翟泉，寻践土之盟，且谋伐郑也。卿不书，罪之也。在礼：卿不会诸侯，会于伯子男可也。
僖三十 　　晋人、秦人围郑。公子遂如京师，遂如晋。	**僖三十** 　　晋人侵郑，以观其可攻与否。 　　晋侯使医衍鸩卫侯。宁俞货医，使薄其鸩，不死。公为之请，纳玉于王与晋侯，皆十瑴。王许之。秋，乃释卫侯。 　　九月甲午，晋侯、秦伯围郑，以其无礼于晋，且贰于楚也。晋军函陵，秦军氾南。佚之狐言于郑伯曰："国危矣！若使烛之武见秦军，师必退。"公从之。夜缒而出，见秦伯曰："秦、晋围郑，郑既知亡矣。若亡郑而有益于君，敢以烦执事。越国以鄙远，君知其难也。焉用亡郑以陪邻？邻之厚，君之薄也。若舍郑以为东道主，行李之往来，共其乏困，君亦无所害。且君尝为晋君赐矣，许君焦、瑕，朝济而夕设版焉，君之所知也。夫晋何厌之有？既东封郑，又欲肆其西封，若不阙秦，将焉取之？阙秦以利晋，唯君图之！"秦伯说，与郑人盟，使杞子、逢孙、扬孙戍之，乃

167

	还。子犯请击之，公曰："不可！微夫人之力不及此。因人之力而敝之，不仁；失其所与，不知；以乱易整，不武。吾其还也。"亦去之。 　　初，郑公子兰出奔晋，从于晋侯伐郑，请无与围郑。许之，使待命于东。郑石甲父、侯宣多逆以为大子，以求成于晋，晋人许之。 　　东门襄仲将聘于周，遂初聘于晋。	
僖三十一 　　春，取济西田。公子遂如晋。	僖三十一 　　春，取济西田，分曹地也。使臧文仲往，宿于重馆。重馆人告曰："晋新得诸侯，必亲其共。不速行，将无及也。"从之。分曹地，自洮以南，东傅于济，尽曹地也。 　　襄仲如晋，拜曹田也。 　　秋，七月，晋蒐于清原，作五军以御狄。赵衰为卿。	
僖三十二 　　冬，十有二月己卯，晋侯重耳卒。	僖三十二 　　春，楚鬬章请平于晋，晋阳处父报之，晋、楚始通。 　　冬，晋文公卒。	
	僖三十三 　　初，臼季使，过冀，见冀缺耨，其妻馌之，敬，相待如宾。与之归，言诸文公曰："敬，德之聚也。能敬必有德。得以治民，君请用之！臣闻之：出门如宾，承事如祭，仁之则也。"公曰："其父有罪，可乎？"对曰："舜之罪也殛鲧，其举也兴禹。管敬仲，桓之贼也，实相以济。康诰曰：'父不慈，子不祗，兄不友，弟不共，不相及也。'诗曰：'采葑采菲，无以下体。'君取节焉可也。"文公以为下军大夫。反自箕，襄公以三命命先且居将中军，以再命命先茅之县赏胥臣，曰："举郤缺，子之功也。"以一命命郤缺为卿，复与之冀，亦未有军行。	

襄八	襄八	
晋侯使士匄来聘。	宣子曰："城濮之役，我先君文公献功于衡雍，受彤弓于襄王，以为子孙藏。匄也，先君守官之嗣也，敢不承命？"君子以为知礼。	
襄二十五	襄二十五	此处子产答晋责郑侵陈之言（襄二十五年）。
	城濮之役，文公布命曰："各复旧职。"命我文公戎服辅王，以授楚捷，不敢废王命故也。	
襄三十一	襄三十一	此郑子产答晋士文伯之辞（襄三十一年）。
	侨闻文公之为盟主也，宫室卑庳，无观台榭，以崇大诸侯之馆。馆如公寝，库厩缮修，司空以时平易道路，圬人以时塓馆宫室。诸侯宾至，甸设庭燎，仆人巡宫，车马有所，宾从有代，巾车脂辖，隶人、牧、圉，各瞻其事；百官之属，各展其物。公不留宾，而亦无废事。忧乐同之，事则巡之。教其不知，而恤其不足。宾至如归，无宁菑患。不畏寇盗，而亦不患燥湿。	
昭四	昭四	此晋司马侯与晋平公之对（昭四年）。
	晋有里、丕之难，而获文公，是以为盟主。	
昭十三	昭十三	此晋叔向与韩宣子论楚子干之辞（昭十三年）。
	我先君文公，狐季姬之子也，有宠于献。好学而不贰，生十七年，有士五人。有先大夫子余、子犯以为腹心，有魏犨、贾佗以为股肱，有齐、宋、秦、楚以为外主，有栾、郤、狐、先以为内主。亡十九年，守志弥笃。惠、怀弃民，民从而与之。献无异亲，民无异望，天方相晋，将何以代文？	
昭十五	昭十五	此周景王驳晋籍谈之言（昭十五年）。
	其后襄之二路，鏚钺、秬鬯、彤弓、虎贲，文公受之，以有南阳之田，抚征东夏，非分而何？	

昭二十九	昭二十九	
	冬，晋赵鞅、荀寅帅师城汝滨，遂赋晋国一鼓铁，以铸刑鼎，著范宣子所为刑书焉。仲尼曰："晋其亡乎？失其度矣！夫晋国将守唐叔之所受法度，以经纬其民，卿大夫以序守之，民是以能尊其贵，贵是以能守其业。贵贱不愆，所谓度也。文公是以作执秩之官，为被庐之法，以为盟主。……"	
定元	定元	
	薛宰曰："宋为无道，绝我小国于周，以我适楚，故我常从宋。晋文公为践土之盟，曰：'凡我同盟，各复旧职。'若从践土，若从宋，亦唯命！"	
定四	定四	
	晋文公为践土之盟，卫成公不在。夷叔，其母弟也，犹先蔡。其载书云："王若曰：晋重，鲁申，卫武，蔡甲午，郑捷，齐潘，宋王臣，莒期。"藏在周府，可覆视也。	此卫祝佗子鱼对苌弘之言（定四年）。

晋卜偃（前661—前628）

闵元	闵元	卜偃，《国语·晋语》称郭偃，晋卜官，世系不详。《左传》中的卜偃是一个具有神话色彩的人，每次晋国有大事，几乎总是通过他的话或占卜来预言的。他所预言的大事有论晋国毕万
	晋侯作二军，公将上军，大子申生将下军。赵夙御戎，毕万为右，以灭耿、灭霍、灭魏。还，为大子城曲沃，赐赵夙耿，赐毕万魏，以为大夫。 卜偃曰："毕万之后必大。万，盈数也。魏，大名也。以是始赏，天启之矣。天子曰兆民，诸侯曰万民。今名之大，以从盈数，其必有众。"	
僖二	僖二	
虞师、晋师灭下阳。	虢公败戎于桑田。晋卜偃曰："虢必亡矣。亡下阳不惧，而又有功，是天夺之鉴，而益其疾也。必易晋而不抚其民矣。不可以五稔。"	

僖五	僖五	（魏氏）之后必大，晋献公灭虢，秦晋韩之战，晋侯纳王，秦晋殽之战，等。其中只有一次不是预言，即僖二十三年卜偃论怀公："民不见德，而惟戮是闻，其何后之有？"从这些似可看出，《左传》将卜偃当作一面镜子，在关键的时候他的话对于情节有点缀作用，而这同时也使他这个人带上了某种神话色彩。 卜偃又见于《国语·晋语》（两处）、《新序·善谋》、《风俗通义·皇霸》、《水经注》（卷四）等文献。
冬，晋人执虞公。	晋侯复假道于虞以伐虢。八月甲午，晋侯围上阳。问于卜偃曰："吾其济乎？"对曰："克之。"公曰："何时？"对曰："童谣云：'丙之晨，龙尾伏辰。均服振振，取虢之旂。鹑之贲贲，天策焞焞。火中成军，虢公其奔。'其九月、十月之交乎？丙子旦，日在尾，月在策，鹑火中，必是时也。" 冬十二月丙子朔，晋灭虢。虢公醜奔京师。	
僖十四	僖十四	
秋，八月辛卯，沙鹿崩。	秋，八月辛卯，沙鹿崩。晋卜偃曰："期年将有大咎，几亡国。"	
僖二十三	僖二十三	
	九月，晋惠公卒。怀公命无从亡人，期，期而不至，无赦。狐突之子毛及偃从重耳在秦，弗召。冬，怀公执狐突，曰："子来则免。"对曰："子之能仕，父教之忠，古之制也。策名、委质，贰乃辟也。今臣之子，名在重耳，有年数矣。若又召之，教之贰也。父教子贰，何以事君？刑之不滥，君之明也，臣之愿也。淫刑以逞，谁则无罪？臣闻命矣。"乃杀之。卜偃称疾不出，曰："《周书》有之：'乃大明服。'己则不明，而杀人以逞，不亦难乎？民不见德，而惟戮是闻，其何后之有？"	
僖二十五	僖二十五	
	秦伯师于河上，将纳王。狐偃言于晋侯曰："求诸侯，莫如勤王。诸侯信之，且大义也。继文之业，而信于诸侯，今为可矣。"使卜偃卜之，曰："吉。遇黄帝战于阪泉之兆。"公曰："吾不堪也。"对曰："周礼未改，今之王，古之帝也。"公曰："筮之。"筮之，遇《大有》☰之《睽》☲，曰："吉。'遇公用享于天子'之卦。战克而王飨，吉孰大焉？且是卦也，天为泽以当日，天子降心以逆公，不亦可乎？《大有》去《睽》而复，亦其所也。"晋侯辞秦师而下。三月甲辰，次于阳樊，右师围温，左师逆王。	

僖三十二	僖三十二
冬，十有二月己卯，晋侯重耳卒。	冬，晋文公卒。庚辰，将殡于曲沃。出绛，柩有声如牛，卜偃使大夫拜，曰："君命大事：将有西师过轶我，击之，必大捷焉。"……

晋先轸（前633—前627）

僖二十七	僖二十七	
冬，楚人、陈侯、蔡侯、郑伯、许男围宋。十有二月甲戌，公会诸侯，盟于宋。	冬，楚子及诸侯围宋。宋公孙固如晋告急。先轸曰："报施救患，取威定霸，于是乎在矣！"狐偃曰："楚始得曹，而新昏于卫，若伐曹、卫，楚必救之，则齐、宋免矣。"于是乎蒐于被庐，作三军，谋元帅。乃使郤縠将中军，郤溱佐之。使狐偃将上军，让于狐毛，而佐之。命赵衰为卿，让于栾枝、先轸。使栾枝将下军，先轸佐之。荀林父御戎，魏犨为右。	先轸，又称原轸，姬姓，晋公族（参卷首二）。闵二年《左传》有先友、先丹木二人，或为先轸之先。 先轸并未随重耳出逃，但重耳一回国即委以下军佐重任（僖二十七年），位在六卿之列。次年郤縠卒，以先轸为三军统帅，且曰"上德也"。可见先轸必定早已以谋略和德行著于世，不然以狐、赵之忠，绝不可能会让一无能之辈担任中军帅之职，而先轸后来的所作所为也充分证明了晋侯的眼光不错。 首先，僖二十八年城濮之战、僖三十三年秦晋殽之战充分说明先轸极有谋略。先轸是城濮之战中的主要决策者，秦、晋殽之
僖二十八	僖二十八	
春，晋侯侵曹，晋侯伐卫。楚人救卫。三月丙午，晋侯入曹，执曹伯，畀宋人。夏，四月己巳，晋侯、齐师、宋师、秦师及楚人战于城濮，楚师败绩。楚杀其大夫得臣。五月癸丑，公会晋侯、齐侯、宋公、蔡侯、郑伯、卫子、莒子，盟于践土。	春，晋侯将伐曹，假道于卫，卫人弗许。还，自南河济，侵曹、伐卫。正月戊申，取五鹿。二月，晋郤縠卒。原轸将中军，胥臣佐下军，上德也。晋侯、齐侯盟于敛盂。卫侯请盟，晋人弗许。卫侯欲与楚，国人不欲，故出其君以说于晋。卫侯出居于襄牛。 晋侯围曹，门焉，多死。曹人尸诸城上，晋侯患之。听舆人之谋，称"舍于墓"，师迁焉。曹人凶惧，为其所得者，棺而出之。因其凶也而攻之。三月丙午，入曹。 宋人使门尹般如晋师告急。公曰："宋人告急，舍之则绝，告楚不许。我欲战矣，齐、秦未可，若之何？"先轸曰："使宋舍我而赂齐、	

172

秦，藉之告楚。我执曹君而分曹、卫之田，以赐宋人。卫必不许也。喜赂怒顽，能无战乎？"公说。执曹伯，分曹、卫之田以畀宋人。

子玉使宛春告于晋师曰："请复卫侯而封曹，臣亦释宋之围。"子犯曰："子玉无礼哉！君取一，臣取二，不可失矣。"先轸曰："子与之！定人谓之礼，楚一言而定三国，我一言而亡之。我则无礼，何以战乎？不许楚言，是弃宋也；救而弃之，谓诸侯何？楚有三施，我有三怨。怨仇已多，将何以战？不如私许复曹、卫以携之，执宛春以怒楚，既战而后图之。"公说，乃拘宛春于卫，且私许复曹、卫。曹、卫告绝于楚。子玉怒，从晋师。晋师退。

夏，四月戊辰，晋侯、宋公、齐国归父、崔夭、秦小子慭次于城濮。楚师背酅而舍，晋侯患之。晋车七百乘，韅靷鞅靽。晋侯登有莘之墟以观师，曰："少长有礼，其可用也。"遂伐其木，以益其兵。

己巳，晋师陈于莘北，胥臣以下军之佐当陈、蔡。子玉以若敖之六卒将中军，子西将左，子玉将右。胥臣蒙马以虎皮，先犯陈、蔡。陈、蔡奔，楚右师溃。狐毛设二旆而退之。栾枝使舆曳柴而伪遁，楚师驰之，原轸、郤溱以中军公族横击之。狐毛、狐偃以上军夹攻子西，楚左师溃。楚师败绩。子玉收其卒而止，故不败。

晋师三日馆、谷，及癸酉而还。甲午，至于衡雍，作王宫于践土。

晋侯作三行以御狄。荀林父将中行，屠击将右行，先蔑将左行。

战中他的主张也起到了主要作用。

其次，僖三十三年先轸之死，使人看到一位披肝沥胆的血性汉子形象，其赤胆忠心叫人难忘。

先轸后人有明确说法者如下：先轸→先且居（霍伯）→先克→先縠（彘子）。先轸死后，其家族在晋国在重卿之列，可惜时间不长。僖二十八年，先蔑将左行；僖三十三年，先轸之子先且居将中军；文七年，赵盾将中军，先克（先轸孙）佐之，先蔑将下军，先都佐之；宣十二年，先縠（先轸重孙）佐中军。然而此间，文七年先蔑卷入公子雍与灵公之争而奔秦；文九年，先都因争夺中军将之位不成后作乱被杀；宣十二年，先縠（彘子）因晋军邲之败及召狄伐晋，而被杀。先縠可能是先轸重孙，他之死意味着先氏在晋国彻底失势。其他先氏族人还包括早期出现的先友（闵二年）、先丹木（闵二年）；后来

僖三十二	僖三十二	出现的如先茅（僖三十三）、先仆（文三）、先辛（宣元）等不知是否为先轸之后，其间有些关系不详（参《大事表·卿大夫世系表》）。
冬，十有二月己卯，晋侯重耳卒。	冬，晋文公卒。庚辰，将殡于曲沃。出绛，柩有声如牛，卜偃使大夫拜，曰："君命大事：将有西师过轶我，击之，必大捷焉。"杞子自郑使告于秦，曰："郑人使我掌其北门之管。若潜师以来，国可得也。"穆公访诸蹇叔。召孟明、西乞、白乙，使出师于东门之外。秦师遂东。	
僖三十三	僖三十三	
夏，四月辛巳，晋人及姜戎败秦师于殽。晋人败狄于箕。	晋原轸曰："秦违蹇叔，而以贪勤民，天奉我也。奉不可失，敌不可纵。纵敌患生，违天不祥，必伐秦师！"栾枝曰："未报秦施，而伐其师，其为死君乎？"先轸曰："秦不哀吾丧而伐吾同姓，秦则无礼，何施之为？吾闻之：'一日纵敌，数世之患也。'谋及子孙，可谓死君乎？"遂发命，遽兴姜戎。子墨衰绖，梁弘御戎，莱驹为右。 夏，四月辛巳，败秦师于殽，获百里孟明视、西乞术、白乙丙以归。遂墨以葬文公。晋于是始墨。文嬴请三帅，曰："彼实构吾二君。寡君若得而食之，不厌，君何辱讨焉？使归就戮于秦，以逞寡君之志，若何？"公许之。先轸朝，问秦囚。公曰："夫人请之，吾舍之矣。"先轸怒曰："武夫力而拘诸原，妇人暂而免诸国，堕军实而长寇仇，亡无日矣！"不顾而唾。公使阳处父追之，及诸河，则在舟中矣。释左骖，以公命赠孟明。孟明稽首，曰："君之惠，不以累臣衅鼓，使归就戮于秦，寡君之以为戮，死且不朽。若从君惠而免之，三年将拜君赐！" 狄伐晋，及箕。八月戊子，晋侯败狄于箕。郤缺获白狄子。先轸曰："匹夫逞志于君而无讨，敢不自讨乎？"免胄入狄师，死焉。狄人归其元，面如生。	

文二	文二	续简伯,又称狐鞫居。本来狼瞫为御戎之右,但箕之役先轸黜之,立续简伯为右。箕之役即僖三十三年狄伐晋之役。(文二、成十六)
	箕之役,先轸黜之,而立续简伯。	
成十六	成十六	
甲午晦,晋侯及楚子、郑伯战于鄢陵,楚子、郑师败绩。	郤至曰:"韩之战,惠公不振旅。箕之役,先轸不反命。邲之师,荀伯不复从。皆晋之耻也。"	

秦穆公(前651—前621)

僖九	僖九	秦穆公,名任好,又称秦伯任好、秦伯、秦君、秦穆、穆、穆公等。秦宣公之子,秦成公之弟。秦穆于僖元年立,文六年卒,共在位三十九年。秦穆公相关世系如下(据陈厚耀《世族谱》):
甲子,晋侯佹诸卒。冬,晋里克杀其君之子奚齐。	九月,晋献公卒。里克、㔻郑欲纳文公,故以三公子之徒作乱。冬,十月,里克杀奚齐于次。书曰:"杀其君之子。"未葬也。荀息将死之。人曰:"不如立卓子而辅之。"荀息立公子卓以葬。十一月,里克杀公子卓于朝。荀息死之。齐侯以诸侯之师伐晋,及高梁而还,讨晋乱也。 晋郤芮使夷吾重赂秦以求入,曰:"人实有国,我何爱焉?入而能民,土于何有?"从之。齐隰朋帅师会秦师,纳晋惠公。秦伯谓郤芮曰:"公子谁恃?"对曰:"臣闻亡人无党,有党必有仇。夷吾弱,不好弄,能斗不过,长亦不改,不识其他。"公谓公孙枝曰:"夷吾其定乎?"对曰:"臣闻之:惟则定国。《诗》云:'不识不知,顺帝之则。'文王之谓也。又曰:'不僭不贼,鲜不为则。'无好无恶,不忌不克之谓也。今其言多忌克,难哉!"公曰:"忌则多怨,又焉能克?是吾利也。"	

秦穆公任好			
康公罃	公子弘	公子絷	小子憖

(上表:穆子数子:弘僖十五见,公子絷僖

僖十	僖十
晋里克弑其君卓及其大夫荀息。晋杀其大夫里克。	夏,四月,周公忌父、王子党会齐隰朋立晋侯。晋侯杀里克以说。晋侯改葬共大子。秋,狐突适下国,遇大子。大子使登仆而告之曰:"夷吾无礼,余得请于帝矣。将以晋畀秦,秦将祀余。"对曰:"臣闻之:神不歆非类,民不祀非族。君祀无乃殄乎?且

	民何罪？失刑，乏祀，君其图之！"君曰："诺。吾将复请。七日新城西偏，将有巫者而见我焉。"许之，遂不见。及期而往，告之曰："帝许我罚有罪矣，敝于韩。" 　　丕郑之如秦也，言于秦伯曰："吕甥、郤称、冀芮，实为不从。若重问以召之，臣出晋君，君纳重耳，蔑不济矣。"冬，秦伯使泠至报问，且召三子。郤芮曰："币重而言甘，诱我也。"遂杀丕郑、祁举及七舆大夫：左行共华、右行贾华、叔坚、骓歂、累虎、特宫、山祁，皆里、丕之党也。丕豹奔秦，言于秦伯曰："晋侯背大主而忌小怨，民弗与也。伐之必出。"公曰："失众，焉能杀？违祸，谁能出君？"	十五见，小子懃僖二十八见。穆公之后分别为康公［僖十五］、共公、桓公，见"卷首一"。） 　　《左传》中的秦穆公给人留下突出印象的事情有如下几件：一是为晋国平息叛乱，助立晋君，其中晋惠公、晋文公都是秦穆所立，这些事情极大地影响了晋国的政治，也对后来整个春秋时期中原地区的政治生态产生了强烈的影响；二是在晋国成为列国盟主之后，他背叛晋国，导致了一场旷日持久的秦、晋之争；三是用人有道，主要体
僖十三	**僖十三** 　　冬，晋荐饥，使乞籴于秦。秦伯谓子桑："与诸乎？"对曰："重施而报，君将何求？重施而不报，其民必携。携而讨焉，无众必败。"谓百里："与诸乎？"对曰："天灾流行，国家代有。救灾恤邻，道也。行道有福。"丕郑之子豹在秦，请伐晋。秦伯曰："其君是恶，其民何罪？"秦于是输粟于晋，自雍及绛相继，命之曰："泛舟之役。"	
僖十四	**僖十四** 　　秋，八月辛卯，沙鹿崩。晋卜偃曰："期年将有大咎，几亡国。" 　　冬，秦饥，使乞籴于晋，晋人弗与。庆郑曰："背施无亲，幸灾不仁，贪爱不祥，怒邻不义。四德皆失，何以守国？"虢射曰："皮之不存，毛将安傅？"庆郑曰："弃信背邻，患孰恤之？无信患作，失援必毙，是则然矣。"虢射曰："无损于怨而厚于寇，不如勿与。"庆郑曰："背施幸灾，民所弃也。近犹仇之，况怨敌乎？"弗听。退曰："君其悔是哉！"	
僖十五 　　十有一月壬戌，晋侯及秦伯战于韩，获晋侯。	**僖十五** 　　晋侯之入也，秦穆姬属贾君焉，且曰："尽纳群公子。"晋侯烝于贾君，又不纳群公子，是以穆姬怨之。晋侯许赂中大夫，既而皆背之。赂秦伯以河外列城五，东尽虢略，	

南及华山，内及解梁城。既而不与。晋饥，秦输之粟；秦饥，晋闭之籴。故秦伯伐晋。

卜徒父筮之："吉！涉河，侯车败。"诘之，对曰："乃大吉也。三败，必获晋君。其卦遇《蛊》䷑，曰：'千乘三去，三去之余，获其雄狐。'夫狐蛊，必其君也。蛊之贞，风也；其悔，山也。岁云秋矣，我落其实而取其材，所以克也。实落材亡，不败何待？"三败及韩。

晋侯谓庆郑曰："寇深矣。若之何？"对曰："君实深之，可若何！"公曰："不孙！"卜右，庆郑吉，弗使。步扬御戎，家仆徒为右。乘小驷，郑入也。庆郑曰："古者大事，必乘其产。生其水土，而知其人心；安其教训，而服习其道。惟所纳之，无不如志。今乘异产，以从戎事，及惧而变，将与人易。乱气狡愤，阴血周作；张脉偾兴，外强中干；进退不可，周旋不能。君必悔之！"弗听。

九月，晋侯逆秦师。使韩简视师，复曰："师少于我，斗士倍我。"公曰："何故？"对曰："出因其资，入用其宠，饥食其粟，三施而无报，是以来也。今又击之，我怠秦奋，倍犹未也。"公曰："一夫不可狃，况国乎？"遂使请战，曰："寡人不佞，能合其众而不能离也。君若不还，无所逃命。"秦伯使公孙枝对曰："君之未入，寡人惧之；入而未定列，犹吾忧也。苟列定矣，敢不承命！"韩简退曰："吾幸而得囚。"

壬戌，战于韩原，晋戎马还泞而止。公号庆郑，庆郑曰："愎谏违卜，固败是求，又何逃焉？"遂去之。梁由靡御韩简，虢射为右，辂秦伯，将止之。郑以救公误之，遂失秦伯。秦获晋侯以归。晋大夫反首拔舍从之，秦伯使辞焉，曰："二三子何其戚也！寡人之从君而西也，亦晋之妖梦是践，岂敢以至？"晋大夫三拜稽首曰："君履后土而戴皇天，皇天后土，实闻君之言。群臣敢在下风！"

穆姬闻晋侯将至，以大子䓨、弘与女简璧，登台而履薪焉，使以免服衰绖逆，且告曰："上天降灾，使我两君匪以玉帛相见，而

现在用孟明之上，堪称君臣关系典范；四是为政有方，称霸于西戎，堪称一代有为之君。

僖九至二十九年秦穆公两次派兵护送晋公子回国为君，先是夷吾，后是重耳。从他护送夷吾之事，特别是僖十三、十五年两度输粟于晋，不杀晋侯，不报夷吾无德，获晋侯之后又服于穆姬，似见无心祸晋。尤其是僖十五年再饩之粟，"吾怨其君而矜其民……姑树德焉，以待能者"之言更是感人。但是从僖九年穆公闻夷吾"多忌克"而视之为"吾

以兴戎。若晋君朝以入，则婢子夕以死；夕以入，则朝以死。唯君裁之！"乃舍诸灵台。

大夫请以入，公曰："获晋侯，以厚归也。既而丧归，焉用之？大夫其何有焉！且晋人戚忧以重我，天地以要我，不图晋忧，重其怒也。我食吾言，背天地也。重怒难任，背天不祥，必归晋君。"公子縶曰："不如杀之，无聚慝焉。"子桑曰："归之而质其大子，必得大成。晋未可灭，而杀其君，只以成恶。且史佚有言曰：'无始祸，无怙乱，无重怒。'重怒难任，陵人不祥。"乃许晋平。

晋侯使郤乞告瑕吕饴甥，且召之。子金教之言曰："朝国人而以君命赏，且告之曰：'孤虽归，辱社稷矣！其卜贰圉也。'"众皆哭，晋于是乎作爰田。吕甥曰："君亡之不恤，而群臣是忧，惠之至也。将若君何？"众曰："何为而可？"对曰："征缮以辅孺子。诸侯闻之，丧君有君，群臣辑睦，甲兵益多。好我者劝，恶我者惧，庶有益乎？"众说。晋于是乎作州兵。

初，晋献公筮嫁伯姬于秦，遇《归妹》☷☳之《睽》☲☱。史苏占之曰："不吉。其繇曰：'士刲羊。亦无衁也。女承筐，亦无贶也。西邻责言，不可偿也。归妹之睽，犹无相也。'震之离，亦离之震。为雷为火，为嬴败姬。车说其輹，火焚其旗，不利行师，败于宗丘。归妹、睽孤，寇张之弧。侄其从姑，六年其逋，逃归其国，而弃其家，明年其死于高梁之虚。"及惠公在秦，曰："先君若从史苏之占，吾不及此夫！"韩简侍曰："龟，象也。筮，数也。物生而后有象，象而后有滋，滋而后有数。先君之败德，及可数乎？史苏是占，勿从何益？《诗》曰：'下民之孽，匪降自天。僔沓背憎，职竞由人。'"

十月，晋阴饴甥会秦伯，盟于王城。秦伯曰："晋国和乎？"对曰："不和。小人耻失其君而悼丧其亲，不惮征缮以立圉也。曰：'必报仇，宁事戎狄！'君子爱其君而知其罪，不惮征缮以待秦命。曰：'必报德，有死无二！'以此不和。"秦伯曰："国谓君何？"对曰："小

利"之言，亦可看出他从根本上为秦国着想的。所以后来才有弑怀公、送重耳之事，因为这时惠、怀已无益于秦。正因如此，我们才能理解为什么晋国在秦伯的帮助下成为盟主之后，秦穆公又马上与之翻脸，图谋袭晋。这体现国与国之间本无真诚，只有私利。但是穆公后来的所作所为，也使他先前对晋国的所有功德一笔勾销了。不仅如此，由于发兵讨晋，引发了一场旷日持久的秦、晋之争，劳民伤财，可以说是他一生为政生涯中的最大败笔。

	人戚，谓之不免；君子恕，以为必归。小人曰：'我毒秦，秦岂归君？'君子曰：'我知罪矣，秦必归君。贰而执之，服而舍之，德莫厚焉，刑莫威焉。服者怀德，贰者畏刑。此一役也，秦可以霸。纳而不定，废而不立，以德为怨，秦不其然。'"秦伯曰："是吾心也。"改馆晋侯，馈七牢焉。 　　蛾析谓庆郑曰："盍行乎？"对曰："陷君于败，败而不死，又使失刑，非人臣也。臣而不臣，行将焉入？"十一月，晋侯归。丁丑，杀庆郑而后入。 　　是岁，晋又饥，秦伯又饩之粟，曰："吾怨其君则矜其民。且吾闻唐叔之封也，箕子曰：'其后必大。'晋其庸可冀乎？姑树德焉，以待能者。"于是秦始征晋河东，置官司焉。	纵观秦穆公在处理与晋国关系上的一切所作所为，可以说是"成亦萧何，败亦萧何"。且不说其两次输粟于晋及两次护送晋君入国之大功，晋文公入国为君而成晋国一百余年之霸业，没有秦穆公又如何可能？但也正因为秦穆公看到晋国成就霸业之后太沉不住气了，以致嫉妒之心上升为仇恨之心，乃至谋晋、伐晋，使其当初一切善晋、助晋之功皆付诸东流，真是得不偿失。不仅如此，由于他的举动、心胸和心计，导致了长达八十余年（自僖
僖十七	僖十七 　　夏，晋大子圉为质于秦，秦归河东而妻之。惠公之在梁也，梁伯妻之。梁嬴孕，过期。卜招父与其子卜之。其子曰："将生一男一女。"招曰："然。男为人臣，女为人妾。"故名男曰圉，女曰妾。及子圉西质，妾为宦女焉。	
僖二十二	僖二十二 　　晋大子圉为质于秦，将逃归，谓嬴氏曰："与子归乎？"对曰："子，晋大子，而辱于秦。子之欲归，不亦宜乎！寡君之使婢子侍执巾栉以固子也，从子而归，弃君命也。不敢从，亦不敢言。"遂逃归。	
僖二十三	僖二十三 　　九月，晋惠公卒。怀公命无从亡人，期，期而不至，无赦。狐突之子毛及偃从重耳在秦，弗召。冬，怀公执狐突。乃杀之。 　　晋公子重耳之及于难也，晋人伐诸蒲城。遂奔狄。 　　……乃送诸秦。秦伯纳女五人，怀嬴与焉，奉匜沃盥。既而挥之，怒曰："秦、晋匹也。何以卑我？"公子惧，降服而囚。他日公享之，子犯曰："吾不如衰之文，请使衰从。"公子赋《河水》，公赋《六月》。赵衰曰："重耳拜赐。"公子降拜稽首，公降一级而辞焉。衰曰："君称所以佐天子者命重耳，重耳敢不拜？"	

僖二十四	僖二十四	三十年至襄二十六年共计八十四年）的秦、晋战争，这对两国人民所带来的不幸是可想而知的。根据初步统计，春秋秦晋交兵之事发生的年代如下（顾栋高《春秋秦晋交兵表》有遗漏）：僖三十、三十二、三十三年，文二、三、四、六、七、八、十、十二、十三年，宣元、二、八、十五年，成九、十一、十三年，襄九、十、十一、十二、十四、二十五、二六年。 然而我们不能因一个人所犯的一种错误而将其一生所有功业都否定掉。 仔细研究《左传》
晋侯夷吾卒。	春，王正月，秦伯纳之。不书，不告入也。济河，围令狐，入桑泉，取臼衰。二月甲午，晋师军于庐柳，秦伯使公子絷如晋师。师退，军于郇。辛丑，狐偃及秦、晋之大夫盟于郇。壬寅，公子入于晋师。丙午，入于曲沃。丁未，朝于武宫。戊申，使杀怀公于高梁。不书，亦不告也。 吕、郤畏逼，将焚公宫而弑晋侯。寺人披请见，公使让之，且辞焉，曰："蒲城之役，君命一宿，女即至。其后余从狄君，以田渭滨，女为惠公来求杀余。命女三宿，女中宿至。虽有君命，何其速也！夫袪犹在，女其行乎！"对曰："臣谓君之入也，其知之矣。若犹未也，又将及难。君命无二，古之制也。除君之恶，唯力是视。蒲人、狄人，余何有焉？今君即位，其无蒲、狄乎？齐桓公置射钩，而使管仲相。君若易之，何辱命焉！行者甚众，岂唯刑臣？"公见之，以难告。三月，晋侯潜会秦伯于王城。己丑，晦，公宫火，瑕甥、郤芮不获公，乃如河上。秦伯诱而杀之。晋侯逆夫人嬴氏以归。秦伯送卫于晋三千人，实纪纲之仆。	
僖二十五	僖二十五	
秋，楚人围陈，纳顿子于顿。	秦伯师于河上，将纳王。狐偃言于晋侯曰："求诸侯，莫如勤王。诸侯信之，且大义也。继文之业，而信于诸侯，今为可矣。"使卜偃卜之，曰："吉。遇黄帝战于阪泉之兆。"晋侯辞秦师而下。三月甲辰，次于阳樊，右师围温，左师逆王。夏，四月丁巳，王入于王城，取大叔于温，杀之于隰城。戊午，晋侯朝王。王飨醴，命之宥。请隧，弗许。 秋，秦、晋伐鄀。楚鬬克、屈御寇以申、息之师戍商密，秦人过析隈，入而系舆人，以围商密，昏而傅焉。宵，坎血加书，伪与子仪、子边盟者。商密人惧曰："秦取析矣，戍人反矣。"乃降秦师。秦师因申公子仪、息公子边以归。楚令尹子玉追秦师，弗及。遂围陈，纳顿子于顿。	

僖二十八	僖二十八	中穆公一生为人及为政，应该承认，他在很多时候还是能表现为一位精明能干、图治有为、知人善用且能迁善改过的国君。见楚灭江而自检（文四年），伐晋失败而自省，孟明屡败而不弃，终因孟明霸西戎（文三年），这些都是他身上难能可贵的优点。
秦伯一生的失败之处是否与他的性格有关？或是因为他的远见卓识还不够？下面这段话或许可以帮助我们进一步认识秦伯。文六年，传曰：
夏，四月己巳，晋侯、齐师、宋师、秦师及楚人战于城濮，楚师败绩。五月癸丑，公会晋侯、齐侯、宋公、蔡侯、郑伯、卫子、莒子，盟于践土。冬，公会晋侯、齐侯、宋公、蔡侯、郑伯、陈子、莒子、邾子、秦人于温。	宋人使门尹般如晋告急。公曰："宋人告急，舍之则绝，告楚不许。我欲战矣，齐、秦未可，若之何？"先轸曰："使宋舍我而赂齐、秦，藉之告楚。我执曹君而分曹、卫之田，以赐宋人。卫必不许也。喜赂怒顽，能无战乎？"公说。执曹伯，分曹、卫之田以畀宋人。
夏，四月戊辰，晋侯、宋公、齐国归父、崔夭、秦小子憗次于城濮。己巳，晋师陈于莘北，胥臣以下军之佐当陈、蔡。子玉以若敖之六卒将中军。子西将左，子玉将右。胥臣蒙马以虎皮，先犯陈、蔡。陈、蔡奔，楚右师溃。狐毛设二旆而退之。栾枝使舆曳柴而伪遁，楚师驰之，原轸、郤溱以中军公族横击之。狐毛、狐偃以上军夹攻子西，楚左师溃。楚师败绩。
会于温，讨不服也。	
僖三十	僖三十	
晋人、秦人围郑。	九月甲午，晋侯、秦伯围郑，以其无礼于晋，且贰于楚也。晋军函陵，秦军氾南。佚之狐言于郑伯曰："国危矣！若使烛之武见秦君，师必退。"公从之。夜缒而出，见秦伯曰："秦、晋围郑，郑既知亡矣。若亡郑而有益于君，敢以烦执事。越国以鄙远，君知其难也。焉用亡郑以陪邻？邻之厚，君之薄也。若舍郑以为东道主，行李之往来，共其乏困，君亦无所害。且君尝为晋君赐矣，许君焦、瑕，朝济而夕设版焉，君之所知也。夫晋何厌之有？既东封郑，又欲肆其西封，若不阙秦，将焉取之？阙秦以利晋，唯君图之！"秦伯说，与郑人盟，使杞子、逢孙、扬孙戍之，乃还。子犯请击之，公曰："不可！微夫人之力不及此。因人之力而敝之，不仁；失其所与，不知；以乱易整，不武。吾其还也。"亦去之。	
僖三十二	僖三十二	秦伯任好卒，以子车氏之三子奄息、仲行、鍼虎
冬，十有二月己卯，晋侯重耳卒。	冬，晋文公卒。庚辰，将殡于曲沃。出绛，柩有声如牛，卜偃使大夫拜，曰："君命大事：将有西师过轶我，击之，必大捷焉。"	

		杞子自郑使告于秦，曰："郑人使我掌其北门之管。若潜师以来，国可得也。"穆公访诸蹇叔。蹇叔曰："劳师以袭远，非所闻也。师劳力竭，远主备之，无乃不可乎？师之所为，郑必知之。勤而无所，必有悖心。且行千里，其谁不知？"公辞焉。召孟明、西乞、白乙，使出师于东门之外。蹇叔哭之曰："孟子！吾见师之出，而不见其入也！"公使谓之曰："尔何知？中寿，尔墓之木拱矣。"蹇叔之子与师，哭而送之，曰："晋人御师必于殽。殽有二陵焉。其南陵，夏后皋之墓也。其北陵，文王之所辟风雨也。必死是间，余收尔骨焉。"秦师遂东。	为殉，皆秦之良也。国人哀之，为之赋《黄鸟》。君子曰："秦穆之不为盟主也，宜哉！死而弃民。先王违世，犹诒之法，而况夺之善人乎？《诗》曰：'人之云亡，邦国殄瘁。'无善人之谓。若之何夺之？古之王者，知命之不长，是以并建圣哲，树之风声，分之采物，著之话言，为之律度，陈之艺极，引之表仪，予之法制，告之训典，教之防利，委之常秩，道之礼则，使无失其土宜，众隶赖之，而后即命。圣王同之。今纵无法以遗后嗣，而又收其良以死，难以在上矣。君子是以知
僖三十三	僖三十三	
春，王二月，秦人入滑。夏，四月辛巳，晋人及姜戎败秦师于殽。	春，秦师过周北门。及滑，郑商人弦高将市于周，遇之，以乘韦先，牛十二犒师，曰："寡君闻吾子将步师出于敝邑，敢告从者。不腆敝邑，为从者之淹，居则具一日之积，行则备一夕之卫。"且使遽告于郑。郑穆公使视客馆，则束载厉兵秣马矣。使皇武子辞焉，曰："吾子淹久于敝邑，唯是脯资饩牵竭矣。为吾子之将行也，郑之有原圃，犹秦之有具囿也。吾子取其麋鹿以闲敝邑，若何？"杞子奔齐，逢孙、扬孙奔宋。孟明曰："郑有备矣，不可冀也。攻之不克，围之不继，吾其还也。"灭滑而还。 晋原轸曰："秦违蹇叔，而以贪勤民，天奉我也。奉不可失，敌不可纵。纵敌患生，违天不祥，必伐秦师！"栾枝曰："未报秦施，而伐其师，其为死君乎？"先轸曰："秦不哀吾丧而伐吾同姓，秦则无礼，何施之为？吾闻之：'一日纵敌，数世之患也。'谋及子孙，可谓死君乎？"遂发命，遽兴姜戎。子墨缞绖，梁弘御戎，莱驹为右。 夏，四月辛巳，败秦师于殽，获百里孟明视、西乞术、白乙丙以归。遂墨以葬文公。晋于是始墨。文嬴请三帅，曰："彼实构吾二君。寡君若得而食之，不厌，君何辱讨焉？使归就戮于秦，以逞寡君之志，若何？"公许之。先轸朝，问秦囚。公曰："夫人请	

		秦之不复东征也。"
	之,吾舍之矣。"先轸怒曰:"武夫立而拘诸原,妇人暂而免诸国,堕军实而长寇仇,亡无日矣!"不顾而唾。公使阳处父追之,及诸河,则在舟中矣。释左骖,以公命赠孟明。孟明稽首,曰:"君之惠,不以累臣衅鼓,使归就戮于秦,寡君之以为戮,死且不朽。若从君惠而免之,三年将拜君赐!"秦伯素服郊次,乡师而哭曰:"孤违蹇叔,以辱二三子,孤之罪也。不替孟明,孤之过也。大夫何罪?且吾不以一眚掩大德。"	
文元	文元	
	殽之役,晋人既归秦师,秦大夫及左右皆言于秦伯曰:"是败也,孟明之罪也,必杀之。"秦伯曰:"是孤之罪也。周芮良夫之诗曰:'大风有隧,贪人败类。听言则对,诵言如醉。匪用其良,覆俾我悖。'是贪故也,孤之谓矣。孤实贪以祸夫子,夫子何罪?"复使为政。	
文二	文二	
春,王二月甲子,晋侯及秦师战于彭衙,秦师败绩。冬,晋人、宋人、陈人、郑人伐秦。	春,秦孟明视帅师伐晋,以报殽之役。二月,晋侯御之。先且居将中军,赵衰佐之。王官无地御戎,狐鞫居为右。甲子,及秦师战于彭衙,秦师败绩。晋人谓秦"拜赐之师"。 秦伯犹用孟明。孟明增修国政,重施于民。赵成子言于诸大夫曰:"秦师又至,将必辟之。惧而增德,不可当也。《诗》曰:'毋念尔祖,聿修厥德。'孟明念之矣。念德不怠,其可敌乎?" 冬,晋先且居、宋公子成、陈辕选、郑公子归生伐秦,取汪及彭衙而还,以报彭衙之役。卿不书,为穆公故,尊秦也,谓之崇德。	
文三	文三	
秦人伐晋。	秦伯伐晋,济河焚舟,取王官及郊。晋人不出。遂自茅津济,封殽尸而还。遂霸西戎,用孟明也。君子是以知秦穆公之为君也,举人之周也,与人之壹也;孟明之臣也,其不解也,能惧思也;子桑之忠也,其知人也,能举善也。《诗》曰:"于以采蘩,于沼于沚。于以用之,公侯之事。"秦穆有焉。"夙夜匪解,以事一人。"孟明有焉。"诒厥孙谋,以燕翼子。"子桑有焉。	

文四 秋，楚人灭江。晋侯伐秦。	**文四** 秋，晋侯伐秦，围邧、新城，以报王官之役。 楚人灭江，秦伯为之降服、出次、不举、过数。大夫谏，公曰："同盟灭，虽不救，敢不矜乎？吾自惧也。"君子曰："《诗》云：'惟彼二国，其政不获。惟此四国，爰究爰度。'其秦穆之谓矣。"
文六	**文六** 秦伯任好卒，以子车氏之三子奄息、仲行、鍼虎为殉，皆秦之良也。国人哀之，为之赋《黄鸟》。君子曰："秦穆之不为盟主也，宜哉！死而弃民。先王违世，犹诒之法，而况夺之善人乎？《诗》曰：'人之云亡，邦国殄瘁。'无善人之谓。若之何夺之？古之王者，知命之不长，是以并建圣哲，树之风声，分之采物，著之话言，为之律度，陈之艺极，引之表仪，予之法制，告之训典，教之防利，委之常秩，道之礼则，使无失其土宜，众隶赖之，而后即命。圣王同之。今纵无法以遗后嗣，而又收其良以死，难以在上矣。"君子是以知秦之不复东征也。
文七	**文七** 秦康公送公子雍于晋，曰："文公之入也，无卫，故有吕、郤之难。"
成十三 夏，五月，公自京师，遂会晋侯、齐侯、宋公、卫侯、郑伯、曹伯、邾人、滕人伐秦。	**成十三** 三月，公如京师。公及诸侯朝王，遂从刘康公、成肃公会晋侯伐秦。夏，四月戊午，晋侯使吕相绝秦，曰："昔逮我献公及穆公相好，戮力同心，申之以盟誓，重之以昏姻。天祸晋国，文公如齐，惠公如秦。无禄，献公即世，穆公不忘旧德，俾我惠公用能奉祀于晋，又不能成大勋，而为韩之师。亦悔于厥心，用集我文公，是穆之成也。文公躬擐甲胄，跋履山川，逾越险阻，征东之诸侯，虞夏商周之胤而朝诸秦，则亦既报旧德矣。郑人怒君之疆场，我文公帅诸侯及秦围郑。秦大夫不询于我寡君，擅及郑盟，诸侯疾之，将致命于秦。文公恐惧，绥静诸侯，秦师克还无害，则是我有大造于西也。

无禄，文公即世，穆为不吊，蔑死我君，寡我襄公，迭我殽地，奸绝我好，伐我保城，殄灭我费滑，散离我兄弟，扰乱我同盟，倾覆我国家。我襄公未忘君之旧勋，而惧社稷之陨，是以有殽之师。犹愿赦罪于穆公，穆公弗听，而即楚谋我。天诱其衷，成王陨命，穆公是以不克逞志于我。穆、襄即世，康、灵即位。康公，我之自出，又欲阙剪我公室，倾覆我社稷，帅我蟊贼，以来荡摇我边疆，我是以有令狐之役。康犹不悛，入我河曲，伐我涑川，俘我王官，翦我羁马，我是以有河曲之战。东道之不通，则是康绝我好也。及君之嗣也，我君景公，引领西望曰：'庶抚我乎！'君亦不惠称盟，利吾有狄难，入我河县，焚我箕郜，芟夷我农功，虔刘我边陲，我是以有辅氏之聚。君亦悔祸之延，而欲徼福于先君献、穆，使伯车来，命我景公曰：'吾与女同好弃恶，复修旧德，以追念前勋。'言誓未就，景公即世，我寡君是以有令狐之会。君又不祥，背盟弃誓。白狄及君同州，君之仇雠，而我之昏姻也。君来赐命，曰：'吾与女伐狄。'寡君不敢顾昏姻，畏君之威而受命于吏。君有二心于狄，曰：'晋将伐女。'狄应且憎，是用告我，楚人恶君之二三其德也，亦来告我，曰：'秦背令狐之盟而来求盟于我，昭告昊天上帝，秦三公、楚三王，曰：余虽与晋出入，余唯利是视。不榖恶其无成德，是用宣之，以惩不壹。'诸侯备闻此言，斯是用痛心疾首，暱就寡人。寡人帅以听命，唯好是求。君若惠顾诸侯，矜哀寡人，而赐之盟，则寡人之愿也，其承宁诸侯以退，岂敢徼乱？君若不施大惠，寡人不佞，其不能以诸侯退矣。敢尽布之执事，俾执事实图利之！"

鲁臧文仲（前683—前617）

庄十一	庄十一	
夏，五月戊寅，公败宋师于鄑。秋，宋大水。	秋，宋大水。公使吊焉，曰："天作淫雨，害于粢盛，若之何不吊？"对曰："孤实不敬，天降之灾。又以为君忧，拜命之辱。"臧文仲曰："宋其兴乎？禹、汤罪己，其兴也悖焉；桀、纣罪人，其亡也忽焉。且列国有凶称孤，礼也。言惧而名礼，其庶乎？"既而闻之曰："公子御说之辞也。"臧孙达曰："是宜为君，有恤民之心。"	臧文仲，又称臧孙辰。臧孙辰之先臧僖伯为鲁孝公之子，文十年卒。鲁臧氏世系参本书卷三"鲁臧武仲"。
庄二十八	庄二十八	臧文仲与公子遂（东门襄仲，僖公母弟）、季孙（季友、季文子）、穆伯（公孙敖，孟孙氏）都是僖公在位期间掌握鲁国重权、奔走于列国之间的重臣。鲁僖公无为，国之权柄全交予列卿，所以有人以为鲁君大权旁落始于僖公（参见顾栋高《大事表·春秋鲁政下逮表》）。
大无麦、禾。臧孙辰告籴于齐。	冬，饥。臧孙辰告籴于齐，礼也。	
僖二十	僖二十	
	宋襄公欲合诸侯。臧文仲闻之，曰："以欲从人则可，以人从欲鲜济。"	
僖二十一	僖二十一	
夏，大旱。	夏，大旱。公欲焚巫尫。臧文仲曰："非旱备也。修城郭，贬食省用，务穑劝分，此其务也。巫尫何为？天欲杀之，则如勿生。若能为旱，焚之滋甚。"公从之。是岁也，饥而不害。	
僖二十二	僖二十二	臧文仲为鲁国的一代贤大夫。《左传》记臧文仲之贤，主要通过记其言而非通过记其事。
春，公伐邾，取须句。秋，八月丁未，及邾人战于升陉。	春，伐邾。取须句，反其君焉，礼也。邾人以须句故出师。公卑邾，不设备而御之。臧文仲曰："国无小，不可易也。无备，虽众不可恃也。《诗》曰：'战战兢兢，如临深渊，如履薄冰。'又曰：'敬之敬之，天惟显思，命不易哉！'先王之明德，犹无不难也，无不惧也，况我小国乎？君其无谓邾小。蜂虿有毒，而况国乎？"八月丁未，公及邾师战于升陉，我师败绩。邾人获公胄，县诸鱼门。	今查知，《左传》记臧文仲之事大约只有四件：一是庄二十八年乞籴于齐；二是僖二十六年如楚乞师；三是僖三十一
僖二十四	僖二十四	
冬，天王出居于郑。	冬，王使来告难，曰："不榖不德，得罪于母之宠子带，鄙在郑地汜，敢告	

	叔父。"臧文仲对曰："天子蒙尘于外，敢不奔问官守？"王使简师父告于晋，使左鄢父告于秦。天子无出，书曰："天王出居于郑。"辟母弟之难也。天子凶服降名，礼也。	年分曹地；四是文六年求好于陈。余下的全部是记言：僖二十一、二十二、三十三年记其谏君之言；庄十一年，僖二十、二十四年，文五年，记其因列国事务所发评论；文二、十七、十八年，及襄二十四年记他人评臧文仲之言。
僖二十六 公子遂如楚乞师。公以楚师伐齐。取谷。	僖二十六 齐师侵我西鄙。夏，齐孝公伐我北鄙。东门襄仲、臧文仲如楚乞师。臧孙见子玉，而道之伐齐、宋，以其不臣也。	
僖三十一 春，取济西田。	僖三十一 春，取济西田，分曹地也。使臧文仲往，宿于重馆。重馆人告曰："晋新得诸侯，必亲其共。不速行，将无及也。"从之。分曹地，自洮以南，东傅于济，尽曹地也。	《左传》所记的臧文仲之事都不算大事，不足以反映一个人的品行和功劳。相反，《左传》所记的臧文仲之言则大不相同，有许多话都极有分量，极能反映一个人见识之高明。另外，《左传》所记后人对臧文仲的评价也不少，尤以襄二十四年叔孙穆子"鲁有先大夫曰臧文仲，既没，其言立"之言对臧文仲评价为高。
僖三十三 齐侯使国归父来聘。	僖三十三 齐国庄子来聘，自郊劳至于赠贿，礼成而加之以敏。臧文仲言于公曰："国子为政，齐犹有礼，君其朝焉！臣闻之：服于有礼，社稷之卫也。"	
文二 八月丁卯，大事于大庙，跻僖公。	文二 秋，八月丁卯，大事于大庙，跻僖公，逆祀也。于是夏父弗忌为宗伯，尊僖公，且明见曰："吾见亲鬼大，故鬼小。先大后小，顺也。跻圣贤，明也。明、顺，礼也。"君子以为失礼："礼无不顺。祀，国之大事也，而逆之，可谓礼乎？子虽齐圣，不先父食久矣。故禹不先鲧，汤不先契，文、武不先不窋。宋祖帝乙，郑祖厉王，犹上祖也。是以《鲁颂》曰：'春秋匪解，享祀不忒。皇皇后帝，皇祖后稷。'君子曰礼，谓其后稷亲而先帝也。《诗》曰：'问我诸姑，遂及伯姊。'君子曰礼，谓其姊亲而先姑也。"仲尼曰："臧文仲其不仁者三，不知者三。下展禽，废六关，妾织蒲，三不仁也。作虚器，纵逆祀，祀爰居，三不知也。"	
文五 秋，楚人灭六。	文五 秋，楚成大心、仲归帅师灭六。冬，楚公子燮灭蓼。	现将《左传》所记、能反映臧文仲之贤的话归纳如下：

		臧文仲闻六与蓼灭，曰："皋陶、庭坚不祀忽诸，德之不建，民之无援，哀哉。"	1.庄十一年论罪己与罪人；
文六	文六		2.僖二十年论"以欲从人"与"以人从欲"；
	夏，季孙行父如陈。	臧文仲以陈、卫之睦也，欲求好于陈。夏，季文子聘于陈，且娶焉。	3.僖二十一年论巫术与国政；
文十	文十		4.僖二十二年论"谨守备以待人"之德；
	春，王三月辛卯，臧孙辰卒。		5.僖三十三年论服于有礼与社稷之关系；
文十七	文十七		6.文五年论德与民；
	冬，公子遂如齐。	襄仲如齐，拜穀之盟。复曰："臣闻齐人将食鲁之麦，以臣观之，将不能。齐君之语偷。臧文仲有言曰：'民主偷，必死。'"	7.文十七年论"民主偷"必死；
文十八	文十八		8.文十八年论事君之礼；
		季文子使大史克对曰："先大夫臧文仲教行父事君之礼，行父奉以周旋，弗敢失队，曰：'见有礼于其君者事之，如孝子之养父母也，见无礼于其君者诛之，如鹰鹯之逐鸟雀也。'……"	9.文二年仲尼评臧文仲"三不仁，三不知"。
襄二十四	襄二十四		《左传》记臧文仲，从庄十一年始见到文十年卒，前后共67年。如果臧文仲在庄十一年20岁的话，则死时已有87岁，不知这是否可能。
	春，叔孙豹如晋。	春，穆叔如晋。范宣子逆之，问焉，曰："古人有言曰：'死而不朽。'何谓也？"穆叔未对。宣子曰："昔匄之祖，自虞以上为陶唐氏，在夏为御龙氏，在商为豕韦氏，在周为唐、杜氏，晋主夏盟，为范氏，其是之谓乎？"穆叔曰："以豹所闻，此之谓世禄，非不朽也。鲁有先大夫曰臧文仲，既没，其言立。其是之谓乎？豹闻之：'大上有立德，其次有立功，其次有立言。'虽久不废，此之谓不朽。若夫保姓受氏，以守宗祊，世不绝祀，无国无之。禄之大者，不可谓不朽。"	
哀二十四	哀二十四		
		夏，四月，晋侯将伐齐，使来乞师，曰："昔臧文仲以楚师伐齐，取穀；宣叔以晋师伐齐，取汶阳。寡君欲徼福于周公，愿乞灵于臧氏。"	

齐懿公（前643—前609）

僖十七	**僖十七**	齐懿公，名商人，齐桓公之子，齐昭公之弟。齐懿公之母为密姬，文十四杀齐昭公之子舍而立，文十八年为手下所杀，共在位四年（从文十五年正式在位算起）。今列齐桓公之后如下（据陈厚耀《世族谱》，附例见年或在位年）：
冬，十有二月乙亥，齐侯小白卒。	齐侯之夫人三：王姬、徐嬴、蔡姬，皆无子。齐侯好内，多内宠。内嬖如夫人者六人：长卫姬，生武孟；少卫姬，生惠公；郑姬，生孝公；葛嬴，生昭公；密姬，生懿公；宋华子，生公子雍。公与管仲属孝公于宋襄公，以为大子。雍巫有宠于卫共姬，因寺人貂以荐羞于公，亦有宠。公许之立武孟。管仲卒，五公子皆求立。冬，十月乙亥，齐桓公卒。易牙入，与寺人貂因内宠以杀群吏，而立公子无亏。孝公奔宋。十二月乙亥，赴。辛巳，夜殡。	
文十四	**文十四**	
夏，五月乙亥，齐侯潘卒。齐公子商人弑其君舍。冬，单伯如齐。齐人执单伯。齐人执子叔姬。	子叔姬妃齐昭公，生舍。叔姬无宠，舍无威。公子商人骤施于国，而多聚士，尽其家，贷于公有司以继之。夏，五月，昭公卒，舍即位。秋，七月乙卯，夜，齐商人弑舍，而让元。元曰："尔求之久矣。我能事尔，尔不可使多蓄憾，将免我乎？尔为之。"齐人定懿公，使来告难，故书以"九月"。齐公子元不顺懿公之为政也，终不曰"公"，曰："夫己氏。"襄仲使告于王，请以王宠求昭姬于齐，曰："杀其子，焉用其母？请受而罪之。"冬，单伯如齐请叔姬，齐人执之，又执子叔姬。	

齐桓公小白
庄九至僖十七在位

公子无亏	孝公昭	昭公潘	懿公商人	惠公元	公子雍
闵二	僖十八至二十八	僖二十九至文十四	文十五至文十八	宣元至宣十	僖十七
庆克成十七		舍 文十四		顷公无野 宣十一至十七	

齐桓公因生前多内宠，死后五子皆求立，导致齐国内政不宁，多年受困。僖十七年齐桓公卒，公子无亏立。次年齐人杀无亏，立孝公，宋襄公之力也。十年后，孝公卒（僖

文十五	**文十五**
季孙行父如晋。夏，曹伯来朝。单伯	春，季文子如晋，为单伯与子叔姬故也。齐人许单伯请而赦之，使来

至自齐。秋，齐人侵我西鄙。季孙行父如晋。冬，十有一月，诸侯盟于扈。十有二月，齐人来归子叔姬。齐侯侵我西鄙，遂伐曹，入其郛。	致命。书曰："单伯至自齐。"贵之也。 秋，齐人侵我西鄙，故季文子告于晋。 冬，十一月，晋侯、宋公、卫侯、蔡侯、陈侯、郑伯、许男、曹伯盟于扈，寻新城之盟，且谋伐齐也。齐人赂晋侯，故不克而还。于是有齐难，是以公不会。书曰："诸侯盟于扈。"无能为故也。凡诸侯会，公不与，不书，讳君恶也。与而不书，后也。 齐人来归子叔姬，王故也。 齐侯侵我西鄙，谓诸侯不能也。遂伐曹，入其郛，讨其来朝也。季文子曰："齐侯其不免乎？己则无礼，而讨于有礼者，曰：'女何故行礼？'礼以顺天，天之道也。己则反天，而又以讨人，难以免矣。《诗》曰：'胡不相畏？不畏于天。'君子之虐幼贱，畏于天也。在《周颂》曰：'畏天之威，于时保之。'不畏于天，将何能保？以乱取国，奉礼以守，犹惧不终。多行无礼，弗能在矣。"	二十七年），孝公弟潘在卫国势力的帮助下杀孝公子而立，是为齐昭公。昭公在位二十年。文十四年昭公卒，昭公之弟懿公弑昭公之子舍而自立。懿公在位四年，文十八年被杀。齐人立桓公之子公子元，是为齐惠公。从僖十七年桓公死算起，至此齐国内乱延续达35年之久。惠公宣十年卒后，其子顷公无野立。从此后齐国国君皆惠公之后（从灵公、景公、庄公、悼公、简公至平公）。齐国政局在惠公之后相对稳定数十年（从宣元年惠公立，至襄二十五年齐庄公被崔杼弑，共计60年）。但到齐景公（襄二十六至哀五年在位）之后，齐国又接连发生几场弑君之乱（参卷四"齐悼公"）。 齐懿公弑君篡位后，引起了列国公愤，其中以鲁国为甚。鲁国立即派单伯如齐，请齐君舍之母（齐君舍之母为鲁君之女），被齐人所执。此后鲁国重臣季文子、襄仲亦多次赴齐，而齐懿公虽然放回了扣押的单伯和子叔姬，但又多次派兵侵鲁。鲁国只好请晋国主持正义，无奈晋人取赂于齐，不能救鲁。
文十六	**文十六**	
春，季孙行父会齐侯于阳穀，齐侯弗及盟。六月戊辰，公子遂及齐侯盟于郪丘。	春，王正月，及齐平。公有疾，使季文子会齐侯于阳穀。请盟，齐侯不肯，曰："请俟君间。" 公使襄仲纳赂于齐侯，故盟于郪丘。	
文十七	**文十七**	
	襄仲如齐，拜穀之盟。复曰："臣闻齐人将食鲁之麦。以臣观之，将不能。齐君之语偷。臧文仲有言曰：'民主偷，必死。'"	

文十八	文十八	从齐懿公处理与鲁国的关系可以看出他的为人。弑君篡位，本来就已不义在先，还要再三以武犯人。另外，懿公多行不义，被手下小臣谋害，从其具体经过也可以看出他的为人。《左传》对齐懿公的为人多次从间接的角度来进行刻画，突出了写齐懿公的笔法。文十四年，公子元的一番话将齐懿公的嘴脸刻画得淋漓尽致。文十七年襄仲"民主偷，必死"之语可以反映懿公为人，而文十五年季文子之言则是对他的最好总结。
夏，五月戊戌，齐人弑其君商人。秋，公子遂、叔孙得臣如齐。	春，齐侯戒师期，而有疾。医曰："不及秋，将死。"公闻之，卜曰："尚无及期。"惠伯令龟，卜楚丘占之，曰："齐侯不及期，非疾也。君亦不闻。令龟有咎。"二月丁丑，公薨。 齐懿公之为公子也，与邴歜之父争田，弗胜。及即位，乃掘而刖之，而使歜仆。纳阎职之妻，而使职骖乘。 夏，五月，公游于申池。二人浴于池，歜以扑抶职，职怒。歜曰："人夺女妻而不怒，一抶女，庸何伤？"职曰："与刖其父而弗能病者，何如？"乃谋弑懿公，纳诸竹中。归，舍爵而行。齐人立公子元。 秋，襄仲、庄叔如齐，惠公立故，且拜葬也。	

晋赵盾附阳处父（前637—前601）

僖二十三	僖二十三	赵盾，又称赵宣子、宣子、赵孟、盾、宣孟等，赵衰与狄女叔隗之子，晋赵氏之后。 赵衰早年追随文公重耳出逃，为重耳手下最器重卿佐之一。赵衰僖三十一年为卿，文二年佐中军，文五年卒；此后其子赵盾承父爵，文六至宣七年主晋国之
	晋公子重耳之及于难也，晋人伐诸蒲城。遂奔狄。从者狐偃、赵衰、颠颉、魏武子、司空季子。狄人伐廧咎如，获其二女叔隗、季隗，纳诸公子。公子取季隗，生伯鯈、叔刘。以叔隗妻赵衰，生盾。	
僖二十四	僖二十四	
	狄人归季隗于晋，而请其二子。文公妻赵衰，生原同、屏括、楼婴。赵姬请逆盾与其母，子余辞。姬曰："得宠而忘旧，何以使人？必逆之。"固请，许之。来，以盾为才，固请于公，以为适子，而使其三子下之。以叔隗为内子，而己下之。	

文五	文五　晋阳处父聘于卫，反过宁，宁嬴从之。及温而还。其妻问之，嬴曰："以刚。《商书》曰：'沈渐刚克，高明柔克。'夫子壹之，其不没乎？天为刚德，犹不干时，况在人乎？且华而不实，怨之所聚也。犯而聚怨，不可以定身。余惧不获其利而离其难，是以去之。"	政（顾栋高《大事表·春秋晋中军表》）。 《左传》中孔子之言称赵盾为"古之良大夫"，《春秋穀梁传》称赵盾"忠臣之至"，这里我们试图从若干文献来论证说明一个与此相反的观点，并进一步得出结论，认为《左传》中对赵盾的有关评价是诡词（我的这一观点无疑受吴闿生《左传微》一书相关部分的启示）。 具体来说，我认为可从如下几个方面来评价《左传》中赵盾的形象： 一是结党营私，排斥异己。这首先见于文六至七年赵氏与贾氏之争。赵氏为了夺权需要，不惜得罪秦国，使秦晋之争在平息中再度兴起，此后又延续了七十余年（见《大事
文六　八月乙亥，晋侯骧卒。晋杀其大夫阳处父。晋狐射姑出奔狄。	文六　春，晋蒐于夷，舍二军。使狐射姑将中军，赵盾佐之。阳处父至自温，改蒐于董，易中军。阳子，成季之属也，故党于赵氏，且谓赵盾能，曰："使能，国之利也。"是以上之。宣子于是乎始为国政，制事典，正法罪，辟狱刑，董逋逃，由质要，治旧洿，本秩礼，续常职，出滞淹。既成，以授大傅阳子与太师贾佗，使行诸晋国，以为常法。 八月乙亥，晋襄公卒。灵公少，晋人以难故，欲立长君。赵孟曰："立公子雍。好善而长，先君爱之，且近于秦。秦，旧好也。置善则固，事长则顺，立爱则孝，结旧则安。为难故，故欲立长君。有此四德者，难必抒矣。"贾季曰："不如立公子乐，辰嬴嬖于二君，立其子，民必安之。"赵孟曰："辰嬴贱，班在九人，其子何震之有？且为二嬖，淫也。为先君子，不能求大，而出在小国，辟也。母淫子辟，无威；陈小而远，无援，将何安焉？杜祁以君故，让偪姞而上之；以狄故，让季隗，而己次之，故班在四。先君是以爱其子而仕诸秦，为亚卿焉。秦，大而近，足以为援，母义子爱，足以威民。立之，不亦可乎？"使先蔑、士会如秦逆公子雍。贾季亦使召公子乐于陈，赵孟使杀诸郫。 贾季怨阳子之易其班也，而知其无援于晋也。九月，贾季使续鞫居杀阳处父。书曰："晋杀其大夫。"侵官也。十一月丙寅，晋杀续简伯，贾季奔狄。宣子使臾骈送其帑。夷之蒐，贾季戮臾骈，臾骈之人	

192

	欲尽杀贾氏以报焉。臾骈曰："不可。吾闻《前志》有之，曰：'敌惠敌怨，不在后嗣。'忠之道也。夫子礼于贾季，我以其宠报私怨，无乃不可乎？介人之宠，非勇也。损怨益仇，非知也。以私害公，非忠也。释此三者，何以事夫子？"尽具其帑与其器用财贿，亲帅扞之，送致诸竟。
文七	**文七**
戊子，晋人及秦人战于令狐。晋先蔑奔秦。秋，八月，公会诸侯、晋大夫，盟于扈。	秦康公送公子雍于晋，曰："文公之入也无卫，故有吕、郤之难。"乃多与之徒卫。穆嬴日抱大子以啼于朝，曰："先君何罪？其嗣亦何罪？舍適嗣不立，而外求君，将焉置此？"出朝，则抱以适赵氏，顿首于宣子，曰："先君奉此子也而属诸子，曰：'此子也才，吾受子之赐；不才，吾唯子之怨。'今君虽终，言犹在耳，而弃之，若何？"宣子与诸大夫皆患穆嬴，且畏逼，乃背先蔑而立灵公，以御秦师。箕郑居守。赵盾将中军，先克佐之；荀林父佐上军；先蔑将下军，先都佐之。步招御戎，戎津为右。及堇阴，宣子曰："我若受秦，秦则宾也；不受，寇也。既不受矣，而复缓师，秦将生心。先人有夺人之心，军之善谋也。逐寇如追逃，军之善政也。"训卒厉兵，秣马蓐食，潜师夜起。戊子，败秦师于令狐。至于刳首。己丑，先蔑奔秦，士会从之。先蔑之使也，荀林父止之曰："夫人大子犹在，而外求君，此必不行。子以疾辞，若何？不然，将及。摄卿以往，可也，何必子？同官为寮，吾尝同寮，敢不尽心乎？"弗听。为赋《板》之三章，又弗听。及亡，荀伯尽送其帑及其器用财贿于秦，曰："为同寮故也。" 狄侵我西鄙，公使告于晋。赵宣子使因贾季问酆舒，且让之。酆舒问于贾季曰："赵衰、赵盾孰贤？"对曰："赵衰，冬日之日也。赵盾，夏日之日也。" 秋，八月，齐侯、宋公、卫侯、陈侯、郑伯、许男、曹伯会晋赵盾，盟于扈，晋侯立故也。公后至，故不书所会。

表·春秋秦晋交兵表》)。赵氏在这场纷争中的不义还可从穆嬴责赵盾之言、荀林父止先蔑之语、赵氏做贼心虚之态等处见之。此外这场纷争导致的另一个不良后果就是士会在秦，贾季在狄，二人都极有才干却成为晋国的巨大祸患(见文十三年)。

二是用人唯亲，偏袒本族。这首先体现在他对赵穿的使用和祖护之上。赵穿之为人，文十二年士会之言已经刻画得淋漓尽致："赵有侧室曰穿，晋君之婿也，有宠而弱，不在军事，好勇而狂，且恶晋臾骈之佐上军也。"赵穿在这场战役中的表现亦正如士会之言。宣元年，"晋欲求成于秦。赵穿曰：'我侵崇，

	凡会诸侯，不书所会，后也。后至，不书其国，辟不敏也。 晋郤缺言于赵宣子曰："日卫不睦，故取其地。今已睦矣，可以归之。叛而不讨，何以示威？服而不柔，何以示怀？非威非怀，何以示德？无德，何以主盟？子为正卿，以主诸侯，而不务德，将若之何？《夏书》曰：'戒之用休，董之用威，劝之以《九歌》，勿使坏。'九功之德，皆可歌也，谓之《九歌》。六府、三事，谓之九功。水、火、金、木、土、谷，谓之六府；正德、利用、厚生，谓之三事。义而行之，谓之德礼。无礼不乐，所由叛也。若吾子之德莫可歌也，其谁来之？盍使睦者歌吾子乎？"宣子说之。	秦急崇，必救之。吾以求成焉。'冬，赵穿侵崇，秦弗与成"，再次反映了赵穿的无能。次年赵穿攻灵公于桃园，显然与晋灵公欲杀赵盾有关。赵盾对赵穿之祖护见于：文十二年赵穿违反军纪，赵盾不但不追究其责任反以大军袒护之；宣元年赵穿无能而欲侵崇，赵盾未曾阻止；宣二年赵穿犯下弑君之罪，赵盾非但不予惩罚，反而让其迎立新君。从赵穿弑君之前晋灵公多次欲杀赵盾不成，可看出赵穿弑君很可能出于赵盾之谋，至少是为了保护赵盾而为。宣二年赵盾借新君即位之际请以赵括为公族，使屏季以其故族为公族大夫，这完全是为发展本族势力。
文八 冬，十月壬午，公子遂会晋赵盾，盟于衡雍。乙酉，公子遂会洛戎，盟于暴。	文八 晋侯使解扬归匡戚之田于卫；且复致公婿池之封，自申至于虎牢之境。 夏，秦人伐晋，取武城，以报令狐之役。 晋人以扈之盟来讨。冬，襄仲会晋赵孟，盟于衡雍，报扈之盟也。遂会伊、洛之戎。	
文九 楚人伐郑。公子遂会晋人、宋人、卫人、许人，救郑。	文九 范山言于楚子曰："晋君少，不在诸侯，北方可图也。"楚子师于狼渊以伐郑，囚公子坚、公子龙及乐耳。郑及楚平。 公子遂会晋赵盾、宋华藕、卫孔达、许大夫救郑，不及楚师。卿不书，缓也，以惩不恪。	
文十 夏，秦伐晋。楚子、蔡侯次于厥貉。	文十 春，晋人伐秦，取少梁。 夏，秦伯伐晋，取北徵。 陈侯、郑伯会楚子于息。冬，遂及蔡侯次于厥貉，将以伐宋。宋华御事曰："楚欲弱我也，先为之弱乎？何必使诱我？我实不能，民何罪？"乃逆楚子，劳且听命。遂道以田孟诸。宋公为右盂，郑伯为左盂。期思公复遂为右司马，子朱及文之无畏为左司马，命夙驾载燧。宋公违命，无畏抶其仆以徇。	

文十一 夏，叔彭生会晋郤缺于承筐。	**文十一** 夏，叔仲惠伯会晋郤缺于承筐，谋诸侯之从于楚者。	三是外交失败。赵盾由于私心太重，在处理列国关系上十分不成功，导致许多诸侯不睦于晋：文六至七年，赵盾因欲立公子雍，本欲和秦，反使已趋于平息的秦晋之争再起烽火；文十四年，赵盾以堂堂大国、诸侯盟主，率众同盟之国兴师动众，赴一实力及地位均微不足道的邾国问罪，结果却因自己不义而一无所成，其影响之坏是可想而知的。自文十五年齐懿公上台以来，齐鲁关系一直处于紧张状态。由于晋国不能发挥霸主作用，鲁国只好千方百计巴结齐国，频频与齐人相会，事见文十五、十六、十七、十八年及宣元、四、五、七年。鲁国委身下齐，实因晋不能为鲁做主。
文十二 冬，十有二月戊午，晋人、秦人战于河曲。	**文十二** 秦为令狐之役故，冬，秦伯伐晋，取羁马。晋人御之。赵盾将中军，荀林父佐之。郤缺将上军，臾骈佐之。栾盾将下军，胥甲佐之。范无恤御戎，以从秦师于河曲。臾骈曰："秦不能久，请深垒固军以待之。"从之。秦人欲战。秦伯谓士会曰："若何而战？"对曰："赵氏新出其属曰臾骈，必实为此谋，将以老我师也。赵有侧室曰穿，晋君之婿也，有宠而弱，不在军事，好勇而狂，且恶晋臾骈之佐上军也。若使轻者肆焉，其可。"秦伯以璧祈战于河。十二月戊午，秦军掩晋上军。赵穿追之，不及。反，怒曰："裹粮坐甲，固敌是求。敌至不击，将何俟焉？"军吏曰："将有待也。"穿曰："我不知谋，将独出。"乃以其属出。宣子曰："秦获穿也，获一卿矣。秦以胜归，我何以报？"乃皆出战，交绥。秦行人夜戒晋师曰："两君之士皆未憖也，明日请相见也。"臾骈曰："使者目动而言肆，惧我也，将遁矣。薄诸河，必败之。"胥甲、赵穿当军门呼曰："死伤未收而弃之，不惠也。不待期而薄人于险，无勇也。"乃止。秦师夜遁。复侵晋，入瑕。	
文十三 冬，公如晋。卫侯会公于沓。狄侵卫。十有二月己丑，公及晋侯盟。公还自晋。郑伯会公于棐。	**文十三** 晋人患秦之用士会也，夏，六卿相见于诸浮，赵宣子曰："随会在秦，贾季在狄，难日至矣，若之何？"中行桓子曰："请复贾季，能外事，且由旧勋。"郤成子曰："贾季乱，且罪大。不如随会，能贱而有耻，柔而不犯。其知足使也，且无罪。"乃使魏寿余伪以魏叛者，以诱士会。执其帑于晋，使夜逸。请自归于秦，秦伯许之。履士会之足于朝。秦伯师于河西，魏人在东，寿余曰："请东人之能与夫二三有	

	司言者，吾与之先。"使士会，士会辞曰："晋人，虎狼也。若背其言，臣死，妻子为戮，无益于君，不可悔也。"秦伯曰："若背其言，所不归尔帑者，有如河。"乃行。绕朝赠之以策，曰："子无谓秦无人，吾谋适不用也。"既济，魏人噪而还。秦人归其帑。其处者为刘氏。 冬，公如晋朝，且寻盟。卫侯会公于沓，请平于晋。公还，郑伯会公于棐，亦请平于晋，公皆成之。郑伯与公宴于棐，子家赋《鸿雁》。季文子曰："寡君未免于此。"文子赋《四月》，子家赋《载驰》之四章，文子赋《采薇》之四章。郑伯拜，公答拜。	晋国虽曾讨齐，却取赂而还（文十五）。文十五年，齐侯侵鲁，"谓诸侯不能也"。总之，赵盾纳捷菑不克（文十四），侵齐而取赂（文十五），平宋乱而无成（文十七）。齐侯藐视晋国，不能说没有原因！晋国既不能平齐、鲁，又不能平宋乱，导致郑国对晋阳奉阴违。宣元年，郑穆公曰："晋，不足与也。"遂受盟于楚。郑国背晋事楚是情理中事，说明赵盾为政期间晋国的霸主地位已岌岌可危。 总之，齐、秦、鲁、郑、宋、陈、蔡对晋或阳奉阴违，或面和心不和，或公然睦于楚，这大概就是赵盾为政的主要成果吧！ 按：赵穿之无德无能可于文十二年伐秦之役、宣元年侵崇而无功
文十四 六月，公会宋公、陈侯、卫侯、郑伯、许男、曹伯、晋赵盾。癸酉，同盟于新城。公至自会。晋人纳捷菑于邾，弗克纳。	**文十四** 春，顷王崩。周公阅与王孙苏争政，故不赴。凡崩、薨，不赴，则不书；祸、福，不告，亦不书，惩不敬也。 邾文公元妃齐姜生定公，二妃晋姬生捷菑。文公卒，邾人立定公，捷菑奔晋。 六月，同盟于新城，从于楚者服，且谋邾也。 晋赵盾以诸侯之师纳捷菑于邾。邾人辞曰："齐出貜且长。"宣子曰："辞顺而弗从，不祥。"乃还。 周公将与王孙苏讼于晋，王叛王孙苏，而使尹氏与聃启讼周公于晋。赵宣子平王室而复之。	
文十五 冬，十有一月，诸侯盟于扈。齐侯侵我西鄙。	**文十五** 秋，齐人侵我西鄙，故季文子告于晋。冬，十一月，晋侯、宋公、蔡侯、陈侯、郑伯、许男、曹伯盟于扈，寻新城之盟，且谋伐齐也。齐人赂晋侯，故不克而还。于是有齐难，是以公不会。书曰："诸侯盟于扈。"无能为故也。凡诸侯会，公不与，不书，讳君恶也。与而不书，后也。 齐侯侵我西鄙，谓诸侯不能也。	

文十七	文十七	
春，晋人、卫人、陈人、郑人伐宋。齐侯伐我西鄙。六月癸未，公及齐侯盟于榖。诸侯会于扈。秋，公至自榖。冬，公子遂如齐。	春，晋荀林父、卫孔达、陈公孙宁、郑石楚伐宋。讨曰："何故弑君？"犹立文公而还。卿不书，失其所也。 　　齐侯伐我北鄙，襄仲请盟。六月，盟于榖。 　　晋侯蒐于黄父，遂复合诸侯于扈，平宋也。公不与会，齐难故也。书曰："诸侯。"无功也。于是晋侯不见郑伯，以为贰于楚也。郑子家使执讯而与之书，以告赵宣子，曰："寡君即位三年，召蔡侯而与之事君。九月，蔡侯入于敝邑以行。敝邑以侯宣多之难，寡君是以不得与蔡侯偕。十一月，克减侯宣多，而随蔡侯，以朝于执事。十二年六月，归生佐寡君之适夷，以请陈侯于楚，而朝诸君。十四年七月，寡君又朝，以蒇郑事。十五年五月，陈侯自敝邑往朝于君。往年正月，烛之武往，朝夷也。八月，寡君又往朝，以陈、蔡之密迩于楚，而不敢贰焉，则敝邑之故也。虽敝邑之事君，何以不免？在位之中，一朝于襄，而再见于君。夷与孤之二三臣，相及于绛。虽我小国，则蔑以过之矣。今大国曰：'尔未逞吾志。'敝邑有亡，无以加焉。古人有言曰：'畏首畏尾，身其余几？'又曰：'鹿死不择音。'小国之事大国也，德则其人也，不德则其鹿也。铤而走险，急何能择？命之罔极，亦知亡矣。将悉敝赋以待于鯈，唯执事命之。文公二年六月壬申，朝于齐。四年二月壬戌，为齐侵蔡，亦获成于楚。居大国之间，而从于强令，岂其罪也？大国若弗图，无所逃命。"晋巩朔行成于郑，赵穿、公婿池为质焉。	及宣二年弑灵公之事看出。从士会对赵穿之评价（文十二）及赵盾对赵穿之偏爱（文十二、宣元年）可看出赵盾用人唯亲。 　　宣二年，楚伐宋而晋不能救，秦伐晋而赵盾不敢敌，皆赵盾之失职。 　　宣二年，士会与赵盾同朝谏晋君。从士会、赵宣子谏君方式上的不同可看出二人对晋君的立有巨大差异，也反映二人为人的修养大不相同。同时从赵穿为人及其与赵盾之关系似可看出后来晋灵公被弑实为赵盾之谋。参见吴闿生《左传微·晋灵之难》。 　　附阳处父：晋大夫，又称处父、阳子、大傅阳子，世系不详。文五年，传称宁嬴先从阳处父，及温而还。其
宣元	宣元	
楚子、郑人侵陈，遂侵宋。晋赵盾帅师救陈。宋公、陈侯、卫侯、曹伯会晋	宋人之弑昭公也，晋荀林父以诸侯之师伐宋。宋及晋平，宋文公受盟于晋。又会诸侯于扈，将为鲁讨齐，皆取赂而还。郑穆公曰："晋，不足与也。"遂受盟于楚。 　　陈共公之卒，楚人不礼焉。陈灵公受盟于晋，秋，楚子侵陈，遂侵宋。晋赵盾	

师于棐林，伐郑。冬，晋赵穿帅师侵崇。晋人、宋人伐郑。	帅师救陈、宋。 　　会于棐林，以伐郑也。楚蒍贾救郑，遇于北林，囚晋解扬，晋人乃还。 　　晋欲求成于秦。赵穿曰："我侵崇，秦急崇，必救之。吾以求成焉。"冬，赵穿侵崇，秦弗与成。 　　晋人伐郑，以报北林之役。于是晋侯侈，赵宣子为政，骤谏不入，故不竞于楚。	妻问之，嬴曰： 　　以刚。《商书》曰："沈渐刚克，高明柔克。"夫子壹之，其不没乎？天为刚德，犹不干时，况在人乎？且华而不实，怨之所聚也。犯而聚怨，不可以定身。余惧不获其利而离其难，是以去之。
宣二	**宣二**	
春，王二月壬子，宋华元帅师及郑公子归生帅师战于大棘。宋师败绩，获宋华元。秦师伐晋。夏，晋人、宋人、卫人、陈人侵郑。秋，九月乙丑，晋赵盾弑其君夷皋。	春，郑公子归生受命于楚，伐宋。宋华元、乐吕御之。二月壬子，战于大棘。宋师败绩。囚华元、获乐吕及甲车四百六十乘，俘二百五十人，馘百人。 　　秦师伐晋，以报崇也。遂围焦。夏，晋赵盾救焦。遂自阴地，及诸侯之师侵郑，以报大棘之役。楚斗椒救郑，曰："能欲诸侯，而恶其难乎？"遂次于郑，以待晋师。赵盾曰："彼宗竞于楚，殆将毙矣。姑益其疾。"乃去之。 　　晋灵公不君，厚敛以雕墙，从台上弹人，而观其辟丸也；宰夫胹熊蹯不熟，杀之，寘诸畚，使妇人载以过朝。赵盾、士季见其手，问其故，而患之。将谏，士季曰："谏而不入，则莫之继也。会请先，不入，则子继之。"三进及溜，而后视之，曰："吾知所过矣，将改之。"稽首而对曰："人谁无过，过而能改，善莫大焉。《诗》曰：'靡不有初，鲜克有终。'夫如是，则能补过者鲜矣。君能有终，则社稷之固也，岂惟群臣赖之。又曰：'衮职有阙，惟仲山甫补之。'能补过也。君能补过，衮不废矣。"犹不改。宣子骤谏，公患之，使鉏麑贼之。晨往，寝门辟矣，盛服将朝。尚早，坐而假寐。麑退，叹而言曰："不忘恭敬，民之主也。贼民之主，不忠；弃君之命，不信。有不于此，不如死也。"触槐而死。 　　秋，九月，晋侯饮赵盾酒，伏甲将攻之。其右提弥明知之，趋登，曰："臣侍君宴，过三爵，非礼也。"遂扶以下。公嗾	此段评价阳处父为人，为次年阳处父被杀作传。其中说阳处父性格刚柔不分，又评价"华而不实"，"犯而聚怨，不可以定身"，可以解释为何阳处父在贾、赵之争中竭力维护赵氏反招杀身。《左传》阳处父事有：僖三十二年报楚平，三十三年追孟明，侵蔡、退楚师，文二年盟文公，三年伐楚以救江。这些表明阳氏确是晋国的一名重要元

	夫獒焉,明搏而杀之。盾曰:"弃人用犬,虽猛何为?"鬬且出,提弥明死之。 　　初,宣子田于首山,舍于翳桑。见灵辄饿,问其病。曰:"不食三日矣。"食之,舍其半。问之,曰:"宦三年矣,未知母之存否,今近焉,请以遗之。"使尽之,而为之箪食与肉,置诸橐以与之。既而与为公介,倒戟以御公徒而免之。问何故,对曰:"翳桑之饿人也。"问其名居,不告而退,遂自亡也。 　　乙丑,赵穿攻灵公于桃园。宣子未出而复。大史书曰:"赵盾弑其君。"以示朝。宣子曰:"不然。"对曰:"子为正卿,亡不越竟,反不讨贼,非子而谁?"宣子曰:"呜呼!'我之怀矣,自诒伊戚。'其我之谓矣!"孔子曰:"董狐,古之良史也,书法不隐;赵宣子,古之良大夫也,为法受恶。惜也,越竟乃免。"宣子使赵穿逆公子黑臀于周而立之。壬申,朝于武宫。 　　初,骊姬之乱,诅无畜群公子,自是晋无公族。及成公即位,乃宦卿之适子,而为之田,以为公族。又宦其余子,亦为余子;其庶子为公行。晋于是有公族、余子、公行。赵盾请以括为公族,曰:"君姬氏之爱子也。微君姬氏,则臣狄人也。"公许之。冬,赵盾为旄车之族,使屏季以其故族为公族大夫。	帅。文六年及成十一年的传文均表明阳氏所食采邑为温,该邑为僖二十五年周天子赐予晋文之邑,当时重耳以狐溱(杜注以为狐毛之子)为温大夫。估计狐溱死后以阳氏为温大夫。
宣三	宣三	
夏,楚人侵郑。	晋侯伐郑,及郔。郑及晋平,士会入盟。 夏,楚人侵郑,郑即晋故也。	
宣四	宣四	
冬,楚子伐郑。	冬,楚子伐郑,郑未服也。	
宣五	宣五	
楚人伐郑。	楚人伐郑。陈及楚平。晋荀林父救郑,伐陈。	
宣六	宣六	
春,晋赵盾、卫孙免侵陈。	晋、卫侵陈,陈即楚故也。	

199

宣七 冬，公会晋侯、宋公、卫侯、郑伯、曹伯于黑壤。	宣七 春，卫孙桓子来盟。始通，且谋会晋也。郑及晋平，公子宋之谋也，故相郑伯以会。冬，盟于黑壤。王叔桓公临之，以谋不睦。 晋侯之立也，公不朝焉，又不使大夫聘，晋人止公于会。盟于黄父，公不与盟，以赂免。故黑壤之盟不书，讳之也。	
宣八 晋师、白狄伐秦。楚师伐陈。	宣八 夏，会晋伐秦。晋人获秦谍，杀诸绛市，六日而苏。 晋胥克有蛊疾，郤缺为政。秋，废胥克，使赵朔佐下军。 陈及晋平。楚师伐陈，取成而还。	赵盾是年退位，赵朔其子。
成八 	成八 韩厥言于晋侯曰："成季之勋，宣孟之忠，而无后，为善者其惧矣。"	韩厥少时畜于赵氏，故言"宣孟之忠"。

鲁襄仲（前635—前601）

僖二十五 冬，十有二月癸亥，公会卫子、莒庆，盟于洮。	僖二十五 卫人平莒于我。十二月，盟于洮，修卫文公之好，且及莒平也。	襄仲，又称公子遂、东门襄仲、东门遂、东门氏、仲、仲遂、遂等。襄仲据传为鲁庄公之子（《礼记·檀弓》孔疏引《世本》），僖公庶弟。僖十七年为政于鲁，宣八年卒，共执政四十三年（顾栋高推算，见《大事表·春秋鲁政下逮表》）。 襄仲时鲁君世系如下：
僖二十六 春，王正月己未，公会莒子、卫宁速，盟于向。齐人伐我北鄙。公追齐师至酅，弗及。夏，齐人伐我北鄙。卫人伐齐。公子遂如楚乞师。	僖二十六 春，王正月，公会莒兹丕公、宁庄子，盟于向，寻洮之盟也。齐师侵我西鄙，讨是二盟也。夏，齐孝公伐我北鄙，卫人伐齐，洮之盟故也。 东门襄仲、臧文仲如楚乞师。臧孙见子玉而道之伐齐、宋，以其不臣也。	
僖二十七 春，杞子来朝。乙巳，公子遂帅师入杞。	僖二十七 春，杞桓公来朝。用夷礼，故曰子。公卑杞，杞不共也。秋，入杞，责无礼也。	

僖二十八 公子遂如齐。	僖二十八	僖公
僖三十 公子遂如京师，遂如晋。	僖三十 东门襄仲将聘于周，遂初聘于晋。	文公
僖三十一 春，取济西田。公子遂如晋。	僖三十一 春，取济西田，分曹地也。使臧文仲往，宿于重馆。重馆人告曰："晋新得诸侯，必亲其共。不速行，将无及也。"从之。分曹地，自洮以南，东傅于济，尽曹地也。 襄仲如晋，拜曹田也。	恶 视 宣公 叔肸 （以下宣公子） 成公 公子偃 公子鉏 （以下成公子） 襄公 公衡
僖三十三 公伐邾，取訾娄。秋，公子遂帅师伐邾。	僖三十三 公伐邾，取訾娄，以报升陉之役。 邾人不设备。 秋，襄仲复伐邾。	（上表：文公、宣公、襄公分别在位十八、十八和三十一年。文公二子恶、视见文十八年。叔肸见卷四"子叔氏"。公子偃、公子鉏俱成十六见，杀。成公黑肱之子公衡成二见。）
文二 公子遂如齐纳币。	文二 襄仲如齐纳币，礼也。凡君即位，好舅甥，修昏姻，娶元妃以奉粢盛，孝也。孝，礼之始也。	《左传》中襄仲之事大致可概括为如下几个方面：1.主持鲁国外交；2.驱逐穆伯（公孙敖）；3.杀叔仲惠伯；4.杀嫡立庶。
文六 八月乙亥，晋侯卒。冬，十月，公子遂如晋，葬晋襄公。	文六 冬，十月，襄仲如晋，葬襄公。	从《春秋》及《左传》记载可以看出，公子遂是鲁国一代重臣，僖公委之以重任，频繁代表鲁国出使列国，僖二十六、二十七、二十八、三十、三十一、三十三年，
文七 公孙敖如莒莅盟	文七 穆伯娶于莒，曰戴己，生文伯，其娣声己生惠叔。戴己卒，又聘于莒。莒人以声己辞，则为襄仲聘焉。 冬，徐伐莒，莒人来请盟。穆伯如莒莅盟，且为仲逆。及鄢陵，登城见之，美，自为娶之。仲请攻之，公将许之。叔仲惠伯谏曰："臣闻之：'兵作于内为乱，于外为寇。寇犹及人，乱自及也。'今臣作乱，而君不禁，以启寇仇，若之何？"公止之。惠伯成之，使仲舍之，公孙敖反之，复为兄弟如初。从之。	

文八　秋，八月戊申，天王崩。冬，十月壬午，公子遂会晋赵盾，盟于衡雍。乙酉，公子遂会洛戎，盟于暴。公孙敖如京师，不至而复。丙戌，奔莒。	**文八**　秋，襄王崩。　晋人以扈之盟来讨。冬，襄仲会晋赵孟，盟于衡雍，报扈之盟也。遂会伊、洛之戎。书曰"公子遂"，珍之也。　穆伯如周吊丧，不至，以币奔莒，从己氏焉。	文二、六、八、九、十一、十六、十七、十八年，宣元年等经文中均有记录。襄仲在位期间，齐侯欲服鲁，鲁国于僖二十五、二十六年分别与卫、莒会盟，齐人讨之，故鲁欲结楚以拒齐。城濮之战，楚军大败；同年冬，公子遂如齐，估计与楚军之败有关。城濮之战，卫、曹皆和于楚，故晋侯侵曹伐卫，鲁国虽曾欲与楚，但未参加城濮之战。僖二十八年践土之盟时鲁国已叛楚即晋。嗣后鲁国多次出使晋国，晋亦分曹地于鲁，从此鲁国一直追随晋国，不敢违抗。　总的来说，襄仲在外交方面较有经验，且有一定的正义感和见识。文十二年襄仲辞玉一节尽显襄仲在外交场合之风度；文十四年齐公子商人弑君篡位（所弑之君为鲁女之子），襄仲代表
文九　公子遂会晋人、宋人、卫人、许人，救郑。	**文九**　公子遂会晋赵盾、宋华耦、卫孔达、许大夫救郑，不及楚师。卿不书，缓也，以惩不恪。	
文十一　公子遂如宋。	**文十一**　襄仲聘于宋，且言司城荡意诸而复之，因贺楚师之不害也。	
文十二　秦伯使术来聘。	**文十二**　秦伯使西乞术来聘，且言将伐晋。襄仲辞玉，曰："君不忘先君之好，照临鲁国，镇抚其社稷，重之以大器，寡君敢辞玉。"对曰："不腆敝器，不足辞也。"主人三辞。宾答曰："寡君愿徼福于周公、鲁公以事君，不腆先君之敝器，使下臣致诸执事，以为瑞节，要结好命，所以藉寡君之命，结二国之好，是以敢致之。"襄仲曰："不有君子，其能国乎？国无陋矣。"厚贿之。	
文十四　夏，五月乙亥，齐侯潘卒。九月甲申，公孙敖卒于齐。齐公子商人弑其君舍。冬，单伯如齐。齐人执单伯。齐人执子叔姬。	**文十四**　子叔姬妃齐昭公，生舍。叔姬无宠，舍无威。公子商人骤施于国，而多聚士，尽其家，贷于公有司以继之。夏，五月，昭公卒，舍即位。秋，七月乙卯，夜，齐商人弑舍，而让元。元曰："尔求之久矣。我能事尔，尔不可使多蓄憾，将免我乎？尔为之。"齐人定懿公，使来告难，故书以"九月"。齐公子元不顺懿公之为政也，终不曰"公"，曰："夫己氏。"	

	穆伯之从己氏也，鲁人立文伯。穆伯生二子于莒，而求复。文伯以为请。襄仲使无朝听命。复而不出。三年而尽室以复适莒。文伯疾而请曰："穀之子弱，请立难也。"许之。文伯卒，立惠叔。穆伯请重赂以求复，惠叔以为请，许之。将来，九月，卒于齐。请葬，弗许。 襄仲使告于王，请以王宠求昭姬于齐，曰："杀其子，焉用其母？请受而罪之。"冬，单伯如齐请子叔姬，齐人执之。又执子叔姬。	鲁国进行了严厉交涉，分别利用了王室及晋国势力，可以说做得蛮有正气。 襄仲为人心胸狭隘，记仇心较重。这一点从他与穆伯、惠伯之关系可见一斑。文七年穆伯夺其妻，襄仲欲攻穆伯，碍于惠伯之谏而未攻，次年穆伯逃于莒，显然是因为惧于襄仲之逼。文十四年穆伯求复，襄仲"使无朝听命"，告丧请葬，亦弗许。次年穆伯之丧至自齐，襄仲欲勿哭。从这些事可以看出，襄仲对夺妻之事一直怀恨在心，并在后来不断报复，致使穆伯不得不逃命于齐。 从襄仲杀惠伯之事亦可看出襄仲为人胸襟极小。惠伯得罪襄仲，可能要追溯到在襄仲与穆伯不和时，惠伯曾两次劝谏襄仲。惠伯之谏实出于真诚，其义亦甚高（见文七、
文十五 春，季孙行父如晋。齐人归公孙敖之丧。单伯至自齐。秋，齐人侵我西鄙。季孙行父如晋。冬，十有一月，诸侯盟于扈。十有二月，齐人来归子叔姬。齐侯侵我西鄙，遂伐曹，入其郛。	**文十五** 春，季文子如晋，为单伯与子叔姬故也。 齐人或为孟氏谋，曰："鲁，尔亲也，饰棺置于堂阜，鲁必取之。"从之。卞人以告。惠叔犹毁以为请，立于朝以待命。许之。取而殡之。齐人送之，书曰："齐人归公孙敖之丧。"为孟氏，且国故也。葬视共仲。声己不视，帷堂而哭。襄仲欲勿哭，惠伯曰："丧，亲之终也。虽不能始，善终可也。史佚有言曰：'兄弟致美。'救乏、贺善、吊灾、祭敬、丧哀，情虽不同，毋绝其爱，亲之道也。子无失道，何怨于人？"襄仲说，帅兄弟以哭之。他年，其二子来，孟献子爱之，闻于国。或谮之，曰："将杀子。"献子以告季文子，二子曰："夫子以爱我闻，我以将杀子闻，不亦远于礼乎？远礼不如死。"一人门于句鼆，一人门于戾丘，皆死。 齐人许单伯请而赦之，使来致命。书曰："单伯至自齐。"贵之也。 秋，齐人侵我西鄙，故季文子告于晋。 冬，十一月，晋侯、宋公、卫侯、蔡侯、陈侯、郑伯、许男、曹伯盟于扈，寻新城之盟，且谋伐齐也。齐人赂晋侯，故不克而还。于是有齐	

	难，是以公不会。书曰："诸侯盟于扈。"无能为故也。凡诸侯会，公不与，不书，讳君恶也。与而不书，后也。 齐人来归子叔姬，王故也。 齐侯侵我西鄙，谓诸侯不能也。遂伐曹，入其郛，讨其来朝也。季文子曰："齐侯其不免乎？己则无礼，而讨于有礼者，曰：'女何故行礼？'礼以顺天，天之道也。己则反天，而又以讨人，难以免矣。《诗》曰：'胡不相畏？不畏于天。'君子之虐幼贱，畏于天也。在《周颂》曰：'畏天之威，于时保之。'不畏于天，将何能保？以乱取国，奉礼以守，犹惧不终。多行无礼，弗能在矣。"	十五）。襄仲虽然听从了惠伯之谏，但后来却又因二人在杀嫡立庶之事上政见不同，将惠伯"以君命召而杀之"。由此可见当初听从惠伯之谏，乃至"遂与穆伯和好如初""帅兄弟以哭之"等，皆是一时权宜，实为假装做作、碍于情面。
文十六	文十六	杀嫡立庶之事是鲁国历史上非同寻常的一件大事，一方面表现了襄仲贪婪、自私、专权，另一方面在鲁国历史上造成了极坏的影响。通于文公之二妃敬嬴而杀大子恶及其母弟视（文十八），哀姜之哭、国人之同情，均表现了襄仲之不义。宣十八年襄仲死后，季文子宣言于朝而鲁逐东门氏，更表明襄仲所为在鲁国的影响极为恶劣。襄二十三年、昭三十二年《左传》中两次提到襄仲杀嫡立庶、为恶
春，季孙行父会齐侯于阳穀，齐侯弗及盟。六月戊辰，公子遂及齐侯盟于郪丘。	春，王正月，及齐平。公有疾，使季文子会齐侯于阳穀。请盟，齐侯不肯。曰："请俟君间。" 公使襄仲纳赂于齐侯，故盟于郪丘。	
文十七	文十七	
齐侯伐我西鄙。六月癸亥，公及齐侯盟于穀。秋，公至自穀。冬，公子遂如齐。	齐侯伐我北鄙，襄仲请盟。六月，盟于穀。 襄仲如齐，拜穀之盟。复曰："臣闻齐人将食鲁之麦。以臣观之，将不能。齐君之语偷，臧文仲有言曰：'民主偷，必死。'"	
文十八	文十八	
春，王二月丁丑，公薨于台下。六月癸酉，葬我君文公。秋，公子遂、叔孙得臣如齐。冬，十月，子卒。夫人姜氏归于齐。季孙行父如齐。	二月丁丑，公薨。六月，葬文公。秋，襄仲、庄叔如齐，惠公立故，且拜葬也。 文公二妃敬嬴生宣公。敬嬴嬖，而私事襄仲。宣公长而属诸襄仲。襄仲欲立之，叔仲不可。仲见于齐侯而请之，齐侯新立而欲亲鲁，许之。 冬，十月，仲杀恶及视而立宣公。书曰："子卒。"讳之也。仲以君命召惠伯，其宰公冉务人止之，曰：	

	"入必死。"叔仲曰:"死君命可也。"公冉务人曰:"若君命,可死。非君命,何听?"弗听,乃入,杀而埋之马矢之中。公冉务人奉其帑以奔蔡,既而复叔仲氏。 　　夫人姜氏归于齐,大归也。将行,哭而过市,曰:"天乎!仲为不道,杀适立庶。"市人皆哭,鲁人谓之哀姜。	甚大之事,其中也包含着鲁人对此事的恰当评价。 　　总之《左传》记襄仲之为人,不用一字总结,读者却能从中自然得出结论来。襄仲死后其子孙在鲁一直不发达,而穆伯(仲孙氏)却很发达,这似乎与襄仲生前所作所为有关。宣十八年鲁逐东门氏,襄仲之子子家(公孙归父)奔齐,继而使襄仲之子、子家之弟仲婴齐绍其后(见成十五年杜注),此后《左传》中有关东门氏之后之记载惟有昭二十五至三十二年追随昭公出逃的子家懿伯一人。总之,东门氏自此未能兴盛于鲁。
宣元	宣元	
春,王正月,公即位。公子遂如齐逆女。三月,遂以夫人妇姜至自齐。夏,季孙行父如齐。公会齐侯于平州。公子遂如齐。六月,齐人取济西田。	春,王正月,公子遂如齐逆女,尊君命也。三月,遂以夫人妇姜至自齐,尊夫人也。 　　季文子如齐,纳赂以请会。 　　会于平州,以定公位。东门襄仲如齐拜成。 　　六月,齐人取济西之田,为立公故,以赂齐也。 　　宋人之弑昭公也,晋荀林父以诸侯之师伐宋,宋及晋平。宋文公受盟于晋。又会诸侯于扈,将为鲁讨齐,皆取赂而还。郑穆公曰:"晋不足与也。"遂受盟于楚。	
宣八	宣八	
夏,六月,公子遂如齐,至黄乃复。辛巳,有事于大庙。仲遂卒于垂。壬午,犹绎。《万》入,去《籥》。	有事于大庙,襄仲卒而绎,非礼也。	
宣十八	宣十八	
公孙归父如晋。冬,十月壬戌,公薨于路寝。归父还自晋,至笙,遂奔齐。	公孙归父以襄仲之立公也,有宠,欲去三桓以张公室。与公谋,而聘于晋,欲以晋人去之。冬,公薨。季文子言于朝曰:"使我杀适立庶以失大援者,仲也夫。"臧宣叔怒曰:"当其时不能治也,后之人何罪?子欲去之,许请去之。"遂逐东门氏。	

	子家还，及笙坛帷，复命于介。既复命，袒，括发，即位哭，三踊而出。遂奔齐。书曰："归父还自晋。"善之也。	
襄二十三	襄二十三	
	将盟臧氏，季孙召外史掌恶臣而问盟首焉，对曰："盟东门氏也，曰：'毋或如东门遂，不听公命，杀適立庶。'盟叔孙氏也，曰：'毋或如叔孙侨如，欲废国常，荡覆公室。'"季孙曰："臧孙之罪，皆不及此。"	昭三十二年史墨之话总结了襄仲杀嫡立庶事件的政治意义。即襄仲追逐权势，造成权臣干政，其教训是十分惨痛的。
昭三十二	昭三十二	
春，公在乾侯，取阚。十有二月己未，公薨于乾侯。	（史墨）对曰："……鲁文公薨，而东门遂杀適立庶，鲁君于是乎失国，政在季氏，于此君也，四公矣。民不知君，何以得国？是以为君慎器与名，不可以假人。"	

晋荀林父（前663—前594）

僖二十七	僖二十七	荀林父，又称林父、伯氏、荀伯、中行桓子、中行伯、桓子、桓伯等。桓子为谥，林父为名，伯为字，中行为官名。荀林父称伯氏，出于其字；称中行伯、中行氏，乃以官为氏。僖二十八年传"晋侯作三行以御狄。荀林父将中行"，故荀林父之后常称中行氏，其弟荀首之后为知氏（又称智氏，知、智通）。今据陈厚耀《世族谱》（参顾栋高《大事表》）拟知氏、
冬，楚人、陈侯、蔡侯、郑伯、许男围宋。	冬，楚子及诸侯围宋。乃使郤縠将中军，郤溱佐之。使狐偃将上军，让于狐毛，而佐之。命赵衰为卿，让于栾枝、先轸。使栾枝将下军，先轸佐之。荀林父御戎，魏犨为右。	
僖二十八	僖二十八	
	晋侯作三行以御狄。荀林父将中行，屠击将右行，先蔑将左行。	
文七	文七	
戊子，晋人及秦人战于令狐。晋先蔑奔秦。	秦康公送公子雍于晋。宣子与诸大夫皆患穆嬴，且畏逼，乃背先蔑而立灵公，以御秦师。箕郑居守。赵盾将中军，先克佐之；荀林父佐上军；先蔑将下军，先都佐之。步招御戎，戎津为右。及堇阴，宣子曰："我若受秦，秦则宾也；不受，寇也。既不受矣，而复缓师，秦将生心。先人有夺人之心，军之善谋也。逐寇如追逃，	

	军之善政也。"训卒厉兵，秣马蓐食，潜师夜起。戊子，败秦师于令狐。至于刳首。己丑，先蔑奔秦，士会从之。 先蔑之使也，荀林父止之曰："夫人大子犹在，而外求君，此必不行。子以疾辞，若何？不然，将及。摄卿以往，可也，何必子？同官为寮，吾尝同寮，敢不尽心乎？"弗听。为赋《板》之三章，又弗听。及亡，荀伯尽送其帑及其器用财贿于秦，曰："为同寮故也。"	中行氏世系如下（附例见年）：

中行氏世系表：

荀氏	逝敖之后
中行氏	知氏
荀林父 中行桓子 僖二十七	荀首 知庄子 宣十二
荀庚 中行宣子 成二	知罃 知武子 宣十二
荀偃 中行献子 成十六	知朔 襄十四
荀吴 中行穆子 襄十九	知盈 悼子 襄十四
荀寅 中行文子 昭二十九	知䟒 文子 昭九
	知徐吾 宣子 昭二十八
	知瑶 襄子 哀二十三

文十二 冬，十有二月戊午，晋人、秦人战于河曲。	**文十二** 秦为令狐之役故，冬，秦伯伐晋，取羁马。晋人御之。赵盾将中军，荀林父佐之。郤缺将上军，臾骈佐之。栾盾将下军，胥甲佐之。范无恤御戎，以从秦师于河曲。	
文十三	**文十三** 晋人患秦之用士会也，夏，六卿相见于诸浮，赵宣子曰："随会在秦，贾季在狄，难日至矣，若之何？"中行桓子曰："请复贾季，能外事，且由旧勋。"郤成子曰："贾季乱，且罪大。不如随会，能贱而有耻，柔而不犯。其知足使也，且无罪。"乃使魏寿余伪以魏叛者，以诱士会。	
文十七 春，晋人、卫人、陈人、郑人伐宋。	**文十七** 春，晋荀林父、卫孔达、陈公孙宁、郑石楚伐宋。讨曰："何故弑君？"犹立文公而还。卿不书，失其所也。	（上表：逝敖之名不见春秋，据《史记·赵世家》索隐引《世本》。梁履绳《左通补释五》考证僖二年之荀息与荀林父、荀首异族，故不列。）
宣元	**宣元** 宋人之弑昭公也，晋荀林父以诸侯之师伐宋。宋及晋平，宋文公受盟于晋。又会诸侯于扈，将为鲁讨齐，皆取赂而还。郑穆公曰："晋，不足与也。"遂受盟于楚。	
宣五 冬，楚人伐郑。	**宣五** 楚子伐郑。陈及楚平。晋荀林父救郑，伐陈。	荀林父是晋国荀氏中兴的关键人物。

宣六	宣六	荀林父于僖二十七年御戎，二十八年将中行，文七年佐上军，十二年佐中军，宣十二年将中军，至十六年卒为止。荀林父之后为中行氏，盖因其将中行，故中行氏属以官为氏。荀林父在成为晋中军帅前没有突出成绩，他的地位上升也较为缓慢。从僖二十七年御戎到宣十二年中军帅前后长达三十七年之久，这明显不同于先轸、郤縠等人。 尽管荀林父一生在政治上并无奇功，但是他的地位却能稳步上升。宣十二年邲之战，晋军惨败，对他在晋国的地位没有造成影响，这是不合常规的（荀林父在此次战役中为最高军事指挥，即中军帅）。 荀林父大概是靠自己平时为人小心谨慎使自己逐步上升的。这一点可通过比较与他同时期的其他晋国要臣的命运看出，这些要臣有赵盾（在文六至宣七年为政）、郤缺（宣八至十一年为
	秋，赤狄伐晋，围怀及邢丘。晋侯欲伐之，中行桓子曰："使疾其民，以盈其贯，将可殪也。《周书》曰：'殪戎殷。'此类之谓也。"	
宣九 九月，晋侯、宋公、卫侯、郑伯、曹伯会于扈。晋荀林父帅师伐陈。	**宣九** 会于扈，讨不睦也。陈侯不会，晋荀林父以诸侯之师伐陈。晋侯卒于扈，乃还。	
宣十二 楚子围郑。夏，六月，晋荀林父帅师及楚子战于邲，晋师败绩。冬，十有二月戊寅，楚子灭萧。晋人、宋人、卫人、曹人同盟于清丘。宋师伐陈，卫人救陈。	**宣十二** 春，楚子围郑。夏，六月，晋师救郑。荀林父将中军，先縠佐之。士会将上军，郤克佐之，赵朔将下军，栾书佐之。赵括、赵婴齐为中军大夫，巩朔、韩穿为上军大夫，荀首、赵同为下军大夫，韩厥为司马。及河，闻郑既及楚平，桓子欲还，曰："无及于郑而剿民，焉用之？楚归而动，不后。"随武子曰："善！会闻用师观衅而动。德、刑、政、事、典、礼不易，不可敌也，不为是征。楚军讨郑，怒其贰而哀其卑，叛而伐之，服而舍之，德刑成矣。伐叛，刑也；柔服，德也。二者立矣。昔岁入陈，今兹入郑，民不罢劳，君无怨讟，政有经矣。荆尸而举，商农工贾，不败其业，而卒乘辑睦，事不奸矣。蒍敖为宰，择楚国之令典。军行，右辕，左追蓐，前茅虑无，中权，后劲。百官象物而动，军政不戒而备，能用典矣。其君之举民，内姓选于亲，外姓选于旧；举不失德，赏不失劳；老有加惠，旅有施舍；君子小人，物有服章；贵有常尊，贱有等威，礼不逆矣。德立、刑行、政成、事时、典从、礼顺，若之何敌之？见可而进，知难而退，军之善政也。兼弱攻昧，	

武之善经也。子姑整军而经武乎！犹有弱而昧者，何必楚？《仲虺》有言曰：'取乱侮亡。'兼弱也。《汋》曰：'于铄王师，遵养时晦。'耆昧也。《武》曰：'无竞惟烈。'抚弱耆昧，以务烈所，可也。"彘子曰："不可！晋所以霸，师武臣力也。今失诸侯，不可谓力；有敌而不从，不可谓武。由我失霸，不如死。且成师以出，闻敌强而退，非夫也。命有军师，而卒以非夫，唯群子能，我弗为也！"以中军佐济。知庄子曰："此师殆哉！《周易》有之，在《师》䷆之《临》䷒，曰：'师出以律，否臧，凶。'执事顺成为臧，逆为否。众散为弱，川壅为泽，有律以如己，故曰：律，否臧。且律竭也。盈而以竭，夭且不整，所以凶也。不行之谓《临》，有帅而不从，临孰甚焉？此之谓矣。果遇必败，彘子尸之。虽免而归，必有大咎。"韩献子谓桓子曰："彘子以偏师陷，子罪大矣。子为元帅，师不用命，谁之罪也？失属亡师，为罪已重，不如进也。事之不捷，恶有所分。与其专罪，六人同之，不犹愈乎？"师遂济。

楚子北师次于郔。沈尹将中军，子重将左，子反将右，将饮马于河而归。闻晋师既济，王欲还。嬖人伍参欲战。令尹孙叔敖弗欲。曰："昔岁入陈，今兹入郑，不无事矣。战而不捷，参之肉其足食乎？"参曰："若事之捷，孙叔为无谋矣。不捷，参之肉将在晋矣，可得食乎？"令尹南辕返旆，伍参言于王曰："晋之从政者新，未能行令。其佐先縠，刚愎不仁，未肯用命。其三帅者，专行不获。听而无上，众谁适从？此行也，晋师必败。且君而逃臣，若社稷何？"王病之，告令尹必乘辕而北之，次于管以待之。

政）、士会、贾季以及先氏、栾氏、赵氏、胥氏等族之人。其中贾季因与赵氏争夺而亡；胥克被郤缺所废（宣八年），从此一蹶不振；宣十二年邲之败晋人归罪于先縠而杀之，从此先氏几乎从晋国政坛消失。此后赵、栾、郤、胥等族之间的矛盾又分别于成八年、十七年几度爆发，赵氏、郤氏、胥氏都因此而遭到毁灭性打击。相反荀氏不但一直未卷入这些内乱之中，反而使其势力得到了大幅增长。

现将《左传》中荀林父一生主要事迹概括如下：文七年佐上军参加令狐之役；文十二年佐中军，参加河曲之战；文十七年率卫、陈、郑等国之师讨宋乱，无功而返；宣五年帅师救郑伐陈；九年帅诸侯之师伐陈，未成而返；十二年晋楚邲之战，因桓子失算惨败；十四年谋伐郑，十五年率师败赤狄于曲梁。

经过荀林父、荀首等人的发展，荀氏很快成为晋国晋师在敖、鄗之间，郑皇戌使如晋师，曰："郑之从楚，社稷故也，未有贰心。楚师骤胜而骄，其师老矣，而不设备。子击之，郑师为承，楚师必败！"彘子曰："败楚服郑，于此在矣。必许之！"栾武子曰："楚自克庸以来，其君无日不讨国人而训之于民生之不易，祸至之无日，戒惧之不可以怠；在军，无日不讨军实而申儆之于胜之不可保，纣之百克而卒无后，训之以若敖、蚡冒筚路蓝缕以启山林。箴之曰：'民生在勤，勤则不匮。'不可谓骄。先大夫子犯有言曰：'师直为壮，曲为老。'我则不德，而徼怨于楚。我曲楚直，不可谓老。其君之戎，分为二广，广有一卒，卒偏之两，右广初驾，数及日中；左则受之，以至于昏。内官序当其夜，以待不虞。不可谓无备。子良，郑之良也；师叔，楚之崇也。师叔入盟，子良在楚，楚、郑亲矣。来劝我战，我克则来，不克遂往，以我卜也。郑不可从！"赵括、赵同曰："率师以来，惟敌是求。克敌得属，又何俟？必从彘子。"知季曰："原、屏，咎之徒也。"赵庄子曰："栾伯善哉！实其言，必长晋国。"

楚少宰如晋师，曰："寡君少遭闵凶，不能文。闻二先君之出入此行也，将郑是训定，岂求罪于晋？二三子无淹久！"随季对曰："昔平王命我先君文侯曰：'与郑夹辅周室，毋废王命！'今郑不率，寡君使群臣问诸郑，岂敢辱侯人？敢拜君命之辱！"彘子以为谄，使赵括从而更之曰："行人失辞。寡君使群臣迁大国之迹于郑，曰：'无辟敌！'群臣无所逃命。"

楚子又使求成于晋，晋人许之，盟有日矣。楚许伯御乐伯，摄叔为右，以致晋师。

最有影响力的一族。从此荀氏是晋国的世家大族，在整个春秋时代晋国的政治事务中发挥了极其重要的作用。荀林父之后，晋国荀氏分为知氏、中行氏两支，这两支都在晋国日后的政治舞台上一直扮演着非同寻常的重要角色。下面据杜注及顾栋高《大事表》列荀氏两支代表人物如下：

中行氏：荀林父之子荀庚（中行宣子）成三年将上军，成十三年佐中军；荀庚之子荀偃（中行献子）成十六年佐上军，襄九年将上军，十三年将中军；荀偃之子荀吴（中行穆子），襄二十六年来聘，荀吴之子荀寅（中行文子），昭二十九年城汝滨，后奔齐。

知氏：荀林父之弟荀首（知庄子）宣十二年为下军大夫，成三年佐中军，为晋三贤之一；其子知䓨，成十三佐下军，襄九年将中军，并在晋悼公复霸的过程中为晋立下汗马功劳；知䓨之孙

晋魏锜求公族未得而怒，欲败晋师。请致师，弗许。请使，许之。遂往，请战而还。楚潘党逐之。赵旃求卿求卿未得，且怒于失楚之致师者，请挑战，弗许。请召盟，许之。与魏锜皆命而往。郤献子曰："二憾往矣。弗备必败。"郤子曰："郑人劝战，弗敢从也；楚人求成，弗能好也。师无成命，多备何为？"士季曰："备之善。若二子怒楚，楚人乘我，丧师无日矣。不如备之。楚之无恶，除备而盟，何损于好？若以恶来，有备不败。且虽诸侯相见，军卫不彻，警也。"郤子不可。士季使巩朔、韩穿帅七覆于敖前，故上军不败。赵婴齐使其徒先具舟于河，故败而先济。 潘党既逐魏锜。赵旃夜至于楚军，席于军门之外，使其徒入之。楚子为乘广三十乘，分为左右。右广鸡鸣而驾，日中而说；左则受之，日入而说。许偃御右广，养由基为右；彭名御左广，屈荡为右。乙卯，王乘左广以逐赵旃。赵旃弃车而走林。屈荡搏之，得其甲裳。晋人惧二子之怒楚师也，使軘车逆之。潘党望其尘，使聘而告曰："晋师至矣。"楚人亦惧王之入晋军也，遂出陈。孙叔曰："进之！宁我薄人，无人薄我。《诗》云：'元戎十乘，以先启行。'先人也。《军志》曰：'先人有夺人之心。'薄之也。"遂疾进师，车驰卒奔，乘晋军。桓子不知所为，鼓于军中，曰："先济者有赏。"中军、下军争舟，舟中之指可掬也。晋师右移，上军未动。工尹齐将右拒卒，以逐下军。 楚子使唐狡与蔡鸠居告唐惠侯，使潘党率游阙四十乘，从唐侯以为左拒，以从上军。驹伯曰："等诸乎？"随季曰："楚师方壮，若萃于我，吾师必尽。不如收而去之。分谤，生	知跞，昭九年佐下军……知氏之后一直是为晋世家大族，是《左传》所记春秋末年晋国三家分晋前最后一个被灭的大族。

211

	民,不亦可乎?"殿其卒而退,不败。 　　及昏,楚师军于邲。晋之余师不能军。宵济,亦终夜有声。 　　丙辰,楚重至于邲,遂次于衡雍。祀于河,作先君宫,告成事而还。 　　郑伯、许男如楚。 　　秋,晋师归,桓子请死。晋侯欲许之,士贞子谏曰:"不可。城濮之役,晋师三日穀,文公犹有忧色。左右曰:'有喜而忧,如有忧而喜乎?'公曰:'得臣犹在,忧未歇也。困兽犹斗,况国乎?'及楚杀子玉,公喜而后可知也。曰:'莫余毒也已。'是晋再克而楚再败也,楚是以再世不竞。今天或者大警晋也,而又杀林父以重楚胜,其无乃久不竞乎?林父之事君也,进思尽忠,退思补过,社稷之卫也。若之何杀之?夫其败也,如日月之食焉,何损于明?"晋侯使复诸位。 　　冬,楚子伐萧,宋华椒以蔡人救萧。萧人囚熊相宜及公子丙。王曰:"勿杀!吾退。"萧人杀之。王怒,遂围萧,萧溃。 　　晋原縠、宋华椒、卫孔达、曹人盟于清丘,曰:"恤病讨贰。"于是卿不书,不实其言也。 　　宋为盟故,伐陈。卫人救之。孔达曰:"先君有约言焉。若大国讨,我则死之。"	
宣十四	**宣十四**	
春,卫杀其大夫孔达。晋侯伐郑。秋,九月,楚子围宋。冬,公孙归父会齐侯于穀。	春,孔达缢而死,卫人以说于晋而免。遂告诸侯曰:"寡君有不令之臣达,构我敝邑于大国,既伏其罪矣,敢告。" 　　夏,晋侯伐郑,为邲故也。告于诸侯,蒐焉而还。中行桓子之谋也,曰:"示之以整,使谋而来。"郑人惧,使子张代子良于楚。郑伯如楚,谋晋故也。郑以子良为有礼,故召之。 　　秋,九月,楚子围宋。	

宣十五	宣十五
夏，五月，宋人及楚人平。六月癸卯，晋师灭赤狄潞氏，以潞子婴儿归。秦人伐晋。王札子杀召伯、毛伯。仲孙蔑会齐高固于无娄。	夏，五月，楚师将去宋，……宋及楚平。华元为质。盟曰："我无尔诈，尔无我虞！" 潞子婴儿之夫人，晋景公之姊也，酆舒为政而杀之，又伤潞子之目。晋侯将伐之，诸大夫皆曰："不可！酆舒有三俊才，不如待后之人。"伯宗曰："必伐之！狄有五罪，俊才虽多，何补焉？不祀，一也；耆酒，二也；弃仲章而夺黎氏地，三也；虐我伯姬，四也；伤其君目，五也。怙其俊才，而不以茂德，兹益罪也。后之人，或者将敬奉德义以事神人，而申固其命，若何待之？不讨有罪，曰：'将待后，后有辞而讨焉。'毋乃不可乎？夫恃才与众，亡之道也。商纣由之，故灭。天反时为灾，地反物为妖，民反德为乱。乱则妖灾生，故文反正为乏。尽在狄矣！"晋侯从之。六月癸卯，晋荀林父败赤狄于曲梁。辛亥，灭潞。酆舒奔卫，卫人归诸晋，晋人杀之。 秋，七月，秦桓公伐晋，次于辅氏。壬午，晋侯治兵于稷，以略狄土，立黎侯而还。及雒，魏颗败秦师于辅氏，获杜回，秦之力人也。 晋侯赏桓子狄臣千室，亦赏士伯以瓜衍之县，曰："吾获取狄土，子之功也。微子，吾丧伯氏矣。"羊舌氏说是赏也，曰："《周书》所谓'庸庸祗祗'者，谓此物也夫。士伯庸中行伯，君信之，亦庸士伯，引之谓明德矣。文王所以造周，不是过也。故《诗》曰'陈锡哉周'，能施也。率是道也，其何不济？" 晋侯使赵同献狄俘于周。
成二	成二
	知罃之父，成公之嬖也，而中行伯之季弟也。

成十六	成十六	
甲午晦，晋侯及楚子、郑伯战于鄢陵。	郤至曰："韩之战，惠公不振旅。箕之役，先轸不反命。邲之师，荀伯不复从。皆晋之耻也。"	

楚庄王（前613—前591）

文十四	文十四	楚庄王，名旅，又称楚子、楚子旅、庄王、庄等。楚穆王之子，成王孙，文十四年即位，宣十八年卒，共在位二十三年。楚庄王世系如下（据陈厚耀《世族谱》）：
六月，公会宋公、陈侯、卫侯、郑伯、许男、曹伯、晋赵盾。癸酉，同盟于新城。	六月，同盟于新城，从于楚者服，且谋邾也。 楚庄王立，子孔、潘崇将袭群舒，使公子燮与子仪守，而伐舒蓼。二子作乱，城郢，而使贼杀子孔，不克而还。八月，二子以楚子出，将如商密。庐戢黎及叔麇诱之，遂杀鬬克及公子燮。初，鬬克囚于秦。秦有殽之败，而使归求成，成而不得志；公子燮求令尹而不得，故二子作乱。	

文十六	文十六	文王熊赀
		堵熊 成
		敖戁 王
		  頵
		（以下成王后）
		穆王商臣
		庄 公 公 王
		王 子 子 子
		旅 婴 壬 扬
		  齐 夫
		  子 子
		  重 辛
		（上表：堵敖为成王所弑，成王为穆王［太子商臣］所弑。子重［又称

楚人、秦人、巴人灭庸。	楚大饥。戎伐其西南，至于阜山，师于大林，又伐其东南，至于阳丘，以侵訾枝。庸人帅群蛮以叛楚，麇人率百濮聚于选，将伐楚。于是申、息之北门不启。楚人谋徙于阪高，蔿贾曰："不可。我能往，寇亦能往，不如伐庸。夫麇与百濮，谓我饥不能师，故伐我也。若我出师，必惧而归。百濮离居，将各走其邑，谁暇谋人？"乃出师。旬有五日，百濮乃罢。自庐以往，振廪同食。次于句澨。使庐戢黎侵庸，及庸方城。庸人逐之，囚子扬窗。三宿而逸，曰："庸师众，群蛮聚焉，不如复大师，且起王卒，合而后进。"师叔曰："姑又与之，遇以骄之。彼骄我怒，而后可克。先君蚡冒，所以服陉隰也。"又与之遇，七遇皆北，唯裨、鯈、鱼人实逐之。庸人曰："楚不足与战矣。"遂不设备。楚子乘驲，会师于临品，分为二队，子越自石溪，子贝自仞，以伐庸。秦人、巴人从楚师。群蛮从楚子盟，遂灭庸。	

宣元	宣元	左尹子重、令尹子重]宣十一见,襄三卒。子辛[又称右尹子辛、令尹子辛]成十六年见。子重、子辛皆穆王子,又称"二穆"[襄二十六]。共王楚子審成元年立,襄十三年卒。楚庄王之后世系见卷二"楚子囊"。王子扬《春秋》未见,其后为阳氏,昭十七阳匄即令尹子瑕即其后。)
楚子、郑人侵陈,遂侵宋。晋赵盾帅师救陈。宋公、陈侯、卫侯、曹伯会晋师于棐林,伐郑。晋人、宋人伐郑。	陈共公之卒,楚人不礼焉。陈灵公受盟于晋,秋,楚子侵陈,遂侵宋。晋赵盾帅师救陈、宋。 会于棐林,以伐郑也。楚蒍贾救郑,遇于北林,囚晋解扬,晋人乃还。 晋人伐郑,以报北林之役。于是晋侯侈,赵宣子为政,骤谏不入,故不竞于楚。	
宣二	宣二	
春,王二月,宋华元帅师及郑公子归生战于大棘。宋师败绩,获宋华元。夏,晋人、宋人、卫人、陈人侵郑。	春,郑公子归生受命于楚,伐宋。宋华元、乐吕御之。二月壬子,战于大棘。宋师败绩。囚华元、获乐吕及甲车四百六十乘,俘二百五十人,馘百人。 秦师伐晋,以报崇也。遂围焦。夏,晋赵盾救焦。遂自阴地,及诸侯之师侵郑,以报大棘之役。楚斗椒救郑,曰:"能欲诸侯,而恶其难乎?"遂次于郑,以待晋师。赵盾曰:"彼宗竞于楚,殆将毙矣。姑益其疾。"乃去之。	
宣三	宣三	楚庄王是春秋有史以来楚国所有国君中最有作为的一位,通常所谓春秋五霸之一。具体说来,《左传》中楚庄王一生之大事主要有以下几个方面: 1.克灭内乱而侥幸免难(文十四年公子燮与
楚子伐陆浑之戎。夏,楚人侵郑。	晋侯伐郑,及郔。郑及晋平,士会入盟。 楚子伐陆浑之戎,遂至于洛,观兵于周疆。定王使王孙满劳楚子,楚子问鼎之大小轻重焉。对曰:"在德不在鼎。昔夏之方有德也,远方图物,贡金九牧,铸鼎象物,百物而为之备,使民知神奸。故民入川泽山林,不逢不若。螭魅魍魉,莫能逢之。用能协于上下,以承天休。桀有昏德,鼎迁于商,载祀六百。商纣暴虐,鼎迁于周。德之休明,虽小,重也。其奸回昏乱,虽大,轻也。天祚明德,有所底止。成王定鼎于郏鄏,卜世三十,卜年七百,天所命也。周德虽衰,天命未改,鼎之轻重,未可问也。" 夏,楚人侵郑,郑即晋故也。	
宣四	宣四	
冬,楚人伐郑。	初,楚司马子良,生子越椒。子文曰:"必杀之!是子也,熊虎之状,而豺狼之声。	

215

	弗杀，必灭若敖氏矣。谚曰：'狼子野心。'是乃狼也，其可畜乎？"子良不可。子文以为大戚。及将死，聚其族，曰："椒也知政，乃速行矣，无及于难。"且泣曰："鬼犹求食，若敖氏之鬼，不其馁而！"及令尹子文卒，鬭般为令尹，子越为司马，蒍贾为工正，谮子扬而杀之。子越为令尹，己为司马。子越又恶之，乃以若敖氏之族，圄伯嬴于轑阳而杀之。遂处烝野，将攻王。王以三王之子为质焉，弗受。师于漳澨。 　　秋，七月戊戌，楚子与若敖氏战于皋浒。伯棼射王，汏辀，及鼓跗，著于丁宁；又射，汏辀，以贯笠毂。师惧，退。王使巡师曰："吾先君文王克息，获三矢焉。若敖娶于䢵，生鬭伯比。若敖卒，从其母畜于䢵。淫于䢵子之女，生子文焉。"䢵夫人使弃诸梦中，虎乳之。䢵子田，见之，惧而归。夫人以告，遂使收之。楚人谓乳穀，谓虎于菟，故命之曰鬭穀于菟。以其女妻伯比。实为令尹子文。 　　其孙箴尹克黄使于齐。还，及宋，闻乱。其人曰："不可以入矣！"箴尹曰："弃君之命，独谁受之？君，天也。天可逃乎？"遂归复命，而自拘于司败。王思子文之治楚国也，曰："子文无后，何以劝善？"使复其所，改命曰生。 　　冬，楚子伐郑，郑未服也。	子仪之乱及宣四年若敖氏之乱）。 　　2.克灭群小国，安定楚国边疆。文十六年楚大饥而能灭庸服群蛮；宣三年伐陆浑之戎，至于洛；宣八年伐灭舒蓼而服群舒；宣十二年伐萧灭萧。 　　3.伐郑服郑。晋、楚争郑在楚庄在位期间愈演愈烈，文十五年，宣元、二、四、七、九、十、十一、十二、十四年之间，郑国一直在晋楚之间摇摇摆摆，终于在宣十二年被楚彻底征服，至此服楚达十一年之久（至成五），楚国在晋、楚争郑中大获全胜。 　　4.伐陈服陈。晋、楚争陈也是楚庄王在位期间的一件大事，
宣五	宣五	
楚人伐郑。	楚子伐郑。陈及楚平。晋荀林父救郑，伐陈。	
宣六	宣六	
春，晋赵盾、卫孙免侵陈。	晋、卫侵陈，陈即楚故也。 楚人伐郑，取成而还。	
宣七	宣七	
冬，公会晋侯、宋公、卫侯、郑伯、曹伯于黑壤。	郑及晋平，公子宋之谋也，故相郑伯以会。冬，盟于黑壤。王叔桓公临之，以谋不睦。	

宣八 楚师伐陈。	**宣八** 楚为众舒叛故，伐舒蓼，灭之。楚子疆之，及滑汭，盟吴、越而还。 陈及晋平。楚师伐陈，取成而还。	陈以宣元年叛楚即晋，楚侵陈，晋救之；宣五年陈即楚，晋、卫伐之；八年陈即晋，楚伐之而取成，次年晋人伐陈；十一年楚子与陈侯、郑伯盟于辰陵，接着杀征舒，入陈、县陈又释陈。事见宣元、二、五、六、八、九、十、十一、十二年。 5.伐宋服宋。宋国历来是列国之中对晋国最忠心耿耿的国家，自践土以来从未叛晋，这与齐、鲁、郑、陈、卫等中原国家大不相同，晋国有时也把宋国作为向楚挑战的先锋。宣十二年邲之败，鲁、齐乃至卫均已不再服晋，宋国不仅是
宣九 九月，晋侯、宋公、卫侯、郑伯、曹伯会于扈。晋荀林父师师伐陈。楚子伐郑。晋郤缺帅师救郑。	**宣九** 会于扈，讨不睦也。陈侯不会，晋荀林父以诸侯之师伐陈。晋侯卒于扈，乃还。 楚子为厉之役故伐郑。 晋郤缺救郑。郑伯败楚师于柳棼。国人皆喜，唯子良忧，曰："是国之灾也。吾死无日矣。"	
宣十 癸巳，陈夏征舒弑其君平国。晋人、宋人、卫人、曹人伐郑。楚子伐郑。	**宣十** 陈灵公与孔宁、仪行父饮酒于夏氏。公谓行父曰："征舒似女。"对曰："亦似君。"征舒病之。公出，自其厩射而杀之。二子奔楚。 郑及楚平，诸侯之师伐郑，取成而还。 楚子伐郑。晋士会救郑，逐楚使于颍北。诸侯之师戍郑。	
宣十一 夏，楚子、陈侯、郑伯盟于辰陵。冬，楚人杀陈夏征舒。丁亥，楚子入陈。纳公孙宁、仪行父于陈。	**宣十一** 春，楚子伐郑，及栎，子良曰："晋、楚不务德而兵争，与其来者可也。晋、楚无信，我焉得有信！"乃从楚。夏，楚盟于辰陵，陈、郑服也。 楚左尹子重侵宋，王待诸郔。令尹蒍艾猎城沂，使封人虑事，以授司徒。量功命日，分财用，平板干，称畚筑，程土物，议远迩，略基址，具糇粮，度有司。事三旬而成，不愆于素。 冬，楚子为陈夏氏乱故，伐陈。谓陈人："无动！将讨于少西氏。"遂入陈，杀夏征舒，轘诸栗门。因县陈，陈侯在晋。申叔时使于齐，反，复命而退。王使让之曰："夏征舒为不道，弑其君，寡人以诸侯讨而戮之。诸侯、县公皆庆寡人。女独不庆寡人，何故？"对曰："犹可辞乎？"王曰："可哉。"曰："夏征舒弑其君，其罪大矣。讨而戮之，	

	君之义也。抑人亦有言曰：'牵牛以蹊人之田，而夺之牛。'牵牛以蹊者，信有罪矣；而夺之牛，罚已重矣。诸侯之从也，曰讨有罪也。今县陈，贪其富也。以讨召诸侯，而以贪归之，无乃不可乎？"王曰："善哉！吾未之闻也。反之，可乎？"对曰："可哉。吾侪小人所谓取诸其怀而与之也。"乃复封陈，乡取一人焉以归，谓之夏州。故书曰："楚子入陈。纳公孙宁、仪行父于陈。"书有礼也。 厉之役，郑伯逃归，自是楚未得志焉。郑既受盟于辰陵，又缴事于晋。	极少数几个与晋同盟的国家，而且践履了盟约，替晋伐陈。虽然如此，楚庄王能乘邲之战击败晋国的余威取成于宋，可以说极能说明其霸业成就。 今查得：文十四年宋、晋有新城之盟，宣元年楚侵宋，晋师救之，宋伐郑，次年郑伐宋，大败宋师于大棘；宣七年黑壤之盟，宋国仍然坚事于晋；十年宋、晋伐郑，十二年邲败之后，宋、晋有清丘之盟，事后伐陈、杀楚使，导致宣十四年楚子围宋，晋不能救，只得服于楚。 6.邲之战楚国大胜晋军，威震列
宣十二	**宣十二**	
楚子围郑。夏，六月，晋荀林父帅师及楚子战于邲，晋师败绩。冬，十有二月戊寅，楚子灭萧。晋人、宋人、卫人、曹人同盟于清丘。宋师伐陈，卫人救陈。	春，楚子围郑。旬有七日，郑人卜行成，不吉；卜临于大宫且巷出车，吉。国人大临，守陴者皆哭。楚子退师。郑人修城，进复围之三月，克之。入自皇门，至于逵路。郑伯肉袒牵羊以逆，曰："孤不天，不能事君，使君怀怒以及敝邑，孤之罪也。敢不惟命是听。其俘诸江南以实海滨，亦惟命；其翦以赐诸侯，使臣妾之，亦惟命。若惠顾前好，缴福于厉、宣、桓、武，不泯其社稷，使改事君，夷于九县，君之惠也，孤之愿也，非所敢望也。敢布腹心，君实图之。"左右曰："不可许也。得国无赦。"王曰："其君能下人，必能信用于民矣，庸可几乎？"退三十里而许之平。潘尪入盟。子良出质。 夏，六月，晋师救郑。荀林父将中军，先縠佐之。士会将上军，郤克佐之，赵朔将下军，栾书佐之。赵括、赵婴齐为中军大夫，巩朔、韩穿为上军大夫，荀首、赵同为下军大夫，韩厥为司马。及河，闻郑既及楚平，桓子欲还，曰："无及于郑而剿民，焉用之？楚归而动，不后。"随武子曰："善！会闻用师观衅而动。德、刑、政、事、典、礼不易，不可敌也，不为是征。楚军讨郑，怒其贰而哀其卑，叛而伐之，服而舍之，德刑成矣。伐叛，刑也；柔服，德也。二者立矣。昔岁入陈，今兹入郑，民不罢劳，君无怨讟，政有经矣。荆尸而举，商农工贾，不败其业，而卒乘辑睦，事不奸矣。蒍敖为宰，	

择楚国之令典。军行，右辕，左追蓐，前茅虑无，中权，后劲。百官象物而动，军政不戒而备，能用典矣。其君之举民也，内姓选于亲，外姓选于旧；举不失德，赏不失劳；老有加惠，旅有施舍；君子小人，物有服章；贵有常尊，贱有等威，礼不逆矣。德立、刑行、政成、事时、典从、礼顺，若之何敌之？见可而进，知难而退，军之善政也。兼弱攻昧，武之善经也。子姑整军而经武乎！犹有弱而昧者，何必楚？《仲虺》有言曰：'取乱侮亡'，兼弱也。《汋》曰：'于铄王师，遵养时晦。'耆昧也。《武》曰：'无竞惟烈。'抚弱耆昧，以务烈所，可也。"彘子曰："不可！晋所以霸，师武臣力也。今失诸侯，不可谓力；有敌而不从，不可谓武。由我失霸，不如死。且成师以出，闻敌强而退，非夫也。命有军师，而卒以非夫，唯群子能，我弗为也！"以中军佐济。知庄子曰："此师殆哉！《周易》有之，在《师》䷆之《临》䷒，曰：'师出以律，否臧，凶。'执事顺成为臧，逆为否。众散为弱，川壅为泽，有律以如己也，故曰：律，否臧。且律竭也。盈而以竭，夭且不整，所以凶也。不行之谓《临》，有帅而不从，临孰甚焉？此之谓矣。果遇必败，彘子尸之。虽免而归，必有大咎。"韩献子谓桓子曰："彘子以偏师陷，子罪大矣。子为元帅，师不用命，谁之罪也？失属亡师，为罪已重，不如进也。事之不捷，恶有所分。与其专罪，六人同之，不犹愈乎？"师遂济。

楚子北师次于郔。沈尹将中军，子重将左，子反将右，将饮马于河而归。闻晋师既济，王欲还。嬖人伍参欲战。令尹孙叔敖弗欲。曰："昔岁入陈，今兹入郑，不无事矣。战而不捷，参之肉其足食乎？"参曰："若事之捷，孙叔为无谋矣。不捷，参之肉将在晋矣，可得食乎？"令尹南辕返旆，伍参言于王曰："晋之从政者新，未能行令。其佐先縠，刚愎不仁，未肯用命。其三帅者，专行不获。听而无上，众谁适从？此行也，晋师

国，至此郑、陈、蔡、宋、鲁、齐皆通楚服楚，成二年楚为蜀之役，楚、秦、齐、宋、鲁、陈、卫、郑、曹、邾、薛、鄫、蔡、许人盟于蜀，是时楚庄王虽已死，但可以说盟完全是其余威。至此楚国在中原的霸业达到了顶峰，此后再也没有达到过这种程度。

楚庄王一生之所以能取得如此巨大的功业，与他为人有道、为政有方实在大有关系。这一点《左传》于宣十二年借士会、栾武子及楚子本人之口道出，说他治国恤民，"德立，刑行，政成，事时，典从，礼顺"，懂得"军之善政，武之善

必败。且君而逃臣，若社稷何？"王病之，告令尹，必致乘辕而北之，次于管以待之。

晋师在敖、鄗之间，郑皇戌使如晋师，曰："郑之从楚，社稷之故也，未有贰心。楚师骤胜而骄，其师老矣，而不设备。子击之，郑师为承，楚师必败！"彘子曰："败楚服郑，于此在矣。必许之！"栾武子曰："楚自克庸以来，其君无日不讨国人而训之于民生之不易，祸至之无日，戒惧之不可以怠；在军，无日不讨军实而申儆之于胜之不可保，纣之百克而卒无后，训之以若敖、蚡冒筚路蓝缕以启山林。箴之曰：'民生在勤，勤则不匮。'不可谓骄。先大夫子犯有言曰：'师直为壮，曲为老。'我则不德，而徼怨于楚。我曲楚直，不可谓老。其君之戎，分为二广，广有一卒，卒偏之两，右广初驾，数及日中；左则受之，以至于昏。内官序当其夜，以待不虞。不可谓无备。子良，郑之良也；师叔，楚之崇也。师叔入盟，子良在楚，楚、郑亲矣。来劝我战，我克则来，不克遂往，以我卜也。郑不可从！"赵括、赵同曰："率师以来，惟敌是求。克敌得属，又何俟？必从彘子。"知季曰："原、屏，咎之徒也。"赵庄子曰："栾伯善哉！实其言，必长晋国。"

楚少宰如晋师，曰："寡君少遭闵凶，不能文。闻二先君之出入此行也，将郑是训定，岂求罪于晋？二三子无淹久！"随季对曰："昔平王命我先君文侯曰：'与郑夹辅周室，毋废王命！'今郑不率，寡君使群臣问诸郑，岂敢辱候人？敢拜君命之辱！"彘子以为谄，使赵括从而更之曰："行人失辞。寡君使群臣迁大国之迹于郑，曰：'无辟敌！'群臣无所逃命。"

楚子又使求成于晋，晋人许之，盟有日矣。楚许伯御乐伯，摄叔为右，以致晋师。许伯曰："吾闻致师者，御靡旌摩垒而还。"乐伯曰："吾闻致师者，左射以菆，以御执绋，御两马，掉鞅而还。"摄叔曰："吾闻致师者，右入垒，折馘，执俘而还。"皆行其

经"，胜不骄、败不馁，不以武示人，"禁暴、戢兵、保大、定功、安民、和众、丰财"。宣十四年楚子闻申舟被华元所杀时的情态，说明庄王性格果毅、有魄力、有个性的极好事例。宣十四年传载："楚子使申舟聘于齐，曰：'无假道于宋。'及宋，宋人止之。乃杀之。"紧接着传文写道："楚子闻之，投袂而起，屦及于窒皇，剑及于寝门之外，车及于蒲胥之市。秋，九月，楚子围宋。"

所闻而复。晋人逐之，左右角之。乐伯左射马而右射人，角不能进，矢一而已。麋兴于前，射麋丽龟。晋鲍癸当其后，使摄叔奉麋献焉，曰："以岁之非时，献禽之未至，敢膳诸从者。"鲍癸止之曰："其左善射，其右有辞，君子也。"既免。

晋魏锜求公族未得而怒，欲败晋师。请致师，弗许。请使，许之。遂往，请战而还。楚潘党逐之，及荥泽，见六麋，射一麋以顾献，曰："子有军事，善人无乃不给于鲜？敢献于从者。"叔党命去之。赵旃求卿未得，且怒于失楚之致师者，请挑战，弗许。请召盟，许之。与魏锜皆命而往。郤献子曰："二憾往矣。弗备必败。"彘子曰："郑人劝战，弗敢从也；楚人求成，弗能好也。师无成命，多备何为？"士季曰："备之善。若二子怒楚，楚人乘我，丧师无日矣。不如备之。楚之无恶，除备而盟，何损于好？若以恶来，有备不败。且虽诸侯相见，军卫不彻，警也。"彘子不可。士季使巩朔、韩穿帅七覆于敖前，故上军不败。赵婴齐使其徒先具舟于河，故败而先济。

潘党既逐魏锜。赵旃夜至于楚军，席于军门之外，使其徒入之。楚子为乘广三十乘，分为左右。右广鸡鸣而驾，日中而说；左则受之，日入而说。许偃御右广，养由基为右；彭名御左广，屈荡为右。乙卯，王乘左广以逐赵旃。赵旃弃车而走林。屈荡搏之，得其甲裳。晋人惧二子之怒楚师也，使軘车逆之。潘党望其尘，使骋而告曰："晋师至矣。"楚人亦惧王之入晋军也，遂出陈。孙叔曰："进之！宁我薄人，无人薄我。《诗》云：'元戎十乘，以先启行。'先人也。《军志》曰：'先人有夺人之心。'薄之也。"遂疾进师，车驰卒奔，乘晋军。桓子不知所为，鼓于军中，曰："先济者有赏。"中军、下军争舟，舟中之指可掬也。晋师右移，上军未动。工尹齐将右拒卒，以逐下军。

楚子使唐狡与蔡鸠居告唐惠侯曰："不榖不德而贪，以遇大敌，不榖之罪也。然楚不克，君之羞也。敢藉君灵，以济楚师。"使潘党率游阙四十乘，从唐侯以为左拒，以从上军。驹伯曰："待诸乎？"随季曰："楚师方壮，若萃于我，吾师必尽。不如收而去之。分谤，生民，不亦可乎？"殿其卒而退，不败。

王见右广，将从之乘。屈荡尸之，曰："君以此始，亦必以终。"自是楚之乘广先左。

晋人或以广队不能进，楚人惎之脱扃。少进，马还，又惎之，拔旆投衡，乃出。顾曰："吾不如大国之数奔也。"

楚熊负羁囚知罃。及昏，楚师军于邲。晋之余师不能军。宵济，亦终夜有声。

丙辰，楚重至于邲，遂次于衡雍。潘党曰："君盍筑武军而收晋尸以为京观？臣闻克敌，必示子孙，以无忘武功。"楚子曰："非尔所知也。夫文，止戈为武。武王克商，作《颂》曰：'载戢干戈，载櫜弓矢。我求懿德，肆于时夏。允王保之！'又作《武》，其卒章曰：'耆定尔功。'其三曰：'铺时绎思，我徂惟求定。'其六曰：'绥万邦，屡丰年。'夫武，禁暴、戢兵、保大、定功、安民、和众、丰财者也，故使子孙无忘其章。今我使二国暴骨，暴矣；观兵以威诸侯，兵不戢矣。暴而不戢，安能保大？犹有晋在，焉得定功？所违民欲犹多，民何安焉？无德而强争诸侯，何以和众？利人之几而安人之乱以为己荣，何以丰财？武有七德，我无一焉，何以示子孙？其为先君宫，告成事而已，武非吾功也。古者明王伐不敬，取其鲸鲵而封之，以为大戮。于是乎有京观，以惩淫慝。今罪无所，而民皆尽忠，以死君命，又何以为京观乎？"祀于河，作先君宫，告成事而还。

郑伯、许男如楚。

楚子伐萧，宋华椒以蔡人救萧。萧人囚熊相宜僚及公子丙。王曰："勿杀！吾退。"萧人杀之。王怒，遂围萧，萧溃。

宋为盟故，伐陈。卫人救之。孔达曰："先君有约言焉。若大国讨，我则死之。"

宣十三	宣十三	
夏，楚子伐宋。	夏，楚子伐宋，以其救萧也。君子曰："清丘之盟，惟宋可以免焉。"	
宣十四	**宣十四**	
晋侯伐郑。秋，九月，楚子围宋。	夏，晋侯伐郑，为邲故也。告于诸侯，蒐焉而还。中行桓子之谋也，曰："示之以整，使谋而来。"郑人惧，使子张代子良于楚。郑伯如楚，谋晋故也。郑以子良为有礼，故召之。 楚子使申舟聘于齐，曰："无假道于宋。"亦使公子冯聘于晋，不假道于郑。申舟以孟诸之役恶宋，曰："郑昭，宋聋，晋使不害，我则必死！"王曰："杀女，我伐之！"见犀而行。及宋，宋人止之。华元曰："过我而不假道，鄙我也。鄙我，亡也。杀其使者，必伐我，伐我，亦亡也。亡，一也。"乃杀之。楚子闻之，投袂而起，屦及于窒皇，剑及于寝门之外，车及于蒲胥之市。 秋，九月，楚子围宋。	
宣十五	**宣十五**	
春，公孙归父会楚子于宋。夏，五月，宋人及楚人平。	春，公孙归父会楚子于宋。 宋人使乐婴齐告急于晋。晋侯欲救之，伯宗曰："不可。古人有言：'虽鞭之长，不及马腹。'天方授楚，未可与争。虽晋之强，能违天乎？谚曰：'高下在心。'川泽纳污，山薮藏疾，瑾瑜匿瑕，国君含垢，天之道也。君其待之！"乃止。 使解扬如宋，使无降楚，曰："晋师悉起，将至矣。"郑人囚而献诸楚。楚子厚赂之，使反其言。不许。三而许之。登诸楼车，使呼宋而告之。遂致其君命。楚子将杀之，使与之言曰："尔既许不穀，而反之，何故？非我无信，女则弃之。速既尔刑！"对曰："臣闻之，君能制命为义，臣能承命为信，信载义而行之为利。谋不失利，以卫社稷，民之主也。义无二信，信无二命。君之赂臣，不知命也。受命而出，有死无霣，又可赂乎？臣之许君，以成命也。死而成命，臣之禄也。寡君有信臣，下臣获考死，又何求？"楚子舍之以归。	

	夏，五月，楚师将去宋，申犀稽首于王之马前，曰："毋畏知死而不敢废王命。王弃言焉？"王不能答。申叔时仆，曰："筑室，反耕者，宋必听命。"从之。宋人惧，使华元夜入楚师，登子反之床，起之曰："寡君使元以病告，曰：'敝邑易子而食，析骸以爨；虽然，城下之盟，有以国毙，不能从也。去我三十里，惟命是听。'"子反惧，与之盟而告王。退三十里，宋及楚平。华元为质。盟曰："我无尔诈，尔无我虞！"
宣十八	**宣十八**
甲戌，楚子旅卒。	夏，公使如楚乞师，欲以伐齐。 楚庄王卒，楚师不出。既而用晋师，楚于是乎有蜀之役。
成二	**成二**
冬，楚师、郑师侵卫。十有一月，公会楚公子婴齐于蜀。丙申，公及楚人、秦人、宋人、陈人、卫人、郑人、齐人、曹人、邾人、薛人、鄫人盟于蜀。	楚之讨陈夏氏也，庄王欲纳夏姬。申公巫臣曰："不可。君召诸侯，以讨罪也。今纳夏姬，贪其色也。贪色为淫，淫为大罚。《周书》曰：'明德慎罚。'文王所以造周也。明德，务崇之之谓也；慎罚，务去之之谓也。若兴诸侯以取大罚，非慎之也。君其图之！"王乃止。王以予连尹襄老。襄老死于邲，不获其尸。其子黑要烝焉。巫臣使道焉，曰："归，吾聘女。"又使自郑召之，曰："尸可得也，必来逆之。"姬以告王。王问诸屈巫。对曰："其信。知䓨之父，成公之嬖也，而中行伯之季弟也，新佐中军，而善郑皇戌，甚爱此子。其必因郑归王子与襄老之尸以求之。郑人惧于邲之役，而欲求媚于晋，其必许之。"王遣夏姬归。将行，谓送者曰："不得尸，吾不反矣。"巫臣聘诸郑，郑伯许之。 宣公使求好于楚。庄王卒，宣公薨，不克作好。公即位，受盟于晋，会晋伐齐。卫人不行使于楚，而亦受盟于晋，从于伐齐。故楚令尹子重为阳桥之役以救齐。将起师，子重曰："君弱，臣不如先大夫，师众而后可。《诗》曰：'济济多士，文王以宁。'夫文王犹用众，况吾侪乎？且先君庄王属之曰：'无德以及远方，莫如惠恤其民而善用之。'"乃大户，已责，逮鳏，救乏，赦罪。悉师，王卒尽行。

宋文公（前611—前589）

宋文公，名鲍，又称宋公、宋公鲍、公子鲍等。宋成公之子，宋昭公庶弟。他于文十七年即位，成二年卒，在位二十二年。宋文公相关世系如下：

襄公			
成公			
昭公杵臼	文公鲍	公子印	须
（以下文公后）			
共公固	公子围龟	公子肥	

（上表：宋襄公僖十至僖二十三年在位，宋成公僖二十四至文七年在位。昭公文八年立，立九至文十六年弑，文公立。文公成二年卒后，其子共公固立，立十三至成十五年卒，子平公立。宋成公数子皆不幸：昭公被弑，其母弟公子印［为司马］文七见，文八被杀；文公母弟须［为司城］文十六见，文

文十六

冬，十有一月，宋人弑其君杵臼。

文十六

宋公子鲍礼于国人。宋饥，竭其粟而贷之。年自七十以上，无不馈诒也，时加羞珍异。无日不数于六卿之门。国之材人，无不事也。亲自桓以下，无不恤也。公子鲍美而艳，襄夫人欲通之，而不可，夫人助之施。昭公无道，国人奉公子鲍以因夫人。于是华元为右师，公孙友为左师，华耦为司马，鳞鱹为司徒，荡意诸为司城，公子朝为司寇。初，司城荡卒，公孙寿辞司城，请使意诸为之。既而告人曰："君无道，吾官近，惧及焉。弃官，则族无所庇。子，身之贰也，姑纾死焉。虽亡子，犹不亡族。"既，夫人将使公田孟诸而杀之。公知之，尽以宝行。荡意诸曰："盍适诸侯？"公曰："不能其大夫，至于君祖母以及国人。诸侯谁纳我？且既为人君，而又为人臣，不如死。"尽以其宝赐左右以使行。夫人使谓司城去公。对曰："臣之而逃其难，若后君何？"冬，十一月甲寅，宋昭公将田孟诸。未至，夫人王姬使帅甸攻而杀之。荡意诸死之。书曰："宋人弑其君杵臼。"君无道也。文公即位，使母弟须为司城。华耦卒，而使荡虺为司马。

文十七

春，晋人、卫人、陈人、郑人伐宋。诸侯会于扈。

文十七

春，晋荀林父、卫孔达、陈公孙宁、郑石楚伐宋，讨曰："何故弑君？"犹立文公而还。卿不书，失其所也。

晋侯蒐于黄父，遂复合诸侯于扈，平宋也。公不与会，齐难故也。书曰"诸侯"，无功也。

文十八	**文十八** 宋武氏之族道昭公子,将奉司城须以作乱。十二月,宋公杀母弟须及昭公子,使戴、庄、桓之族攻武氏于司马子伯之馆,遂出武、穆之族。使公孙师为司城。公子朝卒,使乐吕为司寇,以靖国人。	十八被杀。文公二子亦不幸:公子围龟[子灵]成五见,被杀;公子肥成十五被杀。)
宣元 楚人、郑人侵陈,遂侵宋。宋公、陈侯、卫侯、曹伯会晋师于棐林,伐郑。晋人、宋人伐郑。	**宣元** 宋人之弑昭公也,晋荀林父以诸侯之师伐宋。宋及晋平。宋文公受盟于晋。又会诸侯于扈,将为鲁讨齐,皆取赂而还。郑穆公曰:"晋不足与也。"遂受盟于楚。	宋文公在位期间,事晋,伐滕,用华元,无明显政绩。《左传》记宋文公之事重在记其弑君篡位一事之上。公子鲍之得国,得之于弑兄。然而公子鲍并未亲自弑君,而是利用了他人弑君成果。且看公子鲍是如何获得这一成果的:公子鲍在国人前乐善好施、广结良缘:"宋饥,竭其粟而贷之。年自七十以上,无不馈诒也,时加羞珍异。无日不数于六卿之门。国之材人无不事也。亲自桓以下,无不恤也。"(文十六)这些无不是博取民心和大臣欢心之举。《左传》中多次称昭公无道,但昭公虽无道,罪不当诛,诛君者自是另有图谋。宋文公的高明主要体现在巧妙地利用宋襄夫人之力而弑昭公之上:"公子鲍美而艳,襄夫人欲通之
宣二 春,王二月壬子,宋华元帅师及郑公子归生帅师战于大棘,宋师败绩,获宋华元。夏,晋人、宋人、卫人、陈人侵郑。	**宣二** 春,郑公子归生受命于楚,伐宋。宋华元、乐吕御之。二月壬子,战于大棘。宋师败绩。囚华元、获乐吕及甲车四百六十乘,俘二百五十人,馘百人。 宋人以兵车百乘、文马百驷以赎华元于郑。半入,华元逃归。	
宣三 宋师围曹。	**宣三** 宋文公即位三年,杀母弟须及昭公子,武氏之谋也。使戴、桓之族攻武氏于司马子伯之馆,尽逐武、穆之族。武、穆之族以曹师伐宋。秋,宋师围曹,报武氏之乱也。	
宣七 冬,公会晋侯、宋公、卫侯、郑伯、曹伯于黑壤。	**宣七**	
宣九 九月,晋侯、宋公、卫侯、郑伯、曹伯会于扈。	**宣九** 会于扈,讨不睦也。 冬,宋人围滕,因其丧也。	

宣十	**宣十**	而不可,夫人助之施。"(文十六)襄夫人的所作所为想必是为了取悦于公子鲍,而公子鲍正是利用了她的这一心理达到了借他人之手灭己之敌的效果。弑昭公之不义,还可从昭公临难前表现及司城荡意诸之死看出。
宋文公得国前是那么地乐善好施,且看他得国后是如何地大开杀戒:文十八年先利用武氏之谋杀母弟及昭公子,逐出武、穆之族;即位三年后,又使戴、桓之族攻武氏,尽逐武、穆之族(宋公族参本书卷首二)。
《左传》文十六年称:"书曰'宋人弑其君杵臼',君无道也。"似乎昭公之死是咎由自取,我们从上面的分析可看出其实这是左氏惯用的诡辞。
六月,宋师伐滕。晋人、宋人、卫人、曹人伐郑。	滕人恃晋而不事宋,六月,宋师伐滕。	
宣十一	**宣十一**	
	楚左尹子重侵宋,王待诸郔。	
宣十二	**宣十二**	
晋人、宋人、卫人、曹人同盟于清丘。宋师伐陈,卫人救陈。	楚子伐萧,宋华椒以蔡人救萧。萧溃。
晋原縠、宋华椒、卫孔达、曹人盟于清丘,曰:"恤病讨贰。"于是卿不书,不实其言也。
宋为盟故,伐陈。卫人救之。	
宣十三	**宣十三**	
夏,楚子伐宋。	夏,楚子伐宋,以其救萧也。君子曰:"清丘之盟,惟宋可以免焉。"	
宣十四	**宣十四**	
秋,九月,楚子围宋。	楚子使申舟聘于齐,曰:"无假道于宋。"及宋,宋人止之。……乃杀之。秋,九月,楚子围宋。	
宣十五	**宣十五**	
夏,五月,宋人及楚人平。	宋人使乐婴齐告急于晋。夏,五月,楚师将去宋……宋及楚平。华元为质。	
成二	**成二**	
八月壬午,宋公鲍卒。	八月,宋文公卒。始厚葬,用蜃炭,益车马,始用殉,重器备。椁有四阿,棺有翰桧。君子谓华元、乐举于是乎不臣。臣,治烦去惑者也,是以伏死而争。今二子者,君生则纵其惑,死又益其侈,是弃君于恶也,何臣之为?	
成三	**成三**	
春,王正月,会会晋侯、宋公、卫侯、曹伯伐郑。乙亥,葬宋文公。		

晋士会（前632—前589）

僖二十八	僖二十八
	城濮之战，晋中军风于泽，亡大旆之左旃。祁瞒奸命，司马杀之，以徇于诸侯，使茅茷代之。师还。壬午，济河。舟之侨先归，士会摄右。秋，七月丙申，振旅恺以入于晋。
文六	**文六**
八月乙亥，晋侯驩卒。	八月乙亥，晋襄公卒。灵公少，晋人以难故，欲立长君。使先蔑、士会如秦逆公子雍。
文七	**文七**
戊子，晋人及秦人战于令狐。晋先蔑奔秦。	宣子与诸大夫皆患穆嬴，且畏逼，乃背先蔑而立灵公，以御秦师。戊子，败秦师于令狐。至于刳首。己丑，先蔑奔秦，士会从之。士会在秦三年，不见士伯。其人曰："能亡人于国，不能见于此，焉用之？"士季曰："吾与之同罪，非义之也，将何见焉？"及归，遂不见。
文十二	**文十二**
冬，十有二月戊午，晋人、秦人战于河曲。	秦为令狐之役故，冬，秦伯伐晋，取羁马。晋人御之。赵盾将中军，荀林父佐之。郤缺将上军，臾骈佐之。栾盾将下军，胥甲佐之。范无恤御戎，以从秦师于河曲。臾骈曰："秦不能久，请深垒固军以待之。"从之。秦人欲战。秦伯谓士会曰："若何而战？"对曰："赵氏新出其属曰臾骈，必实为此谋，将以老我师也。赵有侧室曰穿，晋君之婿也，有宠而弱，不在军事，好勇而狂，且恶晋臾骈之佐上军也。若使轻者肆焉，其可。"秦伯以璧祈战于河。十二月戊午，秦军掩晋上军。赵穿追之，不及。反，怒曰："裹粮坐甲，固敌是求。敌至不击，将何俟焉？"军吏曰："将有待也。"穿曰："我

士会，又称范武子，晋献公手下重臣士蔿之孙（杜注）。《左传》中士会的称呼有范武子、武子、士会、范会、士季、随季、季氏、随会、随武子、会等，多达十种。据顾栋高考证，士氏受范"盖自宣十五年晋人灭潞之后始也"，其地非山东濮州之范县，而"为赤狄潞氏地"，士会因灭甲氏、留吁而受封此邑。此前士会有封邑于随（在山西介休县），"士会既受范，随仍归于晋"（《大事表》卷三十九《春秋四裔表·范为士会封邑考》）。士会称范始于宣十七年，从此其后人世代以范为氏。

今列士蒍以来晋国范氏（初以士为氏，后受范）世系如下：

士蒍	
士縠 成伯	
士会 武子	士穆子
士燮 文子	士魴 共子	士渥浊 贞子
士匄 宣子	彘裘	士弱 庄子

	不知谋，将独出。"乃以其属出。宣子曰："秦获穿也，获一卿矣。秦以胜归，我何以报？"乃皆出战，交绥。秦行人夜戒晋师曰："两君之士皆未憖也，明日请相见也。"臾骈曰："使者目动而言肆，惧我也，将遁矣。薄诸河，必败之。"胥甲、赵穿当军门呼曰："死伤未收而弃之，不惠也。不待期而薄人于险，无勇也。"乃止。秦师夜遁。复侵晋，入瑕。	士鞅 献子 士匄 文伯 士吉射 昭子 士弥牟 景伯 （注：上表士穆子不见《春秋》，是否士縠之子不确。《国语·晋语》韦昭注："士蒍生成伯缺，成伯缺生武子士会。"成伯缺可能即士縠[文二年司空，九年被杀]。余据陈厚耀《世族谱》。） 士会先是在重耳手下得到使用，但在城濮之战中未起主要作用。僖二十八年"士会摄右"；文七年因赵盾欲立公子雍之争，士会奔秦；文十三年晋人设计将其从秦国诱回，此后士会在晋国的职位有了很大提升。宣二年士会与赵盾同朝谏晋君，与赵盾同起同坐，可见此时士会地位已非同一般，当已在卿之列。宣十二年晋、楚邲之战中，士会将上军，为六卿之一。宣十六年士会代替郤缺将中军，且为太傅，次年引退。 《左传》对士会的品行及才能有许
文十三	文十三	
	晋人患秦之用士会也，夏，六卿相见于诸浮，赵宣子曰："随会在秦，贾季在狄，难日至矣，若之何？"中行桓子曰："请复贾季，能外事，且由旧勋。"郤成子曰："贾季乱，且罪大。不如随会，能贱而有耻，柔而不犯。其知足使也，且无罪。" 乃使魏寿余伪以魏叛者，以诱士会。执其帑于晋，使夜逸。请自归于秦，秦伯许之。履士会之足于朝。秦伯师于河西，魏人在东，寿余曰："请东人之能与夫二三有司言者，吾与之先。"使士会，士会辞曰："晋人，虎狼也。若背其言，臣死，妻子为戮，无益于君，不可悔也。"秦伯曰："若背其言，所不归尔帑者，有如河。"乃行。绕朝赠之以策，曰："子无谓秦无人，吾谋适不用也。"既济，魏人噪而还。秦人归其帑。其处者为刘氏。	
宣二	宣二	
	晋灵公不君，厚敛以雕墙，从台上弹人，而观其辟丸也；宰夫胹熊蹯不熟，杀之，置诸畚，使妇人载以过朝。赵盾、士季见其手，问其故而患之。将谏，士季曰："谏而不入，则莫之继也。会请先，不入，则子继之。"三进及溜，而后视之，曰："吾	

		多记载：文七年传记士会在秦不见先蔑，估计是因为入秦之举本为不义，而先氏未能拒之，故不义其为人。文十二年士会评赵穿之为人，表明他很有见识；是年河曲之战，秦人本不足以与晋抗衡，实用士会之谋而免于失败，故晋人患士会。先蔑、士会同在秦，先蔑官大于士会，但秦却独用士会，晋六卿设计独诱士会而不诱先蔑回国，显然与士会的才能有关。宣二年士会谏君，谏言极为忠厚感人；宣十二年晋、楚邲之战，士会在这场战役中独因善战而不败，而他对楚国内政及战争之道的分析，都极为深刻。宣十六年士会为政，晋国之盗尽逃于秦，羊舌职赞之，谓"善人在上"。此后士会帅师灭狄，平王室，求典礼，修国法，虽只当了两年执政，但却震动一时。
	知所过矣，将改之。"稽首而对曰："人谁无过，过而能改，善莫大焉。《诗》曰：'靡不有初，鲜克有终。'夫如是，则能补过者鲜矣。君能有终，则社稷之固也，岂惟群臣赖之。又曰：'衮职有阙，惟仲山甫补之。'能补过也。君能补过，衮不废矣。"犹不改。宣子骤谏，公患之，使鉏麑贼之。	
宣三	宣三	
	晋侯伐郑，及郔。郑及晋平，士会入盟。	
宣十	宣十	
楚子伐郑。	楚子伐郑。晋士会救郑，逐楚师于颍北。诸侯之师戍郑。	
宣十二	宣十二	
楚子围郑。夏，六月乙卯，晋荀林父帅师及楚子战于邲，晋师败绩。	春，楚子围郑。 夏，六月，晋师救郑。荀林父将中军，先縠佐之。士会将上军，郤克佐之，赵朔将下军，栾书佐之。赵括、赵婴齐为中军大夫，巩朔、韩穿为上军大夫，荀首、赵同为下军大夫，韩厥为司马。及河，闻郑既及楚平，桓子欲还，曰："无及于郑而剿民，焉用之？楚归而动，不后。"随武子曰："善！会闻用师观衅而动。德、刑、政、事、典、礼不易，不可敌也，不为是征。楚军讨郑，怒其贰而哀其卑，叛而伐之，服而舍之，德刑成矣。伐叛，刑也；柔服，德也。二者立矣。昔岁入陈，今兹入郑，民不罢劳，君无怨讟，政有经矣。荆尸而举，商农工贾，不败其业，而卒乘辑睦，事不奸矣。蒍敖为宰，择楚国之令典。军行，右辕，左追蓐，前茅虑无，中权，后劲。百官象物而动，军政不戒而备，能用典矣。其君之举也，内姓选于亲，外姓选于旧；举不失德，赏不失劳；老有加惠，旅有施舍；君子小人，物有服章；贵有常尊，	士会在为人方面的极高明处可从下面两件事看出：一是宣十七年将老时

贱有等威，礼不逆矣。德立、刑行、政成、事时、典从、礼顺，若之何敌之？见可而进，知难而退，军之善政也。兼弱攻昧，武之善经也。子姑整军而经武乎！犹有弱而昧者，何必楚？《仲虺》有言曰：'取乱侮亡'，兼弱也。《汋》曰：'于铄王师，遵养时晦。'耆昧也。《武》曰：'无竞惟烈。'抚弱耆昧，以务烈所，可也。"彘子曰："不可。晋所以霸，师武，臣力也。今失诸侯，不可谓力；有敌而不从，不可谓武。由我失霸，不如死。且成师以出，闻敌强而退，非夫也。命有军师，而卒以非夫，唯群子能，我弗为也。"以中军佐济。师遂济。

楚子北师次于郔。沈尹将中军，子重将左，子反将右，将饮马于河而归。闻晋师既济，王欲还，嬖人伍参欲战。令尹孙叔敖弗欲，令尹南辕、反旆。王病之，告令尹改乘辕而北之，次于管以待之。

晋师在敖、鄗之间。郑皇戌使如晋师。

楚少宰如晋师，曰："寡君少遭闵凶，不能文。闻二先君之出入此行也，将郑是训定，岂敢求罪于晋？二三子无淹久！"随季对曰："昔平王命我先君文侯曰：'与郑夹辅周室，毋废王命！'今郑不率，寡君使群臣问诸郑，岂敢辱侯人？敢拜君命之辱！"彘子以为谄，使赵括从而更之。楚子又使求成于晋，晋人许之，盟有日矣。

晋魏锜求公族未得而怒，欲败晋师。请致师，弗许。请使，许之。遂往，请战而还。赵旃求卿未得，且怒于失楚之致师者，请挑战，弗许。请召盟，许之。与魏锜皆命而往。郤献子曰："二憾往矣。弗备必败。"彘子曰："郑人劝战，弗敢从也；楚人求

评郤克之为人，论"君子之怒"；二是成二年晋齐鞌之战后与其子士燮之对话，内涵极深。

《左传》对范武子（士会）之评价，见文十三年郤成子评价其"能贱而有耻，柔而不犯"；成十八年悼公即位后，"使士渥浊为太傅，使修范武子之法"，以及襄二十七年、昭二十年两次论及范武子"家事治，言于晋国无隐情，其祝、史陈信于鬼神无愧辞"，及楚王对他的总结："尚矣哉！能歆神人，宜其光辅五君以为盟主也！"这些都是对范武子一生功德的极高评价。所谓"光辅五君"，五君指晋文公、晋襄公、晋灵公、晋成公及晋景公。

《左传》对范武子的描写可归纳为如下几个方面：

1.为人忠厚（宣二）、正直（文七）、识人（文十二、宣十七、成二）；

2.为政有成（宣十六、成十八、襄二十七、昭二十）；

3.战争有道（宣

	成，弗能好也。师无成命，多备何为？"士季曰："备之善。若二子怒楚，楚人乘我，丧师无日矣。不如备之。楚之无恶，除备而盟，何损于好？若以恶来，有备不败。且虽诸侯相见，军卫不彻，警也。"彘子不可。士季使巩朔、韩穿帅七覆于敖前，故上军不败。 　　楚子为乘广三十乘，分为左右。右广鸡鸣而驾，日中而说；左则受之，日入而说。许偃御右广，养由基为右；彭名御左广，屈荡为右。乙卯，王乘左广以逐赵旃。 　　晋人惧二子之怒楚师也，使轪车逆之。潘党望其尘，使骋而告曰："晋师至矣！"楚人亦惧王之入晋军也，遂出陈。孙叔曰："进之！宁我薄人，无人薄我。诗云'元戎十乘，以启先行'，先人也。军志曰：'先人有夺人之心。'薄之也。"遂疾进师，车驰、卒奔，乘晋军。桓子不知所为，鼓于军中曰："先济者有赏！"中军、下军争舟，舟中之指可掬也。 　　晋师右移，上军未动。工尹齐将右拒卒以逐下军。 　　楚子使唐狡与蔡鸠居告唐惠侯，使潘党率游阙四十乘，从唐侯以为左拒，以从上军。驹伯曰："待诸乎？"随季曰："楚师方壮，若萃于我，吾师必尽。不如收而去之。分谤，生民，不亦可乎？"殿其卒而退，不败。 　　及昏，楚师军于邲。晋之余师不能军，宵济，亦终夜有声。 　　丙辰，楚重至于邲，遂次于衡雍。	十二）； 　　4.治家有方（襄二十七、昭二十）。 　　《左传》中对士会的记载从僖二十八至成二年共计四十四年。若宣十七年引退时六十五岁，则成二年为六十八岁，僖二十八年摄右时二十五岁。
宣十六 　　晋人灭赤狄甲氏及留吁。	**宣十六** 　　春，晋士会帅师灭赤狄甲氏及留吁、铎辰。三月，献狄俘。晋侯请于王。戊申，以黻冕命士会将中军，且为大傅。于是晋国之盗逃奔于秦。羊舌职曰："吾闻之：'禹称善人，不善人远。'此之谓也夫。《诗》曰：'战战	

	兢兢，如临深渊，如履薄冰。'善人在上也。善人在上，则国无幸民。谚曰：'民之多幸，国之不幸也。'是无善人之谓也。" 　　为毛、召之难故，王室复乱。子孙苏奔晋，晋人复之。冬，晋侯使士会平王室。定王享之，原襄公相礼，殽烝。武子私问其故。王闻之，召武子曰："季氏，而弗闻乎？王享有体荐，宴有折俎。公当享，卿当宴，王室之礼也。"武子归而讲求典礼，以修晋国之法。	
宣十七 　　己未，公会晋侯、卫侯、曹伯、邾子，同盟于断道。	**宣十七** 　　春，晋侯使郤克征会于齐。齐顷公帷妇人，使观之。郤子登，妇人笑于房。献子怒，出而誓曰："所不此报，无能涉河！"献子先归，使栾京庐待命于齐，曰："不得事齐，无复命矣。"郤子至，请伐齐，晋侯弗许。请以其私属，又弗许。齐侯使高固、晏弱、蔡朝、南郭偃会。及敛盂，高固逃归。夏，会于断道，讨贰也。盟于卷楚，辞齐人。 　　范武子将老，召文子曰："燮乎！吾闻之，喜怒以类者鲜，易者实多。《诗》曰：'君子如怒，乱庶遄沮。君子如祉，乱庶遄已。'君子之喜怒，以已乱也。弗已者，必益之。郤子其或者欲乱于齐乎？不然，余惧其益之也。余将老，使郤子逞其志，庶有豸乎？尔从二三子，惟敬。"乃请老，郤献子为政。	
成二 　　六月癸酉，季孙行父、臧孙许、叔孙侨如、公孙婴齐帅师会晋郤克、卫孙良夫、曹公子首	**成二** 　　晋师归，范文子后入。武子曰："无为吾望尔也乎？"对曰："师有功，国人喜以逆之。先入，必属耳目焉，是代帅受名也，故不敢。"武子曰："吾知免矣。"郤伯见，公曰："子之力也夫。"对曰："君之训也，二三子之力也。臣何力之有焉？"范叔见，劳	成二年范文子之言，真是对中国文化习性之最深刻的总结，由此亦可见范武子教子有方。

及齐侯战于鞌，齐师败绩。	之如郤伯，对曰："庚所命也，克之制也，燮何力之有焉？"栾伯见，公亦如之，对曰："燮之诏也，士用命也，书何力之焉？"	
成十八	成十八	
	二月，己西朔，晋悼公即位于朝。使士渥浊为大傅，使修范武子之法。	
襄二十七	襄二十七	
秋，七月辛巳，豹及诸侯之大夫盟于宋。	乙酉，宋公及诸侯之大夫盟于蒙门之外。子木问于赵孟曰："范武子之德何如？"对曰："夫子之家事治，言于晋国无隐情，其祝史陈信于鬼神，无愧辞。"子木归以语王。王曰："尚矣哉！能歆神人，宜其光辅五君以为盟主也！"	
昭二十	昭二十	
	晏子曰："日宋之盟，屈建问范会之德于赵武，赵武曰：'夫子之家事治，言于晋国，竭情无私。其祝史祭祀，陈信不愧。其家事无猜，其祝、史不祈。'建以语康王，康王曰：'神人无怨，宜夫子之光辅五君，以为诸侯主也。'"	

晋郤克（前597—前588）

宣十二	宣十二	郤克，即郤献子，又称驹伯、郤献子、郤子、献子、克，姬姓，晋公族。杜注以郤克为郤缺之子，郤芮之孙。郤芮为晋惠公手下重臣，在晋文入国之前是惠、怀死党，僖九年扶佐晋惠公为君，僖二十四年秦伯诱而
夏，六月乙卯，晋荀林父帅师及楚子战于邲，晋师败绩。	夏，六月，晋师救郑。荀林父将中军，先縠佐之。士会将上军，郤克佐之，赵朔将下军，栾书佐之。赵括、赵婴齐为中军大夫，巩朔、韩穿为上军大夫，荀首、赵同为下军大夫，韩厥为司马。 晋魏锜求公族未得而怒，欲败晋师。请致师，弗许。请使，许之。遂往，请战而还。楚潘党逐之。赵旃求卿未得，且怒于失楚之致师者，请挑	

		战，弗许。请召盟，许之。与魏锜皆命而往。郤献子曰："二憾往矣。弗备必败。"彘子曰："郑人劝战，弗敢从也；楚人求成，弗能好也。师无成命，多备何为？"士季曰："备之善。若二子怒楚，楚人乘我，丧师无日矣。不如备之。楚之无恶，除备而盟，何损于好？若以恶来，有备不败。且虽诸侯相见，军卫不彻，警也。"	杀之。郤芮之子郤缺深受白季赏识，故于僖三十三年为卿，文十二年将上军，宣八年为政，宣十二年荀林父代替郤缺将中军。与郤克祖父郤芮同时之人尚有郤称（僖十）、郤乞（僖十五），与郤克之父郤缺同时之人尚有郤縠（僖二十七年将中军）、郤溱（僖二十七年佐中军）。他们与郤克关系不详。今列郤克一支世系如下（字/谥附名下，本书他处同例）：
	潘党既逐魏锜，赵旃夜至于楚军。晋人惧二子之怒楚师也，使軘车逆之。潘党望其尘，使骋而告曰："晋师至矣！"楚人亦惧王之入晋军也，遂出陈。遂疾进师，车驰、卒奔，乘晋军。桓子不知所为，鼓于军中曰："先济者有赏！"中军、下军争舟，舟中之指可掬也。	
	晋师右移，上军未动。工尹齐将右拒卒以逐下军。楚子使唐狡与蔡鸠居告唐惠侯，使潘党率游阙四十乘，从唐侯以为左拒，以从上军。驹伯曰："待诸乎？"随季曰："楚师方壮，若萃于我，吾师必尽。不如收而去之。分谤，生民，不亦可乎？"殿其卒而退，不败。	

			世系	简历
宣十七	宣十七		郤豹 叔虎	《晋语》（参韦注）、《世本》
己未，公会晋侯、卫侯、曹伯、邾子，盟于断道。	春，晋侯使郤克征会于齐。齐顷公帷妇人，使观之。郤子登，妇人笑于房。献子怒，出而誓曰："所不此报，无能涉河！"献子先归，使栾京庐待命于齐，曰："不得事齐，无复命矣。"郤子至，请伐齐，晋侯弗许。请以其私属，又弗许。齐侯使高固、晏弱、蔡朝、南郭偃会。及敛盂，高固逃归。夏，会于断道，讨贰也。盟于卷楚，辞齐人。		郤芮 冀芮	僖六年见，二十四年被杀
			郤缺 成子	僖三十三一命为卿，文十二年将上军，宣八年为政
			郤克 献子	宣十二年佐上军，十七年为政，成二年将中军
	秋，八月，晋师还。 范武子将老，召文子曰："燮乎！吾闻之，喜怒以类者鲜，易者实多。《诗》曰：'君子如怒，乱庶遄沮。		郤锜 驹伯	成十三年佐上军，十六年将上军，十七年被杀

	君子如祉，乱庶遄已。'君子之喜怒，以已乱也。弗已者，必益之。郤子其或者欲乱于齐乎？不然，余惧其益之也。余将老，使郤子逞其志，庶有豸乎？尔从二三子，惟敬。"乃请老，郤献子为政。	郤克于宣十二年佐上军，参加了邲之战，宣十七年代替范武子将中军。至此晋国郤氏的势力得到了巨大发展。成八年赵氏之难，"栾、郤为征"，故郤氏为赵氏所怨；成十七年胥童谓郤氏"族大多怨"，终为晋人所灭。然而晋国郤氏的势力是因郤芮、郤縠、郤缺、郤克等人而逐渐发展起来的，这四个人都可算得上相当有才或有德，且有大功于晋。
成二	成二	
春，齐侯伐我北鄙。夏，四月丙戌，卫孙良夫帅师及齐师战于新筑，卫师败绩。六月癸酉，季孙行父、臧孙许、叔孙侨如、公孙婴齐帅师会晋郤克、卫孙良夫、曹公子首及齐侯战于鞌，齐师败绩。秋，七月，齐侯使国佐如师。己酉，及国佐盟于袁娄。取汶阳田。	春，齐侯伐我北鄙，围龙。三日取龙。遂南侵，及巢丘。卫侯使孙良夫、石稷、宁相、向禽将侵齐，与齐师遇。孙桓子还于新筑，不入，遂如晋乞师。臧宣叔亦如晋乞师。皆主郤献子。晋侯许之七百乘。郤子曰："此城濮之赋也。有先君之明与先大夫之肃，故捷。克于先大夫，无能为役，请八百乘。"许之。郤克将中军，士燮将上军，栾书将下军，韩厥为司马，以救鲁、卫。及卫地，韩献子将斩人，郤献子驰，将救之。至，则既斩之矣。郤子使速以徇，告其仆曰："吾以分谤也。" 师从齐师于莘。六月壬申，师至于靡笄之下。齐侯使请战，曰："子以君师辱于敝邑，不腆敝赋，诘朝请见。"对曰："晋与鲁、卫，兄弟也。来告曰：'大国朝夕释憾于敝邑之地。'寡君不忍，使群臣请于大国，无令舆师淹于君地。能进不能退，君无所辱命。"齐侯曰："大夫之许，寡人之愿也。若其不许，亦将见也。"齐高固入晋师，桀石以投人，禽之而乘其车，击桑本焉，以徇齐垒，曰："欲勇者贾余余勇。" 癸酉，师陈于鞌。邴夏御齐侯，逢丑父为右。晋解张御郤克，郑丘缓为右。齐侯曰："余姑翦灭此而朝食。"不介马而驰之。郤克伤于矢，流血及屦，未绝鼓音，曰："余病矣。"张侯曰："自始合，而矢贯余手及肘，余折以御。左轮朱殷，岂敢言	《左传》中郤克的个性主要是通过晋、齐鞌之战而展现得活灵活现，从他在晋、齐鞌之战中分谤、与手下协力同心、不戮逢丑父及战后不伐其功等事，可看出郤克是一个非常有胆识、有魄力、有作为的元帅。然而,《左传》中最能体现郤克性格特征的地方还有以下几处：一是宣十七年，"齐顷公帷妇人，使观之。郤子登，妇人笑于房。献子怒，出而誓曰：'所不此报，无能涉河！'"二是范武子

病？吾子忍之！"缓曰："自始合，苟有险，余必下推车。子岂识之？然子病矣。"张侯曰："师之耳目，在吾旗鼓，进退从之。此车一人殿之，可以集事。若之何其以病败君之大事也？擐甲执兵，固即死也。病未及死，吾子勉之！"左并辔，右援枹而鼓，马逸不能止，师从之。齐师败绩。逐之，三周华不注。

韩厥献丑父，郤献子将戮之，呼曰："自今无有代其君任患者，有一于此，将为戮乎！"郤子曰："人不难以死免其君，我戮之不祥，赦之以劝事君者。"乃免之。

晋师从齐师，入自丘舆，击马陉。齐侯使宾媚人赂以纪甗、玉磬与地，不可，则听客所为。宾媚人致赂，晋人不可，曰："必以萧同叔子为质，而使齐之封内尽东其亩。"对曰："萧同叔子非他，寡君之母也。若以匹敌，则亦晋君之母也。吾子布大命于诸侯，而曰必质其母以为信，其若王命何？且是以不孝令也。《诗》曰：'孝子不匮，永锡尔类。'若以不孝令于诸侯，其无乃非德类也乎？先王疆理天下，物土之宜而布其利，故《诗》曰：'我疆我理，南东其亩。'今吾子疆理诸侯，而曰'尽东其亩'而已，唯吾子戎车是利，无顾土宜，其无乃非先王之命也乎？反先王不义，何以为盟主？其晋实有阙。四王之王也，树德而济同欲焉；五伯之霸也，勤而抚之，以役王命。今吾子求合诸侯，以逞无疆之欲。《诗》曰：'布政优优，百禄是遒。'子实不优，而弃百禄，诸侯何害焉？不然，寡君之命使臣则有辞矣，曰：'子以君师辱于敝邑，不腆敝赋，以犒从者。畏君之震，师徒桡败。吾子惠徼齐国之福，不泯其社稷，使继旧好，惟是先君之

讥郤克（宣十七）："《诗》曰：'君子如怒，乱庶遄沮。君子如祉，乱庶遄已。'君子之喜怒，以已乱也。弗已者，必益之。"三是成三年："齐侯朝于晋，将授玉，郤克趋进，曰：'此行也，君为妇人之笑辱也，寡君未之敢任。'"《左传》中郤克的故事最值得玩味的莫过于这几条。我认为范武子之言并不因郤克在鞌之战中战胜了齐师而失去意义，其意义在于他深刻地认识到了郤克性格中偏执的一面。

	敝器土地不敢爱。子又不许，请收合余烬，背城借一。敝邑之幸，亦云从也。况其不幸，敢不惟命是听！'"鲁、卫谏曰："齐疾我矣！其死亡者，皆亲昵也。子若不许，仇我必甚。唯子则又何求？子得其国宝，我亦得地，而纾于难，其荣多矣。齐、晋亦唯天所授，岂必晋？"晋人许之，对曰："群臣帅赋舆，以为鲁、卫请，若苟有以藉口，而复于寡君，君之惠也，敢不唯命是听？"禽郑自师逆公。 秋，七月，晋师及齐国佐盟于爰娄，使齐人归我汶阳之田。公会晋师于上鄍，赐三帅先路三命之服，司马、司空、舆师、侯正、亚旅皆受一命之服。 晋师归。郤伯见，公曰："子之力也夫？"对曰："君之训也，二三子之力也，臣何力之有焉？"范叔见，劳之如郤伯，对曰："庚所命也，克之制也，燮何力之有焉？"	
成三 晋郤克、卫孙良夫伐廧咎如。	成三 晋郤克、卫孙良夫伐廧咎如，讨赤狄之余焉。廧咎如溃，上失民也。 十二月甲戌，晋作六军。韩厥、赵括、韩穿、荀骓、赵旃，皆为卿，赏鞌之功也。齐侯朝于晋，将授玉，郤克趋进，曰："此行也，君为妇人之笑辱也，寡君未之敢任。"晋侯享齐侯。	是年栾书代郤克将中军。

陈夏姬（前600—前584）

宣九 陈杀其大夫泄冶。	宣九 陈灵公与孔宁、仪行父通于夏姬，皆衷其衵服，以戏于朝。泄冶谏曰："公卿宣淫，民无效焉，且闻不令。君其纳之！"公曰："吾能改矣。"公告二子。二子请杀之，公弗禁，遂杀泄冶。孔子曰："《诗》云：'民之多辟，无自立辟。'其泄冶之谓乎！"	夏姬，郑穆公之女，陈大夫御叔之妻。据成二年及昭二十八年传文及杜注可知他是郑穆公（僖三十三至宣三年在位）少妃姚子之女（昭二十八传）、

宣十	**宣十**	郑灵公夷之妹（郑灵公夷宣四年立，同年被弑）。夏姬嫁于陈大夫御叔为妻，御叔早死，其后夏姬生夏南（征舒）。陈灵公通夏姬，陈亡后夏姬于成二年随申公巫臣奔晋，生女嫁晋大夫叔向，后亡羊舌氏。
癸巳，陈夏征舒弑其君平国。	陈灵公与孔宁、仪行父饮酒于夏氏。公谓行父曰："征舒似女。"对曰："亦似君。"征舒病之。公出，自其厩射而杀之。二子奔楚。	
宣十一	**宣十一**	
冬，十月，楚人杀陈夏征舒。丁亥，楚子入陈。纳公孙宁、仪行父于陈。	冬，楚子为陈夏氏乱故，伐陈。谓陈人："无动！将讨于少西氏。"遂入陈，杀夏征舒，轘诸栗门。因县陈，陈侯在晋。申叔时使于齐，反，复命而退。王使让之曰："夏征舒为不道，弑其君，寡人以诸侯讨而戮之。诸侯、县公皆庆寡人，女独不庆寡人，何故？"对曰："犹可辞乎？"王曰："可哉！"曰："夏征舒弑其君，其罪大矣。讨而戮之，君之义也。抑人亦有言曰：'牵牛以蹊人之田，而夺之牛。'牵牛以蹊者，信有罪矣；而夺之牛，罚已重矣。诸侯之从也，曰讨有罪也。今县陈，贪其富。以讨如诸侯，而以贪归之；无乃不可乎？"王曰："善哉！吾未之闻也。反之，可乎？"对曰："可哉。吾侪小人所谓取诸其怀而与之也。"乃复封陈，乡取一人焉以归，谓之夏州。故书曰："楚子入陈。纳公孙宁、仪行父于陈。"书有礼也。	夏姬一定是一位天生丽质、貌美绝伦的女子，不然她怎么会背上"夭子蛮，杀御叔，弑灵侯，戮夏南，出孔、宁，丧陈国"及"杀三夫、一君、一子，而亡一国、两卿"的大名呢？若加上陈大夫洩冶之死，楚国因夏姬之争几亡于吴，楚襄老之子黑要因夏姬而死，及晋羊舌氏因娶夏姬之女而亡，则夏姬之罪，纵然是千刀万剐亦不为过矣！真是如此吗？今列夏姬大事如下：
宣十二	**宣十二**	
	知庄子以其族反之，射连尹襄老，获之，遂载其尸。以二者还。	
成二	**成二**	
	楚之讨陈夏氏也，庄王欲纳夏姬。申公巫臣曰："不可。君召诸侯，以讨罪也。今纳夏姬，贪其色也。贪色为淫，淫为大罚。《周书》曰：'明德慎罚。'文王所以造周也。明德，务崇之之谓也；慎罚，务去之之谓也。若兴诸侯以取大罚，非慎之也。君其图之！"王乃止。子反欲取之，	

时间	事件
早岁	郑穆公与少妃姚子所生
成年	嫁陈大夫御叔为妻，御叔早死，夏姬生征舒

	巫臣曰："是不祥人也。是天子蛮，杀御叔，弑灵侯，戮夏南，出孔、仪，丧陈国，何不祥如是？人生实难，其有不获死乎？天下多美妇人，何必是？"子反乃止。王以予连尹襄老。襄老死于邲，不获其尸。其子黑要烝焉。巫臣使道焉，曰："归，吾聘女。"又使郑召之，曰："尸可得也，必来逆之。"姬以告王。王闻诸屈巫，对曰："其信。知䓨之父，成公之嬖也，而中行伯之季弟也，新佐中军，而善郑皇戌，甚爱此子。其必因郑而归王子与襄老之尸以求之。郑人惧于邲之役，而欲求媚于晋，其必许之。"王遣夏姬归。将行，谓送者曰："不得尸，吾不反矣。"巫臣聘诸郑，郑伯许之。 及共王即位，将为阳桥之役，使屈巫聘于齐，且告师期。巫臣尽室以行。申叔跪从其父，将适郢，遇之，曰："异哉！夫子有三军之惧，而又有《桑中》之喜，宜将窃妻以逃者也。"及郑，使介反币，而以夏姬行，将奔齐。齐师新败，曰："吾不处不胜之国。"遂奔晋，而因郤至以臣于晋。晋人使为邢大夫。子反请以重币锢之，王曰："止。其自为谋也，则过矣。其为先君谋也，则忠。忠，社稷之固也，所盖多矣。且彼若能利国家，虽重币，晋将可乎？若无益于晋，晋将弃之，何劳锢焉？"	宣九、十	陈灵公及大夫孔宁、仪行父与其通奸，灵公被征舒所杀
		宣十一	楚庄王灭陈，杀征舒，庄王、子反皆欲纳夏姬，巫臣止之，庄王予连尹襄老
		宣十二	连尹襄老死于邲，其子黑要烝焉
		成二	楚申公巫臣窃夏姬，逃晋
		成七	子重、子反杀巫臣之族子阎、子荡及清尹弗忌及襄老之子黑要，而分其室
		昭二十八	夏姬与巫臣生女，嫁晋叔向，而生杨食我（伯石），遂灭羊舌氏
成七 吴入州来。	**成七** 楚围宋之役，师还，子重请取于申、吕以为赏田。王许之，申公巫臣曰："不可。此申、吕所以邑也，是以为赋，以御北方。若取之，是无申、吕也，晋、郑必至于汉。"王乃止。子重是以怨巫臣。子反欲取夏姬，巫臣止之，遂取以行，子反亦怨之。及共王即位，子重、子反杀巫臣	夏姬毕竟只是一孤弱女子，既未主动害人，亦无害人之力，她又如何能带来如此巨大的祸害呢？且看：1.宣九年，陈灵公与二卿通于夏姬，因洩冶之谏而杀之。2.次年夏姬之子因不满	

	之族子阎、子荡及清尹弗忌及襄老之子黑要,而分其室。巫臣自晋遗二子书,曰:"尔以谗慝贪惏事君,而多杀不辜,余必使尔罢于奔命以死。"巫臣请使于吴,晋侯许之。吴子寿梦说之。乃通吴于晋。以两之一卒适吴,舍偏两之一焉。与其射御,教吴乘车,教之战陈,教之叛楚。置其子狐庸焉,使为行人于吴。吴始伐楚,伐巢,伐徐,子重奔命。马陵之会,吴入州来。子重自郑奔命。子重、子反于是乎一岁七奔命。蛮夷属于楚者,吴尽取之。是以始大,通吴于上国。	陈国君臣荒淫无道,射杀陈灵公,犯下弑君之大罪,仪、宁奔楚。3.宣十一年楚庄王借机伐陈,杀征舒,县陈国。4.成二年,楚庄王、子反欲取夏姬未成,归之于连尹襄老,襄老死,其子黑要烝之。5.成二年申公巫臣为了娶夏姬为妻,弃官不做,举家出逃至晋,并因此而得罪楚国君卿。6.成七年楚令尹子反因争夏姬失败,杀黑要,杀巫臣族人,招致申公巫臣不惜通吴以害楚,使吴通于上国,成为楚之大患(定四年吴入郢)。7.昭二十八年晋叔向因取夏姬之女,生伯石,亡羊舌氏。 《左传》记重大历史事件,善用琐碎小事作为线索。吴国的崛起,是当时春秋列国史上最重要的事件之一,但从《左传》所记似可将此归为楚若干大臣因争夺一女子而起,这难道不是异常滑稽吗? 襄二十五年杜注:"宣十一年陈夏征舒弑灵公,灵公之
襄二十五 冬,郑公孙夏帅师伐陈。	襄二十五 郑子产献捷于晋,戎服将事。晋人问陈之罪,对曰:"……夏氏之乱,成公播荡,又我之自入,君所知也。……"	
襄二十六	襄二十六 "子反与子灵争夏姬,而雍害其事,子灵奔晋。晋人与之邢,以为谋主,扞御北狄,通吴于晋,教吴叛楚,教之乘车、射御、驱侵,使其子狐庸为吴行人焉。吴于是伐巢,取驾,克棘,入州来,楚罢于奔命,至今为患,则子灵之为也。"	
昭二十八	昭二十八 晋祁胜与邬臧通室,祁盈将执之,访于司马叔游。叔游曰:"《郑书》有之:'恶直丑正,实蕃有徒。无道立矣,子惧不免。'《诗》曰:'民之多辟,无自立辟。'姑已若何?"曰:"祁氏私有讨,国何有焉?"遂执之。祁胜赂荀跞,荀跞为之言于晋侯。晋侯执祁盈。祁盈之臣曰:"钧将皆死,愁使吾君闻胜与臧之死也以为快。"乃杀之。夏,六月,晋杀祁盈及杨食我。食我,祁盈之党也,而助乱,故杀之。遂灭祁氏、羊舌氏。	

	初，叔向欲取于申公巫臣氏，其母欲取其党。叔向曰："吾母多而庶鲜，吾惩舅氏矣。"其母曰："子灵之妻杀三夫、一君、一子，而亡一国、两卿矣，可无惩乎？吾闻之：'甚美必有甚恶。'是郑穆少妃姚子之子，子貉之妹也。子貉早死，无后，而天钟美于是，将必以是大有败也。昔有仍氏生女，黰黑而甚美，光可以鉴，名曰玄妻。乐正后夔取之，生伯封，实有豕心，贪惏无餍，忿颣无期，谓之封豕。有穷后羿灭之，夔是以不祀。且三代之亡，共子之废，皆是物也，女何以为哉？夫有尤物，足以移人，苟非德义，则必有祸。"叔向惧，不敢取。平公强使取之，生伯石。伯石始生，子容之母走谒诸姑曰："长叔姒生男。"姑视之，及堂，闻其声而还，曰："是豺狼之声也，狼子野心。非是，莫丧羊舌氏矣！"遂弗视。	子成公奔晋。"故宣十一年传有"陈侯在晋"。此所谓"夏氏之乱，成公播荡"。 昭二十八年杜注：子灵，巫臣。三夫，陈御叔、楚襄老，及巫臣也。时巫臣已死。一君，陈灵公。一子，夏征舒。子貉，郑灵公夷。子貉死在宣四年。

晋赵同赵括赵婴（前637—前583）

僖二十三	僖二十三 狄人伐廧咎如，获其二女叔隗、季隗，纳诸公子。公子取季隗，生伯儵、叔刘。以叔隗妻赵衰，生盾。处狄十二年而行。	赵同，又称原同、原叔、原；赵括，又称屏括、括、屏、屏季；赵婴，又称赵婴齐、楼婴、婴。三人皆晋文公之女赵姬之子（文公以女嫁赵衰，生三子。僖二十四）。三人与赵盾为同父异母关系。僖二十四年有赵姬请逆赵盾及其母叔隗，而使己及己子下之。成五年，赵婴奔齐；成八年，晋杀其大夫赵同、赵括。
僖二十四	僖二十四 狄人归季隗于晋，而请其二子。文公妻赵衰，生原同、屏括、楼婴。赵姬请逆盾与其母，子余辞。姬曰："得宠而忘旧，何以使人？必逆之！"固请，许之。来，以盾为才，固请于公，以为適子，而使其三子下之；以叔隗为内子，而己下之。	
宣二	宣二 初，骊姬之乱，诅无畜群公子，自是晋无公族。及成公即位，乃宦卿	

		三赵相关世系见下:
	之適子，而为之田，以为公族。又宦其余子，亦为余子；其庶子为公行。晋于是有公族、余子、公行。赵盾请以括为公族，曰："君姬氏之爱子也。微君姬氏，则臣狄人也。"公许之。冬，赵盾为旄车之族，使屏季以其故族为公族大夫。	

父	赵衰			
母	叔隗	赵姬		
子	赵盾	赵同	赵括	赵婴齐

（上表：赵衰[成子]，僖二十三见；僖二十三年文公"以叔隗妻赵衰，生盾"。赵盾之后参卷一"晋赵盾"。）

宣十二	宣十二
夏，六月乙卯，晋荀林父帅师及楚子战于邲，晋师败绩。	夏，六月，晋师救郑。荀林父将中军，先縠佐之。士会将上军，郤克佐之，赵朔将下军，栾书佐之。赵括、赵婴齐为中军大夫，巩朔、韩穿为上军大夫，荀首、赵同为下军大夫，韩厥为司马。 郑皇戌使如晋师，曰："郑之从楚，社稷之故也，未有贰心。楚师骤胜而骄，其师老矣，而不设备。子击之，郑师为承，楚师必败。"彘子曰："败楚、服郑，于此在矣。必许之！"赵括、赵同曰："率师以来，唯敌是求。克敌、得属，又何俟？必从彘子！"知季曰："原、屏，咎之徒也。" 士季使巩朔、韩穿帅七覆于敖前，故上军不败。赵婴齐使其徒先具舟于河，故败而先济。
宣十五	宣十五
	晋侯使赵同献狄俘于周，不敬。刘康公曰："不及十年，原叔必有大咎。天夺之魄矣。"
成三	成三
	十二月甲戌，晋作六军。韩厥、赵括、巩朔、韩穿、荀骓、赵旃，皆为卿，赏鞌之功也。
成四	成四
	晋赵婴通于赵庄姬。
成五	成五
	春，原、屏放诸齐。婴曰："我在，故栾氏不作。我亡，吾二昆其忧哉！且人各有能有不能，舍我何害？"

赵同、赵括之死从表面上看是由赵婴齐通于赵庄姬引起的，但事实上是由于是时赵氏与栾氏、郤氏等大族之间争权夺利的结果（成五年婴曰"我在，故栾氏不作"；成八年灭赵氏前，"栾、郤为征"）。

这场争权夺利的斗争也许还可以说与赵盾生前结党营私，排斥异己，从而得罪了许多人有某种关系。

《左传》对这场内乱所作的深刻总结还体现在如下几个方面：1.宣十二年，知季曰："原、屏，咎之徒也"；2.宣十五年，赵同献

243

	弗听。婴梦天使谓己："祭余,余福女。"使问诸士贞伯,贞伯曰："不识也。"既而告人曰："神,福仁而祸淫。淫而无罚,福也。祭,其得亡乎?"祭之,之明日而亡。	俘于周,不敬,刘康公谓"天夺之魄矣";3.成五年,士贞伯讥楼婴,谓"神福仁而祸淫"。 大体来说,《左传》记载某人、某族兴亡,多从小事小节看其为人,多借他人之口述其原委,这往往让我们将当事人的命运与其性格修养联系起来。同时,如果我们将当事人整个家族前前后后的人事关系,以及特别是与当时的整体政治生态联系起来看,可能会找到更深层的原因,而传文中也往往隐藏着这方面的文字或线索。
成六	**成六**	
楚公子婴齐帅师伐郑。晋栾书帅师救郑。	楚子重伐郑,郑从晋故也。 晋栾书救郑,与楚师遇于绕角。楚师还,晋师遂侵蔡。楚公子申、公子成以申、息之师救蔡,御诸桑隧。赵同、赵括欲战,请于武子,武子将许之。知庄子、范文子、韩献子谏曰:"不可!吾来救郑,楚师去我,吾遂至于此,是迁戮也。戮而不已,又怒楚师,战必不克,虽克不令。成师以出,而败楚之二县,何荣之有焉?若不能败,为辱已甚。不如还也。"乃遂还。	
成八	**成八**	
晋杀其大夫赵同、赵括。	晋赵庄姬为赵婴之亡故,谮之于晋侯,曰:"原、屏将为乱。"栾、郤为征。六月,晋讨赵同、赵括。武从姬氏畜于公宫,以其田与祁奚。韩厥言于晋侯曰:"成季之勋,宣孟之忠,而无后,为善者其惧矣。三代之令王,皆数百年保天之禄。夫岂无辟王?赖前哲以免也。《周书》曰:'不敢侮鳏寡。'所以明德也。"乃立武而反其田焉。	
成十七	**成十七**	
	韩厥辞,曰:"昔吾畜于赵氏,孟姬之谗,吾能违兵。古人有言,曰:'杀老牛,莫之敢尸。'而况君乎?二三子不能事君,焉用厥也?"	
襄二十三	**襄二十三**	
	赵氏以原、屏之难怨栾氏。	

晋景公（前599—前581）

宣十	宣十	
春，公如齐。公至自齐。齐人归我济西田。己巳，齐侯元卒。公如齐。五月，公至自齐。公孙归父如齐，葬齐惠公。晋人、宋人、曹人伐郑。季孙行父如齐。冬，公孙归父如齐。齐侯使国佐来聘。楚子伐郑。	春，公如齐。齐侯以我服故，归济西之田。 夏，齐惠公卒。 公如齐奔丧。 郑及楚平。 诸侯之师伐郑，取成而还。 季文子初聘于齐。 冬，子家如齐，伐邾故也。国武子来报聘。 楚子伐郑。 晋士会救郑，逐楚师于颍北。诸侯之师成郑。	晋景公，名獳，晋成公之子，晋文公之孙，鲁宣十年立，成十年卒，共在位十九年。晋景公前后世系如下（据陈厚耀《世族谱》）：

文公	
襄公	成公
灵公	少子捷	景公
	惠伯谈	厉公
		悼公

（上表：文公子成公黑臀宣九年卒，其子景公獳继立。景公成十年卒，其子厉公州蒲立，立八至成十八年弑，乃立悼公周。上表襄公之后少子捷、惠伯谈皆不见《春秋》。）

晋景公大概是晋文以来晋国在霸业方面最有戏剧性的一位国君。景

宣十一	宣十一
夏，楚子、陈侯、郑伯盟于辰陵。公孙归父会齐人伐莒。秋，晋侯会狄于欑函。冬，十月，楚人杀陈夏征舒。丁亥，楚子入陈列。纳公孙宁、仪行父于陈。	春，楚子伐郑，及栎。子良曰："晋、楚不务德而兵争，与其来者可也。晋、楚无信，我焉得有信！"乃从楚。夏，楚盟于辰陵，陈、郑服也。 楚左尹子重侵宋，王待诸郔。令尹蒍艾猎城沂，使封人虑事，以授司徒。 晋郤成子求成于众狄，众狄疾赤狄之役，遂服于晋。秋，会于欑涵，众狄服也。是行也，诸大夫欲召狄，郤成子曰："吾闻之：非德莫如勤。非勤，何以求人？能勤有继，其从之也！《诗》曰：'文王既勤止。'文王犹勤，况寡德乎？" 冬，楚子为陈夏氏乱故，伐陈。谓陈人："无动！将讨于少西氏。"遂入陈，杀夏征舒，轘诸栗门。因县陈。陈侯在晋。申叔时使于齐，反，……乃复封陈，乡取一人焉以归，谓之夏州。故书曰："楚子入陈。纳公孙宁、仪行父于陈。"书有礼也。 厉之役，郑伯逃归，自是楚未得志焉。郑既受盟于辰陵，又徼事于晋。

245

宣十二	宣十二	
楚子围郑。夏，六月乙卯，晋荀林父帅师及楚子战于邲，晋师败绩。冬，十有二月戊寅，楚子灭萧。晋人、宋人、卫人、曹人同盟于清丘。宋师伐陈，卫人救陈。	春，楚子围郑。旬有七日，郑人卜行成，不吉。卜临于大宫，且巷出车，吉。国人大临，守陴者皆哭。楚子退师，郑人修城，进复围之，三月克之。入自皇门，至于逵路。郑伯肉袒牵羊以逆，曰："孤不天，不能事君，使君怀怒以及敝邑，孤之罪也。敢不惟命是听。其俘诸江南，以实海滨，亦唯命。其翦以赐诸侯，使臣妾之，亦唯命。若惠顾前好，徼福于厉、宣、桓、武，不泯其社稷，使改事君，夷于九县，君之惠也，孤之愿也，非所敢望也。敢布腹心，君实图之。"左右曰："不可许也。得国无赦。"王曰："其君能下人，必能信用其民矣，庸可几乎？"退三十里而许之平。潘尪入盟。子良出质。 夏六月，晋师救郑。荀林父将中军，先縠佐之。士会将上军，郤克佐之。赵朔将下军，栾书佐之。赵括、赵婴齐为中军大夫，巩朔、韩穿为上军大夫，荀首、赵同为下军大夫，韩厥为司马。 及河，闻郑既及楚平，桓子欲还，曰："无及于郑而剿民，焉用之？楚归而动，不后。"随武子曰："善！会闻用师，观衅而动。德、刑、政、事、典、礼不易，不可敌也，不为是征。楚军讨郑，怒其贰而哀其卑，叛而伐之，服而舍之，德刑成矣。伐叛，刑也；柔服，德也。二者立矣。昔岁入陈，今兹入郑，民不罢劳，君无怨讟，政有经矣。荆尸而举，商农工贾不败其业，而卒乘辑睦，事不奸矣。蒍敖为宰，择楚国之令典。军行，右辕，左追蓐，前茅虑无，中权，后劲，百官象物而动，军政不戒而备，能用典矣。其君之举也，内姓选于亲，外姓选于旧；举不失德，赏不失劳；老有加惠，旅有施舍；君子小人，物有服章；贵有常尊，贱有等威，礼不逆矣。德立、刑行、政成、事时、典从、礼顺，若之何敌之？见可而进，知难而退，军之善政也。兼弱攻昧，武之善经	公即位前，赵盾于文七年至宣七年为政，赵盾为政期间，结党营私，排斥异己，在处理列国关系上取赂失义，致使诸侯列国多与晋离心离德，齐、秦、鲁、郑、宋、陈、蔡对晋或阳奉阴违，或面和心不和，或投靠于楚国。从宣十年齐、鲁关系之密可见晋国的霸主地位已大大下降（参见本书卷一"晋赵盾"）。 景公即位时，晋国的劲敌楚国正值庄王在位，庄王为一代贤君，对晋国的霸主地位发起了强有力的挑战。故宣十二年晋景公即位之初的晋、楚邲之战，晋以将帅不和而惨败，诸侯纷纷背晋事楚；清丘之盟，惟宋、鲁、卫、曹四国与盟，其中鲁国已与楚国私

也。子姑整军而经武乎！犹有弱而昧者，何必楚？仲虺有言曰：'取乱侮亡'，兼弱也。《汋》曰：'于铄王师，遵养时晦。'耆昧也《武》曰：'无竞惟烈。'抚弱耆昧，以务烈所，可也。"彘子曰："不可！晋所以霸，师武臣力也。今失诸侯，不可谓力；有敌而不从，不可谓武。由我失霸，不如死。且成师以出，闻敌强而退，非夫也。命有军师，而卒以非夫，唯群子能，我弗为也！"以中军佐济。知庄子曰："此师殆哉！《周易》有之，在《师》䷆之《临》䷒，曰：'师出以律，否臧，凶。'执事顺成为臧，逆为否。众散为弱，川壅为泽，有律以如己也，故曰：律，否臧，且律竭也。盈而以竭，夭且不整，所以凶也。不行之谓《临》，有帅而不从，临孰甚焉！此之谓矣。果遇，必败，彘子尸之。虽免而归，必有大咎。"韩献子谓桓子曰："彘子以偏师陷，子罪大矣。子为元帅，师不用命，谁之罪也？失属亡师，为罪已重，不如进也。事之不捷，恶有所分。与其专罪，六人同之，不犹愈乎？"师遂济。楚子北师，次于郔。沈尹将中军，子重将左，子反将右，将饮马于河而归。闻晋师既济，王欲还。嬖人伍参欲战。令尹孙叔敖弗欲，曰："昔岁入陈，今兹入郑，不无事矣。战而不捷，参之肉其足食乎？"参曰："若事之捷，孙叔为无谋矣。不捷，参之肉将在晋军，可得食乎？"令尹南辕反旆，伍参言于王曰："晋之从政者新，未能行令。其佐先縠，刚愎不仁，未肯用命。其三帅者，专行不获，听而无上，众谁适从？此行也，晋师必败。且君而逃臣，若社稷何？"王病之，告令尹，改乘辕而北之，次于管以待之。

晋师在敖、鄗之间，郑皇戌使如晋师，曰："郑之从楚，社稷之故也，未有贰心。楚师骤胜而骄，其师老矣，而不设备。子击之，郑师为承，楚师必败！"彘子曰："败楚服郑，于此在矣，必许之！"

通（宣十四、十五年），卫欲救陈以媚楚（宣十二至十四年）；宣十五年楚子伐宋，而晋不敢救，晋国失去了一个最忠心耿耿的同盟；宣十七年断道之盟，惟卫、曹、邾、鲁四国与盟，宋人、郑人皆已事楚，故征会于齐而齐人辱之。此后齐欲联楚以击晋（成元），而鲁欲用楚以制齐（宣十八）。成二年楚为蜀之盟，秦、宋、陈、卫、郑、齐、鲁、曹、邾、薛、蔡、许、鄫等中原几乎所有大小国家无不参与，可以说既标志着楚霸极盛的气势，也是对晋霸最大的挑战。晋国的霸业到了有史以来的最低点。在这种情况下，晋国若再不显其威，则其霸业颓势必一发而不可收。但与楚一争高低，又

247

栾武子曰："楚自克庸以来，其君无日不讨国人而训之，于民生之不易，祸至之无日，戒惧之不可以怠。在军，无日不讨军实而申儆之，于胜之不可保，纣之百克，而卒无后。训之以若敖、蚡冒，筚路蓝缕，以启山林。箴之曰：'民生在勤，勤则不匮。'不可谓骄。先大夫子犯有言曰：'师直为壮，曲为老。'我则不德，而徼怨于楚，我曲楚直，不可谓老。其君之戎，分为二广，广有一卒，卒偏之两，右广初驾，数及日中；左则受之，以至于昏。内官序当其夜，以待不虞。不可谓无备。子良，郑之良也；师叔，楚之崇也。师叔入盟，子良在楚，楚、郑亲矣。来劝我战，我克则来，不克遂往，以我卜也。郑不可从！"赵括、赵同曰："率师以来，惟敌是求。克敌得属，又何俟？必从彘子。"知季曰："原、屏，咎之徒也。"赵庄子曰："栾伯善哉！实其言，必长晋国。"

楚少宰如晋师，曰："寡君少遭闵凶，不能文。闻二先君之出入此行也，将郑是训定，岂求罪于晋。二三子无淹久！"随季对曰："昔平王命我先君文侯曰：'与郑夹辅周室，毋废王命！'今郑不率，寡君使群臣问诸郑，岂敢辱侯人？敢拜君命之辱！"彘子以为谄，使赵括从而更之，曰："行人失辞。寡君使群臣迁大国之迹于郑，曰：'无辟敌！'群臣无所逃命。"

楚子又使求成于晋，晋人许之，盟有日矣。楚许伯御乐伯，摄叔为右，以致晋师。

晋魏锜求公族未得，而怒，欲败晋师。请致师，弗许。请使，许之。遂往，请战而还。楚潘党逐之。赵旃求卿未得，且怒于失楚之致师者。请挑战，弗许。请召盟，许之。与魏锜皆命而往。郤献子曰："二憾往矣。弗备必败。"彘子曰："郑人劝战，弗敢从也。楚人求成，弗能好也。师无成命，多备何为。"士季曰："备之善。若二子怒楚，楚人乘我，丧师无日

未必能保证胜利。且楚国正锐不可挡之时，再败后果将不堪设想。故而晋国选择了伐齐以挽回霸业。

成二年晋伐齐，此时楚庄已于两年前去世，故楚师不出，鞌之战因此成为晋国挽回霸业的最大转机。袁娄之盟服齐，从此齐国几十年内不敢叛晋；成五年服郑、服宋，可以说是鞌之胜余威；这年的虫牢之盟，有齐、宋、郑、鲁、卫、曹、邾、杞参加，充分证明晋侯已从楚庄王手上夺回了晋国在中原的霸主地位。成七年，公会晋侯、齐侯、宋公、卫侯、曹伯、莒子、邾子、杞伯救郑，同盟于马陵，寻虫牢之盟，且莒服故也。成九年，公会晋侯、齐侯、宋公、卫侯、郑伯、曹伯、

矣。不如备之。楚之无恶，除备而盟，何损于好？若以恶来，有备不败。且虽诸侯相见，军卫不彻，警也。"彘子不可。士季使巩朔、韩穿帅七覆于敖前，故上军不败。赵婴齐使其徒先具舟于河，故败而先济。

潘党既逐魏锜。赵旃夜至于楚军，席于军门之外，使其徒入之。楚子为乘广三十乘，分为左右。右广鸡鸣而驾，日中而说。左则受之，日入而说。许偃御右广，养由基为右。彭名御左广，屈荡为右。乙卯，王乘左广，以逐赵旃。赵旃弃车而走林，屈荡搏之，得其甲裳。晋人惧二子之怒楚师也，使軘车逆之。潘党望其尘，使骋而告曰："晋师至矣。"楚人亦惧王之入晋军也，遂出陈。孙叔曰："进之！宁我薄人，无人薄我。《诗》云：'元戎十乘，以先启行。'先人也。《军志》曰：'先人有夺人之心。'薄之也。"遂疾进师，车驰卒奔，乘晋军。桓子不知所为，鼓于军中，曰："先济者有赏。"中军、下军争舟，舟中之指可掬也。

晋师右移，上军未动。工尹齐，将右拒卒，以逐下军。楚子使唐狡与蔡鸠居，告唐惠侯曰："不穀不德而贪，以遇大敌，不穀之罪也。然楚不克，君之羞也。敢藉君灵，以济楚师。"使潘党率游阙四十乘，从唐侯以为左拒，以从上军。驹伯曰："待诸乎？"随季曰："楚师方壮，若萃于我，吾师必尽。不如收而去之。分谤生民，不亦可乎？"殿其卒而退，不败。王见右广，将从之乘。屈荡户之，曰："君以此始，亦必以终。"自是楚之乘广先左。

及昏，楚师军于邲。晋之余师不能军，宵济，亦终夜有声。

丙辰，楚重至于邲，遂次于衡雍。祀于河，作先君宫，告成事而还。

郑伯、许男如楚。

秋，晋师归，桓子请死。晋侯欲许之，士贞子谏曰："不可。城濮之役，晋师三日穀，文公犹有忧色。左右曰：'有喜而

莒子、杞伯，同盟于蒲。至此，晋景公的霸业可以说已蔚为大观，不可一世矣！自僖三十三年秦晋殽之役以来，晋国以霸主名义发动的盟会只有文七年扈之盟（八国），文十四年新城之盟（八国），文十五年扈之盟（七国）可以与成五至九年的三大会盟（虫牢之盟，马陵之盟，蒲之盟）相比。纵观宣十年即位之初晋国霸业的严重衰退到如今所发生的变化，真可谓此一时、彼一时也！

晋景公为政期间为何能反败为胜，取得如此巨大的成就呢？首先，景公当世时晋国集中了一大批极为优秀的卿大夫，荀林父、士会、郤克、伯宗、荀首（知庄子）、韩厥、士燮、

	忧，如有忧而喜乎？'公曰：'得臣犹在，忧未歇也。困兽犹斗，况国相乎？'及楚杀子玉，公喜而后可知也。曰：'莫余毒也已。'是晋再克而楚再败也，楚是以再世不竞。今天或者大警晋也，而又杀林父以重楚胜，其无乃久不竞乎？林父之事君也，进思尽忠，退思补过，社稷之卫也。若之何杀之？夫其败也，如日月之食焉，何损于明？"晋侯使复其位。 冬，楚子伐萧，宋华椒以蔡人救萧。萧人囚熊相宜僚及公子丙。王曰："勿杀！吾退。"萧人杀之。王怒，遂围萧，萧溃。 晋原縠、宋华椒、卫孔达、曹人同盟于清丘，曰："恤病讨贰。"于是卿不书，不实其言也。 宋为盟故，伐陈。卫人救之。孔达曰："先君有约言焉。若大国讨，我则死之。"	知罃、栾书等人，皆一时俊杰。他们或才能卓著（如荀林父，郤克，栾书），或德高识远（如韩献子，范武子，范文子，知庄子）。因此晋国虽败于邲，但晋人并未因此而志气顿挫，宣十四年犹能伐郑；宣十五年败秦师于辅，灭赤狄潞氏；宣十六年灭赤狄甲氏，且平王室之乱；宣十七年作伐齐之举，并终于击败齐师。人才不竭是晋霸不衰的根本原因，在这一点上无论是齐桓之霸还是楚庄之霸，都不足以与晋相提并论。 其次，冷静沉着，不盲目冲动。在外部一败再败的情况下，未乱方寸，既没有在内部大肆问罪，也没有在外部急于雪耻或盲目兴兵。相反，晋
宣十三 春，齐师伐莒。夏，楚子伐宋。	**宣十三** 春，齐师伐莒，莒恃晋而不事齐故也。 夏，楚子伐宋，以其救萧也。君子曰："清丘之盟，惟宋可以免焉。" 秋，赤狄伐晋，及清，先縠召之也。 冬，晋人讨邲之败，与清之师，归罪于先縠而杀之，尽灭其族。君子曰："'恶之来也，己则取之。'其先縠之谓乎！" 清丘之盟，晋以卫之救陈也讨焉。使人弗去，曰："罪无所归，将加而师。"孔达曰："苟利社稷，请以我说。罪我之由。我则为政而亢大国之讨，将以谁任？我则死之！"	
宣十四 春，卫杀其大夫孔达。晋侯伐郑。秋，九月，楚子围宋。冬，公孙归父会齐侯于縠。	**宣十四** 春，孔达缢而死，卫人以说于晋而免。遂告于诸侯曰："寡君有不令之臣达，构我敝邑于大国，既伏其罪矣，敢告。" 夏，晋侯伐郑，为邲故也。告于诸侯，蒐焉而还。中行桓子之谋也，曰："示之以整，使谋而来。"郑人惧，使子张代子良于楚。郑伯如楚，谋晋故也。郑以子	

良为有礼，故召之。

楚子使申舟聘于齐，曰："无假道于宋。"亦使公子冯聘于晋，不假道于郑。申舟以孟诸之役恶宋，曰："郑昭宋聋，晋使不害，我则必死！"王曰："杀女，我伐之！"见犀而行。及宋，宋人止之。华元曰："过我而不假道，鄙我也。鄙我，亡也。杀其使者必伐我，伐我亦亡也。亡一也。"乃杀之。楚子闻之，投袂而起，屦及于窒皇，剑及于寝门之外，车及于蒲胥之市。

秋九月，楚子围宋。

冬，公孙归父会齐侯于穀，见晏桓子。

孟献子言于公曰："臣闻小国之免于大国也，聘而献物，于是有庭实旅百。朝而献功，于是有容貌、采章、嘉淑，而有加货。谋其不免也。诛而荐贿，则无及也。今楚在宋，君其图之！"公说。

侯能冷静地选择伐齐作为挽回败局的突破口。但因齐侯屡与晋盟，故宣十七、十八年晋人屡次退师，直至成二年卫师大败于齐，齐侯伐鲁而鲁人不得不求救于晋，晋、鲁、卫、曹等与齐之战不可避免地爆发。鲁、卫从晋是良机，服齐是关键，服齐而后服郑、宋，晋国的霸业就这样一步一步地夺了回来。

再次，知人善用，用人有方。中军帅如荀林父、郤克、士会、栾书皆有为之帅而受景公重用；伯宗、士燮、韩厥都很有见识，景公对之赏识有加。晋国有名的"知、韩、范"（知庄子即荀首、韩献子即韩厥、范文子即士燮）三贤都在晋景公手下得到提拔和重用的。郤

宣十五	宣十五
春，公孙归父会楚子于宋。夏五月，宋人及楚人平。六月癸卯，晋师灭赤狄潞氏，以潞子婴儿归。秦人伐晋。王札子杀召伯、毛伯。仲孙蔑会齐高固于无娄。	春，公孙归父会楚子于宋。宋人使乐婴齐告急于晋。晋侯欲救之，伯宗曰："不可。古人有言曰：'虽鞭之长，不及马腹。'天方授楚，未可与争。虽晋之强，能违天乎？谚曰：'高下在心，川泽纳汙，山薮藏疾，瑾瑜匿瑕。'国君含垢，天之道也，君其待之！"乃止。使解扬如宋，使无降楚，曰："晋师悉起，将至矣。"郑人因而献诸楚，楚子厚赂之，使反其言，不许，三而许之。登诸楼车，使呼宋而告之，遂致其君命。楚子舍之以归。 夏五月，楚师将去宋，申犀稽首于王之马前，曰："毋畏知死而不敢废王命。王弃言焉？"王不能答。申叔时仆，曰："筑室反耕者，宋必听命。"从之。宋人惧，使华元夜入楚师，登子反之床，起之曰："寡君使元以病告，曰：'敝邑易子而食，析骸以爨。虽然，城下之盟，有以国毙，不能从也。去我三十里，唯命是听。'"子反惧，与之盟而告王。退三十里。宋及楚平。华元为质。盟曰："我无尔诈，尔无我虞！"

	潞子婴儿之夫人，晋景公之姊也，酆舒为政而杀之，又伤潞子之目。晋侯将伐之，诸大夫皆曰："不可！酆舒有三隽才，不如待后之人。"伯宗曰："必伐之！狄有五罪，隽才虽多，何补焉？不祀，一也；耆酒，二也；弃仲章而夺黎氏地，三也；虐我伯姬，四也；伤其君目，五也。怙其隽才，而不以茂德，兹益罪也。后之人或者将敬奉德义以事神人，而申固其命，若之何待之？不讨有罪，曰：'将待，后，后有辞而讨焉。毋乃不可乎？夫恃才与众，亡之道也。商纣由之，故灭。天反时为灾，地反物为妖，民反德为乱。乱则妖灾生，故文反正为乏。尽在狄矣！"晋侯从之。六月癸卯，晋荀林父败赤狄于曲梁。辛亥，灭潞。酆舒奔卫，卫人归诸晋，晋人杀之。 　　秋七月，秦桓公伐晋，次于辅氏。壬午，晋侯治兵于稷以略狄土，立黎侯而还。及雒，魏颗败秦师于辅氏，获杜回，秦之力人也。 　　晋侯赏桓子狄臣千室，亦赏士伯以瓜衍之县，曰："吾获狄土，子之功也。微子，吾丧伯氏矣。"羊舌职说是赏也，曰："《周书》所谓'庸庸祗祗'者，谓此物也夫。士伯庸中行伯，君信之，亦庸士伯，引之谓明德矣。文王所以造周，不是过也。故《诗》曰'陈锡哉周'，能施也。率是道也，其何不济？" 　　晋侯使赵同献狄俘于周。	克宣十七怒于齐，欲以其私属伐齐，晋侯不许；但紧接着提升郤克为中军帅伐齐，实际上是利用了郤氏对齐顷公之怒。 　　最后，知贤纳谏，从善如流。宣十二年荀林父请死而士贞子谏之，晋侯从其谏，故荀氏后来屡建功勋，宣十五年晋侯赏桓子狄臣千室，亦赏士伯瓜衍之县之言，极能说明问题。成九年晋侯与范文子之问答，充分体现了晋侯能容人；同样的事情还见于宣十五年听伯宗不可救宋之谏，成六年听韩厥之言而迁都于新田，成八年听韩厥之谏而立赵武。 　　总之，晋国人才不竭，而晋景公用之有方，故能在惨败后不乱方寸，不盲目冲动，终能挽回霸主地位。
宣十六 春，王正月，晋人灭赤狄甲氏及留吁。	**宣十六** 　　春，晋士会帅师灭赤狄甲氏及留吁、铎辰。三月，献狄俘。晋侯请于王。戊申，以黻冕命士会将中军，且为大傅。于是晋国之盗逃奔于秦。羊舌职曰："吾闻之：'禹称善人，不善人远。'此之谓也夫。《诗》曰：'战战兢兢，如临深渊，如履薄冰。'善人在上也。善人在上，则国无幸民。谚曰：'民之多幸，国之不幸也。'是无善人之谓也。" 　　冬，晋侯使士会平王室。定王享之，原襄公相礼。	

宣十七	宣十七	高士奇《左传纪事本末·晋景楚共争霸》中对晋景之业不屑一顾，恐不当。他因郤克为一笑之怒取必于齐，讽刺晋齐鞌之战的意义，在我看来也是完全错误的，无论是从这时齐人侵鲁、败卫，公然向晋挑战的举动，还是从这场战争对晋国挽回霸业的意义来看，其必要性都无可否认。至于郤克之怒，为何不能理解为晋景利用了他的愤怒来挽回霸业呢？再者，晋自赵盾为政以来，伯业一衰再衰，中原大小国家许多已与晋离心离德，而齐国对于晋国的藐视更是十分明显，文十、十五、十七年及宣元年列国特别是齐国对晋的态度极能说明问题。齐国藐视晋国还体现在自僖
己未，公会晋侯、卫侯、曹伯、邾子同盟于断道。秋，公至自会。	春，晋侯使郤克征会于齐。齐顷公帷妇人，使观之。郤子登，妇人笑于房。献子怒，出而誓曰："所不此报，无能涉河！"献子先归，使栾京庐待命于齐，曰："不得齐事，无复命矣。"郤子至，请伐齐，晋侯弗许。请以其私属，又弗许。 齐侯使高固、晏弱、蔡朝、南郭偃会。及敛盂，高固逃归。夏，会于断道，讨贰也。盟于卷楚，辞齐人。晋人执晏弱于野王，执蔡朝于原，执南郭偃于温。苗贲皇使，见晏桓子，归，言于晋侯曰："夫晏子何罪？昔者诸侯事吾先君，皆如不逮。举言群臣不信，诸侯皆有贰志。齐君恐不得礼，故不出，而使四子来。左右或沮之，曰：'君不出，必执吾使。'故高子及敛盂而逃。夫三子者曰：'若绝君好，宁归死焉。'为是犯难而来。吾若善逆彼，以怀来者；吾又执之，以信齐沮，吾不既过矣乎？过而不改，而又久之，以成其悔，何利之有焉？使反者得辞，而害来者，以惧诸侯，将焉用之？"晋人缓之。 秋八月，晋师还。 范武子将老，召文子曰："燮乎！吾闻之，喜怒以类者鲜，易者实多。《诗》曰：'君子如怒，乱庶遄沮。君子如祉，乱庶遄已。'君子之喜怒，以已乱也。弗已者，必益之。郤子其或者欲已乱于齐乎？不然，余惧其益之也。余将老，使郤子逞其志，庶有豸乎？尔从二三子惟敬。"乃请老，郤献子为政。	
宣十八	宣十八	
春，晋侯、卫世子臧伐齐。甲戌，楚子旅卒。公孙归父如晋。	春，晋侯、卫大子臧伐齐，至于阳穀。齐侯会晋侯盟于缯，以公子强为质于晋。晋师还，蔡朝、南郭偃逃归。 夏，公使如楚乞师，欲以伐齐。 楚庄王卒。楚师不出。既而用晋师，楚于是乎有蜀之役。	

成元	成元	三十三年秦、晋交兵以来，齐国对于晋国主持的会盟征伐多不参与，如文二年伐秦之役，文九年救郑，文十一年新城之盟，齐人均未加入；自文十五年以来齐人屡次侵鲁，鲁人亦多次告于晋，但因晋不能救，只好委曲求全（事见本书卷一"晋赵盾"）。可见晋、齐之战实极为必要，更何况在败于楚的特殊情况下！清人对此亦有恰当评论，参见宋元人所编"四书五经""成二年"清人之［案］。《左传》对于晋景公一生所犯的错误有三条记载：一是成四年见鲁侯不敬；二是成八年归汶阳之田，失信于诸侯；三是成九、十年服郑以力，使郑有背晋之心。
夏，臧孙许及晋侯盟于赤棘。	春，晋侯使瑕嘉平戎于王，单襄公如晋拜成。刘康公徼戎，将遂伐之。叔服曰："背盟而欺大国，此必败。背盟不祥，欺大国不义，神人弗助，将何以胜？"不听，遂伐茅戎。三月癸未，败绩于徐吾氏。 为齐难故，作丘甲。 闻齐将出楚师，夏，盟于赤棘。 冬，臧宣叔令修赋、缮完、具守备，曰："齐楚结好，我新与晋盟。晋楚争盟，齐师必至。虽晋人伐齐，楚必救之，是齐楚同我也。知难而有备，乃可以逞。"	
成二	成二	
春，齐侯伐我北鄙。夏，四月丙戌，卫孙良夫帅师及齐师战于新筑，卫师败绩。六月癸酉，季孙行父、臧孙许、叔孙侨如、公孙婴齐帅师会晋郤克、卫孙良夫、曹公子首及齐侯战于鞌，齐师败绩。秋，七月，齐侯使国佐如师。己酉，及国佐盟于袁娄。取汶阳田。冬，楚师、郑师侵卫。十有一月，公会楚公子婴齐于蜀。丙申，公及楚人、秦人、宋人、陈人、卫人、郑人、齐人、曹人、	春，齐侯伐我北鄙，围龙。三日取龙。遂南侵，及巢丘。卫侯使孙良夫、石稷、宁相、向禽将侵齐，与齐师遇。孙桓子还于新筑。不入，遂如晋乞师。臧宣叔亦如晋乞师，皆主郤献子。郤克将中军，士燮佐上军，栾书将下军，韩厥为司马，以救鲁、卫。臧宣叔逆晋师，且道之。季文子帅师会之。 及卫地，韩献子将斩人，郤献子驰，将救之，至则既斩之矣。郤子使速以徇，告其仆曰："吾以分谤也。" 师从齐师于莘。六月壬申，师至于靡笄之下。齐侯使请战，曰："子以君师，辱于敝邑，不腆敝赋，诘朝请见。"对曰："晋与鲁、卫，兄弟也。来告曰：'大国朝夕释憾于敝邑之地。'寡君不忍，使群臣请于大国，无令舆师淹于君地。能进不能退，君无所辱命。"齐侯曰："大夫之许，寡人之愿也。若其不许，亦将见也。"齐高固入晋师，桀石以投人，禽之而乘其车，系桑本焉，以徇齐垒，曰："欲勇者贾余馀勇。" 癸酉，师陈于鞌。邴夏御齐侯，逢丑父为右。晋解张御郤克，郑丘缓为右。齐侯曰："余姑翦灭此而朝食。"不介马而驰之。郤克伤于矢，流血及屦，未绝鼓音，曰："余病矣。"张侯曰："自始合，而矢贯	

254

郗人、薛人、鄫人盟于蜀。	余手及肘，余折以御。左轮朱殷，岂敢言病？吾子忍之！"缓曰："自始合，苟有险，余必下推车，子岂识之？然子病矣。"张侯曰："师之耳目，在吾旗鼓，进退从之。此车一人殿之，可以集事。若之何其以病败君之大事也？擐甲执兵，固即死也。病未及死，吾子勉之！"左并辔，右援枹而鼓，马逸不能止，师从之。齐师败绩。逐之，三周华不注。 　　韩厥梦子舆谓己曰："且辟左右。"故中御而从齐侯。邴夏曰："射其御者，君子也。"公曰："谓之君子而射之，非礼也。"射其左，越于车下；射其右，毙于车中。綦毋张丧车，从韩厥，曰："请寓乘。"从左右，皆肘之，使立于后。韩厥俛，定其右。逢丑父与公易位。将及华泉，骖絓于木而止。丑父寝于轏中，蛇出于其下，以肱击之，伤而匿之，故不能推车而及。韩厥执絷马前，再拜稽首，奉觞加璧以进，曰："寡君使群臣为鲁、卫请，曰：'无令舆师陷入君地。'下臣不幸，属当戎行，无所逃隐。且惧奔辟，而忝两君。臣辱戎士，敢告不敏，摄官承乏。"丑父使公下，如华泉取饮。郑周父御佐车，宛茷为右，载齐侯以免。韩厥献丑父，郤献子将戮之，呼曰："自今无有代其君任患者，有一于此，将为戮乎！"郤子曰："人不难以死免其君，我戮之不祥，赦之以劝事君者。"乃免之。 　　齐侯免，求丑父，三入三出。每出，齐师以帅退。入于狄卒，狄卒皆抽戈楯冒之。以入于卫师，卫师免之。遂自徐关入。齐侯见保者，曰："勉之！齐师败矣。"辟女子。女子曰："君免乎？"曰："免矣。"曰："锐师徒免乎？"曰："免矣。"曰："苟君与吾父免矣，可若何？"乃奔。齐侯以为有礼。既而问之，辟司徒之妻也，予之石窌。 　　晋师从齐师，入自丘舆，击马陉。齐侯使宾媚人赂以纪甗、玉磬与地，"不可，	按：鲁国本欲利用晋国来阻止齐国入侵，自文十五年以来一直是这样，由于晋国一直未能履行霸主的职责，故文十五至宣十年之间鲁国一度委身事齐。但由于齐国侵欲无厌，故而鲁又想用楚国制齐（宣十八）。不幸的是成元年齐欲结好于楚，使鲁更陷于无助。一直到春秋末年，鲁国一直在晋、齐、楚、吴、越等大国之间来回摇摆不定，主要是因为身为小国，总是难以摆脱成为别人争霸牺牲品的命运。

则听客所为。"宾媚人致赂,晋人不可,曰:"必以萧同叔子为质,而使齐之封内尽东其亩。"对曰:"萧同叔子非他,寡君之母也。若以匹敌,则亦晋君之母也。吾子布大命于诸侯,而曰:'必质其母以为信。'其若王命何?且是以不孝令也。《诗》曰:'孝子不匮,永锡尔类。'若以不孝令于诸侯,其无乃非德类也乎?先王疆理天下,物土之宜而布其利。故《诗》曰:'我疆我理,南东其亩。'今吾子疆理诸侯,而曰'尽东其亩'而已,唯吾子戎车是利,无顾土宜,其无乃非先王之命也乎?反先王则不义,何以为盟主?其晋实有阙。四王之王也,树德而济同欲焉;五伯之霸也,勤而抚之,以役王命。今吾子求合诸侯,以逞无疆之欲。《诗》曰:'布政优优,百禄是遒。'子实不优,而弃百禄,诸侯何害焉?不然,寡君之命使臣则有辞矣,曰:'子以君师辱于敝邑,不腆敝赋,以犒从者。畏君之震,师徒桡败,吾子惠徼齐国之福,不泯其社稷,使继旧好,唯是先君之敝器,土地不敢爱。子又不许,请收合余烬,背城借一。敝邑之幸,亦云从也。况其不幸,敢不惟命是听!'"鲁、卫谏曰:"齐疾我矣!其死亡者,皆亲昵也。子若不许,仇我必甚。唯子则又何求?子得其国宝,我亦得地,而纾于难,其荣多矣!齐、晋亦唯天所授,岂必晋?"晋人许之,对曰:"群臣帅赋舆以为鲁、卫请,若苟有以藉口而复于寡君,君之惠也敢不唯命是听?"禽郑自师逆公。

秋七月,晋师及齐国佐盟于爰娄,使齐人归我汶阳之田。公会晋师于上鄍,赐三帅先路三命之服,司马、司空、舆帅、侯正、亚旅皆受一命之服。

九月,卫穆公卒,晋二子自役吊焉,哭于大门之外。卫人逆之,妇人哭于门内。送亦如之。遂常以葬。

晋师归,范文子后入。武子曰:"无

为吾望尔也乎?"对曰:"师有功,国人喜以逆之。先入,必属耳目焉,是代帅受名也,故不敢。"武子曰:"吾知免矣。"郤伯见,公曰:"子之力也夫。"对曰:"君之训也,二三子之力也,臣何力之有焉?"范叔见,劳之如郤伯,对曰:"庚所命也,克之制也,燮何力之有焉?"栾伯见,公亦如之,对曰:"燮之诏也,士用命也,书何力之有焉?"

宣公使求好于楚。庄王卒,宣公薨,不克作好。公即位,受盟于晋,会晋伐齐。卫人不行使于楚,而亦受盟于晋,从于伐齐。故楚令尹子重为阳桥之役以救齐。将起师,子重曰:"君弱,群臣不如先大夫,师众而后可。《诗》曰:'济济多士,文王以宁。'夫文王犹用众,况吾侪乎?且先君庄王属之曰:'无德以及远方,莫如惠恤其民而善用之。'"乃大户,己责,逮鳏,救乏,赦罪,悉师,王卒尽行。彭名御戎,蔡景公为左,许灵公为右。二君弱,皆强冠之。

冬,楚师侵卫,遂侵我,师于蜀。使臧孙往,辞曰:"楚远而久,固将退矣。无功而受名,臣不敢。"楚侵及阳桥,孟孙请往,赂之以执斫、执针、织纴,皆百人,公衡为质以请盟,楚人许平。

十一月,公及楚公子婴齐、蔡侯、许男、秦右大夫说、宋华元、陈公孙宁、卫孙良夫、郑公子去疾及齐国之大夫盟于蜀。卿不书,匮盟也。于是乎畏晋而窃与楚盟,故曰匮盟。蔡侯、许男不书,乘楚车也,谓之失位。是行也,晋辟楚,畏其众也。君子曰:"位其不可不慎也也乎!蔡、许之君,一失其位,不得列于诸侯,况其下乎?《诗》曰:'不解其位,民之攸塈。'其是之谓矣。"

晋侯使巩朔献捷于周,王弗见,使单襄公辞焉,曰:"蛮夷戎狄,不式王命,淫湎毁常。王命伐之,则有献捷,王亲受而劳之,所以惩不敬,劝有功也。兄弟甥

	舅，侵败王略，王命伐之，告事而已，不献其功，所以敬亲昵、禁淫慝也。今叔父克遂，有功于齐，而不使命卿镇抚王室，所使来抚余一人。而巩伯实来，未有职司于王室，又奸先王之礼。余虽欲于巩伯，其敢废旧典以忝叔父？夫齐，甥舅之国也，而大师之后也，宁不亦淫从其欲以怒叔父，抑岂不可谏诲？"士庄伯不能对。王使委于三吏，礼之如侯伯克敌使大夫告庆之礼，降于卿礼一等。王以巩伯宴，而私贿之。使相告之，曰："非礼也，勿籍！"	
成三	成三	
春，王正月，公会晋侯、宋公、卫侯、曹伯伐郑。二月，公至自伐郑。夏，公如晋。公至自晋。晋郤克、卫孙良夫伐廧咎如。冬，十有一月，晋侯使荀庚来聘。丙午，及荀庚盟。	春，诸侯伐郑，次于伯牛，讨邲之役也。遂东侵郑。郑公子偃帅师御之，使东鄙覆诸鄤，败诸丘舆。皇戌如楚献捷。 夏，公如晋，拜汶阳之田。 秋，叔孙侨如围棘，取汶阳之田。棘不服，故围之。 晋郤克、卫孙良夫伐廧咎如，讨赤狄之余焉。廧咎如溃，上失民也。 冬十一月，晋侯使荀庚来聘，且寻盟。丙午，盟晋，丁未，盟卫，礼也。 十二月甲戌，晋作六军。韩厥、赵括、韩穿、荀骓、赵旃，皆为卿，赏鞌之功也。 齐侯朝于晋，将授玉，郤克趋进，曰："此行也，君为妇人之笑辱也，寡君未之敢任。"晋侯享齐侯。	胜齐而后敢伐郑。
成四	成四	
公如晋。秋，公至自晋。冬，城郓。	夏，公如晋。晋侯见公，不敬。季文子曰："晋侯必不免。《诗》曰：'敬之敬之！天惟显思，命不易哉！'"秋，公至自晋，欲求成于楚而叛晋。季文子曰："不可。晋虽无道，未可叛也。国大臣睦而迩于我，诸侯听焉，未可以贰。《史佚之志》有之曰：'非我族类，其心必异。'楚虽大，非吾族也，其肯字我乎？"公乃止。 晋栾书将中军，荀首佐之，士燮佐上军，以救许伐郑。取汜、祭。楚子反救	晋侯见鲁侯不敬，是否与胜齐有关，或与鲁一度在晋楚之间摇摆有关？

	郑，郑伯与许男讼焉，皇戌摄郑伯之辞，子反不能决也，曰："君若辱在寡君，寡君与其二三臣共听两君之所欲，成其可知也。不然，侧不足以知二国之成。"	
成五	**成五**	先服齐，而后服郑，服郑之后再服宋。晋景公能沉得住气，故能反败为胜，成其霸业。
夏，叔孙侨如会晋荀首于穀。十有二月己丑，公会晋侯、齐侯、宋公、卫侯、郑伯、曹伯、邾子、杞伯，同盟于虫牢。	夏，晋荀首如齐逆女，故宣伯饩诸穀。 梁山崩，晋侯以传召伯宗。 许灵公诉郑伯于楚。六月，郑悼公如楚讼，不胜。楚人执皇戌及其子国。故郑伯归，使公子偃请成于晋。秋八月，郑伯及晋赵同盟于垂棘。 冬，同盟于虫牢，郑服也。诸侯谋复会，宋公使向为人辞以子灵之难。	
成六	**成六**	用伯宗（参宣十五），反映了晋景公知人善用。去年召伯宗，今年复用之。用荀林父，用士会，用郤克，用栾书，晋侯所用之中军帅哪个不是有为之人？
春，王正月，公至自会。卫孙良夫帅师侵宋。公孙婴齐如晋。秋，仲孙蔑、叔孙侨如帅师侵宋。楚公子婴齐帅师伐郑。冬，季孙行父如晋。晋栾书帅师救郑。	春，郑伯如晋拜成，子游相。授玉于东楹之东。 三月，晋伯宗、夏阳说、卫孙良夫、宁相、郑人、伊雒之戎、陆浑、蛮氏侵宋，以其辞会也。师于鍼。卫人不保。说欲袭卫，曰："虽不可入，多俘而归，有罪不及死。"伯宗曰："不可！卫唯信晋，故师在其郊而不设备。若袭之，是弃信也。虽多卫俘，而晋无信，何以求诸侯？"乃止。师还，卫人登陴。 晋人谋去故绛，诸大夫皆曰："必居郇、瑕氏之地，沃饶而近盬，国利君乐，不可失也。"韩献子将新中军，且为仆大夫。公揖而入，献子从。公立于寝庭，谓献子曰："何如？"对曰："不可。郇、瑕氏土薄水浅，其恶易觏。易觏则民愁，民愁则垫隘，于是乎有沉溺重膇之疾。不如新田，土厚水深，居之不疾，有汾、浍以流其恶，且民从教，十世之利也。夫山泽林盬，国之宝也。国饶，则民骄佚；近宝，公室乃贫，不可谓乐。"公说，从之。夏，四月丁丑，晋迁于新田。 子叔声伯如晋，命伐宋。秋，孟献子、叔孙宣伯侵宋，晋命也。	

	楚子重伐郑，郑从晋故也。 冬，季文子如晋，贺迁也。 晋栾书救郑，与楚师遇于绕角。楚师还，晋师遂侵蔡。楚公子申、公子成以申、息之师救蔡，御诸桑隧。赵同、赵括欲战，请于武子，武子将许之。知庄子、范文子、韩献子谏曰："不可！吾来救郑，楚师去我，吾遂至于此，是迁戮也。戮而不已，又怒楚师，战必不克，虽克，不令。成师以出，而败楚之二县，何荣之有焉？若不能败，为辱已甚。不如还也。"乃遂还。	
成七	**成七**	
秋，楚公子婴齐帅师伐郑。公会晋侯、齐侯、宋公、卫侯、曹伯、莒子、邾子、杞伯救郑。八月戊辰，同盟于马陵。公至自会。卫孙林父出奔晋。	郑子良相成公以如晋，见，且拜师。 秋，楚子重伐郑，师于汜。诸侯救郑。郑共仲、侯羽军楚师，囚郧公钟仪，献诸晋。八月，同盟于马陵，寻虫牢之盟，且莒服故也。晋人以钟仪归，囚诸军府。 巫臣请使于吴，晋侯许之。吴子寿梦说之，乃通吴于晋，以两之一卒适吴，舍偏两之一焉。与其射御，教吴乘车，教之战陈，教之叛楚。置其子狐庸焉，使为行人于吴。吴始伐楚，伐巢，伐徐。子重奔命。子重子反于是乎一岁七奔命。蛮夷属于楚者，吴尽取之，是以始大，通吴于上国。 卫定公恶孙林父。冬，孙林父出奔晋。卫侯如晋，晋反戚焉。	
成八	**成八**	
春，晋侯使韩穿来言汶阳之田，归之于齐。晋栾书帅师侵蔡。晋杀其大夫赵同、赵括。晋侯使士燮来聘。叔孙侨如会晋士燮、齐人、邾人伐郯。	春，晋侯使韩穿来言汶阳之田，归之于齐。季文子饯之，私焉，曰："大国制义以为盟主，是以诸侯怀德畏讨，无有贰心。谓汶阳之田，敝邑之旧也。而用师于齐，使归诸敝邑。今有二命曰'归诸齐'。信以行义，义以成命，小国所望而怀也。信不可知，义无所立，四方诸侯，其谁不解体？《诗》曰：'女也不爽，士贰其行。士也罔极，二三其德。'七年之中，一予一夺，二三孰甚焉？士之二三，犹丧妃耦，而况霸主？霸主将德是以，而二三之，	归汶阳之田，晋侯之失计。

	其何以长有诸侯乎?《诗》曰:'犹之未远,是用大简。'行父惧晋之不远犹而失诸侯也,是以敢私言之。" 晋栾书侵蔡,遂侵楚,获申骊。楚师之还也,晋侵沈,获沈子揖,初从知、范、韩也。君子曰:"从善如流,宜哉!《诗》曰:'恺悌君子,遐不作人?'求善也夫!作人斯有功绩矣。"是行也,郑伯将会晋师,门于许东门,大获焉。 夏,晋赵庄姬为赵婴之亡故,谮之于晋侯,曰:"原、屏将为乱。"栾、郤为征。六月,晋讨赵同、赵括。武从姬氏畜于公宫,以其田与祁奚。韩厥言于晋侯曰:"成季之勋,宣孟之忠,而无后,为善者其惧矣。三代之令王,皆数百年保天之禄。夫岂无辟王?赖前哲以免也。《周书》曰:'不敢侮鳏寡。'所以明德也。"乃立武而反其田焉。 晋侯使申公巫臣如吴,假道于莒。与渠邱公立于池上,曰:"城已恶。"莒子曰:"辟陋在夷,其孰与我为虞?"对曰:"夫狡焉思启封疆以利社稷者,何国蔑有?唯然故多大国矣。唯或思或纵也。勇夫重闭,况国乎?" 晋士燮来聘,言伐郯也。以其事吴故。公赂之,请缓师。文子不可,曰:"君命无贰,失信不立。礼无加货,事无二成。君后诸侯,是寡君不得事君也。燮将复之。"季孙惧,使宣伯帅师会伐郯。	栾书为帅,能从知、范、韩,是晋能克敌制胜,挽回霸业的又一关键。
成九	**成九**	成七年,公会晋侯、齐侯、宋公、卫侯、曹伯、莒子、邾子、杞伯救郑,同盟于马陵,寻虫牢之盟,且莒服故也。成九年,公会晋侯、齐侯、宋公、卫侯、郑伯、曹伯、莒子、杞伯,同盟于蒲,而郑、鲁有背晋之心。此后杀郑使是归汶阳田之后的又一败招。
公会晋侯、齐侯、宋公、卫侯、郑伯、曹伯、莒子、杞伯,同盟于蒲。公至自会。夏,季孙行父如宋致女。晋人来媵。晋栾书帅	为归汶阳之田故,诸侯贰于晋。晋人惧,会于蒲,以寻马陵之盟。季文子谓范文子曰:"德则不竞,寻盟何为?"范文子曰:"勤以抚之,宽以待之,坚强以御之,明神以要之,柔服而伐贰,德之次也。" 是行也,将始会吴,吴人不至。 楚人以重赂求郑,郑伯会楚公子成于邓。 夏,季文子如宋致女。晋人来媵,礼也。 秋,郑伯如晋,晋人讨其贰于楚也,执诸铜鞮。栾书伐郑,郑人使伯蠲行成,	

师伐郑。楚公子婴齐帅师伐莒。庚申，莒溃。楚人入郓。秦人、白狄伐晋。郑人围许。	晋人杀之，非礼也。兵交，使在其间可也。楚子重侵陈以救郑。 　　晋侯观于军府，见钟仪。问之曰："南冠而絷者，谁也？"有司对曰："郑人所献楚囚也。"使税之，召而吊之。再拜稽首。问其族，对曰："泠人也。"公曰："能乐乎？"对曰："先父之职官也，敢有二事！"使与之琴。操南音。公曰："君王何如？"对曰："非小人之所得知也。"固问之，对曰："其为大子也，师保奉之，以朝于婴齐而夕于侧也，不知其他。"公语范文子，文子曰："楚囚，君子也。言称先职，不背本也；乐操土风，不忘旧也；称大子，抑无私也；名其二卿，尊君也。不背本，仁也；不忘旧，信也；尊君，敏也。仁以接事，信以守之，忠以成之，敏以行之。事虽大，必济。君盍归之，使合晋楚之成。"公从之，重为之礼，使归求成。 　　冬，十一月，楚子重自陈伐莒，围渠邱。渠邱城恶，众溃，奔莒。戊申，楚入渠邱。莒人囚楚公子平，楚人曰："勿杀，吾归而俘。"莒人杀之。楚师围莒，莒城亦恶。庚申，莒溃，楚遂入郓。莒无备故也。 　　秦人、白狄伐晋，诸侯贰故也。 　　郑人围许，示晋不急君也。是则公孙申谋之，曰："我出师以围许，为将改立君者而纾晋使，晋必归君。" 　　十二月，楚子使公子辰如晋，报钟仪之使，请修好结成。	
成十	**成十**	
春，卫侯之弟黑背帅师侵郑。五月，公会晋侯、齐侯、宋公、卫侯、曹伯伐郑。丙午，晋侯獳卒。秋，七月，公如晋。	春，晋侯使籴茷如楚，报大宰子商之使也。 　　卫子叔黑背侵郑，晋命也。 　　郑公子班闻叔申之谋。三月，子如立公子繻。夏四月，郑人杀繻，立髡顽，子如奔许。栾武子曰："郑人立君，我执一人焉何益？不如伐郑而归其君，以求成焉。"晋侯有疾。五月，晋立太子州蒲以为君，而会诸侯伐郑。郑子罕赂以襄钟，子然盟于修泽，子驷为质。辛巳，郑伯归。	服郑当以柔而不宜以刚，因为郑之与晋，绝非一日之事。在处理郑、楚关系上的强硬手法，使得晋侯在晋、郑关系上一再处于被动的位置。

	晋侯梦大厉，被发及地，搏膺而踊，曰："杀余孙，不义。余得请于帝矣。"坏大门，及寝门而入。公惧，入于室，又坏户。公觉，召桑田巫，巫言如梦。公曰："何如？"曰："不食新矣。"公疾病，求医于秦。秦伯使医缓为之。未至，公梦疾为二竖子，曰："彼良医也，惧伤我，焉逃之？"其一曰："居肓之上，膏之下，若我何？"医至，曰："疾不可为也。在肓之上，膏之下，攻之不可，达之不及，药不至焉，不可为也。"公曰："良医也。"厚为之礼而归之。六月丙午，晋侯欲麦，使甸人献麦，馈人为之。召桑田巫，示而杀之。将食，张，如厕，陷而卒。小臣有晨梦负公以登天，及日中，负晋侯出诸厕，遂以为殉。 秋，公如晋，晋人止公，使逆葬。于是杂茷未反。冬，葬晋景公。公送葬，诸侯莫在。鲁人辱之，故不书，讳之也。	这是晋景公晚年的一大失误，不如后来晋悼公高明。

鲁叔孙侨如（前616—前575）

文十一	文十一	叔孙侨如，即叔孙宣伯，鲁叔孙氏之祖僖叔曾孙，叔孙庄叔（得臣）之子。侨如相关世系如下：
冬，十月甲午，叔孙得臣败狄于鹹。	鄋瞒侵齐，遂伐我。公卜使叔孙得臣追之，吉。侯叔夏御庄叔，绵房甥为右，富父终甥驷乘。冬，十月甲午，败狄于鹹，获长狄侨如。富父终甥摏其喉，以戈杀之，埋其首于子驹之门，以命宣伯。	
成二	**成二**	僖叔 公子牙
六月癸酉，季孙行父、臧孙许、叔孙侨如、公孙婴齐帅师会晋郤克、卫孙良夫、曹公子首及齐侯战于鞌，齐师败绩。		戴伯 公孙兹
		叔孙得臣 庄叔
		叔孙侨如 宣伯 / 叔孙豹 穆子
		叔孙婼 昭子
		（上表：僖叔公庄三十二年卒。戴伯僖四年见，叔孙得

成三 秋，叔孙侨如帅师围棘。	成三 秋，叔孙侨如围棘，取汶阳之田。棘不服，故围之。	臣文元年见，叔孙穆子成十六年见，叔孙昭子昭四年见。)
成五 夏，叔孙侨如会晋荀首于穀。	成五 夏，晋荀首如齐逆女，故宣伯饩诸穀。	叔孙侨如文十一年始见，成十六年侨如因欲借晋国势力除去季孙、孟孙不成而奔晋。此后叔孙氏掌门人由叔孙豹继承。
成六 秋，仲孙蔑、叔孙侨如帅师侵宋。	成六 秋，孟献子、叔孙宣伯侵宋，晋命也。	叔孙侨如和东门襄仲一样，均是鲁国一代重臣，屡奉鲁侯之命出使列国，朝聘、会盟、征伐，无所不为：成二年，帅师会晋郤克等伐齐（鞌之战）；成三年，帅师围棘；成五年，会晋荀首于穀；成六年帅师侵宋；成八年，会晋士燮、齐人、邾人伐郯；成十一年，如齐修好；成十三年如京师，成十四年如齐逆女，成十五年会晋士燮、齐高无咎、宋华元、卫孙林父、郑公子鰌、邾人，会吴于钟离，等。 侨如的频繁出使，是鲁国权臣兴起的重要标志，从襄仲公子遂至于季文子、叔孙宣伯，可以说鲁国国君大权傍落、三桓势力
成八 晋侯使士燮来聘，叔孙侨如会晋士燮、齐人、邾人伐郯。	成八 晋士燮来聘，言伐郯也。以其事吴故。公赂之，请缓师。文子不可，曰："君命无贰，失信不立。礼无加货，事无二成。君后诸侯，是寡君不得事君也。燮将复之。"季孙惧，使宣伯帅师会伐郯。	
成十一 秋，叔孙侨如如齐。	成十一 秋，宣伯聘于齐，以修前好。	
成十三 三月，公如京师。	成十三 三月，公如京师。宣伯欲赐，请先使，王以行人之礼礼焉。孟献子从，王以为介，而重贿之。	
成十四 秋，叔孙侨如如齐逆女。九月，侨如以夫人妇姜氏至自齐。	成十四 秋，宣伯如齐逆女。称族，尊君命也。 九月，侨如以夫人妇姜氏至自齐。舍族，尊夫人也。故君子曰："《春秋》之称，微而显，志而晦，婉而成章，尽而不污，惩恶而劝善，非圣人谁能修之？"	
成十五 冬，十有一月，叔孙侨如会晋士燮、齐高无咎、	成十五 十一月，会吴于钟离，始通吴也。	

宋华元、卫孙林父、郑公子鳅、邾人，会吴于钟离。	

成十六	成十六
秋，公会晋侯、齐侯、卫侯、宋华元、邾人于沙随，不见公。九月，晋人执季孙行父，舍之于苕丘。冬，十月乙亥，叔孙侨如出奔齐。十有二月乙丑，季孙行父及晋郤犨盟于扈。公至自会。乙酉，刺公子偃。	宣伯通于穆姜，欲去季、孟而取其室。将行，穆姜送公，而使逐二子。公以晋难告，曰："请反而听命。"姜怒，公子偃、公子鉏趋过，指之曰："女不可，是皆君也。"公待于坏隤，申宫儆备，设守而后行，是以后。使孟献子守于公宫。 宣伯使告郤犨曰："鲁侯待于坏隤，以待胜者。"郤犨将新军，且为公族大夫，以主东诸侯。取货于宣伯而诉公于晋侯，晋侯不见公。 七月，公会尹武公及诸侯伐郑。将行，姜又命公如初。公又申守而行。诸侯之师次于郑西，我师次于督扬，不敢过郑。子叔声伯使叔孙豹请逆于晋师，为食于郑郊。师逆以至。声伯四日不食以待之，食使者而后食。 宣伯使告郤犨曰："鲁之有季、孟，犹晋之有栾、范也，政令于是乎成。今其谋曰：'晋政多门，不可从也。宁事齐、楚，有亡而已，蔑从晋矣！'若欲得志于鲁，请止行父而杀之，我毙蔑也，而事晋蔑有贰矣。鲁不贰，小国必睦。不然，归必叛矣。"九月，晋人执季文子于苕丘。 公还，待于郓，使子叔声伯请季孙于晋。郤犨曰："苟去仲孙蔑而止季孙行父，吾与子国，亲于公室。"对曰："侨如之情，子必闻之矣。若去蔑与行父，是大弃鲁国而罪寡君也。若犹不弃，而惠徼周公之福，使寡君得事晋君，则夫二人者，鲁国社稷之臣也。若朝亡之，鲁必夕亡。以鲁之密迩仇雠，亡而为雠，治之何及？"郤犨曰："吾为子请邑。"对曰：	日强，正是在这时奠定基础的。 《左传》记叔孙侨如，力图将他的为人与他的政治命运紧密结合起来。成十三年侨如入京师，求赐不得；成十六年记其通于宣公妇人穆姜（鲁成公母），欲去季、孟而取其室；又赴晋，欲借晋人之力，杀季孙行父及仲孙蔑。从成十六年郤犨之言及子叔声伯之请可以看出，宣伯为达此目的的费了不少心机。叔孙侨如奔齐之后，又因好色而与齐灵公之母声孟子私通，后来只得奔卫。左氏对这些小事细加刻画，目的在于突出侨如的性格，以此来说明他一生失败的原因所在。当然，他对季孙、仲孙之恨，欲去之而后快，反映了鲁之三桓当时并不团结。襄二十三年鲁国外史曰： 毋或如叔孙侨如，欲废国常，荡覆公室。 此话也许代表了时人对他一生政

	"婴齐,鲁之常隶也,敢介大国以求厚焉?承寡君之命以请。若得所请,吾子之赐多矣,又何求?"范文子谓栾武子曰:"季孙于鲁,相二君矣。妾不衣帛,马不食粟,可不谓忠乎?信谗慝而弃忠良,若诸侯何?子叔婴齐奉君命无私,谋国家不贰,图其身不忘其君。若虚其请,是弃善人也。子其图之!"乃许鲁平,赦季孙。冬十月,出叔孙侨如而盟之,侨如奔齐。十二月,季孙及郄犨盟于扈。归,刺公子偃,召叔孙豹于齐而立之。 齐声孟子通侨如,使立于高、国之间。侨如曰:"不可以再罪。"奔卫,亦间于卿。	绩的一个评价。 　　成十六年,叔孙侨如被迫出奔齐,鲁人召叔孙豹于齐而立之,以继叔孙氏。叔孙豹为侨如之弟。叔孙豹为鲁国一代贤大夫,叔孙氏因他而光大于鲁。因此侨如之奔对叔孙氏来说可以说因祸得福。 　　叔孙宣伯出奔后,其女嫁齐灵公而得宠,并生齐景公,后为春秋后期叱咤中原的诸侯(事见卷四"齐景公")。
襄二十三 　冬,十月乙亥,臧孙纥出奔邾。	**襄二十三** 　　臧纥致防而奔齐。其人曰:"其盟我乎?"臧孙曰:"无辞。"将盟臧氏,季孙召外史掌恶臣而问盟首焉。对曰:"盟东门氏也,曰:'毋或如东门遂,不听公命,杀适用立庶。'盟叔孙氏也,曰:'毋或如叔孙侨如,欲废国常,荡覆公室。'"……	
襄二十五 　夏,五月乙亥,齐崔杼弑其君光。	**襄二十五** 　　叔孙宣伯之在齐也,叔孙还纳其女于灵公,嬖,生景公。丁丑,崔杼立而相之,庆封为左相,盟国人于大宫。	
昭四 　冬,十有一月乙卯,叔孙豹卒。	**昭四** 　　初,穆子去叔孙氏。及宣伯奔齐,馈之。宣伯曰:"鲁以先子故,将存吾宗,必召女。召女,何如?"对曰:"愿之久矣。"鲁人召之,不告而归。	

晋范文子（前592—前574）

宣十七	宣十七	范文子，名燮，又称文子、士燮、燮、范叔，晋卿范武子（士会）之子。范文子成二年将上军，成四年佐上军，成十三年将上军，成十六年佐中军，次年卒。范氏原称士氏，后以范为氏（范文子相关世系见卷一"晋士会"）。 　　范文子是晋国一代名卿，与知庄子、韩献子并视为晋之三贤，成十六年鲁叔孙宣伯称"鲁之有季、孟，犹晋之有栾、范"，可见范文子当时在晋国的重要地位。《左传》中从许多不同的侧面来描写范文子，赞美了他的人
	范武子将老，召文子曰："燮乎！吾闻之，喜怒以类者鲜，易者实多。《诗》曰：'君子如怒，乱庶遄沮。君子如祉，乱庶遄已。'君子之喜怒，以已乱也。弗已者，必益之。郤子其或者欲已乱于齐乎？不然，余惧其益之也。余将老，使郤子逞其志，庶有豸乎？尔从二三子，惟敬。"乃请老，郤献子为政。	
成二	成二	
六月癸酉，季孙行父、臧孙许、叔孙侨如、公孙婴齐帅师会晋郤克、卫孙良夫、曹公子首及齐侯战于鞌，齐师败绩。	春，齐侯伐我北鄙，围龙。三日取龙。遂南侵，及巢邱。卫侯使孙良夫、石稷、宁相、向禽将侵齐，与齐师遇。孙桓子还于新筑。不入，遂如晋乞师。臧宣叔亦如晋乞师，皆主郤献子。郤克将中军，士燮将上军，栾书将下军，韩厥为司马，以救鲁、卫。…… 　　晋师归，范文子后入。武子曰："无为吾望尔也乎？"对曰："师有功，国人喜以逆之。先入，必属耳目焉，是代帅受名也，故不敢。"武子曰："吾知免矣。"范叔见，劳之如郤伯，对曰："庚所命也，克之制也，燮何力之有焉？"栾伯见，公亦如之，对曰："燮之诏也，士用命也，书何力之焉？"	
成四	成四	
	晋栾书将中军，荀首佐之，士燮佐上军，以救许伐郑，取汜、祭。	
成六	成六	
晋栾书帅师救郑。	晋栾书救郑，与楚师遇于绕角。楚师还，晋师遂侵蔡。楚公子申、公子成以申、息之师救蔡，御诸桑隧。赵同、赵括欲战，请于武子，武子将许之。知庄子、范文子、韩献子谏曰："不可！吾来救郑，楚师去我，吾遂至于此，是迁戮也。戮而不已，又怒楚师，战必不克，虽克不令。成师以出，而败楚之二县，何荣之有焉？若不能败，为辱已甚。不如还也。"乃遂还。于是军帅之欲战者众。或谓栾武子曰："圣人与众同欲，是以济	

	事。子盍从众？子为大政，将酌于民者也。子之佐十一人，其不欲战者三人而已，欲战者可谓众矣。《商书》曰：'三人占，从二人。'众故也。"武子曰："善钧，从众。夫善，众之主也。三卿为主，可谓众矣。从之，不亦可乎？"	品，刻画了他的见识。 　　据《左传》所记可知，范文子在为人方面有如下特点： 　　一是谦逊自让，不露锋芒。宣十七年范武子教子什么是"君子之喜怒"，成二年鞌之胜，文子能班师后入，以避人耳目，实在是极有见识：
成八 　　晋侯使士燮来聘。叔孙侨如会晋士燮、齐人、邾人伐郯。	**成八** 　　晋栾书侵蔡，遂侵楚，获申骊。楚师之还也，晋侵沈，获沈子揖初，从知、范、韩也。君子曰："从善如流，宜哉！《诗》曰：'恺悌君子，遐不作人？'求善也夫！作人斯有功绩矣。"是行也，郑伯将会晋师，门于许东门，大获焉。 　　晋士燮来聘，言伐郯也。以其事吴故。公赂之，请缓师。文子不可，曰："君命无贰，失信不立。礼无加货，事无二成。君后诸侯，是寡君不得事君也。燮将复之。"季孙惧，使宣伯帅师会伐郯。	
成九 　　公会晋侯、齐侯、宋公、卫侯、郑伯、曹伯、莒子、杞伯，同盟于蒲。	**成九** 　　为归汶阳之田故，诸侯贰于晋。晋人惧，会于蒲，以寻马陵之盟。季文子谓范文子曰："德则不竞，寻盟何为？"范文子曰："勤以抚之，宽以待之，坚强以御之，明神以要之，柔服而伐贰，德之次也。"是行也，将始会吴，吴人不至。 　　晋侯观于军府，见钟仪。问之曰："南冠而絷者，谁也？"有司对曰："郑人所献楚囚也。"使税之，召而吊之。再拜稽首。问其族，对曰："泠人也。"公曰："能乐乎？"对曰："先父之职官也，敢有二事！"使与之琴，操南音。公曰："君王何如？"对曰："非小人之所得知也。"固问之，对曰："其为大子也，师保奉之，以朝于婴齐，而夕于侧也，不知其他。"公语范文子，文子曰："楚囚，君子也。言称先职，不背本也；乐操土风，不忘旧也；称大子，抑无私也；名其二卿，尊君也。不背本，仁也；不忘旧，信也；尊君，敏也。仁以接事，信以守之，忠以成之，敏以行之。事虽大，必济。君盍归之，使合晋楚之成。"公从之，重为之礼，使归求成。	晋师归，范文子后入。武子曰："无为吾望尔也乎？"对曰："师有功，国人喜以逆之。先入，必属耳目焉，是代帅受名也，故不敢。"武子曰："吾知免矣。" 　　二是对晋室忠心耿耿，甚为感人。成八年如鲁，奉命行事，既有

成十一	成十一 　　秦、晋为成，将会于令狐。晋侯先至焉，秦伯不肯涉河，次于王城，使史颗盟晋侯于河东，郤犨盟秦伯于河西。范文子曰："是盟也何益？齐盟，所以质信也；会，所信之始也。始之不从，其何质乎？"秦伯归而背晋成。	原则性又善辞令。成十六至十七年晋、楚鄢陵之战中，文子对晋侯的态度充分体现了他对晋国内政及前途的深刻忧虑。在众人都汲汲于功名之际，唯有他头脑清醒，从根本上替晋国的前途着想。左氏以这种手法写范文子之忠，与前面写季文子之忠及卫孔达之忠完全不同，很有特色。 　　三是论见高明，尤其是论人品极有见识。成八年称"君命无贰，失信不立"，九年论盟主服诸侯以德，极为精辟；论楚囚之人品，极有见地；十一年论盟以质信；十六年论季文子之忠，均
成十二 　　夏，公会晋侯、卫侯于琐泽。	成十二 　　宋华元克合晋楚之成。夏五月，晋士燮会楚公子罢、许偃。癸亥，盟于宋西门之外，曰："凡晋楚无相加戎。好恶同之，同恤菑危，备救凶患。若有害楚，则晋伐之；在晋，楚亦如之。交贽往来，道路无壅，谋其不协而讨不庭。有渝此盟，明神殛之！俾队其师，无克胙国！"郑伯如晋，听成，会于琐泽，成故也。 　　晋郤至如楚聘，且莅盟。楚子享之，子反相。为地室而县焉。郤至将登，金奏作于下，惊而走。子反曰："日云莫矣，寡君须矣，吾子其入也！"宾曰："君不忘先君之好，施及下臣，贶之以大礼，重之以备乐。如天之福，两君相见，何以代此？下臣不敢。"子反曰："如天之福，两君相见，无亦唯是一矢以相加遗，焉用乐？寡君须矣，吾子其入也！"宾曰："若让之以一矢，祸之大者，其何福之为？世之治也，诸侯闲于天子之事，则相朝也，于是乎有享宴之礼。享以训共俭，宴以示慈惠。共俭以行礼，而慈惠以布政。政以礼成，民是以息。百官承事，朝而不夕，此公侯之所以扞城其民也。故《诗》曰：'赳赳武夫，公侯干城。'及其乱也，诸侯贪冒，侵欲不忌，争寻常以尽其民。略其武夫，以为己腹心股肱爪牙，故《诗》曰：'赳赳武夫，公侯腹心。'天下有道，则公侯能为民干城，而制其腹心；乱则反之。今吾子之言，乱之道也，不可以为法。然吾子主也，至敢不从？"遂入卒事。归，以语范文子，文子曰："无礼必食言，吾死无日矣夫！"	

成十三	成十三	
夏五月,公自京师,遂会晋侯、齐侯、宋公、卫侯、郑伯、曹伯、邾人、滕人伐秦。	秦桓公既与晋厉公为令狐之盟,而又召狄与楚,欲道以伐晋,诸侯以以睦于晋。晋栾书将中军,荀庚佐之;士燮将上军,郤锜佐之;韩厥将下军,荀罃佐之;赵旃将新军,郤至佐之。郤毅御戎,栾鍼为右。孟献子曰:"晋帅乘和,师必有大功。"五月丁亥,晋师以诸侯之师及秦师战于麻隧,秦师败绩,获秦成差及不更女父。	鞭辟入里;成十六至十七年晋楚争郑时论晋国之政,预见晋必有乱,明显高于栾书、郤克等人。 当然范文子的地位比起他的父亲范武子(士会)来说,要差很多。武子是创业者,而文子是守成者。武子一生无论是所经历的曲折,对晋国内政的贡献,还是在春秋时代列国舆论中的影响,都比范文子要大。范文子之贤,当归功于范武子教子有方。而到范文子之子范宣子,人品就要差得多,可以说文子在教子方面也比不上武子。
成十五	成十五	
冬,十有一月,叔孙侨如会晋士燮、齐高无咎、宋华元、卫孙林父、郑公子鲋、邾人,会吴于钟离。	十一月,会吴于钟离,始通吴也。	
成十六	成十六	
甲午晦,晋侯及楚子、郑伯战于鄢陵,楚子、郑师败绩。九月,晋人执季孙行父,舍之于苕丘。冬,十月乙亥,叔孙侨如出奔齐。十有二月乙丑,季孙行父及晋郤犨盟于扈。公至自会。	晋侯将伐郑。范文子曰:"若逞吾愿,诸侯皆叛,晋可逞。若惟郑叛,晋国之忧,可立俟也。"栾武子曰:"不可以当吾世而失诸侯,必伐郑!"乃兴师。栾书将中军,士燮佐之;郤锜将上军,荀偃佐之;韩厥将下军,郤至佐新军,荀罃居守。 五月,晋师济河。闻楚师将至,范文子欲反,曰:"我伪逃楚,可以纾忧。夫合诸侯,非吾所能也,以遗能者。我若君臣辑睦以事君,多矣。"武子曰:"不可。" 六月,晋、楚遇于鄢陵。范文子不欲战,郤至曰:"韩之战,惠公不振旅。箕之役,先轸不反命。邲之师,荀伯不复从。皆晋之耻也。子亦见先君之矣。今我辟楚,又益耻也。"文子曰:"吾先君之亟战也,有故。秦、狄、齐、楚皆强,不尽力,子孙将弱。今三强服矣。敌,楚而已。惟圣人能外内无患。自非圣人,外宁必有内忧,盍释楚以为外惧乎?" 甲午晦,楚晨压晋军而陈,军吏患之。	

范匄趋进,曰:"塞井夷灶,陈于军中而疏行首。晋、楚惟天所授,何患焉?"文子执戈逐之,曰:"国之存亡,天也,童子何知焉?"栾书曰:"楚师轻窕,固垒而待之,三日必退。退而击之,必获胜焉。"郤至曰:"楚有六间,不可失也。其二卿相恶,王卒以旧,郑陈而不整,蛮军而不陈,陈不违晦,在陈而嚣。合而加嚣,各顾其后,莫有斗心,旧不必良,以犯天忌,我必克之。"

晋入楚军,三日穀。范文子立于戎马之前,曰:"君幼,诸臣不佞,何以及此?君其戒之!《周书》曰:'惟命不于常。'有德之谓。"

宣伯使告郤犨曰:"鲁侯待于坏隤,以待胜者。"郤犨将新军,且为公族大夫,以主东诸侯。取货于宣伯而诉公于晋侯,晋侯不见公。宣伯使告郤犨曰:"鲁之有季、孟,犹晋之有栾、范也,政令于是乎成。今其谋曰:'晋政多门,不可从也。宁事齐、楚,有亡而已,蔑从晋矣!'若欲得志于鲁,请止行父而杀之,我毙蔑也而事晋,蔑有贰矣。鲁不贰,小国必睦。不然,归必叛矣。"九月,晋人执季文子于苕丘。公还,待于郓,使子叔声伯请季孙于晋。郤犨曰:"苟去仲孙蔑而止季孙行父,吾与子国,亲于公室。"对曰:"侨如之情,子必闻之矣。若去蔑与行父,是大弃鲁国而罪寡君也。若犹不弃,而惠徼周公之福,使寡君得事晋君,则夫二人者,鲁国社稷之臣也。若朝亡之,鲁必夕亡。以鲁之密迩仇雠,亡而为雠,治之何及?"郤犨曰:"吾为子请邑。"对曰:"婴齐,鲁之常隶也,敢介大国以求厚焉?承寡君之命以请。若得所请,吾子之赐多矣,又何求?"范文子谓栾武子曰:"季孙于鲁,相二君矣。妾不衣帛,马不食粟,可不谓忠乎?信谗慝而弃忠良,若诸侯何?子叔婴齐奉君命无私,谋国家不贰,图其身不忘其君。若虚其请,是弃善人也。子其图之!"乃许鲁平,赦季孙。冬十月,出叔孙侨如而盟之,侨如奔齐。十二月,季孙及郤犨盟于扈。归,刺公子偃,召叔孙豹于齐而立之。

	成十七	成十七	
		晋范文子反自鄢陵，使其祝宗祈死，曰："君骄侈而克敌，是天益其疾也，难将作矣。爱我者惟祝我，使我速死，无及于难，范氏之福也。"六月戊辰，士燮卒。	

卷二

晋三郤（前589—前574）

成二	成二	三郤，即郤至、郤锜、郤犫三人。其中郤至，又称郤，郤氏，至，季子，温季等；郤锜，又称郤子，驹伯等；郤犫，又称犫，苦成叔，苦成家等。"三郤"之名，来自《左传》成十五年，盖三人活动时间同时，又为同族，故时人称为"三郤"。郤氏为姬姓，公族。 据杜注、孔疏等，三郤的世系分别是：郤锜（驹伯）为郤克之子，郤犫为郤克从父兄弟，郤至为郤克族子。总之，三人血缘关系较近，是晋国郤氏势力在同一时期的主要代表者。今列郤氏世系如下（据陈厚耀《世族谱》）：
	及共王即位，使屈巫聘于齐，遂奔晋，而因郤至以臣于晋。	
成八	成八	
晋杀其大夫赵同、赵括。	晋赵庄姬为赵婴之亡故，谮之于晋侯，曰："原、屏将为乱。"栾、郤为征。六月，晋讨赵同、赵括。武从姬氏畜于公宫，以其田与祁奚。韩厥言于晋侯曰："成季之勋，宣孟之忠，而无后，为善者其惧矣。三代之令王，皆数百年保天之禄。夫岂无辟王？赖前哲以免也。《周书》曰：'不敢侮鳏寡。'所以明德也。"乃立武而反其田焉。	
成十一	成十一	
晋侯使郤犫来聘。己丑，及郤犫盟。	郤犫来聘，且莅盟。 声伯之母不聘，穆姜曰："吾不以妾为姒。"生声伯而出之，嫁于齐管于奚，生二子而寡，以归声伯。声伯以其外弟为大夫，而嫁其外妹于施孝叔。郤犫来聘，求妇于声伯。声伯夺施氏妇以与之。妇人曰："鸟兽犹不失俪，子将若何？"曰："吾不能死亡。"妇人遂行，生二子于郤氏。郤氏亡，晋人归之施氏。施氏逆诸河，沉其二子。妇人怒曰："己不能庇其伉俪而亡之，又不能字人之孤而杀之，将何以终？"遂誓施氏。 晋郤至与周争鄇田，王命刘康公、单襄公讼诸晋。郤至曰："温，吾故也，故不敢失。"刘子、单子曰："昔周克商，使诸侯抚封。苏忿生以温为司寇，与檀伯达封于河。苏氏即狄，又不能于狄而奔卫。襄王劳文公而赐之温，狐氏、阳氏先处之，而后及子，若治其故，则王官之邑也，子安得之？"晋侯使郤至勿敢争。	

郤豹 叔虎	
郤芮	郤义
郤缺 成子	步扬

	秦晋为成，将会于令狐。晋侯先至焉，秦伯不肯涉河，次于王城，使史颗盟晋侯于河东，晋郤犨盟秦伯于河西。范文子曰："是盟也何益？齐盟，所以质信也；会，所信之始也。始之不从，其何质乎？"秦伯归而背晋成。	郤克 献子 / 郤犨 苦成叔 / 蒲城 鹊居
		郤锜 驹伯		郤至 温季
成十二	成十二	（上表：郤豹［叔虎］见《国语·晋语》，郤义见成二年孔疏，郤缺僖三十三年见，步扬僖十五见。郤克宣十二见，蒲成鹊居见成二年孔疏。另有子郤毅又称步毅，成十三见，为鹊居之子，或云郤至弟。）
	晋郤至如楚聘，且莅盟。楚子享之，子反相。为地室而县焉。郤至将登，金奏作于下，惊而走。子反曰："日云莫矣，寡君须矣，吾子其入也！"宾曰："君不忘先君之好，施及下臣，贶之以大礼，重之以备乐，如天之福。两君相见，何以代此？下臣不敢。"子反曰："如天之福，两君相见，无亦唯是一矢以相加遗，焉用乐？寡君须矣，吾子其入也！"宾曰："若让之以一矢，祸之大者，其何福之为？世之治也，诸侯闲于天子之事，则相朝也，于是乎有享宴之礼。享以训共俭，宴以示慈惠。共俭以行礼，而慈惠以布政。政以礼成，民是以息。百官承事，朝而不夕，此公侯之所以扞城其民也。故《诗》曰：'赳赳武夫，公侯干城。'及其乱也，诸侯贪冒，侵欲不忌，争寻常以尽其民，略其武夫，以为己腹心股肱爪牙，故《诗》曰：'赳赳武夫，公侯腹心。'天下有道，则公侯能为民干城，而制其腹心；乱则反之。今吾子之言，乱之道也，不可以为法。然吾子主也，至敢不从？"遂入卒事。归以语范文子，文子曰："无礼必食言，吾死无日矣夫！"冬，楚公子罢如晋聘，且莅盟。十二月，晋侯及楚公子罢盟于赤棘。	郤氏为晋世卿，杜注以郤克为郤缺之子，郤芮之孙。僖二十七年郤縠将中军，僖三十三郤芮之子郤缺以一命为卿，文十二年将上军，宣八至十二年为政。郤缺之子郤克于宣十二年佐上军，参加了邲之战，宣十七年接替范武子将中军。至此晋国郤氏的势力得到了巨大发展。其中郤芮、郤縠、郤缺、郤克等人都是见识或德行不同凡响之人。郤氏势力正是通过他们得到巨大发展的。
成十三	成十三	
春，晋侯使郤锜来乞师。夏五月，公自京师，遂会晋侯、齐侯、	春，晋侯使郤锜来乞师，将事不敬。孟献子曰："郤氏其亡乎！礼，身之干也。敬，身之基也。郤子无基。且先君之嗣卿也，受命以求师，将社稷是卫，而惰，弃君命也。不亡，何为？"	《左传》通过写"三郤之难"，向

宋公、卫侯、郑伯、曹伯、邾人、滕人伐秦。	秦桓公既与晋厉公为令狐之盟，而又召狄与楚，欲道以伐晋，诸侯是以睦于晋。晋栾书将中军，荀庚佐之；士燮将上军，郤锜佐之；韩厥将下军，荀罃佐之；赵旃将新军，郤至佐之。郤毅御戎，栾鍼为右。孟献子曰："晋帅乘和，师必有大功。"五月丁亥，晋师以诸侯之师及秦师战于麻隧，秦师败绩，获秦成差及不更女父。	我们极为生动地展现了中国文化的内在习性。三郤之死，不是死于如火如荼的战场，不是死于重大国事的斗争，而是死于触目惊心的人际矛盾和斗争。左氏通过生动细致地刻画导致三郤之难中一系列复杂的人际心理和人际关系因素，来告诉我们做人的若干道理。让我们从以下几个方面来分析一下这场内乱的根源：
成十四 夏，卫孙林父自晋归于卫。	**成十四** 春，卫侯如晋，晋侯强见孙林父焉，定公不可。夏，卫侯既归，晋侯使郤犨送孙林父而见之。卫侯欲辞，定姜曰："不可，是先君宗卿之嗣也，大国又以为请。不许，将亡。虽恶之，不犹愈于亡乎？君其忍之！安民而宥宗卿，不亦可乎？"卫侯见而复之。卫侯飨苦成叔，宁惠子相，苦成叔傲，宁子曰："苦成家其亡乎？古之为享食也，以观威仪、省祸福也。故《诗》曰：'兕觥其觩，旨酒思柔。彼交匪傲，万福来求。'今夫子傲，取祸之道也。"	首先，写郤氏"族大多怨"。宣八年，郤缺为政废胥克，故胥童怨之（见成十七）；成八年赵氏之难，栾、郤为征，郤氏大概指郤克；成十五年，三郤害伯宗，谮而杀之；成十六年晋、楚鄢陵之战，栾书怨郤至不听己言，设计害之（见成十七年），是栾、郤有怨。
成十五	**成十五** 晋三郤害伯宗，谮而杀之，及栾弗忌。伯州犁奔楚。韩献子曰："郤氏其不免乎？善人，天地之纪也，而骤绝之，不亡，何待？"初，伯宗每朝，其妻必戒之曰："'盗憎主人，民恶其上。'子好直言，必及于难。"	其次，写三郤的为人及个性：
成十六 甲午晦，晋侯及楚子、郑伯战于鄢陵，楚子、郑师败绩。九月，晋人执季孙行父，舍之于苕丘。冬，十月乙亥，叔孙侨	**成十六** 晋侯将伐郑。栾书将中军，士燮佐之；郤锜将上军，荀偃佐之；韩厥将下军，郤至佐新军；荀罃居守。郤犨如卫，遂如齐，皆乞师焉。栾黡来乞师，孟献子曰："有胜矣。"六月，晋、楚遇于鄢陵。范文子不欲战，郤至曰："韩之战，惠公不振旅。箕之役，先轸不反命。邲之师，荀伯不复从。皆晋之耻也。子亦见先君之矣。今我辟楚，又益耻也。"文子曰："吾先君之亟战也，有故。秦、	1. 郤犨：成十一年聘鲁时求妇于声伯；成十四年送孙林父于卫而傲；成十六年取货于宣伯，诉季孙于晋侯；

如出奔齐。十有二月乙丑，季孙行父及晋郤犨盟于扈。公至自会。

狄、齐、楚皆强，不尽力，子孙将弱。今三强服矣。敌，楚而已。惟圣人能外内无患。自非圣人，外宁必有内忧，盍释楚以为外惧乎？"

甲午晦，楚晨压晋军而陈，军吏患之。栾书曰："楚师轻窕，固垒而待之，三日必退。退而击之，必获胜焉。"郤至曰："楚有六间，不可失也。其二卿相恶，王卒以旧，郑陈而不整，蛮军而不陈，陈不违晦，在陈而嚣。合而加嚣，各顾其后，莫有斗心，旧不必良，以犯天忌，我必克之。"

郤至三遇楚子之卒，见楚子，必下，免胄而趋风。楚子使工尹襄问之以弓。曰："方事之殷也，有韎韦之跗注君子也。识见不穀而趋，无乃伤乎？"郤至见客，免胄承命曰："君之外臣至，从寡君之戎事，以君之灵，间蒙甲胄，不敢拜命，敢告不宁，君命之辱。为事之故，敢肃使者。"三肃使者而退。晋韩厥从郑伯，其御杜溷罗曰："速从之，其御屡顾，不在马，可及也。"韩厥曰："不可以再辱国君。"乃止。郤至从郑伯，其右茀翰胡曰："谍辂之，余从之乘，而俘以下。"郤至曰："伤国君有刑。"亦止。

晋入楚军，三日谷。范文子立于戎马之前，曰："君幼，诸臣不佞，何以及此？君其戒之！《周书》曰：'惟命不于常。'有德之谓。"

宣伯使告郤犨曰："鲁侯待于坏隤，以待胜者。"郤犨将新军，且为公族大夫，以主东诸侯。取货于宣伯而诉公于晋侯，晋侯不见公。

宣伯使告郤犨曰："鲁之有季、孟，犹晋之有栾、范也，政令于是乎成。今其谋曰：'晋政多门，不可从也。宁事齐、楚，有亡而已，蔑从晋矣！'若欲得志于鲁，请止行父而杀之，我毙蔑也而事晋，蔑有贰矣。鲁不贰，小国必睦。不然，归必叛矣。"九月，晋人执

成十七年，与长鱼矫争田。

2.郤锜：成十三年如鲁乞师，不敬；成十七年传记其与夷阳五争田，临难欲攻晋侯。

3.郤至：成十一年与周争鄇田；成十二年如楚莅盟，论宴宾客之礼，甚至佳；成十六年鄢陵之战中主张晋国为雪耻而战，论楚、陈、郑三国军队关系颇为精辟，然战后献捷于周，而骤称其伐；成十七年危难之际不忘为臣之道，反对攻击国君。

总而言之，在三郤之中，郤犨及郤锜皆自以为是、贪图私利且见利忘义。但相比之下，郤至则性格较为丰富、全面、有个性。应该说，郤至是个极为聪明、有见识、有眼力的优秀将帅，他不仅有忠君爱国之心，而且关键时刻识大体、顾大局，这是难能可贵的。成十二年如楚时与子反之言，鄢陵之战中忠君爱国之心，论楚联军内部矛盾，答对楚子之礼，均

| | | 可见其人气度不凡。成十七年之论事君之道及不可攻打晋君，更进一步证明了他的为人。
总之，左氏之所以将大量笔墨用于揭示三人的个性目的在于从性格上来说明三郤之难发生的根源。
但是左氏还担心人们不理解他的笔法，又大量运用了他人的言论和预言来点题，这种手法被吴闿生先生称之为"逆摄之法"：

· 成十三年，晋侯使郤锜来如鲁乞师，将事不敬，孟献子曰："郤氏其亡乎！礼，身之干也；敬，身之基也。郤子无基，且先君之嗣卿也，受命以求师，将社稷是求卫，而惰弃君命也，不亡何待为？"

· 成十四年，卫侯飨苦成叔，苦成叔傲。宁子曰："苦成家其亡乎？古之为享食也，以观威仪，省祸福也。故《诗》曰：'兕觥其觩，旨酒思柔；彼交匪傲，万富来求。'今夫子傲，取祸之道也。"

· 成十五年，三 |
|---|---|---|
| | 季文子于苕丘。公还，待于郓，使子叔声伯请季孙于晋。郤犨曰："苟去仲孙蔑而止季孙行父，吾与子国，亲于公室。"对曰："侨如之情，子必闻之矣。若去蔑与行父，是大弃鲁国而罪寡君也。若犹不弃，而惠徼周公之福，使寡君得事晋君，则夫二人者，鲁国社稷之臣也。若朝亡之，鲁必夕亡。以鲁之密迩仇雠，亡而为雠，治之何及？"郤犨曰："吾为子请邑。"对曰："婴齐，鲁之常隶也，敢介大国以求厚焉？承寡君之命以请。若得所请，吾子之赐多矣，又何求？"范文子谓栾武子曰："季孙于鲁，相二君矣。妾不衣帛，马不食粟，可不谓忠乎？信谗慝而弃忠良，若诸侯何？子叔婴齐奉君命无私，谋国家不贰，图其身不忘其君。若虚其请，是弃善人也。子其图之！"乃许鲁平，赦季孙。冬十月，出叔孙侨如而盟之，侨如奔齐。十二月，季孙及郤犨盟于扈。归，刺公子偃，召叔孙豹于齐而立之。
晋侯使郤至献楚捷于周。与单襄公语，骤称其伐。单子语诸大夫曰："温季其亡乎？位于七人之下，而求掩其上，怨之所聚，乱之本也。多怨而阶乱，何以在位？《夏书》曰：'怨岂在明？不见是图。'将慎其细也。今而明之，其可乎？" | |
| **成十七** | **成十七** | |
| 晋杀其大夫郤锜、郤犨、郤至。 | 晋范文子反自鄢陵，使其祝宗祈死，曰："君骄侈而克敌，是天益其疾也，难将作矣。爱我者惟祝我，使我速死，无及于难，范氏之福也。"六月戊辰，士燮卒。
晋厉公侈，多外嬖。反自鄢陵，欲尽去群大夫，而立其左右。胥童以胥克之废也，怨郤氏，而嬖于厉公。郤锜夺夷阳五田，五亦嬖于厉公。郤犨与长鱼矫争田，执而梏之，与其父母妻子同一辕。既，矫亦嬖于厉公。栾书怨郤至，以其不从己而败于楚师也，欲废之。使 | |

楚公子茷告公曰："此战也,郤至实召寡君,以东师之未至也,与军帅之不具也,曰:'此必败,吾因奉孙周以事君。'"公告栾书,书曰:"其有焉。不然,岂其死之不恤,而受敌使乎?君盍尝使诸周而察之?"郤至聘于周,栾书使孙周见之。公使觇之,信。遂怨郤至。

厉公田,与妇人先杀而饮酒,后使大夫杀。郤至奉豕,寺人孟张夺之,郤至射而杀之。公曰:"季子欺余。"

厉公将作难,胥童曰:"必先三郤,族大多怨。去大族不逼,敌多怨有庸。"公曰:"然。"郤氏闻之,郤锜欲攻公,曰:"虽死,君必危。"郤至曰:"人所以立,信、知、勇也。信不叛君,知不害民,勇不作乱。失兹三者,其谁与我?死而多怨,将安用之?君实有臣而杀之,其谓君何?我之有罪,吾死后矣。若杀不辜,将失其民,欲安,得乎?待命而已。受君之禄,是以聚党。有党而争命,罪孰大焉?"

壬午,胥童、夷羊五帅甲八百,将攻郤氏。长鱼矫请无用众,公使清沸魋助之,抽戈结衽,而伪讼者。三郤将谋于榭,矫以戈杀驹伯、苦成叔于其位。温季曰:"逃威也。"遂趋。矫及诸其车,以戈杀之。皆尸诸朝。

胥童以甲劫栾书、中行偃于朝,矫曰:"不杀二子,忧必及君。"公曰:"一朝而尸三卿,余不忍益也。"对曰:"人将忍君。臣闻乱在外为奸,在内为轨。御奸以德,御轨以刑。不施而杀,不可谓德。臣逼而不讨,不可谓刑。德、刑不立,奸、轨并至。臣请行。"遂出奔狄。公使辞于二子曰:"寡人有讨于郤氏,郤氏既伏其辜矣。大夫无辱,其复职位。"皆再拜稽首,曰:"君讨有罪,而免臣于死,君之惠也。二臣虽死,敢忘君德?"乃皆归。公使胥童为卿。

公游于匠丽氏,栾书、中行偃遂执

郤害伯宗,谮而杀之。韩献子曰:"郤氏其不免乎?善人,天地之纪也,而骤绝之,不亡何待?"

· 成十六年,郤至献捷于周,骤称其伐。单子语诸大夫曰:"温季其亡乎?位于七人之下,而求掩其上,怨之所聚,乱之本也。多怨而阶乱,何以在位?《夏书》曰:'怨岂其明?不见是图。'将慎其细也。今而明之,其可乎?"

	公焉。召士匄，士匄辞。召韩厥，韩厥辞，曰："昔吾畜于赵氏，孟姬之谗，吾能违兵。古人有言，曰：'杀老牛，莫之敢尸。'而况君乎？二三子不能事君，焉用厥也？" 闰月乙卯晦，栾书、中行偃杀胥童。民不与郤氏，胥童道君为乱，故皆书曰："晋杀其大夫。"	

晋栾书（前597—前573）

宣十二	宣十二	
楚子围郑。夏，六月乙卯，晋荀林父帅师及楚子战于邲，晋师败绩。	春，楚子围郑。夏六月，晋师救郑。荀林父将中军，先縠佐之。士会将上军，郤克佐之，赵朔将下军，栾书佐之。赵括、赵婴齐为中军大夫，巩朔、韩穿为上军大夫，荀首、赵同为下军大夫，韩厥为司马。 晋师在敖、鄗之间，郑皇戌使如晋师，曰："郑之从楚，社稷故也，未有贰心。楚师骤胜而骄，其师老矣，而不设备。子击之，郑师为承，楚师必败！"彘子曰："败楚服郑，于此在矣。必许之！"栾武子曰："楚自克庸以来，其君无日不讨国人而训之于民生之不易，祸至之无日，戒惧之不可以怠；在军，无日不讨军实而申儆之于胜之不可保，纣之百克而卒无后。训以若敖、蚡冒筚路蓝缕以启山林。箴之曰：'民生在勤，勤则不匮。'不可谓骄。先大夫子犯有言曰：'师直为壮，曲为老。'我则不德，而徼怨于楚。我曲楚直，不可谓老。其君之戎，分为二广，广有一卒，卒偏之两，右广初驾，数及日中；左则受之，以至于昏。内官序当其夜，以待不虞。不可谓无备。子良，郑之良也；师叔，楚之崇也。师叔入盟，子良在楚，楚、郑亲矣。来劝我战，我	栾武子，姬姓，名书，又称栾书、书、栾伯、武子等，晋卿栾盾之子，栾枝之孙。栾书宣十二年佐下军（晋楚邲之战），成二年将下军（晋齐鞌之战），成四年将中军，至成十八年卒。 栾氏为晋世代大族，其始祖栾叔当为靖侯之子（不见于《春秋》)。《左传》桓二年称栾宾为靖侯之孙，陈厚耀谓栾氏"食邑于栾，因以为氏"(《世族谱》)。桓二年栾宾傅于桓叔；栾宾之孙栾枝（贞子）僖二十七年将下军，受文公重任，在城濮之战中颇有功劳。栾枝之子栾盾于文十二年将下军。今列栾书来源世系如下（据顾栋高《世系表》):

	克则来，不克遂往，以我卜也。郑不可从！"赵括、赵同曰："率师以来，唯敌是求。克敌得属，又何俟？必从巘子。"知季曰："原、屏，咎之徒也。"赵庄子曰："栾伯善哉！实其言，必长晋国。"	世系	履历
		栾叔	见《世本》
		栾宾	桓二年傅曲沃桓叔
		栾共叔	桓三年曲沃武公擒获
		栾枝贞子	僖二十七年将下军，文五年卒
		栾盾	文十二年将下军
		栾书武子	宣十二年佐下军，成二年将下军，四年将中军
成二	成二		
六月癸酉，季孙行父、臧孙许、叔孙侨如、公孙婴齐帅师会晋郤克、卫孙良夫、曹公子首及齐侯战于鞌，齐师败绩。取汶阳田。	春，齐侯伐我北鄙，围龙。三日取龙。遂南侵及巢邱。卫侯使孙良夫、石稷、宁相、向禽将侵齐，与齐师遇。孙桓子还于新筑。不入，遂如晋乞师。臧宣叔亦如晋乞师，皆主郤献子。郤克将中军，士燮将上军，栾书将下军，韩厥为司马，以救鲁、卫。 晋师从齐师，入自丘舆。击马陉。 秋七月，晋师及齐国佐盟于爰娄，使齐人归我汶阳之田。晋师归，栾伯见，公亦如之，对曰："燮之诏也，士用命也，书何力之有焉？"		栾书为政期间战功赫赫，功劳卓著，与晋国其他政卿相比可谓凤毛麟角：成八年侵蔡伐楚，九年伐郑，十三年绝秦、败秦师，十六年击败楚师、郑师（鄢陵之战），又曾因宋华元克合晋、楚之成（成十一至十二年）。 我认为导致栾书一生取得巨大胜利的主要原因有二：一是有见识。从宣十二年、成十五年、成十六年栾书有关战争的言论，可以看出他对战争的战略及战术是十分清楚的。二是有知（知庄子，荀首）、韩（韩献子，韩厥）、
成四	成四		
郑伯伐许。	冬十一月，郑公孙申帅师疆许田，许人败诸展陂。郑伯伐许，取鉏任、泠敦之田。晋栾书将中军，荀首佐之，士燮佐上军，以救许伐郑。取汜、祭。楚子反救郑，郑伯与许男讼焉，皇戌摄郑伯之辞。子反不能决也，曰："君若辱在寡君，寡君与其二三臣共听两君之所欲，成其可知也。不然，侧不足以知二国之成。" 晋赵婴通于赵庄姬。		
成五	成五		
	春，原、屏放诸齐。婴曰："我在，故栾氏不作。我亡，吾二昆其忧哉！且人各有能，有不能，舍我何害？"弗听。祭之，之明日而亡。		
成六	成六		
楚公子婴齐帅师伐郑。晋栾书帅师救郑。	楚子重伐郑，郑从晋故也。晋栾书救郑，与楚师遇于绕角。楚师还，晋师遂侵蔡。楚公子申、公子成以		

	申、息之师救蔡，御诸桑隧。赵同、赵括欲战，请于武子，武子将许之。知庄子、范文子、韩献子谏曰："不可！吾来救郑，楚师去我，吾遂至于此，是迁戮也。戮而不已，又怒楚师，战必不克，虽克，不令。成师以出，而败楚之二县，何荣之有焉？若不能败，为辱已甚。不如还也。"乃遂还。于是军帅之欲战者众。或谓栾武子曰："圣人与众同欲，是以济事。子盍从众？子为大政，将酌于民者也。子之佐十一人，其不欲战者三人而已，欲战者可谓众矣。《商书》曰：'三人占，从二人。'众故也。"武子曰："善钧，从众。夫善，众之主也。三卿为主，可谓众矣。从之，不亦可乎？"	范（范文子，士燮）。三贤在，《左传》中屡赞栾书能从知、韩、范，其中栾书成六年关于从善与从众关系的论述尤其值得回味。襄十四年《左传》借士鞅之口说"武子之德在民"，襄二十一年栾盈称"书曾输力于王室"，都是对栾书一生业绩的评价。
成八	**成八**	但是，我们若因此而过高地评价栾书其人，而忽视栾氏一生的许多缺点，那就大错特错了。其实栾书一生在外交、内政及为人方面都有许多不足之处，这些不足似乎都与栾氏的性格有关：
晋栾书帅师侵蔡。	晋栾书侵蔡，遂侵楚，获申骊。楚师之还也，晋侵沈，获沈子揖，初从知、范、韩也。君子曰："从善如流，宜哉！《诗》曰：'恺悌君子，遐不作人？'求善也夫！作人，斯有功绩矣。"是行也，郑伯将会晋师，门于许东门，大获焉。 夏，晋赵庄姬为赵婴之亡故，谮之于晋侯，曰："原、屏将为乱。"栾、郤为征。六月，晋讨赵同、赵括。武从姬氏畜于公宫，以其田与祁奚。韩厥言于晋侯曰："成季之勋，宣孟之忠，而无后，为善者其惧矣。三代之令王，皆数百年保天之禄。夫岂无辟王？赖前哲以免也。《周书》曰：'不敢侮鳏寡。'所以明德也。"乃立武，而反其田焉。	首先，在处理与列国的关系上，栾书一生奉行的主要是以力服人，而非以德服人。也正因如此，在处理郑、鲁、曹等国关系上并不成功，反而给晋国带来了许多麻烦。成八年，晋侯使韩穿来言汶阳之田，归之于齐，次年诸侯即有叛心。成九至十年执郑伯、杀郑人，郑国为晋、楚多年争夺焦点，
成九	**成九**	
公会晋侯、齐侯、宋公、卫侯、郑伯、曹伯、莒子、杞伯，同盟于蒲。	楚人以重赂求郑，郑伯会楚公子成于邓。 秋，郑伯如晋，晋人讨其贰于楚也，执诸铜鞮。 栾书伐郑，郑人使伯蠲行成，晋	

283

晋栾书帅师伐郑。秦人、白狄伐晋。	人杀之，非礼也。兵交，使在其间可也。楚子重侵陈以救郑。 秦人、白狄伐晋，诸侯贰故也。 郑人围许，示晋不急君也。是则公孙申谋之，曰："我出师以围许，为将改立君者，而纾晋使，晋必归君。"	晋侯、栾书在处理与郑国的关系上不能柔服而一味诉诸武力，为郑人所不耻，导致郑国从此长期不睦于晋。故成十六年鄢陵之战楚、郑虽败，但郑人不服，次年郑人又侵晋。栾书在位期间，晋、楚争郑达到了白热化地步，几乎年年兴兵，而终不能如愿。同时他又兴兵伐秦、伐楚、侵蔡，从其"不可以当吾世而失诸侯"（成十六）之语，即可看出栾书贪求武功。此外，传载成十三年晋侯强见孙林父；十五年晋侯执曹伯，次年曹人请于晋；十六年晋侯听谮言而执季孙，都表明晋侯、栾书以势压人，不懂怀柔之道，这与后来的知武子相比，相差远矣。 其次，在处理内政方面，栾书过分看重个人名位，由于不能存大义、忘小耻，不能一切以国家利益为重，而是将个人名位看得比国家大局更重。在他为政期间晋国发生的几场
成十	**成十**	
春，卫侯之弟黑背帅师侵郑。五月，公会晋侯、齐侯、宋公、卫侯、曹伯伐郑。秋，七月，公如晋。	卫子叔黑背侵郑，晋命也。 郑公子班闻叔申之谋。三月，子如立公子繻。夏四月，郑人杀繻，立髡顽，子如奔许。栾武子曰："郑人立君，我执一人焉，何益？不如伐郑而归其君，以求成焉。"晋侯有疾。五月，晋立太子州蒲以为君，而会诸侯伐郑。郑子罕赂以襄钟，子然盟于修泽，子驷为质。辛巳，郑伯归。 秋，公如晋，晋人止公，使逆葬。于是籴茷未反。冬，葬晋景公。公送葬，诸侯莫在。鲁人辱之，故不书，讳之也。	
成十一	**成十一**	
	宋华元善于令尹子重，又善于栾武子。闻楚人既许晋籴茷成，而使归复命矣。冬，华元如楚，遂如晋，合晋、楚之成。	
成十二	**成十二**	
夏，公会晋侯、卫侯于琐泽。	宋华元克合晋楚之成。夏五月，晋士燮会楚公子罢、许偃。癸亥，盟于宋西门之外，曰："凡晋、楚，无相加戎。好恶同之，同恤菑危，备救凶患。若有害楚，则晋伐之；在晋，楚亦如之。交贽往来，道路无壅，谋其不协而讨不庭。有渝此盟，明神殛之！俾队其师，无克胙国！"郑伯如晋听成。会于琐泽，成故也。晋郤至如楚聘，且莅盟。楚子享之，子反相。为地室而县焉。冬，楚公子罢如晋聘，且莅盟。十二月，晋侯及楚公子罢盟于赤棘。	

成十三	成十三	
夏五月，公自京师，遂会晋侯、齐侯、宋公、卫侯、郑伯、曹伯、邾人、滕人伐秦。	三月，公如京师。公及诸侯朝王，遂从刘康公、成肃公会晋侯伐秦。夏四月戊午，晋侯使吕相绝秦，曰："昔逮我献公及穆公相好，戮力同心，申之以盟誓，重之以昏姻。天祸晋国，文公如齐，惠公如秦。无禄，献公即世，穆公不忘旧德，俾我惠公用能奉祀于晋，又不能成大勋，而为韩之师。亦悔于厥心，用集我文公，是穆之成也。文公躬擐甲胄，跋履山川，逾越险阻，征东之诸侯，虞夏商周之胤，而朝诸秦，则亦既报旧德矣。郑人怒君之疆场，我文公帅诸侯及秦围郑。秦大夫不询于我寡君，擅及郑盟，诸侯疾之，将致命于秦。文公恐惧，绥静诸侯，秦师克还无害，则是我有大造于西也。无禄，文公即世，穆为不吊，蔑死我君，寡我襄公，迭我殽地，奸绝我好，伐我保城，殄灭我费滑，散离我兄弟，扰乱我同盟，倾覆我国家。我襄公未忘君之旧勋，而惧社稷之陨，是以有殽之师。犹愿赦罪于穆公，穆公弗听，而即楚谋我。天诱其衷，成王陨命，穆公是以不克逞志于我。穆、襄即世，康、灵即位。康公，我之自出，又欲阙剪我公室，倾覆我社稷，帅我蟊贼，以来荡摇我边疆，我是以有令狐之役。康犹不悛，入我河曲，伐我涑川，俘我王官，翦我羁马，我是以有河曲之战。东道之不通，则是康公绝我好也。及君之嗣也，我君景公，引领西望曰：'庶抚我乎！'君亦不惠称盟，利吾有狄难，入我河县，焚我箕郜，芟夷我农功，虔刘我边陲，我是以有辅氏之聚。君亦悔祸之延，而欲徼福于先君献、穆，使伯车来命我景公曰：'吾与女同好弃恶，复修旧德，以追念前勋。'言誓未就，景公即世，	内乱，他都有不可推卸的责任。成八年，赵庄姬谮于晋侯曰："原、屏将为乱。"栾、郤为征。这导致晋国派兵讨伐赵氏（栾氏与赵氏相怨还可见于成二年赵婴之言）。成十六年，栾书怨郤至不听于己而胜楚师，竟至设计陷害郤氏。鄢陵之战前夕，栾书急于求战，而范文子则认识到晋国内政危机四伏，内患重于外忧。两人相比，境界差若天壤。在次年爆发的巨大内乱中，栾书虽也是受害者，但他终于不惜弑君以卫己。尽管这场内乱不是栾氏直接发起，但栾书陷害郤至起到了关键作用。身为执政，可以说罪责难逃。 最后，从栾书在处理上述一系列内政事务上的方式，可以看出栾书为人胸怀是相当狭隘的。尽管他能听得进知、韩、范之言，但却因郤至不从而对他怀恨在心。成八年赵氏之难中，他可以因为个人之怨不惜弄虚作假，公报

	我寡君是以有令狐之会。君又不祥，背盟弃誓。白狄及君同州，君之仇雠，而我之昏姻也。君来赐命，曰：'吾与女伐狄。'寡君不敢顾昏姻，畏君之威而受命于吏。君有二心于狄，曰：'晋将伐女。'狄应且憎，是用告我。楚人恶君之二三其德也，亦来告我，曰：'秦背令狐之盟而来求盟于我，昭告昊天上帝，秦三公、楚三王，曰：余虽与晋出入，余唯利是视。不毂恶其无成德，是用宣之，以惩不壹。'诸侯备闻此言，斯是用痛心疾首，暱就寡人。寡人帅以听命，唯好是求。君若惠顾诸侯，矜哀寡人，而赐之盟，则寡人之愿也，其承宁诸侯以退，岂敢徼乱？君若不施大惠，寡人不佞，其不能以诸侯退矣。敢尽布之执事，俾执事实图利之！" 秦桓公既与晋厉公为令狐之盟，而又召狄与楚，欲道以伐晋，诸侯是以睦于晋。晋栾书将中军，荀庚佐之；士燮将上军，郤锜佐之；韩厥将下军，荀罃佐之；赵旃将新军，郤至佐之。郤毅御戎，栾鍼为右。孟献子曰："晋帅乘和，师必有大功。"五月丁亥，晋师以诸侯之师及秦师战于麻隧，秦师败绩，获秦成差及不更女父。曹宣公卒于师。师遂济泾，及侯丽而还。迓晋侯于新楚。成肃公卒于瑕。	私仇。栾书听得进知、韩、范之言，也许是因为知道知、韩、范之贤，并无害己之心。是否可以说栾书在为人方面的心胸狭隘等弱点后来传给了他的儿子栾黡并最终导致栾氏被灭的命运呢？在襄二十一至二十三年的栾、范之乱中，栾黡因汰虐自用而得罪了范氏，范宣子逐栾盈，晋卿当中只有魏氏与栾氏相善，赵氏、韩氏、知氏、中行氏等皆与栾氏不善，而他们之所以与栾氏不善，显然与栾书为政期间的所作所为有一定关系，这是导致范氏敢于对栾氏动斩尽杀绝之心的重要原因。栾书的为人终于在栾盈身上结出了恶果，并导致晋国栾氏之灭，这难道不令人深思吗？ 又：栾书在位期间，与楚争郑达到白热化。这里最值得思考的是，尽管栾书率诸侯于成十六年击败楚师和郑师，但是郑国并未因此而听命于晋国。相反，郑国却
成十五 楚子伐郑。	**成十五** 夏六月，楚将北师，子襄曰："新与晋盟而背之，无乃不可乎？"子反曰："敌利则进，何盟之有？"申叔时老矣，在申，闻之曰："子反必不免！信以守礼，礼以庇身，信礼之亡，欲免得乎？"楚子侵郑，及暴隧，遂侵卫，及首止。郑子罕侵楚，取新石。栾武子欲报楚，韩献子曰："无庸，使重其罪，民将叛之。无民，孰战？" 十一月，会吴于钟离，始通吴也。	

成十六	成十六
晋侯使栾黡来乞师。甲午晦，晋侯及楚子、郑伯战于鄢陵，楚子、郑师败绩。秋，公会晋侯、齐侯、卫侯、宋华元、邾人于沙随，不见公。公至自会。公会尹子、晋侯、齐国佐、邾人伐郑。九月，晋人执季孙行父，舍之于苕丘。	春，楚子自武城使公子成，以汝阴之田求成于郑。郑叛晋，子驷从楚子盟于武城。郑子罕伐宋。卫侯伐郑，至于鸣雁，为晋故也。 晋侯将伐郑。范文子曰："若逞吾愿，诸侯皆叛，晋可以逞。若唯郑叛，晋国之忧，可立俟也。"栾武子曰："不可以当吾世而失诸侯，必伐郑！"乃兴师。栾书将中军，士燮佐之；郤锜将上军，荀偃佐之；韩厥将下军，郤至佐新军，荀罃居守。郤犨如卫，遂如齐，皆乞师焉。栾黡来乞师，孟献子曰："有胜矣。"戊寅，晋师起。郑人闻有晋师，使告于楚，姚句耳与往。楚子救郑。司马将中军，令尹将左，右尹子辛将右。五月，晋师济河。闻楚师将至，范文子欲反，曰："我伪逃楚，可以纾忧。夫合诸侯，非吾所能也，以遗能者。我若群臣辑睦以事君，多矣。"武子曰："不可。"六月，晋、楚遇于鄢陵。范文子不欲战，郤至曰："韩之战，惠公不振旅。箕之役，先轸不反命。邲之师，荀伯不复从。皆晋之耻也。子亦见先君之事矣。今我辟楚，又益耻也。"文子曰："吾先君之亟战也，有故。秦、狄、齐、楚皆强，不尽力，子孙将弱。今三强服矣。敌，楚而已。惟圣人能外内无患。自非圣人，外宁必有内忧，盍释楚以为外惧乎？" 甲午晦，楚晨压晋军而陈，军吏患之。范匄趋进，曰："塞井夷灶，陈于军中，而疏行首。晋、楚惟天所授，何患焉？"文子执戈逐之，曰："国之存亡，天也，童子何知焉？"栾书曰："楚师轻窕，固垒而待之，三日必退。退而击之，必获胜焉。"郤至曰："楚有六间，不可失也。其二卿相恶，王卒以旧，郑陈而不整，蛮

敢于同年及次年两度兴兵讨晋，这显然是由于栾氏执行以力服人政策所致。这与僖二十八年城濮之战、宣十二年邲之战及成二年鞌之战不同，后者一战服众国。

军而不陈，陈不违晦，在陈而嚣。合而加嚣，各顾其后，莫有斗心，旧不必良，以犯天忌，我必克之。"

有淖于前，乃皆左右相违于淖。步毅御晋厉公，栾鍼为右。彭名御楚共王，潘党为右。石首御郑成公，唐苟为右。栾、范以其族夹公行。陷于淖，栾书将载晋侯，鍼曰："书退。国有大任，焉得专之？且侵官，冒也；失官，慢也；离局，奸也。有三罪焉，不可犯也。"乃掀公以出于淖。癸巳，潘尫之党与养由基蹲甲而射之，彻七札焉。以示王，曰："君有二臣如此，何忧于战？"王怒曰："大辱国。诘朝，尔射，死艺。"吕锜梦射月，中之，退入于泥。占之，曰："姬姓，日也；异姓，月也，必楚王也。射而中之，退入于泥，亦死矣。"及战，射共王中目。王召养由基，与之两矢，使射吕锜，中项，伏弢。以一矢复命。郤至三遇楚子之卒，见楚子，必下，免胄而趋风。楚子使工尹襄问之以弓。曰："方事之殷也，有韎韦之跗注，君子也。识见不谷而趋，无乃伤乎？"郤至见客，免胄承命曰："君之外臣至，从寡君之戎事，以君之灵，间蒙甲胄，不敢拜命，敢告不宁，君命之辱。为事之故，敢肃使者。"三肃使者而退。栾鍼见子重之旌，请曰："楚人谓夫旌，子重之麾也。彼其子重也。日臣之使于楚也，子重问晋国之勇，臣对曰：'好以众整。'曰：'又何如？'臣对曰：'好以暇。'今两国治戎，行人不使，不可谓整，临事而食言，不可谓暇。"请摄饮焉。公许之。使行人执榼承饮，造于子重，曰："寡君乏使，使鍼御持矛，是以不得犒从者。使某摄饮。"子重曰："夫子尝与吾言于楚，必是故也。不亦识乎？"受而饮之。

免使者而复鼓。

晋入楚军，三日谷。范文子立于戎马之前，曰："君幼，诸臣不佞，何以及此？君其戒之！《周书》曰：'惟命不于常。'有德之谓。"

战之日，齐国佐、高无咎至于师。卫侯出于卫，公出于坏隤。

秋，会于沙随，谋伐郑也。七月，公会尹武公及诸侯伐郑。诸侯之师次于郑西，我师次于督扬，不敢过郑。子叔声伯使叔孙豹请逆晋师，为食于郑郊。师逆以至。诸侯迁于制田。知武子佐下军，以诸侯之师侵陈，至于鸣鹿，遂侵蔡。未反，诸侯迁于颍上。戊午，郑子罕宵军之，宋、齐、卫皆失军。

宣伯使告郤犨曰："鲁之有季、孟，犹晋之有栾、范也，政令于是乎成。今其谋曰：'晋政多门，不可从也。宁事齐、楚，有亡而已，蔑从晋矣！'若欲得志于鲁，请止行父而杀之，我毙蔑也，而事晋，蔑有贰矣。鲁不贰，小国必睦。不然，归必叛矣。"九月，晋人执季文子于苕丘。公还，待于郓。使子叔声伯请季孙于晋。郤犨曰："苟去仲孙蔑而止季孙行父，吾与子国，亲于公室。"对曰："侨如之情，子必闻之矣。若去蔑与行父，是大弃鲁国而罪寡君也。若犹不弃，而惠徼周公之福，使寡君得事晋君，则夫二人者，鲁国社稷之臣也。若朝亡之，鲁必夕亡。以鲁之密迩仇雠，亡而为雠，治之何及？"郤犨曰："吾为子请邑。"对曰："婴齐，鲁之常隶也，敢介大国以求厚焉？承寡君之命以请。若得所请，吾子之赐多矣，又何求？"范文子谓栾武子曰："季孙于鲁，相二君矣。妾不衣帛，马不食粟，可不谓忠乎？信谗慝而弃忠良，若诸侯何？子叔婴齐奉君命无

	私，谋国家不贰，图其身不忘其君。若虚其请，是弃善人也。子其图之！"乃许鲁平，赦季孙。冬十月，出叔孙侨如而盟之，侨如奔齐。十二月，季孙及郤犨盟于扈。归，刺公子偃，召叔孙豹于齐而立之。	
成十七	成十七	
春，卫北宫括帅师侵郑。夏，公会尹子、单子、晋侯、齐侯、宋公、卫侯、曹伯、邾人伐郑。六月乙酉，同盟于柯陵。秋，公至自会。晋侯使荀罃来乞师。冬，公会单子、晋侯、宋公、卫侯、曹伯、齐人、邾人伐郑。十有一月，公至自伐郑。晋杀其大夫郤锜、郤犨、郤至。	春，王正月，郑子驷侵晋虚、滑。卫北宫括救晋，侵郑，至于高氏。夏，五月，郑大子髡顽、侯獳为质于楚，楚公子成、公子寅戍郑。公会尹武公、单襄公及诸侯伐郑，自戏童至于曲洧。 晋范文子反自鄢陵，使其祝宗祈死，曰："君骄侈而克敌，是天益其疾也，难将作矣。爱我者惟祝我，使我速死，无及于难，范氏之福也。"六月戊辰，士燮卒。 乙酉，同盟于柯陵，寻戚之盟也。楚子重救郑，师于首止，诸侯还。冬，诸侯伐郑。十月庚午，围郑。楚公子申救郑，师于汝上。十一月，诸侯还。 晋厉公侈，多外嬖。反自鄢陵，欲尽去群大夫，而立其左右。胥童以胥克之废也，怨郤氏，而嬖于厉公。郤锜夺夷阳五田，五亦嬖于厉公。郤犨与长鱼矫争田，执而梏之，与其父母妻子同一辕。既，矫亦嬖于厉公。栾书怨郤至，以其不从己而败于楚师也，欲废之。使楚公子茷告公曰："此战也，郤至实召寡君，以东师之未至也，与军帅之不具也，曰：'此必败，吾因奉孙周以事君。'"公告栾书，书曰："其有焉。不然，岂其死之不恤，而受敌使乎？君盍尝使诸周而察之？"郤至聘于周，栾书使孙周见之。公使觇之，信。遂怨郤至。 厉公田，与妇人先杀而饮酒，后使大夫杀。郤至奉豕，寺人孟张夺之，	

290

郤至射而杀之。公曰："季子欺余。"

厉公将作难，胥童曰："必先三郤，族大多怨。去大族不逼，敌多怨有庸。"公曰："然。"郤氏闻之，郤锜欲攻公，曰："虽死，君必危。"郤至曰："人所以立，信、知、勇也。信不叛君，知不害民，勇不作乱。失兹三者，其谁与我？死而多怨，将安用之？君实有臣而杀之，其谓君何？我之有罪，吾死后矣。若杀不辜，将失其民，欲安，得乎？待命而已。受君之禄，是以聚党。有党而争命，罪孰大焉？"

壬午，胥童、夷羊五帅甲八百将，攻郤氏。长鱼矫请无用众，公使清沸魋助之，抽戈结衽，而伪讼者。三郤将谋于榭。矫以戈杀驹伯、苦成叔于其位。温季曰："逃威也。"遂趋。矫及诸其车，以戈杀之。皆尸诸朝。

胥童以甲劫栾书、中行偃于朝，矫曰："不杀二子，忧必及君。"公曰："一朝而尸三卿，余不忍益也。"对曰："人将忍君。臣闻乱在外为奸，在内为轨。御奸以德，御轨以刑。不施而杀，不可谓德。臣逼而不讨，不可谓刑。德、刑不立，奸轨并至。臣请行。"遂出奔狄。公使辞于二子曰："寡人有讨于郤氏，郤氏既伏其辜矣。大夫无辱，其复职位。"皆再拜稽首，曰："君讨有罪，而免臣于死，君之惠也。二臣虽死，敢忘君德？"乃皆归。公使胥童为卿。

公游于匠丽氏，栾书、中行偃遂执公焉。召士匄，士匄辞。召韩厥，韩厥辞，曰："昔吾畜于赵氏，孟姬之谗，吾能违兵。古人有言，曰：'杀老牛莫之敢尸。'而况君乎？二三子不能事君，焉用厥也？"

闰月乙卯晦，栾书、中行偃杀胥童。民不与郤氏，胥童道君为乱，故皆书曰："晋杀其大夫。"

成十八	成十八	顾栋高谓成十八年栾书卒，韩厥代将中军。(《大事表·春秋晋中军表》)卷二十二)
春，王正月，晋杀其大夫胥童。庚申，晋弑其君州蒲。公如晋。公至自晋。	春，王正月庚申，晋栾书、中行偃使程滑弑厉公，葬之于翼东门之外，以车一乘。使荀罃、士鲂逆周子于京师而立之，生十四年矣。大夫逆于清原，周子曰："孤始愿不及此。虽及此，岂非天乎？抑人之求君，使出命也。立而不从，将安用君？二三子用我今日，否亦今日。共而从君，神之所福也。"对曰："群臣之愿也，敢不惟命是听。"庚午，盟而入，馆于伯子同氏。辛巳，朝于武宫。逐不臣者七人。周子有兄而无慧，不能辨菽麦，故不可立。 冬十一月，楚子重救彭城，伐宋。宋华元如晋告急，韩献子为政，曰："欲求得人，必先勤之。成霸安疆，自宋始矣。"晋侯师于台谷以救宋，遇楚师于靡角之谷。楚师还。	
襄十四	襄十四	注"书能输力于王室"（襄二十一年）：成十一至十二年，周公出奔晋；成十一年晋郤至与周争鄇田，晋侯使郤至勿敢争。成十三年，晋侯及诸侯朝王，遂从刘康公、成肃公伐秦。成十六年，公会尹子、晋侯、齐国佐、邾人伐郑；同年晋侯使郤至献捷于周。成十七年夏，公会尹子、单子、晋侯、齐侯、宋公、卫侯、曹伯、邾人伐郑。六月乙酉，同盟于柯陵。同年冬，公会单子、晋侯、宋公、卫侯、曹伯、齐人、邾人伐郑。
	士鞅奔秦。秦伯问于士鞅曰："晋大夫其谁先亡？"对曰："其栾氏乎！"秦伯曰："以其汰乎？"对曰："然。栾黡汰虐已甚，犹可以免。其在盈乎？"秦伯曰："何故？"对曰："武子之德在民，如周人之思召公焉，爱其甘棠，况其子乎？栾黡死，盈之善未能及人，武子所施没矣，而黡之怨实章，将于是乎在。"秦伯以为知言，为之请于晋而复之。	
襄二十一	襄二十一	
秋，晋栾盈出奔楚。	栾盈过于周，周西鄙掠之。辞于行人曰："天子陪臣盈，得罪于王之守臣，将逃罪。罪重于郊甸，无所伏窜，敢布其死。昔陪臣书能输力于王室，王施惠焉。其子黡不能保任其父之劳，大君若不弃书之力，亡臣犹有所逃。若弃书之力，而思黡之罪，臣，戮余也，将归死于尉氏，不敢还矣。敢布四体，惟大君命焉。"王曰：	

"尤而效之，其又甚焉。"使司徒禁掠栾氏者，归所取焉，使候出诸轘辕。

宋华元（前611—前568）

| 文十六 冬，十有一月，宋人弑其君杵臼。 | 文十六 宋公子鲍礼于国人。宋饥，竭其粟而贷之。年自七十以上，无不馈诒也，时加羞珍异。无日不数于六卿之门。国之材人，无不事也。亲自桓以下，无不恤也。公子鲍美而艳，襄夫人欲通之，而不可，夫人助之施。昭公无道，国人奉公子鲍以因夫人。于是华元为右师，公孙友为左师，华耦为司马，鳞为司徒，荡意诸为司城，公子朝为司寇。
初，司城荡卒，公孙寿辞司城，请使意诸为之。既而告人曰："君无道，吾官近，惧及焉。弃官，则族无所庇。子，身之贰也，姑纾死焉。虽亡子，犹不亡族。"
既，夫人将使公田孟诸而杀之。公知之，尽以宝行。荡意诸曰："盍适诸侯？"公曰："不能其大夫至于君祖母以及国人。诸侯谁纳我？且既为人君，而又为人臣，不如死。"尽以其宝赐左右以使行。夫人使谓司城去公。对曰："臣之而逃其难，若后君何？"
冬，十一月甲寅，宋昭公将田孟诸。未至，夫人王姬使帅甸攻杀之。荡意诸死之。书曰："宋人弑其君杵臼。"君无道也。文公即位，使母弟须为司城。华耦卒，而使荡虺为司马。 | 宋国春秋时期一直是典型的公族当权，公族又分为戴族、庄族、桓族、文族、武族、穆族等，而以戴族、桓族最大。戴族出自宋戴公（戴公在春秋前），又分为四支：华氏、乐氏、皇氏、老氏。其中华氏、乐氏长期执掌国政。今综合顾栋高《大事表》、陈厚耀《世族谱》列华氏世系人物如下（附例见年及职位）： |
| 文十七 春，晋人、卫人、陈人、郑人伐宋。诸侯会于扈。 | 文十七 春，晋荀林父、卫孔达、陈公孙宁、郑石楚伐宋，讨曰："何故弑君？"犹立文公而还。卿不书，失其所也。
晋侯蒐于黄父，遂复合诸侯于扈，平宋也。公不与会，齐难故也。书曰"诸侯"，无功也。 | |

宋戴公 春秋前		
好父说 春秋前		
华父督 桓二太宰		
世子家	[缺]	[缺]
华御事 文七司寇	（秀老）	华椒 宣十二
华元 文十六右师	（司徒郑）	华耦 文九司马

文十八	文十八 宋武氏之族道昭公子，将奉司城须以作乱。十二月，宋公杀母弟须及昭公子，使戴、庄、桓之族攻武氏于司马子伯之馆，遂出武、穆之族。使公孙师为司城。公子朝卒，使乐吕为司寇，以靖国人。	华弱 襄六司武 华定 襄二十九 华喜 成十五司徒 华阅 襄九右官 华臣 襄九司徒 华费遂 昭四司马 华启 华定子昭二十 华皋比 襄十七 华合比 昭二十少司寇 华牼 昭六 华亥 昭二十 华吴 襄十七系未详 （上三人系未详） 华貙 昭二十一少司马 华多僚 昭二十 华登 昭二十一 华妵 昭二十一 华豹 昭二十一御士 （上二人系费遂子）
宣元	宣元 宋人之弑昭公也，晋荀林父以诸侯之师伐宋。宋及晋平。宋文公受盟于晋。	
宣二 春，王二月壬子，宋华元帅师及郑公子归生战于大棘。宋师败绩，获宋华元。	宣二 春，郑公子归生受命于楚，伐宋。宋华元、乐吕御之。二月壬子，战于大棘。宋师败绩。囚华元、获乐吕及甲车四百六十乘，俘二百五十人，馘百人。将战，华元杀羊食士，其御羊斟不与。及战，曰："畴昔之羊，子为政；今日之事，我为政。"与入郑师，故败。君子谓："羊斟，非人也。以其私憾，败国殄民，于是刑孰大焉？《诗》所谓'人之无良'者，其羊斟之谓乎？残民以逞。" 宋人以兵车百乘、文马百驷以赎华元于郑。半入，华元逃归。立于门外，告而入。见叔牂，曰："子之马然也？"对曰："非马也，其人也。"既合而来奔。 宋城，华元为植，巡功，城者讴曰："睅其目，皤其腹，弃甲而复。于思于思，弃甲复来。"使其骖乘谓之曰："牛则有皮，犀兕尚多，弃甲则那？"役人曰："从其有皮，丹漆若何？"华元曰："去之！夫其口众我寡。"	（上表：人物世系多据杜注、孔疏及所引《世本》，然顾、陈之表偶有冲突，故所列未必全对。系未详者仅根据出现年代列入。《世本》以世子家生秀老。秀老、司徒郑不见《春秋》经、传。） 华元，又称元，华氏等。宋戴公之后，与华耦同为华督曾孙（顾栋高《大事表·世系表》）。华元之父华御事文七年为司寇。 华元文十七年（宋文公元）至襄五年（宋平公八）期间为右师，即宋国执
宣三 宋师围曹。	宣三 宋文公即位三年，杀母弟须及昭公子，武氏之谋也。使戴、桓之族攻武氏于司马子伯之馆，尽逐武、穆之族。武、穆之族以曹师伐宋。秋，宋师围曹，报武氏之乱也。	

宣九	**宣九**	政。华元历事宋文公、宋共公、宋平公，凡40年（顾栋高《大事表·春秋宋执政表》）。
九月，晋侯、宋公、卫侯、郑伯、曹伯会于扈。晋荀林父帅师伐陈。宋人围滕。	会于扈，讨不睦也。陈侯不会，晋荀林父以诸侯之师伐陈。晋侯卒于扈，乃还。 冬，宋人围滕，因其丧也。	
宣十	**宣十**	华元一生之事可分为以下几方面：一是宋昭公、文公之争；二是事晋、和鲁（成四、五、八、九）；三是合晋、楚之成（成十一、十二）；四是平桓族之乱（成十五年至襄元年）。
六月，宋师伐滕。晋人、宋人、卫人、曹人伐郑。	滕人恃晋而不事宋。六月，宋师伐滕。	
宣十一	**宣十一**	
	左尹子重侵宋，王待诸郔。	
宣十二	**宣十二**	文十六年，宋公子鲍因昭公之弑即位，是为宋文公。昭、文之争对宋国内政影响较大，其效应延续到宣三年。戴、庄、桓三族在昭、文之争中站在文公（即公子鲍）一边，宋文公利用他们逐武、穆之族，除昭公余党。华氏为戴族，华元则于文公即位之前即已为右师，文公即位后多年不变。据此我认为《左传》虽未直接记载华元在这场内乱中的所作所为，但从传文中亦可看出，华元是文公同党，且可能因此深得文公信任。华元之所以能历事三君达40年之久，与宋文公对他的信
冬，十有二月戊寅，楚子灭萧。晋人、宋人、卫人、曹人同盟于清丘。宋师伐陈，卫人救陈。	冬，楚子伐萧，宋华椒以蔡人救萧。萧人囚熊相宜僚及公子丙。王曰："勿杀！吾退。"萧人杀之。王怒，遂围萧，萧溃。 晋原縠、宋华椒、卫孔达、曹人同盟于清丘，曰："恤病讨贰。"于是卿不书，不实其言也。 宋为盟故，伐陈。卫人救之。	
宣十三	**宣十三**	
夏，楚子伐宋。	夏，楚子伐宋，以其救萧故也。君子曰："清丘之盟，惟宋可以免焉。"	
宣十四	**宣十四**	
秋，九月，楚子围宋。	楚子使申舟聘于齐，曰："无假道于宋。"亦使公子冯聘于晋，不假道于郑。申舟以孟诸之役恶宋，曰："郑昭宋聋，晋使不害，我则必死！"王曰："杀女，我伐之！"见犀而行。及宋，宋人止之。华元曰："过我而不假道，鄙我也。鄙我，亡也。杀其使者，必伐我，伐我，亦亡也。亡，一也。"乃杀之。楚子闻之，投袂而起，屦及于窒皇，剑及于寝门之外，车及于蒲胥之市。秋，九月，楚子围宋。	

	孟献子言于公曰："臣闻小国之免于大国也，聘而献物，于是有庭实旅百；朝而献功，于是有容貌采章嘉淑，而有加货，谋其不免也。诛而荐贿，则无及也。今楚在宋，君其图之！"	任及提拔有关，亦给他在宋国的发展打下了基础。宣二年，宋、郑交兵，华元身为元帅而被擒，宋人以兵车百
宣十五	**宣十五**	乘、文马百驷赎华元于郑，事后毫无责罚之意。成二年，宋文公卒，华元、乐举厚葬之，左氏讥二人"生纵其惑，死又益其侈"，可见华元对文公态度。成五年，宋公子围龟欲杀华元，宋共公杀之。宋君对华元的信任是他能长期为政于宋的主要原因。
春，公孙归父会楚子于宋。夏，五月，宋人及楚人平。	春，公孙归父会楚子于宋。 宋人使乐婴齐告急于晋。晋侯欲救之，伯宗曰："不可。古人有言曰：'虽鞭之长，不及马腹。'天方授楚，未可与争。虽晋之强，能违天乎？谚曰：'高下在心。'川泽纳汙，山薮藏疾，瑾瑜匿瑕，国君含垢，天之道也。君其待之！"乃止。使解扬如宋，使无降楚，曰："晋师悉起，将至矣。"郑人囚而献诸楚。楚子厚赂之，使反其言，不许。三而许之。登诸楼车，使呼宋而告之，遂致其君命。楚子舍之以归。 夏，五月，楚师将去宋，申犀稽首于王之马前，曰："毋畏知死而不敢废王命。王弃言焉？"王不能答。申叔时仆，曰："筑室，反耕者，宋必听命。"从之。宋人惧，使华元夜入楚师，登子反之床，起之曰："寡君使元以病告，曰：'敝邑易子而食，析骸以爨；虽然，城下之盟，有以国毙，不能从也。去我三十里，惟命是听。'"子反惧，与之盟而告王。退三十里，宋及楚平。华元为质。盟曰："我无尔诈，尔无我虞！"	
		另一方面，华元为政，对于宋国亦可谓忠肝义胆。宣十五年，楚师围宋，宋国国将不国，华元夜入楚军，登子反之床，成宋、楚之和，并以己身为质于楚，可谓义矣！成十五年，宋国发生桓族之乱，华元平之，五大夫出逃而无责华元之意，尤其是鱼石止华元，令其讨荡泽，谓华元"多大功，国人与之"。华元在宋国的威望可见一斑。 华元为政于宋国，在外交上很有
成二	**成二**	
八月壬午，宋公鲍卒。	八月，宋文公卒。始厚葬，用蜃炭，益车马，始用殉，重器备。椁有四阿，棺有翰桧。君子谓华元、乐举于是乎不臣。臣，治烦去惑者也，是以伏死而争。今二子者，君生则纵其惑，死又益其侈，是弃君于恶也，何臣之为？	

成三	成三	特色，这就是坚定不移地站在晋国一边，不畏强楚，不见利忘义；为之伐郑，为之伐陈，为之见伐于楚，并到了国将不国的地步。自宣元年宋文公受盟于晋以后，直至襄三年，宋国在晋、楚争郑及晋国的一系列会盟征伐中，坚定地支持晋国，只有宣十五至成二年楚子围宋、晋人不能救、宋人在亡国关头平于楚时例外。 此间最值得一提的是，在宣十二年晋、楚邲之战中晋师败绩、列国纷纷叛晋即楚以后，宋仍与晋、曹、卫为清丘之盟，同时为晋救萧，为晋伐陈。此时卫国已经动摇，鲁国欲通于楚，独宋国遭楚伐却杀楚使，致楚子为宋大肆兴兵。"清丘之盟，惟宋可以免焉"（宣十三）。宋之忠于晋，真可谓至矣！ 此外从《左传》中的记载可以看出，成四、五、八、九年之间，宋国多次聘鲁，宋、鲁关系非比寻常，估计宋
春，王正月，公会晋侯、宋公、卫侯、曹伯伐郑。	春，诸侯伐郑，次于伯牛，讨邲之役也。遂东侵郑。郑公子偃帅师御之，使东鄙覆诸鄤，败诸丘舆。皇戌如楚献捷。	
成四	成四	
春，宋公使华元来聘。	春，宋公使华元来聘，通嗣君也。	
成五	成五	
仲孙蔑如宋。十有二月己丑，公会晋侯、齐侯、宋公、卫侯、郑伯、曹伯、邾子、杞伯，同盟于虫牢。	孟献子如宋，报华元也。 宋公子围龟为质于楚而归，华元享之。请鼓噪以出，鼓噪以复入，曰："习攻华氏。"宋公杀之。 冬，同盟于虫牢，郑服也。诸侯谋复会，宋公使向为人辞以子灵之难。	
成六	成六	
卫孙良夫帅师侵宋。秋，仲孙蔑、叔孙侨如帅师侵宋。	三月，晋伯宗、夏阳说、卫孙良夫、宁相、郑人、伊雒之戎、陆浑、蛮氏侵宋，以其辞会也。师于鍼。 子叔声伯如晋，命伐宋。秋，孟献子、叔孙宣伯侵宋，晋命也。	
成八	成八	
宋公使华元来聘。夏，宋公使公孙寿来纳币。	宋华元来聘，聘共姬也。 夏，宋公使公孙寿来纳币，礼也。	
成九	成九	
二月，伯姬归于宋。夏，季孙行父如宋致女。	二月，伯姬归于宋。 夏，季文子如宋致女。复命，公享之。赋《韩奕》之五章。穆姜出于房，再拜曰："大夫勤辱，不忘先君以及嗣君，施及未亡人，先君犹有望也，敢拜大夫之重勤！"又赋《绿衣》之卒章而入。	
成十	成十	
五月，公会晋侯、齐	郑公子班闻叔申之谋也。三月，子如立公子繻。夏，四月，郑人杀	

侯、宋公、卫侯、曹伯伐郑。	缟，立髡顽，子如奔许。五月，晋立大子州蒲以为君，而会诸侯伐郑。	亦会重视与周围其他诸侯国的关系。又，成十一、十二年宋华元克合晋楚之成，可见华元在外交上的活动能力。
成十一	**成十一**	
	宋华元善于令尹子重，又善于栾武子。闻楚人既许晋籴茷成，而使归复命矣。冬，华元如楚，遂如晋，合晋、楚之成。	《左传》宣二年，宋、郑交战之文多有讥诮华元之处，他身为一国元帅，在战场上为一驾车役夫所害，并为敌所擒。逃归之后连宋国守城的士兵都对他大加讽刺。成二年宋文公卒而厚葬，作者讥华元"生
成十二	**成十二**	
夏，公会晋侯、卫侯于琐泽。	宋华元克合晋楚之成。夏五月，晋士燮会楚公子罢、许偃。癸亥，盟于宋西门之外，曰："凡晋楚无相加戎。好恶同之，同恤菑危，备救凶患。若有害楚，则晋伐之；在晋，楚亦如之。交贽往来，道路无壅，谋其不协而讨不庭。有渝此盟，明神殛之！俾队其师，无克胙国！"郑伯如晋听成，会于琐泽，成故也。	纵其惑，死又益其侈"。这些大概可算是华元的不足之处。 不过我认为总的来说，华元的主要不足在于对人对事忠心有余而见识或有不足。这不仅体现他对宋文公的态度上，而且体现在他在处理晋、楚关系上。华元两度
成十五	**成十五**	
夏六月，宋公固卒。秋，八月庚辰，葬宋共公。宋华元出奔晋。宋华元自晋归于宋。宋杀其大夫山。宋鱼石出奔楚。	夏六月，宋共公卒。 秋八月，葬宋共公。于是华元为右师，鱼石为左师，荡泽为司马，华喜为司徒，公孙师为司城，向为人为大司寇，鳞朱为少司寇，向带为大宰，鱼府为少宰。荡泽弱公室，杀公子肥。华元曰："我为右师，君臣之训，师所司也。今公室卑而不能正，吾罪大矣。不能治官，敢赖宠乎？"乃出奔晋。二华，戴族也。司城，庄族也。六官者，皆桓族也。鱼石将止华元，鱼府曰："右师反，必讨，是无桓氏也。"鱼石曰："右师苟获反，虽许之讨，必不敢。且多大功，国人与之，不反，惧桓氏之无祀于宋也。右师讨，犹有戌在。桓氏虽亡，必偏。"鱼石自止华元于河上。请讨，许之，乃反。使华喜、公孙师帅国人攻荡氏，杀子山。书曰："宋杀大夫山。"言背其族也。鱼石、向为人、鳞朱、向带、鱼府出舍于睢上。华元	为事晋而差点丧命，一次是宣二年为晋伐郑被生擒，另一次是宣十五年在晋国大败于楚、不足以与楚抗衡的情况下还伐萧、伐陈、杀楚使，招致楚围之下宋人"易子而食，析骸以爨"，几乎亡国。当然总的

		来说，华元不愧为宋国不可多得的忠良。唯其忠，所以才有威望，桓氏六官才会仰戴他；唯其忠，才能得君之心，故虽屡遭失败，却未受丝毫惩罚，事宋三君达40年之久。
	使止之，不可。冬，十月，华元自止之，不可，乃反。鱼府曰："今不从，不得入矣。右师视速而言疾，有异志焉。若不我纳，今将驰矣。"登丘而望之，则驰骋而从之，则决睢澨，闭门登陴矣。左师、二司寇、二宰遂出奔楚。华元使向戌为左师，老佐为司马，乐裔为司寇，以靖国人。	
成十六	**成十六**	
郑公子喜帅师侵宋。秋，公会晋侯、齐侯、卫侯、宋华元、邾人于沙随。	郑子罕伐宋。宋将鉏、乐惧败诸汋，退舍于夫渠，不儆。郑人覆之，败诸汋陂，获将鉏、乐惧，宋恃胜也。 秋，会于沙随，谋伐郑也。 七月，公会尹武公及诸侯伐郑。诸侯之师次于郑西，我师次于督扬，不敢过郑。诸侯迁于制田。知武子佐下军，以诸侯之师侵陈，至于鸣鹿，遂侵蔡。未反，诸侯迁于颍上。戊午，郑子罕宵军之，宋、齐、卫皆失军。	
成十七	**成十七**	
夏，公会尹子、单子、晋侯、齐侯、宋公、卫侯、曹伯、邾人伐郑。六月乙酉，同盟于柯陵。冬，公会单子、晋侯、宋公、卫侯、曹伯、齐人、邾人伐郑。	公会尹武公、单襄公及诸侯伐郑，自戏童至于曲洧。 乙酉，同盟于柯陵，寻戚之盟也。 冬，诸侯伐郑。十月庚午，围郑。 楚公子申救郑，师于汝上。 十一月，诸侯还。	
成十八	**成十八**	
夏，楚子、郑伯伐宋。宋鱼石复入于彭城。冬，楚人、	夏，六月，郑伯侵宋。及曹门外，遂会楚子伐宋，取朝郏。楚子辛、郑皇辰侵城郜，取幽丘。同伐彭城，纳宋鱼石、向为人、鳞朱、向	

郑人侵宋。十有二月，仲孙蔑会晋侯、宋公、卫侯、邾子、齐崔杼同盟于虚朾。	带、鱼府焉，以三百乘戍之而还。书曰"复入"，凡去其国，国逆而立之曰"入"，复其位曰"复归"，诸侯纳之曰"归"，以恶曰"复入"。 宋人患之，西鉏吾曰："何也？若楚人与吾同恶，以德于我，吾固事之也，不敢贰矣。大国无厌，鄙我犹憾，不然而收吾憎，使赞其政，以间吾衅，亦吾患也。今将崇诸侯之奸而披其地，以塞夷庚，逞奸而携服，毒诸侯而惧吴、晋，吾庸多矣，非吾忧也。且事晋何为？晋必恤之。" 冬，十一月，楚子重救彭城，伐宋。宋华元如晋告急，韩献子为政，曰："欲求得人，必先勤之。成霸安疆，自宋始矣。"晋侯师于台谷以救宋，遇楚师于靡角之谷。楚师还。 十二月，孟献子会于虚朾，谋救宋也。宋人辞诸侯而请师以围彭城。
襄元	**襄元**
仲孙蔑会晋栾黡、宋华元、卫宁殖、曹人、莒人、邾人、滕人、薛人围宋彭城。夏，晋韩厥帅师伐郑。秋，楚公子壬夫帅师侵宋。	春，己亥，围宋彭城。非宋地，追书也。于是为宋讨鱼石，故称宋，且不登叛人也，谓之宋志。彭城降晋，晋人以宋五大夫在彭城者归，置诸瓠丘。 夏，五月，晋韩厥、荀偃帅诸侯之师伐郑，入其郛，败其徒兵于洧上。于是东诸侯之师次于鄫，以待晋师。晋师自郑以鄫之师侵楚焦、夷及陈。晋侯、卫侯次于戚，以为之援。 秋，楚子辛救郑，侵宋吕、留。 郑子然侵宋，取犬丘。
襄二	**襄二**
郑师伐宋。晋师、宋师、卫宁殖侵郑。秋，七月，仲孙蔑会晋荀䓨、宋华元、卫孙林父、曹人、	春，郑师侵宋，楚令也。 会于戚，谋郑故也。 穆叔聘于宋，通嗣君也。 冬，复会于戚。齐崔武子及滕、薛、小邾之大夫皆会，知武子之言故也。遂城虎牢，郑人乃成。

邾人于戚。叔孙豹如宋。冬,仲孙蔑会晋荀䓨、齐崔杼、宋华元、卫孙林父、曹人、邾人、滕人、薛人、小邾人于戚,遂城虎牢。		
襄三 六月,公会单子、晋侯、宋公、卫侯、郑伯、莒子、邾子、齐世子光。己未,同盟于鸡泽。	**襄三** 六月,公会单顷公及诸侯。己未,同盟于鸡泽。	
哀八 吴伐我。	**哀八** 三月,吴伐我。将盟,景伯曰:"楚人围宋,易子而食,析骸而爨,犹无城下之盟。我未及亏而有城下之盟,是弃国也。吴轻而远,不能久,将归矣,请少待之。"弗从。	哀八年吴伐鲁,将盟时鲁子服景伯之言。

鲁季文子(前621—前568)

文六 夏,季孙行父如陈。冬,十月,公子遂如晋,葬晋襄公。	**文六** 臧文仲以陈、卫之睦也,欲求好于陈。夏,季文子聘于陈,且娶焉。 秋,季文子将聘于晋,使求遭丧之礼以行。其人曰:"将焉用之?"文子曰:"备豫不虞,古之善教也。求而无之,实难。过求,何害?"冬,十月,襄仲如晋,葬襄公。	季文子,又称文子,季孙,季孙行父,杜注以为季友(公子友)之孙,如此则为鲁桓公曾孙。公子友事见庄二十五年至僖十六年,曾鲁庄公去世后助立公
文十二 季孙行父帅师城诸及郓。	**文十二** 城诸及郓,书时也。	

301

文十三	文十三	
冬，公如晋。卫侯会公于沓。公还自晋。郑伯会公于棐。	冬，公如晋朝，且寻盟。卫侯会公于沓，请平于晋。公还，郑伯会公于棐，亦请平于晋，公皆成之。郑伯与公宴于棐，子家赋《鸿雁》。季文子曰："寡君未免于此。"文子赋《四月》，子家赋《载驰》之四章，文子赋《采薇》之四章。郑伯拜，公答拜。	子般为君，子般被杀后，借助齐国之力立僖公，有大功于鲁。季文子为鲁国文、宣及襄公初期间重臣，宣九年至襄五年为执政，襄五年卒。 季文子是鲁国季孙氏势力稳步增长的关键人物。季文子之后，其子季武子、武子之孙季平子在鲁国都是如日中天、不可一世的人物，成为襄公以后鲁国每一位国君心中大患。据顾栋高《大事表·春秋鲁政下逮表》，鲁国执政之卿在僖元至十六年之间为季友，僖十七年至宣八年为襄仲公子遂，宣九年至襄五年为季孙行父。《左传》中季文子与东门襄仲为同党，并参与了文十八年襄仲杀嫡立庶之事。襄仲
文十五	文十五	
季孙行父如晋。单伯至自齐。秋，齐人侵我西鄙。季孙行父如晋。冬，十有一月，诸侯盟于扈。十有二月，齐人来归子叔姬。齐侯侵我西鄙，遂伐曹，入其郛。	春，季文子如晋，为单伯与子叔姬故也。 秋，齐人侵我西鄙，故季文子告于晋。冬十一月，晋侯、宋公、卫侯、蔡侯、陈侯、郑伯、许男、曹伯盟于扈，寻新城之盟，且谋伐齐也。齐人赂晋侯，故不克而还。于是有齐难，是以公不会。 齐侯侵我西鄙，谓诸侯不能也。遂伐曹，入其郛，讨其来朝也。季文子曰："齐侯其不免乎？己则无礼。而又以讨人，难以免矣。《诗》曰：'胡不相畏，不畏于天。'君子不虐幼贱，畏于天也。在《周颂》曰：'畏天之威，于时保之。'不畏于天，将何能保？以乱取国，奉礼以守，犹惧不终，多行无礼，弗能在矣。"	
文十六	文十六	
春，季孙行父会齐侯于阳榖，齐侯弗及盟。	春，王正月，及齐平。公有疾，使季文子会齐侯于阳榖。请盟，齐侯不肯。曰："请俟君间。"	
文十八	文十八	
季孙行父如齐。莒弑其君庶其。	莒纪公生大子仆，又生季佗。爱季佗而黜仆，且多行无礼于国。仆因国人以弑纪公，以其宝玉来奔，纳诸宣公。公命与之邑，曰："今日必授。"季文子使司寇出诸竟，曰："今日必达。"公问其故，季文子使大史克对曰："先大夫臧文仲教行父事君之礼，行父奉以周旋，弗敢失队，曰：'见有礼于其君者事之，如孝子之养父母也，见无礼于其君者诛之，如鹰鹯之逐鸟雀也。'先君周公制《周礼》曰：'则以观德，德以处事，事以度功，功以食	

民。'作《誓命》曰：'毁则为贼，掩贼为藏，窃贿为盗，盗器为奸。主藏之名，赖奸之用，为大凶德，有常无赦。在九刑不忘。'行父还观莒仆，莫可则也。孝敬忠信为吉德，盗贼藏奸为凶德。夫莒仆，则其孝敬，则弑君父矣；则其忠信，则窃宝玉矣。其人，则盗贼也；其器，则奸兆也。保而利之，则主藏也。以训则昏，民无则焉。不度于善，而皆在于凶德，是以去之。

"昔高阳氏有才子八人：苍舒、隤敱、梼戭、大临、尨降、庭坚、仲容、叔达，齐圣广渊，明允笃诚，天下之民谓之'八恺'。高辛氏有才子八人：伯奋、仲堪、叔献、季仲、伯虎、仲熊、叔豹、季狸，忠肃共懿，宣慈惠和，天下之民谓之'八元'。此十六族也，世济其美，不陨其名。以至于尧，尧不能举。舜臣尧，举八恺，使主后土，以揆百事，莫不时序，地平天成。举八元，使布五教于四方，父义、母慈、兄友、弟共、子孝，内平外成。昔帝鸿氏有不才子，掩义隐贼，好行凶德；丑类恶物，顽嚣不友，是与比周。天下之民谓之浑敦。少暤氏有不才子，毁信废忠，崇饰恶言，靖谮庸回，服谗蒐慝，以诬盛德，天下之民谓之穷奇。颛顼氏有不才子，不可教训，不知话言，告之则顽，舍之则嚣，傲很明德，以乱天常，天下之民谓之梼杌。此三族也，世济其凶，增其恶名，以至于尧，尧不能去。缙云氏有不才子，贪于饮食，冒于货贿，侵欲崇侈，不可盈厌，聚敛积实，不知纪极，不分孤寡，不恤穷匮，天下之民以比三凶，谓之饕餮。舜臣尧，宾于四门，流四凶族，浑敦、穷奇、梼杌、饕餮投诸四裔，以御魑魅。是以尧崩而天下如一，同心戴舜以为天子，以其举十六相，去四凶也。故《虞书》数舜之功曰：'慎徽五典，五典克从。'无违教也。曰：'纳于百揆，百揆时序。'无废事也。曰：'宾于四门，四门穆穆。'无凶人也。舜有大功二十而为天子。今行父虽未获一吉人，去一凶矣。于舜之功，二十之一也。庶几免于戾乎！"

生前在鲁国执政多年，权倾一时。季文子作为其同党，正是利用襄仲发展了季孙氏的势力。襄仲死后，季文子在鲁国执政达三十三年之久，季孙氏后来在鲁国的强势正是在他手上打下基础的。

《左传》记季文子这个人最为有趣，一会儿记其善，一会儿记其恶，一会儿把他写得天花乱坠，一会儿又把写得贪婪无比，似乎很矛盾，很难统一，其实也许季文子本身就是一个矛盾的人物。

大抵来说，季文子是鲁国一代重臣，自文六年起多次代表鲁国出使列国，参加盟会，聘齐、使晋，帅师城诸、城郓、伐齐，季孙氏权势之盛正是从季文子

宣元	**宣元**	开始的,此事可从昭三十二年晋史墨之言得到证实。季文子一生在鲁国外交及内政方面贡献很大是显而易见的,他的德行主要表现在忠心耿耿、戮力公室、不贪眼前利益,也表现在他对于礼、敬、事君之道、用人之道、盟主之道、小国事大国之道等等的见识都极为高明之上。 文六年文子聘于晋,先问遭丧之礼,以备不测,可见他忠于国家、恪敬职守;文十三年助平卫、郑与晋之成,从其赋诗答拜的情节可见他颇识礼仪;文十五年论齐侯非礼不敬,将不免一死;文十八年论礼、忠、信、义、敬,论事君之礼及用人之道,丰
夏,季孙行父如齐。	夏,季文子如齐,纳赂以请会。	
宣十	**宣十**	
季孙行父如齐。	季文子初聘于齐。	
宣十八	**宣十八**	
公孙归父如晋。冬,十月壬戌,公薨于路寝。归父还自晋,至笙,遂奔齐。	公孙归父以襄仲之立公也,有宠,欲去三桓以张公室。与公谋,而聘于晋,欲以晋人去之。冬,公薨。季文子言于朝曰:"使我杀適立庶以失大援者,仲也夫。"臧宣叔怒曰:"当其时不能治也,后之人何罪?子欲去之,许请去之。"遂逐东门氏。子家还,及笙,坛帷,复命于介。既复命,袒,括发,即位哭,三踊而出。遂奔齐。书曰:"归父还自晋。"善之也。	
成二	**成二**	
春,齐侯伐我北鄙。六月癸酉,季孙行父、臧孙许、叔孙侨如、公孙婴齐帅师会晋郤克、卫孙良夫、曹公子首及齐侯战于鞌,齐师败绩。	春,齐侯伐我北鄙,围龙。三日取龙。遂南侵,及巢丘。 孙桓子还于新筑。不入,遂如晋乞师。臧宣叔亦如晋乞师,皆主郤献子。郤克将中军,士燮将上军,栾书将下军,韩厥为司马,以救鲁、卫。臧宣叔逆晋师,且道之。季文子帅师会之。 师从齐师于莘。癸酉,师陈于鞌。晋师从齐师,入自丘舆。击马陉。	
成四	**成四**	
公如晋。秋,公至自晋。	夏,公如晋。晋侯见公,不敬。季文子曰:"晋侯必不免。《诗》曰:'敬之敬之!天惟显思,命不易哉!'"秋,公至自晋,欲求成于楚而叛晋。季文子曰:"不可。晋虽无道,未可叛也。国大臣睦而迩于我,诸侯听焉,未可以贰。史佚之《志》有之曰:'非我族类,其心必异。'楚虽大,非吾族也,其肯字我乎?"公乃止。	
成六	**成六**	
二月辛巳,立武宫。冬,季	二月,季文子孙以鞌之功立武宫,非礼也。听于人,以救其难,不可以立武。立武	

孙行父如晋。	由己，非由人也。 冬，季文子如晋，贺迁也。	富而全面，可见他对于鲁国社稷一片忠心；成四年论敬、论晋不可叛；七年论诸侯无伯之悲哀；八年论晋当以信义之德服诸侯，其义甚佳；次年论不可无德寻盟；九年如宋致女，甚为有礼，穆姜赏之；十六年因遭陷害而被晋人所执，晋国名卿范文子及鲁臣子叔声伯等人皆对之评价甚高，尤其是称其为社稷之臣，不可一日无，且谓季文子妾不衣帛、马不食粟，其忠心效力于鲁室可见一斑；这与襄五年季文子死时左氏借"君子曰"对他的评价是一致的："无藏金玉、地重器备，君子是以知季文子之忠于公室也。相三君矣，而无私积，可不谓
成七 吴伐郯。	**成七** 春，吴伐郯，郯成。季文子曰："中国不振旅，蛮夷入伐，而莫之或恤。无吊者也夫！《诗》曰：'不吊昊天，乱靡有定。'其此之谓乎？有上不吊，其谁不受乱？吾亡无日矣！"君子曰："知惧如是，斯不亡矣！"	
成八 春，晋侯使韩穿来言汶阳之田，归之于齐。晋侯使士燮来聘。叔孙侨如会晋士燮、齐人、邾人伐郯。	**成八** 春，晋侯使韩穿来言汶阳之田，归之于齐。季文子饯之，私焉，曰："大国制义，以为盟主，是以诸侯怀德畏讨，无有贰心。谓汶阳之田，敝邑之旧也。而用师于齐，使归诸敝邑。今有二命，曰'归诸齐'。信以行义，义以成命，小国所望而怀也。信不可知，义无所立，四方诸侯，其谁不解体？《诗》曰：'女也不爽，士贰其行。士也罔极，二三其德。'七年之中，一予一夺，二三孰甚焉？士之二三，犹丧妃耦，而况霸主？霸主将德是以，而二三之，其何以长有诸侯乎？《诗》曰：'犹之未远，是用大简。'行父惧晋之不远犹而失诸侯也，是以敢私言之。" 晋士燮来聘，言伐郯也。以其事吴故。公赂之，请缓师。文子不可，曰："君命无贰，失信不立。礼无加货，事无二成。君后诸侯，是寡君不得事君也。燮将复之。"季孙惧，使宣伯帅师会伐郯。	
成九 公会晋侯、齐侯、宋公、卫侯、郑伯、曹伯、莒子、杞伯，同盟于蒲。夏，季孙行父如宋致女。	**成九** 为归汶阳之田故，诸侯贰于晋。晋人惧，会于蒲，以寻马陵之盟。季文子谓范文子曰："德则不竞，寻盟何为？"范文子曰："勤以抚之，宽以待之，坚强以御之，明神以要之，柔服而伐贰，德之次也。"是行也，将始会吴，吴人不至。 夏，季文子如宋致女。复命，公享之。赋《韩奕》之五章。穆姜出于房，再拜曰："大夫勤辱，不忘先君以及嗣君，施及未亡人，先君犹有望也，敢拜大夫之重勤！"又赋《绿衣》之卒章而入。	

成十一 夏，季孙行父如晋。	**成十一** 夏，季文子如晋报聘，且莅盟也。	忠乎？" 然而，另一方面，文子的缺点在《左传》中也十分明显。宣元年文公卒时东门襄仲杀嫡立庶，季文子不但未曾阻止，反而助纣为虐，会齐侯，赂济西之田以固宣公之位。从其宣十八年之言，可以看出他是文十八年杀嫡立庶之事的合谋者。但是宣十八年宣公死后，文子知东门氏不得人心，又出尔反尔，出卖襄仲，并借此机除掉了东门氏。昭三十二年晋大夫史墨曰："鲁文公薨，而东门遂杀嫡立庶，鲁君于是乎失国，政在季氏。"可见季文子正是借襄仲杀嫡立庶而逐渐发展起自己的势力，鲁国的陪臣执国命、政权旁落
成十六 九月，晋人执季孙行父，舍之于苕丘。冬，十月乙亥，叔孙侨如出奔齐。十有二月乙亥，季孙行父及晋郤犨盟于扈。公至会。乙酉，刺公子偃。	**成十六** 宣伯使告郤犨曰："鲁之有季、孟，犹晋之有栾、范也，政令于是乎成。今其谋曰：'晋政多门，不可从也。宁事齐、楚，有亡而已，蔑从晋矣！'若欲得志于鲁，请止行父而杀之，我毙蔑也而事晋，蔑有贰矣。鲁不贰，小国必睦。不然，归必叛矣。"九月，晋人执季文子于苕丘。 公还，待于郓，使子叔声伯请季孙于晋。郤犨曰："苟去仲孙蔑而止季孙行父，吾与子国，亲于公室。"对曰："侨如之情，子必闻之矣。若去蔑与行父，是大弃鲁国而罪寡君也。若犹不弃，而惠徼周公之福，使寡君得事晋君，则夫二人者，鲁国社稷之臣也。若朝亡之，鲁必夕亡。以鲁之密迩仇雠，亡而为雠，治之何及？"郤犨曰："吾为子请邑。"对曰："婴齐，鲁之常隶也，敢介大国以求厚焉？承寡君之命以请。若得所请，吾子之赐多矣，又何求？"范文子谓栾武子曰："季孙于鲁，相二君矣。妾不衣帛，马不食粟，可不谓忠乎？信谗慝而弃忠良，若诸侯何？子叔婴齐奉君命无私，谋国家不贰，图其身不忘其君。若虚其请，是弃善人也。子其图之！"乃许鲁平，赦季孙。 冬十月，出叔孙侨如而盟之，侨如奔齐。十二月，季孙及郤犨盟于扈。归刺公子偃，召叔孙豹于齐而立之。	
成十八 晋侯使士鲂来乞师。	**成十八** 晋士鲂来乞师。季文子问师数于臧武仲，对曰："伐郑之役，知伯实来，下军之佐也。今岁季亦佐下军，如伐郑可也。事大国，无失班爵而加敬焉，礼也。"从之。	
襄二 夏，五月庚寅，夫人姜氏薨。己丑，	**襄二** 夏，齐姜薨。初，穆姜使择美槚，以自为榇与颂琴，季文子取以葬。君子曰："非礼也。礼无所逆。妇，养姑者也。亏姑以成妇，	

| | | 于季氏，实自季文子开始。文子不仅排斥异己，不断发展自己的势力，还有其他方面的问题。成六年立武宫以表彰自己战功，左氏讥之；襄二年以穆姜之椟葬齐姜，可能是为了给自己树椟，可谓非礼。
评曰：季文子戮力于公室，忠心耿耿，不敢求私积，因将己之命运和国之命运紧密相连故也。或者说，文子之"忠"虽真，亦有"私"藏其中。助襄仲杀嫡立庶，而后除东门氏，立武宫以彰己，树椟废为臣之礼，或许皆是其私的表现。 |
|---|---|---|
| 葬我小君齐姜。 | 逆莫大焉。《诗》曰：'其惟哲人，告之话言，顺德之行。'季孙于是为不哲矣。且姜氏，君之妣也。《诗》曰：'为酒为醴，烝畀祖妣，以洽百礼，降福孔偕。'" | |
| 襄四 | 襄四 | |
| 秋，七月戊子，夫人姒氏薨。八月辛亥，葬我小君定姒。 | 秋，定姒薨。不殡于庙，无榇，不虞。匠庆谓季文子曰："子为正卿，而小君之丧不成，不终君也。君长，谁受其咎？"初，季孙为己树六槚于蒲圃东门之外，匠庆请木，季孙曰："略。"匠庆用蒲圃之槚，季孙不御。君子曰："《志》所谓：'多行无礼，必自及也。'其是之谓乎？" | |
| 襄五 | 襄五 | |
| 辛未，季孙行父卒。 | 季文子卒。大夫入敛，公在位。宰庀家器为葬备，无衣帛之妾，无食粟之马，无藏金玉，无重器备。君子是以知季文子之忠于公室也。相三君矣，而无私积，可不谓忠乎？ | |
| 昭三十二 | 昭三十二 | |
| | 赵简子问于史墨曰："季氏出其君，而民服焉，诸侯与之。君死于外，而莫之或罪也。"对曰："物生有两，有三，有五，有陪贰。故天有三辰，地有五行，体有左右，各有妃耦。王有公，诸侯有卿，皆有贰也。天生季氏以贰鲁侯，为日久矣。民之服焉，不亦宜乎？鲁君世从其失，季氏世修其勤，民忘君矣。虽死于外，其谁矜之？社稷无常奉，君臣无常位，自古以然。故《诗》曰：'高岸为谷，深谷为陵。'三后之姓，于今为庶，王所知也。在《易》卦，雷乘乾曰《大壮》䷡，天之道也。昔成季友，为桓之季也，文姜之爱子也。始震而卜，卜人谒之曰：'生有嘉闻，其名曰友，为公室辅。'及生，如卜人之言，有文在其手曰友，遂以名之。既而有大功于鲁，受费以为上卿。至于文子、武子，世增其业，不废旧绩。鲁文公薨，而东门遂杀適立庶，鲁君于是乎失国，政在季氏，于此君也，四公矣。民不知君，何以得国？是以为君慎器与名，不可以假人。" | |

晋韩厥（前597—前566）

宣十二	宣十二
楚子围郑。夏，六月乙卯，晋荀林父帅师及楚子战于邲，晋师败绩。	春，楚子围郑。夏，六月，晋师救郑。荀林父将中军，先縠佐之。士会将上军，郤克佐之，赵朔将下军，栾书佐之。赵括、赵婴齐为中军大夫，巩朔、韩穿为上军大夫，荀首、赵同为下军大夫，韩厥为司马。彘子以中军佐济。 韩献子谓桓子曰："彘子以偏师陷，子罪大矣。子为元帅，师不用命，谁之罪也？失属亡师，为罪已重，不如进也。事之不捷，恶有所分。与其专罪，六人同之，不犹愈乎？"师遂济。

成二	成二
六月癸酉，季孙行父、臧孙许、叔孙侨如、公孙婴齐帅师会晋郤克、卫孙良夫、曹公子首及齐侯战于鞌，齐师败绩。	春，齐侯伐我北鄙，围龙。三日取龙。遂南侵，及巢丘。卫侯使孙良夫、石稷、宁相、向禽将侵齐，与齐师遇。孙桓子还于新筑。不入，遂如晋乞师。臧宣叔亦如晋乞师，皆主郤献子。郤克将中军，士燮将上军，栾书将下军，韩厥为司马，以救鲁、卫。臧宣叔逆晋师，且道之。季文子帅师会之。及卫地，韩献子将斩人，郤献子驰，将救之。至，则既斩之矣。郤子使速以徇，告其仆曰："吾以分谤也。"师从齐师于莘。 韩厥梦子舆谓己曰："旦辟左右。"故中御而从齐侯。邴夏曰："射其御者，君子也。"公曰："谓之君子而射之，非礼也。"射其左，越于车下；射其右，毙于车中。綦毋张丧车，从韩厥，曰："请寓乘。"从左右，皆肘之，使立于后。韩厥俛，定其右。逢丑父与公易位。将及华泉，骖絓于木而止。丑父寝于轏中，蛇出于其下，以肱击之，伤而匿之，故不能推车而及。韩厥执絷马前，再拜稽首，奉觞加璧以进，曰："寡君使群臣为鲁卫请曰：'无令舆师陷入君地。'下臣不幸，属当戎行，无所逃隐。且惧奔辟，而忝两君。臣辱戎士，敢告不敏，

韩厥为韩简之孙，其先韩万为曲沃庄伯之弟、桓叔之子，见于桓三年。桓叔为晋穆侯之子、文侯之弟，封于曲沃者。曲沃庄伯为桓叔之子、晋献公祖父（见卷一"晋献公"）。陈厚耀《世族谱》谓："曲沃桓叔之子曰万，封于韩，故以韩为氏。"可见韩氏出自晋穆侯。韩厥世系来源如下：

人物	简介
穆侯	桓二年见，春秋前卒
桓叔成师	桓二年见
韩万武子	桓三年传御戎
（缺一代）	
韩简	僖十五晋侯使视师
子舆	成二年韩厥梦子舆谓己
韩厥献子	宣十二邲之战为司马

（上表：子舆，《晋语》作子镇。）

韩献子，姬姓，名厥，又称韩厥、厥、献子等。韩厥早年为司马，位不

	摄官承乏。"丑父使公下，如华泉取饮。郑周父御佐军，宛茷为右，载齐侯以免。韩厥献丑父，郤献子将戮之，呼曰："自今无有代其君任患者，有一于此，将为戮乎！"郤子曰："人不难以死免其君，我戮之不祥，赦之以劝事君者。"乃免之。	在六卿，成三年将新中军，成六年将中军，成十三年后将下军，位在六卿之列。成十八年传韩献子为政，襄七年告老，其子韩起继之。 韩氏一族在韩厥手上发展到一个高峰，可以说韩氏在晋三家中的地位是从韩厥开始奠定的。韩厥之前，韩氏族人见于《左传》者，有桓三年韩万御戎，僖十五年韩简（杜注以为韩万孙）视师，均谈不上位尊权重，更不在六卿之列。韩厥宣十二年邲之战中为司马，亦非六卿之一；成二年晋、齐鞌之战中仍为司马，并在该战役中执逢丑父，次年因功为卿；成六年韩氏将新中军，地位明显上升。此后韩厥与知庄子（荀首）、范文子（士燮）并称晋之三贤，有"知、韩、范"美称，而他也成为一代名卿。 韩献子的性格大体上可用"宽厚正直"四个字来形容，具体体现在言和行两方面。从言
成三	成三 　　十二月甲戌，晋作六军。韩厥、赵括、巩朔、韩穿、荀骓、赵旃，皆为卿，赏鞌之功也。 　　齐侯朝于晋，将授玉，郤克趋进，曰："此行也，君为妇人之笑辱也，寡君未之敢任。"晋侯享齐侯。齐侯视韩厥，韩厥曰："君知厥也乎？"齐侯曰："服改矣。"韩厥登，举爵曰："臣之不敢爱死，为两君之在此堂也。"	
成六 晋栾书帅师救郑。	成六 　　晋人谋去故绛，诸大夫皆曰："必居郇瑕氏之地，沃饶而近盬，国利君乐，不可失也。"韩献子将新中军，且为仆大夫。公揖而入，献子从。公立于寝庭，谓献子曰："何如？"对曰："不可。郇瑕氏土薄水浅，其恶易觏。易觏则民愁，民愁则垫隘，于是乎有沈溺重膇之疾。不如新田，土厚水深，居之不疾，有汾、浍以流其恶，且民从教，十世之利也。夫山泽林盬，国之宝也。国饶，则民骄佚；近宝，公室乃贫，不可谓乐。"公说，从之。夏，四月丁丑，晋迁于新田。 　　晋栾书救郑，与楚师遇于绕角。楚师还，晋师遂侵蔡。楚公子申、公子成以申、息之师救蔡，御诸桑隧。赵同、赵括欲战，请于武子，武子将许之。知庄子、范文子、韩献子谏曰："不可！吾来救郑，楚师去我，吾遂至于此，是迁戮也。戮而不已，又怒楚师，战必不克，虽克不令。成师以出，而败楚之二县，何荣之有焉？若不能败，为辱已	

	甚。不如还也。"乃遂还。于是军帅之欲战者众。或谓栾武子曰："圣人与众同欲，是以济事。子盍从众？子为大政，将酌于民者也。子之佐十一人，其不欲战者三人而已，欲战者可谓众矣。《商书》曰：'三人占，从二人。'众故也。"武子曰："善钧，从众。夫善，众之主也。三卿为主，可谓众矣。从之，不亦可乎？"	的方面说：成六年论国都之位置，及国政与国都之关系；成八年言复赵氏之勋位；成十五年论战之在民，无民孰战；成十五年评郤氏之为人；襄四年论陈不服楚必亡。其中尤以论国都之位置及以郤克为例论为善，最为深刻、感人。
成八	**成八**	从行的方面看：
晋栾书帅师侵蔡。晋杀其大夫赵同、赵括。	晋栾书侵蔡，遂侵楚，获申骊。楚师之还也，晋侵沈，获沈子揖，初从知、范、韩也。君子曰："从善如流，宜哉！《诗》曰：'恺悌君子，遐不作人？'求善也夫！作人斯有功绩矣。"是行也，郑伯将会晋师，门于许东门，大获焉。 夏，晋赵庄姬为赵婴之亡故，谮之于晋侯，曰："原、屏将为乱。"栾、郤为征。六月，晋讨赵同、赵括。武从姬氏畜于公宫，以其田与祁奚。韩厥言于晋侯曰："成季之勋，宣孟之忠，而无后，为善者其惧矣。三代之令王，皆数百年保天之禄。夫岂无辟王？赖前哲以免也。《周书》曰：'不敢侮鳏寡。'所以明德也。"乃立武而反其田焉。	成二年执齐侯时敬之不已，"奉觞加璧以进"；成三年对齐侯之态度，与郤克形成鲜明对比；成十五年遇楚子时，不许再辱国君；成七、八年栾武子为政，听知、韩、范之言；襄七年其子韩无忌让位于韩起。 韩厥于成十八年为政，至襄七年退休。韩厥为政以后政绩甚少，惟有成十八年力主晋悼藉救宋以复霸，及襄元年帅诸侯之师伐郑、侵楚及陈两件。
成十三	**成十三**	
五月，公自京师，遂会晋侯、齐侯、宋公、卫侯、郑伯、曹伯、邾人、滕人伐秦。	三月，公如京师。公及诸侯朝王，遂从刘康公、成肃公会晋侯伐秦。晋栾书将中军，荀庚佐之；士燮将上军，郤锜佐之；韩厥将下军，荀罃佐之；赵旃将新军，郤至佐之。郤毅御戎，栾鍼为右。孟献子曰："晋帅乘和，师必有大功。"五月丁亥，晋师以诸侯之师及秦师战于麻隧，秦师败绩，获秦成差及不更女父。	左氏未重点写韩氏为政以后的政绩，而主要写了韩氏为政以前之"德"；写其为人之德也从未做正面的刻画，而只是通过
成十五	**成十五**	
楚子伐郑。	楚子侵郑，及暴隧，遂侵卫，及首止。郑子罕侵楚，取新石。栾武子欲报楚，韩献子曰："无庸，使重其罪，民将叛之。无民孰战？" 晋三郤害伯宗，谮而杀之，及栾弗	

	忌。伯州犁奔楚。韩献子曰："郤氏其不免乎？善人，天地之纪也，而骤绝之，不亡，何待？"
成十六 甲午晦，晋侯及楚子、郑伯战于鄢陵，楚子、郑师败绩。	**成十六** 晋侯将伐郑。栾书将中军，士燮佐之；郤锜将上军，荀偃佐之；韩厥将下军，郤至佐新军，荀罃居守。五月，晋师济河。六月，晋、楚遇于鄢陵。晋韩厥从郑伯，其御杜溷罗曰："速从之，其御屡顾，不在马，可及也。"韩厥曰："不可以再辱国君。"乃止。
成十七	**成十七** 公游于匠丽氏，栾书、中行偃遂执公焉。召士匄，士匄辞。召韩厥，韩厥辞，曰："昔吾畜于赵氏，孟姬之谗，吾能违兵。古人有言，曰：'杀老牛，莫之敢尸。'而况君乎？二三子不能事君，焉用厥也？"
成十八 冬，楚人、郑人侵宋。	**成十八** 冬十一月，楚子重救彭城，伐宋。宋华元如晋告急，韩献子为政，曰："欲求得人，必先勤之。成霸安疆，自宋始矣。"晋侯师于台谷以救宋，遇楚师于靡角之谷。楚师还。
襄元 夏，晋韩厥帅师伐郑。仲孙蔑会齐崔杼、曹人、邾人、杞人、次于鄫。	**襄元** 夏五月，晋韩厥、荀偃帅诸侯之师伐郑，入其郛，败其徒兵于洧上。于是东诸侯之师次于鄫，以待晋师。晋师自郑以鄫之师侵楚焦、夷及陈。晋侯、卫侯次于戚，以为之援。
襄四 夏，叔孙豹如晋。	**襄四** 春，楚师为陈叛故，犹在繁阳。韩献子患之，言于朝曰："文王帅殷之叛国以事纣，惟知时也。今我易之，难哉！"三月，陈成公卒。楚人将伐陈，闻丧乃止。陈人不听命。臧武仲闻之，曰："陈不服于楚，必亡。大国行礼焉而不服，

他的言语间接地说明。换言之，韩厥之所以后来成为执政，成为一代名卿，是他多年来在为人处世当中人际关系方面的各种积累的结果，是他在德行方面长期自我修炼的成效。从宣十二年为司马，成二年为司马，成六年将新中军，成十八年将中军，是一个漫长的过程。论政绩，韩厥根本无法与栾书、郤克相比，但栾氏、郤克后来都归于灭亡，而韩氏的后代却在晋国极为蕃盛，成为晋世家大族中最有势力的一支，这是什么原因呢？原因也许在于韩氏之族不如栾氏、郤氏之族有那么多刚愎自用、自命不凡之人。这个逻辑可以称之为人际关系的逻辑，也可称之为中国文化的习性！

韩氏与赵氏关系甚睦。成十七年，韩厥称"昔吾畜于赵氏，孟姬之谗，吾能违兵"。这说明韩厥可能从小在赵家长大，故成八年晋讨赵氏时韩

	在大犹有咎，而况小乎？"夏，楚彭名侵陈，陈无礼故也。 穆叔如晋，报知武子之聘也。晋侯享之。金奏《肆夏》之三，不拜；工歌《文王》之三，又不拜；歌《鹿鸣》之三，三拜。韩献子使行人子员问之，曰："子以君命辱于敝邑。先君之礼，藉之以乐，以辱吾子。吾子舍其大而重拜其细，敢问何礼也？"对曰："三《夏》，天子所以享元侯也，使臣弗敢与闻。《文王》，两君相见之乐也，臣不敢及。《鹿鸣》，君所以嘉寡君也，敢不拜嘉？《四牡》，君所以劳使臣也，敢不重拜？《皇皇者华》，君教使臣曰：'必谘于周。'臣闻之：访问于善为谘，谘亲为询，谘礼为度，谘事为诹，谘难为谋。臣获五善，敢不重拜？"	氏不与之。成八年赵氏被灭，赖韩厥之力得复爵位，观其言于晋侯曰："成季之勋，宣孟之忠，而无后，为善者其惧矣。三代之令王，皆数百年保天之禄。"云云，晋侯乃立赵武而反其田，这些充分表明韩、赵之间的特殊关系，故韩厥之起虽与其性格有关，但亦可能与赵氏支持大有关系。 成十六年鄢陵之战，唯范文子及韩献子头脑清醒，知晋将有大乱，明年晋杀其大夫三郤，而栾书、中行偃弑君。成十七年晋国发生的巨大内乱，几乎是晋国有史以来最大的一场内乱，晋国所有主要卿佐当中只有范文子和韩献子未被牵连进去。
襄七	襄七 冬十月，晋韩献子告老，公族穆子有废疾，将立之，辞曰："《诗》曰：'岂不夙夜，谓行多露。'又曰：'弗躬弗亲，庶民弗信。'无忌不才，让其可乎？请立起也，与田苏游而曰好仁。《诗》曰：'靖共尔位，好是正直。神之听之。介尔景福。'恤民为德，正直为正，正曲为直，参和为仁，如是则神听之，介福降之，立之不亦可乎？"庚戌，使宣子朝，遂老。晋侯谓韩无忌仁，使掌公族大夫。	
襄九	襄九 韩厥老矣，知䓨禀焉以为政。	

晋知䓨（前597—前560）

宣十二	宣十二	
夏，六月乙卯，晋荀林父帅师及楚子战于邲，晋师败绩。	夏六月，晋师救郑。荀林父将中军，先縠佐之。士会将上军，郤克佐之，赵朔将下军，栾书佐之。赵括、赵婴齐为中军大夫，巩朔、韩穿为上军大夫，荀首、赵同为下军大夫，韩厥为司马。	知䓨，又称知武子，知伯，荀䓨，晋卿荀首（即知庄子）之子。知氏（始于荀

	楚熊负羁囚知罃。知庄子以其族反之，厨武子御，下军之士多从之。每射，抽矢、菆，纳诸厨子之房。厨子怒曰："非子之求而蒲之爱，董泽之蒲可胜既乎？"知季曰："不以人子，吾子其可得乎？吾不可以苟射故也。"射连尹襄老，获之，遂载其尸；射公子榖臣，囚之。以二者还。	首)、中行氏(始于荀林父)同祖，皆出自荀氏(知氏、中行氏来源见卷一"荀林父")。现拟知氏世系如下(据顾栋高《大事表·世系表》，附始见年)：
成二	成二	
	王问诸屈巫，对曰："其信。知罃之父，成公之嬖也，而中行伯之季弟也，新佐中军，而善郑皇戌，甚爱此子。其必因郑而归王子与襄老之尸以求之。郑人惧于邲之役，而欲求媚于晋，其必许之。"	
成三	成三	
	晋人归楚公子榖臣与连尹襄老之尸于楚，以求知罃。于是荀首佐中军矣，故楚人许之。王送知罃，曰："子其怨我乎？"对曰："二国治戎，臣不才，不胜其任，以为俘馘。执事不以衅鼓，使归即戮，君之惠也。臣实不才，又谁敢怨？"王曰："然则德我乎？"对曰："二国图其社稷，而求纾其民，各惩其忿，以相宥也，两释累囚以成其好。二国有好，臣不与及，其谁敢德？"王曰："子归，何以报我？"对曰："臣不任受怨，君亦不任受德。无怨无德，不知所报。"王曰："虽然，必告不榖。"对曰："以君之灵，累臣得归骨于晋，寡君之以为戮，死且不朽。若从君之惠而免之，以赐君之外臣首，首其请于寡君而以戮于宗，亦死且不朽。若不获命，而使嗣宗职，次及于事，而帅偏师以修封疆，虽遇执事，其弗敢违。其竭力致死，无有二心，以尽臣礼，所以报也。"王曰："晋未可与争。"重为之礼而归之。 荀罃之在楚也，郑贾人有将置诸褚中以出。既谋之，未行，而楚人归之。贾人如晋，荀罃善视之，如实出己。贾人曰："吾无其功，敢有其实乎？吾小人，不可以厚诬君子。"遂适齐。	人物 | 简况 知庄子 荀首 | 宣十二为下军大夫 武子 知罃 | 宣十二见，成十三为佐下军 知朔 | 襄十四生盈而死 悼子 知盈 | 襄二十三少而听于中行氏 文子 知跞 | 昭九佐下军 宣子 知甲 | 《晋语》知宣子将以瑶为后 襄子 知瑶 | 哀二十三传荀瑶伐齐 (上表：知氏另有知徐吾，杜注知盈孙，昭二十八为涂水大夫。)

成十三 夏五月，公自京师，遂会晋侯、齐侯、宋公、卫侯、郑伯、曹伯、邾人、滕人伐秦。	**成十三** 秦桓公既与晋厉公为令狐之盟，而又召狄与楚，欲道以伐晋，诸侯以以睦于晋。晋栾书将中军，荀庚佐之；士燮将上军，郤锜佐之韩厥将下军，荀罃佐之；赵旃将新军，郤至佐之。郤毅御戎，栾鍼为右。孟献子曰："晋帅乘和，师必有大功。"五月丁亥，晋师以诸侯之师及秦师战于麻隧，秦师败绩，获秦成差及不更女父。	知氏在春秋时期一直为晋大族，至战国初期方为韩、赵、魏三家所灭。知氏的发展当起于荀首，大兴于知罃，晋国知氏皆其后裔。知罃于宣十二年在晋、楚邲之战中为楚所获，成三年回国。成十三年佐下军，自襄二年始，晋韩厥已老，知罃实际主持晋国军政大事，并在襄八至十四年间为晋中军帅。 知武子一生聪明能干、足智多谋且忠义两全，为晋国的霸业立下了汗马功劳，不愧为一代忠良有识之士。下面从数处总结： 1.忠厚：在成三年以楚囚身份答楚子之问中，知罃的个性体现得最为感人，令人钦佩。从他自楚回晋之后善
成十六 甲午晦，晋侯及楚子、郑伯战于鄢陵，楚子、郑师败绩。公会尹子、晋侯、齐国佐、邾人伐郑。	**成十六** 晋侯将伐郑。乃兴师。栾书将中军，士燮佐之；郤锜将上军，荀偃佐之；韩厥将下军，郤至佐新军，荀罃居守。 七月，公会尹武公及诸侯伐郑。诸侯之师次于郑西，我师次于督扬，不敢过郑。 诸侯迁于制田。知武子佐下军，以诸侯之师侵陈，至于鸣鹿，遂侵蔡。未反，诸侯迁于颍上。戊午，郑子罕宵军之，宋、齐、卫皆失军。	
成十七 晋侯使荀罃来乞师。	**成十七**	
成十八 庚申，晋弑其君州蒲。晋侯使士鲂来乞师。	**成十八** 十八年春，王正月庚申，晋栾书、中行偃使程滑弑厉公，葬之于翼东门之外，以车一乘。使荀罃、士鲂逆周子于京师而立之，生十四年矣。 晋士鲂来乞师。季文子问师数于臧武仲，对曰："伐郑之役，知伯实来，下军之佐也。今虢季亦佐下军，如伐郑可也。事大国，无失班爵而加敬焉，礼也。"从之。	
襄元 冬，卫侯使公孙剽来聘。晋侯使荀罃来聘。	**襄元** 冬，卫子叔、晋知武子来聘，礼也。凡诸侯即位，小国朝之，大国聘焉，以继好、结信、谋事、补阙，礼之大者也。	
襄二 秋七月，	**襄二** 会于戚，谋郑故也。孟献子曰："请城	

仲孙蔑会晋荀罃、宋华元、卫孙林父、曹人、邾人于戚。冬，仲孙蔑会晋荀罃、齐崔杼、宋华元、卫孙林父、曹人、邾人、滕人、薛人、小邾人于戚，遂城虎牢。	虎牢以逼郑。"知武子曰："善。鄫之会，吾子闻崔子之言，今不来矣。滕、薛、小邾之不至，皆齐故也。寡君之忧不惟郑。罃将复于寡君，而请于齐。得请而告，吾子之功也。若不得请，事将在齐。吾子之请，诸侯之福也，岂惟寡君赖之。" 冬，复会于戚。齐崔武子及滕、薛、小邾之大夫皆会，知武子之言故也。遂城虎牢，郑人乃成。	待郑贾之举，也可体现其忠厚的品格。"若不获命，而使嗣宗职，次及于事，而帅偏师以修封疆，虽遇执事，其弗敢违。其竭力致死，无有二心，以尽臣礼，所以报也"，成三年他回答楚子的这段话也是他回晋后为政期间在晋、楚争霸中所作所为的的真实写照。 2.服郑。知武子于襄二年开始显示自己过人的胆识。襄十年，荀偃、士匄请攻偪阳，知武子知二帅失算，但不便多说，后来的事实证明武子之言不虚。从知武子成三年答楚子之问，襄十年责荀偃、士匄之言，襄二年以言服齐，襄八至十一年以计服郑，均可看出他聪明绝顶，既通谋略又极有政治
襄三 夏，四月壬戌，公及晋侯盟于长樗。秋，公至自会。冬，晋荀罃帅师伐许。	襄三 夏，盟于长樗。孟献子相，公稽首。知武子曰："天子在，而君辱稽首，寡君惧矣。"孟献子曰："以敝邑介在东表，密迩仇雠，寡君将君是望，敢不稽首？" 许灵公事楚，不会于鸡泽。冬，晋知武子师师伐许。	
襄四 夏，叔孙豹如晋。	襄四 穆叔如晋，报知武子之聘也。	
襄八 冬，楚公子贞师师伐郑。晋侯使士匄来聘。	襄八 冬，楚子囊伐郑，讨其侵蔡也。子驷、子国、子耳欲从楚，子孔、子蟜、子展欲待晋。子驷曰："《周诗》有之曰：'俟河之清，人寿几何？兆云询多，职竞作罗。'谋之多族，民之多违，事滋无成。民急矣，姑从楚以纾吾民。晋师至，吾又从之。敬共币帛，以待来者，小国之道也。牺牲玉帛，待于二竟，以待强者而庇民焉。寇不为害，民不罢病，不亦可乎？"子展曰："小所以事大，信也。小国无信，兵乱日至，亡无日矣。五会之信，今将背之，虽楚救我，将安用之？亲我无成，鄙我是欲，不可从也。不如待晋。晋君方明，四军无阙，八卿和睦，必不弃郑。楚师辽远，粮食将尽，必将速归，何患焉？	

	舍之闻之：'杖莫如信。'完守以老楚，杖信以待晋，不亦可乎？"子驷曰："《诗》云：'谋夫孔多，是用不集。发言盈庭，谁敢执其咎？如匪行迈谋，是用不得于道。'请从楚，骓也受其咎。"乃及楚，使王子伯骈告于晋，曰："君命敝邑：'修而车赋，儆而司徒，以讨乱略。'蔡人不从，敝邑之人不敢宁处，悉索敝赋，以讨于蔡，获司马燮，献于邢丘。今楚来讨，曰：'女何故称兵于蔡？'焚我郊保，冯陵我城郭。敝邑之众，夫妇男女，不遑启处，以相救也。翦焉倾覆，无所控告。民死亡者非其父兄，即其子弟。夫人愁痛，不知所庇，民知穷困，而受盟于楚。孤也与其二三臣不能禁止，不敢不告。"知武子使行人子员对之曰："君有楚命，亦不使一介行李告于寡君，而即安于楚。君之所欲也，谁敢违君？寡君将帅诸侯以见于城下，唯君图之！"	头脑。其中尤其以在处理如何服郑的问题上做得最为成功。襄二年听孟献子之计戍郑虎牢，以为长久之计；襄八年郑叛晋即楚，知武子以言责之；次年诸侯伐郑，郑于此时仍有向楚之心，故知武子许之盟而还师；襄十年，诸侯再伐郑，而郑人仍有意于楚，为了达到使郑人心服的最终目的，知武子并未急于求成，因深知彻底服郑尚需时日，因而再次力主退师。襄十一年，晋帅列国大军，以坚不可摧之势，必欲服郑而后已，郑人这时感到了前所未有的恐惧，于是晋国终于以强劲的实力压倒了楚国，达到彻底服郑的目的，这不能说不是知䓨用心良苦的结果。
襄九 冬，公会晋侯、宋公、卫侯、曹伯、莒子、邾子、滕子、薛伯、杞伯、小邾子、齐世子光伐郑。十有二月己亥，同盟于戏。楚子伐郑。	襄九 秦景公使士雃乞师于楚，将以伐晋，楚子许之。子囊曰："不可，当今吾不能与晋争。晋君类能而使之，举不失选，官不易方。其卿让于善，其大夫不失守，其士竞于教，其庶人力于农穑，商工皂隶不知迁业。韩厥老矣，知䓨禀焉以为政。范匄少于中行偃而上之，使佐中军。韩起少于栾黡，而栾黡、士鲂上之，使佐上军。魏绛多功，以赵武为贤，而为之佐。君明臣忠，上让下竞。当是时也，晋不可敌，事之而后可。君其图之！"王曰："吾既许之矣，虽不及晋，必将出师。"秋，楚子师于武城，以为秦援。秦人侵晋。晋饥，弗能报也。 冬，十月，诸侯伐郑。庚午，季武子、齐崔杼、宋皇郧从荀䓨、士匄门于鄟门，卫北宫括、曹人、邾人从荀偃、韩起盟于师之梁，滕人、薛人从栾黡、士鲂门于北门，杞人、郳人从赵武、魏绛斩行栗。甲戌，师于氾，令于诸侯曰："修器备，盛糇粮，归老幼，居疾于虎牢，肆眚，	

	围郑，郑人恐，乃行成。"中行献子曰："遂围之，以待楚人之救也，而与之战。不然无成。"知武子曰："许之盟而还师，以敝楚人。吾三分四军，与诸侯之锐以逆来者，于我未病，楚不能矣。犹愈于战。暴骨以逞，不可以争。大劳未艾。君子劳心，小人劳力，先王之制也。"诸侯皆不欲战，乃许郑成。十一月己亥，同盟于戏，郑服也。将盟，郑六卿公子騑、公子发、公子嘉、公孙辄、公孙虿、公孙舍之及其大夫、门子皆从郑伯。晋士庄子为载书，曰："自今日既盟之后，郑国而不惟晋命是听，而或有异志者，有如此盟。"公子騑趋进，曰："天祸郑国，使介居两大国之间。大国不加德音，而乱以要之，使其鬼神不获歆其禋祀，其民人不获享其土利，夫妇辛苦垫隘，无所底告。自今日既盟之后，郑国而不惟有礼与强可以庇民者是从，而敢有异志者，亦如之。"荀偃曰："改载书。"公孙舍之曰："昭大神，要言焉。若可改也，大国亦可叛也。"知武子谓献子曰："我实不德，而要人以盟，岂礼也哉？非礼，何以主盟？姑盟而退，修德息师而来，终必获郑，何必今日？我之不德，民将弃我，岂惟郑？若能休和，远人将至，何恃于郑？"乃盟而还。	知䓨帅师伐郑，两次均遇楚师而还，既没有与楚师开战，又达到了郑人心服的结果。武子曰："克不可命，不如还也。"他认为要使郑人服晋，需感动其心，而不是使屈于力，故一再兴师而不战，目的在于恫其心。结果造成郑国内部不和，发生内讧，郑人由此意识到必须自己主动设计离楚事晋，以求久安，故以侵宋作为向楚交代的下台之阶，晋、楚争霸至此再度达到白热化。郑国从春秋早期齐桓公时就是中原与楚国争霸的枢纽，知武子能在自己手上服郑达20余年，其功劳之大可想而知。而知武子并没有通过晋、楚在疆场决一死战、牺牲无数人的
襄十	襄十	
春，公会晋侯、宋公、卫侯、曹伯、莒子、邾子、滕子、薛伯、杞伯、小邾子、齐世子光会吴于柤。夏，五月，遂灭偪阳。公至自会。晋师伐秦。秋，莒人伐我东鄙。公	夏，四月戊午，会于柤。晋荀偃、士匄请伐偪阳而封宋向戌焉。荀䓨曰："城小而固，胜之不武，弗胜为笑。"固请，丙寅围之，弗克。孟氏之臣秦堇父辇重如役，偪阳人启门。诸侯之士门焉。县门发，郰人纥抉之以出门者，狄虒弥建大车之轮，而蒙之以甲以为橹，左执之，右拔戟，以成一队。孟献子曰："《诗》所谓'有力如虎'者也。"主人县布，堇父登之，及堞而绝之，队则又县之。苏而复上者三。主人辞焉，乃退。带其断以徇于军三日。诸侯之师久于偪阳，荀偃、士匄请于荀䓨曰："水潦将降，惧不能归，请班师。"	

会晋侯、宋公、卫侯、曹伯、莒子、邾子、齐世子光、滕子、薛伯、杞伯、小邾子伐郑。戍郑虎牢。楚公子贞帅师救郑。公至自伐郑。

知伯怒，投之以机，出于其间曰："女成二事而后告余！余恐乱命，以不女违。女既勤君而兴诸侯，牵帅老夫以至于此，既无武守，而又欲易余地罪，曰：'是实班师，不然克矣。'余赢老也，可重任乎？七日不克，必尔乎取之！"五月庚寅，荀偃、士匄帅卒攻偪阳，亲受矢石。甲午，灭之。书曰："遂灭偪阳。"言自会也。以与向戌，向戌辞曰："君若犹辱镇抚宋国，而以偪阳启寡君，群臣安矣，其何贶如之？若专赐臣，是臣兴诸侯以自封也，其何罪大焉？敢以死请。"乃予宋公。

宋公享晋侯于楚丘，请以《桑林》，荀罃辞。荀偃、士匄曰："诸侯宋、鲁于是观礼。鲁有禘乐，宾祭用之。宋以《桑林》享君，不亦可乎？"舞，师题以旌夏。晋侯惧而退入于房。去旌，卒享而还。及著雍，疾。卜，《桑林》见。荀偃、士匄欲奔请祷焉，荀罃不可，曰："我辞礼矣，彼则以之。犹有鬼神，于彼加之。"晋侯有间，以偪阳子归，献于武宫，谓之夷俘。偪阳，妘姓也。使周内史选其族嗣，纳诸霍人，礼也。

晋荀罃伐秦，报其侵也。

诸侯伐郑，齐崔杼使太子光先至于师，故长于滕。己酉，师于牛首。诸侯之师城虎牢而戍之。晋师城梧及制，士鲂、魏绛戍之。书曰："戍郑虎牢。"非郑地也，言将归焉。郑及晋平。楚子囊救郑。十一月，诸侯之师还郑而南，至于阳陵。楚师不退。知武子欲退，曰："今我逃楚，楚必骄，骄则可与战矣。"栾黡曰："逃楚，晋之耻也。合诸侯以益耻，不如死。我将独进。"师遂进。己亥，与楚师夹颍而军。子蟜曰："诸侯既有成行，必不战矣。从之将退，不从亦退。退，楚必围我。犹将退也，不如从楚，亦以退之。"宵涉颍，与楚人盟。栾黡欲伐郑师，荀罃不可，曰："我实不能御楚，又不能庇郑，郑何罪？不如致怨焉而还。今伐其师，楚必救之。

性命达到了这一点，其比起郤克、栾书来真不知高出了多少倍。晋悼复霸，知武子之功大矣！

3.重德。知武子在位期间，晋国内部和睦，诸侯睦于晋，晋悼得以复霸。晋悼霸业是在知武子为政期间达到顶点的。襄十四年，楚子疾，告大夫曰："不穀不德，少主社稷。生十年而丧君，未及习师保之教训，而应受多福，是以不德，而亡师于鄢，以辱社稷，为大夫忧，其弘多矣。……请为'灵'若'厉'，大夫择焉。"这段话从另一个侧面使我们对知武子在位期间晋国霸业的成就有所认识。

4.尊礼。知罃在位期间，齐、鲁、宋、卫、滕、薛、邾、小邾等皆服于晋，无

襄十一

郑公孙舍之帅师侵宋。公会晋侯、卫侯、曹伯、齐世子光、莒子、邾子、滕子、薛伯、杞伯、小邾子伐郑。秋，七月，同盟于亳城北。公至自伐郑。楚子、郑伯伐宋。公会晋侯、宋公、卫侯、曹伯、齐世子光、莒子、邾子、滕子、薛伯、杞伯、小邾子伐郑。会于萧鱼。公至自会。楚人执郑行人良霄。

襄十一

战而不克，为诸侯笑，克不可命，不如还也。"丁未，诸侯之师还，侵郑北鄙而归。楚人亦还。

郑人患晋、楚之故，诸大夫曰："不从晋，国几亡。楚弱于晋，晋不吾疾也。晋疾，楚将辟之。何为而使晋师致死于我？楚弗敢敌，而后可固与也。"子展曰："与宋为恶，诸侯必至，吾从之盟。楚师至，吾又从之，则晋怒甚矣。晋能骤来，楚将不能，吾乃固与晋。"大夫说之，使疆场司恶于宋。宋向戌侵郑，大获。子展曰："师而伐宋可矣。若我伐宋，诸侯之伐我必疾，吾乃听命焉，且告于楚。楚师至，吾又与之盟，而重赂晋师，乃免矣。"夏，郑子展侵宋。

四月，诸侯伐郑。己亥，齐大子光、宋向戌先至于郑，门于东门。其莫，晋荀䓨至于西郊，东侵旧许。卫孙林父侵其北鄙。六月，诸侯会于北林，师于向。右还，次于琐，围郑，观兵于南门。西济于济隧。郑人惧，乃行成。秋，七月，同盟于亳。范宣子曰："不慎，必失诸侯。诸侯道敝而无成，能无二乎？"乃盟，载书曰："凡我同盟，毋蕴年，毋壅利，毋保奸，毋留慝，救灾患，恤祸乱，同好恶，奖王室。或间兹命，司慎司盟，名山名川，群神群祀，先王先公，七姓十二国之祖，明神殛之，俾失其民，队命亡氏，蹯其国家。"

楚子囊乞旅于秦。秦右大夫詹帅师从楚子，将以伐郑。郑伯逆之。丙子，伐宋。

九月，诸侯悉师以复伐郑。郑人使良霄、大宰石㚟如楚，告将服于晋，曰："孤以社稷之故，不能怀君。君若能以玉帛绥晋，不然则武震以摄威之，孤之愿也。"楚人执之。书曰："行人。"言使人也。诸侯之师观兵于郑东门。郑人使王子伯骈行成。甲戌，晋赵武入盟郑伯。冬，十月丁

有二心，与知䓨知事识礼，以理服人有一定关系。从襄元年知䓨聘鲁，襄三年善答鲁襄公之稽首，十年礼辞宋公享晋侯等，均可看出这一点。知武子为政期间著名的三驾之功发生于襄十至十一年之间。襄九年传曰："晋侯归，谋所以息民，……三驾而楚不能与争。"襄十年，秋，"公会晋侯、宋公、卫侯、曹伯、莒子、邾子、齐世子光、滕子、薛伯、杞伯、小邾子伐郑"，此三驾之一。襄十一年，夏，"公会晋侯、宋公、卫侯、曹伯、齐世子光、莒子、邾子、滕子、薛伯、杞伯、小邾子伐郑。"此三驾之二。襄十一年，秋，"公会晋侯、宋公、卫侯、曹

	亥，郑子展出盟晋侯。十二月戊寅，会于萧鱼。庚辰，赦郑囚，皆礼而归之。纳斥候，禁侵掠。晋侯使叔肸告于诸侯。公使臧孙纥对曰："凡我同盟，小国有罪，大国致讨，苟有以藉手，鲜不赦宥。寡君闻命矣。"郑人赂晋侯，以师悝、师觸、师蠲、广车、軘车淳十五乘，甲兵备，凡兵车百乘，歌钟二肆，及其镈、磬，女乐二八。	伯、齐世子光、莒子、邾子、滕子、薛伯、杞伯、小邾子伐郑，会于萧鱼"。此三驾之三。
襄十三	襄十三 荀罃、士魴卒，晋侯蒐于绵上以治兵。使士匄将中军，辞曰："伯游长。昔臣习于知伯，是以佐之，非能贤也。请从伯游。"荀偃将中军，士匄佐之。	
襄十四	襄十四 晋侯舍新军，礼也。成国不过半天子之军，周为六军，诸侯之大者三军可也。于是知朔生盈而死，盈生六年而武子卒，彘裘亦幼，皆未可立也。新军无帅，故舍之。	

楚子囊（前576—前559）

成十五 楚子伐郑。	成十五 夏六月，楚将北师，子囊曰："新与晋盟而背之，无乃不可乎？"子反曰："敌利则近，何盟之有？"申叔时老矣，在申，闻之曰："子反必不免！信以守礼，礼以庇身，信礼之亡，欲免得乎？"楚子侵郑，及暴隧，遂侵卫，及首止。郑子罕侵楚，取新石。栾武子欲报楚，韩献子曰："无庸，使重其罪，民将叛之。无民孰战？"	子囊，又称公子贞，杜注以为楚庄王之子、楚穆王孙，鲁襄公五至十四年间为楚令尹，襄十四年卒。子囊世系如下：
襄五 楚公子贞帅师伐陈。公会晋侯、宋公、卫侯、郑伯、曹伯、齐世子光救陈。	襄五 楚子囊为令尹。范宣子曰："我丧陈矣。楚人讨贰而立子囊，必改行而疾讨陈。陈近于楚，民朝夕急，能无往乎？有陈非吾事也，无之而后可。"冬，诸侯戍陈，子囊伐陈。十一月甲午，会于城棣以救之。	

穆王			
庄王			
共王审	公子穀臣	公子午 子庚	公子追舒 子南	公子贞 子囊

襄七	襄七	（上表：穆王商臣文元至文十三年在位，庄五旅文十四至宣十八年在位，共王审成元至襄十三年在位。公子穀臣宣十二年见。公子午［司马子庚］襄十二年聘于秦。公子追舒［令尹子南］襄十五年见，襄二十二年为康王所杀。）
楚公子贞帅师围陈。十有二，会公晋侯、宋公、陈侯、卫侯、曹伯、莒子、邾子于鄬。陈侯逃归。	楚子囊围陈，会于鄬以救之。陈人患楚，庆虎、庆寅谓楚人曰："吾使公子黄往而执之。"楚人从之，二庆使告陈侯于会，曰："楚人执公子黄矣，君若不来，群臣不忍社稷宗庙，惧有二图。"陈侯逃归。	
襄八	**襄八**	
冬，楚公子贞帅师伐郑。	冬，楚子囊伐郑，讨其侵蔡也。子驷、子国、子耳欲从楚，子孔、子蟜、子展欲待晋。子驷曰："《周诗》有之曰：'俟河之清，人寿几何？兆云询多，职竞作罗。'谋之多族，民之多违，事滋无成。民急矣，姑从楚以纾吾民。晋师至，吾又从之。敬共币帛，以待来者，小国之道也。牺牲玉帛，待于二竟，以待强者而庇民焉。寇不为害，民不罢病，不亦可乎？"子展曰："小所以事大，信也。小国无信，兵乱日至，亡无日矣。五会之信，今将背之，虽楚救我，将安用之？亲我无成，鄙我是欲，不可从也。不如待晋。晋君方明，四军无阙，八卿和睦，必不弃郑。楚师辽远，粮食将尽，必将速归，何患焉？舍之闻之：'杖莫如信。'完守以老楚，杖信以待晋，不亦可乎？"子驷曰："《诗》云：'谋夫孔多，是用不集。发言盈庭，谁敢执其咎？如匪行迈谋，是用不得于道。'请从楚，骓也受其咎。"乃及楚平，使王子伯骈告于晋，曰："君命敝邑：'修尔车赋，儆而师徒，以讨乱略。'蔡人不从，敝邑之人不敢宁处，悉索敝赋，以讨于蔡，获司马燮，献于邢丘。今楚来讨，曰：'女何故称兵于蔡？'焚我郊保，凭陵我城郭。敝邑之众，夫妇男女，不遑启处，以相救也。翦焉倾	楚子囊为令尹时，正当晋国将帅乘和、人才济济而晋悼复霸之时，子囊也清楚此时楚国不能与晋抗衡（参襄九年子囊之言），但他顾大局、识大体，尽最大努力与晋国周旋，争陈而服陈，争郑虽不获成功，亦无损于楚。可以说子囊在形势对于楚国极为不利的情况下最大限度地保全了楚国的利益，实为不易。 子囊为令尹期间，伐陈、伐郑、伐宋、伐鲁，鞠躬尽瘁，四处奔命，至死不忘城郢。身为共王之弟，庄王之子，恭俭孝悌，忠心戮力，以卫社稷，毫无贰心。襄

	覆，无所控告。民死亡者非其父兄，即其子弟。夫人愁痛，不知所庇，民知穷困，而受盟于楚。孤也与其二三臣不能禁止，不敢不告。"知武子使行人子员对之曰："君有楚命，亦不使一介行李告于寡君，而即安于楚。君之所欲也，谁敢违君？寡君将帅诸侯以见于城下，唯君图之！"	十四年子囊卒，左氏借君子曰评价道："忠，民之望也。《诗》曰：'行归于周，万民所望。'忠也。"善哉！子囊之为人。 按：襄五年子囊一上台，马上以陈国为对象兴师攻讨，有谋而来，伐陈而服陈，可谓能矣。紧接着又帅师伐郑，与晋国展开中原逐鹿。子囊伐郑，讨其侵陈也。晋国政通人和，楚国虽然不可与晋争，但这并不意味着子囊伐郑没有意义，因为如果晋人意识不到服郑来之不易，就自然会以为楚国可欺。
襄九	**襄九**	
	秦景公使士雃乞师于楚，将以伐晋，楚子许之。子囊曰："不可，当今吾不能与晋争。晋君类能而使之，举不失选，官不易方。其卿让于善，其大夫不失守，其士竞于教，其庶人力于农穑，商工皂隶不知迁业。韩厥老矣，知䓨禀焉以为政。范匄少于中行偃而上之，使佐中军。韩起少于栾黡，而栾黡、士鲂上之，使佐上军。魏绛多功，以赵武为贤，而为之佐。君明臣忠，上让下竞。当是时也，晋不可敌，事之而后可。君其图之！"王曰："吾既许之矣，虽不及晋，必将出师。"秋，楚子师于武城，以为秦援。秦人侵晋。晋饥，弗能报也。	又：襄九年，秦景公使士雃乞师于楚，将以伐晋，楚子许之。子囊曰："不可，当今吾不能与晋争。晋君类能而使之，举不失选，官不易方。其卿让于善，其大夫不失守，其士竞于教，其庶人力于农穑，商工皂隶不知迁业。韩厥老矣，知䓨禀焉以为政。范匄少于中行偃而上之，使佐中军。韩起少
襄十	**襄十**	
楚公子贞、郑公孙辄帅师伐宋。公会晋侯、宋公、卫侯、曹伯、莒子、邾子、齐世子光、滕子、薛伯、杞伯、小邾子伐郑。戍郑虎牢。楚公子贞帅师救郑。	六月，楚子囊、郑子耳伐宋，师于訾毋。庚午围宋，门于桐门。卫侯救宋，师于襄牛。 秋七月，楚子囊、郑子耳伐我西鄙。还，围萧。八月丙寅，克之。九月，子耳侵宋北鄙。孟献子曰："郑其有灾乎？师竞已甚。周犹不堪竞，况郑乎？有灾，其执政之三士乎？" 诸侯伐郑，齐崔杼使太子光先至于师，故长于滕。己酉，师于牛首。诸侯之师城虎牢而戍之。晋师城梧及制，士鲂、魏绛戍之。书曰："戍郑虎牢。"非郑地也，言将归焉。郑及晋平。	

	楚子囊救郑。十一月，诸侯之师还郑而南，至于阳陵。楚师不退。知武子欲退，曰："今我逃楚，楚必骄，骄则可与战矣。"栾黡曰："逃楚，晋之耻也。合诸侯以益耻，不如死。我将独进。"师遂进。己亥，与楚师夹颍而军。子蟜曰："诸侯既有成行，必不战矣。从之将退，不从亦退。退，楚必围我。犹将退也，不如从楚，亦以退之。"宵涉颍，与楚人盟。栾黡欲伐郑师，荀罃不可，曰："我实不能御楚，又不能庇郑，郑何罪？不如致怨焉而还。今伐其师，楚必救之。战而不克，为诸侯笑，克不可命，不如还也。"丁未，诸侯之师还，侵郑北鄙而归。楚人亦还。	于栾黡，而栾黡、士鲂上之，使佐上军。魏绛多功，以赵武为贤，而为之佐。君明臣忠，上让下竞。当是时也，晋不可敌，事之而后可。君其图之！"这段话不仅表明子囊对于晋国内政了如指掌，而且从子囊对晋君、晋国卿大夫才德及晋国政局的分析，都充分表明他在为政上的见识。
襄十一	襄十一	
楚子、郑伯伐宋。公会晋侯、宋公、卫侯、曹伯、齐世子光、莒子、邾子、滕子、薛伯、杞伯、小邾子伐郑。会于萧鱼。楚人执郑行人良霄。	四月，诸侯伐郑。己亥，齐大子光、宋向戌先至于郑，门于东门。其莫，晋荀罃至于西郊，东侵旧许。卫孙林父侵其北鄙。六月，诸侯会于北林，师于向。右还，次于琐，围郑，观兵于南门。西济于济隧。郑人惧，乃行成。秋，七月，同盟于亳。 楚子囊乞旅于秦。秦右大夫詹帅师从楚子，将以伐郑。郑伯逆之。丙子，伐宋。九月，诸侯悉师以复伐郑。郑人使良霄、大宰石㚟如楚，告将服于晋，曰："孤以社稷之故，不能怀君。君若能以玉帛绥晋，不然则武震以摄威之，孤之愿也。"楚人执之。书曰："行人。"言使人也。 诸侯之师观兵于郑东门。郑人使王子伯骈行成。甲戌，晋赵武入盟郑伯。冬，十月丁亥，郑子展出盟晋侯。十二月戊寅，会于萧鱼。	
襄十二	襄十二	
冬，楚公子贞帅师侵宋。	冬，楚子囊、秦庶长无地伐宋，师于杨梁，以报晋之取郑也。	

襄十三	襄十三	
秋，九月庚辰，楚子审卒。	楚子疾，告大夫曰："不穀不德，少主社稷。生十年而丧先君，未及习师保之教训，而应受多福，是以不德，而亡师于鄢，以辱社稷，为大夫忧，其弘多矣。若以大夫之灵获保首领以殁于地，惟是春秋窀穸之事，所以从先君于祢庙者，请为'灵'若'厉'，大夫择焉。"莫对。及五命，乃许。秋，楚共王卒。子囊谋谥，大夫曰："君有命矣。"子囊曰："君命以共，若之何毁之？赫赫楚国，而君临之，抚有蛮夷，奄征南海，以属诸夏，而知其过，可不谓共乎？请谥之'共'。"大夫从之。 　　郑良霄、大宰石㚟犹在楚。石㚟言于子囊曰："先王卜征五年，而岁习其祥，祥习则行。不习，则增修德而改卜。今楚实不竞，行人何罪？止郑一卿，以除其逼，使睦而疾楚，以固于晋，焉用之？使归而废其使，怨其君以疾其大夫，而相牵引也，不犹愈乎？"楚人归之。	
襄十四	襄十四	
秋，楚公子贞帅师伐吴。	秋，楚子囊为庸浦之役故，子囊师于棠以伐吴。吴不出而还，子囊殿，以吴为不能而弗儆，吴人自皋舟之隘要而击之，楚人不能相救。吴人败之，获楚公子宜穀。 　　楚子囊还自伐吴，卒。将死，遗言谓子庚："必城郢。"君子谓："子囊忠，君薨，不忘增其名；将死，不忘卫社稷，可不谓忠乎？忠，民之望也。《诗》曰：'行归于周，万民所望。'忠也。"	

晋悼公（前574—前558）

成十七	成十七	晋悼公，名周，又称晋悼、周子、孙周等，晋襄公之后，成公十八年立，至襄十五年卒，共在位十六年。
	栾书怨郤至，以其不从己而败于楚师也，欲废之。使楚公子茷告公曰："此战也，郤至实召寡君，以东师之未至也，与军帅之不具也，曰：'此必败，吾因奉孙周以事君。'"公告栾书，书曰："其有焉。不然，岂其死之不恤，而受敌使乎？君盍尝使诸周而察之？"郤至聘于周，栾书使孙周见之。公使觇之，信。遂怨郤至。	
成十八 庚申，晋弑其君州蒲。晋侯使士匄来聘。秋，杞伯来朝。冬，楚子、郑人侵宋。晋侯使士鲂来乞师。十有二月，仲孙蔑会晋侯、宋公、卫侯、邾子、齐崔杼，同盟于虚朾。	成十八　春，王正月庚申，晋栾书、中行偃使程滑弑厉公，葬之于翼东门之外，以车一乘。使荀罃、士鲂逆周子于京师而立之，生十四年矣。大夫逆于清原，周子曰："孤始愿不及此。虽及此，岂非天乎？抑人之求君，使出命也。立而不从，将安用君？二三子用我今日，否亦今日。共而从君，神所福也。"对曰："群臣之愿也，敢不惟命是听。"庚午，盟而入，馆于伯子同氏。辛巳，朝于武宫。逐不臣者七人。周子有兄而无慧，不能辨菽麦，故不可立。 二月乙酉朔，晋悼公即位于朝。始命百官，施舍，已责，逮鳏寡，振废滞，匡乏困，救灾患，禁淫慝，薄赋敛，宥罪戾，节器用，时用民，欲无犯时。使魏相、士鲂、魏颉、赵武为卿，荀家、荀会、栾黡、韩无忌为公族大夫，使训卿之子弟共俭孝悌。使士渥浊为大傅，使修范武子之法。右行辛为司空，使修士蒍之法。弁纠御戎，校正属焉，使训诸御知义。荀宾为右，司士属焉，使训勇力之士时使。卿无共御，立军尉以摄之。祁奚为中军尉，羊舌职佐之。魏绛为司马。张老为候奄。铎遏寇为上军尉，籍偃为之司马，使训卒乘，亲以听命。程郑为乘马御，六驺属焉，使训群驺知礼。凡六官之长，皆民誉也。举不失职，官不易方，爵不逾德，师不陵正，旅不逼师。民无谤言，所以复霸也。	晋悼公即位得之侥幸。此前宣二年赵穿弑灵公，成十八年程滑弑厉公。晋国政局由赵盾执政以来士大夫不和，加以国君昏庸，至成十八年已相当混乱。栾书在这种情况下找到避居在周的孙周即位，即晋悼公。此前悼公父、祖父皆不见经传，可能流落在外已多年。晋悼公来源世系如下（据陈厚耀《世族谱》）：

325

	晋范宣子来聘，且拜朝也。君子谓晋于是乎有礼。 秋，杞桓公来朝，劳公，且问晋故。公以晋君语之。杞伯于是骤朝于晋，而请为昏。 冬十一月，楚子重救彭城，伐宋。宋华元如晋告急，韩献子为政，曰："欲求得人，必先勤之。成霸安疆，自宋始矣。"晋侯师于台榖以救宋，遇楚师于靡角之榖。楚师还。 晋士鲂来乞师。季文子问师数于臧武仲，对曰："伐郑之役，知伯实来，下军之佐也。今虢季亦佐下军，如伐郑可也。事大国，无失班爵而加敬焉，礼也。"从之。 十二月，孟献子会于虚朾，谋救宋也。宋人辞诸侯而请师以围彭城。孟献子请于诸侯，而先归会葬。	文公重耳 襄公驩 灵公夷皋　少子捷 惠伯谈 悼公周 平公彪 （上表：悼公父惠伯谈、祖父少子捷皆不见《春秋》。更详细内容参卷一"晋文公"）
襄元	**襄元**	晋悼公为晋文公之后晋国霸业中兴之主，功虽不能与重耳相比，但在位的最初十余年也确实显示了不同凡响的风格，将晋国的霸主地位再次推到了一个高峰。 晋悼公一上台立即显示出其非同寻常的风格：救宋、服齐、伐郑、结鲁、修吴；此后，襄三年滕、薛、小邾
仲孙蔑会晋栾黡、宋华元、卫宁殖、曹人、莒人、邾人、滕人、薛人围宋彭城。夏，晋韩厥帅师伐郑。仲孙蔑会齐崔杼、曹人、邾人、杞人，次于鄫。秋，楚公子壬夫帅师侵宋。晋侯使荀䓨来聘。	春，己亥，围宋彭城。非宋地，追书也。于是为宋讨鱼石，故称宋，且不登叛人也，谓之宋志。彭城降晋，晋人以宋五大夫在彭城者归，置诸瓠丘。齐人不会彭城，晋人以为讨。二月，齐大子光为质于晋。 夏，五月，晋韩厥、荀偃帅诸侯之师伐郑，入其郛，败其徒兵于洧上。于是东诸侯之师次于鄫，以待晋师。晋师自郑以鄫之师侵楚焦、夷及陈。晋侯、卫侯次于戚，以为之援。 秋，楚子辛救郑，侵宋吕、留。郑子然侵宋，取犬丘。 冬，卫子叔、晋知武子来聘，礼也。凡诸侯即位，小国朝之，大国聘焉，以继好结信，谋事补阙，礼之大者也。	
襄二	**襄二**	
郑师伐宋。晋师、宋师、卫宁殖侵郑。秋，七月，仲孙蔑会晋荀䓨、宋华元、卫孙林父、曹	春，郑师侵宋，楚令也。 郑成公疾，子驷请息肩于晋。公曰："楚君以郑故，亲集矢石于其目，非异人任，寡人也。若背之，是弃力于言，其谁昵我？免寡人，唯二三子！"秋，七月庚辰，郑伯睔卒。于是子罕当国，子驷为政，子国为司马。晋师侵卫，诸大夫欲从晋。子驷曰："官命未改。"	

人、邾人于戚。冬，仲孙蔑会晋荀䓨、齐崔杼、宋华元、卫孙林父、曹人、邾人、滕人、薛人、小邾人于戚，遂城虎牢。	会于戚，谋郑故也。孟献子曰："请城虎牢以逼郑。"知武子曰："善。鄫之会，吾子闻崔子之言，今不来矣。惟滕、薛、小邾之不至，皆齐故也。寡君之忧不惟郑。䓨将复于寡君，而请于齐。得请而告，吾子之功也。若不得请，事将在齐。吾子之请，诸侯之福也，岂惟寡君赖之。" 冬，复会于戚。齐崔武子及滕、薛、小邾之大夫皆会，知武子之言故也。遂城虎牢，郑人乃成。	随齐服晋，陈国叛楚即晋，许灵公事楚而伐之；襄四年令魏绛和戎；襄五年晋、宋、鲁、陈、卫、郑、曹、莒、邾、滕、薛、齐、吴、鄫会于戚，晋国霸业呈现出盛况空前、盛极一时的局面，特别是吴国和陈国来服，更证明了这一点。郑国过去一直在晋、楚之间摇摇摆摆，不能确定，但自悼公十一年（鲁襄公十一）服于晋之后，此多年间未再动摇。 纵观晋悼公一生，共大会列国诸侯17次（成十八，襄元、二、三、五、七、八、九、十、十一、十四）。其中襄二、五、十、十一年各二次，襄十四
襄三	襄三	
公如晋。夏，四月壬戌，公及晋侯盟于长樗。公至自晋。六月，公会单子、晋侯、宋公、卫侯、郑伯、莒子、邾子、齐世子光。己未，同盟于鸡泽。陈侯使袁侨如会。戊寅，叔孙豹及诸侯之大夫及陈袁侨盟。冬，晋荀䓨帅师伐许。	公如晋，始朝也。 夏，盟于长樗。孟献子相，公稽首。知武子曰："天子在，而君辱稽首，寡君惧矣。"孟献子曰："以敝邑介在东表，密迩仇雠，寡君将君是望，敢不稽首？" 晋为郑服故，且欲修吴好，将合诸侯。使士匄告于齐曰："寡君使匄，以岁之不易，不虞之不戒，寡君愿与一二兄弟相见，以谋不协。请君临之，使匄乞盟。"齐侯欲勿许，而难为不协，乃盟于耏外。 祁奚请老，晋侯问嗣焉，称解狐，其仇也。将立之而卒。又问焉，对曰："午也可。"于是羊舌职死矣，晋侯曰："孰可以代之？"对曰："赤也可。"于是祁午为中军尉，羊舌赤佐之。君子谓："祁奚于是能举善矣。称其仇，不为谄。立其子，不为比。举其偏，不为党。《商书》曰：'无偏无党，王道荡荡。'其祁奚之谓矣。解狐得举，祁午得位，伯华得官，建一官而三物成，能举善也夫。惟善，故能举其类。《诗》云：'惟其有之，是以似之。'祁奚有焉。" 六月，公会单顷公及诸侯。己未，同盟于鸡泽。晋侯使荀会逆吴子于淮上，吴子不至。 楚子辛为令尹，侵欲于小国。陈成公使袁侨如会求成。晋侯使和组父告于诸侯。秋，叔孙豹及诸侯之大夫及陈袁侨盟，陈请服也。 晋侯之弟扬干乱行于曲梁，魏绛戮其	

	仆。晋侯怒，谓羊舌赤曰："合诸侯，以为荣也。扬干为戮，何辱如之？必杀魏绛，无失也。"对曰："绛无贰志，事君不辟难，有罪不逃刑。其将来辞，何辱命焉？"言终，魏绛至，授仆人书，将伏剑，士鲂、张老止之。公读其书，曰："日君乏使，使臣斯司马。臣闻：'师众以顺为武，军事有死无犯为敬。'君合诸侯，臣敢不敬？君师不武，执事不敬，罪莫大焉。臣惧其死，以及扬干，无所逃罪。不能致训，至于用钺。臣之罪重，敢有不从以怒君心？请归死于司寇。"公跣而出，曰："寡人之言，亲爱也。吾子之讨厌，军礼也。寡人有弟，弗能教训，使干大命，寡人之过也。子无重寡人之过，敢以为请。"晋侯以魏绛为能以刑佐民矣，反役，与之礼食，使佐新军。张老为中军司马，士富为候奄。 楚司马公子何忌侵陈，陈叛故也。 许灵公事楚，不会于鸡泽。冬，晋知武子帅师伐许。	年三次。在这十七次会盟中，七次为伐郑，二次为平宋，三次为救陈，一次为伐秦，二次为会吴，一次为定卫，一次命朝聘之数。从这些会盟可以看出晋国在当时列国中确实掌握着均天下之权柄。 在服诸侯方面，晋悼复霸最重要的成就是服齐、服郑，结王室，结鲁、宋、卫诸小国。但尽管如此，晋悼公之霸也并非完美无缺：襄五至七年失去陈国；襄十一年败绩于秦，襄十四年大会列国伐秦而无功；襄十四年卫乱而不能救；襄十四至十五年，齐人始贰。 悼公自襄十年后就不
襄四	襄四	
夏，叔孙豹如晋。冬，公如晋。陈人围顿。	春，楚师为陈叛故，犹在繁阳。韩献子患之，言于朝曰："文王帅殷之叛国以事纣，惟知时也。今我易之，难哉！"三月，陈成公卒。楚人将伐陈，闻丧乃止。陈人不听命。臧武仲闻之，曰："陈不服于楚，必亡。大国行礼焉而不服，在大犹有咎，而况小乎？"夏，楚彭名侵陈，陈无礼故也。 穆叔如晋，报知武子之聘也。晋侯享之。 冬，公如晋听政。晋侯享公。公请属鄫，晋侯不许。孟献子曰："以寡君之密迩于仇雠，而愿固事君，无失官命。鄫无赋于司马，为执事朝夕之命敝邑，敝邑褊小，阙而为罪，寡君是以愿借助焉。"晋侯许之。 楚人使顿间陈而侵伐之，故陈人围顿。 无终子嘉父使孟乐如晋，因魏庄子纳虎豹之皮，以请和诸戎。晋侯曰："戎狄无亲而贪，不如伐之。"魏绛曰："诸侯新服，陈新来和，将观于我。我德则睦，否则携贰。劳	

师于戎，而楚伐陈，必弗能救，是弃陈也，诸华必叛。戎，禽兽也。获戎失华，无乃不可乎？《夏训》有之，曰：'有穷后羿。'"公曰："后羿何如？"对曰："昔有夏之方衰也，后羿自鉏迁于穷石，因夏民以代夏政。恃其射也，不修民事，而淫于原兽。弃武罗、伯因、熊髡、尨圉，而用寒浞。寒浞，伯明氏之谗子弟也，伯明后寒弃之，夷羿收之，信而使之，以为己相。浞行媚于内，而施赂于外，愚弄其民，而虞羿于田，树之诈慝，以取其国家，外内咸服。羿犹不悛，将归自田，家众杀而亨之，以食其子。其子不忍食诸，死于穷门。靡奔有鬲氏。浞因羿室，生浇及豷，恃其谗慝诈伪，而不德于民。使浇用师，灭斟灌及斟寻氏。处浇于过，处豷于戈。靡自有鬲氏，收二国之烬，以灭浞而立少康。少康灭浇于过，后杼灭豷于戈，有穷由是遂亡，失人故也。昔周辛甲之为大史也，命百官，官箴王阙。于《虞人之箴》曰：'芒芒禹迹，画为九州，经启九道。民有寝庙，兽有茂草，各有攸处，德用不扰。在帝夷羿，冒于原兽，忘其国恤，而思其麀牡。武不可重，用不恢于夏家。兽臣司原，敢告仆夫。'《虞箴》如是，可不惩乎？"于是晋侯好田，故魏绛及之。公曰："然则莫如和戎乎？"对曰："和戎有五利焉。戎狄荐居，贵货易土，土可贾焉，一也。边鄙不耸，民狎其野，穑人成功，二也。戎狄事晋，四邻振动，诸侯威怀，三也。以德绥戎，师徒不勤，甲兵不顿，四也。鉴于后羿，而用德度，远至迩安，五也。君其图之！"公说。使魏绛盟诸戎。修民事，田以时。

襄五	襄五
仲孙蔑、卫孙林父会吴于善道。公会晋侯、宋公、陈侯、卫侯、郑伯、曹伯、莒子、邾子、	王使王叔陈生诉戎于晋，晋人执之。士鲂如京师，言王叔之贰于戎也。 吴子使寿越如晋，辞不会于鸡泽之故，且请听诸侯之好。晋人将为之合诸侯，使鲁、卫先会吴，且告会期，故孟献子、孙文子会吴于善道。九月丙午，盟于戚，会吴，且命戍陈也。

再励精图治，而在为政方面将大政全交给了知䓨、荀偃、范宣子等人。至平公之世晋国栾、范之乱爆发时，范宣子竟能因一己之私动用列国之兵，极大地损伤了晋国在列国中的威望。此后晋国权在家门现象日益严重，成为晋国霸业由盛转衰的重要标志，这显然是悼公始料不及而平公无所作为所致。

晋悼公一生有以下几点值得我们重视：

一是善用人。成十八年即位后逐不臣者七人；重用了一批忠君爱国、才智过人之人，如韩厥、知䓨、荀偃、魏绛、羊舌

滕子、薛伯、齐世子光、吴人、鄫人于戚。公至自会。冬，戍陈。楚公子贞帅师伐陈。公会晋侯、宋公、卫侯、郑伯、曹伯、齐世子光救陈。十有二月，公至自救陈。	楚子囊为令尹。范宣子曰："我丧陈矣。楚人讨贰而立子囊，必改行而疾讨陈。陈近于楚，民朝夕急，能无往乎？有陈，非吾事也。无之而后可。"冬，诸侯戍陈。子囊伐陈。十一月甲午，会于城棣以救之。	赤、张老、祁奚。悼公用人有方、爱才惜才、不以私害公，还见于襄三年问祁奚之后，襄七年使韩无忌掌公族大夫，襄十三年重整旗鼓、再度启用新人，等。此外晋悼公在用人方面还有听谏改过、谦虚下问特点。襄三、四、十一年他与魏绛之事最有说服力，其他如襄三年问祁奚，襄九年问士弱大火之事亦为例证。
襄六	**襄六**	二是以礼服诸侯，具体如下：1.结鲁。成十八年刚即位便使范宣子聘于鲁；襄元年又使知罃来聘；襄四年礼待穆叔及襄公；襄八年范宣子再次以礼聘于鲁；襄九年晋侯与
莒人灭鄫。冬，叔孙豹如邾。季孙宿如晋。	莒人灭鄫，鄫恃赂也。 冬，穆叔如晋聘，且修平。 晋人以鄫故来讨，曰："何故亡鄫？"季武子如晋见，且听命。	
襄七	**襄七**	
楚公子贞帅师围陈。十有二月，公会晋侯、宋公、陈侯、曹伯、莒子、邾子于鄬。郑伯髡顽如会，未见诸侯。丙戌，卒于鄵。陈侯逃归。	冬，十月，晋韩献子告老。公族穆子有废疾，将立之。辞曰："《诗》曰：'岂不夙夜，谓行多露。'又曰：'弗躬弗亲，庶民弗信。'无忌不才，让其可乎？请立起也。与田苏游，而曰好仁。《诗》曰：'靖共尔位，好是正直。神之听之，介尔景福。'恤民为德，正直为正，正曲为直，参和为仁。如是，则神听之，介福降之。立之，不亦可乎？"庚戌，使宣子朝，遂老。晋侯谓韩无忌仁，使掌公族大夫。 楚子囊围陈，会于鄬以救之。陈人患楚。庆虎、庆寅谓楚人曰："吾子使公子黄骈往，而执之。"楚人从之。二庆使告陈侯于会，曰："楚人执公子黄矣。君若不来，群臣不忍社稷宗庙，惧有二图。"陈侯逃归。	
襄八	**襄八**	
春，王正月，公如晋。郑人侵陈，获蔡公子燮。季	春，公如晋朝，且听朝聘之数。五月甲辰，会于邢丘，以命朝聘之数，使诸侯之大夫听命。季孙宿、齐高厚、宋向戍、卫宁殖、邾大夫会之。郑伯献捷于会，故亲听	

孙宿会晋侯、郑伯、齐人、宋人、卫人、邾人于邢丘。冬，楚公子贞师帅师伐郑。晋侯使士匄来聘。	命。大夫不书，尊晋侯也。 冬，楚子囊伐郑，讨其侵蔡也。子驷、子国、子耳欲从楚，子孔、子蟜、子展欲待晋。乃及楚平，使王子伯骈告于晋，曰："君命敝邑：'修尔车赋，儆而师徒，以讨乱略。'蔡人不从，敝邑之人不敢宁处，悉索敝赋，以讨于蔡，获司马燮，献于邢丘。今楚来讨，曰：'女何故称兵于蔡？'焚我郊保，冯陵我城郭。敝邑之众，夫妇男女，不遑启处，以相救也。翦焉倾覆，无所控告。民死亡者非其父兄，即其子弟。夫人愁痛，不知所庇，民知穷困，而受盟于楚。孤也与其二三臣不能禁止，不敢不告。"知武子使行人子员对之曰："君有楚命，亦不使一介行李告于寡君，而即安于楚。君之所欲也，谁敢违君？寡君将帅诸侯以见于城下，唯君图之！" 晋范宣子来聘，且拜公之辱，告将用师于郑。公享之。宣子赋《摽有梅》。季武子曰："谁敢哉？今辟于草木，寡君在君，君之臭味也。欢以承命，何时之有？"武子赋《角弓》。宾将出，武子赋《彤弓》。宣子曰："城濮之役，我先君文公献功于衡雍，受彤弓于襄王，以为子孙藏。匄也，先君守官之嗣也，敢不承命？"君子以为知礼。	襄公问年；襄十二年使士鲂往聘。2.和戎。襄四年听魏绛和戎。3.结宋：襄十年，灭偪阳以封宋向戌。4.平王室。襄十年晋侯使士匄平王室。5.联吴。见于襄三、五、十、十四年。 三是以德和民。成十八年即位之初"始命百官，施舍，已责，逮鳏寡，振废滞，匡乏困，救灾患，禁淫慝，薄赋敛，宥罪戾，节器用，时用民，欲无犯时"，以及襄九年"晋侯归，谋所以息民。……自公以下，苟有集者，尽出之。国无滞积，亦无困人。公无禁利，亦无贪民。祈以币更，宾
襄九	襄九	
春，宋灾。夏，季孙宿如晋。冬，公会晋侯、宋公、卫侯、曹伯、莒子、邾子、滕子、薛伯、杞伯、小邾子、齐世子光伐郑。十有二月己亥，同盟于戏。楚子伐郑。	春，宋灾。晋侯问于士弱曰："吾闻之：宋灾，于是乎知有天道，何故？"对曰："古之火正，或食于心，或食于咮，以出内火。是故咮为鹑火，心为大火。陶唐氏之火正阏伯居商丘，祀大火而火纪时焉。相土因之，故商主大火。商人阅其祸败之衅，必始于火，是以日知其有天道也。"公曰："可必乎？"对曰："在道。国乱，无象，不可知也。" 夏，季武子如晋，报宣子之聘也。 秦景公使士雅乞师于楚，将以伐晋，楚子许之。子囊曰："不可，当今吾不能与晋争。晋君类能而使之，举不失选，官不易方。其卿让于善，其大夫不失守，其士竞于教，其庶人力于农穑，商工皂隶不知迁业。	

韩厥老矣，知䓨禀焉以为政。范匄少于中行偃而上之，使佐中军。韩起少于栾黡，而栾黡、士鲂上之，使佐上军。魏绛多功，以赵武为贤，而为之佐。君明臣忠，上让下竞。当是时也，晋不可敌，事之而后可。君其图之！"王曰："吾既许之矣，虽不及晋，必将出师。"秋，楚子师于武城，以为秦援。秦人侵晋。晋饥，弗能报也。

冬，十月，诸侯伐郑。庚午，季武子、齐崔杼、宋皇郧从荀䓨、士匄门于鄟门，卫北宫括、曹人、邾人从荀偃、韩起盟于师之梁、滕人、薛人从栾黡、士鲂门于北门，杞人、郳人从赵武、魏绛斩行栗。甲戌，师于泛，令于诸侯曰："修器备，盛糇粮，归老幼，居疾于虎牢，肆眚，围郑，郑人恐，乃行成。中行献子曰："遂围之，以待楚人之救也，而与之战。不然，无成。"知武子曰："许之盟而还师，以敝楚人。吾三分四军，与诸侯之锐以逆来者，于我未病，楚不能矣。犹愈于战。暴骨以逞，不可以争。大劳未艾。君子劳心，小人劳力，先王之制也。"诸侯皆不欲战，乃许郑成。十一月己亥，同盟于戏，郑服也。将盟，郑六卿公子騑、公子发、公子嘉、公孙辄、公孙虿、公孙舍之及其大夫、门子皆从郑伯。晋士庄子为载书，曰："自今日既盟之后，郑国而不惟晋命是听，而或有异志者，有如此盟。"公子騑趋进，曰："天祸郑国，使介居两大国之间。大国不加德音，而乱以要之，使其鬼神不获歆其禋祀，其民人不获享其土利，夫妇辛苦垫隘，无所底告。自今日既盟之后，郑国而不惟有礼与强可以庇民者是从，而敢有异志者，亦如之。"荀偃曰："改载书。"公孙舍之曰："昭大神，要言焉。若可改也，大国亦可叛也。"知武子谓献子曰："我实不德，而要人以盟，岂礼也哉？非礼，何以主盟？姑盟而退，修德息师而来，终必获郑，何必今日？我之不德，民将弃我，岂惟郑？若能休和，远人将至，何恃于郑？"乃盟而还。

晋人不得志于郑，以诸侯复伐之。十二

以特牲，器用不作，车服从给"；襄十三年治兵任人，"范宣子让，其下皆让"，"晋国之民是以大和，诸侯遂睦。"

《左传》中亦有他人对晋悼为政的评价。襄八年郑子展论晋君方明，九年楚子囊论晋君之为政，皆是对晋悼公为政的品评，如说"晋君类能而使之，举不失选，官不易方"；"晋君方明，八卿和睦"，等等。可以说悼公是晋文公以后晋君之中受到评价最高的一位。

襄八年晋、郑、齐、宋、鲁、卫、邾大会以听朝聘之数，可算作晋国称霸史上的一大盛事。

	月癸亥，门其三门。闰月戊寅，济于阴阪，侵郑。次于阴口而还。子孔曰："晋师可击也。师老而劳，且有归志，必大克之。"子展曰："不可。" 公送晋侯，晋侯以公晏于河上，问公年，季武子对曰："会于沙随之岁，寡君以生。"晋侯曰："十二年矣。是谓一终，一星终也。国君十五而生子，冠而生子，礼也。君可以冠矣，大夫盍为冠具？"武子对曰："君冠，必以裸享之礼行之，以金石之乐节之，以先君之祧处之。今寡君在行，未可具也。请及兄弟之国而假备焉。"晋侯曰："诺。"公还及卫，冠于成公之庙，假钟磬焉，礼也。 楚子伐郑。子驷将及楚平，子孔、子蟜曰："与大国盟，口血未干而背之，可乎？"子驷、子展曰："吾盟固云：'惟强是从。'今楚师至，晋不我救，则楚强矣。盟誓之言，岂敢背之？且要盟无质，神弗临也。所临惟信。信者，言之瑞也，善之主也，是故临之。明神不蠲要盟，背之，可也。"乃及楚平。公子罢戎入盟，同盟于中分。楚庄夫人卒，王未能定郑而归。 晋侯归，谋所以息民。魏绛请施舍，输积聚以贷。自公以下，苟有积者，尽出之。国无滞积，亦无困人。公无禁利，亦无贪民。祈以币更，宾以特牲，器用不作，车服从给。行之期年，国乃有节。三驾而楚不能与争。	悼公成为文公以来最有为之君，恐与其多年在外磨难、通晓人世艰辛有关，这与文公流浪十九年即位而大有为，何其相似！看来人生太顺，少年得志未必是好事。古人讲多难兴邦，实有道理。
襄十 春，公会晋侯、宋公、卫侯、曹伯、莒子、邾子、滕子、薛伯、杞伯、小邾子、齐世子光会吴于柤。夏，五月，遂灭偪阳。公至自会。	襄十 春，会于柤，会吴子寿梦也。三月癸丑，齐高厚相大子光以先会诸侯于钟离，不敬。士庄子曰："高子相大子以会诸侯，将社稷是卫。而皆不敬，弃社稷也。其将不免乎？"夏，四月戊午，会于柤。 晋荀偃、士匄请伐偪阳，而封宋向戌焉。甲午，灭之。书曰："遂灭偪阳。"言自会也。以与向戌，向戌辞曰："君若犹辱镇抚宋国，而以偪阳光启寡君，群臣安矣，其何贶如之？若专赐臣，是臣兴诸侯以自封也，	襄十年会吴，抚宋，平王室，而齐有不敬之行。

楚公子贞、郑公孙辄帅师伐宋。晋师伐秦。公会晋侯、宋公、卫侯、曹伯、莒子、邾子、齐世子光、滕子、薛伯、杞伯、小邾子伐郑。戍郑虎牢。楚公子贞帅师救郑。公至自伐郑。	其何罪大焉？敢以死请。"乃予宋公。 宋公享晋侯于楚丘，请以《桑林》，荀䓨辞。荀偃、士匄曰："诸侯宋、鲁于是观礼。鲁有禘乐，宾祭用之。宋以《桑林》享君，不亦可乎？"舞，师题以旌夏。晋侯惧而退入于房。去旌，卒享而还。及著雍，疾。卜，《桑林》见。荀偃、士匄欲奔请祷焉，荀䓨不可，曰："我辞礼矣，彼则以之。犹有鬼神，于彼加之。"晋侯有间，以偪阳子归，献于武宫，谓之夷俘。偪阳，妘姓也。使周内史选其族嗣，纳诸霍人，礼也。 六月，楚子囊、郑子耳伐宋，师于訾毋。庚午围宋，门于桐门。 晋荀䓨伐秦，报其侵也。 卫侯救宋，师于襄牛。郑子展曰："必伐卫。不然，是不与楚也。得罪于晋，又得罪于楚，国将若之何？"子驷曰："国病矣。"子展曰："得罪于二大国，必亡。病，不犹愈于亡乎？"诸大夫皆以为然。故郑皇耳帅师侵卫，楚令也。孙文子卜追之，献兆于定姜。姜氏问《繇》，曰："兆如山陵，有夫出征，而丧其雄。"姜氏曰："征者丧雄，御寇之利也。大夫图之！"卫人追之，孙蒯获郑皇耳于犬丘。 秋七月，楚子囊、郑子耳伐我西鄙。还，围萧。八月丙寅，克之。九月，子耳侵宋北鄙。孟献子曰："郑其有灾乎？师竞已甚。周犹不堪竞，况郑乎？有灾，其执政之三士乎？" 诸侯伐郑，齐崔杼使太子光先至于师，故长于滕。己酉，师于牛首。诸侯之师城虎牢而戍之。晋师城梧及制，士鲂、魏绛戍之。书曰："戍郑虎牢。"非郑地也，言将归焉。郑及晋平。 楚子囊救郑。十一月，诸侯之师还郑而南，至于阳陵。楚师不退。知武子欲退，曰："今我逃楚，楚必骄，骄则可与战矣。"栾黡曰："逃楚，晋之耻也。合诸侯以益耻，不如死。我将独进。"师遂进。己亥，与楚师夹颍而军。子蟜曰："诸侯既有成行，必	

	不战矣。从之将退，不从亦退。退，楚必围我。犹将退也，不如从楚，亦以退之。"霄涉颍，与楚人盟。栾黡欲伐郑师，荀䓨不可，曰："我实不能御楚，又不能庇郑，郑何罪？不如致怨焉而还。今伐其师，楚必救之。战而不克，为诸侯笑，克不可命，不如还也。"丁未，诸侯之师还，侵郑北鄙而归。楚人亦还。 晋侯使士匄平王室。
襄十一	**襄十一**
郑公孙舍之帅师侵宋。公会晋侯、卫侯、曹伯、齐世子光、莒子、邾子、滕子、薛伯、杞伯、小邾子伐郑。秋，七月，同盟于亳城北。公至自伐郑。楚子、郑伯伐宋。公会晋侯、宋公、卫侯、曹伯、齐世子光、莒子、邾子、滕子、薛伯、杞伯、小邾子伐郑。会于萧鱼。公至自会。楚人执郑行人良霄。冬，秦人伐晋。	郑人患晋、楚之故，诸大夫曰："不从晋，国几亡。楚弱于晋，晋不吾疾也。晋疾，楚将辟之。何为而使晋师致死于我？楚弗敢敌，而后可固与也。"子展曰："与宋为恶，诸侯必至，吾从之盟。楚师至，吾又从之，则晋怒甚矣。晋能骤来，楚将不能，吾乃固与晋。"大夫说之，使疆场之司恶于宋。宋向戌侵郑，大获。子展曰："师而伐宋可矣。若我伐宋，诸侯之伐我必疾，吾乃听命焉，且告于楚。楚师至，吾乃与之盟，而重赂晋师，乃免矣。"夏，郑子展侵宋。 四月，诸侯伐郑。己亥，齐大子光、宋向戌先至于郑，门于东门。其莫，晋荀䓨至于西郊，东侵旧许。卫孙林父侵其北鄙。六月，诸侯会于北林，师于向。右还，次于琐，围郑，观兵于南门。西济于济隧。郑人惧，乃行成。秋，七月，同盟于亳。范宣子曰："不慎，必失诸侯。诸侯道敝而无成，能无贰乎？"乃盟，载书曰："凡我同盟，毋蕴年，毋壅利，毋保奸，毋留慝，救灾患，恤祸乱，同好恶，奖王室。或间兹命，司慎司盟，名山名川，群神群祀，先王先公，七姓十二国之祖，明神殛之，俾失其民，队命亡氏，蹐其国家。" 楚子囊乞旅于秦。秦右大夫詹帅师从楚子，将以伐郑。郑伯逆之。丙子，伐宋。九月，诸侯悉师以复伐郑。郑人使良霄、大宰石㚟如楚，告将服于晋，曰："孤以社稷之故，不能怀君。君若能以玉帛绥晋，不然则武震以摄威之，孤之愿也。"楚人执之。书曰："行人。"言使人也。

	诸侯之师观兵于郑东门。郑人使王子伯骈行成。甲戌，晋赵武入盟郑伯。冬，十月丁亥，郑子展出盟晋侯。十二月戊寅，会于萧鱼。庚辰，赦郑囚，皆礼而归之。纳斥候，禁侵掠。晋侯使叔肸告于诸侯。公使臧孙纥对曰："凡我同盟，小国有罪，大国致讨，苟有以藉手，鲜不赦宥。寡君闻命矣。" 郑人赂晋侯，以师悝、师触、师蠲，广车、軘车淳十五乘，甲兵备，凡兵车百乘，歌钟二肆，及其镈、磬，女乐二八。晋侯以乐之半赐魏绛，曰："子教寡人和诸戎狄，以正诸华。八年之中，九合诸侯，如乐之和，无所不谐。请与子乐之。"辞曰："夫和戎狄，国之福也。八年之中，九合诸侯。诸侯无慝，君之灵也，二三子之劳也，臣何劳之有焉？抑臣愿君安其乐而思其终也。《诗》曰：'乐只君子，殿天子之邦。乐只君子，福禄攸同，便蕃左右，亦是帅从。'夫乐以安德，义以处之，礼以行之，信以守之，仁以厉之，而后可以殿邦国、同福禄、来远人，所谓乐也。《书》曰：'居安思危。'思则有备，有备无患。敢以此规。"公曰："子之教，敢不承命？抑微子，寡人无以待戎，不能济河。夫赏，国之典也，藏在盟府，不可废也。子其受之！"魏绛于是乎始有金石之乐，礼也。 秦庶长鲍、庶长武帅师伐晋，以救郑。鲍先入晋地，士鲂御之，少秦师而弗设备。壬午，武济自辅氏，与鲍交伐晋师。己丑，秦、晋战于栎，晋师败绩，易秦故也。	
襄十二 夏，晋侯使士鲂来聘。冬，楚公子贞帅师侵宋。公如晋。	**襄十二** 冬，楚子囊、秦庶长无地伐宋，师于杨梁，以报晋之取郑也。 公如晋，朝，且拜士鲂之辱，礼也。	
襄十三 春，公至自晋。秋，九月庚辰，楚子审卒。	**襄十三** 荀罃、士鲂卒。晋侯蒐于绵上以治兵。使士匄将中军，辞曰："伯游长。昔臣习于知伯，是以佐之，非能贤也。请从伯游。"荀偃将中军，士匄佐之。使韩起将上军，辞以赵	

武。又使栾黡，辞曰："臣不如韩起。韩起愿上赵武，君其听之。"使赵武将上军，韩起佐之。栾黡将下军，魏绛佐之。新军无帅，晋侯难其人，使其什吏，率其卒乘官属，以从于下军，礼也。晋国之民是以大和，诸侯遂睦。君子曰："让，礼之主也。范宣子让，其下皆让。栾黡为汰，弗敢违也。晋国以平，数世赖之，刑善也夫。一人刑善，百姓休和，可不务乎？《书》曰：'一人有庆，兆民赖之，其宁惟永。'其是之谓乎！周之兴也，其《诗》曰：'仪刑文王，万邦作孚。'言刑善也。及其衰也，其《诗》曰：'大夫不均，我从事独贤。'言不让也。世之治也，君子尚能而让其下，小人农力以事其上，是以上下有礼，而谗慝黜远，由不争也，谓之懿德。及其乱也，君子称其功以加小人，小人伐其技以冯君子，是以上下无礼，乱虐并生，由争善也，谓之昏德。国家之敝，恒必由之。"

楚子疾，告大夫曰："不穀不德，少主社稷。生十年而丧先君，未及习师保之教训，而应受多福，是以不德，而亡师于鄢，以辱社稷，为大夫忧，其弘多矣。若以大夫之灵获保首领以殁于地，惟是春秋窀穸之事，所以从先君于祢庙者，请为'灵'若'厉'。大夫择焉。"莫对。及五命，乃许。秋，楚共王卒。

襄十四	襄十四	
春，王正月，季孙宿、叔老会晋士匄、齐人、宋人、卫人、郑公孙虿、曹人、莒人、邾人、滕人、薛人、杞人、小邾人会吴人于向。夏四月，叔孙豹会晋荀偃、齐人、宋	春，吴告败于晋。会于向，为吴谋楚故也。范宣子数吴之不德也，以退吴人。 夏，诸侯之大夫从晋侯伐秦，以报栎之役也。晋侯待于竟，使六卿帅诸侯之师以进。及泾，不济。叔向见叔孙穆子，穆子赋《匏有苦叶》，叔向退而具舟。鲁人、莒人先济。郑子蟜见卫北宫懿子曰："与人而不固，取恶莫甚焉，若社稷何？"懿子说。二子见诸侯之师而劝之济。济泾而次。秦人毒泾上流，师人多死。郑司马子蟜帅郑师以进，师皆从之，至于棫林，不获成焉。伯游曰："吾今实过，悔之何及，多遗秦禽。"乃命大还。晋人谓之"迁延之役"。于是齐崔杼、宋华	襄十四年失吴，用范宣子，伐秦无功，卫乱而不能救，都是晋君不思进取之征兆。

人、卫北宫括、郑公孙虿、曹人、莒人、邾人、滕人、薛人、杞人、小邾人伐秦。冬，季孙宿会晋士匄、宋华阅、卫孙林父、郑公孙虿、莒人、邾人于戚。	阅、仲江会伐秦。不书，惰也。向之会，亦如之。卫北宫括不书于向，书于伐秦，摄也。 师归自伐秦。晋侯舍新军，礼也。成国不过半天子之军。周为六军，诸侯之大者，三军可也。于是知朔生盈而死。盈生六年而武子卒，彘裘亦幼，皆未可立也。新军无帅，故舍之。 师旷侍于晋侯，晋侯曰："卫人出其君，不亦甚乎？"对曰："或者其君实甚。良君将赏善而刑淫，养民如子，盖之如天，容之如地。民奉其君，爱之如父母，仰之如日月，敬之如神明，畏之如雷霆，其可出乎？夫君，神之主也，民之望也。若困民之主，匮神乏祀，百姓绝望，社稷无主，将安用之？弗去何为？天生民而立之君，使司牧之，勿使失性。有君而为之贰，使师保之，勿使过度。是故天子有公，诸侯有卿，卿置侧室，大夫有贰宗，士有朋友，庶人、工、商、皂、隶、牧、圉皆有亲昵，以相辅佐也。善则赏之，过则匡之，患则救之，失则革之。自王以下，各有父兄子弟，以补察其政。史为书，瞽为诗，工诵箴谏，大夫规诲，士传言，庶人谤，商旅于市，百工献艺。故《夏书》曰：'遒人以木铎徇于路，官师相规，工执艺事以谏。'正月孟春，于是乎有之，谏失常也。天之爱民甚矣，岂其使一人肆于民上，以从其淫，而弃天地之性？必不然矣。" 晋侯问卫故于中行献子，对曰："不如因而定之。卫有君矣，伐之，未可以得志而勤诸侯。史《佚》有言曰：'因重而抚之。'《仲虺》有言曰：'亡者侮之，乱者取之，推亡固存，国之道也。'君其定卫，以待时乎？"冬，会于戚，谋定卫也。 范宣子假羽毛于齐而弗归，齐人始贰。
襄十五	**襄十五**
夏，齐侯伐我北鄙，围成。公救成，至遇。季孙宿、叔孙豹帅师城	夏，齐侯围成，贰于晋故也。于是乎城成郛。 秋，邾人伐我南鄙，使告于晋。晋将为会以讨邾、莒，晋侯有疾，乃止。冬，晋悼公卒。遂不克会。

成郛。冬，十有一月癸亥，晋侯周卒。	郑公孙夏如晋奔丧，子蟜送葬。	
襄十六 春，王正月，葬晋悼公。	**襄十六** 春，葬晋悼公。	
昭三十 夏，六月庚辰，晋侯去疾卒。	**昭三十** 夏六月，晋顷公卒。秋八月，葬。郑游吉吊，且送葬。魏献子使士景伯诘之曰："悼公之丧，子西吊，子蟜送葬。今吾子无贰，何故？"	
哀十一	**哀十一** 初，晋悼公子憖亡在卫，使其女仆而田。大叔懿子止而饮之酒，遂聘之，生悼子。悼子即位，故夏戊为大夫。悼子亡，卫人翦夏戊。	

晋魏绛（前573—前555）

成十八	**成十八** 二月乙酉朔，晋悼公即位于朝。始命百官。使魏相、士鲂、魏颉、赵武为卿，荀家、荀会、栾黡、韩无忌为公族大夫，使训卿之子弟共俭孝悌。使士渥浊为大傅，使修范武子之法。右行辛为司空，使修士蒍之法。弁纠御戎，校正属焉，使训诸御知义。荀宾为右司，士属焉，使训勇力之士时使。卿无共御，立军尉以摄之。祁奚为中军尉，羊舌职佐之。魏绛为司马。	魏绛，姬姓，又称绛、魏庄子，为魏犨之孙（襄三年孔疏①），毕万之后。 魏绛成十八年为司马，襄三年起佐新军，襄十三年起佐下军，正式成为六卿之一。襄十八年已为
襄三	**襄三** 晋侯之弟扬干乱行于曲梁，魏绛戮其仆。晋侯怒，谓羊舌赤曰："合诸侯，以为荣也。扬干为戮，何辱如之？必杀魏绛，无失也。"对曰："绛无贰志，事君不辟难，有罪	

---

① 襄元年杜注称魏绛为魏犨子，孔疏计其年世，以为当为魏犨孙。疏曰："《魏世家》：'武子生悼子，悼子生绛。'则绛是犨孙。计其年世，孙应是也。"今从疏。

	不逃刑。其将来辞，何辱命焉？"言终，魏绛至，授仆人书，将伏剑，士鲂、张老止之。公读其书，曰："日君乏使，使臣斯司马。臣闻：'师众以顺为武，军事有死无犯为敬。'君合诸侯，臣敢不敬？君师不武，执事不敬，罪莫大焉。臣惧其死，以及扬干，无所逃罪。不能致训，至于用钺。臣之罪重，敢有不从以怒君心？请归死于司寇。"公跣而出，曰："寡人之言，亲爱也。吾子之讨，军礼也。寡人有弟，弗能教训，使干大命，寡人之过也。子无重寡人之过，敢以为请。"晋侯以魏绛为能以刑佐民矣，反役，与之礼食，使佐新军。张老为中军司马，士富为候奄。	下军将（传"魏绛、栾盈以下军克邾"，杜注以为栾黡死后其子栾盈为佐下军，可推知魏绛为下军将（魏氏世系详情见卷三"晋魏献子"）。
襄四	襄四	魏绛祖父魏犨是追随重耳出逃之人，僖二十八年城濮之战中"荀林父御戎，魏犨为右"，其位不在六卿，且因违背军令差点被杀，这些表明魏犨在晋文公时地位并不高。此后一直到魏绛之前，《左传》中魏氏再无其他人担任显要职位的记载。由此可见魏氏地位的上升，是在晋悼公即位之后。因此，魏庄子是晋国魏
	无终子嘉父使孟乐如晋，因魏庄子纳虎豹之皮，以请和诸戎。晋侯曰："戎狄无亲而贪，不如伐之。"魏绛曰："诸侯新服，陈新来和，将观于我。我德则睦，否则携贰。劳师于戎，而楚伐陈，必弗能救，是弃陈也，诸华必叛。戎，禽兽也。获戎失华，无乃不可乎？《夏训》有之，曰：'有穷后羿。'"公曰："后羿何如？"对曰："昔有夏之方衰也，后羿自鉏迁于穷石，因夏民以代夏政。恃其射也，不修民事，而淫于原兽。弃武罗、伯因、熊髡、龙圉，而用寒浞。寒浞，伯明氏之谗子弟也，伯明后寒弃之，夷羿收之，信而使之，以为己相。浞行媚于内，而施赂于外，愚弄其民，而虞羿于田，树之诈慝，以取其国家，外内咸服。羿犹不悛，将归自田，家众杀而亨之，以食其子。其子不忍食诸，死于穷门。靡奔有鬲氏。浞因羿室，生浇及豷。恃其谗慝诈伪，而不德于民。使浇用师灭斟灌及斟寻氏。处浇于过，处豷于戈。靡自有鬲氏，收二国之烬，以灭浞而立少康。少康灭浇于过，后杼灭豷于戈，有穷由是遂亡，失人故也。昔周辛甲之为大史也，命百官，官箴王阙。于《虞人之箴》曰：'芒芒禹迹，画为九州，经启九道。民有寝庙，兽有茂草，各有攸处，德用不扰。在帝夷羿，冒于原兽，忘其国恤，而思其麀牡。	

	武不可重，用不恢于夏家。兽臣司原，敢告仆夫。'《虞箴》如是，可不惩乎？"于是晋侯好田，故魏绛及之。公曰："然则莫如和戎乎？"对曰："和戎有五利焉。戎狄荐居，贵货易土，土可贾焉，一也。边鄙不耸，民狎其野，穑人成功，二也。戎狄事晋，四邻振动，诸侯威怀，三也。以德绥戎，师徒不勤，甲兵不顿，四也。鉴于后羿，而用德度，远至迩安，五也。君其图之！"公说。使魏绛盟诸戎。修民事，田以时。	氏势力开始大兴的关键人物。 　　具体来说，魏绛在成十八年晋悼公刚即位时只被任命为司马，其职甚小，并无实权。襄三年，晋侯之弟扬干乱行于曲梁，魏绛戮其仆，晋侯怒，羊舌赤、士鲂、张老均为魏绛辩护，魏绛冒死以谏，晋侯使佐新军。可见魏绛是因得到晋悼公的提拔才急剧升迁的。 　　在晋悼公在位期间，魏绛一直受到重用，这既与魏绛才智过人、对晋国赤胆忠心有关，也与晋悼公爱才识才、用人有方有关。襄四年，魏绛力陈以德待诸侯，论
襄九	襄九	
夏，季孙宿如晋。冬，公会晋侯、宋公、卫侯、曹伯、莒子、邾子、滕子、薛伯、杞伯、小邾子、齐世子光伐郑。十有二月己亥，同盟于戏。楚子伐郑。	秦景公使士雃乞师于楚，将以伐晋，楚子许之。子囊曰："不可，当今吾不能与晋争。晋君类能而使之，举不失选，官不易方。其卿让于善，其大夫不失守，其士竞于教，其庶人力于农穑，商工皂隶不知迁业。韩厥老矣，知罃禀焉以为政。范匄少于中行偃而上之，使佐中军。韩起少于栾黡，而栾黡、士鲂上之，使佐上军。魏绛多功，以赵武为贤，而为之佐。君明臣忠，上让下竞。当是时也，晋不可敌，事之而后可。君其图之！" 　　冬，十月，诸侯伐郑。庚午，季武子、齐崔杼、宋皇郧从荀罃、士匄门于鄟门，卫北宫括、曹人、邾人从荀偃、韩起门于师之梁，滕人、薛人从栾黡、士鲂门于北门，杞人、郳人从赵武、魏绛斩行栗。甲戌，师于氾。郑人恐，乃行成。十一月己亥，同盟于戏，郑服也。乃盟而还。 　　晋侯归，谋所以息民。魏绛请施舍，输积聚以贷。自公以下，苟有积者，尽出之。国无滞积，亦无困人。公无禁利，亦无贪民。祈以币更，宾以特牲，器用不作，车服从给。行之期年，国乃有节。三驾而楚不能与争。	
襄十	襄十	
	晋师城梧及制，士鲂、魏绛戍之。	
襄十一	襄十一	
	郑人赂晋侯，以师悝、师触、师蠲，广车、軘车淳十五乘，甲兵备，凡兵车百乘，	

	歌钟二肆，及其鎛、磬，女乐二八。晋侯以乐之半赐魏绛，曰："子教寡人和诸戎狄以正诸华。八年之中，九合诸侯，如乐之和，无所不谐。请与子乐之。"辞曰："夫和戎狄，国之福也。八年之中，九合诸侯，诸侯无慝，君之灵也，二三子之劳也，臣何力之有焉？抑臣愿君安其乐而思其终也。《诗》曰：'乐只君子，殿天子之邦。乐只君子，福禄攸同，便蕃左右，亦是帅从。'夫乐以安德，义以处之，礼以行之，信以守之，仁以厉之，而后可以殿邦国、同福禄、来远人，所谓乐也。《书》曰：'居安思危。'思则有备，有备无患。敢以此规。"公曰："子之教，敢不承命？抑微子，寡人无以待戎，不能济河。夫赏，国之典也，藏在盟府，不可废也。子其受之！"魏绛于是乎始有金石之乐，礼也。	人君不可失人及荒于田猎。襄九年，传称"魏绛多功"，又"以赵武为贤而为之佐"；晋侯谋息民，魏绛请施舍，魏绛之言出自善意，发自诚心。襄十一年，晋侯以金石之乐赐魏绛，魏绛不忘谏君以德、义、礼、信、仁守国，言辞恳切，语意动人。这些都表明魏绛确是一位既有谋略，又有德行的忠良之士。
襄十三	襄十三	
	晋侯蒐于绵上以治兵。使士匄将中军，辞曰："伯游长。昔臣习于知伯，是以佐之，非能贤也。请从伯游。"荀偃将中军，士匄佐之。使韩起将上军，辞以赵武。又使栾黡，辞曰："臣不如韩起。韩起愿上赵武，君其听之。"使赵武将上军，韩起佐之。栾黡将下军，魏绛佐之。	
襄十四	襄十四	魏绛与栾氏同帅下军，私下交好，故魏氏是襄十一年至二十三年间栾、范乱中唯一支持栾氏的列卿。襄十八年，魏绛、栾盈以下军克邿。襄二十三年传
夏四月，叔孙豹会晋荀偃、齐人、宋人、卫北宫括、郑公孙虿、曹人、莒人、邾人、滕人、薛人、杞人、小邾人伐秦。	夏，诸侯之大夫从晋侯伐秦，以报栎之役也。晋侯待于竟，使六卿帅诸侯之师以进。及泾，不济。二子见诸侯之师而劝之济。济泾而次。秦人毒泾上流，师人多死。郑司马子蟜帅郑师以进，师皆从之，至于棫林，不获成焉。荀偃令曰："鸡鸣而驾，塞井夷灶，唯余马首是瞻。"栾黡曰："晋国之命，未是有也。余马首欲东。"乃归。下军从之。左史谓魏庄子曰："不待中行伯乎？"庄子曰："夫子命从帅。栾伯，吾帅也，吾将从之。从帅，所以待夫子也。"伯游曰："吾令实过，悔之何及，多遗秦禽。"乃命大还。晋人谓之"迁延之役"。	

342

襄十八	襄十八	载："初，栾盈佐魏庄子于下军，献子私焉，故因之。"栾、范之乱中助栾盈入绛之人魏舒（献子）是魏绛之子，估计此时魏绛已故。
冬十月，公会晋侯、宋公、卫侯、郑伯、曹伯、莒子、邾子、滕子、薛伯、杞伯、小邾子同围齐。	晋侯伐齐。冬十月，会于鲁济，寻溴梁之言，同伐齐。丙寅晦，齐师夜遁。十一月丁卯朔，入平阴，遂从齐师。己卯，荀偃、士匄以中军克京兹。乙酉，魏绛、栾盈以下军克邿。	
襄二十三	襄二十三	
	四月，栾盈帅曲沃之甲，因魏献子，以昼入绛。初，栾盈佐魏庄子于下军，献子私焉，故因之。赵氏以原、屏之难怨栾氏。韩、赵方睦。中行氏以伐秦之役怨栾氏，而固与范氏和亲。知悼子少，而听于中行氏。程郑嬖于公。唯魏氏及七舆大夫与之。 乐王鲋侍坐于范宣子。或告曰："栾氏至矣。"宣子惧。桓子曰："奉君以走固宫，必无害也。且栾氏多怨，子为政，栾氏自外，子在位，其利多矣。既有利权，又执民柄，将何惧焉？栾氏所得，其唯魏氏乎，而可强取也。夫克乱在权，子无懈矣！"	

晋荀偃（前575—前554）

成十六	成十六	荀偃，又称中行献子、献子、中行伯、偃、中行偃、伯游，晋国名臣荀林父之孙，其父为荀庚。中行氏世系如下（据顾栋高《大事表·世系表》）：
甲午晦，晋侯及楚子、郑伯战于鄢陵，楚子、郑师败绩。	晋侯将伐郑。乃兴师。栾书将中军，士燮佐之；郤锜将上军，荀偃佐之；韩厥将下军，郤至佐新军，荀䓖居守。	
成十七	成十七	
晋杀其大夫郤锜、郤犨、郤至。	晋厉公侈，多外嬖。反自鄢陵，欲尽去群大夫，而立其左右。胥童以胥克之废也，怨郤氏，而嬖于厉公。郤锜夺夷阳五田，五亦嬖于厉公。郤犨与长鱼矫争田，执而梏之，与其父母妻子同一辕。既，矫亦嬖于厉公。栾书怨郤至，以其不从己而败楚师也，	

343

欲废之。使楚公子茷告公曰:"此战也,郤至实召寡君,以东师之未至也,与军帅之不具也,曰:'此必败,吾因奉孙周以事君。'"公告栾书,书曰:"其有焉。不然,岂其死之不恤,而受敌使乎?君盍尝使诸周而察之?"郤至聘于周,栾书使孙周见之。公使觇之,信。遂怨郤至。

厉公田,与妇人先杀而饮酒,后使大夫杀。郤至奉豕,寺人孟张夺之,郤至射而杀之。公曰:"季子欺余。"

厉公将作难,胥童曰:"必先三郤,族大多怨。去大族不逼,敌多怨有庸。"公曰:"然。"郤氏闻之,郤锜欲攻公,曰:"虽死,君必危。"郤至曰:"人所以立,信、知、勇也。信不叛君,知不害民,勇不作乱。失兹三者,其谁与我?死而多怨,将安用之?君实有臣而杀之,其谓君何?我之有罪,吾死后矣。若杀不辜,将失其民,欲安,得乎?待命而已。受君之禄,是以聚党。有党而争命,罪孰大焉?"

壬午,胥童、夷羊五帅甲八百将攻郤氏。长鱼矫请无用众,公使清沸魋助之,抽戈结衽,而伪讼者。三郤将谋于榭,矫以戈杀驹伯、苦成叔于其位。温季曰:"逃威也。"遂趋。矫及诸其车,以戈杀之。皆尸诸朝。

胥童以甲劫栾书、中行偃于朝,矫曰:"不杀二子,忧必及君。"公曰:"一朝而尸三卿,余不忍益也。"对曰:"人将忍君。臣闻乱在外为奸,在内为轨。御奸以德,御轨以刑。不施而杀,不可谓德。臣逼而不讨,不可谓刑。德、刑不立,奸、轨并至。臣请行。"遂出奔狄。公使辞于二子曰:"寡人有讨于郤氏,郤氏既伏其辜矣。大夫无辱,其复职位。"皆再拜稽首,曰:"君讨有罪,而免臣于死,君之惠也。二臣虽死,敢忘君德?"乃皆归。公使胥童为卿。

公游于匠丽氏,栾书、中行偃遂执公焉。召士匄,士匄辞。召韩厥,韩厥辞,曰:"昔吾畜于赵氏,孟姬之谗,吾能违兵。古人有言,曰:'杀老牛,莫之敢尸。'而况

中行氏	简况
中行桓子荀林父	僖二十八将中行,宣十二将中军
中行宣子荀庚	成三将上军,成十三佐中军
中行献子荀偃	成十六佐上军,襄十三将中军
中行穆子荀吴	襄二十六聘于鲁
中行文子荀寅	昭二十九见,定十三入于朝歌以叛,哀五奔齐

荀偃成十六年佐中军,襄元年与韩厥帅诸侯之师伐郑,九年佐中军,与知罃合谋伐郑,襄十

	君乎？二三子不能事君，焉用厥也？" 闰月乙卯晦，栾书、中行偃杀胥童。民不与郤氏，胥童道君为乱，故皆书曰："晋杀其大夫。"	年与士匄合伐偪阳，襄十三年将中军，自是与范宣子同执国柄。襄十四年伐秦无功，自责而还；襄十六年伐许，击楚，大败楚师；襄十八年伐齐，齐师大遁。襄十九年卒。荀偃一生战功卓著，但《左传》记其个人德性之处不多。 《左传》虽对荀偃的个性记之甚少，但从其为政期间积极有为，立下赫赫战功，特别是襄十五年伐齐之役及襄十六年临终前的言行都可以看出他忧国忧民、对晋室忠心耿耿。襄十四年伐秦之役中栾黡故意挑衅，荀偃没有怪罪别人，反而自责曰"吾
成十八 春，王正月，晋杀其大夫胥童。庚申，晋弑其君州蒲。	**成十八** 春，王正月庚申，晋栾书、中行偃使程滑弑厉公，葬之于翼东门之外，以车一乘。使荀䓨、士鲂逆周子于京师而立之，生十四年矣。	
襄元 夏，晋韩厥帅师伐郑。	**襄元** 夏，五月，晋韩厥、荀偃帅诸侯之师伐郑，入其郛，败其徒兵于洧上。于是东诸侯之师次于鄫，以待晋师。晋师自郑以鄫之师侵楚焦、夷及陈。晋侯、卫侯次于戚，以为之援。	
襄九 冬，公会晋侯、宋公、卫侯、曹伯、莒子、邾子、滕子、薛伯、杞伯、小邾子、齐世子光伐郑。十有二月己亥，同盟于戏。	**襄九** 秦景公使士雃乞师于楚，将以伐晋，楚子许之。子囊曰："不可，当今吾不能与晋争。晋君类能而使之，举不失选，官不易方。其卿让于善，其大夫不失守，其士竞于教，其庶人力于农穑，商工皂隶不知迁业。韩厥老矣，知䓨禀焉以为政。范匄少于中行偃而上之，使佐中军。韩起少于栾黡，而栾黡、士鲂上之，使佐上军。魏绛多功，以赵武为贤，而为之佐。君明臣忠，上让下竞。当是时也，晋不可敌，事之而后可。君其图之！"王曰："吾既许之矣，虽不及晋，必将出师。"秋，楚子师于武城，以为秦援。秦人侵晋。晋饥，弗能报也。 冬，十月，诸侯伐郑。庚午，季武子、齐崔杼、宋皇郧从荀䓨、士匄门于鄟门，卫北宫括、曹人、邾人从荀偃、韩起门于师之梁，滕人、薛人从栾黡、士鲂门于北门，杞人、郳人从赵武、魏绛斩行栗。甲戌，师于汜，令于诸侯曰："修器备，盛糇粮，归老幼，居疾于虎牢，肆眚，围郑。"郑人恐，乃行成。中行献子曰："遂围之，以待楚人之救也而与之战。不然，无成。"知武子曰："许之盟而还师，以敝楚人。吾三分四军，与诸	

345

	侯之锐以逆来者，于我未病，楚不能矣。犹愈于战。暴骨以逞，不可以争。大劳未艾。君子劳心，小人劳力，先王之制也。"诸侯皆不欲战，乃许郑成。十一月己亥，同盟于戏，郑服也。将盟，郑六卿公子騑、公子发、公子嘉、公孙辄、公孙虿、公孙舍之及其大夫、门子皆从郑伯。晋士庄子为载书，曰："自今日既盟之后，郑国而不唯晋命是听，而或有异志者，有如此盟。"公子騑趋进，曰："天祸郑国，使介居二大国之间。大国不加德音，而乱以要之，使其鬼神不获歆其禋祀，其民人不获享其土利，夫妇辛苦垫隘，无所厎告。自今日既盟之后，郑国而不唯有礼与强可以庇民者是从，而敢有异志者，亦如之。"荀偃曰："改载书。"公孙舍之曰："昭大神，要言焉。若可改也，大国亦可叛也。"知武子谓献子曰："我实不德，而要人以盟，岂礼也哉？非礼，何以主盟？姑盟而退，修德息师而来，终必获郑，何必今日？我之不德，民将弃我，岂唯郑？若能休和，远人将至，何恃于郑？"乃盟而还。	令实过"。这表明他在遇到将帅不和时能以身作则，从大局出发。在这方面，他与利用手中权柄谋报私仇、置晋国霸业于不顾的范宣子形成了鲜明对比。 荀偃在处理与列国的关系时，能谦虚谨慎、迁善改过、以礼服人。襄十六年鲁穆叔请晋为之伐齐，与荀偃本意不合，但听完鲁人之诉，马上改口表示："偃知罪矣！敢不从执事以同恤社稷，而使鲁及此！"并于次年伐齐。这些都间接地显示了荀偃的个性。 按：成十七年胥童执栾书、中行偃，栾书、中行偃先杀胥童、弑厉公，此后栾书退役，
襄十	**襄十**	
春，公会晋侯、宋公、卫侯、曹伯、莒子、邾子、滕子、薛伯、杞伯、小邾子、齐世子光会吴于柤。夏，五月甲午，遂灭偪阳。	夏，四月戊午，会于柤。晋荀偃、士匄请伐偪阳而封宋向戌焉。荀罃曰："城小而固，胜之不武，弗胜为笑。"固请，丙寅围之，弗克。孟氏之臣秦堇父辇重如役，偪阳人启门。诸侯之士门焉。县门发，郰人纥抉之以出门者，狄虒弥建大车之轮，而蒙之以甲以为橹，左执之，右拔戟，以成一队。孟献子曰："《诗》所谓'有力如虎'者也。"主人县布，堇父登之，及堞而绝之，队则又县之。苏而复上者三。主人辞焉，乃退。带其断以徇于军三日。诸侯之师久于偪阳，荀偃、士匄请于荀罃曰："水潦将降，惧不能归，请班师。"知伯怒，投之以机，出于其间，曰："女成二事而后告余！余恐乱命，以不女违。女既勤君而兴诸侯，牵帅老夫以至于此，既无武守，而又欲易余罪，曰：'是实班师，不然克矣。'余赢老也，可重任乎？七日不克，必尔乎取之！"五月庚寅，荀偃、	

	士匄帅卒攻偪阳，亲受矢石。甲午，灭之。书曰："遂灭偪阳。"言自会也。以与向戌，向戌辞曰："君若犹辱镇抚宋国，而以偪阳光启寡君，群臣安矣，其何贶如之？若专赐臣，是臣兴诸侯以自封也，其何罪大焉？敢以死请。"乃予宋公。 宋公享晋侯于楚丘，请以《桑林》，荀罃辞。荀偃、士匄曰："诸侯宋、鲁于是观礼。鲁有禘乐，宾祭用之。宋以《桑林》享君，不亦可乎？"舞，师题以旌夏。晋侯惧而退入于房。去旌，卒享而还。及著雍，疾。卜，《桑林》见。荀偃、士匄欲奔请祷焉，荀罃不可，曰："我辞礼矣，彼则以之。犹有鬼神，于彼加之。"晋侯有间，以偪阳子归，献于武宫，谓之夷俘。偪阳，妘姓也。使周内史选其族嗣，纳诸霍人，礼也。	而中行偃在晋国的地位日益加强，直至成为晋国的中军帅。 又：荀氏（中行氏）与范氏都是晋国的世家大族，在春秋末年的范、赵之乱中结为死党，后为赵氏所灭。荀、范关系的紧密当从荀偃开始。襄公九年，楚子囊提到晋荀、范互让，范匄少于中行偃而上之，使佐中军；襄公十年，晋荀偃、士匄同伐偪阳，二人同舟共济、亲受矢石；襄公十三年，晋侯使士匄将中军，士匄让之于荀偃（即伯游），而己佐之。襄公十九年，荀偃死，临终之前士匄亲抚之；此后士匄代替荀
襄十三	襄十三	
	荀罃、士鲂卒。晋侯蒐于绵上以治兵。使士匄将中军，辞曰："伯游长。昔臣习于知伯，是以佐之，非能贤也。请从伯游。"荀偃将中军，士匄佐之。	
襄十四	襄十四	
夏四月，叔孙豹会晋荀偃、齐人、宋人、卫北宫括、郑公孙虿、曹人、莒人、邾人、滕人、薛人、杞人、小邾人伐秦。	夏，诸侯之大夫从晋侯伐秦，以报栎之役也。晋侯待于竟，使六卿帅诸侯之师以进。及泾，不济。叔向见叔孙穆子，穆子赋《匏有苦叶》，叔向退而具舟。鲁人、莒人先济。郑子蟜见卫北宫懿子曰："与人而不固，取恶莫甚焉，若社稷何？"懿子说。二子见诸侯之师而劝之济。济泾而次。秦人毒泾上流，师人多死。郑司马子蟜帅郑师以进，师皆从之，至于棫林，不获成焉。荀偃令曰："鸡鸣而驾，塞井夷灶，唯余马首是瞻。"栾黡曰："晋国之命，未是有也。余马首欲东。"乃归。下军从之。左史谓魏庄子曰："不待中行伯乎？"庄子曰："夫子命从帅。栾伯，吾帅也，吾将从之。从帅，所以待夫子也。"伯游曰："吾令实过，悔之何及，多遗秦禽。"乃命大还。晋人谓之"迁延之役"。栾鍼曰："此役也，报栎之败也。役又无功，晋之耻也。吾有二位于戎路，敢不耻乎？"与士鞅驰	

347

	秦师，死焉。士鞅反。栾黡谓士匄曰："余弟不欲往，而子召之。余弟死，而子来，是而子杀余之弟也。弗逐，余亦将杀之。"士鞅奔秦。于是齐崔杼、宋华阅、仲江会伐秦。不书，惰也。向之会亦如之。卫北宫括不书于向，书于伐秦，摄也。	偃为中军帅。 定十年至哀六年，晋国发生荀、范与赵氏之争，荀寅（荀偃孙）、士吉射（范昭子）在这场内乱中互为一体，被赵氏赶出了晋国。襄二十三年传称中行氏"固与范氏和亲"，定十三年传曰"荀寅，范吉射之姻也"，可见荀、范关系是从荀偃开始日益亲密，后来一直保持下来的，直到春秋末年一起被灭。
襄十六	**襄十六**	
三月，公会晋侯、宋公、卫侯、郑伯、曹伯、莒子、邾子、薛伯、杞伯、小邾子于溴梁。戊寅，大夫盟。晋人执莒子、邾子以归。齐侯伐我北鄙。夏，公至自会。叔老会郑伯、晋荀偃、卫宁殖、宋人伐许。秋，齐侯伐我北鄙，围郕。冬，叔孙豹如晋。	春，葬晋悼公。平公即位，羊舌肸为傅，张君臣为中军司马，祁奚、韩襄、栾盈、士鞅为公族大夫，虞丘书为乘马御。改服修官，烝于曲沃。警守而下，会于溴梁。命归侵田。以我故，执邾宣公、莒犁比公，且曰："通齐、楚之使。"晋侯与诸侯宴于温，使诸大夫舞，曰："歌诗必类。"齐高厚之诗不类。荀偃怒，且曰："诸侯有异志矣。"使诸大夫盟高厚，高厚逃归。于是叔孙豹、晋荀偃、宋向戌、卫宁殖、郑公孙虿、小邾之大夫盟，曰："同讨不庭。" 许男请迁于晋，诸侯遂迁许。许大夫不可，晋人归诸侯。郑子蟜闻将伐许，遂相郑伯，以从诸侯之师。穆叔从公。齐子帅师会晋荀偃。书曰"会郑伯"，为夷故也。夏，六月，次于棫林。庚寅，伐许，次于函氏。 晋荀偃、栾黡帅师伐楚，以报宋扬梁之役。 楚公子格帅师，及晋师战于湛阪。楚师败绩。晋师遂侵方城之外，复伐许而还。 冬，穆叔如晋聘，且言齐故。晋人曰："以寡君之未禘祀，与民之未息，不然，不敢忘。"穆叔曰："以齐人之朝夕释憾于敝邑之地，是以大请。敝邑之急，朝不及夕，引领西望曰：'庶几乎！'比执事之间，恐无及也。"见中行献子，赋《圻父》。献子曰："偃知罪矣，敢不从执事以同恤社稷，而使鲁及此！"见范宣子，赋《鸿雁》之卒章。宣子曰："匄在此，敢使鲁无鸠乎？"	
襄十八	**襄十八**	
秋，齐师伐我北鄙。冬十月，公会晋	秋，齐侯伐我北鄙。中行献子将伐齐，梦与厉公讼，弗胜。公以戈击之，首队于前，跪而戴之，奉之以走，见梗阳之巫皋。	

侯、宋公、卫侯、郑伯、曹伯、莒子、邾子、滕子、薛伯、杞伯、小邾子同围齐。

他日见诸道，与之言，同。巫曰："今兹主必死，若有事于东方，则可以逞。"献子许诺。

晋侯伐齐，将济河。献子以朱丝系玉二瑴，而祷曰："齐环怙恃其险，负其众庶，弃好背盟，陵虐神主。曾臣彪将率诸侯以讨焉，其官臣偃实先后之，苟捷有功，无作神羞，官臣偃无敢复济。唯尔有神裁之！"沈玉而济。冬十月，会于鲁济，寻溴梁之言，同伐齐。齐侯御诸平阴，堑防门而守之广里。夙沙卫曰："不能战，莫如守险。"弗听。诸侯之士门焉，齐人多死。范宣子告析文子曰："吾知子，敢匿情乎？鲁人、莒人皆请以车千乘自其乡入，既许之矣。若入，君必失国。子盍图之？"子家以告公，公恐。晏婴闻之，曰："君固无勇，而又闻是，弗能久矣。"

齐侯登巫山以望晋师。晋人使司马斥山泽之险，虽所不至，必旆而疏陈之。使乘车者左实右伪，以旆先，舆曳柴而从之。齐侯见之，畏其众也，乃脱归。丙寅晦，齐师夜遁。师旷告晋侯曰："鸟乌之声乐，齐师其遁。"邢伯告中行伯曰："有班马之声，齐师其遁。"叔向告晋侯曰："城上有乌，齐师其遁。"十一月丁卯朔，入平阴，遂从齐师。夙沙卫连大车以塞隧而殿，殖绰、郭最曰："子殿国师，齐之辱也。子姑先乎？"乃代之殿。卫杀马于隘以塞道，晋州绰及之，射殖绰，中肩，两矢夹脰，曰："止，将为三军获；不止，将取其衷。"顾曰："为私誓。"州绰曰："有如日。"乃弛弓而自后缚之，其右具丙亦舍兵而缚郭最，皆衿甲面缚，坐于中军之鼓下。

晋人欲逐归者，鲁、卫请攻险。己卯，荀偃、士匄以中军克京兹。乙酉，魏绛、栾盈以下军克邿。赵武、韩起以上军围卢，弗克。十二月戊戌，及秦周伐雍门之萩。范鞅门于雍门，其御追喜以戈杀犬于门中。孟庄子斩其橁以为公琴。己亥，焚雍门及西郭、南郭。刘难、士弱率诸侯之师焚申池之竹木。壬寅，焚东郭、北郭。范鞅门于扬门。州绰门于东闾，左骖迫，还于东门中，以枚数阖。

	齐侯驾，将走邮棠。大子与郭荣扣马曰："师速而疾，略也。将退矣，君何惧焉？且社稷之主，不可以轻，轻则失众，君必待之！"将犯之，大子抽剑断鞅，乃止。甲辰，东侵及潍，南及沂。
襄十九	襄十九
春，王正月，诸侯盟于祝柯。晋人执邾子。公至自伐齐。	春，诸侯还自沂上，盟于督扬，曰："大毋侵小。"执邾悼公，以其伐我故。遂次于泗上，疆我田。取邾田，自漷水归之于我。晋侯先归。公享晋六卿于蒲圃，赐之三命之服，军尉、司马、司空、舆尉、候奄皆受一命之服。贿荀偃束锦、加璧、乘马、先吴寿梦之鼎。 荀偃瘅疽，生疡于头。济河，及著雍，病，目出。大夫先归者皆反。士匄请见，弗内。请后，曰："郑甥可。"二月甲寅，卒，而视，不可含。宣子盥而抚之，曰："事吴，敢不如事主！"犹视。栾怀子曰："其为未卒事于齐故也乎？"乃复抚之曰："主苟终，所不嗣事于齐者，有如河。"乃瞑，受含。宣子出，曰："吾浅之为大夫也。"

鲁孟献子（前612—前554）

文十五	文十五	孟献子，即仲孙蔑，公子庆父曾孙，穆伯孙，文伯子，又称孟、孟孙、献子、仲孙蔑等。孟献子世系情况如下（据顾栋高《大事表·世系表》）：
齐人归公孙敖之丧。	齐人或为孟氏谋，曰："鲁，尔亲也，饰棺置诸堂阜，鲁必取之。"从之。卞人以告。惠叔犹毁以为请，立于朝以待命。许之。取而殡之，齐人送之。书曰："齐人归公孙敖之丧。"为孟氏，且国故也。葬视共仲。声己不视，帷堂而哭。他年，其二子来，孟献子爱之，闻于国。或谮之，曰："将杀子。"献子以告季文子，二子曰："夫子以爱我闻，我以将杀子闻，不亦远于礼乎？远礼不如死。"一人门于句鼆，一人门于戾丘，皆死。	
宣九	宣九	
夏，仲孙蔑如京师。	夏，孟献子聘于周。王以为有礼，厚贿之。	

		人物		简况
宣十四	宣十四 孟献子言于公曰："臣闻小国之免于大国也，聘而献物，于是有庭实旅百；朝而献功，于是有容貌、采章、嘉淑，而有加货。谋其不免也。诛而荐贿，则无及也。今楚在宋，君其图之！"公说。	公子庆父	共仲	庄二伐馀丘，闵二奔莒，寻缢
宣十五 仲孙蔑会齐高固于无娄。	宣十五	公孙敖	穆伯	僖十五帅师救徐，文十四奔齐
成二	成二 冬，楚师侵卫，遂侵我，师于蜀。使臧孙往，辞曰："楚远而久，固将退矣。无功而受名，臣不敢。"楚侵及阳桥，孟孙请往，赂之以执斫、执针、织纴，皆百人，公衡为质以请盟，楚人许平。	毂	文伯	文十四年穆伯之从己氏也，鲁人立文伯
成五 仲孙蔑如宋。	成五 孟献子如宋，报华元也。	献子	仲孙蔑	文十五见，襄十九卒
成六，仲孙蔑、叔孙侨如帅师侵宋。	成六 子叔声伯如晋，命伐宋。秋，孟献子、叔孙宣伯侵宋，晋命也。	庄子	仲孙速	襄十六年孟子速徵之
成十三 三月，公如京师。夏五月，公自京师，遂会晋侯、齐侯、宋公、卫侯、郑伯、曹伯、邾人、滕人伐秦。	成十三 春，晋侯使郤锜来乞师，将事不敬。孟献子曰："郤氏其亡乎！礼，身之干也。敬，身之基也。郤子无基，且先君之嗣卿也，受命以求师，将社稷是卫，而惰，弃君命也。不亡何为？" 三月，公如京师。宣伯欲赐，请先使。孟献子从，王以为介而重贿。公及诸侯朝王，遂从刘康公、成肃公会晋侯伐秦。秦桓公既与晋厉公为令狐之盟，而又召狄与楚，欲道以伐晋，诸侯是以睦于晋。晋栾书将中军，荀庚佐之；士燮将上军，郤锜佐之；韩厥将下军，荀䓨佐之；赵旃将新军，郤至佐之。郤毅御戎，栾鍼为右。孟献子曰："晋帅乘和，师必有大功。"五月丁亥，晋师以诸侯之师及秦师战于麻隧，秦师败绩，获秦成差及不更女父。	孝伯	仲孙羯	襄二十三公鉏奉羯立于户侧，襄三十一卒
		僖子	仲孙玃	昭七孟僖子为昭介，昭二十四卒

成十六	成十六			
晋侯使栾黡来乞师。甲午晦，晋侯及楚子、郑伯战于鄢陵，楚子、郑师败绩。秋，公会晋侯、齐侯、卫侯、宋华元、邾人于沙随，不见公。公至自会。公会尹子、晋侯、齐国佐、邾人伐郑。九月，晋人执季孙行父，舍之于苕丘。冬，十月乙亥，叔孙侨如出奔齐。十有二月乙丑，季孙行父及晋郤犨盟于扈。公至自会。乙酉，刺公子偃。	晋侯将伐郑。栾书将中军，士燮佐之；郤锜将上军，荀偃佐之；韩厥将下军，郤至佐新军，荀䓨居守。郤犨如卫，遂如齐，皆乞师焉。栾黡来乞师，孟献子曰："有胜矣。" 宣伯通于穆姜，欲去季、孟而取其室。将行，穆姜送公，而使逐二子。公以晋难告，曰："请反而听命。"姜怒，公子偃、公子鉏趋过，指之曰："女不可，是皆君也。"公待于坏隤，申宫、儆备、设守而后行，是以后。使孟献子守于公宫。七月，公会尹武公及诸侯伐郑。将行，姜又命公如初。公又申守而行。 宣伯使告郤犨曰："鲁之有季、孟，犹晋之有栾、范也，政令于是乎成。今其谋曰：'晋政多门，不可从也。宁事齐、楚，有亡而已，蔑从晋矣！'若欲得志于鲁，请止行父而杀之，我毙蔑也而事晋，蔑有贰矣。鲁不贰，小国必睦。不然，归必叛矣。"九月，晋人执季文子于苕丘。 公还，待于郓，使子叔声伯请季孙于晋。郤犨曰："苟去仲孙蔑而止季孙行父，吾与子国，亲于公室。"对曰："侨如之情，子必闻之矣。若去蔑与行父，是大弃鲁国而罪寡君也。若犹不弃，而惠徼周公之福，使寡君得事晋君，则夫二人者，鲁国社稷之臣也。若朝亡之，鲁必夕亡。以鲁之密迩仇雠，亡而为雠，治之何及？"郤犨曰："吾为子请邑。"对曰："婴齐，鲁之常隶也，敢介大国以求厚焉？承寡君之命以请。若得所请，吾子之赐多矣，又何求？"范文子谓栾武子曰："季孙于鲁，相二君矣。妾不衣帛，马不食粟，可不谓忠乎？信谗慝而弃忠良，若诸侯何？子叔婴齐奉君命无私，谋国家不贰，图其身不忘其君。若虚其请，是弃善人也。子其图之！"乃许鲁平，赦季孙。 冬十月，出叔孙侨如而盟之，侨如奔齐。十二月，季孙及郤犨盟于扈。归，刺公子偃，召叔孙豹于齐而立之。	仲孙何忌	昭七见，与庶兄南宫说师事仲尼，哀十四卒
		孟武伯彘	哀十一帅右师
		孟敬子捷	见《论语》

（上表：仲孙貜有兄孺子秩，襄二十三年奔邾。孟僖子之子尚有南宫敬叔即仲孙说，昭七见。）

《左传》记孟献子之事，虽不少见，但都极为简略。从见于经中之事如成五、六、十八年及襄元、二、五、十九年之事，可知他与此前之孙侨如、季孙行父等人一样，都是鲁

	成十八	成十八
	十有二月，仲孙蔑会晋侯、宋公、卫侯、邾子、齐崔杼同盟于虚朾。	十二月，孟献子会于虚朾，谋救宋也。宋人辞诸侯而请师以围彭城。 孟献子请于诸侯，而先归会葬。丁未，葬我君成公。书顺也。
	襄元	襄元
	仲孙蔑会晋栾黡、宋华元、卫宁殖、曹人、莒人、邾人、滕人、薛人围宋彭城。夏，晋韩厥帅师伐郑。仲孙蔑会齐崔杼、曹人、邾人、杞人次于鄫。	春，己亥，围宋彭城。非宋地，追书也。于是为宋讨鱼石，故称宋，且不登叛人也，谓之宋志。彭城降晋，晋人以宋五大夫在彭城者归，置诸瓠丘。 夏，五月，晋韩厥、荀偃帅诸侯之师伐郑，入其郛，败其徒兵于洧上。于是东诸侯之师次于鄫，以待晋师。晋师自郑以鄫之师侵楚焦、夷及陈。晋侯、卫侯次于戚，以为之援。
	襄二	襄二
	秋，七月，仲孙蔑会晋荀罃、宋华元、卫孙林父、曹人、邾人于戚。冬，仲孙蔑会晋荀罃、齐崔杼、宋华元、卫孙林父、曹人、邾人、滕人、薛人、小邾人于戚，遂城虎牢。	会于戚，谋郑故也。孟献子曰："请城虎牢以逼郑。"知武子曰："善。鄫之会，吾子闻崔子之言，今不来矣。滕、薛、小邾之不至，皆齐故也。寡君之忧不唯郑。罃将复于寡君，而请于齐。得请而告，吾子之功也。若不得请，事将在齐。吾子之请，诸侯之福也，岂唯寡君赖之。"

政国掌握军政大权的重要人物，所谓权在家门者也。孟献子在鲁国政事中的重要性尤见于成公十六年孟献子对叔孙侨如的言论"鲁有晋、楚，犹有栾、范，政令于是乎成"之言。约略言之，孟献子水平、境界虽不能与臧文仲、叔孙豹等人相提并论，但亦不失为一识礼、知事之人。

文十五年，孟献子爱穆伯之二子，有人造谣说二子将杀献子，二子闻后自杀身亡；宣九年、成十三年孟献子聘于周，因礼节周到，备受天子善待；成十三年献子评郤氏失礼不敬，

襄三	襄三	其言甚佳；襄三年相鲁侯赴晋，甚为有礼；襄七年论郊礼；襄十年以秦堇父为右；十三年书劳于庙，也都能说明孟献子识礼。

孟献子之知事，见于宣十四年论小国事大国之道；成十三年伐秦之役论晋帅乘和，必有大功；成十六年伐郑之役知晋将胜楚；襄二年出城虎牢以为长久之计，知武子用之；襄四年以言动晋侯，忠心可鉴；襄十年论郑将灾。

孟献子之言，约而言之有如下几条最具价值：一是宣九年论小国事大国之道，二是成十三年论礼与敬， |
夏，四月壬戌，公及晋侯盟于长樗。公至自晋。	夏，盟于长樗。孟献子相，公稽首。知武子曰："天子在，而君辱稽首，寡君惧矣。"孟献子曰："以敝邑介在东表，密迩仇雠，寡君将君是望，敢不稽首？"	
襄四	襄四	
冬，公如晋。	冬，公如晋听政。晋侯享公。公请属鄫，晋侯不许。孟献子曰："以寡君之密迩于仇雠，而愿固事君，无失官命。鄫无赋于司马，为执事朝夕之命敝邑，敝邑偏小，阙而为罪，寡君是以愿借助焉。"晋侯许之。	
襄五	襄五	
仲孙蔑、卫孙林父会吴于善道。	吴子使寿越如晋，辞不会于鸡泽之故，且请听诸侯之好。晋人将为之合诸侯，使鲁、卫先会吴，且告会期，故孟献子、孙文子会吴于善道。	
襄七	襄七	
夏，四月，三卜郊，不从，乃免牲。	夏，四月，三卜郊，不从，乃免牲。孟献子曰："吾乃今而后知有卜筮。夫郊，祀后稷以祈农事也。是故启蛰而郊，郊而后耕。今既耕而卜郊，宜其不从也。"	
襄十	襄十	
春，公会晋侯、宋公、卫侯、曹伯、莒子、邾子、滕子、薛伯、杞伯、小邾子、齐世子光会吴于柤。夏，五月甲午，遂灭偪阳。	夏，四月戊午，会于柤。晋荀偃、士匄请伐偪阳而封宋向戌焉。荀罃曰："城小而固，胜之不武，弗胜为笑。"固请，丙寅围之，弗克。孟氏之臣秦堇父辇重如役，偪阳人启门，诸侯之士门焉。县门发，聊人纥抉之以出门者，狄虒弥建大车之轮，而蒙之以甲以为橹，左执之，右拔戟，以成一队。孟献子曰："《诗》所谓'有力如虎'者也。"主人县布，堇父登之，及堞而绝之，队则又县之。苏而复上者三。主人辞焉，乃退。带其断以徇于军三日。诸侯之师久于偪阳。甲午，灭之。师归，孟献子以秦堇父为右，生秦丕兹，事仲尼。	
襄十三	襄十三	
春，公至自晋。	春，公至自晋，孟献子书劳于庙，礼也。	

襄十五 春，宋公使向戌来聘。	襄十五 春，宋向戌来聘，且寻盟。见孟献子，尤其室，曰："子有令闻而美其室，非所望也。"对曰："我在晋，吾兄为之。毁之重劳，且不敢间。"	再是襄七年论郊礼之义，皆甚佳。
襄十九 八月丙辰，仲孙蔑卒。	襄十九	

宋子罕（前567—前544）

襄六 夏，宋华弱来奔。	襄六 宋华弱与乐辔少相狎，长相优，又相谤也。子荡怒，以弓梏华弱于朝，平公见之，曰："司武而梏于朝，难以胜矣。"遂逐之。夏，宋华弱来奔。司城子罕曰："同罪异罚，非刑也。专戮于朝，罪孰大焉？"亦逐子荡。子荡射子罕之门，曰："几日而不我从？"子罕善之如初。	乐氏亦为宋戴公之后，戴公之子乐父术为乐氏始祖。今列乐氏世系如下： 戴公 乐父术 （以下戴公玄孙） 乐吕　乐豫 （以下戴公六世孙） 乐喜 子罕　乐惧 （以下乐喜孙及其后） 乐祁　乐舍　乐鞶　乐大心 乐溷　　乐朱鉏 乐茷 （上表：乐父术未见《春秋》。乐吕文十八为司寇，杜注以为戴公曾孙，孔疏据《世本》纠之，当与乐豫同为戴公玄孙。乐豫文七为司马以让公子卬。乐惧与将鉏成
襄九 春，宋灾。	襄九 春，宋灾。乐喜为司城以为政，使伯氏司里：火所未至，彻小屋，涂大屋。陈畚挶，具绠缶，备水器。量轻重，蓄水潦，积土涂。巡丈城，缮守备，表火道。使华臣具正徒，令隧正纳郊保，奔火所。使华阅讨右官，官庀其司。向戌讨左，亦如之。使乐遄庀刑器，亦如之。使皇郧命校正出马，工正出车，备甲兵，庀武守。使西鉏吾庀府守，令司宫、巷伯儆宫。二师令四乡正敬享，祝宗用马于四墉，祀盘庚于西门之外。	
襄十五	襄十五 郑尉氏、司氏之乱，其余盗在宋。郑人以子西、伯有、子产之故，纳赂于宋，以马四十乘与师茷、师	

	慧。三月，公孙黑为质焉。司城子罕以堵女父、尉翩、司齐与之，良司臣而逸之，托诸季武子，武子置诸卞。郑人醢之三人也。师慧过宋朝，将私焉。其相曰："朝也。"慧曰："无人焉。"相曰："朝也，何故无人？"慧曰："必无人焉。若犹有人，岂其以千乘之相易淫乐之朦？必无人焉故也。"子罕闻之。固请而归之。 宋人或得玉，献诸子罕，子罕弗受。献玉者曰："以示玉人，玉人以为宝也，故敢献之。"子罕曰："我以不贪为宝，尔以玉为宝。若以与我，皆丧宝也，不若人有其宝。"稽首而告曰："小人怀璧，不可以越乡，纳此以请死也。"子罕置诸其里。使玉人为之攻之，富而后使复其所。	十六败郑师。乐祁又称乐祁犁，昭二十二为司城，见卷四"宋乐祁"。乐舍昭二十出奔郑。乐輓昭二十二为大司寇。乐大心，又称桐门右师，杜注子明[乐溷]族父，昭二十二年为右师，是否乐喜之孙不详。乐溷[子明]定六见，乐朱鉏哀二十六为大司寇。乐茷又称子潞，哀二十六为司城。）
襄十七	襄十七 宋皇国父为大宰，为平公筑台，妨于农功。子罕请俟农功之毕，公弗许。筑者讴曰："泽门之皙，实兴我役。邑中之黔，实慰我心。"子罕闻之，亲执扑以行筑者，而挟其不勉者，曰："吾侪小人，皆有阖庐以辟燥湿寒暑。今君为一台而不速成，何以为役？"讴者乃止。或问其故，子罕曰："宋国区区，而有诅有祝，祸之本也。"	子罕，名喜，故又称司城子罕、乐喜。子罕自襄六年以司城之职为执政，至襄二十九年卒，共在位24年（据顾栋高《大事表·春秋宋执政表》）。 宋乐氏一族，至乐喜得到巨大发展，而乐喜之所以能以卑位执国政（襄九年孔疏），与其品德亦有关。子罕在襄六年成为宋国执政前，是一不知名之大夫。从他襄六年之对待乐辔，十五年之以不贪为宝，十七年之对行筑者，二十七年之直谏左师，二十九
襄二十七 夏，叔孙豹会晋赵武、楚屈建、蔡公孙归生、卫石恶、陈孔奂、郑良霄、许人、曹人于宋。 秋七月辛巳，豹及诸侯之大夫盟于宋。	襄二十七 乙酉，宋公及诸侯之大夫盟于蒙门之外。 宋左师请赏，曰："请免死之邑。"公与之邑六十。以示子罕，子罕曰："凡诸侯小国，晋、楚所以兵威之，畏而后上下慈和，慈和而后能安靖其国家，以事大国，所以存也。无威则骄，骄则乱生，乱生必灭，所以亡也。天生五材，民并用之，废一不可。谁能去兵？兵之设久矣，所以威不轨而昭文德也。圣人以兴，乱人以废。	

	废兴存亡，昏明之术，皆兵之由也。而子求之，不亦诬乎？以诬道蔽诸侯，罪莫大焉。纵无大讨，而又求赏，无厌之甚也！"削而投之。左师辞邑。 向氏欲攻司城，左师曰："我将亡，夫子存我，德莫大焉。又可攻乎？"君子曰："'彼己之子，邦之司直。'乐喜之谓乎？'何以恤我，我其收之。'向戍之谓乎？"	年之赈济灾民，均可看出他不贪私利、公正耿直、爱民如子的品德。襄二十七年子罕讥左师，实针对左师有贪婪之心而发。襄二十七年，君子曰："'彼己之子，邦之司直。'乐喜之谓乎？"襄二十九年，叔向称："施而不德，乐氏加焉，其以宋升降乎？"可以说，君子、叔向评子罕，是借他人之口对子罕的较好总结。
襄二十九	襄二十九 郑子展卒，子皮即位。于是郑饥而未及麦，民病。子皮以子展之命，饩国人粟，户一钟，是以得郑国之民。故罕氏常掌国政，以为上卿。宋司城子罕闻之，曰："邻于善，民之望也。"宋亦饥，请于平公，出公粟以贷，使大夫皆贷。司城氏贷而不书，为大夫之无者贷。宋无饥人。叔向闻之，曰："郑之罕，宋之乐，其后亡者也，二者其皆得国乎？民之归也。施而不德，乐氏加焉，其以宋升降乎？"	

晋栾黡附栾盈（前586—前550）

成五	成五 春，原、屏放诸齐。婴曰："我在，故栾氏不作。我亡，吾二昆其忧哉！且人各有能有不能，舍我何害？"弗听。婴梦天使谓己："祭余，余福女。"使问诸士贞伯，贞伯曰："不识也。"既而告其人曰："神，福仁而祸淫。淫而无罚，福也。祭其得亡乎？"祭之，之明日而亡。	栾黡，栾书之子，又称桓子、栾桓子、栾伯、黡等。其子栾盈，又称栾孺子、栾怀子、怀子、盈等。下列栾书以来栾氏世系情况如下（据顾栋高《世系表》）：
成八 晋杀其大夫赵同、赵括。	成八 晋赵庄姬为赵婴之亡故，谮之于晋侯，曰："原、屏将为乱。"栾、郤为征。六月，晋讨赵同、赵括。武从姬氏畜于公宫，以其田与祁奚。	栾书 武子 宣十二佐下军， 成二将下军， 成四将中军

成十六	成十六	欒黶 桓子 成十八年为公族大夫,襄九将下军	欒鍼 成十三为右,襄十四死于伐秦之役
晋侯使欒黶来乞师。甲午晦,晋侯及楚子、郑伯战于鄢陵,楚子、郑师败绩。	晋侯将伐郑。欒武子曰:"不可以当吾世而失诸侯,必伐郑!"乃兴师。欒书将中军,士燮佐之;郤锜将上军,荀偃佐之;韩厥将下军,郤至佐新军,荀䓣居守。郤犨如卫,遂如齐,皆乞师焉。欒黶来乞师,孟献子曰:"有胜矣。" 有淖于前,乃皆左右相违于淖。步毅御晋厉公,欒鍼为右。彭名御楚共王,潘党为右。石首御郑成公,唐苟为右。欒、范以其族夹公行,陷于淖。欒书将载晋侯,鍼曰:"书退。国有大任,焉得专之。且侵官,冒也;失官,慢也;离局,奸也。有三罪焉,不可犯也。"乃掀公以出于淖。欒鍼见子重之旌,请曰:"楚人谓夫旌,子重之麾也。彼其子重也。日臣之使于楚也,子重问晋国之勇,臣对曰:'好以众整。'曰:'又何如?'臣对曰:'好以暇。'今两国治戎,行人不使,不可谓整,临事而食言,不可谓暇。请摄饮焉。"公许之。使行人执榼承饮,造于子重,曰:"寡君乏使,使鍼御持矛,是以不得犒从者。使某摄饮。"子重曰:"夫子尝与吾言于楚,必是故也。不亦识乎?"受而饮之。晋入楚军,三日谷。	欒盈 怀子 襄十六为公族大夫,十八年将下军,襄二十三年杀	
成十八	成十八	(上表:另有欒魴襄十九年见,杜注欒氏族;欒乐襄二十三年见,杜注盈之族;欒豹昭三年见,杜注盈之族。此三人因襄二十三年欒盈之难而死或奔。)	
	二月乙酉朔,晋悼公即位于朝。始命百官。使魏相、士鲂、魏颉、赵武为卿,荀家、荀会、欒黶、韩无忌为公族大夫,使训卿之子弟共俭孝悌。使士渥浊为大傅,使修范武子之法。右行辛为司空,使修士蔿之法。弁纠御戎,校正属焉,使训诸御知义。荀宾为右,司士属焉,使训勇力之士时使。卿无共御,立军尉以摄之。祁奚为中军尉,羊舌职佐之。魏绛为司马。张老为候奄。铎遏寇为上军尉,籍偃为之司马,使训卒乘,亲以听命。程郑为乘马御,六驺属焉,	《春秋》经、传中欒黶于成十六年来乞师,是时其父仍为六卿之首,成十八年悼公即位,欒黶为公族大夫,是时欒书已退位。襄元年,黶会八国大夫围彭城,解宋之围。襄九年,诸侯伐郑,滕人、薛子从欒黶、士鲂门于北门。是时荀偃佐中军,士匄下之,韩起少于欒黶,而欒黶、士鲂上之,使佐上军。襄十三年,欒黶让韩起佐上军,而己将下军,魏绛佐之。	

	使训群驺知礼。凡六官之长，皆民誉也。举不失职，官不易方，爵不逾德，师不陵正，旅不逼师。民无谤言，所以复霸也。	栾黡死后，其子栾盈继任世职。襄十六年，栾盈为公族大夫，十八年魏绛、栾盈以下军克邾，估计是时栾黡已卒，使魏绛代其将下军，栾盈佐之。栾盈当于襄十八年始为卿。
襄元	**襄元**	
仲孙蔑会晋栾黡、宋华元、卫宁殖、曹人、莒人、邾人、滕人、薛人围宋彭城。	春，己亥，围宋彭城。非宋地，追书也。于是为宋讨鱼石，故称宋，且不登叛人也，谓之宋志。彭城降晋，晋人以宋五大夫在彭城者归，置诸瓠丘。	栾氏之灭也许是《左传》中最值得研究的政治事件之一。襄十四年晋率列国攻秦，栾黡与范氏生怨；二十一至二十三年栾黡已死、范宣子主持晋国政权期间，借故驱逐栾盈，栾、范二族展开了一场激烈的生死搏斗，最终栾氏被灭。这场风波虽然发生栾黡死后，但《左传》却将栾黡当作一承上启下的最关键人物。左氏记栾黡，主要是从为栾氏之灭打下伏笔这个角度而记的，故而一再强调栾黡为汰。襄十三年传称"栾黡为汰，弗敢违也"；襄十四年借士鞅之口称"栾黡汰虐已甚"。显然是在描述栾黡的性格特征。至于这一性格的具体表现，《左
襄九	**襄九**	
冬，公会晋侯、宋公、卫侯、曹伯、莒子、邾子、滕子、薛伯、杞伯、小邾子、齐世子光伐郑。	秦景公使士雃乞师于楚，将以伐晋，楚子许之。子囊曰："不可，当今吾不能与晋争。晋君类能而使之，举不失选，官不易方。其卿让于善，其大夫不失守，其士竞于教，其庶人力于农穑，商工皂隶不知迁业。韩厥老矣，知䓨禀焉以为政。范匄少于中行偃而上之，使佐中军。韩起少于栾黡，而栾黡、士鲂上之，使佐上军。魏绛多功，以赵武为贤，而为之佐。君明臣忠，上让下竞。当是时也，晋不可敌，事之而后可。君其图之！"冬，十月，诸侯伐郑。庚午，季武子、齐崔杼、宋皇郧从荀䓨、士匄门于鄟门，卫北宫括、曹人、邾人从荀偃、韩起门于师之梁，滕人、薛人从栾黡、士鲂门于北门，杞人、郳人从赵武、魏绛斩行栗。	
襄十	**襄十**	
公会晋侯、宋公、卫侯、曹伯、莒子、邾子、齐世子光、滕子、薛伯、杞伯、小邾子伐	楚子囊救郑。十一月，诸侯之师还郑而南，至于阳陵。楚师不退。知武子欲退，曰："今我逃楚，楚必骄，骄则可与战矣。"栾黡曰："逃楚，晋之耻也。合诸侯以益耻，不如死。我将独进。"师遂进。己亥，与楚师夹颍而军。子矫曰："诸侯既有成行，必不	

郑。成郑虎牢。楚公子贞帅师救郑。	战矣。从之将退，不从亦退。退，楚必围我。犹将退也，不如从楚，亦以退之。"宵涉颍，与楚人盟。栾黡欲伐郑师，荀䓣不可，曰："我实不能御楚，又不能庇郑，郑何罪？不如致怨焉而还。今伐其师，楚必救之。战而不克，为诸侯笑，克不可命，不如还也。"丁未，诸侯之师还，侵郑北鄙而归。楚人亦还。	传》共记载了三次，一是襄十年伐郑楚之役，不听荀䓣之言，其师独进；二是襄十四年不听荀偃之令，致使伐秦之役无功而返；三是襄十四年欲杀范宣子之子范鞅，以为其弟报仇。至于栾盈的性格则不然，左氏对他的评价是"怀子好施，士多归之"（襄二十一）。 《左传》中对栾氏父子性格的描写可谓绘声绘色，惟妙惟肖。襄二十一年，传记栾盈过周之时，向周天子诉说自己的遭遇，自责、自省甚深，对其家族从父亲到祖父的功德及人品均有自知之明，言语极为感人；襄二十三年，栾盈归曲沃，曲沃之人在栾盈生死危难之际愿与之同生死、共患难，其场面亦极为感人。凡此种种，都使人对栾盈的遭遇产生同情，同时也是表明了作者对栾盈之死及栾、范之乱的态度。这与《国语·晋语》中对栾、范之乱的描写几乎完全相反。
襄十三	襄十三	
	荀䓣、士鲂卒。晋侯蒐于绵上以治兵。使士匄将中军，辞曰："伯游长。昔臣习于知伯，是以佐之，非能贤也。请从伯游。"荀偃将中军，士匄佐之。使韩起将上军，辞以赵武。又使栾黡，辞曰："臣不如韩起。韩起愿上赵武，君其听之。"使赵武将上军，韩起佐之。栾黡将下军，魏绛佐之。新军无帅，晋侯难其人，使其什吏率其卒乘官属，以从于下军，礼也。晋国之民是以大和，诸侯遂睦。君子曰："让，礼之主也。范宣子让，其下皆让。栾黡为汰，弗敢违也。晋国以平，数世赖之，刑善也夫！一人刑善，百姓休和，可不务乎？《书》曰：'一人有庆，兆民赖之，其宁惟永。'其是之谓乎！周之兴也，其《诗》曰：'仪刑文王，万邦作孚。'言刑善也。及其衰也，其《诗》曰：'大夫不均，我从事独贤。'言不让也。世之治也，君子尚能而让其下，小人农力以事其上，是以上下有礼，而谗慝黜远，由不争也。谓之懿德。及其乱也，君子称其功以加小人，小人伐其技以冯君子，是以上下无礼，乱虐并生，由争善也。谓之昏德。国家之敝，恒必由之。"	
襄十四	襄十四	
夏，四月，叔孙豹会晋荀偃、齐人、	夏，诸侯之大夫从晋侯伐秦，以报栎之役也。晋侯待于竟，使六卿帅诸侯之师以进。及泾，不济。叔向见	

宋人、卫北宫括、郑公孙虿、曹人、莒人、邾人、滕人、薛人、杞人、小邾人伐秦。	叔孙穆子，穆子赋《匏有苦叶》，叔向退而具舟。鲁人、莒人先济。郑子蟜见卫北宫懿子曰："与人而不固，取恶莫甚焉，若社稷何？"懿子说。二子见诸侯之师而劝之济。济泾而次。秦人毒泾上流，师人多死。郑司马子蟜帅郑师以进，师皆从之，至于棫林，不获成焉。荀偃令曰："鸡鸣而驾，塞井夷灶，唯余马首是瞻。"栾黡曰："晋国之命，未是有也。余马首欲东。"乃归。下军从之。左史谓魏庄子曰："不待中行伯乎？"庄子曰："夫子命从帅。栾伯，吾帅也，吾将从之。从帅，所以待夫子也。"伯游曰："吾今实过，悔之何及，多遗秦禽。"乃命大还。晋人谓之"迁延之役"。栾鍼曰："此役也，报栎之败也。役又无功，晋之耻也。吾有二位于戎路，敢不耻乎？"与士鞅驰秦师，死焉。士鞅反。栾黡谓士匄曰："余弟不欲往，而子召之。余弟死，而子来，是而子杀余之弟也。弗逐，余亦将杀之。"士鞅奔秦。于是齐崔杼、宋华阅、仲江会伐秦。不书，惰也。向之会亦如之。卫北宫括不书于向，书于伐秦，摄也。秦伯问于士鞅曰："晋大夫其谁先亡？"对曰："其栾氏乎！"秦伯曰："以其汰乎？"对曰："然。栾黡汰虐已甚，犹可以免。其在盈乎？"秦伯曰："何故？"对曰："武子之德在民，如周人之思召公焉，爱其甘棠，况其子乎？栾黡死，盈之善未能及人，武子所施没矣，而黡之怨实章，将于是乎在。"秦伯以为知言，为之请于晋而复之。	《左传》对栾、范之乱的记述极为鲜明地体现了左氏义法的重要特点，即从人物性格入手来深入揭示事件的根源及当事人的命运，并以此为基础向人们间接地昭示某种做人的道理。具体来说，《左传》在对栾氏之灭这一重要事实的记述中，主要从介绍人际关系入手，通过人与人之间的人际矛盾来说明栾、范之乱的起因，但同时又重点指出了"栾氏汰虐已甚"是导致人际关系不和的根源，即将人际关系上的不和归结为当事人的性格。在栾、范之乱发生的过程中作者几次强调"栾氏多怨"，并具体指出："赵氏以原、屏之难怨栾氏，韩、赵方睦。中行氏以伐秦之役怨栾氏，而固与范氏和亲。知悼子少，而听于中行氏。程郑嬖于公，唯魏氏及七舆大夫与之"（襄二十三年）。这里的"怨"显然并非由栾黡一人所致。栾书为政期间，
襄十六	襄十六	
三月，公会晋侯、宋公、卫侯、郑伯、曹伯、莒子、邾子、薛	平公即位，羊舌肸为傅，张君臣为中军司马，祁奚、韩襄、栾盈、士鞅为公族大夫，虞丘书为乘马御。改服修官，烝于曲沃。警守而下，会于溴梁。	

伯、杞伯、小邾子于溴梁。	晋荀偃、栾黡帅师伐楚，以报宋扬梁之役。楚公子格帅师，及晋师战于湛阪。楚师败绩。晋师遂侵方城之外，复伐许而还。	谮赵氏、杀胥童、弑厉公、谮郤氏，其心胸狭隘可想而知，栾氏之怨许多是由他一手种下的。到了栾黡之时，由于刚愎自用，言行汏虐，得罪了晋国许多卿族，其中尤其以襄十四年伐秦之役中得罪了范氏、中行氏为甚。《左传》襄十四年借士鞅与秦伯的一段对话说明了栾、范之乱之所以没有在"汏虐已甚"的栾黡生前发生，而是在栾黡死后，在他那乐善好施的儿子栾盈身上发生的缘故。这些无不是在向人们昭示某种深刻的做人的道理。正是在这里，《左传》中关于栾、范之乱的记述显示了人心的残酷和人际关系的复杂在中国文化中的特殊性，从而也达到了某种历史的深度。在《左传》对栾、范之乱的记述中，有三段人物对话，对于我们理解这场内乱有画龙点睛之用。一是襄十四年士鞅与秦伯之对话，点明了栾氏之灭的历史线索
襄十八	**襄十八**	
冬，十月，公会晋侯、宋公、卫侯、郑伯、曹伯、莒子、邾子、滕子、薛伯、杞伯、小邾子同围齐。	冬，十月，会于鲁济，寻溴梁之言，同伐齐。齐侯御诸平阴，堑防门，而守之广里。晋人欲逐归者，鲁、卫请攻险。己卯，荀偃、士匄以中军克京兹。乙酉，魏绛、栾盈以下军克邿。赵武、韩起以上军围卢，弗克。十二月戊戌，及秦周伐雍门之萩。	
襄十九	**襄十九**	
	荀偃瘅疽，生疡于头。济河，及著雍，病，目出，大夫先归者皆反。士匄请见，弗内。请后，曰："郑甥可。"二月甲寅，卒而视，不可含。宣子盥而抚之，曰："事吴，敢不如事主！"犹视。栾怀子曰："其为未卒事于齐故也乎？"乃复抚之曰："主苟终，所不嗣事于齐者，有如河。"乃暝，受含。宣子出，曰："吾浅之为大夫也。"	
襄二十一	**襄二十一**	
秋，晋栾盈出奔楚。公会晋侯、齐侯、宋公、卫侯、郑伯、曹伯、莒子、邾子于商任。	栾桓子娶于范宣子，生怀子。范鞅以其亡也，怨栾氏，故与栾盈为公族大夫而不相能。桓子卒，栾祁与其老州宾通，几亡室矣。怀子患之。祁惧其讨也，诉诸宣子曰："盈将为乱，以范氏为死桓主而专政矣，曰：'吾父逐鞅也，不怒而以宠报之，又与吾同官而专之。吾父死而益富。死吾父而专于国，有死而已，吾蔑从之矣。'其谋如是，惧害于主，吾不敢不言。"范鞅为之征。怀子好施，士多归之。宣子畏其多士也，信之。怀子为下卿，宣子使城著而遂逐之。秋，栾盈出奔楚，宣子杀箕遗、黄渊、嘉父、司空靖、邴豫、董叔、邴师、申书、羊舌虎、叔罴，囚伯华、叔向、籍偃。	

	初，叔向之母妒叔虎之母美而不使，其子皆谏其母。其母曰："深山大泽，实生龙蛇。彼美，余惧其生龙蛇以祸女。女，敝族也。国多大宠，不仁人间之，不亦难乎？余何爱焉？"使往视寝，生叔虎。美而有勇力，栾怀子嬖之，故羊舌氏之族及于难。 栾盈过于周。周西鄙掠之。辞于行人曰："天子陪臣盈，得罪于王之守臣，将逃罪。罪重于郊甸，无所伏窜，敢布其死。昔陪臣书能输力于王室，王施惠焉，其子黡不能保任其父之劳。大君若不弃书之力，亡臣犹有所逃。若弃书之力，而思黡之罪，臣戮余也，将归死于尉氏，不敢还矣。敢布四体，唯大君命焉。"王曰："尤而效之，其又甚焉。"使司徒禁掠栾氏者，归所取焉，使候出诸轘辕。 会于商任，锢栾氏也。齐侯、卫侯不敬。叔向曰："二君者，必不免。会朝，礼之经也。礼，政之舆也。政，身之守也。怠礼失政，失政不立，是以乱也。" 知起、中行喜、州绰、邢蒯出奔齐，皆栾氏之党也。乐王鲋谓范宣子曰："盍反州绰、邢蒯，勇士也。"宣子曰："彼栾氏之勇也，余何获焉？"王鲋曰："子为彼栾氏，乃亦子之勇也。"	和根本原因；二是襄二十一年栾盈过周，对其宗族从祖父到父亲对晋国多年来功劳业绩的评价，对我们理解这场内乱的来龙去脉非常有用；三是襄二十三年乐王鲋对范宣子之言，表明栾氏势力此时之所以不能敌范的原因，对我们理解这场内乱发生的客观条件也大有帮助。
襄二十二	襄二十二	
冬，公会晋侯、齐侯、宋公、卫侯、郑伯、曹伯、莒子、邾子、薛伯、杞伯、小邾子于沙随。	秋，栾盈自楚适齐。晏平仲言于齐侯曰："商任之会，受命于晋。今纳栾氏，将安用之？小所以事大，信也。失信不立，君其图之！"弗听。退告陈文子曰："君人执信，臣人执共。忠信笃敬，上下同之，天之道也。君自弃也，弗能久矣。" 冬，会于沙随，复锢栾氏也。栾盈犹在齐。晏子曰："祸将作矣。齐将伐晋，不可以不惧。"	

363

襄二十三	襄二十三
晋栾盈复入于晋，入于曲沃。晋人杀栾盈。	晋将嫁女于吴，齐侯使析归父媵之，以藩载栾盈及其士，纳诸曲沃。栾盈夜见胥午而告之，对曰："不可。天之所废，谁能兴之？子必不免。吾非爱死也，知不集也。"盈曰："虽然，因子而死，吾无悔矣。我实不天，子无咎焉。"许诺。伏之，而觞曲沃人。乐作，午言曰："今也得栾孺子何如？"对曰："得主而为之死，犹不死也。"皆叹，有泣者。爵行，又言。皆曰："得主，何贰之有？"盈出，遍拜之。四月，栾盈帅曲沃之甲，因魏献子以昼入绛。初，栾盈佐魏庄子于下军，献子私焉，故因之。赵氏以原、屏之难怨栾氏。韩、赵方睦。中行氏以伐秦之役怨栾氏，而固与范氏和亲。知悼子少，而听于中行氏。程郑嬖于公。唯魏氏及七舆大夫与之。乐王鲋侍坐于范宣子。或告曰："栾氏至矣。"宣子惧。桓子曰："奉君以走固宫，必无害也。且栾氏多怨，子为政，栾氏自外，子在位，其利多矣。既有利权，又执民柄，将何惧焉？栾氏所得，其唯魏氏乎？而可强取也。夫克乱在权，子无懈矣。"公有姻丧，王鲋使宣子墨缞冒绖，二妇人辇以如公，奉公以如固宫。范鞅逆魏舒，则成列既乘，将逆栾氏矣。趋进，曰："栾氏帅贼以入，鞅之父与二三子在君所矣，使鞅逆吾子。鞅请骖乘。"持带，遂超乘，右抚剑，左援带，命驱之出。仆请，鞅曰："之公。"宣子逆诸阶，执其手，赂之以曲沃。初，斐豹，隶也，著于丹书。栾氏之力臣曰督戎，国人惧之。斐豹谓宣子曰："苟焚丹书，我杀督戎。"宣子喜曰："而杀之，所不请于君焚丹书者，有如日！"乃出豹而闭之。督戎从之。逾隐而待之，督戎逾入，豹自后击而杀

	之。范氏之徒在台后，栾氏乘公门。宣子谓鞅曰："矢及君屋，死之。"鞅用剑以帅卒，栾氏退，摄车从之。遇栾乐，曰："乐免之。死，将讼女于天。"乐射之，不中；又注，则乘槐本而覆。或以戟钩之，断肘而死。栾鲂伤。栾盈奔曲沃。晋人围之。 晋人克栾盈于曲沃，尽杀栾氏之族党。栾鲂出奔宋。书曰："晋人杀栾盈。"不言大夫，言自外也。	
昭三	昭三	
	叔向曰："然虽吾公室，今亦季世也。戎马不驾，卿无军行，公乘无人，卒列无长。庶民罢敝，而宫室滋侈；道殣相望，而女富溢尤。民闻公命，如逃寇仇。栾、郤、胥、原、狐、续、庆、伯，降在皂隶，政在家门，民无所依。君日不悛，以乐慆忧。公室之卑，其何日之有？《谗鼎》之铭曰：'昧旦丕显，后世犹怠。'况日不悛，其能久乎？" 初，州县，栾豹之邑也。及栾氏亡，范宣子、赵文子、韩宣子皆欲之。	昭二十至二十二年宋发生华向之乱。
昭二十一	昭二十一	
	华亥搏膺而呼，见华貙，曰："吾为栾氏矣。"	

晋范宣子（前575—前549）

成十六	成十六	
甲午晦，晋侯及楚子、郑伯战于鄢陵，楚、郑师败绩。	晋侯将伐郑，范文子曰："若逞吾愿，诸侯皆叛，晋可以逞。若唯郑叛，晋国之忧可立俟也。"栾武子曰："不可以当吾世而失诸侯，必伐郑！"乃兴师。甲午晦，楚晨压晋军而陈，军吏患之。范匄趋进曰："塞井夷灶，陈于军中，而疏行首。晋、楚唯天所授，何患焉？"文子执戈逐之曰："国之存亡，天也。童子何知焉？"	范氏之族在春秋时代有着极为辉煌的历史，士蒍、士会、士燮或以德称，或以谋称，无不是晋国名噪一时、威震列国的名臣，范宣子实为名臣巨室之后。今录宣子

成十七	成十七	一族自士会（范武子）以来世系如下：
晋杀其大夫郤锜、郤犨、郤至。	六月戊辰，士燮卒。公游于匠丽氏，栾书、中行偃遂执公焉。召士匄，士匄辞。	

人物	履历
士会 武子	僖二十八年摄右，宣十六年将中军
士燮 文子	成二年佐上军，十六年佐中军
士匄 宣子	襄九年佐中军，十九年为政
士鞅 献子	襄十六年为公族大夫，定元年为政
士吉射 昭子	定十三年入朝歌以叛，哀五年奔齐

成十八	成十八
晋侯使士匄来聘。	晋范宣子来聘，且拜朝也。君子谓晋于是乎有礼。
襄三	襄三
六月，公会单子、晋侯、宋公、卫侯、郑伯、莒子、邾子、齐世子光。己未，同盟于鸡泽。	晋为郑服故，且欲修吴好，将合诸侯。使士匄告于齐曰："寡君使匄，以岁之不易，不虞之不戒，寡君愿与一二兄弟相见，以谋不协。请君临之，使匄乞盟。"齐侯欲勿许，而难为不协，乃盟于耏外。
襄五	襄五
公会晋侯、宋公、陈侯、卫侯、郑伯、曹伯、莒子、邾子、滕子、薛伯、齐世子光、吴人、鄫人于戚。冬，戍陈。楚公子贞帅师伐陈。公会晋侯、宋公、卫侯、郑伯、曹伯、齐世子光救陈。	九月丙午，盟于戚，会吴，且命戍陈也。穆叔以属鄫为不利，使鄫大夫听命于会。楚子囊为令尹。范宣子曰："我丧陈矣。楚人讨贰而立子囊，必改行而疾讨陈。陈近于楚，民朝夕急，能无往乎？有陈，非吾事也。无之而后可。"冬，诸侯戍陈。子囊伐陈。十一月甲午，会于城棣以救之。
襄八	襄八
晋侯使士匄来聘。	晋范宣子来聘，且拜公之辱，告将用师于郑。公享之。宣子赋《摽有梅》。季武子曰："谁敢哉？今譬于草木，寡君在君，君之臭味也。欢以承命，何时之有？"武子赋《角弓》。宾

范宣子，范武子（士会）之孙，范文子（士燮）之子，传中又称宣子、士匄、范匄等。

范宣子于成十六年从其父范文子参加了晋楚鄢陵之战，次年其父卒，宣子为范氏之主。是年栾书、中行偃弑厉公，士匄避之。成十八年晋悼公即位于朝，使士匄聘于鲁。襄三年赴齐乞盟，八年复聘于鲁。据楚子囊之言，

	将出，武子赋《彤弓》。宣子曰："城濮之役，我先君文公献功于衡雍，受彤弓于襄王，以为子孙藏。匄也，先君守官之嗣也，敢不承命？"君子以为知礼。	范匄少于中行偃而上之，佐中军。顾栋高《大事表·世系表》谓范宣子于襄九年始为中军佐，实际上可能更早（如果成十八年悼公即位后未任命范宣子为中军佐，那么襄九年之前悼公必又对晋国三军将佐进行过一次调整，而传中不载，这似乎不可能）。襄九年范匄从于荀罃伐郑；襄十年晋会诸侯，荀偃、士匄请伐偪阳；是年士匄平王室，有成；襄十三年晋侯使士匄将中军，让之于伯游，而已佐中军，此后与荀偃同执晋国权柄；襄十四年大会列国于戚、于向，范宣子退吴人、数戎子；伐秦之役，栾黡与荀、范皆不和；襄十六年叔孙豹如晋求救，荀偃、士匄许之；襄十八年荀偃、士匄率列国围齐，以中军克京兹；襄十九年荀偃卒，范宣子为政，至襄二十五年卒，赵武代之为止。 《左传》记范宣子之事可分为两个时期，即范宣子执
襄九	**襄九**	
夏，季孙宿如晋。冬，公会晋侯、宋公、卫侯、曹伯、莒子、邾子、滕子、薛伯、杞伯、小邾子、齐世子光伐郑。	夏，季武子如晋，报宣子之聘也。 秦景公使士雃乞师于楚，将以伐晋，楚子许之。子囊曰："不可，当今吾不能与晋争。晋君类能而使之，举不失选，官不易方。其卿让于善，其大夫不失守，其士竞于教，其庶人力于农穑，商工皂隶不知迁业。韩厥老矣，知罃禀焉以为政。范匄少于中行偃而上之，使佐中军。韩起少于栾黡，而栾黡、士鲂上之，使佐上军。魏绛多功，以赵武为贤，而为之佐。君明臣忠，上让下竞。当是时也，晋不可敌，事之而后可。君其图之！" 冬十月，诸侯伐郑。庚午，季武子、齐崔杼、宋皇郧从荀罃、士匄门于鄟门。卫北宫括、曹人、邾人从荀偃、韩起门于师之梁。滕人、薛人从栾黡、士鲂门于北门。杞人、郳人从赵武、魏绛斩行栗。	
襄十	**襄十**	
春，公会晋侯、宋公、卫侯、曹伯、莒子、邾子、滕子、薛伯、杞伯、小邾子、齐世子光会吴于柤。夏，五月甲午，遂灭偪阳。	夏，四月戊午，会于柤。晋荀偃、士匄请伐偪阳而封宋向戌焉。荀罃曰："城小而固，胜之不武，弗胜为笑。"固请，丙寅围之，弗克。孟氏之臣秦堇父辇重如役，偪阳人启门。诸侯之士门焉。县门发，郰人纥抉之以出门者。狄虒弥建大车之轮，而蒙之以甲以为橹，左执之，右拔戟，以成一队。孟献子曰："《诗》所谓'有力如虎'者也。"主人县布，堇父登之，及堞而绝之，队则又县之。苏而复上者三。主人辞焉，乃退。带其断以徇于军三日。诸侯之师久于偪阳，荀偃、士匄请于荀罃曰："水潦将降，惧不能归，请班师。"知伯怒，投之以	

机，出于其间曰："女成二事而后告余！余恐乱命，以不女违。女既勤君而兴诸侯，牵帅老夫以至于此，既无武守，而又欲易余罪，曰：'是实班师，不然克矣。'余赢老也，可重任乎？七日不克，必尔乎取之！"五月庚寅，荀偃、士匄帅卒攻偪阳，亲受矢石。甲午，灭之。书曰："遂灭偪阳。"言自会也。以与向戌，向戌辞曰："君若犹辱镇抚宋国，而以偪阳光启寡君，群臣安矣，其何贶如之？若专赐臣，是臣兴诸侯以自封也，其何罪大焉？敢以死请。"乃予宋公。

宋公享晋侯于楚丘，请以《桑林》，荀罃辞。荀偃、士匄曰："诸侯宋、鲁于是观礼。鲁有禘乐，宾祭用之。宋以《桑林》享君，不亦可乎？"舞，师题以旌夏。晋侯惧而退入于房。去旌，卒享而还。及著雍，疾。卜，《桑林》见。荀偃、士匄欲奔请祷焉，荀罃不可，曰："我辞礼矣，彼则以之。犹有鬼神，于彼加之。"

王叔陈生与伯舆争政。王右伯舆，王叔陈生怒而出奔。及河，王复之，杀史狡以说焉。不入，遂处之。晋侯使士匄平王室。王叔与伯舆讼焉，王叔之宰与伯舆之大夫瑕禽坐狱于王庭，士匄听之。王叔之宰曰："筚门圭窬之人而皆陵其上，其难为上矣。"瑕禽曰："昔平王东迁，吾七姓从王，牲用备具。王赖之，而赐之骍旄之盟，曰：'世世无失职。'若筚门闺窬，其能来东底乎？且王何赖焉？今自王叔之相也，政以贿成，而刑放于宠。官之师旅，不胜其富，吾能无筚门闺窬乎？唯大国图之。下而无直，则何谓正矣？"范宣子曰："天子所右，寡君亦右之；所左，亦左之。"使王叔氏与伯舆合要，王叔氏不能举其契。王叔奔晋。不书，不告也。单靖公为卿士，以相王室。

政前和执政后。前期范宣子颇有政绩，后期则无所作为，唯有杀栾盈、灭栾氏一事左氏详记。

今按：成十八年，晋侯使士匄来聘，君子谓晋于是乎有礼；襄五年，宣子论陈近楚无晋，预言晋将失陈；襄八年，聘鲁，赋《摽有梅》，君子以为知礼；襄十年，与荀偃伐灭偪阳，亲受矢石；同年平王室以正，故有成；襄十一年，谓盟主合诸侯不可无成，不慎必失诸侯；襄十三年，悼公重新任人，范宣子让于伯游，"范宣子让，其下皆让""晋国之民是以大和，诸侯遂睦"；襄十四年，范宣子数吴之不德以退吴人，并责戎子甚深；襄十六年，叔孙豹如晋求援，范宣子听之；襄十九年，荀偃临终，士匄自责"吾浅之为大夫也"；同年范宣子为政于晋，晋侯享鲁侯，范宣子赋《黍苗》；侵齐，闻丧而还，礼也；为郑公孙虿请赐于周，礼也。这些都

襄十一	襄十一	是范宣子为政的政绩，同时也似乎表明范宣子是一知政识礼、有识有谋之人。
公会晋侯、宋公、卫侯、曹伯、齐世子光、莒子、邾子、滕子、薛伯、杞伯、小邾子伐郑。秋，七月己未，同盟于亳城北。	四月，诸侯伐郑。己亥，齐太子光、宋向戌先至于郑，门于东门。其莫，晋荀罃至于西郊，东侵旧许。卫孙林父侵其北鄙。六月，诸侯会于北林，师于向。右还，次于琐，围郑，观兵于南门。西济于济隧。郑人惧，乃行成。秋，七月，同盟于亳。范宣子曰："不慎，必失诸侯。诸侯道敝而无成，能无贰乎？"乃盟，载书曰："凡我同盟，毋蕴年，毋壅利，毋保奸，毋留慝，救灾患，恤祸乱，同好恶，奖王室。或间兹命，司慎司盟，名山名川，群神群祀，先王先公，七姓十二国之祖，明神殛之，俾失其民，队命亡氏，踣其国家。"	但是，另一方面，襄十四年范宣子假羽毛于齐而弗归，齐人始贰；襄二十一年，宣子畏栾盈之多士，信子之逸，而设计逐之，杀害和囚禁了一大批追随栾氏的士大夫；大会列国于商任以锢栾氏；襄二十二年，再会列国于沙随以锢栾氏；襄二十三年，栾盈帅甲以入，宣子惧，焚丹书而用斐豹；挟持魏舒、赂之以曲沃；令其子以死击栾氏，克栾盈于曲沃，尽灭栾氏之族党；襄二十四年，与穆叔论所谓不朽，穆叔讥之，范宣子为政，诸侯之币重，子产谏之；昭三年，传记范宣子、赵文子及韩宣子欲争栾氏之邑；昭二十九年，赵鞅、荀寅著范宣子所为刑书，仲尼谓范氏所铸刑书为"晋国之乱制也，若之何以为法"？蔡史墨谓："范氏、中行
襄十三	襄十三	
	荀罃、士鲂卒。晋侯蒐于绵上以治兵。使士匄将中军，辞曰："伯游长。昔臣习于知伯，是以佐之，非能贤也。请从伯游。"荀偃将中军，士匄佐之。使韩起将上军，辞以赵武。又使栾黡，辞曰："臣不如韩起。韩起愿上赵武，君其听之。"使赵武将上军，韩起佐之。栾黡将下军，魏绛佐之。新军无帅，晋侯难其人，使其什吏率其卒乘官属，以从于下军，礼也。晋国之民是以大和，诸侯遂睦。君子曰："让，礼之主也。范宣子让，其下皆让。栾黡为汰，弗敢违也。晋国以平，数世赖之，刑善也夫！一人刑善，百姓休和，可不务乎？《书》曰：'一人有庆，兆民赖之，其宁惟永。'其是之谓乎！周之兴也，其《诗》曰：'仪刑文王，万邦作孚。'言刑善也。及其衰也，其《诗》曰：'大夫不均，我从事独贤。'言不让也。世之治也，君子尚能而让其下，小人农力以事其上，是以上下有礼，而谗慝黜远，由不争也，谓之懿德。及其乱也，君子	

称其功以加小人，小人伐其技以冯君子，是以上下无礼，乱虐并生，由争善也，谓之昏德。国家之敝，恒必由之。"

襄十四

春，王正月，季孙宿、叔老会晋士匄、齐人、宋人、卫人、郑公孙虿、曹人、莒人、邾人、滕人、薛人、杞人、小邾人会吴于向。夏四月，叔孙豹会晋荀偃、齐人、宋人、卫北宫括、郑公孙虿、曹人、莒人、邾人、滕人、薛人、杞人、小邾人伐秦。秋，楚公子贞帅师伐吴。冬，季孙宿会晋士匄、宋华阅、卫孙林父、郑公孙虿、莒人、邾人于戚。

襄十四

春，吴告败于晋。会于向，为吴谋楚故也。范宣子数吴之不德也，以退吴人。执莒公子务娄，以其通楚使也。将执戎子驹支，范宣子亲数诸朝曰："来，姜戎氏。昔秦人迫逐乃祖吾离于瓜州，乃祖吾离被苫盖，蒙荆棘以来归我先君，我先君惠公有不腆之田，与女剖分而食之。今诸侯之事我寡君不如昔者，盖言语漏泄，则职女之由。诘朝之事，尔无与焉。与，将执女。"对曰："昔秦人负恃其众，贪于土地，逐我诸戎。惠公蠲其大德，谓我诸戎是四岳之裔胄也，毋是翦弃。赐我南鄙之田，狐狸所居，豺狼所嗥。我诸戎除翦其荆棘，驱其狐狸豺狼，以为先君不侵不叛之臣，至于今不贰。昔文公与秦伐郑，秦人窃与郑盟而舍戍焉，于是乎有殽之师。晋御其上，戎亢其下，秦师不复，我诸戎实然。譬如捕鹿，晋人角之，诸戎掎之，与晋踣之，戎何以不免？自是以来，晋之百役，与我诸戎相继于时，以从执政，犹殽志也，岂敢离逖？今官之师旅，无乃实有所阙，以携诸侯，而罪我诸戎。我诸戎饮食衣服不与华同，贽币不通，言语不达，何恶之能为？不与于会，亦无瞢焉。"赋《青蝇》而退。宣子辞焉，使即事于会，成恺悌也。

夏，诸侯之大夫从晋侯伐秦，以报栎之役也。晋侯待于竟，使六卿帅诸侯之师以进。及泾，不济。叔向见叔孙穆子，穆子赋《匏有苦叶》，叔向退而具舟。鲁人、莒人先济。郑子蟜见卫北宫懿子曰："与人而不固，取恶莫甚焉，若社稷何？"懿子说。二

氏其亡乎？"由以上几条，尤其是两次大会列国以锢栾氏及昭二十九年仲尼评范宣子所铸刑书，足见宣子为政期间，未留下值得让后世效法的东西，非但没有政绩如栾书、中行偃之类，亦且无留下成法如士蒍、范武子等人。在栾、范之乱中，栾盈为范宣子亲外孙，因其父栾黡得罪过范氏，遂遭宣子忌恨。宣子视栾盈为栾氏之人，必欲置之死地。栾盈出奔后，宣子两次利用盟主地位大会列国以锢之，真可谓动天下之威以成己私。为消灭栾氏之族党，先杀了一大批晋国追随栾氏的士大夫，后又将其同党尽灭之。这些充分反映了范宣子为人心胸极其狭隘的一面。襄二十三年，栾盈帅甲入于绛，范宣子闻之而惧，焚丹书，赂魏舒，命士鞅，扮妇人。在栾、范之乱中，范宣子听信于乐王鲋。乐王鲋之人品，可从昭元年虢之盟，乐王鲋作为赵武身边

	子见诸侯之师而劝之济。济泾而次。秦人毒泾上流，师人多死。郑司马子蟜帅郑师以进，师皆从之，至于棫林，不获成焉。荀偃令曰："鸡鸣而驾，塞井夷灶，惟余马首是瞻。"栾黡曰："晋国之命，未是有也。余马首欲东。"乃归。下军从之。左史谓魏庄子曰："不待中行伯乎？"庄子曰："夫子命从帅。栾伯，吾帅也，吾将从之。从帅，所以待夫子也。"伯游曰："吾今实过，悔之何及，多遗秦禽。"乃命大还。晋人谓之"迁延之役"。栾鍼曰："此役也，报栎之败也。役又无功，晋之耻也。吾有二位于戎路，敢不耻乎？"与士鞅驰秦师，死焉。士鞅反。栾黡谓士匄曰："余弟不欲往，而子召之。余弟死，而子来，是而子杀余之弟也。弗逐，余亦将杀之。"士鞅奔秦。于是齐崔杼、宋华阅、仲江会伐秦。不书，惰也。向之会亦如之。卫北宫括不书于向，书于伐秦，摄也。秦伯问于士鞅曰："晋大夫其谁先亡？"对曰："其栾氏乎！"秦伯曰："以其汰乎？"对曰："然。栾黡汰虐已甚，犹可以免。其在盈乎？"秦伯曰："何故？"对曰："武子之德在民，如周人之思召公焉，爱其甘棠，况其子乎？栾黡死，盈之善未能及人，武子所施没矣，而黡之怨实章，将于是乎在。"秦伯以为知言，为之请于晋而复之。范宣子假羽毛于齐而弗归，齐人始贰。	的谋臣，欲取赂于叔孙豹一事看出。从穆叔与子产这两位春秋时代最有功德的名臣对范宣子的讥刺，以及襄二十九年仲尼对范宣子所著刑书的评价，可以对范宣子一生政绩有更深的认识。我认为要理解范宣子这个人，应当联系其家世。范氏之家世自士蒍以来，历代人才不绝，俊贤辈出，士蒍、士会、士燮，均为忠义两全的盖世贤才，这样一个背景是范宣子知政识礼的重要原因，也导致襄二十一至二十三年在克灭栾氏的过程中，他能听从叔祁之谏而释叔向，襄二十四年听从子产之言而改过轻币，襄十九年荀偃临终之时能自责"吾浅之为大夫也"。此外他在晋悼在位期间多次聘鲁以礼，为宋向戌伐偪阳，为郑公孙虿请赐于周，平王室以礼，数吴之不德，侵齐闻丧而还，等等，这些都与他生在知书识礼世家有重要关系。
襄十六	**襄十六**	
三月，公会晋侯、宋公、卫侯、郑伯、曹伯、莒子、邾子、薛伯、杞伯、小邾子于溴梁。	春，葬晋悼公。平公即位，羊舌肸为傅，张君臣为中军司马，祁奚、韩襄、栾盈、士鞅为公族大夫，虞丘书为乘马御。改服修官，烝于曲沃。警守而下，会于溴梁。冬，穆叔如晋聘，且言齐故。晋人曰："以寡君之未禘祀，与民之未	

冬，叔孙豹如晋。	息。不然，不敢忘。"穆叔曰："以齐人之朝夕释憾于敝邑之地，是以大请。敝邑之急，朝不及夕，引领西望曰：'庶几乎！'比执事之间，恐无及也。"见中行献子，赋《圻父》。献子曰："偃知罪矣，敢不从执事以同恤社稷，而使鲁及此！"见范宣子，赋《鸿雁》之卒章。宣子曰："匄在此，敢使鲁无鸠乎？"	晋国范氏自士蔿以来，为晋国的霸业立下了汗马功劳，但终不能长存于晋，至范宣子之孙范吉射之时被赵氏所灭，其祸当起于范宣子。范宣子在杀灭栾氏时所展示的心狠手辣，已使得范氏成为晋人心目中的一只恶虎，晋国的其他家族特别是韩、赵、魏从此不敢视之为己党，由此也导致范氏最终不得不亡。范宣子的另一大劣绩就是继晋国大夫权重一时，乃至压倒国君之风气。这种情况在悼公时是不大可能会发生的。自宣子之后，晋国的国政几乎全部为权臣所执掌，赵武、韩起、魏舒……这恐怕也是导致晋国霸主地位衰落乃至崩溃的主要原因之一吧。不过，晋国权臣压倒国君的现象，乃是曲沃代晋以后历史遗产，文公亦以信任臣下、自己无为而著称，宣子之前晋国亦曾有赵盾、栾书等弑君之事发生。
襄十八	襄十八	
冬，十月，公会晋侯、宋公、卫侯、郑伯、曹伯、莒子、邾子、滕子、薛伯、杞伯、小邾子同围齐。	晋侯伐齐，将济河。献子以朱丝系玉二瑴，而祷曰："齐环怙恃其险，负其众庶，弃好背盟，陵虐神主。曾臣彪将率诸侯以讨焉，其官臣偃实先后之，苟捷有功，无作神羞，官臣偃无敢复济。唯尔有神裁之！"沉玉而济。冬，十月，会于鲁济，寻溴梁之言，同伐齐。齐侯御诸平阴，堑防门，而守之广里。夙沙卫曰："不能战，莫如守险。"弗听。诸侯之士门焉，齐人多死。范宣子告析文子曰："吾知子，敢匿情乎？鲁人、莒人皆请以车千乘自其乡入，既许之矣。若入，君必失国。子盍图之？"子家以告公，公恐。晏婴闻之，曰："君固无勇，而又闻是，弗能久矣。" 齐侯登巫山以望晋师。晋人使司马斥山泽之险，虽所不至，必旆而疏陈之。使乘车者左实右伪，以旆先，舆曳柴而从之。齐侯见之，畏其众也，乃脱归。丙寅晦，齐师夜遁。师旷告晋侯曰："鸟乌之声乐，齐师其遁。"邢伯告中行伯曰："有班马之声，齐师其遁。"叔向告晋侯曰："城上有乌，齐师其遁。"十一月丁卯朔，入平阴，遂从齐师。夙沙卫连大车以塞隧而殿，殖绰、郭最曰："子殿国师，齐之辱也。子姑先乎？"乃代之殿。卫杀马于隘以塞道，晋州绰及之，射殖绰，中肩，两矢夹脰，曰："止，将为	

	三军获；不止，将取其衷。"顾曰："为私誓。"州绰曰："有如日。"乃弛弓而自后缚之，其右具丙亦舍兵而缚郭最，皆衿甲面缚，坐于中军之鼓下。 晋人欲逐归者，鲁卫请攻险。己卯，荀偃、士匄以中军克京兹。乙酉，魏绛、栾盈以下军克邿。赵武、韩起以上军围卢，弗克。十二月戊戌，及秦周伐雍门之萩。范鞅门于雍门，其御追喜以戈杀犬于门中。孟庄子斩其橁以为公琴。己亥，焚雍门及西郭、南郭。刘难、士弱率诸侯之师焚申池之竹木。壬寅，焚东郭、北郭。范鞅门于扬门。州绰门于东闾，左骖迫还于东门中，以枚数阖。	
襄十九	**襄十九**	
季孙宿如晋。夏，卫孙林父帅师伐齐。晋士匄帅师侵齐，至穀，闻齐侯卒，乃还。城西郭。叔孙豹会晋士匄于柯。	荀偃瘅疽，生疡于头。济河，及著雍，病，目出。大夫先归者皆反。士匄请见，弗内。请后，曰："郑甥可。"二月甲寅，卒而视，不可含。宣子盥而抚之，曰："事吴，敢不如事主！"犹视。栾怀子曰："其为未卒事于齐故也乎？"乃复抚之曰："主苟终，所不嗣事于齐者，有如河。"乃瞑，受含。宣子出，曰："吾浅之为大夫也。" 季武子如晋拜师，晋侯享之。范宣子为政，赋《黍苗》。季武子兴，再拜稽首，曰："小国之仰大国也，如百谷之仰膏雨焉。若常膏之，其天下辑睦，岂唯敝邑？"赋《六月》。 晋士匄侵齐，及穀，闻丧而还，礼也。 于四月丁未，郑公孙虿卒，赴于晋大夫。范宣子言于晋侯，以其善于伐秦也。六月，晋侯请于王，王追赐之大路，使以行，礼也。 齐及晋平，盟于大隧。故穆叔会范宣子于柯，穆叔见叔向，赋《载驰》之四章。叔向曰："肸敢不承命？"	

襄二十一	襄二十一
秋，晋栾盈出奔楚。公会晋侯、齐侯、宋公、卫侯、郑伯、曹伯、莒子、邾子于商任。	栾桓子娶于范宣子，生怀子。范鞅以其亡也，怨栾氏，故与栾盈为公族大夫而不相能。桓子卒，栾祁与其老州宾通，几亡室矣。怀子患之。祁惧其讨也，诉诸宣子曰："盈将为乱，以范氏为死桓主而专政矣，曰：'吾父逐鞅也，不怨而以宠报之，又与吾同官而专之。吾父死而益富。死吾父而专于国，有死而已，吾蔑从之矣。'其谋如是，惧害于主，吾不敢不言。"范鞅为之征。怀子好施，士多归之。宣子畏其多士也，信之。怀子为下卿，宣子使城著而遂逐之。秋，栾盈出奔楚，宣子杀箕遗、黄渊、嘉父、司空靖、邴豫、董叔、邴师、申书、羊舌虎、叔罴，囚伯华、叔向、籍偃。 人谓叔向曰："子离于罪，其为不知乎？"叔向曰："与其死亡若何？《诗》曰：'优哉游哉，聊以卒岁。'知也。"乐王鲋见叔向曰："吾为子请。"叔向弗应。出，不拜。其人皆咎叔向。叔向曰："必祁大夫。"室老闻之，曰："乐王鲋言于君，无不行，求赦吾子，吾子不许。祁大夫所不能也，而曰必由之，何也？"叔向曰："乐王鲋，从君者也，何能行？祁大夫外举不弃仇，内举不失亲，其独遗我乎？《诗》曰：'有觉德行，四国顺之。'夫子，觉者也。"晋侯问叔向之罪于乐王鲋。对曰："不弃其亲，其有焉。"于是祁奚老矣，闻之，乘驲而见宣子曰："《诗》曰：'惠我无疆，子孙保之。'《书》曰：'圣有谟勋，明征定保。'夫谋而鲜过，惠训不倦者，叔向有焉，社稷之固也，犹将十世宥之，以劝能者。今壹不免其身，以弃社稷，不亦惑乎？鲧殛而禹兴，伊尹放大甲而相之，卒无怨色，管、蔡为戮，周公右王。若之何其以虎也弃社稷？子为

善，谁敢不勉？多杀何为？"宣子说，与之乘，以言诸公而免之。不见叔向而归，叔向亦不告免焉而朝。

初，叔向之母妒叔虎之母美而不使，其子皆谏其母。其母曰："深山大泽，实生龙蛇。彼美，余惧其生龙蛇以祸女。女，敝族也。国多大宠，不仁人间之，不亦难乎？余何爱焉？"使往视寝。生叔虎，美而有勇力，栾怀子嬖之，故羊舌氏之族及于难。

栾盈过于周。周西鄙掠之。辞于行人曰："天子陪臣盈，得罪于王之守臣，将逃罪。罪重于郊甸，无所伏窜，敢布其死。昔陪臣书能输力于王室，王施惠焉。其子黡不能保任其父之劳，大君若不弃书之力，亡臣犹有民逃。若弃书之力，而思黡之罪，臣戮余也，将归死于尉氏，不敢还矣。敢布四体，唯大君命焉。"王曰："尤而效之，其又甚焉。"使司徒禁掠栾氏者，归所取焉，使候出诸辎辕。

会于商任，锢栾氏也。齐侯、卫侯不敬。叔向曰："二君者，必不免。会朝，礼之经也。礼，政之舆也。政，身之守也。怠礼失政，失政不立，是以乱也。"

知起、中行喜、州绰、邢蒯出奔齐，皆栾氏之党也。乐王鲋谓范宣子曰："盍反州绰、邢蒯，勇士也。"宣子曰："彼栾氏之勇也，余何获焉？"王鲋曰："子为彼栾氏，乃亦子之勇也。"

襄二十二	襄二十二
冬，公会晋侯、齐侯、宋公、卫侯、郑伯、曹伯、莒子、邾子、薛伯、杞伯、小邾子于沙随。	秋，栾盈自楚适齐。晏平仲言于齐侯曰："商任之会，受命于晋。今纳栾氏。将安用之？小所以事大，信也。失信，不立。君其图之！"弗听。退告陈文子曰："君人执信，臣人执共。忠信笃敬，上下同之，天之道也。君自弃也，弗能久矣。" 冬，会于沙随，复锢栾氏也。栾

	盈犹在齐。晏子曰："祸将作矣。齐将伐晋，不可以不惧。"
襄二十三	襄二十三
晋栾盈复入于晋，入于曲沃。晋人杀栾盈。	晋将嫁女于吴，齐侯使析归父媵之，以藩载栾盈及其士，纳诸曲沃。栾盈夜见胥午而告之，对曰："不可。天之所废，谁能兴之？子必不免。吾非爱死也，知不集也。"盈曰："虽然，因子而死，吾无悔矣。我实不天，子无咎焉。"许诺。伏之，而觞曲沃人。乐作，午言曰："今也得栾孺子何如？"对曰："得主而为之死，犹不死也。"皆叹，有泣者。爵行，又言。皆曰："得主，何贰之有？"盈出，遍拜之。四月，栾盈帅曲沃之甲，因魏献子以昼入绛。 初，栾盈佐魏庄子于下军，献子私焉，故因之。赵氏以原、屏之难怨栾氏。韩、赵方睦。中行氏以伐秦之役怨栾氏，而固与范氏和亲。知悼子少，而听于中行氏。程郑嬖于公。唯魏氏及七舆大夫与之。 乐王鲋侍坐于范宣子。或告曰："栾氏至矣。"宣子惧。桓子曰："奉君以走固宫，必无害也。且栾氏多怨，子为政，栾氏自外，子在位，其利多矣。既有利权，又执民柄，将何惧焉？栾氏所得，其唯魏氏乎？而可强取也。夫克乱在权，子无懈矣。" 公有姻丧，王鲋使宣子墨缞冒绖，二妇人辇以如公，奉公以如固宫。范鞅逆魏舒，则成列既乘，将逆栾氏矣。趋进，曰："栾氏帅贼以入，鞅之父与二三子在君所矣，使鞅逆吾子。鞅请骖乘。"持带，遂超乘，右抚剑，左援带，命驱之出。仆请，鞅曰："之公。"宣子逆诸阶，执其手，赂之以曲沃。 初，斐豹，隶也，著于丹书。栾氏之力臣曰督戎，国人惧之。斐豹谓

	宣子曰："苟焚丹书，我杀督戎。"宣子喜，曰："而杀之，所不请于君焚丹书者，有如日！"乃出豹而闭之。督戎从之。逾隐而待之，督戎逾入，豹自后击而杀之。
	范氏之徒在台后，栾氏乘公门。宣子谓鞅曰："矢及君屋，死之。"鞅用剑以帅卒，栾氏退，摄车从之。遇栾乐，曰："乐免之。死，将讼女于天。"乐射之，不中；又注，则乘槐本而覆。或以戟钩之，断肘而死。栾鲂伤。栾盈奔曲沃。晋人围之。
	晋人克栾盈于曲沃，尽杀栾氏之族党。栾鲂出奔宋。书曰："晋人杀栾盈。"不言大夫，言自外也。
襄二十四	襄二十四
春，叔孙豹如晋。	春，穆叔如晋。范宣子逆之，问焉，曰："古人有言曰：'死而不朽。'何谓也？"穆叔未对。宣子曰："昔匄之祖，自虞以上为陶唐氏，在夏为御龙氏，在商为豕韦氏，在周为唐杜氏，晋主夏盟为范氏，其是之谓乎？"穆叔曰："以豹所闻，此之谓世禄，非不朽也。鲁有先大夫曰臧文仲，既没，其言立。其是之谓乎？豹闻之：'大上有立德，其次有立功，其次有立言。'虽久不废，此之谓不朽。若夫保姓受氏，以守宗祊，世不绝祀，无国无之。禄之大者，不可谓不朽。"
	范宣子为政，诸侯之币重。郑人病人。二月，郑伯如晋，子产寓书于子西，以告宣子，曰："子为晋国，四邻诸侯不闻令德，而闻重币，侨也惑之。侨闻君子长国家者，非无贿之患，而无令名之难。夫诸侯之贿聚于公室，则诸侯贰。若吾子赖之，则晋国贰。诸侯贰，则晋国坏。晋国贰，则子之家坏。何没没也！将焉用贿？夫令名，德之舆也。德，国家之基也。有基无坏，无亦是务乎？有德

	则乐，乐则能久。《诗》曰：'乐只君子，邦家之基。'有令德也夫。'上帝临女，无贰尔心。'有令名也夫！恕思以明德，则令名载而行之。是以远至迩安。毋宁使人谓子'子实生我'，而谓'子浚我以生'乎？象有齿以焚其身，贿也。"宣子说，乃轻币。是行也，郑伯朝晋，为重币故，且请伐陈也。郑伯稽首，宣子辞。子西相，曰："以陈国之介恃大国，而陵虐于敝邑，寡君是以请罪焉，敢不稽首？"
襄二十五	襄二十五
公会晋侯、宋公、卫侯、郑伯、曹伯、莒子、邾子、滕子、薛伯、杞伯、小邾子于夷仪。秋，八月己巳，诸侯同盟于重丘。	晋侯济自泮，会于夷仪，伐齐，以报朝歌之役。齐人以庄公说，使隰鉏请成。庆封如师，男女以班。赂晋侯以宗器、乐器。自六正、五吏、三十帅、三军之大夫、百官之正长、师旅及处守者，皆有赂。晋侯许之。使叔向告于诸侯。公使子服惠伯对曰："君舍有罪，以靖小国，君之惠也。寡君闻命矣。" 晋侯使魏舒、宛没逆卫侯，将使卫与之夷仪。 秋，七月己巳，同盟于重丘，齐成故也。 赵文子为政，令薄诸侯之币，而重其礼。
昭三	昭三
	初，州县，栾豹之邑也。及栾氏亡，范宣子、赵文子、韩宣子皆欲之。文子曰："温，吾县也。"二宣子曰："自郤称以别，三传矣。晋之别县，不唯州，谁获治之？"文子病之，乃舍之。二子曰："吾不可以正议而自与也。"皆舍之。
昭二十九	昭二十九
	冬，晋赵鞅、荀寅帅师城汝滨，遂赋晋国一鼓铁，以铸刑鼎，著范宣子所为刑书焉。仲尼曰："晋其亡乎？	昭二十九年仲尼之言实际上也是对于范宣子一生所作所为的一个恰当

	失其度矣！夫晋国将守唐叔之所受法度，以经纬其民，卿大夫以序守之，民是以能尊其贵，贵是以能守其业。贵贱不愆，所谓度也。文公是以作执秩之官，为被庐之法，以为盟主。今弃是度也，而为刑鼎。民在鼎矣，何以尊贵？贵何业之守？贵贱无序，何以为国？且夫宣子之刑，夷之蒐也，晋国之乱制也，若之何以为法？"蔡史墨曰："范氏、中行氏其亡乎？中行寅为下卿而干上令，擅作刑器以为国法，是法奸也。又加范氏焉，易之，亡也！其及赵氏，赵孟与焉，然不得已，若德，可以免。"	评价。

齐庄公（前572—前548）

襄元	襄元	齐庄公光，齐灵公之子，又称世子光、光、大子光等。公子光早年一直是齐国大子，后因公子牙之乱被废，襄十九年借崔杼之力发动叛乱成为齐君，襄二十五年为崔杼所杀，共在位六年。齐庄公来源世系如下：
仲孙蔑会晋栾黡、宋华元、卫宁殖、曹人、莒人、邾人、滕人、薛人围宋彭城。	春，己亥，围宋彭城。非宋地，追书也。于是为宋讨鱼石，故称宋，且不登叛人也，谓之宋志。 齐人不会彭城，晋人以为讨。二月，齐大子光为质于晋。	
襄三	襄三	
六月，公会单子、晋侯、宋公、卫侯、郑伯、莒子、邾子、齐世子光。己未，同盟于鸡泽。	晋为郑服故，且欲修吴好，将合诸侯。使士匄告于齐曰："寡君使匄，以岁之不易，不虞之不戒，寡君愿与一二兄弟相见，以谋不协。请君临之，使匄乞盟。"齐侯欲勿许，而难为不协，乃盟于耏外。 六月，公会单顷公及诸侯。己未，同盟于鸡泽。	
襄五	襄五	
公会晋侯、宋公、陈侯、卫侯、郑伯、曹伯、莒子、邾子、滕子、薛	九月丙午，盟于戚，会吴，且命戍陈也。穆叔以属鄫为不利，使鄫大夫听命于会。 子囊伐陈。十一月甲午，会于城棣以救之。	

伯、齐世子光、吴人、鄫人于戚。公会晋侯、宋公、卫侯、郑伯、曹伯、齐世子光救陈。	
襄九	**襄九**
冬，公会晋侯、宋公、卫侯、曹伯、莒子、邾子、滕子、薛伯、杞伯、小邾子、齐世子光伐郑。十有二月己亥，同盟于戏。	冬，十月，诸侯伐郑。十一月己亥，同盟于戏，郑服也。
襄十	**襄十**
春，公会晋侯、宋公、卫侯、曹伯、莒子、邾子、滕子、薛伯、杞伯、小邾子、齐世子光会吴于柤。公会晋侯、宋公、卫侯、曹伯、莒子、邾子、齐世子光、滕子、薛伯、杞伯、小邾子伐郑。戍郑虎牢。	春，会于柤，会吴子寿梦也。三月癸丑，齐高厚相大子光以先会诸侯于钟离，不敬。士庄子曰："高子相大子以会诸侯，将社稷是卫。而皆不敬，弃社稷也。其将不免乎？"夏，四月戊午，会于柤。 诸侯伐郑，齐崔杼使大子光先至于师，故长于滕。己酉，师于牛首。诸侯之师城虎牢而戍之。晋师城梧及制，士鲂、魏绛戍之。书曰"戍郑虎牢"，非郑地也，言将归焉。郑及晋平。楚子囊救郑。十一月，诸侯之师还郑而南，至于阳陵。
襄十一	**襄十一**
公会晋侯、宋公、卫侯、曹伯、齐世子光、莒子、邾子、滕子、薛伯、杞	四月，诸侯伐郑。己亥，齐太子光、宋向戌先至于郑，门于东门。其莫，晋荀䓨至于西郊，东侵旧许。卫孙林父侵其北鄙。六月，诸侯会于北林，师于向。右还，次于琐，围郑，观兵于南门。西济于济隧。郑人惧，乃行成。秋七月，同盟于亳。

齐顷公

	公子成	子工
灵公子环	公子角	

（以下灵公子）

庄公光	景公杵臼	公子牙

（上表继位顺序：顷公〔宣十一至成九年〕→灵公〔成十至襄十九年〕→庄公〔襄二十至二十五年〕→景公〔襄二十六至哀五〕。顷公之子子工〔又作子公〕、子成〔又作子城〕见于昭八、昭十年〔参杨伯峻昭八年注〕。顷公又有孙公孙捷〔子车〕、公孙青〔子石〕分别见于昭八、昭二十年。灵公之子公子牙襄十九年被执，因庄公立故。）

齐庄公为大子时曾

伯、小邾子伐郑。秋，七月，己未，同盟于亳城北。公至自伐郑。公会晋侯、宋公、卫侯、曹伯、齐世子光、莒子、邾子、滕子、薛伯、杞伯、小邾子伐郑。会于萧鱼。

楚子囊乞旅于秦。秦右大夫詹帅师从楚子，将以伐郑。郑伯逆之。丙子，伐宋。九月，诸侯悉师以复伐郑。郑人使良霄、大宰石㚟如楚，告将服于晋，曰："孤以社稷之故，不能怀君。君若能以玉帛绥晋，不然则武震以摄威之，孤之愿也。"楚人执之。书曰"行人"，言使人也。诸侯之师观兵于郑东门。郑人使王子伯骈行成。甲戌，晋赵武入盟郑伯。冬，十月丁亥，郑子展出盟晋侯。十二月戊寅，会于萧鱼。

多次出使外国，参加晋国主持的列国会盟，事见襄元、三、五、九、十、十一年等。襄十八年齐灵公因晋师压境而逃归，大子抽剑断鞅曰："师速而疾，略也，将退矣，君何惧焉？且社稷之主，不可以轻，轻则失众，君必待之！"可以看出他为大子时还是一个相当有骨气的人。

齐庄公一生之事可分为以下几个重要方面：

1.君位之争。灵公昏庸，庄公的大子之位立而被废，在崔杼帮助下，光杀戎子而即位，成为齐君。庄公对其政敌缺乏宽容，必欲赶尽杀绝而后已：杀

襄十八

冬，十月，公会晋侯、宋公、卫侯、郑伯、曹伯、莒子、邾子、滕子、薛伯、杞伯、小邾子同围齐。

襄十八

秋，齐侯伐我北鄙。晋侯伐齐，将济河。冬，十月，会于鲁济，寻溴梁之言，同伐齐。齐侯御诸平阴，堑防门，而守之广里。夙沙卫曰："不能战，莫如守险。"弗听。诸侯之士门焉，齐人多死。范宣子告析文子曰："吾知子，敢匿情乎？鲁人、莒人皆请以车千乘自其乡入，既许之矣。若入，君必失国。子盍图之？"子家以告公，公恐。晏婴闻之，曰："君固无勇，而又闻是，弗能久矣。"

齐侯登巫山以望晋师。晋人使司马斥山泽之险，虽所不至，必旆而疏陈。使乘车者左实右伪，以旆先，舆曳柴而从之。齐侯见之，畏其众也，乃脱归。丙寅晦，齐师夜遁。师旷告晋侯曰："鸟乌之声乐，齐师其遁？"邢伯告中行伯曰："有班马之声，齐师其遁？"叔向告晋侯曰："城上有乌，齐师其遁？"十一月丁卯朔，入平阴，遂从齐师。

晋人欲逐归者，鲁卫请攻险。己卯，荀偃、士匄以中军克京兹。乙酉，魏绛、栾盈以下军克邿。赵武、韩起以上军围卢，弗克。十二月戊戌，及秦周伐雍门之荻。范鞅门于雍门，其御追喜以戈杀犬于门中。孟庄子斩其橁以为公琴。己亥，焚雍及西郭、南郭。刘难、士弱率诸侯之师焚申池之竹木。壬寅，焚东郭、北郭。范鞅门于扬门。州绰门于东闾，左骖迫，还于门中，以枚数阖。

	齐侯驾,将走邮棠。大子与郭荣扣马曰:"师速而疾,略也。将退矣,君何惧焉?且社稷之主,不可以轻,轻则失众,君必待之!"将犯之,大子抽剑断鞅,乃止。甲辰,东侵及潍,南及沂。	戎子,尸诸朝;执公子牙;围高唐,醢夙沙卫;执公子买;公子鉏、叔孙还奔鲁。
襄十九	**襄十九**	2.叛晋联楚。庄公为大子时就有叛晋之心,他在襄十年之会上表现不敬,十八年晋师围齐,庄公不能容忍灵公逃归,十九年即位,随即表现出叛晋之意,并于二十一、二十二、二十三年在晋国栾、范之乱中支持栾氏与晋君作对,送栾盈入国,于二十三、二十四年伐晋,且求助于楚。对于这时齐侯伐卫、伐晋之举,齐国主要大臣如晏平仲、崔杼、陈文子都几乎公开反对。晏平仲曰:"君恃
秋,七月辛卯,齐侯环卒。晋士匄帅师侵齐,至穀,闻齐侯卒,乃还。齐杀其大夫高厚。冬,葬齐灵公。城武城。	齐侯娶于鲁,曰颜懿姬,无子。其姪鬷声姬生光,以为大子。诸子:仲子、戎子。戎子嬖。仲子生牙,属诸戎子。戎子请以为大子,许之。仲子曰:"不可。废常,不祥;间诸侯,难。光之立也,列于诸侯矣。今无故而废之,是专黜诸侯,而以难犯不祥也。君必悔之!"公曰:"在我而已。"遂东大子光,使高厚傅牙以为大子,夙沙卫为少傅。齐侯疾,崔杼微逆光。疾病,而立之。光杀戎子,尸诸朝,非礼也。妇人无刑。虽有刑,不在朝市。夏,五月壬辰晦,齐灵公卒。庄公即位,执公子牙于句渎之丘。以夙沙卫易己,卫奔高唐以叛。晋士匄侵齐,及穀,闻丧而还,礼也。 秋八月,齐崔杼杀高厚于洒蓝,而兼其室。书曰:"齐杀其大夫。"从君于昏也。 齐庆封围高唐,弗克。冬十一月,齐侯围之。见卫在城上,号之,乃下。问守备焉,以无备告。揖之乃登。闻师将傅,食高唐人。殖绰、工偻会夜缒纳师,醢卫于军。 齐及晋平,盟于大隧。故穆叔会范宣子于柯。穆叔见叔向,赋《载驰》之四章。叔向曰:"肸敢不承命?"	
襄二十	**襄二十**	
夏,六月庚申,公会晋侯、齐侯、宋公、卫侯、郑伯、曹伯、莒子、邾子、滕子、薛伯、杞伯、小邾子,盟于澶渊。	夏,盟于澶渊,齐成故也。	

襄二十一 公会晋侯、齐侯、宋公、卫侯、郑伯、曹伯、莒子、邾子于商任。	襄二十一 齐侯使庆佐为大夫，复讨公子牙之党，执公子鉏于句渎之丘。公子鉏来奔。叔孙还奔燕。 会于商任，锢栾氏也。齐侯、卫侯不敬。叔向曰："二君者，必不免。会朝，礼之经也。礼，政之舆也。政，身之守也。怠礼失政，失政不立，是以乱也。" 齐庄公朝，指殖绰、郭最曰："是寡人之雄也。"州绰曰："君以为雄，谁敢不雄？然臣不敏，平阴之役，先二子鸣。"庄公为勇爵，殖绰、郭最欲与焉。州绰曰："东闾之役，臣左骖迫还于门中，识其枚数，其可以与于此乎？"公曰："子为晋君也。"对曰："臣为隶新。然二子者，譬如禽兽，臣食其肉而寝处其皮矣。"	勇力以伐盟主，若不济，国之福也。不德而有功，忧必及君。"崔杼谏曰："不可。臣闻之，小国间大国之败而毁焉，必受其咎。君其图之！"弗听。这些体现了庄公贪愎自用的一面。 3.庄公之死。庄公一生最大的错误就是对崔杼及其同党庆氏的盲目信任。崔杼为人阴险，狡猾狠毒，工于心计。从其连立二君、杀太史氏可以看出此人心狠手辣。崔杼的这种特点，庄公都不能觉察和认识。从庄公与东郭姜私通后，骤如崔氏，"以崔氏之冠赐人"，激起崔氏弑君之心而不知，以
襄二十二 冬，公会晋侯、齐侯、宋公、卫侯、郑伯、曹伯、莒子、邾子、薛伯、杞伯、小邾子于沙随。	襄二十二 秋，栾盈自楚适齐。晏平仲言于齐侯曰："商任之会，受命于晋。今纳栾氏。将安用之？小所以事大，信也。失信，不立。君其图之！"弗听。退告陈文子曰："君人执信，臣人执共。忠信笃敬，上下同之，天之道也。君自弃也，弗能久矣。" 冬，会于沙随，复锢栾氏也。栾盈犹在齐。晏子曰："祸将作矣。齐将伐晋，不可以不惧。"	
襄二十三 晋栾盈复入于晋，入于曲沃。秋，齐侯伐卫，遂伐晋。齐侯袭莒。	襄二十三 晋将嫁女于吴，齐侯使析归父媵之，以藩载栾盈及其士，纳诸曲沃。 秋，齐侯伐卫。先驱，榖荣御王孙挥，召扬为右。申驱、成秩御莒恒，申鲜虞之傅挚为右。曹开御戎，晏父戎为右。贰广，上之登御邢公，卢蒲癸为右。启，牢成御襄罢师，狼蘧疏为右。胠，商子车御侯朝，桓跳为右。大殿，商子游御夏之御寇，崔如为右，烛庸之越驷乘。自卫将遂伐晋。晏平仲曰："君恃勇力以伐盟主，若不济，国之福也。不德而有功，忧必及君。"崔杼谏曰："不可。臣闻之，小国间大国之败而毁焉，必受其咎。君其图之！"弗听。陈文子见崔	

	武子，曰："将如君何？"武子曰："吾言于君，君弗听也。以为盟主，而利其难。群臣若急，君于何有？子姑止之。"文子退，告其人曰："崔子将死乎！谓君甚，而又过之，不得其死。过君以义，犹自抑也，况以恶乎？"齐侯遂伐晋，取朝歌。为二队，入孟门，登大行，张武军于荧庭，戍郫邵，封少水，以报平阴之役，乃还。赵胜帅东阳之师以追之，获晏犛。 　　齐侯还自晋，不入，遂袭莒，门于且于，伤股而退。明日，将复战，期于寿舒。杞殖、华还载甲夜入于且于之隧，宿于莒郊。明日，先遇莒子于蒲侯氏。莒子重赂之，使无死，曰："请有盟。"华周对曰："贪货弃命，亦君所恶也。昏而受命，日未中而弃之，何以事君？"莒子亲鼓之，从而伐之，获杞梁。莒人行成。齐侯归，遇杞梁之妻于郊，使吊之。辞曰："殖之有罪，何辱命焉？若免于罪，犹有先人之敝庐在，下妾不得与郊吊。"齐侯吊诸其室。 　　齐侯将为臧纥田。臧孙闻之，见齐侯，与之言伐晋，对曰："多则多矣，抑君似鼠。夫鼠，昼伏夜动，不穴于寝庙，畏人故也。今君闻晋之乱而后作焉，宁将事之，非鼠如何？"乃弗与田。仲尼曰："知之难也。有臧武仲之知，而不容于鲁国，抑有由也，作不顺而施不恕也。《夏书》曰：'念兹在兹。'顺事、恕施也。"	及崔氏弑庄公的具体情形，都可以看出庄公是何等昏庸和无头脑。请看下面一段： 　　公问崔子，遂从姜氏。姜入于室，与崔子自侧户出。公拊楹而歌。……闭门。甲兴，公登台而请，弗许；请盟，弗许；请自刃于庙，弗许。 　　这段将崔子与姜氏合谋弑君的嘴脸刻画得惟妙惟肖，栩栩如生。襄二十三年齐侯将为臧纥田，臧纥称"抑君似鼠"以拒之，显然是深知齐侯昏庸，必被人谋害，故唯恐得其所赐。 　　然而，诚如吴闿生在《左传微·齐崔庆之乱》中所言，我
襄二十四 　　仲孙羯帅师侵齐。夏，楚子伐吴。齐崔杼帅师伐莒。公会晋侯、宋公、卫侯、郑伯、曹伯、莒子、邾子、滕子、薛伯、杞伯、小邾子于夷仪。	**襄二十四** 　　孟孝伯侵齐，晋故也。 　　夏，楚子为舟师以伐吴，不为军政，无功而还。 　　齐侯既伐晋而惧，将欲见楚子。楚子使薳启彊如齐聘，且请期。齐社，蒐军实，使客观之。陈文子曰："齐将有寇。吾闻之：'兵不戢，必取其族。'" 　　秋，齐侯闻将有晋师，使陈无宇从薳启彊如楚，辞，且乞师。崔杼帅师送之，遂伐莒，侵介根。 　　会于夷仪，将以伐齐。水，不克。	

冬，楚子、蔡侯、陈侯、许男伐郑。

冬，楚子伐郑以救齐，门于东门，次于棘泽。诸侯还救郑。

楚子自棘泽还，使薳启彊帅师送陈无宇。齐人城郑。

襄二十五

春，齐崔杼帅师伐我北鄙。夏，五月乙亥，齐崔杼弑其君光。公会晋侯、宋公、卫侯、郑伯、曹伯、莒子、邾子、滕子、薛伯、杞伯、小邾子于夷仪。秋，八月己巳，诸侯同盟于重丘。

襄二十五

春，齐崔杼帅师伐我北鄙，以报孝伯之师也。公患之，使告于晋。孟公绰曰："崔子将有大志，不在病我，必速归，何患焉？其来也不寇，使民不严，异于他日。"齐师徒归。

齐棠公之妻，东郭偃之姊也。东郭偃臣崔武子。棠公死，偃御武子以吊焉。见棠姜而美之，使偃取之。偃曰："男女辨姓。今君出自丁，臣出自桓，不可。"武子筮之，遇《困》☶之《大过》☰，史皆曰："吉。"示陈文子，文子曰："夫从风，风陨，妻不可娶也。且其《繇》曰：'困于石，据于蒺藜，入于其宫，不见其妻，凶。'困于石，往不济也。据于蒺藜，所恃伤也。入于其宫，不见其妻，凶，无所归也。"崔子曰："嫠也何害？先夫当之矣。"遂取之。庄公通焉，骤如崔氏。以崔子之冠赐人，侍者曰："不可。"公曰："不为崔子，其无冠乎？"崔子因是，又以其间伐晋也，曰："晋必将报。"欲弑公以说于晋，而不获间。公鞭侍人贾举，而又近之，乃为崔子间公。夏五月，莒为且于之役故，莒子朝于齐。甲戌，飨诸北郭。崔子称疾不视事。乙亥，公问崔子，遂从姜氏。姜入于室，与崔子自侧户出。公拊楹而歌。侍人贾举止众从者而入，闭门。甲兴，公登台而请，弗许；请盟，弗许；请自刃于庙，弗许。皆曰："君之臣杼疾病，不能听命。近于公宫，陪臣干掫有淫者，不知二命。"公逾墙，又射之，中股，反队，遂弑之。贾举、州绰、邴师、公孙敖、封具、铎父、襄伊、偻堙皆死。祝佗父祭于高唐，至，复命，不说弁而死于崔氏。申蒯，侍渔者，退，谓其宰曰："尔以帑免，我将死。"其宰曰："免，是反子之义也。"与之皆死。崔氏杀鬷蔑于平阴。

们似乎还不能忽视另一个极有趣的事实，那就是齐庄公在遇难之际齐国有一大批忠臣义士追随他，这些人要么为捍卫齐庄而死，要么为自己不能报君而感到无地自容，要么冒着性命之险最终为齐庄报了一剑之仇。整个故事情节读来令人感动。襄二十五年庄公危难之际，"贾举、州绰、邴师、公孙敖、封具、铎父、襄伊、偻堙皆死。祝佗父祭于高唐，至，复命，不说弁而死于崔氏。申蒯，侍渔者，退，谓其宰曰：'尔以帑免，我将死。'其宰曰：'免，是反子之义也。'与之皆死。崔氏杀鬷蔑于平阴。""间晏子立于崔氏之门外。其人曰："死乎？"曰："独吾君也乎哉？吾死也。"曰："行乎？"曰："吾罪也乎哉？吾亡也。"曰："归乎？"曰："君死，安归？君民者，岂以陵民？社稷是主。臣君者，岂为其口实？社稷是养。故君为社稷死，则死之；为社稷亡，则亡之。若为己死而为己亡，非其私昵，谁敢任之？且人有君而弑之，吾焉得死之，而焉得亡之？将庸何归？"门启而入，枕尸股而哭。兴，三踊而出。人谓崔子："必杀之！"崔子曰："民之望也。舍之，得民。"卢蒲癸奔晋。王何奔莒。

叔孙宣伯之在齐也，叔孙还纳其女于灵公，嬖，生景公。丁丑，崔杼立而相之，庆封为左相，盟国人于大宫，曰："所不与崔、庆者——"晏子仰天叹曰："婴所不唯忠于君、利社稷者是与，有如上帝！"乃歃。辛巳，公与大夫及莒子盟。大史书曰："崔杼弑其君。"崔子杀之。其弟嗣书，而死者二人。其弟又书，乃舍之。南史氏闻大史尽死，执简以往。闻既书矣，乃还。闾丘婴以帷缚其妻而载之，与申鲜虞乘而出。鲜虞推而下之，曰："君昏不能匡，危不能救，死不能死，而知匿其昵，其谁纳之？"行及弇中，将舍。婴曰："崔、庆其追我。"鲜虞曰："一与一，谁能惧我？"遂舍，枕辔而寝，食马而食，驾而行。出弇中，谓婴曰："速驱之。崔、庆之众不可当也。"遂来奔。崔氏侧庄公于北郭。丁亥，葬诸士孙之里。四翣，不跸，下车七乘，不以兵甲。

晋侯济自泮，会于夷仪，伐齐，以报朝歌之役。齐人以庄公说，使隰鉏请成，庆封如师。男女以班。赂晋侯以宗器、乐器。自六正、五吏、三十帅、三军之大夫、百官之正长、师旅及处守者，皆有赂。晋侯许之。使叔向告于诸侯。公使子服惠伯对曰："君舍有罪，以靖小国，君之惠也。寡君闻命矣。"

秋，七月己巳，同盟于重丘，齐成故也。

赵文子为政，令薄诸侯之币，而重其礼。穆叔见之，谓穆叔曰："自今以往，兵其少弭矣。齐崔、庆新得政，将求善于诸侯。武也知楚令尹。若敬行其礼，道之以文辞，以靖诸侯，兵可以弭。"

丘婴以帷缚其妻而载之，与申鲜虞乘而出。鲜虞推而下之，曰："'君昏不能匡，危不能救，死不能死，而知匿其昵，其谁纳之？'"襄二十七年"申鲜虞来奔，仆赁于野，以丧庄公"。又，庄公之难，其臣卢蒲癸、王何出奔，后因卢蒲嫳而入于庆氏之室，终于襄二十八年在庆氏家族内乱，将参与杀害庄公的凶手之一庆封及其族消灭。庄公虽死，但其臣下卢蒲癸、王何终能替他报仇。这一切都充分说明齐庄公这个人并不能单纯从前面的几个反映他昏庸

襄二十七	襄二十七 崔氏之乱，申鲜虞来奔，仆赁于野，以丧庄公。冬，楚人召之。遂如楚，为右尹。	的方面来看，他在为人方面一定是一个讲义气或重情义之人。这一点，从襄二十三年庄公二臣华还与杞梁之对话，及庄公吊唁杞梁之妻的行为都可看出。另一方面，从襄十八年庄公为大子时抽剑断鞅之事，也可看出他和一般的昏君不一样。这再次向我们透露了《左传》在写作上的一个笔法，那就是写庄公昏是假，写乱臣贼子之奸是真；写庄公无知是表，写其忠臣义士大节可歌是里。庄公虽昏，但并无原则性错误，更不意味着崔、庆可以以此为由弑君。
襄二十八 冬，齐庆封来奔。	襄二十八 夏，齐侯、陈侯、蔡侯、北燕伯、杞伯、胡子、沈子、白狄朝于晋，宋之盟故也。齐侯将行，庆封曰："我不与盟，何为于晋？"陈文子曰："先事后贿，礼也。小事大，未获事焉，从之如志，礼也。虽不与盟，敢叛晋乎？重丘之盟，未可忘也。子其劝行。" 齐庆封好田而耆酒。与庆舍政，则以其内实迁于卢蒲嫳氏，易内而饮酒。数日，国迁朝焉。使诸亡人得贼者，以告而反之，故反卢蒲癸。癸臣子之，有宠，妻之。庆舍之士谓卢蒲癸曰："男女辨姓，子不辟宗，何也？"曰："宗不余辟，余独焉辟之？赋《诗》断章，余取所求焉，恶识宗？"癸言王何而反之。二人皆嬖，使执寝戈而先后之。 公膳日双鸡，饔人窃更之以鹜。御者知之，则去其肉，而以其洎馈。子雅、子尾怒。庆封告卢蒲嫳，卢蒲嫳曰："譬之如禽兽，吾寝处之矣。"使析归父告晏平仲，平仲曰："婴之众不足用也，知无能谋也，言弗敢出，有盟可也。"子家曰："子之言云，又焉用盟？"告北郭子车，子车曰："人各有以事君，非佐之所能也。"陈文子谓桓子曰："祸将作矣。吾其何得？"对曰："得庆氏之木百车于庄。"文子曰："可慎守也已。"卢蒲癸、王何卜攻庆氏，示子之兆，曰："或卜攻仇，敢献其兆。"子之曰："克，见血。"冬十月，庆封田于莱，陈无宇从。丙辰，文子使召之，请曰："无宇之母疾病，请归。"庆季卜之，示之兆，曰："死。"奉龟而泣，乃使归。庆嗣闻之，曰："祸将作矣。"谓子家："速归，祸作必于尝，归犹可及也。"子家弗听，亦无悛志。子息曰："亡矣，幸而获在吴、越。"陈无宇济水，而戕舟发梁。卢蒲姜谓癸曰："有事而不告我，必不捷矣。"癸告之，姜曰："夫子愎，莫之止，将不出。我请止之。"癸曰："诺。"十一月乙亥，尝于大公之庙，	

	庆舍莅事。卢蒲姜告之，且止之，弗听，曰："谁敢者？"遂如公。麻婴为尸，庆奊为上献。卢蒲癸、王何执寝戈。庆氏以其甲环公宫。陈氏、鲍氏之圉人为优。庆氏之马善惊，士皆释甲束马而饮酒，且观优，至于鱼里。栾、高、陈、鲍之徒，介庆氏之甲。子尾抽桷击扉三，卢蒲癸自后刺子之，王何以戈击之，解其左肩。犹援庙桷，动于甍，以俎壶投杀人，而后死。遂杀庆绳、麻婴。公惧，鲍国曰："群臣为君故也。"陈须无以公归，税服而如内宫。 庆封归，遇告乱者。丁亥，伐西门，弗克。还伐北门，克之。入伐内宫，弗克。反，陈于岳。请战，弗许，遂来奔。	
襄二十九	襄二十九 二月癸卯，齐人葬庄公于北郭。	

卫宁氏（前688—前546）

庄六 夏六月，卫侯朔入于卫。	庄六 夏，卫侯入，放公子黔牟于周，放甯跪于秦，杀左公子洩、右公子职，乃即位。	宁（甯）氏，卫国世卿。襄二十五年杜注："宁氏出自卫武公，及喜九世也。"如此则宁氏、孙氏皆出卫武公（卫武公在平王东迁时期，《春秋》未见）。然《左传》宁氏若以宁跪为第一代，至宁喜只有六世（若依顾栋高《大事表》只有五
闵二 十有二月，狄入卫。	闵二 冬，十二月，狄人伐卫。卫懿公好鹤，鹤有乘轩者。将战，国人受甲者皆曰："使鹤！鹤实有禄位。余焉能战？"公与石祁子玦，与宁庄子矢，使守，曰："以此赞国，择利而为之。"与夫人绣衣，曰："听于二子。"渠孔御戎，子伯为右，黄夷前驱，孔婴齐殿。及狄人战于荥泽，卫师败绩。遂灭卫。	
僖十九 卫人伐邢。	僖十九 秋，卫人伐邢，以报菟圃之役。于是卫大旱，卜有事于山川，不吉。宁庄子曰："昔周饥，克殷而年丰。今邢方无道，诸侯无伯，天其或者欲使卫讨邢乎？"从之，师兴而雨。	

僖二十六	僖二十六	世），盖入春秋前尚有数世。今以陈厚耀《世族谱》列宁氏世系如下：
春，王正月己未，公会莒子、卫宁速盟于向。	春，王正月，公会莒兹丕公、宁庄子盟于向，寻洮之盟也。	

僖二十八	僖二十八
晋侯侵曹。晋侯伐卫。楚人救卫。夏，四月己巳，晋侯、齐师、宋师秦师及楚人战于城濮，楚师败绩。卫侯出奔楚。六月，卫侯郑自楚复归于卫。卫元咺出奔晋。晋人执卫侯，归之于京师。卫元咺自晋复归于卫。	春，晋侯将伐曹，假道于卫。卫人弗许。还，自河南济，侵曹伐卫。正月戊申，取五鹿。卫侯请盟，晋人弗许。卫侯欲与楚，国人不欲，故出其君以说于晋。卫侯出居于襄牛。 卫侯闻楚师败，惧，出奔楚，遂适陈，使元咺奉叔武以受盟。癸亥，王子虎盟诸侯于王庭。 或诉元咺于卫侯曰："立叔武矣。"其子角从公，公使杀之。咺不废命，奉夷叔以入守。六月，晋人复卫侯。宁武子与卫人盟于宛濮，曰："天祸卫国，君臣不协，以及此忧也。今天诱其衷，使皆降心，以相从也。不有居者，谁守社稷？不有行者，谁扞牧圉？不协之故，用昭乞盟于尔大神，以诱天衷。自今日以往，既盟之后，行者无保其力，居者无惧其罪。有渝此盟，以相及也。明神先君，是纠是殛。"国人闻此盟也，而后不贰。卫侯先期入，宁子先，长牂守门，以为使也，与之乘而入。公子歂犬、华仲前驱。叔武将沐，闻君至，喜，捉发走出，前驱射而杀之。公知其无罪也，枕之股而哭之。歂犬走出，公使杀之。元咺出奔晋。 卫侯与元咺讼，宁武子为辅，鍼庄子为坐，士荣为大士。卫侯不胜，杀士荣，刖鍼庄子，谓宁俞忠而免之。执卫侯归之于京师，置诸深室。宁子职纳橐饘焉。元咺归于卫，立公子瑕。

人物	履历
宁跪	庄六放宁跪于秦
宁速庄子	闵二与庄子矢
宁俞武子	僖二十八宁武子与卫人盟于宛濮
宁相	成二侵齐
宁殖惠子	成十四卫侯享苦成叔，宁惠子相
宁喜悼子	襄二十宁惠子疾，召悼子
宁跪	哀四卫宁跪救范氏

（上表中有两个"宁跪"非同一人，第二个宁跪世系不详。）

僖三十	僖三十
秋，卫杀其大夫元咺及公子瑕。卫侯郑归于卫。	晋侯使医衍鸩卫侯。宁俞货医，使薄其鸩，不死。公为之请，纳玉于王与晋侯，皆十穀。王许之。秋，乃释卫侯。卫侯使赂周歂、冶廑，曰："苟能纳我，吾使尔为卿。"周、冶杀元咺及子适、子仪。公入，祀先君。周、冶既服，将命，周歂先入，及门，遇疾而死。冶廑辞卿。

僖三十一 狄围卫。十有二月，卫迁于帝丘。	僖三十一 冬，狄围卫，卫迁于帝丘。卜曰三百年。卫成公梦康叔曰："相夺予享。"公命祀相，宁武子不可，曰："鬼神非其族类，不歆其祀。杞、鄫何事？相之不享于此久矣，非卫之罪也。不可以间成王、周公之命祀，请改祀命。"	1.宁速（闵二至僖二十六年）。即宁庄子，卫国宁氏始见于《左传》者，宁庄子为卫正卿（《晋语》韦注），但从襄二十五年大叔文子说宁喜"九世之卿族，一举而灭之"之话可以看出宁氏为卫国之卿当不始于宁庄子。从传文亦可看出宁庄子确是卫国地位甚高的重卿之一。 2.宁俞（僖二十八至文四年）。宁速之子，又称宁武子、武子、宁子等。宁武子在《左传》中出现次数不少，从《左传》中所记可以看出宁俞不愧为一代忠良。僖三十年晋文称霸后，卫侯出居，晋人欲杀卫侯，"宁俞货医，使薄其鸩"，救卫侯于死
文四 卫侯使宁俞来聘。	文四 卫宁武子来聘，公与之宴，为赋《湛露》及《彤弓》。不辞，又不答赋。使行人私焉。对曰："臣以为肄业及之也。昔诸侯朝正于王，王宴乐之，于是乎赋《湛露》，则天子当阳，诸侯用命也。诸侯敌王所忾，而献其功，王于是乎赐之彤弓一、彤矢百、玈弓矢千，以觉报宴。今陪臣来继旧好，君辱贶之，其敢干大礼以自取戾？"	
成二 夏，四月丙戌，卫孙良夫帅师及齐师战于新筑，卫师败绩。	成二 卫侯使孙良夫、石稷、宁相、向禽将侵齐，与齐师遇。	
成六 春，王正月，公至自会。取鄟。卫孙良夫帅师侵宋。	成六 三月，晋伯宗、夏阳说、卫孙良夫、宁相、郑人、伊雒之戎、陆浑、蛮氏侵宋，以其辞会也。师于鍼。卫人不保。说欲袭卫，曰："虽不可入，多俘而归，有罪不及死。"伯宗曰："不可！卫唯信晋，故师在其郊而不设备。若袭之，是弃信也。虽多卫俘，而晋无信，何以求诸侯？"乃止。师还，卫人登陴。	
成十四 夏，卫孙林父自晋归于卫。	成十四 春，卫侯如晋。晋侯强见孙林父焉，定公不可。夏，卫侯既归，晋侯使郤犨送孙林父而见之。卫侯欲辞，定姜曰："不可。是先君宗卿之嗣也，大国又以为请。不许，将亡。虽恶之，不犹愈于亡乎？君其忍之！安民而宥宗卿，不亦可乎？"卫侯见而复之。卫侯飨苦成叔，宁惠子相。苦成叔傲。宁子曰："苦成家其亡乎！古之为享食也，以观威仪、	

	省祸福也。故《诗》曰：'兕觥其觩，旨酒思柔。彼交匪傲，万福来求。'今夫子傲，取祸之道也。" 卫侯有疾，使孔成子、宁惠子立敬姒之子衎以为大子。冬十月，卫定公卒。夫人姜氏既哭而息，见大子之不哀也，不内酌饮，叹曰："是夫也，将不唯卫国之败，其必始于未亡人。乌呼！天祸卫国也夫。吾不获鱄也使主社稷。"大夫闻之，无不耸惧。孙文子自是不敢舍其重器于卫，尽置诸戚，而甚善晋大夫。	难。另外，从僖三十一年及文四年宁俞之言，可以看出他颇有见识。《论语·公冶长》："子曰：宁武子，邦有道则知，邦无道则愚。其知可及，其愚不可及也。"此孔子赞赏宁武子之言。 3.宁相（成二至六年）。宁俞之子，《左传》中仅两见。从经、传看，宁相为卫正卿当属无疑，但地位不如孙良夫高。大概孙良夫为执政之卿，而宁氏仅次于孙氏。 4.宁殖（成十四至襄二十年）。宁相之子，又称惠子、殖、宁子、宁惠子等。宁殖在位期间，宁氏在卫国的地位与孙氏不相上下，这可从成十四年立君及
襄元	**襄元**	
仲孙蔑会晋栾黡、宋华元、卫宁殖、曹人、莒人、邾人、滕人、薛人围宋彭城。	春，己亥，围宋彭城。非宋地，追书也。 夏，五月，晋韩厥、荀偃帅诸侯之师伐郑，入其郛，败其徒兵于洧上。于是东诸侯之师次于鄫，以待晋师。晋师自郑以鄫之师侵楚焦、夷及陈。晋侯、卫侯次于戚，以为之援。	
襄二	**襄二**	
郑师伐宋。晋师、宋师、卫宁殖侵郑。	春，郑师侵宋，楚令也。 晋师侵郑。	
襄十四	**襄十四**	
己未，卫侯出奔齐。冬，季孙宿会晋士匄、宋华阅、卫孙林父、郑公孙虿、莒人、邾人于戚。	卫献公戒孙文子、宁惠子食，皆服而朝，日旰不召，而射鸿于囿。二子从之，不释皮冠而与之言。二子怒。孙文子如戚，孙蒯入使。公饮之酒，使大师歌《巧言》之卒章。大师辞，师曹请为之。初，公有嬖妾，使师曹诲之琴。师曹鞭之，公怒，鞭师曹三百。故师曹欲歌之，以怒孙子，以报公。公使歌之，遂诵之。蒯惧，告文子。文子曰："君忌我矣，弗先，必死。"并帑于戚而入，见蘧伯玉，曰："君之暴虐，子所知也。大惧社稷之倾覆，将若之何？"对曰："君制其国，臣敢奸之？虽奸之，庸知愈乎？"遂行，从近关出。 公使子蟜、子伯、子皮与孙子盟于丘宫，孙子皆杀之。四月己未，子展奔齐。 公如鄄，使子行于孙子，孙子又杀之。	

公出奔齐，孙氏追之，败公徒于河泽，鄄人执之。子鲜从公。及竟，公使祝宗告亡，且告无罪。定姜曰："无神，何告？若有，不可诬也。有罪，若何告无？舍大臣而与小臣谋，一罪也。先君有冢卿以为师保而蔑之，二罪也。余以巾栉事先君，而暴妾使余，三罪也。告亡而已，无告无罪。"

公使厚成叔吊于卫，曰："寡君使瘠，闻君不抚社稷，而越在他竟，若之何不吊？以同盟之故，使瘠敢私于执事，曰：'有君不吊，有臣不敏，君不赦宥，臣亦不帅职，增淫发泄，其若之何？'"卫人使大叔仪对，曰："群臣不佞，得罪于寡君。寡君不以即刑，而悼弃之，以为君忧。君不忘先君之好，辱吊群臣，又重恤之。敢拜君命之辱，重拜大贶。"厚孙归，复命，语臧武仲曰："卫君其必归乎！有大叔仪以守，有母弟鱄以出，或抚其内，或营其外，能无归乎？"

齐人以郲寄卫侯，及其复也，以郲粮归。右宰穀从而逃归，卫人将杀之。辞曰："余不说初矣。余狐裘而羔袖。"乃赦之。卫人立公孙剽，孙林父、宁殖相之，以听命于诸侯。

卫侯在郲。臧纥如齐，唁卫侯。与之言，虐。退而告其人曰："卫侯其不得入矣。其言粪土也。亡而不变，何以复国？"子展、子鲜闻之，见臧纥，与之言道。臧孙说，谓其人曰："卫侯必入。夫二子者，或挽之，或推之，欲无入，得乎？"

师旷侍于晋侯，晋侯曰："卫人出其君，不亦甚乎？"对曰："或者其君实甚。良君将赏善而刑淫，养民如子，盖之如天，容之如地。民奉其君，爱之如父母，仰之如日月，敬之如神明，畏之如雷霆，其可出乎？夫君，神之主也，民之望也。若困民之主，匮神乏祀，百姓绝望，社稷无主，将安用之？弗去何为？天生民而立之君，使司牧之，勿使失性。有君而为之贰，使师保之，勿使过度。是故天子有公，诸侯有卿，卿置侧室，大夫有贰宗，士有朋友，庶人、工、商、

其后一系列事件（特别是几次代表卫国会盟征伐）中看出。宁殖为人为政的见识从成十四年对苦成叔的评论可见一斑。襄十四年卫献公得罪孙、宁二氏，孙氏驱逐卫君，传文未记宁氏助孙氏之举，但从后来宁殖死前的话中可以看出，他至少事先知道孙氏的阴谋。襄二十年宁殖临终前对其子宁喜说："吾得罪于君，悔而无及也。"要求宁喜纠正出君的错误。这说明当初可能是受孙氏唆使，他才参与了出君之事。但是他没有想到的是，正因为这一念之善，导致了宁氏这个九世之卿的世家大族在卫国的覆灭，这是非常值得同情的。应该说，

	皂、隶、牧、圉皆有亲昵，以相辅佐也。善则赏之，过则匡之，患则救之，失则革之。自王以下，各有父兄子弟，以补察其政。史为书，瞽为诗，工诵箴谏，大夫规诲，士传言，庶人谤，商旅于市，百工献艺。故《夏书》曰：'遒人以木铎徇于路，官师相规，工执艺事以谏。'正月孟春，于是乎有之，谏失常也。天之爱民甚矣，岂其使一人肆于民上，以从其淫，而弃天地之性？必不然矣。" 晋侯问卫故于中行献子，对曰："不如因而定之。卫有君矣，伐之，未可以得志而勤诸侯。史佚有言曰：'因重而抚之。'仲虺有言曰：'亡者侮之，乱者取之，推亡固存，国之道也。'君其定卫，以待时乎？"冬，会于戚，谋定卫也。	在出君这件事上，真正不忠于卫君和卫国的是孙氏而不是宁氏。 5.宁喜（襄二十五年至以下）。宁殖之子，即宁悼子，又称宁氏、宁子、悼子等。宁喜为了践履对其父的承诺，于襄二十六年弑卫君公孙剽，迎献公复归。《左传》对于他弑剽而迎献公入卫的行为颇不赞赏，事实上将导致宁氏灭族之罪归于宁喜。其实这应联系卫献公的为人来看。宁氏所要帮助的卫献公是个极其贪虐无耻的小人，在这种情况下，宁喜居然在事成之后专政于卫国，为个人功劳而沾沾自喜。他根本不知道，在卫献公的心中，宁喜无论对他有多大恩
襄十六	襄十六	
三月，公会晋侯、宋公、卫侯、郑伯、曹伯、莒子、邾子、薛伯、杞伯、小邾子于溴梁。戊寅，大夫盟。叔老会郑伯、晋荀偃、卫宁殖、宋人伐许。	春，平公即位。于是叔孙豹、晋荀偃、宋向戌、卫宁殖、郑公孙虿、小邾之大夫盟，曰："同讨不庭。" 许男请迁于晋，诸侯遂迁许。许大夫不可，晋人归诸侯。郑子蟜闻将伐许，遂相郑伯，以从诸侯之师。穆叔从公。齐子帅师会晋荀偃。书曰："会郑伯。"为夷故也。夏，六月，次于棫林。庚寅，伐许，次于函氏。	
襄二十	襄二十	
	卫宁惠子疾，召悼子曰："吾得罪于君，悔而无及也。名藏在诸侯之策，曰：'孙林父、宁殖出其君。'君入则掩之。若能掩之则吾子也。若不能，犹有鬼神，吾有馁而已，不来食矣。"悼子许诺，惠子遂卒。	
襄二十五	襄二十五	
公会晋侯、宋公、卫侯、郑伯、曹伯、莒子、邾	晋侯使魏舒、宛没逆卫侯，将使卫与之夷仪。崔子止其帑，以求五鹿。 卫献公入于夷仪。 卫献公自夷仪使与宁喜言，宁喜许之。	

子、滕子、薛伯、杞伯、小邾子于夷仪。秋，八月己巳，诸侯同盟于重丘。卫侯入于夷仪。	大叔文子闻之，曰："乌呼！《诗》所谓'我躬不说，皇恤我后'者，宁子可谓不恤其后矣。将可乎哉？殆必不可。君子之行，思其终也，思其复也。《书》曰：'慎始而敬终，终以不困。'《诗》曰：'夙夜匪解，以事一人。'今宁子视君不如弈棋，其何以免乎？弈者举棋不定，不胜其耦，而况置君而弗定乎？必不免矣。九世之卿族，一举而灭之，可哀也哉！"	情，都是个极其危险的人物。宁喜既然过去能弑卫君剽，为什么将来不能弑卫献公呢？宁喜对于献公的心理一无所知，头脑简单加刚愎自负注定了他对自己的灭亡毫无觉察。公孙免余之所以敢攻灭宁氏，显然是因为猜透了献公的心思。这种溜须拍马的技巧很多人都知道。
襄二十六	**襄二十六**	
春，王二月辛卯，卫宁喜弑其君剽。卫孙林父入于戚以叛。甲午，卫侯衎复归于卫。夏，晋侯使荀吴来聘。公会晋人、郑良霄、宋人、曹人于澶渊。晋人执卫宁喜。	卫献公使子鲜为复，辞。敬姒强命之，对曰："君无信，臣惧不免。"敬姒曰："虽然，以吾故也。"许诺。 初，献公使与宁喜言，宁喜曰："必子鲜在，不然，必败。"故公使子鲜。子鲜不获命于敬姒，以公命与宁喜言，曰："苟反，政由宁氏，祭则寡人。"宁喜告蘧伯玉，伯玉曰："瑗不得闻君之出，敢闻其入？"遂行，从近关出。告右宰穀，右宰穀曰："不可。获罪于两君，天下谁畜之？"悼子曰："吾受命于先人，不可以贰。"穀曰："我请使焉而观之。"遂见公于夷仪，反，曰："君淹恤在外十二年矣，而无忧色，亦无宽言，犹夫人也。若不已，死无日矣。"悼子曰："子鲜在。"右宰穀曰："子鲜在，何益？多而能亡，于我何为？"悼子曰："虽然，不可以已。" 孙文子在戚，孙嘉聘于齐，孙襄居守。二月庚寅，宁喜、右宰穀伐孙氏，不克，伯国伤。宁子出舍于郊。伯国死，孙氏夜哭。国人召宁子，宁子复攻孙氏，克之。辛卯，杀子叔及大子角。书曰"宁喜弑其君剽"，言罪之在宁氏也。孙林父以戚如晋。 甲午，卫侯入。书曰"复归"，国纳之也。大夫逆于竟者，执其手而与之言，道逆者，自车揖之；逆于门者，颔之而已。公至，使让大叔文子曰："寡人淹恤在外，二三子皆使寡人朝夕闻卫国之言，吾子独不在寡人。古人有言曰：'非所怨，勿怨。'寡人怨矣。"对曰："臣知罪矣。臣不佞，不能负羁绁以从扞牧圉，臣之罪一也。有出者，有居者，臣不能贰，通外内之言以事君，臣之罪二也。有二	

	罪，敢忘其死？"乃行，从近关出。公使止之。 　　卫人侵戚东鄙，孙氏诉于晋。晋人为孙氏故，召诸侯将以讨卫也。夏，中行穆子来聘，召公也。六月，公会晋赵武、宋向戌、郑良霄、曹人于澶渊，以讨卫，疆戚田。取卫西鄙懿氏六十，以与孙氏。于是卫侯会之，晋人执宁喜、北宫遗，使女齐以先归。卫侯如晋，晋人执而囚之于士弱氏。秋七月，齐侯、郑伯为卫侯故如晋。晋侯言卫侯之罪，使叔向告二君。国子赋《辔之柔矣》，子展赋《将仲子兮》，晋侯乃许归卫侯。 　　卫人归卫姬于晋，乃释卫侯。君子是以知平公之失政也。	
襄二十七	襄二十七	
卫杀其大夫宁喜。卫侯之弟鱄出奔晋。	卫宁喜专，公患之。公孙免余请杀之，公曰："微宁子，不及此。吾与之言矣。事未可知，祗成恶名。止也。"对曰："臣杀之，君勿与知。"乃与公孙无地、公孙臣谋，使攻宁氏。弗克，皆死。公曰："臣也无罪，父子死余矣。" 　　夏，免余复攻宁氏，杀宁喜及右宰榖，尸诸朝。石恶将会宋之盟，受命而出，衣其尸，枕之股而哭之。欲敛以亡，惧不免，且曰："受命矣。"乃行。子鲜曰："逐我者出，纳我者死。赏罚无章，何以沮劝？君失其信，而国无刑，不亦难乎？且鱄实使之。"遂出奔晋。公使止之，不可。及河，又使止之，止使者而盟于河。托于木门，不乡卫国而坐。木门大夫劝之仕，不可，曰："仕而废其事，罪也。从之，昭吾所以出也。将谁诉乎？吾不可以立于人之朝矣。"终身不仕。公丧之如税服，终身。公与免余邑六十，辞曰："唯卿备百邑，臣六十矣。下有上禄，乱也。臣弗敢闻。且宁子唯多邑，故死。臣惧死之速及也。"公固与之，受其半。以为少师。公使为卿，辞曰："大叔仪不贰，能赞大事，君其命之！"乃使文子为卿。	
襄二十八	襄二十八	
夏，卫石恶出奔晋。	卫人讨宁氏之党故，石恶出奔晋。卫人立其从子圃，以守石氏之祀，礼也。	

齐崔杼（前599—前546）

宣十 己巳，齐侯元卒。齐崔氏出奔卫。公孙归父如齐，葬齐惠公。	**宣十** 夏，齐惠公卒。崔杼有宠于惠公，高、国畏其逼也，公卒而逐之，奔卫。书曰"崔氏"，非其罪也，且告以族，不以名。凡诸侯之大夫违，告于诸侯曰："某氏之守臣某，失守宗庙，敢告。"所有玉帛之使者则告，不然则否。	崔杼，姜姓，齐公族。宣十年奔卫，成十七年返国为大夫，襄十九年发动政变，立公子光（齐庄公）。襄二十六年弑庄公，次年在崔、庆之乱中自缢。 崔氏世系如下（据顾栋高《大事表》，附例见年）：
成十七 齐高无咎出奔莒。	**成十七** 齐庆克通于声孟子，与妇人蒙衣乘辇而入于闳。鲍牵见之，以告国武子。武子召庆克而谓之。庆克久不出，而告夫人曰："国子谪我。"夫人怒。国子相灵公以会，高、鲍处守。及还，将至，闭门而索客。孟子诉之曰："高、鲍将不纳君，而立公子角，国子知之。"秋，七月壬寅，刖鲍牵而逐高无咎。无咎奔莒。高弱以卢叛。齐人来，召鲍国而立之。初，鲍国去鲍氏而来，为施孝叔臣。施氏卜宰，匡句须吉。施氏之宰有百室之邑，与匡句须邑，使为宰，以让鲍国而致邑焉。施孝叔曰："子实吉？"对曰："能与忠良，吉孰大焉？"鲍国相施氏忠，故齐人取以为鲍氏后。仲尼曰："鲍庄子之知不如葵，葵犹能卫其足。" 齐侯使崔杼为大夫，使庆克佐之，帅师围卢。国佐从诸侯围郑，以难请而归。遂如卢师，杀庆克，以榖叛。齐侯与之盟于徐关而复之。十二月，卢降。使国胜告难于晋，待命于清。	

崔夭
僖二十八年城濮战传

崔武子杼
宣十年奔卫，成十七年为大夫，襄二十七年缢

崔成、崔强 崔杼生成及强而寡	崔明 襄二十七	崔如 襄二十三为右，系未详

崔杼，姜姓，又称崔武子、崔子、武子、杼，等。

齐国自宣公以后共经历了至少五场内乱：一是宣十至成十八年崔、庆与国、高之争，结果以国、高惨败及崔、庆得势告终。崔杼宣十年因高、国之逼出奔卫。成

| **成十八**
十有二月，仲孙蔑会晋侯、宋公、卫侯、邾子、齐崔杼，同盟于虚朾。 | **成十八**
齐为庆氏之难故，甲申晦，齐侯使士华免以戈杀国佐于内宫之朝。师逃于夫人之宫。书曰："齐杀其大夫国佐。"弃命，专杀，以榖叛故也。使清人杀国胜。国弱来奔。王湫奔莱。庆封为大夫，庆佐为司寇。既，齐侯反国弱，使嗣国氏，礼也。 | |

	十二月，孟献子会于虚朾，谋救宋也。宋人辞诸侯而请师以围彭城。	十七年，庆克与齐灵公之母声孟子私通，刖鲍牵而逐高无咎，国、高势力受重大挫伤，崔杼得以返国，前后相隔已达25年之久。但崔氏回国后仍能很快得势。
襄元	**襄元**	
仲孙蔑会晋栾黡、宋华元、卫宁殖、曹人、莒人、邾人、滕人、薛人围宋彭城。仲孙蔑会齐崔杼、曹人、邾人、杞人，次于鄫。	春，己亥，围宋彭城。非宋地，追书也。于是为宋讨鱼石，故称宋，且不登叛人也，谓之宋志。彭城降晋，晋人以宋五大夫在彭城者归，置诸瓠丘。齐人不会彭城，晋人以为讨。二月，齐大子光为质于晋。 夏五月，晋韩厥、荀偃帅诸侯之师伐郑，入其郛，败其徒兵于洧上。于是东诸侯之师次于鄫，以待晋师。晋师自郑以鄫之师侵楚焦、夷及陈。晋侯、卫侯次于戚，以为之援。	二是襄元至二十一年齐庄公废立之争。由于齐灵公听信嬖妾，废大子光而立公子牙。此时高、国虽受大挫，而高厚仍颇得灵公信任，屡次相大子光出使列国，并最终傅公子牙继位。襄十九年，传载"齐侯疾，崔杼微逆光"，杀戎子，执公子牙，庄公即位。秋，八月，崔杼杀高厚而兼其室。崔氏一得势，庆封、庆佐立即得到重用（见襄十九、二十一年）。可见废立之争也是崔、庆与高、国之争的一个继续。
襄二	**襄二**	
秋七月，仲孙蔑会晋荀䓨、宋华元、卫孙林父、曹人、邾人于戚。冬，仲孙蔑会晋荀䓨、齐崔杼、宋华元、卫孙林父、曹人、邾人、滕人、薛人、小邾人于戚，遂城虎牢。	会于戚，谋郑故也。孟献子曰："请城虎牢以逼郑。"知武子曰："善。鄫之会，吾子闻崔子之言，今不来矣。滕、薛、小邾之不至，皆齐故也。寡君之忧不唯郑。䓨将复于寡君，而请于齐。得请而告，吾子之功也。若不得请，事将在齐。吾子之请，诸侯之福也，岂唯寡君赖之。" 冬，复会于戚。齐崔武子及滕、薛、小邾之大夫皆会，知武子之言故也。遂城虎牢，郑人乃成。	三是崔杼与庄公之争及崔氏弑君。庄公之立，完全是崔氏所为，崔氏势力至此已登峰造极。一方面，此时崔氏的政敌高氏、国氏已不成气
襄六	**襄六**	
十有二月，齐侯灭莱。	十一月，齐侯灭莱，莱恃谋也。于郑子国之来聘也，四月，晏弱城东阳，而遂围莱。甲寅，堙之环城傅于堞。及杞桓公卒之月，乙未，王湫帅师及正舆子、棠人军齐师，齐师大败之。丁未，入莱，莱共公浮柔奔棠，正舆子、王湫奔莒，莒人杀之。四月，陈无宇献莱宗器于襄宫，晏弱围棠。十一月丙辰而灭之，迁莱于郳，高厚、崔杼定其田。	

397

襄九	襄九
冬，公会晋侯、宋公、卫侯、曹伯、莒子、邾子、滕子、薛伯、杞伯、小邾子、齐世子光伐郑。十有二月己亥，同盟于戏。	冬十月，诸侯伐郑。庚午，季武子、齐崔杼、宋皇郧从荀罃、士匄门于鄟门，卫北宫括、曹人、邾人从荀偃、韩起盟于师之梁，滕人、薛人从栾黡、士鲂门于北门，杞人、郳人从赵武、魏绛斩行栗。甲戌，师于氾，令于诸侯曰："修器备，盛糇粮，归老幼，居疾于虎牢，肆眚，围郑。"郑人恐，乃行成。中行献子曰："遂围之，以待楚人之救也，而与之战。不然，无成。"知武子曰："许之盟而还师，以敝楚人。吾三分四军，与诸侯之锐以逆来者，于我未病，楚不能矣。犹愈于战。暴骨以逞，不可以争。大劳未艾。君子劳心，小人劳力，先王之制也。"诸侯皆不欲战，乃许郑成。十一月己亥，同盟于戏，郑服也。
襄十四	襄十四
春，王正月，季孙宿、叔老会晋士匄、齐人、宋人、卫人、郑公孙虿、曹人、莒人、邾人、滕人、薛人、杞人、小邾人会吴于向。夏四月，叔孙豹会晋荀偃、齐人、宋人、卫北宫括、郑公孙虿、曹人、莒人、邾人、滕人、薛人、杞人、小邾人伐秦。	春，吴告败于晋。会于向，为吴谋楚故也。 夏，诸侯之大夫从晋侯伐秦，以报栎之役也。晋侯待于竟，使六卿帅诸侯之师以进。及泾，不济。叔向见叔孙穆子，穆子赋《匏有苦叶》，叔向退而具舟。鲁人、莒人先济。郑子蟜见北宫懿子曰："与人而不固，取恶莫甚焉，若社稷何？"懿子说。二子见诸侯之师而劝之济。济泾而次。秦人毒泾上流，师人多死。郑司马子蟜帅郑师以进，师皆从之，至于棫林，不获成焉。伯游曰："吾今实过，悔之何及，多遗秦禽。"乃命大还。晋人谓之"迁延之役"。于是齐崔杼、宋华阅、仲江会伐秦。不书，惰也。向之会，亦如之。卫北宫括不书于向，书于伐秦，摄也。
襄十六	襄十六
三月，公会晋侯、宋	春，葬晋悼公。平公即位，羊舌肸为傅，张君臣为中军司马，祁奚、韩

侯，另一方面庄公对崔氏极为信任，甚至与其妻室相通，可见二人是何等亲密。崔氏既已成为庄公手下第一号人物，就有了弑君的客观条件。结果终因对庄公不满而杀之，另立齐景公为君。

四是崔、庆当国，庆封利用崔氏家乱消灭了崔氏。庆氏在利用崔氏势力发展了自己之后，又利用崔氏的内乱消灭了崔氏，使自己在齐国的势力盛极一时，事在襄二十七年。

五是庆氏之灭。庆封当国后，由于家乱而被自己的政敌所灭。

崔杼之为人，可以说是阴险、狠毒，心机极深而又刚愎自用、头脑简单。齐国的这五场内乱都与他有极为深刻的联系。下面几个事实可以帮助我们理解崔杼的为人：

1.崔氏虽然受恩于灵公（灵公于成十七年将崔杼从国外召回委以重任），但崔杼回国

公、卫侯、郑伯、曹伯、莒子、邾子、薛伯、杞伯、小邾子于溴梁。	襄、栾盈、士鞅为公族大夫,虞丘书为乘马御。改服修官,烝于曲沃。警守而下,会于溴梁。命归侵田。以我故,执邾宣公、莒犁比公,且曰:"通齐、楚之使。"晋侯与诸侯宴于温,使诸大夫舞,曰:"歌诗必类。"齐高厚之诗不类。荀偃怒且曰:"诸侯有异志矣。"使诸大夫盟高厚,高厚逃归。于是叔孙豹、晋荀偃、宋向戌、卫宁殖、郑公孙虿、小邾之大夫盟,曰:"同讨不庭。"	后遂与灵公发生矛盾:灵公欲叛晋,而崔氏不与;灵公嬖爱高厚、夙沙卫,崔氏视二人为敌;灵公欲立公子牙,崔氏废之。
襄十八	**襄十八**	2.对于自己的政敌高氏、国氏,尽可能斩尽杀绝,决不留情。成十七、十八年一入国马上开始对国、高采取行动,后又于襄十九年杀高厚而取其室。
冬十月,公会晋侯、宋公、卫侯、郑伯、曹伯、莒子、邾子、滕子、杞伯、小邾子同围齐。	秋,齐侯伐我北鄙。晋侯伐齐,将济河。冬,十月,会于鲁济,寻溴梁之言,同伐齐。齐侯御诸平阴,堑防门,而守之广里。丙寅晦,齐师夜遁。十一月丁卯朔,入平阴,遂从齐师。晋人欲逐归者,鲁卫请攻险。己卯,荀偃、士匄以中军克京兹。乙酉,魏绛、栾盈以下军克邿。赵武、韩起以上军围卢,弗克。十二月戊戌,及秦周伐雍门之萩。范鞅门于雍门,其御追喜以戈杀犬于门中。孟庄子斩其橁以为公琴。己亥,焚雍门及西郭、南郭。刘难、士弱率诸侯之师焚申池之竹木。壬寅,焚东郭、北郭。范鞅门于扬门。州绰门于东闾,左骖迫还于东门中,以枚数阖。齐侯驾,将走邮棠。大子与郭荣扣马曰:"师速而疾,略也。将退矣,君何惧焉?且社稷之主,不可以轻,轻则失众,君必待之!"将犯之,大子抽剑断鞅,乃止。甲辰,东侵及潍,南及沂。	3.崔氏在位期间连立二君,即庄公和景公,所作所为均为个人政治需要而非齐国利益。襄二十三年崔氏见庄公与己政见不合,遂有弑君之心,他的野心被陈文子看得一清二楚。二十五年崔氏弑君之后,史氏书之于策,崔氏遂杀之,这件事再次把崔氏贪婪无道、贪婪无耻的为政心态刻画得淋漓尽致。
襄十九	**襄十九**	4.齐庄公好色,与崔氏之妻私通,崔杼遂与其妻合谋害死了庄公。《左传》用极简短的语言将崔氏蓄意谋害庄公的事实生
齐侯环卒。晋士匄帅师侵齐,至穀,闻齐侯卒,乃还。齐杀其大夫高厚。冬,葬齐灵公。城武城。	齐侯娶于鲁,曰颜懿姬,无子。其姪鬷声姬生光,以为大子。诸子:仲子、戎子。戎子嬖。仲子生牙,属诸戎子。戎子请以为大子,许之。仲子曰:"不可。废常,不祥;间诸侯,难。光之立也,列于诸侯矣。今无故而废之,是专黜诸侯,而以难犯不祥也。君必悔之!"公曰:"在我而已。"遂东大子光,	

399

	使高厚傅牙以为大子，夙沙卫为少傅。齐侯疾，崔杼微逆光。疾病，而立之。光杀戎子，尸诸朝，非礼也。妇人无刑。虽有刑，不在朝市。夏，五月壬辰晦，齐灵公卒。庄公即位，执公子牙于句渎之丘。以夙沙卫易己，卫奔高唐以叛。晋士匄侵齐，及穀，闻丧而还，礼也。 秋，八月，齐崔杼杀高厚于洒蓝，而兼其室。书曰："齐杀其大夫。"从君于昏也。 齐庆封围高唐，弗克。冬，十一月，齐侯围之。见卫在城上，号之，乃下。问守备焉，以无备告。揖之乃登。闻师将傅，食高唐人。殖绰、工偻会，夜缒纳师，醢卫于军。	动细致地刻画出来，向人们惟妙惟肖地展现了崔杼阴险狡猾的嘴脸。让我们来看下面这一段话： 乙亥，公问崔子，遂从姜氏。姜入于室，与崔子自侧户出。公拊楹而歌。侍人贾举止众从者而入，闭门。甲兴，公登台而请，弗许。
襄二十三	襄二十三	5.崔氏在治家方面以邪不以正，他娶东郭姜而用东郭偃，东郭姜后与齐庄公私通，导致崔氏弑君；崔氏又因东郭姜之宠而废嫡立庶，导致了一场灭族之乱。我们从襄二十七年崔杼之子崔成与崔强因不满于崔杼而告庆封的一段话，可以看出崔杼多么昏庸无道： 夫子之身，亦子所知也，唯无咎与偃是从，父兄莫得进矣。大恐害夫子，敢以告。 崔杼对庆封深信不疑，视之为股肱，委之以腹心，
秋，齐侯伐卫，遂伐晋。八月，叔孙豹帅师救晋，次于雍榆。	秋，齐侯伐卫。先驱，穀荣御王孙挥，召扬为右。申驱、成秩御莒恒，申鲜虞之傅挚为右。曹开御戎，晏父戎为右。贰广，上之登御邢公，卢蒲癸为右。启，牢成御襄罢师，狼蘧疏为右。胠，商子车御侯朝，桓跳为右。大殿，商子游御夏之御寇，崔如为右，烛庸之越驷乘。自卫将遂伐晋。晏平仲曰："君恃勇力以伐盟主，若不济，国之福也。不德而有功，忧必及君。"崔杼谏曰："不可。臣闻之，小国间大国之败而毁焉，必受其咎。君其图之！"弗听。陈文子见崔武子，曰："将如君何？"武子曰："吾言于君，君弗听也。以为盟主，而利其难。群臣若急，君于何有？子姑止之。"文子退，告其人曰："崔子将死乎！谓君甚，而又过之，不得其死。过君以义，犹自抑也，况以恶乎？"齐侯遂伐晋，取朝歌。为二队，入孟门，登大行，张武军于荧庭，戍郫邵，封少水，以报平阴之役，乃还。赵胜帅东阳之师以追之，获晏氂。八月，叔孙豹帅师救晋，次于雍榆，礼也。	

襄二十四	襄二十四	最终却被庆封所灭。我们从庆封丑恶无耻的人品以及崔杼多年来与他结为死党的事实，也可以发现崔杼自己是个什么样的人物。
齐崔杼帅师伐莒。	齐侯既伐晋而惧，将欲见楚子。楚子使薳启彊如齐聘，且请期。齐社，蒐军实，使客观之。陈文子曰："齐将有寇。吾闻之：'兵不戢，必取其族。'" 秋，齐侯闻将有晋师，使陈无宇从薳启彊如楚，辞，且乞师。崔杼帅师送之，遂伐莒，侵介根。	
襄二十五	襄二十五	按：高厚在齐灵公时多次代表齐国出使列国，后来齐灵欲废长立幼，而用高厚傅牙更可见一斑。高厚欲叛晋可从襄十年、十六年不敬之行为及十七年帅师伐鲁看出。 又：襄元年齐人不会彭城，晋人以为讨，大子光为质于晋；次年会于戚，齐又不至，知武子谓"闻崔氏之言"而知其不来之故。三年晋人征会于齐，齐侯"欲勿许"，但碍于情面，同盟于鸡泽。此后齐世子光屡会于晋人，而高厚相之。但高厚屡有不敬之举，至襄十六年"高厚之诗不类"，而齐侯伐鲁，十八年诸侯围齐，是时晋国荀偃为政。从襄十八年诸侯伐齐及后来齐国内乱，高厚为崔杼
春，齐崔杼帅师伐我北鄙。夏，五月乙亥，齐崔杼弑其君光。公会晋侯、宋公、卫侯、郑伯、曹伯、莒子、邾子、滕子、薛伯、杞伯、小邾子于夷仪。秋，八月己巳，诸侯同盟于重丘。公至自会。	春，齐崔杼帅师伐我北鄙，以报孝伯之师也。公患之，使告于晋。孟公绰曰："崔子将有大志，不在病我，必速归，何患焉？其来也不寇，使民不严，异于他日。"齐师徒归。 齐棠公之妻，东郭偃之姊也。东郭偃臣崔武子。棠公死，偃御武子以吊焉。见棠姜而美之，使偃取之。偃曰："男女辨姓。今君出自丁，臣出自桓，不可。"武子筮之，遇《困》䷮之《大过》䷛，史皆曰："吉。"示陈文子，文子曰："夫从风，风陨，妻不可娶也。且其《繇》曰：'困于石，据于蒺藜，入于其宫，不见其妻，凶。'困于石，往不济也。据于蒺藜，所恃伤也。入于其宫，不见其妻，凶，无所归也。"崔子曰："嫠也何害？先夫当之矣。"遂取之。庄公通焉，骤如崔氏。以崔子之冠赐人，侍者曰："不可。"公曰："不为崔子，其无冠乎？"崔子因是，又以其间伐晋也，曰："晋必将报。"欲弑公以说于晋，而不获间。公鞭侍人贾举而又近之，乃为崔子间公。 夏五月，莒为且于之役故，莒子朝于齐。甲戌，飨诸北郭。崔子称疾不视事。乙亥，公问崔子，遂从姜氏。姜入于室，与崔子自侧户出。公拊楹而歌。侍人贾举止众从者而入，闭门。甲兴，公登台而请，弗许；请盟，弗许；请自刃于庙，弗许。皆曰："君之臣杼疾病，不能听命。近于公宫，陪臣干掫有淫	

者，不知二命。"公逾墙，又射之，中股，反队，遂弒之。贾举、州绰、邴师、公孙敖、封具、铎父、襄伊、偻堙皆死。祝佗父祭于高唐，至，复命，不说弁而死于崔氏。申蒯，侍渔者，退谓其宰曰："尔以帑免，我将死。"其宰曰："免，是反子之义也。"与之皆死。崔氏杀鬷蔑于平阴。

晏子立于崔氏之门外。其人曰："死乎？"曰："独吾君也乎哉？吾死也。"曰："行乎？"曰："吾罪也乎哉？吾亡也。"曰："归乎？"曰："君死，安归？君民者，岂以陵民？社稷是主。臣君者，岂为其口实？社稷是养。故君为社稷死，则死之；为社稷亡，则亡之。若为己死而为己亡，非其私昵，谁敢任之？且人有君而弒之，吾焉得死之，而焉得亡之？将庸何归？"门启而入，枕尸股而哭。兴，三踊而出。人谓崔子："必杀之！"崔子曰："民之望也。舍之，得民。"卢蒲癸奔晋。王何奔莒。

叔孙宣伯之在齐也，叔孙还纳其女于灵公，嬖，生景公。丁丑，崔杼立而相之，庆封为左相，盟国人于大宫，曰："所不与崔、庆者——"晏子仰天叹曰："婴所不唯忠于君、利社稷者是与，有如上帝！"乃歃。辛巳，公与大夫及莒子盟。

大史书曰："崔杼弒其君。"崔子杀之。其弟嗣书，而死者二人。其弟又书，乃舍之。南史氏闻大史尽死，执简以往。闻既书矣，乃还。

闾丘婴以帷缚其妻而载之，与申鲜虞乘而出。鲜虞推而下之，曰："君昏不能匡，危不能救，死不能死，而知匿其昵，其谁纳之？"行及弇中，将舍。婴曰："崔、庆其追我。"鲜虞曰："一与一，谁能惧我？"遂舍，枕辔而寝，食马而食，驾而行。出弇中，谓婴曰："速驱之。崔、庆之众不可当也。"遂来

所杀，庄公立而与晋平，可知高厚为齐灵公之嬖，欲从齐灵公与晋作对。襄二十三至二十五年崔氏弒庄公，这事也与齐庄欲叛晋有关。齐灵公、高厚及齐庄公都想叛晋，而崔杼则不然。高厚、夙沙卫都是灵公之子公子牙之傅，后来也成为大子光（庄公）的政敌。崔杼与大子光同党，不是因为他们在对晋关系上的态度相同，而是因为大子光被废后，他们有了共同的政敌。

	奔。崔氏侧庄公于北郭。丁亥，葬诸士孙之里。四翣，不跸，下车七乘，不以甲兵。
晋侯济自泮，会于夷仪。伐齐，以报朝歌之役。齐人以庄公说，使隰鉏请成，庆封如师。男女以班。赂晋侯以宗器、乐器。自六正、五吏、三十帅、三军之大夫、百官之正长、师旅及处守者，皆有赂。晋侯许之。使叔向告于诸侯。公使子服惠伯对曰："君舍有罪，以靖小国，君之惠也。寡君闻命矣。"
晋侯使魏舒、宛没逆卫侯，将使卫与之夷仪。崔子止其帑，以求五鹿。
秋，七月己巳，同盟于重丘，齐成故也。
赵文子为政，令薄诸侯之币，而重其礼。穆叔见之，谓穆叔曰："自今以往，兵其少弭矣。齐崔、庆新得政，将求善于诸侯。武也知楚令尹。若敬行其礼，道之以文辞，以靖诸侯，兵可以弭。"
襄二十七	襄二十七
	齐崔杼生成及强而寡，娶东郭姜，生明。东郭姜以孤入，曰棠无咎，与东郭偃相崔氏。崔成有病而废之，而立明。成请老于崔，崔子许之。偃与无咎弗予，曰："崔，宗邑也，必在宗主。"成与强怒，将杀之，告庆封曰："夫子之身，亦子所知也，唯无咎与偃是从，父兄莫得进矣。大恐害夫子，敢以告。"庆封曰："子姑退，吾图之。"告卢蒲嫳。卢蒲嫳曰："彼，君之仇也，天或者将弃彼矣。彼实家乱，子何病焉？崔之薄，庆之厚也。"他日又告。庆封曰："苟利夫子，必去之。难，吾助女。"
九月庚辰，崔成、崔强杀东郭偃、棠无咎于崔氏之朝。崔子怒而出，其众皆逃，求人使驾，不得。使圉人驾，寺人御而出，且曰："崔氏有福，止余犹可。"遂见庆封。庆封曰："崔、庆一也，是何敢然？请为子讨之。"使卢蒲嫳帅

	甲以攻崔氏。崔氏堞其宫而守之，弗克。使国人助之，遂灭崔氏，杀成与强，而尽俘其家，其妻缢。嫛复命于崔子，且御归之。至，则无归矣，乃缢。崔明夜辟诸大墓。辛巳，崔明来奔。庆封当国。 　　崔氏之乱，申鲜虞来奔，仆赁于野，以丧庄公。冬，楚人召之，遂如楚，为右尹。	
襄二十八	襄二十八	
	崔氏之乱，丧群公子，故鉏在鲁，叔孙还在燕，贾在句渎之丘。及庆氏亡，皆召之，具其器用而反其邑焉。与晏子邶殿，其鄙六十，弗受。子尾曰："富，人之所欲也，何独弗欲？"对曰："庆氏之邑足欲，故亡。吾邑不足欲也，益之以邶殿乃足欲。足欲，亡无日矣。在外，不得宰吾一邑。不受邶殿，非恶富也，恐失富也。且夫富，如布帛之有幅焉。为之制度，使无迁也。夫民生厚而用利，于是乎正德以幅之，使无黜嫚，谓之幅利。利过则为败。吾不敢贪多，所谓幅也。"与北郭佐邑六十，受之。与子雅邑，辞多受少。与子尾邑，受而稍致之。公以为忠，故有宠。释卢蒲嫳于北竟。 　　求崔杼之尸，将戮之，不得。叔孙穆子曰："必得之。武王有乱臣十人，崔杼其有乎？不十人，不足以葬。"既，崔氏之臣曰："与我其拱璧，吾献其柩。"于是得之。 　　十二月乙亥朔，齐人迁庄公，殡于大寝。以其棺尸崔杼于市，国人犹知之，皆曰："崔子也。"	

卫献公（前577—前544）

成十四 夏，卫孙林父自晋归于卫。	成十四 　春，卫侯如晋。晋侯强见孙林父焉，定公不可。夏，卫侯既归，晋侯使郤犨送孙林父而见之。卫侯欲辞，定姜曰："不可。是先君宗卿之嗣也，大国又以为请。不许，将亡。虽恶之，不犹愈于亡乎？君其忍之！安民而宥宗卿，不亦可乎？"卫侯见而复之。卫侯飨苦成叔，宁惠子相。 　卫侯有疾，使孔成子、宁惠子立敬姒之子衎为大子。冬，十月，卫定公卒。夫人姜氏既哭而息，见大子之不哀也，不内酌饮，叹曰："是夫也，将不唯卫国之败，其必始于未亡人。乌呼！天祸卫国也夫。吾不获鱄也使主社稷。"大夫闻之，无不耸惧。孙文子自是不敢舍其重器于卫，尽置诸戚，而甚善晋大夫。	卫献公，名衎，又称献公、卫君、卫侯、卫侯衎、衎等，卫定公之子，成十五年立，襄十四年孙氏、宁氏逐献公，立公孙剽（即卫殇公）；襄二十六年卫宁氏弑殇公，迎献公，献公复入为君，襄二十九年卒，共在位二十一年。 　今据陈厚耀《世族谱》整理献公相关世系如下：
成十五 　春，王二月，葬卫定公。癸丑，公会晋侯、卫侯、郑伯、曹伯、宋世子成、齐国佐、邾人同盟于戚。晋侯执曹伯归于京师。冬，十有一月，叔孙侨如会晋士燮、齐高无咎、宋华元、卫孙林父、郑公子鳅、邾人，会吴于钟离。	成十五 　春，会于戚，讨曹成公也。 　十一月，会吴于钟离，始通吴也。	
成十六 　秋，公会晋侯、齐侯、卫侯、宋华	成十六 　春，楚子自武城使公子成以汝阴之田求成于郑。郑叛晋，子驷从楚子盟于武城。 　卫侯伐郑，至于鸣雁，为晋故也。	

穆公速	
定公臧	黑背
献公衎	子鲜、子展	殇公剽
（献公子）		（殇公子）
襄公恶	公叔成子	太子角	析朱鉏

（上表：继位顺序是：穆公[宣十至成二]→定公[成三至成十四]→殇

元、邾人于沙随，不见公。	晋侯将伐郑。六月，晋、楚遇于鄢陵。战之日，齐国佐、高无咎至于师，卫侯出于卫，公出于坏隤。 秋，会于沙随，谋伐郑也。 诸侯迁于制田，知武子佐下军，以诸侯之师侵陈，至于鸣鹿。遂侵蔡。未反，诸侯迁于颍上。戊午，郑子罕宵军之，宋、齐、卫皆失军。	公[又称公孙剽、子叔，襄十四卫人出献公而立之，襄二十六弑]→献公复立[襄二十六至襄二十九]→襄公[襄三十至昭七]→灵公[昭八至哀二]。穆公子黑背[子叔黑背]成十见。定公之子子鲜[鱄]、子展分别见于成十四、襄十四。殇公公孙剽有二子：太子角襄二十六年杀，析朱鉏[成子]昭二十年见。献公之子公叔成子生公叔文子[公叔发]，襄二十九年见，别为公叔氏。） 《左传》中的卫献公之事，主要通过孙、宁之乱表现出来。传文分别从各个不同角度刻画了卫献公贪虐无道的性格以及这种性格与他一生政治命运的关
成十七	**成十七**	
春，卫北宫括帅师侵郑。夏，公会尹子、单子、晋侯、齐侯、宋公、卫侯、曹伯、邾人伐郑。六月乙酉，同盟于柯陵。冬，公会单子、晋侯、宋公、卫侯、曹伯、齐人、邾人伐郑。	春，王正月，郑子驷侵晋虚、滑。卫北宫括救晋，侵郑，至于高氏。 夏五月，郑大子髡顽、侯獳为质于楚，楚公子成、公子寅戍郑。公会尹武公、单襄公及诸侯伐郑，自戏童至于曲洧。 乙酉，同盟于柯陵，寻戚之盟也。 楚子重救郑，师于首止，诸侯还。 冬，诸侯伐郑。十月庚午，围郑。楚公子申救郑，师于汝上。 十一月，诸侯还。	
成十八	**成十八**	
十有二月，仲孙蔑会晋侯、宋公、卫侯、邾子、齐崔杼同盟于虚朾。	十二月，孟献子会于虚朾，谋救宋也。	
襄元	**襄元**	
仲孙蔑会晋栾黡、宋华元、卫宁殖、曹人、莒人、邾人、滕人、薛人围宋彭城。夏，晋韩厥帅师伐郑。	春，己亥，围宋彭城。非宋地，追书也。于是为宋讨鱼石，故称宋，且不登叛人也，谓之宋志。彭城降晋，晋人以宋五大夫在彭城者归，置诸瓠丘。 夏，五月，晋韩厥、荀偃帅诸侯之师伐郑，入其郛，败其徒兵于洧上。于是东诸侯之师次于鄫，以待晋师。晋师自郑以鄫之师侵楚焦、夷及陈。晋侯、卫侯次于	

仲孙蔑会齐崔杼、曹人、邾人、杞人,次于鄫。冬,卫侯使公孙剽来聘。	戚,以为之援。 冬,卫子叔、晋知武子来聘,礼也。凡诸侯即位,小国朝之,大国聘焉,以继好结信,谋事补阙,礼之大者也。	系。成十四年,卫定公卒,大子不哀,定姜叹之,孙林父忧之。襄十四年,卫君对臣下不佞,臣下不服;齐人以郲寄卫侯,卫侯以郲粮归;见臧纥而言虐,臧纥讥之。襄二十六年,卫侯复入于卫之前,子鲜谓:"君无信,臣惧不免。"右宰穀见公后曰:"君淹恤在外十二年矣,而无忧色,亦无宽言,犹夫人也。若不已,死无日矣!"这些话可以说是对卫献公人品最为深刻的评价。 此后卫侯复入于卫时,传文重点写其在遇到迎接之人时极端势利的面目:"大夫逆于竟者,执其手而与之言;道逆者,自车揖之;逆于门者,颔之而已。"这一场景可以说把卫献
襄二	襄二	
晋师、宋师、卫宁殖侵郑。秋七月,仲孙蔑会晋荀罃、宋华元、卫孙林父、曹人、邾人于戚。叔孙豹如宋。冬,仲孙蔑会晋荀罃、齐崔杼、宋华元、卫孙林父、曹人、邾人、滕人、薛人、小邾人于戚,遂城虎牢。	会于戚,谋郑故也。孟献子曰:"请城虎牢以逼郑。" 冬,复会于戚。齐崔武子及滕、薛、小邾之大夫皆会,知武子之言故也。遂城虎牢,郑人乃成。	
襄三	襄三	
六月,公会单子、晋侯、宋公、卫侯、郑伯、莒子、邾子、齐世子光。己未,同盟于鸡泽。戊寅,叔孙豹及诸侯之大夫及陈袁侨盟。	六月,公会单顷公及诸侯。己未,同盟于鸡泽。晋侯使荀会逆吴子于淮上,吴子不至。 秋,叔孙豹及诸侯之大夫及陈袁侨盟,陈请服也。	
襄五	襄五	
仲孙蔑、卫孙林父会吴于善道。公会晋侯、宋公、陈侯、卫侯、	吴子使寿越如晋,辞不会于鸡泽之故,且请听诸侯之好。晋人将为之合诸侯,使鲁、卫先会吴,且告会期,故孟献子、孙文子会吴于善道。	

郑伯、曹伯、莒子、邾子、滕子、薛伯、齐世子光、吴人、鄫人于戚。公会晋侯、宋公、卫侯、郑伯、曹伯、齐世子光救陈。	九月丙午，盟于戚，会吴，且命戍陈也。	公一生的为人写得惟妙惟肖，让人拍案叫绝。从其后来一入境马上责让对献公返国有功的卫之良臣大叔文子，尤其是次年杀掉当初迎其入境的宁喜及右宰榖，以及子鲜愤然出奔等一系列事实，均可看出此人何等的见利忘义、不讲信用。
襄七	襄七	
冬，十月，卫侯使孙林父来聘。壬戌，及孙林父盟。十有二月，公会晋侯、宋公、陈侯、卫侯、曹伯、莒子、邾子于鄬。	卫孙文子来聘，且拜武子之言，而寻孙桓子之盟。公登亦登。叔孙穆子相，趋进曰："诸侯之会，寡君未尝后卫君。今吾子不后寡君，寡君未知所过。吾子其少安。"孙子无辞，亦无悛容。穆叔曰："孙子必亡。为臣而君，过而不悛，亡之本也。《诗》曰：'退食自公，委蛇委蛇。'谓从者也。衡而委蛇必折。" 楚子囊围陈，会于鄬以救之。	总之，《左传》在写卫献公之难的过程中，重点突出了卫献公为人的人品，通过一系列大大小小的情节把卫献公的人品刻画得淋漓尽致、惟妙惟肖，给人留下了极为深刻的印象，从而也异常深刻地向我们暗示了将这场内乱的原因归结为某种利益冲突是十分肤浅的。
襄八	襄八	
季孙宿会晋侯、郑伯、齐人、宋人、卫人、邾人于邢丘。	五月甲辰，会于邢丘，以命朝聘之数，使诸侯之大夫听命。季孙宿、齐高厚、宋向戌、卫宁殖、邾大夫会之。郑伯献捷于会，故亲听命。大夫不书，尊晋侯也。	
襄九	襄九	
冬，公会晋侯、宋公、卫侯、曹伯、莒子、邾子、滕子、薛伯、杞伯、小邾子、齐世子光伐郑。十有二月己亥，同盟于戏。	冬十月，诸侯伐郑。庚午，季武子、齐崔杼、宋皇郧从荀䓨、士匄门于鄟门，卫北宫括、曹人、邾人从荀偃、韩起门于师之梁，滕人、薛人从栾黡、士鲂门于北门，杞人、郳人从赵武、魏绛斩行栗。十一月己亥，同盟于戏，郑服也。晋人不得志于郑，以诸侯复伐之。十二月癸亥，门其三门。闰月戊寅，济于阴阪，侵郑。次于阴口而还。	然而从《左传》的记载我们还不能说，

襄十	襄十
春，公会晋侯、宋公、卫侯、曹伯、莒子、邾子、滕子、薛伯、杞伯、小邾子、齐世子光会吴于柤。夏，五月甲午，遂灭偪阳。公会晋侯、宋公、卫侯、曹伯、莒子、邾子、齐世子光、滕子、薛伯、杞伯、小邾子伐郑。戍郑虎牢。	春，会于柤，会吴子寿梦也。夏，四月戊午，会于柤。晋荀偃、士匄请伐偪阳而封宋向戌焉。诸侯之师久于偪阳。五月庚寅，荀偃、士匄帅卒攻偪阳。甲午，灭之。 六月，楚子囊、郑子耳伐宋，师于訾毋。庚午围宋，门于桐门。卫侯救宋，师于襄牛。郑子展曰："必伐卫。不然，是不与楚也。得罪于晋，又得罪于楚，国将若之何？"子骄曰："国病矣。"子展曰："得罪于二大国，必亡。病，不犹愈于亡乎？"诸大夫皆以为然。故郑皇耳帅师侵卫，楚令也。孙文子卜追之，献兆于定姜。姜氏问《繇》，曰："兆如山陵，有夫出征，而丧其雄。"姜氏曰："征者丧雄，御寇之利也。大夫图之！"卫人追之，孙蒯获郑皇耳于犬丘。 诸侯伐郑。己酉，师于牛首。诸侯之师城虎牢而戍之。郑及晋平。楚子囊救郑。十一月，诸侯之师还郑而南，至于阳陵。
襄十一	襄十一
公会晋侯、宋公、卫侯、曹伯、齐世子光、莒子、邾子、滕子、薛伯、杞伯、小邾子伐郑。秋，七月己未，同盟于亳城北。公会晋侯、宋公、卫侯、曹伯、齐世子光、莒子、邾子、滕子、薛伯、杞伯、小邾子伐郑。会于萧鱼。	四月，诸侯伐郑。己亥，齐太子光、宋向戌先至于郑，门于东门。其莫，晋荀罃至于西郊，东侵旧许。卫孙林父侵其北鄙。六月，诸侯会于北林，师于向。右还，次于琐，围郑，观兵于南门。西济于济隧。郑人惧，乃行成。秋，七月，同盟于亳。 九月，诸侯悉师以复伐郑。诸侯之师观兵于郑东门。郑人使王子伯骈行成。甲戌，晋赵武入盟郑伯。冬，十月丁亥，郑子展出盟晋侯。十二月戊寅，会于萧鱼。

卫献公被逐完全是因为他无道。从孙、宁之乱可以看出，孙、宁之乱得以发生其实有两个重要原因：

一是孙氏对卫国的不忠。孙氏之无道体现在三个方面：

1.成十四年卫献公刚即位时，传曰："孙文子自是不敢舍其重器于卫，尽置诸戚，而甚善晋大夫。"可见孙林父作为卫国的权臣，对卫国早有不忠之心。

2.广结晋大夫作为后援，不仅体现在襄十四年卫侯出奔之后晋国大夫如师旷、中行献子等人都在晋悼公面前说卫侯罪有应得上、竭力主张晋国不要干预卫乱，还体现在襄二十五年晋人为孙氏召集诸侯讨卫、囚卫侯等一系列事情上。

襄十四	襄十四	3.从襄十
春，王正月，季孙宿、叔老会晋士匄、齐人、宋人、卫人、郑公孙虿、曹人、莒人、邾人、滕人、薛人、杞人、小邾人会吴于向。夏四月，叔孙豹会晋荀偃、齐人、宋人、卫北宫括、郑公孙虿、曹人、莒人、邾人、滕人、薛人、杞人、小邾人伐秦。己未，卫侯出奔齐。冬，季孙宿会晋士匄、宋华阅、卫孙林父、郑公孙虿、莒人、邾人于戚。	春，吴告败于晋。会于向，为吴谋楚故也。 夏，诸侯之大夫从晋侯伐秦，以报栎之役也。晋侯待于竟，使六卿帅诸侯之师以进。及泾，不济。叔向见叔孙穆子，穆子赋《匏有苦叶》，叔向退而具舟。鲁人、莒人先济。郑子蟜见卫北宫懿子曰："与人而不固，取恶莫甚焉，若社稷何？"懿子说。二子见诸侯之师而劝之济。 卫献公戒孙文子、宁惠子食，皆服而朝，日旰不召，而射鸿于囿。二子从之，不释皮冠而与之言。二子怒。孙文子如戚，孙蒯入使。公饮之酒，使大师歌《巧言》之卒章。大师辞，师曹请为之。 初，公有嬖妾，使师曹诲之琴。师曹鞭之，公怒，鞭师曹三百。故师曹欲歌之，以怒孙子，以报公。公使歌之，遂诵之。蒯惧，告文子。文子曰："君忌我矣，弗先，必死。"并帑于戚，而入见蘧伯玉，曰："君之暴虐，子所知也。大惧社稷之倾覆，将若之何？"对曰："君制其国，臣敢奸之？虽奸之，庸知愈乎？"遂行，从近关出。 公使子蟜、子伯、子皮与孙子盟于丘宫，孙子皆杀之。四月己未，子展奔齐。公如鄄，使子行于孙子，孙子又杀之。公出奔齐，孙氏追之，败公徒于河泽，鄄人执之。 初，尹公佗学射于庾公差，庾公差学射于公孙丁。二子追公，公孙丁御公。子鱼曰："射为背师，不射为戮，射为礼乎？"射两軥而还。尹公佗曰："子为师，我则远矣。"乃反之。公孙丁授公辔而射之，贯臂。 子鲜从公。及竟，公使祝宗告亡，且告无罪。定姜曰："无神，何告？若有，不可诬也。有罪，若何告无？舍大臣而与小臣谋，一罪也。先君有冢卿以为师保而蔑之，二罪也。余以巾栉事先君而暴妾使余，三罪也。告亡而已，无告无罪。" 公使厚成叔吊于卫，曰："寡君使瘠，	四年卫献公得罪孙、宁二氏之事的经过可以看出，这场内乱中孙、宁二氏罪不可恕。孙氏主谋了这场逐君之乱可从如下事情上看出：襄十四年文子与蘧伯玉之对话说明主要是孙氏有无君之心；襄二十年与孙氏一起逐君的宁惠子临终前良心发现，幡然悔悟，嘱咐其子务必迎卫侯复归，不仅是因为他意识到当年之事不对，更重要的可能是因为他认为自己当初被人利用了。后来宁喜弑公孙剽、复迎卫献公入卫之后，孙氏立即入于戚以叛，且诉于晋，一再仗大国之威来压制卫国，并以戚入于晋，至昭七年始还，实在可恶。孙氏之无道，《左传》实际上还

闻君不抚社稷,而越在他竟,若之何不吊?以同盟之故,使瘠敢私于执事,曰:'有君不吊,有臣不敏,君不赦宥,臣亦不帅职,增淫发泄,其若之何?'"卫人使大叔仪对,曰:"群臣不佞,得罪于寡君。寡君不以即刑,而悼弃之,以为君忧。君不忘先君之好,辱吊群臣,又重恤之。敢拜君命之辱,重拜大贶。"厚孙归,复命,语臧武仲曰:"卫君其必归乎!有大叔仪以守,有母弟鱄以出,或抚其内,或营其外,能无归乎?"

齐人以郲寄卫侯,及其复也,以郲粮归。右宰榖从而逃归,卫人将杀。辞曰:"余不说初矣。余狐裘而羔袖。"乃赦之。卫人立公孙剽,孙林父、宁殖相之,以听命于诸侯。卫侯在郲。臧纥如齐,唁卫侯。与之言,虐。退而告其人曰:"卫侯其不得入矣。其言粪土也。亡而不变,何以复国?"子展、子鲜闻之,见臧纥,与之言道。臧孙说,谓其人曰:"卫君必入。夫二子者,或輓之,或推之,欲无入,得乎?"

师旷侍于晋侯,晋侯曰:"卫人出其君,不亦甚乎?"对曰:"或者其君实甚。良君将赏善而刑淫,养民如子,盖之如天,容之如地。民奉其君,爱之如父母,仰之如日月,敬之如神明,畏之如雷霆,其可出乎?夫君,神之主也,民之望也。若困民之主,匮神乏祀,百姓绝望,社稷无主,将安用之?弗去何为?天生民而立之君,使司牧之,勿使失性。有君而为之贰,使师保之,勿使过度。是故天子有公,诸侯有卿,卿置侧室,大夫有贰宗,士有朋友,庶人、工、商、皂、隶、牧、圉皆有亲昵,以相辅佐也。善则赏之,过则匡之,患则救之,失则革之。自王以下,各有父兄子弟,以补察其政。史为书,瞽为诗,工诵箴谏,大夫规诲,士传言,庶人谤,商旅于市,百工献艺。故《夏书》曰:'遒人以木铎徇于路,官师相规,工执艺事以谏。'正月孟春,于是乎有

借一系列他人之言做了间接的揭露:一是襄七年孙文子来聘,不知为臣之礼,鲁叔孙穆子讥之。二是襄十四年蘧伯玉对孙文子的批评及逃避("君制其国,臣敢奸之?虽奸之,庸知愈乎?")。三是襄十七年重丘曹人对孙氏的直接讽刺:"亲逐而君,尔父为厉。"四是昭七年晋大夫谓晋国对待卫国"庇其贼人而取其地"之言,称孙氏为"贼人"。

孙、宁之乱得以发生的另一个重要原因是晋国对孙氏的极力庇护。对于晋国的这一行为,《左传》不仅做了充分揭露,而且进行了间接的讽刺。导致这种情况发生的主要原因是晋大夫与孙氏关系甚睦,即

	之，谏失常也。天之爱民甚矣，岂其使一人肆于民上，以从其淫，而弃天地之性？必不然矣。" 晋侯问卫故于中行献子，对曰："不如因而定之。卫有君矣，伐之，未可以得志而勤诸侯。史佚有言曰：'因重而抚之。'仲虺有言曰：'亡者侮之，乱者取之，推亡固存，国之道也。'君其定卫以待时乎？" 冬，会于戚，谋定卫也。	孙文子"甚善晋大夫"（成十四年）。襄十四年卫人出其君，晋人谓"不如因而定之"。孙、宁随后立公孙剽（殇公）为君，晋国立即加以认可。这主要表现在襄十六年卫殇公参与了晋国主持的溴梁之盟，此后一直代表卫国在晋国主持的列国盟会中列席。卫国多年来紧跟晋国，是晋国的忠实同盟，晋国在处理卫乱问题上的态度是有问题的，也一定有列国对此感到不满。襄二十六年晋侯疆戚田、执卫献公，齐侯、郑伯为卫侯故如晋，充分表明了晋人在孙氏之乱中的所作所为是不公平的，《左传》以"君子是以知平公之失政也"一语点题。昭七年，传曰：
襄十七 夏，卫石买帅师伐曹。	**襄十七** 卫孙蒯田于曹隧，饮马于重丘，毁其瓶。重丘人闭门而詢之，曰："亲逐尔君，尔父为厉。是之不忧，而何以田为？"夏，卫石买、孙蒯伐曹，取重丘。曹人诉于晋。	
襄十八 夏，晋人执卫行人石买。	**襄十八** 夏，晋人执卫行人石买于长子，执孙蒯于纯留，为曹故也。	
襄十九	**襄十九** 卫石共子卒，悼子不哀。孔成子曰："是谓蹷其本，必不有其宗。"	
襄二十	**襄二十** 卫宁惠子疾，召悼子曰："吾得罪于君，悔而无及也。名藏在诸侯之策，曰：'孙林父、宁殖出其君。'君入则掩之。若能掩之，则吾子也。若不能，犹有鬼神，吾有馁而已，不来食矣。"悼子许诺，惠子遂卒。	
襄二十五 公会晋侯、宋公、卫侯、郑伯、曹伯、莒子、邾子、滕子、薛伯、杞伯、小邾子于夷仪。秋，八月己巳，诸侯同盟于重丘。卫侯入于夷仪。	**襄二十五** 晋侯使魏舒、宛没逆卫侯，将使卫与之夷仪。卫献公入于夷仪。 卫献公自夷仪使与宁喜言，宁喜许之。大叔文子闻之，曰："乌呼！《诗》所谓'我躬不说，皇恤我后'者，宁子可谓不恤其后矣。将可乎哉？殆必不可。君子之行，思其终也，思其复也。《书》曰：'慎始而敬终，终以不困。'《诗》曰：'夙夜匪解，以事一人。'今宁子视君不如弈棋，其何以免乎？弈者举棋不定，不胜其耦，而况置君而弗定乎？必不免矣。九世之卿族，一举而灭之，可哀也哉！"	

襄二十六	襄二十六	
春，王二月辛卯，卫宁喜弑其君剽。卫孙林父入于戚以叛。甲午，卫侯衎复归于卫。夏，晋侯使荀吴来聘。公会晋人、郑良霄、宋人、曹人于澶渊。晋人执卫宁喜。	卫献公使子鲜为复，辞。敬姒强命之，对曰："君无信，臣惧不免。"敬姒曰："虽然，以吾故也。"许诺。初，献公使与宁喜言，宁喜曰："必子鲜在，不然，必败。"故公使子鲜。子鲜不获命于敬姒，以公命与宁喜言，曰："苟反，政由宁氏，祭则寡人。"宁喜告蘧伯玉，伯玉曰："瑗不得闻君之出，敢闻其入？"遂行，从近关出。告右宰穀，右宰穀曰："不可。获罪于两君，天下谁畜之？"悼子曰："吾受命于先人，不可以贰。"穀曰："我请使焉而观之。"遂见公于夷仪，反，曰："君淹恤在外十二年矣，而无忧色，亦无宽言，犹夫人也。若不已，死无日矣。"悼子曰："子鲜在。"右宰穀曰："子鲜在，何益？多而能亡，于我何为？"悼子曰："虽然，不可以已。"孙文子在戚，孙嘉聘于齐，孙襄居守。二月庚寅，宁喜、右宰穀伐孙氏，不克，伯国伤。宁子出舍于郊。伯国死，孙氏夜哭。国人召宁子，宁子复攻孙氏，克之。辛卯，杀子叔及大子角。书曰"宁喜弑其君剽"，言罪之在宁氏也。孙林父以戚如晋。书曰"入于戚以叛"，罪孙氏也。臣之禄，君实有之。义则进，否则奉身而退。专禄以周旋，戮也。 甲午，卫侯入。书曰"复归"，国纳之也。大夫逆于竟者，执其手而与之言；道逆者，自车揖之；逆于门者，颔之而已。公至，使让大叔文子曰："寡人淹恤在外，二三子皆使寡人朝夕闻卫国之言，吾子独不在寡人。古人有言曰：'非所怨，勿怨。'寡人怨矣。"对曰："臣知罪矣。臣不佞，不能负羁绁以从扦牧圉，臣之罪一也。有出者，有居者，臣不能贰，通外内之言以事君，臣之罪二也。有二罪，敢忘其死？"乃行，从近关出。公使止之。 卫人侵戚东鄙，孙氏诉于晋。晋戍茅氏。殖绰伐茅氏，杀晋戍三百人。孙蒯追之，弗敢击。文子曰："厉之不如。"遂从	"秋八月，卫襄公卒。晋大夫言于范献子曰：'卫事晋为睦，晋不礼焉，庇其贼人而取其地，故诸侯贰。'"可以说是对晋国在孙、宁之乱中所扮演角色的最好总结。 我认为，《左传》写卫献公为人，是从双重标准出发进行的。一方面，作者深刻地表明了自己对于当时世风日下、人心不可揣测、国君稍不如意大臣即有弑君之心的强烈不满；另一方面，又对卫侯为人贪愎自用、自以为是、根本不懂为君之道这一现实进行了无情揭露和批评。

413

	卫师，败之圉。雍鉏获殖绰。复诉于晋。 　　晋人为孙氏故，召诸侯将以讨卫也。夏，中行穆子来聘，召公也。六月，公会晋赵武、宋向戌、郑良霄、曹人于澶渊，以讨卫，疆戚田。取卫西鄙懿氏六十，以与孙氏。赵武不书，尊公也。向戌不书，后也。郑先宋，不失所也。于是卫侯会之，晋人执宁喜、北宫遗，使女齐以先归。卫侯如晋，晋人执而囚之于士弱氏。 　　秋七月，齐侯、郑伯为卫侯故如晋，晋侯兼享之。晋侯赋《嘉乐》。国景子相齐侯，赋《蓼萧》；子展相郑伯，赋《缁衣》。叔向命晋侯拜二君，曰："寡君敢拜齐君之安我先君之宗祧也，敢拜郑君之不贰也。"国子使晏平仲私于叔向曰："晋君宣其明德于诸侯，恤其患而补其阙，正其违而治其烦，所以为盟主也。今为臣执君，若之何？"叔向告赵文子，文子以告晋侯。晋侯言卫侯之罪，使叔向告二君。国子赋《辔之柔矣》，子展赋《将仲子兮》，晋侯乃许归卫侯。 　　卫人归卫姬于晋，乃释卫侯。君子是以知平公之失政也。	
襄二十七	襄二十七	
夏，叔孙豹会晋赵武、楚屈建、蔡公孙归生、卫石恶、陈孔奂、郑良霄、许人、曹人于宋。卫杀其大夫宁喜。卫侯之弟鱄出奔晋。秋，七月辛巳，豹及诸侯之大夫盟于宋。	卫宁喜专，公患之。公孙免馀请杀之，公曰："微宁子，不及此。吾与之言矣。事未可知，祇成恶名。止也。"对曰："臣杀之，君勿与知。"乃与公孙无地、公孙臣谋，使攻宁氏。弗克，皆死。公曰："臣也无罪，父子死余矣。"夏，免馀复攻宁氏，杀宁喜及右宰穀，尸诸朝。石恶将会宋之盟，受命而出，衣其尸，枕之股而哭之。欲敛以亡，惧不免，且曰："受命矣。"乃行。子鲜曰："逐我者出，纳我者死。赏罚无章，何以沮劝？君失其信，而国无刑，不亦难乎？且鱄实使之。"遂出奔晋。公使止之，不可。及河，又使止之，止使者而盟于河。托于木门，不乡卫国而坐。木门大夫劝之仕，不可，曰："仕而废其事，罪也。从之，昭吾所以出也。将谁	

	诉乎？吾不可以立于人之朝矣。"终身不仕。公丧之如税服终身。公与免馀邑六十，辞曰："唯卿备百邑，臣六十矣。下有上禄，乱也。臣弗敢闻。且宁子唯多邑，故死。臣惧死之速及也。"公固与之，受其半。以为少师。公使为卿，辞曰："太叔仪不贰，能赞大事，君其命之！"乃使文子为卿。
襄二十八	襄二十八
夏，卫石恶出奔晋。	卫人讨宁氏之党，故石恶出奔晋。卫人立其从子圃，以守石氏之祀，礼也。
襄二十九	襄二十九
庚午，卫侯衎卒。仲孙羯会晋荀盈、齐高止、宋华定、卫世叔仪、郑公孙段、曹人、莒人、滕人、薛人、小邾人城杞。秋九月，葬卫献公。	六月，知悼子合诸侯之大夫以城杞，孟孝伯会之，郑子大叔与伯石往。子大叔见大叔文子，与之语。文子曰："甚乎，其城杞也！"子大叔曰："若之何哉？晋国不恤周宗之阙，而夏肄是屏，其弃诸姬亦可知也已。诸姬是弃，其谁归之？吉也闻之，弃同即异，是谓离德。《诗》曰：'协比其邻，昏姻孔云。'晋不邻矣，其谁云之？"
昭七	昭七
秋，八月戊辰，卫侯恶卒。十有二月癸亥，葬卫襄公。	秋八月，卫襄公卒。晋大夫言于范献子曰："卫事晋为睦，晋不礼焉，庇其贼人而取其地，故诸侯贰。《诗》曰：'鹡鸰在原，兄弟急难。'又曰：'死丧之威，兄弟孔怀。'兄弟之不睦，于是乎不吊，况远人，谁敢归之？今又不礼于卫之嗣，卫必叛我，是绝诸侯也。"献子以告韩宣子。宣子说，使献子如卫吊，且反戚田。
	昭二十一
	卫蒲、戚实出献公。
	哀二十六
	卫出公自城鉏使以弓问子赣，且曰："吾其入乎？"子赣稽首受弓，对曰："臣不识也。"私与使者曰："昔成公孙于陈，宁武子、孙庄子为宛濮之盟而君入。献公孙

这里是对卫孙、宁之乱的总结，借晋大夫之言总结卫乱根源之一：晋以大国之势力庇卫之贼人。

	于卫齐，子鲜、子展为夷仪之盟而君入。今君再在孙矣，内不闻献之亲，外不闻成之卿，则赐不识所由入也。《诗》曰：'无竞惟人，四方其顺之。'若得其人，四方以为主，而国于何有？"	

卫孙林父（前602—前544）

| 文元 | 文元 | 孙氏，姬姓，卫公族。孙氏食采于戚，世代为卫上卿。《左传》中晋国多次率列国在戚会盟，由孙氏与晋国卿大夫结好之故。后来孙氏在卫国发生内乱之后入于戚以叛，甚至几次以戚入于晋。

文元年孙昭子为孙氏始见于《左传》者。成十四年定姜称孙林父"是先君宗卿之嗣也"；哀二十六年子赣称"昔成公孙于陈，宁武子、孙庄子为宛濮之盟而君入"（此追忆僖二十八年事），于此皆见孙氏作用。其世系关系如下（据 |
|---|---|---|
| 晋侯伐卫。卫人伐晋。秋，公孙敖会晋侯于戚。 | 晋文公之季年，诸侯朝晋，卫成公不朝，使孔达侵郑，伐绵、訾及匡。晋襄公既祥，使告于诸侯而伐卫，及南阳。先且居、胥臣伐卫。五月辛酉朔，晋师围戚。六月戊戌，取之，获孙昭子。
卫人使告于陈。陈共公曰："更伐之，我辞之。"卫孔达帅师伐晋。
秋，晋侯疆戚田，故公孙敖会之。 | |
| 宣七 | 宣七 | |
| 春，卫侯使孙良夫来盟。 | 春，卫孙桓子来盟。始通，且谋会晋也。 | |
| 成二 | 成二 | |
| 夏，四月丙戌，卫孙良夫帅师及齐师战于新筑，卫师败绩。六月癸酉，季孙行父、臧孙许、叔孙侨如、公孙婴齐帅师会晋郤克、卫孙良夫、曹公子首及齐侯战于鞌，齐师败绩。秋七月，齐侯使国佐如师。己酉，及国佐盟于袁娄。 | 卫侯使孙良夫、石稷、宁相、向禽将侵齐，与齐师遇，石子欲还。孙子曰："不可。以师伐人，遇其师而还，将谓君何？若知不能，则如无出。今既遇矣，不如战也。"夏，有……石成子曰："师败矣，子不少须，众惧尽。子丧师徒，何以复命？"皆不对。又曰："子，国卿也，陨子辱矣。子以众退，我此乃止。"且告车来甚众。齐师乃止，次于鞫居。新筑人仲叔于奚救孙桓子，桓子是以免。既，卫人赏之以邑。辞，请曲县、繁缨以朝，许之。仲尼闻之，曰："惜也！不如多与之邑。唯器与名，不可以假人。君之所司也，名以出信，信以守器，器以藏礼，礼以行义，义以生利，利以平民，政之大节也。若以假人，与人政也。政亡，则国家从之，弗可止也已。" | |

		孙桓子还于新筑，不入，遂如晋乞师。臧宣叔亦如晋乞师，皆主郤献子。秋七月，晋师及齐国佐盟于爰娄。	顾栋高《世系表》）：
			人物 | 简况
成三	成三		孙昭子 | 文元年晋师围戚获之
晋郤克、卫孙良夫伐廧咎如。冬，十有一月，晋侯使荀庚来聘。卫侯使孙良夫来聘。丙午，及荀庚盟。丁未，及孙良夫盟。	晋郤克、卫孙良夫伐廧咎如，讨赤狄之余焉。廧咎如溃，上失民也。 冬，十一月，晋侯使荀庚来聘，且寻盟。卫侯使孙良夫来聘，且寻盟。公问诸臧宣叔曰："中行伯之于晋也，其位在三。孙子之于卫也，位为上卿。将谁先？"对曰："次国之上卿，当大国之中，中当其下，下当其上大夫。小国之上卿，当大国之下卿，中当其上大夫，下当其下大夫。上下如是，古之制也。卫在晋，不得为次国。晋为盟主，其将先之。"丙午盟晋，丁未盟卫，礼也。	孙庄子 | 哀二十六传叙宁武子与孙庄子为宛濮之盟而入君（事在僖二十八）
			（缺一代）
成六	成六		孙良夫 桓子 | 宣七来盟，成二年如晋乞师以伐齐
卫孙良夫帅师侵宋。	三月，晋伯宗、夏阳说、卫孙良夫、宁相、郑人、伊雒之戎、陆浑、蛮氏侵宋，以其辞会也。师于鍼。卫人不保。说欲袭卫，曰："虽不可入，多俘而归，有罪不及死。"伯宗曰："不可！卫唯信晋，故师在其郊而不设备。若袭之，是弃信也。虽多卫俘，而晋无信，何以求诸侯？"乃止。师还，卫人登陴。	
成七	成七		孙林父 文子 | 成七奔晋，成十四返国，襄十四逐献公、立殇公[公孙剽]，襄二十六年以戚如晋
卫孙林父出奔晋。	卫定公恶孙林父。冬，孙林父出奔晋。卫侯如晋，晋反戚焉。		
成十四	成十四		
夏，卫孙林父自晋归于卫。	春，卫侯如晋。晋侯强见孙林父焉，定公不可。夏，卫侯既归，晋侯使郤犨送孙林父而见之。卫侯欲辞，定姜曰："不可。是先君宗卿之嗣也，大国又以为请。不许，将亡。虽恶之，不犹愈于亡乎？君其忍之！安民而宥宗卿，不亦可乎？"卫侯见而复之。卫侯飨苦成叔，宁惠子相。 卫侯有疾，使孔成子、宁惠子立敬姒之子衎以为大子。冬十月，卫定公卒。	孙蒯 | 襄十获郑皇耳，襄十七伐曹，

	夫人姜氏既哭而息，见大子之不哀也，不内酌饮，叹曰："是夫也，将不唯卫国之败，其必始于未亡人。乌呼！天祸卫国也夫。吾不获鱒也使主社稷。"大夫闻之，无不耸惧。孙文子自是不敢舍其重器于卫，尽置诸戚，而甚善晋大夫。	（上表：孙文子有三子：孙蒯、孙嘉、孙襄［伯国］，孙蒯事见于襄十、十四、十七、十八、二十六年，孙嘉、孙襄襄二十六年见。又，孙桓子为孙庄子之孙据《新唐书·宰相世系表》。）
成十五	成十五	
冬，十有一月，叔孙侨如会晋士燮、齐高无咎、宋华元、卫孙林父、郑公子鰌、邾人，会吴于钟离。	十一月，会吴于钟离，始通吴也。	《左传》所记较详细的孙氏人物有孙良夫、孙林父（文子）、孙蒯等人。由孙良夫屡次代表卫君出使，可看出他应当是卫国执政大臣。他的儿子孙文子，同样是卫国重卿，但由于不得卫君喜欢，于成七年奔晋。成十四年，晋侯强荐孙林父回国，卫侯勉强答应，孙林父在大国庇护下恢复了在卫国的势力，并很快重获执政之位。这年卫定公卒，卫献公即位，孙林
襄二	襄二	
秋七月，仲孙蔑会晋荀䓨、宋华元、卫孙林父、曹人、邾人于戚。叔孙豹如宋。冬，仲孙蔑会晋荀䓨、齐崔杼、宋华元、卫孙林父、曹人、邾人、滕人、薛人、小邾人于戚，遂城虎牢。	会于戚，谋郑故也。 冬，复会于戚。齐崔武子及滕、薛、小邾之大夫皆会，知武子之言故也。遂城虎牢，郑人乃成。	
襄七	襄七	
冬十月，卫侯使孙林父来聘。壬戌，及孙林父盟。	卫孙文子来聘，且拜武子之言，而寻孙桓子之盟。公登亦登。叔孙穆子相，趋进曰："诸侯之会，寡君未尝后卫君。今吾子不后寡君，寡君未知所过。吾子其少安。"孙子无辞，亦无悛容。穆叔曰："孙子必亡！为臣而君，过而不悛，亡之本也。《诗》曰：'退食自公，委蛇委蛇。'谓从者也，衡而委蛇，必折。"	

襄十	襄十
楚公子贞、郑公孙辄帅师伐宋。	六月，楚子囊、郑子耳伐宋，师于訾毋。庚午围宋，门于桐门。卫侯救宋，师于襄牛。郑子展曰："必伐卫。不然，是不与楚也。得罪于晋，又得罪于楚，国将若之何？"子驷曰："国病矣。"子展曰："得罪于二大国，必亡。病，不犹愈于亡乎？"诸大夫皆以为然。故郑皇耳帅师侵卫，楚令也。孙文子卜追之，献兆于定姜。姜氏问《繇》，曰："兆如山陵，有夫出征，而丧其雄。"姜氏曰："征者丧雄，御寇之利也。大夫图之！"卫人追之，孙蒯获郑皇耳于犬丘。
襄十一	襄十一
公会晋侯、宋公、卫侯、曹伯、齐世子光、莒子、邾子、滕子、薛伯、杞伯、小邾子伐郑。秋七月己未，同盟于亳城北。	四月，诸侯伐郑。己亥，齐太子光、宋向戌先至于郑，门于东门。其莫，晋荀䓨至于西郊，东侵旧许。卫孙林父侵其北鄙。 六月，诸侯会于北林，师于向。右还，次于琐，围郑，观兵于南门。西济于济隧。郑人惧，乃行成。秋七月，同盟于亳。
襄十四	襄十四
己未，卫侯出奔齐。冬，季孙宿会晋士匄、宋华阅、卫孙林父、郑公孙虿、莒人、邾人于戚。	卫献公戒孙文子、宁惠子食，皆服而朝，日旰不召，而射鸿于囿。二子从之，不释皮冠而与之言。二子怒。孙文子如戚，孙蒯入使。公饮之酒，使大师歌《巧言》之卒章。大师辞，师曹请为之。初，公有嬖妾，使师曹诲之琴。师曹鞭之，公怒，鞭师曹三百。故师曹欲歌之，以怒孙子，以报公。公使歌之，遂诵之。蒯惧，告文子。文子曰："君忌我矣。弗先，必死。"并帑于戚，而入见蘧伯玉，曰："君之暴虐，子所知也。大惧社稷之倾覆，将若之何？"对曰："君制其国，臣敢奸之？虽奸之，庸知愈乎？"遂行，从近关出。公使子蟜、子伯、子皮与孙子盟于丘宫，孙子皆杀之。四月己未，子展奔齐。公如鄄，使子行于孙

父因担心卫侯不利于己，将孙氏宝物重器尽置于戚，随时做好了叛逃准备。后来终于出卫君、杀卫臣，另立国君。襄二十五年卫献公在宁喜的帮助下回到卫国，孙林父再次叛逃至晋，并利用晋国的势力囚卫君，疆戚田等。

《左传》对于孙林父（孙文子）的为人，多有讥刺：襄七年穆叔之讥，襄十七年重丘人之讥，以及襄十四年蘧伯玉之对，都极能说明问题。这大概是因为孙文子既为卫臣，本当忠心戮力，以死报国，绝无贰心，但他却做不到。成七年，他虽为卫定公所逐出逃，势有不得已，但七年后赖晋侯之荐回国，再次受到卫君重用，位为执政，子，孙子又杀之。公出奔齐，孙氏追之，败公徒于河泽，鄄人执之。

初，尹公佗学射于庾公差，庾公差学射于公孙丁。二子追公，公孙丁御公。子鱼曰："射为背师，不射为戮，射为礼乎？"射两軥而还。尹公佗曰："子为师，我则远矣。"乃反之。公孙丁授公辔而射之，贯臂。子鲜从公。及竟，公使祝宗告亡，且告无罪。定姜曰："无神，何告？若有，不可诬也。有罪，若何告无？舍大臣而与小臣谋，一罪也。先君有冢卿以为师保而蔑之，二罪也。余以巾栉事先君而暴妾使余，三罪也。告亡而已，无告无罪。"公使厚成叔吊于卫，曰："寡君使瘠，闻君不抚社稷，而越在他竟，若之何不吊？以同盟之故，使瘠敢私于执事，曰：'有君不吊，有臣不敏，君不赦宥，臣亦不帅职，增淫发泄，其若之何？'"卫人使大叔仪对，曰："群臣不佞，得罪于寡君。寡君不以即刑，而悼弃之，以为君忧。君不忘先君之好，辱吊群臣，又重恤之。敢拜君命之辱，重拜大贶。"厚孙归，复命，语臧武仲曰："卫君其必归乎！有大叔仪以守，有母弟鱄以出，或抚其内，或营其外，能无归乎？"

齐人以郲寄卫侯，及其复也，以郲粮归。右宰穀从而逃归，卫人将杀之。辞曰："余不说初矣。余狐裘而羔袖。"乃赦之。卫人立公孙剽，孙林父、宁殖相之，以听命于诸侯。卫侯在郲。臧纥如齐，唁卫侯。与之言，虐。退而告其人曰："卫侯其不得入矣。其言粪土也。亡而不变，何以复国？"子展、子鲜闻之，见臧纥，与之言，道。臧孙说，谓其人曰："卫君必入。夫二子者，或挽之，或推之，欲无入，得乎？"

师旷侍于晋侯，晋侯曰："卫人出其君，不亦甚乎？"对曰："或者其君实甚。良君将赏善而刑淫，养民如子，盖之如

他本当知恩图报，效力国家，公而忘私，但却对过去被逐之事一直耿耿于怀，对卫君心怀鬼胎，对卫国无心忠贞，终于于襄十四年逐君杀臣，卫国大乱，而孙氏最终也不得不再次叛逃。虽然他再次得到晋人之庇，终因自己无道，从此不能再得势于卫。我们看到，孙文子之后，孙氏作为世家大族消失在卫国的政治舞台上。

	天，容之如地。民奉其君，爱之如父母，仰之如日月，敬之如神明，畏之如雷霆，其可出乎？夫君，神之主也，民之望也。若困民之主，匮神乏祀，百姓绝望，社稷无主，将安用之？弗去何为？天生民而立之君，使司牧之，勿使失性。有君而为之贰，使师保之，勿使过度。是故天子有公，诸侯有卿，卿置侧室，大夫有贰宗，士有朋友，庶人、工、商、皂、隶、牧、圉皆有亲昵，以相辅佐也。善则赏之，过则匡之，患则救之，失则革之。自王以下，各有父兄子弟，以补察其政。史为书，瞽为诗，工诵箴谏，大夫规诲，士传言，庶人谤，商旅于市，百工献艺。故《夏书》曰：'遒人以木铎徇于路，官师相规，工执艺事以谏。'正月孟春，于是乎有之，谏失常也。天之爱民甚矣，岂其使一人肆于民上，以从其淫，而弃天地之性？必不然矣。" 　　晋侯问卫故于中行献子，对曰："不如因而定之。卫有君矣，伐之，未可以得志而勤诸侯。史佚有言曰：'因重而抚之。'仲虺有言曰：'亡者侮之，乱者取之，推亡固存，国之道也。'君其定卫，以待时乎？"冬，会于戚，谋定卫也。	
襄十七 　夏，卫石买帅师伐曹。	**襄十七** 　卫孙蒯田于曹隧，饮马于重丘，毁其瓶。重丘人闭门而詢之，曰："亲逐而君，尔父为厉。是之不忧，而何以田为？"夏，卫石买、孙蒯伐曹，取重丘。曹人诉于晋。	
襄十八 　夏，晋人执卫行人石买。	**襄十八** 　夏，晋人执卫行人石买于长子，执孙蒯于纯留，为曹故也。	
襄十九 　夏，卫孙林父帅师伐齐。	**襄十九** 　晋栾鲂帅师从卫孙文子伐齐。	
襄二十	**襄二十** 　卫宁惠子疾，召悼子曰："吾得罪于	

	君，悔而无及也。名藏在诸侯之策，曰：'孙林父、宁殖出其君。'君入则掩之。若能掩之则吾子也。若不能，犹有鬼神，吾有馁而已，不来食矣。"悼子许诺，惠子遂卒。
襄二十五	**襄二十五**
公会晋侯、宋公、卫侯、郑伯、曹伯、莒子、邾子、滕子、薛伯、杞伯、小邾子于夷仪。秋，八月己巳，诸侯同盟于重丘。卫侯入于夷仪。	晋侯使魏舒、宛没逆卫侯，将使卫与之夷仪。卫献公入于夷仪。 卫献公自夷仪使与宁喜言，宁喜许之。
襄二十六	**襄二十六**
春，王二月辛卯，卫宁喜弑其君剽。卫孙林父入于戚以叛。甲午，卫侯衎复归于卫。夏，晋侯使荀吴来聘。公会晋人、郑良霄、宋人、曹人于澶渊。晋人执卫宁喜。	卫献公使子鲜为复，辞。敬姒强命之，对曰："君无信，臣惧不免。"敬姒曰："虽然，以吾故也。"许诺。初，献公使与宁喜言，宁喜曰："必子鲜在，不然，必败。"故公使子鲜。子鲜不获命于敬姒，以公命与宁喜言，曰："苟反，政由宁氏，祭则寡人。"宁喜告蘧伯玉，伯玉曰："瑗不得闻君之出，敢闻其入？"遂行，从近关出。告右宰穀，右宰穀曰："不可。获罪于两君，天下谁畜之？"悼子曰："吾受命于先人，不可以贰。"穀曰："我请使焉而观之。"遂见公于夷仪，反，曰："君淹恤在外十二年矣，而无忧色，亦无宽言，犹夫人也。若不已，死无日矣。"悼子曰："子鲜在。"右宰穀曰："子鲜在，何益？多而能亡，于我何为？"悼子曰："虽然，不可以已。" 孙文子在戚，孙嘉聘于齐，孙襄居守。二月庚寅，宁喜、右宰穀伐孙氏，不克，伯国伤。宁子出舍于郊。伯国死，孙氏夜哭。国人召宁子，宁子复攻孙氏，克之。辛卯，杀子叔及大子角。书曰"宁喜弑其君剽"，言罪之在宁氏也。

	孙林父以戚如晋。书曰"入于戚以叛",罪孙氏也。臣之禄,君实有之。义则进,否则奉身而退。专禄以周旋,戮也。甲午,卫侯入。书曰"复归",国纳之也。 卫人侵戚东鄙,孙氏诉于晋。晋戍茅氏。殖绰伐茅氏,杀晋戍三百人。孙蒯追之,弗敢击。文子曰:"厉之不如。"遂从卫师,败之圉。雍鉏获殖绰。复诉于晋。 晋人为孙氏故,召诸侯,将以讨卫也。夏,中行穆子来聘,召公也。六月,公会晋赵武、宋向戌、郑良霄、曹人于澶渊,以讨卫,疆戚田。取卫西鄙懿氏六十,以与孙氏。于是卫侯会之,晋人执宁喜、北宫遗,使女齐以先归。 卫侯如晋,晋人执而囚之于士弱氏。秋七月,齐侯、郑伯为卫侯故如晋,晋侯兼享之。晋侯赋《嘉乐》。国景子相齐侯,赋《蓼萧》;子展相郑伯,赋《缁衣》。国子使晏平仲私于叔向曰:"晋君宣其明德于诸侯,恤其患而补其阙,正其违而治其烦,所以为盟主也。今为臣执君,若之何?"叔向告赵文子,文子以告晋侯。晋侯言卫侯之罪,使叔向告二君。国子赋《辔之柔矣》,子展赋《将仲子兮》,晋侯乃许归卫侯。 卫人归卫姬于晋,乃释卫侯。君子是以知平公之失政也。
襄二十九	襄二十九
吴子使札来聘。	吴公子札来聘。自卫如晋,将宿于戚,闻钟声焉,曰:"异哉!吾闻之也:'辩而不德,必加于戮。'夫子获罪于君以在此,惧犹不足,而又何乐?夫子之在此也,犹燕之巢于幕上,君又在殡,而可以乐乎?"遂去之。文子闻之,终身不听琴瑟。
昭七	昭七
秋,八月戊辰,卫侯恶卒。十有二月癸亥,葬卫襄公。	秋八月,卫襄公卒。晋大夫言于范献子曰:"卫事晋为睦。晋不礼焉,庇其贼人而取其地,故诸侯贰。《诗》曰:'鹡鸰在原,兄弟急难。'又曰:'死丧之威,兄弟孔怀。'兄弟之不睦,于是乎不吊。

	况远人，谁敢归之？今又不礼于卫之嗣，卫必叛我。是绝诸侯也。"献子以告韩宣子。宣子说，使献子如卫吊，且反戚田。	此楚申无宇答楚灵王之辞。
昭十一	昭十一	
	卫蒲、戚，实出献公。	
	哀二十六	
	昔成公孙于陈，宁武子、孙庄子为宛濮之盟而君入。	子赣因使者答卫出公言。

晋赵武（前583—前541）

成八	成八	赵武，又称赵孟、赵文子、文子、武等，晋卿赵朔之子，赵盾之孙。成八年在晋国赵氏之难中以"从姬氏畜于公宫"而免于难，晋国赵氏势力终因他而得以保存并发扬光大。成十八年晋悼公即位，以赵武为卿，自此赵武成为晋国政坛主要人物之一；襄九年将新军；襄十三年将上军；襄二十五年，赵武继范宣子为政，至昭元年卒，
晋杀其大夫赵同、赵括。	晋赵庄姬为赵婴之亡故，谮之于晋侯，曰："原、屏将为乱。"栾、郤为征。六月，晋讨赵同、赵括。武从姬氏畜于公宫，以其田与祁奚。韩厥言于晋侯曰："成季之勋，宣孟之忠，而无后，为善者其惧矣。三代之令王，皆数百年保天之禄。夫岂无辟王？赖前哲以免也。《周书》曰：'不敢侮鳏寡。'所以明德也。"乃立武而反其田焉。	
成十八	成十八	
	二月乙酉朔，晋悼公即位于朝。使魏相、士鲂、魏颉、赵武为卿。	
襄九	襄九	
冬，公会晋侯、宋公、卫侯、曹伯、莒子、邾子、滕子、薛伯、杞伯、小邾子、齐世子光伐郑。十有二月己亥，同盟于戏。	秦景公使士雃乞师于楚，将以伐晋，楚子许之。子囊曰："不可，当今吾不能与晋争。晋君类能而使之，举不失选，官不易方。其卿让于善，其大夫不失守，其士竞于教，其庶人力于农穑，商工皂隶不知迁业。韩厥老矣，知䓨禀焉以为政。范匄少于中行偃而上之，使佐中军。韩起少于栾黡，而栾黡、士鲂上之，使佐上军。魏绛多功，以赵武为贤，而为之佐。君明臣忠，上让下竞。当是时也，晋不可敌，事之而后可。君其图之！" 冬，十月，诸侯伐郑。庚午，季武子、齐崔杼、宋皇郧从荀䓨、士匄门于鄟门，卫北宫括、曹人、邾人从荀偃、韩起门于师之梁，滕人、薛人从栾黡、士鲂门于北门，杞	

	人、邾人从赵武、魏绛斩行栗。十一月己亥，同盟于戏，郑服也。	共在位八年（赵氏世系人物简况见卷四"晋赵简子"）。
襄十一 公会晋侯、宋公、卫侯、曹伯、齐世子光、莒子、邾子、滕子、薛伯、杞伯、小邾子伐郑。会于萧鱼。	襄十一 九月，诸侯悉师以复伐郑。诸侯之师观兵于郑东门。郑人使王子伯骈行成。甲戌，晋赵武入盟郑伯。冬，十月丁亥，郑子展出盟晋侯。十二月戊寅，会于萧鱼。	赵武者，晋国贤良之士，中国文明之人也。任贤使能，纳谏听言，合诸侯以礼，待人以德。以礼应天下之变，其人有焉。虽然，赵孟为政，"晋少惰矣！"
襄十三	襄十三 荀䓨、士鲂卒。晋侯蒐于绵上以治兵。荀偃将中军，士匄佐之。使韩起将上军，辞以赵武。又使栾黡，辞曰："臣不如韩起。韩起愿上赵武，君其听之。"使赵武将上军，韩起佐之。	《左传》对赵武的描写，似乎集中在一个"懦"字上。赵武为政于晋以后，所做的主要大事不外两件：一是襄二十七年与楚令尹子木（屈建）举行弭兵大会，晋、楚之从交相见，欲从此结束晋、楚多年来争斗的历史；二是昭元年与楚公子围寻盟，再次大会列国诸
襄十八 冬，十月，公会晋侯、宋公、卫侯、郑伯、曹伯、莒子、邾子、滕子、薛伯、杞伯、小邾子同围齐。	襄十八 冬，十月，会于鲁济，寻溴梁之言，同伐齐。己卯，荀偃、士匄以中军克京兹。乙酉，魏绛、栾盈以下军克邿。赵武、韩起以上军围卢，弗克。十二月戊戌，及秦周伐雍门之萩。	
襄二十五 冬，郑公孙夏帅师伐陈。	襄二十五 赵文子为政，令薄诸侯之币，而重其礼。穆叔见之，谓穆叔曰："自今以往，兵其少弭矣。齐崔、庆新得政，将求善于诸侯。武也知楚令尹。若敬行其礼，道之以文辞，以靖诸侯，兵可以弭。" 郑子产献捷于晋，戎服将事。晋人问陈之罪，对曰："昔虞阏父为周陶正，以服事我先王。我先王赖其利器用也，与其神明之后也，庸以元女大姬配胡公，而封诸陈，以备三恪。则我周之自出，至于今是赖。桓公之乱，蔡人欲立其出，我先君庄公奉五父而立之。蔡人杀之，我又与蔡人奉戴厉公。至于	

	庄、宣，皆我之自立。夏氏之乱，成公播荡，又我之自入，君所知也。今陈忘周之大德，蔑我大惠，弃我姻亲，介恃楚众以凭陵我敝邑，不可亿逞，我是以有往年之告。未获成命，则有我东门之役。当陈隧者，井堙木刊。敝邑大惧不竞，而耻大姬，天诱其衷，启敝邑之心。陈知其罪，授手于我。用敢献功。"晋人曰："何故侵小？"对曰："先王之命，唯罪所在，各致其辟。且昔天子之地一圻，列国一同，自是以衰。今大国多数圻矣，若无侵小，何以至焉？"晋人曰："何故戎服？"对曰："我先君武、庄为平、桓卿士。城濮之役，文公布命曰：'各复旧职。'命我文公戎服辅王，以授楚捷，不敢废王命故也。"士庄伯不能诘，复于赵文子。文子曰："其辞顺，犯顺不祥。"乃受之。冬，十月，子展相郑伯如晋，拜陈之功。子西复伐陈，陈及郑平。仲尼曰："《志》有之：'言以足志，文以足言。'不言，谁知其志？言之无文，行而不远。晋为伯，郑入陈，非文辞不为功。慎辞哉！"	侯。对这两件事《左传》的评价并不是很高。襄二十七年宋子罕评合左师之言，亦可看作对弭兵之会的评价： 凡诸侯小国，晋、楚所以兵威之，畏而后上下慈和，慈和而后能安靖其国家，以事大国，所以存也。无威则骄，骄则乱生，乱生必灭，所以亡也。天生五材，民并用之，废一不可。谁能去兵？兵之设久矣，所以威不轨而昭文德也。圣人以兴，乱人以废。废兴存亡，昏明之术，皆兵之由也。而子求去之，不亦诬乎？ 此话似为左氏借他人之口，发表了对此次宋之会的评价。襄三十年晋会诸侯
襄二十六	襄二十六	
卫孙林父入于戚以叛。夏，晋侯使荀吴来聘。公会晋人、郑良霄、宋人、曹人于澶渊。晋人执卫宁喜。	孙林父以戚如晋。书曰："入于戚以叛。"罪孙氏也。臣之禄，君实有之。义则进，否则奉身而退。专禄以周旋，戮也。卫人侵戚东鄙，孙氏诉于晋。晋戍茅氏。殖绰伐茅氏，杀晋戍三百人。孙蒯追之，弗敢击。文子曰："厉之不如。"遂从卫师，败之圉。雍鉏获殖绰。复诉于晋。晋人为孙氏故，召诸侯，将以讨卫也。夏，中行穆子来聘，召公也。 六月，公会晋赵武、宋向戌、郑良霄、曹人于澶渊，以讨卫，疆戚田。取卫西鄙懿氏六十，以与孙氏。赵武不书，尊公也。向戌不书，后也。郑先宋，不失所也。于是卫侯会之。晋人执宁喜、北宫遗，使女齐以先归。卫侯如晋，晋人执而囚之于士弱氏。 秋，七月，齐侯、郑伯为卫侯故如晋，晋侯兼享之。晋侯赋《嘉乐》。国景子相齐侯，赋《蓼萧》；子展相郑伯，赋《缁衣》。	

叔向命晋侯拜二君，曰："寡君敢拜齐君之安我先君之宗祧也，敢拜郑君之不贰也。"国子使晏平仲私于叔向，曰："晋君宣其明德于诸侯，恤其患而补其阙，正其违而治其烦，所以为盟主也。今为臣执君，若之何？"叔向告赵文子，文子以告晋侯。晋侯言卫侯之罪，使叔向告二君。国子赋《辔之柔矣》，子展赋《将仲子兮》，晋侯乃许归卫侯。

齐人城郯之岁，其夏，齐乌余以廪丘奔晋，袭卫羊角，取之。遂袭我高鱼。有大雨，自其窦入，介于其库，以登其城，克而取之。又取邑于宋。于是范宣子卒，诸侯弗能治也。及赵文子为政，乃卒治之。文子言于晋侯曰："晋为盟主，诸侯或相侵也，则讨而使归其地。今乌余之邑，皆讨类也，而贪之，是无以为盟主也。请归之！"公曰："诺。孰可使也？"对曰："胥梁带能无用师。"晋侯使往。

救宋灾，未求诸侯于楚之与国，而昭四年楚子求诸侯于中原以成其霸。晋楚弭兵，从其效果来看，导致楚国更加嚣张，楚国因此而能用诸侯之兵伐吴、灭顿直到后来灭陈、灭蔡，楚人无惧于晋，而晋人有畏于楚。

《左传》写赵孟之"懦"，写得惟妙惟肖，手法极为高明，其主要特点是借描写赵孟神态及他人之口来表达作者对赵孟的看法。具体表现在如下几个方面：

1.襄二十七年，写赵孟面对楚人嚣张气焰时的被动之状：先写伯夙谓赵孟曰："楚氛甚恶，惧

襄二十七	襄二十七
夏，叔孙豹会晋赵武、楚屈建、蔡公孙归生、卫石恶、陈孔奂、郑良霄、许人、曹人于宋。秋，七月辛巳，豹及诸侯之大夫盟于宋。	二十七年，春，胥梁带使诸丧邑者，具车徒以受地，必周。使乌余具车徒以受封，乌余以众出，使诸侯伪效乌余之封者，而遂执之，尽获之。皆取其邑而归诸侯，诸侯是以睦于晋。 宋向戌善于赵文子，又善于令尹子木，欲弭诸侯之兵以为名。如晋告赵孟，赵孟谋于大夫。韩宣子曰："兵，民之残也。财用之蠹，小国之大菑也。将或弭之，虽曰不可，必将许之。弗许，楚将许之，以召诸侯，则我失为盟主矣。"晋人许之。如楚，楚亦许之。如齐，齐人难之。陈文子曰："晋、楚许之，我焉得已？且人曰弭兵，而我弗许，则固携吾民矣，将焉用之？"齐人许之。告于秦，秦亦许之。皆告于小国，为会于宋。 五月甲辰，晋赵武至于宋。丙午，郑良霄至。六月丁未朔，宋人享赵文子，叔向为介。司马置折俎，礼也。仲尼使举是礼也，以为多文辞。戊申，叔孙豹、齐庆封、陈须无、卫石恶至。甲寅，晋荀盈从赵武至。丙辰，邾悼公至。壬戌，楚公子黑肱先至，成

言于晋。丁卯，宋戌如陈，从子木成言于楚。戊辰，滕成公至。

子木谓向戌："请晋、楚之从，交相见也。"庚午，向戌复于赵孟。赵孟曰："晋、楚、齐、秦，匹也。晋之不能于齐，犹楚之不能于秦也。楚君若能使秦君辱于敝邑，寡君敢不固请于齐。"壬申，左师复言于子木，子木使驲谒诸王，王曰："释齐、秦，他国请相见也。"

秋，七月戊寅，左师至。是夜也，赵孟及子晳盟，以齐言。庚辰，子木至自陈。陈孔奂、蔡公孙归生至。曹、许之大夫皆至。以藩为军。晋、楚各处其偏。伯夙谓赵孟曰："楚氛甚恶，惧难。"赵孟曰："吾左还入于宋，若我何？"

辛巳，将盟于宋西门之外。楚人衷甲。伯州犁曰："合诸侯之师，以为不信，无乃不可乎？夫诸侯望信于楚，是以来服。若不信，是弃其所以服诸侯也。"固请释甲。子木曰："晋、楚无信久矣！事利而已。苟得志焉，焉用有信！"大宰退，告人曰："令尹将死矣，不及三年。求逞志而弃信，志将逞乎？志以发言，言以出信，信以立志，参以定之。信亡，何以及三？"

赵孟患楚衷甲，以告叔向，叔向曰："何害也？匹夫一为不信，犹不可，单毙其死。若合诸侯之卿，以为不信，必不捷矣。食言者不病，非子之患也。夫以信召人，而以僭济之，必莫之与也，安能害我？且吾因宋以守病，则夫能致死。与宋致死，虽倍楚可也。子何惧焉？又不及是。曰弭兵以召诸侯，而称兵以害我，吾庸多矣，非所患也。"

晋、楚争先。晋人曰："晋固为诸侯盟主，未有先晋者也。"楚人曰："子言晋、楚匹也。若晋常先，是楚弱也。且晋、楚狎主诸侯之盟也久矣，岂专在晋？"叔向谓赵孟曰："诸侯归晋之德只，非归其尸盟也。子务德，无争先。且诸侯盟，小国固必有尸盟者。楚为晋细，不亦可乎？"乃先楚人。书先晋，晋有信也。

难。"赵孟曰："吾左还入于宋，若我何？"接着又写"赵孟患楚衷甲"。晋、楚争先，赵孟听叔向之言以自慰，道义上似乎占了上风，但楚人因此而更加有恃无恐，乃至得寸进尺。

2.襄三十年宋灾，赵武大会列国，晋人、齐人、宋人、卫人、郑人、曹人、莒人、邾人、滕人、薛人、杞人、小邾人会于澶渊，既而无归于宋，实在无能之至，左氏深责之。

3.襄三十一年，穆叔谓赵孟之语偷，未盈五十而如八九十之谆谆矣，弗能久矣；且言赵孟死后，晋之公室卑，政在侈家，不能壬午,宋公兼享晋、楚之大夫。赵孟为客,子木与之言,弗能对。使叔向侍言焉,子木亦不能对也。

　　乙酉,宋公及诸侯之大夫盟于蒙门之外。子木问于赵孟曰:"范武子之德何如?"对曰:"夫子之家事治,言于晋国无隐情,其祝史陈信于鬼神,无愧辞。"子木归以语王。王曰:"尚矣哉!能歆神人,宜其光辅五君以为盟主也!"子木又语王曰:"宜晋之伯也,有叔向以佐其卿。楚无以当之,不可与争。"晋荀寅遂如楚莅盟。

　　郑伯享赵孟于垂陇,子展、伯有、子西、子产、子大叔、二子石从。赵孟曰:"七子从君,以宠武也。请皆赋,以卒君贶,武亦以观七子之志。"子展赋《草虫》,赵孟曰:"善哉,民之主也。抑武也不足以当之。"伯有赋《鹑之贲贲》,赵孟曰:"床笫之言不逾阈,况在野乎?非使人之所得闻也。"子西赋《黍苗》之四章,赵孟曰:"寡君在,武何能焉?"子产赋《隰桑》,赵孟曰:"武请受其卒章。"子大叔赋《野有蔓草》,赵孟曰:"吾子之惠也。"印段赋《蟋蟀》,赵孟曰:"善哉,保家之主也,吾有望矣。"公孙段赋《桑扈》,赵孟曰:"'匪交匪敖。'福将焉往?若保是言也,欲辞福禄,得乎?"卒享,文子告叔向曰:"伯有将为戮矣。诗以言志,志诬其上,而公怨之,以为宾荣,其能久乎?幸而后亡。"叔向曰:"然,已侈,所谓不及五稔者,夫子之谓矣。"文子曰:"其余皆数世之主也。子展其后亡者也,在上不忘降。印氏其次也,乐而不荒。乐以安民,不淫以使之,后亡,不亦可乎?"

　　宋左师请赏,曰:"请免死之邑。"公与之邑六十,以示子罕。子罕曰:"凡诸侯小国,晋、楚所以兵威之畏,而后上下慈和,慈和而后能安靖其国家,以事大国,所以存也。无威则骄,骄则乱生,乱生必灭,所以亡也。天生五材,民并用之,废一不可。谁能去兵?兵之设久矣,所以威不轨而昭文德也。圣人以兴,乱人以废。废兴存亡,昏明

图诸侯矣;赵孟纳郑子产之言,自知"我实不德,……是吾罪矣。"是皆欲以证赵孟之无能。

4.昭元年,晋、楚再会以寻盟,祁午谏赵武,不可再让楚得志,赵孟称己有仁人之心,"武将信以为本……能信不为人下"云云;令尹享赵孟,叔向谓"令尹为王,必求诸侯,晋少懦矣,诸侯将往";夏四月,赵孟与诸侯之大夫入于郑,此处极力描写赵孟如何千方百计在小国面前恭让谦逊,以掩饰自己在强楚面前的无能。

5.左氏亦几次借他人之口来评论赵孟,包括议论他的不思进取的精

	之术，皆兵之由也。而子求之，不亦诬乎？以诬道蔽诸侯，罪莫大焉。纵无大讨，而又求赏，无厌之甚也！"削而投之，左师辞邑。	神面貌，几次提到提及他为民之主而苟且偷生、生不如死，并三次预言其将死，实是批评其玩忽职守（襄三十一年穆叔、昭元年刘定公、秦后子及秦医四人之言）。昭元年，刘定公评赵孟曰："为晋正卿，以主诸侯，而侪于隶人，朝不谋夕，弃神人矣。神怒、民叛，何以能久？"同年，秦医既说他"主相晋国，于今八年，晋国无乱，诸侯无阙，可谓良矣"，但又委婉批评他对晋平公"淫溺惑乱"不加制止，"国之大臣，荣其宠禄，任其大节。有菑祸兴，而无改焉，必
襄二十八	襄二十八 楚屈建卒。赵文子丧之如同盟，礼也。	
襄二十九 吴子使札来聘。	襄二十九 吴公子札来聘。适晋，说赵文子、韩宣子、魏献子，曰："晋国其萃于三族乎？"	
襄三十 五月甲午，宋灾。秋，七月，叔弓如宋，葬宋共姬。晋人、齐人、宋人、卫人、郑人、曹人、莒人、邾人、滕人、薛人、杞人、小邾人会于澶渊，宋灾故。	襄三十 三月癸未，晋悼夫人食舆人之城杞者，绛县人或年长矣，无子，而往与于食。有与疑年，使之年。曰："臣小人也，不知纪年。臣生之岁，正月甲子朔，四百有四十五甲子矣，其季于今三之一也。"吏走问诸朝。师旷曰："鲁叔仲惠伯会郤成子于承筐之岁也。是岁也，狄伐鲁，叔孙庄叔于是乎败狄于鹹，获长狄侨如及虺也、豹也，而皆以名其子。七十三年矣。"史赵曰："亥有二首六身，下二如身，是其日数也。"士文伯曰："然则二万二千六百有六旬也。"赵孟问其县大夫，则其属也。召之而谢过焉，曰："武不才，任君之大事，以晋国之多虞，不能由吾子，使吾子辱在泥涂久矣，武之罪也。敢谢不才。"遂仕之，使助为政。辞以老。与之田，使为君复陶，以为绛县师，而废其舆尉。于是鲁使者在晋，归以语诸大夫。季武子曰："晋未可媮也。有赵孟以为大夫，有伯瑕以为佐，有史赵、师旷而咨度焉，有叔向、女齐以师保其君。其朝多君子，其庸可媮乎？勉事之而后可。" 鸡泽之会，郑乐成奔楚，遂适晋。羽颉因之，与之比而事赵文子，言伐郑之说焉。以宋之盟故，不可。 为宋灾故，诸侯之大夫会以谋归宋财。冬，十月，叔孙豹会晋赵武、齐公孙虿、宋向戌、卫北宫佗、郑罕虎及小邾之大夫，会于澶渊。既而无归于宋，故不书其人。君子曰："信其不可不慎乎！澶渊之会，卿不书，不信也夫。诸侯之上卿，会而不信，宠名皆弃，	

	不信之不可也如是。《诗》曰：'文王陟降，在帝左右。'信之谓也。又曰：'淑慎尔止，无载尔伪。'不信之谓也。"书曰："某人某人会于澶渊，宋灾故。"尤之也。不书鲁大夫，讳之也。	受其咎。" 赵武之识礼见襄二十八。 会楚屈建而听晋楚之从交相见，会于宋而不能归财于宋，赵武之无威可见一斑（襄三十）。
襄三十一	襄三十一 　　春，王正月，穆叔至自会。见孟孝伯，语之曰："赵孟将死矣。其语偷，不似民主。且年未盈五十，而谆谆焉，如八九十者，弗能久矣。若赵孟死，为政者其韩子乎？吾子盍与季孙言之，可以树善，君子也。晋君将失政矣，若不树焉，使早备鲁，既而政在大夫，韩子懦弱，大夫多贪，求欲无厌，齐、楚未足与也，鲁其惧哉？"孝伯曰："人生几何，谁能无偷？朝不及夕，将安用树？"穆叔出而告人曰："孟孙将死矣。吾语诸赵孟之偷也，而又甚焉。"又与季孙语晋故，季孙不从。及赵文子卒，晋公室卑，政在侈家。韩宣子为政，不能图诸侯。鲁不堪晋求，诼慝弘多，是以有平丘之会。 　　公薨之月，子产相郑伯以如晋。晋侯以我丧故，未之见也。子产使尽坏其馆之垣，而纳车马焉。士文伯让之，曰："敝邑以政刑之不修，寇盗充斥，无若诸侯之属辱在寡君者何，是以令吏人完客所馆，高其闬闳，厚其墙垣，以无忧客使。今吾子坏之，虽从者能戒，其若异客何？以敝邑之为盟主，缮完葺墙，以待宾客。若皆毁之，其何以共命？寡君使匄请命。"对曰："以敝邑褊小，介于大国，诛求无时，是以不敢宁居，悉索敝赋，以来会时事。逢执事之不间，而未得见。又不获闻命，未知见时。不敢输币，亦不敢暴露。其输之，则君之府实也，非荐陈之，不敢输也。其暴露之，则恐燥湿之不时而朽蠹，以重敝邑之罪。侨闻文公之为盟主也，宫室卑庳，无观台榭，以崇大诸侯之馆。馆如公寝，库厩缮修，司空以时平易道路，圬人以时塓馆宫室。诸侯宾至，甸设庭燎，仆人巡宫，车马有所，宾从有代，巾车脂辖，隶人、牧、圉，各瞻其事；百官之属，	

	各展其物。公不留宾，而亦无废事。忧乐同之，事则巡之。教其不知，而恤其不足。宾至如归，无宁菑患。不畏寇盗，而亦不患燥湿。今铜鞮之宫数里，而诸侯舍于隶人；门不容车，而不可逾越；盗贼公行，而夭厉不戒。宾见无时，命不可知。若又勿坏，是无所藏币以重罪也。敢请执事，将何以命之？虽君之有鲁丧，亦敝邑之忧也。若获荐币，修垣而行，君之惠也，敢惮勤劳！"文伯复命。赵文子曰："信。我实不德，而以隶人之垣以赢诸侯，是吾罪也。"使士文伯谢不敏焉。晋侯见郑伯，有加礼，厚其宴好而归之。乃筑诸侯之馆。叔向曰："辞之不可以已也如是夫！子产有辞，诸侯赖之，若之何其释辞也？《诗》曰：'辞之辑矣，民之协矣；辞之怿矣，民之莫矣。'其知之矣。" 吴子使屈狐庸聘于晋，通路也。赵文子问焉，曰："延州来季子，其果立乎？巢陨诸樊，阍戕戴吴，天似启之，何如？"对曰："不立。是二王之命也，非启季子也。若天所启，其在今嗣君乎？甚德而度，德不失民，度不失事，民亲而事有序，其天所启也。有吴国者必此君之子孙实终之。季子，守节者也，虽有国不立。"
昭元	昭元
叔孙豹会晋赵武、楚公子围、齐国弱、宋向戌、卫齐恶、陈公子招、蔡公孙归生、郑罕虎、许人、曹人于虢。三月，取郓。夏，秦伯之弟鍼出奔晋。公子比出奔晋。	正月乙未，入，逆而出。遂会于虢，寻宋之盟也。祁午谓赵文子曰："宋之盟，楚人得志于晋。今令尹之不信，诸侯之所闻也。子弗戒，惧又如宋。子木之信称于诸侯，犹诈晋而驾焉，况不信之尤者乎？楚重得志于晋，晋之耻也。子相晋国，以为盟主，于今七年矣。再合诸侯，三合大夫，服齐、狄，宁东夏，平秦乱，城淳于，师徒不顿，国家不罢，民无谤讟，诸侯无怨，天无大灾，子之力也。有令名矣，而终之以耻，午也是惧，吾子其不可以不戒。"文子曰："武受赐矣。然宋之盟，子木有祸人之心，武有仁人之心，是楚所以驾于晋也。今武犹是心也，楚又行僭，非所害也。武将信以为本，循而行之。譬如农夫，是穮是蓘，虽有饥馑，必

有丰年。且吾闻之:'能信不为人下。'吾未能也。《诗》曰:'不僭不贼,鲜不为则。'信也。能为人则者,不为人下矣。吾不能是难,楚不为患。"楚令尹围请用牲,读旧书,加于牲上而已,晋人许之。三月甲辰,盟。

季武子伐莒,取郓。莒人告于会。楚告于晋曰:"寻盟未退,而鲁伐莒,渎齐盟,请戮其使。"乐桓子相赵文子,欲求货于叔孙,而为之请。使请带焉,弗与。梁其踁曰:"货以藩身,子何爱焉?"叔孙曰:"诸侯之会,卫社稷也。我以货免,鲁必受师,是祸之也,何卫之为?人之有墙,以蔽恶也。墙之隙坏,谁之咎也?卫而恶之,吾又甚焉。虽怨季孙,鲁国何罪?叔出季处,有自来矣。吾又谁怨?然鲋也贿,弗与不已。"召使者,裂裳帛而与之,曰:"带其褊矣。"赵孟闻之,曰:"临患不忘国,忠也;思难不越官,信也;图国忘死,贞也;谋主三者,义也。有是四者,又可戮乎?"乃请诸楚曰:"鲁虽有罪,其执事不辟难,畏威而敬命矣。子若免之,以劝左右,可也。若子之群吏,处不辟污,出不逃难,其何患之有?患之所生,污而不治,难而不守,所由来也。能是二者,又何患焉?不靖其能,其谁从之?鲁叔孙豹可谓能矣,请免之,以靖能者。子会而赦有罪,又赏其贤,诸侯其谁不欣焉?望楚而归之,视远如迩?疆场之邑,一彼一此,何常之有?王、伯之令也,引其封疆,而树之官,举之表旗,而著之制令,过则有刑,犹不可壹。于是乎虞有三苗,夏有观、扈,商有姺、邳,周有徐、奄。自无令王,诸侯遂进,狎主齐盟,其又可壹乎?恤大舍小,足以为盟主,又焉用之?封疆之削,何国蔑有?主齐盟者,谁能辩焉?吴、濮有衅,楚之执事岂其顾盟,莒之疆事,楚勿与知,诸侯无烦,不亦可乎?莒、鲁争郓,为日久矣。苟无大害于其社稷,可无亢也。去烦宥善,莫不竞劝,子其图之。"固请诸楚,楚人许之,乃免叔孙。

令尹享赵孟,赋《大明》之首章。赵孟

赋《小宛》之二章。事毕，赵孟谓叔向曰："令尹自以为王矣，何如？"对曰："王弱，令尹强，其可哉！虽可，不终。"赵孟曰："何故？"对曰："强以克弱而安之，强不义也。不义而强，其毙必速。《诗》曰：'赫赫宗周，褒姒灭之。'强不义也。令尹为王，必求诸侯。晋少懦矣，诸侯将往。若获诸侯，其虐滋甚，民弗堪也，将何以终？夫以强取，不义而克，必以为道。道以淫虐，弗可久已矣。"

夏，四月，赵孟、叔孙豹、曹大夫入于郑，郑伯兼享之。子皮戒赵孟，礼终，赵孟赋《瓠叶》。子皮遂戒穆叔，且告之。穆叔曰："赵孟欲一献，子其从之。"子皮曰："敢乎？"穆叔曰："夫人之所欲也，又何不敢？"及享，具五献之笾豆于幕下。赵孟辞，私于子产曰："武请于冢宰矣。"乃用一献。赵孟为客，礼终乃宴。穆叔赋《鹊巢》，赵孟曰："武不堪也。"又赋《采蘩》，曰："小国为蘩，大国省穑而用之，其何实非命？"子皮赋《野有死麕》之卒章，赵孟赋《常棣》，且曰："吾兄弟比以安，尨也可使无吠。"穆叔、子皮及曹大夫兴，拜，举兕爵曰："小国赖子，知免于戾矣。"饮酒乐。赵孟出，曰："吾不复此矣。"

天王使刘定公劳赵孟于颍，馆于洛汭。刘子曰："美哉禹功！明德远矣。微禹，吾其鱼乎？吾与子弁冕端委，以治民、临诸侯，禹之力也。子盍亦远绩禹功，而大庇民乎？"对曰："老夫罪戾是惧，焉能恤远？吾侪偷食，朝不谋夕，何其长也？"刘子归以语王曰："谚所谓老将知而耄及之者，其赵孟之谓乎！为晋正卿，以主诸侯，而侪于隶人，朝不谋夕，弃神人矣。神怒民叛，何以能久？赵孟不复年矣。神怒，不歆其祀；民叛，不即其事。祀事不从，又何以年？"

秦后子有宠于桓，如二君于景。其母曰："弗去，惧选。"癸卯，鍼适晋，其车千乘。书曰："秦伯之弟鍼出奔晋。"罪秦伯也。后子享晋侯，造舟于河，十里舍车，自雍及绛。归取酬币,终事八反。司马侯问焉,曰:"子之车尽于此而已乎?"对曰:"此之谓多矣。若能少此,吾何以得见?"女叔齐以告公,且曰:"秦公子必归。臣闻君子能知其过,必有令图。令图,天所赞也。"后子见赵孟,赵孟曰:"吾子其曷归?"对曰:"鍼惧选于寡君,是以在此,将待嗣君。"赵孟曰:"秦君何如?"对曰:"无道。"赵孟曰:"亡乎?"对曰:"何为? 一世无道,国未艾也。国于天地,有与立焉。不数世淫,弗能毙也。"赵孟曰:"天乎?"对曰:"有焉。"赵孟曰:"其几何?"对曰:"鍼闻之,国无道而年穀和熟,天赞之也。鲜不五稔。"赵孟视荫,曰:"朝夕不相及,谁能待五?"后子出而告人曰:"赵孟将死矣。主民,翫岁而愒日,其与几何?"

晋侯求医于秦,秦伯使医和视之,曰:"疾不可为也,是谓近女室,疾如蛊。非鬼非食,惑以丧志。良臣将死,天命不祐。"公曰:"女不可近乎?"对曰:"节之。先王之乐,所以节百事也,故有五节,迟速本末以相及,中声以降。五降之后,不容弹矣。于是有烦手淫声,慆堙心耳,乃忘平和,君子弗听也。物亦如之。至于烦,乃舍也已,无以生疾。君子之近琴瑟,以仪节也,非以慆心也。天有六气,降生五味,发为五色,征为五声。淫生六疾。六气曰阴、阳、风、雨、晦、明也,分为四时,序为五节,过则为菑;阴淫寒疾,阳淫热疾,风淫末疾,雨淫腹疾,晦淫惑疾,明淫心疾。女,阳物而晦时,淫则生内热惑蛊之疾。今君不节、不时,能无及此乎?"出告赵孟,赵孟曰:"谁当良臣?"对曰:"主是谓矣。主相晋国,于今八年,晋国无乱,诸侯无阙,可谓良矣。和闻之,国之大臣,荣其宠禄,任其大节。有菑祸兴,而无改焉,必受其咎。今君至于淫以生疾,将不能图恤社稷,祸孰大焉?主不能御,吾是以云也。"赵孟曰:"何谓蛊?"对曰:"淫溺惑乱之所生也。于文,皿虫为蛊。穀之飞,亦为蛊。在《周易》女惑男,

	风落山谓之《蛊》䷑。皆同物也。"赵孟曰:"良医也。"厚其礼而归之。 　　子干奔晋,从车五乘,叔向使与秦公子同食,皆百人之饩。赵文子曰:"秦公子富。"叔向曰:"底禄以德,德钧以年,年同以尊。公子以国,不闻以富。且夫以千乘去其国,强御已甚。《诗》曰:'不侮鳏寡,不畏强御。'秦、楚,匹也。" 　　十二月,晋既烝,赵孟适南阳,将会孟子余。甲辰朔,烝于温,庚戌,卒。郑伯如晋吊,及雍乃复。
昭三	昭三 　　初,州县,栾豹之邑也。及栾氏亡,范宣子、赵文子、韩宣子皆欲之。文子曰:"温,吾县也。"二宣子曰:"自郤称以别,三传矣。晋之别县,不唯州,谁获治之。"文子病之,乃舍之。二子曰:"吾不可以正议而自与也。"皆舍之。及文子为政,赵获曰:"可以取州矣。"文子曰:"退!二子之言,义也。违义,祸也。余不能治余县,又焉用州?其以徼祸也?君子曰:'弗知实难。'知而弗从,祸莫大焉,有言州必死。"
昭二十	昭二十 　　齐侯疥,遂痁,期而不瘳。诸侯之宾问疾者多在。梁丘据与裔款言于公曰:"吾事鬼神丰,于先君有加矣。今君疾病,为诸侯忧,是祝、史之罪也。诸侯不知,其谓我不敬,君盍诛于祝固、史嚚以辞宾?"公说,告晏子。晏子曰:"日宋之盟,屈建问范会之德于赵武,赵武曰:'夫子之家事治;言于晋国,竭情无私。其祝、史祭祀,陈信不愧。其家事无猜,其祝、史不祈。'建以语康王,康王曰:'神人无怨,宜夫子之光辅五君,以为诸侯主也。'"

宋向戌（前576—前538）

成十五	成十五	
秋，八月庚辰，葬宋共公。宋华元出奔晋。宋华元自晋归于宋。宋杀其大夫山。宋鱼石出奔楚。	秋，八月，葬宋共公。于是华元为右师，鱼石为左师，荡泽为司马，华喜为司徒，公孙师为司城，向为人为大司寇，鳞朱为少司寇，向带为大宰，鱼府为少宰。荡泽弱公室，杀公子肥。华元曰："我为右师，君臣之训，师所司也。今公室卑而不正，吾罪大矣。不能治官，敢赖宠乎？"乃出奔晋。二华，戴族也。司城，庄族也。六官者，皆桓族也。鱼石将止华元，鱼府曰："右师反，必讨，是无桓氏也。"鱼石曰："右师苟获反，虽许之讨，必不敢。且多大功，国人与之，不反，惧桓氏之无祀于宋也。右师讨，犹有戌在。桓氏虽亡，必偏。"鱼石自止华元于河上。请讨，许之，乃反。使华喜、公孙师帅国人攻荡氏，杀子山。书曰："宋杀大夫山。"言背其族也。鱼石、向为人、鳞朱、向带、鱼府出舍于睢上。华元使止之，不可。冬，十月，华元自止之，不可，乃反。鱼府曰："今不从，不得入矣。右师视速而言疾，有异志焉。若不我纳，今将驰矣。"登丘而望之，则驰骋而从之，则决睢澨，闭门登陴矣。左师、二司寇、二宰遂出奔楚。华元使向戌为左师，老佐为司马，乐裔为司寇，以靖国人。	向戌，又称戌、合左师、左师等，宋桓公后裔，属桓族。① 桓族为宋大族，分为鱼氏、荡氏、鳞氏、向氏四支，且多为司城、司马、左师、少司寇之职，堪称重卿。然而，成十五至襄元年宋国发生桓族之乱（参吴闿生《左传微·宋桓族之乱》），成十五至襄元年宋国发生的桓族之乱，桓族五大夫出奔楚，桓族几亡，惟向氏独存。 今据陈厚耀《世族谱》及顾栋高《大事表》列宋国向氏（哀

---

① 宋桓公庄十三至僖九年在位（共在位三十一年），四子公子目夷、公子鳞、公子荡、公子向之后称桓族。今据陈厚耀《谱》列桓族世系如下（附例见年，无年则春秋未见）：

氏名	鱼氏	鳞氏	荡氏	向氏
始祖	公子目夷 僖八	公子鳞	公子荡 文七	公子向
二代	公孙友 文七	鳞矔 文七	公孙寿 文十六	［缺］
三代	［缺］	［缺］	荡意诸 文八 荡虺 文十六	向戌 成十五 向带 成十五 向为人 成五
四代	鱼府 成十五 鱼石 成十五	鳞朱 成十五	荡泽 成十五	向宁 昭十九 向宜 昭二十 向郑 昭二十

（上表：鳞朱为鳞矔孙依杜注，与《世本》不同。）

襄八	襄八	十一、十四年亦称桓氏）主要世系如下：
季孙宿会晋侯、郑伯、齐人、宋人、卫人、邾人于邢丘。	五月甲辰，会于邢丘，以命朝聘之数，使诸侯之大夫听命。季孙宿、齐高厚、宋向戌、卫宁殖、邾大夫会之。郑伯献捷于会，故亲听命。大夫不书，尊晋侯也。	
襄九	襄九	
春，宋灾。	春，宋灾。乐喜为司城以为政，使伯氏司里：火所未至，彻小屋，涂大屋。陈畚挶，具绠缶，备水器。量轻重，蓄水潦，积土涂。巡丈城，缮守备，表火道。使华臣具正徒，令隧正纳郊保，奔火所。使华阅讨右官，官庀其司。向戌讨左，亦如之。使乐遄庀刑器，亦如之。使皇郧命校正出马，工正出车，备甲兵，庀武守使西鉏吾庀府守，令司宫、巷伯儆宫。二师令四乡正敬享，祝宗用马于四墉，祀盘庚于西门之外。	
襄十	襄十	
夏，五月，甲午，遂灭偪阳。	晋荀偃、士匄请伐偪阳，而封宋向戌焉。甲午，灭之。书曰："遂灭偪阳。"言自会也。以与向戌，向戌辞曰："君若犹辱镇抚宋国，而以偪阳光启寡君，群臣安矣，其何贶如之？若专赐臣，是臣兴诸侯以自封也，其何罪大焉？敢以死请。"乃予宋公。	
襄十一	襄十一	（上表：宋桓公御说庄十三至僖九年在位。公子向［父肸］春秋未见。向带、向为人俱成十五见，系未详。向宁昭十九见，向宜［子禄］、向郑、向罗俱昭二十见。向巢定九见。向魋又称魋、桓魋、桓司马，定十见，哀十四奔卫，亦见《论语·述而》。子颀、子车、司马牛俱见哀十四。杨伯峻
郑公孙舍之帅师侵宋。公会晋侯、宋公、卫侯、曹伯、齐世子光、莒子、邾子、滕子、薛伯、杞伯、小邾子伐郑。秋，七月，己未，同盟于亳城北。公至自伐郑。楚子、	郑人患晋、楚之故，诸大夫曰："不从晋，国几亡。楚弱于晋，晋不吾疾也。晋疾，楚将辟之。何为而使晋师致死于我？楚弗敢敌，而后可固与也。"子展曰："与宋为恶，诸侯必至，吾从之盟。楚师至，吾又从之，则晋怒甚矣。晋能骤来，楚将不能，吾乃固与晋。"大夫说之，使疆场司恶于宋。宋向戌侵郑，大获。子展曰："师而伐宋可矣。若我伐宋，诸侯之伐我必疾，吾乃听命焉，且告于楚。楚师至，吾乃与之盟，而重赂晋师，乃免矣。"夏，郑子展侵宋。	

世系表：

宋桓公		
公子向		
［缺］		
向戌	向为人	向带

（以下向戌子孙）

向宁	向宜	向郑
向罗		

（以下向戌曾孙）

向巢	向魋	子颀	子车	司马牛

郑伯伐宋。公会晋侯、宋公、卫侯、曹伯、齐世子光、莒子、邾子、滕子、薛伯、杞伯、小邾子伐郑。会于萧鱼。	四月,诸侯伐郑。己亥,齐太子光、宋向戌先至于郑,门于东门。其莫,晋荀䓨至于西郊,东侵旧许。卫孙林父侵其北鄙。六月,诸侯会于北林,师于向。右还,次于琐,围郑,观兵于南门。西济于济隧。郑人惧,乃行成。秋,七月,同盟于亳。范宣子曰:"不慎,必失诸侯。诸侯道敝而无成,能无二乎?"乃盟,载书曰:"凡我同盟,毋蕴年,毋壅利,毋保奸,毋留慝,救灾患,恤祸乱,同好恶,奖王室。或间兹命,司慎司盟,名山名川,群神群祀,先王先公,七姓十二国之祖,明神殛之,俾失其民,队命亡氏,踣其国家。" 楚子囊乞旅于秦。秦右大夫詹帅师从楚子,将以伐郑。郑伯逆之。丙子,伐宋。 九月,诸侯悉师以复伐郑。郑人使良霄、大宰石㚟如楚,告将服于晋,曰:"孤以社稷之故,不能怀君。君若能以玉帛绥晋,不然则武震以摄威之,孤之愿也。"楚人执之。书曰:"行人。"言使人也。 诸侯之师观兵于郑东门。郑人使王子伯骈行成。甲戌,晋赵武入盟郑伯。冬,十月丁亥,郑子展出盟晋侯。十二月戊寅,会于萧鱼。庚辰,赦郑囚,皆礼而归之。纳斥候,禁侵掠。晋侯使叔肸告于诸侯。公使臧孙纥对曰:"凡我同盟,小国有罪,大国致讨,苟有以藉手,鲜不赦宥。寡君闻命矣。"	注以为司马牛非《论语·颜渊》之司马牛,然年代确实一致。另有向胜、向行俱昭二十见,然系未详。) 向戌正是在桓族几灭的情况下,成为桓族在宋国唯一的后继者,并取得了较突出成就。向戌自襄三十年为政于宋,至昭八年,共十年。 据《左传》记载,向戌自襄八年即已代表宋国出使外国,襄八、十一、十五、十六、二十六、二十七、二十八、三十年,昭元、四年先后多次代表宋国出使列国。 向戌活动能力极强,在列国中享有声誉。襄十年晋荀偃、士匄请伐偪阳以封宋向戌,可见他名声在外;襄十五年聘鲁,责孟献子徒有令名;襄二十七年,向戌克合晋、楚弭兵之会,名声大噪;
襄十五	襄十五	
春,宋公使向戌来聘。二月己亥,及向戌盟于刘。	春,宋向戌来聘,且寻盟。见孟献子,尤其室,曰:"子有令闻而美其室,非所望也。"对曰:"我在晋,吾兄为之。毁之重劳,且不敢间。"	
襄十六	襄十六	
三月,公会晋侯、宋公、卫侯、郑	春,葬晋悼公。平公即位,羊舌肸为傅,张君臣为中军司马,祁奚、韩襄、栾盈、士鞅为公族大夫,虞丘书为乘马御。	

伯、曹伯、莒子、邾子、薛伯、杞伯、小邾子于溴梁。戊寅，大夫盟。	改服修官，烝于曲沃。警守而下，会于溴梁。命归侵田。以我故，执邾宣公、莒犁比公，且曰："通齐、楚之使。"晋侯与诸侯宴于温，使诸大夫舞，曰："歌诗必类。"齐高厚之诗不类。荀偃怒，且曰："诸侯有异志矣。"使诸大夫盟高厚，高厚逃归。于是叔孙豹、晋荀偃、宋向戌、卫宁殖、郑公孙虿、小邾之大夫盟，曰："同讨不庭。"	昭四年，楚椒举谓向戌为诸侯之良，将他与子产并称，向戌献合诸侯之礼六，君子谓其善守先代。这些都表明向戌一生深谙外交礼仪和为政之道，颇为列国诸侯所重视。
襄十七 宋华臣出奔陈。	襄十七 宋华阅卒。华臣弱皋比之室，使贼杀其宰华吴，贼六人以铍杀诸卢门合左师之后。左师惧，曰："老夫无罪。"贼曰："皋比私有讨于吴。"遂幽其妻，曰："畀余而大璧。"宋公闻之，曰："臣也，不唯其宗室是暴，大乱宋国之政，必逐之！"左师曰："臣也，亦卿也。大臣不顺，国之耻也，不如盖之。"乃舍之。左师为己短策，苟过华臣之门必聘。十一月甲午，国人逐瘈狗，瘈狗入于华臣氏，国人从之。华臣惧，遂奔陈。	但是，另一方面，向戌一生为人善弄权作态，擅长权谋，善迎合国君心理，所以深得宋平公欢心。襄十年晋荀偃、士匄灭偪阳以封向戌，向戌坚辞不受，而予宋公；襄二十七年，向戌请免死之邑，宋公予之，但听子罕之言后立即辞邑，可见他为人何等精明。
襄二十 季孙宿如宋。	襄二十 冬，季武子如宋，报向戌之聘也。褚师段逆之以受享，赋《常棣》之七章以卒。宋人重贿之。归，复命，公享之，赋《鱼丽》之卒章。公赋《南山有台》，武子去所，曰："臣不堪也。"	此外，向戌在为人方面不仅缺乏魄力，还有阴险狡诈的一面。襄十七年，
襄二十六 公会晋人、郑良霄、宋人、曹人于澶渊。宋公杀其世子痤。	襄二十六 六月，公会晋赵武、宋向戌、郑良霄、曹人于澶渊，以讨卫，疆戚田。取卫西鄙懿氏六十，以与孙氏。赵武不书，尊公也。向戌不书，后也。郑先宋，不失所也。 初，宋芮司徒生女子，赤而毛，弃诸堤下。共姬之妾取以入，名之曰弃。长而美。平公入夕，共姬与之食。公见弃也，而视之尤。姬纳诸御，嬖，生佐，恶而婉。大子痤美而很，合左师畏而恶之。寺人惠墙伊戾为大子内师而无宠。秋，楚	华臣为乱，向戌因怕自己受累，不敢追究其罪，竟说："老夫无罪……"并且他"为己短策，苟过华臣之门必

	客聘于晋，过宋。大子知之，请野享之。公使往，伊戾请从之。公曰："夫不恶女乎？"对曰："小人之事君子也，恶之不敢远，好之不敢近，敬以待命，敢有贰心乎？纵有共其外，莫共其内，臣请往也。"遣之。至则欲用牲，加书征之，而骋告公，曰："大子将为乱，既与楚客盟矣。"公曰："为我子，又何求？"对曰："欲速。"公使视之，则信有焉。问诸夫人与左师，则皆曰："固闻之。"公囚大子，大子曰："唯佐也能免我。"召而使请，曰："日中不来，吾知死矣。"左师闻之，聒而与之语。过期，乃缢而死。佐为大子。公徐闻其无罪也，乃亨伊戾。 　左师见夫人之步马者，问之。对曰："君夫人氏也。"左师曰："谁为君夫人？余胡弗知？"圉人归，以告夫人。夫人使馈之锦与马，先之以玉，曰："君之妾弃使某献。"左师改命曰"君夫人"而后再拜稽首受之。 　及宋向戌将平晋、楚，声子通使于晋，还如楚。	聘"，到了惶恐失措的地步；襄二十六年，因畏大子痤之故，与宋公夫人合演了一曲谋害大子的戏。事后他与夫人步马者之对话真可谓精彩绝伦，把向戌在这场戏中的嘴脸刻画得惟妙惟肖。这充分说明向戌算不上一个富有正义感的人，比起叔向、叔孙豹、子产等人来说差得远了。 　襄二十八年，向戌相宋公如晋，闻丧而还，"我一人之为，非为楚也"，他的话与鲁君子之言形成鲜明对比，可见没有远虑。昭元年虢之会，楚人甚炽，向戌称"大国令，小国共，吾知共而已"，也显得缺乏见识。 　向戌死后，向氏在宋国的势力即遭毁灭性打击。昭二十至二十二年之间宋国的华、向之乱，是一场规
襄二十七	襄二十七	
夏，叔孙豹会晋赵武、楚屈建、蔡公孙归生、卫石恶、陈孔奂、郑良霄、许人、曹人于宋。秋，七月辛巳，豹及诸侯之大夫盟于宋。	宋向戌善于赵文子，又善于令尹子木，欲弭诸侯之兵以为名。如晋告赵孟，赵孟谋于诸大夫。晋人许之。如楚，楚亦许之。如齐，齐人难之。陈文子曰："晋、楚许之，我焉得已？且人曰弭兵，而我弗许，则固携吾民矣，将焉用之？"齐人许之。告于秦，秦亦许之。皆告于小国，为会于宋。 　五月甲辰，晋赵武至于宋。丙午，郑良霄至。六月丁未朔，宋人享赵文子，叔向为介。司马置折俎，礼也。仲尼使举是礼也，以为多文辞。戊申，叔孙豹、齐庆封、陈须无、卫石恶至。甲寅，晋荀盈从赵武至。丙辰，邾悼公至。壬戌，楚公子黑肱先至，成言于晋。丁卯，宋戌如陈，从子木成言于楚。戊辰，滕成公至。 　子木谓向戌："请晋、楚之从，交相	

	见也。"庚午，向戌复于赵孟。赵孟曰："晋、楚、齐、秦，匹也。晋之不能于齐，犹楚之不能于秦也。楚君若能使秦君辱于敝邑，寡君敢不固请于齐？"壬申，左师复言于子木，子木使驲谒诸王。王曰："释齐、秦，他国请相见也。" 　　秋，七月戊寅，左师至。是夜也，赵孟及子晳盟，以齐言。庚辰，子木至自陈。陈孔奂、蔡公孙归生至。曹、许之大夫皆至。以藩为军。晋、楚各处其偏。壬午，宋公兼享晋、楚之大夫。乙酉，宋公及诸侯之大夫盟于蒙门之外。 　　宋左师请赏，曰："请免死之邑。"公与之邑六十，以示子罕。子罕曰："凡诸侯小国，晋、楚所以兵威之畏，而后上下慈和，慈和而后能安靖其国家，以事大国，所以存也。无威则骄，骄则乱生，乱生必灭，所以亡也。天生五材，民并用之，废一不可。谁能去兵？兵之设久矣，所以威不轨而昭文德也。圣人以兴，乱人以废。废兴存亡，昏明之术，皆兵之由也。而子求去之，不亦诬乎？以诬道蔽诸侯，罪莫大焉。纵无大讨，而又求赏，无厌之甚也！"削而投之，左师辞邑。 　　向氏欲攻司城，左师曰："我将亡，夫子存我，德莫大焉。又可攻乎？"君子曰："彼己之子，邦之司直，乐喜之谓乎？何以恤我，我其收之，向戌之谓乎？"	模空前、轰动了中原几乎所有大小国家的巨大动乱，向氏与华氏在此场内乱之后几乎一蹶不振。向戌三子皆亡，向宜、向郑出奔郑（昭二十），向宁出奔楚（昭二十二）。 　　定十、十一年及哀十二、十四年，宋国发生向魋之乱，这事由向魋受宠而引起，乐大心等人都认为向氏甚为不义，结果是向巢奔鲁，向魋奔卫，司马牛适齐（哀十四）。大概此后向氏在宋国就不再成气候了。值得注意的是，这里内乱的主角向魋（亦称桓魋、桓司马），据《史记·孔子世家》记载，曾欲杀孔子，彼时孔子过宋。《论语·述而》载孔子曰："天生德于予，桓魋其如予何？"
襄二十八 　十有一月，公如楚。	襄二十八 　　为宋之盟故，公及宋公、陈侯、郑伯、许男如楚。公过郑，及汉，楚康王卒。宋向戌曰："我一人之为，非为楚也。饥寒之不恤，谁能恤楚？姑归而息民，待其立君而为之备。"宋公遂反。	
襄三十 　五月甲午，宋灾。晋人、齐人、宋人、卫人、郑人、曹人、莒	襄三十 　　为宋灾故，诸侯之大夫会以谋归宋财。冬，十月，叔孙豹会晋赵武、齐公孙虿、宋向戌、卫北宫佗、郑罕虎及小邾之大夫，会于澶渊。既而无归于宋，故不书其人。	

人、郳人、滕人、薛人、杞人、小邾人会于澶渊，宋灾故。	君子曰："信其不可不慎乎！澶渊之会，卿不书，不信也夫。诸侯之上卿，会而不信，宠名皆弃，不信之不可也如是。《诗》曰：'文王陟降，在帝左右。'信之谓也。又曰：'淑慎尔止，无载尔伪。'不信之谓也。"书曰："某人某人会于澶渊，宋灾故。"尤之也。不书鲁大夫，讳之也。
昭元	昭元
叔孙豹会晋赵武、楚公子围、齐国弱、宋向戌、卫齐恶、陈公子招、蔡公孙归生、郑罕虎、许人、曹人于虢。	正月乙未，入，逆而出。遂会于虢，寻宋之盟也。楚令尹围请用牲，读旧书，加于牲上而已，晋人许之。 三月甲辰，盟。楚公子围设服离卫。宋合左师曰："大国令，小国共，吾知共而已。"退会，子羽谓子皮曰："叔孙绞而婉，宋左师简而礼，乐王鲋字而敬。子与子家持之，皆保世之主也。"
昭四	昭四
夏，楚子、蔡侯、陈侯、郑伯、许男、徐子、滕子、顿子、胡子、沈子、小邾子、宋世子佐、淮夷会于申。	夏，诸侯如楚。六月丙午，楚子合诸侯于申。椒举言于楚子曰："臣闻诸侯无归，礼以为归。今君始得诸侯，其慎礼矣。霸之济否，在此会也。夏启有钧台之享，商汤有景亳之命，周武有孟津之誓，成有歧阳之蒐，康有酆宫之朝，穆有涂山之会，齐桓有召陵之师，晋文有践土之盟。君其何用？宋向戌、郑公孙侨，在诸侯之良也，君其选焉。"王曰："吾用齐桓。" 王使问礼于左师与子产。左师曰："小国习之，大国用之，敢不荐闻？"献公合诸侯之礼六。子产曰："小国共职，敢不荐守？"献伯、子、男会公之礼六。君子谓合左师善守先代，子产善相小国。 楚子示诸侯侈。子产见左师，曰："吾不患楚矣。汏而愎谏，不过十年。"左师曰："然。不十年侈，其恶不远。远恶而后弃。善亦如之，德远而后兴。"

鲁叔孙豹(前575—前538)

成十六	成十六	
公会尹子、晋侯、齐国佐、邾人伐郑。	七月,公会尹武公及诸侯伐郑。诸侯之师次于郑西,我师次于督扬,不敢过郑。子叔声伯使叔孙豹请逆于晋师,为食于郑郊,师逆以至。声伯四日不食以待之,食使者而后食。诸侯迁于制田。 　　宣伯使告郤犫曰:"鲁之有季、孟,犹晋之有栾、范也,政令于是乎成。今其谋曰:'晋政多门,不可从也。宁事齐、楚,有亡而已,蔑从晋矣。'若欲得志于鲁,请止行父而杀之,我毙蔑也,而事晋,蔑有贰矣。鲁不贰,小国必睦。不然,归必叛矣。"九月,晋人执季文子于苕丘。公还,待于郓,使子叔声伯请季孙于晋。郤犫曰:"苟去仲孙蔑,而止季孙行父,吾与子国,亲于公室。"对曰:"侨如之情,子必闻之矣。若去蔑与行父,是大弃鲁国,而罪寡君也。若犹不弃,而惠徼周公之福,使寡君得事晋君,则夫二人者,鲁国社稷之臣也。若朝亡之,鲁必夕亡。以鲁之密迩仇雠,亡而为雠,治之何及?"郤犫曰:"吾为子请邑。"对曰:"婴齐,鲁之常隶也,敢介大国以求厚焉?承寡君之命以请,若得所请,吾子之赐多矣,又何求?"范文子谓栾武子曰:"季孙于鲁,相二君矣。妾不衣帛,马不食粟,可不谓忠乎?信谗慝而弃忠良,若诸侯何?子叔婴齐奉君命无私,谋国家不贰,图其身不忘其君。若虚其请,是弃善人也。子其图之!"乃许鲁平,赦季孙。 　　冬十月,出叔孙侨如而盟之。侨如奔齐。十二月,季孙及郤犫盟于扈。归,刺公子偃。召叔孙豹于齐而立之。	叔孙豹,又称穆叔、豹、叔孙穆子、穆子等。鲁庄叔得臣之子,叔孙侨如之弟。成十六年因宣伯之乱,被从齐国召回,立为叔孙氏之后。此后多次代表鲁国出使列国,成为鲁国重臣,其地位与季孙不相上下(叔孙豹世系情况参卷一"叔孙侨如")。 　　《春秋》经、传中襄二、三、四、五、六、十四、十六、十九、二十三、二十四、二十五、二十七、二十八、三十一年,昭元年均有穆叔代表鲁国出使他国会盟或战伐记录,穆叔在鲁国外交及政事中的地位由
襄二	襄二	
叔孙豹如宋。	穆叔聘于宋,通嗣君也。	
襄三	襄三	
戊寅,叔孙豹及诸侯之	秋,叔孙豹及诸侯之大夫及陈袁侨盟,陈请服也。	

大夫及陈袁侨盟。		此可见一斑。其中：襄四年叔孙豹礼答晋侯；襄七年评孙文子；襄十六年理服荀、范；襄十九年答叔向；襄二十四年如周聘；襄二十九年对付楚人之辱；昭元年以死抗晋、楚；昭三年论礼待小邾子等等，都可以表明穆叔在外交场合中既善于辞令、又刚正不阿，既深懂礼仪、又不失尊严，堪称一代风范。尤其是昭元年临死不屈，以抗晋、楚之命，非常能说明他的人品，非常人所及。《左传》中穆叔之事大致可概括如下几个方面： 　　1.坚事盟主，以礼待晋：《左传》中穆叔出使
襄四	襄四	
夏，叔孙豹如晋。	穆叔如晋，报知武子之聘也。晋侯享之。金奏《肆夏》之三，不拜。工歌《文王》之三，又不拜。歌《鹿鸣》之三，三拜。韩献子使行人子员问之，曰："子以君命辱于敝邑。先君之礼，藉之以乐，以辱吾子。吾子舍其大而重拜其细，敢问何礼也？"对曰："三《夏》，天子所以享元侯也，使臣弗敢与闻。《文王》，两君相见之乐也，臣不敢及。《鹿鸣》，君所以嘉寡君也，敢不拜嘉？《四牡》，君所以劳使臣也，敢不重拜？《皇皇者华》，君教使臣曰：'必咨于周。'臣闻之：访问于善为咨，咨亲为询，咨礼为度，咨事为诹，咨难为谋。臣获五善，敢不重拜？"	
襄五	襄五	
叔孙豹、鄫世子巫如晋。	穆叔觌鄫大子于晋，以成属鄫。书曰："叔孙豹、鄫大子巫如晋。"言比诸鲁大夫也。	
襄六	襄六	
冬，叔孙豹如邾。	冬，穆叔如邾，聘，且修平。	
襄七	襄七	
冬，十月，卫侯使孙林父来聘。壬戌，及孙林父盟。	卫孙文子来聘，且拜武子之言，而寻孙桓子之盟。公登亦登，叔孙穆子相，趋进曰："诸侯之会，寡君未尝后卫君，今吾子不后寡君，寡君未知所过？吾子其少安。"孙子无辞，亦无悛容。穆叔曰："孙子必亡！为臣而君，过而不悛，亡之本也。《诗》曰：'退食自公，委蛇委蛇。'谓从者也，衡而委蛇，必折。"	
襄十一	襄十一	
春，王正月，作三军。	春，季武子将作三军，告叔孙穆子曰："请为三军，各征其军。"穆子曰："政将及子，子必不能。"武子固请之。穆子曰："然则盟诸？"乃盟诸僖闳，诅诸五父之衢。正月，作三军，三分公室而各有其一。三子各毁其乘。季氏使其乘之人，以其役邑入者无征，不入者倍征。孟氏使半为臣，若子若弟。叔孙氏使尽为臣，不然不舍。	

445

襄十四	襄十四	
夏，四月，叔孙豹会晋荀偃、齐人、宋人、卫北宫括、郑公孙虿、曹人、莒人、邾人、滕人、薛人、杞人、小邾人伐秦。	夏，诸侯之大夫从晋侯伐秦，以报栎之役也。晋侯待于竟，使六卿帅诸侯之师以进。及泾，不济。叔向见叔孙穆子，穆子赋《匏有苦叶》，叔向退而具舟。鲁人、莒人先济。 乃命大还，晋人谓之迁延之役。	绝大多数均是赴晋（只几次例外），晋国大会列国诸侯，穆叔几乎无不参加。这一点从他襄三十一年与孟孝伯"齐、楚未足与也"之言亦可看出，此外还可参见襄十四、十六、十九、二十三、二十四年。 2.不畏强邻，联晋抗齐：见于襄十五、十六、十九年。 3.以礼事君，反对季孙专权：见襄十一、三十一年及昭元、五年。 4.择人不慎，死后家乱：见昭四、五年。 穆叔是《左传》中为数极少的几个被当作圣贤一类模范来写的人物（《左传》中另外一些与
襄十五	**襄十五**	
夏，齐侯伐我北鄙，围成。公救成，至遇。季孙宿、叔孙豹帅师城成郛。	夏，齐侯围成，贰于晋故也。于是乎城成郛。	
襄十六	**襄十六**	
三月，公会晋侯、宋公、卫侯、郑伯、曹伯、莒子、邾子、薛伯、杞伯、小邾子于溴梁。叔老会郑伯、晋荀偃、卫宁殖、宋人伐许。秋，齐侯伐我北鄙。冬，叔孙豹如晋。	春，葬晋悼公。平公即位，会于溴梁。命归侵田。以我故，执邾宣公、莒犁比公，且曰："通齐、楚之使。" 晋侯与诸侯宴于温，高厚逃归。于是叔孙豹、晋荀偃、宋向戌、卫宁殖、郑公孙虿、小邾之大夫盟，曰："同讨不庭。" 许男请迁于晋，诸侯遂迁许。许大夫不可，晋人归诸侯。穆叔从公。齐子帅师会晋荀偃。书曰："会郑伯。"为夷故也。夏，六月，次于棫林。庚寅，伐许，次于函氏。 秋，齐侯围郕，孟孺子速徼之。齐侯曰："是好勇，去之以为之名。"速遂塞海陉而还。冬，穆叔如晋聘，且言齐故。晋人曰："以寡君之未禘祀，与民之未息，不然，不敢忘。"穆叔曰："以齐人之朝夕释憾于敝邑之地，是以大请。敝邑之急，朝不及夕，引领西望曰：'庶几乎！'比执事之间，恐无及也。"见中行献子，赋《圻父》。献子曰："偃知罪矣，敢不从执事以同恤社稷，而使鲁及此！"见范宣子，赋《鸿雁》之卒章。宣子曰："匄在此，敢使鲁无鸠乎？"	

襄十九 叔孙豹会晋士匄于柯。城武城。	襄十九 齐及晋平，盟于大隧。故穆叔会范宣子于柯。穆叔见叔向，赋《载驰》之四章。叔向曰："肸敢不承命？"穆叔归，曰："齐犹未也，不可以不惧。"乃城武城。	他类似的、人格完美的典范人物还有吴季札、晋士会、齐晏子、晋叔向、郑子产等人），这一方面主要体现了左氏把他当作衡量春秋时事的一面镜子，用他的话来表达作者对一系列人物或事件的看法。《左传》中穆叔的话大多是对人事发表的评论，这些评论究竟是真是假，我们今天已无从考知，但大多反映了儒家关于做人、为政、外交等方面的精辟思想。穆叔在《左传》中的圣贤地位另一方面体现在作者把穆叔当成一个预言家，他对春秋人事祸福的预言几乎总是十分灵验。大体上可
襄二十二	襄二十二 春，臧武仲如晋。雨，过御叔。御叔在其邑，将饮酒，曰："焉用圣人？我将饮酒而已，雨行，何以圣为？"穆叔闻之，曰："不可使也，而傲使人，国之蠹也。"令倍其赋。	
襄二十三 八月，叔孙豹帅师救晋，次于雍榆。	襄二十三 八月，叔孙豹帅师救晋，次于雍榆，礼也。	
襄二十四 春，叔孙豹如晋。叔孙豹如京师。	襄二十四 春，穆叔如晋。范宣子逆之，问焉，曰："古人有言曰：'死而不朽。'何谓也？"穆叔未对。宣子曰："昔匄之祖，自虞以上为陶唐氏，在夏为御龙氏，在商为豕韦氏，在周为唐杜氏，晋主夏盟，为范氏，其是之谓乎？"穆叔曰："以豹所闻，此之谓世禄，非不朽也。鲁有先大夫曰臧文仲，既没，其言立。其是之谓乎？"穆叔曰："以豹所闻，此之谓世禄，非不朽也。鲁有先大夫曰臧文仲，既没，其言立。其是之谓乎？"豹闻之："'大上有立德，其次有立功，其次有立言。'虽久不废，此之谓不朽。若夫保姓受氏，以守宗祊，世无绝祀，无国无之。禄之大者，不可谓不朽。" 穆叔如周聘，且贺城。王嘉其有礼也，赐之大路。	
襄二十五	襄二十五 赵文子为政，令薄诸侯之币，而重其礼。穆叔见之，谓穆叔曰："自今以往，兵其少弭矣。齐崔、庆新得政，将求善于诸侯。武也知楚令尹。若敬行其礼，道之以文辞，以靖诸侯，兵可以弭。"	

襄二十七	襄二十七	将《左传》中穆叔之言概括为两方面：
春，齐侯使庆封来聘。夏，叔孙豹会晋赵武、楚屈建、蔡公孙归生、卫石恶、陈孔奂、郑良霄、许人、曹人于宋。秋，七月辛巳，豹及诸侯之大夫盟于宋。	齐庆封来聘，其车美。孟孙谓叔孙曰："庆季之车，不亦美乎！"叔孙曰："豹闻之：'服美不称，必以恶终。'美车何为？"叔孙与庆封食，不敬。为赋《相鼠》，亦不知也。 宋向戌善于赵文子，又善于令尹子木，欲弭诸侯之兵以为名。辛巳，将盟于宋西门之外。季武子使谓叔孙以公命，曰："视邾、滕。"既而齐人请邾，宋人请滕，皆不与盟。叔孙曰："邾、滕，人之私也。我，列国也。何故视之？宋、卫，吾匹也。"乃盟。故不书其族，言违命也。 乙酉，宋公及诸侯之大夫盟于蒙门之外。	1.评为人。这是最主要的部分。见于襄七年评卫孙文子，襄二十四年评范宣子，襄二十七、二十八年评齐庆封，襄三十一年评赵孟、孟孝伯。
襄二十八	襄二十八	2.评时事。襄二十八年评崔氏之乱，评赴楚之行，襄三十年论楚政；襄三十一年评楚宫，昭三年论待小邾以礼。
冬，齐庆封来奔。十有一月，公如楚。乙未，楚子昭卒。	庆封……遂来奔。献车于季武子，美泽可以鉴。叔孙穆子食庆封，庆封泛祭。穆子不说，使工为之诵《茅鸱》，亦不知。既而齐人来让，奔吴。吴句余予之朱方，聚其族焉而居之，富于其旧。子服惠伯谓叔孙曰："天殆富淫人，庆封又富矣。"穆子曰："善人富谓之赏，淫人富谓之殃。天其殃之也，其将聚而歼旃。" 崔氏之乱，求崔杼之尸，将戮之，不得。叔孙穆子曰："必得之。武王有乱臣十人，崔杼其有乎？不十人，不足以葬。"既，崔氏之臣曰："与我其拱璧，吾献其柩。"于是得之。 为宋之盟故，公及宋公、陈侯、郑伯、许男如楚。公过郑，郑伯不在，伯有迋劳于黄崖，不敬。穆叔曰："伯有无戾于郑，郑必有大咎。敬，民之主也。而弃之，何以承守？郑人不讨，必受其辜。济泽之阿，行潦之蘋藻，置诸宗室，季兰尸之，敬也。敬可弃乎？" 及汉，楚康王卒。公欲反，叔仲昭伯曰："我楚国之为，岂为一人行也？"子服惠伯曰："君子有远虑，小人从迩。饥寒之不恤，谁遑其后？不如姑归也。"叔孙穆子曰："叔仲子专之矣，子服子始学者也。"	《左传》中亦有不少他人评论穆叔之处，这些评论进一步展示了穆叔的性格及为人： 1.襄二十九年吴季札之评："子其不得死乎！好善而不能择人。吾闻君子务在择人。吾子为

襄二十九	襄二十九	
春，王正月，公在楚。夏五月，公至自楚。吴子使札来聘。	春，王正月，公在楚，释不朝正于庙也。楚人使公亲禭，公患之。穆叔曰："祓殡而禭，则布币也。"乃使巫以桃、茢先祓殡。楚人弗禁，既而悔之。 吴公子札来聘，见叔孙穆子，说之。谓穆子曰："子其不得死乎！好善而不能择人。吾闻君子务在择人。吾子为鲁宗卿，而任其大政，不慎举，何以堪之？祸必及子！"	鲁宗卿，而任其大政，何以堪之？祸必及子！" 2.昭元年郑子羽之评："叔孙绞而婉。" 3.昭元年赵孟评穆叔："临患不忘国，忠也；思难不越官，信也；图国忘死，贞也；谋主三者，义也。有是四者，又可戮乎？""鲁虽有罪，其执事不辟难，畏威而敬命矣。……鲁叔孙豹可谓能矣，请免之，以靖能者。" 如果说季札之评是为昭四、五年叔孙家乱而设，那么赵孟之评则最能代表《左传》对叔孙豹人品的评价。 关于叔孙豹奔齐生子之事：昭四年传载叔孙豹当年奔
襄三十	襄三十	
	春，王正月，楚子使薳罢来聘，通嗣君也。穆叔问："王子之为政何如？"对曰："吾侪小人，食而听事，犹惧不给命，而不免于戾，焉与知政？"固问焉，不告。穆叔告大夫曰："楚令尹将有大事，子荡将与焉，助之匿其情矣。"	
襄三十一	襄三十一	
春，王正月。夏六月辛巳，公薨于楚宫。秋，九月癸巳，子野卒。	春，王正月，穆叔至自会。见孟孝伯，语之曰："赵孟将死矣。其语偷，不似民主。且年未盈五十，而谆谆焉，如八九十者，弗能久矣。若赵孟死，为政者其韩子乎？吾子盍与季孙言之，可以树善，君子也。晋君将失政矣，若不树焉，使早备鲁，既而政在大夫，韩子懦弱，大夫多贪，求欲无厌，齐、楚未足与也，鲁其惧哉？"孝伯曰："人生几何，谁能无偷？朝不及夕，将安用树？"穆叔出而告人曰："孟孙将死矣。吾语诸赵孟之偷也，而又甚焉。"又与季孙语晋故，季孙不从。及赵文子卒，晋公室卑，政在侈家。韩宣子为政，不能图诸侯。鲁不堪晋求，诐慝弘多，是以有平丘之会。 公作楚宫。穆叔曰："《大誓》云：'民之所欲，天必从之。'君欲楚也夫，故作其宫。若不复适楚，必死是宫也。"六月辛巳，公薨于楚宫。叔仲带窃其拱璧，以与御人，纳诸其怀，而从取之，由是得罪。 立胡女敬归之子子野，次于季氏。秋，九月癸巳，卒，毁也。己亥，孟孝伯卒，立敬归之娣齐归之子公子裯，穆叔不欲，曰："大子死，有母弟则立之，无则长立。年钧	

	择贤，义钧则卜，古之道也。非適嗣，何必娣之子？且是人也，居丧而不哀，在戚而有嘉容，是谓不度。不度之人，鲜不为患。若果立之，必为季氏忧。"武子不听，卒立之。比及葬，三易衰，衰衽如故衰。于是昭公十九年矣，犹有童心。君子是以知其不能终也。	齐期间，私宿于庚宗妇人之家，生子竖牛；又在齐娶于国氏，而生孟丙、仲壬。成十六年传载鲁逐叔孙侨如，召叔孙豹于齐而立之。然而同年早些时候（七月），传又称"子叔声伯使叔孙豹请逆于晋师"，据此叔孙豹离鲁奔齐在何时尚有疑问。昭四年孔疏以为，穆叔奔齐当时成十六年，而还鲁当在襄二年，因襄二年叔孙豹始见于经。盖以叔孙豹成十六年"逆于晋师"之后，才由郑奔齐。虽成十六年传载"侨如奔齐"，"召叔孙豹于齐而立之"，但据杜注、孔
昭元	**昭元**	
叔孙豹会晋赵武、楚公子围、齐国弱、宋向戌、卫齐恶、陈公子招、蔡公孙归生、郑罕虎、许人、曹人于虢。三月，取郓。冬，十有一月己酉，楚子麇卒。楚公子比出奔晋。	三月甲辰，盟。楚公子围设服离卫。叔孙穆子曰："楚公子美矣，君哉！"退会，子羽谓子皮曰："叔孙绞而婉，宋左师简而礼，乐王鲋字而敬。子与子家持之，皆保世之主也。" 季武子伐莒，取郓。莒人告于会。楚告于晋曰："寻盟未退，而鲁伐莒，渎齐盟，请戮其使。"乐桓子相赵文子，欲求货于叔孙，而为之请。使请带焉，弗与。梁其踁曰："货以藩身，子何爱焉？"叔孙曰："诸侯之会，卫社稷也。我以货免，鲁必受师，是祸之也，何卫之为？人之有墙，以蔽恶也。墙之隙坏，谁之咎也？卫而恶之，吾又甚焉。虽怨季孙，鲁国何罪？叔出季处，有自来矣。吾又谁怨？然鲋也贿，弗与不已。"召使者，裂裳帛而与之，曰："带其褊矣。"赵孟闻之，曰："临患不忘国，忠也；思难不越官，信也；图国忘死，贞也；谋主三者，义也。有是四者，又可戮乎？"乃请诸楚曰："鲁虽有罪，其执事不辟难，畏威而敬命矣。子若免之，以劝左右，可也。若子之群吏，处不辟污，出不逃难，其何患之有？患之所生，污而不治，难而不守，所由来也。能是二者，又何患焉？不靖其能，其谁从之？鲁叔孙豹可谓能矣，请免之，以靖能者。子会而赦有罪，又赏其贤，诸侯其谁不欣焉望楚而归之，视远如迩？疆场之邑，一彼一此，何常之有？王、伯之令也，引其封疆，而树之官，举之表旗，而着之制令，过则有刑，犹不可壹。于是乎虞有三苗，夏有观、扈，商有姺、邳，周有徐、奄。自无令王，诸侯逐进，狎主齐盟，其又可壹乎？恤大舍小，足以为盟主，又焉用之？封疆之削，何国蔑	

	有？主齐盟者，谁能辩焉？吴、濮有衅，楚之执事岂其顾盟，莒之疆事，楚勿与知，诸侯无烦，不亦可乎？莒、鲁争郓，为日久矣。苟无大害于其社稷，可无亢也。去烦宥善，莫不竞劝，子其图之。"固请诸楚，楚人许之，乃免叔孙。 夏，四月，赵孟、叔孙豹、曹大夫入于郑，郑伯兼享之。子皮戒赵孟，礼终，赵孟赋《瓠叶》。子皮遂戒穆叔，且告之。穆叔曰："赵孟欲一献，子其从之。"子皮曰："敢乎？"穆叔曰："夫人之所欲也，又何不敢？"及享，具五献之笾豆于幕下。赵孟辞，私于子产曰："武请于冢宰矣。"乃用一献。赵孟为客，礼终乃宴。穆叔赋《鹊巢》，赵孟曰："武不堪也。"又赋《采蘩》，曰："小国为蘩，大国省穑而用之，其何实非命？"子皮赋《野有死麕》之卒章，赵孟赋《常棣》，且曰："吾兄弟比以安，尨也可使无吠。"穆叔、子皮及曹大夫兴，拜，举兕爵曰："小国赖子，知免于戾矣。"饮酒乐。赵孟出，曰："吾不复此矣。" 叔孙归，曾夭御季孙以劳之。旦及日中不出。曾夭谓曾阜，曰："旦及日中，吾知罪矣。鲁以相忍为国也。忍其外不忍其内，焉用之？"阜曰："数月于外，一旦于是，庸何伤？贾而欲赢，而恶嚣乎？"阜谓叔孙曰："可以出矣。"叔孙指楹，曰："虽恶是，其可去乎？"乃出见之。	疏叔孙豹还鲁在襄二年。杜注称襄二年"竖牛五六岁"，则叔孙豹奔齐在成十五年以前（如成十六年奔齐，则襄二年竖牛虚岁亦不过四岁。或者杜注以为奔齐在成十六年而计算竖牛岁数有误）。杨伯峻昭四年注以为穆叔奔齐，"必在成十六年以前，传未载耳"。如然，成十六年载称"子叔声伯使叔孙豹请逆于晋师，为食于郑郊"就不太好理解。
昭三	昭三	
秋，小邾子来朝。	小邾穆公来朝，季武子欲卑之，穆叔曰："不可。曹、滕、二邾，实不忘我好，敬以逆之，犹惧其贰，又卑一睦，焉逆群好也？其如旧而加敬焉！《志》曰：'能敬无灾。'又曰：'敬逆来者，天所福也。'"季孙从之。	
昭四	昭四	
冬，十有二月乙卯，叔孙豹卒。	初，穆子去叔孙氏，及庚宗，遇妇人，使私为食而宿焉。问其行，告之故，哭而送之。适齐，娶于国氏，生孟丙、仲壬。梦天压己，弗胜，顾而见人，黑而上偻，深目而豭喙，号之曰："牛，助余！"乃胜之。且而	

皆召其徒，无之。且曰："志之。"及宣伯奔齐，馈之。宣伯曰："鲁以先子之故，将存吾宗，必召女。召女，何如？"对曰："愿之久矣。"鲁人召之，不告而归。

既立，所宿庚宗之妇人献以雉。问其姓，对曰："余子长矣，能奉雉而从我矣。"召而见之，则所梦也。未问其名，号之曰"牛"。曰："唯。"皆召其徒，使视之，遂使为竖。有宠，长使为政。

公孙明知叔孙于齐，归，未逆国姜，子明取之，故怒，其子长而后使逆之。田于丘蕕，遂遇疾焉。竖牛欲乱其室而有之，强与孟盟，不可。叔孙为孟钟，曰："尔未际，飨大夫以落之。"既具，使竖牛请日。入，弗谒，出命之日。及宾至，闻钟声。牛曰："孟有北妇人之客。"怒，将往，牛止之。宾出，使拘而杀诸外。牛又强与仲盟，不可。仲与公御莱书观于公，公与之环，使牛入示之。入，不示，出，命佩之。牛谓叔孙："见仲而何？"叔孙曰："何为？"曰："不见，既自见矣，公与之环而佩之矣。"遂逐之，奔齐。疾急，命召仲，牛许而不召。杜泄见，告之饥渴，授之戈。对曰："求之而至，又何去焉？"竖牛曰："夫子疾病，不欲见人。"使置馈于个而退。牛弗进，则置虚命彻。

十二月癸丑，叔孙不食。乙卯，卒。牛立昭子而相之。公使杜泄葬叔孙。竖牛赂叔仲昭子与南遗，使恶杜泄于季孙而去之。杜泄将以路葬，且尽卿礼。南遗谓季孙曰："叔孙未乘路，葬焉用之？且冢卿无路，介卿以葬，不亦左乎？"季孙曰："然。"使杜泄舍路，不可，曰："夫子受命于朝而聘于王，王思旧勋而赐之路，复命而致之君。君不敢逆王命而复赐之，使三官书之。吾子为司徒，实书名；夫子为司马，与工正书服；孟孙为司空，以书勋。今死而弗以，是弃君命也。书在公府，而弗以，是废三官也。若命服，生弗敢服，死又不以，将焉用之？"乃使以葬。

季孙谋去中军，竖牛曰："夫子固欲去之。"

昭五	昭五
春，王正月，舍中军。公如晋。秋，七月，公至自晋。	春，王正月，舍中军，卑公室也。毁中军于施氏，成诸臧氏。初，作中军，三分公室，而各有其一。季氏尽征之，叔孙氏臣其子弟，孟氏取其半焉。及其舍之也，四分公室，季氏择二，二子各一，皆尽征之，而贡于公。以书使杜泄告于殡，曰："子固欲毁中军，既毁之矣，故告。"杜泄曰："夫子唯不欲毁也，故盟诸僖闳，诅诸五父之衢。"受其书而投之，帅士而哭之。 叔仲子谓季孙曰："带受命于子叔孙，曰：'葬鲜者自西门。'"季孙命杜泄。杜泄曰："卿丧自朝，鲁礼也。吾子为国政，未改礼而又迁之。群臣惧死，不敢自也。"既葬而行。仲至自齐，季孙欲立之。南遗曰："叔孙氏厚，则季氏薄。彼实家乱，子勿与知，不亦可乎？"南遗使国人助竖牛以攻诸大库之庭，司宫射之，中目而死。竖牛取东鄙三十邑以与南遗。 昭子即位，朝其家众，曰："竖牛祸叔孙氏，使乱大从，杀適立庶，又披其邑，将以赦罪，罪莫大焉。必速杀之！"竖牛惧，奔齐。孟、仲之子杀诸塞关之外，投其首于宁风之棘上。仲尼曰："叔孙昭子之不劳，不可能也。周任有言曰：'为政者不赏私劳，不罚私怨。'《诗》云：'有觉德行，四国顺之。'" 初，穆子之生也，庄叔以《周易》筮之，遇《明夷》䷣之《谦》䷎，以示卜楚丘，曰："是将行，而归为子祀。以谗人入，其名曰牛，卒以馁死。《明夷》，日也。日之数十，故有十时，亦当十位。自王已下，其二为公，其三为卿。日上其中，食日为二，旦日为三。《明夷》之《谦》，明而未融，其当旦乎？故曰'为子祀'。日之谦，当鸟，故曰'明夷于飞'。明而未融，故曰'垂其翼'。象日之动，故曰'君子于行'。当三在旦，故曰'三日不食'。《离》，火也。《艮》，山也。《离》为火，火焚山，山败。于人为言，败言为谗，故曰'有攸往。主人有言'。言必谗也。纯《离》为牛，世乱谗胜，胜将适《离》，故曰'其名曰牛'。谦不足，飞不翔，垂不峻，翼不广，故曰'其为子后乎'。吾子亚卿也，抑少不终。"

齐庆封（前574—前538）

成十七	成十七	
齐高无咎出奔莒。	齐庆克通于声孟子，与妇人蒙衣乘辇而入于闳。鲍牵见之，以告国武子。武子召庆克而谓之。庆克久不出，而告夫人曰："国子谪我。"夫人怒。国子相灵公以会，高、鲍处守。及还，将至，闭门而索客。孟子诉之曰："高、鲍将不纳君，而立公子角，国子知之。"秋，七月壬寅，刖鲍牵而逐高无咎。无咎奔莒。高弱以卢叛。齐人来召鲍国而立之。初，鲍国去鲍氏而来，为施孝叔臣。施氏卜宰，匡句须吉。施氏之宰有百室之邑，与匡句须邑，使为宰，以让鲍国而致邑焉。施孝叔曰："子实吉？"对曰："能与忠良，吉孰大焉？"鲍国相施氏忠，故齐人取以为鲍氏后。仲尼曰："鲍庄子之知不如葵，葵犹能卫其足。" 齐侯使崔杼为大夫，使庆克佐之，帅师围卢。国佐从诸侯围郑，以难请而归。遂如卢师，杀庆克，以榖叛。齐侯与之盟于徐关而复之。十二月，卢降。使国胜告难于晋，待命于清。	庆氏为齐公族，陈厚耀《世族谱》称齐桓公之子公子无亏生庆克（公子无亏僖十七年立，次年被杀），如此则庆氏出自齐桓公，为齐公族。其世系如下：

世系	简历
桓公小白	庄九年立，僖十七年卒
公子无亏	僖十七年立，十八年被杀
庆克	成十七年见
庆封子家、庆佐	庆封成十八年为大夫，襄二十八年奔吴，昭四年被杀。庆佐成十八年为司寇
庆舍子之	庆封子庆舍襄二十八年庆封与庆舍政，同年被杀

成十八	成十八
齐杀其大夫国佐。	齐为庆氏之难故，甲申晦，齐侯使士华免以戈杀国佐于内宫之朝。师逃于夫人之宫。书曰："齐杀其大夫国佐。"弃命，专杀，以榖叛故也。使清人杀国胜。国弱来奔。王湫奔莱。庆封为大夫，庆佐为司寇。既，齐侯反国弱，使嗣国氏，礼也。
襄十九	襄十九
齐侯环卒。冬，葬齐灵公。	齐侯疾，崔杼微逆光，疾病而立之。光杀戎子，尸诸朝，非礼也。妇人无刑。虽有刑，不在朝市。夏，五

（上表：庆氏另有庆嗣［子息］、庆奭［麻婴］、庆绳见于襄二十八年庆氏之难，系未详。）

庆封，姜姓，又称庆季，庆氏、子家等，齐臣庆克之子，庆舍之父。

齐崔、庆与高、

	月，壬辰晦，齐灵公卒。庄公即位，执公子牙于句渎之丘。以夙沙卫易己，卫奔高唐以叛。晋士匄侵齐，及穀，闻丧而还，礼也。 齐庆封围高唐，弗克。冬，十一月，齐侯围之。见卫在城上，号之，乃下。问守备焉，以无备告。揖之乃登。闻师将傅，食高唐人殖绰、工偻会夜缒纳师，醢卫于军。	国不和似由来已久。宣十年"崔杼有宠于惠公，高、国畏其逼也，公卒而逐之，奔卫"。成十七年，庆克在一场斗争中击败了国氏和高氏，齐侯遂召崔杼回国为大夫，庆克佐之，可见崔、庆同党早已有之。事后因庆克为国佐所杀，齐侯遂杀国佐，而使庆封为大夫，庆佐为司寇。襄十九年齐灵公病危之际崔杼迎立公子光为君，事后杀高厚而兼其室，从此庆封、庆佐与崔杼同掌齐国国政（襄二十五穆叔曰"齐崔、庆新得政"）。 《左传》中庆封之死，庆氏之亡，乃至庆封的一生，可以用四个字来总结，即"无德而贪"。庆封之父庆克乃一无耻之徒。庆封得立完全是由于庆克与国、高之乱，庆克在这场内乱中通于声孟子，最终反得齐君之宠而立其子，真可谓不义之甚。然而庆封未能从中汲取教训，反在日后与崔氏结为死党，多行不义于国。
襄二十一	**襄二十一**	
	齐侯使庆佐为大夫，复讨公子牙之党，执公子买于句渎之丘。公子鉏来奔。叔孙还奔燕。	
襄二十五	**襄二十五**	
夏，五月乙亥，齐崔杼弑其君光。公会晋侯、宋公、卫侯、郑伯、曹伯、莒子、邾子、滕子、薛伯、杞伯、小邾子于夷仪。秋，八月己巳，诸侯同盟于重丘。	夏，五月，莒为且于之役故，莒子朝于齐。甲戌，飨诸北郭。崔子称疾不视事。乙亥，公问崔子，遂从姜氏。皆曰："君之臣杼疾病，不能听命。近于公宫，陪臣干掫有淫者，不知二命。"公逾墙，又射之，中股，反队，遂弑之。 叔孙宣伯之在齐也，叔孙还纳其女于灵公，嬖，生景公。丁丑，崔杼立而相之，庆封为左相，盟国人于大宫，曰："所不与崔、庆者……"晏子仰天叹曰："婴所不唯忠于君、利社稷者是与，有如上帝！"乃歃。辛巳，公与大夫及莒子盟。 闾丘婴以帷缚其妻而载之，与申鲜虞乘而出。鲜虞推而下之，曰："君昏不能匡，危不能救，死不能死，而知匿其昵，其谁纳之？"行及弇中，将舍。婴曰："崔、庆其追我。"鲜虞曰："一与一，谁能惧我？"遂舍，枕辔而寝，食马而食，驾而行。出弇中，谓婴曰："速驱之。崔、庆之众不可当也。"遂来奔。 晋侯济自泮，会于夷仪，伐齐，以报朝歌之役。齐人以庄公说，使隰鉏请成，庆封如师。男女以班。赂	

	晋侯以宗器、乐器。自六正、五吏、三十帅、三军之大夫、百官之正长、师旅及处守者，皆有赂。晋侯许之。使叔向告于诸侯。公使子服惠伯对曰："君舍有罪，以靖小国，君之惠也。寡君闻命矣。" 秋，七月己巳，同盟于重丘，齐成故也。 赵文子为政，令薄诸侯之币，而重其礼。穆叔见之，谓穆叔曰："自今以往，兵其少弭矣。齐崔、庆新得政，将求善于诸侯。武也知楚令尹。若敬行其礼，道之以文辞，以靖诸侯，兵可以弭。"	如果说庆封与崔杼同党为不义，那么利用崔氏家乱消灭崔氏，则证明此人实在人面兽心、没有真情。襄二十七年，崔杼因偏心后妻棠无咎及其子，其子崔成、崔强欲杀此二人，先告庆封，庆封遂告卢蒲嫳，卢称："子何病焉？崔之薄，庆之厚也。"他日又告庆封曰："苟利夫子，必去之。难，吾助女。"盖此时庆封已与卢氏形成默契矣。后来崔成、崔强杀东郭偃、棠无咎，庆封遂令卢蒲嫳帅甲以攻崔氏。遂灭崔氏，杀成与强，而尽俘其家，其妻缢。嫳复命于崔子，且御而归之。至，则无归矣，乃缢。卢蒲嫳所为，正是尽灭崔氏。而庆封知其意，而用之。从后来庆封以其内实迁于卢蒲嫳氏，易内而饮酒，可以看出他视卢蒲嫳为知己。 庆氏之亡，不是由外人引起，而与崔氏一样，同样是由其家族内部引起，可以说是其人
襄二十七 春，齐侯使庆封来聘。	襄二十七 齐庆封来聘，其车美。孟孙谓叔孙曰："庆季之车，不亦美乎？"叔孙曰："豹闻之：'服美不称，必以恶终。'美车何为？"叔孙与庆封食，不敬。为赋《相鼠》，亦不知也。 齐崔杼生成及强而寡，娶东郭姜，生明。东郭姜以孤入，曰棠无咎，与东郭偃相崔氏。崔成有疾而废之，而立明。成请老于崔，崔子许之。偃与无咎弗予，曰："崔，宗邑也，必在宗主。"成与强怒，将杀之，告庆封曰："夫子之身，亦子所知也，唯无咎与偃是从，父兄莫得进矣。大恐害夫子，敢以告。"庆封曰："子姑退，吾图之。"告卢蒲嫳。卢蒲嫳曰："彼，君之仇也，天或者将弃彼矣。彼实家乱，子何病焉？崔之薄，庆之厚也。"他日又告庆封曰："苟利夫子，必去之。难，吾助女。" 九月庚辰，崔成、崔强杀东郭偃、棠无咎于崔氏之朝。崔子怒而出，其众皆逃，求人使驾，不得。使圉人驾，寺人御而出，且曰："崔氏有福，止余犹可。"遂见庆封。 庆封曰："崔、庆一也，是何敢	

	然?请为子讨之。"使卢蒲嫳帅甲以攻崔氏。崔氏堞其宫而守之,弗克。使国人助之,遂灭崔氏,杀成与强,而尽俘其家,其妻缢。嫳复命于崔子,且御而归之。至,则无归矣,乃缢。崔明夜辟诸大墓。辛巳,崔明来奔。庆封当国。	品极差的又一个极好的证明。然而更有甚者,庆封由比他更加贪僈、自用的楚灵王所杀,实是对此人人生的一大讽刺。从庆封临死之际与灵王相互不服的情形,人们不能不叹服他与楚灵王相互了解之深:
襄二十八 冬,齐庆封来奔。	襄二十八 夏,齐侯、陈侯、蔡侯、北燕伯、杞伯、胡子、沈子、白狄朝于晋,宋之盟故也。齐侯将行,庆封曰:"我不与盟,何为于晋?"陈文子曰:"先事后贿,礼也。小事大,未获事焉,从之如志,礼也。虽不与盟,敢叛晋乎?重丘之盟,未可忘也。子其劝行。" 齐庆封好田而耆酒。与庆舍政,则以其内实迁于卢蒲嫳氏,易内而饮酒。数日,国迁朝焉。使诸亡人得贼者,以告而反之,故反卢蒲癸。癸臣子之,有宠,妻之。庆舍之士谓卢蒲癸曰:"男女辨姓,子不辟宗,何也?"曰:"宗不余辟,余独焉辟之?赋《诗》断章,余取所求焉,恶识宗?"癸言王何而反之。二人皆嬖,使执寝戈而先后之。 公膳日双鸡,饔人窃更之以鹜。御者知之,则去其肉,而以其洎馈。子雅、子尾怒。庆封告卢蒲嫳,卢蒲嫳曰:"譬之如禽兽,吾寝处之矣。"使析归父告晏平仲,平仲曰:"婴之众不足用也,知无能谋也,言弗敢出,有盟可也。"子家曰:"子之言云,又焉用盟?"告北郭子车,子车曰:"人各有以事君,非佐之所能也。"陈文子谓桓子曰:"祸将作矣。吾其何得?"对曰:"得庆氏之木百车于庄。"文子曰:"可慎守也已。" 卢蒲癸、王何卜攻庆氏,示子之兆,曰:"或卜攻仇,敢献其兆。"子	负之斧锧,以徇于诸侯,使言曰:"无或如齐庆封,弑其君,弱其孤以盟其大夫!"庆封曰:"无或如楚共王之庶子围,弑其君兄之子麇而代之,以盟诸侯!"王使速杀之。 《左传》写庆封,从各个侧面对其人品进行了间接的刻画,以揭示主题。首先,襄二十七年,齐庆封来聘,其车美。孟孙谓叔孙曰:"庆季之车,不亦美乎?"叔孙曰:"豹闻之:'服美不称,必以恶终。'美车何为?"叔孙与庆封食,不敬。为赋《相鼠》,亦不知也。其次,襄二十八年,庆封欲除子雅、子尾,告晏平仲、北郭子车,二人皆婉言拒绝,陈文子亦知祸

457

之曰:"克,见血。"冬,十月,庆封田于莱,陈无宇从。丙辰,文子使召之,请曰:"无宇之母疾病,请归。"庆季卜之,示之兆,曰:"死。"奉龟而泣,乃使归。庆嗣闻之,曰:"祸将作矣。"谓子家:"速归,祸作必于尝,归犹可及也。"子家弗听,亦无悛志。子息曰:"亡矣,幸而获在吴、越。"陈无宇济水,而戕舟发梁。卢蒲姜谓癸曰:"有事而不告我,必不捷矣。"癸告之,姜曰:"夫子愎,莫之止,将不出。我请止之。"癸曰:"诺。"

十一月乙亥,尝于大公之庙,庆舍莅事。卢蒲姜告之,且止之,弗听,曰:"谁敢者?"遂如公。麻婴为尸,庆奊为上献。卢蒲癸、王何执寝戈。庆氏以其甲环公宫。陈氏、鲍氏之圉人为优。庆氏之马善惊,士皆释甲束马,而饮酒,且观优,至于鱼里。栾、高、陈、鲍之徒,介庆氏之甲。子尾抽桷击扉三,卢蒲癸自后刺子之,王何以戈击之,解其左肩。犹援庙桷,动于甍,以俎壶投杀人,而后死。遂杀庆绳、麻婴。公惧,鲍国曰:"群臣为君故也。"陈须无以公归,税服而如内宫。

庆封归,遇告乱者。丁亥,伐西门,弗克。还伐北门,克之。入伐内宫,弗克。反,陈于岳。请战,弗许,遂来奔。献车于季武子,美泽可以鉴。展庄叔见之,曰:"车甚泽,人必瘁。宜其亡也。"叔孙穆子食庆封,庆封泛祭。穆子不说,使工为之诵《茅鸱》,亦不知。既而齐人来让,奔吴。吴句余予之朱方,聚其族焉而居之,富于其旧。子服惠伯谓叔孙曰:"天殆富淫人,庆封又富矣。"穆子曰:"善人富谓之赏,淫人富谓之殃。天其殃之也,其将聚而歼旃。"

心。再显示出庆封司马昭之心,为人所不耻。其次,襄二十八年,无宇之母疾病,庆季卜之,示之兆,曰:"死。"奉龟而泣。此处极能表现庆封为人之无知。再次,襄二十八年,卢蒲姜谓癸曰:"有事而不告我,必不捷矣。"癸告之,姜曰:"夫子愎,莫之止,将不出。"这里"夫子愎"三个字也许是对庆封一生为人的一个最好概括。最后,襄二十八年,庆封来奔。献车于季武子,美泽可以鉴。展庄叔见之,曰:"车甚泽,人必瘁。宜其亡也。"叔孙穆子食庆封,庆封泛祭。穆子不说,使工为之诵《茅鸱》,亦不知。既而齐人来让,奔吴。吴句余予之朱方,聚其族焉而居之,富于其旧。子服惠伯谓叔孙曰:"天殆富淫人,庆封又富矣。"穆子曰:"善人富谓之赏,淫人富谓之殃。天其殃之也,其将聚而歼旃。"凡此种种,都是《左传》从侧面对庆封为

	崔氏之乱，丧群公子，故鉏在鲁，叔孙还在燕，贾在句渎之丘。及庆氏亡，皆召之，具其器用而反其邑焉。与晏子邶殿其鄙六十，弗受。子尾曰："富，人之所欲也，何独弗欲？"对曰："庆氏之邑足欲，故亡。吾邑不足欲也，益之以邶殿乃足欲。足欲，亡无日矣。在外，不得宰吾一邑。不受邶殿，非恶富也，恐失富也。且夫富，如布帛之有幅焉。为之制度，使无迁也。夫民生厚而用利，于是乎正德以幅之，使无黜嫚，谓之幅利。利过则为败。吾不敢贪多，所谓幅也。"	人的刻画。
昭四	昭四	
秋，七月，楚子、蔡侯、陈侯、许男、顿子、胡子、沈子、淮夷伐吴。执齐庆封，杀之。	秋，七月，楚子以诸侯伐吴，宋大子、郑伯先归，宋华费遂、郑大夫从。使屈申围朱方。八月甲申，克之，执齐庆封而尽灭其族。 将戮庆封，椒举曰："臣闻无瑕者可以戮人。庆封唯逆命，是以在此，其肯从于戮乎？播于诸侯，焉用之？"王弗听，负之斧钺，以徇于诸侯，使言曰："无或如齐庆封弑其君，弱其孤，以盟其大夫。"庆封曰："无或如楚共王之庶子围，弑其君兄之子麇而代之，以盟诸侯。"王使速杀之。	

鲁季武子（前567—前535）

襄六	襄六	季武子，名宿，又称季孙宿，季孙宿，季文子之子。襄十二年继叔孙豹为鲁国执政，至昭七年卒时为止，共在位二十七年（参顾栋高《大事表·春秋鲁政下逮表》）。季
季孙宿如晋。	晋人以鄫故来讨，曰："何故亡鄫？"季武子如晋见，且听命。	
襄七	襄七	
城费。秋，季孙宿如卫。	南遗为费宰，叔仲昭伯为隧正，欲善季氏而求媚于南遗，谓遗："请城费。吾多与而役。"故季氏城费。 秋，季武子如卫，报子叔之聘，且辞缓报，非贰也。	

襄八	**襄八**	孙氏世系如下（附例见年）：
季孙宿会晋侯、郑伯、齐人、宋人、卫人、邾人于邢丘。晋侯使士匄来聘。	五月甲辰，会于邢丘，以命朝聘之数，使诸侯之大夫听命。季孙宿、齐高厚、宋向戌、卫宁殖、邾大夫会之。郑伯献捷于会，故亲听命。大夫不书，尊晋侯也。 晋范宣子来聘，且拜公之辱，告将用师于郑。公享之。宣子赋《摽有梅》。季武子曰："谁敢哉？今譬于草木，寡君在君，君之臭味也。欢以承命，何时之有？"武子赋《角弓》。宾将出，武子赋《彤弓》。宣子曰："城濮之役，我先君文公献功于衡雍，受彤弓于襄王，以为子孙藏。匄也，先君守官之嗣也，敢不承命？"君子以为知礼。	成季 公子友 庄二十五 （缺一代） 季文子 行父 文六 季武子 宿 襄六 公鉏 襄二十三 ／ 季悼子 纥 襄二十三 季平子 意如 昭九 ／ 公甫 昭二十五 季桓子 斯 定五 季康子 肥 哀三
襄九	**襄九**	（上表：公鉏[又称公弥]后为公鉏氏；公甫后为公父氏。）
夏，季孙宿如晋。冬，公会晋侯、宋公、卫侯、曹伯、莒子、邾子、滕子、薛伯、杞伯、小邾子、齐世子光伐郑。十有一月己亥，同盟于戏。	夏，季武子如晋，报宣子之聘也。 冬，十月，诸侯伐郑。庚午，季武子、齐崔杼、宋皇郧从荀罃、士匄门于鄟门，卫北宫括、曹人、邾人从荀偃、韩起门于师之梁，滕人、薛人从栾黡、士鲂门于北门，杞人、郳人从赵武、魏绛斩行栗。十一月己亥，同盟于戏，郑服也。 公送晋侯，晋侯以公宴于河上，问公年。季武子对曰："会于沙随之岁，寡君以生。"晋侯曰："十二年矣。是谓一终，一星终也。国君十五而生子，冠而生子，礼也。君可以冠矣。大夫盍为冠具？"武子对曰："君冠，必以祼享之礼行之，以金石之乐节之，以先君之祧处之。今寡君在行，未可具也。请及兄弟之国而假备焉。"晋侯曰："诺。"公还及卫，冠于成公之庙，假钟磬焉，礼也。	要理解季武子一生的所作所为，需认识到一个背景，即鲁国的国政经过僖公、文公、成公、襄公四公，权臣的势力已经得到了巨大发展，形成了一种几乎是牢不可破的权臣执政的格局。权臣势力主要体现在两个方面：一是他们在鲁国内政外交中扮演极为重要的角色；二是他们控制着大量的采邑，这等于控制着鲁国的经济命脉。这两者事实上是相辅相成的。如果不是鲁君
襄十一	**襄十一**	
春，王正月，作三军。	春，季武子将作三军，告叔孙穆子曰："请为三军，各征其军。"穆子曰："政将及子，子必不能。"武子固	

	请之。穆子曰："然则盟诸？"乃盟诸僖闳，诅诸五父之衢。正月，作三军，三分公室而各有其一。三子各毁其乘。季氏使其乘之人，以其役邑入者无征，不入者倍征。孟氏使半为臣，若子若弟。叔孙氏使尽为臣，不然不舍。	的无为而治，大臣权倾一时的局面绝不会形成。没有大臣权倾一时的局面，也就不可能有权臣控制经济命脉的现象。一旦国家的经济命脉掌握在权臣手里，国君欲改变现有的格局就势比登天。这就是后来昭公的命运。
到了季武子，一生最大的愿望就是通过弱公室来增强季孙势力。因此他在《左传》中是被作为一个反面人物写得几乎一无是处。从襄十一年作三军，襄十四年为介以会，襄二十九年欺君取卞，襄三十一年废长立幼，到昭四至五年欲毁中军、四分公室已取其二，都充分暴露了他的野心。季武子的行为引起了当时鲁国政坛其他几位正直大臣的不满。其中表现最明显的就是穆叔。从襄十一年不赞成三分公室，襄十九年谏季孙，襄三十一年不赞成立公子裯，到昭元年不义季孙，昭四至五年季孙欲害叔孙，均是明证。
襄十二	襄十二	
春，王二月，莒人伐我东鄙，围台。季孙宿帅师救台，遂入郓。	春，莒人伐我东鄙，围台。季武子救台，遂入郓，取其钟以为公盘。	
襄十四	襄十四	
春，王正月，季孙宿、叔老会晋士匄、齐人、宋人、卫人、郑公孙虿、曹人、莒人、邾人、滕人、薛人、杞人、小邾人会吴于向。	春，吴告败于晋。会于向，为吴谋楚故也。于是子叔齐子为季武子介以会，自是晋人轻鲁币，而益敬其使。	
襄十五	襄十五	
夏，齐侯伐我北鄙，围成。公救成，至遇。季孙宿、叔孙豹帅师城成郭。	郑尉氏、司氏之乱，共余盗在宋。郑人以子西、伯有、子产之故，纳赂于宋，以马四十乘与师茷、师慧。三月，公孙黑为质焉。司城子罕以堵女父、尉翩、司齐与之，良司臣而逸之，托诸季武子，武子置诸卞。
夏，齐侯围成，贰于晋故也。于是乎城成郭。	
襄十九	襄十九	
季孙宿如晋。	季武子如晋拜师，晋侯享之。范宣子为政，赋《黍苗》。季武子兴，再拜稽首，曰："小国之仰大国也，如百谷之仰膏雨焉。若常膏之，其天	

	下辑睦，岂唯敝邑？"赋《六月》。 季武子以所得于齐之兵作林钟，而铭鲁功焉。臧武仲谓季孙曰："非礼也。夫铭，天子令德，诸侯言时计功，大夫称伐。今称伐，则下等也。计功，则借人也。言时，则妨民多矣。何以为铭？且夫大伐小，取其所得以作彝器，铭其功烈以示子孙，昭明德而惩无礼也。今将借人之力以救其死，若之何铭之？小国幸于大国，而昭所获焉以怒之，亡之道也。"	季孙的行为还令鲁国当时另一位大臣臧孙纥强烈不满。襄二十一年臧孙讥季孙，襄二十三年臧孙被季孙所逐。此外，季孙弱公室的行为还遭到了季氏自己的家臣公冶的极大愤慨，事见二十九年。穆叔、臧孙纥都是春秋时代鲁国有名的贤臣，他们对季孙的态度及其与季氏的关系足以证明季孙氏弱公室的行为是多么不义。
襄二十 季孙宿如宋。	襄二十 冬，季武子如宋，报向戌之聘也。褚师段逆之以受享，赋《常棣》之七章以卒。宋人重贿之。归，复命，公享之，赋《鱼丽》之卒章。公赋《南山有台》，武子去所，曰："臣不堪也。"	《左传》从各个不同的角度，间接地对季武子的人品进行了讽刺：
襄二十一 邾庶其以漆、闾丘来奔。	襄二十一 邾庶其以漆、闾丘来奔。季武子以公姑姊妻之，皆有赐于其从者。于是鲁多盗。季孙谓臧武仲曰："子盍诘盗？"武仲曰："不可诘也。纥又不能。"季孙曰："我有四封而诘其盗，何故不可？子为司寇，将盗是务去，若之何不能？"武仲曰："子召外盗而大礼焉，何以止吾盗？子为正卿而来外盗，使纥去之，将何以能？庶其窃邑于邾以来，子以姬氏妻之而与之邑，其从者皆有赐焉。若大盗礼焉以君之姑姊与其大邑，其次皂牧舆马，其小者衣裳剑带，是赏盗也。赏而去之，其或难焉。纥也闻之：在上位者，洒濯其心，壹以待人，轨度其信，可明征也，而后可以治人。夫上之所为，民之归也。上所不为而民或为之，是以加刑罚焉，而莫敢不惩。若上之所为而民亦为之，乃其所也，又可禁乎？《夏书》曰：'念兹在兹，释兹在兹，名言兹在兹，允出兹在	1.贪利无度。襄十九年，季武子以所得齐之铭钟作林钟，穆叔谏之；襄二十一年，邾庶其窃邑来奔，季武子赏之，臧武仲刺之；昭四年问雹于申丰，申丰讥之。 2.畏强凌弱，为人势利。对于强晋极尽巴结之能事，而对于像邾这样的小国则有欺人之心。襄十九年如晋，昭二年答韩宣子，昭六年如晋拜田，对晋人皆恭敬备至，

襄二十三	襄二十三	
己卯，仲孙速卒。冬，十月乙亥，臧孙纥出奔邾。	兹，惟帝念功。'将谓由己壹也。信由己壹，而后功可念也。"庶其非卿也，以地来，虽贱必书，重地也。	次年不惜得罪孟孙来巴结晋人。昭三年，小邾公来朝，武子欲卑之。
	季武子无適子，公弥长，而爱悼子，欲立之。访于申丰，曰："弥与纥，吾皆爱之，欲择才焉而立之。"申丰趋退，归，尽室将行。他日，又访焉，对曰："其然，将具敝车而行。"乃止。访于臧纥，臧纥曰："饮我酒，吾为子立之。"季氏饮大夫酒，臧纥为客。既献，臧孙命北面重席，新樽絜之。召悼子，降，逆之，大夫皆起。及旅，而召公鉏，使与之齿，季孙失色。季氏以公鉏为马正，愠而不出。闵子马见之，曰："子无然。祸福无门，唯人所召。为人子者，患不孝，不患无所。敬共父命，何常之有？若能孝敬，富倍季氏可也。奸回不轨，祸倍下民可也。"公鉏然之，敬共朝夕，恪居官次。季孙喜，使饮己酒，而以具往，尽舍旃，故公鉏氏富。又出为公左宰。 孟孙恶臧孙，季孙爱之。孟氏之御驺丰点好羯也，曰："从余言，必为孟孙。"再三云，羯从之。孟庄子疾，丰点谓公鉏："苟立羯，请仇臧氏。"公鉏谓季孙曰："孺子秩固其所也，若羯立，则季氏信有力于臧氏矣。"弗应。己卯，孟孙卒。公鉏奉羯立于户侧。季孙至，入，哭而出，曰："秩焉在？"公鉏曰："羯在此矣。"季孙曰："孺子长。"公鉏曰："何长之有？唯其才也。且夫子之命也。"遂立羯。秩奔邾。臧孙入哭甚哀，多涕。出，其御曰："孟孙之恶子也，而哀如是。季孙若死，其若之何？"臧孙曰："季孙之爱我，疾疢也。孟孙之恶我，药石也。美疢不如恶石。夫石犹生我，疢之美，其毒滋多。孟	3. 不谙政事。襄三十一年，穆叔欲与季孙谋划鲁国外交政策，季孙不从；昭元年，列国大会，而季孙伐莒取郓，穆叔差点因此丧命等。 季武子是鲁国权臣从韬光养晦到正式凌驾于国君之上的转折点式人物。其父季文子为人虽有迂曲之处，但总的来说不失为一代忠良，其为人不足之处与季武子相比简直不足为道。武子之世，鲁国俊贤辈出，孟献子、臧孙纥、叔孙豹皆盖世贤臣，而武子身为执政，不但不用，反而矛盾重重，视之为眼中钉、肉中刺。若武子忠于公室，任贤使能，鲁国的前途岂可限量！ 武子死后，其子人品与其父如出一辙，出鲁君达八年之久，如果没有其父在世时为他打下的基础，他又何以能这样做呢？

	孙死，吾亡无日矣。" 孟氏闭门，告于季孙曰："臧氏将为乱，不使我葬。"季孙不信。臧孙闻之，戒。冬，十月，孟氏将辟，藉除于臧氏。臧孙使正夫助之，除于东门，甲从己而视之。孟氏又告季孙，季孙怒，命攻臧氏。乙亥，臧纥斩鹿门之关以出，奔邾。 初，臧宣叔娶于铸，生贾及为而死。继室以其侄，穆姜之姨子也。生纥长于公宫，姜氏爱之，故立之。臧贾、臧为出在铸。臧武仲自邾使告臧贾，且致大蔡焉，曰："纥不佞，失守宗祧，敢告不吊。纥之罪不及不祀，子以大蔡纳请，其可。"贾曰："是家之祸也，非子之过也。贾闻命矣。"再拜受龟，使为以纳请，遂自为也。臧孙如防，使来告曰："纥非能害也，知不足也。非敢私请。苟守先祀，无废二勋，敢不辟邑？"乃立臧为，臧纥致防而奔齐。其人曰："其盟我乎？"臧孙曰："无辞。"将盟臧氏，季孙召外史掌恶臣而问盟首焉，对曰："盟东门氏也，曰：'毋或如东门遂，不听公命杀适立庶。'盟叔孙氏也，曰：'毋或如叔孙侨如，欲废国常，荡覆公室。'"季孙曰："臧孙之罪，皆不及此。"孟椒曰："盍以其犯门斩关？"季孙用之，乃盟臧氏，曰："无或如臧孙纥，干国之纪，犯门斩关。"臧孙闻之，曰："国有人焉。谁居？其孟椒乎？"
襄二十七	襄二十七
夏，叔孙豹会晋赵武、楚屈建、蔡公孙归生、卫石恶、陈孔奂、郑良霄、许人、曹人于	宋向戌善于赵文子，又善于令尹子木，欲弭诸侯之兵以为名。辛巳，将盟于宋西门之外。 季武子使谓叔孙以公命，曰："视邾、滕。"既而齐人请邾，宋人请滕，皆不与盟。叔孙曰："邾、滕，人之私也。我，列国也。何故视之？

宋。秋，七月辛巳，豹及诸侯之大夫盟于宋。	宋、卫，吾匹也。"乃盟。故不书其族，言违命也。乙酉，宋公及诸侯之大夫盟于蒙门之外。	
襄二十八	**襄二十八**	
冬，齐庆封来奔。	遂来奔。献车于季武子，美泽可以鉴。	
襄二十九	**襄二十九**	
	公还，及方城。季武子取卞，使公冶问，玺书追而与之，曰："闻守卞者将叛，臣帅徒以讨之。既得之矣，敢告。"公冶致使而退。及舍，而后闻取卞。公曰："欲之而言叛，祗见疏也。"公谓公冶曰："吾可以入乎？"对曰："君实有国，谁敢违君？"公与公冶冕服，固辞，强之而后受。公欲无入。荣成伯赋《式微》，乃归。五月，公至自楚。公冶致其邑于季氏，而终不入焉，曰："欺其君，何必使余？"季孙见之，则言季氏如他日；不见，则终不言季氏。及疾，聚其臣曰："我死，必无以冕服敛，非德赏也。且无使季氏葬我。" 范献子来聘，拜城杞也。公享之，展庄叔执币。射者三耦，公臣不足，取于家臣。家臣展瑕、展玉父为一耦；公臣公巫召伯、仲颜庄叔为一耦，鄫鼓父、党叔为一耦。	
襄三十	**襄三十**	
	三月癸未，晋悼夫人食舆人之城杞者，绛县人或年长矣，无子，而往与于食。有与疑年，使之年。曰："臣小人也，不知纪年。臣生之岁，正月甲子朔，四百有四十五甲子矣，其季于今三之一也。"吏走问诸朝。赵孟问其县大夫，则其属也。召之而谢过焉，曰："武不才，任君之大事，以晋国之多虞，不能由吾子，使吾子辱在泥涂久矣，武之罪也。敢谢不才。"遂仕之，使助为政。辞以老。	

	与之田，使为君复陶，以为绛县师，而废其舆尉。
于是鲁使者在晋，归以语诸大夫。季武子曰："晋未可偷也。有赵孟以为大夫，有伯瑕以为佐，有史赵、师旷而咨度焉，有叔向、女齐以师保其君。其朝多君子，其庸可偷乎？勉事之而后可。"
襄三十一	襄三十一
春，王正月。夏六月辛巳，公薨于楚宫。秋，九月癸巳，子野卒。	春，王正月，穆叔至自会。见孟孝伯，语之曰："赵孟将死矣。其语偷，不似民主。且年未盈五十，而谆谆焉如八、九十者，弗能久矣。若赵孟死，为政者其韩子乎！吾子盍与季孙言之，可以树善，君子也。晋君将失政矣，若不树焉，使早备鲁，既而政在大夫，韩子懦弱，大夫多贪，求欲无厌，齐、楚未足与也，鲁其惧哉！"孝伯曰："人生几何，谁能无偷？朝不及夕，将安用树？"穆叔出，而告人曰："孟孙将死矣。吾语诸赵孟之偷也，而又甚焉。"又与季孙语晋故，季孙不从。及赵文子卒，晋公室卑，政在侈家。韩宣子为政，不能图诸侯。鲁不堪晋求，谗慝弘多，是以有平丘之会。
六月辛巳，公薨于楚宫。立胡女敬归之子子野，次于季氏。秋，九月癸巳，卒，毁也。立敬归之娣齐归之子公子裯，穆叔不欲，曰："大子死，有母弟则立之，无则长立。年钧择贤，义钧则卜，古之道也。非適嗣，何必娣之子？且是人也，居丧而不哀，在戚而有嘉容，是谓不度。不度之人，鲜不为患。若果立之，必为季氏忧。"武子不听，卒立之。比及葬，三易衰，衰衽如故衰。于是昭公十九年矣，犹有童心。君子是以知其不能终也。	

昭元	昭元
叔孙豹会晋赵武、楚公子围、齐国弱、宋向戌、卫齐恶、陈公子招、蔡公孙归生、郑罕虎、许人、曹人于虢。三月，取郓。冬，十有一月己酉，楚子麇卒。楚公子比出奔晋。	三月甲辰，盟。季武子伐莒，取郓。莒人告于会。楚告于晋曰："寻盟未退，而鲁伐莒，渎齐盟，请戮其使。"乐桓子相赵文子，欲求货于叔孙，而为之请。使请带焉，弗与。梁其踁曰："货以藩身，子何爱焉？"叔孙曰："诸侯之会，卫社稷也。我以货免，鲁必受师，是祸之也，何卫之为？人之有墙，以蔽恶也。墙之隙坏，谁之咎也？卫而恶之，吾又甚焉。虽怨季孙，鲁国何罪？叔出季处，有自来矣。吾又谁怨？然鲋也贿，弗与不已。"召使者，裂裳帛而与之，曰："带其褊矣。"赵孟闻之，曰："临患不忘国，忠也；思难不越官，信也；图国忘死，贞也；谋主三者，义也。有是四者，又可戮乎？"乃请诸楚曰："鲁虽有罪，其执事不辟难，畏威而敬命矣。子若免之，以劝左右，可也。若子之群吏，处不辟污，出不逃难，其何患之有？患之所生，污而不治，难而不守，所由来也。能是二者，又何患焉？不靖其能，其谁从之？鲁叔孙豹可谓能矣，请免之，以靖能者。子会而赦有罪，又赏其贤，诸侯其谁不欣焉？望楚而归之，视远如迩？疆场之邑，一彼一此，何常之有？王、伯之令也，引其封疆，而树之官，举之表旗，而著之制令，过则有刑，犹不可壹。于是乎虞有三苗，夏有观、扈，商有姺、邳，周有徐、奄。自无令王，诸侯逐进，狎主齐盟，其又可壹乎？恤大舍小，足以为盟主，又焉用之？封疆之削，何国蔑有？主齐盟者，谁能辩焉？吴、濮有衅，楚之执事岂其顾盟，莒之疆事，楚勿与知，诸侯无烦，不亦可乎？莒、鲁争郓，为日久矣。苟无大害于其社稷，可无亢也。

	去烦宥善，莫不竞劝，子其图之。"固请诸楚，楚人许之，乃免叔孙。 　　叔孙归，曾夭御季孙以劳之。且及日中不出。曾夭谓曾阜，曰："旦及日中，吾知罪矣。鲁以相忍为国也。忍其外不忍其内，焉用之？"阜曰："数月于外，一旦于是，庸何伤？贾而欲赢，而恶嚣乎？"阜谓叔孙曰："可以出矣。"叔孙指楹，曰："虽恶是，其可去乎？"	
昭二 　春，晋侯使韩起来聘。冬，公如晋，至河乃复。季孙宿如晋。	昭二 　春，晋侯使韩宣子来聘，且告为政而来见，礼也。观《书》于大史氏，见《易象》与《鲁春秋》，曰："周礼尽在鲁矣。吾乃今知周公之德与周之所以王也。"公享之。季武子赋《绵》之卒章。韩子赋《角弓》，季武子拜曰："敢拜子之弥缝敝邑，寡君有望矣。"武子赋《节》之卒章。既享，宴于季氏。有嘉树焉，宣子誉之。武子曰："宿敢不封殖此树，以无忘《角弓》。"遂赋《甘棠》。宣子曰："起不堪也，无以及召公。" 　晋少姜卒，公如晋，及河，晋侯使士文伯来辞，曰："非伉俪也，请君无辱。"公还，季孙宿遂致服焉。	
昭三 　秋，小邾子来朝。	昭三 　小邾穆公来朝，季武子欲卑之，穆叔曰："不可。曹、滕、二邾，实不忘我好，敬以逆之，犹惧其贰，又卑一睦，焉逆群好也？其如旧而加敬焉！《志》曰：'能敬无灾。'又曰：'敬逆来者，天所福也。'"季孙从之。	
昭四 　春，王正月，大雨雹。冬，十有二月乙卯，叔孙豹卒。	昭四 　大雨雹。季武子问于申丰曰："雹可御乎？"对曰："圣人在上，无雹。虽有，不为灾。古者日在北陆而藏冰，西陆朝觌而出之。其藏冰也，深山穷谷，固阴冱寒，于是乎取之。其出之也，朝之禄位，宾食丧祭，于	

	是乎用之。其藏之也，黑牡秬黍，以享司寒。其出之也，桃弧棘矢，以除其灾。其出入也时。食肉之禄，冰皆与焉。大夫命妇，丧浴用冰。祭寒而藏之，献羔而启之。公始用之，火出而毕赋，自命夫命妇，至于老疾，无不受冰。山人取之，县人传之，舆人纳之，隶人藏之。夫冰以风壮，而以风出。其藏之也周，其用之也遍，则冬无愆阳，夏无伏阴，春无凄风，秋无苦雨，雷出不震，无灾霜雹，疠疾不降，民不夭札。今藏川池之冰，弃而不用，风不越而杀，雷不发而震，雹之为灾，谁能御之?《七月》之卒章，藏冰之道也。"
	十二月癸丑，叔孙不食。乙卯，卒。牛立昭子而相之。公使杜泄葬叔孙。竖牛赂叔仲昭子与南遗，使恶杜泄于季孙而去之。杜泄将以路葬，且尽卿礼。南遗谓季孙曰："叔孙未乘路，葬焉用之? 且冢卿无路，介卿以葬，不亦左乎?"季孙曰："然。"使杜泄舍路，不可，曰："夫子受命于朝而聘于王，王思旧勋而赐之路，复命而致之君。君不敢逆王命而复赐之，使三官书之。吾子为司徒，实书名；夫子为司马，与工正书服；孟孙为司空，以书勋。今死而弗以，是弃君命也。书在公府，而弗以，是废三官也。若命服，生弗敢服，死又不以，将焉用之?"乃使以葬。
	季孙谋去中军，竖牛曰："夫子固欲去之。"
昭五	**昭五**
春，王正月，舍中军。公如晋。秋，七月，公至自晋。	春，王正月，舍中军，卑公室也。毁中军于施氏，成诸臧氏。初，作中军，三分公室，而各有其一。季氏尽征之，叔孙氏臣其子弟，孟氏取其半焉。及其舍之也，四分公室，季氏择二，二子各一，皆尽征之，而贡

	于公。以书使杜泄告于殡，曰："子固欲毁中军，既毁之矣，故告。"杜泄曰："夫子唯不欲毁也，故盟诸僖闳，诅诸五父之衢。"受其书而投之，帅士而哭之。叔仲子谓季孙曰："带受命于子叔孙，曰：'葬鲜者自西门。'"季孙命杜泄。杜泄曰："卿丧自朝，鲁礼也。吾子为国政，未改礼而又迁之。群臣惧死，不敢自也。"既葬而行。仲至自齐，季孙欲立之。南遗曰："叔孙氏厚，则季氏薄。彼实家乱，子勿与知，不亦可乎？"南遗使国人助竖牛以攻诸大库之庭，司宫射之，中目而死。竖牛取东鄙三十邑以与南遗。昭子即位，朝其家众，曰："竖牛祸叔孙氏，使乱大从，杀適立庶，又披其邑，将以赦罪，罪莫大焉。必速杀之！"竖牛惧，奔齐。孟、仲之子杀诸塞关之外，投其首于宁风之棘上。仲尼曰："叔孙昭子之不劳，不可能也。周任有言曰：'为政者不赏私劳，不罚私怨。'《诗》云：'有觉德行，四国顺之。'"	
昭六	昭六	
夏，季孙宿如晋。	夏，季孙宿如晋，拜莒田也。晋侯享之，有加笾。武子退，使行人告曰："小国之事大国也，苟免于讨，不敢求贶。得贶不过三献。今豆有加，下臣弗堪，无乃戾也？"韩宣子曰："寡君以为欢也。"对曰："寡君犹未敢。况下臣，君之隶也，敢闻加贶？"固请彻加，而后卒事。晋人以为知礼，重其好货。	
昭七	昭七	
夏，四月甲辰朔，日有食之。冬，十有一月癸未，季孙宿卒。	夏，四月甲辰朔，日有食之。晋侯问于士文伯曰："谁将当日食？"对曰："鲁、卫恶之。卫大，鲁小。"公曰："何故？"对曰："去卫地，如鲁地，于是有灾，鲁实受之。其大咎其卫君乎？鲁将上卿。"公曰："《诗》	

	所谓'彼日而食,于何不臧'者,何也?"对曰:"不善政之谓也。国无政,不用善,则自取谪于日月之灾,故政不可不慎也。务三而已:一曰择人,二曰因民,三曰从时。"
晋人来治杞田,季孙将以成与之。谢息为孟孙守,不可,曰:"人有言曰:'虽有挈瓶之知,守不假器,礼也。'夫子从君,而守臣丧邑,虽吾子亦有猜焉。"季孙曰:"君之在楚,于晋罪也。又不听晋,鲁罪重矣。晋师必至,吾无以待之,不如与之。间晋而取诸杞。吾与子桃,成反,谁敢有之?是得二成也。鲁无忧,而孟孙益邑,子何病焉?"辞以无山,与之莱、柞。乃迁于桃。晋人为杞取成。
十一月,季武子卒。晋侯谓伯瑕曰:"吾所问日食从矣,可常乎?"对曰:"不可。六物不同,民心不壹,事序不类,官职不则,同始异终,胡可常也?《诗》曰:'或燕燕居息,或憔悴事国。'其异终也如是。"公曰:"何谓六物?"对曰:"岁、时、日、月、星、辰,是谓也。"公曰:"多语寡人辰,而莫同。何谓辰?"对曰:"日月之会是谓辰,故以配日。"
昭十三	昭十三
	叔鱼见季孙,曰:"昔鲋也得罪于晋君,自归于鲁君。微武子之赐,不至于今。虽获归骨于晋,犹子则肉之,敢不尽情?归子而不归,鲋也闻诸吏,将为子除馆于西河。其若之何?"且泣,平子惧,先归。
昭三十二	昭三十二
春,王正月,公在乾侯,取阐。十有二月己未,公薨于乾侯。	赵简子问于史墨曰:"季氏出其君,而民服焉,诸侯与之。君死于外,而莫之或罪也。"对曰:"物生有两,有三,有五,有陪贰。故天有三辰,地有五行,体有左右,各有妃耦。王有公,诸侯有卿,皆有贰也。

	天生季氏以贰鲁侯，为日久矣。民之服焉，不亦宜乎？鲁君世从其失，季氏世修其勤，民忘君矣。虽死于外，其谁矜之？社稷无常奉，君臣无常位，自古以然。故《诗》曰：'高岸为谷，深谷为陵。'三后之姓，于今为庶，王所知也。在《易》卦，雷乘乾曰《大壮》☰，天之道也。昔成季友，桓之季也，文姜之爱子也。始震而卜，卜人谒之曰：'生有嘉闻，其名曰友，为公室辅。'及生，如卜人之言，有文在其手曰友，遂以名之。既而有大功于鲁，受费以为上卿。至于文子、武子，世增其业，不废旧绩。鲁文公薨，而东门遂杀适立庶，鲁君于是乎失国，政在季氏，于此君也，四公矣。民不知君，何以得国？"	

晋师旷（前559—前533）

襄十四	襄十四	师旷，字子野，晋国乐师，世系不详。其事始见于晋悼公末年，而以晋平公时为主。 襄十四年师旷与晋君论良君与民之关系，堪称千古绝唱。 襄二十六年，师旷论晋公室卑，"公室惧卑，臣不心竞而力争，不务德而争善，私欲已侈，能无卑乎！" 襄三十年，师旷听长老之言而知其岁，令季武子叹服。 昭八年，晋侯
	师旷侍于晋侯，晋侯曰："卫人出其君，不亦甚乎？"对曰："或者其君实甚。良君将赏善而刑淫，养民如子，盖之如天，容之如地。民奉其君，爱之如父母，仰之如日月，敬之如神明，畏之如雷霆，其可出乎？夫君，神之主也，民之望也。若困民之主，匮神乏祀，百姓绝望，社稷无主，将安用之？弗去何为？天生民而立之君，使司牧之，勿使失性。有君而为之贰，使师保之，勿使过度。是故天子有公，诸侯有卿，卿置侧室，大夫有贰宗，士有朋友，庶人、工、商、皂、隶、牧、圉皆有亲昵，以相辅佐也。善则赏之，过则匡之，患则救之，失则革之。自王以下，各有父兄子弟，以补察其政。史为书，瞽为诗，工诵箴谏，大夫规诲，士传言，	

	庶人谤，商旅于市，百工献艺。故《夏书》曰：'遒人以木铎徇于路，官师相规，工执艺事以谏。'正月孟春，于是乎有之，谏失常也。天之爱民甚矣，岂其使一人肆于民上，以从其淫，而弃天地之性？必不然矣。"	问石何故言，师旷借机讽谏晋国朝政，"今宫室崇侈，民力彫尽，怨讟并作，莫保其性，不亦宜乎？"叔向赞之。 师旷真可谓一博闻广见、忠君爱国且极有见识之人。 师旷亦见于《礼记·檀弓下》《孟子·离娄上》《告子上》《尚书大传》《国语·晋语》《汲冢周书》等书。其中《孟子·告子上》称"至于声，天下期于师旷"，《荀子·大略》称"言音者予师旷"，《礼记·檀弓下》谓"旷也，大师也"，皆以师旷为顶级乐师。大抵各书皆以师旷为晋平公时人。
襄十八	襄十八	
冬，十月，公会晋侯、宋公、卫侯、郑伯、曹伯、莒子、邾子、滕子、薛伯、杞伯、小邾子同围齐。楚公子午帅师伐郑。	晋侯伐齐，将济河。冬，十月，会于鲁济，寻溴梁之言，同伐齐。丙寅晦，齐师夜遁。师旷告晋侯曰："鸟乌之声乐，齐师其遁。"邢伯告中行伯曰："有班马之声，齐师其遁。" 楚师伐郑，次于鱼陵。侵郑东北，至于虫牢而反。子庚门于纯门，信于城下而还。涉于鱼齿之下，甚雨及之，楚师多冻，役徒几尽。晋人闻有楚师，师旷曰："不害，吾聚歌北风，又歌南风，南风不竞，多死声。楚必无功！"	
襄二十六	襄二十六	
	春，秦伯之弟鍼如晋修成，叔向命召行人子员。行人子朱曰："朱也当御。"三云，叔向不应。子朱怒曰："班爵同，何以黜朱于朝？"抚剑从之。叔向曰："秦、晋不和久矣，今日之事，幸而集，晋国赖之。不集，三军暴骨。子员道二国之言无私，子常易之。奸以事君者，吾所能御也。"拂衣从之。人救之。平公曰："晋其庶乎？吾臣之所争者大。"师旷曰："公室惧卑。臣不心竞而力争，不务德而争善，私欲已侈，能无卑乎？"	
襄三十	襄三十	
	三月癸未，晋悼夫人食舆人之城杞者，绛县人或年长矣，无子，而往与于食。有与疑年，使之年。曰："臣小人也，不知纪年。臣生之岁，正月甲子朔，四百有四十五甲子矣，其季于今三之一也。"吏走问诸朝。	

		师旷曰："鲁叔仲惠伯会郤成子于承筐之岁也。是岁也，狄伐鲁，叔孙庄叔于是乎败狄于鹹，获长狄侨如及虺也、豹也，而皆以名其子。七十三年矣。"……于是鲁使者在晋，归以语诸大夫。季武子曰："晋未可媮也。有赵孟以为大夫，有伯瑕以为佐，有史赵、师旷而咨度焉，有叔向、女齐以师保其君。其朝多君子，其庸可偷乎？勉事之而后可。"
昭八	昭八	
	春，石言于晋魏榆。晋侯问于师旷曰："石何故言？"对曰："石不能言，或冯焉。不然，民听滥也，抑臣又闻之曰：'作事不时，怨讟动于民，则有非言之物而言。'今宫室崇侈，民力凋尽，怨讟并作，莫保其性，石言，不亦宜乎？"于是晋侯方筑虒祁之宫，叔向曰："子野之言，君子哉！君子之言，信而有征，故怨远于其身。小人之言，僭而无征，故怨咎及之。《诗》曰：'哀哉！不能言。匪舌是出，唯躬是瘁。哿矣能言，巧言如流，俾躬处休。'其是之谓乎！是宫也成，诸侯必叛，君必有咎，夫子知之矣。"	
昭九	昭九	
	晋荀盈如齐逆女，还，六月，卒于戏阳。殡于绛，未葬。晋侯饮酒，乐。膳宰屠蒯趋入，请佐公使尊，许之。而遂酌以饮工，曰："女为君耳，将司聪也。辰在子卯，谓之疾日，君彻宴乐，学人舍业，为疾故也。君之卿佐，是谓股肱。股肱或亏，何痛如之？女弗闻而乐，是不聪也。"	

晋平公(前557—前532)

襄十六	襄十六	
三月,公会晋侯、宋公、卫侯、郑伯、曹伯、莒子、邾子、薛伯、杞伯、小邾子于溴梁。戊寅,大夫盟。晋人执莒子、邾子以归。齐侯伐我北鄙。叔老会郑伯、晋荀偃、卫宁殖、宋人伐许。秋,齐侯伐我北鄙,围郕。冬,叔孙豹如晋。	春,葬晋悼公。平公即位,羊舌肸为傅,张君臣为中军司马,祁奚、韩襄、栾盈、士鞅为公族大夫,虞丘书为乘马御。改服修官,烝于曲沃。警守而下,会于溴梁。命归侵田。以我故,执邾宣公、莒犁比公,且曰:"通齐、楚之使。"晋侯与诸侯宴于温,使诸大夫舞,曰:"歌诗必类。"齐高厚之诗不类。荀偃怒且曰:"诸侯有异志矣。"使诸大夫盟高厚,高厚逃归。于是叔孙豹、晋荀偃、宋向戌、卫宁殖、郑公孙虿、小邾之大夫盟,曰:"同讨不庭。" 许男请迁于晋,诸侯遂迁许。许大夫不可,晋人归诸侯。郑子蟜闻将伐许,遂相郑伯,以从诸侯之师。穆叔从公。齐子帅师会晋荀偃。书曰:"会郑伯。"为夷故也。夏,六月,次于棫林。庚寅,伐许,次于函氏。 晋荀偃、栾黡帅师伐楚,以报宋扬梁之役。 楚公子格帅师,及晋师战于湛阪。楚师败绩。晋师遂侵方城之外,复伐许而还。 冬,穆叔如晋聘,且言齐故。晋人曰:"以寡君之未禘祀,与民之未息,不然,不敢忘。"穆叔曰:"以齐人之朝夕释憾于敝邑之地,是以大请。敝邑之急,朝不及夕,引领西望曰:'庶几乎!'比执事之间,恐无及也。"见中行献子,赋《圻父》。献子曰:"偃知罪矣,敢不从执事以同恤社稷,而使鲁及此!"见范宣子,赋《鸿雁》之卒章。宣子曰:"匃在此,敢使鲁无鸠乎?"	晋平公,姬姓,晋悼公之子,又称晋侯彪。鲁襄公十六年立,昭公十年卒,共在位二十六年(晋平公来源世系见卷二"晋悼公")。 晋平公是晋国霸业中衰的关键人物。平公之父悼公及悼公之前之景公、厉公都是有为之君,到平公时情况发生了根本变化。平公即位初,荀偃将中军,诸侯同盟而齐不服,遂伐齐、服齐;荀偃等人结鲁、讨邾、伐齐、安郑之策,显示了晋国作为诸侯盟主主持正义的威风。襄二十年(晋平公五)诸侯大会于澶渊,晋国的威风犹凛凛。但此后范宣子为政,就已无心图霸,而是不惜一切代价来巩固其政治地位;栾、范之乱,宣子挟平公以令诸侯,动霸主之威以谋私利,实为恶劣范例。 襄二十五年,赵武为政,晋、楚弭兵,赵武极力以仁人之心拯天下,以文明之礼礼诸侯,

襄十八	襄十八	
秋，齐师伐我北鄙。冬，十月，公会晋侯、宋公、卫侯、郑伯、曹伯、莒子、邾子、滕子、薛伯、杞伯、小邾子同围齐。	秋，齐侯伐我北鄙。中行献子将伐齐，梦与厉公讼，弗胜。公以戈击之，首队于前，跪而戴之，奉之以走，见梗阳之巫皋。他日见诸道，与之言同。巫曰："今兹主必死，若有事于东方，则可以逞。"献子许诺。 晋侯伐齐，将济河。献子以朱丝系玉二瑴，而祷曰："齐环怙恃其险，负其众庶，弃好背盟，陵虐神主。曾臣彪将率诸侯以讨焉，其官臣偃实先后之，苟捷有功，无作神羞，官臣偃无敢复济。唯尔有神裁之！"沈玉而济。冬，十月，会于鲁济，寻溴梁之言，同伐齐。齐侯御诸平阴，堑防门，而守之广里。夙沙卫曰："不能战，莫如守险。"弗听。诸侯之士门焉，齐人多死。范宣子告析文子曰："吾知子，敢匿情乎？鲁人、莒人皆请以车千乘自其乡入，既许之矣。若入，君必失国。子盍图之？"子家以告公，公恐。晏婴闻之，曰："君固无勇，而又闻是，弗能久矣。" 齐侯登巫山以望晋师。晋人使司马斥山泽之险，虽所不至，必旆而疏陈之。使乘车者左实右伪，以旆先，舆曳柴而从之。齐侯见之，畏其众也，乃脱归。丙寅晦，齐师夜遁。师旷告晋侯曰："鸟乌之声乐，齐师其遁。"邢伯告中行伯曰："有班马之声，齐师其遁。"叔向告晋侯曰："城上有乌，齐师其遁。"十一月丁卯朔，入平阴，遂从齐师。夙沙卫连大车以塞隧而殿，殖绰、郭最曰："子殿国师，齐之辱也。子姑先乎？"乃代之殿。卫杀马于隘以塞道，晋州绰及之，射殖绰，中肩，两矢夹脰，曰："止将为三军获；不止，将取其衷。"顾曰："为私誓。"州绰曰："有如日。"乃弛弓而自后缚之，其右具丙亦舍兵而缚郭最，皆衿甲面缚，坐于中军之鼓下。	在楚国的嚣张气焰面前一让再让，叔向"晋少懦矣"（昭元）之言可以说是对昭公元年虢之盟时晋国霸业的最好评价。此时的晋国，以叔向之贤达而不敢有为于诸侯，实因晋国内部不和，世风日下，强势不再之故。赵武为卿，庇孙氏、执卫侯；澶渊之会，欲救宋灾而无成；而平公城杞、治杞田及筑虒祁，都是不义之举；凡此种种，都大大降低了晋国在列国中的地位，晋国的霸业开始严重衰退。 尽管如此，赵武借弭兵之机，多次大会列国，"晋、楚之从交相见"，犹使中原列国不敢对晋有觊觎之心。但到韩宣子执政之时，情况就大不相同了。宣子不思进取，加以"晋君少安，不在诸侯"，楚子遂一再大会诸侯，伐吴、辱鲁、灭陈，晋国袖手旁观而不救。可以说这是导致后来中原诸国有心叛晋最突出的原因。 平公于昭十年卒后，昭十一年楚

	晋人欲逐归者，鲁卫请攻险。己卯，荀偃、士匄以中军克京兹。乙酉，魏绛、栾盈以下军克邿。赵武、韩起以上军围卢，弗克。十二月戊戌，及秦周伐雍门之萩。范鞅门于雍门，其御追喜以戈杀犬于门中。孟庄子斩其橁以为公琴。己亥，焚雍门及西郭、南郭。刘难、士弱率诸侯之师焚申池之竹木。壬寅，焚东郭、北郭。范鞅门于扬门。州绰门于东闾，左骖迫，还于门中，以枚数阖。 齐侯驾，将走邮棠。大子与郭荣扣马曰："师速而疾略也。将退矣，君何惧焉？且社稷之主，不可以轻，轻则失众，君必待之！"将犯之，大子抽剑断鞅，乃止。甲辰，东侵及潍，南及沂。	子灭蔡，晋会列国大夫而不能救；昭十三年晋成虒祁，诸侯朝晋而归者皆有叛心；此时楚、吴方争，而列国内乱不断，卫有齐豹之乱（昭二十），宋有华、向之乱（昭二十至二十二）、齐伐莒（昭二十二）……晋或不能救，或救而无力，直至昭二十五年赵简子方大会列国卿大夫谋王室，而此前自昭十三至二十五年共十余年间晋国竟然一直未以盟主身份大会过列国。 昭二十六年，齐侯、鲁侯、莒子、邾子、杞伯盟于鄟陵，标志着晋国的霸业已一去不复返。自平公昭十年卒至昭二十六年鄟陵之盟，仅仅十余年间晋国的霸业衰退得如此之快，与平公在位时不图进取留下的内忧外患有着极大关系。 大体来说，平公为政尚无为，军政大权一概交与执政大臣，这导致了后来叔向、子产等人所说的晋政多门、公室卑庳的局面。
襄十九	**襄十九**	
春，王正月，诸侯盟于祝柯。晋人执邾子。公至自伐齐。季孙宿如晋。夏，卫孙林父帅师伐齐。秋，晋士匄帅师侵齐，至穀，闻齐侯卒乃还。叔孙豹会晋士匄于柯。	春，诸侯还自沂上，盟于督扬，曰："大毋侵小。"执邾悼公，以其伐我故。遂次于泗上，疆我田。取邾田，自漷水归之于我。晋侯先归。公享晋六卿于蒲圃，赐之三命之服，军尉、司马、司空、舆尉、候奄皆受一命之服。贿荀偃束锦、加璧、乘马、先吴寿梦之鼎。 季武子如晋拜师，晋侯享之。范宣子为政，赋《黍苗》。季武子兴，再拜稽首，曰："小国之仰大国也，如百谷之仰膏雨焉，若常膏之，其天下辑睦，岂唯敝邑？"赋《六月》。 晋栾鲂帅师从卫孙文子伐齐。晋士匄侵齐，及穀，闻丧而还，礼也。 于四月丁未，郑公孙虿卒，赴于晋大夫。范宣子言于晋侯，以其善于伐秦也。六月，晋侯请于王，王追赐之大路，使以行，礼也。 齐及晋平，盟于大隧，故穆叔会范宣子于柯。穆叔见叔向，赋《载驰》之四章，叔向曰："肸敢不承命。"	

襄二十	襄二十	再加上平公贪图女色，无心霸业；大修宫室，民力凋尽；动霸主之威，逞其私欲（襄二十一至二十二年锢栾盈及襄二十九年城杞）；执卫侯、疆戚田，执陈无宇，都是不义之举，引列国不满，给晋国内政外交带来了后患。
夏，六月庚申，公会晋侯、齐侯、宋公、卫侯、郑伯、曹伯、莒子、邾子、滕子、薛伯、杞伯、小邾子盟于澶渊。	夏，盟于澶渊，齐成故也。	
襄二十一	襄二十一	《左传》中有许多借他人之口对晋平公为人及为政的批评，可以说是《左传》对晋平公一生的一系列最好评价。襄二十三年杞孝公卒，平公不彻乐，传谓平公不知礼。此《左传》评平公之一；襄二十六年师旷讥平公不知公室之卑而称"吾臣所争者大"，此《左传》评平公之二；襄二十九年，平公城杞，诸侯不服，郑子大叔、卫大叔文子皆讥之："晋国不恤周宗之阙，则夏肄是屏，其弃诸姬，亦可知也已。诸姬是弃，是谁归之？……晋不邻矣，其谁云之？"此《左传》评平公之三；襄三十一年穆叔谓："晋君将失政……既而政在
春，王正月，公如晋。夏，公至自晋。秋，晋栾出奔楚。公会晋侯、齐侯、宋公、卫侯、郑伯、曹伯、莒子、邾子于商任。	春，公如晋，拜师及取邾田也。 怀子为下卿，宣子使城著而遂逐之。秋，栾盈出奔楚。宣子杀箕遗、黄渊、嘉父、司空靖、邴豫、董叔、邴师、申书、羊舌虎、叔罴，囚伯华、叔向、籍偃。晋侯问叔向之罪于乐王鲋。对曰："不弃其亲，其有焉。"于是祁奚老矣，闻之，乘驲而见宣子曰："《诗》曰：'惠我无疆，子孙保之。'《书》曰：'圣有谟勋，明征定保。'夫谋而鲜过、惠训不倦者，叔向有焉，社稷之固也，犹将十世宥之，以劝能者。今壹不免其身，以弃社稷，不亦惑乎？鲧殛而禹兴；伊尹放大甲而相之，卒无怨色；管、蔡为戮，周公右王。若之何其以虎也弃社稷？子为善，谁敢不勉？多杀何为？"宣子说，与之乘，以言诸公而免之。不见叔向而归，叔向亦不告免焉而朝。 会于商任，锢栾氏也。齐侯、卫侯不敬。	
襄二十二	襄二十二	
冬，公会晋侯、齐侯、宋公、卫侯、郑伯、曹伯、莒子、邾子、薛伯、杞伯、小邾子于沙随。	冬，会于沙随，复锢栾氏也。	

襄二十三	襄二十三	大夫，韩子懦弱，大夫多贪，求欲无厌。"传又谓："及赵文子卒，晋公室卑，政在侈家。"此《左传》评平公之四；昭三年子大叔评晋无霸主之道，叔向谓："然虽吾公室，今亦季世也。戎马不驾，卿无军行，公乘无人，卒列无长，庶民罢敝，而宫室滋侈；道殣相望，而女富溢尤。民闻公命，如逃寇仇。……政在家门，民无所依。君日不悛，以乐慆忧。公室之卑，其何日之有？"此《左传》评平公之五；昭四年，子产"晋君少安，不在诸侯，其大夫多贪，莫匡其君"。此《左传》评平公之六；昭八年师旷谓晋侯"作事不时，怨讟动于民"，"今宫室崇侈，民力凋尽，怨讟并作，莫保其性"，叔向谓"是宫也成，诸侯必叛，君必有咎"，此《左传》评平公之七；昭九年，膳宰屠蒯借佐公使尊之机对平公身边的几个亲信的讥刺亦是对平公的评价，此《左传》评平公之
晋栾盈复入于晋，入于曲沃。秋，齐侯伐卫，遂伐晋。八月，叔孙豹帅师救晋，次于雍榆。晋人杀栾盈。	春，杞孝公卒，晋悼夫人丧之。平公不彻乐，非礼也。礼，为邻国阙。 晋将嫁女于吴，齐侯使析归父媵之，以藩载栾盈及其士，纳诸曲沃。四月，栾盈帅曲沃之甲，因魏献子，以昼入绛。乐王鲋侍坐于范宣子，或告曰："栾氏至矣。"宣子惧，桓子曰："奉君以走固宫，必无害也。且栾氏多怨，子为政，栾氏自外，子在位，其利多矣。既有利权，又执民柄，将何惧焉？栾氏所得，其唯魏氏乎？而可强取也。夫克乱在权，子无懈矣！"公有姻丧，王鲋使宣子墨缞冒绖，二妇人辇以如公，奉公以如固宫。范鞅逆魏舒，则成列既乘，将逆栾氏矣。范氏之徒在台后，栾氏乘公门。宣子谓鞅曰："矢及君屋，死之！"鞅用剑以帅卒，栾氏退，摄车从之。栾盈奔曲沃，晋人围之。 秋，齐侯伐卫。齐侯遂伐晋，取朝歌。为二队，入孟门，登大行。张武军于荧庭，戍郫邵，封少水，以报平阴之役，乃还。赵胜帅东阳之师以追之，获晏氂。八月，叔孙豹帅师救晋，次于雍榆，礼也。 晋人克栾盈于曲沃，尽灭栾氏之族党。栾鲂出奔宋。书曰："晋人杀栾盈。"不言大夫，言自外也。	
襄二十四	襄二十四	
公会晋侯、宋公、卫侯、郑伯、曹伯、莒子、邾子、滕子、薛伯、杞伯、小邾子于夷仪。冬，楚子、蔡侯、陈侯、许男伐郑。	会于夷仪，将以伐齐。水，不克。 冬，楚子伐郑以救齐，门于东门，次于棘泽。诸侯还救郑。晋侯使张骼、辅跞致楚师，求御于郑。郑人卜宛射犬，吉。 晋侯嬖程郑，使佐下军。郑行人公孙挥如晋聘，程郑问焉，曰："敢问降阶何由？"子羽不能对，归以语然明。然明曰："是将死矣。不然将	

	亡。贵而知惧，惧而思降，乃得其阶。下人而已，又何问焉？且夫既登而求降阶者，知人也，不在程郑。其有亡衅乎？不然，其有惑疾，将死而忧也。"	八。大体来说，这些评价代表《左传》对晋平公一生为政、为人的整体评价，从中可以看出晋平公一生为政及为人的基本情况。
襄二十五	**襄二十五**	在襄二十一至二十三年栾、范之乱中，晋平公一切听任于范宣子。在栾盈帅甲复入于晋、欲攻范氏的危急情况下，范氏奉君以走固宫，平公就这样为范氏所用，而丝毫不能体现出自己作为国君的意志。范氏所为，亦齐侯伐晋原因之一。
公会晋侯、宋公、卫侯、郑伯、曹伯、莒子、邾子、滕子、薛伯、杞伯、小邾子于夷仪。秋，八月己巳，诸侯同盟于重丘。卫侯入于夷仪。	晋侯济自泮，会于夷仪，伐齐，以报朝歌之役。齐人以庄公说，使隰鉏请成，庆封如师，男女以班。赂晋侯以宗器、乐器。自六正、五吏、三十帅、三军之大夫、百官之正长、师旅及处守者，皆有赂。晋侯许之。使叔向告于诸侯。公使子服惠伯对曰："君舍有罪以靖小国，君之惠也。寡君闻命矣。" 晋侯使魏舒、宛没逆卫侯，将使卫与之夷仪。 秋，七月己巳，同盟于重丘，齐成故也。 赵文子为政，令薄诸侯之币，而重其礼。 卫献公入于夷仪。	
襄二十六	**襄二十六**	晋平公两次服齐，均非晋国之力。第一次是由于齐灵公之死及崔氏为政，事在襄十九至二十年；第二次是由于崔氏弑庄公，事在襄二十五年。 襄二十九年，传载晋平公出自杞，故令列国城杞，卫大叔文子与郑子大叔之言，可以反映同盟国之不服：
卫孙林父入于戚以叛。夏，晋侯使荀吴来聘。公会晋人、郑良霄、宋人、曹人于澶渊。晋人执卫宁喜。	春，秦伯之弟鍼如晋修成，叔向命召行人子员。行人子朱曰："朱也当御。"三云，叔向不应。子朱怒曰："班爵同，何以黜朱于朝？"抚剑从之。叔向曰："秦、晋不和久矣。今日之事，幸而集，晋国赖之。不集，三军暴骨。子员道二国之言无私，子常易之。奸以事君者，吾所能御也。"拂衣从之，人救之。平公曰："晋其庶乎！吾臣之所争者大。"师旷曰："公室惧卑。臣不心竞而力争，不务德而争善，私欲已侈，能无卑乎？" 孙林父以戚如晋。书曰："入于戚以叛。"罪孙氏也。臣之禄，君实有之。义则进，否则奉身而退。专禄以周旋，戮也。卫人侵戚东鄙，孙氏诉于晋。晋戍茅氏。殖绰伐茅氏，杀	文子曰："甚乎其城杞也！"子大叔曰："若之何哉！晋国不恤周宗之阙，而夏肆是屏，其弃诸姬，亦可

晋戍三百人。孙蒯追之，弗敢击。文子曰："厉之不如。"遂从卫师，败之圉。雍鉏获殖绰，复诉于晋。晋人为孙氏故，召诸侯，将以讨卫也。夏，中行穆子来聘，召公也。

六月，公会晋赵武、宋向戌、郑良霄、曹人于澶渊，以讨卫，疆戚田。取卫西鄙懿氏六十以与孙氏。赵武不书，尊公也。向戌不书，后也。郑先宋，不失所也。于是卫侯会之。晋人执宁喜，北宫遗，使女齐以先归。卫侯如晋，晋人执而囚之于士弱氏。

秋，七月，齐侯、郑伯为卫侯故如晋，晋侯兼享之。晋侯赋《嘉乐》。国景子相齐侯，赋《蓼萧》；子展相郑伯，赋《缁衣》。叔向命晋侯拜二君，曰："寡君敢拜齐君之安我先君之宗祧也，敢拜郑君之不贰也。"国子使晏平仲私于叔向，曰："晋君宣其明德于诸侯，恤其患而补其阙，正其违而治其烦，所以为盟主也。今为臣执君，若之何？"叔向告赵文子，文子以告晋侯。晋侯言卫侯之罪，使叔向告二君。国子赋《辔之柔矣》，子展赋《将仲子兮》，晋侯乃许归卫侯。卫人归卫姬于晋，乃释卫侯。君子是以知平公之失政也。

齐人城郏之岁，其夏，齐乌余以廪丘奔晋，袭卫羊角，取之。遂袭我高鱼。有大雨，自其窦入，介于其库，以登其城，克而取之。又取邑于宋。于是范宣子卒，诸侯弗能治也。及赵文子为政，乃卒治之。文子言于晋侯曰："晋为盟主，诸侯或相侵也，则讨而使归其地。今为乌余之邑，皆讨类也，而贪之，是无以为盟主也。请归之！"公曰："诺。孰可使也？"对曰："胥梁带能无用师。"晋侯使往。

知也已。诸姬是弃，其谁归之？吉也闻之，弃同、即异，是谓离德。《诗》曰：'协比其邻，昏姻孔云。'晋不邻矣，其谁云之？"

昭元年，晋平公有疾，秦伯使医和视之，称晋侯淫于女色，"阴淫寒疾，阳淫热疾，风淫末疾，雨淫腹疾，晦淫惑疾，明淫心疾。女，阳物而晦时，淫则生内热惑蛊之疾。今君不节，不时，能无及此乎？"又谓"室疾如蛊"，"在《周易》，女惑男、风落山谓之蛊"。总之，晋侯之疾"非鬼非食"，乃是"惑以丧志"，故"疾不可为也"。盖晋侯玩物丧志久矣。

昭十三年，传载"晋成虒祁，诸侯朝而归者皆有贰心"。此时晋平公去年刚三载，而此工程当始于平公之世。

襄二十九	襄二十九	
仲孙羯会晋荀盈、齐高止、宋华定、卫世叔仪、郑公孙段曹人、莒人、滕人、薛人、小邾人城杞。晋侯使士鞅来聘。	晋平公，杞出也，故治杞。六月，知悼子合诸侯之大夫以城杞，孟孝伯会之，郑子大叔与伯石往。子大叔见大叔文子，与之语。文子曰："甚乎，其城杞也！"子大叔曰："若之何哉？晋国不恤周宗之阙，而夏肄是屏，其弃诸姬亦可知也已。诸姬是弃，其谁归之？吉也闻之，弃同即异，是谓离德。《诗》曰：'协比其邻，昏姻孔云。'晋不邻矣，其谁云之？"范献子来聘，拜城杞也。 晋侯使司马女叔侯来治杞田，弗尽归也。晋悼夫人愠曰："齐也取货。先君若有知也，不尚取之。"公告叔侯，叔侯曰："虞、虢、焦、滑、霍、扬、韩、魏，皆姬姓也，晋是以大。若非侵小，将何所取？武、献以下，兼国多矣，谁得治之？杞，夏余也，而即东夷。鲁，周公之后也，而睦于晋。以杞封鲁犹可，而何有焉？鲁之于晋也，职贡不乏，玩好时至，公卿大夫相继于朝，史不绝书，府无虚月。如是可矣，何必瘠鲁以肥杞？且先君而有知也，毋宁夫人，而焉用老臣？"	
襄三十一	襄三十一	
	春，王正月，穆叔至自会。见孟孝伯，语之曰："赵孟将死矣。其语偷，不似民主。且年未盈五十，而谆谆焉，如八九十者，弗能久矣。若赵孟死，为政者其韩子乎？吾子盍与季孙言之，可以树善，君子也。晋君将失政矣，若不树焉，使早备鲁，既而政在大夫，韩子懦弱，大夫多贪，求欲无厌，齐、楚未足与也，鲁其惧哉？"孝伯曰："人生几何，谁能无偷？朝不及夕，将安用树？"穆叔出而告人曰："孟孙将死矣。吾语诸赵孟之偷也，而又甚焉。"又与季孙语晋故，季孙不从。及赵文子卒，晋公	

室卑,政在侈家。韩宣子为政,不能图诸侯。鲁不堪晋求,谗慝弘多,是以有平丘之会。

公薨之月,子产相郑伯以如晋。晋侯以我丧故,未之见也。子产使尽坏其馆之垣,而纳车马焉。士文伯让之,曰:"敝邑以政刑之不修,寇盗充斥,无若诸侯之属辱在寡君者何,是以令吏人完客所馆,高其闬闳,厚其墙垣,以无忧客使。今吾子坏之,虽从者能戒,其若异客何?以敝邑之为盟主,缮完葺墙,以待宾客。若皆毁之,其何以共命?寡君使匄请命。"对曰:"以敝邑褊小,介于大国,诛求无时,是以不敢宁居,悉索敝赋,以来会时事。逢执事之不间,而未得见。又不获闻命,未知见时。不敢输币,亦不敢暴露。其输之,则君之府实也,非荐陈之,不敢输也。其暴露之,则恐燥湿之不时而朽蠹,以重敝邑之罪。侨闻文公之为盟主也,宫室卑庳,无观台榭,以崇大诸侯之馆。馆如公寝,库厩缮修,司空以时平易道路,圬人以时塓馆宫室。诸侯宾至,甸设庭燎,仆人巡宫,车马有所,宾从有代,巾车脂辖,隶人、牧、圉,各瞻其事;百官之属,各展其物。公不留宾,而亦无废事。忧乐同之,事则巡之。教其不知,而恤其不足。宾至如归,无宁灾患。不畏寇盗,而亦不患燥湿。今铜鞮之宫数里,而诸侯舍于隶人;门不容车,而不可逾越;盗贼公行,而天厉不戒。宾见无时,命不可知。若又勿坏,是无所藏币以重罪也。敢请执事,将何以命之?虽君之有鲁丧,亦敝邑之忧也。若获荐币,修垣而行,君之惠也,敢惮勤劳!"文伯复命。赵文子曰:"信。我实不德,而以隶人之垣以赢诸侯,是吾罪也。"使士文伯谢

	不敏焉。晋侯见郑伯，有加礼，厚其宴好而归之。乃筑诸侯之馆。叔向曰："辞之不可以已也如是夫！子产有辞，诸侯赖之，若之何其释辞也？《诗》曰：'辞之辑矣，民之协矣；辞之绎矣，民之莫矣。'其知之矣。"	
昭元	**昭元**	
夏，秦伯之弟鍼出奔晋。	秦后子有宠于桓，如二君于景。其母曰："弗去，惧选。"癸卯，鍼适晋，其车千乘。书曰："秦伯之弟鍼出奔晋。"罪秦伯也。后子享晋侯，造舟于河，十里舍车，自雍及绛。 　　晋侯有疾，郑伯使公孙侨如晋聘，且问疾。叔向问焉，曰："寡君之疾病，卜人曰：'实沈、台骀为祟。'史莫之知。敢问此何神也？"子产曰："昔高辛氏有二子，伯曰阏伯，季曰实沈，居于旷林，不相能也，日寻干戈，以相征讨。后帝不臧，迁阏伯于商丘，主辰。商人是因，故辰为商星。迁实沈于大夏，主参，唐人是因，以服事夏、商。其季世曰唐叔虞。当武王邑姜方震大叔，梦帝谓己：'余命而子曰虞，将与之唐，属诸参，而蕃育其子孙。'及生，有文在其手曰虞，遂以命之。及成王灭唐，而封大叔焉。故参为晋星。由是观之，则实沈，参神也。昔金天氏有裔子曰昧，为玄冥师，生允格、台骀。台骀能业其官，宣汾、洮，障大泽，以处大原。帝用嘉之，封诸汾川，沈、姒、蓐、黄实守其祀。今晋主汾而灭之矣。由是观之，则台骀，汾神也。抑此二者，不及君身。山川之神，则水旱疠疫之灾，于是乎禜之；日月星辰之神，则雪霜风雨之不时，于是乎禜之。若君身，则亦出入、饮食、哀乐之事也，山川、星辰之神，又何为焉？侨闻之，君子有四时，朝以听政，昼以访问，夕以修令，	晋侯城杞，晋侯贪于女色，晋侯执卫侯以不义……（见昭元）

夜以安身。于是乎节宣其气，勿使有所壅闭湫底以露其体，兹心不爽，而昏乱百度。今无乃壹之，则生疾矣。侨又闻之，内官不及同姓，其生不殖。美先尽矣，则相生疾，君子是以恶之。故《志》曰：'买妾不知其姓，则卜之。'违此二者，古之所慎也，男女辨姓，礼之大司也。今君内实有四姬焉，其无乃是也乎？若由是二者，弗可为也已，四姬有省犹可，无则必生疾矣。"叔向曰："善哉！肸未之闻也，此皆然矣。"叔向出，行人挥送之。叔向问郑故焉，且问子晳。对曰："其与几何？无礼而好陵人，怙富而卑其上，弗能久矣。"晋侯闻子产之言，曰："博物君子也。"重贿之。

　　晋侯求医于秦，秦伯使医和视之，曰："疾不可为也，是谓近女室，疾如蛊。非鬼非食，惑以丧志。良臣将死，天命不祐。"公曰："女不可近乎？"对曰："节之。先王之乐，所以节百事也，故有五节，迟速本末以相及，中声以降。五降之后，不容弹矣。于是有烦手淫声，慆堙心耳，乃忘平和，君子弗听也。物亦如之。至于烦，乃舍也已，无以生疾。君子之近琴瑟，以仪节也，非以慆心也。天有六气，降生五味，发为五色，征为五声。淫生六疾。六气曰阴、阳、风、雨、晦、明也，分为四时，序为五节，过则为灾；阴淫寒疾，阳淫热疾，风淫末疾，雨淫腹疾，晦淫惑疾，明淫心疾。女，阳物而晦时，淫则生内热惑蛊之疾。今君不节、不时，能无及乎？"出告赵孟，赵孟曰："谁当良臣？"对曰："主是谓矣。主相晋国，于今八年，晋国无乱，诸侯无阙，可谓良矣。和闻之，国之大臣，荣其宠禄，任其大节。有灾祸兴，而无改焉，必受其咎。今君至于淫以生

	疾,将不能图恤社稷,祸孰大焉?主不能御,吾是以云也。"赵孟曰:"何谓蛊?"对曰:"淫溺惑乱之所生也。于文,皿虫为蛊。谷之飞,亦为蛊。在《周易》女惑男,风落山谓之《蛊》䷑。皆同物也。"赵孟曰:"良医也。"厚其礼而归之。	
昭二 春,晋侯使韩起来聘。夏,叔弓如晋。冬,公如晋,至河乃复。季孙宿如晋。	昭二 春,晋侯使韩宣子来聘,且告为政而来见,礼也。 夏,四月,韩须如齐逆女。齐陈无宇送女,致少姜。少姜有宠于晋侯,晋侯谓之少齐。谓陈无宇非卿,执诸中都。少姜为之请,曰:"送从逆班。畏大国也,犹有所易,是以乱作。" 晋少姜卒,公如晋,及河,晋侯使士文伯来辞,曰:"非伉俪也,请君无辱。"公还,季孙宿遂致服焉。叔向言陈无宇于晋侯曰:"彼何罪?君使公族逆之,齐使上大夫送之,犹曰不共,君求以贪。国则不共,而执其使。君刑已颇,何以为盟主?且少姜有辞。"冬,十月,陈无宇归。	晋侯无礼执陈无宇。
昭三	昭三 春,王正月,郑游吉如晋,送少姜之葬。梁丙与张趯见之。梁丙曰:"甚矣哉!子之为此来也!"子大叔曰:"将得已乎!昔文、襄之霸也,其务不烦诸侯,令诸侯三岁而聘,五岁而朝,有事而会,不协而盟。君薨,大夫吊,卿共葬事;夫人、士吊,大夫送葬。足以昭礼、命事、谋阙而已,无加命矣。今嬖宠之丧,不敢择位,而数于守适,唯惧获戾,岂敢惮烦?少姜有宠而死,齐必继室。今兹吾又将来贺,不唯此行也。"张趯曰:"善哉!吾得闻此数也!然自今子其无事矣。譬如火焉,火中,寒暑乃退。此其极也,能无退乎?晋将失诸侯,诸侯求烦不获。"二大夫退。	

		子大叔告人曰："张趯有知，其犹在君子之后乎？"	
		齐侯使晏婴请继室于晋。既成昏，晏子受礼，叔向从之宴，相与语。叔向曰："然。虽吾公室，今亦季世也。戎马不驾，卿无军行，公乘无人，卒列无长。庶民罢敝，而宫室滋侈；道殣相望，而女富溢尤。民闻公命，如逃寇仇。栾、郤、胥、原、狐、续、庆、伯，降在皂隶，政在家门，民无所依。君日不悛，以乐慆忧。公室之卑，其何日之有？《谗鼎之铭》曰：'昧旦丕显，后世犹怠。'况日不悛，其能久乎？"晏子曰："子将若何？"叔向曰："晋之公族尽矣。肸闻之，公室将卑，其宗族枝叶先落，则公从之。肸之宗十一族，唯羊舌氏在而已。肸又无子，公室无度，幸而得死，岂其获祀？"	
		夏，四月，郑伯如晋，公孙段相，甚敬而卑，礼无违者。晋侯嘉焉，授之以策，曰："子丰有劳于晋国，余闻而弗忘。赐女州田，以胙乃旧勋。"伯石再拜稽首，受策以出。	
昭四	昭四		
		使椒举如晋求诸侯，二君待之。椒举致命曰："寡君使举曰：'日君有惠，赐盟于宋，曰：晋楚之从交相见也。以岁之不易，寡人愿结欢于二三君。'使举请间。君若苟无四方之虞，则愿假宠，以请于诸侯。"晋侯欲勿许。司马侯曰："不可。楚王方侈，天或者欲逞其心，以厚其毒，而降之罚，未可知也。其使能终，亦未可知也。晋楚唯天所相，不可与争。君其许之，而修德以待其归。若归于德，吾犹将事之，况诸侯乎？若适淫虐，楚将弃之，吾又谁与争？"曰："晋有三不殆，其何敌之有？国险而多马，齐、楚多难。有是三者，何乡而不济？"	晋侯与司马侯之对话充分反映晋侯水平之差。

	对曰："恃险与马，而虞邻国之难，是三殆也。四岳、三涂、阳城、大室、荆山、中南，九州之险也，是不一姓。冀之北土，马之所生，无兴国焉。恃险与马，不可以为固也，从古以然。是以先王务修德音，以亨神人，不闻其务险与马也。邻国之难，不可虞也。或多难以固其国，启其疆土；或无难以丧其国，失其守宇。若何虞难？齐有仲孙之难，而获桓公，至今赖之。晋有里、丕之难，而获文公，是以为盟主。卫、邢无难，敌亦丧之。故人之难，不可虞也。恃此三者，而不修政德，亡于不暇，又何能济？君其许之！纣作淫虐，文王惠和，殷是以陨，周是以兴，夫岂争诸侯？"乃许楚使。使叔向对曰："寡君有社稷之事，是以不获春秋时见。诸侯，君实有之，何辱命焉？"椒举遂请昏，晋侯许之。 　　楚子问于子产曰："晋其许我诸侯乎？"对曰："许君。晋君少安，不在诸侯。其大夫多求，莫匡其君。在宋之盟，又曰如一。若不许君，将焉用之？"王曰："诸侯其来乎？"对曰："必来。从宋之盟，承君之欢，不畏大国，何故不来？不来者，其鲁、卫、曹、邾乎？曹畏宋，邾畏鲁，鲁、卫逼于齐而亲于晋，唯是不来。其余君之所及也，谁敢不至？"
昭五	**昭五**
楚杀其大夫屈申。公如晋。夏，莒牟夷以牟娄及防、兹来奔。秋，七月，公至自晋。	楚子以屈申为贰于吴，乃杀之。以屈生为莫敖，使与令尹子荡如晋逆女。过郑，郑伯劳子荡于汜，劳屈生于菟氏。晋侯送女于邢丘。子产相郑伯，会晋侯于邢丘。 　　公如晋，自郊劳至于赠贿，无失礼。晋侯谓女叔齐曰："鲁侯不亦善于礼乎？"对曰："鲁侯焉知礼！"公曰："何为自郊劳至于赠贿，礼无违者，何故不知？"对曰："是仪也，不

		可谓礼。礼，所以守其国，行其政令，无失其民者也。今政令在家，不能取也；有子家羁，弗能用也；奸大国之盟，陵虐小国；利人之难，不知其私。公室四分，民食于他。思莫在公，不图其终。为国君，难将及身，不恤其所。礼之本末将于此乎在，而屑屑焉习仪以亟。言善于礼，不亦远乎？"君子谓："叔侯于是乎知礼。" 　　夏，莒牟夷以牟娄及防、兹来奔。牟夷非卿而书，尊地也。莒人诉于晋。晋侯欲止公，范献子曰："不可。人朝而执之，诱也，讨不以师，而诱以成之，惰也。为盟主而犯此二者，无乃不可乎？请归之，间而以师讨焉。"乃归公。秋，七月，公至自晋。
昭六	**昭六**	
夏，季孙宿如晋。齐侯伐北燕。	夏，季孙宿如晋，拜莒田也。晋侯享之，有加笾。武子退，使行人告曰："小国之事大国也，苟免于讨，不敢求贶。得贶不过三献。今豆有加，下臣弗堪，无乃戾也？"韩宣子曰："寡君以为欢也。"对曰："寡君犹未敢。况下臣，君之隶也，敢闻加贶？"固请彻加，而后卒事。晋人以为知礼，重其好货。 　　韩宣子之适楚也，楚人弗逆。公子弃疾及晋竟，晋侯将亦弗逆，叔向曰："楚辟我衷，若何效辟？《诗》曰：'尔之教矣，民胥效矣。'从我而已，焉用效人之辟？《书》曰：'圣作则。'无宁以善人为则，而则人之辟乎？匹夫为善，民犹则之，况国君乎？"晋侯说，乃逆之。 　　十一月，齐侯如晋，请伐北燕也。士匄相士鞅，逆诸河，礼也。晋侯许之。十二月，齐侯遂伐北燕，将纳简公。晏子曰："不入。燕有君矣，民不贰。吾君贿，左右谄谀，作大事不以信，未尝可也。"	

昭七	昭七	
夏，四月甲辰朔，日有食之。冬，十有一月癸未，季孙宿卒。	夏，四月甲辰朔，日有食之。晋侯问于士文伯曰："谁将当日食？"对曰："鲁、卫恶之。卫大，鲁小。"公曰："何故？"对曰："去卫地如鲁地，于是有灾，鲁实受之。其大咎，其卫君乎？鲁将上卿。"公曰："《诗》所谓'彼日而食，于何不臧'者，何也？"对曰："不善政之谓也。国无政，不用善，则自取谪于日月之灾，故政不可不慎也。务三而已：一曰择人，二曰因民，三曰从时。" 　　郑子产聘于晋。晋侯有疾，韩宣子逆客，私焉，曰："寡君寝疾，于今三月矣，并走群望，有加而无瘳。今梦黄熊入于寝门，其何厉鬼也？"对曰："以君之明，子为大政，其何厉之有？昔尧殛鲧于羽山，其神化为黄熊，以入于羽渊，实为夏郊，三代祀之。晋为盟主，其或者未之祀也乎！"韩子祀夏郊。晋侯有间，赐子产莒之二方鼎。 　　子产为丰施归州田于韩宣子，曰："日君以夫公孙段为能任其事，而赐之州田。今无禄早世，不获久享君德。其子弗敢有，不敢以闻于君，私致诸子。"宣子辞，子产曰："古人有言曰：'其父析薪，其子弗克负荷。'施将惧不能任其先人之禄，其况能任大国之赐？纵吾子为政而可，后之人若属有疆场之言，敝邑获戾，而丰氏受其大讨。吾子取州，是免敝邑于戾，而建置丰氏也。敢以为请。"宣子受之，以告晋侯。晋侯以与宣子。宣子为初言，病有之，以易原县于乐大心。 　　十一月，季武子卒。晋侯谓伯瑕曰："吾所问日食从矣，可常乎？"对曰："不可。六物不同，民心不壹，事序不类，官职不则，同始异终，胡	

	可常也?《诗》曰:'或燕燕居息,或憔悴事国。'其异终也如是。"公曰:"何谓六物?"对曰:"岁、时、日、月、星、辰,是谓也。"公曰:"多语寡人辰,而莫同。何谓辰?"对曰:"日月之会是谓辰,故以配日。"	
昭八	昭八	
叔弓如晋。冬,十月壬午,楚师灭陈。	春,石言于晋魏榆。晋侯问于师旷曰:"石何故言?"对曰:"石不能言,或冯焉。不然,民听滥也,抑臣又闻之曰:'作事不时,怨讟动于民,则有非言之物而言。'今宫室崇侈,民力凋尽,怨讟并作,莫保其性,石言,不亦宜乎?"于是晋侯方筑虒祁之宫,叔向曰:"子野之言,君子哉!君子之言,信而有征,故怨远于其身。小人之言,僭而无征,故怨咎及之。《诗》曰:'哀哉!不能言。匪舌是出,唯躬是瘁。哿矣能言,巧言如流,俾躬处休。'其是之谓乎?是宫也成,诸侯必叛,君必有咎,夫子知之矣。" 叔弓如晋,贺虒祁也。游吉相郑伯以如晋,亦贺虒祁也。史赵见子大叔,曰:"甚哉其相蒙也!可吊也,而又贺之。"子大叔曰:"若何吊也?其非唯我贺,将天下实贺。" 九月,楚公子弃疾师师奉孙吴围陈。宋戴恶会之。冬,十一月壬午,灭陈。晋侯问于史赵曰:"陈其遂亡乎?"对曰:"未也。"公曰:"何故?"对曰:"陈,颛顼之族也,岁在鹑火,是以卒灭。陈将如之。今在析木之津,犹将复由。且陈氏得政于齐,而后陈卒亡。自幕至于瞽瞍无违命,舜重之以明德,置德于遂。遂世守之,及胡公不淫,故周赐之姓,使祀虞帝。臣闻盛德必百世祀。虞之世数未也,继守将在齐,其兆既存矣。"	

昭九	昭九	
	晋荀盈如齐逆女，还，六月，卒于戏阳。殡于绛，未葬。晋侯饮酒，乐。膳宰屠蒯趋入，请佐公使尊，许之。而遂酌以饮工，曰："女为君耳，将司聪也。辰在子卯，谓之疾日，君彻宴乐，学人舍业，为疾故也。君之卿佐，是谓股肱。股肱或亏，何痛如之？女弗闻而乐，是不聪也。"又饮外嬖嬖叔，曰："女为君目，将司明也。服以旌礼，礼以行事，事有其物，物有其容。今君之容，非其物也，而女不见，是不明也。"亦自饮也，曰："味以行气，气以实志，志以定言，言以出令。臣实司味，二御失官，而君弗命，臣之罪也。"公说，彻酒。初，公欲废知氏而立其外嬖，为是悛而止。秋，八月，使荀跞佐下军以说焉。	
昭十 戊子，晋侯彪卒。九月叔孙婼如晋，葬晋平公。	昭十 春，王正月，有星出于婺女。郑裨竈言于子产曰："七月戊子，晋君将死。今兹岁在颛顼之虚，姜氏、任氏实守其地，居其维首，而有妖星焉。告邑姜也，邑姜，晋之妣也。天以七纪，戊子逢公以登，星斯于是乎出，吾是以讥之。" 九月，叔孙婼、齐国弱、宋华定、卫北宫喜、郑罕虎、许人、曹人、莒人、邾人、薛人、杞人、小邾人如晋，葬平公也。	

本书承清华大学本科生教育教学改革项目、山东省泰山学者工程项目联合资助，为山东省社科理论重点研究基地孔子研究院中外文明交流互鉴研究基地成果。

春秋左传人物谱（增订本）下

方朝晖 编著

北京出版集团
文津出版社

卷三

鲁臧武仲 附臧宣叔（前591—前532）

		臧孙氏为鲁世族，该族之先臧僖伯（公子彄）为鲁孝公之子，僖五年见于《左传》。其子臧哀伯（名达）桓二年见于《左传》。孔颖达《正义》曰："僖伯者，孝公之子，惠公之弟。"又云："僖伯名彄，字子臧……计僖伯之孙始得以臧为氏，今于僖伯之上已加臧者，盖以僖伯是臧氏之祖，传家追言之也。"其世系如下（据顾栋高《大事表·世系表》）：
宣十八	**宣十八**	
公孙归父如晋。冬，十月壬戌，公薨于路寝。归父还自晋，至笙，遂奔齐。	公孙归父以襄仲之立公也，有宠，欲去三桓以张公室。与公谋，而聘于晋，欲以晋人去之。冬，公薨。季文子言于朝曰："使我杀適立庶以失大援者，仲也夫。"臧宣叔怒曰："当其时不能治也，后之人何罪？子欲去之，许请去之。"遂逐东门氏。子家还，及笙坛帷，复命于介。既复命，袒，括发，即位哭，三踊而出。遂奔齐。书曰："归父还自晋。"善之也。	
成元	**成元**	
夏，臧孙许及晋侯盟于赤棘。	闻齐将出楚师，夏，盟于赤棘。冬，臧宣叔令修赋、缮完、具守备，曰："齐楚结好，我新与晋盟。晋楚争盟，齐师必至。虽晋人伐齐，楚必救之，是齐楚同我也。知难而有备，乃可以逞。"	
成二	**成二**	
春，齐侯伐我北鄙。六月癸酉，季孙行父、臧孙许、叔孙侨如、公孙婴齐帅师会晋郤克、卫孙良夫、曹公子首及齐侯战于鞌，齐师败绩。秋，七月，齐侯使国	春，齐侯伐我北鄙，围龙。三日取龙。遂南侵，及巢丘。孙桓子还于新筑，不入，遂如晋乞师。臧宣叔亦如晋乞师，皆主郤献子。晋侯许之七百乘。晋师从齐师，入自丘舆，击马陉。齐侯使宾媚人赂以纪甗、玉磬与地，"不可，则听客之所为"。宾媚人致赂，晋人不可，曰："必以萧同叔子为质，而使齐之封内尽东其亩。"对曰："萧同叔子非他，寡君之母也。若以匹敌，则亦晋君之母也。吾子布大命于诸侯，而曰'必质其母以为信'，其若王命何？且是以不孝令也。	

臧僖伯 公子彄		
臧哀伯 达		
（缺一代）		
臧文仲 辰		
臧宣叔 许		
臧武仲 纥	臧为	臧贾
	臧昭伯 赐	臧会
		臧宾如
		臧石

佐如师。己酉，及国佐盟于爰娄。冬，楚师、郑师侵卫。十有一月，公会楚公子婴齐于蜀。

《诗》曰：'孝子不匮，永锡尔类。'若以不孝令于诸侯，其无乃非德类也乎？先王疆理天下，物土之宜而布其利，故《诗》曰：'我疆我理，南东其亩。'今吾子疆理诸侯，而曰'尽东其亩'而已，唯吾子戎车是利，无顾土宜，其无乃非先王之命也乎？反先王则不义，何以为盟主？其晋实有阙。四王之王也，树德而济同欲焉；五伯之霸也，勤而抚之，以役王命。今吾子求合诸侯，以逞无疆之欲。《诗》曰：'布政优优，百禄是遒。'子实不优，而弃百禄，诸侯何害焉？不然，寡君之命使臣则有辞矣，曰：'子以君师辱于敝邑，不腆敝赋，以犒从者。畏君之震，师徒桡败。吾子惠徼齐国之福，不泯其社稷，使继旧好，唯是先君之敝器土地不敢爱。子又不许，请收合余烬，背城借一。敝邑之幸，亦云从也。况其不幸，敢不唯命是听！'"鲁、卫谏曰："齐疾我矣！其死亡者，皆亲昵也。子若不许，仇我必甚。唯子则又何求？子得其国宝，我亦得地，而纾于难，其荣多矣。齐、晋亦唯天所授，岂必晋？"晋人许之，对曰："群臣帅赋舆，以为鲁、卫请，若苟有以借口，而复于寡君，君之惠也，敢不唯命是听？"禽郑自师逆公。秋，七月，晋师及齐国佐盟于爰娄。

冬，楚师侵卫，遂侵我，师于蜀。使臧孙往，辞曰："楚远而久，固将退矣。无功而受名，臣不敢。"楚侵及阳桥，孟孙请往，赂之以执斫、执针、织纴皆百人，公衡为质以请盟，楚人许平。楚师及宋，公衡逃归，臧宣叔曰："衡父不忍数年之不宴，以弃鲁国，国将若之何？谁居？后之人必有任是夫！国弃矣！"

（上表：臧僖伯隐五年见，臧哀伯桓二年见，臧文仲庄二十八年见，臧贾襄十七年见，臧为襄二十三年见，臧昭伯、臧会昭二十五年见，臧宾如哀八年见，臧石哀二十四年见。）

鲁国臧氏一族俊贤辈出，为人正直，知书识礼，料事如神，堪称典范。臧僖伯、臧哀伯在《左传》中虽均只见过一次（隐五、桓二），他们深明大义，刚正不阿，给人留下深刻印象。臧文仲（可能为哀伯之孙）也是鲁国一代贤大夫，其事参见本书卷一"鲁臧文仲"。这里我们专门介绍臧宣叔（许）和臧孙辰（纥）父子如下：

1.臧宣叔，名许，又称臧孙，臧孙许，宣叔，许。臧宣叔刚毅正直，个性明显，知事识礼。宣十八年，怒责季文子小人之心；成元年，令修赋，缮完，具守备，以备晋、楚，及晋侯盟于赤棘，忠君爱

成三 卫侯使孙良夫来聘。丙午，及荀庚盟。丁未，及孙良夫盟。	成三 冬，十一月，晋侯使荀庚来聘，且寻盟。卫侯使孙良夫来聘，且寻盟。公问诸臧宣叔曰："中行伯之于晋也，其位在三。孙子之于卫也，位为上卿。将谁先？"对曰："次国之上卿，当大国之中，中当其下，下当其上大夫。小国之上卿，当大国之下卿，中当其上大夫，下当其下大夫。上下如是，古之制也。卫在晋，不得为次国。晋为盟主，其将先之。"丙午盟晋，丁未盟卫，礼也。	国之心可见；成二年，齐侯伐我北鄙，臧孙如晋乞师，伐齐而败之，为鲁立下战功；同年辞不受无名之功，责衡父不忍数年之不宴，与以前怒责季文一样，表现了他为人刚正，胸怀坦荡；成三年，公问宴宾客之礼，宣叔详答之，可见其知事识礼。 2.臧武仲，臧宣叔之子，又称臧，臧纥，臧孙，臧孙纥，武仲等。臧武仲也是一位知事识礼，德性和见识都不同凡响的卿大夫。臧武仲显然也继承了臧氏家族的传统，即刚毅正直，不阿谀奉承，正因为如此而得罪了季孙，从此臧氏被逐出鲁国。我们不能把臧氏被逐看作臧氏之罪，应当承认臧武仲作为一代忠良，他的很多品格是难能可贵的：成十八年，季文子问师数于臧武仲，武仲谈事大国之道；襄四年，臧武仲谓陈不服于楚必亡，侵邾、败于狐骀；襄十一年，十二国萧鱼之会，服郑，对晋使；
成四 夏，四月甲寅，臧孙许卒。	成四	
成十八 晋侯使士鲂来乞师。	成十八 晋士鲂来乞师。季文子问师数于臧武仲，对曰："伐郑之役，知伯实来，下军之佐也。今觳季亦佐下军，如伐郑可也。事大国，无失班爵而加敬焉，礼也。"从之。	
襄四 春，三月己酉，陈侯午卒。	襄四 三月，陈成公卒。楚人将伐陈，闻丧乃止。陈人不听命，臧武仲闻之曰："陈不服于楚，必亡。大国行礼焉而不服，在大犹有咎，而况小乎？" 冬，十月，邾人、莒人伐鄫。臧纥救鄫，侵邾，败于狐骀。国人逆丧者皆髽。鲁于是乎始髽。国人诵之曰："臧之狐裘，败我于狐骀。我君小子，朱儒是使。朱儒朱儒，使我败于邾。"	
襄十一 公会晋侯、宋公、卫侯、曹伯、齐世子光、莒子、邾子、滕	襄十一 诸侯之师观兵于郑东门。郑人使王子伯骈行成。甲戌，晋赵武入盟郑伯。冬，十月丁亥，郑子展出盟晋侯。十二月戊寅，会于萧鱼。庚辰，赦郑囚，皆礼而归之。纳斥候，禁侵	

子、薛伯、杞伯、小邾子伐郑。会于萧鱼。	掠。晋侯使叔肸告于诸侯。公使臧孙纥对曰："凡我同盟，小国有罪，大国致讨，苟有以藉手，鲜不赦宥。寡君闻命矣。"	襄十四年，臧纥唁卫侯，知其必归，评其言语之虐；襄十七年，齐侯围桃，臧孙氏殊死捍卫；襄十九年，季武子作林铭以示功，臧纥讥之；襄二十一年，臧武仲讽刺季武子招外盗，论在上位之道，言辞恳切，意义深远；二十二年，如晋，时人称之为圣人；襄二十三年，季孙逐臧纥，臧纥辞齐侯田；昭十年，在齐评季平子用人于亳社。
今按：臧武仲一生最值得称道的言论有：一是襄十九年论铭，二是襄二十一年论在上位之道，三是襄十四论为人。从其一生多次抨击季孙氏的言论可看出其为人正直；从其成十八年答师数之问，襄十一年答晋使，可知其人识礼；从其襄四年论陈国之命运，襄十四年唁卫侯之言，十九年论铭功，二十三年刺齐侯，昭十年评季平子用人于亳社，均可看出他知事的一面；从襄二十二年时人之语及昭七
襄十三	**襄十三**	
冬，城防。	冬，城防，书事时也。于是将早城，臧武仲请俟毕农事，礼也。	
襄十四	**襄十四**	
己未，卫侯出奔齐。冬，季孙宿会晋士匄、宋华阅、卫孙林父、郑公孙虿、莒人、邾人于戚。	卫献公戒孙文子、宁惠子食，皆服而朝，日旰不召，而射鸿于囿。二子从之，不释皮冠而与之言。二子怒。孙文子如戚，孙蒯入使。公饮之酒，使大师歌《巧言》之卒章。大师辞，师曹请为之。初，公有嬖妾，使师曹诲之琴。师曹鞭之，公怒，鞭师曹三百。故师曹欲歌之，以怒孙子以报公。公使歌之，遂诵之。蒯惧，告文子。文子曰："君忌我矣。弗先，必死。"并帑于戚而入，见蘧伯玉，曰："君之暴虐，子所知也。大惧社稷之倾覆，将若之何？"对曰："君制其国，臣敢奸之？虽奸之，庸知愈乎？"遂行，从近关出。公使子蟜、子伯、子皮与孙子盟于丘宫，孙子皆杀之。四月己未，子展奔齐。公如鄄，使子行于孙子，孙子又杀之。
子鲜从公。及竟，公使祝宗告亡，且告无罪。定姜曰："无神，何告？若有，不可诬也。有罪，若何告无？舍大臣而与小臣谋，一罪也。先君有冢卿以为师保而蔑之，二罪也。余以巾栉事先君而暴妾使余，三罪也。告亡而已，无告无罪。"公使厚成叔吊于卫，曰："寡君使瘠，闻君不抚社稷，而越在他竟，若之何不吊？以同盟之故，使瘠敢私于执事，曰：'有君不吊，有臣不敏，君不赦宥，臣亦不帅职，增淫发泄，其若之何？'"卫人使大叔仪对，曰："群臣不佞，得罪于寡君。寡君不以即刑，	

而悼弃之，以为君忧。君不忘先君之好，辱吊群臣，又重恤之。敢拜君命之辱，重拜大贶。"厚孙归，复命，语臧武仲曰："卫君其必归乎！有大叔仪以守，有母弟鱄以出，或抚其内，或营其外，能无归乎？"

齐人以郲寄卫侯，及其复也，以郲粮归。右宰穀从而逃归，卫人将杀之。辞曰："余不说初矣。余狐裘而羔袖。"乃赦之。卫人立公孙剽，孙林父、宁殖相之，以听命于诸侯。卫侯在郲。臧纥如齐，唁卫侯。与之言，虐。退而告其人曰："卫侯其不得入矣。其言粪土也。亡而不变，何以复国？"子展、子鲜闻之，见臧纥，与之言，道。臧孙说，谓其人曰："卫君必入。夫二子者，或輓之，或推之，欲无入，得乎？"

师旷侍于晋侯，晋侯曰："卫人出其君，不亦甚乎？"对曰："或者其君实甚。良君将赏善而刑淫，养民如子，盖之如天，容之如地。民奉其君，爱之如父母，仰之如日月，敬之如神明，畏之如雷霆，其可出乎？夫君，神之主也，民之望也。若困民之主，匮神乏祀，百姓绝望，社稷无主，将安用之？弗去何为？天生民而立之君，使司牧之，勿使失性。有君而为之贰，使师保之，勿使过度。是故天子有公，诸侯有卿，卿置侧室，大夫有贰宗，士有朋友，庶人、工、商、皂、隶、牧、圉皆有亲昵，以相辅佐也。善则赏之，过则匡之，患则救之，失则革之。自王以下，各有父兄子弟，以补察其政。史为书，瞽为诗，工诵箴谏，大夫规诲，士传言，庶人谤，商旅于市，百工献艺。故《夏书》曰：'遒人以木铎徇于路，官师相规，工执艺事以谏。'正月孟春，于是乎有之，谏失常也。天之爱民甚

年孟僖子评臧纥之言语均可见得臧孙纥在当时人们心目中的地位是极高的；从襄二十三年孔子曰："知之难也。有臧武仲之知，而不容于鲁国，抑有由也，作不顺而施不恕也。《夏书》曰'念在兹'，顺事，恕施也。"也许可代表对臧武仲一生的一个较好的评价。

又：臧武仲襄二十三年奔邾之后，鲁人立其从兄臧为，臧为之后有臧昭伯。昭二十五年昭公之难，臧昭伯从公，不与季氏。故季氏立其从弟臧会。此后臧氏一族见于《左传》者有哀八年臧宾如，哀二十四年臧石。可见臧氏一族在臧武仲之后虽不再得势，仍一直为世族大夫。

	矣，岂其使一人肆于民上，以从其淫，而弃天地之性？必不然矣。" 晋侯问卫故于中行献子，对曰："不如因而定之。卫有君矣，伐之，未可以得志而勤诸侯。史佚有言曰：'因重而抚之。'仲虺有言曰：'亡者侮之，乱者取之，推亡固存，国之道也。'君其定卫，以待时乎？"冬，会于戚，谋定卫也。	
襄十七 秋，齐侯伐我北鄙，围桃。高厚帅师伐我北鄙，围防。	**襄十七** 齐人以其未得志于我故，秋，齐侯伐我北鄙，围桃。高厚围臧纥于防。师自阳关逆臧孙，至于旅松。鄹叔纥、臧畴、臧贾帅甲三百，宵犯齐师，送之而复。齐师去之。齐人获臧坚，齐侯使夙沙卫唁之，且曰："无死。"坚稽首曰："拜命之辱，抑君赐不终，姑又使其刑臣礼于士。"以杙抉其伤而死。	
襄十九	**襄十九** 季武子以所得于齐之兵，作林钟而铭鲁功焉。臧武仲谓季孙曰："非礼也。夫铭，天子令德，诸侯言时计功，大夫称伐。今称伐，则下等也。计功，则借人也。言时，则妨民多矣。何以为铭？且夫大伐小，取其所得以作彝器，铭其功烈以示子孙，昭明德而惩无礼也。今将借人之力以救其死，若之何铭之？小国幸于大国，而昭所获焉以怒之，亡之道也。"	
襄二十一 邾庶其以漆、闾丘来奔。	**襄二十一** 邾庶其以漆、闾丘来奔。季武子以公姑姊妻之，皆有赐于其从者。于是鲁多盗。季孙谓臧武仲曰："子盍诘盗？"武仲曰："不可诘也。纥又不能。"季孙曰："我有四封而诘其盗，何故不可？子为司寇，将盗是务去，若之何不能？"武仲曰："子召外盗而大礼焉，何以止吾盗？子为正卿而来外盗，使纥去之，将何以能？庶	

	其窃邑于邾以来，子以姬氏妻之而与之邑，其从者皆有赐焉。若大盗礼焉以君之姑姊与其大邑，其次皂牧舆马，其小者衣裳剑带，是赏盗也。赏而去之，其或难焉。纥也闻之：在上位者，洒濯其心，壹以待人，轨度其信，可明征也，而后可以治人。夫上之所为，民之归也。上所不为而民或为之，是以加刑罚焉，而莫敢不惩。若上之所为而民亦为之，乃其所也，又可禁乎？《夏书》曰：'念兹在兹，释兹在兹，名言兹在兹，允出兹在兹，惟帝念功。'将谓由己壹也。信由己壹，而后功可念也。"庶其非卿也，以地来，虽贱必书，重地也。	
襄二十二	**襄二十二**	
	春，臧武仲如晋。雨，过御叔。御叔在其邑，将饮酒，曰："焉用圣人？我将饮酒而已，雨行，何以圣为？"穆叔闻之曰："不可使也，而傲使人，国之蠹也。"令倍其赋。	
襄二十三	**襄二十三**	
己卯，仲孙速卒。冬，十月乙亥，臧孙纥出奔邾。	季武子无适子，公弥长，而爱悼子，欲立之。访于申丰，曰："弥与纥，吾皆爱之，欲择才焉而立之。"申丰趋退，归，尽室将行。他日，又访焉，对曰："其然，将具敝车而行。"乃止。访于臧纥，臧纥曰："饮我酒，吾为子立之。"季氏饮大夫酒，臧纥为客。既献，臧孙命北面重席，新樽絜之。召悼子，降，逆之，大夫皆起。及旅，而召公鉏，使与之齿，季孙失色。季氏以公鉏为马正，愠而不出。闵子马见之，曰："子无然。祸福无门，唯人所召。为人子者，患不孝，不患无所。敬共父命，何常之有？若能孝敬，富倍季氏可也。奸回不轨，祸倍下民可也。"公鉏然之，敬共朝夕，恪居官次。季孙喜，使饮己酒，而以具往，尽舍旃，故公鉏氏富。又出为公左宰。	

孟孙恶臧孙，季孙爱之。孟氏之御驺丰点好羯也，曰："从余言，必为孟孙。"再三云，羯从之。孟庄子疾，丰点谓公鉏："苟立羯，请仇臧氏。"公鉏谓季孙曰："孺子秩固其所也，若羯立，则季氏信有力于臧氏矣。"弗应。己卯，孟孙卒。公鉏奉羯立于户侧。季孙至，入，哭而出，曰："秩焉在？"公鉏曰："羯在此矣。"季孙曰："孺子长。"公鉏曰："何长之有？唯其才也。且夫子之命也。"遂立羯。秩奔邾。臧孙入哭甚哀，多涕。出，其御曰："孟孙之恶子也，而哀如是。季孙若死，其若之何？"臧孙曰："季孙之爱我，疾疢也。孟孙之恶我，药石也。美疢不如恶石。夫石犹生我，疢之美，其毒滋多。孟孙死，吾亡无日矣。"

孟氏闭门，告于季孙曰："臧氏将为乱，不使我葬。"季孙不信。臧孙闻之，戒。冬，十月，孟氏将辟，藉除于臧氏。臧孙使正夫助之，除于东门，甲从己而视之。孟氏又告季孙，季孙怒，命攻臧氏。乙亥，臧纥斩鹿门之关以出，奔邾。初，臧宣叔娶于铸，生贾及为而死。继室以其侄，穆姜之姨子也。生纥长于公宫，姜氏爱之，故立之。臧贾、臧为出在铸。臧武仲自邾使告臧贾，且致大蔡焉，曰："纥不佞，失守宗祧，敢告不吊。纥之罪不及不祀，子以大蔡纳请，其可。"贾曰："是家之祸也，非子之过也。贾闻命矣。"再拜受龟，使为以纳请，遂自为也。臧孙如防，使来告曰："纥非能害也，知不足也。非敢私请。苟守先祀，无废二勋，敢不辟邑？"乃立臧为。臧纥致防而奔齐。其人曰："其盟我乎？"臧孙曰："无辞。"将盟臧氏，季孙召外史掌恶臣而问盟首焉，对曰："盟东门氏也，曰：'毋或如东门遂，不听公命杀適

	立庶。'盟叔孙氏也，曰：'毋或如叔孙侨如，欲废国常，荡覆公室。'"季孙曰："臧孙之罪，皆不及此。"孟椒曰："盍以其犯门斩关？"季孙用之，乃盟臧氏，曰："无或如臧孙纥，干国之纪，犯门斩关。"臧孙闻之，曰："国有人焉。谁居？其孟椒乎？" 齐侯将为臧纥田。臧孙闻之，见齐侯，与之言伐晋，对曰："多则多矣，抑君似鼠。夫鼠，昼伏夜动，不穴于寝庙，畏人故也。今君闻晋之乱而后作焉，宁将事之，非鼠如何？"乃弗与田。仲尼曰："知之难也。有臧武仲之知，而不容于鲁国，抑有由也，作不顺而施不恕也。《夏书》曰：'念兹在兹。'顺事、恕施也。"
昭七	**昭七**
九月，公至自楚。	九月，公至自楚，孟僖子病不能相礼，乃讲学之。苟能礼者从之，及其将死也，召其大夫曰："礼，人之干也。无礼，无以立。吾闻将有达者曰孔丘，圣人之后也，而灭于宋，其祖弗父何，以有宋而授厉公，及正考父佐戴武宣，三命兹益共。故其鼎铭云：'一命而偻，再命而伛，三命而俯，循墙而走，亦莫余敢侮。馇于是，鬻于是，以糊余口。'其共也如是。臧孙纥有言曰："圣人有明德者，若不当世，其后必有达人。'今其将在孔丘乎？我若获没，必属说与何忌于夫子，使事之而学礼焉，以定其位。"故孟懿子与南宫敬叔师事仲尼。仲尼曰："能补过者，君子也。《诗》曰：'君子是则是效。'孟僖子可则效已矣。"
昭十	**昭十**
秋，七月，季孙意如、叔弓、仲孙貜帅师伐莒。	秋，七月，平子伐莒，取郠。献俘，始用人于亳社。臧武仲在齐，闻之，曰："周公其不飨鲁祭乎！周公飨义，鲁无义。《诗》曰：'德音孔昭，视民不佻。'佻之谓甚矣，而壹用之，将谁福哉？"

503

	哀二十四	
	夏，四月，晋侯将伐齐，使来乞师，曰："昔臧文仲以楚师伐齐，取穀；宣叔以晋师伐齐，取汶阳。寡君欲徼福于周公，愿乞灵于臧氏。"臧石帅师会之，取廪丘。军吏令缮，将进，莱章曰："君卑政暴，往岁克敌，今又胜都，天奉多矣，又焉能进？是蘦言也。役将班矣！"晋师乃还。饩臧石牛，大史谢之，曰："以寡君之在行，牢礼不度，敢展谢之！"	

齐陈文子附陈桓子（前672—前532）

庄二十二	庄二十二	齐陈氏出陈厉公，其世系如下（据顾栋高《大事表》）：
陈人杀其公子御寇。	春，陈人杀其公子御寇，陈公子完与颛孙奔齐，颛孙自齐来奔。齐侯使敬仲为卿。辞曰："羁旅之臣，幸若获宥，及于宽政，赦其不闲于教训，而免于罪戾，弛于负担，君之惠也。所获多矣，敢辱高位以速官谤？请以死告。《诗》云：'翘翘车乘，招我以弓。岂不欲往，畏我友朋。'"使为工正。饮桓公酒，乐。公曰："以火继之。"辞曰："臣卜其昼，未卜其夜，不敢。"君子曰："酒以成礼，不继以淫，义也。以君成礼，弗纳于淫，仁也。" 初，懿氏卜妻敬仲。其妻占之，曰："吉。是谓'凤皇于飞，和鸣锵锵。有妫之后，将育于姜。五世其昌，并于正卿。八世之后，莫之与京。'" 陈厉公，蔡出也，故蔡人杀五父而立之。生敬仲，其少也，周史有以《周易》见陈侯者。陈侯使筮之，遇《观》䷓之《否》䷋，曰："是谓'观国之光，利用宾于王。'此其代陈有国乎？不在此，其在异国。非此其身，	陈厉公跃 公子完 敬仲 （缺数代） 陈须无 文子 陈无宇 桓子 | 陈子强 武子 | 陈乞 僖子 | 陈书 子占 | （以下陈乞之子） | 陈恒 成子 | 陈瓘 | 陈庄 | （上表：陈厉公桓六至桓十二年在位。公子完公子完字敬仲，庄二十二年奔齐。陈武子子彊昭二十六年见。《史记》桓子生武子及僖子。陈僖子、陈成子参卷四"陈乞陈恒"。陈书字子占，昭

	在其子孙。光，远而自他有耀者也。坤，土也。巽，风也。乾，天也。风为天于土上，山也。有山之材，而照之以天光，于是乎居土上，故曰：'观国之光，利用宾于王。'庭实旅百，奉之以玉帛，天地之美具焉，故曰：'利用宾于王。'犹有观焉，故曰：'其在后乎？'风行而著于土，故曰：'其在异国乎。'若在异国，必姜姓也。姜，大岳之后也。山岳则配天。物莫能两大。陈衰，此其昌乎！"及陈之初亡也，陈桓子始大于齐。其后亡也，成子得政。	十九年见，杜注无宇之子。陈瓘、陈庄见哀十一年。齐公族参本书附录。）
襄六 十有二月，齐侯灭莱。	**襄六** 十一月，齐侯灭莱，莱恃谋也。于郑子国之来聘也，四月，晏弱城东阳，而遂围莱。丁未，入莱，莱共公浮柔奔棠。四月，陈无宇献莱宗器于襄宫。晏弱围棠，十一月丙辰而灭之，迁莱于郳。	陈文子，妫姓，名须无，又称文子，陈国公子完之后。襄二十三年见。其子陈桓子，名无宇，又称桓子，襄六年始见。 《左传》中所记的陈氏人物以陈文子为主要代表。陈文子，又称陈须无，齐国陈氏中兴的关键人物。杜注以为陈文子为陈公子完之曾孙。陈公子完于庄二十二年因陈国内乱奔齐，被齐桓公命为工正，《左传》对其颇有赞辞，并预言陈氏将得齐国之政。
襄二十二	**襄二十二** 秋，栾盈自楚适齐。晏平仲言于齐侯曰："商任之会，受命于晋。今纳栾氏，将安用之？小所以事大，信也。失信，不立。君其图之！"弗听，退告陈文子曰："君人执信，臣人执共。忠、信、笃、敬，上下同之，天之道也。君自弃也，弗能久矣。"	可以说，《左传》记陈文子（陈须无）及其子陈桓子（陈无宇），侧重点在于"陈氏始大"四字。陈氏之大是陈文子及其子陈桓子共同经营的结果，而这个结果的实现又与陈氏父子有不同凡响的见识有极大关系。
襄二十三 秋，齐侯伐卫，遂伐晋。八月，叔孙豹帅师救晋，次于雍榆。	**襄二十三** 秋，齐侯伐卫。自卫将遂伐晋。崔杼谏曰："不可。臣闻之，小国间大国之败而毁焉，必受其咎。君其图之！"弗听。 陈文子见崔武子，曰："将如君何？"武子曰："吾言于君，君弗听也。以为盟主，而利其难。群臣若急，君于何有？子姑止之。" 文子退，告其人曰："崔子将死乎！谓君甚，而又过之，不得其死。过君以义，犹自抑也，况以恶乎？"	首先，陈文子父子是在齐国各种政治势力极其嚣张、

襄二十四	**襄二十四**	彼此混战成一团的局面中，有效利用了这一各派主要政治势力相互消耗的良机，冷静、理智地保持并壮大了陈氏势力的。齐国崔氏、庆氏与国氏、高氏之争自宣十年就已拉开序幕，后来崔、庆将国、高几乎彻底压倒，并连立二君，崔、庆在齐国红极一时，其政治势力到了不可一世的地步。陈氏在这种情况下巧妙地避开一系列政治斗争的旋涡，从而保存并借机壮大了自己的实力，这是与陈文子的见识有极大关系的。从襄二十三、二十五年陈文子对崔氏所作所为的评价，可以看出他对崔氏为人不义有相当清楚的认识。在襄二十八年所发生的庆氏之乱中，陈文子也同样保持了异常清醒的头脑。文子先有意使其子无宇离开庆氏，而同时与栾氏、高氏、鲍氏三族一起参加了消灭庆氏的战斗。陈文子是因为对崔氏、庆氏之为人有
齐崔杼帅师伐莒。冬，楚子、蔡侯、陈侯、许男伐郑。	齐侯既伐晋而惧，将欲见楚子。楚子使薳启彊如齐聘，且请期。齐社，蒐军实，使客观之。陈文子曰："齐将有寇。吾闻之：'兵不戢，必取其族。'" 秋，齐侯闻将有晋师，使陈无宇从薳启彊如楚，辞，且乞师。崔杼帅师送之，遂伐莒，侵介根。 冬，楚子伐郑以救齐，门于东门，次于棘泽。诸侯还救郑。楚子自棘泽还，使薳启彊帅师送陈无宇。	
襄二十五	**襄二十五**	
	齐棠公之妻，东郭偃之姊也。东郭偃臣崔武子。棠公死，偃御武子以吊焉。见棠姜而美之，使偃取之。偃曰："男女辨姓。今君出自丁，臣出自桓，不可。"武子筮之，遇《困》☷之《大过》☳，史皆曰："吉。"示陈文子，文子曰："夫从风，风陨，妻不可娶也。且其繇曰：'困于石，据于蒺藜，入于其宫，不见其妻，凶。'困于石，往不济也。据于蒺藜，所恃伤也。入于其宫，不见其妻，凶，无所归也。"崔子曰："嫠也，何害？先夫当之矣。"遂取之。庄公通焉，骤如崔氏。	
襄二十七	**襄二十七**	
夏，叔孙豹会晋赵武、楚屈建、蔡公孙归生、卫石恶、陈孔奂、郑良霄、许人、曹人于宋。秋，七月辛巳，豹及诸侯之大夫盟于宋。	宋向戌善于赵文子，又善于令尹子木，欲弭诸侯之兵以为名。如晋告赵孟，赵孟谋于诸大夫。晋人许之。如楚，楚亦许之。如齐，齐人难之。陈文子曰："晋、楚许之，我焉得已？且人曰弭兵，而我弗许，则固携吾民矣，将焉用之？"齐人许之。 戊申，叔孙豹、齐庆封、陈须无、卫石恶至。乙酉，宋公及诸侯之大夫盟于蒙门之外。	

襄二十八	襄二十八	
冬，齐庆封来奔。	夏，齐侯、陈侯、蔡侯、北燕伯、杞伯、胡子、沈子、白狄朝于晋，宋之盟故也。齐侯将行，庆封曰："我不与盟，何为于晋？"陈文子曰："先事后贿，礼也。小事大，未获事焉，从之如志，礼也。虽不与盟，敢叛晋乎？重丘之盟，未可忘也。子其劝行。" 齐庆封好田而耆酒。与庆舍政，则以其内实迁于卢蒲嫳氏，易内而饮酒。数日，国迁朝焉。使诸亡人得贼者，以告而反之，故反卢蒲癸。癸臣子之，有宠，妻之。庆舍之士谓卢蒲癸曰："男女辨姓，子不辟宗，何也？"曰："宗不余辟，余独焉辟之？赋《诗》断章，余取所求焉，恶识宗？"癸言王何而反之。二人皆嬖，使执寝戈而先后之。 公膳日双鸡，饔人窃更之以鹜。御者知之，则去其肉，而以其洎馈。子雅、子尾怒。庆封告卢蒲嫳，卢蒲嫳曰："譬之如禽兽，吾寝处之矣。"使析归父告晏平仲，平仲曰："婴之众不足用也，知无能谋也，言弗敢出，有盟可也。"子家曰："子之言云，又焉用盟？"告北郭子车，子车曰："人各有以事君，非佐之所能也。"陈文子谓桓子曰："祸将作矣。吾其何得？"对曰："得庆氏之木百车于庄。"文子曰："可慎守也已。" 卢蒲癸、王何卜攻庆氏，示子之兆，曰："或卜攻雠，敢献其兆。"子之曰："克，见血。"冬，十月，庆封田于莱，陈无宇从。丙辰，文子使召之，请曰："无宇之母疾病，请归。"庆季卜之，示之兆，曰："死。"奉龟而泣，乃使归。庆嗣闻之，曰："祸将作矣。"谓子家："速归，祸作必于尝，归犹可及也。"子家弗听，亦无	清楚的认识，深知其不能长久，才不愿与之结党的。 其次，陈氏之所以能在崔、庆之乱之后消灭栾、高二氏，与陈文子父子工于心计有关（昭八年陈桓子与栾施"遂和如初"之言可为证）。陈氏有效地利用了齐侯及栾、高二氏性格上的弱点，达到消灭对手和发展自己的目的。栾、高的性格弱点及其家族内部矛盾，客观上为陈氏消灭栾、高提供了有利条件。从襄二十九年高止之难及他人对其为人之评价，昭二年韩宣子对子旗等人之评价，昭十年"齐惠栾、高氏皆耆酒，信内多怨"以及昭子对栾氏为人之评价中，可以找到这方面的证据。 最后，需要强调的是，陈氏之所以能大，不仅与他在处理人际关系时善于应变有关，而且与其在为政及为人方面能施能让也有极大关系。襄二十三年陈文子评崔杼，襄二十七年论齐国在列国会盟

	悛志。子息曰："亡矣，幸而获在吴、越。"陈无宇济水，而戕舟发梁。卢蒲姜谓癸曰："有事而不告我，必不捷矣。"癸告之，姜曰："夫子愎，莫之止，将不出。我请止之。"癸曰："诺。"十一月乙亥，尝于大公之庙，庆舍莅事。卢蒲姜告之，且止之，弗听，曰："谁敢者？"遂如公。麻婴为尸，庆奊为上献。卢蒲癸、王何执寝戈。庆氏以其甲环公宫。陈氏、鲍氏之圉人为优。庆氏之马善惊，士皆释甲束马，而饮酒，且观优，至于鱼里。栾、高、陈、鲍之徒，介庆氏之甲。子尾抽桷击扉三，卢蒲癸自后刺子之，王何以戈击之，解其左肩。犹援庙桷，动于甍，以俎壶投，杀人而后死。遂杀庆绳、麻婴。公惧，鲍国曰："群臣为君故也。"陈须无以公归，税服而如内宫。 　　庆封归，遇告乱者。丁亥，伐西门，弗克。还伐北门，克之。入伐内宫，弗克。反，陈于岳。请战，弗许，遂来奔。	中的态度，二十八年论"先事后贿"，昭十年让邑与施舍，都极能说明陈文子是个在为政方面见识不凡之人。具体说来，这种见识使陈氏长期以来一直在采取施于国以收买人心的手段，极大地加固了陈氏在齐国存在的基础，为其日后击败栾、高二氏提供了良好的条件。昭三年晏婴在与叔向的对话中对此所作的剖析最能说明问题。毕竟陈氏在齐国并非公族，这与齐国掌权的列卿有根本不同。陈氏自己也清楚自己的处境，所以他一方面要以施舍来博得人心，另一方面只能等待时机，特别是齐国卿大夫出现不和并自相残杀的时机。 　　昭八年子旗之言充分表明他之治子尾之室是出于一片诚心，而陈桓子则可能是出于私心而欲助子尾氏。昭十年之事已证明所谓"遂和之如初"是假，是陈桓子所耍的伎俩。此见陈桓子为人奸诈之处。
襄二十九 　吴子使札来聘。	**襄二十九** 　　吴公子札来聘，见叔孙穆子，说之。其出聘也，通嗣君也。故遂聘于齐，说晏平仲，谓之曰："子速纳邑与政。无邑无政，乃免于难。齐国之政，将有所归，未获所归，难未歇也。"故晏子因陈桓子以纳政与邑，是以免于栾、高之难。	
昭二	**昭二** 　　夏，四月，韩须如齐逆女。齐陈无宇送女，致少姜。少姜有宠于晋侯，晋侯谓之少齐，谓陈无宇非卿，执诸中都。少姜为之请，曰："送从逆班。畏大国也，犹有所易，是以乱作。"	
昭三	**昭三** 　　齐侯使晏婴请继室于晋。既成昏，晏子受礼，叔向从之宴，相与	

	语。叔向曰："齐其何如?"晏子曰："此季世也,吾弗知,齐其为陈氏矣。公弃其民,而归于陈氏。齐旧四量,豆、区、釜、钟。四升为豆,各自其四,以登于釜。釜十则钟。陈氏三量,皆登一焉,钟乃大矣。以家量贷,而以公量收之。山木如市,弗加于山;鱼盐蜃蛤,弗加于海。民参其力,二入于公,而衣食其一。公聚朽蠹,而三老冻馁。国之诸市,屦贱踊贵。民人痛疾,而或燠休之。其爱之如父母,而归之如流水。欲无获民,将焉辟之? 箕伯、直柄、虞遂、伯戏,其相胡公、大姬已在齐矣!" 　　初,景公欲更晏子之宅,曰:"子之宅近市,湫隘嚣尘,不可以居,请更诸爽垲者。"辞曰:"君之先臣容焉。臣不足以嗣之,于臣侈矣。且小人近市,朝夕得所求,小人之利也。敢烦里旅?"及晏子如晋,公更其宅。反则成矣。既拜,乃毁之,而为里室,皆如其旧,则使宅人反之,且谚曰:"'非宅是卜,唯邻是卜。'二三子先卜邻矣。违卜不祥。君子不犯非礼,小人不犯不祥,古之制也。吾敢违诸乎?"卒复其旧宅,公弗许,因陈桓子以请,乃许之。 　　齐公孙虿卒。司马虿见晏子,曰:"又丧子雅矣。"晏子曰:"惜也!子旗不免,殆哉! 姜族弱矣,而妫将始昌。二惠竞爽犹可,又弱一个焉,姜其危哉!"	
昭五	**昭五**	
	郑罕虎如齐,娶于子尾氏。晏子骤见之,陈桓子问其故,对曰:"能用善人,民之主也。"	
昭八	**昭八**	
	七月甲戌,齐子尾卒。子旗欲治其室。丁丑,杀梁婴。八月庚戌,逐	

	子成、子工、子车，皆来奔，而立子良氏之宰。其臣曰："孺子长矣，而相吾室，欲兼我也。"授甲，将攻之。陈桓子善于子尾，亦授甲，将助之。或告子旗，子旗不信。则数人告，将往，又数人告于道，遂如陈氏。桓子将出矣，闻之而还，游服而逆之，请命。对曰："闻疆氏授甲，将攻子。子闻诸？"曰："弗闻。""子盍亦授甲？无宇请从。"子旗曰："子胡然？彼，孺子也。吾诲之，犹惧其不济。吾又宠秩之。其若先人何？子盍谓之？《周书》曰：'惠不惠，茂不茂。'康叔所以服弘大也。"桓子稽颡曰："顷、灵福子，吾犹有望。"遂和之如初。	
昭十	昭十	
夏，齐栾施来奔。	齐惠栾、高氏皆耆酒，信内多怨，强于陈、鲍氏而恶之。夏，有告陈桓子曰："子旗、子良将攻陈、鲍。"亦告鲍氏。桓子授甲而如鲍氏。遭子良醉而骋，遂见文子，则亦授甲矣。使视二子，则皆从饮酒。桓子曰："彼虽不信，闻我授甲则必逐我。及其饮酒也，先伐诸？"陈、鲍方睦，遂伐栾、高氏。子良曰："先得公，陈、鲍焉往？"遂伐虎门。

晏平仲端委立于虎门之外，四族召之，无所往。其徒曰："助陈、鲍乎？"曰："何善焉？""助栾、高乎？"曰："庸愈乎？""然则归乎？"曰："君伐，焉归？"公召之，而后入。公卜，使王黑以灵姑銔率，吉，请断三尺焉而用之。五月庚辰，战于稷，栾、高败。又败诸庄。国人追之，又败诸鹿门。栾施、高强来奔。

陈、鲍分其室。晏子谓桓子："必致诸公。让，德之主也，谓懿德。凡有血气，皆有争心。故利不可强，思义为愈。义，利之本也。蕴利生 | |

	蘖。姑使无蕴乎？可以滋长。"桓子尽致诸公，而请老于莒。 　　桓子召子山，私具幄幕、器用、从者之衣屦，而反棘焉。子商亦如之，而反其邑。子周亦如之，而与之夫于。反子城、子公、公孙捷，而皆益其禄。凡公子、公孙之无禄者，私分之邑。国之贫约孤寡者，私与之粟。曰：《诗》云：'陈锡哉周。'能施也。桓公是以霸。"公与桓子莒之旁邑，辞。穆孟姬为之请高唐，陈氏始大。	

楚灵王（前547—前529）

襄二十六	襄二十六 　　楚子、秦人侵吴，及雩娄，闻吴有备而还。遂侵郑。五月，至于城麇。郑皇颉戍之，出，与楚师战，败。穿封戌囚皇颉，公子围与之争之，正于伯州犁。伯州犁曰："请问于囚。"乃立囚。伯州犁曰："所争，君子也，其何不知？"上其手，曰："夫子为王子围，寡君之贵介弟也。"下其手，曰："此子为穿封戌，方城外之县尹也。谁获子？"囚曰："颉遇王子，弱焉。"戌怒，抽戈逐王子围，弗及。楚人以皇颉归。	楚灵王，又称虔、灵、灵王、王子、王子围、公子围、楚令尹、令尹围、围、令尹、楚子虔、楚子、楚王、庶子围等。楚灵王为楚共王之子，本名围，即位后改名为虔。灵王襄二十六年初见，襄二十九年为令尹。昭元年杀楚君郏敖（康王之子麇）即位，至昭十三年自缢于芋尹申亥氏，共在位十二年。 　　楚灵王相关世系如下（据陈厚耀《世族谱》）：
襄二十九	襄二十九 　　夏，四月，葬楚康王。公及陈侯、郑伯、许男送葬，至于西门之外。诸侯之大夫皆至于墓。楚郏敖即位，王子围为令尹。郑行人子羽曰："是谓不宜，必代之昌。松柏之下，其草不殖。"	
襄三十	襄三十 　　春，王正月，楚子使薳罢来聘，通嗣君也。穆叔问："王子之为政何	

		庄王旅				
		共王审				
	如？"对曰："吾侪小人，食而听事，犹惧不给命，而不免于戾，焉与知政？"固问焉，不告。穆叔告大夫曰："楚令尹将有大事，子荡将与焉，助之匿其情矣。" 楚公子围杀大司马蒍掩而取其室。申无宇曰："王子必不免。善人，国之主也。王子相楚国，将善是封殖，而虐之，是祸国也。且司马令尹之偏，而王之四体也。绝民之主，去身之偏，艾王之体，以祸其国，无不祥大焉。何以得免？"	康王昭	灵王虔	公子比	平王弃疾	公子黑肱
		郏敖麇	太子禄、公子罢敌		昭王轸	
襄三十一	襄三十一					
	十二月，北宫文子相卫襄公以如楚。卫侯在楚，北宫文子见令尹围之威仪，言于卫侯曰："令尹似君矣，将有他志，虽获其志，不能终也。《诗》曰：'靡不有初，鲜克有终。'终之实难，令尹其将不免。"公曰："子何以知之？"对曰："《诗》云：'敬慎威仪，惟民之则。'令尹无威仪，民无则焉。民所不则，以在民上，不可以终。"公曰："善哉！何谓威仪？"对曰："有威而可畏，谓之威。有仪而可象，谓之仪。君有君之威仪，其臣畏而爱之，则而象之，故能有其国家，令闻长世。臣有臣之威仪，其下畏而爱之，故能守其官职，保族宜家。顺是以下皆如是，是以上下能相固也。《卫诗》曰：'威仪棣棣，不可选也。'言君臣、上下、父子、兄弟、内外、大小皆有威仪也。《周诗》曰：'朋友攸摄，摄以威仪。'言朋友之道必相教训以威仪也。《周书》数文王之德曰：'大国畏其力，小国怀其德。'言畏而爱之也。《诗》云：'不识不知，顺帝之则。'言则而象之也。纣囚文王七年，诸侯皆从之囚，纣于是乎惧而归之，可谓爱之。文王之行，至今为法，可谓象之。有威仪也。故君	幕、平夏				

（上表楚王继位顺序：楚庄王[文十四至宣十八]→共王[成元至襄十三]→康王[襄十四至襄二十八]→郏敖[楚子麇，襄二十九至昭元]→灵王[昭元至昭十三]→平王[昭十四至昭二十六]→昭王[昭二十七至哀六]。[ ]中为在位年，本书他处同例。郏敖之子幕及子夏均于昭元年见杀。平王即公子弃疾，又称蔡公、楚子居等，事见卷三"楚平王"。灵王众兄弟尚有公子比[又称子干、訾敖]、公子黑肱[即

在位可畏，施舍可爱，进退可度，周旋可则，容止可观，作事可法，德行可象，声气可乐，动作有文，言语有章，以临其下，谓之有威仪也。"

昭元

叔孙豹会晋赵武、楚公子围、齐国弱、宋向戌、卫齐恶、陈公子招、蔡公孙归生、郑罕虎、许人、曹人于虢。冬，十有一月己酉，楚子麇卒。楚公子比出奔晋。

昭元

春，楚公子围聘于郑，且娶于公孙段氏。伍举为介。将入馆，郑人恶之。使行人子羽与之言，乃馆于外。既聘，将以众逆。子产患之，使子羽辞，曰："以敝邑褊小，不足以容从者，请墠听命。"令尹命大宰伯州犁对曰："君辱贶寡大夫围，谓围将使丰氏抚有而室。围布几筵，告于庄、共之庙而来。若野赐之，是委君贶于草莽也，是寡大夫不得列于诸卿也。不宁唯是，又使围蒙其先君，将不得为寡君老，其蔑以复矣。唯大夫图之！"子羽曰："小国无罪，恃实其罪。将恃大国之安靖己，而无乃包藏祸心以图之。小国失恃，而惩诸侯，使莫不憾者，距违君命，而有所壅塞不行是惧。不然，敝邑，馆人之属也，其敢爱丰氏之祧？"伍举知其有备也，请垂櫜而入，许之。

正月乙未，入逆而出。遂会于虢，寻宋之盟也。祁午谓赵文子曰："宋之盟，楚人得志于晋。今令尹之不信，诸侯之所闻也。子弗戒，惧又如宋。子木之信称于诸侯，犹诈晋而驾焉，况不信之尤者乎？楚重得志于晋，晋之耻也。子相晋国，以为盟主，于今七年矣。再合诸侯，三合大夫，服齐、狄、宁东夏，平秦乱，城淳于，师徒不顿，国家不罢，民无谤讟，诸侯无怨，天无大灾，子之力也。有令名矣，而终之以耻，午也是惧，吾子其不可以不戒。"文子曰："武受赐矣。然宋之盟，子木有祸人之心，武有仁人之心，是楚所以驾晋也。今武犹是心也，楚又行僭，非

子晳，襄二十七年见〕。昭十三年灵王之难中，曾立公子比为王，公子黑肱为令尹，寻皆自杀。）

《左传》对灵王的描写可分为三个阶段：第一阶段是即位之前，自其襄二十六年初次出现，到昭元年弑君即位为止。从传文可看出从襄三十年开始，公子围与薳罢、薳启彊、伍举等相勾结，图谋弑君即位，并取得成功。第二阶段自昭元年至昭十二年，写灵王即位后大搞侵略扩张，服郑、服许，号令中原，其中包括陈、蔡、郑、许、徐、滕、顿、胡、沈、小邾、宋、淮等诸国（昭四）。伐吴（昭四），灭赖（昭四，辱鲁（昭七）、服晋（昭五），继而灭陈（昭八），灭蔡（昭十一），一时间气焰极为嚣张，大有不可阻挡之势。

但是楚灵王又过于刚愎自用，并一再清除异己，杀害忠良，伤及同族。襄三十年杀大司马蒍掩而取其室，昭元年杀王之二子及

所害也。武将信以为本，循而行之。譬如农夫，是穮是蓘，虽有饥馑，必有丰年。且吾闻之：'能信不为人下。'吾未能也。《诗》曰：'不僭不贼，鲜不为则。'信也。能为人则者，不为人下矣。吾不能是难，楚不为患。"楚令尹围请用牲，读旧书，加于牲上而已，晋人许之。

三月甲辰，盟。楚公子围设服离卫。叔孙穆子曰："楚公子美矣，君哉！"郑子皮曰："二执戈者前矣。"蔡子家曰："蒲宫有前，不亦可乎？"楚伯州犁曰："此行也，辞而假之寡君。"郑行人挥曰："假不反矣。"伯州犁曰："子姑忧子晳之欲背诞也。"子羽曰："当璧犹在，假而不反，子其无忧乎？"齐国子曰："吾代二子愍矣。"陈公子招曰："不忧何成？二子乐矣。"卫齐子曰："苟或知之，虽忧何害？"宋合左师曰："大国令，小国共，吾知共而已。"晋乐王鲋曰："《小旻》之卒章善矣，吾从之。"

令尹享赵孟，赋《大明》之首章，赵孟赋《小宛》之二章。事毕，赵孟谓叔向曰："令尹自以为王矣，何如？"对曰："王弱，令尹强，其可哉！虽可，不终。"赵孟曰："何故？"对曰："强以克弱，而安之，强不义也。不义而强，其毙必速。《诗》曰：'赫赫宗周，褒姒灭之。'强不义也。令尹为王，必求诸侯。晋少懦矣，诸侯将往。若获诸侯，其虐滋甚，民弗堪也，将何以终？夫以强取，不义而克，必以为道，道以淫虐，弗可久已矣。"

楚公子围使公子黑肱、伯州犁城犨、栎、郏。郑人惧。子产曰："不害。令尹将行大事，而先除二子也。祸不及郑，何患焉？"

冬，楚公子围将聘于郑，伍举为

平夏，杀大宰伯州犁，右尹子干、宫厩尹子晳等出奔晋，为其埋下祸根。后又以屈申为贰于吴而杀之（昭五），谓成虎为若敖之余而杀之（昭十二），夺薳居田，越大夫戮焉，"薳氏之族及薳居、许围、蔡洧、蔓成然，皆王所不礼也"（昭十三）。第三阶段在昭十二至十三年，写楚灵王众叛亲离，死于乾溪。

《左传》对楚灵王的描写，全部的笔墨集中在一个"虐"字上。可以说，《左传》对楚灵王的描写非常集中地体现了左氏笔法的特点之一，即借叙事来表达作者在为人处世方面的思想，写作手法基本上有两个方面：一是突出描写其行为方面汰虐自用的细节，二是大量运用第三者对话或评论来表达对当事人人品的看法。具体来说，对楚灵性格汰虐特征的描写有如下几方面：1.襄三十年公子围杀大司马薳掩而取其室，

	介。未出竟，闻王有疾而还。伍举遂聘。十一月己酉，公子围至，入问王疾，缢而弑之，遂杀其二子幕及平夏。右尹子干出奔晋，宫厩尹子晳出奔郑。杀大宰伯州犁于郏。葬王于郏，谓之郏敖。 使赴于郑，伍举问应为后之辞焉，对曰："寡大夫围。"伍举更之曰："共王之子围为长。"子干奔晋，从车五乘。 楚灵王即位，薳罢为令尹，薳启彊为大宰。郑游吉如楚，葬郏敖，且聘立君。归，谓子产曰："具行器矣。楚王汏侈，而自说其事，必合诸侯，吾往无日矣。"子产曰："不数年，未能也。"	左氏借申无宇之口讽刺公子围不德。2.襄三十一年卫侯在楚，见公子围之威仪，北宫文子讥之。3.寻宋之盟，左氏用大量笔墨描写列国卿大夫对公子围的种种评论，其中有叔孙穆子、郑子皮、郑行人挥、齐国子、陈公子招、卫齐子、宋合左师、晋乐王鲋之言。4.昭元年楚灵王即位，郑游吉与子产有一番"楚王汏侈"的对话。5.昭四年，灵王欲合诸侯、称霸天下，晋司马侯谓"楚王方侈，天或者欲逞其心，以厚其毒，而降之罚"，楚子在与子产的对话中称："然则吾所求者，无不可乎？"这些话极能反映灵王之个性。下面写"楚子示诸侯侈"，目的在于进一步突出楚子的个性。椒举之谏、子产之预言、左师之论、庆封之对答，都反映了作者有意要突出楚灵王为人汏虐自用的性格。可以说，昭元年这一大段传文，是作者精心安排来刻画灵王个性的。6.昭五年，
昭三	**昭三** 十月，郑伯如楚，子产相。楚子享之，赋《吉日》。既享，子产乃具田备，王以田江南之梦。	
昭四 夏，楚子、蔡侯、陈侯、郑伯、许男、徐子、滕子、顿子、胡子、沈子、小邾子、宋世子佐、淮夷会于申。楚人执徐子。秋，七月，楚子、蔡侯、陈侯、许男、顿子、胡子、沈子、淮夷伐吴。执齐庆封，杀之。遂灭赖。	**昭四** 春，王正月，许男如楚，楚子止之，遂止郑伯。复田江南，许男与焉。使椒举如晋求诸侯，二君待之。椒举致命曰："寡君使举曰：'日君有惠，赐盟于宋，曰：晋楚之从，交相见也。以岁之不易，寡人愿结欢于二三君。'使举请间。君若苟无四方之虞，则愿假宠，以请于诸侯。"晋侯欲勿许。司马侯曰："不可。楚王方侈，天或者欲逞其心，以厚其毒，而降之罚，未可知也。其使能终，亦未可知也。晋楚唯天所相，不可与争。君其许之，而修德以待其归。若归于德，吾犹将事之，况诸侯乎？若适淫虐，楚将弃之，吾又谁与争？"乃许楚使。使叔向对曰："寡君有社稷之事，是以不获春秋时见。诸侯，君实有之，何辱命焉？"椒举遂请昏，晋侯许之。	

楚子问于子产曰："晋其许我诸侯乎？"对曰："许君。晋君少安，不在诸侯。其大夫多求，莫厌其君。在宋之盟，又曰如一。若不许君，将焉用之？"王曰："诸侯其来乎？"对曰："必来。从宋之盟，承君之欢，不畏大国，何故不来？不来者，其鲁、卫、曹、邾乎？曹畏宋，邾畏鲁，鲁、卫逼于齐而亲于晋，唯是不来。其余君之所及也，谁敢不至？"王曰："然则吾所求者，无不可乎？"对曰："求逞于人，不可。与人同欲，尽济。"

夏，诸侯如楚。鲁、卫、曹、邾不会。曹、邾辞以难，公辞以时祭，卫侯辞以疾。郑伯先待于申。六月丙午，楚子合诸侯于申。椒举言于楚子曰："臣闻诸侯无归，礼以为归。今君始得诸侯，其慎礼矣。霸之济否，在此会也。夏启有钧台之享，商汤有景亳之命，周武有孟津之誓，成有歧阳之蒐，康有酆宫之朝，穆有涂山之会，齐桓有召陵之师，晋文有践土之盟。君其何用？宋向戌、郑公孙侨，在诸侯之良也，君其选焉。"王曰："吾用齐桓。"王使问礼于左师与子产。左师曰："小国习之，大国用之，敢不荐闻？"献公合诸侯之礼六。子产曰："小国共职，敢不荐守？"献伯、子、男会公之礼六。君子谓：合左师善守先代，子产善相小国。

王使椒举侍于后，以规过。卒事不规。王问其故，对曰："礼，吾所未见者有六焉，又何以规？"宋大子佐后至。王田于武城，久而弗见。椒举请辞焉。王使往曰："属有宗祧之事于武城，寡君将堕币焉，敢谢后见。"徐子，吴出也。以为贰焉，故执诸申。

楚子示诸侯侈。椒举曰："夫六

韩宣子与叔向如楚，叔向与子大叔论"楚王汰侈已甚"之对话，灵王与薳启彊之对话，都与前面揭示楚子个性之主题相应。7.昭七年，申无宇与楚子之对答，通过一个富有正义感的大臣之口，来揭示公子围的个性。8.昭十二年，楚王与右尹子革的一番对话，也是对楚子刚愎自用的性格惟妙惟肖地刻画。

昭四年，楚子以诸侯伐吴，执齐庆封，而尽灭其族。将戮庆封，椒举以为不妥，王弗听，负之斧钺，以徇于诸侯，使言曰："无或如齐庆封，弑其君、弱其孤以盟其大夫！"庆封曰："无或如楚共王之庶子围，弑其君兄之子麇而代之，以盟诸侯！"王使速杀之。庆封对灵王之态度，以及灵王听速杀之行，可以看出他的内心世界。

昭十三年，楚子临终前与其侍者有下面一段话，是他终于良知发现的时候：

王二公之事，皆所以示诸侯，礼也，诸侯所由用命也。夏桀为仍之会，有缗叛之。商纣为黎之蒐，东夷叛之。周幽为大室之盟，戎狄叛之。皆所以示诸侯汰也，诸侯所由弃命也。今君以汰，无乃不济乎！"王弗听。子产见左师曰："吾不患楚矣。汰而愎谏，不过十年。"左师曰："然。不十年侈，其恶不远。远恶而后弃。善亦如之，德远而后兴。"

秋，七月，楚子以诸侯伐吴。宋大子、郑伯先归，宋华费遂、郑大夫从。使屈申围朱方。八月甲申，克之，执齐庆封，而尽灭其族。将戮庆封，椒举曰："臣闻无瑕者可以戮人。庆封惟逆命，是以在此，其肯从于戮乎？播于诸侯，焉用之？"王弗听，负之斧钺，以徇于诸侯，使言曰："无或如齐庆封，弑其君、弱其孤以盟其大夫！"庆封曰："无或如楚共王之庶子围，弑其君兄之子麇而代之，以盟诸侯！"王使速杀之。

遂以诸侯灭赖。赖子面缚衔璧，士袒，舆榇从之，造于中军。王问诸椒举，对曰："成王克许，许僖公如是。王亲释其缚，受其璧，焚其榇。"王从之。迁赖于鄢。楚子欲迁许于赖，使斗韦龟与公子弃疾城之而还。申无宇曰："楚祸之首，将在此矣。召诸侯而来，伐国而克，城竟莫校，王心不违，民其居乎？民之不处，其谁堪之？不堪王命，乃祸乱也。"

王曰："余杀人子多矣，能无及此乎？"右尹子革曰："请待于郊，以听国人。"王曰："众怒不可犯也。"曰："若入于大都，而乞师于诸侯。"王曰："皆叛矣。"曰："若亡于诸侯，以听大国之图君也。"王曰："大福不再，祇取辱焉。"

昭五	昭五
楚杀其大夫屈申。冬，楚子、蔡侯、陈侯、许男、顿子、沈子、徐人、越人伐吴。	楚子以屈申为贰于吴，乃杀之。以屈生为莫敖，使与令尹子荡如晋逆女。 晋韩宣子如楚送女，叔向为介。郑子皮、子大叔劳诸索氏。大叔谓叔向曰："楚王汰侈已甚，子其戒之！"叔向曰："汰侈已甚，身之灾也，焉

能及人？若奉吾币、帛，慎吾威仪，守之以信，行之以礼，敬始而思终，终无不复。从而不失仪，敬而不失威，道之以训辞，奉之以旧法，考之以先王，度之以二国，虽汰侈，若我何？"及楚，楚子朝其大夫，曰："晋吾仇敌也。苟得志焉，无恤其他。今其来者，上卿、上大夫也。若吾以韩起为阍，以羊舌肸为司宫，足以辱晋，吾亦得志矣。可乎？"大夫莫对。薳启彊曰："可。苟有其备，何故不可？耻匹夫不可以无备，况耻国乎？是以圣王务行礼，不求耻人。朝聘有珪，享覜有璋，小有述职，大有巡功。设机而不倚，爵盈而不饮；宴有好货，飧有陪鼎，入有郊劳，出有赠贿，礼之至也。国家之败，失之道也，则祸乱兴。城濮之役，晋无楚备，以败于邲。邲之役，楚无晋备，以败于鄢。自鄢以来，晋不失备，而加之以礼，重之以睦，是以楚弗能报，而求亲焉。既获姻亲，又欲耻之，以召寇仇，备之若何，谁其重此？若有其人，耻之可也。若其未有，君亦图之。晋之事君，臣曰可矣；求诸侯而麇至；求昏而荐女，君亲送之，上卿及上大夫致之。犹欲耻之，君其亦有备矣。不然，奈何？韩起之下，赵成、中行吴、魏舒、范鞅、知盈；羊舌肸之下，祁午、张趯、籍谈、女齐、梁丙、张骼、辅跞、苗贲皇，皆诸侯之选也。韩襄为公族大夫，韩须受命而使矣；箕襄、邢带、叔禽、叔椒、子羽，皆大家也。韩赋七邑，皆成县也。羊舌四族，皆强家也。晋人若丧韩起、杨肸、五卿、八大夫辅韩须、杨石，因其十家九县，长毂九百，其余四十县，遗守四千，奋其武怒，以报其大耻，伯华谋之，中行伯、魏舒帅之，

	其蔑不济矣。君将以亲易怨，实无礼以速寇，而未有其备，使群臣往遗之禽，以逞君心，何不可之有？"王曰："不穀之过也，大夫无辱。"厚为韩子礼。王欲敖叔向以其所不知而不能，亦厚其礼。 　　冬，十月，楚子以诸侯及东夷伐吴，以报棘、栎、麻之役。薳射以繁扬之师会于夏汭。越大夫常寿过帅师会楚子于琐。闻吴师出，薳启彊帅师从之，遽不设备，吴人败诸鹊岸。楚子以驲至于罗汭。吴子使其弟蹶由犒师，楚人执之，将以衅鼓。王使问焉，曰："女卜来吉乎？"对曰："吉。寡君闻君将治兵于敝邑，卜之以守龟，曰：'余亟使人犒师，请行以观王怒之疾徐，而为之备，尚克知之！'龟兆告吉，曰：'克可知也。'君若欢焉，好逆使臣，滋敝邑休殆，而忘其死，亡无日矣。今君奋焉震电冯怒，虐执使臣，将以衅鼓，则吴知所备矣。敝邑虽羸，若早修完，其可以息师。难易有备，可谓吉矣。且吴社稷是卜，岂为一人？使臣获衅军鼓，而敝邑知备，以御不虞，其为吉，孰大焉？国之守龟，其何事不卜？一臧一否，其谁能常之？城濮之兆，其报在邲。今此行也，其庸有报志？"乃弗杀。楚师济于罗汭，沈尹赤会楚子，次于莱山，薳射帅繁扬之师先入南怀，楚师从之，及汝清。吴不可入。楚子遂观兵于坻箕之山。是行也，吴早设备，楚无功而还，以蹶由归。楚子惧吴，使沈尹射待命于巢，薳启彊待命于雩娄，礼也。
昭七	**昭七**
三月，公如楚。九月，公至自楚。	楚子之为令尹也，为王旌以田。芋尹无宇断之，曰："一国两君，其谁堪之？"及即位，为章华之宫，纳亡人以实之。无宇之阍入焉。无宇

执之，有司弗与，曰："执人于王宫，其罪大矣。"执而谒诸王。王将饮酒，无宇辞曰："天子经略，诸侯正封，古之制也。封略之内，何非君土？食土之毛，谁非君臣？故《诗》曰：'普天之下，莫非王土；率土之滨，莫非王臣。'天有十日，人有十等。下所以事上，上所以共神也。故王臣公，公臣大夫，大夫臣士，士臣皂，皂臣舆，舆臣隶，隶臣僚，僚臣仆，仆臣台。马有圉，牛有牧，以待百事。今有司曰：'女胡执人于王宫？'将焉执之？周文王之法曰：'有亡荒阅。'所以得天下也。吾先君文王，作仆区之法，曰：'盗所隐器，与盗同罪。'所以封汝也。若从有司，是无所执逃臣也。逃而舍之，是无陪台也。王事无乃阙乎？昔武王数纣之罪以告诸侯曰：'纣为天下逋逃主，萃渊薮。'故夫致死焉。君王始求诸侯而则纣，无乃不可乎？若以二文之法取之，盗有所在矣。"王曰："取而臣以往。盗有宠，未可得也。"遂赦之。

楚子成章华之台，愿以诸侯落之。大宰薳启彊曰："臣能得鲁侯。"薳启彊来召公，辞曰："昔先君成公命我先大夫婴齐曰：'吾不忘先君之好，将使衡父照临楚国，镇抚其社稷，以辑宁尔民。'婴齐受命于蜀。奉承以来，弗敢失陨，而致诸宗祧。日我先君共王，引领北望，日月以冀，传序相授，于今四王矣。嘉惠未至，唯襄公之辱临我丧。孤与其二三臣悼心失图，社稷之不皇，况能怀思君德？今君若步玉趾，辱见寡君，宠灵楚国，以信蜀之役，致君之嘉惠，是寡君既受贶矣，何蜀之敢望？其先君鬼神实嘉赖之，岂唯寡君？君若不来，使臣请问行期，寡君将承质币而见于蜀，以请先君之贶。"公将

	往，梦襄公祖。梓慎曰："君不果行。襄公之适楚也，梦周公祖而行。今襄公实祖，君其不行。"子服惠伯曰："行！先君未尝适楚，故周公祖以道之；襄公适楚矣，而祖以道君。不行，何之？"三月，公如楚。郑伯劳于师之梁。孟僖子为介，不能相仪。及楚，不能答郊劳。 　　楚子享公于新台，使长鬣者相。好以大屈。既而悔之。薳启彊闻之，见公。公语之，拜贺。公曰："何贺？"对曰："齐与晋、越欲此久矣。寡君无适与也，而传诸君。君其备御三邻，慎守宝矣，敢不贺乎？"公惧，乃反之。九月，公至自楚。
昭八	**昭八**
陈侯之弟招杀陈世子偃师。夏，四月辛丑，陈侯溺卒。楚人执陈行人干征师，杀之。陈公子留出奔郑。秋，蒐于红。冬，十月壬午，楚师灭陈。执陈公子招，放之于越。杀陈孔奂。葬陈哀公。	陈哀公元妃郑姬生悼大子偃师，二妃生公子留，下妃生公子胜。二妃嬖，留有宠，属诸徒招与公子过。哀公有废疾，三月甲申，公子招、公子过杀悼大子偃师，而立公子留。夏，四月辛亥，哀公缢。干征师赴于楚，且告有立君。公子胜诉之于楚，楚人执而杀之。公子留奔郑。书曰："陈侯之弟招杀陈世子偃师。"罪在招也。"楚人执陈行人干征师杀之。"罪不在行人也。 　　陈公子招归罪于公子过而杀之。九月，楚公子弃疾帅师奉孙吴围陈。宋戴恶会之。冬，十一月壬午，灭陈。舆嬖袁克杀马毁玉以葬。楚人将杀之，请置之。既又请私，私于幄，加绖于颡而逃。使穿封戌为陈公，曰："城麇之役不谄。"侍饮酒于王，王曰："城麇之役，女知寡人之及此，女其辟寡人乎？"对曰："若知君之及此，臣必致死礼以息楚。"
昭九	**昭九**
春，叔弓会楚子于陈。许迁于夷。	春，叔弓、宋华亥、郑游吉、卫赵黡会楚子于陈。 　　二月庚申，楚公子弃疾迁许于

	夷，实城父。取州来、淮北之田以益之，伍举授许男田。然丹迁城父人于陈，以夷濮西田益之。迁方城外人于许。
昭十一	昭十一
楚子虔诱蔡侯般杀之于申。楚公子弃疾帅师围蔡。大蒐于比蒲。仲孙貜会邾子，盟于祲祥。秋，季孙意如会晋韩起、齐国弱、宋华亥、卫北宫佗、郑罕虎、曹人、杞人于厥慭。冬，十有一月丁酉，楚师灭蔡，执蔡世子有以归，用之。	景王问于苌弘曰："今兹诸侯，何实吉？何实凶？"对曰："蔡凶。此蔡侯般弑其君之岁也，岁在豕韦，弗过此矣。楚将有之，然壅也。岁及大梁，蔡复，楚凶，天之道也。" 楚子在申，召蔡灵侯。灵侯将往。蔡大夫曰："王贪而无信，唯蔡于感。今币重而言甘，诱我也。不如无往。"蔡侯不可。五月丙申，楚子伏甲而飨蔡侯于申，醉而执之。夏，四月丁巳，杀之，刑其士七十人。公子弃疾帅师围蔡。 韩宣子问于叔向曰："楚其克乎？"对曰："克哉！蔡侯获罪于其君，而不能其民，天将假手于楚以毙之，何故不克？然肸闻之：不信以幸，不可再也。楚王奉孙吴以讨于陈，曰：'将定而国。'陈人听命，而遂县之。今又诱蔡而杀其君，以围其国，虽幸而克，必受其咎，弗能久矣。桀克有缗，以丧其国；纣克东夷，而陨其身。楚小位下，而亟暴于二王，能无咎乎？天之假助不善，非祚之也，厚其凶恶而降之罚也。且譬之如天，其有五材，而将用之，力尽而敝之，是以无拯，不可没振。"孟僖子会邾庄公，盟于祲祥，修好，礼也。楚师在蔡。晋荀吴谓韩宣子曰："不能救陈，又不能救蔡，物以无亲。晋之不能，亦可知也已。为盟主而不恤亡国，将焉用之？"秋，会于厥慭，谋救蔡也。郑子皮将行，子产曰："行不远，不能救蔡也。蔡小而不顺，楚大而不德，天将弃蔡以壅楚，盈而罚之。蔡必亡矣，且丧君而能守者鲜矣。三年，王其有咎乎？美恶周必复，王恶周矣。"晋人使狐父请蔡于楚，弗许。

		冬，十一月，楚子灭蔡，用隐大子于冈山。申无宇曰："不祥。五牲不相为用，况用诸侯乎？王必悔之。"
楚子城陈、蔡、不羹，使弃疾为蔡公。王问于申无宇曰："弃疾在蔡，何如？"对曰："择子莫如父，择臣莫如君。郑庄公城栎，而置子元焉，使昭公不立；齐桓公城榖，而置管仲焉，至于今赖之。臣闻：五大不在边，五细不在庭。亲不在外，羁不在内。今弃疾在外，郑丹在内，君其少戒！"王曰："国有大城，何如？"对曰："郑京栎，实杀曼伯；宋萧亳，实杀子游；齐渠丘，实杀无知；卫蒲、戚，实出献公。若由是观之，则害于国。末大必折，尾大不掉，君所知也。"
昭十二	**昭十二**	
楚杀其大夫成熊。楚子伐徐。		楚子谓成虎，若敖之余也，遂杀之。或谮成虎于楚子，成虎知之而不能行。书曰："楚杀其大夫成虎。"怀宠也。
楚子狩于州来，次于颍尾。使荡侯、潘子、司马督、嚣尹午、陵尹喜帅师围徐，以惧吴。楚子次于乾谿，以为之援。雨雪，王皮冠，秦复陶，翠被，豹舄，执鞭以出。仆析父从。右尹子革夕，王见之，去冠、被，舍鞭，与之语，曰："昔我先王熊绎与吕级、王孙牟、燮父、禽父并事康王，四国皆有分，我独无有。今吾使人于周，求鼎以为分，王其与我乎？"对曰："与君王哉！昔我先王熊绎辟在荆山，筚路蓝缕，以处草莽；跋涉山林，以事天子。唯是桃弧棘矢，以共御王事。齐，王舅也。晋及鲁、卫，王母弟也。楚是以无分，而彼皆有。今周与四国，服事君王，将唯命是从。岂其爱鼎？"王曰："昔我皇祖伯父昆吾，旧许是宅。今郑人贪赖其田，而不我与，我若求之，其与

	我乎?"对曰:"与君王哉!周不爱鼎,郑敢爱田?"王曰:"昔诸侯远我而畏晋,今我大城陈、蔡、不羹,赋皆千乘,子与有焉。诸侯其畏我乎?"对曰:"畏君王哉!是四国者,专足畏也,又加之以楚,敢不畏君王哉?"工尹路请曰:"君王命剥圭,以为鏚柲,敢请命。"王入视之。析父谓子革:"吾子,楚国之望也。今与王言如响,国其若之何?"子革曰:"摩厉以须,王出,吾刃将斩矣。"王出,复语。左使倚相趋过,王曰:"是良史也,子善视之!是能读三坟、五典、八索、九丘。"对曰:"臣尝问焉,昔穆王欲肆其心,周行天下,将皆必有车辙马迹焉。祭公谋父作《祈招》之诗,以止王心,王是以获没于祗宫。臣问其诗,而不知也。若问远焉,其焉能知之?"王曰:"子能乎?"对曰:"能。其诗曰:'祈招之愔愔,式昭德音,思我王度,式如玉,式如金,形民之力,而无醉饱之心。'"王揖而入,馈不食,寝不寐。数日,不能自克,以及于难。仲尼曰:"古也有志:'克己复礼,仁也。'信善哉!楚灵王若能如是,岂其辱于乾谿?"
昭十三	昭十三
夏,四月,楚公子比自晋归于楚,弑其君虔于乾谿。楚公子弃疾杀公子比。蔡侯庐归于蔡。陈侯吴归于陈。冬,十月,葬蔡灵公。	楚子之为令尹也,杀大司马蒍掩,而取其室。及即位,夺蒍居田,迁许而质许围。蔡洧有宠于王,王之灭蔡也,其父死焉,王使与于守而行。申之会,越大夫戮焉。王夺鬬韦龟中犫,又夺成然邑,而使为郊尹。蔓成然故事蔡公。故蒍氏之族及蒍居、许围、蔡洧、蔓成然,皆王所不礼也,因群丧职之族,启越大夫常寿过作乱。围固城,克息舟,城而居之。 观起之死也,其子从在蔡,事朝吴,曰:"今不封蔡,蔡不封矣。我请

试之。"以蔡公之命召子干、子晳,及郊而告之情,强与之盟,入袭蔡。蔡公将食,见之而逃。观从使子干食,坎,用牲,加书,而速行。已徇于蔡曰:"蔡公召二子,将纳之,与之盟而遣之矣,将师而从之。"蔡人聚,将执之。辞曰:"失贼成军,而杀余,何益?"乃释之。朝吴曰:"二三子若能死亡,则如违之,以待所济。若求安定,则如与之,以济所欲。且违上,何适而可?"众曰:"与之。"乃奉蔡公,召二子而盟于邓,依陈、蔡人以国。楚公子比、公子黑肱、公子弃疾、蔓成然、蔡朝吴帅陈、蔡、不羹、许、叶之师,因四族之徒,以入楚。及郊,陈、蔡欲为名,故请为武军。蔡公知之,曰:"欲速,且役病矣,请藩而已。"乃藩为军。蔡公使须务牟与史猈先入,因正仆人杀大子禄及公子罢敌。公子比为王,公子黑肱为令尹,次于鱼陂。公子弃疾为司马,先除王宫,使观从从师于乾谿,而遂告之,且曰:"先归复所,后者劓。"师及訾梁而溃。

　　王闻群公子之死也,自投于车下,曰:"人之爱其子也,亦如余乎?"侍者曰:"甚焉。小人老而无子,知挤于沟壑矣。"王曰:"余杀人子多矣,能无及此乎?"右尹子革曰:"请待于郊,以听国人。"王曰:"众怒不可犯也。"曰:"若入于大都,而乞师于诸侯。"王曰:"皆叛矣。"曰:"若亡于诸侯,以听大国之图君也。"王曰:"大福不再,祇取辱焉。"然丹乃归于楚。王沿夏,将欲入鄢。芋尹无宇之子申亥曰:"吾父再奸王命,王弗诛,惠孰大焉?君不可忍,惠不可弃,吾其从王。"乃求王,遇诸棘围以归。夏,五月癸亥,王缢于芋尹申亥氏。他年,芋尹申亥以王枢告,乃

	改葬之。 　　初，灵王卜，曰："余尚得天下。"不吉。投龟，诟天而呼曰："是区区者而不余畀，余必自取之。"民患王之无厌也，故从乱如归。 　　初，共王无冢適，有宠子五人，无适立焉。乃大有事于群望，而祈曰："请神择于五人者，使主社稷。"乃遍以璧见于群望曰："当璧而拜者，神所立也。谁敢违之？"既乃与巴姬密埋璧于大室之庭，使五人齐，而长入拜。康王跨之；灵王肘加焉；子干、子晳皆远之；平王弱，抱而入，再拜皆厌纽。鬭韦龟属成然焉，且曰："弃礼违命，楚其危哉！" 　　楚之灭蔡也，灵王迁许、胡、沈、道、房、申于荆焉。平王即位，既封陈、蔡，而皆复之，礼也。隐大子之子庐归于蔡，礼也。悼大子之子吴归于陈，礼也。冬，十月，葬蔡灵公，礼也。	
昭二十一	昭二十一	
	无极曰："平侯与楚有盟，故封。其子有二心，故废之。灵王杀隐大子，其子与君同恶，德君必甚。又使立之，不亦可乎？且废置在君，蔡无他矣。"	
昭三十	昭三十	
	灵王之丧，我先君简公在楚，我先大夫印段实往，敝邑之少卿也。王吏不讨，恤所无也。	此郑游吉答晋士景伯之言（昭三十）。

郑罕氏（前581—前529）

成十	成十	
五月，公会晋侯、齐侯、宋公、卫侯、曹伯伐郑。	夏，四月，郑人杀髡顽，子如奔许。栾武子曰："郑人立君，我执一人焉何益？不如伐郑而归其君，以求成焉。"晋侯有疾。五月，晋立大子州蒲以为君，而会诸侯伐郑。郑子罕赂以襄钟，子然盟于修泽，子驷为质。辛巳，郑伯归。	罕氏，郑七穆之一，其先公子喜为郑穆公之子。罕氏世系如下（据陈厚耀《世族谱》，字附名后）：
成十四	成十四	
郑公子喜帅师伐许。	八月，郑子罕伐许，败焉。戊戌，郑伯复伐许。庚子，入其郛，许人平以叔申之封。	
成十五	成十五	
楚子伐郑。	楚子侵郑，及暴隧，遂侵卫，及首止。郑子罕侵楚，取新石。	
成十六	成十六	
郑公子喜帅师侵宋。公会尹子、晋侯、齐国佐、邾人伐郑。	郑子罕伐宋。宋将鉏、乐惧败诸汋陂，退舍于夫渠，不儆。郑人覆之，败诸汋陵，获将鉏、乐惧，宋恃胜也。 七月，公会尹武公及诸侯伐郑。 诸侯之师次于郑西，我师次于督扬，不敢过郑。 诸侯迁于制田。知武子佐下军，以诸侯之师侵陈，至于鸣鹿，遂侵蔡。未反，诸侯迁于颍上。戊午，郑子罕宵军之，宋、齐、卫皆失军。	1.子罕：据顾栋高《大事表·春秋郑执政表》，子罕自成九年至襄三年为郑之执政。子罕执政期间，救郑伯、伐许、侵楚、侵宋，四处征战而往往能胜，尤以成十六年令宋、齐、卫皆失军一役，最能说明问题，可以说子罕不愧为一能战之良帅。 《左传》记子罕终于襄七年。
襄二	襄二	
六月庚辰，郑伯睔卒。晋师、宋师、卫宁殖侵郑。	郑成公疾，子驷请息肩于晋。公曰："楚君以郑故，亲集矢于其目，非异人任，寡人也。若背之，是弃力与言，其谁昵我？免寡人，唯二三子！"秋，七月庚辰，郑伯睔卒。于是子罕当国，子驷为政，子国为司马。晋师侵卫，诸大夫欲从晋，子驷曰："官命未改。"	2.子展：子展自襄八年出现于《左传》，大概他是从这年开始代其父为卿于郑。自襄八年子

郑穆公兰

公子喜 子罕	
公孙舍之 子展	公孙趸 鉏
罕虎 子皮	罕魋	罕朔 马师氏
婴齐 子齹		
罕达 子腾		

襄七	襄七	展出现于传文中始，至襄二十九年子展最后一次出现时这段时间，是郑国内忧外患极为深重的时期。从外的方面讲，自晋悼十八年即位后，晋国开始了一轮坚韧不拔的与楚争郑的较量，而楚国此时子囊为令尹，亦为一代贤大夫，故郑国左右为难，稍不小心即有灭国之险。从内的方面讲，郑国自襄七年始发生了一系列极为严重的内乱。襄七年子驷弑僖公，后又杀群公子；襄十年，郑国五族之徒发动西宫之变，灭子驷，子孔当国；襄十九年郑人杀子孔而分其室，子展当国，子产为卿；襄三十年郑国又发生伯有之乱。真是一波未平，一波又起。可以说，在这一系列内忧外患之中，子展对于郑国内政的稳定过渡及郑国在处理与中原列国的关系中避楚事晋、结束两面挨打的局面起到了极为重要的作用。 大体说来，《左传》中子展之事，可
郑伯髡顽如会，未见诸侯。丙戌，卒于鄵。	郑僖公之为大子也，于成之十六年，与子罕适晋，不礼焉。又与子丰适楚，亦不礼焉。及其元年朝于晋，子丰欲诉诸晋而废之，子罕止之。及将会于鄬，子驷相，又不礼焉。侍者谏，不听；又谏，杀之。及鄵，子驷使贼夜弑僖公，而以疟疾赴于诸侯。简公生五年，奉而立之。	
襄八	襄八	
夏，葬郑僖公。 冬，楚公子贞帅师伐郑。	冬，楚子囊伐郑，讨其侵蔡也。子驷、子国、子耳欲从楚，子孔、子蟜、子展欲待晋。子驷曰："《周诗》有之曰：'俟河之清，人寿几何？兆云询多，职竞作罗。'谋之多族，民之多违，事滋无成。民急矣，姑从楚以纾吾民。晋师至，吾又从之。敬共币帛，以待来者，小国之道也。牺牲玉帛，待于二竟，以待强者而庇民焉。寇不为害，民不罢病，不亦可乎？"子展曰："小所以事大，信也。小国无信，兵乱日至，亡无日矣。五会之信，今将背之，虽楚救我，将安用之？亲我无成，鄙我是欲，不可从也。不如待晋。晋君方明，四军无阙，八卿和睦，必不弃郑。楚师辽远，粮食将尽，必将速归，何患焉？舍之闻之：'杖莫如信。'完守以老楚，杖信以待晋，不亦可乎？"子驷曰："《诗》云：'谋夫孔多，是用不集。发言盈庭，谁敢执其咎？如匪行迈谋，是用不得于道。'请从楚，騑也受其咎。"乃及楚平，使王子伯骈告于晋，曰："君命敝邑：'修而车赋，儆而师徒，以讨乱略。'蔡人不从，敝邑之人不敢宁处，悉索敝赋，以讨于蔡，获司马燮，献于邢丘。今楚来讨，曰：'女何故称兵于蔡？'焚我郊保，凭陵我城郭。敝邑之众，夫妇男女，不遑启处，以相救也。翦焉倾	

	覆，无所控告。民死亡者非其父兄，即其子弟。夫人愁痛，不知所庇，民知穷困，而受盟于楚。孤也与其二三臣不能禁止，不敢不告。"知武子使行人子员对之曰："君有楚命，亦不使一介行李告于寡君，而即安于楚。君之所欲也，谁敢违君？寡君将帅诸侯以见于城下，唯君图之！"	按时段分为以下几个阶段： 　襄八至十八年：在郑面临日趋激烈的晋、楚争郑的形势下，将郑国从左右为难、国无宁日的局面中摆脱出来。从襄十一年子展竭力主张伐宋，以求事晋，可以看出子展谋事高人一筹。子展虽不主张郑国与楚，但一开始在子驷的主张占了上风的情况下，子展遂竭力推行子驷之策，如此一可以观晋楚争郑谁为胜者，以定郑之前途，二可以避免与子驷等人不必要的人际纷争。到了襄十一年，众人都知子驷将会亡郑，子展遂明确拿出自己的主张。伐宋以求坚事晋国，完全是子展之谋。子展不愧郑国六卿中最能谋者。 　襄十九至二十二年：平定内乱，任贤使能，使郑国内政走上了一条稳定的道路。襄十九年，子孔专，子展、子西帅国人杀子孔而分其室，于是子展当国。二十二年，平游氏之乱，立子
襄九 　冬，公会晋侯、宋公、卫侯、曹伯、莒子、邾子、滕子、薛伯、杞伯、小邾子、齐世子光伐郑。十有二月己亥，同盟于戏。楚子伐郑。	**襄九** 　冬，十月，诸侯伐郑。 　郑人恐，乃行成。 　诸侯皆不欲战，乃许郑成。十一月己亥，同盟于戏，郑服也。将盟，郑六卿公子騑、公子发、公子嘉、公孙辄、公孙虿、公孙舍之及其大夫、门子皆从郑伯。晋士庄子为载书，曰："自今日既盟之后，郑国而不唯晋命是听，而或有异志者，有如此盟。"公子騑趋进，曰："天祸郑国，使介居二大国之间。大国不加德音，而乱以要之，使其鬼神不获歆其禋祀，其民人不获享其土利，夫妇辛苦垫隘，无所底告。自今日既盟之后，郑国而不唯有礼与强可以庇民者是从，而敢有异志者，亦如之。"荀偃曰："改载书。"公孙舍之曰："昭大神要言焉。若可改也，大国亦可叛也。"知武子谓献子曰："我实不德，而要人以盟，岂礼也哉？非礼，何以主盟？姑盟而退，修德息师而来，终必获郑，何必今日？我之不德，民将弃我，岂唯郑？若能休和，远人将至，何恃于郑？"乃盟而还。 　晋人不得志于郑，以诸侯复伐之。十二月癸亥，门其三门。闰月戊寅，济于阴阪，侵郑。次于阴口而还。子孔曰："晋师可击也。师老而劳，且有归志，必大克之。"子展曰："不可。"	

		大叔。子展之任贤使能主要体现在重用子产之上。襄十九年立子产为卿，二十五年与子产入陈，二十六年听子产之言而不御楚。子展卒后，其子子皮亦重用子产，授子产政，可以说子产能有为于郑全靠罕氏之力。
	楚子伐郑。子驷将及楚平，子孔、子蟜曰："与大国盟，口血未干而背之，可乎？"子驷、子展曰："吾盟固云：'唯强是从。'今楚师至，晋不我救，则楚强矣。盟誓之言，岂敢背之？且要盟无质，神弗临也。所临唯信。信者，言之瑞也，善之主也，是故临之。明神不蠲要盟，背之可也。"乃及楚平。公子罢戎入盟，同盟于中分。楚庄夫人卒，王未能定郑而归。	
襄十	**襄十**	襄二十五年以后：与子产一起重新处理郑国与列国的关系。其中大事有：襄二十五年与子产入陈而大获，嗣后竭力与晋国处好关系。二十五年子产献捷于晋，子展相郑伯如晋；二十六年郑伯、齐侯为卫侯故如晋，请释卫侯，子展相郑伯；是年楚子伐郑，郑人不御寇；二十七年晋、楚弭兵，子展帅七子从君以享赵孟；二十八年郑伯使游吉如楚；二十九年子展使伯有如周葬灵王。 关于对子展一生为政为人的评价，《左传》中介绍了春秋时代的贤大夫对子展及罕氏的看法，认为罕氏为郑国后亡之人。襄二十六
楚公子贞、郑公孙辄帅师伐宋。 公会晋侯、宋公、卫侯、曹伯、莒子、邾子、齐世子光、滕子、薛伯、杞伯、小邾子伐郑。 戍郑虎牢。 楚公子贞帅师救郑。	六月，楚子囊、郑子耳伐宋，师于訾毋。庚午围宋，门于桐门。 卫侯救宋，师于襄牛。郑子展曰："必伐卫。不然，是不与楚也。得罪于晋，又得罪于楚，国将若之何？"子驷曰："国病矣。"子展曰："得罪于二大国，必亡。病，不犹愈于亡乎？"诸大夫皆以为然。故郑皇耳帅师侵卫，楚令也。孙文子卜追之，献兆于定姜。姜氏问《繇》，曰："兆如山陵，有夫出征，而丧其雄。"姜氏曰："征者丧雄，御寇之利也。大夫图之！"卫人追之，孙蒯获郑皇耳于犬丘。 秋七月，楚子囊、郑子耳伐我西鄙。还，围萧。八月丙寅，克之。九月，子耳侵宋北鄙。孟献子曰："郑其有灾乎？师竞已甚。周犹不堪竞，况郑乎？有灾，其执政之三士乎？" 诸侯伐郑，齐崔杼使大子光先至于师，故长于滕。己酉，师于牛首。 诸侯之师城虎牢而戍之。晋师城梧及制，士鲂、魏绛戍之。书曰："戍郑虎牢"，非郑地也，言将归焉。郑及晋平。 楚子囊救郑。十一月，诸侯之师还郑而南，至于阳陵。	

襄十一	襄十一	
郑公孙舍之帅师侵宋。公会晋侯、卫侯、曹伯、齐世子光、莒子、邾子、滕子、薛伯、杞伯、小邾子伐郑。秋，七月己未，同盟于亳城北。公至自伐郑。楚子、郑伯伐宋。公会晋侯、宋公、卫侯、曹伯、齐世子光、莒子、邾子、滕子、薛伯、杞伯、小邾子伐郑。会于萧鱼。公至自会。楚人执郑行人良霄。	郑人患晋、楚之故，诸大夫曰："不从晋，国几亡。楚弱于晋，晋不吾疾也。晋疾，楚将辟之。何为而使晋师致死于我？楚弗敢敌，而后可固与也。"子展曰："与宋为恶，诸侯必至，吾从之盟。楚师至，吾又从之，则晋怒甚矣。晋能骤来，楚将不能，吾乃固与晋。"大夫说之，使疆场司恶于宋。宋向戌侵郑，大获。子展曰："师而伐宋可矣。若我伐宋，诸侯之伐我必疾，吾乃听命焉，且告于楚。楚师至，吾乃与之盟，而重赂晋师，乃免矣。"夏，郑子展侵宋。四月，诸侯伐郑。己亥，齐大子光、宋向戌先至于郑，门于东门。其莫，晋荀䓨至于西郊，东侵旧许。卫孙林父侵其北鄙。六月，诸侯会于北林，师于向。右还，次于琐，围郑，观兵于南门。西济于济隧。郑人惧，乃行成。秋，七月，同盟于亳。楚子囊乞旅于秦。秦右大夫詹帅师从楚子，将以伐郑。郑伯逆之。丙子，伐宋。九月，诸侯悉师以复伐郑。郑人使良霄、大宰石㚟如楚，告将服晋，曰："孤以社稷之故，不能怀君。君若能以玉帛绥晋，不然则武震以摄威之，孤之愿也。"楚人执之。书曰："行人。"言使人也。诸侯之师观兵于郑东门。郑人使王子伯骈行成。甲戌，晋赵武入盟郑伯。冬，十月丁亥，郑子展出盟晋侯。十二月戊寅，会于萧鱼。庚辰，赦郑囚，皆礼而归之。郑人赂晋侯，以师悝、师触、师蠲，广车、軘车淳十五乘，甲兵备，凡兵车百乘，歌钟二肆，及其镈磬，女乐二八。	年叔向曰："郑七穆，罕氏其后亡者也。子展俭而壹。"襄二十七年，赵文子曰："子展其后亡者也，在上不忘降。"二十九年，叔向曰："郑之罕，宋之乐，其后亡者也，二者其皆得国乎！民之归也。"又襄二十九年所谓"是以得郑国之民，故罕氏常掌国政，以为上卿"之言亦是对罕氏的客观评价。我认为，襄十九年子展"国卿，君之贰也，民之主也，不可以苟"之言，可以反映子展一生为政及为人的境界。此外，襄二十五年，子展入陈一段，"子展命师无入公宫，与子产亲御诸门。陈侯使司马桓子赂以宗器。陈侯免，拥社。使其众，男女别而累，以待于朝。子展执挚而见，再拜稽首，承饮而进献。子美入，数俘而出。祝祓社，司徒致民，司马致节，司空致地，乃还"。这段话充分反映子展不愧为春秋时代知礼达义的一代名卿，代表了中

襄十八 楚公子午帅师伐郑。	**襄十八** 郑子孔欲去诸大夫，将叛晋而起楚师以去之。 子庚帅师治兵于汾。于是子蟜、伯有、子张从郑伯伐齐，子孔、子展、子西守。二子知子孔之谋，完守入保。子孔不敢会楚师。楚师伐郑，次于鱼陵。涉于鱼齿之下，甚雨及之，楚师多冻，役徒几尽。	华文明中伟大的人道主义精神。 3.子皮。襄二十九年子展卒，其子子皮即位。左氏记子皮，与记其父稍异，大体有如下几处：其一，善用人，重用、善用子产；其二，从善如流，能迁善改过；其三，爱民如子，积善成德（见襄二十九）。 子皮一生之为人及为政，《左传》上有三处借他人之口进行评价：一是襄二十九年"子皮……是以得郑国之民"。二是昭五年晏子谓子皮"能用善人，民之主也"。三是昭十三年子产哭子皮："吾已！无为为善矣！唯夫子知我。"
襄十九 郑杀其大夫公子嘉。	**襄十九** 郑子孔之为政也专。国人患之，乃讨西宫之难，与纯门之师。子孔当罪，以其甲及子革、子良氏之甲守。甲辰，子展、子西率国人伐之，杀子孔而分其室。书曰："郑杀其大夫。"专也。子然、子孔，宋子之子也；士子孔，圭妫之子也。圭妫之班亚宋子而相亲也，士子孔亦相亲也。僖之四年，子然卒。简之元年，士子孔卒。司徒孔实相子革、子良之室，三室如一，故及于难。子革、子良出奔楚，子革为右尹。郑人使子展当国，子西听政，立子产为卿。	
襄二十二	**襄二十二** 十二月，郑游眅将归晋，未出竟，遭逆妻者，夺之，以馆于邑。丁巳，其夫攻子明，杀之，以其妻行。子展废良而立大叔，曰："国卿，君之贰也，民之主也，不可以苟。请舍子明之类。"求亡妻者，使复其所。使游氏勿怨，曰："无昭恶也。"	
襄二十五 郑公孙舍之帅师入陈。 冬，郑公孙夏帅师伐陈。	**襄二十五** 初，陈侯会楚子伐郑，当陈隧者，井堙木刊，郑人怨之。六月，郑子展、子产帅车七百乘伐陈。宵突陈城，遂入之。子展命师无入公宫，与子产亲御诸门。陈侯使司马桓子赂以宗器。陈侯免，拥社，使其众男女别而累，以待于朝。子展执絷而见，再	

	拜稽首，承饮而进献。子美入，数俘而出。祝祓社，司徒致民，司马致节，司空致地，乃还。 　　冬，十月，子展相郑伯如晋，拜陈之功。	
襄二十六 　冬，楚子、蔡侯、陈侯伐郑。	**襄二十六** 　　郑伯赏入陈之功，三月甲寅朔，享子展，赐之先路三命之服，先八邑。 　　秋，七月，齐侯、郑伯为卫侯故，如晋，晋侯兼享之。晋侯赋《嘉乐》。国景子相齐侯，赋《蓼萧》；子展相郑伯，赋《缁衣》。叔向命晋侯拜二君，曰："寡君敢拜齐君之安我先君之宗祧也，敢拜郑君之不贰也。"国子使晏平仲私于叔向，曰："晋君宣其明德于诸侯，恤其患而补其阙，正其违而治其烦，所以为盟主也。今为臣执君，若之何？"叔向告赵文子，文子以告晋侯。晋侯言卫侯之罪，使叔向告二君。国子赋《辔之柔矣》，子展赋《将仲子兮》，晋侯乃许归卫侯。叔向曰："郑七穆，罕氏其后亡者也。子展俭而壹。" 　　楚子曰："不伐郑，何以求诸侯？"冬十月，楚子伐郑。郑人将御之。子产曰："晋、楚将平，诸侯将和，楚王是故昧于一来。不如使逞而归，乃易成也。夫小人之性，衅于勇，啬于祸，以足其性而求名焉者，非国家之利也。若何从之？"子展说，不御寇。十二月乙酉，入南里，堕其城。涉于乐氏，门于师之梁。县门发，获九人焉。涉于氾而归，而后葬许灵公。	
襄二十七	**襄二十七** 　　郑伯享赵孟于垂陇，子展、伯有、子西、子产、子大叔、二子石从。赵孟曰："七子从君，以宠武也。请皆赋，以卒君贶，武亦以观七子之志。"子展赋《草虫》，赵孟曰："善哉，民之主也。抑武也不足以当	

	之。"……卒享，文子曰："其余皆数世之主也。子展其后亡者也，在上不忘降。印氏其次也，乐而不荒。乐以安民，不淫以使之，后亡，不亦可乎？"
襄二十八	襄二十八 蔡侯之如晋也，郑伯使游吉如楚。及汉，楚人还之，曰："宋之盟，君实亲辱。今吾子来，寡君谓吾子姑还，吾将使驲奔问诸晋而以告。"子大叔曰："宋之盟，君命将利小国，而亦使安定其社稷，镇抚其民人，以礼承天之休。此君之宪令，而小国之望也。寡君是故使吉奉其皮币，以岁之不易，聘于下执事。今执事有命曰：女何与政令之有？必使而君弃而封守，跋涉山川，蒙犯霜露，以逞君心。小国将君是望，敢不唯命是听？无乃非盟载之言，以阙君德，而执事有不利焉，小国是惧。不然，其何劳之敢惮？" 子大叔归复命，告子展，曰："楚子将死矣。不修其政德，而贪昧于诸侯，以逞其愿，欲久得乎？《周易》有之，在《复》䷗之《颐》䷚，曰：'迷复凶。'其楚子之谓乎？欲复其愿，而弃其本，复归无所，是谓迷复，能无凶乎？君其往也，送葬而归，以快楚心。楚不几十年，未能恤诸侯也，吾乃休吾民矣。"
襄二十九	襄二十九 葬灵王。郑上卿有事，子展使印段往，伯有曰："弱，不可。"子展曰："与其莫往，弱不犹愈乎？《诗》云：'王事靡盬，不遑启处。'东西南北，谁敢宁处？坚事晋、楚，以蕃王室也。王事无旷，何常之有？"遂使印段如周。 郑子展卒，子皮即位。于是郑饥，而未及麦，民病。子皮以子展之

命，饩国人粟，户一钟，是以得郑国之民。故罕氏常掌国政，以为上卿。宋司城子罕闻之，曰："邻于善，民之望也。"

叔向闻之曰："郑之罕，宋之乐，其后亡者也，二者其皆得国乎！民之归也。施而不德，乐氏加焉，其以宋升降乎？"

襄三十	襄三十
郑良霄出奔许，自许入于郑。郑人杀良霄。	子产相郑伯以如晋，叔向问郑国之政焉，对曰："吾得见与否，在此岁也。驷、良方争，未知所成。若有所成，吾得见，乃可知也。"叔向曰："不既和矣乎？"对曰："伯有侈而愎，子晳好在人上，莫能相下也。虽其和也，犹相积恶也，恶至无日矣。" 夏。四月己亥，郑伯及其大夫盟。君子是以知郑难之不已也。 郑伯有耆酒，为窟室，而夜饮酒，击钟焉。朝至，未已。朝者曰："公焉在？"其人曰："吾公在壑谷。"皆自朝布路而罢。既而朝，则又将使子晳如楚，归而饮酒。庚子，子晳以驷氏之甲伐而焚之。伯有奔雍梁，醒而后知之，遂奔许。大夫聚谋，子皮曰："《仲虺之志》云：'乱者取之，亡者侮之。推亡固存，国之利也。'罕、驷、丰同生，伯有汰侈，故不免。"人谓子产"就直助强"，子产曰："岂为我徒？国之祸难，谁知所做？或主强直，难乃不生。姑成吾所。"辛丑，子产敛伯有氏之死者而殡之，不及谋而遂行。印段从之。子皮止之，众曰："人不我顺，何止焉？"子皮曰："夫子礼于死者，况生者乎？"遂自止。壬寅，子产入。癸卯，子石入。皆受盟于子晳氏。乙巳，郑伯及其大夫盟于大宫，盟国人于师之梁之外。 伯有闻郑人之盟已也，怒。闻子

皮之甲不与攻己也，喜，曰："子皮与我矣。"癸丑，晨，自墓门之渎入，因马师颉介于襄库，以伐旧北门。驷带率国人以伐之。皆召子产，子产曰："兄弟而及此，吾从天所与。"伯有死于羊肆。子产襚之，枕之股而哭之，敛而殡诸伯有之臣在市侧者，既而葬诸斗城。子驷氏欲攻子产，子皮怒之，曰："礼，国之干也。杀有礼，祸莫大焉。"乃止。

于是游吉如晋还，闻难，不入，复命于介。八月甲子，奔晋。驷带追之，及酸枣，与子上盟，用两珪质于河。使公孙肸入盟大夫。己巳，复归。

书曰："郑人杀良霄。"不称大夫，言自外入也。于子蟜之卒也，将葬，公孙挥与裨竈晨会事焉。过伯有氏，其门上生莠。子羽曰："其莠犹在乎？"于是岁在降娄，降娄旦而中。裨竈指之曰："犹可以终岁，岁不及此次也已。"及其亡也，岁在娵訾之口。其明年，乃及降娄。仆展从伯有，与之皆死。羽颉出奔晋，为任大夫。鸡泽之会，郑乐成奔楚，遂适晋。羽颉因之，与之比而事赵文子，言伐郑之说焉。以宋之盟故，不可。子皮以公孙鉏为马师。

为宋灾故，诸侯之大夫会以谋归宋财。冬，十月，叔孙豹会晋赵武、齐公孙虿、宋向戌、卫北宫佗、郑罕虎及小邾之大夫，会于澶渊。既而无归于宋，故不书其人。

郑子皮授子产政，辞曰："国小而逼，族大宠多，不可为也。"子皮曰："虎帅以听，谁敢犯子？子善相之。国无小，小能事大，国乃宽。"

子产为政，有事伯石，赂与之邑。既，伯石惧而归邑，卒与之。伯有既死，使大史命伯石为卿，辞。大

	史退，则请命焉。复命之，又辞。如是三，乃受策入拜。子产是以恶其为人也，使次已位。子产使都鄙有章，上下有服，田有封洫，庐井有伍。大人之忠俭者，从而与之，泰侈者，因而毙之。丰卷将祭，请田焉。弗许，曰："唯君用鲜，众给而已。"子张怒，退而征役。子产奔晋，子皮止之，而逐丰卷。丰卷奔晋。	
襄三十一	襄三十一	
	郑子皮使印段如楚，以适晋告，礼也。	此处记子皮之贤：能听人之言，见贤而内自讼。
	子皮欲使尹何为邑，子产曰："少，未知可否。"子皮曰："愿。吾爱之，不吾叛也。使夫往而学焉，夫亦愈知治矣。"子产曰："不可！人之爱人，求利之也。今吾子爱人则以政，犹未能操刀而使割也，其伤实多。子之爱人，伤之而已，其谁敢求爱于子？子于郑国，栋也。栋折榱崩，侨将厌焉，敢不尽言？子有美锦，不使人学制焉。大官大邑，身之所庇也，而使学者制焉，其为美锦，不亦多乎？侨闻学而后入政，未闻以政学者也。若果行此，必有所害。譬如田猎，射御贯则能获禽，若未尝登车射御，则败绩厌覆是惧，何暇思获？"子皮曰："善哉！虎不敏。吾闻君子务知大者远者，小人务知小者近者。我小人也。衣服附在吾身，我知而慎之。大官大邑，所以庇身也，我远而慢之。微子之言，吾不知也。他日我曰：'子为郑国，我为吾家以庇焉，其可也。'今而后知不足，自今请虽吾家，听子而行。"子产曰："人心之不同，如其面焉。吾岂敢谓子面如吾面乎？抑心所谓危，亦以告也。"子皮以为忠，故委政焉。子产是以能为郑国。	

昭元	昭元
叔孙豹会晋赵武、楚公子围、齐国弱、宋向戌、卫齐恶、陈公子招、蔡公孙归生、郑罕虎、许人、曹人于虢。 冬，十有一月己酉，楚子麋卒。楚公子比出奔晋。	春，楚公子围聘于郑，且娶于公孙段氏。三月甲辰，盟。楚公子围设服离卫。郑子皮曰："二执戈者前矣。"退会，子羽谓子皮曰："叔孙绞而婉，宋左师简而礼，乐王鲋字而敬。子与子家持之，皆保世之主也。齐、卫、陈大夫其不免乎？国子代人忧，子招乐忧，齐子虽忧弗害。夫弗及而忧，与可忧而乐，与忧而弗害，皆取忧之道也，忧必及之。《大誓》曰：'民之所欲，天必从之。'三大夫兆忧，忧能无至乎？言以知物，其是之谓矣。" 夏，四月，赵孟、叔孙豹、曹大夫入于郑，郑伯兼享之。子皮戒赵孟，礼终，赵孟赋《瓠叶》。子皮遂戒穆叔，且告之。穆叔曰："赵孟欲一献，子其从之。"子皮曰："敢乎？"穆叔曰："夫人之所欲也，又何不敢？"及享，具五献之笾豆于幕下。赵孟辞，私于子产曰："武请于冢宰矣。"乃用一献。赵孟为客，礼终乃宴。穆叔赋《鹊巢》，赵孟曰："武不堪也。"又赋《采蘩》，曰："小国为蘩，大国省穑而用之，其何实非命？"子皮赋《野有死麕》之卒章，赵孟赋《常棣》，且曰："吾兄弟比以安，尨也可使无吠。"穆叔、子皮及曹大夫兴，拜，举兕爵曰："小国赖子，知免于戾矣。"饮酒乐。赵孟出，曰："吾不复此矣。" 五月庚辰，郑放游楚于吴。郑为游楚乱故，六月丁巳，郑伯及其大夫盟于公孙段氏。罕虎、公孙侨、公孙段、印段、游吉、驷带私盟于闺门之外，实薰隧。公孙黑强与于盟，使大史书其名，且曰"七子"，子产弗讨。	

昭三	昭三
	秋，七月，郑罕虎如晋，贺夫人，且告曰："楚人日征敝邑，以不朝立王之故。敝邑之往，则畏执事，其谓寡君而固有外心；其不往，则宋之盟云。进退罪也。寡君使虎布之。"宣子使叔向对曰："君若辱有寡君，在楚何害？修宋盟也。君苟思盟，寡君乃知免于戾矣。君若不有寡君，虽朝夕辱于敝邑，寡君猜焉。君实有心，何辱命焉？君其往也！苟有寡君，在楚犹在晋也。"张趯使谓大叔曰："自子之归也，小人粪除先人之敝庐，曰：'子其将来。'今子皮实来，小人失望。"大叔曰："吉贱，不获来，畏大国，尊夫人也。且孟曰：'而将无事。'吉庶几焉。"
昭五	昭五
	晋韩宣子如楚送女，叔向为介。郑子皮、子大叔劳诸索氏。 郑罕虎如齐，娶于子尾氏。晏子骤见之，陈桓子问其故，对曰："能用善人，民之主也。"
昭六	昭六
	楚公子弃疾如晋，报韩子也。过郑，郑罕虎、公孙侨、游吉从郑伯以劳诸柤，辞不敢见。固请，见之。见如见王，以其乘马八匹私面。见子皮如上卿，以马六匹。见子产，以马四匹。见子大叔，以马二匹。禁刍牧采樵，不入田，不樵树，不采蓺，不抽屋，不强丐。誓曰："有犯命者，君子废，小人降。"舍不为暴，主不愿宾，往来如是。郑三卿皆知其将为王也。
昭七	昭七
	子皮之族饮酒无度，故马师氏与子皮氏有恶。齐师还自燕之月，罕朔杀罕魋。罕朔奔晋。

昭十 春，王正月。 戊子，晋侯彪卒。 九月，叔孙婼如晋。 葬晋平公。	昭十 戊子，晋平公卒。郑伯如晋，及河，晋人辞之。游吉遂如晋。 九月，叔孙婼、齐国弱、宋华定、卫北宫喜、郑罕虎、许人、曹人、莒人、邾人、薛人、杞人、小邾人如晋，葬平公也。郑子皮将以币行。子皮固请以行。子皮尽用其币。归谓子羽曰："非知之实难，将在行之。夫子知之矣，我则不足。《书》曰：'欲败度，纵败礼。'我之谓矣。夫子知度与礼矣，我实纵欲，而不能自克也。"	子皮能迁善改过。
昭十一 秋，季孙意如会晋韩起、齐国弱、宋华亥、卫北宫佗、郑罕虎、曹人、杞人于厥慭。 冬，十有一月丁酉，楚师灭蔡，执蔡世子有以归，用之。	昭十一 楚师在蔡。秋，会于厥慭，谋救蔡也。郑子皮将行，子产曰："行不远，不能救蔡也。蔡小而不顺，楚大而不德，天将弃蔡以壅楚，盈而罚之。蔡必亡矣，且丧君而能守者鲜矣。三年，王其有咎乎？美恶周必复，王恶周矣。"晋人使狐父请蔡于楚，弗许。 冬，十一月，楚子灭蔡，用隐大子于冈山。	
昭十三	昭十三 子产归，未至，闻子皮卒，哭，且曰："吾已！无为为善矣。唯夫子知我！"	

郑子产（前565—前522）

襄八	襄八
郑人侵蔡，获蔡公子燮。	庚寅，郑子国、子耳侵蔡，获蔡司马公子燮。郑人皆喜，唯子产不顺，曰："小国无文德而有武功，祸莫大焉！楚人来讨，能勿从乎？从之，晋师必至。晋楚伐郑，自今郑国不四五年，弗得宁矣！"子国怒之曰："尔何知？国有大命而有正卿，童子言焉，将为戮矣！"
襄十	**襄十**
冬，盗杀郑公子騑、公子发、公孙辄。	初，子驷与尉止有争，将御诸侯之师，而黜其车。尉止获，又与之争。子驷抑尉止曰："尔车非礼也。"遂弗使献。初，子驷为田洫，司氏、堵氏、侯氏、子师氏皆丧田焉。故五族聚群不逞之人，因公子之徒以作乱。于是子驷当国，子国为司马，子耳为司空，子孔为司徒。冬，十月戊辰，尉止、司臣、侯晋、堵女父、子师仆帅贼以入，晨攻执政于西宫之朝，杀子驷、子国、子耳，劫郑伯以如北宫。子孔知之，故不死。书曰"盗"，言无大夫焉。子西闻盗，不儆而出，尸而追盗。盗入于北宫，乃归授甲，臣妾多逃，器用多丧。子产闻盗，为门者，庀群司，闭府库，慎闭藏，完守备，成列而后出，兵车十七乘。尸而攻盗于北宫。子孔当国，为载书，以位序听政辟。大夫、诸司、门子弗顺，将诛之。子产止之，请为之焚书。子孔不可，曰："为书以定国，众怒而焚之，是众为政也，国不亦难乎？"子产曰："众怒难犯，专欲难成，合二难以安国，危之道也。不如焚书以安众，子得所欲，众亦得安，不亦可乎？专欲无成，犯众兴祸，子必从之！"乃焚书于仓门之外，众而后定。

郑子产，又称子美、公孙侨、侨。其父子国（公子发）为郑穆公之子。国氏世系如下：

人物	简历
郑穆公	僖三十三至宣三年在位，在位二十二年
公子发子国	襄二为司马，襄十年见杀
公孙侨子产	襄八见，襄十九年立为卿，昭二十年卒
国参子思	昭三十二会城成周

《左传》自襄八年至昭二十年（共计44年）之间记子产之事尤多，同时记载的有代表性的列国贤大夫还有晋叔向（昭十五年最后一次出现，昭二十八年羊舌氏被灭）、齐晏平仲（定十年卒，昭二十六年最后一次出现）、鲁叔孙穆子（昭五年卒）及叔孙昭子（昭二十六年卒）。

《左传》记子产，几乎带有神化的味

襄十五	襄十五	道,或者更准确地说,把子产当作了一个知事识礼、主政有道、治国有方、积善成德和能言善辩的人格完善的圣贤楷模,而这本身也正是《左传》笔法的极好证明。但是令人奇怪的是像他这样在《左传》中如此重要的人物居然在《春秋》经中无一处直接记录(叔向、晏平仲也是如此),由此可见《左传》对子产的记录与作者本人对子产的看法有极大的关系,同时也说明所谓左氏传《春秋》的说法不像我们过去理解的那么简单。昭四年郑浑罕有"郑先卫亡"之语,令人怀疑《左传》这部分内容的写作日期可能在郑亡之后、战国期间。 子产自襄八年出现于《左传》,襄十九年立为卿,自此之后在郑国颇受子展、子皮之重用,襄三十年郑子皮授子产政,至昭二十年子产卒,共为政22年。 《左传》记子产之事甚多,虽不及
	郑尉氏、司氏之乱,其余盗在宋。郑以子西、伯有、子产之故,纳贿于宋,以马四十乘与师茷、师慧。三月,公孙黑为质焉。司城子罕以堵女父、尉翩、司齐与之,良司臣而逸之,托诸季武子,武子置诸卞。郑人醢之三人也。	
襄十九	襄十九	
	郑子孔之为政也专。国人患之,乃讨西宫之难与纯门之师。子孔当罪,以其甲及子革、子良氏之甲守。甲辰,子展、子西率国人伐之,杀子孔而分其室。书曰:"郑杀其大夫。"专也。子然、子孔,宋子之子也;士子孔,圭妫之子也。圭妫之班亚宋子而相亲也,士子孔亦相亲也。僖之四年,子然卒。简之元年,士子孔卒。司徒孔实相子革、子良之室,三室如一,故及于难。子革、子良出奔楚,子革为右尹。郑人使子展当国,子西听政,立子产为卿。	
襄二十二	襄二十二	
	夏,晋人征朝于郑。郑人使少正公孙侨对,曰:"在晋先君悼公九年,我寡君于是即位。即位八月,而我先大夫子驷从寡君以朝于执事,执事不礼于寡君,寡君惧。因是行也,我二年六月,朝于楚,晋是以有戏之役。楚人犹竞,而申礼于敝邑。敝邑欲从执事,而惧为大尤,曰:'晋其谓我不共有礼。'是以不敢携贰于楚。我四年三月,先大夫子蟜又从寡君以观衅于楚,晋于是乎有萧鱼之役。谓我敝邑,迩在晋国,譬诸草木,吾臭味也,而何敢差池?楚亦不竞,寡君尽其土实,重之以宗器,以受齐盟。遂帅群臣随于执事,以会岁终。贰于楚者,子侯、石盂,归而讨之。湨梁之明年,子蟜老矣,公孙夏从寡君以朝	

	于君,见于尝酎,与执燔焉。间二年,闻君将靖东夏,四月又朝,以听事期。不朝之间,无岁不聘,无役不从。以大国政令之无常,国家罢病,不虞荐至,无日不惕,岂敢忘职?大国若安定之,其朝夕在庭,何辱命焉?若不恤其患,而以为口实,其无乃不堪任命,而剿为仇雠?敝邑是惧,其敢忘君命?委诸执事,执事实重图之。"	一一叙述、总结,但不妨叙述两条: 1.子产在处理内政矛盾上从高处着眼,襄三十一年与子皮之关系,昭元年化解楚公子围之祸心,此后处理子皙、子南之乱,及与子大叔在除葬问题上的"争",极能显示其高明之处。子皙、子南之乱,子产先逐罪之轻者,估计是因为子皙汰虐已甚,非大义不能服之,若单纯以力服人,恐非根本之计。只有子产才能以义逼死公孙黑,只有以义逼死公子黑才能使郑国彻底摆脱祸乱。 2.子产在处理与晋国的关系上刚毅正直与忠贞不渝二者相得益彰。唯其忠心耿耿、大义凛然,方能以直道事晋。襄二十二年答晋人之讨,二十五年巧答郑入陈,三十一年坏馆垣,昭十三年子产争承,十八年救火时答晋之讨,十六年不与宣子环,十九年驷氏之乱,都是极好的证明。 关于《左传》对
襄二十四	襄二十四	
	范宣子为政,诸侯之币重。郑人病之。二月,郑伯如晋,子产寓书于子西,以告宣子,曰:"子为晋国,四邻诸侯不闻令德,而闻重币,侨也惑之。侨闻君子长国家者,非无贿之患,而无令名之难。夫诸侯之贿聚于公室,则诸侯贰。若吾子赖之,则晋国贰。诸侯贰,则晋国坏。晋国贰,则子之家坏。何没没也!将焉用贿?夫令名,德之舆也。德,国家之基也。有基无坏,无亦是务乎?有德则乐,乐则能久。《诗》曰:'乐只君子,邦家之基。'有令德也夫。'上帝临女,无贰尔心。'有令名也夫。恕思以明德,则令名载而行之。是以远至迩安。毋宁使人谓子'子实生我',而谓子'浚我以生'乎?象有齿以焚其身,贿也。"宣子说,乃轻币。是行也,郑伯朝晋,为重币故,且请伐陈也。 晋侯嬖程郑,使佐下军。郑行人公孙挥如晋聘,程郑问焉,曰:"敢问降阶何由?"子羽不能对,归以语然明。然明曰:"是将死矣。不然将亡。贵而知惧,惧而思降,乃得其阶。下人而已,又何问焉?且夫既登而求降阶者,知人也,不在程郑。其有亡衅乎?不然,其有惑疾,将死而忧也。"	

襄二十五	襄二十五	
郑公孙舍之帅师入陈。 　　冬，郑公孙夏帅师伐陈。	初，陈侯会楚子伐郑，当陈隧者，井堙木刊，郑人怨之。六月，郑子展、子产帅车七百乘伐陈。宵突陈城，遂入之。陈侯扶其大子偃师奔墓，遇司马桓子，曰："载余。"曰："将巡城。"遇贾获，载其母妻，下之而授公车。公曰："舍而母。"辞曰："不祥。"与其妻扶其母以奔墓，亦免。子展命师无入公宫，与子产亲御诸门。陈侯使司马桓子赂以宗器。陈侯免，拥社，使其众男女别而累，以待于朝。子展执絷而见，再拜稽首，承饮而进献。子美入，数俘而出。祝祓社，司徒致民，司马致节，司空致地，乃还。 　　郑子产献捷于晋，戎服将事。晋人问陈之罪，对曰："昔虞阏父为周陶正，以服事我先王。我先王赖其利器用也，与其神明之后也，庸以元女大姬配胡公，而封诸陈，以备三恪。则我周之自出，至于今是赖。桓公之乱，蔡人欲立其出，我先君庄公奉五父而立之。蔡人杀之，我又与蔡人奉戴厉公。至于庄、宣，皆我之自立。夏氏之乱，成公播荡，又我之自入，君所知也。今陈忘周之大德，蔑我大惠，弃我姻亲，介恃楚众以凭陵我敝邑，不可亿逞，我是以有往年之告。未获成命，则有我东门之役。当陈隧者，井堙木刊。敝邑大惧不竞，而耻大姬，天诱其衷，启敝邑之心。陈知其罪，授手于我。用敢献功。"晋人曰："何故侵小？"对曰："先王之命，唯罪所在，各致其辟。且昔天子之地一圻，列国一同，自是以衰。今大国多数圻矣，若无侵小，何以至焉？"晋人曰："何故戎服？"对曰："我先君武、庄为平、桓卿士。城濮之役，文公布命曰：'各复旧职。'命我文公戎	子产的描写，半个世纪以来国内学者有过大量探讨，有的侧重于文学方面，有的侧重其爱民、不毁乡校等政绩方面，故这里不多加分析。

	服辅王,以授楚捷,不敢废王命故也。"士庄伯不能诘,复于赵文子。文子曰:"其辞顺,犯顺不祥。"乃受之。 　　冬,十月,子展相郑伯如晋,拜陈之功。子西复伐陈,陈及郑平。仲尼曰:"《志》有之:'言以足志,文以足言。'不言,谁知其志?言之无文,行而不远。晋为伯,郑入陈,非文辞不为功。慎辞也!" 　　晋程郑卒,子产始知然明,问为政焉,对曰:"视民如子。见不仁者诛之,如鹰鹯之逐鸟雀也。"子产喜,以语子大叔,且曰:"他日吾见蔑之面而已,今吾见其心矣。"子大叔问政于子产。子产曰:"政如农功,日夜思之,思其始而成其终,夕而行之。行无越思,如农之有畔,其过鲜矣。"
襄二十六	襄二十六 　　郑伯赏入陈之功,三月甲寅朔,享子展,赐之先路三命之服,先八邑;赐子产次路再命之服,先六邑。子产辞邑,曰:"自上以下,降杀以两,礼也。臣之位在四,且子展之功也,臣不敢及赏礼,请辞邑。"公固予之,乃受三邑。公孙挥曰:"子产其将知政矣。让不失礼。" 　　印堇父与皇颉戍城麇,楚人囚之,以献于秦。郑人取货于印氏,以请之,子大叔为令正,以为请。子产曰:"不获。受楚之功,而取货于郑,不可谓国,秦不其然。若曰:'拜君之勤郑国!微君之惠,楚师其犹在敝邑之城下。'其可。"弗从。遂行,秦人不予。更币,从子产,而后获之。
襄二十七	襄二十七 　　郑伯享赵孟于垂陇,子展、伯有、子西、子产、子大叔、二子石从。赵孟曰:"七子从君,以宠武也。

	请皆赋，以卒君贶，武亦以观七子之志。"子展赋《草虫》，赵孟曰："善哉，民之主也。抑武也不足以当之。"伯有赋《鹑之贲贲》，赵孟曰："床笫之言不逾阈，况在野乎？非使人之所得闻也。"子西赋《黍苗》之四章，赵孟曰："寡君在，武何能焉？"子产赋《隰桑》，赵孟曰："武请受其卒章。"子大叔赋《野有蔓草》，赵孟曰："吾子之惠也。"印段赋《蟋蟀》，赵孟曰："善哉，保家之主也，吾有望矣。"公孙段赋《桑扈》，赵孟曰："'匪交匪敖'，福将焉往？若保是言也，欲辞福禄，得乎？"卒享，文子告叔向曰："伯有将为戮矣。诗以言志，志诬其上，而公怨之，以为宾荣，其能久乎？幸而后亡。"叔向曰："然，已侈，所谓不及五稔者，夫子之谓矣。"文子曰："其余皆数世之主也。子展其后亡者也，在上一不忘降。印氏其次也，乐而不荒。乐以安民，不淫以使之，后亡，不亦可乎？"	
襄二十八	襄二十八	
	蔡侯归自晋，入于郑。郑伯享之，不敬。子产曰："蔡侯其不免乎？日其过此也，君使子展迓劳于东门之外，而傲。吾日犹将更之。今还，受享而惰，乃其心也。君小国，事大国，而惰傲以为己心，将得死乎？若不免，必由其子。其为君也，淫而不父。侨闻之，如是者，恒有子祸。" 　　九月，郑游吉如晋，告将朝于楚，以从宋之盟。子产相郑伯以如楚，舍不为坛。外仆言曰："昔先大夫相先君适四国，未尝不为坛。自是至今，亦皆循之。今子草舍，无乃不可乎？"子产曰："大适小，则为坛。小适大，苟舍而已，焉用坛？侨闻之，大适小，有五美：宥其罪戾，赦其过失，救其菑患，赏其德刑，教	

	其不及。小国不困，怀服如归，是故作坛以昭其功，宣告后人，无怠于德。小适大，有五恶：说其罪戾，请其不足，行其政事，共其职贡，从其时命。不然，则重其币帛，以贺其福而吊其凶，皆小国之祸也，焉用作坛以昭其祸？所以告子孙，无昭祸焉可也。"
襄二十九	襄二十九
吴子使札来聘。	吴公子札来聘。聘于郑，见子产，说之，如旧相识。与之缟带，子产献纻衣焉。谓子产曰："郑之执政侈，难将至矣，政必及子。子为政，慎之以礼。不然，郑国将败。"
襄三十	襄三十
郑良霄出奔许，自许入于郑。郑人杀良霄。	子产相郑伯以如晋，叔向问郑国之政焉，对曰："吾得见与否，在此岁也。驷、良方争，未知所成。若有所成，吾得见，乃可知也。"叔向曰："不既和矣乎？"对曰："伯有侈而愎，子皙好在人上，莫能相下也。虽其和也，犹相积恶也，恶至无日矣。"夏。四月己亥，郑伯及其大夫盟。君子是以知郑难之不已也。 六月，郑子产如陈莅盟。归，复命，告大夫曰："陈，亡国也，不可与也。聚禾粟，缮城郭，恃此二者，而不抚其民。其君弱植，公子侈，大子卑，大夫敖，政多门，以介于大国，能无亡乎？不过十年矣。" 郑伯有耆酒，为窟室，而夜饮酒，击钟焉。朝至，未已。朝者曰："公焉在？"其人曰："吾公在壑谷。"皆自朝布路而罢。既而朝，则又将使子皙如楚，归而饮酒。庚子，子皙以驷氏之甲伐而焚之。伯有奔雍梁，醒而后知之，遂奔许。大夫聚谋，子皮曰："《仲虺之志》云：'乱者取之，亡者侮之。推亡固存，国之利也。'罕、驷、丰同生，伯有汰侈，故不免。"人谓子产："就直助强。"子产曰："岂

为我徒？国之祸难，谁知所儆？或主强直，难乃不生。姑成吾所。"辛丑，子产敛伯有氏之死者而殡之，不及谋而遂行。印段从之。子皮止之，众曰："人不我顺，何止焉？"子皮曰："夫子礼于死者，况生者乎？"遂自止之。壬寅，子产入。癸卯，子石入。皆受盟于子晳氏。乙巳，郑伯有及其大夫盟于大宫，盟国人于师之梁之外。

伯有闻郑人之盟己也，怒。闻子皮之甲不与攻己也，喜，曰："子皮与我矣。"癸丑，晨，自墓门之渎入，因马师颉介于襄库，以伐旧北门。驷带率国人以伐之。皆召子产，子产曰："兄弟而及此，吾从天所与。"伯有死于羊肆。子产襚之，枕之股而哭之，敛而殡诸伯有之臣在市侧者，既而葬诸斗城。子驷氏欲攻子产，子皮怒之，曰："礼，国之干也。杀有礼，祸莫大焉。"乃止。

于是游吉如晋还，闻难，不入，复命于介。八月甲子，奔晋。驷带追之，及酸枣，与子上盟，用两珪质于河。使公孙肸入盟大夫。己巳，复归。书曰："郑人杀良霄。"不称大夫，言自外入也。

于子蟜之卒也，将葬，公孙挥与裨竈晨会事焉。过伯有氏，其门上生莠。子羽曰："其莠犹在乎？"于是岁在降娄，降娄旦而中。裨竈指之曰："犹可以终岁，岁不及此次也已。"及其亡也，岁在娵訾之口。其明年，乃及降娄。仆展从伯有，与之皆死。羽颉出奔晋，为任大夫。鸡泽之会，郑乐成奔楚，遂适晋。羽颉因之，与之比而事赵文子，言伐郑之说焉。以宋之盟故，不可。子皮以公孙鉏为马师。

郑子皮授子产政，辞曰："国小而逼，族大宠多，不可为也。"子皮曰："虎帅以听，谁敢犯子？子善相之。国无小,小能事大,国乃宽。"
子产为政,有事伯石,赂与之邑。子大叔曰:"国皆其国也,奚独赂焉?"子产曰:"无欲实难。皆得其欲,以从其事,而要其成。非我有成,其在人乎?何爱于邑,邑将焉往?"子大叔曰:"若四国何?"子产曰:"非相违也,而相从也。四国何尤焉?《郑书》有之曰:'安定国家,必大焉先。'姑先安大,以待其所归。"既,伯石惧而归邑,卒与之。伯有既死,使大史命伯石为卿,辞。大史退,则请命焉。复命之,又辞。如是三,乃受策入拜。子产是以恶其为人也,使次己位。子产使都鄙有章,上下有服,田有封洫,庐井有伍。大人之忠俭者,从而与之,泰侈者,因而毙之。丰卷将祭,请田焉。弗许,曰:"唯君用鲜,众给而已。"子张怒,退而征役。子产奔晋,子皮止之,而逐丰卷。丰卷奔晋。子产请其田里,三年而复之,反其田里及其入焉。从政一年,舆人诵之曰:"取我衣冠而褚之,取我田畴而伍之。孰杀子产?吾其与之。"及三年,又诵之曰:"我有子弟,子产诲之;我有田畴,子产殖之。子产而死,谁其嗣之?"

襄三十一	襄三十一
	公薨之月,子产相郑伯以如晋。晋侯以我丧故,未之见也。子产使尽坏其馆之垣,而纳车马焉。士文伯让之,曰:"敝邑以政刑之不修,寇盗充斥,无若诸侯之属辱在寡君者何,是以令吏人完客所馆,高其闬闳,厚其墙垣,以无忧客使。今吾子坏之,虽从者能戒,其若异客何?以敝邑之为盟主,缮完葺墙,以待宾客。若皆毁之,其何以共命?寡君使匄请命。"对曰:"以敝邑褊小,介于大国,诛求无时,是以不敢宁居,悉索敝赋,

以来会时事。逢执事之不间，而未得见。又不获闻命，未知见时。不敢输币，亦不敢暴露。其输之，则君之府实也，非荐陈之，不敢输也。其暴露之，则恐燥湿之不时而朽蠹，以重敝邑之罪。侨闻文公之为盟主也，宫室卑庳，无观台榭，以崇大诸侯之馆。馆如公寝，库厩缮修，司空以时平易道路，圬人以时塓馆宫室。诸侯宾至，甸设庭燎，仆人巡宫，车马有所，宾从有代，巾车脂辖，隶人、牧、圉，各瞻其事；百官之属，各展其物。公不留宾，而亦无废事。忧乐同之，事则巡之。教其不知，而恤其不足。宾至如归，无宁菑患。不畏寇盗，而亦不患燥湿。今铜鞮之宫数里，而诸侯舍于隶人；门不容车，而不可逾越；盗贼公行，而天厉不戒。宾见无时，命不可知。若又勿坏，是无所藏币以重罪也。敢请执事，将何以命之？虽君之有鲁丧，亦敝邑之忧也。若获荐币，修垣而行，君之惠也，敢惮勤劳！"文伯复命。赵文子曰："信。我实不德，而以隶人之垣以赢诸侯，是吾罪也。"使士文伯谢不敏焉。晋侯见郑伯，有加礼，厚其宴好而归之。乃筑诸侯之馆。叔向曰："辞之不可以已也如是夫！子产有辞，诸侯赖之，若之何其释辞也？《诗》曰：'辞之辑矣，民之协矣；辞之怿矣，民之莫矣。'其知之矣。"郑子皮使印段如楚，以适晋告，礼也。

十二月，北宫文子相卫襄公以如楚，宋之盟故也。过郑，印段廷劳于棐林，如聘礼而以劳辞。文子入聘，子羽为行人，冯简子与子大叔逆客。事毕而出，言于卫侯曰："郑有礼，其数世之福也。其无大国之讨乎？《诗》云：'谁能执热，逝不以濯？'礼之于政，如热之有濯也。濯以救热，何患之有？"

子产之从政也，择能而使之。冯简子能断大事。子大叔美秀而文。公孙挥能知四国之为，而辨于其大夫之族姓、班位、贵贱、能否，而又善为辞令。裨谌能谋，谋于野则获，谋于邑则否。郑国将有诸侯之事，子产乃问四国之为于子羽，且使多为辞令，与裨谌乘以适野，使谋可否；而告冯简子，使断之；事成，乃授子大叔使行之，以应对宾客。是以鲜有败事，北宫文子所谓有礼也。

郑人游于乡校，以论执政。然明谓子产曰："毁乡校何如？"子产曰："何为？夫人朝夕退而游焉，以议执政之善否。其所善者，吾则行之；其所恶者，吾则改之。是吾师也，若之何毁之？我闻忠善以损怨，不闻作威以防怨。岂不遽止？然犹防川，大决所犯，伤人必多，吾不克救也。不如小决使道。不如吾闻而药之也。"然明曰："蔑也今而后知吾子之信可事也。小人实不才。若果行此，其郑国实赖之，岂唯二三臣？"仲尼闻是语也，曰："以是观之，人谓子产不仁，吾不信也。"

子皮欲使尹何为邑，子产曰："少，未可知否。"子皮曰："愿。吾爱之，不吾叛也。使夫往而学焉，夫亦愈知治矣。"子产曰："不可！人之爱人，求利之也。今吾子爱人则以政，犹未能操刀而使割也，其伤实多。子之爱人，伤之而已，其谁敢求爱于子？子于郑国，栋也。栋折榱崩，侨将厌焉，敢不尽言？子有美锦，不使人学制焉。大官大邑，身之所庇也，而使学者制焉，其为美锦，不亦多乎？侨闻学而后入政，未闻以政学者也。若果行此，必有所害。譬如田猎，射御贯则能获禽，若未尝登车射

	御，则败绩厌覆是惧，何暇思获？"子皮曰："善哉！虎不敏。吾闻君子务知大者远者，小人务织小者近者。我小人也。衣服附在吾身，我知而慎之。大官大邑，所以庇身也，我远而慢之。微子之言，吾不知也。他日我曰：'子为郑国，我为吾家以庇焉，其可也。'今而后知不足，自今请虽吾家，听子而行。"子产曰："人心之不同，如其面焉。吾岂敢谓子面如吾面乎？抑心所谓危，亦以告也。"子皮以为忠，故委政焉。子产是以能为郑国。
昭元	昭元
	春，楚公子围聘于郑，且娶于公孙段氏。伍举为介。将入馆，郑人恶之。使行人子羽与之言，乃馆于外。既聘，将以众逆。子产患之，使子羽辞，曰："以敝邑褊小，不足以容从者，请墠听命。"令尹命大宰伯州犂对曰："君辱贶寡大夫围，谓围将使丰氏抚有而室。围布几筵，告于庄、共之庙而来。若野赐之，是委君贶于草莽也，是寡大夫不得列于诸卿也。不宁唯是，又使围蒙其先君，将不得为寡君老，其蔑以复矣。唯大夫图之！"子羽曰："小国无罪，恃实其罪。将恃大国之安靖己，而无乃包藏祸心以图之。小国失恃，而惩诸侯，使莫不憾者，距违君命，而有所雍塞不行是惧。不然，敝邑，馆人之属也，其敢爱丰氏之祧？"伍举知其有备也，请垂櫜而入，许之。 夏，四月，赵孟、叔孙豹、曹大夫入于郑，郑伯兼享之。子皮戒赵孟，礼终，赵孟赋《瓠叶》。子皮遂戒穆叔，且告之。穆叔曰："赵孟欲一献，子其从之。"子皮曰："敢乎？"穆叔曰："夫人之所欲也，又何不敢？"及享，具五献之笾豆于幕下。

赵孟辞，私于子产曰："武请于冢宰矣。"乃用一献。赵孟为客，礼终乃宴。穆叔赋《鹊巢》，赵孟曰："武不堪也。"又赋《采蘩》，曰："小国为蘩，大国省穑而用之，其何实非命？"子皮赋《野有死麕》之卒章，赵孟赋《常棣》，且曰："吾兄弟比以安，尨也可使无吠。"穆叔、子皮及曹大夫兴，拜，举兕爵曰："小国赖子，知免于戾矣。"饮酒乐。赵孟出，曰："吾不复此矣。"

郑徐吾犯之妹美，公孙楚聘之矣，公孙黑又使强委禽焉。犯惧，告子产。子产曰："是国无政，非子之患也。唯所欲与。"犯请于二子，请使女择焉，皆许之。子皙盛饰入，布币而出。子南戎服入，左右射，超乘而出。女自房观之，曰："子皙信美矣；抑子南，夫也。夫夫妇妇，所谓顺也。"适子南氏。子皙怒，既而櫜甲以见子南，欲杀而取其妻。子南知之，执戈逐之，及冲，击之以戈。子皙伤而归，告大夫曰："我好见之，不知其有异志也，故伤。"大夫皆谋之。子产曰："直钧，幼贱有罪，罪在楚也。"乃执子南，而数之曰："国之大节有五，女皆奸之。畏君之威，听其政，尊其贵，事其长，养其亲，五者所以为国也。今君在国，女用兵焉，不畏威也。奸国之纪，不听政也。子皙上大夫，女嬖大夫而弗下之，不尊贵也。幼而不忌，不事长也。兵其从兄，不养亲也。君曰：'余不女忍杀，宥女以远。'勉速行乎！无重而罪。"五月庚辰，郑放游楚于吴。将行子南，子产咨于大叔。大叔曰："吉不能亢身，焉能亢宗？彼，国政也，非私难也。子图郑国，利则行之，又何疑焉？周公杀管叔而蔡蔡叔，夫岂不爱？王室故也。吉若获戾，子将行之，何有于诸游？"

郑为游楚乱故，六月丁巳，郑伯及其大夫盟于公孙段氏。罕虎、公孙侨、公孙段、印段、游吉、驷带私盟于闺门之外，实薰隧。公孙黑强与于盟，使大史书其名，且曰"七子"，子产弗讨。

晋侯有疾，郑伯使公孙侨如晋聘，且问疾。叔向问焉，曰："寡君之疾病，卜人曰：'实沈、台骀为祟。'史莫之知。敢问此何神也？"子产曰："昔高辛氏有二子，伯曰阏伯，季曰实沈，居于旷林，不相能也，日寻干戈，以相征讨。后帝不臧，迁阏伯于商丘，主辰。商人是因，故辰为商星。迁实沈于大夏，主参，唐人是因，以服事夏、商。其季世曰唐叔虞。当武王邑姜方震大叔，梦帝谓己：'余命而子曰虞，将与之唐，属诸参，而蕃育其子孙。'及生，有文在其手曰虞，遂以命之。及成王灭唐，而封大叔焉。故参为晋星。由是观之，则实沈，参神也。昔金天氏有裔子曰昧，为玄冥师，生允格、台骀。台骀能业其官，宣汾、洮，障大泽，以处大原。帝用嘉之，封诸汾川，沈、姒、蓐、黄实守其祀。今晋主汾而灭之矣。由是观之，则台骀，汾神也。抑此二者，不及君身。山川之神，则水旱疠疫之灾，于是乎禜之；日月星辰之神，则雪霜风雨之不时，于是乎禜之。若君身，则亦出入、饮食、哀乐之事也，山川、星辰之神，又何为焉？侨闻之，君子有四时，朝以听政，昼以访问，夕以修令，夜以安身。于是乎节宣其气，勿使有所壅闭湫底以露其体，兹心不爽，而昏乱百度。今无乃壹之，则生疾矣。侨又闻之，内官不及同姓，其生不殖。美先尽矣，则相生疾，君子

	是以恶之。故《志》曰：'买妾不知其姓，则卜之。'违此二者，古之所慎也，男女辨姓，礼之大司也。今君内实有四姬焉，其无乃是也乎？若由是二者，弗可为也已，四姬有省犹可，无则必生疾矣。"叔向出，行人挥送之。叔向问郑故焉，且问子晢。对曰："其与几何？无礼而好陵人，怙富而卑其上，弗能久矣。"晋侯闻子产之言，曰："博物君子也。"重贿之。 　　楚公子围使公子黑肱、伯州犁城犨、栎、郏。郑人惧。子产曰："不害。令尹将行大事，而先除二子也。祸不及郑，何患焉？"冬，楚公子围将聘于郑，伍举为介。未出竟，闻王有疾而还。伍举遂聘。十一月己酉，公子围至，入问王疾，缢而弑之，遂杀其二子幕及平夏。右尹子干出奔晋，宫厩尹子晢出奔郑。杀大宰伯州犁于郏。葬王于郏，谓之郏敖。 　　楚灵王即位，薳罢为令尹，薳启彊为大宰。郑游吉如楚，葬郏敖，且聘立君。归，谓子产曰："具行器矣。楚王汰侈，而自说其事，必合诸侯，吾往无日矣。"子产曰："不数年，未能也。"
昭二	**昭二**
郑杀其大夫公孙黑。	秋，郑公孙黑将作乱，欲去游氏而代其位，伤疾作而不果。驷氏与诸大夫欲杀之。子产在鄙，闻之，惧弗及，乘遽而至。使吏数之，曰："伯有之乱，以大国之事，而未尔讨也。尔有乱心无厌，国不女堪。专伐伯有，而罪一也；昆弟争室，而罪二也；薰隧之盟，女矫君位，而罪三也。有死罪三，何以堪之？不速死，大刑将至。"再拜稽首，辞曰："死在朝夕，无助天为虐。"子产曰："人谁不死？凶人不终，命也。作凶事，为凶人。不助天，其助凶人乎！"请以

	印为褚师。子产曰："印也若才，君将任之；不才，将朝夕从女。女罪之不恤，而又何请焉？不速死，司寇将至。"七月壬寅，缢。尸诸周氏之衢，加木焉。	
昭三	昭三	
	十月，郑伯如楚，子产相。楚子享之，赋《吉日》。既享，子产乃具田备，王以田江南之梦。	
昭四	昭四	
夏，楚子、蔡侯、陈侯、郑伯、许男、徐子、滕子、顿子、胡子、沈子、小邾子、宋世子佐、淮夷会于申。	春，王正月，许男如楚，楚子止之，遂止郑伯。复田江南，许男与焉。使椒举如晋求诸侯，二君待之。楚子问于子产曰："晋其许我诸侯乎？"对曰："许君。晋君少安，不在诸侯。其大夫多求，莫厌其君。在宋之盟，又曰如一。若不许君，将焉用之？"王曰："诸侯其来乎？"对曰："必来。从宋之盟，承君之欢，不畏大国，何故不来？不来者，其鲁、卫、曹、邾乎？曹畏宋，邾畏鲁，鲁、卫畏逼于齐而亲于晋，唯是不来。其余君之所及也，谁敢不至？"王曰："然则吾所求者，无不可乎？"对曰："求逞于人，不可。与人同欲，尽济。" 夏，诸侯如楚。鲁、卫、曹、邾不会。曹、邾辞以难，公辞以时祭，卫侯辞以疾。郑伯先待于申。六月丙午，楚子合诸侯于申。椒举言于楚子曰："臣闻诸侯无归，礼以为归。今君始得诸侯，其慎礼矣。霸之济否，在此会也。夏启有钧台之享，商汤有景亳之命，周武有孟津之誓，成有歧阳之蒐，康有酆宫之朝，穆有涂山之会，齐桓有召陵之师，晋文有践土之盟。君其何用？宋向戌、郑公孙侨，在诸侯之良也，君其选焉。"王曰："吾用齐桓。"王使问礼于左师与子产。左师曰："小国习之，大国用之，敢不荐闻？"献公合诸侯之礼六。	昭四年传中"郑先卫亡"之语，是不是战国时人所加？《左传》为战国人所作？或有后人窜入成分？

子产曰:"小国共职,敢不荐守?"献伯、子、男会公之礼六。君子谓:合左师善守先代,子产善相小国。王使椒举侍于后,以规过。卒事不规。王问其故,对曰:"礼,吾未见者有六焉,又何以规?"宋大子佐后至。王田于武城,久而弗见。椒举请辞焉。王使往曰:"属有宗祧之事于武城,寡君将堕币焉,敢谢后见。"徐子,吴出也。以为贰焉,故执诸申。

楚子示诸侯侈。椒举曰:"夫六王二公之事,皆所以示诸侯,礼也,诸侯所由用命也。夏桀为仍之会,有缗叛之。商纣为黎之蒐,东夷叛之。周幽为大室之盟,戎狄叛之。皆所以示诸侯侈也,诸侯所由弃命也。今君以侈,无乃不济乎!"王弗听。子产见左师曰:"吾不患楚矣。侈而愎谏,不过十年。"左师曰:"然。不十年侈,其恶不远。远恶而后弃。善亦如之,德远而后兴。"

郑子产作丘赋,国人谤之,曰:"其父死于路,已为虿尾,以令于国,国将若之何?"子宽以告。子产曰:"何害?苟利社稷,死生以之。且吾闻为善者不改其度,故能有济也。民不可逞,度不可改。《诗》曰:'礼义不愆,何恤于人言?'吾不迁矣。"浑罕曰:"国氏其先亡乎?君子作法于凉,其敝犹贪。作法于贪,敝将若之何?姬在列者,蔡及曹、滕其先亡乎?逼而无礼。郑先卫亡,逼而无法。政不率法,而制于心。民各有心,何上之有?"

昭五	昭五
楚杀其大夫屈申。	楚子以屈申为贰于吴,乃杀之。以屈生为莫敖,使与令尹子荡如晋逆女。过郑,郑伯劳子荡于氾,劳屈生于菟氏。晋侯送女于邢丘。子产相郑伯,会晋侯于邢丘。

昭六	昭六	
	三月，郑人铸刑书，叔向始诒子产书，曰："始吾有虞于子，今则已矣。昔先王议事以制，不为刑辟，惧民之有争心也。犹不可禁御，是故闲之以义，纠之以政，行之以礼，守之以信，奉之以仁，制为禄位，以劝其从；严断刑罚，以威其淫，惧其未也，故诲之以忠，耸之以行，教之以务，使之以和，临之以敬，莅之以强，断之以刚，犹求圣哲之上、明察之官、忠信之长、慈惠之师，民于是乎可任使也，而不生祸乱。民知有辟，则不忌于上，并有争心，以征于书，而徼幸以成之，弗可为矣。夏有乱政，而作《禹刑》；商有乱政，而作《汤刑》；周有乱政，而作《九刑》。三辟之兴，皆叔世也。今吾子相郑国，作封洫，立谤政，制参辟，铸刑书，将以靖民，不亦难乎？《诗》曰：'仪式刑文王之德，日靖四方。'又曰：'仪刑文王，万邦作孚。'如是，何辟之有？民知争端矣，将弃礼而征于书，锥刀之末，将尽争之。乱狱滋丰，贿赂并行。终子之世，郑其败乎？肸闻之：'国将亡，必多制。'其此之谓乎?!"复书曰："若吾子之言，侨不才，不能及子孙，吾以救世也。既不承命，敢忘大惠！" 　　楚公子弃疾如晋，报韩子也。过郑，郑罕虎、公孙侨、游吉从郑伯以劳诸柤，辞不敢见。固请，见之。见如见王，以其乘马八匹私面。见子皮如上卿，以马六匹。见子产，以马四匹。见子大叔，以马二匹。禁刍牧采樵，不入田，不樵树，不采蓺，不抽屋，不强匄。誓曰："有犯命者，君子废，小人降。"舍不为暴，主不慁宾，往来如是。郑三卿知其将为王也。	

昭七	昭七	
	郑子产聘于晋。晋侯有疾，韩宣子逆客，私焉，曰："寡君寝疾，于今三月矣，并走群望，有加而无瘳。今梦黄熊入于寝门，其何厉鬼也？"对曰："以君之明，子为大政，其何厉之有？昔尧殛鲧于羽山，其神化为黄熊，以入于羽渊，实为夏郊，三代祀之。晋为盟主，其或者未之祀也乎！"韩子祀夏郊。晋侯有间，赐子产莒之二方鼎。 　子产为丰施归州田于韩宣子，曰："日君以夫公孙段为能任其事，而赐之州田。今无禄早世，不获久享君德。其子弗敢有，不敢以闻于君，私致诸子。"宣子辞，子产曰："古人有言曰：'其父析薪，其子弗克负荷。'施将惧不能任其先人之禄，其况能任大国之赐？纵吾子为政而可，后之人若属有疆场之言，敝邑获戾，而丰氏受其大讨。吾子取州，是免敝邑于戾，而建置丰氏也。敢以为请。"宣子受之，以告晋侯。晋侯以与宣子。宣子为初言，病有之，以易原县于乐大心。 　郑人相惊以伯有，曰："伯有至矣。"则皆走，不知所往。铸刑书之岁二月，或梦伯有介而行，曰："壬子，余将杀带也。明年壬寅，余又将杀段也。"及壬子，驷带卒。国人益惧。齐、燕平之月壬寅，公孙段卒。国人愈惧。其明月，子产立公孙泄及良止以抚之，乃止。子大叔问其故，子产曰："鬼有所归，乃不为厉。吾为之归也。"大叔曰："公孙泄何为？"子产曰："说也。为身无义而图说，从政有所反之，以取媚也。不媚，不信。不信，民不从也。"及子产适晋，赵景子问焉，曰："伯有犹能为鬼乎？"子产曰："能。人生始化曰魄，	

	既生魄，阳曰魂，用物精多，则魂魄强。是以有精爽，至于神明。匹夫匹妇强死，其魂魄犹能冯依于人以为淫厉。况良霄，我先君穆公之胄，子良之孙，子耳之子，敝邑之卿，从政三世矣。郑虽无腆，抑谚曰'蕞尔国'，而三世执其政柄，其用物也弘矣，其取精也多矣。其族又大，所冯厚矣，而强死，能为鬼，不亦宜乎？" 子皮之族饮酒无度，故马师氏与子皮氏有恶。齐师还自燕之月，罕朔杀罕魋。罕朔奔晋。韩宣子问其位于子产，子产曰："君之羁臣，苟得容以逃死，何位之敢择？卿违从大夫之位，罪人以其罪降，古之制也。朔于敝邑，亚大夫也，其官马师也，获戾而逃，唯执政所置之。得免其死，为惠大矣，又敢求位？"宣子为子产之敏也，使从嬖大夫。
昭九 夏，四月，陈灾。	**昭九** 夏，四月，陈灾。郑裨灶曰："五年，陈将复封，封五十二年，而遂亡。"子产问其故，对曰："陈，水属也。火，水妃也。而楚所相也。今火出而火陈，逐楚而建陈也。妃以五成，故曰五年，岁五及鹑火，而后陈卒亡，楚克有之，天之道也，故曰五十二年。"
昭十 春，王正月。戊子，晋侯彪卒。 九月，叔孙婼如晋，葬晋平公。	**昭十** 春，王正月，有星出于婺女。郑裨竈言于子产曰："七月戊子，晋君将死。今兹岁在颛顼之虚，姜氏、任氏实守其地，居其维首，而有妖星焉。告邑姜也，邑姜晋之妣也。天以七纪，戊子逢公以登，星斯于是乎出，吾是以讥之。" 戊子，晋平公卒。郑伯如晋，及河，晋人辞之。游吉遂如晋。九月，叔孙婼、齐国弱、宋华定、卫北宫喜、郑罕虎、许人、曹人、莒人、邾

	人、薛人、杞人、小邾人如晋,葬平公也。郑子皮将以币行。子皮固请以行。子皮尽用其币。归谓子羽曰:"非知之实难,将在行之。夫子知之矣,我则不足。《书》曰:'欲败度,纵败礼。'我之谓矣。夫子知度与礼矣,我实纵欲,而不能自克也。"
昭十一	**昭十一**
秋,季孙意如会晋韩起、齐国弱、宋华亥、卫北宫佗、郑罕虎、曹人、杞人于厥慭。 冬,十有一月丁酉,楚师灭蔡,执蔡世子有以归,用之。	楚师在蔡。晋荀吴谓韩宣子曰:"不能救陈,又不能救蔡,物以无亲。晋之不能亦可知也已。为盟主而不恤亡国,将焉用之?"秋,会于厥慭,谋救蔡也。郑子皮将行,子产曰:"行不远,不能救蔡也。蔡小而不顺,楚大而不德,天将弃蔡以壅楚,盈而罚之。蔡必亡矣,且丧君而能守者鲜矣。三年,王其有咎乎?美恶周必复,王恶周矣。"晋人使狐父请蔡于楚,弗许。冬,十一月,楚子灭蔡,用隐大子于冈山。
昭十二	**昭十二**
三月壬申,郑伯嘉卒。	三月,郑简公卒。将为葬除,及游氏之庙,将毁焉。子大叔使其除徒执用以立,而无庸毁。曰:"子产过女,而问何故不毁,乃曰:'不忍庙也。诺,将毁矣。'"既如是,子产乃使辟之。司墓之室,有当道者,毁之则朝而堋,弗毁则日中而堋。子大叔请毁之,曰:"无若诸侯之宾何?"子产曰:"诸侯之宾能来会吾丧,岂惮日中?无损于宾而民不害,何故不为?"遂弗毁,日中而葬。君子谓子产于是乎知礼。礼,无毁人以自成也。 齐侯、卫侯、郑伯如晋,朝嗣君也。晋侯享诸侯。子产相郑伯,辞于享,请免丧而后听命。晋人许之,礼也。

昭十三	昭十三	
秋，公会刘子、晋侯、齐侯、宋公、卫侯、郑伯、曹伯、莒子、邾子、滕子、薛伯、杞伯、小邾子于平丘。八月甲戌，同盟于平丘。	七月丙寅，治兵于邾南，甲车四千乘。羊舌鲋摄司马，遂合诸侯于平丘。子产、子大叔相郑伯以会。子产以幄幕九张行。子大叔以四十，既而悔之。每舍，损焉。及会，亦如之。 甲戌，同盟于平丘，齐服也。令诸侯日中造于除。癸酉，退朝。子产命外仆速张于除，子大叔止之，使待明日。及夕，子产闻其未张也，使速往，乃无所张矣。 及盟，子产争承，曰："昔天子班贡，轻重以列。列尊贡重，周之制也。卑而贡重者，甸服也。郑，伯男也。而使从公侯之贡，惧弗给也。敢以为请！诸侯靖兵，好以为事。行理之命，无月不至，贡之无艺，小国有阙，所以得罪也。诸侯修盟，存小国也。贡献无及，亡可待也。存亡之制，将在今矣！"自日中以争，至于昏，晋人许之。 既盟，子大叔咎之曰："诸侯若讨，其可渎乎？"子产曰："晋政多门，贰偷之不暇，何暇讨？国不竞亦陵，何国之为！" 子产归，未至，闻子皮卒，哭，且曰："吾已！无为为善矣。唯夫子知我！"仲尼谓："子产于是行也，足以为国基矣。《诗》曰：'乐只君子，邦家之基。'子产，君子之求乐者也。"且曰："合诸侯，艺贡事，礼也。"	
昭十六	昭十六	
	二月，晋韩起聘于郑，郑伯享之。子产戒曰："苟有位于朝，无有不共恪！"孔张后至，立于客间。执政御之，适客后。又御之，适县间。客从而笑之。事毕，富子谏曰："夫大国之人，不可不慎也！几为之笑，而不陵我？我皆有礼，夫犹鄙我。国	

而无礼，何以求荣？孔张失位，吾子之耻也。"子产怒曰："发命之不衷，出令之不信，刑之颇类，狱之放纷，会朝之不敬，使命之不听，取陵于大国，罢民而无功，罪及而弗知，侨之耻也。孔张，君之昆孙，子孔之后也，执政之嗣也，为嗣大夫。承命以使，周于诸侯，国人所尊，诸侯所知。立于朝而祀于家，有禄于国，有赋于军，丧祭有职，受脤归脤。其祭在庙，已有著位。在位数世，世守其业而忘其所，侨焉得耻之？辟邪之人而皆及执政，是先王无刑罚也。子宁以他规我。"

宣子有环，其一在郑商。宣子谒诸郑伯，子产弗与。曰："非官府之守器也，寡君不知。"子大叔、子羽谓子产曰："韩子亦无几求，晋国亦未可以贰。晋国、韩子，不可偷也。若属有谗人交斗其间，鬼神而助之，以兴其凶怒，悔之何及？吾子何爱于一环？其以取憎于大国也？盍求而与之？"子产曰："吾非偷晋而有二心，将终事之，是以弗与，忠信故也。侨闻君子非无贿之难，立而无令名之患。侨闻为国非不能事大字小之难，无礼以定其位之患。夫大国之人，令于小国而皆获其求，将何以给之？一共一否，为罪滋大。大国之求，无礼以斥之，何厌之有？吾且为鄙邑，则失位矣，若韩子奉命以使而求玉焉，贪淫甚矣，独非罪乎？出一玉以起二罪，吾以失位，韩子成贪，将焉用之？且吾以玉贾罪，不亦锐乎！"韩子买诸贾人。既成贾矣，商人曰："必告君大夫！"韩子请诸子产曰："日起请夫环，执政弗义，弗敢复也。今买诸商人，商人曰必以闻，敢以为请。"子产对曰："昔我先君桓公，与商人皆出自周，庸次比耦以艾杀此

	地，斩之蓬蒿藜藿而共处之，世有盟誓以相信也，曰：'尔无我叛，我无强贾，毋或匄夺。尔有利市宝贿，我勿与知。'恃此质誓，故能相保，以至于今。今吾子以好来辱，而谓敝邑强夺商人，是教敝邑背盟誓也，毋乃不可乎！吾子得玉，而失诸侯，必不为也。若大国令而共无艺，郑鄙邑也，亦弗为也。侨若献玉，不知所成。敢私布之！"韩子辞玉，曰："起不敏，敢求玉以徼二罪，敢辞之。" 夏，四月，郑六卿饯宣子于郊。宣子曰："二三君子请皆赋，起亦以知郑志。"子齹赋《野有蔓草》，宣子曰："孺子善哉，吾有望矣！"子产赋《郑之羔裘》，宣子曰："起不堪也！"子大叔赋《褰裳》，宣子曰："起在此，敢勤子至于他人乎？"子大叔拜，宣子曰："善哉！子之言是。不有是事，其能终乎？"子游赋《风雨》，子旗赋《有女同车》，子柳赋《萚兮》，宣子喜，曰："郑其庶乎！二三君子以君命贶起，赋不出郑志，皆昵燕好也。二三君子，数世之主也，可以无惧矣！"宣子皆献马焉，而赋《我将》。子产拜，使五卿皆拜，曰："吾子靖乱，敢不拜德！"宣子私觌于子产，以玉与马，曰："子命起舍夫玉，是赐我玉而免吾死也，敢不藉手以拜！" 郑大旱，使屠击、祝款、竖柎有事于桑山。斩其木，不雨。子产曰："有事于山，蓺山林也。而斩其木，其罪大矣！"夺之官邑。
昭十七 冬，有星孛于大辰。	**昭十七** 冬，有星孛于大辰，西及汉。申须曰："彗，所以除旧布新也。天事恒象。今除于火，火出必布焉，诸侯其有火灾乎？"梓慎曰："往年吾见之，是其征也。火出而见，今兹火出而章，必火，入而伏。其居火也久矣，

	其与不然乎？火出，于夏为三月，于商为四月，于周为五月。夏数得天，若火作，其四国当之，在宋、卫、陈、郑乎？宋，大辰之虚也；陈，大晦之虚也；郑，祝融之虚也。皆火房也。星孛天汉。汉，水祥也。卫，颛顼之虚也，故为帝丘，其星为大水。水，火之牡也。其以丙子，若壬午作乎！水火所以合也。若火入而伏，必以壬午，不过其见之月。"郑裨灶言于子产曰："宋、卫、陈、郑将同日火。若我用瓘斝玉瓒，郑必不火。"子产弗与。	
昭十八	昭十八	
夏，五月壬午，宋、卫、陈、郑灾。	夏，五月，火始昏见。丙子，风。梓慎曰："是谓融风，火之始也。七日，其火作乎？"戊寅，风甚。壬午，大甚。宋、卫、陈、郑皆火。梓慎登大庭氏之库以望之，曰："宋、卫、陈、郑也。"数日，皆来告火。 裨灶曰："不用吾言，郑又将火。"郑人请用之，子产不可。子大叔曰："宝，以保民也。若有火，国几亡。可以救亡，子何爱焉？"子产曰："天道远，人道迩，非所及也，何以知之？灶焉知天道？是亦多言矣，岂不或信？"遂不与。亦不复火。 郑之未灾也，里析告子产曰："将有大祥，民震动，国几亡。吾身泯焉，弗良及也。国迁，其可乎？"子产曰："虽可，吾不足以定迁矣。"及火，里析死矣。未葬，子产使舆三十人迁其柩。 火作，子产辞晋公子、公孙于东门，使司寇出新客，禁旧客，勿出于宫。使子宽、子上巡群屏摄，至于大宫。使公孙登徙大龟，使祝史徙主祏于周庙，告于先君。使府人、库人各儆其事。商成公儆司宫，出旧宫人，置诸火所不及。司马、司寇列居火道，	

	行火所焮。城下之人，伍列登城。明日，使野司寇各保其征，郊人助祝史除于国北，禳火于玄冥、回禄，祈于四鄘。书焚室而宽其征，与之材。三日哭，国不市。使行人告于诸侯。宋、卫皆如是。陈不救火，许不吊灾，君子是以知陈、许之先亡也。 　　七月，郑子产为火故，大为社，祓禳于四方，振除火灾，礼也。乃简兵大蒐，将为蒐除。子大叔之庙，在道南，其寝在道北，其庭小。过期三日，使除徒陈于道南庙北，曰："子产过女而命速除，乃毁于而乡！"子产朝，过而怒之。除者南毁。子产及冲，使从者止之，曰："毁于北方。"火之作也，子产授兵登陴。子大叔曰："晋无乃讨乎？"子产曰："吾闻之：小国忘守则危，况有灾乎？国之不可小，有备故也。"既，晋之边吏让郑曰："郑国有灾，晋君、大夫不敢宁居，卜筮走望，不爱牲玉。郑之有灾，寡君之忧也。今执事㧗然授兵登陴，将以谁罪？边人恐惧，不敢不告！"子产对曰："若吾子之言，敝邑之灾，君之忧也。敝邑失政，天降之灾，又惧谗慝之间谋之，以启贪人，荐为敝邑不利，以重君之忧。幸而不亡，犹可说也。不幸而亡，君虽忧之，亦无及也。郑有他竟，望走在晋。既事晋矣，其敢有二心？"
昭十九	昭十九
	是岁也，郑驷偃卒。子游娶于晋大夫，生丝弱，其父兄立子瑕。子产憎其为人也，且以为不顺，弗许，亦弗止。驷氏耸。他日，丝以告其舅。冬，晋人使以币如郑，问驷乞之立故。驷氏惧，驷乞欲逃，子产弗遣。请龟以卜，亦弗予。大夫谋对，子产不待而对客曰："郑国不天，寡君之二三臣，札瘥天昏，今又丧我先大夫

	偃。其子幼弱，其一二父兄，惧队宗主，私族于谋，而立长亲。寡君与其二三老曰：'抑天实剥乱是，吾何知焉？'谚曰：无过乱门。民有兵乱，犹惮过之，而况敢知天之所乱？今大夫将问其故，抑寡君实不敢知，其谁实知之？平丘之会，君寻旧盟曰：'无或失职。'若寡君之二三臣，其即世者，晋大夫而专制其位，是晋之县鄙也，何国之为？"辞客币而报其使，晋人舍之。 郑大水，龙斗于时门之外洧渊，国人请为禜焉。子产弗许，曰："我斗，龙不我觌也；龙斗，我独何觌焉？禳之，则彼其室也。吾无求于龙，龙亦无求于我。"乃止也。
昭二十	昭二十
	郑子产有疾，谓子大叔曰："我死，子必为政。唯有德者，能以宽服民，其次莫如猛。夫火烈，民望而畏之，故鲜死焉。水懦弱，民狎而玩之，则多死焉。故宽难。"疾数月而卒。大叔为政，不忍猛而宽。郑国多盗，取人于萑苻之泽。大叔悔之，曰："吾早从夫子，不及此。"兴徒兵以攻萑苻之盗，尽杀之，盗少止。仲尼曰："善哉！政宽则民慢，慢则纠之以猛。猛则民残，残则施之以宽。宽以济猛，猛以济宽，政是以和。《诗》曰：'民亦劳止，汔可小康。惠此中国，以绥四方。'施之以宽也。'毋从诡随，以谨无良。式遏寇虐，惨不畏明。'纠之以猛也。'柔远能迩，以定我王。'平之以和也。又曰：'不竞不絿，不刚不柔。布政优优，百禄是遒。'和之至也。"及子产卒，仲尼闻之，出涕，曰："古之遗爱也。"
哀十二	哀十二
宋向巢帅师伐郑。	宋、郑之间有隙地焉，曰弥作、顷丘、玉畅、嵒、戈、锡。子产与宋

567

	人为成，曰："勿有是！"及宋平、元之族自萧奔郑，郑人为之城嵒、戈、锡。九月，宋向巢伐郑，取锡，杀元公之孙，遂围嵒。十二月，郑罕达救嵒。丙申，围宋师。	

宋元公（前547—前517）

襄二十六	襄二十六	宋元公，名佐，又称宋大子佐、世子佐、宋公佐、宋公、元公等。元公为宋平公之子，襄二十六年立为大子，昭十一年即位，昭二十五年卒，共在位十五年。宋元公相关世系如下（据陈厚耀《世族谱》）：
宋公弑其世子痤。	初，宋芮司徒生女子，赤而毛，弃诸堤下。共姬之妾取以入，名之曰弃。长而美。平公入夕，共姬与之食。公见弃也，而视之尤。姬纳诸御，嬖，生佐，恶而婉。大子痤美而很，合左师畏而恶之。寺人惠墙伊戾为大子内师而无宠。秋，楚客聘于晋，过宋。大子知之，请野享之。公使往，伊戾请从之。公曰："夫不恶女乎？"对曰："小人之事君子也，恶之不敢远，好之不敢近，敬以待命，敢有贰心乎？纵有共其外，莫共其内，臣请往也。"遣之。至，则歜，用牲，加书征之，而聘告公，曰："大子将为乱，既与楚客盟矣。"公曰："为我子，又何求？"对曰："欲速。"公使视之，则信有焉。问诸夫人与左师，则皆曰："固闻之。"公囚大子，大子曰："唯佐也能免我。"召而使请，曰："日中不来，吾知死矣。"左师闻之，聒而与之语。过期，乃缢而死。佐为大子。公徐闻其无罪也，乃亨伊戾。	
		平公 世子成
		大子痤／元公佐／公子城／公子御戎
		（以下元公子）
		景公栾／母弟辰／公子地／公子褍秦
昭四	昭四	（上表国君继位顺序：平公［成十六至昭十］→元公［昭十一至二十五］→景公［昭二十六至哀二十六］→昭公［哀二十七立］。太子痤襄二十六年缢死。元公数子：景公即太
夏，楚子、蔡侯、陈侯、郑伯、许男、徐子、滕子、顿子、胡子、沈子、小邾子	夏，诸侯如楚。鲁、卫、曹、邾不会。曹、邾辞以难，公辞以时祭，卫侯辞以疾。郑伯先待于申。六月丙午，楚子合诸侯于申。宋大子佐后至。王田于武城，久而弗见。椒举请辞焉。王使往曰："属有宗祧之事于	

宋世子佐、淮夷会于申。秋，七月，楚子、蔡侯、陈侯、许男、顿子、胡子、沈子、淮夷伐吴。	武城，寡君将堕币焉，敢谢后见。"秋，七月，楚子以诸侯伐吴。宋大子、郑伯先归，宋华费遂、郑大夫从。	子栾，在位四十八年；母弟辰昭二十年出奔；公子昭二十年见，定十年奔陈；公子褍秦见《史记·宋世家》，其子公孙周哀二十六年见[《史记》作公孙纠]，公孙周之子即宋昭公得，哀二十六年见，景公养以为嗣。）
昭十	昭十	
宋公成卒。	冬，十二月，宋平公卒。初，元公恶寺人柳，欲杀之，及丧，柳炽炭于位，将至，则去之。比葬，又有宠。	宋元公本非大子，但襄二十六年大子痤因遭小人谮害自杀，他才有资格成大子并继位为君。大子痤之难中，元公纵非元凶，也绝非旁观者，亦非仅仅是被人利用而已。襄二十六年，因人陷害，平公囚太子痤，传载：
昭十二	昭十二	
夏，宋公使华定来聘。	夏，宋华定来聘，通嗣君也。享之，为赋《蓼萧》，弗知，又不答赋。昭子曰："必亡！宴语之不怀，宠光之不宣，令德之不知，同福之不受，将何以在？"	大子曰："唯佐也能免我。"召而使请，曰："日中不来，吾知死矣。"左师闻之，聒而与之语。过期，乃缢而死。佐为大子。
昭十三	昭十三	
秋，公会刘子、晋侯、宋公、卫侯、郑伯、曹伯、莒子、邾子、滕子、薛伯、杞伯、小邾子于平丘。八月甲戌，同盟于平丘。	晋成虒祁，诸侯朝而归者，皆有贰心。为取郠故，晋将以诸侯来讨。叔向曰："诸侯不可以不示威。"乃并征会，告于吴。秋，晋侯会吴子于良。水道不可，吴子辞，乃还。七月丙寅，治兵于邾南，甲车四千乘。羊舌鲋摄司马，遂合诸侯于平丘。	从这段话我们能读出什么信息呢？为何大子认为只有公子佐能救己？难道公子佐（元公）不知大子之言？这个经历与昭二十年宋元公"恶华、
昭十九	昭十九	
宋公伐邾。	郳夫人，宋向戌之女也，故向宁请师。二月，宋公伐邾，围虫。三月，取之，乃尽归郳俘。邾人、郳人、徐人会宋公。乙亥，同盟于虫。	
昭二十	昭二十	
春，王正月。冬，十月，宋华亥、向宁、华定出奔陈。	春，王二月己丑，日南至。梓慎望氛，曰："今兹宋有乱，国几亡，三年而后弭。蔡有大丧。"叔孙昭子曰："然则戴、桓也。汰侈无礼已甚，	

	乱所在也。" 宋元公无信多私，而恶华、向。华定、华亥与向宁谋曰："亡愈于死，先诸？"华亥伪有疾，以诱群公子。公子问之，则执之。夏，六月丙申，杀公子寅、公子御戎、公子朱、公子固、公孙援、公孙丁，拘向胜、向行于其廪。公如华氏请焉，弗许，遂劫之。癸卯，取大子栾与母弟辰、公子地以为质。公亦取华亥之子无戚、向宁之子罗、华定之子启，与华氏盟，以为质。 宋华、向之乱，公子城、公孙忌、乐舍、司马强、向宜、向郑、楚建、郳甲出奔郑。其徒与华氏战于鬼阎，败子城。子城适晋。 华亥与其妻，必盟而食所质公子者而后食。公与夫人，每日必适华氏食公子而后归。华亥患之，欲归公子。向宁曰："唯不信，故质其子。若又归之，死无日矣。"公请于华费遂，将攻华氏。对曰："臣不敢爱死，无乃求去忧而滋长乎！臣是以惧，敢不听命？"公曰："子死亡有命，余不忍其询。"冬，十月，公杀华、向之质而攻之。戊辰，华、向奔陈，华登奔吴。向宁欲杀大子，华亥曰："干君而出，又杀其子，其谁纳我？且归之有庸。"使少司寇牼以归，曰："子之齿长矣，不能事人。以三公子为质，必免。"公子既入，华牼将自门行。公遽见之，执其手，曰："余知而无罪也，入，复而所。"	向"之间是不是有某种内在联系？ 元公在位期间宋国发生了一场将当时中原几乎所有大小诸侯都卷入其中的巨大内乱。这场内乱无论是规模之大、死伤人数之多及对宋国内政外交等等的影响之深都是空前绝后的。宋元公在这场内乱中历经种种曲折，借助各种势力，终于平息了叛乱，保住了权位。《左传》襄二十六年曾将大子痤与公子佐相对比，说大子痤"美而很"，公子佐"恶而婉"，我想对于宋元公的一生，特别是他的为政及为人是否可以用"恶而婉"三个字来概括？ 如果说元公在大子痤之难中的表现属于"婉"的话，那么华、向之乱中的他或许可以用一个"恶"字来形容。《左传》对于华、向之乱发生的根源，我认为可用《左传》中描述宋元公的一句话即"无信多私"（昭二十）来概括。昭十年，传文已经以寺人柳为例说明
昭二十一 宋华亥、向宁、华定自陈入于宋南里以叛。	昭二十一 宋华费遂生华貙、华多僚、华登。貙为少司马。多僚为御士，与貙相恶，乃谮诸公曰："貙将纳亡人。"亟言之。公曰："司马以吾故，亡其良子。死亡有命，吾不可以再亡之。"对曰："君若爱司马，则如亡。死如	

可逃，何远之有？"公惧，使侍人召司马之侍人宜僚，饮之酒，而使告司马。司马叹曰："必多僚也。吾有谗子而弗能杀，吾又不死。抑君有命，可若何？"乃与公谋逐华貙，将使田孟诸而遣之。公饮之酒，厚酬之，赐及从者。司马亦如之。张匄尤之，曰："必有故。"使子皮承宜僚以剑而讯之，宜僚尽以告。张匄欲杀多僚，子皮曰："司马老矣，登之谓甚，吾又重之，不如亡也。"五月丙申，子皮将见司马而行，则遇多僚御司马而朝。张匄不胜其怒，遂与子皮、臼任、郑翩杀多僚，劫司马以叛，而召亡人。壬寅，华、向入。乐大心、丰愆、华牼御诸横。华氏居卢门，以南里叛。六月庚午，宋城旧鄘及桑林之门而守之。

冬，十月，华登以吴师救华氏。齐乌枝鸣戍宋。厨人濮曰："《军志》有之：'先人有夺人之心，后人有待其衰。'盍及其劳且未定也伐诸？若入而固，则华氏众矣，悔无及也。"从之。丙寅，齐师、宋师败吴师于鸿口，获其二帅公子苦雂、偃州员。华登帅其余以败宋师。公欲出，厨人濮曰："吾小人，可藉死，而不能送亡君，请待之。"乃徇曰："扬徽者，公徒也。"众从之。公自杨门见之，下而巡之，曰："国亡君死，二三子之耻也，岂专孤之罪也？"齐乌枝鸣曰："用少莫如齐致死，齐致死莫如去备。彼多兵矣，请皆用剑。"从之。华氏北，复即之。厨人濮以裳裹首而荷以走，曰："得华登矣。"遂败华氏于新里。翟偻新居于亲里，既战，说甲于公而归。华妵居于公里，亦如之。

十一月癸未，公子城以晋师至。曹翰胡会晋荀吴、齐苑何忌、卫公子朝救宋。丙戌，与华氏战于赭丘。郑

了宋元公"无信多私"，实质上正是在为后面宋元公因无信多私而致华、向之乱进行铺垫。我们不要把"无信多私"理解为宋元公喜怒无常那么简单，而应当理解为这个人人品不正，偏爱佞臣，讨厌直臣。他之所以厌恶华、向（昭二十），正因为后者不可能像寺人柳那样一味讨好巴结他。更重要的，是因为华、向最了解元公在太子痤之难中并不干净。因此，华、向之乱实际上是宋元公上得位后，欲除权臣、以固己位的残酷权力斗争。

在华、向之乱中，我们看到，君臣之间虽然斗得如火如荼，但是从华、向不杀元公，特别是华氏对于太子的态度可以看出，华、向发动叛乱既不是为了弑君篡位（如齐公子商人），也不是为了巩固己族利益（如鲁国季孙氏），而是因为知道元公欲用佞人除掉他们。昭二十年传写华、向与元公

	翱愿为鹳，其御愿为鹅。子禄御公子城，庄堇为右。干犨御吕封人华豹，张匄为右。相遇，城还。华豹曰："城也！"城怒而反之。将注，豹则关矣。曰："平公之灵，尚辅相余！"豹射，出其间。将注，则又关矣。曰："不狎，鄙。"抽矢，城射之，殪。张匄抽殳而下，射之，折股。扶伏而击之，折轸。又射之，死。干犨请一矢，城曰："余言汝于君。"对曰："不死伍乘，军之大刑也。干刑而从子，君焉用之？子速诸！"乃射之，殪。大败华氏，围诸南里。华亥搏膺而呼，见华貙，曰："吾为栾氏矣。"貙曰："子无我迂，不幸而后亡。"使华登如楚乞师，华貙以车十五乘、徒七十人犯师而出，食于睢上，哭而送之，乃复入。楚薳越帅师将逆华氏，大宰犯谏曰："诸侯唯宋事其君，今又争国，释君而臣是助，无乃不可乎？"王曰："而告我也后，既许之矣。"	为质后，"华亥与其妻，必盥而食所质公子者而后食"。冬十月，公杀华、向之质而攻华、向，向宁欲杀大子而未敢，这个情节对于理解华、向之乱的性质非常重要。即华、向在这场内乱是没有心理准备的，而宋元公则看破了他们的心理，敢于在公子为质情况下日日去看望，并后来先下手为强。华、向之乱中宋元公以及华、向的主动与被动，心狠与心软，似乎说明，这场波及列国的巨大内乱的真正祸因在于宋元公欲除华、向二族以固己位。
昭二十二	昭二十二	
宋华亥、向宁、华定自宋南里出奔楚。	楚薳越使告于宋曰："寡君闻君有不令之臣为君忧，无宁以为宗羞，寡君请受而戮之。"对曰："孤不佞，不能媚于父兄，以为君忧，拜命之辱。抑君臣日战，君曰：'余必臣是助。'亦唯命。人有言曰：'唯乱门之无过。'君若惠保敝邑，无亢不衷，以奖乱人，孤之望也。唯君图之！"楚人患之。诸侯之戍谋曰："若华氏知困而致死，楚耻无功而疾战，非吾利也。不如出之，以为楚功，其亦能无为也已。救宋而除其害，又何求？"乃固请出之，宋人从之。己巳，宋华亥、向宁、华定、华貙、华登、皇奄伤、省臧、士平出奔楚。宋公使公孙忌为大司马，边卬为大司徒，乐祁为司马，仲几为左师，乐大心为右师，乐輓为大司寇，以靖国人。	华、向之乱之所以以宋公胜利而告终，是由多方面因素共同决定的。首先，宋元公"恶而婉"的个性起到了不小的作用。昭二十年君臣为质，华氏不敢怠慢大子，而宋公敢先杀华、向之子以攻，一举将华、向击败并逐出宋国；昭二十一年之战，元公以计激群将，终于奏效。传曰："公自杨门见之，

昭二十五	昭二十五	
春，叔孙婼如宋。夏，叔诣会晋赵鞅、宋乐大心、卫北宫喜、郑游吉、曹人、邾人、滕人、薛人、小邾人于黄父。十有一月己亥，宋公佐卒于曲棘。	春，叔孙婼聘于宋，桐门右师见之，语卑宋大夫，而贱司城氏。昭子告其人曰："右师其亡乎！君子贵其身，而后能及人，是以有礼。今夫子卑其大夫，而贱其宗，是贱其身也。能有礼乎？无礼，必亡。"宋公享昭子，赋《新宫》，昭子赋《车辖》。明日宴，饮酒乐。宋公使昭子右坐，语相泣也。乐祁佐，退而告人曰："今兹君与叔孙，其皆死乎？吾闻之：'哀乐而乐哀，皆丧心也。'心之精爽，是为魂魄。魂魄去之，何以能久？"夏，会于黄父，谋王室也。赵简子令诸侯之大夫输王粟、具戍人，曰："明年将纳王。"宋乐大心曰："我不输粟。我于周为客，若之何使客？"晋士伯曰："自践土以来，宋何役之不会，而何盟之不同？曰：'同恤王室。'子焉得辟之？子奉君命以会大事，而宋背盟，无乃不可乎？"右师不敢对，受牒而退。士伯告简子曰："宋右师必亡。奉君命以使，而欲背盟以干盟主，无不祥大焉。"宋元公将为公故如晋，梦大子栾即位于庙，己与平公服而相之。旦，召六卿。公曰："寡人不佞，不能事父兄，以为二三子忧，寡人之罪也。若以群子之灵，获保首领以殁，唯是楄柎所以藉干者，请无及先君。"仲几对曰："君若以社稷之故，私降昵宴，群臣弗敢知。若夫宋国之法，死生之度，先君有命矣。群臣以死守之，弗敢失队。臣之失职，常刑不赦。臣不忍其死，君命只辱。"宋公遂行。己亥，卒于曲棘。	下而巡之，曰：'国亡君死，二三子之耻也，岂专孤之罪也？'"这些情节再次向我们显示了宋元公"恶而婉"的个性特征。其次，在内部因素方面，有一大批忠臣如公子城、公孙忌、华费遂、乐大心、丰愆、华䝙、厨人濮等等的捍卫。最后，在外部因素方面，有齐、晋、卫等列国以兵相援。
昭二十六	昭二十六	
春，王正月，葬宋元公。	春，王正月，葬宋元公，如先君，礼也。言于齐侯曰："群臣不尽力于鲁	

鲁叔孙婼（前538—前517）

昭四	昭四	
冬，十有二月乙卯，叔孙豹卒。	初，穆子去叔孙氏，及庚宗，遇妇人，使私为食而宿焉。问其行，告之故，哭而送之。适齐，娶于国氏，生孟丙、仲壬。梦天压己，弗胜，顾而见人，黑而上偻，深目而豭喙，号之曰："牛，助余！"乃胜之。旦而皆召其徒，无之。且曰："志之。" 及宣伯奔齐，馈之。宣伯曰："鲁以先子之故，将存吾宗，必召女。召女，何如？"对曰："愿之久矣。"鲁人召之，不告而归。既立，所宿庚宗之妇人献以雉。问其姓，对曰："余子长矣，能奉雉而从我矣。"召而见之，则所梦也。未问其名，号之曰"牛"。曰："唯。"皆召其徒，使视之，遂使为竖。有宠，长使为政。 公孙明知叔孙于齐，归，未逆国姜，子明取之，故怒，其子长而后使逆之。田于丘蕕，遂遇疾焉。竖牛欲乱其室而有之，强与孟盟，不可。叔孙为孟钟，曰："尔未际，飨大夫以落之。"既具，使竖牛请日。入，弗谒，出命之日。及宾至，闻钟声。牛曰："孟有北妇人之客。"怒，将往，牛止之。宾出，使拘而杀诸外。牛又强与仲盟，不可。 仲与公御莱书观于公，公与之环，使牛入示之。入，不示，出，命佩之。牛谓叔孙："见仲而何？"叔孙曰："何为？"曰："不见，既自见矣，公与之环而佩之矣。"遂逐之，奔齐。疾急，命召仲，牛许而不召。杜泄见，告之饥渴，授之戈。对曰："求之	叔孙婼，又称昭子、叔孙昭子，鲁国名臣叔孙豹（穆叔）庶子。从昭七年季孙宿卒、叔孙婼为政，至昭公二十五年卒为止，昭子共在位十九年。昭子是《左传》中精心刻画的重点人物之一。 叔孙婼之立，与其父叔孙豹之立类似，皆由于家族内乱。叔孙豹娶于齐国氏而生孟丙、仲壬，先欲立孟丙，被竖牛所杀；后欲立仲壬，被竖牛所逐。昭五年，叔孙豹卒，竖牛联合叔孙氏，杀仲壬，立昭子。故昭子之立，因为竖牛。叔孙豹子嗣关系如下： | 父 | 叔孙豹 穆子 | | 母 | 国姜 | [缺] | 庚宗妇人 |

| 竖牛 | 叔孙婼 昭子 | 仲壬 | 孟丙 | 子 |

而至，又何去焉？"竖牛曰："夫子疾病，不欲见人。"使置馈于个而退。牛弗进，则置虚命彻。十二月癸丑，叔孙不食。乙卯，卒。牛立昭子而相之。

公使杜泄葬叔孙。竖牛赂叔仲昭子与南遗，使恶杜泄于季孙而去之。杜泄将以路葬，且尽卿礼。南遗谓季孙曰："叔孙未乘路，葬焉用之？且冢卿无路，介卿以葬，不亦左乎？"季孙曰："然。"使杜泄舍路，不可，曰："夫子受命于朝而聘于王，王思旧勋而赐之路，复命而致之君。君不敢逆王命而复赐之，使三官书之。吾子为司徒，实书名；夫子为司马，与工正书服；孟孙为司空，以书勋。今死而弗以，是弃君命也。书在公府，而弗以，是废三官也。若命服，生弗敢服，死又不以，将焉用之？"乃使以葬。

季孙谋去中军，竖牛曰："夫子固欲去之。"

叔孙昭子刚毅正直，有极高胆量，有许多见识，做人方面深得其父真传。《左传》中对叔孙昭子的刻画可分为两方面：一是记事，二是记言。昭子一生之事可反映其人品者有如下几件：一是昭四年竖牛杀嫡立庶而立昭子，昭子不偿私劳，义逐竖牛；二是昭十二年季孙欲害叔孙，昭子大义凛然，一言以退之；三是昭二十三、二十四年受晋人之辱，昭子临危不惧，宁死不屈；四是昭二十五年昭公之难，昭子义斥平子，谋救昭公，事不成而死。

《左传》中的昭子之言可分为如下几方面：一是论为人之礼。昭十年叹子尾之子高强，昭十二年评宋华定，昭二十年评宋戴、桓及鲁叔辄，昭二十五年评宋右师之无礼。二是论

昭五	昭五
春，王正月，舍中军。公如晋。秋，七月，公至自晋。	春，王正月，舍中军，卑公室也。毁中军于施氏，成诸臧氏。初，作中军，三分公室，而各有其一。季氏尽征之，叔孙氏臣其子弟，孟氏取其半焉。及其舍之也，四分公室，季氏择二，二子各一，皆尽征之，而贡于公。以书使杜泄告于殡，曰："子固欲毁中军，既毁之矣，故告。"杜泄曰："夫子唯不欲毁也，故盟诸僖闳，诅诸五父之衢。"受其书而投之，帅士而哭之。 叔仲子谓季孙曰："带受命于子叔孙，曰：'葬鲜者自西门。'"季孙命杜泄。杜泄曰："卿丧自朝，鲁礼也。吾子为国政，未改礼而又迁之。群臣惧死，不敢自也。"既葬而行。 仲至自齐，季孙欲立之。南遗曰："叔孙氏厚，则季氏薄。彼实家

	乱,子勿与知,不亦可乎?"南遗使国人助竖牛以攻诸大库之庭,司宫射之,中目而死。竖牛取东鄙三十邑以与南遗。昭子即位,朝其家众,曰:"竖牛祸叔孙氏,使乱大从,杀適立庶,又披其邑,将以赦罪,罪莫大焉。必速杀之!"竖牛惧,奔齐。孟、仲之子杀诸塞关之外,投其首于宁风之棘上。仲尼曰:"叔孙昭子之不劳,不可能也。周任有言曰:'为政者不赏私劳,不罚私怨。'《诗》曰:'有觉德行,四国顺之。'" 初,穆子之生也,庄叔以《周易》筮之,遇《明夷》之《谦》,以示卜楚丘,曰:"是将行,而归为子祀。以谗人入,其名曰牛,卒以馁死。《明夷》,日也。日之数十,故有十时,亦当十位。自王已下,其二为公,其三为卿。日上其中,食日为二,旦日为三。《明夷》之《谦》,明而未融,其当旦乎?故曰'为子祀'。日之谦,当鸟,故曰'明夷于飞'。明之未融,故曰'垂其翼'。象日之动,故曰'君子于行'。当三在旦,故曰'三日不食'。《离》,火也。《艮》,山也。《离》为火,火焚山,山败。于人为言,败言为谗,故曰'有攸往。主人有言'。言必谗也。纯《离》为牛,世乱谗胜,胜将适《离》,故曰'其名曰牛'。谦不足,飞不翔,垂不峻,翼不广,故曰'其为子后乎'。吾子亚卿也,抑少不终。"	治国之道。昭九年谏不可失民以求速,昭十六年叹诸侯无伯之悲哀,昭十七年称治国不可无礼,且叹小邾子,昭二十一年评蔡侯之不知位。三是其他能反映其见识的言论。昭十年知大夫欲见新君之无礼,昭十七年知平子有异志,与郯子谈少暤氏以鸟名官,昭十九年论楚子之仅图自完,等。 《左传》在刻画人物形象时,一个常用的笔法就是把他描写成一个了不起的预言家,写叔孙昭子亦然:昭十二年,昭子听宋华定之言而预言其必亡,昭二十年华定出奔陈。昭二十年,昭子听梓慎之叹而预言宋国戴、桓二族有难,是年宋国发生震惊各国的华、向之乱,华、向即属戴、桓二族。昭二十一年,蔡太子朱失位,昭子预言蔡将亡。是年冬,蔡侯朱因楚费无极之谗出奔楚。昭二十一年,鲁叔辄哭日食,昭子谓之必死,八月叔辄卒。
昭七 叔孙婼如齐涖盟。	**昭七**	
昭九 冬,筑郎囿。	**昭九** 冬,筑郎囿。书,时也。季平子欲其速成也,叔孙昭子曰:"《诗》曰:'经始勿亟,庶民子来。'焉用速成,其以剿民也?无囿,犹可;无民,其可乎?"	

| 昭十 | 昭十 | 昭二十四年夏五月日食，昭子预言将有旱灾。是年秋即发生旱情，次年秋又大旱。昭二十五年，叔孙婼聘于宋，见桐门右师，预言其将亡，定十年宋乐大心出奔陈。凡此种种皆是"逆摄之法"（吴闿生），左氏惯用它来衬托人物形象。

今录《左传》中叔孙昭子的名言如下：

· 昭九年，昭子曰："无圃，犹可；无民，其可乎？"

· 昭十年，昭子语诸大夫曰："为人子不可不慎也哉！……忠为令德，其子弗能任，难不慎也。丧夫人之力，弃德、旷宗，以及其身，不亦善乎？《诗》曰：'不自我先，不自我后。'其是之谓乎？"

· 昭十二年，昭子曰："宴语之不怀，宠光之不宣，令德之不知，同福之不受，将何以在？"

· 昭十六年，叔孙昭子曰："诸侯之无伯，害哉！齐君之无道也，兴师而伐，远方会之，有成而还，莫之亢也。 |
|---|---|---|
| 九月，叔孙婼如晋，葬晋平公。 | 九月，叔孙婼、齐国弱、宋华定、卫北宫喜、郑罕虎、许人、曹人、莒人、邾人、薛人、杞人、小邾人如晋，葬平公也。既葬，诸侯之大夫欲因见新君。叔孙昭子曰："非礼也。"弗听。叔向辞之曰："大夫之事毕矣，而又命孤。孤斩焉在缞绖之中，其以嘉服见，则丧礼未毕，其以丧服见，是重受吊也，大夫将若之何？"皆无辞以见。昭子至自晋，大夫皆见，高强见而退。昭子语诸大夫曰："为人子不可不慎也哉！昔庆封亡，子尾多受邑，而稍致诸君，君以为忠，而甚宠之。将死，疾于公宫，輦而归，君亲推之。其子不能任，是以在此。忠为令德，其子弗能任，罪犹及之，难不慎也？丧夫人之力，弃德、旷宗，以及其身，不害乎？《诗》曰：'不自我先，不自我后。'其是之谓乎？" | |
| 昭十二 | 昭十二 | |
| 夏，宋公使华定来聘。冬，十月，公子慭出奔齐。 | 夏，宋华定来聘，通嗣君也。享之，为赋《蓼萧》。弗知，又不答赋。昭子曰："必亡！宴语之不怀，宠光之不宣，令德之不知，同福之不受，将何以在？"

季平子立，而不礼于南蒯。南蒯谓子仲："吾出季氏，而归其室于公，子更其位，我以费为公臣。"子仲许之。南蒯语叔仲穆子，且告之故。季悼子之卒也，叔孙昭子以再命为卿。及平子伐莒，克之，更受三命。叔仲子欲构二家，谓平子曰："三命逾父兄，非礼也。"平子曰："然。"故使昭子。昭子曰："叔孙氏有家祸，杀适立庶，故婼也及此。若因祸以毙之，则闻命矣。若不废君命，则固有著矣。"昭子朝，而命吏曰："婼将与季氏讼，书辞无颇。"季孙惧，而归罪 | |

577

	于叔仲子。故叔仲小、南蒯、公子憖谋季氏。憖告公,而遂从公如晋。南蒯惧不克,以费叛,如齐。子仲还,及卫,闻乱,逃介而先。及郊,闻费叛,遂奔齐。 　　南蒯之将叛也,其乡人或知之,过之而叹,且言曰:"恤恤乎,湫乎攸乎!深思而浅谋,迩身而远志,家臣而君图,有人矣哉!"南蒯枚筮之,遇《坤》䷁之《比》䷇,曰:"黄裳元吉。"以为大吉也。示子服惠伯,曰:"即欲有事,何如?"惠伯曰:"吾尝学此矣。忠信之事则可,不然,必败。外强内温,忠也。和以率贞,信也。故曰:'黄裳元吉。'黄,中之色也。裳,下之饰也。元,善之长也。中不忠,不得其色。下不共,不得其饰。事不善,不得其极。外内倡和为忠,率事以信为共,供养三德为善。非此三者,弗当。且夫《易》不可以占险,将何事也?且可饰乎?中美能黄,上美为元,下美则裳,参成可筮,犹有阙也。筮虽吉,未也。"将适费,饮乡人酒。乡人或歌之曰:"我有圃,生之杞乎!从我者子乎!去我者鄙乎!倍其邻者耻乎!已乎已乎,非吾党之士乎!"平子欲使昭子逐叔仲小。小闻之,不敢朝。昭子命吏谓小待政于朝,曰:"吾不为怨府。"	无伯也夫!《诗》曰:'宗周既灭,靡所止戾。正大夫离居,莫知我肄。'其是之谓乎?" 　·昭十七年,春,小邾穆公来朝。昭子曰:"不有以国,其能久乎?"夏,六月甲戌朔,日有食之。昭子曰:"日有食之,天子不举,伐鼓于社。诸侯用币于社,伐鼓于朝。礼也。" 　·昭二十一年,昭子叹曰:"蔡其亡乎!……《诗》曰:'不解于位,民之攸墍。'今蔡侯始即位而适卑,身将从之。" 　·昭二十五年,昭子告其人曰:"右师其亡乎?君子贵其身而后能及人,是以有礼。今夫子卑其大夫而贱其宗,是贱其身也,能有礼乎?无礼必亡!"
昭十六 齐侯伐徐。	昭十六 　齐侯伐徐。二月丙申,齐师至于蒲隧,徐人行成。徐子及郯人、莒人会齐侯,盟于蒲隧,赂以甲父之鼎。叔孙昭子曰:"诸侯之无伯,害哉!齐君之无道也,兴师而伐远方,会之有成而还,莫之亢也。无伯也夫!《诗》曰:'宗周既灭,靡所止戾。正大夫离居,莫知我肄。'其是之谓乎?"	

昭十七	昭十七
春，小邾子来朝。 夏，六月甲戌朔，日有食之。 秋，郯子来朝。	春，小邾穆公来朝。公与之燕。季平子赋《采叔》，穆公赋《菁菁者莪》。昭子曰："不有以国，其能久乎？" 夏，六月甲戌朔，日有食之。祝史请所用币。昭子曰："日有食之，天子不举，伐鼓于社。诸侯用币于社，伐鼓于朝。礼也。"平子御之，曰："止也，唯正月朔，慝未作，日有食之，于是乎有伐鼓用币，礼也。其余则否。"大史曰："在此月也。日过分而未至，三辰有灾，于是乎百官降物。君不举，辟移时，乐奏鼓，祝用币，史用辞。故《夏书》曰：'辰不集于房，瞽奏鼓，啬夫驰，庶人走。'此月朔之谓也。当夏四月，是谓孟夏。"平子弗从。昭子退，曰："夫子将有异志，不君君矣。" 秋，郯子来朝，公与之宴。昭子问焉，曰："少皞氏鸟名官，何故也？"郯子曰："吾祖也。我知之，昔者黄帝氏以云纪，故为云师而云名；炎帝氏以火纪，故为火师而火名；共工氏以水纪，故为水师而水名，大皞氏以龙纪，故为龙师而龙名。我高祖少皞，挚之立也，凤鸟适至，故纪于鸟，为鸟师而鸟名。凤鸟氏，历正也，玄鸟氏，司分者也；伯赵氏，司至者也；青鸟氏，司启者也；丹鸟氏，司闭者也；祝鸠氏，司徒也；鴡鸠氏，司马也；鸤鸠氏，司空也；爽鸠氏，司寇也；鹘鸠氏，司事也。五鸠，鸠民者也；五雉，为五工正，利器用，正度量，夷民者也；九扈，为九农正，扈民无淫者也。自颛顼以来，不能纪远，乃纪于近。为民师而命以民事，则不能故也。"仲尼闻之，见于郯子而学之，既而告人曰："吾闻之：'天子失官，学在四夷。'犹信！"

昭十九	昭十九 春，楚工尹赤迁阴于下阴，令尹子瑕城郏。叔孙昭子曰："楚不在诸侯矣！其仅自完也，以持其世而已。"	
昭二十	昭二十 春，王二月己丑，日南至。梓慎望氛，曰："今兹宋有乱，国几亡，三年而后弭。蔡有大丧。"叔孙昭子曰："然则戴桓也，汰侈无礼已甚，乱所在也。"	
昭二十一 王三月，葬蔡平公。 夏，晋侯使士鞅来聘。 秋，七月壬午朔，日有食之。 八月乙亥，叔辄卒。	昭二十一 三月，葬蔡平公。蔡大子朱失位，位在卑。大夫送葬者归，见昭子，昭子问蔡故，以告。昭子叹曰："蔡其亡乎！若不亡，是君也必不终。《诗》曰：'不解于位，民之攸墍。'今蔡侯始即位而适卑，身将从之。" 夏，晋士鞅来聘，叔孙为政。 秋，七月壬午朔，日有食之。于是叔辄哭日食，昭子曰："子叔将死，非所哭也。"八月，叔辄卒。	
昭二十三 春，王正月，叔孙婼如晋。 晋人执我行人叔孙婼。 冬，公如晋，至河有疾，乃复。	昭二十三 邾人城翼，还将自离姑。公孙鉏曰："鲁将御我。"欲自武城还，循山而南。徐鉏、丘弱、茅地曰："道下遇雨，将不出，是不归也。"遂自离姑。武城人塞其前，断其后之木而弗殊，邾师过之，乃推而蹷之。遂取邾师，获鉏、弱、地。 邾人诉于晋，晋人来讨。叔孙婼如晋，晋人执之。书曰"晋人执我行人叔孙婼"，言使人也。晋人使与邾大夫坐，叔孙曰："列国之卿，当小国之君，固周制也。邾又夷也。寡君之命介子服回在，请使当之。不敢废周制故也。"乃不果坐。韩宣子使邾人取其众，将以叔孙与之。叔孙闻之，去众与兵而朝。士弥牟谓韩宣子曰："子弗良图，而以叔孙与其仇，叔孙必死之！鲁亡叔孙，必亡邾。	

	邾君亡国,将焉归?子虽悔之,何及?所谓盟主,讨违命也。若皆相执,焉用盟主?"乃弗与,使各居一馆。士伯听其辞而诉诸宣子,乃皆执之。士伯御叔孙,从者四人,过邾馆以如吏。先归邾子。士伯曰:"以刍荛之难,从者之病,将馆子于都。"叔孙旦而立,期焉。乃馆诸箕,舍子服昭伯于他邑。范献子求货于叔孙,使请冠焉。取其冠法,而与之两冠,曰:"尽矣。"为叔孙故,申丰以货如晋。叔孙曰:"见我,吾告女所行货。"见而不出,吏人之与叔孙居于箕者,请其吠狗,弗与。及将归,杀而与之食之。叔孙所馆者,虽一日,必葺其墙屋,去之如始至。 公为叔孙故如晋,及河,有疾而复。
昭二十四	**昭二十四**
婼至自晋。 夏,五月乙未朔,日有食之。	晋士弥牟逆叔孙于箕。叔孙使梁其胫待于门内,曰:"余左顾而欷,乃杀之。右顾而笑,乃止。"叔孙见士伯,士伯曰:"寡君以为盟主之故,是以久子。不腆敝邑之礼,将致诸从者,使弥牟逆吾子。"叔孙受礼而归。二月,婼至自晋,尊晋也。 夏,五月乙未朔,日有食之。梓慎曰:"将水。"昭子曰:"旱也,日过分而阳犹不克,克必甚,能无旱乎?阳不克莫,将积聚也。"
昭二十五	**昭二十五**
春,叔孙婼如宋。 九月己亥,公孙于齐,次于阳州。 冬,十月戊辰,叔孙婼卒。	叔孙婼聘于宋。桐门右师见之,语卑宋大夫而贱司城氏。昭子告其人曰:"右师其亡乎?君子贵其身而后能及人,是以有礼。今夫子卑其大夫而贱其宗,是贱其身也,能有礼乎?无礼必亡!"宋公享昭子,赋《新宫》,昭子赋《车辖》。明日宴,饮酒乐,宋公使昭子右坐,语相泣也。乐祁佐,退而告人曰:"今兹君与叔孙其

	皆死乎？吾闻之：哀乐而乐哀，皆丧心也。心之精爽，是谓魂魄，魂魄去之，何以能久？"	
	公若献弓于公为，且与之出射于外，而谋去季氏。公为告公果、公贲。公果、公贲使侍人僚柤告公。叔孙昭子如阚，公居于长府。九月戊戌，伐季氏，杀公之于门，遂入之。叔孙氏之司马鬷戾言于其众曰："若之何？"莫对。又曰："我，家臣也，不敢知国。凡有季氏与无，于我孰利？"皆曰："无季氏，是无叔孙氏也。"鬷戾曰："然则救诸！"帅徒以往，陷西北隅以入。公徒释甲，执冰而踞，遂逐之。孟氏使登西北隅，以望季氏。见叔孙氏之旌，以告。孟氏执郈昭伯，杀之于南门之西，遂伐公徒。子家子曰："诸臣伪劫君者，而负罪以出，君止。意如之事君也，不敢不改。"公曰："余不忍也。"与臧孙如墓谋，遂行。己亥，公孙于齐，次于阳州。	
	昭子自阚归，见平子。平子稽颡，曰："子若我何？"昭子曰："人谁不死？子以逐君成名，子孙不忘，不亦伤乎？将若子何？"平子曰："苟使意如得改事君，所谓生死而肉骨也。"昭子从公于齐，与公言。子家子命适公馆者执之。公与昭子言于幄内，曰："将安众而纳公。"公徒将杀昭子，伏诸道。左师展告公，公使昭子自铸归。平子有异志。冬，十月辛酉，昭子齐于其寝，使祝宗祈死。戊辰，卒。左师展将以公乘马而归，公徒执之。	
昭二十六	昭二十六	
	叔孙昭子求纳其君，无疾而死。	

楚平王附费无极（前538—前515）

昭四	**昭四**
	楚子欲迁许于赖，使鬬韦龟与公子弃疾城之而还。申无宇曰："楚祸之首，将在此矣。召诸侯而来，伐国而克，城竟莫校，王心不违，民其居乎？民之不处，其谁堪之？不堪王命，乃祸乱也。"
昭六	**昭六**
	楚公子弃疾如晋，报韩子也。过郑，郑罕虎、公孙侨、游吉从郑伯以劳诸桢，辞不敢见。固请，见之。见如见王，以其乘马八匹私面。见子皮如上卿，以马六匹。见子产，以马四匹。见子大叔，以马二匹。禁刍牧采樵，不入田，不樵树，不采蓺，不抽屋，不强丐。誓曰："有犯命者，君子废，小人降。"舍不为暴，主不慁宾，往来如是。郑三卿皆知其将为王也。
	韩宣子之适楚也，楚人弗逆。公子弃疾及晋竟，晋侯亦将弗逆。叔向曰："楚辟我衷，若何效辟？《诗》曰：'尔之教矣，民胥效矣。'从我而已，焉用效人之辟？《书》曰：'圣作则。'无宁以善人为则，而则人之辟乎？匹夫为善，民犹则之，况国君乎？"晋侯说，乃逆之。
昭八	**昭八**
冬，十月壬午，楚师灭陈。执陈公子招，放之于越。杀陈孔奂。葬陈哀公。	九月，楚公子弃疾师师奉孙吴围陈。宋戴恶会之。冬，十一月壬午，灭陈。舆嬖袁克杀马毁玉以葬。楚人将杀之，请置之。既又请私，私于幄，加绖于颡而逃。使穿封戌为陈公，曰："城麇之役不谄。"侍饮酒于王，王曰："城麇之役，女知寡人之及此，女其辟寡人乎？"对曰："若知君之及此，臣必致死礼以息楚。"

楚平王，名熊居，楚共王之三少子，传中又称楚子居、楚子、楚王、平王、弃疾、公子弃疾、蔡公等。昭四年首见，昭十一年为蔡公，昭十三年因楚灵王之难即位，昭二十六年卒，共在位十四年（楚平王世系参卷三"楚灵王"）。

弃疾为公子时，即在其兄楚灵王手下担任重职，手握重兵，城赖、灭陈、灭蔡，皆弃疾所为。这是他后来能在灵王之难中击败群公子、成为楚君的客观条件。对于弃疾最终成为楚王的原因，传中亦借他人之口来说明：一是昭十一年申无宇对楚灵王"末大必折，尾大不掉"之谏；二是昭十三年晋叔向与韩宣子评论楚国各支势力时说："有国者，其弃疾乎？君陈、蔡，城外属焉。苛慝不作，盗贼伏隐，私欲不违，民无怨心。先神命之，国民信之。芈姓有乱，必季实立，楚

昭九 许迁于夷。	昭九 二月，庚申，楚公子弃疾迁许于夷，实城父。取州来淮北之田以益之，伍举授许男田。然丹迁城父人于陈，以夷濮西田益之。迁方城外人于许。	之常也。获神，一也；有民，二也；令德，三也；宠贵，四也；居常，五也。有五利以去五难，谁能害之？"这里叔向对弃疾能成为楚君的客观原因进行了全面分析。
昭十一 楚子虔诱蔡侯般杀之于申。楚公子弃疾帅师围蔡。 冬，十有一月丁酉，楚师灭蔡，执蔡世子有以归，用之。	昭十一 楚子在申，召蔡灵侯。夏，四月丁巳，杀之，刑其士七十人。公子弃疾师师围蔡。 楚子城陈、蔡、不羹，使弃疾为蔡公。王问于申无宇曰："弃疾在蔡何如？"对曰："择子莫如父，择臣莫如君。郑庄公城栎而置子元焉，使昭公不立。齐桓公城穀而置管仲焉，至于今赖之。臣闻五大不在边，五细不在庭，亲不在外，羁不在内。今弃疾在外，郑丹在内，君其少戒。"王曰："国有大城，何如？"对曰："郑京、栎实杀曼伯，宋萧、亳实杀子游，齐渠丘实杀无知，卫蒲、戚，实出献公。若由是观之，则害于国。末大必折，尾大不掉，君所知也。"	楚平王刚即位时颇有雄心壮志，复封陈、蔡，又欲抚民人，事鬼神，修守备，定国家，而后用民力（昭十三），故用然丹以简上国之兵（昭十四）。但紧接着就开始出现一系列问题，杀子旗，用子瑕，城郏，城州来，皆极无远见之举；信费无极，废太子，杀伍氏，给楚国留下严重外患，最终导致吴入郢；出蔡侯朱而立东国，用蘧越，以不义之师谋宋。昭二十三年吴人伐州来，楚人帅七国之师大败于吴，可见楚之将帅何等无用。这些充分表明楚平王用人不当的问题。"顿与许、蔡疾楚政。楚令尹死，帅贱多宠，政令不一，七国同役而不同心"，昭二十三年吴公子光之言充
昭十三 夏，四月，楚公子比自晋归于楚，弑其君虔于乾谿。楚公子弃疾杀公子比。蔡侯庐归于蔡。陈侯吴归于陈。 冬，十月，葬蔡灵公。吴灭州来。	昭十三 楚子之为令尹也，杀大司马蒍掩，而取其室。及即位，夺蒍居田，迁许而质许围。蔡洧有宠于王，王之灭蔡也，其父死焉，王使与于守而行。申之会，越大夫戮焉。王夺鬬韦龟中犫，又夺成然邑，而使为郊尹。蔓成然故事蔡公。故蒍氏之族及蒍居、许围、蔡洧、蔓成然，皆王所不礼也，因群丧职之族，启越大夫常寿过作乱。围固城，克息舟，城而居之。 观起之死也，其子从在蔡，事朝吴，曰："今不封蔡，蔡不封矣。我请试之。"以蔡公之命召子干、子晳，及郊而告之情，强与之盟，入袭蔡。蔡公将食，见之而逃。观从使子干食，	

584

坎，用牲，加书，而速行。己徇于蔡曰："蔡公召二子，将纳之，与之盟而遣之矣，将师而从之。"蔡人聚，将执之。辞曰："失贼成军，而杀余，何益？"乃释之。朝吴曰："二三子若能死亡，则如违之，以待所济。若求安定，则如与之，以济所欲。且违上，何适而可？"众曰："与之。"乃奉蔡公，召二子而盟于邓，依陈、蔡人以国。楚公子比、公子黑肱、公子弃疾、蔓成然、蔡朝吴帅陈、蔡、不羹、许、叶之师，因四族之徒，以入楚。及郊，陈、蔡欲为名，故请为武军。蔡公知之，曰："欲速，且役病矣，请藩而已。"乃藩为军。蔡公使须务牟与史猈先入，因正仆人杀大子禄及公子罢敌。公子比为王，公子黑肱为令尹，次于鱼陂。公子弃疾为司马，先除王宫，使观从从师于乾谿，而遂告之，且曰："先归复所，后者劓。"师及訾梁而溃。

王闻群公子之死也，自投于车下，曰："人之爱其子也，亦如余乎？"侍者曰："甚焉。小人老而无子，知挤于沟壑矣。"王曰："余杀人子多矣，能无及此乎？"右尹子革曰："请待于郊，以听国人。"王曰："众怒不可犯也。"曰："若入于大都，而乞师于诸侯。"王曰："皆叛矣。"曰："若亡于诸侯，以听大国之图君也。"王曰："大福不再，祇取辱焉。"然丹乃归于楚。王沿夏，将欲入鄢。芋尹无宇之子申亥曰："吾父再奸王命，王弗诛，惠孰大焉？君不可忍，惠不可弃，吾其从王。"乃求王，遇诸棘闱以归。夏，五月癸亥，王缢于芋尹申亥氏。

观从谓子干曰："不杀弃疾，虽得国，犹受祸也。"子干曰："余不忍也。"子玉曰："人将忍子，吾不忍俟

分显示出楚平王在内政外交上失败之处。

楚子瑕于平王二年为楚令尹，昭二十三年死，囊瓦代之。瓦即令尹子常，楚败于吴及亡郢之耻，莫不囊瓦所为。可见楚平王所用两位令尹子瑕、囊瓦都是无用之辈。楚平王昭二十六年卒后，楚国的颓势力一发而不可收，直到十年后即定四年吴师入郢，楚遭亡国之祸，成为春秋以来楚国在中原逐鹿的过程中从未有过的最大耻辱。这虽然不是发生平王在位期间的事情，但与平王在位十余年间没有励精图治、整顿朝纲有极大的关系。

《左传》对于楚平王用人不当、对于楚国的内政外交缺乏深谋远虑，给楚国的王图霸业带来巨大不利，以及特别是招致吴入郢的事实，多次借他人以言之：昭十九年，楚工尹赤迁阴于下阴，令尹子瑕城郏。叔孙昭子曰："楚不在诸侯矣！其

也。"乃行。国每夜骇曰："王入矣。"乙卯夜，弃疾使周走而呼曰："王至矣。"国人大惊。使蔓成然走告子干、子晳曰："王至矣，国人杀君司马，将来矣。君若早自图也，可以无辱。众怒如水火焉，不可为谋。"又有呼而走至者曰："众至矣。"二子皆自杀。丙辰，弃疾即位，名曰熊居。葬子干于訾，实訾敖。杀囚，衣之王服，而流诸汉，乃取而葬之，以靖国人。使子旗为令尹。

楚师还自徐。吴人败诸豫章，获其五帅。

平王封陈、蔡，复迁邑，致群赂，施舍宽民，宥罪举职。召观从，王曰："唯尔所欲。"对曰："臣之先佐开卜。"乃使为卜尹。使枝如子躬聘于郑，且致犫、栎之田。事毕，弗致。郑人请曰："闻诸道路，将命寡君以犫、栎，敢请命。"对曰："臣未闻命。"既复，王问犫、栎，降服而对曰："臣过失命，未之致也。"王执其手，曰："子毋勤。姑归，不穀有事，其告子也。"

他年，芊尹申亥以王柩告，乃改葬之。

初，灵王卜，曰："余尚得天下。"不吉。投龟，诟天而呼曰："是区区者而不余畀，余必自取之。"民患王之无厌也，故从乱如归。

初，共王无冢適，有宠子五人，无適立焉。乃大有事于群望，而祈曰："请神择于五人者，使主社稷。"乃遍以璧见于群望曰："当璧而拜者，神所立也。谁敢违之？"既乃与巴姬密埋璧于大室之庭，使五人齐，而长入拜。康王跨之；灵王肘加焉；子干、子晳皆远之；平王弱，抱而入，再拜皆压纽。鬭韦龟属成然焉，且曰："弃礼违命，楚其危哉！"

仅自完也，以持其世而已。"昭二十四年，楚子为舟师以略吴疆，沈尹戌曰："此行也，楚必亡邑。不抚民而劳之，吴不动而速之，吴踵楚，而疆场无备，邑能无亡乎？"同年，吴人踵楚，而边人不备，遂灭巢及钟离而还。沈尹戌曰："亡郢之始，于此在矣。王一动而亡二姓之帅，几如是而不及郢？《诗》曰：'谁生厉阶？至今为梗。'其王之谓乎？"昭二十五年，楚子使薳射城州屈，复茄人焉；城丘皇，迁訾人焉。使熊相禖郭巢，季然郭卷。子大叔闻之曰："楚王将死矣！使民不安其土，民必忧，忧将及王，弗能久矣。"

昭十四年楚平王即位第二年就杀令尹子旗，所谓"不知度"的说法不能构杀死子旗的真正理由，这是左氏惯用笔法，实欲告诫世人为人处世之道。

费无极，楚大夫，又称费氏、无极，《史记·楚世家》

子干归，韩宣子问于叔向曰："子干其济乎？"对曰："难。"宣子曰："同恶相求，如市贾焉，何难？"对曰："无与同好，谁与同恶？取国有五难：有宠而无人，一也；有人而无主，二也；有主而无谋，三也；有谋而无民，四也；有民而无德，五也。子干在晋十三年矣，晋、楚之从，不闻达者，可谓无人。族尽亲叛，可谓无主。无衅而动，可谓无谋。为羁终世，可谓无民。亡无爱征，可谓无德。王虐而不忌，楚君子干，涉五难以弑旧君，谁能济之？有楚国者，其弃疾乎？君陈、蔡，城外属焉。苟慝不作，盗贼伏隐，私欲不违，民无怨心。先神命之，国民信之。芈姓有乱，必季实立，楚之常也。获神，一也；有民，二也；令德，三也；宠贵，四也；居常，五也。有五利以去五难，谁能害之？子干之官，则右尹也。数其贵宠，则庶子也。以神所命，则又远之。其贵亡矣，其宠弃矣，民无怀焉，国无与焉，将何以立？"宣子曰："齐桓、晋文，不亦是乎？"对曰："齐桓，卫姬之子也，有宠于僖，有鲍叔牙、宾须无、隰朋以为辅佐，有莒、卫以为外主，有国、高以为内主，从善如流，下善齐肃，不藏贿，不从欲，施舍不倦，求善不厌，是以有国，不亦宜乎？我先君文公，狐季姬之子也，有宠于献。好学而不贰，生十七年，有士五人。有先大夫子余、子犯以为腹心，有魏犨、贾佗以为股肱，有齐、宋、秦、楚以为外主，有栾、郤、狐、先以为内主。亡十九年，守志弥笃。惠、怀弃民，民从而与之。献无异亲，民无异望，天方相晋，将何代文？此二君者，异于子干。共有宠子，国有奥主；无施于民，无援于外，去晋而不送，归楚而不逆，何以冀国？"	《史记·伍子胥传》及《淮南子·人间训》俱作费无忌。世系不详。昭十五年传载费无极为太子建少师（《史记·楚世家》称少傅），后离开太子，事平王（据《史记·伍子胥传》）；昭二十七年（楚昭王元年）为令尹子常所杀。 《左传》载费无极之事，主要有五：1.谮害朝吴，致其奔郑（昭十五）。朝吴为故蔡太子声子之子（杜注），昭十三年参与剿灭灵王，助平王即位。2.谮害太子建（昭十九、二十）。费无极为太子少师无宠，故先劝平王夺其妻，后诬太子建欲外结齐晋，内兴甲兵，终致建出逃。3.害死伍奢及其子伍尚，伍奢之子伍员（子胥）奔吴，助吴王阖庐伐楚，为楚大患（昭十九、二十）。4.出蔡平侯朱。取略于隐太子之子、蔡平侯之弟东国，鼓动蔡人驱逐平侯，而立悼侯（东国）。（蔡侯世系：蔡灵侯般→隐太子有［友］→蔡平侯庐、蔡悼

	楚之灭蔡也，灵王迁许、胡、沈、道、房、申于荆焉。平王即位，既封陈、蔡，而皆复之，礼也。隐大子之子庐归于蔡，礼也。悼大子之子吴归于陈，礼也。冬，十月，葬蔡灵公，礼也。 吴灭州来。令尹子旗请伐吴，王弗许，曰："吾未抚民人，未事鬼神，未修守备，未定国家，而用民力，败不可悔。州来在吴，犹在楚也。子姑待之！"	侯东国）5.害死郤宛。郤宛为楚大夫，人品端正，颇得人缘，故郤氏之难使令尹子常大受诟病（昭二二七），终于子常杀无极以平众愤。 昭二十七年，沈尹戍说：
昭十四	昭十四 夏，楚子使然丹简上国之兵于宗丘，且抚其民。分贫振穷，长孤幼，养老疾，收介特，救灾患，宥孤寡，赦罪戾，诘奸慝，举淹滞，礼新叙旧，禄勋合亲，任良物官。使屈罢简东国之兵于召陵，亦如之。好于边疆，息民五年，而后用师，礼也。 楚令尹子旗有德于王，不知度，与养氏比而求无厌。王患之。九月甲午，楚子杀鬭成然，而灭养氏之族。使鬭辛居郧，以无忘旧勋。	夫无极，楚之谗人也，民莫不知。去朝吴，出蔡侯朱，丧大子建，杀连尹奢，屏王之耳目使不聪明。不然，平王之温惠共俭，有过成、庄，无不及焉。所以不获诸侯，迩无及也。 这段话列举了他一生所做的主要事情（唯独未举郤宛，因针对郤氏之难而发），其中"楚之谗人"算对他的主要评价。费无极之事，亦载于《史记·楚世家》及《史记·伍子胥传》，又见于《淮南子·人间训》。这三处所载，与《左传》在讲费氏之事几无出入。 费无极之谗一方面印证楚平王、令尹子常为政昏庸，为后来定四年吴入郢作传，标志着楚
昭十五 夏，蔡朝吴出奔郑。	昭十五 楚费无极害朝吴之在蔡也，欲去之，乃谓之曰："王唯信子，故处子于蔡。子亦长矣，而在下位，辱。必求之，吾助子请。"又谓其上之人曰："王唯信吴，故处诸蔡。二三子莫之如也，而在其上，不亦难乎！弗图，必及于难。"夏，蔡人逐朝吴，朝吴出奔郑。王怒曰："余唯信吴，故置诸蔡。且微吴，吾不及此。女何故去之？"无极对曰："臣岂不欲吴？然而前知其为人之异也。吴在蔡，蔡必速飞。去吴，所以剪其翼也。"	
昭十六 楚子诱戎蛮子杀之。	昭十六 楚子闻蛮氏之乱也，与蛮子之无质也，使然丹诱戎蛮子嘉杀之，遂取蛮氏。既而复立其子焉，礼也。	

昭十八	昭十八	国霸业在灵王之后一蹶不振；另一方面，费氏终于因逸而灭，也说明了"聪明反被聪明误"的为人道理。无极性格有三个特点：一是工于心计，善拨是非；二是心胸狭窄，容易记仇；三是见利忘义，人品极差。
冬，许迁于白羽。	楚左尹王子胜言于楚子曰："许于郑，仇敌也，而居楚地，以不礼于郑，晋郑方睦，郑若伐许而晋助之，楚丧地矣，君盍迁许，许不专于楚。郑方有令政，许曰：余旧国也。郑曰：余俘邑也。叶在楚国，方城外之蔽也。土不可易，国不可小，许不可俘，仇不可启。君其图之！"楚子说。冬，楚子使王子胜迁许于析，实白羽。	
昭十九	昭十九	
	春，楚工尹赤迁阴于下阴，令尹子瑕城郏。叔孙昭子曰："楚不在诸侯矣！其仅自完也，以持其世而已。"

楚子之在蔡也，郹阳封人之女奔之，生大子建。及即位，使伍奢为之师。费无极为少师，无宠焉，欲谮诸王，曰："建可室矣。"王为之聘于秦。无极与逆，劝王取之。正月，楚夫人嬴氏至自秦。

楚子为舟师以伐濮。费无极言于楚子曰："晋之伯也，迩于诸夏，而楚辟陋，故弗能与争。若大城城父，而置大子焉，以通北方，王收南方，是得天下也。"王说，从之。故太子建居于城父。令尹子瑕聘于秦，拜夫人也。

楚人城州来。沈尹戌曰："楚人必败。昔吴灭州来，子旗请伐之，王曰：'吾未抚吾民。'今亦如之，而城州来以挑吴，能无败乎？"侍者曰："王施舍不倦，息民五年，可谓抚之矣。"戌曰："吾闻抚民者，节用于内，而树德于外。民乐其性，而无寇仇。今宫室无量，民人日骇，劳罢死转，忘寝与食，非抚之也。"

令尹子瑕言蹶由于楚子曰："彼何罪？谚所谓'室于怒，市于色'者，楚之谓矣。舍前之忿，可也。"乃归蹶由。 | |

昭二十	昭二十	
	费无极言于楚子曰："建与伍奢，将以方城之外叛，自以为犹宋、郑也，齐、晋又交辅之，将以害楚。其事集矣。"王信之，问伍奢。伍奢对曰："君一过多矣，何信于谗？"王执伍奢，使城父司马奋扬杀大子。未至，而使遣之。三月，大子建奔宋。王召奋扬，奋扬使城父人执己以至。王曰："言出于余口，入于尔耳，谁告建也？"对曰："臣告之。君王命臣曰：'事建如事余。'臣不佞，不能苟贰。奉初以还，不忍后命，故遣之。既而悔之，亦无及已。"王曰："而敢来，何也？"对曰："使而失命，召而不来，是再奸也，逃无所入。"王曰："归，从政如他日。"无极曰："奢之子材，若在吴，必忧楚国。盍以免其父召之。彼仁，必来。不然，将为患。"王使召之，曰："来，吾免而父。"棠君尚谓其弟员曰："尔适吴，我将归死。吾知不逮，我能死，尔能报。闻免父之命，不可以莫之奔也。亲戚为戮，不可以莫之报也。奔死免父，孝也。度功而行，仁也。择任而往，知也。知死不辟，勇也。父不可弃，名不可废，尔其勉之！相从为愈。"伍尚归。奢闻员不来，曰："楚君、大夫其旰食乎！"楚人皆杀之。员如吴，言伐楚之利于州于。公子光曰："是宗为戮，而欲反其雠，不可从也。"员曰："彼将有他志，余姑为之求士，而鄙以待之。"乃见鱄设诸焉，而耕于鄙。	
昭二十一 王三月，葬蔡平公。 冬，蔡侯朱出奔楚。	昭二十一 三月，葬蔡平公。蔡大子朱失位，位在卑。大夫送葬者归，见昭子，昭子问蔡故，以告。昭子叹曰："蔡其亡乎！若不亡，是君也必不终。《诗》曰：'不解于位，民之攸塈。'今	

	蔡侯始即位而适卑，身将从之。" 楚薳越帅师将逆华氏，大宰犯谏曰："诸侯唯宋事其君，今又争国，释君而臣是助，无乃不可乎？"王曰："而告我也后，既许之矣。" 蔡侯朱出奔楚。费无极取货于东国，而谓蔡人曰："朱不用命于楚，君王将立东国。若不先从王欲，楚必围蔡。"蔡人惧，出朱而立东国。朱诉于楚。楚子将讨蔡，无极曰："平侯与楚有盟，故封。其子有二心，故废之。灵王杀隐大子，其子与君同恶，德君必甚，又使立之，不亦可乎？且废置在君，蔡无他矣。"
昭二十二 宋华亥、向宁、华定自宋南里出奔楚。	昭二十二 楚薳越使告于宋曰："寡君闻君有不令之臣为君忧，无宁以为宗羞，寡君请受而戮之。"对曰："孤不佞，不能媚于父兄，以为君忧，拜命之辱。抑君臣日战，君曰：'余必臣是助。'亦唯命。人有言曰：'唯乱门之无过。'君若惠保敝邑，无亢不衷，以奖乱人，孤之望也。唯君图之！"楚人患之。诸侯之戍谋曰："若华氏知困而致死，楚耻无功而疾战，非吾利也。不如出之，以为楚功，其亦能无为也已。救宋而除其害，又何求？"乃固请出之，宋人从之。己巳，宋华亥、向宁、华定、华貙、华登、皇奄伤、省臧、士平出奔楚。宋公使公孙忌为大司马，边卬为大司徒，乐祁为司马，仲几为左师，乐大心为右师，乐挽为大司寇，以靖国人。
昭二十三 夏，六月，蔡侯东国卒于楚。 戊辰，吴败顿、胡、沈、蔡、陈、	昭二十三 吴人伐州来。楚薳越帅师及诸侯之师奔命救州来。吴人御诸锺离。子瑕卒，楚师熸。吴公子光曰："诸侯从于楚者众，而皆小国也，畏楚而不获已，是以来。吾闻之曰：'作事威克其爱，虽小必济。'胡沈之君幼

许之师于鸡父。胡子髡、沈子逞灭，获陈夏啮。	而狂，陈大夫啮壮而顽，顿与许、蔡疾楚政。楚令尹死，其师燸。帅贱多宠，政令不壹。七国同役而不同心，帅贱而不能整，无大威命，楚可败也。若分师先以犯胡、沈与陈，必先奔。三国败，诸侯之师乃摇心矣。诸侯乖乱，楚必大奔。请先者去备薄威，后者敦陈整旅。"吴子从之。戊辰晦，战于鸡父。吴子以罪人三千先犯胡、沈与陈，三国争之。吴为三军以系于后，中军从王，光帅右，掩馀帅左。吴之罪人，或奔或止，三国乱。吴师击之，三国败，获胡、沈之君及陈大夫。舍胡、沈之囚，使奔许与蔡、顿，曰："吾君死矣。"师噪而从之，三国奔，楚师大奔。书曰："胡子髡、沈子逞灭，获陈夏啮。"君臣之乱也。不言战，楚未陈也。 　　楚大子建之母在郹，召吴人而启之。冬，十月甲申，吴大子诸樊入郹，取楚夫人与其宝器以归。楚司马薳越追之，不及。将死，众曰："请遂伐吴以徼之。"薳越曰："再败君师，死且有罪。亡君夫人，不可以莫之死也。"乃缢于薳澨。
昭二十四	**昭二十四**
冬，吴灭巢。	楚子为舟师以略吴疆，沈尹戌曰："此行也，楚必亡邑。不抚民而劳之，吴不动而速之，吴踵楚，而疆场无备，邑能无亡乎？"越大夫胥犴劳王于豫章之汭，越公子仓归王乘舟。仓及寿梦帅师从王。王及圉阳而还。吴人踵楚，而边人不备，遂灭巢及锺离而还。沈尹戌曰："亡郢之始，于此在矣。王壹动而亡二姓之帅，几如是而不及郢？《诗》曰：'谁生厉阶？至今为梗。'其王之谓乎？"
昭二十五	**昭二十五**
	楚子使薳射城州屈，复茄人焉；城丘皇，迁訾人焉。使熊相禖郭巢，

	季然郭卷。子大叔闻之曰："楚王将死矣！使民不安其土，民必忧，忧将及王，弗能久矣。"	
昭二十六 九月庚申，楚子居卒。	**昭二十六** 九月，楚平王卒。	
昭二十七	**昭二十七** 楚郤宛之难，国言未已，进胙者莫不谤令尹。沈尹戌言于子常曰："夫左尹与中厩尹，莫知其罪，而子杀之，以兴谤讟，至于令不已。戌也惑之：仁者杀人以掩谤，犹弗为也；今吾子杀人以兴谤，而弗图，不亦异乎？夫无极，楚之谗人也，民莫不知。去朝吴，出蔡侯朱，丧太子建，杀连尹奢，屏王之耳目使不聪明。不然，平王之温惠共俭，有过成、庄，无不及焉。所以不获诸侯，迩无及也。今又杀三不辜，以兴大谤，几及子矣。子而不图，将焉用之？夫鄢将师矫子之命，以灭三族，国之良也，而不愆位。吴新有君，疆场日骇。楚国若有大事，子其危哉！知者除谗以自安也，今子爱谗以自危也，甚矣其惑也！"子常曰："是瓦之罪，敢不良图！"九月己未，子常杀费无极与鄢将师，尽灭其族，以说于国，谤言乃止。	
定四 庚辰，吴入郢。	**定四** 楚子涉雎，济江，入于云中。王寝，盗攻之，以戈击王，王孙由于以背受之，中肩。王奔郧，钟建负季芈以从。由于徐苏而从。郧公辛之弟怀将弑王，曰："平王杀吾父，我杀其子，不亦可乎？"辛曰："君讨臣，谁敢仇之？君命天也，若死天命，将谁仇？《诗》曰：'柔亦不茹，刚亦不吐。不侮矜寡，不畏强御。'唯仁者能之。违强陵弱，非勇也；乘人之约，非仁也；灭宗废祀，非孝也；动无令名，非知也。必犯是，余将杀女！"鬭辛与其弟巢以王奔随。	定四年杜注："辛，蔓成然之子鬭辛也。"昭十四年："楚子杀鬭成然，而灭养氏之族。使鬭辛居郧，以无忘旧勋。"

齐晏婴附晏桓子（前595—前516）

宣十四	宣十四	晏氏，姜姓，出齐庄公（春秋前卒，非襄十九至二十五在位之庄公），齐公族。《左传》中所记录的晏氏之事主要是春秋晚期的晏平仲，此外早期亦有晏子之父晏桓子的若干事迹（宣十四至襄十七）。晏氏世系如下：
冬，公孙归父会齐侯于穀。	冬，公孙归父会齐侯于穀，见晏桓子，与之言鲁乐。桓子告高宣子曰："子家其亡乎？怀于鲁矣。怀必贪，贪必谋人。谋人，人亦谋己。一国谋之，何以不亡？"	
宣十七	宣十七	
己未，公会晋侯、卫侯、曹伯、邾子，同盟于断道。	春，晋侯使郤克征会于齐。齐顷公帷妇人，使观之。郤子登，妇人笑于房。献子怒，出而誓曰："所不此报，无能涉河！"献子先归，使栾京庐待命于齐，曰："不得齐事，无复命矣。"郤子至，请伐齐，晋侯弗许。请以其私属，又弗许。 　　齐侯使高固、晏弱、蔡朝、南郭偃会。及敛盂，高固逃归。夏，会于断道，讨贰也。盟于卷楚，辞齐人。晋人执晏弱于野王，执蔡朝于原，执南郭偃于温。苗贲皇使见晏桓子。归言于晋侯，曰："夫晏子何罪？昔者诸侯事吾先君，皆如不逮。举言君臣不信，诸侯皆有贰志。齐君恐不得礼，故不出，而使四子来。左右或沮之，曰：'君不出，必执吾使。'故高子及敛盂而逃。夫三子者曰：'若绝君好，宁归死焉。'为是犯难而来。吾若善逆彼，以怀来者；吾又执之，以信齐沮，吾不既过矣乎？过而不改，而又久之，以成其悔，何利之有焉？使反者得辞，而害来者，以惧诸侯，将焉用之？"晋人缓之，逸。

人物	简况
晏弱 桓子	宣十四年公孙归父见之，襄十七年卒
晏婴 平仲	襄十七年见，定十年卒
晏圉	哀六年见

（上表：另有晏父戎、晏氂襄二十三年见，系未详。）

　　1.晏桓子：又称晏子、晏弱等。晏桓子宣十七年为晋人所执，后放回；襄二至六年为齐侯城东阳、灭莱。从其宣十四年评子家之言及襄十二年论答对灵王之礼，可看出他见识水平不低。

　　2.晏平仲：又称晏子、晏婴、婴、平仲等。《左传》襄 |
襄二	襄二	
己丑，葬我小君齐姜。	齐侯使诸姜宗妇来送葬，召莱子。莱子不会，故晏弱城东阳以逼之。	
襄六	襄六	
十有二月，齐侯灭莱。	十一月，齐侯灭莱，莱恃谋也。于郑子国之来聘也，四月，晏弱城东	

		十七年以下所记晏氏之事以晏平仲（晏子）为核心。《左传》中的晏子就像是一面镜子，作者也许是想通过他这面镜子来说明自己对当时齐国内政外交的看法。《左传》写晏子集中于三个方面：一是晏子对于齐国内政、外交及齐君的评价；二是写晏子在齐国历次内乱中的态度，从襄二十五年崔氏弑君之乱，襄二十八年庆氏之乱，到昭十年栾、高之难，对晏子在内乱中之态度都有所描写，从中展示了晏子为人不同凡响的一面；三是描写晏子与齐景公的关系，写他如何利用可能的机会劝谏齐景公，这些劝谏或对话都极能反映晏子政治水准及思想境界。
	阳，而遂围莱。甲寅，堙之环城傅于堞。及杞桓公卒之月，乙未，王湫帅师及正舆子、棠人军齐师，齐师大败之。丁未，入莱，莱共公浮柔奔棠，正舆子、王湫奔莒，莒人杀之。四月，陈无宇献莱宗器于襄宫，晏弱围棠。十一月丙辰而灭之，迁莱于郳，高厚、崔杼定其田。	
襄十二	襄十二	
	灵王求后于齐，齐侯问对于晏桓子，桓子对曰："先王之礼辞有之，天子求后于诸侯，诸侯对曰：'夫妇所生若而人，妾妇之子若而人。'无女而有姊妹及姑姊妹，则曰：'先守某公之遗女若而人。'"齐侯许昏，王使阴里逆之。	
襄十七	襄十七	
	齐晏桓子卒。晏婴粗缞斩，苴绖带杖，菅屦，食鬻，居倚庐，寝苫枕草。其老曰："非大夫之礼也。"曰："唯卿为大夫。"	
襄十八	襄十八	
冬，十月，公会晋侯、宋公、卫侯、郑伯、曹伯、莒子、邾子、滕子、薛伯、杞伯、小邾子同围齐。	冬，十月，会于鲁济，寻溴梁之言，同伐齐。齐侯御诸平阴，堑防门，而守之广里。夙沙卫曰："不能战，莫如守险。"弗听。诸侯之士门焉，齐人多死。范宣子告析文子曰："吾知子，敢匿情乎？鲁人、莒人皆请以车千乘自其乡入，既许之矣。若入，君必失国。子盍图之？"子家以告公，公恐。晏婴闻之，曰："君固无勇，而又闻是，弗能久矣。"	关于《左传》中对晏婴的描写手法，以及《左传》中晏婴的为人与思想，半个多世纪以来中国学术界研究探讨多矣，此处不再赘述。但想指出，《左传》中有几位卿大夫是被作为人格完
襄二十二	襄二十二	
冬，公会晋侯、齐侯、宋公、卫侯、郑伯、曹伯、莒子、邾子、薛伯、杞伯、	秋，栾盈自楚适齐。晏平仲言于齐侯曰："商任之会，受命于晋。今纳栾氏，将安用之？小所以事大，信也。失信，不立。君其图之！"弗听。退告陈文子曰："君人执信，臣人执共。忠、信、笃、敬，上下同之，天	

595

小邾子于沙随。	之道也。君自弃也，弗能久矣。" 冬，会于沙随，复锢栾氏也。栾盈犹在齐。晏子曰："祸将作矣。齐将伐晋，不可以不惧。"	美的化身或楷模一类人物从各个不同角度来重点描写的，他们包括如范武子（士会）、范文子（士燮）、韩厥（献子）、叔孙豹（穆叔）、叔孙昭子、孟献子、臧文仲、臧孙纥、子产、叔向、季札、晏平仲等人。仔细研究《左传》对这些人物的刻画方式可以发现《左传》笔法的若干特点，我觉得这些特点包括记言多，往往通过其在重要事件上的态度、评价来反映其见识；从其处理大小事情上的细节来看其人品，对人品的刻画重于其他；往往穿插同时代其他重要人物对他们的评价，这些人物包括列国贤大夫、孔子甚至虚托的君子。 晏氏在齐非显族，未当过执政之卿，不能与国氏、高氏、鲍氏、崔氏、庆氏、栾氏、高氏在齐国的地位相比（齐有二高氏）。 晏平仲之外，晏氂、晏父戎皆晏氏之效力于齐国之人，其世系未详。 襄二十五年以
襄二十三 秋，齐侯伐卫，遂伐晋。	**襄二十三** 齐侯伐卫。先驱，縠荣御王孙挥，召扬为右。申驱、成秩御莒恒、申鲜虞之傅挚为右。曹开御戎，晏父戎为右。贰广，上之登御邢公，庐蒲癸为右。启，牢成御襄罢师，狼蘧疏为右。胠，商子车御侯朝，桓跳为右。大殿，商子游御夏之御寇，崔如为右。烛庸之越驷乘。自卫将遂伐晋。晏平仲曰："君恃勇力以伐盟主，若不济，国之福也。不德而有功，忧必及君。"崔杼谏曰："不可。臣闻之：'小国间大国之败而毁焉，必受其咎。'君其图之。"弗听。陈文子见崔武子，曰："将如君何？"武子曰："吾言于君，君弗听也。以为盟主，而利其难。群臣若急，君于何有？子姑止之。"文子退，告其人曰："崔子将死乎？谓君甚，而又过之，不得其死。过君以义，犹自抑也，况以恶乎？"齐侯遂伐晋，取朝歌。为二队，入孟门，登大行。张武军于荧庭，戍郫邵，封少水，以报平阴之役，乃还。赵胜帅东阳之师以追之，获晏氂。	
襄二十五 夏，五月乙亥，齐崔杼弑其君光。	**襄二十五** 齐棠公之妻，东郭偃之姊也。东郭偃臣崔武子。棠公死，偃御武子以吊焉。见棠姜而美之，使偃取之。偃曰："男女辨姓。今君出自丁，臣出自桓，不可。"武子筮之，遇《困》䷮之《大过》䷛，史皆曰："吉。"示陈文子，文子曰："夫从风，风陨，妻不可娶也。且其繇曰：'困于石，据于蒺藜，入于其宫，不见其妻，凶。'困于石，往不济也。据于蒺藜，所恃伤也。入于其宫，不见其妻，	

凶，无所归也。"崔子曰："嫠也，何害？先夫当之矣。"遂取之。庄公通焉，骤如崔氏。以崔子之冠赐人，侍者曰："不可。"公曰："不为崔子，其无冠乎？"崔子因是，又以其间伐晋也，曰："晋必将报。"欲弑公以说于晋，而不获间。公鞭侍人贾举，而又近之，乃为崔子间公。夏，五月，莒为且于之役故，莒子朝于齐。甲戌，飨诸北郭。崔子称疾不视事。乙亥，公问崔子，遂从姜氏。姜入于室，与崔子自侧户出。公拊楹而歌。侍人贾举止众从者而入，闭门。甲兴，公登台而请，弗许；请盟，弗许；请自刃于庙，弗许。皆曰："君之臣杼疾病，不能听命。近于公宫，陪臣干掫有淫者，不知二命。"公逾墙，又射之，中股，反队，遂弑之。贾举、州绰、邴师、公孙敖、封具、铎父、襄伊、偻堙皆死。祝佗父祭于高唐，至，复命，不说弁而死于崔氏。申蒯，侍渔者，退，谓其宰曰："尔以帑免，我将死。"其宰曰："免，是反子之义也。"与之皆死。崔氏杀鬷蔑于平阴。

晏子立于崔氏之门外。其人曰："死乎？"曰："独吾君也乎哉？吾死也。"曰："行乎？"曰："吾罪也乎哉？吾亡也。"曰："归乎？"曰："君死，安归？君民者，岂以陵民？社稷是主。臣君者，岂为其口实？社稷是养。故君为社稷死，则死之；为社稷亡，则亡之。若为己死而为己亡，非其私昵，谁敢任之？且人有君而弑之，吾焉得死之，而焉得亡之？将庸何归？"门启而入，枕尸股而哭。兴，三踊而出。人谓崔子："必杀之！"崔子曰："民之望也。舍之，得民。"卢蒲癸奔晋。王何奔莒。叔孙宣伯之在齐也，叔孙还纳其女于灵公，嬖，生景公。丁丑，崔杼立而相之，庆封为

崔氏之无道，尤谓晏子"民之望也"，且欲舍之以得民，可见当时晏子之名。

晏婴之名不见《春秋》经，晋叔向、郑子产也是如此。这至少说明《左传》到春秋末期传《春秋》的特征不甚明显。

按：陈氏篡齐之事，《左传》屡次借晏子之口道之：昭三年晏子与叔向论陈氏得民之术；同年公孙竈死，晏子曰："惜也！子旗不免，殆哉！姜族弱矣，而妫将始昌。二惠竞爽犹可，又弱一个焉，姜其危哉！"昭二十六年与齐景公之言："后世若少惰，陈氏而不亡，则国其国也已！"哀六年齐陈乞杀其君，紧接着鲍氏被灭，陈氏在齐国最后一个政治对手也没有了！

	左相,盟国人于大宫,曰:"所不与崔、庆者……"晏子仰天叹曰:"婴所不唯忠于君、利社稷者是与,有如上帝!"乃歃。辛巳,公与大夫及莒子盟。大史书曰:"崔杼弑其君。"崔子杀之。其弟嗣书,而死者二人。其弟又书,乃舍之。南史氏闻大史尽死,执简以往。闻既书矣,乃还。闾丘婴以帷缚其妻而载之,与申鲜虞乘而出。鲜虞推而下之,曰:"君昏不能匡,危不能救,死不能死,而知匿其昵,其谁纳之?"行及弇中,将舍。婴曰:"崔、庆其追我。"鲜虞曰:"一与一,谁能惧我?"遂舍,枕辔而寝,食马而食,驾而行。出弇中,谓婴曰:"速驱之。崔、庆之众不可当也。"遂来奔。崔氏侧庄公于北郭。丁亥,葬诸士孙之里。四翣,不跸,下车七乘,不以兵甲。
襄二十六	襄二十六
公会晋人、郑良霄、宋人、曹人于澶渊。	晋人为孙氏故,召诸侯将以讨卫也。六月,公会晋赵武、宋向戌、郑良霄、曹人于澶渊,以讨卫,疆戚田。取卫西鄙懿氏六十,以与孙氏。赵武不书,尊公也。向戌不书,后也。郑先宋,不失所也。于是卫侯会之。晋人执宁喜、北宫遗,使女齐以先归。 秋,七月,齐侯、郑伯为卫侯故如晋,晋侯兼享之。晋侯赋《嘉乐》。国景子相齐侯,赋《蓼萧》;子展相郑伯,赋《缁衣》。叔向命晋侯拜二君,曰:"寡君敢拜齐君之安我先君之宗祧也,敢拜郑君之不贰也。"国子使晏平仲私于叔向,曰:"晋君宣其明德于诸侯,恤其患而补其阙,正其违而治其烦,所以为盟主也。今为臣执君,若之何?"叔向告赵文子,文子以告晋侯。晋侯言卫侯之罪,使叔向告二君。国子赋《辔之柔矣》,子展赋《将仲子兮》,晋侯乃许归卫侯。

襄二十八	襄二十八
冬，齐庆封来奔。	齐庆封好田而耆酒。与庆舍政，则以其内实迁于卢蒲嫳氏，易内而饮酒。数日，国迁朝焉。使诸亡人得贼者，以告而反之，故反卢蒲癸。癸臣子之，有宠，妻之。庆舍之士谓卢蒲癸曰："男女辨姓，子不辟宗，何也？"曰："宗不余辟，余独焉辟之？赋《诗》断章，余取所求焉，恶识宗？"癸言王何而反之。二人皆嬖，使执寝戈而先后之。 公膳日双鸡，饔人窃更之以鹜。御者知之，则去其肉，而以其洎馈。子雅、子尾怒。庆封告卢蒲嫳，卢蒲嫳曰："譬之如禽兽，吾寝处之矣。"使析归父告晏平仲，平仲曰："婴之众不足用也，知无能谋也，言弗敢出，有盟可也。"子家曰："子之言云，又焉用盟？"告北郭子车，子车曰："人各有以事君，非佐之所能也。"陈文子谓桓子曰："祸将作矣。吾其何得？"对曰："得庆氏之木百车于庄。"文子曰："可慎守也已。" 卢蒲癸、王何卜攻庆氏，示子之兆，曰："或卜攻仇，敢献其兆。"子之曰："克，见血。"冬，十月，庆封田于莱，陈无宇从。丙辰，文子使召之，请曰："无宇之母疾病，请归。"庆季卜之，示之兆，曰："死。"奉龟而泣，乃使归。庆嗣闻之，曰："祸将作矣。"谓子家："速归，祸作必于尝，归犹可及也。"子家弗听，亦无俊志。子息曰："亡矣，幸而获在吴、越。"陈无宇济水，而戕舟发梁。卢蒲姜谓癸曰："有事而不告我，必不捷矣。"癸告之，姜曰："夫子愎，莫之止，将不出。我请止之。"癸曰："诺。"十一月乙亥，尝于大公之庙，庆舍莅事。卢蒲姜告之，且止之，弗听，曰："谁敢者？"遂如公。麻婴为

	尸，庆集为上献。卢蒲癸、王何执寝戈。庆氏以其甲环公宫。陈氏、鲍氏之圉人为优。庆氏之马善惊，士皆释甲束马，而饮酒，且观优，至于鱼里。栾、高、陈、鲍之徒，介庆氏之甲。子尾抽桷击扉三，卢蒲癸自后刺子之，王何以戈击之，解其左肩。犹援庙桷，动于甍，以俎壶投杀人，而后死。遂杀庆绳、麻婴。公惧，鲍国曰："群臣为君故也。"陈须无以公归，税服而如内宫。庆封归，遇告乱者。丁亥，伐西门，弗克。还伐北门，克之。入伐内宫，弗克。反，陈于岳。请战，弗许，遂来奔。 崔氏之乱，丧群公子，故鉏在鲁，叔孙还在燕，贾在句渎之丘。及庆氏亡，皆召之，具其器用而反其邑焉。与晏子邶殿其鄙六十，弗受。子尾曰："富，人之所欲也，何独弗欲？"对曰："庆氏之邑足欲，故亡。吾邑不足欲也，益之以邶殿乃足欲。足欲，亡无日矣。在外，不得宰吾一邑。不受邶殿，非恶富也，恐失富也。且夫富，如布帛之有幅焉。为之制度，使无迁也。夫民生厚而用利，于是乎正德以幅之，使无黜嫚，谓之幅利。利过则为败。吾不敢贪多，所谓幅也。"与北郭佐邑六十，受之。与子雅邑辞多受少。与子尾邑，受而稍致之。公以为忠，故有宠。释卢蒲嫳于北竟。
襄二十九 　吴子使札来聘。	襄二十九 　吴公子札来聘。其出聘也，通嗣君也。故遂聘于齐，说晏平仲，谓之曰："子速纳邑与政。无邑无政，乃免于难。齐国之政，将有所归，未获所归，难未歇也。"故晏子因陈桓子以纳政与邑，是以免于栾、高之难。
昭二	昭二 　宣子遂如齐纳币。见子雅。子雅召子旗，使见宣子。宣子曰："非保家

	之主也，不臣。"见子尾。子尾见强，宣子谓之如子旗。大夫多笑之，唯晏子信之，曰："夫子，君子也。君子有信，其有以知之矣。"
昭三	**昭三**
	齐侯使晏婴请继室于晋，曰："寡君使婴曰：'寡人愿事君，朝夕不倦，将奉质币以无失时，则国家多难，是以不获。不腆先君之适以备内官，焜耀寡人之望，则又无禄，早世陨命，寡人失望，君若不忘先君之好，惠顾齐国，辱收寡人，徼福于大公、丁公，照临敝邑，镇抚其社稷，则犹有先君之适及遗姑姊妹若而人。君若不弃敝邑，而辱使董振择之，以备嫔嫱，寡人之望也。"韩宣子使叔向对曰："寡君之愿也。寡君不能独任其社稷之事，未有伉俪，在缞绖之中，是以未敢请。君有辱命，惠莫大焉。若惠顾敝邑，抚有晋国，赐之内主，岂唯寡君，举群臣实受其贶，其自唐叔以下实宠嘉之。" 　　既成昏，晏子受礼，叔向从之宴，相与语。叔向曰："齐其何如？"晏子曰："此季世也，吾弗知齐其为陈氏矣。公弃其民，而归于陈氏。齐旧四量，豆、区、釜、钟。四升为豆，各自其四，以登于釜。釜十则钟。陈氏三量皆登一焉，钟乃大矣。以家量贷，而以公量收之。山木如市，弗加于山；鱼盐蜃蛤，弗加于海。民参其力，二入于公，而衣食其一。公聚朽蠹，而三老冻馁。国之诸市，屦贱踊贵。民人痛疾，而或燠休之。其爱之如父母，而归之如流水。欲无获民，将焉辟之？箕伯、直柄、虞遂、伯戏，其相胡公、大姬已在齐矣！"叔向曰："然。虽吾公室，今亦季世也。戎马不驾，卿无军行，公乘无人，卒列无长。庶民罢敝，而宫室

滋侈；道殣相望，而女富溢尤。民闻公命，如逃寇仇。栾、郤、胥、原、狐、续、庆、伯，降在皂隶，政在家门，民无所依。君日不悛，以乐慆忧。公室之卑，其何日之有？《谗鼎之铭》曰：'昧旦丕显，后世犹怠。'况日不悛，其能久乎？"晏子曰："子将若何？"叔向曰："晋之公族尽矣。肸闻之，公室将卑，其宗族枝叶先落，则公从之。肸之宗十一族，唯羊舌氏在而已。肸又无子，公室无度，幸而得死，岂其获祀？"

初，景公欲更晏子之宅，曰："子之宅近市，湫隘嚣尘，不可以居，请更诸爽垲者。"辞曰："君之先臣容焉。臣不足以嗣之，于臣侈矣。且小人近市，朝夕得所求，小人之利也。敢烦里旅？"公笑曰："子近市，识贵贱乎？"对曰："既利之，敢不识乎？"公曰："何贵何贱？"于是景公繁于刑，有鬻踊者，故对曰："踊贵屦贱。"既已告于君，故与叔向语而称之。景公为是省于刑。君子曰："仁人之言，其利博哉！晏子一言而齐侯省刑。《诗》曰：'君子如祉，乱庶遄已。'其是之谓乎？"

及晏子如晋，公更其宅。反则成矣。既拜，乃毁之，而为里室皆如其旧，则使宅人反之，"且谚曰：'非宅是卜，唯邻是卜。'二三子先卜邻矣。违卜不祥。君子不犯非礼，小人不犯不祥，古之制也。吾敢违诸乎？"卒复其旧宅，公弗许。因陈桓子以请，乃许之。

齐公孙竈卒。司马竈见晏子，曰："又丧子雅矣。"晏子曰："惜也！子旗不免，殆哉！姜族弱矣，而妫将始昌。二惠竞爽犹可，又弱一个焉，姜其危哉！"

昭五	昭五 　郑罕虎如齐，娶于子尾氏。晏子骤见之，陈桓子问其故。对曰："能用善人，民之主也。"
昭六 　齐侯伐北燕。	昭六 　十一月，齐侯如晋，请伐北燕也。士匄相士鞅，逆诸河，礼也。晋侯许之。十二月，齐侯遂伐北燕，将纳简公。晏子曰："不入。燕有君矣，民不贰。吾君贿，左右谄谀，作大事不以信，未尝可也。"
昭十 　夏，齐栾施来奔。	昭十 　齐惠栾、高氏皆耆酒，信内多怨，强于陈、鲍氏而恶之。夏，有告陈桓子曰："子旗、子良将攻陈、鲍。"亦告鲍氏。桓子授甲而如鲍氏。遭子良醉而骋，遂见文子，则亦授甲矣。使视二子，则皆从饮酒。桓子曰："彼虽不信，闻我授甲则必逐我。及其饮酒也，先伐诸？"陈、鲍方睦，遂伐栾、高氏。子良曰："先得公，陈、鲍焉往？"遂伐虎门。晏平仲端委立于虎门之外，四族召之，无所往。其徒曰："助陈、鲍乎？"曰："何善焉？""助栾、高乎？"曰："庸愈乎？""然则归乎？"曰："君伐，焉归？"公召之，而后入。公卜，使王黑以灵姑銔率，吉，请断三尺焉而用之。五月庚辰，战于稷，栾、高败。又败诸庄。国人追之，又败诸鹿门。栾施、高强来奔。陈、鲍分其室。晏子谓桓子："必致诸公。让，德之主也。谓懿德。凡有血气，皆有争心。故利不可强，思义为愈。义，利之本也。蕴利生孽。姑使无蕴乎？可以滋长。"桓子尽致诸公，而请老于莒。桓子召子山，私具幄幕、器用、从者之衣屦，而反棘焉。子商亦如之，而反其邑。子周亦如之，而与之夫于。反子城、子公、公孙捷，而皆益其禄。

	凡公子、公孙之无禄者，私分之邑。国之贫约孤寡者，私与之粟。曰："《诗》云：'陈锡哉周。'能施也。桓公是以霸。"公与桓子莒之旁邑，辞。穆孟姬为之请高唐，陈氏始大。 昭子至自晋，大夫皆见，高强见而退。昭子语诸大夫曰："为人子不可不慎也哉！昔庆封亡，子尾多受邑，而稍致诸君，君以为忠，而甚宠之。将死，疾于公宫，辇而归，君亲推之。其子不能任，是以在此。忠为令德，其子弗能任，罪犹及之，难不慎也。丧夫人之力，弃德旷宗，以及其身，不亦害乎？《诗》曰：'不自我先，不自我后。'其是之谓乎！"	
昭二十	昭二十	
	齐侯疥，遂痁，期而不瘳。诸侯之宾问疾者多在。梁丘据与裔款言于公曰："吾事鬼神丰，于先君有加矣。今君疾病，为诸侯忧，是祝、史之罪也。诸侯不知，其谓我不敬，君盍诛于祝固、史嚚以辞宾？"公说，告晏子。晏子曰："日宋之盟，屈建问范会之德于赵武，赵武曰：'夫子之家事治，言于晋国，竭情无私。其祝、史祭祀，陈信不愧。其家事无猜，其祝、史不祈。'建以语康王，康王曰：'神人无怨，宜夫子之光辅五君，以为诸侯主也。'"公曰："据与款谓寡人能事鬼神，故欲诛于祝、史。子称是语，何故？"对曰："若有德之君，外内不废，上下无怨，动无违事，其祝、史荐信，无愧心矣。是以鬼神用飨，国受其福，祝、史与焉。其所以蕃祉老寿者，为信君使也，其言忠信于鬼神。其适遇淫君，外内颇邪，上下怨疾，动作辟违，从欲厌私，高台深池，撞钟舞女，斩刈民力，输掠其聚，以成其违，不恤后人。暴虐淫从，肆行非度，无所还忌，不思谤	

谮，不惮鬼神，神怒民痛，无悛于心。其祝、史荐信，是言罪也；其盖失数美，是矫诬也；进退无辞，则虚以求媚。是以鬼神不飨其国以祸之，祝、史与焉。所以夭昏孤疾者，为暴君使也，其言僭嫚于鬼神。"公曰："然则若之何？"对曰："不可为也。山林之木，衡鹿守之；泽之萑蒲，舟鲛守之；薮之薪蒸，虞候守之；海之盐蜃，祈望守之。县鄙之人，入从其政；逼介之关，暴征其私；承嗣大夫，强易其贿。布常无艺，征敛无度，宫室日更，淫乐不违。内宠之妾，肆夺于市；外宠之臣，僭令于鄙。私欲养求，不给则应。民人苦病，夫妇皆诅。祝有益也，诅亦有损。聊摄以东，姑尤以西，其为人也多矣。虽其善祝，岂能胜亿兆人之诅？君若欲诛于祝、史，修德而后可。"公说，使有司宽政，毁关，去禁，薄敛，已责。十二月，齐侯田于沛。招虞人以弓，不进。公使执之，辞曰："昔我先君之田也，旃以招大夫，弓以招士，皮冠以招虞人。臣不见皮冠，故不敢进。"乃舍之。仲尼曰："守道不如守官。"君子韪之。

齐侯至自田，晏子侍于遄台。子犹驰而造焉，公曰："唯据与我和夫。"晏子对曰："据亦同也，焉得为和？"公曰："和与同，异乎？"对曰："异。和如羹焉，水火醯醢盐梅以烹鱼肉，燀之以薪，宰夫和之，齐之以味，济其不及，以泄其过。君子食之，以平其心。君臣亦然。君所谓可，而有否焉，臣献其否，以成其可。君所谓否，而有可焉，臣献其可，以去其否。是以政平而不干，民无争心。故《诗》曰：'亦有和羹，既戒既平。鬷嘏无言，时靡有争。'先王之济五味，和五声也，以平其心，

晏圉为晏婴子，哀六年来奔，这是《左传》中最后一位晏氏之人。

	成其政也。声亦如味，一气，二体，三类，四物，五声，六律，七音，八风，九歌，以相成也。清浊，小大，短长，疾徐，哀乐，刚柔，迟速，高下，出入，周疏，以相济也。君子听之，以平其心。心平德和，故《诗》曰：'德音不瑕。'今据不然。君所谓可，据亦曰可；君所谓否，据亦曰否。若以水济水，谁能食之？若琴瑟之专一，谁能听？同之不可也如是。"饮酒乐。公曰："古而无死，其乐若何？"晏子对曰："古而无死，则古之乐也，君何得焉？昔爽鸠氏始居此地，季荝因之，有逢伯陵因之，蒲姑氏因之，而后大公因之。古者无死，爽鸠氏之乐，非君所愿也。"
昭二十六	昭二十六
	齐有彗星，齐侯使禳之。晏子曰："无益也，祇取诬焉。天道不谄，不贰其命，若之何禳之！且天之有彗也，以除秽也。君无秽德，又何禳焉？若德之秽，禳之何损？《诗》曰：'惟此文王，小心翼翼；昭事上帝，聿怀多福。厥德不回，以受方国。'君无违德，方国将至，何患于彗？《诗》曰：'我无所监，夏后及商。用乱之故，民卒流亡。'若德回乱，民将流亡，祝史之为，无能补也！"公说，乃止。 齐侯与晏子坐于路寝。公叹曰："美哉室！其谁有此乎？"晏子曰："敢问何谓也？"公曰："吾以为在德。"对曰："如君之言，其陈氏乎？陈氏虽无大德，而有施于民，豆区釜钟之数，其取之公也薄，其施之民也厚。公厚敛焉，陈氏厚施焉，民归之矣。《诗》曰：'虽无德与女，式歌且舞。'陈氏之施，民歌舞之矣。后世若少惰，陈氏而不亡，则国其国也已！"公曰："善哉！是可若何？"对曰："唯

	礼可以已之。在礼：家施不及国，民不迁，农不移，工贾不变，士不滥，官不滔，大夫不收公利。"公曰："善哉！我不能矣。吾今而后，知礼之可以为国也。"对曰："礼之可以为国也久矣，与天地并。君令臣共，父慈子孝，兄爱弟敬，夫和妻柔，姑慈妇听，礼也。君令而不违，臣共而不贰；父慈而教，子孝而箴；兄爱而友，弟敬而顺；夫和而义，妻柔而正；姑慈而从，妇听而婉：礼之善物也。"公曰："善哉！寡人今而后，闻此礼之上也！"对曰："先王所禀于天地，以为其民也，是以先王上之。"	
哀六	哀六	
夏，齐国夏及高张来奔。齐阳生入于齐。	夏，六月戊辰，陈乞、鲍牧及诸大夫以甲入于公宫。昭子闻之，与惠子乘如公。战于庄，败。国人追之，国夏奔莒，遂及高张、晏圉、弦施来奔。	

楚屈氏（前701—前514）

桓十一	桓十一	屈氏，芈姓，楚公族，出楚武王。顾栋高《大事表·卿大夫世系表》列屈氏十六人。屈氏多为莫敖，计《左传》屈氏任莫敖者有屈瑕（桓十二）、屈重（庄四）、屈到（襄十二）、屈建（襄二十二）、屈生（昭五）、屈荡（襄二十五）。今据顾栋高《大事表·世系表》拟屈氏世系如下（附其字及始见年）：
	楚屈瑕将盟贰、轸，郧人军于蒲骚，将与随、绞、州、蓼伐楚师。莫敖患之。鬬廉曰："郧人军其郊，必不诫。且日虞四邑之至也。君次于郊郢，以御四邑，我以锐师宵加于郧，郧有虞心而恃其城，莫有斗志，若败郧师，四邑必离。"莫敖曰："盍请济师于王。"对曰："师克在和，不在众。商、周之不敌，君之所闻也。成军以出，又何济焉？"莫敖曰："卜之。"对曰："卜以决疑。不疑，何卜？"遂败郧师于蒲骚，卒盟而还。	
桓十二	桓十二	
	楚伐绞，军其南门。莫敖屈瑕曰："绞小而轻，轻则寡谋。请无扞采樵者以诱之。"从之。绞人获三十人。	

	明日，绞人争出，驱楚役徒于山中。楚人坐其北门，而覆诸山下，大败之，为城下之盟而还。 伐绞之役，楚师分涉于彭，罗人欲伐之，使伯嘉谍之，三巡数之。	屈瑕 桓十一
		屈重 庄四
		屈完 僖四
		屈御寇 子边 僖二十五
桓十三	桓十三 春，楚屈瑕伐罗，斗伯比送之。还，谓其御曰："莫敖必败。举趾高，心不固矣。"遂见楚子曰："必济师。"楚子辞焉。入告夫人邓曼。邓曼曰："大夫其非众之谓，其谓君抚小民以信，训诸司以德，而威莫敖以刑也。莫敖狃于蒲骚之役，将自用也，必小罗。君若不镇抚，其不设备乎？夫固谓君训众而好镇抚之，召诸司而劝之以令德，见莫敖而告诸天之不假易也。不然，夫岂不知楚师之尽行也？"楚子使赖人追之，不及。 莫敖使徇于师曰："谏者有刑。"及鄢，乱次以济。遂无次，且不设备。及罗，罗与卢戎两军之，大败之。莫敖缢于荒谷，群帅囚于冶父以听刑。楚子曰："孤之罪也。"皆免之。	屈荡 宣十二 / [缺] / 屈巫 子灵 巫臣 宣十二
		屈到 子夕 襄十五 / 屈荡 襄十五 / 屈狐庸 成七
		屈建 子木 襄二十二 / 屈申 昭四
		屈生 昭四 / 屈罢 昭十四
庄四	庄四 四年春王三月，楚武王荆尸，授师孑焉，以伐随。将齐，入告夫人邓曼曰："余心荡。"邓曼叹曰："王禄尽矣。盈而荡，天之道也。先君其知之矣，故临武事，将发大命，而荡王心焉。若师徒无亏，王薨于行，国之福也。"王遂行，卒于樠木之下。令尹斗祁、莫敖屈重除道、梁溠，营军临随，随人惧，行成。莫敖以王命入盟随侯，且请为会于汉汭，而还。济汉而后发丧。	（上表：仅据年代排列，尤其前几代即屈重、屈完、屈御寇间世系不明，其他人世系参杜注、《国语》韦注或《世本》。上表两个屈荡非同一人）
僖四 夏，楚屈完来盟于师，盟于召陵。	僖四 四年春，齐侯以诸侯之师侵蔡。蔡溃，遂伐楚。 夏，楚子使屈完如师。师退，次于召陵。	下面重点介绍四位特点鲜明的屈氏人物： 1.屈瑕，又称莫敖，莫敖屈瑕，见于桓十一至桓十三年（当楚武王四十至四十二）。莫敖为楚官职之名，此时地位估计相当于后来楚令尹或司马之职。 《左传》记莫敖屈瑕之事不多，但

	齐侯陈诸侯之师，与屈完乘而观之。齐侯曰："岂不穀是为？先君之好是继，与不穀同好如何？"对曰："君惠徼福于敝邑之社稷，辱收寡君，寡君之愿也。"齐侯曰："以此众战，谁能御之？以此攻城，何城不克？"对曰："君若以德绥诸侯，谁敢不服？君若以力，楚国方城以为城，汉水以为池，虽众，无所用之。"屈完及诸侯盟。	却竭力想说明莫敖死于骄，并通过鬬伯比之言来表达主题，这体现了左氏义法的重要特点，即注重从性格特征来刻画人物命运，常借他人之口来点题。《左传》中这种笔法的运用极为普遍，值得注意。
僖二十五	**僖二十五**	2.屈完，见于僖四年。齐桓亲率列国大军伐楚，楚子使屈完如齐师，屈完代表楚国与诸侯盟，可以说不战而屈人之兵。可以想见屈完在楚国之地位，其对齐桓公之言亦是软中有硬，正中管仲下怀。
秋，楚人围陈，纳顿子于顿。	秋，秦、晋伐鄀。楚鬬克、屈御寇以申、息之师戍商密。秦人过析，隈入而系舆人，以围商密，昏而傅焉。宵，坎血加书，伪与子仪、子边盟者。商密人惧，曰："秦取析矣！戍人反矣！"乃降秦师。秦师囚申公子仪、息公子边以归。楚令尹子玉追秦师，弗及。遂围陈，纳顿子于顿。	
宣十二	**宣十二**	3.申公巫臣，楚宗族，又称屈巫、巫臣、子灵（子灵据杨注为其字）等。见于宣十二、成二、成七、襄二十六及昭二十八年。陈厚耀《世族谱》谓申公巫臣属楚国屈氏，杨伯峻《春秋左传注》称："巫臣为申县之尹，故称申公巫臣。"
夏六月乙卯，晋荀林父帅师及楚子战于邲，晋师败绩。冬十有二月戊寅，楚子灭萧。	十二年春，楚子围郑。夏六月，晋师救郑。楚子北师次于郔。沈尹将中军，子重将左，子反将右。……潘党既逐魏锜，赵旃夜至于楚军，席于军门之外，使其徒入之。楚子为乘广三十乘，分为左右。右广鸡鸣而驾，日中而说；左则受之，日入而说。许偃御右广，养由基为右；彭名御左广，屈荡为右。乙卯，王乘左广以逐赵旃。赵旃弃车而走林，屈荡搏之，得其甲裳。王见右广，将从之乘。屈荡户之，曰："君以此始，亦必以终。"自是楚之乘广先左。冬，楚子伐萧，宋华椒以蔡人救萧。萧人囚熊相宜僚及公子丙。王曰："勿杀，吾退。"萧人杀之。王怒，遂围萧。萧溃。申公巫臣曰："师人多寒。"王巡三军，拊而勉之，三军之士皆如挟纩。遂傅于萧。明日，萧溃。	《左传》中的申公巫臣给人留下的印象，似乎以老谋深算为主。单纯从他娶夏姬为妻之事

成二	成二
	楚之讨陈夏氏也，庄王欲纳夏姬。申公巫臣曰："不可。君召诸侯，以讨罪也。今纳夏姬贪其色也。贪色为淫，淫为大罚。《周书》曰'明德慎罚'，文王所以造周也。明德，务崇之之谓也；慎罚，务去之之谓也。若兴诸侯以取大罚，非慎之也。君其图之！"王乃止。子反欲取之，巫臣曰："是不祥人也。是夭子蛮，杀御叔，弑灵侯，戮夏南，出孔仪，丧陈国，何不祥如是！人生实难，岂有不获死乎？天下多美妇人，何必是？"子反乃止。 王以予连尹襄老，襄老死于邲，不获其尸。其子黑要烝焉。巫臣使道焉，曰："归，吾聘女。"又使自郑召之，曰："尸可得也，必来逆之。"姬以告王。王问诸屈巫，对曰："其信。知䓨之父，成公之嬖也，而中行伯之季弟也，新佐中军，而善郑皇戌，甚爱此子。其必因郑而归王子与襄老之尸以求之。郑人惧于邲之役，而欲求媚于晋，其必许之。"王遣夏姬归。将行，谓送者曰："不得尸，吾不反矣。"巫臣聘诸郑，郑伯许之。 及共王即位，将为阳桥之役，使屈巫聘于齐，且告师期。巫臣尽室以行。申叔跪从其父，将适郢，遇之，曰："异哉！夫子有三军之惧，而又有桑中之喜，宜将窃妻以逃者也。"及郑，使介反币，而以夏姬行，将奔齐。齐师新败，曰："吾不处不胜之国。"遂奔晋，而因郤至以臣于晋。晋人使为邢大夫。子反请以重币锢之，王曰："止。其自为谋也，则过矣。其为吾先君谋也，则忠。忠，社稷之固也，所盖多矣。且彼若能利国家，虽重币，晋将可乎？若无益于晋，晋将弃之，何劳锢焉？"

看，似乎是一个昧于女色而无远大志向的人。然而我们从成七年他通使于吴、报复楚国，既可以得出他不是个只图女色而无见识之人，也可看出他背楚赴晋，直至赴吴害楚，恐怕与他看清了楚国君臣的面目，从而对楚国已不抱任何希望有关，不然像他这样一个懂得治国安邦之术的人怎么会仅仅为一个女子而弃家远逃，过寄人篱下、衣食不保的日子呢？因此我认为巫臣窃妻而逃，与其说是因为他贪于女色，还不如说是他欲以此来戏弄一下楚国君臣。

案：夏姬身世可从昭二十八年叔向与其母的对话中看出，还可看出申公巫臣娶夏姬为妻后生女，此女嫁于叔向为妻，生伯石，伯石亡羊舌氏。

4.楚屈建，字子木，又称令尹子木、建。襄二十二年为莫敖，二十五年为令尹，襄二十八年卒。见于襄二十二至昭二十年。

成七 吴入州来。	成七 　　楚围宋之役，师还，子重请取于申、吕以为赏田。王许之，申公巫臣曰："不可。此申、吕所以邑也，是以为赋，以御北方。若取之，是无申、吕也，晋、郑必至于汉。"王乃止。子重是以怨巫臣。子反欲取夏姬，巫臣止之，遂取以行，子反亦怨之。及共王即位，子重、子反杀巫臣之族子阎、子荡及清尹弗忌及襄老之子黑要，而分其室。巫臣自晋遗二子书，曰："尔以谗慝贪惏事君，而多杀不辜，余必使尔罢于奔命以死。"巫臣请使于吴，晋侯许之。吴子寿梦说之。通吴于晋。以两之一卒适吴，舍偏两之一焉。与其射御，教吴乘车，教之战陈，教之叛楚。置其子狐庸焉，使为行人于吴。吴始伐楚，伐巢，伐徐，子重奔命。马陵之会，吴入州来。子重自郑奔命。子重、子反于是乎一岁七奔命。蛮夷属于楚者，吴尽取之。是以始大，通吴于上国。	屈建（子木）堪称一代忠贤。襄二十二年子木上台后，平陈乱，灭舒鸠，任蔿掩，败吴师，死吴王，救伍举，无不是积德行善之行。他对楚国的功劳在楚国历代的令尹中大概算是最大的了。襄二十七年晋、楚弭兵之会，子木功劳甚大。这次会盟对楚国的意义是有效地钳制了中原诸国，但却未用一兵一卒，这是连楚庄王在世时也不敢梦想的。弭兵之会，对楚国有利而无害，对晋国却是有害而无利。从此晋国的霸主地位开始走下坡路，楚国却在灵王统治下灭陈、灭蔡，称霸天下。 　　中原诸国长期以来多数听服于晋，晋国为中原盟主本理所当然，但子木却借弭兵之会提出"晋楚之从交相见"，并在盟会时使晋国处于下风，起到了威慑包括晋国在内的整个中原诸国的效果，对于楚国极为有利。昭元年祁午之言"子木之信称于诸侯，犹诈晋而
襄十五	襄十五 　　楚公子午为令尹，公子罢戎为右尹，蔿子冯为大司马，公子橐师为右司马，公子成为左司马，屈到为莫敖，公子追舒为箴尹，屈荡为连尹，养由基为宫厩尹，以靖国人。 　　君子谓："楚于是乎能官人。官人，国之急也。能官人，则民无觊心。《诗》云：'嗟我怀人，置彼周行。'能官人也。王及公、侯、伯、子、男、甸、采、卫、大夫，各居其列，所谓周行也。"	
襄二十二 冬，楚杀其大夫公子追舒。	襄二十二 　　王遂杀子南于朝，轘观起于四竟。复使蔿子冯为令尹，公子齮为司马，屈建为莫敖。	

襄二十三	襄二十三	驾焉",可以算作对子木一生才德及功劳的综合评价,其中"诈晋而驾焉"五个字最为精当。
陈杀其大夫庆虎及庆寅。陈侯之弟黄自楚归于陈。	陈侯如楚,公子黄诉二庆于楚。楚人召之。使庆乐往,杀之。庆氏以陈叛。夏,屈建从陈侯围陈。陈人城,版队而杀人。役人相命,各杀其长,遂杀庆虎、庆寅。楚人纳公子黄。君子谓:"庆氏不义,不可肆也。故《书》曰:'惟命不于常。'"	
襄二十四	襄二十四	
	吴人为楚舟师之役故,召舒鸠人。舒鸠人叛楚。楚子师于荒浦,使沈尹寿与师祁犁让之。舒鸠子敬逆二子,而告无之,且请受盟。二子复命,王欲伐之,薳子曰:"不可。彼告不叛,且请受盟,而又伐之,伐无罪也。姑归息民,以待其卒。卒而不贰,吾又何求?若犹叛我,无辞有庸。"乃还。	
襄二十五	襄二十五	
楚屈建帅师灭舒鸠。	赵文子为政,令薄诸侯之币,而重其礼。穆叔见之,谓穆叔曰:"自今以往,兵其少弭矣。齐崔、庆新得政,将求善于诸侯。武也知楚令尹。若敬行其礼,道之以文辞,以靖诸侯,兵可以弭。" 楚薳子冯卒,屈建为令尹,屈荡为莫敖。舒鸠人卒叛楚,令尹子木伐之,及离城。吴人救之。子木遽以右师先,子强、息桓、子捷、子骈、子盂帅左师以退。吴人居其间七日。子强曰:"久将垫隘,隘乃禽也,不如速战。请以其私卒诱之。简师,陈以待我。我克则进,奔则亦视之,乃可以免。不然,必为吴禽。"从之。五人以其私卒先击吴师,吴师奔,登山以望,见楚师不继,复逐之,傅诸其军。简师会之,吴师大败。遂围舒鸠,舒鸠溃。八月,楚灭舒鸠。 楚蒍掩为司马,子木使庀赋,数甲兵。甲午,蒍掩书土田,度山林,	

	鸠薮泽，辨京陵，表淳卤，数疆潦，规偃猪，町原防，牧隰皋，井衍沃，量入修赋，赋车籍马，赋车兵、徒卒、甲楯之数。既成，以授子木，礼也。 十二月，吴子诸樊伐楚，以报舟师之役。门于巢。巢牛臣曰："吴王勇而轻，若启之，将亲门。我获射之，必殪。是君也死，疆其少安。"从之。吴子门焉，牛臣隐于短墙以射之，卒。 楚子以灭舒鸠赏子木。辞曰："先大夫蒍子之功也。"以与蒍掩。
襄二十六	**襄二十六** 初，楚伍参与蔡大师子朝友，其子伍举与声子相善也。伍举娶于王子牟。王子牟为申公而亡，楚人曰："伍举实送之。"伍举奔郑，将遂奔晋。声子将如晋，遇之于郑郊，班荆相与食，而言复故。声子曰："子行也，吾必复子！" 及宋向戌将平晋、楚，声子通使于晋，还如楚。令尹子木与之语，问晋故焉，且曰："晋大夫与楚孰贤？"对曰："晋卿不如楚，其大夫则贤，皆卿材也。如杞梓皮革，自楚往也。虽楚有材，晋实用之。"子木曰："夫独无族姻乎？"对曰："虽有，而用楚材实多。归生闻之：'善为国者，赏不僣而刑不滥。'赏僣，则惧及淫人；刑滥，则惧及善人。若不幸而过，宁僣无滥。与其失善，宁其利淫。无善人，则国从之。《诗》曰：'人之云亡，邦国殄瘁。'无善人之谓也。故《夏书》曰：'与其杀不辜，宁失不经。'惧失善也。《商颂》有之，曰：'不僣不滥，不敢怠皇。命于下国，封建厥福。'此汤所以获天福也。古之治民者，劝赏而畏刑，恤民不倦。赏以春夏，刑以秋冬。是以将赏为之加膳，加膳则饫赐，此以知其劝赏也。将

刑，为之不举，不举则彻乐，此以知其畏刑也。夙兴夜寐，朝夕临政，此以知其恤民也。三者，礼之大节也。有礼无败。今楚多淫刑，其大夫逃死于四方，而为之谋主，以害楚国，不可救疗，所谓不能也。子仪之乱，析公奔晋。晋人置诸戎车之殿，以为谋主。绕角之役，晋将遁矣，析公曰：'楚师轻窕，易震荡也。若多鼓钧声，以夜军之，楚师必遁。'晋人从之，楚师宵溃。晋遂侵蔡、袭沈，获其君；败申、息之师于桑隧，获申丽而还。郑于是不敢南面。楚失华夏，则析公之为也。雍子之父兄谮雍子，君与大夫不善是也，雍子奔晋。晋人与之鄐，以为谋主。彭城之役，晋、楚遇于靡角之谷，晋将遁矣。雍子发命于军，曰：'归老幼，反孤疾，二人役归一人。简兵蒐乘，秣马蓐食，师陈焚次，明日将战。'行归者而逸楚囚。楚师宵溃。晋降彭城而归诸宋，以鱼石归。楚失东夷，子辛死之，则雍子之为也。子反与子灵争夏姬，而雍害其事，子灵奔晋。晋人与之邢，以为谋主，扞御北狄，通吴于晋，教吴叛楚，教之乘车、射御、驱侵，使其子狐庸为吴行人焉。吴于是伐巢，取驾，克棘，入州来，楚罢于奔命，至今为患，则子灵之为也。若敖之乱，伯贲之子贲皇奔晋。晋人与之苗，以为谋主。鄢陵之役，楚晨压晋军而陈，晋将遁矣。苗贲皇曰：'楚师之良，在其中军王族而已。若塞井夷灶，成陈以当之，栾、范易行以诱之，中行、二郤必克二穆，吾乃四萃于其王族，必大败之。'晋人从之，楚师大败，王夷师熸，子反死之。郑叛吴兴，楚失诸侯，则苗贲皇之为也。"子木曰："是皆然矣。"声子曰："今又有甚于此。椒举娶于申公子牟，

	子牟得戾而亡，君大夫谓椒举：'女实遣之。'惧而奔郑，引领南望，曰：'庶几赦余。'亦弗图也。今在晋矣，晋人将与之县，以比叔向。彼若谋害楚国，岂不为患？" 　　子木惧，言诸王，益其禄爵而复之。声子使椒鸣逆之。	
襄二十七	襄二十七	
	宋向戌善于赵文子，又善于令尹子木，欲弭诸侯之兵以为名。如晋告赵孟，赵孟谋于诸大夫。韩宣子曰："兵，民之残也。财用之蠹，小国之大菑也。将或弭之，虽曰不可，必将许之。弗许，楚将许之，以召诸侯，则我失为盟主矣。"晋人许之。如楚，楚亦许之。如齐，齐人难之。陈文子曰："晋、楚许之矣，我焉得已？且人曰弭兵，而我弗许，则固携吾民矣，将焉用之？"齐人许之。告于秦，秦亦许之。皆告于小国，为会于宋。五月甲辰，晋赵武至于宋。丙午，郑良霄至。六月丁未朔，宋人享赵文子，叔向为介。司马置折俎，礼也。仲尼使举是礼也，以为多文辞。戊申，叔孙豹、齐庆封、陈须无、卫石恶至。甲寅，晋荀盈从赵武至。丙辰，邾悼公至。壬戌，楚公子黑肱先至，成言于晋。丁卯，宋向戌如陈，从子木成言于楚。戊辰，滕成公至。 　　子木谓向戌："请晋、楚之从，交相见也。"庚午，向戌复于赵孟。赵孟曰："晋、楚、齐、秦，匹也。晋之不能于齐，犹楚之不能于秦也。楚君若能使秦君辱于敝邑，寡君敢不固请于齐！"壬申，左师复言于子木，子木使驲谒诸王。王曰："释齐、秦，他国请相见也。" 　　秋，七月戊寅，左师至。是夜也，赵孟及子晳盟，以齐言。庚辰，子木至自陈。陈孔奂、蔡公孙归生	

至。曹、许之大夫皆至。以藩为军。晋、楚各处其偏。伯夙谓赵孟曰："楚氛甚恶，惧难。"赵孟曰："吾左还入于宋，若我何？"

辛巳，将盟于宋西门之外。楚人衷甲。伯州犁曰："合诸侯之师，以为不信，无乃不可乎？夫诸侯望信于楚，是以来服。若不信，是弃其所以服诸侯也。"固请释甲。子木曰："晋、楚无信久矣！事利而已。苟得志焉，焉用有信！"大宰退，告人曰："令尹将死矣，不及三年。求逞志而弃信，志将逞乎？志以发言，言以出信，信以立志，参以定之。信亡，何以及三？"赵孟患楚衷甲，以告叔向，叔向曰："何害也？匹夫一为不信，犹不可，单毙其死。若合诸侯之卿，以为不信，必不捷矣。食言者不病，非子之患也。夫以信召人，而以僭济之，必莫之与也，安能害我？且吾因宋以守病，则夫能致死。与宋致死，虽倍楚可也。子何惧焉？又不及是。曰弭兵以召诸侯，而称兵以害我，吾庸多矣，非所患也。"

晋、楚争先。晋人曰："晋固为诸侯盟主，未有先晋者也。"楚人曰："子言晋、楚匹也。若晋常先，是楚弱也。且晋、楚狎主诸侯之盟也久矣，岂专在晋？"叔向谓赵孟曰："诸侯归晋之德只，非归其尸盟也。子务德，无争先。且诸侯盟，小国固必有尸盟者。楚为晋细，不亦可乎？"乃先楚人。书先晋，晋有信也。

壬午，宋公兼享晋、楚之大夫。赵孟为客，子木与之言，弗能对。使叔向侍言焉，子木亦不能对也。

乙酉，宋公及诸侯之大夫盟于蒙门之外。子木问于赵孟曰："范武子之德何如？"对曰："夫子之家事治，言于晋国无隐情，其祝史陈信于鬼

	神，无愧辞。"子木归以语王。王曰："尚矣哉！能歆神人，宜其光辅五君以为盟主也！"子木又语王曰："宜晋之伯也，有叔向以佐其卿。楚无以当之，不可与争。"晋荀盈遂如楚莅盟。 楚薳罢如晋莅盟，晋侯享之。
襄二十八	襄二十八
十有一月，公如楚。	夏，齐侯、陈侯、蔡侯、北燕伯、杞伯、胡子、沈子、白狄朝于晋，宋之盟故也。 为宋之盟故，公及宋公、陈侯、郑伯、许男如楚。楚屈建卒。赵文子丧之如同盟，礼也。
襄三十一	襄三十一
	吴子使屈狐庸聘于晋，通路也。
昭元	昭元
叔孙豹会晋赵武、楚公子围、齐国弱、宋向戌、卫齐恶、陈公子招、蔡公孙归生、郑罕虎、许人、曹人于虢。	正月乙未，入，逆而出。遂会于虢，寻宋之盟也。祁午谓赵文子曰："宋之盟，楚人得志于晋。今令尹之不信，诸侯之所闻也。子弗戒，惧又如宋。子木之信称于诸侯，犹诈晋而驾焉，况不信之尤者乎？楚重得志于晋，晋之耻也。"文子曰："武受赐矣。然宋之盟，子木有祸人之心，武有仁人之心，是楚所以驾于晋也。今武犹是心也，楚又行僭，非所害也。"
昭四	昭四
秋七月，楚子、蔡侯、陈侯、许男、顿子、胡子、沈子、淮夷伐吴，执齐庆封，杀之。	秋七月，楚子以诸侯伐吴，宋大子、郑伯先归，宋华费遂、郑大夫从。使屈申围朱方，八月甲申，克之，执齐庆封而尽灭其族。
昭五	昭五
五年春，楚杀其大夫屈申。	楚子以屈申为贰于吴，乃杀之。以屈生为莫敖，使与令尹子荡如晋逆女。过郑，郑伯劳子荡于汜，劳屈生于菟氏。晋侯送女于邢丘。子产相郑伯会晋侯于邢丘。

昭十四	昭十四	
	夏，楚子使然丹简上国之兵于宗丘，且抚其民。使屈罢简东国之兵于召陵，亦如之。好于边疆。息民五年，而后用师，礼也。	
昭二十	昭二十	
	晏子曰："日宋之盟，屈建问范会之德于赵武，赵武曰：'夫子之家事治；言于晋国，竭情无私。其祝史祭祀，陈信不愧。其家事无猜，其祝史不祈。'建以语康王，康王曰：'神人无怨，宜夫子之光辅五君，以为诸侯主也。'"	
昭二十八	昭二十八	
	初，叔向欲娶于申公巫臣氏，其母欲娶其党。叔向曰："吾母多而庶鲜，吾惩舅氏矣。"其母曰："子灵之妻杀三夫、一君、一子，而亡一国、两卿矣，可无惩乎？吾闻之：'甚美必有甚恶。'是郑穆少妃之姚子之子，子貉之妹也。子貉早死，无后，而天钟美于是，将必以是大有败也。昔有仍氏生女，黰黑而甚美，光可以鉴，名曰玄妻。乐正后夔取之，生伯封，实有豕心，贪惏无厌，忿颣无期，谓之封豕。有穷后羿灭之，夔是以不祀。且三代之亡，共子之废，皆是物也，女何以为哉？夫有尤物，足以移人，苟非德义，则必有祸。"叔向惧，不敢取。平公强使取之，生伯石。伯石始生，子容之母走谒诸姑曰："长叔姒生男。"姑视之，及堂，闻其声而还，曰："是豺狼之声也，狼子野心。非是，莫丧羊舌氏矣！"遂弗视。	

晋韩宣子（前566—前514）

襄七	襄七 　　冬，十月，晋韩献子告老。公族穆子有废疾，将立之。辞曰："《诗》曰：'岂不夙夜，谓行多露。'又曰：'弗躬弗亲，庶民弗信。'无忌不才，让其可乎？请立起也。与田苏游，而曰好仁。《诗》曰：'靖共尔位，好是正直。神之听之，介尔景福。'恤民为德，正直为正，正曲为直，参和为仁。如是，则神听之，介福降之。立之，不亦可乎？"庚戌，使宣子朝，遂老。晋侯谓韩无忌仁，使掌公族大夫。	韩宣子，又称宣子、韩子、韩起、起等，姬姓，晋卿韩厥（韩献子）之子。韩宣子相关世系如下（据陈厚耀《世族谱》）： | 韩献子 厥	
---	---
公族穆子 无忌	韩宣子 起
韩襄	韩须
	韩简子 不信	 （上表：韩氏来源参卷首二及卷二"晋韩厥"。） 　　传载襄七年因其兄韩无忌有废疾而得立为韩氏之嗣，昭二年（晋平公十八）至昭二十八年（晋昭公十二）为晋中军帅。 　　襄三十一年传言："韩宣子为政，不能图诸侯。"叔孙穆子曰："韩子懦弱，大夫多贪，求欲无厌""晋君将失政矣。"昭十三年中行穆子曰："楚灭陈、蔡，不能救，而为夷执亲，将焉用之？"这些皆可视为《左传》对他一生为政的恰当评价。
襄九 　　冬，公会晋侯、宋公、卫侯、曹伯、莒子、邾子、滕子、薛伯、杞伯、小邾子、齐世子光伐郑。	襄九 　　秦景公使士雃乞师于楚，将以伐晋，楚子许之。子囊曰："不可，当今吾不能与晋争。晋君类能而使之，举不失选，官不易方。其卿让于善，其大夫不失守，其士竞于教，其庶人力于农穑，商工皂隶不知迁业。韩厥老矣，知䓨禀焉以为政。范匄少于中行偃而上之，使佐中军。韩起少于栾黡，而栾黡、士鲂上之，使佐上军。魏绛多功，以赵武为贤，而为之佐。君明臣忠，上让下竞。当是时也，晋不可敌，事之而后可。君其图之！" 　　冬，十月，诸侯伐郑。庚午，季武子、齐崔杼、宋皇郧从荀䓨、士匄门于鄟门，卫北宫括、曹人、邾人从荀偃、韩起门于师之梁，滕人、薛人从栾黡、士鲂门于北门，杞人、郳人从赵武、魏绛斩行栗。	
襄十三	襄十三 　　荀䓨、士鲂卒。晋侯蒐于绵上以治兵。使韩起将上军，辞以赵武。又使栾黡，辞曰："臣不如韩起。韩起愿上赵武，君其听之。"使赵武将上军，韩起佐之。	

襄十八 冬，十月，公会晋侯、宋公、卫侯、郑伯、曹伯、莒子、邾子、滕子、薛伯、杞伯、小邾子同围齐。	襄十八 冬，十月，会于鲁济，寻溴梁之言，同伐齐。赵武、韩起以上军围卢，弗克。	韩子为政一无所能体现在下述一系列事实中：昭四年楚子使椒举求诸侯，晋人许之，于是楚子大会陈、蔡、郑、许、徐、滕、顿、胡、沈、小邾、宋、淮夷于申，并于是年七月帅八国之师伐吴。次年又帅蔡、陈、许、顿、沈、徐、越之师伐吴。昭七年鲁昭公如楚，尽受其辱，鲁国多年一直为晋之同盟，晋国无能为力。昭八年，楚子借陈国的一场内乱灭陈，晋国从上到下无人过问；昭十一年，楚子灭蔡，韩子会诸侯请于楚，而楚人弗许。在这种情况下，齐国开始向晋侯挑战，并有了称霸中原的野心：昭六年齐侯伐北燕；昭十二年齐师纳北燕伯于阳；晋侯与齐侯宴，齐侯刻意挑衅；昭十六年齐侯伐徐，徐子及郯人、莒人与齐侯盟于蒲隧，赂以甲父之鼎。叔孙昭子曰："诸侯之无伯，害哉！齐君之无道也，兴师而伐，远方会之，有成而还，莫之亢
襄二十五	襄二十五 会于夷仪之岁，齐人城郏。其五月，秦、晋为成。晋韩起如秦莅盟，秦伯车如晋莅盟。成而不结。	
襄二十六	襄二十六 晋韩宣子聘于周。王使请事，对曰："晋士起将归时事于宰旅，无他事矣。"王闻之，曰："韩氏其昌阜于晋乎？辞不失旧。"	
襄二十七	襄二十七 宋向戌善于赵文子，又善于令尹子木，欲弭诸侯之兵以为名。如晋告赵孟，赵孟谋于诸大夫。韩宣子曰："兵，民之残也。财用之蠹，小国之大菑也。将或弭之，虽曰不可，必将许之。弗许，楚将许之，以召诸侯，则我失为盟主矣。"晋人许之。	
襄二十九 吴公子札来聘。	襄二十九 吴公子札来聘。适晋，说赵文子、韩宣子、魏献子，曰："晋国其萃于三族乎！"	
襄三十一	襄三十一 春，王正月，穆叔至自会。见孟孝伯，语之曰："赵孟将死矣。其语偷，不似民主。且年未盈五十，而谆谆焉，如八九十者，弗能久矣。若赵孟死，为政者其韩子乎？吾子盍与季孙言之，可以树善，君子也。晋君将失政矣，若不树焉，使早备鲁，既而政在大夫，韩子懦弱，大夫多贪，	

	求欲无厌，齐、楚未足与也，鲁其惧哉？"孝伯曰："人生几何，谁能无偷？朝不及夕，将安用树？"穆叔出而告人曰："孟孙将死矣。吾语诸赵孟之偷也，而又甚焉。"又与季孙语晋故，季孙不从。及赵文子卒，晋公室卑，政在侈家。韩宣子为政，不能图诸侯。鲁不堪晋求，谗慝弘多，是以有平丘之会。	也。无伯也夫！《诗》曰：'宗周既灭，靡所止戾。正大夫离居，莫知我肄。'其是之谓乎？"叔孙昭子的话充分体现了此时晋国霸业已去；此后，昭十九年齐师伐莒；昭二十年至二十二年，宋国发生华、向之乱，齐、吴、晋、吴、楚均直接介入，而晋未主兵；昭二十二年王室发生王子朝之乱，晋人迟迟不救，二十四年子大叔力劝晋人干预，故有次年黄父之会；昭二十五年鲁国发生昭公之难，晋人不救，而齐侯救之，并于次年与鲁、莒、邾、杞为鄟陵之盟，以谋纳昭公。鄟陵会盟是春秋史上一个重要转折点，其意义在于：因为自城濮以来，已经一百多年没有过诸侯特盟（因为晋国之霸），故此次会盟可看作晋霸正式衰退的一个主要标志。
昭二 春，晋侯使韩起来聘。夏，叔弓如晋。	**昭二** 春，晋侯使韩宣子来聘，且告为政而来见，礼也。观《书》于大史氏，见《易象》与《鲁春秋》，曰："周礼尽在鲁矣。吾乃今知周公之德与周之所以王也。"公享之。季武子赋《绵》之卒章。韩子赋《角弓》，季武子拜曰："敢拜子弥缝敝邑，寡君有望矣。"武子赋《节》之卒章。既享，宴于季氏。有嘉树焉，宣子誉之。武子曰："宿敢不封殖此树，以无忘《角弓》。"遂赋《甘棠》。宣子曰："起不堪也，无以及召公。" 宣子遂如齐纳币。见子雅。子雅召子旗，使见宣子。宣子曰："非保家之主也，不臣。"见子尾。子尾见强，宣子谓之如子旗。大夫多笑之，唯晏子信之，曰："夫子，君子也。君子有信，其有以知之矣。"自齐聘于卫，卫侯享之。北宫文子赋《淇澳》，宣子赋《木瓜》。 叔弓聘于晋，报宣子也。	
昭三	**昭三** 齐侯使晏婴请继室于晋，曰："寡君使婴曰：'寡人愿事君，朝夕不倦，将奉质币以无失时，则国家多难，是以不获。不腆先君之适以备内官，焜耀寡人之望，则又无禄，早世陨命，寡人失望，君若不忘先君之好，惠顾齐国，辱收寡人，徼福于大公、丁公，照临敝邑，镇抚其社稷，	韩子为政期间，曾四次大会列国大夫，而无一次会列国诸侯。四次之中，只有一次为韩子所主，且此会一无所

则犹有先君之适及遗姑姊妹若而人。君若不弃鄙邑，而辱使董振择之，以备嫔嫱，寡人之望也。"韩宣子使叔向对曰："寡君之愿也。寡君不能独任其社稷之事，未有伉俪，在缞绖之中，是以未敢请。君有辱命，惠莫大焉。若惠顾敝邑，抚有晋国，赐之内主，岂唯寡君，举群臣实受其贶，其自唐叔以下实宠嘉之。"既成昏，晏子受礼，叔向从之宴。

夏，四月，郑伯如晋，公孙段相，甚敬而卑，礼无违者。晋侯嘉焉，授之以策，曰："子丰有劳于晋国，余闻而弗忘。赐女州田，以胙乃旧勋。"伯石再拜稽首，受策以出。初，州县，栾豹之邑也。及栾氏亡，范宣子、赵文子、韩宣子皆欲之。文子曰："温，吾县也。"二宣子曰："自郤称以别，三传矣。晋之别县，不唯州，谁获治之。"文子病之，乃舍之。二子曰："吾不可以正议而自与也。"皆舍之。及文子为政，赵获曰："可以取州矣。"文子曰："退！二子之言，义也。违义，祸也。余不能治余县，又焉用州？其以徼祸也？君子曰：'弗知实难。'知而弗从，祸莫大焉，有言州必死。"丰氏故主韩氏，伯石之获州也，韩宣子为之请之，为其复取之之故。

晋韩起如齐逆女。公孙虿为少姜之有宠也，以其子更公女，而嫁公子。人谓宣子："子尾欺晋，晋胡受之？"宣子曰："我欲得齐而远其宠，宠将来乎？"

秋，七月，郑罕虎如晋，贺夫人，且告曰："楚人日征敝邑，以不朝立王之故。敝邑之往，则畏执事，其谓寡君而固有外心；其不往，则宋之盟云。进退罪也。寡君使虎布之。"宣子使叔向对曰："君若辱有寡君，

成，即昭十一年会于厥慭，谋救蔡而不能。昭十三年平丘之会，晋侯使叔向主之；昭二十五年黄父之会赵鞅主之；昭二十七年扈之会，士鞅主之。

韩子之无能及无见识还见之于：昭十一年问叔向楚灭蔡之言；昭十三年问叔向楚之内乱及比干命运；昭十六年为郑贾环之事而备受子产之戏；昭二十三年，叔孙氏不义宣子。

襄二十六年韩宣子聘于周，周天子赞其有礼，谓其必昌于晋；昭二年韩子聘鲁，观《易象》与《鲁春秋》，言之凿凿，且与季武子赋诗互答甚有礼，由此可知韩子确为知书识礼之人；昭七年韩子听范献子之言而反咸田，昭九年听叔向之言而归周田，由此可知韩子为人能随缘而化，随遇而安，表面上无所用心，实则颇为玲珑；昭三年、七年宣子明明极想得州田，最终仍然放弃，可见其为人谨慎；昭二年宣子赴

	在楚何害？修宋盟也。君苟思盟，寡君乃知免于戾矣。君若不有寡君，虽朝夕辱于敝邑，寡君猜焉。君实有心，何辱命焉？君其往也！苟有寡君，在楚犹在晋也。"	齐，评子尾、子旗之为人，从其所说之话可知其为人之见识。盖韩子为政期间，晋公室已卑，政在侈家，贰偷之不瑕，韩子奉行的是但求自保而不求有为，不求有功但求无过。至于晋之霸业，既非力所能及，不妨听之任之。
昭五	昭五	
	晋韩宣子如楚送女，叔向为介。郑子皮、子大叔劳诸索氏。大叔谓叔向曰："楚王汰侈已甚，子其戒之！"叔向曰："汰侈已甚，身之灾也，焉能及人？若奉吾币、帛，慎吾威仪，守之以信，行之以礼，敬始而思终，终无不复。从而不失仪，敬而不失威，道之以训辞，奉之以旧法，考之以先王，度之以二国，虽汰侈，若我何？" 及楚，楚子朝其大夫，曰："晋，吾仇敌也。苟得志焉，无恤其他。今其来者，上卿、上大夫也。若吾以韩起为阍，以羊舌肸为司宫，足以辱晋，吾亦得志矣。可乎？"大夫莫对。薳启彊曰："可。苟有其备，何故不可？耻匹夫不可以无备，况耻国乎？是以圣王务行礼，不求耻人。朝聘有珪，享频有璋，小有述职，大有巡功。设机而不倚，爵盈而不饮；宴有好货，飨有陪鼎，入有郊劳，出有赠贿，礼之至也。国家之败，失之道也，则祸乱兴。城濮之役，晋无楚备，以败于郑。郑之役，楚无晋备，以败于鄢。自鄢以来，晋不失备，而加之以礼，重之以睦，是以楚弗能报，而求亲焉。既获姻亲，又欲耻之，以召寇仇，备之若何，谁其重此？若有其人，耻之可也。若其未有，君亦图之。晋之事君，臣曰可矣；求诸侯而麇至；求昏而荐女，君亲送之，上卿及上大夫致之。犹欲耻之，君其亦有备矣。不然，奈何？韩起之下，赵成、中行吴、魏舒、范鞅、	晋国执政自荀偃以后，一个比一个更差，范宣子、赵文子、韩宣子，一个比一个无能。悼公为政期间一年两会列国诸侯的威风荡然无存。其原因也不全在个别执政之卿身上，而是由晋国政治的整体生态决定的。当历史的趋势已经形成，个人的能力就特别有限，然而如果有天才的人格、罕见的圣贤，也许可以挽狂澜于既倒。 昭二十八年，晋祁胜与邬臧通室。夏，六月，晋杀祁盈及杨食我。食我，祁盈之党也，因助乱，故杀之。遂灭祁氏、羊舌氏。秋，晋韩宣子卒，魏献子为政，分祁氏之田以为七县，分羊舌氏之田

	知盈；羊舌肸之下，祁午、张趯、籍谈、女齐、梁丙、张骼、辅跞、苗贲皇，皆诸侯之选也。韩襄为公族大夫，韩须受命而使矣；箕襄、邢带、叔禽、叔椒、子羽，皆大家也。韩赋七邑，皆成县也。羊舌四族，皆强家也。晋人若丧韩起、杨肸、五卿、八大夫辅韩须、杨石，因其十家九县，长毂九百，其余四十县，遗守四千，奋其武怒，以报其大耻，伯华谋之，中行伯、魏舒帅之，其蔑不济矣。君将以亲易怨，实无礼以速寇，而未有其备，使群臣往遗之禽，以逞君心何不可之有？"王曰："不穀之过也，大夫无辱。"厚为韩子礼。王欲敖叔向以其所不知，而不能，亦厚其礼。 韩起反，郑伯劳诸圉。辞不敢见，礼也。	以为三县。由此可见羊舌氏之灭当在魏献子为政之前而韩宣子为政之际。若宣子不知此事，则此事无关乎他；若宣子知之而不问，而听他人灭羊舌氏，则为不德。
昭六 夏，季孙宿如晋。	**昭六** 　　夏，季孙宿如晋，拜莒田也。晋侯享之，有加笾。武子退，使行人告曰："小国之事大国也，苟免于讨，不敢求贶。得贶不过三献。今豆有加，下臣弗堪，无乃戾也？"韩宣子曰："寡君以为欢也。"对曰："寡君犹未敢。况下臣，君之隶也，敢闻加贶？"固请彻加，而后卒事。晋人以为知礼，重其好货。 　　楚公子弃疾如晋，报韩子也。韩宣子之适楚也，楚人弗逆。公子弃疾及晋竟，晋侯将亦弗逆，叔向曰："楚辟我衷，若何效辟？《诗》曰：'尔之教矣，民胥效矣。'从我而已，焉用效人之辟？《书》曰：'圣作则。'无宁以善人为则，而则人之辟乎？匹夫为善，民犹则之，况国君乎？"晋侯说，乃逆之。	
昭七	**昭七** 　　郑子产聘于晋。晋侯有疾，韩宣子逆客，私焉，曰："寡君寝疾，于	

	今三月矣，并走群望，有加而无瘳。今梦黄熊入于寝门，其何厉鬼也？"对曰："以君之明，子为大政，其何厉之有？昔尧殛鲧于羽山，其神化为黄熊，以入于羽渊，实为夏郊，三代祀之。晋为盟主，其或者未之祀也乎！"韩子祀夏郊。晋侯有间，赐子产莒之二方鼎。	
	子产为丰施归州田于韩宣子，曰："日君以夫公孙段为能任其事，而赐之州田。今无禄早世，不获久享君德。其子弗敢有，不敢以闻于君，私致诸子。"宣子辞，子产曰："古人有言曰：'其父析薪，其子弗克负荷。'施将惧不能任其先人之禄，其况能任大国之赐？纵吾子为政而可，后之人若属有疆场之言，敝邑获戾，而丰氏受其大讨。吾子取州，是免敝邑于戾，而建置丰氏也。敢以为请。"宣子受之，以告晋侯。晋侯以与宣子。宣子为初言，病有之，以易原县于乐大心。	
	齐师还自燕之月，罕朔杀罕魋。罕朔奔晋。韩宣子问其位于子产，子产曰："君之羁臣，苟得容以逃死，何位之敢择？卿违从大夫之位，罪人以其罪降，古之制也。朔于敝邑，亚大夫也，其官马师也，获戾而逃，唯执政所置之。得免其死，为惠大矣，又敢求位？"宣子为子产之敏也，使从嬖大夫。	
	晋韩宣子为政，聘于诸侯之岁，婤姶生子，名之曰元。	
昭八	**昭八**	
冬，十月壬午，楚师灭陈。	九月，楚公子弃疾帅师奉孙吴围陈。宋戴恶会之。冬，十一月壬午，灭陈。晋侯问于史赵曰："陈其遂亡乎？"对曰："未也。"公曰："何故？"对曰："陈，颛顼之族也，岁在鹑火，是以卒灭。陈将如之。今在析木之	昭八年晋侯与史赵之对话充分表明晋国上下包括韩宣子在内对于楚人灭陈的行为无人有过问之意。

	津,犹将复由。且陈氏得政于齐,而后陈卒亡。自幕至于瞽瞍无违命,舜重之以明德,置德于遂。遂世守之,及胡公不淫,故周赐之姓,使祀虞帝。臣闻盛德必百世祀。虞之世数未也,继守将在齐,其兆既存矣。"	昭八年"继守将在齐"之语,似乎暗示田氏篡齐。
昭九	昭九	
	周甘人与晋阎嘉争阎田。晋梁丙、张趯率阴戎伐颍。王使詹桓伯辞于晋,曰:"我自夏以后稷、魏、骀、芮、岐、毕,吾西土也。及武王克商,蒲姑、商奄,吾东土也,巴、濮、楚、邓,吾南土也,肃慎、燕、亳,吾北土也。吾何迩封之有?文、武、成、康之建母弟,以蕃屏周,亦其废队是为,岂如弁髦而因以敝之。先王居梼杌于四裔,以御螭魅,故允姓之奸居于瓜州。伯父惠公归自秦,而诱以来,使逼我诸姬,入我郊甸,则戎焉取之。戎有中国,谁之咎也?后稷封殖天下,今戎制之,不亦难乎?伯父图之!我在伯父,犹衣服之有冠冕,木水之有本原,民人之有谋主也。伯父若裂冠毁冕,拔本塞原,专弃谋主,虽戎狄,其何有余一人?"叔向谓宣子曰:"文之伯也,岂能改物?翼戴天子,而加之以共。自文以来,世有衰德,而暴灭宗周,以宣示其侈,诸侯之贰,不亦宜乎?且王辞直,子其图之!"宣子说。王有姻丧,使赵成如周吊,且致阎田与襚,反颍俘。王亦使宾滑执甘大夫襄以说于晋,晋人礼而归之。	
昭十一	昭十一	
楚子虔诱蔡侯般杀之于申。楚公子弃疾帅师围蔡。仲孙貜会邾子,盟于祲祥。	楚子在申,召蔡灵侯。夏,四月丁巳,杀之,刑其士七十人。公子弃疾帅师围蔡。韩宣子问于叔向曰:"楚其克乎?"对曰:"克哉!蔡侯获罪于其君,而不能其民,天将假手于楚以毙之,何故不克?然肸闻之:不	

秋，季孙意如会晋韩起、齐国弱、宋华亥、卫北宫佗、郑罕虎、曹人、杞人于厥慭。 冬，十有一月丁酉，楚师灭蔡，执蔡世子有以归，用之。	信以幸，不可再也。楚王奉孙吴以讨于陈，曰：'将定而国。'陈人听命，而遂县之。今又诱蔡而杀其君，以围其国，虽幸而克，必受其咎，弗能久矣。桀克有缗，以丧其国；纣克东夷，而陨其身。楚小位下，而亟暴于二王，能无咎乎？天之假助不善，非祚之也，厚其凶恶而降之罚也。且譬之如天，其有五材，而将用之，力尽而敝之，是以无拯，不可没振。" 孟僖子会邾庄公，盟于祲祥，修好，礼也。 楚师在蔡。晋荀吴谓韩宣子曰："不能救陈，又不能救蔡，物以无亲。晋之不能亦可知也已。为盟主而不恤亡国，将焉用之？"秋，会于厥慭，谋救蔡也。郑子皮将行，子产曰："行不远，不能救蔡也。蔡小而不顺，楚大而不德，天将弃蔡以壅楚，盈而罚之。蔡必亡矣，且丧君而能守者鲜矣。三年，王其有咎乎？美恶周必复，王恶周矣。"晋人使狐父请蔡于楚，弗许。单子会韩宣子于戚。冬，十一月，楚子灭蔡，用隐大子于冈山。
昭十三	**昭十三**
夏，四月，楚公子比自晋归于楚，弑其君虔于乾谿。楚公子弃疾杀公子比。 秋，公会刘子、晋侯、宋公、卫侯、郑伯、曹伯、莒子、邾子、滕子、薛伯、杞伯、小邾子于平丘。八月甲戌，同盟于	子干归，韩宣子问于叔向曰："子干其济乎？"对曰："难。"宣子曰："同恶相求，如市贾焉，何难？"对曰："无与同好，谁与同恶？取国有五难：有宠而无人，一也；有人而无主，二也；有主而无谋，三也；有谋而无民，四也；有民而无德，五也。子干在晋十三年矣，晋、楚之从，不闻达者，可谓无人。族尽亲叛，可谓无主。无衅而动，可谓无谋。为羁终世，可谓无民。亡无爱征，可谓无德。王虐而不忌，楚君子干，涉五难以弑旧君，谁能济之？有楚国者，其弃疾乎？君陈、蔡，城外属焉。苟慝不作，盗贼伏隐，私欲不违，民无怨心。

平丘。公不与盟。晋人执季孙意如以归。	先神命之，国民信之。芈姓有乱，必季实立，楚之常也。获神，一也；有民，二也；令德，三也；宠贵，四也；居常，五也。有五利以去五难，谁能害之？子干之官，则右尹也。数其贵宠，则庶子也。以神所命，则又远之。其贵亡矣，其宠弃矣，民无怀焉，国无与焉，将何以立？"宣子曰："齐桓、晋文，不亦是乎？"对曰："齐桓，卫姬之子也，有宠于僖，有鲍叔牙、宾须无、隰朋以为辅佐，有莒、卫以为外主，有国、高以为内主，从善如流，下善齐肃，不藏贿，不从欲，施舍不倦，求善不厌，是以有国，不亦宜乎？我先君文公，狐季姬之子也，有宠于献。好学而不贰，生十七年，有士五人。有先大夫子馀、子犯以为腹心，有魏犨、贾佗以为股肱，有齐、宋、秦、楚以为外主，有栾、郤、狐、先以为内主。亡十九年，守志弥笃。惠、怀弃民，民从而与之。献无异亲，民无异望，天方相晋，将何以代文？此二君者，异于子干。共有宠子，国有奥主；无施于民，无援于外，去晋而不送，归楚而不逆，何以冀国？" 晋成虒祁，诸侯朝而归者皆有贰心。为取郑故，晋将以诸侯来讨。叔向曰："诸侯不可以不示威。"乃并征会，告于吴。秋，晋侯会吴子于良，水道不可，吴子辞，乃还。七月丙寅，治兵于邾南，甲车四千乘。羊舌鲋摄司马，遂合诸侯于平丘。叔向曰："诸侯有间矣，不可以不示众。"八月辛未，治兵，建而不旆。壬申，复旆之。诸侯畏之。 邾人、莒人诉于晋，曰："鲁朝夕伐我，几亡矣。我之不共，鲁故之以。"晋侯不见公，使叔向来辞，曰："诸侯将以甲戌盟。寡君知不得事君	昭十三年平丘之会，晋侯一切委之于叔向，叔向亦因此而充分显示了其政治才华。从此可以看出，韩宣子为政之无为、无所用心和图谋。从他与叔向就子干归之事之对话，也表现出此人无甚见识。

628

矣，请君无勤！"子服惠伯对曰："君信蛮夷之诉，以绝兄弟之国，弃周公之后，亦惟君。寡君闻命矣！"叔向曰："寡君有甲车四千乘在，虽以无道行之，必可畏也，况其率道，其何敌之有？牛虽瘠，偾于豚上，其畏不死？南蒯、子仲之忧，其庸可弃乎？若奉晋之众，用诸侯之师，因邾、莒、杞、鄫之怒，以讨鲁罪，间其二忧，何求而弗克？"鲁人惧，听命。

甲戌，同盟于平丘，齐服也。令诸侯日中造于除。癸酉，退朝。

公不与盟。晋人执季孙意如，以幕蒙之，使狄人守之。司铎射怀锦，奉壶饮冰，以蒲伏焉。守者御之，乃与之锦而入。晋人以平子归，子服湫从。季孙犹在晋。子服惠伯私于中行穆子曰："鲁事晋，……使事齐、楚，其何瘳于晋？亲亲，与大，赏共，罚否，所以为盟主也。子其图之！谚曰：'臣一主二。吾岂无大国？'"穆子告韩宣子，且曰："楚灭陈、蔡，不能救，而为夷执亲，将焉用之？"乃归季孙。

惠伯曰："寡君未知其罪，合诸侯而执其老。若犹有罪，死命可也。若曰无罪而惠免之，诸侯不闻，是逃命也，何免之为？请从君惠于会。"宣子患之，谓叔向曰："子能归季孙乎？"对曰："不能。鲋也能。"乃使叔鱼。叔鱼见季孙，曰："昔鲋也得罪于晋君，自归于鲁君。微武子之赐，不至于今。虽获归骨于晋，犹子则肉之，敢不尽情？归子而不归，鲋也闻诸吏，将为子除馆于西河。其若之何？"且泣。平子惧，先归。惠伯待礼。

昭十四	昭十四

晋邢侯与雍子争鄐田，久而无成。士景伯如楚，叔鱼摄理。韩宣子命断旧狱，罪在雍子。雍子纳其女于

	叔鱼，叔鱼蔽罪邢侯。邢侯怒，杀叔鱼与雍子于朝。宣子问其罪于叔向。叔向曰："三人同罪，施生戮死可也。雍子自知其罪，而赂以买直。鲋也鬻狱。邢侯专杀，其罪一也。己恶而掠美为昏，贪以败官为墨，杀人不忌为贼。《夏书》曰：'昏、墨、贼，杀。'皋陶之刑也。请从之。"乃施邢侯，而尸雍子与叔鱼于市。
昭十六	昭十六
	二月，晋韩起聘于郑，郑伯享之。子产戒曰："苟有位于朝，无有不共恪！"
	宣子有环，其一在郑商。宣子谒诸郑伯，子产弗与。曰："非官府之守器也，寡君不知。"子大叔、子羽谓子产曰："韩子亦无几求，晋国亦未可以贰。晋国、韩子，不可偷也。若属有谗人交斗其间，鬼神而助之，以兴其凶怒，悔之何及？吾子何爱一环？其以取憎于大国也？盍求而与之？"子产曰："吾非偷晋而有二心，将终事之，是以弗与，忠信故也。侨闻君子非无贿之难，立而无令名之患。侨闻为国非不能事大字小之难，无礼以定其位之患。夫大国之人，令于小国而皆获其求，将何以给之？一共一否，为罪滋大。大国之求，无礼以斥之，何厌之有？吾且为鄙邑，则失位矣，若韩子奉命以使而求玉焉，贪淫甚矣，独非罪乎？出一玉以起二罪，吾又失位，韩子成贪，将焉用之？且吾以玉贾罪，不亦锐乎！"韩子买诸贾人。既成贾矣，商人曰："必告君大夫！"韩子请诸子产曰："日起请夫环，执政弗义，弗敢复也。今买诸商人，商人曰必以闻，敢以为请。"子产对曰："昔我先君桓公，与商人皆出自周，庸次比耦以艾杀此地，斩之蓬蒿藜藿而共处之，世有盟誓

	以相信也,曰:'尔无我叛,我无强贾,毋或匄夺。尔有利市宝贿,我勿与知。'恃此质誓,故能相保,以至于今。今吾子以好来辱,而谓敝邑强夺商人,是教敝邑背盟誓也,毋乃不可乎!吾子得玉,而失诸侯,必不为也。若大国令而共无艺,郑鄙邑也,亦弗为也。侨若献玉,不知所成。敢私布之!"韩子辞玉,曰:"起不敏,敢求玉以徼二罪,敢辞之。" 夏,四月,郑六卿饯宣子于郊。宣子曰:"二三君子请皆赋,起亦以知郑志。"子齹赋《野有蔓草》,宣子曰:"孺子善哉,吾有望矣!"子产赋《郑之羔裘》,宣子曰:"起不堪也!"子大叔赋《褰裳》,宣子曰:"起在此,敢勤子至于他人乎?"子大叔拜,宣子曰:"善哉!子之言是。不有是事,其能终乎?"子游赋《风雨》,子旗赋《有女同车》,子柳赋《萚兮》,宣子喜,曰:"郑其庶乎!二三君子以君命贶起,赋不出郑志,皆昵燕好也。二三君子,数世之主也,可以无惧矣!"宣子皆献马焉,而赋《我将》。子产拜,使五卿皆拜,曰:"吾子靖乱,敢不拜德!"宣子私觐于子产,以玉与马,曰:"子命起舍夫玉,是赐我玉而免吾死也,敢不藉手以拜!"	
昭十七 八月,晋荀吴帅师灭陆浑之戎。	**昭十七** 九月丁卯,晋荀吴帅师涉自棘津,使祭史先用牲于洛。陆浑人弗知,师从之。庚午,遂灭陆浑。数之,以其贰于楚也。陆浑子奔楚,其众奔甘鹿。周大获。宣子梦文公携荀吴而授之陆浑,故使穆子帅师,献俘于文宫。	
昭二十三 春,王正月,叔孙婼如晋。晋人执我行人叔孙婼。	**昭二十三** 邾人城翼,还将自离姑。公孙鉏曰:"鲁将御我。"欲自武城还,循山而南。徐鉏、丘弱、茅地曰:"道下遇雨,将不出,是不归也。"遂自离姑。	

	武城人塞其前，断其后之木而弗殊，邾师过之，乃推而蹷之。遂取邾师，获鉏、弱、地。邾人诉于晋，晋人来讨。叔孙婼如晋，晋人执之。书曰"晋人执我行人叔孙婼"，言使人也。晋人使与邾大夫坐，叔孙曰："列国之卿，当小国之君，固周制也。邾又夷也。寡君之命介子服回在，请使当之。不敢废周制故也。"乃不果坐。韩宣子使邾人取其众，将以叔孙与之。叔孙闻之，去众与兵而朝。士弥牟谓韩宣子曰："子弗良图，而以叔孙与其仇，叔孙必死之！鲁亡叔孙，必亡邾。邾君亡国，将焉归？子虽悔之，何及？所谓盟主，讨违命也。若皆相执，焉用盟主？"乃弗与，使各居一馆。士伯听其辞而诉诸宣子，乃皆执之。士伯御叔孙，从者四人，过邾馆以如吏。先归邾子。士伯曰："以刍荛之难，从者之病，将馆子于都。"叔孙旦而立，期焉。乃馆诸箕，舍子服昭伯于他邑。范献子求货于叔孙，使请冠焉。取其冠法，而与之两冠，曰："尽矣。"为叔孙故，申丰以货如晋。叔孙曰："见我，吾告女所行货。"见而不出，吏人之与叔孙居于箕者，请其吠狗，弗与。及将归，杀而与之食之。叔孙所馆者，虽一日，必葺其墙屋，去之如始至。	
昭二十四	昭二十四	
	六月壬申，王子朝之师攻瑕及杏，皆溃。郑伯如晋，子大叔相。见范献子，献子曰："若王室何？"对曰："老夫其国家不能恤，敢及王室？抑人亦有言曰：'熬不恤其纬，而忧宗周之陨，为将及焉。'今王室实蠢蠢焉，吾小国惧矣，然大国之忧也，吾侪何知焉？吾子其早图之！《诗》曰：'瓶之罄矣，惟罍之耻。'王室之不宁，晋之耻也。"献子惧，而与宣子图之。乃征会于诸侯，期以明年。	昭二十四年以后，晋人纳王戍周之举皆非宣子主之，而委之于赵简子及范献子。宣子末年，齐、鲁、莒、邾、杞盟于鄾陵，鲁有昭公之难，晋国一概不问。

昭二十五	**昭二十五**	
夏，叔诣会晋赵鞅、宋乐大心、卫北宫喜、郑游吉、曹人、邾人、滕人、薛人、小邾人于黄父。	夏，会于黄父，谋王室也。赵简子令诸侯之大夫输王粟、具戍人，曰："明年将纳王。"	
昭二十六	**昭二十六**	
秋，公会齐侯、莒子、邾子、杞伯，盟于鄟陵。尹氏、召伯、毛伯以王子朝奔楚。	秋，盟于鄟陵，谋纳公也。晋知跞、赵鞅帅师纳王，使汝宽守关塞。十一月辛酉，晋师克巩。癸酉，王入于成周。甲戌，盟于襄宫。晋师使成公般戍周而还。十二月癸未，王入于庄宫。	昭二十六年鄟陵之盟，是一重要转折点，是晋国霸业全面衰退的标志。
昭二十七	**昭二十七**	
秋，晋士鞅、宋乐祁犁、卫北宫喜、曹人、邾人、滕人会于扈。	秋，会于扈，令戍周，且谋纳公也。宋、卫皆利纳公，固请之。范献子取货于季孙，谓司城子梁与北宫贞子曰："季孙未知其罪，而君伐之。请囚、请亡，于是乎不获。君又弗克，而自出也。夫岂无备而能出君乎？季氏之复，天救之也。休公徒之怒，而启叔孙氏之心。不然，岂其伐人而说甲执冰以游？叔孙氏惧祸之滥，而自同于季氏，天之道也。鲁君守齐，三年而无成。季氏甚得其民，淮夷与之。有十年之备，有齐、楚之援，有天之赞，有民之助，有坚守之心，有列国之权，而弗敢宣也，事君如在国。故鞅以为难。二子皆图国者也，而欲纳鲁君，鞅之愿也，请从二子以围鲁。无成，死之。"二子惧，皆辞。乃辞小国，而以难复。	
昭二十八	**昭二十八**	
	秋，晋韩宣子卒，魏献子为政。	

晋羊舌氏（前660—前514）

闵二	闵二 　　晋侯使大子申生伐东山皋落氏。大子帅师，公衣之偏衣，佩之金玦。狐突御戎，先友为右。梁余子养御罕夷，先丹木为右。羊舌大夫为尉。狐突欲行，羊舌大夫曰："不可！违命不孝，弃事不忠。虽知其寒，恶不可取。子其死之！"	羊舌氏，姬姓，晋公族，出曲沃武公（隐八至庄十七年在位）。"食邑于羊舌，以此为氏"（《氏族略三·以邑为氏》）。羊舌氏历史与春秋相重合。 　　据顾氏《大事表·世系表》及传文，羊舌氏之世系如下：
宣十五	宣十五 　　晋侯赏桓子狄臣千室，亦赏士伯以瓜衍之县，曰："吾获狄土，子之功也。微子，吾丧伯氏矣。"羊舌职说是赏也，曰："《周书》所谓'庸庸祗祗'者，谓此物也夫！士伯庸中行伯，君信之，亦庸士伯，此之谓明德矣。文王所以造周，不是过也。故《诗》曰'陈锡哉周'，能施也。率是道也，其何不济？"	
宣十六 晋人灭赤狄甲氏及留吁。	宣十六 　　春，晋士会帅师灭狄甲氏及留吁、铎辰。三月，献狄俘。晋侯请于王。戊申，以黻冕命士会将中军，且为大傅。于是晋国之盗，逃奔于秦。羊舌职曰："吾闻之：'禹称善人，不善人远。'此之谓也夫。《诗》曰：'战战兢兢，如临深渊，如履薄冰。'善人在上也。善人在上，则国无幸民。谚曰：'民之多幸，国之不幸也。'是无善人之谓也。"	

羊舌大夫　突				
羊舌职				
羊舌赤 伯华	羊舌肸 叔向	羊舌鲋 叔鱼	羊舌虎 叔罴
子容	杨食我 伯石		

（上表：《新唐书·宰相世系表》以叔罴为羊舌虎字，似与传文不合，今仍从其说。）

（《新唐书·宰相世系表》称"晋之公族食邑于羊舌凡三县，一曰铜鞮，二曰杨氏，三曰平阳"。盖叔向食邑于杨氏，故其子称杨

成十八	成十八 　　二月乙酉朔，晋悼公即位于朝。卿无共御，立军尉以摄之。祁奚为中军尉，羊舌职佐之。举不失职，官不易方，爵不逾德，师不陵正，旅不偪师。民无谤言，所以复霸也。	
襄三	襄三 　　祁奚请老，晋侯问嗣焉，称解	

	狐，其雠也。将立之而卒。又问焉，对曰："午也可。"于是羊舌职死矣，晋侯曰："孰可以代之？"对曰："赤也可。"于是使祁午为中军尉，羊舌赤佐之。君子谓："祁奚于是能举善矣。称其雠，不为谄。立其子，不为比。举其偏，不为党。《商书》曰：'无偏无党，王道荡荡。'其祁奚之谓矣。解狐得举，祁午得位，伯华得官，建一官而三物成，能举善也夫。唯善，故能举共类。《诗》云：'惟其有之，是以似之。'祁奚有焉。" 晋侯之弟扬干乱行于曲梁，魏绛戮其仆。晋侯怒，谓羊舌赤曰："合诸侯，以为荣也。扬干为戮，何辱如之？必杀魏绛，无失也。"对曰："绛无贰志，事君不辟难，有罪不逃刑。其将来辞，何辱命焉？"言终，魏绛至，授仆人书，将伏剑，士鲂、张老止之。公读其书，曰："日君乏使，使臣斯司马。臣闻：'师众以顺为武，军事有死无犯为敬。'君合诸侯，臣敢不敬？君师不武，执事不敬，罪莫大焉。臣惧其死，以及扬干，无所逃罪。不能致训。至于用钺，臣之罪重，敢有不从以怒君心？请归死于司寇。"公跣而出，曰："寡人之言，亲爱也。吾子之讨，军礼也。寡人有弟，弗能教训，使干大命，寡人之过也。子无重寡人之过，敢以为请。"晋侯以魏绛为能以刑佐民矣，反役，与之礼食，使佐新军。张老为中军司马，士富为候奄。	食我；羊舌赤食邑于铜鞮，故又称铜鞮伯华［杜注］。又《左传》昭二十八年秋，魏献子为政，"分羊舌氏之田以为三县"，其中"乐霄为铜鞮大夫，赵朝为平阳大夫，僚安为杨氏大夫"，三县之名与《新唐书》所言羊舌氏食邑一致。） 羊舌氏闵二年始见于《左传》，其时羊舌大夫（突）为大子申生军尉。宣十五至襄三年，羊舌职为晋大夫，成十八年佐中军尉。羊舌职多善言，论晋景公用人（中行桓子及士会）有方颇有见识，见于宣十五、十六年。 襄三年羊舌职已死，其子羊舌赤代其父为中军尉之佐，是年赤谏晋侯不可杀魏绛，颇为耿直。襄二十一年栾、范之乱，羊舌赤（伯华）被范氏所囚，昭五年楚薳启疆有"伯华谋之"之言，也许伯华（羊舌赤）后获释。昭五年楚薳启疆有"羊舌四族，皆强家
襄十一 公会晋侯、宋公、卫侯、曹伯、齐世子光、莒子、邾子、滕子、薛伯、杞伯、小邾子伐郑。	襄十一 诸侯之师观兵于郑东门。郑人使王子伯骈行成。甲戌，晋赵武入盟郑伯。冬，十月丁亥，郑子展出盟晋侯。 十二月戊寅，会于萧鱼。庚辰，赦郑囚，皆礼而归之。纳斥候，禁侵掠。晋侯使叔肸告于诸侯。公使臧孙	也"之言，是时羊

会于萧鱼。	纥对曰："凡我同盟，小国有罪，大国致讨，苟有以藉手，鲜不赦宥。寡君闻命矣。"	舌氏四族杜注以为叔向、伯华、叔鱼、叔虎兄弟四人（昭五年杜注）。其中叔向，又称叔肸、羊舌肸、杨肸、肸等。其子杨食我，又称食我、杨石、伯石等。又杜注以子容为伯华（羊舌赤）之子。叔虎（羊舌虎）襄二十一年死于栾、范之乱。叔鱼（羊舌鲋）昭十四年为邢侯所杀。昭二十八年羊舌氏被灭时，叔向当已死，子容之徒当与杨食我一起被杀。
襄十四	**襄十四**	
夏，四月，叔孙豹会晋荀偃、齐人、宋人、卫北宫括、郑公孙虿、曹人、莒人、邾人、滕人、薛人、杞人、小邾人伐秦。	夏，诸侯之大夫从晋侯伐秦，以报栎之役也。晋侯待于竟，使六卿帅诸侯之师以进。及泾，不济。叔向见叔孙穆子，穆子赋《匏有苦叶》，叔向退而具舟。鲁人、莒人先济。郑子蟜见卫北宫懿子曰："与人而不固，取恶莫甚焉，若社稷何？"懿子说。二子见诸侯之师而劝之济。济泾而次。秦人毒泾上流，师人多死。郑司马子蟜帅郑师以进，师皆从之，至于棫林，不获成焉。伯游曰："吾今实过，悔之何及，多遗秦禽。"乃命大还。晋人谓之"迁延之役"。于是齐崔杼、宋华阅、仲江会伐秦。不书，惰也。向之会，亦如之。卫北宫括不书于向，书于伐秦，摄也。	
襄十六	**襄十六**	
	春，葬晋悼公。平公即位，羊舌肸为傅，张君臣为中军司马，祁奚、韩襄、栾盈、士鞅为公族大夫，虞丘书为乘马御。改服修官，烝于曲沃。	叔向为《左传》中羊舌氏重点人物，襄十一年叔向第一次出现，至昭十五年最后一次出现，叔向一生共事悼公、平公、昭公三公。此后《左传》所讲羊舌氏之事也都是围绕着叔向。叔向之时，晋国伯业已衰，"大夫崇侈"，"晋政多门"，"贰偷之不暇"，叔向欲在此人心唯危之际行其抱负，必易得罪权贵，稍不小心即有杀身之祸。这是吴公子季札襄二十九年提醒叔向"吾子好直，必思自免于难"的
襄十八	**襄十八**	
冬十月，公会晋侯、宋公、卫侯、郑伯、曹伯、莒子、邾子、滕子、薛伯、杞伯、小邾子同围齐。楚公子午帅师伐郑。	冬十月，会于鲁济，寻溴梁之言，同伐齐。齐侯御诸平阴。丙寅晦，齐师夜遁。叔向告晋侯曰："城上有乌，齐师其遁。"十一月丁卯朔，入平阴，遂从齐师。楚师伐郑，甚雨及之。楚师多冻，役徒几尽。晋人闻有楚师，师旷曰："不害，吾骤歌北风，又歌南风，南风不竞，多死声。楚必无功！"董叔曰："天道多在西北，南师不时，必无功。"叔向曰："在其君之德也。"	
襄十九	**襄十九**	
叔孙豹会	齐及晋平，盟于大隧。故穆叔会	

晋士匄于柯。	范宣子于柯。穆叔见叔向，赋《载驰》之四章。叔向曰："肸敢不承命？"穆叔归，曰："齐犹未也，不可以不惧。"乃城武城。	重要原因，也是叔向虽深受晋平公、赵孟及韩宣子信任，但仍不能避免在他当任之际及死后羊舌氏被杀、被灭的主要原因。
襄二十一	**襄二十一**	叔向之贤，从其与穆叔、子产、晏平仲、季札等同代列国贤臣的交往可见一斑。以叔向之贤，若能为政于晋国，晋国霸业当可重整旗鼓，大增辉煌，但可惜时运不济，叔向难以充分施展自己的政治才华。从襄公二十七年宋之盟即可看出，以楚氛之恶及赵孟之懦，叔向所能做之事是非常有限的！尽管如此，叔向还是在自己力所能及的范围内，为维持晋国在中原的霸主地位发挥了不少作用，这一点可从昭十三年平丘之会中叔向展示的政治看出。 《左传》记叔向，以记言为主，记事为辅，读者主要可从其言论来认识他的才能及品格。大体来说其言有如下几个方面：一是善为辞令；二是论德、论
秋，晋栾盈出奔楚。公会晋侯、齐侯、宋公、卫侯、郑伯、曹伯、莒子、邾子于商任。	栾桓子娶于范宣子，生怀子。怀子为下卿，宣子使城著而遂逐之。秋，栾盈出奔楚，宣子杀箕遗、黄渊、嘉父、司空靖、邴豫、董叔、邴师、申书、羊舌虎、叔罴，囚伯华、叔向、籍偃。 人谓叔向曰："子离于罪，其为不知乎？"叔向曰："与其死亡若何？《诗》曰：'优哉游哉，聊以卒岁。'知也。"乐王鲋见叔向曰："吾为子请。"叔向弗应。出，不拜。其人皆咎叔向，叔向曰："必祁大夫。"室老闻之，曰："乐王鲋言于君，无不行，求赦吾子，吾子不许。祁大夫所不能也，而曰必由之，何也？"叔向曰："乐王鲋，从君者也，何能行？祁大夫外举不弃仇，内举不失亲，其独遗我乎？《诗》曰：'有觉德行，四国顺之。'夫子，觉者也。"晋侯问叔向之罪于乐王鲋，对曰："不弃其亲，其有焉。" 于是祁奚老矣，闻之，乘驲而见宣子曰："《诗》曰：'惠我无疆，子孙保之。'《书》曰：'圣有谟勋，明征定保。'夫谋而鲜过，惠训不倦者，叔向有焉，社稷之固也，犹将十世宥之，以劝能者。今壹不免其身，以弃社稷，不亦惑乎？鲧殛而禹兴，伊尹放大甲而相之，卒无怨色，管、蔡为戮，周公右王。若之何其以虎也弃社稷？子为善，谁敢不勉？多杀何为？"宣子说，与之乘，以言诸公而免之。不见叔向而归，叔向亦不告免焉而朝。 初，叔向之母妒叔虎之母美而不使，其子皆谏其母。其母曰："深山大泽，实生龙蛇。彼美，余惧其生龙	

	蛇以祸女。女,敝族也。国多大宠,不仁人间之,不亦难乎?余何爱焉?"使往视寝。生叔虎,美而有勇力,栾怀子嬖之,故羊舌氏之族及于难。 会于商任,锢栾氏也。齐侯、卫侯不敬。叔向曰:"二君者,必不免。会朝,礼之经也。礼,政之舆也。政,身之守也。怠礼失政,失政不立,是以乱也。"	政、论刑法、论礼;三是论霸主之道;四是论为人。 按:襄二十一年栾氏之难,羊舌氏之族虽受到重创,羊舌虎、叔罴皆被杀,叔向、羊舌赤(伯华)勉强逃生。但从昭五年楚薳启疆"羊舌四族,皆强家也"之言可看出羊舌氏在昭二十八年被晋人所灭之前仍为晋之大族。(叔向在晋悼公时已有职位于朝,襄十六年晋平公即位后,任叔向为大傅。此后襄二十一年栾、范之乱,叔向得平公之许而不死。叔向生平连事赵孟、韩宣子二卿,这究竟是平公之意呢?还是二卿之所爱?叔向是否平公所赏识之人?) 昭十四年叔鱼(羊舌鲋)之死,是羊舌氏被灭的先声。关于羊舌氏之难,先是襄二十一年在栾、范之乱中,羊舌氏受重创;后是昭十四年叔鱼之死;三是昭二十八年羊舌氏之灭。昭十五年叔向最后一次正式出现于传文中,
襄二十五 公会晋侯、宋公、卫侯、郑伯、曹伯、莒子、邾子、滕子、薛伯、杞伯、小邾子于夷仪。秋,八月己巳,诸侯同盟于重丘。	**襄二十五** 晋侯济自泮,会于夷仪,伐齐,以报朝歌之役。齐人以庄公说,使隰鉏请成,庆封如师,男女以班。赂晋侯以宗器、乐器。自六正、五吏、三十帅、三军之大夫、百官之正长、师旅及处守者,皆有赂。 晋侯许之。使叔向告于诸侯,公使子服惠伯对曰:"君舍有罪以靖小国,君之惠也。寡君闻命矣。"	
襄二十六	**襄二十六** 春,秦伯之弟针如晋修成,叔向命召行人子员。行人子朱曰:"朱也当御。"三云,叔向不应。子朱怒曰:"班爵同,何以黜朱于朝?"抚剑从之。叔向曰:"秦、晋不和久矣。今日之事,幸而集,晋国赖之。不集,三军暴骨。子员道二国之言无私,子常易之。奸以事君者,吾所能御也。"拂衣从之,人救之。 秋,七月,齐侯、郑伯为卫侯故如晋,晋侯兼享之。晋侯赋《嘉乐》。国景子相齐侯,赋《蓼萧》;子展相郑伯,赋《缁衣》。叔向命晋侯拜二君,曰:"寡君敢拜齐君之安我先君之宗祧也,敢拜郑君之不贰也。"国子使晏平仲私于叔向,曰:"晋君宣其明德于诸侯,恤其患而补其阙,正其违而治其烦,所以为盟主也。今为臣执君,若之何?"叔向告赵文子,	

	文子以告晋侯。晋侯言卫侯之罪，使叔向告二君。国子赋《辔之柔矣》，子展赋《将仲子兮》，晋侯乃许归卫侯。叔向曰："郑七穆，罕氏其后亡者也。子展俭而壹。" 声子曰："椒举娶于申公子牟，子牟得戾而亡，君大夫谓椒举：'女实遣之。'惧而奔郑，引领南望，曰：'庶几赦余。'亦弗图也。今在晋矣，晋人将与之县，以比叔向。彼若谋害楚国，岂不为患？"子木惧，言诸王，益其禄爵而复之。声子使椒鸣逆之。

至昭二十八年羊舌氏之灭仅隔十几年。以叔向之贤及其在晋之地位，犹不能自保，一方面可见此时晋国政在家门而大夫多贪之局面，另一方面可见叔向一生为官清正，不图己私，羊舌氏之族未能因叔向而有所发展、壮大。

对于羊舌氏之灭，《左传》已从襄二十九年吴季札对叔向之提醒及昭三年叔向与晏子之对白中作了提示。吴闿生《左传微》一书认为羊舌氏之灭反映此时晋国内政混乱、善人不能长存的现实（参该书"晋祁氏羊舌氏之亡"章）。这也就是说，羊舌氏之灭可与晋国霸业衰退联系到一起来理解。

襄二十七	襄二十七
夏，叔孙豹会晋赵武、楚屈建、蔡公孙归生、卫石恶、陈孔奂、郑良霄、许人、曹人于宋。秋，七月辛巳，豹及诸侯之大夫盟于宋。	宋向戌善于赵文子，又善于令尹子木，欲弭诸侯之兵以为名。皆告于小国，为会于宋。五月甲辰，晋赵武至于宋。六月丁未朔，宋人享赵文子，叔向为介。 辛巳，将盟于宋西门之外。楚人衷甲。赵孟患楚衷甲，以告叔向，叔向曰："何害也？匹夫一为不信，犹不可，单毙其死。若合诸侯之卿，以为不信，必不捷矣。食言者不病，非子之患也。夫以信召人，而以僭济之，必莫之与也，安能害我？且吾因宋以守病，则夫能致死。与宋致死，虽倍楚可也。子何惧焉？又不及是。曰弭兵以召诸侯，而称兵以害我，吾庸多矣，非所患也。" 晋、楚争先。晋人曰："晋固为诸侯盟主，未有先晋者也。"楚人曰："子言晋、楚匹也。若晋常先，是楚弱也。是晋、楚狎主诸侯之盟也久矣，岂专在晋？"叔向谓赵孟曰："诸侯归晋之德只，非归其尸盟也。子务德，无争先。且诸侯盟，小国固必有尸盟者。楚为晋细，不亦可乎？"乃先楚人。书先晋，晋有信也。 壬午，宋公兼享晋、楚之大夫。赵孟为客，子木与之言，弗能对。使

	叔向侍言焉，子木亦不能对也。子木又语王曰："宜晋之伯也，有叔向以佐其卿。楚无以当之，不可与争。" 郑伯享赵孟于垂陇，子展、伯有、子西、子产、子大叔、二子石从。赵孟曰："七子从君，以宠武也。请皆赋，以卒君贶，武亦以观七子之志。"伯有赋《鹑之贲贲》，赵孟曰："床笫之言不逾阈，况在野乎？非使人之所得闻也。"卒享，文子告叔向曰："伯有将为戮矣。诗以言志，志诬其上，而公怨之，以为宾荣，其能久乎？幸而后亡。"叔向曰："然，已侈，所谓不及五稔者，夫子之谓矣。"
襄二十九 吴子使札来聘。	襄二十九 郑子展卒，子皮即位。于是郑饥，而未及麦，民病。子皮以子展之命，饩国人粟，户一钟，是以得郑国之民。故罕氏常掌国政，以为上卿。宋司城子罕闻之，曰："邻于善，民之望也。"宋亦饥，请于平公，出公粟以贷，使大夫皆贷。司城氏贷而不书，为大夫之无者贷。宋无饥人。叔向闻之曰："郑之罕，宋之乐，其后亡者也，二者其皆得国乎！民之归也。施而不德，乐氏加焉，其以宋升降乎？" 吴公子札来聘。适晋，说赵文子、韩宣子、魏献子，曰："晋国其萃于三族乎！"说叔向。将行，谓叔向曰："吾子勉之！君侈而多良，大夫皆富，政将在家。吾子好直，必思自免于难。"
襄三十	襄三十 子产相郑伯以如晋，叔向问郑国之政焉。对曰："吾得见与否，在此岁也。驷、良方争，未知所成。若有所成，吾得见，乃可知也。"叔向曰："不既和矣乎？"对曰："伯有侈而愎，子晳好在人上，莫能相下也。虽其和

也，犹相积恶也，恶至无日矣。"

季武子曰："晋未可婾也。有赵孟以为大夫，有伯瑕以为佐，有史赵、师旷而咨度焉，有叔向、女齐以师保其君。其朝多君子，其庸可婾乎？勉事之而后可。"

襄三十一	襄三十一

公薨之月，子产相郑伯以如晋。晋侯以我丧故，未之见也。子产使尽坏其馆之垣，而纳车马焉。士文伯让之，曰："敝邑以政刑之不修，寇盗充斥，无若诸侯之属辱在寡君者何，是以令吏人完客所馆，高其闬闳，厚其墙垣，以无忧客使。今吾子坏之，虽从者能戒，其若异客何？以敝邑之为盟主，缮完葺墙，以待宾客。若皆毁之，其何以共命？寡君使匄请命。"对曰："以敝邑褊小，介于大国，诛求无时，是以不敢宁居，悉索敝赋，以来会时事。逢执事之不间，而未得见。又不获闻命，未知见时。不敢输币，亦不敢暴露。其输之，则君之府实也，非荐陈之，不敢输也。其暴露之，则恐燥湿之不时而朽蠹，以重敝邑之罪。侨闻文公之为盟主也，宫室卑庳，无观台榭，以崇大诸侯之馆。馆如公寝，库厩缮修，司空以时平易道路，圬人以时塓馆宫室。诸侯宾至，甸设庭燎，仆人巡宫，车马有所，宾从有代，巾车脂辖，隶人、牧、圉，各瞻其事；百官之属，各展其物。公不留宾，而亦无废事。忧乐同之，事则巡之。教其不知，而恤其不足。宾至如归，无宁菑患。不畏寇盗，而亦不患燥湿。今铜鞮之宫数里，而诸侯舍于隶人；门不容车，而不可逾越；盗贼公行，而天厉不戒。宾见无时，命不可知。若又勿坏，是无所藏币以重罪也。敢请执事，将何所命之？虽君之有鲁丧，亦敝邑之忧

	也。若获荐币,修垣而行,君之惠也,敢惮勤劳!"文伯复命。 赵文子曰:"信。我实不德,而以隶人之垣以嬴诸侯,是吾罪也。"使士文伯谢不敏焉。晋侯见郑伯,有加礼,厚其宴好而归之。乃筑诸侯之馆。 叔向曰:"辞之不可以已也如是夫!子产有辞,诸侯赖之,若之何其释辞也?《诗》曰:'辞之辑矣,民之协矣;辞之绎矣,民之莫矣。'其知之矣。"
昭元	**昭元**
叔孙豹会晋赵武、楚公子围、齐国弱、宋向戌、卫齐恶、陈公子招、蔡公子归生、郑罕虎、许人、曹人于虢。	春,楚公子围聘于郑,且娶于公孙段氏。正月乙未,入逆而出。遂会于虢,寻宋之盟也。三月甲辰,盟。令尹享赵孟,赋《大明》之首章。赵孟赋《小宛》之二章。事毕,赵孟谓叔向曰:"令尹自以为王矣,何如?"对曰:"王弱,令尹强,其可哉!虽可,不终。"赵孟曰:"何故?"对曰:"强以克弱而安之,强不义也。不义而强,其毙必速。《诗》曰:'赫赫宗周,褒姒灭之。'强不义也。令尹为王,必求诸侯。晋少懦矣,诸侯将往。若获诸侯,其虐滋甚,民弗堪也,将何以终?夫以强取,不义而克,必以为道。道以淫虐,弗可久已矣。" 晋侯有疾,郑伯使公孙侨如晋聘,且问疾。叔向问焉,曰:"寡君之疾病,卜人曰:'实沈、台骀为祟。'史莫之知。敢问此何神也?"子产曰:"昔高辛氏有二子,伯曰阏伯,季曰实沈,居于旷林,不相能也,日寻干戈,以相征讨。后帝不臧,迁阏伯于商丘,主辰。商人是因,故辰为商星。迁实沈于大夏,主参,唐人是因,以服事夏、商。其季世曰唐叔虞。当武王邑姜方震大叔,梦帝谓己:'余命而子曰虞,将与之唐,属诸参,而蕃育其子孙。'及生,有文在其手曰虞,遂以命之。及成王灭

唐，而封大叔焉。故参为晋星。由是观之，则实沈，参神也。昔金天氏有裔子曰昧，为玄冥师，生允格、台骀。台骀能业其官，宣汾、洮，障大泽，以处大原。帝用嘉之，封诸汾川，沈、姒、蓐、黄实守其祀。今晋主汾而灭之矣。由是观之，则台骀，汾神也。抑此二者，不及君身。山川之神，则水旱疠疫之灾，于是乎禜之；日月星辰之神，则雪霜风雨之不时，于是乎禜之。若君身，则亦出入、饮食、哀乐之事也，山川、星辰之神，又何为焉？侨闻之，君子有四时，朝以听政，昼以访问，夕以修令，夜以安身。于是乎节宣其气，勿使有所壅闭湫底以露其体，兹心不爽，而昏乱百度。今无乃壹之，则生疾矣。侨又闻之，内官不及同姓，其生不殖。美先尽矣，则相生疾，君子是以恶之。故《志》曰：'买妾不知其姓，则卜之。'违此二者，古之所慎也，男女辨姓，礼之大司也。今君内实有四姬焉，其无乃是也乎？若由是二者，弗可为也已，四姬有省犹可，无则必生疾矣。"叔向曰："善哉！肸未之闻也，此皆然矣。"叔向出，行人挥送之。叔向问郑故焉，且问子皙。对曰："其与几何？无礼而好陵人，怙富而卑其上，弗能久矣。"

子干奔晋，从车五乘，叔向使与秦公子同食，皆百人之饩。赵文子曰："秦公子富。"叔向曰："底禄以德，德钧以年，年同以尊。公子以国，不闻以富。且夫以千乘去其国，强御已甚。《诗》曰：'不侮鳏寡，不畏强御。'秦、楚，匹也。"使后子与子干齿，辞曰："鍼惧选，楚公子不获，是以皆来，亦唯命。且臣与羁齿，无乃不可乎？史佚有言曰：'非羁何忌？'"

昭二	昭二	
夏，叔弓如晋。冬，公如晋，至河乃复。季孙宿如晋。	夏，四月，韩须如齐逆女。齐陈无宇送女，致少姜。谓陈无宇非卿，执诸中都。 叔弓聘于晋，报宣子也。晋侯使郊劳，辞曰："寡君使弓来继旧好，固曰'女无敢为宾'，彻命于执事，敝邑弘矣，敢辱郊使？请辞。"致馆，辞曰："寡君命下臣来继旧好，好合使成，臣之禄也。敢辱大馆！"叔向曰："子叔子知礼哉！吾闻之曰：'忠信，礼之器也；卑让，礼之宗也。'辞不忘国，忠信也；先国后己，卑让也。《诗》曰：'敬慎威仪，以近有德。'夫子近德矣。" 晋少姜卒，公如晋，及河，晋侯使士文伯来辞，曰："非伉俪也，请君无辱。"公还，季孙宿遂致服焉。叔向言陈无宇于晋侯曰："彼何罪？君使公族逆之，齐使上大夫送之，犹曰不共，君求以贪。国则不共，而执其使。君刑已颇，何以为盟主？且少姜有辞。"冬，十月，陈无宇归。	
昭三	昭三	
	齐侯使晏婴请继室于晋，曰："寡君使婴曰：'寡人愿事君，朝夕不倦，将奉质币以无失时，则国家多难，是以不获。不腆先君之适以备内官，焜耀寡人之望，则又无禄，早世陨命，寡人失望，君若不忘先君之好，惠顾齐国，辱收寡人，徼福于大公、丁公，照临敝邑，镇抚其社稷，则犹有先君之适及遗姑姊妹若而人。君若不弃敝邑，而辱使董振择之，以备嫔嫱，寡人之望也。"韩宣子使叔向对曰："寡君之愿也。寡君不能独任其社稷之事，未有伉俪，在缞绖之中，是以未敢请。君有辱命，惠莫大焉。若惠顾敝邑，抚有晋国，赐之内主，岂唯寡君，举群臣实受其贶，其	

自唐叔以下实宠嘉之。"

既成昏,晏子受礼,叔向从之宴,相与语。叔向曰:"齐其何如?"晏子曰:"此季世也,吾弗知齐为陈氏矣。公弃其民,而归于陈氏。齐旧四量,豆、区、釜、钟。四升为豆,各自其四,以登于釜。釜十则钟。陈氏三量皆登一焉,钟乃大矣。以家量贷,而以公量收之。山木如市,弗加于山;鱼盐蜃蛤,弗加于海。民参其力,二入于公,而衣食其一。公聚朽蠹,而三老冻馁。国之诸市,屦贱踊贵。民人痛疾,而或燠休之。其爱之如父母,而归之如流水。欲无获民,将焉辟之?箕伯、直柄、虞遂、伯戏,其相胡公、大姬已在齐矣!"叔向曰:"然。虽吾公室,今亦季世也。戎马不驾,卿无军行,公乘无人,卒列无长。庶民罢敝,而宫室滋侈;道殣相望,而女富溢尤。民闻公命,如逃寇雠。栾、郤、胥、原、狐、续、庆、伯,降在皂隶,政在家门,民无所依。君日不悛,以乐慆忧。公室之卑,其何日之有?《谗鼎之铭》曰:'昧旦丕显,后世犹怠。'况日不悛,其能久乎?"晏子曰:"子将若何?"叔向曰:"晋之公族尽矣。肸闻之,公室将卑,其宗族枝叶先落,则公室从之。肸之宗十一族,唯羊舌氏在而已。肸又无子,公室无度,幸而得死,岂其获祀?"

初,景公欲更晏子之宅,曰:"子之宅近市,湫隘嚣尘,不可以居,请更诸爽垲者。"辞曰:"君之先臣容焉。臣不足以嗣之,于臣侈矣。且小人近市,朝夕得所求,小人之利也。敢烦里旅?"公笑曰:"子近市,识贵贱乎?"对曰:"既利之,敢不识乎?"公曰:"何贵何贱?"于是景公繁于刑,有鬻踊者,故对曰:"踊贵屦贱。"既

	已告于君，故与叔向语而称之。景公于是省于刑。君子曰："仁人之言，其利博哉！晏子一言而齐侯省刑。《诗》曰：'君子如祉，乱庶遄已。'其是之谓乎？"
秋，七月，郑罕虎如晋，贺夫人，且告曰："楚人日征敝邑，以不朝立王之故。敝邑之往，则畏执事，其谓寡君而固有外心；其不往，则宋之盟云。进退罪也。寡君使虎布之。"宣子使叔向对曰："君若辱有寡君，在楚何害？修宋盟也。君苟思盟，寡君乃知免于戾矣。君若不有寡君，虽朝夕辱于敝邑，寡君猜焉。君实有心，何辱命焉？君其往也！苟有寡君，在楚犹在晋也。"
昭四	昭四
	春，王正月，许男如楚，楚子止之，遂止郑伯。复田江南，许男与焉。使椒举如晋求诸侯，二君待之。乃许楚使。使叔向对曰："寡君有社稷之事，是以不获春秋时见。诸侯，君实有之，何辱命焉？"椒举遂请昏，晋侯许之。
昭五	昭五
	晋韩宣子如楚送女，叔向为介。郑子皮、子大叔劳诸索氏。大叔谓叔向曰："楚王汰侈已甚，子其戒之！"叔向曰："汰侈已甚，身之灾也，焉能及人？若奉吾币、帛，慎吾威仪，守之以信，行之以礼，敬始而思终，终无不复。从而不失仪，敬而不失威，道之以训辞，奉之以旧法，考之以先王，度之以二国，虽汰侈，若我何？"
及楚，楚子朝其大夫，曰："晋吾仇敌也。苟得志焉，无恤其他。今其来者，上卿、上大夫也。若吾以韩起为阍，以羊舌肸为司宫，足以辱晋，吾亦得志矣。可乎？"大夫莫对。薳启彊曰："可。苟有其备，何

	故不可？耻匹夫不可以无备，况耻国乎？是以圣王务行礼，不其耻人。朝聘有珪，享觌有璋，小有述职，大有巡功。设机而不倚，爵盈而不饮；宴有好货，飧有陪鼎，入有郊劳，出有赠贿，礼之至也。国家之败，失之道也，则祸乱兴。城濮之役，晋无楚备，以败于邲。邲之役，楚无晋备，以败于鄢。自鄢以来，晋不失备，而加之以礼，重之以睦，是以楚弗能报，而求亲焉。既获姻亲，又欲耻之，以召寇仇，备之若何，谁其重此？若有其人，耻之可也。若其未有，君亦图之。晋之事君，臣曰可矣；求诸侯而麇至；求昏而荐女，君亲送之，上卿及上大夫致之。犹欲耻之，君其亦有备矣。不然，奈何？韩起之下，赵成、中行吴、魏舒、范鞅、知盈；羊舌肸之下，祁午、张趯、籍谈、女齐、梁丙、张骼、辅跞、苗贲皇，皆诸侯之选也。韩襄为公族大夫，韩须受命而使矣；箕襄、邢带、叔禽、叔椒、子羽，皆大家也。韩赋七邑，皆成县也。羊舌四族，皆强家也。晋人若丧韩起、杨肸，五卿、八大夫辅韩须、杨石，因其十家九县，长毂九百，其余四十县，遗守四千，奋其武怒，以报其大耻，伯华谋之，中行伯、魏舒帅之，其蔑不济矣。君将以亲易怨，实无礼以速寇，而未有其备，使群臣往遗之禽，以逞君心何不可之有？"王曰："不穀之过也，大夫无辱。"厚为韩子礼。王欲敖叔向以其所不知而不能，亦厚其礼。	
昭六	昭六	
	三月，郑人铸刑书，叔向使诒子产书，曰："始吾有虞于子，今则已矣。昔先王议事以制，不为刑辟，惧民之有争心也。犹不可禁御，是故闲	

	之以义，纠之以政，行之以礼，守之以信，奉之以仁，制为禄位，以劝其从；严断刑罚，以威其淫，惧其未也，故诲之以忠，耸之以行，教之以务，使之以和，临之以敬，莅之以强，断之以刚，犹求圣哲之上、明察之官、忠信之长、慈惠之师，民于是乎可任使也，而不生祸乱。民知有辟，则不忌于上。并有争心，以征于书，而徼幸以成之，弗可为矣。夏有乱政，而作《禹刑》；商有乱政，而作《汤刑》；周有乱政，而作《九刑》。三辟之兴，皆叔世也。今吾子相郑国，作封洫，立谤政，制参辟，铸刑书，将以靖民，不亦难乎？《诗》曰：'仪式刑文王之德，日靖四方。'又曰：'仪刑文王，万邦作孚。'如是，何辟之有？民知争端矣，将弃礼而征于书，锥刀之末，将尽争之。乱狱滋丰，贿赂并行。终子之世，郑其败乎？肸闻之：'国将亡，必多制。'其此之谓乎？！"复书曰："若吾子之言，侨不才，不能及子孙，吾以救世也。既不承命，敢忘大惠！" 韩宣子之适楚也，楚人弗逆。公子弃疾及晋竟，晋侯将亦弗逆，叔向曰："楚辟我衷，若何效辟？《诗》曰：'尔之教矣，民胥效矣。'从我而已，焉用效人之辟？《书》曰：'圣作则。'无宁以善人为则，而则人之辟乎？匹夫为善，民犹则之，况国君乎？"晋侯说，乃逆之。
昭八	昭八 春，石言于晋魏榆。晋侯问于师旷曰："石何故言？"对曰："石不能言，或冯焉。不然，民听滥也，抑臣又闻之曰：'作事不时，怨讟动于民，则有非言之物而言。'今宫室崇侈，民力凋尽，怨讟并作，莫保其性，石言，不亦宜乎？"于是晋侯方筑虒

	祁之宫，叔向曰："子野之言，君子哉！君子之言，信而有征，故怨远于其身。小人之言，僭而无征，故怨咎及之。《诗》曰：'哀哉！不能言。匪舌是出，唯躬是瘁。哿矣能言，巧言如流，俾躬处休。'其是之谓乎！是宫也成，诸侯必叛，君必有咎，夫子知之矣。"
昭九	昭九
	周甘人与晋阎嘉争阎田。晋梁丙、张趯率阴戎伐颍。王使詹桓伯辞于晋，曰："我自夏以后稷，魏、骀、芮、岐、毕，吾西土也。及武王克商，蒲姑、商奄，吾东土也，巴、濮、楚、邓，吾南土也，肃慎、燕、亳，吾北土也。吾何迩封之有？文、武、成、康之建母弟，以蕃屏周，亦其废队是为，岂如弁髦而因以敝之。先王居梼杌于四裔，以御螭魅，故允姓之奸居于瓜州。伯父惠公归自秦，而诱以来，使逼我诸姬，入我郊甸，则戎焉取之。戎有中国，谁之咎也？后稷封殖天下，今戎制之，不亦难乎？伯父图之！我在伯父，犹衣服之有冠冕，木水之有本原，民人之有谋主也。伯父若裂冠毁冕，拔本塞原，专弃谋主，虽戎狄，其何有余一人？" 　　叔向谓宣子曰："文之伯也，岂能改物？翼戴天子，而加之以共。自文以来，世有衰德，而暴灭宗周，以宣示其侈，诸侯之贰，不亦宜乎？且王辞直，子其图之！"宣子说。王有姻丧，使赵成如周吊，且致阎田与襚，反颍俘。王亦使宾滑执甘大夫襄以说于晋，晋人礼而归之。
昭十	昭十
九月，叔孙婼如晋，葬晋平公。	戊子，晋平公卒。九月，叔孙婼、齐国弱、宋华定、卫北宫喜、郑罕虎、许人、曹人、莒人、邾人、薛人、

	杞人、小邾人如晋，葬平公也。既葬，诸侯之大夫欲因见新君。叔孙昭子曰："非礼也。"弗听。叔向辞之，曰："大夫之事毕矣，而又命孤。孤斩焉在缞绖之中。其以嘉服见，则丧礼未毕。其以丧服见，是重受吊也。大夫将若之何？"皆无辞以见。	
昭十一	昭十一	
冬，十有一月丁酉，楚师灭蔡。	三月丙申，楚子伏甲而飨蔡侯于申，醉而执之。夏，四月丁巳，杀之，刑其士七十人。公子弃疾帅师围蔡。韩宣子问于叔向曰："楚其克乎？"对曰："克哉！蔡侯获罪于其君，而不能其民，天将假手于楚以毙之，何故不克？然肸闻之：'不信以幸，不可再也。'楚王奉孙吴以讨于陈，曰：'将定而国。'陈人听命，而遂县之。今又诱蔡而杀其君，以围其国，虽幸而克，必受其咎，弗能久矣。桀克有缗，以丧其国；纣克东夷，而陨其身。楚小位下，而亟暴于二王，能无咎乎？天之假助不善，非祚之也，厚其凶恶而降之罚也。且譬之如天，其有五材，而将用之，力尽而敝之，是以无拯，不可没振。" 单子会韩宣子于戚，视下言徐。叔向曰："单子其将死乎！朝有著定，会有表，衣有襘，带有结。会朝之言，必闻于表著之位，所以昭事序也。视不过结襘之中，所以道容貌也。言以命之，容貌以明之，失则有阙。今单子为王官伯，而命事于会，视不登带，言不过步，貌不道容，而言不昭矣。不道不共，不昭不从，无守气矣。" 九月，葬齐归，公不戚。叔向曰："鲁公室其卑乎！君有大丧，国不废蒐，有三年之丧，而无一日之戚。国不恤丧，不忌君也；君无戚容，不顾亲也。国不忌君，君不顾亲，能无卑乎？殆其失国。"	

昭十三	昭十三	
夏，四月，楚公子比自晋归于楚，弑其君虔于乾谿。楚公子弃疾杀公子比。秋，公会刘子、晋侯、齐侯、宋公、卫侯、郑伯、曹伯、莒子、邾子、滕子、薛伯、杞伯、小邾子于平丘。八月甲戌，同盟于平丘。公不与盟。晋人执季孙意如以归。	子干归，韩宣子问于叔向曰："子干其济乎？"对曰："难。"宣子曰："同恶相求，如市贾焉，何难？"对曰："无与同好，谁与同恶？取国有五难：有宠而无人，一也；有人而无主，二也；有主而无谋，三也；有谋而无民，四也；有民而无德，五也。子干在晋十三年矣，晋、楚之从，不闻达者，可谓无人。族尽亲叛，可谓无主。无衅而动，可谓无谋。为羁终世，可谓无民。亡无爱征，可谓无德。王虐而不忌，楚君子干，涉五难以弑旧君，谁能济之？有楚国者，其弃疾乎？君陈、蔡，城外属焉。苛慝不作，盗贼伏隐，私欲不违，民无怨心。先神命之，国民信之。芈姓有乱，必季实立，楚之常也。获神，一也；有民，二也；令德，三也；宠贵，四也；居常，五也。有五利以去五难，谁能害之？子干之官，则右尹也。数其贵宠，则庶子也。以神所命，则又远之。其贵亡矣，其宠弃矣，民无怀焉，国无与焉，将何以立？"宣子曰："齐桓、晋文，不亦是乎？"对曰："齐桓，卫姬之子也，有宠于僖，有鲍叔牙、宾须无、隰朋以为辅佐，有莒、卫以为外主，有国、高以为内主，从善如流，下善齐肃，不藏贿，不从欲，施舍不倦，求善不厌，是以有国，不亦宜乎？我先君文公，狐季姬之子也，有宠于献。好学而不贰，生十七年，有士五人。有先大夫子馀、子犯以为腹心，有魏犨、贾佗以为股肱，有齐、宋、秦、楚以为外主，有栾、郤、狐、先以为内主。亡十九年，守志弥笃。惠、怀弃民，民从而与之。献无异亲，民无异望，天方相晋，将何以代文？此二君者，异于子干。共有宠子，国有奥	昭十三年平丘之会，是叔向展现政治才华的一次机会。

主；无施于民，无援于外，去晋而不送，归楚而不逆，何以冀国？"

晋成虒祁，诸侯朝而归者，皆有贰心。为取郑故，晋将以诸侯来讨。叔向曰："诸侯不可以不示威。"乃并征会，告于吴。秋，晋侯会吴子于良，水道不可，吴子辞，乃还。

七月丙寅，治兵于邾南，甲车四千乘。羊舌鲋摄司马，遂合诸侯于平丘。子产、子大叔相郑伯以会。子产以幄幕九张行。子大叔以四十，既而悔之。每舍，损焉。及会，亦如之。次于卫地，叔鲋求货于卫，淫刍荛者。卫人使屠伯馈叔向羹与一箧锦，曰："诸侯事晋，未敢携贰，况卫在君之宇下，而敢有异志？刍荛者异于他日，敢请之。"叔向受羹反锦，曰："晋有羊舌鲋者，渎货无厌，亦将及矣。为此役也，子若以君命赐之，其已。"客从之。未退而禁之。

晋人将寻盟，齐人不可。晋侯使叔向告刘献公，曰："抑齐人不盟，若之何？"对曰："盟以底信。君苟有信，诸侯不贰，何患焉？告之以文辞，董之以武师，虽齐不许，君庸多矣。天子之老，请帅王赋，'元戎十乘，以先启行。'迟速唯君！"叔向告于齐曰："诸侯求盟，已在此矣。今君弗利，寡君以为请。"对曰："诸侯讨贰，则有寻盟。若皆用命，何盟之寻？"叔向曰："国家之败，有事而无业，事则不经；有业而无礼，经则不序；有礼而无威，序则不共；有威而不昭，共则不明。不明弃共，百事不终，所由倾覆也。是故，明王之制，使诸侯岁聘以志业，间朝以讲礼，再朝而会以示威，再会而盟以显昭明。志业于好，讲礼于等，示威于众，昭明于神，自古以来，未之或失也。存亡之道，恒由是兴。晋礼主盟，惧有不治，奉承齐牺而布诸君，求终事也。君曰：'余必废之。'何齐之有？唯君图之。寡君闻命矣！"齐人惧，对曰："小国言之，大国制之，敢不听从？既闻命矣，敬共以往，迟速唯君！"

叔向曰："诸侯有间矣，不可以不示众。"八月辛未，治兵，建而不旆。壬申，复旆之。诸侯畏之。

邾人、莒人诉于晋，曰："鲁朝夕伐我，几亡矣。我之不共，鲁故之以。"晋侯不见公，使叔向来辞，曰："诸侯将以甲戌盟。寡君知不得事君矣，请君无勤！"子服惠伯对曰："君信蛮夷之诉，以绝兄弟之国，弃周公之后，亦唯君。寡君闻命矣！"叔向曰："寡君有甲车四千乘在，虽以无道行之，必可畏也，况其率道，其何敌之有？牛虽瘠，偾于豚上，其畏不死？南蒯、子仲之忧，其用可弃乎？若奉晋之众，用诸侯之师，因邾、莒、杞、鄫之怒，何求而弗克？"鲁人惧，听命。

甲戌，同盟于平丘，齐服也。

公不与盟。晋人执季孙意如，以幕蒙之，使狄人守之。司铎射怀锦，奉壶饮冰，以蒲伏焉。守者御之，乃与之锦而入。晋人以平子归，子服湫从。

季孙犹在晋。子服惠伯私于中行穆子曰："鲁事齐、楚，其何瘳于晋？亲亲，与大，赏共，罚否，所以为盟主也。子其图之！谚曰：'臣一主二。吾岂无大国？'"穆子告韩宣子，且曰："楚灭陈、蔡，不能救，而为夷执亲，将焉用之？"乃归季孙。惠伯曰："寡君未知其罪，合诸侯而执其老。若犹有罪，死命可也。若曰无罪而惠免之，诸侯不闻，是逃命也，何免之为？请从君惠于会。"宣子患之，谓叔向曰："子能归季孙乎？"对

	曰："不能。鲋也能。"乃使叔鱼。叔鱼见季孙，曰："昔鲋也得罪于晋君，自归于鲁君。微武子之赐，不至于今。虽获归骨于晋，犹子则肉之，敢不尽情？归子而不归，鲋也闻诸吏，将为子除馆于西河。其若之何？"且泣。平子惧，先归。
昭十四	昭十四
	晋邢侯与雍子争鄐田，久而无成。士景伯如楚，叔鱼摄理。韩宣子命断旧狱，罪在雍子。雍子纳其女于叔鱼，叔鱼蔽罪邢侯。邢侯怒，杀叔鱼与雍子于朝。 宣子问其罪于叔向。叔向曰："三人同罪，施生戮死可也。雍子自知其罪，而赂以买直。鲋也鬻狱。邢侯专杀，其罪一也。己恶而掠美为昏，贪以败官为墨，杀人不忌为贼。《夏书》曰：'昏、墨、贼，杀。'皋陶之刑也。请从之。"乃施邢侯，而尸雍子与叔鱼于市。 仲尼曰："叔向，古之遗直也。治国制刑，不隐于亲。三数叔鱼之恶，不为末减，曰义也夫，可谓直矣！平丘之会，数其贿也，以宽卫国，晋不为暴。归鲁季孙，称其诈也，以宽鲁国，晋不为虐。邢侯之狱，言其贪也，以正刑书，晋不为颇。三言而除三恶，加三利，杀亲益荣，犹义也夫。"
昭十五 秋，晋荀吴帅师伐鲜虞。	昭十五 晋荀吴帅师伐鲜虞，围鼓。鼓人或请以城叛，穆子弗许。左右曰："师徒不勤而可以获城，何故不为？"穆子曰："吾闻诸叔向曰：'好恶不愆，民知所适，事无不济。'或以吾城叛，吾所甚恶也。人以城来，吾独何好焉？赏所甚恶，若所好何？若其弗赏，是失信也，何以庇民？力能则进，否则退，量力而行。吾不可以欲

城而迩奸，所丧滋多。"使鼓人杀叛人而缮守备。围鼓三月，鼓人或请降，使其民见，曰："犹有食色，姑修而城！"军吏曰："获城而弗取，勤民而顿兵，何以事君？"穆子曰："吾以事君也。获一邑而教民怠，将焉用邑？邑以贾怠，不如完旧。贾怠无卒，弃旧不祥。鼓人能事其君，我亦能事吾君。率义不爽，好恶不愆，城可获而民知义所，有死命而无二心，不亦可乎？"鼓人告食竭、力尽，而后取之。克鼓而反，不戮一人，以鼓子䳒鞮归。

十二月，晋荀跞如周，葬穆后，籍谈为介。既葬，除丧，以文伯宴，樽以鲁壶。王曰："伯氏！诸侯皆有以镇抚王室，晋独无有，何也？"文伯揖籍谈，对曰："诸侯之封也，皆受明器于王室，以镇抚其社稷，故能荐彝器于王。晋居深山，戎狄之与邻，而远于王室，王灵不及，拜戎不暇，其何以献器？"王曰："叔氏，而忘诸乎！叔父唐叔，成王之母弟也，其反无分乎？密须之鼓与其大路，文所以大蒐也。阙巩之甲，武所以克商也。唐叔受之，以处参虚，匡有戎狄。其后襄之二路、鏚钺、秬鬯、彤弓、虎贲，文公受之，以有南阳之田，抚征东夏，非分而何？夫有勋而不废，有绩而载，奉之以土田，抚之以彝器，旌之以车服，明之以文章，子孙不忘，所谓福也。福祚之不登，叔父焉在？且昔而高祖孙伯黡司晋之典籍，以为大政，故曰籍氏。及辛有之二子董之，晋于是乎有董史。女，司典之后也，何故忘也？"籍谈不能对。宾出，王曰："籍父其无后乎！数典而忘其祖。"

籍谈归，以告叔向。叔向曰："王其不终乎！吾闻之：'所乐必卒

	焉。'今王乐忧，若卒以忧，不可谓终。王一岁而有三年之丧二焉，于是乎以丧宾宴，又求彝器，乐忧甚矣，且非礼也。彝器之来，嘉功之由，非由丧也。三年之丧，虽贵遂服，礼也。王虽弗遂，宴乐以早，亦非礼也。礼，王之大经也。一动而失二礼，无大经矣。言以考典，典以志经。忘经而多言，举典，将焉用之？"
昭二十八	昭二十八
	晋祁胜与邬臧通室，祁盈将执之，访于司马叔游。叔游曰：《郑书》有之：'恶直丑正，实蕃有徒。''无道立矣，子惧不免。'《诗》曰：'民之多辟，无自立辟。'姑已若何？"盈曰："祁氏私有讨，国何有焉？"遂执之。祁胜赂荀跞，荀跞为之言于晋侯。晋侯执祁盈。祁盈之臣曰："钧将皆死，憗使吾君闻胜与臧之死也以为快。"乃杀之。夏，六月，晋杀祁盈及杨食我。食我，祁盈之党也，而助乱，故杀之。遂灭祁氏、羊舌氏。 初，叔向欲取于申公巫臣氏，其母欲取其党。叔向曰："吾母多而庶鲜，吾惩舅氏矣。"其母曰："子灵之妻杀三夫、一君、一子，而亡一国、两卿矣，可无惩乎？吾闻之：'甚美必有甚恶。'是郑穆少妃姚子之子，子貉之妹也。子貉早死，无后，而天钟美于是，将必以是大有败也。昔仍氏生女，黰黑而甚美，光可以鉴，名曰玄妻。乐正后夔取之，生伯封，实有豕心，贪惏无餍，忿颣无期，谓之封豕。有穷后羿灭之，夔是以不祀。且三代之亡，共子之废，皆是物也，女何以为哉？夫有尤物，足以移人，苟非德义，则必有祸。"叔向惧，不敢取。平公强使取之，生伯石。伯石始生，子容之母走谒诸姑曰："长叔姒生男。"姑视之，及堂，闻其声而

还，曰："是豺狼之声也，狼子野心。非是，莫丧羊舌氏矣！"遂弗视。

秋，晋韩宣子卒，魏献子为政，分祁氏之田以为七县，分羊舌氏之田以为三县。司马弥牟为邬大夫，贾辛为祁大夫，司马乌为平陵大夫，魏戊为梗阳大夫，知徐吾为涂水大夫，韩固为马首大夫，孟丙为盂大夫，乐霄为铜鞮大夫，赵朝为平阳大夫，僚安为杨氏大夫。谓贾辛、司马乌为有力于王室，故举之。谓知徐吾、赵朝、韩固、魏戊，余子之不失职、能守业者也。其四人者，皆受县而后见于魏子，以贤举也。

贾辛将适其县，见于魏子。魏子曰："辛来！昔叔向适郑，鬷蔑恶，欲观叔向，从使之收器者而往，立于堂下，一言而善。叔向将饮酒，闻之，曰：'必鬷明也。'下执其手以上，曰：'昔贾大夫恶，娶妻而美，三年不言不笑。御以如皋，射雉，获之，其妻始笑而言。贾大夫曰："才之不可以已。我不能射，女遂不言不笑夫？"今子少不飏，子若无言，吾几失子矣。言之不可以已也如是！'遂如故知。今女有力于王室，吾是以举女。行乎？敬之哉！毋堕乃力。"

哀十七

冬，十月，晋复得伐卫，入其郛。将入城，简子曰："止。叔向有言曰：'怙乱灭国者无后。'"卫人出庄公而与晋平。晋立襄公之孙般师而还。

鲁昭公附子家懿伯（前542—前510）

襄三十一	襄三十一
夏，六月辛巳，公薨于楚宫。秋，九月癸巳，子野卒。己亥，仲孙羯卒。	公作楚宫。穆叔曰："《大誓》云：'民之所欲，天必从之。'君欲楚也夫，故作其宫。若不复适楚，必死是宫也。"六月辛巳，公薨于楚宫。叔仲带窃其拱璧，以与御人，纳诸其怀，而从取之，由是得罪。 　　立胡女敬归之子子野，次于季氏。秋，九月癸巳，卒，毁也。立敬归之娣齐归之子公子裯，穆叔不欲，曰："大子死，有母弟则立之，无则长立。年钧择贤，义钧则卜，古之道也。非適嗣，何必娣之子？且是人也，居丧而不哀，在戚而有嘉容，是谓不度。不度之人，鲜不为患。若果立之，必为季氏忧。"武子不听，卒立之。比及葬，三易衰，衰衽如故衰。于是昭公十九年矣，犹有童心。君子是以知其不能终也。
昭元	**昭元**
叔孙豹会晋赵武、楚公子围、齐国弱、宋向戌、卫齐恶、陈公子招、蔡公孙归生、郑罕虎、许人、曹人于虢。三月，取郓。叔弓帅师疆郓田。	春，楚公子围聘于郑。遂会于虢，寻宋之盟也。 　　季武子伐莒，取郓。莒人告于会。叔弓帅师疆郓田，因莒乱也。
昭二	**昭二**
春，晋侯使韩起来聘。夏，叔弓如晋。冬，公如晋，至河乃复。季孙宿如晋。	春，晋侯使韩宣子来聘，且告为政而来见，礼也。观《书》于大史氏，见《易象》与《鲁春秋》，曰："周礼尽在鲁矣。吾乃今知周公之德与周之所以王也。"公享之。季武子赋《绵》之卒章。韩子赋《角弓》，季武子拜

鲁昭公，传中又称昭公、公子裯、裯父、鲁侯、鲁君、主君等。昭公为鲁襄公之妾、胡女敬归之娣齐归之子。鲁昭公相关世系如下（据陈厚耀《世族谱》）：

襄公		
子野	昭公	定公
（以下昭公子）		
公衍	公为	公果	公贲

（上表：子野襄三十一年曾立为君，寻卒。昭公之子公为、公果、公贲皆见于昭二十五年，公为又称务人、公叔务人，哀十一年战死。公衍昭二十九年见，立为太子，未得继位。）

　　昭公刚即位时十九岁，共在位三十二年，则死时五十一岁。昭公的一生可归结为一个"难"字。当他为公子时，因季氏之欲而以弱立，昭公之立，适以成季氏强臣之欲；昭五年，季氏毁中军，四分公室而取其二。故昭公之世

	曰："敢拜子弥缝敝邑，寡君有望矣。"武子赋《节》之卒章。既享，宴于季氏。有嘉树焉，宣子誉之。武子曰："宿敢不封殖此树，以无忘《角弓》。"遂赋《甘棠》。宣子曰："起不堪也，无以及召公。" 叔弓聘于晋，报宣子也。 晋少姜卒，公如晋，及河，晋侯使士文伯来辞，曰："非伉俪也，请君无辱。"公还，季孙宿遂致服焉。	季孙横行，而季孙、叔孙、仲孙、叔弓等卿大夫控制着鲁国的内政外交大权。然而，昭公之难还不只是难在他为强臣所控而不能动弹上，更难在他以小国之君处于大国夹缝之中，倍受楚、晋、齐等大国之君的取笑和凌辱之上：昭二年，公如晋，至河乃复；昭五年，公如晋，晋人欲止公；昭七年，公如楚，以大屈被楚子羞辱；昭十二年，公如晋朝，晋人辞公，至河乃复；昭十三年，公如晋，晋侯不见公，执季孙以归；昭二十三年，公如晋，至河乃复；昭二十三年，公如晋，有疾，至河乃复；昭二十八年，公如晋，晋人辞公，公见辱。…… 昭公被逐之难发生后，先是齐侯唁公之于野井，昭公喜；后来齐、晋谋纳昭公均未成，而昭公亦屡次见辱于齐、晋。子家之言，令人辛酸，令人落泪；临终之时，昭公遍赐大夫，更是叫人不忍卒读，叫
昭三	昭三	
夏，叔弓如滕。五月，葬滕成公。秋，小邾子来朝。	五月，叔弓如滕，葬滕成公，子服椒为介。 小邾穆公来朝，季武子欲卑之，穆叔曰："不可。曹、滕、二邾，实不忘我好，敬以逆之，犹惧其贰，又卑一睦，焉逆群好也？其如旧而加敬焉！《志》曰：'能敬无灾。'又曰：'敬逆来者，天所福也。'"季孙从之。	
昭四	昭四	
夏，楚子、蔡侯、陈侯、郑伯、许男、徐子、滕子、顿子、胡子、沈子、小邾子、宋世子佐、淮夷会于申。九月，取鄫。	楚子问于子产曰："晋其许我诸侯乎？"对曰："许君。晋君少安，不在诸侯。其大夫多求，莫匡其君。在宋之盟，又曰如一。若不许君，将焉用之？"王曰："诸侯其来乎？"对曰："必来。从宋之盟，承君之欢，不畏大国，何故不来？不来者，其鲁、卫、曹、邾乎？曹畏宋，邾畏鲁，鲁、卫逼于齐而亲于晋，唯是不来。其余君之所及也，谁敢不至？"王曰："然则吾所求者，无不可乎？"对曰："求逞于人，不可。与人同欲，尽济。"夏，诸侯如楚。鲁、卫、曹、邾不会。曹、邾辞以难，公辞以时祭，卫侯辞以疾。 九月，取鄫，言易也。莒乱，著丘公立，而不抚鄫，鄫叛而来，故曰取。凡克邑不用师徒曰取。	

昭五	昭五	
春，王正月，舍中军。公如晋。夏，莒牟夷以牟娄及防、兹来奔。秋，七月，公至自晋。戊辰，叔弓帅师败莒师于蚡泉。	春，王正月，舍中军，卑公室也。毁中军于施氏，成诸臧氏。初，作中军，三分公室，而各有其一。季氏尽征之，叔孙氏臣其子弟，孟氏取其半焉。及其舍之也，四分公室，季氏择二，二子各一，皆尽征之，而贡于公。以书使杜泄告于殡，曰："子固欲毁中军，既毁之矣，故告。"杜泄曰："夫子唯不欲毁也，故盟诸僖闳，诅诸五父之衢。"受其书而投之，帅士而哭之。叔仲子谓季孙曰："带受命于子叔孙，曰：'葬鲜者自西门。'"季孙命杜泄。杜泄曰："卿丧自朝，鲁礼也。吾子为国政，未改礼，而又迁之。群臣惧死，不敢自也。"既葬而行。 公如晋，自郊劳至于赠贿无失礼。晋侯谓女叔齐曰："鲁侯不亦善于礼乎？"对曰："鲁侯焉知礼？"公曰："何为？自郊劳至于赠贿，礼无违者，何故不知？"对曰："是仪也，不可谓礼。礼，所以守其国，行其政令，无失其民者也。今政令在家，不能取也。有子家羁，弗能用也。奸大国之盟，陵虐小国，利人之难，不知其私。公室四分，民食于他，思莫在公，不图其终。为国君，难将及身，不恤其所。礼之本末，将于此乎在，而屑屑焉习仪以亟。言善于礼，不亦远乎？"君子谓："叔侯于是乎知礼。" 夏，莒牟夷以牟娄及防、兹来奔，牟夷非卿而书，尊地也。莒人诉于晋，晋侯欲止公。范献子曰："不可。人朝而执之，诱也；讨不以师，而诱以成之，惰也。为盟主而犯此二者，无乃不可乎？请归之，间而以师讨焉。"又归公。秋七月，公至自晋。莒人来讨，不设备。戊辰，叔弓败诸蚡泉，莒未陈也。	人心碎！季平子等人固然可恶，而昭公手下之不堪一击，臧昭伯与子家子之不和，君臣玩弄昭公于股掌之上，昭公闻齐侯千社之言而喜，荀跞三十一年闻君之言掩耳而走，……凡此莫不是昭公之难！ 试看：昭二十五年，九月己亥，公孙于齐，次于阳州；昭二十六年，三月，公至自齐，居于郓；昭二十七年，春，公如齐。公至自齐，居于郓。如公齐，公至自齐，居于郓；昭二十八年，公如晋，次于乾侯；昭二十九年，春，公至自乾侯，居于郓。齐侯使高张来唁公；公如晋，次于乾侯；昭三十年，春，王正月，公在乾侯；昭三十一年，春，王正月，公在乾侯。季孙意如会晋荀跞于适历；晋侯使荀跞唁公于乾侯；昭三十二年，春，王正月，公在乾侯。十有二月己未，公薨于乾侯；定元年，夏，六月癸亥，公之丧至自乾侯。秋，七月癸巳，葬我君

昭六	昭六
夏，季孙宿如晋。冬，叔弓如楚。	夏，季孙宿如晋，拜莒田也。晋侯享之，有加笾。武子退，使行人告曰："小国之事大国也，苟免于讨，不敢求贶。得贶不过三献。今豆有加，下臣弗堪，无乃戾也？"韩宣子曰："寡君以为欢也。"对曰："寡君犹未敢。况下臣，君之隶也，敢闻加贶？"固请彻加，而后卒事。晋人以为知礼，重其好货。 冬，叔弓如楚，聘且吊败也。
昭七	昭七
三月，公如楚。叔孙婼如齐涖盟。九月，公至自楚。	楚子成章华之台，愿以诸侯落之。大宰薳启疆曰："臣能得鲁侯。"薳启疆来召公，辞曰："昔先君成公命我先大夫婴齐曰：'吾不忘先君之好，将使衡父照临楚国，镇抚其社稷，以辑宁尔民。'婴齐受命于蜀。奉承以来，弗敢失陨，而致诸宗祧。日我先君共王引领北望，日月以冀，传序相授，于今四王矣。嘉惠未至，唯襄公之辱临我丧。孤与其二三臣悼心失图，社稷之不皇，况能怀思君德？今君若步玉趾，辱见寡君，宠灵楚国，以信蜀之役，致君之嘉惠，是寡君既受贶矣，何蜀之敢望？其先君鬼神实嘉赖之，岂唯寡君？君若不来，使臣请问行期，寡君将承质币而见于蜀，以请先君之贶。"公将往，梦襄公祖。梓慎曰："君不果行。襄公之适楚也，梦周公祖而行。今襄公实祖，君其不行。"子服惠伯曰："行！先君未尝适楚，故周公祖以道之；襄公适楚矣，而祖以道君。不行，何之？"三月，公如楚。郑伯劳于师之梁。孟僖子为介，不能相仪。及楚，不能答郊劳。 楚子享公于新台，使长鬣者相。好以大屈。既而悔之。薳启疆闻之，见公。公语之，拜贺。公曰："何贺？"

昭公。

《左传》从昭公即位那天起就有意识地借他人之口暗示了他的命运。昭公元年，传言"比及葬，三易衰，衰衽如故衰。于是昭公十九年矣，犹有童心。君子是以知其不能终也"。这是传文第一次预言昭公之难。昭五年公如晋，自郊劳至于赠贿无失礼。晋侯谓女叔齐曰："鲁侯不亦善于礼乎？"对曰："鲁侯焉知礼？"公曰："何为？自郊劳至于赠贿，礼无违者，何故不知？"对曰："是仪也，不可谓礼。礼，所以守其国，行其政令，无失其民者也。今政令在家，不能取也。有子家羁，弗能用也。奸大国之盟，陵虐小国，利人之难，不知其私。公室四分，食于他，思莫在公，不图其终。为国君，难将及身，不恤其所。礼之本末，将于此乎在，而屑屑焉习仪以亟。言善于礼，不亦远乎？"这是传文第二次预言昭公之难。昭十一年，九

	对曰："齐与晋、越欲此久矣。寡君无适与也，而传诸君。君其备御三邻，慎守宝矣，敢不贺乎？"公惧，乃反之。 九月，公至自楚。	月，葬齐归，公不戚，史赵曰："必为鲁郊。"侍者曰："何故？"曰："昭，姓也。不思亲，祖不归也。"叔向曰："鲁公室其卑乎？君有大丧，国不废蒐。有三年之丧，而无一日之戚。国不恤丧，不忌君也。君无戚容，不顾亲也。国不忌君不亲亲，能无卑乎？殆其失国。"这是第三次预言昭公之难。 昭三十二年，史墨评季氏出其君而莫之或罪，对鲁国权臣执国命的来龙去脉作了全面回顾，同时也是对昭公之难赖以发生的根本原因所作的最好的分析： 赵简子问于史墨曰："季氏出其君，而民服焉，诸侯与之。君死于外，而莫之或罪也。"对曰："物生有两，有三，有五，有陪贰。故天有三辰，地有五行，体有左右，各有妃耦。王有公，诸侯有卿，皆有贰也。天生季氏以贰鲁侯，为日久矣。民之服焉，不亦宜乎？鲁君世从其失，季氏
昭八 叔弓如晋。秋，蒐于红。大雩。	昭八 叔弓如晋贺虒祁也。 秋，大蒐于红。自根牟至于商、卫，革车千乘坐。	
昭九 春，叔弓会楚子于陈。秋，仲孙貜如齐。冬，筑郎囿。	昭九 春，叔弓、宋华亥、郑游吉、卫赵黡会楚子于陈。 孟僖子如齐殷聘，礼也。 冬，筑郎囿。书时也。季平子欲其速成也，叔孙昭子曰："《诗》曰：'经始勿亟，庶民子来。'焉用速成，其以剿民也？无囷，犹可；无民，其可乎？"	
昭十 秋，七月，季孙意如、叔弓、仲孙貜帅师伐莒。九月，叔孙婼如晋，葬晋平公。	昭十 秋，七月，平子伐莒，取郠。献俘，始用人于亳社。臧武仲在齐，闻之，曰："周公其不飨鲁祭乎？周公飨义，鲁无义。《诗》曰：'德音孔昭，视民不佻。'佻之谓甚矣，而壹用之，将谁福哉？" 戊子，晋平公卒。郑伯如晋，及河，晋人辞之。游吉遂如晋。九月，叔孙婼、齐国弱、宋华定、卫北宫喜、郑罕虎、许人、曹人、莒人、邾人、薛人、杞人、小邾人如晋，葬平公也。	
昭十一 春，王二月，叔弓如宋，葬宋平公。五月甲申，夫人归氏薨。大蒐于比蒲。仲孙貜会邾子，盟	昭十一 春，王二月，叔弓如宋，葬平公也。 五月，齐归薨。 大蒐于比蒲，非礼也。 孟僖子会邾庄公，盟于祲祥，修好，礼也。 秋，会于厥慭，谋救蔡也。	

于禚祥。秋，季孙意如会晋韩起、齐国弱、宋华亥、卫北宫佗、郑罕虎、曹人、杞人于厥慭。九月己亥，葬我小君齐归。	九月，葬齐归。公不戚。晋士之送葬者，归以语史赵。史赵曰："必为鲁郊。"侍者曰："何故？"曰："归，姓也。不思亲，祖不归也。"叔向曰："鲁公室其卑乎！君有大丧，国不废蒐，有三年之丧，而无一日之戚。国不恤丧，不忌君也；君无戚容，不顾亲也。国不忌君，君不顾亲，能无卑乎？殆其失国。"	世修其勤，民忘君矣。虽死于外，其谁矜之？社稷无常奉，君臣无常位，自古以然。故《诗》曰：'高岸为谷，深谷为陵。'三后之姓，于今为庶，王所知也。在《易》卦，雷乘乾曰《大壮》䷡，天之道也。昔成季友，为桓之季也，文姜之爱子也。始震而卜，卜人谒之曰：'生有嘉闻，其名曰友，为公室辅。'"及生，如卜人之言，有文在其手曰友，遂以名之。既而有大功于鲁，受费以为上卿。至于文子、武子，世增其业，不废旧绩。鲁文公薨，而东门遂杀適立庶，鲁君于是乎失国，政在季氏，于此君也，四公矣。民不知君，何以得国？是以为君慎器与名，不可以假人。
昭十二	**昭十二**	
夏，宋公使华定来聘。公如晋，至河乃复。冬，十月，公子慭出奔齐。	夏，宋华定来聘，通嗣君也。公如晋，至河乃复。取郠之役，莒人诉于晋。晋有平公之丧，未之治也，故辞公。公子慭遂如晋。季平子立，而不礼于南蒯。南蒯谓子仲："吾出季氏，而归其室于公，子更其位，我以费为公臣。"子仲许之。南蒯语叔仲穆子，且告之故。季悼子之卒也，叔孙昭子以再命为卿。及平子伐莒，克之，更受三命。叔仲子欲构二家，谓平子曰："三命逾父兄，非礼也。"平子曰："然。"故使昭子。昭子曰："叔孙氏有家祸，杀適立庶，故婼也及此。若因祸以毙之，则闻命矣。若不废君命，则固有著矣。"昭子朝，而命吏曰："婼将与季氏讼，书辞无颇。"季孙惧，而归罪于叔仲子。故叔仲小、南蒯、公子慭谋季氏。慭告公，而遂从公如晋。南蒯惧不克，以费叛，如齐。子仲还，及卫，闻乱，逃介而先。及郊，闻费叛，遂奔齐。	《左传》在写昭公之难时的另一个手法，就是使用了子家懿伯这个人。子家懿伯，又称懿伯、子家、子家子、子家氏、子家羁、羁（羁为名、懿伯为谥）。

子家懿伯据说为庄公玄孙（昭五年杜注），东门襄仲 |
| **昭十三** | **昭十三** | |
| 春，叔弓帅师围费。秋，公会刘子、晋侯、齐侯、宋公、卫侯、郑伯、曹伯、莒子、邾子、滕子、 | 春，叔弓围费。弗克，败焉。平子怒，令见费人执之，以为囚俘。冶区夫曰："非也。若见费人，寒者衣之，饥者食之，为之令主，而共其乏困，费来如归。南氏亡矣。民将叛之，谁与居邑？若悼之以威，惧之以怒，民疾而叛，为之聚也。若诸侯皆 | |

薛伯、杞伯、小邾子于平丘。八月甲戌，同盟于平丘。公不与盟。晋人执季孙意昭以归。公至自会。公如晋，至河乃复。

然，费人无归，不亲南氏，将焉入矣？"平子从之。费人叛南氏。

晋成虒祁，诸侯朝而归者，皆有贰心。为取郠故，晋将以诸侯来讨。叔向曰："诸侯不可以不示威。"乃并征会，告于吴。秋，晋侯会吴子于良。水道不可，吴子辞，乃还。七月丙寅，治兵于邾南，甲车四千乘。羊舌鲋摄司马，遂合诸侯于平丘。八月辛未，治兵，建而不旆。壬申，复旆之。诸侯畏之。

邾人、莒人诉于晋，曰："鲁朝夕伐我，几亡矣。我之不共，鲁故之以。"晋侯不见公，使叔向来辞，曰："诸侯将以甲戌盟。寡君知不得事君矣，请君无勤！"子服惠伯对曰："君信蛮夷之诉，以绝兄弟之国，弃周公之后，亦唯君。寡君闻命矣！"叔向曰："寡君有甲车四千乘在，虽以无道行之，必可畏也，况其率道，其何敌之有？牛虽瘠，偾于豚上，其畏不死？南蒯、子仲之忧，其庸可弃乎？若奉晋之众，用诸侯之师，因邾、莒、杞、鄫之怒，以讨鲁罪，间其二忧，何求而弗克？"鲁人惧，听命。

甲戌，同盟于平丘，齐服也。

公不与盟。晋人执季孙意如，以幕蒙之，使狄人守之。司铎射怀锦，奉壶饮冰，以蒲伏焉。守者御之，乃与之锦而入。晋人以平子归，子服湫从。

公如晋。荀吴谓韩宣子曰："诸侯相朝，讲旧好也。执其卿而朝其君，有不好焉，不如辞之。"乃使士景伯辞公于河。

季孙犹在晋。子服惠伯私于中行穆子曰："鲁事齐、楚，其何瘳于晋？亲亲，与大，赏共，罚否，所以为盟主也。子其图之！谚曰：'臣一主二。吾岂无大国？"穆子告韩宣子，

之后。他在《左传》中的作用就是用他的话来揭露事情的真相，昭公之难之"难"字正是通过他来点明，下面详列昭公之难中子家之事如下：

昭五年子家之事有：晋女叔侯言于晋侯曰："鲁侯焉知礼？有子家羁，弗能用也。"这预示后来鲁昭公因未听其言而不获所终。

昭二十五年子家之事有：1.昭公以伐季氏之谋告子家懿伯，懿伯曰："谗人以君侥幸。事若不克，君受其名，不可为也。舍民数世以求克，事不可必也。且政在焉，其难图也。"说明昭公手下不和，欲劫君以成其私欲。2.平子登台而请，弗许。请囚于费，弗许。请以五乘亡，弗许。子家子曰："君其许之！政自之出久矣，隐民多取食焉，为之徒者众矣。日入慝作，弗可知也。众怒不可蓄也，蓄而弗治，将蕴。蕴蓄，民将生心。生心，同求将合。君必悔之！"弗听。这

	且曰："楚灭陈、蔡，不能救，而为夷执亲，将焉用之？"乃归季孙。惠伯曰："寡君未知其罪，合诸侯而执其老。若犹有罪，死命可也。若曰无罪而惠免之，诸侯不闻，是逃命也，何免之为？请从君惠于会。"宣子患之，谓叔向曰："子能归季孙乎？"对曰："不能。鲋也能。"乃使叔鱼。叔鱼见季孙，曰："昔鲋也得罪于晋君，自归于鲁君。微武子之赐，不至于今。虽获归骨于晋，犹子则肉之，敢不尽情？归子而不归，鲋也闻诸吏，将为子除馆于西河。其若之何？"且泣。平子惧，先归。惠伯待礼。	些话点明昭公之所以不能胜季孙。3.孟氏执郈昭伯，杀之于南门之西，遂伐公徒。子家子曰："诸臣伪劫君者，而负罪以出，君止。意如之事君也，不敢不改。"4.齐侯唁公于野井，请致千社，公喜。子家子曰："天禄不再。天若胙君，不过周公，以鲁足矣。失鲁而以千社为臣，谁与之立？且齐君无信，不如早之晋。"弗从。子家之言点明昭公没有远图。5.臧昭伯率从者将盟，以公命示子家子。子家子曰："如此，吾不可以盟。羁也不佞，不能与二三子同心，而以为皆有罪。或欲通外内，且欲去君。二三子好亡而恶定，焉可同也？陷君于难，罪孰大焉？通外内而去君，君将速入，勿通何为？而何守焉？"乃不与盟。子家之言表明从君者皆佞人，而这正是昭公不获归的重要原因之一。6.昭子从公于齐，与公言。子家子命适公馆者执之。杜注："恐从者知叔孙谋。"
昭十四 春，意如至自晋。	昭十四 春，意如至自晋，尊晋罪己也。尊晋罪己，礼也。	
昭十五 二月癸酉，有事于武宫。籥入，叔弓卒，去乐卒事。冬，公如晋。	昭十五 春，将禘于武公，戒百官。梓慎曰："禘之日，其有咎乎？吾见赤黑之祲，非祭祥也，丧氛也。其在莅事乎？"二月癸酉，禘。叔弓莅事，籥入而卒。去乐卒事，礼也。 冬，公如晋，平丘之会故也。	
昭十六 夏，公至自晋。九月，大雩。季孙意如如晋。冬，十月，葬晋昭公。	昭十六 春王正月，公在晋，晋人止公。不书，讳之也。 公至自晋。 九月，大雩，旱也。 冬，十月，季平子如晋，葬昭公。	
昭十七 春，小邾子来朝。夏，六月甲戌朔，日有食之。秋，郯子来朝。	昭十七 春，小邾穆公来朝。公与之燕，季平子赋《采叔》，穆公赋《菁菁者莪》。昭子曰："不有以国，其能久乎？" 夏，六月甲戌朔，日有食之。祝史请所用币，昭子曰："日有食之，天子不举，伐鼓于社，诸侯用币于朝社，伐鼓于朝，礼也。"平子御之，	

	曰："止也。唯正月朔，慝未作，日有食之，于是乎有伐鼓用币，礼也。其余则否。"大史曰："在此月也。日过分而未至，三辰有灾，于是乎百官降物，君不举，辟移时，乐奏鼓，祝用币，史用辞。故《夏书》曰：'辰不集于房，瞽奏鼓，啬夫驰，庶人走。'此月朔之谓也。当夏四月，是谓孟夏。"平子弗从。昭子退，曰："夫子将有异志，不君君矣。" 秋，郯子来朝，公与之宴。	昭二十七年子家之事有：1.孟懿子、阳虎伐郓。郓人将战，子家子曰："天命不慆久矣，使君亡者，必此众也。天既祸之，而自福也，不亦难乎？犹有鬼神，此必败也。乌乎！为无望也夫。其死于此乎！"公使子家子如晋。公徒败于且知。2.冬，公如齐。齐侯请飨之，子家子曰："朝夕立于人朝，又何飨焉？其饮酒也。"乃饮酒，使宰献，而请安。子仲之子曰重，为齐侯夫人，曰："请重见。"子家子乃以君出。昭二十八年子家之事有：春，公如晋，将如乾侯。子家子曰："有求于人，而即其安，人孰矜之？其造于竟。"弗听，使请逆于晋。晋人曰："天祸鲁国，君淹恤在外。君亦不使一个辱在寡人，而即安于甥舅，其亦使逆君？"使公复于竟，而后逆之。昭二十九年子家之事有：1.齐侯使高张来唁公，称主君。子家子曰："齐卑君矣，君祇辱焉！"公如乾
昭二十一	昭二十一	
夏，晋侯使士鞅来聘。秋，七月壬午朔，日有食之。八月乙亥，叔辄卒。公如晋，至河乃复。	夏，晋士鞅来聘，叔孙为政。季孙欲恶诸晋，使有司以齐鲍国归费之礼为士鞅。士鞅怒，曰："鲍国之位下，其国小，而使鞅从其牢礼，是卑敝邑也。将复诸寡君。"鲁人恐，加四牢焉，为十一牢。 秋，七月壬午朔，日有食之。公问于梓慎曰："是何物也？祸福何为？"对曰："二至二分，日有食之，不为灾，日月之行也。分，同道也；至，相过也。其他月则为灾，阳不克也，故常为水。"于是叔辄哭日食，昭子曰："子叔将死，非所哭也。"八月，叔辄卒。 公如晋，及河。鼓叛晋，晋将伐鲜虞，故辞公。	
昭二十二	昭二十二	
大蒐于昌间。六月，叔鞅如京师葬景王。十有二月癸酉朔，日有食之。		
昭二十三	昭二十三	
春，王正月，叔孙婼如晋。晋人执我行人叔孙婼。	邾人城翼，还，将自离姑。公孙鉏曰："鲁将御我。"欲自武城还，循山而南。徐鉏、丘弱、茅地曰："道下遇雨，将不出，是不归也。"遂自	

冬，公如晋，至河，有疾，乃复。	离姑。武城人塞其前，断其后之木而弗殊，邾师过之，乃推而蹷之。遂取邾师，获鉏、弱、地。邾人诉于晋，晋人来讨。叔孙婼如晋，晋人执之。书曰："晋人执我行人叔孙婼。"言使人也。 公为叔孙故如晋，及河，有疾而复。	侯。2.卫侯来献其乘马，曰启服，堑而死，公将为之椟。子家子曰："从者病矣，请以食之。"乃以帏裹之。 　　昭三十一年子家之事有：夏，四月，季孙从知伯如乾侯。子家子曰："君与之归。一惭之不忍，而终身惭乎？"公曰："诺！"众曰："在一言矣，君必逐之。"荀跞以晋侯之命唁公，听公言掩耳而走，退而谓季孙："君怒未怠。子姑归祭。"子家子曰："君以一乘入于鲁师，季孙必与君归。"公欲从之。众从者胁公，不得归。昭三十二年子家之事有：十二月未，公疾。遍赐大夫，大夫不受。赐子家子双琥、一环、一璧、轻服，受之。大夫皆受其赐。己未，公薨。子家子反赐于府人，曰："吾不敢逆君命也。"定元年子家之事有：公之丧至自乾侯。季孙曰："子家子亟言于我，未尝不中吾志也。吾欲与之从政，子必止之，且听命焉。"子家子
昭二十四	**昭二十四**	
王三月丙戌，仲孙貜卒。婼至自晋。秋，八月，大雩。	二月，婼至自晋，尊晋也。 夏，五月乙未朔，日有食之。梓慎曰："将水。"昭子曰："旱也。日过分而阳犹不克，克必甚，能无旱乎？阳不克莫，将积聚也。"秋，八月，大雩，旱也。	
昭二十五	**昭二十五**	
有鸜鹆来巢。九月己亥，公孙于齐，次于阳州。齐侯唁公于野井。冬，十月戊辰，叔孙婼卒。十有二月，齐侯取郓。	季公若之姊为小邾夫人，生宋元夫人。生子，以妻季平子。昭子如宋聘，且逆之。公若从，谓曹氏勿与，鲁将逐之。曹氏告公，公告乐祁，乐祁曰："与之，如是，鲁君必出。政在季氏三世矣，鲁君丧政四公矣。无民而能逞其志者，未之有也。国君是以镇抚其民。《诗》曰：'人之云亡，心之忧矣。'鲁君失民矣，焉得逞其志？靖以待命犹可，动必忧。" "有鸜鹆来巢。"书所无也。师己曰："异哉！吾闻文、武之世，童谣有之曰：'鸜之鹆之，公出辱之。鸜鹆之羽，公在外野，往馈之马。鸜鹆跦跦，公在乾侯，征褰与襦。鸜鹆之巢，远哉遥遥，裯父丧劳，宋父以骄。鸜鹆鸜鹆，往歌来哭。'童谣有是，今鸜鹆来巢，其将及乎？" 初，季公鸟娶于齐鲍文子，生甲。公鸟死，季公亥与公思展与公鸟之臣申夜姑相其室。及季姒与饔人檀通，而惧，乃使其妾抶己，以示秦遄之妻，曰："公若欲使余，余不可，而抶余。"又诉于公甫曰："展与夜姑	

将要余。"秦姬以告公之。公之与公甫告平子。平子拘展于下而执夜姑,将杀之,公若泣而哀之曰:"杀是,是余杀也!"将为之请,平子使竖勿内。日中不得请,有司逆命,公之使速杀之。故公若怨平子。

季郈之鸡斗。季氏介其鸡,郈氏为之金距。平子怒,益宫于郈氏,且让之。故郈昭伯亦怨平子。臧昭伯之从弟会为谗于臧氏,而逃于季氏。臧氏执旃。平子怒,拘臧氏老。将禘于襄公,万者二人,其众万于季氏。臧孙曰:"此之谓不能庸先君之庙。"大夫遂怨平子。

公若献弓于公为,且与之出射于外,而谋去季氏。公为告公果、公贲。公果、公贲使侍人僚柤告公。公寝,将以戈击之,乃走。公曰:"执之。"亦无命也。惧而不出,数月不见。公不怒。又使言,公执戈以惧之,乃走。又使言,公曰:"非小人之所及也。"公果自言,公以告臧孙,臧孙以难。告郈孙,郈孙以可,劝。告子家懿伯,懿伯曰:"谗人以君侥幸。事若不克,君受其名,不可为也。舍民数世以求克,事不可必也。且政在焉,其难图也。"公退之。辞曰:"臣与闻命矣,言若泄,臣不获死。"乃馆于公。

叔孙昭子如阚,公居于长府。九月戊戌,伐季氏,杀公之于门,遂入之。平子登台而请曰:"君不察臣之罪,使有司讨臣以干戈,臣请待于沂上,以察罪。"弗许。请囚于费,弗许。请以五乘亡,弗许。子家子曰:"君其许之!政自之出久矣,隐民多取食焉,为之徒者众矣。日入慝作,弗可知也。众怒不可蓄也,蓄而弗治,将蕴。蕴蓄,民将生心。生心,同求将合。君必悔之!"弗听。郈孙曰:"必杀之!"

不见叔孙,易几而哭。叔孙请见子家子,子家子辞,曰:"羁未得见,而从君以出。君不命而薨,羁不敢见。"叔孙使告之曰:"公衍、公为实使群臣不得事君。若公子宋主社稷,则群臣之愿也。凡从君,出而可以入者,将唯子是听。子家氏未有后,季孙愿与子从政。此皆季孙之愿也,使不敢以告。"对曰:"若立君,则有卿大夫与守龟在,羁弗敢知。若从君者,则貌而出者入可也;寇而出者,行可也。若羁也,则君知其出也,而未知共入也,羁将逃也。"

公使郈孙逆孟懿子。叔孙氏之司马鬷戾言于其众曰："若之何？"莫对。又曰："我，家臣也，不敢知国。凡有季氏与无，于我孰利？"皆曰："无季氏，是无叔孙氏也。"鬷戾曰："然则救诸！"帅徒以往，陷西北隅以入。公徒释甲，执冰而踞，遂逐之。孟氏使登西北隅，以望季氏。见叔孙氏之旌，以告。孟氏执郈昭伯，杀之于南门之西，遂伐公徒。子家子曰："诸臣伪劫君者，而负罪以出，君止。意如之事君也，不敢不改。"公曰："余不忍也。"与臧孙如墓谋，遂行。

己亥，公孙于齐，次于阳州。齐侯将唁公于平阴，公先至于野井。齐侯曰："寡人之罪也。使有司待于平阴，为近故也。"书曰："公孙于齐，次于阳州。齐侯唁公于野井。"礼也。将求于人，则先下之，礼之善物也。齐侯曰："自莒疆以西，请致千社，以待君命。寡人将帅敝赋以从执事，唯命是听。君之忧，寡人之忧也。"公喜。子家子曰："天禄不再。天若胙君，不过周公，以鲁足矣。失鲁而以千社为臣，谁与之立？且齐君无信，不如早之晋。"弗从。臧昭伯率从者将盟，载书曰："戮力壹心，好恶同之。信罪之有无，缱绻从公，无通外内。"以公命示子家子。子家子曰："如此，吾不可以盟。羁也不佞，不能与二三子同心，而以为皆有罪。或欲通外内，且欲去君。二三子好亡而恶定，焉可同也？陷君于难，罪孰大焉？通外内而去君，君将速入，弗通何为？而何守焉？"乃不与盟。

昭子自阚归，见平子。平子稽颡，曰："子若我何？"昭子曰："人谁不死？子以逐君成名，子孙不忘，不亦伤乎？将若子何？"平子曰："苟使意如得改事君，所谓生死而肉骨

	也。"昭子从公于齐，与公言。子家子命适公馆者执之。公与昭子言于幄内，曰："将安众而纳公。"公徒将杀昭子，伏诸道。左师展告公，公使昭子自铸归。平子有异志。冬，十月辛酉，昭子齐于其寝，使祝宗祈死。戊辰，卒。左师展将以公乘马而归，公徒执之。	
	十二月庚辰，齐侯围郓。	
	初，臧昭伯如晋，臧会窃其宝龟偻句，以卜为信与僭，僭吉。臧氏老将如晋问，会请往。昭伯问家故，尽对。及内子与母弟叔孙，则不对。再三问，不对。归，及郊，会逆，问，又如初。至，次于外而察之，皆无之。执而戮之，逸，奔郈。郈鲂假使为贾正焉。计于季氏，臧氏使五人以戈楯伏诸桐汝之间，会出，逐之。反奔，执诸季氏中门之外。平子怒曰："何故以兵入吾门？"拘臧氏老。季、臧有恶。及昭伯从公，平子立臧会。会曰："偻句不余欺也。"	
昭二十六	昭二十六	
三月，公至自齐，居于郓。夏，公围成。秋，公会齐侯、莒子、邾子、杞伯，盟于鄟陵。	春，王正月庚申，齐侯取郓。 三月，公至自齐，处于郓，言鲁地也。 夏，齐侯将纳公，命无受鲁货。申丰从女贾，以币锦二两，缚一如瑱，适齐师，谓子犹之人高龁："能货子犹，为高氏后，粟五千庾。"高龁以锦示子犹，子犹欲之，龁曰："鲁人买之，百两一布。以道之不通，先入币财。"子犹受之，言于齐侯曰："群臣不尽力于鲁君者，非不能事君也。然据有异焉：宋元公为鲁君如晋，卒于曲棘；叔孙昭子求纳其君，无疾而死。不知天之弃鲁耶？抑鲁君有罪于鬼神，故及此也？君若待于曲棘，使群臣从鲁君以卜焉。若可，师有济也，君而继之，兹无敌矣；若其	

	无成，君无辱焉。"齐侯从之，使公子鉏帅师从公。
成大夫公孙朝谓平子曰："有都以卫国也，请我受师。"许之。请纳质，弗许，曰："信女足矣！"告于齐师曰："孟氏，鲁之敝室也。用成已甚，弗能忍也，请息肩于齐。"齐师围成。成人伐齐师之饮马于淄者，曰："将以厌众。"鲁成备而后告曰："不胜众。"
师及齐师战于炊鼻。齐子渊捷从泄声子，射之，中楯瓦，繇胸汏辀，匕入者三寸。声子射其马，斩鞅，殪。改驾，人以为鬷戾也，而助之。子车曰："齐人也！"将击子车，子车射之，殪。其御曰："又之。"子车曰："众可惧也，而不可怒也。"子囊带从野泄，叱之。泄曰："军无私怒，报乃私也，将亢子。"又叱之，亦叱之。冉竖射陈武子，中手，失弓而骂。以告平子曰："有君子白皙，鬒须眉，甚口。"平子曰："必子强也，无乃亢诸？"对曰："谓之君子，何敢亢之？"林雍羞为颜鸣右，下。苑何忌取其耳。颜鸣去之。苑子之御曰："视下顾。"苑子刜林雍，断其足，鬻而乘于他车以归。颜鸣三入齐师，呼曰："林雍乘。"
秋，盟于鄟陵，谋纳公也。|
昭二十七	**昭二十七**
春，公如齐。公至自齐，居于郓。秋，晋士鞅、宋乐祁犁、卫北宫喜、曹人、邾人、滕人会于扈。公如齐。公至自齐，居于郓。	春，公如齐。"公至自齐，处于郓。"言在外也。
秋，会于扈，令戍周，且谋纳公也。宋、卫皆利纳公，固请之。范献子取货于季孙，谓司城子梁与北宫贞子曰："季孙未知其罪，而君伐之。请囚、请亡，于是乎不获。君又弗克，而自出也。夫岂无备而能出君乎？季氏之复，天救之也。休公徒之怒，而启叔孙氏之心。不然，岂其伐

	人而说甲执冰以游？叔孙氏惧祸之滥，而自同于季氏，天之道也。鲁君守齐，三年而无成。季氏甚得其民，淮夷与之。有十年之备，有齐、楚之援，有天之赞，有民之助，有坚守之心，有列国之权，而弗敢宣也，事君如在国。故鞅以为难。二子皆图国者也，而欲纳鲁君，鞅之愿也，请从二子以围鲁。无成，死之。"二子惧，皆辞。乃辞小国，而以难复。 　　孟懿子、阳虎伐郓。郓人将战，子家子曰："天命不慆久矣，使君亡者，必此众也。天既祸之，而自福也，不亦难乎？犹有鬼神，此必败也。呜呼！为无望也夫。其死于此乎！"公使子家子如晋。公徒败于且知。 　　冬，公如齐。齐侯请飨之，子家子曰："朝夕立于其朝，又何飨焉？其饮酒也。"乃饮酒，使宰献，而请安。子仲之子曰重，为齐侯夫人，曰："请使重见。"子家子乃以君出。 　　十二月，晋籍秦致诸侯之戍于周，鲁人辞以难。	
昭二十八 　　公如晋，次于乾侯。	**昭二十八** 　　春，公如晋，将如乾侯。子家子曰："有求于人，而即其安，人孰矜之？其造于竟。"弗听，使请逆于晋。晋人曰："天祸鲁国，君淹恤在外。君亦不使一个辱在寡人，而即安于甥舅，其亦使逆君？"使公复于竟，而后逆之。	
昭二十九 　　春，公至自乾侯，居于郓。齐侯使高张来唁公。夏，叔诣卒。冬，十月，郓溃。	**昭二十九** 　　春，公至自乾侯，处于郓。齐侯使高张来唁公，称主君。子家子曰："齐卑君矣，君祇辱焉！"公如乾侯。 　　平子每岁贾马，具从者之衣履而归之于乾侯。公执归马者卖之，乃不归马。卫侯来献其乘马，曰启服，垫而死，公将为之椟。子家子曰："从者病矣，请以食之。"乃以帏裹之。	

	公赐公衍羔裘,使献龙辅于齐侯,遂入羔裘。齐侯喜,与之阳穀。公衍、公为之生也,其母偕出。公衍先生,公为之母曰:"相与偕出,请相与偕告。"三日,公为生,其母先以告,公为为兄。公私喜于阳穀而思于鲁,曰:"务人为此祸也,且后生而为兄,其诬也久矣!"乃黜之,而以公衍为大子。
昭三十	昭三十
春,王正月,公在乾侯。	不先书郓与乾侯,非公,且征过也。
昭三十一	昭三十一
春,公在乾侯。季孙意如会晋荀跞于适历。晋侯使荀跞唁公于乾侯。	春,王正月,公在乾侯,言不能外内也。 晋侯将以师纳公,范献子曰:"若召季孙而不来,则信不臣矣,然后伐之,若何?"晋人召季孙。献子使私焉,曰:"子必来,我受其无咎。"季孙意如会晋荀跞于适历,荀跞曰:"寡君使跞谓吾子:'何故出君?有君不事,周有常刑。子其图之!'"季孙练冠麻衣,跣行,伏而对曰:"事君,臣之所不得也,敢逃刑命?君若以臣为有罪,请囚于费,以待君之察也,亦唯君;若以先臣之故,不绝季氏,而赐之死;若弗杀弗亡,君之惠也,死且不朽;若得从君而归,则固臣之愿也,敢有异心?" 夏四月,季孙从知伯如乾侯。子家子曰:"君与之归。一惭之不忍,而终身惭乎?"公曰:"诺!"众曰:"在一言矣,君必逐之。"荀跞以晋侯之命唁公,且曰:"寡君使跞以君命讨于意如,意如不敢逃死,君其入也!"公曰:"君惠顾先君之好,施及亡人,将使归粪除宗祧以事君,则不能见夫人。已所能见夫人者,有如河!"荀跞掩耳而走,曰:"寡君其罪之恐,

	敢与知鲁国之难？臣请复于寡君。"退而谓季孙："君怒未怠。子姑归祭。"子家子曰："君以一乘入于鲁师，季孙必与君归。"公欲从之。众从者胁公，不得归。
昭三十二	昭三十二
春，公在乾侯，取阚。十有二月己未，公薨于乾侯。	春，王正月，公在乾侯，言不能外内，又不能用其人也。 十二月，公疾。遍赐大夫，大夫不受。赐子家子双琥、一环、一璧、轻服，受之。大夫皆受其赐。己未，公薨。子家子反赐于府人，曰："吾不敢逆君命也。"大人皆反其赐。书曰："公薨于乾侯。"言失其所也。 赵简子问于史墨曰："季氏出其君，而民服焉，诸侯与之。君死于外，而莫之或罪也。"对曰："物生有两，有三，有五，有陪贰。故天有三辰，地有五行，体有左右，各有妃耦。王有公，诸侯有卿，皆有贰也。天生季氏以贰鲁侯，为日久矣。民之服焉，不亦宜乎？鲁君世从其失，季氏世修其勤，民忘君矣。虽死于外，其谁矜之？社稷无常奉，君臣无常位，自古以然。故《诗》曰：'高岸为谷，深谷为陵。'三后之姓，于今为庶，王所知也。在《易》卦，雷乘乾曰《大壮》䷡，天之道也。昔成季友，桓之季也，文姜之爱子也。始震而卜，卜人谒之曰：'生有嘉闻，其名曰友，为公室辅。'及生，如卜人之言，有文在其手曰友，遂以名之。既而有大功于鲁，受费以为上卿。至于文子、武子，世增其业，不废旧绩。鲁文公薨，而东门遂杀适立庶，鲁君于是乎失国，政在季氏，于此君也，四公矣。民不知君，何以得国？是以为君慎器与名，不可以假人。"

定元	定元
春,王。夏,六月癸亥,公之丧至自乾侯。戊辰,公即位。秋,七月癸巳,葬我君昭公。立炀宫。	夏,叔孙成子逆公之丧于乾侯。季孙曰:"子家子亟言于我,未尝不中吾志也。吾欲与之从政,子必止之,且听命焉。"子家子不见叔孙,易几而哭。叔孙请见子家子,子家子辞,曰:"羁未得见,而从君以出。君不命而薨,羁不敢见。"叔孙使告之曰:"公衍、公为实使群臣不得事君。若公子宋主社稷,则群臣之愿也。凡从君出而可以入者,将唯子是听。子家氏未有后,季孙愿与子从政。此皆季孙之愿也,使不敢以告。"对曰:"若立君,则有卿大夫与守龟在,羁弗敢知。若从君者,则貌而出者,入可也;寇而出者,行可也。若羁也,则君知其出也,而未知其入也,羁将逃也。"丧及坏隤,公子宋先入,从公者皆自坏隤反。六月癸亥,公之丧至自乾侯。戊辰,公即位。季孙使役如阚,公氏将沟焉。荣驾鹅曰:"生不能事,死又离之,以自旌也。纵子忍之,后必或耻之。"乃止。季孙问于荣驾鹅曰:"吾欲为君谥,使子孙知之。"对曰:"生弗能事,死又恶之,以自信也。将焉用之?"乃止。秋,七月癸巳,葬昭公于墓道南。孔子之为司寇也,沟而合诸墓。昭公出故,季平子祷于炀公。九月,立炀宫。

晋魏献子（前550—前509）

襄二十三	**襄二十三**	魏献子，姬姓，名舒，魏庄子（绛）之子。魏氏世系如下（据顾栋高《大事表》）：
晋栾盈复入于晋，入于曲沃。	晋将嫁女于吴，齐侯使析归父媵之，以藩载栾盈及其士，纳诸曲沃。四月，栾盈帅曲沃之甲，因魏献子以昼入绛。初，栾盈佐魏庄子于下军，献子私焉，故因之。赵氏以原、屏之难怨栾氏。韩、赵方睦。中行氏以伐秦之役怨栾氏，而固与范氏和亲。知悼子少，而听于中行氏。程郑嬖于公。唯魏氏及七舆大夫与之。 乐王鲋侍坐于范宣子。或告曰："栾氏至矣。"宣子惧。桓子曰："奉君以走固宫，必无害也。且栾氏多怨，子为政，栾氏自外，子在位，其利多矣。既有利权，又执民柄，将何惧焉？栾氏所得，其唯魏氏乎？而可强取也。夫克乱在权，子无解矣。"公有姻丧，王鲋使宣子墨缞冒绖，二妇人辇以如公，奉公以如固宫。范鞅逆魏舒，则成列既乘，将逆栾氏矣。趋进，曰："栾氏帅贼以入，鞅之父与二三子在君所矣，使鞅逆吾子。鞅请骖乘。"持带，遂超乘，右抚剑，左援带，命驱之出。仆请，鞅曰："之公。"宣子逆诸阶，执其手，赂之以曲沃。	

人物	简介
毕万	闵元年卜偃曰"毕万之后必大"
（缺数代）	
武子魏犫	僖二十三从者魏武子，僖二十七年为右
庄子魏绛	成十八年为司马，襄三年佐新军，十三年佐下军，十八年将下军
献子魏舒	襄二十三年初栾盈佐魏庄子于下军，献子私焉，昭二十八年为政
（缺一代）	
襄子魏曼多	定十三年魏襄子与范昭子相恶

襄二十五	**襄二十五**	
	晋侯使魏舒、宛没逆卫侯，将使卫与之夷仪。	
襄二十九	**襄二十九**	
吴子使札来聘。	吴公子札来聘。适晋，说赵文子、韩宣子、魏献子，曰："晋国其萃于三族乎？"	
昭元	**昭元**	
晋荀吴帅师败狄于大卤。	晋中行穆子败无终及群狄于大原，崇卒也。将战，魏舒曰："彼徒我车，所遇又厄，以什共车，必克。"	

（上表：《左传》魏氏族人尚有多人世未详，参《卷首之三·晋卿大夫世系·魏氏》）

	困诸厄,又克。请皆卒,自我始。"乃毁车以为行,五乘为三伍。荀吴之嬖人不肯即卒,斩以徇。为五陈以相离,两于前,伍于后,专为右角,参为左角,偏为前拒,以诱之。翟人笑之。未陈而薄之,大败之。	魏献子在襄二十一至二十二年晋栾、范之乱中曾以私谊助栾氏。魏献子于昭二十八年为晋执政,至定元年卒,共在位六年。《左传》所记魏献子之事不多,但从昭二十八年为政任人以贤、昭三十二年会诸侯大夫城成周两事,可以看出献子还是为晋国的霸业做了点事情,比起他之前什么都不做,一切听之任之的韩宣子好。
昭五年	昭五年	
	晋韩宣子如楚送女。及楚,楚子朝其大夫,曰:"晋吾仇敌也。苟得志焉,无恤其他。今其来者,上卿、上大夫也。若吾以韩起为阍,以羊舌肸为司宫,足以辱晋,吾亦得志矣。可乎?"大夫莫对。薳启彊曰:"可。苟有其备,何故不可?耻匹夫不可以无备,况耻国乎?是以圣王务行礼,不求耻人。朝聘有珪,享覜有璋,小有述职,大有巡功。设机而不倚,爵盈而不饮;宴有好货,飧有陪鼎,入有郊劳,出有赠贿,礼之至也。国家之败,失之道也,则祸乱兴。城濮之役,晋无楚备,以败于邲。邲之役,楚无晋备,以败于鄢。自鄢以来,晋不失备,而加之以礼,重之以睦,是以楚弗能报,而求亲焉。既获姻亲,又欲耻之,以召寇仇,备之若何,谁其重此?若有其人,耻之可也。若其未有,君其图之。晋之事君,臣曰可矣;求诸侯而麋至;求昏而荐女,君亲送之,上卿及上大夫致之。犹欲耻之,君其亦有备矣。不然,奈何?韩起之下,赵成、中行吴、魏舒、范鞅、知盈;羊舌肸之下,祁午、张趯、籍谈、女齐、梁丙、张骼、辅跞、苗贲皇,皆诸侯之选也。韩襄为公族大夫,韩须受命而使矣;箕襄、邢带、叔禽、叔椒、子羽,皆大家也。韩赋七邑,皆成县也。羊舌四族,皆强家也。晋人若丧韩起、杨肸、五卿、八大夫辅韩须、杨石,因其十家九县,长毂九百,其余四十	《左传》描写了魏献子如何一得意便忘形:昭三十二年冬,十一月,晋魏舒、韩不信如京师,合诸侯之大夫于狄泉,寻盟,且令城成周。魏子南面。卫彪傒曰:"魏子必有大咎。干位以令大事,非其任也。《诗》曰:'敬天之怒,不敢戏豫。敬天之渝,不敢驰驱。'况敢干位以作大事乎?"定元年春,正月辛巳,晋魏舒合诸侯之大夫于狄泉,将以城成周。魏子莅政,卫彪傒曰:"将建天子,而易位以令,非义也。

677

	县，遗守四千，奋其武怒，以报其大耻，伯华谋之，中行伯、魏舒帅之，其蔑不济矣。君将以亲易怨，实无礼以速寇，而未有其备，使群臣往遗之禽，以逞君心何不可之有？"	大事奸义，必有大咎！晋不失诸侯，魏子其不免乎？"
昭二十八	昭二十八	
	秋，晋韩宣子卒，魏献子为政，分祁氏之田以为七县，发羊舌氏之田以为三县。司马弥牟为邬大夫，贾辛为祁大夫，司马乌为平陵大夫，魏戊为梗阳大夫，知徐吾为涂水大夫，韩固为马首大夫，孟丙为盂大夫，乐霄为铜鞮大夫，赵朝为平阳大夫，僚安为杨氏大夫。谓贾辛、司马乌为有力于王室，故举之。谓知徐吾、赵朝、韩固、魏戊，余子之不失职、能守业者也。其四人者，皆受县而后见于魏子，以贤举也。

魏子谓成鱄："吾与戊也县，人其以我为党乎？"对曰："何也？戊之为人也，远不忘君，近不逼同，居利思义，在约思纯，有守心而无淫行。虽与之县，不亦可乎？昔武王克商，光有天下，其兄弟之国者十有五人，姬姓之国者四十人，皆举亲也。夫举无他，唯善所在，亲疏一也。《诗》曰：'唯此文王，帝度其心。莫其德音，其德克明。克明克类，克长克君。王此大国，克顺克比。比于文王，其德靡悔。既受帝祉，施于孙子。'心能制义曰度，德正应和曰莫，照临四方曰明，勤施无私曰类，教诲不倦曰长，赏庆刑威曰君，慈和遍服曰顺，择善而从之曰比，经纬天地曰文。九德不愆，作事无悔，故袭天禄，子孙赖之。主之举也，近文德矣，所及其远哉！"

贾辛将适其县，见于魏子。魏子曰："辛来！昔叔向适郑，鬷蔑恶，欲观叔向，从使之收器者而往，立于 | |

	堂下，一言而善。叔向将饮酒，闻之，曰：'必裞明也。'下执其手以上，曰：'昔贾大夫恶，娶妻而美，三年不言不笑。御以如皋，射雉，获之，其妻始笑而言。贾大夫曰：才之不可以已。我不能射，女遂不言不笑夫？今子少不颺，子若无言，吾几失子矣。言之不可以已也如是！'遂如故知。今女有力于王室，吾是以举女。行乎？敬之哉！毋堕乃力。"仲尼闻魏子之举也，以为义，曰："近不失亲，远不失举，可谓义矣。"又闻其命贾辛也，以为忠，"《诗》曰：'永言配命，自求多福。'忠也。魏子之举也义，其命也忠，其长有后于晋国乎？"	昭二十八年传文"其长有后于晋国乎？"暗示三家分晋。与襄二十九年季札"晋国其萃于三族乎？"类。
	冬，梗阳人有狱，魏戊不能断，以狱上。其大宗赂以女乐，魏子将受之。魏戊谓阎没、女宽曰："主以不贿闻于诸侯。若受梗阳人，贿莫甚焉。吾子必谏！"皆许诺。退朝，待于庭。馈入，召之。比置，三叹。既食，使坐。魏子曰："吾闻诸伯叔，谚曰：'唯食忘忧。'吾子置食之间三叹，何也？"同辞而对曰："或赐二小人酒，不夕食。馈之始至，恐其不足，是以叹。中置，自咎曰：岂将军食之而有不足？是以再叹。及馈之毕，愿小人之腹为君子之心，属厌而已。"献子辞梗阳人。	
昭二十九	昭二十九	
	秋，龙见于绛郊。魏献子问于蔡墨，曰："吾闻之：虫莫知于龙，以其不生得也，谓之知，信乎？"对曰："人实不知，非龙实知。古者畜龙，故国有豢龙氏，有御龙氏。"献子曰："是二氏者，吾亦闻之，而不知其故，是何谓也？"对曰："昔有飂叔安，有裔子曰董父，实甚好龙，能求其耆欲以饮食之，龙多归之。乃扰畜龙，以	昭二十九年史墨与魏献子的一段对话包含大量历史知识在内。如谓范氏之世系来自陶唐氏、刘氏、御龙氏、豕韦氏、范氏，可参襄二十四年范宣子与穆叔对话中之

	服事帝舜。帝赐之姓曰董，氏曰豢龙，封诸鬷川，鬷夷氏其后也。故帝舜氏世有畜龙。及有夏孔甲，扰于有帝，帝赐之乘龙，河汉各二，各有雌雄。孔甲不能食，而未获豢龙氏。有陶唐氏既衰，其后有刘累，学扰龙于豢龙氏，以事孔甲，能饮食之。夏后嘉之，赐氏曰御龙，以更豕韦之后。龙一雌死，潜醢以食夏后。夏后飨之，既而使求之。惧而迁于鲁县，范氏其后也。"献子曰："今何故无之？"对曰："夫物物有其官，官修其方，朝夕思之。一日失职，则死及之。失官不食，官宿其业，其物乃至；若泯弃之，物乃坻伏，郁湮不育。故有五行之官，是谓五官，实列受氏姓，封为上公，祀为贵神。社稷五祀，是尊是奉。木正曰句芒，火正曰祝融，金正曰蓐收，水正曰玄冥，土正曰后土。龙，水物也，水官弃矣，故龙不生得。不然，《周易》有之：在《乾》䷀之《姤》䷫曰潜龙勿用，其《同人》䷌曰见龙在田，其《大有》䷍曰飞龙在天，其《夬》䷪曰亢龙有悔，其《坤》䷁曰见群龙无首，吉。《坤》之《剥》䷖曰龙战于野。若不朝夕见，谁能物之？"献子曰："社稷五祀，谁氏之五官也？"对曰："少皞氏有四叔，曰重，曰该，曰修，曰熙，实能金木及水，使重为句芒，该为蓐收，修及熙为玄冥，世不失职，遂济穷桑，此其三祀也。颛顼氏有子曰犁，为祝融。共工氏有子曰句龙，为后土。此其二祀也。后土为社。稷，田正也，有烈山氏之子曰柱为稷，自夏以上祀之。周弃亦为稷，自商以来祀之。"	论范氏之世系；又如谓龙之致与古之官"物有其官，官修其业，朝夕思之，一日失职，则死及之。失官不食，官宿其业，其物乃至。若泯弃之，物乃坻伏，郁湮不育"等，都是极其珍贵的史料。
昭三十	**昭三十**	
夏，六月庚辰，晋侯去疾卒。秋，八	夏六月，晋顷公卒；秋八月，葬。郑游吉吊，且送葬。魏献子使士景伯诘之曰："悼公之丧，子西吊，	

月，葬晋顷公。	子蟜送葬。今吾子无贰，何故？"对曰："诸侯所以归晋君，礼也。礼也者，小事大，大字小之谓。事大在共其时命，字小在恤其所无。以敝邑居大国之间，共其职贡，与其备御不虞之患，岂忘共命？先王之制，诸侯之丧，士吊，大夫送葬。惟嘉好、聘享、三军之事，于是乎使卿。晋之丧事，敝邑之间，先君有所助执绋矣。若其不间，虽士大夫有所不获数矣。大国之惠，亦庆其加，而不讨其乏，明厎其情，取备而已，以为礼也。灵王之丧，我先君简公在楚，我先大夫印段实往，敝邑之少卿也。王吏不讨，恤所无也。今大夫曰：'女盍从旧？'旧有丰有省，不知所从。从其丰，则寡君幼弱，是以不共；从其省，则吉在此矣。唯大夫图之！"晋人不能诘。	
昭三十二	昭三十二	
冬，仲孙何忌会晋韩不信、齐高张、宋仲几、卫世叔申、郑国参、曹人、莒人、薛人、杞人、小邾人，城成周。	秋八月，王使富辛与石张如晋，请城成周。天子曰："天降祸于周，俾我兄弟并有乱心，以为伯父忧。我一二亲昵甥舅，不遑启处，于今十年。勤戍五年，余一人无日忘之，闵闵焉如农夫之望岁，惧以待时。伯父若肆大惠，复二文之业，弛周室之忧，徼文、武之福，以固盟主，宣昭令名，则余一人有大愿矣。昔成王合诸侯，城成周，以为东都，崇文德焉。今我欲徼福假灵于成王，修成周之城，俾戍人无勤，诸侯用宁，蟊贼远屏，晋之力也。其委诸伯父，使伯父实重图之！俾我一人无征怨于百姓，而伯父有荣施，先王庸之！"范献子谓魏献子曰："与其戍周，不如城之。天子实云，虽有后事，晋勿与知可也。从王命以纾诸侯，晋国无忧，是之不务，而又焉从事？"魏献子曰："善！"使伯音对曰："天子有命，敢不奉承以奔告诸侯，迟速衰序，	

	于是焉在。" 冬，十一月，晋魏舒、韩不信如京师，合诸侯之大夫于狄泉，寻盟，且令城成周。魏子南面，卫彪傒曰："魏子必有大咎。干位以令大事，非其任也。《诗》曰：'敬天之怒，不敢戏豫。敬天之渝，不敢驰驱。'况敢干位以作大事乎？"己丑，士弥牟营成周，计丈数，揣高卑，度厚薄，仞沟洫，物土方，议远迩，量事期，计徒庸，虑财用，书糇粮，以令役于诸侯。属役赋丈，书以授帅，而效诸刘子。韩简子临之，以为成命。	
定元 春，王。	定元 春，王正月，辛巳，晋魏舒合诸侯之大夫于狄泉，将以城成周。魏子莅政，卫彪傒曰："将建天子，而易位以令，非义也。大事奸义，必有大咎！晋不失诸侯，魏子其不免乎？"是行也，魏献子属役于韩简子及原寿过，而田于大陆，焚焉，还，卒于宁。范献子去其柏椁，以其未复命而田也。	

晋士贞子族（前597—前509）

宣十二	宣十二	
	秋，晋师归，桓子请死。晋侯欲许之，士贞子谏曰："不可。城濮之役，晋师三日谷，文公犹有忧色。左右曰：'有喜而忧，如有忧而喜乎？'公曰：'得臣犹在，忧未歇也。困兽犹斗，况国相乎？'及楚杀子玉，公喜而后可知也。曰：'莫余毒也已。'是晋再克而楚再败也，楚是以再世不竞。今天或者大警晋也，而又杀林父以重楚胜，其无乃久不竞乎？林父之事君也，进思尽忠，退思补过，社稷之卫也。若之何杀之？夫其败也，如日月之食焉，何损于明？"晋侯使复其位。	晋士贞子一族，为晋士氏之后，该族似自士会（范武子）以后分出，成为晋士氏（范氏）之旁支。范氏位在六卿，其旁支士贞子一族在六卿之下，世为大夫。据《晋语》韦昭注，士贞子为晋卿士穆子之后，然士穆子之父是谁不详（士穆子为卿，其父可能为士縠或

宣十五	宣十五 　　晋侯赏桓子狄臣千室，亦赏士伯以瓜衍之县，曰："吾获取狄土，子之功也。微子，吾丧伯氏矣。"羊舌氏说是赏也，曰："《周书》所谓'庸庸祗祗'者，谓此物也夫。士伯庸中行伯，君信之，亦庸士伯，此之谓明德矣。文王所以造周，不是过也。故《诗》曰'陈锡哉周'，能施也。率是道也，其何不济？"	其兄弟）。今录士贞子后人世系如下（其中士穆子不见《左传》）：
成四	成四 　　晋赵婴通于赵庄姬。	
成五	成五 　　春，原、屏放诸齐。婴曰："我在，故栾氏不作。我亡，吾二昆其忧哉！且人各有能有不能，舍我何害？"弗听。婴梦天使谓己："祭余，余福女。"使问诸士贞伯，贞伯曰："不识也。"既而告其人曰："神，福仁而祸淫。淫而无罚，福也。祭，其得亡乎？"祭之，之明日而亡。	
成六	成六 　　春，郑伯如晋拜成，子游相。授玉于东楹之东。士贞伯曰："郑伯其死乎？自弃也已。视流而行速，不安其位，宜不能久。"	
成十八	成十八 　　二月乙酉朔，晋悼公即位于朝。始命百官，施舍，已责，逮鳏寡，振废滞，匡乏困，救灾患，禁淫慝，薄赋敛，宥罪戾，节器用，时用民，欲无犯时。使魏相、士鲂、魏颉、赵武为卿，荀家、荀会、栾黡、韩无忌为公族大夫，使训卿之子弟共俭孝弟。使士渥浊为大傅，使修范武子之法。右行辛为司空，使修士蒍之法。弁纠御戎，校正属焉，使训诸御知义。荀宾为右，司士属焉，使训勇力之士时使。卿无共御，立军尉以摄之。祁奚为中军尉，羊舌职佐之。魏绛为司	

人物	简况
士蒍 子舆	庄二十六为大司空
［缺］	
士穆子	为卿，不见左氏
士渥浊 贞子	成十六为太傅
士弱 庄子	襄九晋侯问
士匄 文伯	襄三十答年
士弥牟 景伯	昭十三辞鲁昭

（上表：《左传》还有士鲋［定十四］、士蔑［哀四］等人，当为士贞子族，然系未详。）

　　士贞子，又称士贞伯，士伯，士渥浊，事在《左传》宣十二年至成十八年之间；士庄子，又称士弱，士庄伯，士弱氏等，事在《左传》襄九年至襄二十六年之间；士文伯，又称士匄，匄，文伯，伯瑕等，事在《左传》襄三十年至昭十二年之间；士景伯，又称士伯，

	马。张老为候奄。铎遏寇为上军尉，籍偃为之司马，使训卒乘，亲以听命。程郑为乘马御，六驺属焉，使训群驺知礼。凡六官之长，皆民誉也。举不失职，官不易方，爵不逾德，师不陵正，旅不逼师。民无谤言，所以复霸也。	士弥牟，司马弥牟，事在《左传》昭十三年至定元之年间。 士伯一族中官职最高者似为士贞子，成十八年为太傅，顾栋高以为太傅为孤卿，即太子之傅也；孤本尊于卿，"诸侯有孤卿，犹天子有三公也。无人则阙，故随其本官高下而兼摄之也"（《大事表·列国官制表》）。 自士庄伯始，晋士伯之族似均为刑狱之官，而亦常在外交场合为接待宾客之辞令，但无代表晋侯出使外国之事，其职当为大夫无疑。士伯之族颇有德行，士庄伯有见识，士文伯博学多知，士景伯恪尽职守，有直言。定十四年之士鲋、哀四年之士蔑，可能为士伯之后。
襄九	襄九	
春，宋灾。冬，公会晋侯、宋公、卫侯、曹伯、莒子、邾子、滕子、薛伯、杞伯、小邾子、齐世子光伐郑。十有二月己亥，同盟于戏。	春，宋灾。晋侯问于士弱曰："吾闻之：宋灾，于是乎知有天道，何故？"对曰："古之火正，或食于心，或食于咮，以出内火。是故咮为鹑火，心为大火。陶唐氏之火正阏伯居商丘，祀大火而火纪时焉。相土因之，故商主大火。商人阅其祸败之衅，必始于火，是以日知其有天道也。"公曰："可必乎？"对曰："在道。国乱，无象，不可知也。" 冬，十月，诸侯伐郑。十一月己亥，同盟于戏，郑服也。将盟，郑六卿公子騑、公子发、公子嘉、公孙辄、公孙虿、公孙舍之及其大夫、门子皆从郑伯。晋士庄子为载书，曰："自今日既盟之后，郑国而不唯晋命是听，而或有异志者，有如此盟。"公子騑趋进，曰："天祸郑国，使介居两大国之间。大国不加德音，而乱以要之，使其鬼神不获歆其禋祀，其民人不获享其土利，夫妇辛苦垫隘，无所底告。自今日既盟之后，郑国而不唯有礼与强可以庇民者是从，而敢有异志者，亦如之。"荀偃曰："改载书。"公孙舍之曰："昭大神要言焉。若可改也，大国亦可叛也。"知武子谓献子曰："我实不德，而要人以盟，岂礼也哉？非礼，何以主盟？姑盟而退，修德息师而来，终必获郑，何必今日？我之不德，民将弃我，岂唯郑？若能休和，远人将至，何恃于郑？"乃盟而还。	

襄十	襄十
春，公会晋侯、宋公、卫侯、曹伯、莒子、邾子、滕子、薛伯、杞伯、小邾子、齐世子光会吴于柤。	春，会于柤，会吴子寿梦也。三月癸丑，齐高厚相大子光以先会诸侯于钟离，不敬。士庄子曰："高子相大子以会诸侯，将社稷是卫。而皆不敬，弃社稷也。其将不免乎？" 夏，四月戊午，会于柤。
襄十八	襄十八
冬，十月，公会晋侯、宋公、卫侯、郑伯、曹伯、莒子、邾子、滕子、薛伯、杞伯、小邾子同围齐。	冬，十月，会于鲁济，寻溴梁之言，同伐齐。丙寅晦，齐师夜遁。十一月丁卯朔，入平阴，遂从齐师。晋人欲逐归者，鲁卫请攻险。己卯，荀偃、士匄以中军克京兹。乙酉，魏绛、栾盈以下军克邿。赵武、韩起以上军围卢，弗克。十二月戊戌，及秦周伐雍门之萩。范鞅门于雍门，其御追喜以戈杀犬于门中。孟庄子斩其橁以为公琴。己亥，焚雍门及西郭、南郭。刘难、士弱率诸侯之师焚申池之竹木。壬寅，焚东郭、北郭。范鞅门于扬门。州绰门于东闾，左骖迫，还于门中，以枚数阖。
襄二十五	襄二十五
冬，郑公孙夏帅师伐陈。	六月，郑子展、子产帅车七百乘伐陈。宵突陈城，遂入之。 郑子产献捷于晋，戎服将事。晋人问陈之罪，对曰："昔虞阏父为周陶正，以服事我先王。我先王赖其利器用也，与其神明之后也，庸以元女大姬妃胡公，而封诸陈，以备三恪。则我周之自出，至于今是赖。桓公之乱，蔡人欲立其出，我先君庄公奉五父而立之。蔡人杀之，我又与蔡人奉戴厉公。至于庄、宣，皆我之自立。夏氏之乱，成公播荡，又我之自入，君所知也。今陈忘周之大德，蔑我大惠，弃我姻亲，介恃楚众以凭陵我敝邑，不可亿逞，我是以有往年之告。

	未获成命,则有我东门之役。当陈隧者,井堙木刊。敝邑大惧不竞,而耻大姬,天诱其衷,启敝邑之心。陈知其罪,授手于我。用敢献功。"晋人曰:"何故侵小?"对曰:"先王之命,唯罪所在,各致其辟。且昔天子之地一圻,列国一同,自是以衰。今大国多数圻矣,若无侵小,何以至焉?"晋人曰:"何故戎服?"对曰:"我先君武、庄为平、桓卿士。城濮之役,文公布命曰:'各复旧职。'命我文公戎服辅王,以授楚捷,不敢废王命故也。"士庄伯不能诘,复于赵文子。文子曰:"其辞顺,犯顺不祥。"乃受之。	
襄二十六	襄二十六 卫侯如晋,晋人执而囚之于士弱氏。	
襄三十	襄三十 　二月癸未,晋悼夫人食舆人之城杞者,绛县人或年长矣,无子,而往与于食。有与疑年,使之年。曰:"臣小人也,不知纪年。臣生之岁,正月甲子朔,四百有四十五甲子矣,其季于今三之一也。"吏走问诸朝。师旷曰:"鲁叔仲惠伯会郤成子于承筐之岁也。是岁也,狄伐鲁,叔孙庄叔于是乎败狄于咸,获长狄侨如及虺也、豹也,而皆以名其子。七十三年矣。"史赵曰:"亥有二首六身,下二如身,是其日数也。"士文伯曰:"然则二万六千六百有六旬也。"赵孟问其县大夫,则其属也。召之而谢过焉,曰:"武不才,任君之大事,以晋国之多虞,不能由吾子,使吾子辱在泥涂久矣,武之罪也。敢谢不才。"遂仕之,使助为政。辞以老。与之田,使为君复陶,以为绛县师,而废其舆尉。 　于是鲁使者在晋,归以语诸大夫。季武子曰:"晋未可婾也。有赵	以下为士文伯(伯瑕)(襄三十至昭十二)。

	孟以为大夫，有伯瑕以为佐，有史赵、师旷而咨度焉，有叔向、女齐以师保其君。其朝多君子，其庸可媮乎？勉事之而后可。"
襄三十一	襄三十一
	公薨之月，子产相郑伯以如晋。晋侯以我丧故，未之见也。子产使尽坏其馆之垣，而纳车马焉。士文伯让之，曰："敝邑以政刑之不修，寇盗充斥，无若诸侯之属辱在寡君者何，是以令吏人完客所馆，高其闬闳，厚其墙垣，以无忧客使。今吾子坏之，虽从者能戒，其若异客何？以敝邑之为盟主，缮完葺墙，以待宾客。若皆毁之，其何以共命？寡君使匄请命。"对曰："以敝邑褊小，介于大国，诛求无时，是以不敢宁居，悉索敝赋，以来会时事。逢执事之不间，而未得见。又不获闻命，未知见时。不敢输币，亦不敢暴露。其输之，则君之府实也，非荐陈之，不敢输也。其暴露之，则恐燥湿之不时而朽蠹，以重敝邑之罪。侨闻文公之为盟主也，宫室卑庳，无观台榭，以崇大诸侯之馆。馆如公寝，库厩缮修，司空以时平易道路，圬人以时塓馆宫室。诸侯宾至，甸设庭燎，仆人巡宫，车马有所，宾从有代，巾车脂辖，隶人、牧、圉，各瞻其事；百官之属，各展其物。公不留宾，而亦无废事。忧乐同之，事则巡之。教其不知，而恤其不足。宾至如归，无宁菑患。不畏寇盗，而亦不患燥湿。今铜鞮之宫数里，而诸侯舍于隶人；门不容车，而不可逾越；盗贼公行，而天厉不戒。宾见无时，命不可知。若又勿坏，是无所藏币以重罪也。敢请执事，将何所命之？虽君之有鲁丧，亦敝邑之忧也。若获存币，修垣而行，君之惠也，敢惮勤劳！"文伯复命。赵文子

	曰："信。我实不德，而以隶人之垣以赢诸侯，是吾罪也。"使士文伯谢不敏焉。晋侯见郑伯，有加礼，厚其宴好而归之。乃筑诸侯之馆。叔向曰："辞之不可以已也如是夫！子产有辞，诸侯赖之，若之何其释辞也？《诗》曰：'辞之辑矣，民之协矣；辞之绎矣，民之莫矣。'其知之矣。"
昭二	**昭二**
冬，公如晋，至河乃复。	晋少姜卒，公如晋，及河，晋侯使士文伯来辞，曰："非伉俪也，请君无辱。"公还，季孙宿遂致服焉。
昭六	**昭六**
齐侯伐北燕。	三月，郑人铸刑书。士文伯曰："火见，郑其火乎？火未出，而作火以铸刑器，藏争辟焉。火如象之，不火何为？" 十一月，齐侯如晋，请伐北燕也。士匄相土鞅逆诸河，礼也。晋侯许之。
昭七	**昭七**
夏，四月甲辰朔，日有食之。秋，八月戊辰，卫侯恶卒。冬，十有一月癸未，季孙宿卒。	夏，四月甲辰朔，日有食之。晋侯问于士文伯曰："谁将当日食？"对曰："鲁、卫恶之。卫大，鲁小。"公曰："何故？"对曰："去卫地如鲁地，于是有灾，鲁实受之。其大咎，其卫君乎？鲁将上卿。"公曰："《诗》所谓'彼日而食，于何不臧'者，何也？"对曰："不善政之谓也。国无政，不用善，则自取谪于日月之灾，故政不可不慎也。务三而已：一曰择人，二曰因民，三曰从时。" 秋八月，卫襄公卒。十一月，季武子卒。晋侯谓伯瑕曰："吾所问日食从矣，可常乎？"对曰："不可。六物不同，民心不壹，事序不类，官职不则，同始异终，胡可常也？《诗》曰。"或燕燕居息，或憔悴事国。"其异终也如是。"公曰："何谓六物？"对曰："岁、时、日、月、星、辰，是

	谓也。"公曰："多语寡人辰，而莫同。何谓辰？"对曰："日月之会是谓辰，故以配日。"	
昭十二	昭十二	
	晋侯以齐侯宴，中行穆子相。投壶，晋侯先。穆子曰："有酒如淮，有肉如坻。寡君中此，为诸侯师。"中之。齐侯举矢，曰："有酒如渑，有肉如陵。寡人中此，与君代兴。"亦中之。伯瑕谓穆子曰："子失辞！吾固师诸侯矣，壶何为焉？其以中俊也？齐君弱吾君，归弗来矣。"穆子曰："吾军帅强御，卒乘竞劝，今犹古也，齐将何事？"公孙傁趋进曰："日旰君勤，可以出矣。"以齐侯出。	
昭十三	昭十三	
公如晋，至河乃复。	公如晋，荀吴谓韩宣子曰："诸侯相朝，讲旧好也。执其卿而朝其君，有不好焉，不如辞之。"乃使士景伯辞公于河。	以下士景伯（士弥牟）（昭十三至定元）
昭十四	昭十四	
	士景伯如楚，叔鱼摄理。	
昭二十三	昭二十三	
春，王正月，叔孙婼如晋。晋人执我行人叔孙婼。	邾人城翼，还，将自离姑。公孙鉏曰："鲁将御我。"欲自武城还，循山而南。徐鉏、丘弱、茅地曰："道下遇雨，将不出，是不归也。"遂自离姑。武城人塞其前，断其后之木而弗殊，邾师过之，乃推而蹷之。遂取邾师，获鉏、弱、地。邾人诉于晋，晋人来讨。叔孙婼如晋，晋人执之。书曰"晋人执我行人叔孙婼"，言使人也。晋人使与邾大夫坐，叔孙曰："列国之卿，当小国之君，固周制也。邾又夷也。寡君之命介子服回在，请使当之。不敢废周制故也。"乃不果坐。韩宣子使邾人取其众，将以叔孙与之。叔孙闻之，去众与兵而朝。士弥牟谓韩宣子曰："子弗良图，而以	

	叔孙与其仇，叔孙必死之！鲁亡叔孙，必亡邾。邾君亡国，将焉归？子虽悔之，何及？所谓盟主，讨违命也。若皆相执，焉用盟主？"乃弗与，使各居一馆。士伯听其辞而诉诸宣子，乃皆执之。士伯御叔孙，从者四人，过邾馆以如吏。先归邾子。士伯曰："以匄菱之难，从者之病，将馆子于都。"叔孙旦而立，期焉。乃馆诸箕，舍子服昭伯于他邑。范献子求货于叔孙，使请冠焉。取其冠法，而与之两冠，曰："尽矣。"为叔孙故，申丰以货如晋。叔孙曰："见我，吾告女所行货。"见而不出，吏人之与叔孙居于箕者，请其吠狗，弗与。及将归，杀而与之食之。叔孙所馆者，虽一日，必葺其墙屋，去之如始至。	
昭二十四	**昭二十四**	
叔孙婼至自晋。	晋士弥牟逆叔孙于箕。叔孙使梁其胫待于门内，曰："余左顾而欬，乃杀之。右顾而笑，乃止。"叔孙见士伯，士伯曰："寡君以为盟主之故，是以久子。不腆敝邑之礼，将致诸从者，使弥牟逆吾子。"叔孙受礼而归。二月，婼至自晋，尊晋也。 三月庚戌，晋侯使士景伯莅问周故，士伯立于乾祭，而问于介众。晋人乃辞王子朝，不纳其使。	
昭二十五	**昭二十五**	
夏，叔诣会晋赵鞅、宋乐大心、卫北宫喜、郑游吉、曹人、邾人、滕人、薛人、小邾人于黄父。	夏，会于黄父，谋王室也。赵简子令诸侯之大夫输王粟，具戍人，曰："明年将纳王。"宋乐大心曰："我不输粟，我于周为客，若之何使客？"晋士伯曰："自践土以来，宋何役之不会，而何盟之不同？曰：'同恤王室。'子焉得辟之？子奉君命以会大事，而宋背盟，无乃不可乎？"右师不敢对，受牒而退。士伯告简子曰："宋右师必亡！奉君命以使，而欲背盟，以干盟主，无不祥大焉。"	

昭二十八	昭二十八
	秋，晋韩宣子卒，魏献子为政，分祁氏之田以为七县，分羊舌氏之田以为三县。司马弥牟为邬大夫，贾辛为祁大夫，司马乌为平陵大夫，魏戊为梗阳大夫，知徐吾为涂水大夫，韩固为马首大夫，孟丙为盂大夫，乐霄为铜鞮大夫，赵朝为平阳大夫，僚安为杨氏大夫。谓贾辛、司马乌为有力于王室，故举之。谓知徐吾、赵朝、韩固、魏戊，余子之不失职、能守业者也。其四人者，皆受县而后见于魏子，以贤举也。
昭三十	昭三十
夏，六月庚辰，晋侯去疾卒。秋，八月，葬晋顷公。	夏，六月，晋顷公卒。八月，葬。郑游吉吊，且送葬。魏献子使士景伯诘之，曰："悼公之丧，子西吊，子蟜送葬。今吾子无贰，何故？"对曰："诸侯所以归晋君，礼也。礼也者，小事大，大字小之谓。事大在共其时命，字小在恤其所无。以敝邑居在大国之间，共其职贡，与其备御不虞之患，岂忘共命？先王之制，诸侯之丧，士吊，大夫送葬。唯嘉好、聘享、三军之事，于是乎使卿。晋之丧事，敝邑之间，先君有所助执绋矣。若其不间，虽士、大夫有所不获数矣。大国之惠，亦庆其加，而不讨其乏，明底其情，取备而已，以为礼也。灵王之丧，我先君简公在楚，我先大夫印段实往，敝邑之少卿也。王吏不讨，恤所无也。今大夫曰：'女盍从旧？'旧有丰有省，不知所从。从其丰，则寡君幼弱，是以不共。从其省，则吉在此矣。唯大夫图之！"晋人不能诘。
昭三十二	昭三十二
冬，仲孙何忌会晋韩不信、齐高张、	秋，八月，王使富辛与石张如晋，请城成周。冬，十一月，晋魏舒、韩不信如京师，合诸侯之大夫于

宋仲几、卫世叔申、郑国参、曹人、莒人、薛人、杞人、小邾人，城成周。	狄泉，寻盟，且令城成周。己丑，士弥牟营成周，计丈数，揣高卑，度厚薄，仞沟洫，物土方，议远迩，量事期，计徒庸，虑财用，书糇粮，以令役于诸侯。属役赋丈，书以授帅，而效诸刘子。韩简子临之，以为成命。	
定元	**定元**	
三月，晋人执宋仲几于京师。	春，王正月辛巳，晋魏舒合诸侯之大夫于狄泉，将以城成周。孟懿子会城成周。庚寅，栽。宋仲几不受功，曰："滕、薛、郳，吾役也。"薛宰曰："宋为无道，绝我小国于周，以我适楚，故我常从宋。晋文公为践土之盟，曰：'凡我同盟，各复旧职。'若从践土，若从宋，亦唯命！"仲几曰："践土固然。"薛宰曰："薛之皇祖奚仲，居薛以为夏车正。奚仲迁于邳。仲虺居薛，以为汤左相。若复旧职，将承王官，何故以役诸侯？"仲几曰："三代各异物，薛焉得有旧？为宋役，亦其职也。"士弥牟曰："晋之从政者新，子姑受功。归，吾视诸故府。"仲几曰："纵子忘之，山川鬼神其忘诸乎？"士伯怒，谓韩简子曰："薛征于人，宋征于鬼，宋罪大矣。且己无辞，而抑我以神，诬我也。启宠纳侮，其此之谓矣！必以仲几为戮！"乃执仲几以归。三月，归诸京师。城三旬而毕，乃归诸侯之戍。	

楚子常（前519—前506）

昭二十三	**昭二十三**	子常，又称令尹子常、囊瓦、瓦。 子常的祖父子囊是庄王之子，曾挟佐其兄共王征战四方而有大功，其见识之高，德量之
	楚囊瓦为令尹，城郢。沈尹戌曰："子常必亡郢。苟不能卫，城无益也。古者天子守在四夷。天子卑，守在诸侯。诸侯守在四邻。诸侯卑，守在四竟。慎其四竟，结其四援，民狎其野，三务成功。民无内忧而又无	

	外惧,国焉用城?今吴是惧,而城于郢,守已小矣。卑之不获,能无亡乎?昔梁伯沟其公宫而民溃,民弃其上,不亡何待?夫正其疆埸,修其土田,险其走集,亲其民人,明其伍候,信其邻国,慎其官守,守其交礼,不僭不贪,不懦不耆,完其守备,以待不虞,又何畏矣?《诗》曰:'无念尔祖,聿修厥德。'无亦监乎若敖、蚡冒至于武、文,土不过同,慎其四竟,犹不城郢。今土数圻,而郢是城,不亦难乎?"	远,均非同一般(参本书卷二"楚子囊")。子常世系如下:

人物	简历
楚庄王 旅	文十四至宣十八年在位
公子贞 子囊	襄五年为令尹,十四年卒
(缺一代)	
囊瓦 子常	昭二十三年为令尹

昭二十六 九月庚申,楚子居卒。	**昭二十六** 九月,楚平王卒。令尹子常欲立子西,曰:"大子壬弱,其母非適也,王子建实聘之。子西长而好善,立长则顺,建善则治。王顺国治,可不务乎?"子西怒,曰:"是乱国而恶君王也!国有外援,不可渎也。王有適嗣,不可乱也。败亲,速仇,乱嗣,不祥!我受其名。赂吾以天下,吾滋不从也,楚国何为?必杀令尹!"令尹惧,乃立昭王。	相比之下,子常比其祖父差若天壤。贪而信谗,杀郤宛,执唐侯、蔡侯,为楚国招来大祸;刚愎自用,妒忌贤能,不用左司马之计而致入郢之败。子常无远谋,从城郢之事可以看出;子常无见识,欲立子西而子西欲杀之。
以下这段话最能反映子常性格:定四年冬,蔡侯、吴子、唐侯伐楚,舍舟于淮汭,自豫章与楚夹汉。左司马戌谓子常曰:"子沿汉而与之上下,我悉方城外以毁其舟,还塞大隧、直辕、冥阨。子济汉而伐之,我自后击之,
昭二十七 楚杀其大夫郤宛。	**昭二十七** 吴子欲因楚丧而伐之,使公子掩余、公子烛庸帅师围潜。使延州来季子聘于上国,遂聘于晋,以观诸侯。楚莠尹然、工尹麇帅师救潜,左司马沈尹戌帅都君子与王马之属以济师,与吴师遇于穷。令尹子常以舟师及沙汭而还。左尹郤宛、工尹寿帅师至于潜。吴师不能退。楚师闻吴乱而还。
郤宛直而和,国人说之。鄢将师为右领,与费无极比而恶之。令尹子常贿而信谗,无极谮郤宛焉,谓子常曰:"子恶欲饮子酒。"又谓子恶:"令尹欲饮酒于子氏。"子恶曰:"我贱人也,不足以辱令尹。令尹将必来辱,为惠已甚,吾无以酬之,若何?"无极曰:"令尹好甲兵,子出之,吾择	

焉。"取五甲五兵曰："置诸门。令尹至，必观之，而从以酬之。"及飨日，帷诸门左。无极谓令尹曰："吾几祸子！子恶将为子不利，甲在门矣。子必无往！且此役也，吴可以得志，子恶取赂焉而还，又误群帅，使退其师，曰：'乘乱不祥。'吴乘我丧，我乘其乱，不亦可乎？"令尹使视郤氏，则有甲焉，不往，召鄢将师而告之。将师退，遂令攻郤氏，且蓺之。子恶闻之，遂自杀也。国人弗蓺。令曰："不蓺郤氏，与之同罪！"或取一编菅焉，或取一秉秆焉，国人投之，遂弗蓺也。令尹炮之，尽灭郤氏之族党，杀阳令终与其弟完及佗，与晋陈及其子弟。晋陈之族呼于国曰："郤氏、费氏自以为王，专祸楚国，弱寡王室，蒙王与令尹以自利也。令尹尽信之矣，国将如何？"令尹病之。

楚郤宛之难，国言未已，进胙者莫不谤令尹。沈尹戌言于子常曰："夫左尹与中厩尹，莫知其罪，而子杀之，以兴谤讟，至于今不已。戌也惑之：仁者杀人以掩谤，犹弗为也；今吾子杀人以兴谤，而弗图，不亦异乎？夫无极，楚之谗人也，民莫不知。去朝吴，出蔡侯朱，丧太子建，杀连尹奢，屏王之耳目使不聪明。不然，平王之温惠共俭，有过成、庄，无不及焉。所以不获诸侯，迩无极也。今又杀三不辜，以兴大谤，几及子矣。子而不图，将焉用之？夫鄢将师矫子之命，以灭三族，国之良也，而不愬位。吴新有君，疆场日骇。楚国若有大事，子其危哉！知者除谗以自安也，今子爱谗以自危也，甚矣其惑也！"子常曰："是瓦之罪，敢不良图！"九月己未，子常杀费无极与鄢将师，尽灭其族，以说于国，谤言乃止。

必大败之！"既谋而行。武城黑谓子常曰："吴用木也，我用革也，不可久也。不如速战！"史皇谓子常："楚人恶子而好司马，若司马毁吴舟于淮，塞城口而入，是独克吴也。子必速战，不然不免。"乃济汉而陈。自小别至于大别。三战，子常知不可，欲奔。

传文有多处对子常之评价：昭二十三年，沈尹戌曰："子常必亡郢。"昭二十七年："令尹子常贿而信谗"。定四年：阖庐之弟夫槩王晨请于阖庐曰："楚瓦不仁，其臣莫有死志，先伐之，其卒必奔，而后大师继之，必克！"定五年，子西曰："子常唯思旧怨以败。"哀元年，子西曰："昔阖庐食不二味，居不重席，室不崇坛，器不彤镂，宫室不观，舟车不饰，衣服财用择不取费。在国，天有灾疠，亲巡其孤寡而共其乏困；在军，熟食者分而后敢食，其所尝者，卒乘与焉。勤恤其民而与之劳逸，

		是以民不罢劳，死知不旷。吾先大夫子常易之，所以败我也。"从这些评价我们可以对子常一生的为政及为人有一个较好的认识。
定二	定二	
秋，楚人伐吴。	桐叛楚。吴子使舒鸠氏诱楚人，曰："以师临我，我伐桐，为我使之无忌。"秋，楚囊瓦伐吴，师于豫章。吴人见舟于豫章，而潜师于巢。冬，十月，吴军楚师于豫章，败之；遂围巢，克之，获楚公子繁。	
定三	定三	
	蔡昭侯为两佩与两裘以如楚，献一佩一裘于昭王。昭王服之，以享蔡侯。蔡侯亦服其一。子常欲之，弗与，三年止之。唐成公如楚，有两肃爽马，子常欲之，弗与，亦三年止之。唐人或相与谋，请代先从者，许之。饮先从者酒，醉之，窃马而献之子常。子常归唐侯，自拘于司败，曰："君以弄马之故，隐君身，弃国家。群臣请相夫人以偿马，必如之。"唐侯曰："寡人之过也，二三子无辱！"皆赏之。蔡人闻之，固请而献佩于子常。子常朝，见蔡侯之徒，命有司曰："蔡君之久也，官不共也。明日礼不毕，将死。"蔡侯归，以其子元与其大夫之子为质焉，而请伐楚。	
定四	定四	
三月，公会刘子、晋侯、宋公、蔡侯、卫侯、陈子、郑伯、许男、曹伯、莒子、邾子、胡子、滕子、薛伯、杞伯、小邾子、齐国夏于召陵，侵楚。冬，十有一月庚午，蔡侯以吴子及楚人战于柏举，	春，三月，刘文公合诸侯于召陵，谋伐楚也。晋荀寅求货于蔡侯，弗得，言于范献子曰："国家方危，诸侯方贰，将以袭敌，不亦难乎？水潦方降，疾疟方起，中山不服。弃盟取怨，无损于楚，而失中山，不如辞蔡侯。吾自方城以来，楚未可以得志，只取勤焉。"乃辞蔡侯。 伍员为吴行人以谋楚。楚之杀郤宛也，伯氏之族出，伯州犁之孙嚭为吴大宰，以谋楚。楚自昭王即位，无岁不有吴师。蔡侯因之，以其子乾与其大夫之子为质于吴。冬，蔡侯、吴子、唐侯伐楚，舍舟于淮汭，自豫章与楚夹汉。左司马戌谓子常曰："子	

楚师败绩。楚囊瓦出奔郑。庚辰，吴入郢。	沿汉而与之上下，我悉方城外以毁其舟，还塞大隧、直辕、冥阨。子济汉而伐之，我自后击之，必大败之！"既谋而行。武城黑谓子常曰："吴用木也，我用革也，不可久也。不如速战！"史皇谓子常："楚人恶子而好司马，若司马毁吴舟于淮，塞城口而入，是独克吴也。子必速战，不然不免。"乃济汉而陈。自小别至于大别。三战，子常知不可，欲奔，史皇曰："安求其事，难而逃之，将何所入？子必死之，初罪必尽说。" 　　十一月庚午，二师陈于柏举。阖庐之弟夫㮣王晨请于阖庐曰："楚瓦不仁，其臣莫有死志，先伐之，其卒必奔，而后大师继之，必克！"弗许。夫㮣王曰："所谓臣义而行不待命者，其此之谓也。今日我死，楚可入也！"以其属五千，先击子常之卒。子常之卒奔，楚师乱，吴师大败之。子常奔郑。史皇以其乘广死。 　　吴从楚师，及清发。将击之，夫㮣王曰："困兽犹斗，况人乎？若知不免而致死，必败我。若使先济者知免，后者慕之，蔑有斗心矣。半济而后可击也。"从之，又败之。楚人为食，吴人及之，奔。食而从之，败诸雍澨。五战，及郢。己卯，楚子取其妹季芈畀我以出，涉睢。鍼尹固与王同舟。王使执燧象以奔吴师。庚辰，吴入郢。以班处宫。子山处令尹之宫，夫㮣王欲攻之，惧而去之。夫㮣王入之。 　　楚子涉睢，济江，入于云中。鬬辛与其弟巢以王奔随。吴人从之，谓随人曰："周之子孙在汉川者，楚实尽之。天诱其衷，致罚于楚，而君又窜之，周室何罪？君若顾报周室，施及寡人，以奖天衷，君之惠也。汉阳之田，君实有之。"楚子在公宫之北，

	吴人在其南。随人卜，与之不吉，乃辞吴曰："以随之辟小而密迩于楚，楚实存之。世有盟誓，至于今未改。若难而弃之，何以事君？执事之患不唯一人，若鸠楚竟，敢不听命？"吴人乃退。炉金初官于子期氏，实与随人要言。王使见，辞曰："不敢以约为利。"王割子期之心，以与随人盟。
定五	定五
	楚子入于郢。初，鬭辛闻吴人之争宫也，曰："吾闻之：'不让则不和，不和不可以远征。'吴争于楚，必有乱，有乱则必归，焉能定楚？"王之奔随也，将涉于成臼，蓝尹亹涉其帑，不与王舟。及宁，王欲杀之。子西曰："子常唯思旧怨以败，君何效焉？"王曰："善！使复其所，吾以志前恶。"
哀元	哀元
	吴师在陈，楚大夫皆惧，曰："阖庐惟能用其民，以败我于柏举。今闻其嗣又甚焉，将若之何？"子西曰："二三子恤不相睦，无患吴矣。昔阖庐食不二味，居不重席，室不崇坛，器不彤镂，宫室不观，舟车不饰，衣服财用，择不取费。在国，天有菑疠，亲巡其孤寡而共其乏困；在军，熟食者分而后敢食，其所尝者，卒乘与焉。勤恤其民，而与之劳逸，是以民不罢劳，死知不旷。吾先大夫子常易之，所以败我也。今闻夫差，次有台榭陂池焉，宿有妃嫱、嫔御焉；一日之行，所欲必成，玩好必从，珍异是聚，观乐是务；视民如雠，而用之日新。夫先自败也已，安能败我？"

郑子大叔（前551—前506）

襄二十二	襄二十二 十二月，郑游眅将归晋，未出竟，遭逆妻者，夺之，以馆于邑。丁巳，其夫攻子明，杀之，以其妻行。子展废良而立大叔，曰："国卿，君之贰也，民之主也，不可以苟。请舍子明之类。"求亡妻者，使复其所。使游氏勿怨，曰："无昭恶也。"	子大叔，名吉，又称游吉、大叔等。子大叔为郑游氏之后，其祖父子游，郑七穆之一。其世系如下（据《大事表·世系表》，字附名后）：
襄二十四 冬，楚子、蔡侯、陈侯、许男伐郑。	襄二十四 冬，楚子伐郑以救齐，门于东门，次于棘泽。诸侯还救郑。晋侯使张骼、辅跞致楚师，求御于郑。郑人卜宛射犬，吉。子大叔戒之曰："大国之人，不可与也。"对曰："无有众寡，其上一也。"大叔曰："不然。部娄无松柏。"二子在幄，坐射犬于外，既食而后食之，使御广车而行，已皆乘乘车。将及楚师，而后从之乘，皆踞转而鼓琴。近，不告而驰之。皆取胄于橐而胄，入垒皆下，搏人以投，收禽挟囚。弗待而出。皆超乘，抽弓而射。既免，复踞转而鼓琴，曰："公孙同乘，兄弟也，胡再不谋？"对曰："曩者志入而已，今则怵也。"皆笑曰："公孙之亟也！"	郑穆公兰 公子偃 子游 公孙虿　　公孙楚 子蟜　　　游楚 　　　　　子南 （以下公孙虿后） 游吉　　　游眅 子大叔　　子明 游速　　　良 子宽 （上表：郑穆公僖三十三立，立二十年至宣三年卒。公孙虿襄八年见，襄十九卒。公孙楚昭元年见，放于吴。游眅襄二十二年见，杀。游眅之子良襄二十二年见，废。游吉之子游速昭十八年见，一曰浑罕。）
襄二十五	襄二十五 晋程郑卒，子产始知然明，问为政焉。对曰："视民如子。见不仁者诛之，如鹰鹯之逐鸟雀也。"子产喜，以语子大叔，且曰："他日吾见蔑之面而已，今吾见其心矣。"子大叔问政于子产，子产曰："政如农功，日夜思之，思其始而成其终，朝夕而行之。行无越思，如农之有畔，其过鲜矣。"	子大叔为公孙虿之子，游眅之弟，襄二十二年因游眅（子明）之乱而立为游氏嗣卿。后受子产信用，并在昭
襄二十六	襄二十六 印堇父与皇颉戍城麇，楚人囚之，以献于秦。郑人取货于印氏，以	

	请之，子大叔为令正，以为请。子产曰："不获。受楚之功，而取货于郑，不可谓国，秦不其然。若曰：'拜君之勤郑国！微君之惠，楚师其犹在敝邑之城下。'其可。"弗从。遂行。秦人不予。更币，从子产，而后获之。	二十年子产去世后为郑之执政，至定四年为止。 《左传》中的子大叔在多数场合似乎都只是子产陪衬，作者似乎是以子大叔来衬托子产为人及德性的高明。但尽管如此，传中也有不少说明子大叔为人品格及见识处，尤其是在昭二十年子产去世、子大叔为政之后有不少介绍子大叔为政识礼之处：
襄二十七	襄二十七 郑伯享赵孟于垂陇，子展、伯有、子西、子产、子大叔、二子石从。赵孟曰："七子从君，以宠武也。请皆赋，以卒君贶，武亦以观七子之志。"子大叔赋《野有蔓草》，赵孟曰："吾子之惠也。"卒享，文子曰："其余皆数世之主也。子展其后亡者也，在上不忘降。印氏其次也，乐而不荒。乐以安民，不淫以使之，后亡，不亦可乎？"	1.子大叔作为子产之陪衬：见于襄二十五、二十六、三十及昭十二、十三、十六、十八、二十年； 2.子大叔之性格：襄二十四、昭五、十三、十六、十八年；
襄二十八	襄二十八 蔡侯之如晋也，郑伯使游吉如楚。及汉，楚人还之，曰："宋之盟，君实亲辱。今吾子来，寡君谓吾子姑还，吾将使驲奔问诸晋而以告。"子大叔曰："宋之盟，君命将利小国，而亦使安定其社稷，镇抚其民人，以礼承天之休。此君之宪令，而小国之望也。寡君是故使吉奉其皮币，以岁之不易，聘于下执事。今执事有命曰：'女何与政令之有？必使而君弃而封守，跋涉山川，蒙犯霜露，以逞君心。'小国将君是望，敢不唯命是听？无乃非盟载之言，以阙君德，而执事有不利焉，小国是惧。不然，其何劳之敢惮？"子大叔归，复命。告子展曰："楚子将死矣。不修其政德，而贪昧于诸侯，以逞其愿。欲久，得乎？《周易》有之，在《复》䷗之《颐》䷚，曰：'迷复，凶。'其楚子之谓乎！欲复其愿，而弃其本。复归无所，是谓迷复，能无凶乎？君其往也，送葬而归，以快楚心。楚不几十	3.子大叔之为人：昭元年郑游氏之乱（子南之死），昭元年子南之死、昭十二、十八年毁庙之事、定四年赵简子论其知； 4.子大叔之为政：襄二十七、二十八、二十九、三十一年，昭三、二十年等，特别是昭二十四年谏范献子谋王室、二十五年论礼与仪式之区别、

699

	年，未能恤诸侯也，吾乃休吾民矣。"裨竈曰："今兹周王及楚子皆将死。岁弃其次，而旅于明年之次，以害鸟帑，周、楚恶之。" 九月，郑游吉如晋，告将朝于楚，以从宋之盟。	论楚子、三十年义答晋人之讨。
襄二十九 仲孙羯会晋荀盈、齐高止、宋华定、卫世叔仪、郑公孙段曹人、莒人、滕人、薛人、小邾人城杞。	襄二十九 晋平公，杞出也，故治杞。六月，知悼子合诸侯之大夫以城杞，孟孝伯会之，郑子大叔与伯石往。子大叔见大叔文子，与之语。文子曰："甚乎，其城杞也！"子大叔曰："若之何哉？晋国不恤周宗之阙，而夏肆是屏，其弃诸姬亦可知也已。诸姬是弃，其谁归之？吉也闻之，弃同即异，是谓离德。《诗》曰：'协比其邻，昏姻孔云。'晋不邻矣，其谁云之？"	
襄三十 郑良霄出奔许，自许入于郑。郑人杀良霄。	襄三十 郑伯有耆酒，为窟室，而夜饮酒，击钟焉。朝至，未已。庚子，子晳以驷氏之甲伐而焚之。伯有奔雍梁，醒而后知之，遂奔许。癸丑，晨，自墓门之渎入，因马师颉介于襄库，以伐旧北门。驷带率国人以伐之。伯有死于羊肆。于是游吉如晋还，闻难，不入，复命于介。八月甲子，奔晋。驷带追之，及酸枣，与子上盟，用两珪质于河。使公孙肸入盟大夫。己巳，复归。书曰："郑人杀良霄。"不称大夫，言自外入也。 子产为政，有事伯石，赂与之邑。子大叔曰："国皆其国也，奚独赂焉？"子产曰："无欲实难。皆得其欲，以从其事，而要其成。非我有成，其在人乎？何爱于邑，邑将焉往？"子大叔曰："若四国何？"子产曰："非相违也，而相从也。四国何尤焉？《郑书》有之曰：'安定国家，必大焉先。'姑先安大，以待其所归。"既，伯石惧而归邑，卒与之。	

襄三十一	襄三十一
	十二月，北宫文子相卫襄公以如楚，宋之盟故也。过郑，印段迋劳于棐林，如聘礼而以劳辞。文子入聘，子羽为行人，冯简子与子大叔逆客。事毕而出，言于卫侯曰："郑有礼，其数世之福也。其无大国之讨乎？《诗》云：'谁能执热，逝不以濯？'礼之于政，如热之有濯也。濯以救热，何患之有？" 　　子产之从政也，择能而使之。子大叔美秀而文。郑国将有诸侯之事，子产乃问四国之为于子羽，且使多为辞令，与裨谌乘以适野，使谋可否；而告冯简子，使断之；事成，乃授子大叔使行之，以应对宾客。
昭元	昭元
	郑徐吾犯之妹美，公孙楚聘之矣，公孙黑又使强委禽焉。犯惧，告子产。子产曰："是国无政，非子之患也。唯所欲与。"犯请于二子，请使女择焉。皆许之。子晳盛饰入，布币而出。子南戎服入，左右射，超乘而出。女自房观之，曰："子晳信美矣；抑子南，夫也。夫夫妇妇，所谓顺也。"适子南氏。子晳怒，既而櫜甲以见子南，欲杀而取其妻。子南知之，执戈逐之，及冲，击之以戈。子晳伤而归，告大夫曰："我好见之，不知其有异志也，故伤。"大夫皆谋之。子产曰："直钧，幼贱有罪，罪在楚也。"乃执子南，而数之曰："国之大节有五，女皆奸之。畏君之威，听其政，尊其贵，事其长，养其亲，五者所以为国也。今君在国，女用兵焉，不畏威也。奸国之纪，不听政也。子晳上大夫，女嬖大夫而弗下之，不尊贵也。幼而不忌，不事长也。兵其从兄，不养亲也。君曰：'余不女忍杀，宥女以远。'勉速行

	乎！无重而罪。"五月庚辰，郑放游楚于吴。将行子南，子产咨于大叔。大叔曰："吉不能亢身，焉能亢宗？彼，国政也，非私难也。子图郑国，利则行之，又何疑焉？周公杀管叔而蔡蔡叔，夫岂不爱？王室故也。吉若获戾，子将行之，何有于诸游？" 　　郑为游楚乱故，六月丁巳，郑伯及其大夫盟于公孙段氏。罕虎、公孙侨、公孙段、印段、游吉、驷带私盟于闺门之外，实薰隧。公孙黑强与于盟，使大史书其名，且曰"七子"，子产弗讨。 　　郑游吉如楚，葬郑敖，且聘立君。归，谓子产曰："具行器矣。楚王汰侈，而自说其事，必合诸侯，吾往无日矣。"子产："不数年，未能也。"
昭三	昭三
	春，王正月，郑游吉如晋，送少姜之葬。梁丙与张趯见之。梁丙曰："甚矣哉！子之为此来也！"子大叔曰："将得已乎！昔文、襄之霸也，其务不烦诸侯，令诸侯三岁而聘，五岁而朝，有事而会，不协而盟。君薨，大夫吊，卿共葬事；夫人、士吊，大夫送葬。足以昭礼、命事、谋阙而已，无加命矣。今嬖宠之丧，不敢择位，而数于守适，唯惧获戾，岂敢惮烦？少姜有宠而死，齐必继室。今兹吾又将来贺，不唯此行也。"张趯曰："善哉！吾得闻此数也！然自今子其无事矣。譬如火焉，火中，寒暑乃退。此其极也，能无退乎？晋将失诸侯，诸侯求烦不获。"二大夫退。子大叔告人曰："张趯有知，其犹在君子之后乎？" 　　秋，七月，郑罕虎如晋，贺夫人，且告曰："楚人日征敝邑，以不朝立王之故。敝邑之往，则畏执事，其谓寡君而固有外心；其不往，则

	宋之盟云。进退罪也。寡君使虎布之。"宣子使叔向对曰："君若辱有寡君，在楚何害？修宋盟也。君苟思盟，寡君乃知免于戾矣。君若不有寡君，虽朝夕辱于敝邑，寡君猜焉。君实有心，何辱命焉？君其往也！苟有寡君，在楚犹在晋也。"张趯使谓大叔曰："自子之归也，小人粪除先人之敝庐，曰：'子其将来。'今子皮实来，小人失望。"大叔曰："吉贱，不获来。畏大国，尊夫人也。且孟曰：'而将无事。'吉庶几焉。"
昭五	昭五
	晋韩宣子如楚送女，叔向为介。郑子皮、子大叔诸索氏。大叔谓叔向曰："楚王汰侈已甚，子其戒之！"叔向曰："汰侈已甚，身之灾也，焉能及人？若奉吾币、帛，慎吾威仪，守之以信，行之以礼，敬始而思终，终无不复。从而不失仪，敬而不失威，道之以训辞，奉之以旧法，考之以先王，度之以二国，虽汰侈，若我何？"
昭六	昭六
	楚公子弃疾如晋，报韩子也。过郑，郑罕虎、公孙侨、游吉从郑伯以劳诸柤，辞不敢见。固请，见之。见如见王，以其乘马八匹私面。见子皮如上卿，以马六匹。见子产，以马四匹。见子大叔，以马二匹。郑三卿皆知其将为王也。
昭七	昭七
	郑人相惊以伯有，曰："伯有至矣。"则皆走，不知所往。铸刑书之岁二月，或梦伯有介而行，曰："壬子，余将杀带也。明年壬寅，余又将杀段也。"及壬子，驷带卒。国人益惧。齐、燕平之月壬寅，公孙段卒。国人愈惧。其明月，子产立公孙泄及良止以抚之，乃止。

	子大叔问其故，子产曰："鬼有所归，乃不为厉。吾为之归也。"大叔曰："公孙泄何为？"子产曰："说也。为身无义而图说，从政有所反之，以取媚也。不媚，不信。不信，民不从也。"	
昭八 叔弓如晋。	**昭八** 叔弓如晋，贺虒祁也。游吉相郑伯以如晋，亦贺虒祁也。史赵见子大叔，曰："甚哉！其相蒙也。可吊也，而又贺之。"子大叔曰："若何吊也？其非唯我贺，将天下实贺。"	
昭九 春，叔弓会楚子于陈。	**昭九** 春，叔弓、宋华亥、郑游吉、卫赵黡会楚子于陈。	
昭十 戊子，晋侯彪卒。	**昭十** 戊子，晋平公卒。郑伯如晋，及河，晋人辞之。游吉遂如晋。	
昭十二 三月壬申，郑伯嘉卒。	**昭十二** 三月，郑简公卒。将为葬除，及游氏之庙，将毁焉。子大叔使其除徒执用以立，而无庸毁。曰："子产过女，而问何故不毁，乃曰：'不忍庙也。诺，将毁矣？'"既如是，子产乃使辟之。司墓之室，有当道者，毁之则朝而塴，弗毁则日中而塴。子大叔请毁之，曰："无若诸侯之宾何？"子产曰："诸侯之宾能来会吾丧，岂惮日中？无损于宾而民不害，何故不为？"遂弗毁，日中而葬。君子谓子产于是乎知礼。礼，无毁人以自成也。	
昭十三 秋，公会刘子、晋侯、宋公、卫侯、郑伯、曹伯、莒子、邾子、滕子、薛伯、杞伯、小邾子	**昭十三** 七月丙寅，治兵于邾南，甲车四千乘。羊舌鲋摄司马，遂合诸侯于平丘。子产、子大叔相郑伯以会。子产以幄幕九张行。子大叔以四十，既而悔之。每舍，损焉。及会，亦如之。甲戌，同盟于平丘，齐服也。令诸侯日中造于除。癸酉，退朝。子产	

于平丘。八月甲戌，同盟于平丘。	命外仆速张于除，子大叔止之，使待明日。及夕，子产闻其未张也，使速往，乃无所张矣。 　　及盟，子产争承，曰："昔天子班贡，轻重以列。列尊贡重，周之制也。卑而贡重者，甸服也。郑，伯男也。而使从公侯之贡，惧弗给也。敢以为请！诸侯靖兵，好以为事。行理之命，无月不至，贡之无艺，小国有阙，所以得罪也。诸侯修盟，存小国也。贡献无极，亡可待也。存亡之制，将在今矣！"自日中以争，至于昏，晋人许之。既盟，子大叔咎之曰："诸侯若讨，其可渎乎？"子产曰："晋政多门，贰偷之不暇，何暇讨？国不竞亦陵，何国之为！"	
昭十六	昭十六	
	三月，晋韩起聘于郑，郑伯享之。宣子有环，其一在郑商。宣子谒诸郑伯，子产弗与。曰："非官府之守器也，寡君不知。"子大叔、子羽谓子产曰："韩子亦无几求，晋国亦未可以贰。晋国、韩子，不可偷也。若属有谗人交斗其间，鬼神而助之，以兴其凶怒，悔之何及？吾子何爱一环？其以取憎于大国也？盍求而与之？"子产曰："吾非偷晋而有二心，将终事之，是以弗与，忠信故也。侨闻君子非无贿之难，立而无令名之患。侨闻为国非不能事大字小之难，无礼以定其位之患。夫大国之人，令于小国而皆获其求，将何以给之？一共一否，为罪滋大。大国之求，无礼以斥之，何厌之有？吾且为鄙邑，则失位矣，若韩子奉命以使而求玉焉，贪淫甚矣，独非罪乎？出一玉以起二罪，吾又失位，韩子成贪，将焉用之？且吾以玉贾罪，不亦锐乎！" 　　夏，四月，郑六卿饯宣子于郊。宣子曰："二三君子请皆赋，起亦以	

	知郑志。"子大叔赋《褰裳》,宣子曰:"起在此,敢勤子至于他人乎?"子大叔拜,宣子曰:"善哉!子之言是。不有是事,其能终乎?"
昭十八 夏,五月壬午,宋、卫、陈、郑灾。	**昭十八** 夏,五月,火始昏见。丙子,风。梓慎曰:"是谓融风,火之始也。七日,其火作乎?"戊寅,风甚。壬午,大甚。宋、卫、陈、郑皆火。数日,皆来告火。 裨灶曰:"不用吾言,郑又将火。"郑人请用之,子产不可。子大叔曰:"宝,以保民也。若有火,国几亡。可以救亡,子何爱焉?"子产曰:"天道远,人道迩,非所及也,何以知之?灶焉知天道?是亦多言矣,岂不或信?"遂不与。亦不复火。 七月,郑子产为火故,大为社,祓禳于四方,振除火灾,礼也。乃简兵大蒐,将为蒐除。子大叔之庙,在道南,其寝在道北,其庭小。过期三日,使除徒陈于道南庙北,曰:"子产过女而命速除,乃毁于而乡!"子产朝,过而怒之。除者南毁。子产及冲,使从者止之,曰:"毁于北方。" 火之作也,子产授兵登陴。子大叔曰:"晋无乃讨乎?"子产曰:"吾闻之:小国忘守则危,况有灾乎?国之不可小,有备故也。"
昭二十	**昭二十** 郑子产有疾,谓子大叔曰:"我死,子必为政。唯有德者,能以宽服民,其次莫如猛。夫火烈,民望而畏之,故鲜死焉。水懦弱,民狎而玩之,则多死焉。故宽难。"疾数月而卒。 大叔为政,不忍猛而宽。郑国多盗,取人于萑苻之泽。大叔悔之,曰:"吾早从夫子,不及此。"兴徒兵以攻萑苻之盗,尽杀之,盗少止。 仲尼曰:"善哉!政宽则民慢,

	慢则纠之以猛。猛则民残，残则施之以宽。宽以济猛，猛以济宽，政是以和。《诗》曰：'民亦劳止，汔可小康。惠此中国，以绥四方。'施之以宽也。'毋从诡随，以谨无良。式遏寇虐，惨不畏明。'纠之以猛也。'柔远能迩，以定我王。'平之以和也。又曰：'不竞不絿，不刚不柔。布政优优，百禄是遒。'和之至也。"
昭二十四	昭二十四
	郑伯如晋，子大叔相。见范献子，献子曰："若王室何？"对曰："老夫其国家不能恤，敢及王室？抑人亦有言曰：'嫠不恤其纬，而忧宗周之陨，为将及焉。'今王室实蠢蠢焉，吾小国惧矣，然大国之忧也，吾侪何知焉？吾子其早图之！《诗》曰：'瓶之罄矣，惟罍之耻。'王室之不宁，晋之耻也。"献子惧，而与宣子图之。乃征会于诸侯，期以明年。
昭二十五	昭二十五
夏，叔诣会晋赵鞅、宋乐大心、卫北宫喜、郑游吉、曹人、邾人、滕人、薛人、小邾人于黄父。	夏，会于黄父，谋王室也。赵简子令诸侯之大夫输王粟、具戍人，曰："明年将纳王。" 子大叔见赵简子。简子问揖让周旋之礼焉，对曰："是仪也，非礼也。"简子曰："敢问何谓礼？"对曰："吉也闻诸先大夫子产曰：'夫礼，天之经也，地之义也，民之行也。'天地之经，而民实则之。则天之明，因地之性，生其六气，用其五行。气为五味，发为五色，章为五声。淫则昏乱，民失其性。是故为礼以奉之。为六畜、五牲、三牺以奉五味，为九文、六采、五章以奉五色，为九歌、八风、七音、六律以奉五声。为君臣上下，以则地义。为夫妇外内，以经二物。为父子、兄弟、姑姊、昏媾、姻亚以象天明。为政事、庸力、行务，以从四时。为刑罚、威狱使民畏忌，

	以类其震曜杀戮。为温慈、惠和以效天之生殖长育。民有好、恶、喜、怒、哀、乐，生于六气，是故审则宜类以制六志，哀有哭泣，乐有歌舞，喜有施舍，怒有战斗。喜生于好，怒生于恶，是故审行信令，祸福赏罚，以制死生。生，好物也。死，恶物也。好物乐也，恶物哀也。哀乐不失，乃能协于天地之性，是以长久。"简子曰："甚哉！礼之大也。"对曰："礼，上下之纪，天地之经纬也，民之所以生也，是以先王尚之。故人之能自曲直以赴礼者，谓之成人。大，不亦宜乎！"简子曰："鞅也，请终身守此言也。"	
昭三十	**昭三十**	
夏，六月庚辰，晋侯去疾卒。秋，八月，葬晋顷公。	夏，六月，晋顷公卒。八月，葬。郑游吉吊，且送葬。魏献子使士景伯诘之，曰："悼公之丧，子西吊，子蟜送葬。今吾子无贰，何故？"对曰："诸侯所以归晋君，礼也。礼也者，小事大，大字小之谓。事大在共其时命，字小在恤其所无。以敝邑居大国之间，共其职贡，与其备御不虞之患，岂忘共命？先王之制，诸侯之丧，士吊，大夫送葬。唯嘉好、聘享、三军之事，于是乎使卿。晋之丧事，敝邑之间，先君有所助执绋矣。若其不间，虽士、大夫有所不获数矣。大国之惠，亦庆其加，而不讨其乏，明祇其情，取备而已，以为礼也。灵王之丧，我先君简公在楚，我先大夫印段实往，敝邑之少卿也。王吏不讨，恤所无也。今大夫曰：'女盍从旧？'旧有丰有省，不知所从。从其丰，则寡君幼弱，是以不共。从其省，则吉在此矣。唯大夫图之！"晋人不能诘。	
定四	**定四**	
	反自召陵，郑子大叔未至而卒。晋赵简子为之临，甚哀，曰："黄父之会，夫子语我九言，曰：'无始乱，无	

	怙富，无恃宠，无违同，无敖礼，无骄能，无复怒，无谋非德，无犯非义。'"	
定八	定八	
	郑驷歂嗣子大叔为政。	

楚鬬氏（前706—前505）

桓六	桓六	鬬氏，芈姓，出楚君若敖。顾栋高《大表事·卿大夫世系表》所录鬬氏人物计有二十四位之多，其中为令尹者有鬬祁（庄四）、鬬榖於菟（庄三十）、鬬勃（子上，僖三十三）、鬬椒（伯棼，又称子越椒，宣四）、鬬般（宣四）、鬬成然（子旗，昭十三）；此外鬬缗为权尹（庄十八），鬬班为申公（庄三十），鬬宜申（子西）为司马（僖二十六），克黄（鬬般子）为箴尹（宣四），子良（鬬伯比子）为司马（宣四），弃疾（克黄子）为宫厩尹（昭六），鬬辛（鬬成然子）为鄖公，鬬克（申公子仪）为师（《国语·楚语》）。 下列为鬬氏一系世系（世系不明者不录，附始见年）：
	楚武王侵随，使薳章求成焉，军于瑕以待之。随人使少师董成。 　　鬬伯比言于楚子曰："吾不得志于汉东也，我则使然。我张吾三军，而被吾甲兵，以武临之，彼则惧而协以谋我，故难间也。汉东之国，随为大。随张，必弃小国。小国离，楚之利也。少师侈，请羸师以张之。"熊率且比曰："季梁在，何益？"鬬伯比曰："以为后图，少师得其君。"王毁军而纳少师。 　　少师归，请追楚师。随侯将许之。季梁止之曰："天方授楚，楚之羸，其诱我也。君何急焉？臣闻小之能敌大也，小道大淫。所谓道，忠于民而信于神也。上思利民，忠也；祝史正辞，信也。今民馁而君逞欲，祝史矫举以祭，臣不知其可也。"公曰："吾牲牷肥腯，粢盛丰备，何则不信？"对曰："夫民，神之主也，是以圣王先成民而后致力于神。故奉牲以告曰'博硕肥腯'，谓民力之普存也，谓其畜之硕大蕃滋也，谓其不疾瘯蠡也，谓其备腯咸有也；奉盛以告曰'絜粢丰盛'，谓其三时不害而民和年丰也；奉酒醴以告曰'嘉栗旨酒'，谓其上下皆有嘉德而无违心也。所谓馨香，无谗慝也。故务其三时，修其五教，亲其九族，以致其禋祀，于是乎民和而神降之福，故动则有成。今民各有心，而鬼神乏主；君	

		楚君若敖	
	虽独丰，其何福之有？君姑修政而亲兄弟之国，庶免于难。"随侯惧而修政，楚不敢伐。	鬬伯比 桓六	鬬廉 桓九
桓八	桓八 随少师有宠。楚鬬伯比曰："可矣。雠有衅，不可失也。" 夏，楚子合诸侯于沈鹿。黄、随不会。使薳章让黄。楚子伐随。军于汉、淮之间。 季梁请下之："弗许而后战，所以怒我而怠寇也。"少师谓随侯曰："必速战。不然，将失楚师。"随侯御之。望楚师。季梁曰："楚人上左，君必左，无与王遇，且攻其右。右无良焉，必败。偏败，众乃携矣。"少师曰："不当王，非敌也。"弗从。战于速杞。随师败绩。随侯逸。鬬丹获其戎车，与其戎右少师。 秋，随及楚平，楚子将不许。鬬伯比曰："天去其疾矣，随未可克也。"乃盟而还。	鬬穀於菟 子文 庄三十	子良 宣四	鬬班 庄三十
		鬬般 子扬 宣四	鬬椒 伯芬 子越 僖二十八	鬬克 僖二十五
		克黄 宣四	苗贲皇 宣十七	
		（以下克黄之后）		
		弃疾 昭六		
		鬬韦龟 昭四		
		鬬成然 子旗 昭十三		
桓九	桓九 夏，楚使鬬廉帅师及巴师围鄾。邓养甥、聃甥帅师救鄾。三逐巴师，不克。鬬廉横陈其师于巴师之中，以战，而北。邓人逐之，背巴师；而夹攻之。邓师大败。鄾人宵溃。	鬬辛 昭十四	鬬怀 定四	鬬巢 定四
桓十一	桓十一 楚屈瑕将盟贰、轸。郧人军于蒲骚，将以随、绞、州、蓼伐楚师。莫敖患之。鬬廉曰："郧人军其郊，必不诫。且日虞四邑之至也。君次于郊郢，以御四邑，我以锐师宵加于郧。郧有虞心而恃其城，莫有斗志。若败郧师，四邑必离。"莫敖曰："盍请济师于王？"对曰："师克在和，不在众。商、周之不敌，君之所闻也。成军以出，又何济焉？"莫敖曰："卜之？"对曰："卜以决疑。不疑，何卜？"遂败郧师于蒲骚，卒盟而还。			

《左传》最早出现的鬬氏人物有鬬伯比（桓六）、鬬丹（桓八）、鬬廉（字射师，桓九）、鬬祁（庄四）等人。下面重点介绍四个在《左传》中特点明显的鬬氏人物。

1.鬬伯比，楚君若敖之子（宣四），见于桓六、八、十三年及宣四年。鬬伯比知政善谋，对随国内政了如指掌，为楚伐随出上

桓十三	桓十三 十三年春，楚屈瑕伐罗，鬭伯比送之。还，谓其御曰："莫敖必败。举趾高，心不固矣。"遂见楚子，曰："必济师！"楚子辞焉。入告夫人邓曼。邓曼曰："大夫其非众之谓，其谓君抚小民以信，训诸司以德，而威莫敖以刑也。莫敖狃于蒲骚之役，将自用也，必小罗。君若不镇抚，其不设备乎！夫固谓君训众而好镇抚之，召诸司而劝之以令德，见莫敖而告诸天之不假易也。不然，夫岂不知楚师之尽行也？"楚子使赖人追之，不及。 莫敖使徇于师曰："谏者有刑！"及鄢，乱次以济，遂无次。且不设备。及罗，罗与卢戎两军之，大败之。莫敖缢于荒谷。群帅囚于冶父以听刑。楚子曰："孤之罪也。"皆免之。	策。鬭伯比知人见屈瑕举趾高而知其必败（桓十三）。楚武王为楚国早期兴起过程中的重要人物，与有此贤臣亦有关。 宣四年传云"若敖娶于邧，生鬭伯比"，鬭伯比首见于桓六年（前706），距若敖即位84年，距若敖卒59年。鬭伯比最后出现于桓十三年（前699）。设想若敖卒时才生鬭伯比（宣四"若敖卒，从其母畜于邧"，则若敖卒时，伯比年幼），则桓六年时伯比也已有60岁以上，桓十三年时67岁以上。
庄四	庄四 春王三月，楚武王荆尸，授师孑焉，以伐随。将齐，入告夫人邓曼曰："余心荡。"邓曼叹曰："王禄尽矣。盈而荡，天之道也。先君其知之矣，故临武事，将发大命，而荡王心焉。若师徒无亏，王薨于行，国之福也。"王遂行，卒于樠木之下。令尹鬭祁、莫敖屈重除道、梁溠，营军临随，随人惧，行成。莫敖以王命入盟随侯，且请为会于汉汭，而还。济汉而后发丧。	2.鬭廉，又称鬭射师（射师当为其字），亦为若敖之子（杜预《春秋释例·世族谱》），事见桓九、十一及庄三十年。鬭廉有武功（桓九），懂兵法（桓十一），能直谏（庄三十），其"师克在和，不在众"（桓十一）之言堪为经典。
庄十八	庄十八 初，楚武王克权，使鬭缗尹之，以叛，围而杀之。迁权于那处，使阎敖尹之。	
庄二十八 秋，荆伐郑，公及齐人、宋人救郑。	庄二十八 秋，子元以车六百乘伐郑，入于桔柣之门。子元、鬭御强、鬭梧、耿之不比为旆，鬭班、王孙游、王孙喜殿。众车入自纯门，及逵市。县门	3.令尹子文，鬭伯比之子，又称鬭穀於菟（字子文），见于庄三十至僖二

		十七）。庄三十年为令尹，至僖二十三年，共为令尹二十六年，人品、德性、见识皆佳。论申侯之死（僖七）为见识，纾楚国之难（庄三十）见德性，灭弦伐随为武功（僖五、僖二十五），让位于成得臣见其人品（僖二十三），治兵而不戮人见其才干（僖二十七）。但从僖二十八年城濮之战看，子文让位于得臣，实为错误（僖二十七蔿贾言）。
	不发。楚言而出。子元曰："郑有人焉。"诸侯救郑。楚师夜遁。郑人将奔桐丘，谍告曰："楚幕有乌。"乃止。	
庄三十	庄三十	
	楚公子元归自伐郑，而处王宫。鬬射师谏，则执而梏之。秋，申公鬬班杀子元。鬬穀於菟为令尹，自毁其家，以纾楚国之难。	
僖二	僖二	
冬，楚人侵郑。	冬，楚人伐郑，鬬章囚郑聃伯。	
僖五	僖五	
秋，楚人灭弦，弦子奔黄。	楚鬬穀於菟灭弦，弦子奔黄。于是江、黄、道、柏方睦于齐，皆弦姻也。弦子恃之而不事楚，又不设备，故亡。	
僖七	僖七	令尹子文为春秋名相。《国语·楚语》"昔鬬子文三舍令尹，无一日之积，恤民之故"。《论语·公冶长》"令尹子文三仕为令尹，无喜色。三已之，无愠色"。三起三舍事不见于《左传》。
夏，郑杀其大夫申侯。	夏，郑杀申侯以说于齐，且用陈辕涛涂之谮也。初，申侯，申出也，有宠于楚文王。文王将死，与之璧，使行，曰："唯我知女。女专利而不厌，予取予求，不女疵瑕也。后之人将求多于女，女必不免。我死，女必速行，无适小国，将不女容焉。"既葬，出奔郑，又有宠于厉公。子文闻其死也，曰："古人有言曰'知臣莫若君'，弗可改也已。"	
僖二十	僖二十	令尹子文将鬬氏发展到巅峰。但到宣四年，子良之子鬬椒（伯芬、子越椒）为令尹，杀鬬般、灭蔿贾，以若敖氏之族攻王，终为楚子所灭。此前文十年楚杀鬬宜申，文十四楚子杀鬬克，盖为若敖先声。
秋，楚人伐随。	秋，随以汉东诸侯叛楚。冬，楚鬬穀於菟帅师伐随，取成而还。君子曰："随之见伐，不量力也。量力而动，其过鲜矣。善败由己，而由人乎哉?《诗》曰：'岂不夙夜，谓行多露。'"	
僖二十三	僖二十三	
秋，楚人伐陈。	秋，楚成得臣帅师伐陈，讨其贰于宋也。遂取焦、夷，城顿而还。	左表详记桓六

| | | 年来活跃于楚国政治舞台诸多鬬氏人物。僖二十八年城濮之战，"子玉以若敖之六卒将中军"，可见当时若敖氏之盛。自宣四年后，鬬氏较少出现于《左传》，昭公期间之鬬韦龟（昭四）、弃疾（昭六）本非显要。
4. 鬬成然，字子旗，又称蔓成然、令尹子旗，鬬韦龟之子，令尹子文五世孙。成然之父为楚灵所不礼，故成然事蔡公（平王），积极参与推翻楚灵王之变，故为平王升为令尹（昭十三），然次年却为平王所杀。
5. 鬬辛（昭十四至定五）。鬬辛（又称郧公）、鬬巢、鬬怀皆为鬬成然（子旗）之子，令尹子文六代孙。定四年吴入郢之期间，鬬辛、鬬巢等人不计平王杀父仇，救昭王于万死，为王所赏。 |
|---|---|---|
| | 子文以为之功，使为令尹。叔伯曰："子若国何？"对曰："吾以靖国也。夫有大功而无贵仕，其人能靖者与有几？" | |
| **僖二十五**
秋，楚人围陈，纳顿子于顿。 | **僖二十五**
秋，秦、晋伐鄀。楚鬬克、屈御寇以申、息之师戍商密。秦人过析，隈入而系舆人，以围商密，昏而傅焉。宵，坎血加书，伪与子仪、子边盟者。商密人惧，曰："秦取析矣！戍人反矣！"乃降秦师。秦师囚申公子仪、息公子边以归。楚令尹子玉追秦师，弗及。遂围陈，纳顿子于顿。 | |
| **僖二十六**
秋，楚人灭夔，以夔子归。 | **僖二十六**
夔子不祀祝融与鬻熊，楚人让之。对曰："我先王熊挚有疾，鬼神弗赦，而自窜于夔，吾是以失楚，又何祀焉？"秋，楚成得臣、鬬宜申帅师灭夔，以夔子归。 | |
| **僖二十七**
冬，楚人、陈侯、蔡侯、郑伯、许男围宋。 | **僖二十七**
楚子将围宋，使子文治兵于睽，终朝而毕，不戮一人。子玉复治兵于蒍，终日而毕，鞭七人，贯三人耳。国老皆贺子文。子文饮之酒。蒍贾尚幼，后至，不贺。子文问之。对曰："不知所贺。子之传政于子玉，曰：'以靖国也。'靖诸内而败诸外，所获几何？子玉之败，子之举也。举以败国，将何贺焉？子玉刚而无礼，不可以治民，过三百乘，其不能以入矣。苟入而贺，何后之有？" | |
| **僖二十八**
夏四月己巳，晋侯、齐师、宋师、秦师及楚人战于城濮，楚师败绩。 | **僖二十八**
春，晋侯将伐曹，侵曹、伐卫。楚人救卫，不克。楚子入居于申，使申叔去谷，使子玉去宋。子玉使伯棼请战，曰："非敢必有功也，愿以间执谗慝之口。"王怒，少与之师，唯西广、东宫与若敖之六卒实从之。
夏四月戊辰，晋侯、宋公、齐国 | |

	归父、崔夭、秦小子憖次于城濮。楚师背酅而舍，晋侯患之。子玉使斗勃请战，曰："请与君之士戏，君冯轼而观之，得臣与寓目焉。"晋侯使栾枝对曰："寡君闻命矣。楚君之惠，未之敢忘，是以在此。为大夫退，其敢当君乎？既不获命矣，敢烦大夫，谓二三子：'戒尔车乘，敬尔君事，诘朝将见。'" 己巳，晋师陈于莘北，胥臣以下军之佐当陈、蔡。子玉以若敖之六卒将中军，曰："今日必无晋矣。"子西将左，子上将右。胥臣蒙马以虎皮，先犯陈、蔡。陈、蔡奔，楚右师溃。
僖三十二	僖三十二
	春，楚斗章请平于晋，晋阳处父报之，晋、楚始通。
文九	文九
冬，楚子使椒来聘。	冬，楚子越椒来聘，执币傲。叔仲惠伯曰："是必灭若敖氏之宗。傲其先君，神弗福也。"
文十	文十
夏，楚杀其大夫宜申。	初，楚范巫矞似谓成王与子玉、子西曰："三君皆将强死。"城濮之役，王思之，故使止子玉曰："毋死。"不及。止子西，子西缢而县绝，王使适至，遂止之，使为商公。沿汉泝江，将入郢。王在渚宫，下，见之。惧，而辞曰："臣免于死，又有谗言，谓臣将逃，臣归死于司败也。"王使为工尹，又与子家谋弑穆王。穆王闻之，五月，杀斗宜申及仲归。
文十四	文十四
	楚庄王立，子孔、潘崇将袭群舒，使公子燮与子仪守，而伐舒蓼。二子作乱。城郢，而使贼杀子孔，不克而还。八月，二子以楚子出。将如商密，庐戢梨及叔麇诱之，遂杀斗克及公子燮。

	初，鬭克囚于秦，秦有殽之败，而使归求成。成而不得志，公子燮求令尹而不得，故二子作乱。
宣二	**宣二**
夏，晋人、宋人、卫人、陈人侵郑。	楚鬭椒救郑，曰："能欲诸侯，而恶其难乎？"遂次于郑，以待晋师。赵盾曰："彼宗竞于楚，殆将毙矣。姑益其疾。"乃去之。
宣四	**宣四**
	初，楚司马子良生子越椒。子文曰："必杀之！是子也，熊虎之状而豺狼之声；弗杀，必灭若敖氏矣。谚曰：'狼子野心。'是乃狼也，其可畜乎？"子良不可。子文以为大戚。及将死，聚其族，曰："椒也知政，乃速行矣，无及于难。"且泣曰："鬼犹求食，若敖氏之鬼不其馁而！"
	及令尹子文卒，鬭般为令尹，子越为司马。蒍贾为工正，谮子扬而杀之，子越为令尹，己为司马。子越又恶之，乃以若敖氏之族圉伯嬴于轑阳而杀之，遂处烝野，将攻王。王以三王之子为质焉，弗受。师于漳澨。秋七月戊戌，楚子与若敖氏战于皋浒。伯棼射王，汰辀，及鼓跗，着于丁宁。又射，汰辀，以贯笠毂。师惧，退。王使巡师曰："吾先君文王克息，获三矢焉，伯棼窃其二，尽于是矣。"鼓而进之，遂灭若敖氏。
	初，若敖娶于䢵，生鬭伯比。若敖卒，从其母畜于䢵，淫于䢵子之女，生子文焉。䢵夫人使弃诸梦中。虎乳之。䢵子田，见之，惧而归。夫人以告，遂使收之。楚人谓乳谷，谓虎于菟，故命之曰鬭榖於菟。以其女妻伯比。实为令尹子文。
	其孙箴尹克黄使于齐，还及宋，闻乱。其人曰："不可以入矣。"箴尹曰："弃君之命，独谁受之？君，天也，天可逃乎？"遂归，复命，而自

	拘于司败。王思子文之治楚国也，曰："子文无后，何以劝善？"使复其所，改命曰生。
宣十二	宣十二
	栾武子曰："楚自克庸以来，其君无日不讨国人而……训之以若敖、蚡冒筚路蓝缕以启山林。"
襄二十六	襄二十六
	若敖之乱，伯贲之子贲皇奔晋，晋人与之苗，以为谋主。
昭四	昭四
	楚子欲迁许于赖，使鬭韦龟与公子弃疾城之而还。
昭十二	昭十二
夏，五月，楚杀其大夫成熊。	楚子谓成虎，若敖之余也，遂杀之。或谮成虎于楚子，成虎知之，而不能行。书曰："楚杀其大夫成虎。"怀宠也。
昭十三	昭十三
夏四月，楚公子比自晋归于楚，弑其君虔于乾溪。楚公子弃疾杀公子比。冬，吴灭州来。	楚子之为令尹也，杀大司马蒍掩，而取其室。及即位，夺蒍居田；迁许而质许围。蔡洧有宠于王，王之灭蔡也，其父死焉，王使与于守而行。申之会，越大夫戮焉。王夺鬭韦龟中犫，又夺成然邑，而使为郊尹。蔓成然故事蔡公。故蒍氏之族及蒍居、许围、蔡洧、蔓成然，皆王所不礼也，因群丧职之族启越大夫常寿过作乱，围固城，克息舟，城而居之。楚公子比、公子黑肱、公子弃疾、蔓成然、蔡朝吴帅陈、蔡、不羹、许、叶之师，因四族之徒，以入楚。蔡公使须务牟与史猈先入，因正仆人杀大子禄及公子罢敌。公子比为王，公子黑肱为令尹，次于鱼陂。公子弃疾为司马，先除王宫，使观从从师于乾溪，而遂告之，且曰："先归复所，后者劓。"夏五月癸亥，王缢于芊尹申亥氏。申亥以其二女殉而葬之。

	观从谓子干曰："不杀弃疾，虽得国，犹受祸也。"子干曰："余不忍也。"子玉曰："人将忍子，吾不忍俟也。"乃行。国每夜骇曰："王入矣！"乙卯夜，弃疾使周走而呼曰："王至矣！"国人大惊。使蔓成然走告子干、子皙曰："王至矣，国人杀君司马，将来矣。君若早自图也，可以无辱。众怒如水火焉，不可为谋。"又有呼而走至者，曰："众至矣！"二子皆自杀。丙辰，弃疾即位，名曰熊居。葬子干于訾，实訾敖。杀囚，衣之王服，而流诸汉，乃取而葬之，以靖国人。使子旗为令尹。 　　初，共王无冢適，有宠子五人，无适立焉。乃大有事于群望，而祈曰："请神择于五人者，使主社稷。"乃徧以璧见于群望，曰："当璧而拜者，神所立也，谁敢违之？"乃与巴姬密埋璧于大室之庭，使五人齐，而长入拜。康王跨之，灵王肘加焉，子干、子皙皆远之。平王弱，抱而入，再拜，皆厌纽。鬭韦龟属成然焉，且曰："弃礼违命，楚其危哉！" 　　吴灭州来，令尹子旗请伐吴。王弗许，曰："吾未抚民人，未事鬼神，未修守备，未定国家，而用民力，败不可悔。州来在吴，犹在楚也。子姑待之。"
昭十四	**昭十四** 　　楚令尹子旗有德于王，不知度，与养氏比，而求无厌。王患之。九月甲午，楚子杀鬭成然，而灭养氏之族。使鬭辛居郧，以无忘旧勋。
昭十九	**昭十九** 　　楚人城州来，沈尹戌曰："楚人必败。昔吴灭州来，子旗请伐之。王曰：'吾未抚吾民。'今亦如之，而城州来以挑吴，能无败乎？"侍者曰："王施舍不倦，息民五年，可谓抚之

	矣。"戌曰："吾闻抚民者，节用于内，而树德于外，民乐其性，而无寇仇。今宫室无量，民人日骇，劳罢死转，忘寝与食，非抚之也。"	
定四	定四	
冬，十有一月，庚辰，吴入郢。	楚子涉雎，济江，入于云中。王寝，盗攻之，以戈击王，王孙由于以背受之，中肩。王奔郧。钟建负季芈以从。由于徐苏而从。郧公辛之弟怀将弑王，曰："平王杀吾父，我杀其子，不亦可乎？"辛曰："君讨臣，谁敢仇之？君命，天也。若死天命，将谁仇？《诗》曰：'柔亦不茹，刚亦不吐。不侮矜寡，不畏强御。'唯仁者能之。违强陵弱，非勇也；乘人之约，非仁也；灭宗废祀，非孝也；动无令名，非知也。必犯是，余将杀女。"鬬辛与其弟巢以王奔随。吴人从之，谓随人曰："周之子孙在汉川者，楚实尽之。天诱其衷，致罚于楚，而君又窜之，周室何罪？君若顾报周室，施及寡人，以奖天衷，君之惠也。汉阳之田，君实有之。"楚子在公宫之北，吴人在其南。子期似王，逃王，而己为王，曰："以我与之，王必免。"随人卜与之，不吉，乃辞吴曰："以随之辟小，而密迩于楚，楚实存之。世有盟誓，至于今未改。若难而弃之，何以事君？执事之患不唯一人，若鸠楚竟，敢不听命？"吴人乃退。	
定五	定五	
	楚子入于郢。初，鬬辛闻吴人之争宫也，曰："吾闻之：'不让，则不和；不和，不可以远征。'吴争于楚，必有乱；有乱，则必归，焉能定楚？"王赏鬬辛、王孙由于、王孙圉、钟建、鬬巢、申包胥、王孙贾、宋木、鬬怀。子西曰："请舍怀也。"王曰："大德灭小怨，道也。"	

楚申氏（前656—前505）

僖四	僖四
春，王正月，公会齐侯、宋公、陈侯、卫侯、郑伯、许男、曹伯侵蔡。蔡溃。遂伐楚。次于陉。楚屈完来盟于师，盟于召陵。齐人执陈辕涛涂。秋，及江人、黄人伐陈。	春，齐侯以诸侯之师侵蔡。蔡溃，遂伐楚。夏，楚子使屈完如师。师退，次于召陵。屈完及诸侯盟。 陈辕涛涂谓郑申侯曰："师出于陈、郑之间，国必甚病。若出于东方，观兵于东夷，循海而归，其可也。"申侯曰："善。"涛涂以告齐侯，许之。 申侯见曰："师老矣，若出于东方而遇敌，惧不可用也。若出于陈、郑之间，共其资粮屝屦，其可也。"齐侯说，与之虎牢。执辕涛涂。 秋，伐陈，讨不忠也。
僖五	僖五
公及齐侯、宋公、陈侯、卫侯、郑伯、许男、曹伯会王世子于首止。秋，八月，诸侯盟于首止。郑伯逃归不盟。	会于首止，会王大子郑，谋宁周也。 陈辕宣仲怨郑申侯之反己于召陵，故劝之城其赐邑，曰："美城之，大名也，子孙不忘。吾助子请。"乃为之请于诸侯而城之，美。遂谮诸郑伯曰："美城其赐邑，将以叛也。"申侯由是得罪。 秋，诸侯盟。
僖六	僖六
夏，公会齐侯、宋公、陈侯、卫侯、曹伯伐郑，围新城。秋，楚人围许。	夏，诸侯伐郑，以其逃首止之盟故也。围新密，郑所以不时城也。 秋，楚子围许以救郑，诸侯救许，乃还。
僖七	僖七
春，齐人伐郑。郑杀其大夫申侯。秋七月，公会齐	春，齐人伐郑。孔叔言于郑伯曰："谚有之曰：'心则不竞，何惮于病？'既不能强，又不能弱，所以毙也。国危矣！请下齐以救国。"公曰：

申氏，芈姓，楚文王灭申，以公族子弟居之而有申氏，以邑为氏也。申氏又有别支称申叔氏。申氏世系多不详，今据出现年代，粗拟申氏人物世系如下（参顾栋高《大事表》而增申侯、申公叔侯二人于前）：

申氏	申叔氏	
申侯	申公叔侯	
申舟	[缺]	
申犀	申叔时	申叔展
申骊	申叔跪	
申无宇	申叔豫	
申亥		
申包胥		

（上表：仅根据出现年代排列先后，世系多不详。申公叔侯虽列其中，然是否为申叔氏祖不详，顾氏、陈氏表均未列此人。）

申氏虽为楚世族，但地位或作用不若屈氏、蔿氏（薳氏）、鬬氏、囊氏、伍氏等，当在大夫之列。文十年文之无畏（申舟）为左司马，为申氏较高职

侯、宋公、陈世子款、郑世子华，盟于宁母。	"吾知其所由来矣。姑少待我。"对曰："朝不及夕，何以待君？"夏，郑杀申侯以说于齐，且用陈辕涛涂之谮也。初，申侯，申出也，有宠于楚文王。文王将死，与之璧，使行，曰："唯我知女。女专利而不厌，予取予求，不女疵瑕也。后之人将求多于女，女必不免。我死，女必速行。无适小国，将不女容焉。"既葬，出奔郑。又有宠于厉公。子文闻其死也，曰："古人有言曰：'知臣莫若君。'弗可改也已。" 秋，盟于宁母，谋郑故也。郑伯使大子华听命于会。	位之一例。 1.申侯，"申出也"，见于僖四至僖七年。原为楚文王嬖臣，文王死（在庄十九年）后奔郑，投郑厉公（桓十二至庄二十一年在位），僖六年为郑人所杀。考楚文王生前灭申、封申，庄十九年卒，申侯当为楚文王封臣。 僖七年传言申侯"有宠于楚文王"，未说申侯为楚文王之子或之后；而传云"文王将死，与之璧，使行"，则申侯与文王私情非同一般。 申侯之事发生在齐霸如日中天而郑国时有不臣之际，其为人阳奉阴违，以求小利，终为郑伯所杀。值此"人心惟危，道心惟微"（《尚书·大禹谟》）之际，申侯欲以雕虫小技穿窜其间以自利，故左氏引楚文王之言以结之。 2.申舟，又称文之无畏、无畏（宣十五年作毋畏）、子舟，其子申犀。文十年为左司马，宣十四年出使过宋时被杀。见于文十、
文十 冬，楚子、蔡侯次于厥貉。	文十 陈侯、郑伯会楚子于息。冬，遂及蔡侯次于厥貉，将以伐宋。宋华御事曰："楚欲弱我也，先为之弱乎？何必使诱我？我实不能，民何罪？"乃逆楚子，劳且听命。遂道以田孟诸。宋公为右盂，郑伯为左盂。期思公复遂为右司马，子朱及文之无畏为左司马，命凤驾载燧。宋公违命，无畏抶其仆以徇。 或谓子舟曰："国君不可戮也。"子舟曰："当官而行，何强之有？诗曰：'刚亦不吐，柔亦不茹。''毋纵诡随，以谨罔极。'是亦非辟强也。敢爱死以乱官乎？"	
宣十一 冬十月，楚人杀陈夏征舒。 丁亥，楚子入陈。 纳公孙宁、仪行父于陈。	宣十一 冬，楚子为陈夏氏乱故，伐陈。谓陈人："无动！将讨于少西氏。"遂入陈，杀夏征舒，轘诸栗门。因县陈。陈侯在晋。 申叔时使于齐，反，复命而退。王使让之，曰："夏征舒为不道，弑其君，寡人以诸侯讨而戮之，诸侯、县公皆庆寡人，女独不庆寡人，何故？"对曰："犹可辞乎？"王曰："可哉！"曰："夏征舒弑其君，其罪大矣；	

		宣十四、宣十五年。《吕氏春秋·行论篇》《淮南子·主术训》引称"文无畏"。王念孙《经义述闻·春秋名字解诂下》称："楚文之无畏，字子舟。无，语词；畏，读曰㮁，舟上柱也……其前立柱曰㮁。"梁履绳《左通补释》（九）称"文盖以谥为氏者；申，其食邑；舟，字也；之，语辞。"梁并称其"又氏文氏"，则"申舟（文之无畏）疑是文族，楚文王之后也"。
	讨而戮之，君之义也。抑人亦有言曰：'牵牛以蹊人之田，而夺之牛。'牵牛以蹊者，信有罪矣；而夺之牛，罚已重矣。诸侯之从也，曰讨有罪也。今县陈，贪其富也。以讨召诸侯，而以贪归之，无乃不可乎？"王曰："善哉！吾未之闻也。反之，可乎？"对曰："吾侪小人所谓'取诸其怀而与之'也。"乃复封陈。乡取一人焉以归，谓之夏州。故书曰"楚子入陈。纳公孙宁、仪行父于陈"，书有礼也。	
宣十二	**宣十二**	
冬十有二月戊寅，楚子灭萧。	冬，楚子伐萧，宋华椒以蔡人救萧。萧溃。 还无社与司马卯言，号申叔展。叔展曰："有麦曲乎？"曰："无。""有山鞠穷乎？"曰："无。""河鱼腹疾奈何？"曰："目于眢井而拯之。""若为茅绖，哭井则已。"明日，萧溃。申叔视其井，则茅绖存焉，号而出之。	
宣十四	**宣十四**	3.申叔时，见于宣十一、十五年，成二、十五、十六年。传文仅出现四次，但每次出现时，其表现都给人留下深刻印象，向我们展现了一个深明大义、既懂治国为政又谙战伐之道的人物形象。宣十一年谏楚庄王不可县陈，深明大义；宣十五年楚子围宋，宋人告急于晋，在楚子几若不克的情况下申叔时的建议起了关键作用；成十五年论楚不可失信于诸侯，"信以守礼，礼以庇身，信礼之亡，欲
秋九月，楚子围宋。	楚子使申舟聘于齐，曰："无假道于宋。"亦使公子冯聘于晋，不假道于郑。申舟以孟诸之役恶宋，曰："郑昭、宋聋，晋使不害，我则必死。"王曰："杀女，我伐之。"见犀而行。及宋，宋人止之。华元曰："过我而不假道，鄙我也。鄙我，亡也。杀其使者，必伐我。伐我，亦亡也。亡一也。"乃杀之。 楚子闻之，投袂而起。屦及于窒皇，剑及于寝门之外，车及于蒲胥之市。秋九月，楚子围宋。	
宣十五	**宣十五**	
夏五月，宋人及楚人平。	夏五月，楚师将去宋，申犀稽首于王之马前曰："毋畏知死而不敢废王命，王弃言焉。"王不能答。申叔时仆，曰："筑室，反耕者，宋必	

	听命。"从之。宋人惧，使华元夜入楚师，登子反之床，起之，曰："寡君使元以病告，曰：'敝邑易子而食，析骸以爨。虽然，城下之盟，有以国毙，不能从也。去我三十里，唯命是听。'"子反惧。与之盟，而告王。退三十里，宋及楚平。华元为质。盟曰："我无尔诈，尔无我虞。"	免，得乎？"成十六年论战之器（德、刑、详、义、礼、信），论楚国当时之内政，均有力度。 　　成二年传载申叔跪从其父叔时将适郢，叔跪遇屈巫而知其窃妻之计。 　　4.申叔展，又称叔展、申叔，见宣十二年。世系不详。宣十二年楚子围萧，叔展以私情救萧大夫还无社。
成二	成二 　　及共王即位，将为阳桥之役，使屈巫聘于齐，且告师期。巫臣尽室以行。申叔跪从其父，将适郢，遇之，曰："异哉！夫子有三军之惧，而又有桑中之喜，宜将窃妻以逃者也。"	
成十五	成十五 　　夏六月，楚将北师，子囊曰："新与晋盟而背之，无乃不可乎？"子反曰："敌利则进，何盟之有？"申叔时老矣，在申，闻之曰："子反必不免！信以守礼，礼以庇身，信礼之亡，欲免得乎？"楚子侵郑，及暴隧，遂侵卫，及首止。郑子罕侵楚，取新石。栾武子欲报楚，韩献子曰："无庸，使重其罪，民将叛之。无民，孰战？"	5.申叔豫，又称叔豫、申叔，杜注以为申叔时孙。见于襄二十一、二十二年。申叔豫以"国多宠而王弱，国不可为也"，劝薳子冯辞令尹；见楚康王杀子南、辕观起，劝薳子冯求免祸。可谓深通政治，了解人心。
成十六	成十六 　　戊寅，晋师起。郑人闻有晋师，使告于楚，姚句耳与往。楚子救郑。司马将中军，令尹将左，右尹子辛将右。过申，子反入见申叔时，曰："师其何如？"对曰："德、刑、详、义、礼、信，战之器也。德以施惠，刑以正邪，详以事神，义以建利，礼以顺时，信以守物。民生厚而德正，用利而事节，时顺而物成，上下和睦，周旋不逆，求无不具，各知其极。故《诗》曰：'立我烝民，莫匪尔极。'是以神降之福，时无灾害，民生敦庞，和同以听，莫不尽力以从上命，致死以补其阙，此战之所由克也。	6.申无宇，又称芊尹无宇，无宇，其子申亥（又称芊尹申亥）。见于襄三十至昭十三年。申无宇与伍举，好比楚灵王的两面镜子，通过他们人们可对楚国的内政、楚灵王的无道等有一清醒的认识。襄三十年论"善人，国之主也"，"绝民之主，去

	今楚内弃其民，而外绝其好，渎齐盟而食话言，奸时以动，而疲民以逞。民不知信，进退罪也。人恤所底，其谁致死，子其勉之！吾不复见子矣。"姚句耳先归。子驷问焉，对曰："其行速，过险而不整。速则失志，不整丧列。志失列丧，将何以战？楚惧不可用也。"	身之偏，艾王之体，以祸其国，无不祥大焉"；昭四年论楚城赖，"王心不违，民其居乎？民之不处，其谁堪之？"昭七年论君臣上下，"天子经略，诸侯正封，古之制也……天有十日，人有十等。下所以事上，上所以共神也"；昭十一年论"末大必折，尾大必掉""五大不在边，五细不在庭。亲不在外，羁不在内"，细析历史，凡此皆精彩绝伦之言，千载不朽之训。
襄二十一	襄二十一 夏，楚子庚卒。楚子使蒍子冯为令尹，访于申叔豫。叔豫曰："国多宠而王弱，国不可为也。"遂以疾辞。方暑，阙地，下冰而床焉。重茧，衣裘，鲜食而寝。楚子使医视之。复曰："瘠则甚矣，而血气未动。"乃使子南为令尹。	
襄二十二 冬，楚杀其大夫公子追舒。	襄二十二 楚观起有宠于令尹子南，未益禄而有马数十乘。楚人患之，王将讨焉。子南之子弃疾为王御士，王每见之，必泣。弃疾曰："君三泣臣矣，敢问谁之罪也？"王曰："令尹之不能，尔所知也。国将讨焉，尔其居乎？"对曰："父戮子居，君焉用之？泄命重刑，臣亦不为。"王遂杀子南于朝，轘观起于四竟。 子南之臣谓弃疾："请徙子尸于朝。"曰："君臣有礼，唯二三子。"三日，弃疾请尸。王许之。既葬，其徒曰："行乎？"曰："吾与杀吾父，行将焉入？"曰："然则臣王乎？"曰："弃父事雠，吾弗忍也。"遂缢而死。 复使蒍子冯为令尹，公子齮为司马，屈建为莫敖。有宠于蒍子者八人，皆无禄而多马。他日朝，与申叔豫言，弗应而退。从之，入于人中。又从之，遂归。退朝，见之，曰："子三困我于朝，吾惧，不敢不见。吾过，子姑告我，何疾我也？"对曰："吾不免是惧，何敢告子？"曰："何	7. 申包胥，见于定四、五年。柏举之战，楚国国都不保，国君流窜，申包胥赴秦乞师，秦伯犹豫不决，申包胥"立，依于庭墙而哭，日夜不绝声，勺饮不入口七日。秦哀公为之赋《无衣》。九顿首而坐。秦师乃出"，此情真可谓感人。 方按：《左传》申叔又称申公，僖二十六年之申公叔侯，僖二十八年又称申叔，是申叔即申公。然左氏申公尚有申公斗班（庄三十）、申

	故?"对曰:"昔观起有宠于子南,子南得罪,观起车裂,何故不惧?"自御而归,不能当道。至,谓八人者曰:"吾见申叔,夫子所谓生死而肉骨也。知我者如夫子则可;不然,请止。"辞八人者,而后王安之。	公子仪(僖二十七,斗克)、申公巫臣(宣十二)、王子牟(襄二十六)、申公寿余(哀四),皆不氏申,或曾封申地故。盖古申国地大,楚灭后封此地者非一人,而未必皆以申为氏。 另有申公叔侯,又称申叔,见于僖二十六、二十八年。 评曰:申氏人物中,以申叔时、申无宇最通韬略与为政,其言论最为精彩、经典。申叔豫晓人心。申包胥气节动人,郑申侯小人之心。
襄三十	襄三十 楚公子围杀大司马蒍掩而取其室。申无宇曰:"王子必不免。善人,国之主也。王子相楚国,将善是封殖,而虐之,是祸国也。且司马,令尹之偏,而王之四体也。绝民之主,去身之偏,艾王之体,以祸其国,无不祥大焉。何以得免?"	
昭四 秋,七月,楚子、蔡侯、陈侯、许男、顿子、胡子、沈子、淮夷伐吴。执齐庆封,杀之。遂灭赖。	昭四 秋,七月,楚子以诸侯伐吴。遂以诸侯灭赖。迁赖于鄢。楚子欲迁许于赖,使斗韦龟与公子弃疾城之而还。申无宇曰:"楚祸之首,将在此矣。召诸侯而来,伐国而克,城竟莫校,王心不违,民其居乎?民之不处,其谁堪之?不堪王命,乃祸乱也。"	
昭七	昭七 楚子之为令尹也,为王旌以田。芋尹无宇断之,曰:"一国两君,其谁堪之?"及即位,为章华之宫,纳亡人以实之。无宇之阍入焉。无宇执之,有司弗与,曰:"执人于王宫,其罪大矣。"执而谒诸王。王将饮酒,无宇辞曰:"天子经略,诸侯正封,古之制也。封略之内,何非君土?食土之毛,谁非君臣?故《诗》曰:'普天之下,莫非王土;率土之滨,莫非王臣。'天有十日,人有十等。下所以事上,上所以共神也。故王臣公,公臣大夫,大夫臣士,士臣皂,皂臣舆,舆臣隶,隶臣僚,僚臣仆,仆臣台。马有圉,牛有牧,以待百事。今有司曰:'女胡执人于王宫?'将焉执	

	之？周文王之法曰：'有亡荒阅。'所以得天下也。吾先君文王，作仆区之法，曰：'盗所隐器，与盗同罪。'所以封汝也。若从有司，是无所执逃臣也。逃而舍之，是无陪台也。王事无乃阙乎？昔武王数纣之罪以告诸侯曰：'纣为天下逋逃主，萃渊薮。'故夫致死焉。君王始求诸侯而则纣，无乃不可乎？若以二文之法取之，盗有所在矣。"王曰："取而臣以往。盗有宠，未可得也。"遂赦之。
昭十一	**昭十一**
冬，十有一月丁酉，楚师灭蔡，执蔡世子有以归，用之。	冬，十一月，楚子灭蔡，用隐大子于冈山。申无宇曰："不祥。五牲不相为用，况用诸侯乎？王必悔之。" 楚子城陈、蔡、不羹，使弃疾为蔡公。王问于申无宇曰："弃疾在蔡，何如？"对曰："择子莫如父，择臣莫如君。郑庄公城栎，而置子元焉，使昭公不立；齐桓公城谷，而置管仲焉，至于今赖之。臣闻五大不在边，五细不在庭。亲不在外，羁不在内。今弃疾在外，郑丹在内，君其少戒！"王曰："国有大城，何如？"对曰："郑京栎，实杀曼伯；宋萧亳，实杀子游；齐渠丘，实杀无知；卫蒲戚，实出献公。若由是观之，则害于国。末大必折，尾大不掉，君所知也。"
昭十三	**昭十三**
夏，四月，楚公子比自晋归于楚，弑其君虔于干溪。	王闻群公子之死也，自投于车下，然丹乃归于楚。王沿夏，将欲入鄢。 芋尹无宇之子申亥曰："吾父再奸王命，王弗诛，惠孰大焉？君不可忍，惠不可弃，吾其从王。"乃求王，遇诸棘闱以归。 夏，五月癸亥，王缢于芋尹申亥氏。他年，芋尹申亥以王柩告，乃改葬之。

定四	定四	
冬，十有一月庚午，蔡侯以吴子及楚人战于柏举，楚师败绩。楚囊瓦出奔郑。庚辰，吴入郢。	初，伍员与申包胥友。其亡也，谓申包胥曰："我必复楚国。"申包胥曰："勉之！子能复之，我必能兴之。"及昭王在随，申包胥如秦乞师，曰："吴为封豕、长蛇，以荐食上国，虐始于楚。寡君失守社稷，越在草莽，使下臣告急，曰：'夷德无厌，若邻于君，疆场之患也。逮吴之未定，君其取分焉。若楚之遂亡，君之土也。若以君灵抚之，世以事君。'"秦伯使辞焉，曰："寡人闻命矣。子姑就馆，将图而告。"对曰："寡君越在草莽，未获所伏，下臣何敢即安？"立，依于庭墙而哭，日夜不绝声，勺饮不入口七日。秦哀公为之赋《无衣》。九顿首而坐。秦师乃出。	
定五	定五	
	申包胥以秦师至。秦子蒲、子虎帅车五百乘以救楚，大败夫概王于沂。 秋，九月，吴师败楚师于雍澨。秦师又败吴师。吴师居麇，子期将焚之，而又战，吴师败，又战于公壻之溪。吴师大败，吴子乃归。 楚子入于郢。王赏斗辛、王孙由于、王孙圉、钟建、斗巢、申包胥、王孙贾、宋木、斗怀。申包胥曰："吾为君也，非为身也。君既定矣，又何求？且吾尤子旗，其又为诸？"遂逃赏。	

周王子朝（前535—前505）

昭七	昭七	王子朝，又称子朝、西王，周景王之子。昭二十二年周景王卒后，王子朝与单子、刘子陷入争立之乱，昭
	单献公弃亲用羁。冬，十月辛酉，襄、顷之族杀献公而立成公。	
昭十一	昭十一	
	单子会韩宣子于戚，视下言徐。	

	叔向曰："单子其将死乎！朝有著定，会有表，衣有襘，带有结。会朝之言，必闻于表著之位，所以昭事序也。视不过结襘之中，所以道容貌也。言以命之，容貌以明之，失则有阙。今单子为王官伯，而命事于会，视不登带，言不过步，貌不道容，而言不昭矣。不道不共，不昭不从，无守气矣。" 十二月，单成公卒。	二十五年奔楚，定五年被杀于楚。王子朝世系如下：
昭十二	昭十二 周原伯绞虐，其舆臣使曹逃。冬，十月壬申朔，原舆人逐绞而立公子跪寻。绞奔郊。 甘简公无子，立其弟过。过将去成、景之族。成、景之族赂刘献公。丙申，杀甘悼公，而立成公之孙鳅。丁酉，杀献大子之傅庚皮之子过，杀瑕辛于市，及宫嬖绰、王孙没、刘州鸠、阴忌、老阳子。	
昭十五	昭十五 六月乙丑，王大子寿卒。 秋，八月戊寅，王穆后崩。 十二月，晋荀跞如周，葬穆后，籍谈为介。既葬，除丧，以文伯宴，樽以鲁壶。王曰："伯氏！诸侯皆有以镇抚王室，晋独无有，何也？"文伯揖籍谈，对曰："诸侯之封也，皆受明器于王室，以镇抚其社稷，故能荐彝器于王。晋居深山，戎狄之与邻，而远于王室，王灵不及，拜戎不暇，其何以献器？"王曰："叔氏，而忘诸乎！叔父唐叔，成王之母弟也，其反无分乎？密须之鼓与其大路，文所以大蒐也。阙巩之甲，武所以克商也。唐叔受之，以处参虚，匡有戎狄。其后襄之二路、钺钺、秬鬯、彤弓、虎贲，文公受之，以有南阳之田，抚征东夏，非分而何？夫有勋而不废，有绩而载，奉之以土田，抚之以彝器，旌之以车服，明之以文章，	

简王夷 / 灵王 / 晋 景王贵 / 太子寿 悼王猛 敬王丐 王子朝 / 元王

（上表继位顺序：简王［成六至襄元］→灵王［襄二至二十八年］→景王［襄二十九至昭二十二］→悼王［昭二十二年立，寻卒］→敬王［昭二十三至哀十九］→元王［哀二十年立］。太子晋未立先卒，元王卒在春秋后。）

据《史记·周本纪》："景王十八年，后太子圣而早卒。二十年，景王爱子朝，欲立之，会崩，子丐之党与争立，国人立长子猛为王，子朝攻杀猛。猛为悼王。晋人攻子朝而立丐，是为敬王。"《左传》记景王崩在鲁昭公二十二年（当景王二十五年），与《史

	子孙不忘，所谓福也。福祚之不登，叔父焉在？且昔而高祖孙伯黡司晋之典籍，以为大政，故曰籍氏。及辛有之二子董之，晋于是乎有董史。女，司典之后也，何故忘也？"籍谈不能对。宾出，王曰："籍父其无后乎！数典而忘其祖。"籍谈归，以告叔向。叔向曰："王其不终乎！吾闻之：'所乐必卒焉。'今王乐忧，若卒以忧，不可谓终。王一岁而有三年之丧二焉，于是乎以丧宾宴，又求彝器，乐忧甚矣，且非礼也。彝器之来，嘉功之由，非由丧也。三年之丧，虽贵遂服，礼也。王虽弗遂，宴乐以早，亦非礼也。礼，王之大经也。一动而失二礼，无大经矣。言以考典，典以志经。忘经而多言，举典，将焉用之？"	记》有差。这场内乱的原因很简单，太子早夭，周景王欲立子朝，而刘子、单子恶子朝。所以这场争斗是以王子朝、众王子（灵王、景王之族）以及一批旧官、百工为代表的一方，与以单子、刘子等为代表的另一方（刘子族由单子主导）。单子、刘子先立王子猛（悼王），猛卒后又立王子丐（即敬王，杜注及裴骃《史记》集解均谓丐为王子猛母弟）。
昭十八 秋，葬曹平公。	昭十八 春，王二月乙卯，周毛得杀毛伯过而代之。苌宏曰："毛得必亡！是昆吾稔之日也，侈故之以。而毛得以济侈于王都，不亡何待？" 秋，葬曹平公。往者见周原伯鲁焉，与之语，不说学。归以语闵子马。闵子马曰："周其乱乎！夫必多有是说，而后及其大人。大人患失而惑，又曰：'可以无学，无学不害。'不害而不学，则苟而可，于是乎下陵上替，能无乱乎？夫学，殖也。不学，将落。原氏其亡乎？"	《左传》中的王室之乱共有四场，一是桓十八年的王子克之乱，二是庄十六至二十一年的王子颓之乱，三是僖五至二十五年的王子带之乱，四是昭二十二至定八年的王子朝之乱。和前面的几场内乱相比，王子朝之乱死伤杀戮人数最多，卷入的王族及公卿势力最众，可以说影响最大。这场内乱的另一个重要特点就是王子朝是在景王死后、王位并无法定继承人的情况下发生的，因而他和前面几位想弑
昭二十一	昭二十一 春，天王将铸无射，泠州鸠曰："王其以心疾死乎？夫乐，天子之职也。夫音，乐之舆也。而钟，音之器也。天子省风以作乐，器以钟之，舆以行之。小者不窕，大者不摦，则和于物。物和则嘉成，故声入于耳，而臧于心，心亿则乐。窕则不咸，摦则不容，心是以感，感实生疾。今钟摦矣，王心弗堪，其能久乎？"	

昭二十二	昭二十二
夏，四月乙丑，天王崩。六月，叔鞅如京师葬景王。王室乱。刘子、单子以王猛居于皇。秋，刘子、单子以王猛入于王城。冬，十月，王子猛卒。	王子朝、宾起有宠于景王。王与宾孟说之，欲立之。刘献公之庶子伯蚠事单穆公，恶宾孟之为人也，愿杀之；又恶王子朝之言，以为乱，愿去之。宾孟适郊，见雄鸡自断其尾。问之，侍者曰："自惮其牺也。"遽归告王，且曰："鸡其惮为人用乎？人异于是。牺者，实用人。人牺实难，己牺何害？"王弗应。夏，四月，王田北山，使公卿皆从，将杀单子、刘子。王有心疾。乙丑，崩于荣锜氏。戊辰，刘子絷卒，无子，单子立刘蚠。五月庚辰，见王，遂攻宾起，杀之。盟群王子于单氏。 丁巳，葬景王。王子朝因旧官百工之丧职秩者，与灵、景之族以作乱。帅郊、要、饯之甲，以逐刘子。壬戌，刘子奔扬。单子逆悼王于庄宫以归。王子还夜取王以如庄宫。癸亥，单子出。王子还与召庄公谋，曰："不杀单旗，不捷。与之重盟，必来。背盟而克者多矣。"从之。樊顷子曰："非言也，必不克。"遂奉王以追单子，及领，大盟而复，杀絷荒以说。刘子如刘。单子亡。乙丑，奔于平畤。群王子追之。单子杀还、姑、发、弱、鬷、延、定、稠，子朝奔京。丙寅，伐之。京人奔山。刘子入于王城。辛未，巩简公败绩于京。乙亥，甘平公亦败焉。叔鞅至自京师，言王室之乱也。闵马父曰："子朝必不克。其所与者，天所废也。" 单子欲告急于晋。秋，七月戊寅，以王如平畤，遂如圃车，次于皇。刘子如刘。单子使王子处守于王城，盟百工于平宫。辛卯，郭肸伐皇。大败，获郭肸。壬辰，焚诸王城之市。八月辛酉，司徒丑以王师败绩于前城。百工叛。己巳，伐单氏之宫，

君篡位的王子大不相同。

要搞清王子朝是否有资格继位，首先要搞清景王崩前，是否已立王子猛为太子。《左传》《史记》《国语》均未提猛为大子，洪亮吉《春秋左传诂》谓"贾逵以为大子寿卒，景王不立適子。郑众以为寿卒，王命猛代之，后欲废猛立朝耳。服虔以贾为然。按：服氏遵贾，杜注则从郑众说。然究以贾说为长"。(见该书第754页)洪氏以为景王生前未立適子，则王子猛在景王并非合法继承人，这一考证也与《左传》记载相应。其次王子猛究竟是否为景王"长子"。《史记》称王子猛为长子。可是昭二十六年传中子朝之言曰："昔先王之命曰：王后无適，则择立长。年钧以德，德钧以卜。王不立爱，公卿无私。古之制也。穆后及大子寿早夭即世。单、刘赞私立少，以间先王。"这话清楚地表明王子朝与王子猛、王子丐均非適

	败焉。庚午，反伐之。辛未，焦、瑕、温、原之师，以纳王于王城。庚申，单子、刘盆以王师败绩于郊，前城人败陆浑于社。 十一月乙酉，王子猛卒，不成丧也。己丑，敬王即位，馆于子旅氏。十二月庚戌，晋籍谈、荀跞、贾辛、司马督帅师军于阴，于侯氏，于谿泉，次于社。王师军于泛，于解，次于任人。闰月，晋箕遗、乐征、右行诡济师取前城，军其东南。王师军于京楚。辛丑，伐京，毁其西南。	子而子朝年长。这是子朝自谓有资格继承王位的主要理由。最后，王子朝是否母贵。王子朝之言没有涉及这个问题。据《左传》襄三十一年："穆叔曰：大子死，有母弟则立之，无则长立。年钧择贤，义钧则卜，古之道也。"按《公羊传》"立适以长不以贤，立子以贵不以长"之说，则适子之外，当以母贵与否来决定当不当立。杜注以为王子猛"次正"，故为单、刘所立。孔疏昭二十六年谓子朝之言之所以不提母贵与否，是因为"子朝之母必贱于猛母，故专言立长之义，不言母之贵贱"。可是杜注、孔疏均未提供子猛母贵的根据何在。 对于王子朝之乱，一般皆以王子朝为无道，杜注、孔疏皆然，清高士奇《左传纪来本末》亦主此说。他们的观点似受《史记》影响。但《史记》所述史实与《左传》明显有异。如《史记》认为王子猛为长子，
昭二十三 天王居于狄泉。尹氏立王子朝。八月乙未，地震。	昭二十三 春，王正月壬寅朔，二师围郊。癸卯，郊、鄩溃。丁未，晋师在平阴，王师在泽邑。王使告间。庚戌，还。 夏，四月乙酉，单子取訾，刘子取墙人、直人。六月壬午，王子朝入于尹。癸未，尹圉诱刘佗杀之。丙戌，单子从阪道，刘子从尹道伐尹。单子先至而败，刘子还。己丑，召伯奂、南宫极以成周人戍尹。庚寅，单子、刘子、樊齐以王如刘。甲午，王子朝入于王城，次于左巷。秋，七月戊申，鄩罗纳诸庄宫。尹辛败齐师于唐。丙辰，又败诸鄩。甲子，尹辛取西闱。丙寅，攻蒯，蒯溃。 八月丁酉，南宫极震。苌弘谓刘文公曰："君其勉之！先君之力可济也。周之亡也，其三川震。今西王之大臣亦震，天弃之矣。东王必大克。"	
昭二十四	昭二十四 春，王正月辛丑，召简公、南宫嚚以甘桓公见王子朝。刘子谓苌弘曰："甘氏又往矣。"对曰："何害？同德度义。《大誓》曰：'纣有亿兆夷人，亦有离德。余有乱十人，同心同德。'此周所以兴也。君其务德，无患无人。"戊午，王子朝入于邬。 三月庚戌，晋侯使士景伯莅问周	

	故。士伯立于乾祭，而问于介众。晋人乃辞王子朝，不纳其使。 夏，五月乙未朔，日有食之。梓慎曰："将水。"昭子曰："旱也。日过分而阳犹不克，克必甚，能无旱乎？阳不克，莫将积聚也。" 六月壬申，王子朝之师攻瑕及杏，皆溃。 郑伯如晋，子大叔相。见范献子，献子曰："若王室何？"对曰："老夫其国家不能恤，敢及王室？抑人亦有言曰：'嫠不恤其纬，而忧宗周之陨，为将及焉。'今王室实蠢蠢焉，吾小国惧矣，然大国之忧也，吾侪何知焉？吾子其早图之！《诗》曰：'瓶之罄矣，惟罍之耻。'王室之不宁，晋之耻也。"献子惧，而与宣子图之。乃征会于诸侯，期以明年。 冬，十月癸酉，王子朝用成周之宝珪于河。甲戌，津人得诸河上。阴不佞以温人南侵，拘得玉者，取其玉。将卖之，则为石。王定而献之，与之东訾。	而在《左传》中则是子朝为长子；《史记》说子朝攻杀子猛，而《左传》中说王猛卒。另一种观点则认为左氏并不以王子朝为不义，左氏之辞"诡妙殊甚"，常常是明抑暗扬、明赞暗讽。吴闿生先生即主此说（见《左传微·王子朝之乱》）。我们从昭二十六年"王子朝及召氏之族、毛伯得、尹氏固、南宫嚚奉周之典籍以奔楚。阴忌奔莒以叛"，追随他的人如此之多，以及其告诸侯书，可以看出他是非常不服的，而他之所以未登王位，主要是单子、刘子二人所为。 我认为要对王子朝，或至少《左传》中的王子朝做出恰当评价，可将《左传》中的王子朝之乱分成若干阶段，先摸清每一阶段的特点，然后从整体上来把握这场内乱。 第一阶段：昭七至二十二年（王子朝之乱序曲）。王子朝之乱虽发生在昭二十二年，但其序曲则从昭七年即已
昭二十五	昭二十五	
夏，叔诣会晋赵鞅、宋乐大心、卫北宫喜、郑游吉、曹人、邾人、薛人、小邾人于黄父。	夏，会于黄父，谋王室也。赵简子令诸侯之大夫输王粟、具戍人，曰："明年将纳王。"宋乐大心曰："我不输粟。我于周为客，若之何使客？"晋士伯曰："自践土以来，宋何役之不会，而何盟之不同？曰：'同恤王室。'子焉得避？子奉君命以会大事，而宋背盟，无乃不可乎？"右师不敢对，受牒而退。士伯告简子曰："宋右师必亡。奉君命以使，而欲背盟以干盟主，无不祥大焉。" 壬申，尹文子涉于巩，焚东訾，弗克。	
昭二十六	昭二十六	
冬，十月，天王入于成周。	四月，单子如晋告急。五月戊午，齐人败王城之师于尸氏。戊辰，	

| 尹氏、召伯、毛伯以王子朝奔楚。 | 王城人、刘人战于施穀，刘师败绩。
　　七月己巳，刘子以王出。庚午，次于渠。王城人焚刘。丙子，王宿于褚氏。丁丑，王次于萑穀。庚辰，王入于胥靡。辛巳，王次于滑。晋知跞、赵鞅帅师纳王，使女宽守阙塞。
　　冬，十月丙申，王起师于滑。辛丑，在郊，遂次于尸。十一月辛酉，晋师克巩。召伯盈逐王子朝。王子朝及召氏之族、毛伯得、尹氏固、南宫嚚奉周之典籍以奔楚。阴忌奔莒以叛。召伯逆王于尸，及刘子、单子盟。遂军圉泽，次于隄上。癸酉，王入于成周。甲戌，盟于襄宫。晋师使成公般戍周而还。十二月癸未，王入于庄宫。王子朝使告于诸侯曰："昔武王克殷，成王靖四方，康王息民，并建母弟，以蕃屏周，亦曰：'吾无专享文、武之功，且为后人之迷败倾覆而溺入于难，则振救之。'至于夷王，王愆于厥身，诸侯莫不并走其望，以祈王身。至于厉王，王心戾虐，万民弗忍，居王于彘，诸侯释位，以间王政。宣王有志，而后效官。至于幽王，天不吊周，王昏不若，用愆厥位。携王奸命，诸侯替之，而建王嗣，用迁郏鄏，则是兄弟之能用力于王室也。至于惠王，天不靖周，生颓祸心，施于叔带。惠、襄辟难，越去王都，则有晋郑咸黜不端，以绥定王家，则是兄弟之能率先王之命也。在定王六年，秦人降妖，曰：'周其有頿王，亦克能修其职。诸侯服享，二世共职。王室其有间王位，诸侯不图，而受其乱灾。'至于灵王，生而有頿，王甚神圣，无恶于诸侯。灵王、景王，克终其世。今王室乱，单旗、刘狄剥乱天下，壹行不若，谓'先王何常之有？唯余心所命，其谁敢讨之？'帅群不吊之 | 开始。《左传》从昭七年就开始描写周王室发生的一系列内乱，其中有昭七、十一年单族之乱；昭十二年原族之乱和甘族之乱；昭十八年毛族之乱等，皆反映了单氏、甘氏、毛氏无道，而这些人都是这场内乱中的主要角色。昭二十二年单子立刘蚠等反映了单、刘二族关系亲近，互为一体。单氏、刘氏、甘氏都是王子朝之乱中王子猛的同党。
　　除了大臣无道之外，左氏又从其他一些方面来揭示王子朝之乱必然发生的原因。昭十五年叔向论周天子"一动而失二礼"，暗示了王子朝之乱不可避免；十八年借"原伯鲁不说学"来说明周王公大夫的精神面貌，以明"周其乱乎"的根源；昭二十一年再借泠州鸠之口论周天子"王心弗堪，其能久乎"，再次通过讥讽天子来预示王室之乱即将爆发。
　　第二阶段：昭二十二至二十六年。 |

	人，以行乱于王室，侵欲无厌，规求无度，贯渎鬼神，慢弃刑法，倍奸齐盟，傲狠威仪，矫诬先王。晋为不道，是摄是赞，思肆其罔极。兹不穀震荡播越，窜在荆蛮，未有攸厎。若我一二兄弟甥舅，奖顺天法，无助狡猾，以从先王之命，毋速天罚，赦图不穀，则所愿也。敢尽布其腹心及先王之经，而诸侯实深图之。昔先王之命曰：'王后无適，则择立长，年钧以德，德钧以卜。'王不立爱，公卿无私，古之制也。穆后及大子寿早夭即世，单、刘赞私立少，以间先王。亦唯伯仲叔季图之。" 闵马父闻子朝之辞曰："文辞，以行礼也。子朝干景之命，远晋之大，以专其志，无礼甚矣。文辞何为？"	写王子朝及众王族之徒与单子、刘子等领导的势力你死我活的相互逐杀，后在晋人出兵干预下以王子朝出奔楚而告终。从这一段故事可看出王子朝之乱爆发后，王室中的绝大多数人都支持王子朝，其中有王子还，有灵、景之族群公子，还有一大批旧官及百工。 昭二十二年"群王子追之，单子杀还、姑、发、弱、鬷、延、定、稠"，杜注：八子，灵、景之族。须知景王为王子猛之父，灵王子。灵、景之人皆支持王子朝，可见王子朝之立实为王族共同愿望。此外卿大夫中还有召氏、毛氏、尹氏、南宫氏、原伯等一大批王子朝的追随者。 第三阶段：昭二十七至定八年。王子朝之乱余音，其中有晋人率诸侯成周，王子朝之死及王子朝之徒的命运。其中昭二十九年召伯勇、尹氏因及原伯鲁之子之死，特别是定五年王人杀子朝于楚，让人
昭二十七	昭二十七	
	十二月，晋籍秦致诸侯之戍于周。	
昭二十九	昭二十九	
	三月己卯，京师杀召伯盈、尹氏固及原伯鲁之子。尹固之复也，有妇人遇之周郊，尤之，曰："处则劝人为祸，行则数日而反，是夫也，其过三岁乎？"	
昭三十二	昭三十二	
冬，仲孙何忌会晋韩不信、齐高张、宋仲几、卫世叔申、郑国参、曹人、莒人、薛人、杞人、小邾人，城成周。	秋，八月，王使富辛与石张如晋，请城成周。天子曰："天降祸于周，俾我兄弟并有乱心，以为伯父忧。我一二亲昵甥舅，不皇启处，于今十年，勤戍五年。余一人无日忘之，闵闵焉如农夫望岁，惧以待时。伯父若肆大惠，复二文之业，弛周室之忧，徼文武之福以固盟主，宣昭令名，则余一人有大愿矣！昔成王合诸侯城成周以为东都，崇文德焉。今我欲徼福假灵于成王，修成周之城，俾成人无勤，诸侯用宁，蝥贼远屏，晋之力也。其委诸伯父，使伯父实重图之，俾我一人无征怨于百姓，而伯父	

	子有荣施，先王庸之！"范献子谓魏献子曰："与其成周，不如城之。天子实云，虽有后事，晋勿与知可也。从王命以纾诸侯，晋国无忧，是之不务，而又焉从事？"魏献子曰："善！"使伯音对曰："天子有命，敢不奉承以奔告于诸侯？迟速衰序，于是焉在。" 　　冬，十一月，晋魏舒、韩不信如京师，合诸侯之大夫于狄泉，寻盟，且令城成周。魏子南面。卫彪傒曰："魏子必有大咎。干位以令大事，非其任也。《诗》曰：'敬天之怒，不敢戏豫；敬天之渝，不敢驰驱。'况干位以作大事乎？"己丑，士弥牟营成周。计丈数，揣高卑，度厚薄，仞沟洫，物土方，议远迩，量事期，计徒庸，虑财用，书糇粮，以令役于诸侯。属役赋丈，书以授帅，而效诸刘子。韩简子临之，以为成命。	对这场内乱的残酷性留下了更深的印象。昭三十二至定元年，诸侯城周而魏子南面，更让为王室之卑感到痛心。定六周儋翩之乱，再次让人对王子朝产生同情。儋翩之乱，源于不服也。
定元	定元	
	春，王正月辛巳，晋魏舒合诸侯之大夫于狄泉，将以城成周。魏子莅政。卫彪傒曰："将建天子，而易位以令，非义也。大事奸义，必有大咎。晋不失诸侯，魏子其不免乎！"是行也，魏献子属役于韩简子及原寿过，而田于大陆，焚焉，还卒于宁。范献子去其柏椁，以其未复命而田也。 　　孟懿子会城成周。庚寅，栽。宋仲几不受功，曰："滕、薛、郳，吾役也。"薛宰曰："宋为无道，绝我小国于周，以我适楚，故我常从宋。晋文公为践土之盟，曰：'凡我同盟，各复旧职。'若从践土，若从宋，亦唯命！"仲几曰："践土固然。"薛宰曰："薛之皇祖奚仲，居薛以为夏车正。奚仲迁于邳。仲虺居薛，以为汤左相。若复旧职，将承王官，何故以役诸侯？"仲几曰："三代各异物，薛焉得有旧？为宋役，亦其职也。"士	

	弥牟曰:"晋之从政者新,子姑受功。归,吾视诸故府。"仲几曰:"纵子忘之,山川鬼神其忘诸乎?"士伯怒,谓韩简子曰:"薛征于人,宋征于鬼,宋罪大矣。且己无辞,而抑我以神,诬我也。启宠纳侮,其此之谓矣!必以仲几为戮!"乃执仲几以归。三月,归诸京师。城三旬而毕,乃归诸侯之戍。齐高张后,不从诸侯。晋女叔宽曰:"周苌宏、齐高张皆将不免。苌叔违天,高子违人。天之所坏,不可支也;众之所为,不可奸也。" 周巩简公弃其弟,而好用远人。	
定二	定二	
	夏,四月辛酉,巩氏之群子弟贼简公。	
定五	定五	
	春,王人杀子朝于楚。	政治的残酷。
定六	定六	
	周儋翩率王子朝之徒因郑人将以作乱于周,郑于是乎伐冯、滑、胥靡、负黍、狐人、阙外。六月,晋阎没成周,且城胥靡。冬十二月,天王处于姑莸,辟儋翩之乱也。	
定七	定七	
	春,二月,周儋翩入于仪栗以叛。 夏,四月,单武公、刘桓公败尹氏于穷谷。 冬,十一月戊午,单子、刘子逆王于庆氏。晋籍秦送王。己巳,王入于王城,馆于公族党氏,而后朝于庄宫。	
定八	定八	
	二月己丑,单子伐谷城,刘子伐仪栗。辛卯,单子伐简城,刘子伐盂,以定王室。	

卷四

鲁季平子（前533—前505）

昭九	昭九	季平子，姬姓，季武子之子，又称季孙意如，意如、季孙、季氏、平子等（季平子世系详情见卷二"季武子"）。 季武子于昭七年卒，季平子承其业，顾栋高《大事表·春秋鲁政下逮表》谓其昭二十五至定五年期间为鲁执政。 《左传》写季平子，集中写季平子的人品，把他的人品写得一无是处。在昭公之难发生前，左氏已花大量笔墨从各个不同角度来写季平子的人品。而在昭公之难发生后，左氏又从若干细节上来刻画季孙氏的内心世界，集中笔力突出其贪婪、狡黠的品性。 《左传》中昭公之难发生前后对季平子人品之描写如下：1.不懂治邦经邦之道，无爱民之心，昭九年筑郎囿欲其速成；昭十年用人于
冬，筑郎囿。	冬，筑郎囿。书，时也。季平子欲其速成也，叔孙昭子曰："《诗》曰：'经始勿亟，庶民子来。'焉用速成，其以剿民也？无囿，犹可；无民，其可乎？"	
昭十	昭十	
秋，七月，季孙意如、叔弓、仲孙貜帅师伐莒。	秋，七月，平子伐莒，取郠。献俘，始用人于亳社。臧武仲在齐，闻之，曰："周公其不飨鲁祭乎！周公飨义，鲁无义。《诗》曰：'德音孔昭，视民不佻。'佻之谓甚矣，而壹用之，将谁福哉？"	
昭十二	昭十二	
冬，十月，公子憖出奔齐。	季平子立而不礼于南蒯。南蒯谓子仲："吾出季氏，而归其室于公，子更其位，我以费为公臣。"子仲许之。南蒯语叔仲穆子，且告之故。季悼子之卒也，叔孙昭子以再命为卿。及平子伐莒，克之，更受三命。叔仲子欲构二家，谓平子曰："三命逾父兄，非礼也。"平子曰："然。"故使昭子。昭子曰："叔孙氏有家祸，杀适立庶，故婼也及此。若因祸以毙之，则闻命矣。若不废君命，则固有著矣。"昭子朝而命吏曰："婼将与季氏讼，书辞无颇。"季孙惧，而归罪于叔仲子。故叔仲小、南蒯、公子憖谋季氏。憖告公，而遂从公如晋。南蒯惧不克，以费叛，如齐。子仲还，及卫，闻乱，逃介而先。及郊，闻费叛，遂奔齐。 南蒯之将叛也，其乡人或知之，过之而叹，且言曰："恤恤乎，湫乎	

	攸乎！深思而浅谋，迩身而远志，家臣而君图，有人矣哉！"南蒯枚筮之，遇《坤》☷之《比》☷，曰："黄裳元吉。"以为大吉也。示子服惠伯，曰："即欲有事，何如？"惠伯曰："吾尝学此矣。忠信之事则可，不然，必败。外强内温，忠也。和以率贞，信也。故曰：'黄裳元吉。'黄，中之色也。裳，下之饰也。元，善之长也。中不忠，不得其色。下不共，不得其饰。事不善，不得其极。外内倡和为忠，率事以信为共，供养三德为善。非此三者弗当。且夫《易》不可以占险，将何事也？且可饰乎？中美能黄，上美为元，下美则裳，参成可筮，犹有阙也。筮虽吉，未也。"平子欲使昭子逐叔仲小。小闻之，不敢朝。昭子命吏谓小待政于朝，曰："吾不为怨府。"	亳社；昭十三年欲恶晋以无礼；2.贪，昭十年伐莒取郠，昭十三年平丘之会，莒人、邾人诉之，晋人执季孙意如；3.为人无义，心地不善，有祸人之心，昭十二年不礼南蒯；得罪于南蒯、叔仲小、公子慭及叔孙昭子；昭二十五年写其得罪于季公亥（公若）、郈氏、臧氏，昭二十五年恶臧氏而立臧会。
昭十三 春，叔弓帅师围费。	昭十三 春，叔弓围费。弗克，平子怒，令见费人执之，以为囚俘。冶区夫曰："非也。若见费人，寒者衣之，饥者食之，为之令主，而共其乏困，费来如归。南氏亡矣。民将叛之，谁与居邑？若惮之以威，惧之以怒，民疾而叛，为之聚也。若诸侯皆然，费人无归，不亲南氏，将焉入矣？"平子从之。费人叛南氏。 邾人、莒人诉于晋，曰："鲁朝夕伐我，几亡矣。我之不共，鲁故之以。"晋侯不见公，使叔向来辞，曰："诸侯将以甲戌盟。寡君知不得事君矣，请君无勤！"子服惠伯对曰："君信蛮夷之诉，以绝兄弟之国，弃周公之后，亦唯君。寡君闻命矣！"叔向曰："寡君有甲车四千乘在，虽以无道行之，必可畏也，况其率道，其何敌之有？牛虽瘠，偾于豚上，其畏不死？南蒯、子仲之忧，其庸可弃乎？若奉晋之众，用诸侯之师，因邾、	季平子一生大事大概不外四件：一是昭十二年与叔孙昭子、叔仲小及南蒯之怨；二是昭十三至十四年因莒人、邾人之诉而被晋人所执，后逃归；三是昭二十五年助成臧氏之乱而立臧会；四是昭二十五至三十二年期间出昭公。在这些事件中季平子的人品被刻画成贪婪、自私、无信、无义的小丑面目。其中写得最入木三分的是出昭公一事。 昭公之难中的季平子，《左传》从昭十七年写起。在刻画这样一个贪婪自私、目无国君的

莒、杞、鄫之怒，以讨鲁罪，间其二忧，何求而弗克？"鲁人惧，听命。

公不与盟。晋人执季孙意如，以幕蒙之，使狄人守之。司铎射怀锦，奉壶饮冰，以蒲伏焉。守者御之，乃与之锦而入。晋人以平子归，子服湫从。

季孙犹在晋。子服惠伯私于中行穆子曰："鲁事晋，何以不如夷之小国？鲁，兄弟也，土地犹大，所命能具。若为夷弃之，使事齐、楚，其何瘳于晋？亲亲，与大，赏共，罚否，所以为盟主也。子其图之！谚曰：'臣一主二。吾岂无大国？'"穆子告韩宣子，且曰："楚灭陈、蔡，不能救，而为夷执亲，将焉用之？"乃归季孙。惠伯曰："寡君未知其罪，合诸侯而执其老。若犹有罪，死命可也。若曰无罪而惠免之，诸侯不闻，是逃命也，何免之为？请从君惠于会。"宣子患之，谓叔向曰："子能归季孙乎？"对曰："不能。鲋也能。"乃使叔鱼。叔鱼见季孙，曰："昔鲋也得罪于晋君，自归于鲁君。微武子之赐，不至于今。虽获归骨于晋，犹子则肉之，敢不尽情？归子而不归，鲋也闻诸吏，将为子除馆于西河。其若之何？"且泣。平子惧，先归。惠伯待礼。

昭十四	昭十四
春，意如至自晋。	春，意如至自晋，尊晋罪己也。尊晋罪己，礼也。 南蒯之将叛也，盟费人。司徒老祁、虑癸伪废疾，使请于南蒯曰："臣愿受盟而疾兴。若以君灵不死，请待间而盟。"许之。二子因民之欲叛也，请朝众而盟。遂劫南蒯，曰："群臣不忘其君，畏子以及今，三年听命矣。子若弗图，费人忍其君，将不能畏子矣。子何所不逞？欲请送

人物时，作者巧妙地从一系列细节入手，集中刻画季平子为人狡猾和口是心非的一面。昭二十五年出君之后，叔孙昭子责之，季平子曰："苟使意如得改事君，所谓生死而肉骨也！"继而昭子自齐归，平子有异志，可见所言虚假。昭二十九年，平子每岁贾马，具从者之衣履而归之于乾侯。"公执归马者卖之，乃不归马"，可见多么缺乏诚意。昭三十一年，荀跞以晋侯之命唁公，季孙练冠麻衣，跣行，伏而对曰："事君，臣之所不得也，敢逃刑命？君若以臣为有罪，请囚于费，以待君之察也，亦唯君；若以先臣之故，不绝季氏，而赐之死；若弗杀弗亡，君之惠也，死且不朽；若得从君而归，则固臣之愿也，敢有异心？"季孙在大国之讨之面前如此恭敬，如果将这一态度与季孙前期曾以货赂齐、晋大夫（昭二十六、二十七年），从而两次导致纳公以失败

	子。"请期五日,遂奔齐。侍饮酒于景公。公曰:"叛夫!"对曰:"臣欲张公室也。"子韩晳曰:"家臣而欲张公室,罪莫大焉。"司徒老祁、虑癸来归费。齐侯使鲍文子致之。	告终(昭二十七年及三十一年)联系起来,就可看出平子为人做贼心虚又虚伪狡猾。
昭十六 夏,公至自晋。季孙意如如晋。冬,十月,季平子如晋,葬晋昭公。	**昭十六** 公至自晋,子服昭伯语季平子曰:"晋之公室,其将遂卑矣。君幼弱,六卿强而奢傲,将因是以习。习实为常,能无卑乎?"平子曰:"尔幼,恶识国?" 冬,十月,季平子如晋,葬昭公。平子曰:"子服回之言犹信。子服氏有子哉!"	昭二十七年,秋,会于扈,令戍周,且谋纳公也。宋、卫皆利纳公,固请之。范献子取货于季孙,谓司城子梁与北宫贞子曰:"季孙未知其罪,而
昭十七 春,小邾子来朝。夏,六月甲戌朔,日有食之。	**昭十七** 春,小邾穆公来朝。公与之燕。季平子赋《采叔》,穆公赋《菁菁者莪》。昭子曰:"不有以国,其能久乎?" 夏,六月甲戌朔,日有食之。祝史请所用币。昭子曰:"日有食之,天子不举,伐鼓于社。诸侯用币于社,伐鼓于朝。礼也。"平子御之,曰:"止也,唯正月朔,慝未作,日有食之,于是乎有伐鼓用币,礼也。其余则否。"大史曰:"在此月也。日过分而未至,三辰有灾,于是乎百官降物。君不举,辟移时,乐奏鼓,祝用币,史用辞。故《夏书》曰:'辰不集于房,瞽奏鼓,啬夫驰,庶人走。'此月朔之谓也。当夏四月,谓之孟夏。"平子弗从。昭子退,曰:"夫子将有异志,不君君矣。"	君伐之。请囚、请亡,于是乎不获。君又弗克,而自出也。……季氏甚得其民,淮夷与之。有十年之备,有齐、楚之援,有天之赞,有民之助,有坚守之心,有列国之权,而弗敢宣也,事君如在国。故鞅以为难。二子皆图国者也,而欲纳鲁君,鞅之愿也,请从二子以围鲁。无成,死之。"二子惧,皆辞。乃辞小国,而以难复。昭三十一年晋侯将以师纳公,范献子曰:"若召季孙而不来,则信不臣矣,然后伐之,若何?"晋人召季孙。献子使私焉,曰:"子必来,我受其咎。"
昭二十一 晋侯使士鞅来聘。	**昭二十一** 夏,晋士鞅来聘,叔孙为政。季孙欲恶诸晋,使有司以齐鲍国归费之礼为士鞅。士鞅怒,曰:"鲍国之位下,其国小,而使鞅从其牢礼,是卑敝邑也。将复诸寡君。"鲁人恐,加四牢焉,为十一牢。	按:鲁之伐莒讨

昭二十五	昭二十五
有鸜鹆来巢。九月己亥，公孙于齐，次于阳州。齐侯唁公于野井。冬，十月戊辰，叔孙婼卒。十有二月，齐侯取郓。	季公若之姊为小邾夫人，生宋元夫人。生子，以妻季平子。昭子如宋聘，且逆之。公若从，谓曹氏勿与，鲁将逐之。曹氏告公，公告乐祁，乐祁曰："与之，如是，鲁君必出。政在季氏三世矣，鲁君丧政四公矣。无民而能逞其志者，未之有也。国君是以镇抚其民。《诗》曰：'人之云亡，心之忧矣。'鲁君失民矣，焉得逞其志？靖以待命犹可，动必忧。"

"有鸜鹆来巢。"书所无也。师己曰："异哉！吾闻文、武之世，童谣有之曰：'鸜之鹆之，公出辱之。鸜鹆之羽，公在外野，往馈之马。鸜鹆跦跦，公在乾侯，征褰与襦。鸜鹆之巢，远哉遥遥，裯父丧劳，宋父以骄。鸜鹆鸜鹆，往歌来哭。'童谣有是，今鸜鹆来巢，其将及乎？"

初，季公鸟娶妻于齐鲍文子，生甲。公鸟死，季公亥与公思展与公鸟之臣申夜姑相其室。及季姒与饔人檀通，而惧，乃使其妾抶己，以示秦遄之妻，曰："公若欲使余，余不可，而抶余。"又诉于公甫曰："展与夜姑将要余。"秦姬以告公之。公之与公甫告平子。平子拘展于卞而执夜姑，将杀之，公若泣而哀曰："杀是，是余杀也！"将为之请，平子使竖勿内。日中不得请，有司逆命，公之使速杀之。故公若怨平子。

季郈之鸡斗。季氏介其鸡，郈氏为之金距。平子怒，益宫于郈氏，且让之。故郈昭伯亦怨平子。臧昭伯之从弟会为谗于臧氏，而逃于季氏。臧氏执旃。平子怒，拘臧氏老。将禘于襄公，万者二人，其众万于季氏。臧孙曰："此之谓不能庸先君之庙。"大夫遂怨平子。

公若献弓于公为，且与之出射于郓，似皆季孙之欲，而鲁国国君及大夫亦多次为此受辱于晋。昭元年，季武子伐莒，取郓。莒人告于晋，穆叔差点为此送命。叔弓帅师疆郓田，因莒乱也。昭四年九月，取鄫，言易也。莒乱，著邱公立，而不抚鄫，鄫叛而来，故曰取。昭五年夏，莒牟夷以牟娄以防、兹来奔，牟夷非卿而书，尊地也。莒人诉于晋，晋侯欲止公。范献子曰："不可。"乃归公。秋七月，公至自晋。莒人来讨，不设备。戊辰，叔弓败诸蚡泉，莒未陈也。昭六年夏，季孙宿如晋，拜莒田也。晋侯享之，有加笾。晋人以为知礼，重其好货。昭十年秋七月，平子伐莒，取郠。昭十二年，晋人欲治鲁人取郠之役，公如晋，至河乃复。公子慭如晋。昭十三年平丘之会，公不与盟，晋人执季孙意如以归，公如晋，至河乃复。昭二十三年，鲁人取邾师，获鉏、弱、地。邾人诉于

外，而谋去季氏。公为告公果、公贲。公果、公贲使侍人僚柤告公。公寝，将以戈击之，乃走。公曰："执之。"亦无命也。惧而不出，数月不见。公不怒。又使言，公执戈以惧之，乃走。又使言，公曰："非小人之所及也。"公果自言，公以告臧孙，臧孙以难。告郈孙，郈孙以可，劝。告子家懿伯，懿伯曰："谗人以君侥幸。事若不克，君受其名，不可为也。舍民数世以求克，事不可必也。且政在焉，其难图也。"公退之。辞曰："臣与闻命矣，言若泄，臣不获死。"乃馆于公。 　　叔孙昭子如阚，公居于长府。九月戊戌，伐季氏，杀公之于门，遂入之。平子登台而请曰："君不察臣之罪，使有司讨臣以干戈，臣请待于沂上，以察罪。"弗许。请囚于费，弗许。请以五乘亡，弗许。子家子曰："君其许之！政自之出久矣，隐民多取食焉，为之徒者众矣。日入慝作，弗可知也。众怒不可蓄也，蓄而弗治，将蕰。蕰蓄，民将生心。生心，同求将合。君必悔之！"弗听。郈孙曰："必杀之！" 　　公使郈孙逆孟懿子。叔孙氏之司马鬷戾言于其众曰："若之何？"莫对。又曰："我，家臣也，不敢知国。凡有季氏与无，于我孰利？"皆曰："无季氏，是无叔孙氏也。"鬷戾曰："然则救诸！"帅徒以往，陷西北隅以入。公徒释甲，执冰而踞，遂逐之。孟氏使登西北隅，以望季氏。见叔孙氏之旌，以告。孟氏执郈昭伯，杀之于南门之西，遂伐公徒。子家子曰："诸臣伪劫君者，而负罪以出，君止。意如之事君也，不敢不改。"公曰："余不忍也。"与臧孙如墓谋，遂行。 　　己亥，公孙于齐，次于阳州。齐	晋，晋人来讨。叔孙婼如晋，晋人执之。

侯将唁公于平阴,公先于野井。齐侯曰:"寡人之罪也。使有司待于平阴,为近故也。"书曰:"公孙于齐,次于阳州。齐侯唁公于野井。"礼也。将求于人,则先下之,礼之善物也。齐侯曰:"自莒疆以西,请致千社,以待君命。寡人将帅敝赋以从执事,唯命是听。君之忧,寡人之忧也。"公喜。子家子曰:"天禄不再。天若胙君,不过周公,以鲁足矣。失鲁而以千社为臣,谁与之立?且齐君无信,不如早之晋。"弗从。臧昭伯率从者将盟,载书曰:"戮力壹心,好恶同之。信罪之有无,缱绻从公,无通外内。"以公命示子家子。子家子曰:"如此,吾不可以盟。羁也不佞,不能与二三子同心,而以为皆有罪。或欲通外内,且欲去君。二三子好亡而恶定,焉可同也?陷君于难,罪孰大焉?通外内而去君,君将速入,弗通何为?而何守焉?"乃不与盟。

昭子自阚归,见平子。平子稽颡,曰:"子若我何?"昭子曰:"人谁不死?子以逐君成名,子孙不忘,不亦伤乎?将若子何?"平子曰:"苟使意如得改事君,所谓生死而肉骨也。"昭子从公于齐,与公言。子家子命适公馆者执之。公与昭子言于幄内,曰:"将安众而纳公。"公徒将杀昭子,伏诸道。左师展告公,公使昭子自铸归。平子有异志。冬,十月辛酉,昭子齐于其寝,使祝宗祈死。戊辰,卒。左师展将以公乘马而归,公徒执之。

十二月庚辰,齐侯围郓。

初,臧昭伯如晋,臧会窃其宝龟偻句,以卜为信与僭,僭吉。臧氏老将如晋问,会请往。昭伯问家故,尽对。及内子与母弟叔孙,则不对。再三问,不对。归,及郊,会逆,问,

	又如初。至，次于外而察之，皆无之。执而戮之，逸，奔郈。郈鲂假使为贾正焉。计于季氏，臧氏使五人以戈盾伏诸桐汝之间，会出，逐之。反奔，执诸季氏之中门之外。平子怒曰："何故以兵入吾门？"拘臧氏老。季、臧有恶。及昭伯从公，平子立臧会。会曰："偻句不余欺也。"
昭二十六	昭二十六
三月，公至自齐，居于郓。夏，公围成。	春，王正月庚辰，齐侯取郓。三月，公至自齐，处于郓，言鲁地也。夏，齐侯将纳公，命无受鲁货。申丰从女贾，以币锦二两，缚一如瑱，适齐师，谓子犹之人高龁："能货子犹，为高氏后，粟五千庚。"高龁以锦示子犹，子犹欲之，龁曰："鲁人买之，百两一布。以道之不通，先入币财。"子犹受之，言于齐侯曰："群臣不尽力于鲁君者，非不能事君也。然据有异焉：宋元公为鲁君如晋，卒于曲棘；叔孙昭子求纳其君，无疾而死。不知天之弃鲁耶？抑鲁君有罪于鬼神，故及此也？君若待于曲棘，使群臣从鲁君以卜焉。若可，师有济也，君而继之，兹无敌矣；若其无成，君无辱焉。"齐侯从之，使公子鉏帅师从公。 　　成大夫公孙朝谓平子曰："有都以卫国也，请我受师。"许之。请纳质，弗许，曰："信女足矣！"告于齐师曰："孟氏，鲁之敝室也。用成已甚，弗能忍也，请息肩于齐。"齐师围成。成人伐齐师之饮马于淄者，曰："将以厌众。"鲁成备而后告曰："不胜众。" 　　师及齐师战于炊鼻。齐子渊捷从洩声子，射之，中楯瓦，繇胸汰辀，匕入者三寸。声子射其马，斩鞅，殪。改驾，人以为鬷戾也，而助之。子车曰："齐人也！"将击子车，

	子车射之，殪。其御曰："又之。"子车曰："众可惧也，而不可怒也。"子囊带从野洩，叱之。洩曰："军无私怒，报乃私也，将亢子。"又叱之，亦叱之。冉竖射陈武子，中手，失弓而骂。以告平子曰："有君子白皙，鬒须眉，甚口。"平子曰："必子强也，无乃亢诸？"对曰："谓之君子，何敢亢之？"林雍羞为颜鸣右，下。苑何忌取其耳。颜鸣去之。苑子之御曰："视下顾。"苑子刜林雍，断其足，鬐而乘于他车以归。颜鸣三入齐师，呼曰："林雍乘。"
昭二十七	**昭二十七**
秋，晋卫鞅、宋乐祁犂、卫北宫喜、曹人、邾人、滕人会于扈。	秋，会于扈，令成周，且谋纳公也。宋、卫皆利纳公，固请之。范献子取货于季孙，谓司城子梁与北宫贞子曰："季孙未知其罪，而君伐之。请囚、请亡，于是乎不获。君又弗克，而自出也。夫岂无备而能出君乎？季氏之复，天救之也。休公徒之怒，而启叔孙氏之心。不然，岂其伐人而说甲执冰以游？叔孙氏惧祸之滥，而自同于季氏，天之道也。鲁君守齐，三年而无成。季氏甚得其民，淮夷与之。有十年之备，有齐、楚之援，有天之赞，有民之助，有坚守之心，有列国之权，而弗敢宣也，事君如在国。故鞅以为难。二子皆图国者也，而欲纳鲁君，鞅之愿也，请从二子以围鲁。无成，死之。"二子惧，皆辞。乃辞小国，而以难复。
昭二十九	**昭二十九**
	平子每岁贾马，具从者之衣履而归之于乾侯。公执归马者卖之，乃不归马。
昭三十一	**昭三十一**
季孙意如会晋荀跞于适历。晋侯使荀	晋侯将以师纳公，范献子曰："若召季孙而不来，则信不臣矣，然后伐之，若何？"晋人召季孙。献

跻唁公于乾侯。	子使私焉，曰："子必来，我受其无咎。"季孙意如会晋荀跞于适历，荀跞曰："寡君使跞谓吾子：'何故出君？有君不事，周有常刑。子其图之！'"季孙练冠麻衣，跣行，伏而对曰："事君，臣之所不得也，敢逃刑命？君若以臣为有罪，请囚于费，以待君之察也，亦唯君；若以先臣之故，不绝季氏，而赐子死；若弗杀弗亡，君之惠也，死且不朽；若得从君而归，则固臣之愿也，敢有异心？" 夏四月，季孙从知伯如乾侯。子家子曰："君与之归。一惭之不忍，而终身惭乎？"公曰："诺！"众曰："在一言矣，君必逐之。"荀跞以晋侯之命唁公，且曰："寡君使跞以君命讨于意如，意如不敢逃死，君其入也！"公曰："君惠顾先君之好，施及亡人，将使归粪除宗祧以事君，则不能见夫人。己所能见夫人者，有如河！"荀跞掩耳而走，曰："寡君其罪之恐，敢与知鲁国之难？臣请复于寡君。"退而谓季孙："君怒未怠。子姑归祭。"子家子曰："君以一乘入于鲁师，季孙必与君归。"公欲从之。众从者胁公，不得归。	
昭三十二	昭三十二	
	赵简子问于史墨曰："季氏出其君，而民服焉，诸侯与之。君死于外，而莫之或罪何也。"对曰："物生有两，有三，有五，有陪贰。故天有三辰，地有五行，体有左右，各有妃耦。王有公，诸侯有卿，皆有贰也。天生季氏以贰鲁侯，为日久矣。民之服焉，不亦宜乎？鲁君世从其失，季氏世修其勤，民忘君矣。虽死于外，其谁矜之？社稷无常奉，君臣无常位，自古以然。故《诗》曰：'高岸为谷，深谷为陵。'三后之姓，于今为庶，王所知也。在《易》卦，雷乘	

	乾曰大壯☷，天之道也。昔成季友，桓之季也，文姜之爱子也。始震而卜，卜人谒之曰：'生有嘉闻，其名曰友，为公室辅。'及生，如卜人之言，有文在其手曰友，遂以名之。既而有大功于鲁，受费以为上卿。至于文子、武子，世增其业，不废旧绩。鲁文公薨，而东门遂杀適立庶，鲁君于是乎失国，政在季氏，于此君也，四公矣。民不知君，何以得国？是以为君慎器与名，不可以假人。"	
定元	定元	
春，王。夏，六月癸亥，公之丧至自乾侯。戊辰，公即位。秋，七月癸巳，葬我小君昭公。立炀宫。	夏，叔孙成子逆公之丧于乾侯。季孙曰："子家子亟言于我，未尝不中吾志。吾欲与之从政，子必止之，且听命焉。"子家子不见叔孙，易几而哭。叔孙请见子家子，子家子辞，曰："羁未得见，而从君以出。君不命而薨，羁不敢见。"叔孙使告之曰："公衍、公为实使群臣不得事君。若公子宋主社稷，则群臣之愿也。凡从君出而可以入者，将唯子是听。子家氏未有后，季孙愿与子从政。此皆季孙之愿也，使不可也；寇而出者，行可也。若羁也，则君知其出也，而未知其入也，羁将逃也。"丧及坏隤，公子宋先入，从公者皆自坏隤反。六月癸亥，公之丧至自乾侯。戊辰，公即位。 季孙使役如阚，公氏将沟焉。荣驾鹅曰："生不能事，死又离之，以自旌也。纵子忍之，后必或耻之。"乃止。季孙问于荣驾鹅曰："吾欲为君谥，使子孙知之。"对曰："生弗能事，死又恶之，以自信。将焉用之？"乃止。秋，七月癸巳，葬昭公于墓道南。孔子之为司寇也，沟而合诸墓。 昭公出故，季平子祷于炀公。九月，立炀宫。	从定元年欲恶昭公及立炀公之事，亦可看出平子之为人。

定五	定五	
六月丙申，季孙意如卒。	六月，季平子行东野。还，未至，丙申卒于房。	

晋范献子（前559—前502）

襄十四	襄十四	
夏，四月，叔孙豹会晋荀偃、齐人、宋人、卫北宫括、郑公孙虿、曹人、莒人、邾人、滕人、薛人、杞人、小邾人伐秦。秋，楚公子贞帅师伐吴。冬，季孙宿会晋士匄、宋华阅、卫孙林父、郑公孙虿、莒人、邾人于戚。	夏，诸侯之大夫从晋侯伐秦，以报栎之役也。晋侯待于竟，使六卿帅诸侯之师以进。及泾，不济。叔向见叔孙穆子，穆子赋《匏有苦叶》，叔向退而具舟。鲁人、莒人先济。郑子蟜见卫北宫懿子曰："与人而不固，取恶莫甚焉，若社稷何？"懿子说。二子见诸侯之师而劝之济。济泾而次。秦人毒泾上流，师人多死。郑司马子蟜帅郑师以进，师皆从之，至于棫林，不获成焉。荀偃令曰："鸡鸣而驾，塞井夷灶，唯余马首是瞻。"栾黡曰："晋国之命，未是有也。余马首欲东。"乃归。下军从之。左史谓魏庄子曰："不待中行伯乎？"庄子曰："夫子命从帅。栾伯，吾帅也，吾将从之。从帅，所以待夫子也。"伯游曰："吾令实过，悔之何及，多遗秦禽。"乃命大还。晋人谓之"迁延之役"。栾鍼曰："此役也，报栎之败也。役又无功，晋之耻也。吾有二位于戎路，敢不耻乎？"与士鞅驰秦师，死焉。士鞅反。栾黡谓士匄曰："余弟不欲往，而子召之。余弟死，而子来，是而子杀余之弟也。弗逐，余亦将杀之。"士鞅奔秦。于是齐崔杼、宋华阅、仲江会伐秦。不书，惰也。向之会亦如之。卫北宫括不书于向，书于伐秦，摄也。秦伯问于士鞅曰："晋大夫其谁先亡？"对曰："其栾氏乎！"秦伯曰："以其汰乎？"对曰："然。栾黡汰虐已甚，犹	范献子，又称范鞅，士鞅，鞅。晋卿范宣子之子（范献子世系详情见卷二"晋范宣子"）。

范献子自襄十四年伐秦之役见于传，在襄二十一至二十三年栾、范之乱中发挥了重要作用。范宣子可能在襄二十五年卒，此后范献子在晋国内政中的作用可从襄二十九年聘鲁、昭五年谏晋侯勿执鲁昭公、昭六年逆齐侯于河及昭七、二十一、二十三、二十四、二十七、三十一、三十二年等历年所记事情中看出，他与其父范宣子一样是晋国最重要的数卿之一。范献子定元年魏舒卒后为晋执政，至定十二年为止。

范献子之事，可分为三段：一是襄十四至二十三年助灭栾氏；二是襄二十三至昭七年期 |

	可以免。其在盈乎？"秦伯曰："何故？"对曰："武子之德在民，如周人之思召公焉，爱其甘棠，况其子乎？栾黡死，盈之善未能及人，武子所施没矣，而黡之怨实章，将于是乎在。"秦伯以为知言，为之请于晋而复之。
襄十六 　三月，公会晋侯、宋公、卫侯、郑伯、曹伯、莒子、邾子、薛伯、杞伯、小邾子于溴梁。	**襄十六** 　春，葬晋悼公。平公即位，羊舌肸为傅，张君臣为中军司马，祁奚、韩襄、栾盈、士鞅为公族大夫，虞丘书为乘马御。改服修官，烝于曲沃。警守而下，会于溴梁。
襄十八 　冬，十月，公会晋侯、宋公、卫侯、郑伯、曹伯、莒子、邾子、滕子、薛伯、杞伯、小邾子同围齐。	**襄十八** 　晋侯伐齐，将济河。冬，十月，会于鲁济，寻溴梁之言，同伐齐。齐侯御诸平阴，堑防门，而守之广里。丙寅晦，齐师夜遁。晋人欲逐归者，鲁卫请攻险。己卯，荀偃、士匄以中军克京兹。乙酉，魏绛、栾盈以下军克邿。赵武、韩起以上军围卢，弗克。十二月戊戌，及秦周伐雍门之萩。范鞅门于雍门，其御追喜以戈杀犬于门中。孟庄子斩其橁以为公琴。己亥，焚雍门及西郭、南郭。刘难、士弱率诸侯之师焚申池之竹木。壬辰，焚东郭、北郭。范鞅门于扬门。州绰门于东闾，左骖迫，还于门中，以枚数阖。
襄二十一 　秋，晋栾盈出奔楚。公会晋侯、齐侯、宋公、卫侯、郑伯、曹伯、莒子、邾子于商任。	**襄二十一** 　栾桓子娶于范宣子，生怀子。范鞅以其亡也，怨栾氏，故与栾盈为公族大夫而不相能。桓子卒，栾祁与其老州宾通，几亡室矣。怀子患之。祁惧其讨也，诉诸宣子曰："盈将为乱，以范氏为死桓主而专政矣，曰：'吾父逐鞅也，不怨而以宠报之，又与吾同官而专之。吾父死而益富。死吾父而专于国，有死而已，吾蔑从之矣。'

间聘鲁（襄二十九）、谏晋侯（昭五）、逆齐侯（昭六）、谏宣子反戚田（昭七）等；三是自昭二十一年以后贪货取赂、为政无德等等。其中尤其以昭二十一年以大国之威惧鲁、昭二十三年取货于叔孙及昭二十七年取货为甚。

范献子一生之为人，我认为可用哀七年晋士景伯"晋范鞅贪而弃礼"一句话来概括。此外襄二十一年传称"范鞅以其亡也，怨栾氏，故与栾盈为公族大夫而不相能"，这段话也可使我们对范献子的人品有一个清楚的认识。范献子为政于晋国期间，所作所为多贪货取赂之举，而置晋国霸业于不顾。其中昭二十七年谋纳昭公一事最为不道。范献子为政期间，对挽回晋国的霸业没有做出实质贡献，诸侯特盟，晋国失宋、失卫、丧齐、丧鲁，而郑亦叛。其中他因与赵氏不和而谮害宋卿乐祁，导致晋国失去最后一个同盟。

	其谋如是，惧害于主，吾不敢不言。"范鞅为之征。怀子好施，士多归之。宣子畏其多士也，信之。怀子为下卿，宣子使城著而遂逐之。秋，栾盈出奔楚，宣子杀箕遗、黄渊、嘉父、司空靖、邴豫、董叔、邴师、申书、羊舌虎、叔罴，囚伯华、叔向、籍偃。 会于商任，锢栾氏也。齐侯、卫侯不敬。叔向曰："二君者，必不免。会朝，礼之经也。礼，政之舆也。政，身之守也。怠礼失政，失政不立，是以乱也。"	他在为政方面的风度，比他的父亲范宣子已经相差甚远，比起他的祖父范文子那一代人则差若天壤矣。 　　范献子生前最后出现于《左传》中在定八年，顾栋高推定范献子死于定十二年（参顾栋高《大事表·春秋晋中军表》）。范献子刚死，即定十三年，晋国发生了著名的范、赵之乱，范献子之子士吉射与荀寅被赵氏赶出了晋国，其后范氏、中行氏与齐、郑、卫等国相勾结，试图利用外国势力返国，最后以失败而告终，晋国范氏从此消灭在政治舞台。从《左传》中所记载赵鞅与范献子在宋臣乐祁上的争执，可以看出范氏与赵氏矛盾是在范献子时产生的，由此可见范氏之灭范献子难辞其咎。 　　范氏本来是晋国最辉煌的一个世族，其先士蒍、士会、士燮无不是盖世之才，其德行和见识为晋国的霸业立下了汗马功劳。
襄二十二 　冬，公会晋侯、齐侯、宋公、卫侯、郑伯、曹伯、莒子、邾子、薛伯、杞伯、小邾子于沙随。	襄二十二 　秋，栾盈自楚适齐。晏平仲言于齐侯曰："商任之会，受命于晋。今纳栾氏。将安用之？小所以事大，信也。失信，不立。君其图之！"弗听。退告陈文子曰："君人执信，臣人执共。忠信笃敬，上下同之，天之道也。君自弃也，弗能久矣。" 　冬，会于沙随，复锢栾氏也。栾盈犹在齐。晏子曰："祸将作矣。齐将伐晋，不可以不惧。"	
襄二十三 　晋栾盈复入于晋，入于曲沃。晋人杀栾盈。	襄二十三 　晋将嫁女于吴，齐侯使析归父媵之，以藩载栾盈及其士，纳诸曲沃。栾盈夜见胥午而告之，对曰："不可。天之所废，谁能兴之？子必不免。吾非爱死也，知不集也。"盈曰："虽然，因子而死，吾无悔矣。我实不天，子无咎焉。"许诺。伏之，而觞曲沃人。乐作，午言曰："今也得栾孺子何如？"对曰："得主而为之死，犹不死也。"皆叹，有泣者。爵行，又言，皆曰："得主，何贰之有？"盈出，遍拜之。四月，栾盈帅曲沃之甲，因魏献子以昼入绛。初，栾盈佐魏庄子于下军，献子私焉，故因之。赵氏以原、屏之难怨栾氏。韩、赵方睦。中行氏以伐秦之役怨栾氏，而固与范氏	

和亲。知悼子少，而听于中行氏。程郑嬖于公。唯魏氏及七舆大夫与之。

乐王鲋侍坐于范宣子。或告曰："栾氏至矣。"宣子惧。桓子曰："奉君以走固宫，必无害也。且栾氏多怨，子为政，栾氏自外，子在位，其利多矣。既有利权，又执民柄，将何惧焉？栾氏所得，其唯魏氏乎？而可强取也。夫克乱在权，子无懈矣。"

公有姻丧，王鲋使宣子墨缞冒绖，二妇人辇以如公，奉公以如固宫。范鞅逆魏舒，则成列既乘，将逆栾氏矣。趋进，曰："栾氏帅贼以入，鞅之父与二三子在君所矣，使鞅逆吾子。鞅请骖乘。"持带，遂超乘，右抚剑，左援带，命驱之出。仆请，鞅曰："之公。"宣子逆诸阶，执其手，赂之以曲沃。

初，斐豹，隶也，著于丹书。栾氏之力臣曰督戎，国人惧之。斐豹谓宣子曰："苟焚丹书，我杀督戎。"宣子喜，曰："而杀之，所不请于君焚丹书者，有如日！"乃出豹而闭之。督戎从之。逾隐而待，督戎逾入，豹自后击而杀之。

范氏之徒在台后，栾氏乘公门。宣子谓鞅曰："矢及君屋，死之。"鞅用剑以帅卒，栾氏退，摄车从之。遇栾乐，曰："乐免之。死，将讼女于天。"乐射之，不中；又注，则乘槐本而覆。或以戟钩之，断肘而死。栾鲂伤。栾盈奔曲沃。晋人围之。

晋人克栾盈于曲沃，尽杀栾氏之族党。栾鲂出奔宋。书曰："晋人杀栾盈。"不言大夫，言自外也。

但到了范宣子之时，范氏就开始不得人心，范宣子心胸狭隘，在栾、范之乱中挟晋君以令诸侯，为个人权位而大开杀戒，滥杀了许多无辜，一生所为给晋国留下了许多后患，晋国的霸业正是从他之后开始走下坡路的。在这种情况下，范献子不但没有意识到范氏之不德，勤加以修正，反而贪货取赂，结党营私，心胸狭隘，到处树敌，所以他刚一死，范氏不得不走上灭亡的道路。

襄二十九	襄二十九	
晋侯使士鞅来聘。吴子使札来聘。	范献子来聘，拜城杞也。公享之，展庄叔执币。射者三耦，公臣不足，取于家臣。 吴公子札来聘，见叔孙穆子，说	

	之。适晋，说赵文子、韩宣子、魏献子，曰："晋国其萃于三族乎！"说叔向，将行，谓叔向曰："吾子勉之！君侈而多良，大夫皆富，政将在家。吾子好直，必思自免于难。" 冬，孟孝伯如晋，报范叔也。
昭五	**昭五**
公如晋。夏，莒牟夷以牟娄及防、兹来奔。秋，七月，公至自晋。	薳启彊曰："……韩起之下，赵成、中行吴、魏舒、范鞅、知盈；羊舌肸之下，祁午、张趯、籍谈、女齐、梁丙、张骼、辅跞、苗贲皇，皆诸侯之选也。" 夏，莒牟夷以牟娄以防、兹来奔，牟夷非卿而书，尊地也。莒人诉于晋，晋侯欲止公。范献子曰："不可。人朝而执之，诱也；讨不以师，而诱以成之，惰也。为盟主而犯此二者，无乃不可乎？请归之，间而以师讨焉。"乃归公。秋，七月，公至自晋。
昭六	**昭六**
齐侯伐北燕。	十一月，齐侯如晋，请伐北燕也。士匄相士鞅，逆诸河，礼也。
昭七	**昭七**
秋，八月戊胡，卫侯恶卒。	秋八月，卫襄公卒。晋大夫言于范献子曰："卫事晋为睦。晋不礼焉，庇其贼人而取其地，故诸侯贰。《诗》曰：'鸰在原，兄弟急难。'又曰：'死丧之威，兄弟孔怀。'兄弟之不睦，于是乎不吊。况远人，谁敢归之？今又不礼于卫之嗣，卫必叛我。是绝诸侯也。"献子以告韩宣子。宣子说，使献子如卫吊，且反戚田。
昭二十一	**昭二十一**
晋侯使士鞅来聘。	夏，晋士鞅来聘，叔孙为政。季孙欲恶诸晋，使有司以齐鲍国归费之礼为士鞅。士鞅怒，曰："鲍国之位下，其国小，而使鞅从其牢礼，是卑敝邑也。将复诸寡君。"鲁人恐，加四牢焉，为十一牢。

昭二十三	昭二十三
春，王正月，叔孙婼如晋。晋人执我行人叔孙婼。	邾人城翼，还将自离姑。公孙鉏曰："鲁将御我。"欲自武城还，循山而南。徐鉏、丘弱、茅地曰："道下遇雨，将不出，是不归也。"遂自离姑。武城人塞其前，断其后之木而弗殊，邾师过之，乃推而蹷之。遂取邾师，获鉏、弱、地。邾人诉于晋，晋人来讨。叔孙婼如晋，晋人执之。书曰："晋人执我行人叔孙婼。"言使人也。晋人使与邾大夫坐，叔孙曰："列国之卿，当小国之君，固周制也。邾又夷也。寡君之命介子服回在，请使当之。不敢废周制故也。"乃不果坐。韩宣子使邾人聚其众，将以叔孙与之。叔孙闻之，去众与兵而朝。士弥牟谓韩宣子曰："子弗良图，而以叔孙与其仇，叔孙必死之！鲁亡叔孙，必亡邾。邾君亡国，将焉归？子虽悔之，何及？所谓盟主，讨违命也。若皆相执，焉用盟主？"乃弗与，使各居一馆。士伯听其辞而诉诸宣子，乃皆执之。士伯御叔孙，从者四人，过邾馆以如吏。先归邾子。士伯曰："以刍荛之难，从者之病，将馆子于都。"叔孙旦而立，期焉。乃馆诸箕，舍子服昭伯于他邑。范献子求货于叔孙，使请冠焉。取其冠法，而与之两冠，曰："尽矣。"为叔孙故，申丰以货如晋。叔孙曰："见我，吾告女所行货。"见而不出，吏人之与叔孙居于箕者，请其吠狗，弗与。及将归，杀而与之食之。叔孙所馆者，虽一日，必葺其墙屋，去之如始至。
昭二十四	昭二十四
	三月庚戌，晋侯使士景伯莅问周故，士伯立于乾祭，而问于介众。晋人乃辞王子朝，不纳其使。郑伯如晋，子大叔相。见范献子，献子曰："若王室何？"对曰："老夫其国家不能

	恤，敢及王室？抑人亦有言曰：'鼗不恤其纬，而忧宗周之陨，为将及焉。'今王室实蠢蠢焉，吾小国惧矣，然大国之忧也，吾侪何知焉？吾子其早图之！《诗》曰：'瓶之罄矣，惟罍之耻。'王室之不宁，晋之耻也。"献子惧，而与宣子图之。乃征会于诸侯，期以明年。	
昭二十七	**昭二十七**	
秋，晋士鞅、宋乐祁犁、卫北宫喜、曹人、邾人、滕人会于扈。	秋，会于扈，令戍周，且谋纳公也。宋、卫皆利纳公，固请之。范献子取货于季孙，谓司城子梁与北宫贞子曰："季孙未知其罪，而君伐之。请囚、请亡，于是乎不获。君又弗克，而自出也。夫岂无备而能出君乎？季氏之复，天救之也。休公徒之怒，而启叔孙氏之心。不然，岂其伐人而说甲执冰以游？叔孙氏惧祸之滥，而自同于季氏，天之道也。鲁君守齐，三年而无成。季氏甚得其民，淮夷与之。有十年之备，有齐、楚之援，有天之赞，有民之助，有坚守之心，有列国之权，而弗敢宣也，事君如在国。故鞅以为难。二子皆图国者也，而欲纳鲁君，鞅之愿也，请从二子以围鲁。无成，死之。"二子惧，皆辞。乃辞小国，而以难复。	昭二十七年，范献子为求一己之私利，而将国家利益置于九霄云外！
昭二十九	**昭二十九**	
	冬，晋赵鞅、荀寅师师城汝滨，遂赋晋国一鼓铁，以铸刑鼎，著范宣子所为刑书焉。仲尼曰："晋其亡乎？失其度矣！夫晋国将守唐叔之所受法度，以经纬其民，卿大夫以序守之，民是以能尊其贵，贵是以能守其业。贵贱不愆，所谓度也。文公是以作执秩之官，为被庐之法，以为盟主。今弃是度也而为刑鼎，民在鼎矣，何以尊贵？贵何业之守？贵贱无序，何以为国？且夫宣子之刑，夷之蒐也，晋国之乱制也，若之何以为	昭二十九年孔子称："且夫宣子之刑，夷之蒐也，晋国之乱制也，若之何以为法？"这段话实际上也是对于范献子父亲范宣子一生的一个恰当评价。

	法?"蔡史墨曰:"范氏、中行氏其亡乎?中行寅为下卿而干上令,擅作刑器以为国法,是法奸也。又加范氏焉,易之,亡也!其及赵氏,赵孟与焉,然不得已,若德可以免。"	
昭三十一	昭三十一	
春,公在乾侯。季孙意如会晋荀跞于适历。晋侯使荀跞唁公于乾侯。	春,王正月,公在乾侯,言不能外内也。 晋侯将以师纳公,范献子曰:"若召季孙而不来,则信不臣矣,然后伐之,若何?"晋人召季孙。献子使私焉,曰:"子必来,我受其无咎。"季孙意如会晋荀跞于适历,荀跞曰:"寡君使跞谓吾子:'何故出君?有君不事,周有常刑。子其图之!'"季孙练冠麻衣,跣行,伏而对曰:"事君,臣之所不得也,敢逃刑命?君若以臣为有罪,请囚于费,以待君之察也,亦唯君;若以先臣之故,不绝季氏,而赐之死;若弗杀弗亡,君之惠也,死且不朽;若得从君而归,则固臣之愿也,敢有异心?" 夏,四月,季孙从知伯如乾侯。子家子曰:"君与之归。一惭之不忍,而终身惭乎?"公曰:"诺!"众曰:"在一言矣,君必逐之。"荀跞以晋侯之命唁公,且曰:"寡君使跞以君命讨于意如,意如不敢逃死,君其入也!"公曰:"君惠顾先君之好,施及亡人,将使归粪除宗祧以事君,则不能见夫人。己所能见夫人者,有如河!"荀跞掩耳而走,曰:"寡君其罪之恐,敢与知鲁国之难?臣请复于寡君。"退而谓季孙:"君怒未怠。子姑归祭。"子家子曰:"君以一乘入于鲁师,季孙必与君归。"公欲从之。众从者胁公,不得归。	按顾栋高《大事表·春秋晋中军表》:范鞅于定元年为晋中军帅,鞅在此前为中军佐,故代魏舒,至定十二年卒。
昭三十二	昭三十二	
冬,仲孙何忌会晋韩不	秋八月,王使富辛与石张如晋,请城成周。天子曰:"天降祸于周,	

信、齐高张、宋仲几、卫世叔申、郑国参、曹人、莒人、薛人、杞人、小邾人，城成周。	俾我兄弟并有乱心，以为伯父忧。我一二亲昵甥舅，不皇启处，于今十年。勤戍五年，余一人无日忘之，闵闵焉如农夫之望岁，惧以待时。伯父若肆大惠，复二文之业，弛周室之忧，徼文、武之福，以固盟主，宣昭令名，则余一人有大愿矣。昔成王合诸侯，城成周，以为东都，崇文德焉。今我欲徼福假灵于成王，修成周之城，俾戍人无勤，诸侯用宁，蛮贼远屏，晋之力也。其委诸伯父，使伯父实重图之！俾我一人无征怨于百姓，而伯父有荣施，先王庸之！"范献子谓魏献子曰："与其戍周，不如城之。天子实云，虽有后事，晋勿与知可也。从王命以纾诸侯，晋国无忧，是之不务，而又焉众事？"魏献子曰："善！"使伯音对曰："天子有命，敢不奉承以奔告诸侯，迟速衰序，于是焉在。" 冬，十一月，晋魏舒、韩不信如京师，合诸侯之大夫于狄泉，寻盟，且令城成周。
定元	定元 春，王正月，辛巳，晋魏舒合诸侯之大夫于狄泉，将以城成周。魏子莅政，卫彪傒曰："将建天子，而易位以令，非义也。大事奸义，必有大咎！晋不失诸侯，魏子其不免乎？"是行也，魏献子属役于韩简子及原寿过，而田于大陆，焚焉，还，卒于宁。范献子去其柏椁，以其未复命而田也。
定四 三月，公会刘子、晋侯、宋公、蔡侯、卫侯、陈子、郑伯、许男、曹伯、莒	定四 春三月，刘文公合诸侯于召陵，谋伐楚也。晋荀寅求货于蔡侯，弗得，言于范献子曰："国家方危，诸侯方贰，将以袭敌，不亦难乎？水潦方降，疾疟方起，中山不服。弃盟取怨，无损于楚，而失中山，不如辞蔡

子、郳子、胡子、滕子、薛伯、杞伯、小邾子、齐国夏于召陵，侵楚。	侯。吾自方城以来，楚未可以得志，只取勤焉。"乃辞蔡侯。晋人假羽旄于郑，郑人与之。明日，或旆以会。晋于是乎失诸侯。将会，卫子行敬子言于灵公曰："会同难，啧有烦言，莫之治也。其使祝佗从。"公曰："善！"乃使子鱼。子鱼辞曰："臣展四体以率旧职，犹惧不给，而烦刑书；若又共二，徼大罪也。且夫祝，社稷之常隶也。社稷不动，祝不出竟，官之制也。君以军行，祓社衅鼓，祝奉以从，于是乎出竟。若嘉好之事，君行师从，卿行旅从，臣无事焉。"公曰："行也。"及皋鼬，将长蔡于卫，卫侯使祝佗私于苌弘曰："闻诸道路，不知信否。若闻蔡将先卫，信乎？"苌弘曰："信！蔡叔，康叔之兄也。先卫，不亦可乎？"子鱼曰："以先王观之，则尚德也。昔武王克商，成王定之，选建明德以藩屏周，故周公相王室以尹天下，于周为睦。分鲁公以大路、大旂，夏后氏之璜，封父之繁弱，殷民六族：条氏、徐氏、萧氏、索氏、长勺氏、尾勺氏，使帅其宗氏，辑其分族，将其类丑以法则周公。用即命于周，是使之职事于鲁，以昭周公之明德。分之土田陪敦，祝、宗、卜、史，备物，典策，官司，彝器，因商奄之民，命以伯禽而封于少皞之虚。分康叔以大路、少帛、綪茷、旃旌、大吕，殷民七族：陶氏、施氏、繁氏、锜氏、樊氏、饥氏、终葵氏，封畛土略，自武父以南及圃田之北竟，取于有阎之土以共王职，取于相土之东都以会王之东蒐。聃季授土，陶叔授民，命以《康诰》而封于殷虚。皆启以商政，疆以周索。分唐叔以大路，密须之鼓，阙巩，沽洗，怀姓九宗，职官五正，命以《唐诰》而封于夏虚，启以夏政，

	疆以戎索。三者皆叔也，而有令德，故昭之以分物；不然，文武成康之伯犹多，而不获是分也，唯不尚年也。管蔡启商，惎间王室，王于是乎杀管叔，而蔡蔡叔，以车七乘，徒七十人。其子蔡仲改行帅德，周公举之，以为己卿士，见诸王而命之以蔡。其命书云：'王曰：胡！无若尔考之违王命也！'若之何其使蔡先卫也？武王之母弟八人，周公为大宰，康叔为司寇，聃季为司空，五叔无官，岂尚年哉？曹，文之昭也；晋，武之穆也。曹为伯甸，非尚年也。今将尚之，是反先王也。晋文公为践土之盟，卫成公不在。夷叔，其母弟也，犹先蔡。其载书云：'王若曰：晋重，鲁申，卫武，蔡甲午，郑捷，齐潘，宋王臣，莒期。'藏在周府，可覆视也。吾子欲复文武之略，而不正其德，将如之何？"苌弘说，告刘子，与范献子谋之，乃长卫侯于盟。反自召陵，郑子大叔未至而卒。晋赵简子为之临，甚哀。	
定五	定五	
晋士鞅帅师围鲜虞。	晋士鞅围鲜虞，报观虎之役也。	
定六	定六	
夏，季孙斯、仲孙何忌如晋。秋，晋人执宋行人乐祁犂。	夏，季桓子如晋，献郑俘也。阳虎强使孟懿子往报夫人之币。晋人兼享之。孟孙立于房外，谓范献子曰："阳虎若不能居鲁，而息肩于晋，所不以为中军司马者，有如先君！"献子曰："寡君有官，将使其人，鞅何知焉？"献子谓简子曰："鲁人患阳虎矣！孟孙知其衅，以为必适晋，故强为之请以取入焉。" 周儋翩率王子朝之徒因郑人将以作乱于周。郑于是乎伐冯、滑、胥靡、负黍、狐人、阙外。六月，晋阎没戍周，且城胥靡。 秋八月，宋乐祁言于景公曰：	定公六年，范献子与赵氏结下不解之仇，致使他一死，范氏即亡。

	"诸侯唯我事晋,今使不往,晋其憾矣。"乐祁告其宰陈寅,陈寅曰:"必使子往。"他日,公谓乐祁曰:"唯寡人说子之言,子必往。"陈寅曰:"子立后而行,吾室亦不亡,唯君亦以我为知难而行也。"见溷而行。赵简子逆,而饮之酒于绵上,献杨楯六十于简子。陈寅曰:"昔吾主范氏,今子主赵氏,又有纳焉。以杨楯贾祸,弗可为也已。然子死晋国,子孙必得志于宋。"范献子言于晋侯曰:"以君命越疆而使,未致使而私饮酒,不敬二君,不可不讨也!"乃执乐祁。	
定七	定七	定公七年范鞅为政,而诸侯皆叛矣。
秋,齐侯、郑伯盟于咸。齐人执卫行人北宫结以侵卫。齐侯、卫侯盟于沙。齐国夏帅师伐我西鄙。	秋,齐侯、郑伯盟于咸,征会于卫。卫侯欲叛晋,诸大夫不可。使北宫结如齐,而私于齐侯曰:"执结以侵我!"齐侯从之,乃盟于琐。 齐国夏伐我。阳虎御季桓子,公敛处父御孟懿子,将宵军齐师。齐师闻之,堕伏而待之。 冬,十一月戊午,单子、刘子逆王于庆氏。晋籍秦送王。己巳,王入于王城,馆于公族党氏,而后朝于庄宫。	
定八	定八	
春,王正月,公侵齐。二月,公侵齐。夏,齐国夏帅师伐我西鄙。公会晋师于瓦。晋士鞅帅师侵郑,遂侵卫。	赵鞅言于晋侯曰:"诸侯唯宋事晋,好逆其使,犹惧不至;今又执之,是绝诸侯也。"将归乐祁,士鞅曰:"三年止之,无故而归之,宋必叛晋。"献子私谓子梁曰:"寡君惧不得事宋君,是以止子。子姑使溷代子。"子梁以告陈寅,陈寅曰:"宋将叛晋,是弃溷也。不如待之!"乐祁归,卒于大行。士鞅曰:"宋必叛!不如止其尸以求成焉。"乃止诸州。 夏,齐国夏、高张伐我西鄙。晋士鞅、赵鞅、荀寅救我。公会晋师于瓦。范献子执羔,赵简子、中行文子皆执雁。鲁于是始尚羔。	

哀七	哀七	
夏,公会吴于鄫。	夏,公会吴于鄫。吴来征百牢,子服景伯对曰:"先王未之有也。"吴人曰:"宋百牢我,鲁不可以后宋。且鲁牢晋大夫过十,吴王百牢,不亦可乎?"景伯曰:"晋范鞅贪而弃礼,以大国惧敝邑,故敝邑十一牢之。君若以礼命于诸侯,则有数矣。若亦弃礼,则有淫者矣。周之王也制礼,上物不过十二,以为天之大数也。今弃周礼,而曰必百牢,亦唯执事。"	

宋乐祁（前520—前502）

昭二十二	昭二十二	乐祁,子姓,又称乐祁犁、司城子梁、子梁等。宋卿子罕之孙(杜注),为戴族(乐氏世系参卷二"宋子罕")。昭二十二年以宋华、向之乱而为司城,定八年卒。其子乐溷,字子明。
宋华亥、向宁、华定自宋南里出奔楚。	己巳,宋华亥、向宁、华定、华貙、华登、皇奄伤、省臧、士平出奔楚。宋公使公孙忌为大司马,边卬为大司徒,乐祁为司城,仲几为左师,乐大心为右师,乐輓为大司寇,以靖国人。	
昭二十五	昭二十五	乐祁多善言,尤以昭二十五年评哀乐之道及评鲁政为突出。今列有关乐祁事迹如下:1.昭二十五年批评宋元公及叔孙昭子饮酒失态;2.昭二十五年论鲁国政在季氏,国君失民已四代(指宣、成、襄、昭四公);3.昭二十七年范献子不愿纳鲁君昭公,乐祁与北宫贞子惧而从之;4.定
	叔孙婼聘于宋。桐门右师见之,语卑宋大夫而贱司城氏。昭子告其人曰:"右师其亡乎?君子贵其身而后能及人,是以有礼。今夫子卑其大夫而贱其宗,是贱其身也,能有礼乎?无礼必亡!"宋公享昭子,赋《新宫》,昭子赋《车辖》。明日宴,饮酒乐,宋公使昭子右坐,语相泣也。乐祁佐,退而告人曰:"今兹君与叔孙其皆死乎?吾闻之:哀乐而乐哀,皆丧心也。心之精爽,是谓魂魄,魂魄去之,何以能久?" 季公若之姊为小邾夫人,生宋元夫人。生子,以妻季平子。昭子如宋聘,且逆之。公若从,谓曹氏勿与,鲁将逐之。曹氏告公,公告乐祁,乐祁曰:"与之,如是,鲁君必出。政	

	在季氏三世矣，鲁君丧政四公矣。无民而能逞其志者，未之有也。国君是以镇抚其民。《诗》曰：'人之云亡，心之忧矣。'鲁君失民矣，焉得逞其志？靖以待命犹可，动必忧。"	六年，乐祁卷入晋国赵简子与范献子权力之争，遭晋扣押，三年后（定八年）回国前死于晋；5.乐祁死后，同族乐大心（桐门右师）不肯赴晋迎尸，被逐出宋国。
昭二十七	**昭二十七**	乐祁与乐大心皆为宋国乐氏之后（乐大心昭二十年为右师，定十年出奔曹）。顾栋高《大事表·世系表》以宋戴公之子乐父术为乐氏始祖，其后乐氏一直为宋世卿显族，早期代表人物有乐吕（文十八年为司寇）、乐喜（子罕，襄九年"为司城以为政"）。乐祁同时及其后，乐氏人物有乐舍（昭二十）、乐輓（昭二十二年为大司寇）、乐溷（昭二十二）、乐筏（哀二十六年为司城）。
秋，晋士鞅、宋乐祁犁、卫北宫喜、曹人、邾人、滕人会于扈。	秋，会于扈，令戍周，且谋纳公也。宋、卫皆利纳公，固请之。范献子取货于季孙，谓司城子梁与北宫贞子曰："季孙未知其罪，而君伐之。请囚、请亡，于是乎不获。君又弗克，而自出也。夫岂无备而能出君乎？季氏之复，天救之也。休公徒之怒，而启叔孙氏之心。不然，岂其伐人而说甲执冰以游？叔孙氏惧祸之滥，而自同于季氏，天之道也。鲁君守齐，三年而无成。季氏甚得其民，淮夷与之。有十年之备，有齐、楚之援，有天之赞，有民之助，有坚守之心，有列国之权，而弗敢宣也，事君如在国。故鞅以为难。二子皆图国者也，而欲纳鲁君，鞅之愿也，请从二子以围鲁。无成，死之。"二子惧，皆辞。乃辞小国，而以难复。	
定六	**定六**	
秋，晋人执宋行人乐祁犁。	秋，八月，宋乐祁言于景公曰："诸侯唯我事晋，今使不往，晋其憾矣。"乐祁告其宰陈寅，陈寅曰："必使子往。"他日，公谓乐祁："唯寡人说子之言，子必往。"陈寅曰："子立后而行，吾室亦不亡，唯君亦以我为知难而行也。"见溷而行。赵简子逆，而饮之酒于绵上，献杨楯六十于简子。陈寅曰："昔吾主范氏，今子主赵氏，又有纳焉。以杨楯贾祸，弗可为也已。然子死晋国，子孙必得志于宋。"范献子言于晋侯曰："以君命越疆而使，未致使而私饮酒，不敬二君，不可不讨也！"乃执乐祁。	

定八	定八	
	赵鞅言于晋侯曰："诸侯唯宋事晋。好逆其使，犹惧不至；今又执之，是绝诸侯也。"将归乐祁，士鞅曰："三年止之，无故而归之，宋必叛晋。"献子私谓子梁曰："寡君惧不得事宋君，是以止子。子姑使溷代子。"子梁以告陈寅，陈寅曰："宋将叛晋，是弃溷也。不如待之！"乐祁归，卒于大行。士鞅曰："宋必叛！不如止其尸以求成焉。"乃止诸州。	
定九	定九	
	春，宋公使乐大心盟于晋，且逆乐祁之尸。辞，伪有疾。乃使向巢如晋盟，且逆子梁之尸。子明谓桐门右师出，曰："吾犹缞绖，而子击钟，何也？"右师曰："丧不在此故也。"既而告人曰："己缞绖而生子，余何故舍钟？"子明闻之，怒，言于公曰："右师将不利戴氏，不肯适晋，将作乱也。不然，无疾。"乃逐桐门右师。	

卫北宫氏（前574—前496）

成十七	成十七	北宫氏，姬姓，卫公族。杜注以北宫括为卫成公曾孙（卫成公僖二十六年至宣九年在位）。据顾氏《大事表》，其世系如下：
春，卫北宫括帅师侵郑。	春，王正月，郑子驷侵晋虚、滑。卫北宫括救晋，侵郑，至于高氏。	
襄九	襄九	
冬，公会晋侯、宋公、卫侯、曹伯、莒子、邾子、滕子、薛伯、杞伯、小邾子、齐世子光伐郑。十有二月己亥，同盟于戏。	冬，十月，诸侯伐郑。庚午，季武子、齐崔杼、宋皇郧从荀罃、士匄门于鄟门，卫北宫括、曹人、邾人从荀偃、韩起门于师之梁，滕人、薛人从栾黡、士鲂门于北门，杞人、郳人从赵武、魏绛斩行栗。甲戌，师于汜。诸侯皆不欲战，乃许郑成。十一月己亥，同盟于戏，郑服也。	

卫成公
（缺二代）

北宫括 懿子	
北宫佗 文子	北宫遗
北宫喜 贞子	

襄十四	襄十四	1.北宫括（懿子）（成十七年至襄十四年见）：又称北宫懿子，懿子等。懿子出现这段时期卫国执政大臣为孙林父和宁殖二人，北宫氏可能亦为卿，但不主卫政，虽亦有时代表卫君出使，但次数远不如孙氏多。襄十四年卫国发生孙、宁弑君之乱，北宫氏似未参预其中。 2.北宫佗（文子）（襄三十年至昭十一年见）：又称北宫文子、文子，北宫括之子。北宫佗在《左传》出现次数也不多。从他襄三十一年评"郑有礼，数世之福也"之言，及在楚与卫襄公论威仪之语，可看出北宫佗为人境界非同一般。 3.北宫喜（贞子）（昭十年至二十七年）北宫佗之子，又称北宫子、北宫氏、北宫贞子，贞子等。北宫喜在昭二十年卫国发生的齐豹、公孟之乱中与齐豹、褚师圃、公子朝一起作乱，但是后因北宫氏之宰不与闻谋，
夏，四月，叔孙豹会晋荀偃、齐人、宋人、卫北宫括、郑公孙虿、曹人、莒人、邾人、滕人、薛人、杞人、小邾人伐秦。莒人侵我东鄙。	春，吴告败于晋。会于向，为吴谋楚故也。 夏，诸侯之大夫从晋侯伐秦，以报栎之役也。晋侯待于竟，使六卿帅诸侯之师以进。及泾，不济。叔向见叔孙穆子，穆子赋《匏有苦叶》，叔向退而具舟。鲁人、莒人先济。郑子蟜见北宫懿子曰："与人而不固，取恶莫甚焉，若社稷何？"懿子说。二子见诸侯之师而劝之济。济泾而次。秦人毒泾上流，师人多死。郑司马子蟜帅郑师以进，师皆从之，至于棫林，不获成焉。伯游曰："吾令实过，悔之何及，多遗秦禽。"乃命大还。晋人谓之"迁延之役"。于是齐崔杼、宋华阅、仲江会伐秦。不书，惰也。向之会，亦如之。卫北宫括不书于向，书于伐秦，摄也。	
襄三十	襄三十	
五月甲午，宋灾。秋，七月，叔弓如宋，葬宋共姬。晋人、齐人、宋人、卫人、郑人、曹人、莒人、邾人、滕人、薛人、杞人、小邾人会于澶渊，宋灾故。	为宋灾故，诸侯之大夫会以谋归宋财。冬，十月，叔孙豹会晋赵武、齐公孙虿、宋向戌、卫北宫佗、郑罕虎及小邾之大夫，会于澶渊。既而无归于宋，故不书其人。君子曰："信其不可不慎乎！澶渊之会，卿不书，不信也。夫诸侯之上卿，会而不信，宠名皆弃，不信之不可也如是。《诗》曰：'文王陟降，在帝左右。'信之谓也。又曰：'淑慎尔止，无载尔伪。'不信之谓也。"书曰："某人某人会于澶渊，宋灾故。"尤之也。不书鲁大夫，讳之也。	
襄三十一	襄三十一	
	十二月，北宫文子相卫襄公以如楚，宋之盟故也。过郑，印段迋劳于棐林，如聘礼而以劳辞。文子入聘，子羽为行人，冯简子与子大叔逆客。事毕而出，言于卫侯曰："郑有礼，其数世之福也。其无大国之讨乎？	

《诗》云：'谁能执热，逝不以濯?'礼之于政，如热之有濯也。濯以救热，何患之有？"

子产之从政也，择能而使之。冯简子能断大事。子大叔美秀而文。公孙挥能知四国之为，而辨于其大夫之族姓、班位、贵贱、能否，而又善为辞令。裨谌能谋，谋于野则获，谋于邑则否。郑国将有诸侯之事，子产乃问四国之为于子羽，且使多为辞令，与裨谌乘以适野，使谋可否；而告冯简子，使断之；事成，乃授子大叔使行之，以应对宾客。是以鲜有败事，北宫文子所谓有礼也。

卫侯在楚，北宫文子见令尹围之威仪，言于卫侯曰："令尹似君矣，将有他志，虽获其志，不能终也。《诗》曰：'靡不有初，鲜克有终。'终之实难，令尹其将不免。"公曰："子何以知之？"对曰："《诗》云：'敬慎威仪，惟民之则。'令尹无威仪，民无则焉。民所不则，以在民上，不可以终。"公曰："善哉！何谓威仪？"对曰："有威而可畏，谓之威。有仪而可象，谓之仪。君有君之威仪，其臣畏而爱之，则而象之，故能有其国家，令闻长世。臣有臣之威仪，其下畏而爱之，故能守其官职，保族宜家。顺是以下皆如是，是以上下能相固也。《卫诗》曰：'威仪棣棣，不可选也。'言君臣、上下、父子、兄弟、内外、大小皆有威仪也。《周诗》曰：'朋友攸摄，摄以威仪。'言朋友之道必相教训以威仪也。《周书》数文王之德曰：'大国畏其力，小国怀其德。'言畏而爱之也。《诗》云：'不识不知，顺帝之则。'言则而象之也。纣囚文王七年，诸侯皆从之囚，纣于是乎惧而归之，可谓爱之。文王之行，至今为法，可谓象之。有威仪也。故君子

北宫氏灭齐氏，入卫君。北宫喜在关键的时候改变立场对于这场内乱的平息起到了巨大作用，而他因此而深得卫侯赏识，并在随后青云直上。北宫贞子在卫本不为重臣，但从昭二十五、二十七年两次代表卫国出使外国，可以估计自昭二十年之后已为卫国首席大臣。

北宫氏另有北宫结，见于定七、十四年，世系不详，与公叔成同党，定十四年因卫侯之逐奔鲁。

	在位可畏，施舍可爱，进退可度，周旋可则，容止可观，作事可法，德行可象，声气可乐，动作有文，言语有章，以临其下，谓之有威仪也。"
昭二	**昭二**
春，晋侯使韩起来聘。	春，晋侯使韩宣子来聘，且告为政而来见，礼也。自齐聘于卫，卫侯享之。北宫文子赋《淇澳》，宣子赋《木瓜》。
昭十	**昭十**
九月，叔孙婼如晋，葬晋平公。	九月，叔孙婼、齐国弱、宋华定、卫北宫喜、郑罕虎、许人、曹人、莒人、邾人、滕人、薛人、杞人、小邾人如晋。葬平公也。
昭十一	**昭十一**
秋，季孙意如会晋韩起、齐国弱、宋华亥、卫北宫佗、郑罕虎、曹人、杞人于厥慭。	秋，会于厥慭，谋救蔡也。
昭二十	**昭二十**
秋，盗杀卫侯之兄絷。	卫公孟絷狎齐豹，夺之司寇与鄄，有役则反之，无则取之。公孟恶北宫喜、褚师圃，欲去之。公子朝通于襄夫人宣姜，惧而欲以作乱。故齐豹、北宫喜、褚师圃、公子朝作乱。初，齐豹见宗鲁于公孟，为骖乘焉。将作乱，而谓之曰："公孟之不善，子所知也。勿与乘，吾将杀之。"对曰："吾由子事公孟，子假吾名焉，故不吾远也。虽其不善，吾亦知之；抑以利故，不能去，是吾过也。今闻难而逃，是僭子也。子行事乎！吾将死之。以周事子，而归死于公孟，其可也。"丙辰，卫侯在平寿。公孟有事于盖获之门外。齐子氏帷于门外，而伏甲焉。使祝鼃置戈于车薪以当

门，使一乘从公孟以出，使华齐御公孟，宗鲁骖乘。及闳中，齐氏用戈击公孟，宗鲁以背蔽之，断肱，以中公孟之肩，皆杀之。

公闻乱，乘驱自阅门入，庆比御公，公南楚骖乘。使华寅乘贰车。及公宫，鸿骝魋驷乘于公。公载宝以出。褚师子申遇公于马路之衢，遂从。过齐氏，使华寅肉袒执盖，以当其阙。齐氏射公，中南楚之背。公遂出。寅闭郭门，逾而从公。公如死鸟。析朱鉏宵从窦出，徒行从公。

齐侯使公孙青聘于卫。既出，闻卫乱，使请所聘。公曰："犹在竟内，则卫君也。"乃将事焉，遂从诸死鸟。请将事，辞曰："亡人不佞，失守社稷，越在草莽，吾子无所辱君命。"宾曰："寡君命下臣于朝曰：'阿下执事。'臣不敢贰。"主人曰："君若惠顾先君之好，照临敝邑，镇抚其社稷，则有宗祧在。"乃止。卫侯固请见之。不获命，以其良马见，为未致使故也。卫侯以为乘马。宾将掫，主人辞曰："亡人之忧，不可以及吾子。草莽之中，不足以辱从者。敢辞。"宾曰："寡君之下臣，君之牧圉也，若不获扞外役，是不有寡君也。臣惧不免于戾，请以除死。"亲执铎。

齐氏之宰渠子召北宫子。北宫氏之宰不与闻谋，杀渠子，遂伐齐氏，灭之。丁巳晦，公入，与北宫喜盟于彭水之上。秋，七月戊午朔，遂盟国人。八月辛亥，公子朝、褚师圃、子玉霄、子高鲂出奔晋。闰月戊辰，杀宣姜。卫侯赐北宫喜谥曰贞子，赐析朱鉏谥曰成子，而以齐氏之墓予之。

卫侯告宁于齐，且言子石。齐侯将饮酒，遍赐大夫曰："二三子之教也。"苑何忌辞曰："与于青之赏，必

及于其罚。在《康诰》曰：'父子兄弟，罪不相及。'况在群臣？臣敢贪君之赐以干先王？" 　　琴张闻宗鲁死，将往吊之。仲尼曰："齐豹之盗，而孟絷之贼，女何吊焉？君子不食奸，不受乱，不为利疚于回，不以回待人，不盖不义，不犯非礼。"	
昭二十五	**昭二十五**
夏，叔诣会晋赵鞅、宋乐大心、卫北宫喜、郑游吉、曹人、邾人、滕人、薛人、小邾人于黄父。	夏，会于黄父，谋王室也。
昭二十七	**昭二十七**
秋，晋士鞅、宋乐祁犁、卫北宫喜、曹人、邾人、滕人会于扈。	秋，会于扈，令戍周，且谋纳公也。宋、卫皆利纳公，固请之。范献子取货于季孙，谓司城子梁与北宫贞子曰："季孙未知其罪，而君伐之。请囚、请亡，于是乎不获。君又弗克，而自出也。夫岂无备而能出君乎？季氏之复，天救之也。休公徒之怒，而启叔孙氏之心。不然，岂其伐人而说甲执冰以游？叔孙氏惧祸之滥，而自同于季氏，天之道也。鲁君守齐，三年而无成。季氏甚得其民，淮夷与之。有十年之备，有齐、楚之援，有天之赞，有民之助，有坚守之心，有列国之权，而弗敢宣也，事君如在国。故鞅以为难。二子皆图国者也，而欲纳鲁君，鞅之愿也，请从二子以围鲁。无成，死之。"二子惧，皆辞。乃辞小国，而以难复。

卫灵公（前540—前493）

昭七	昭七	
秋八月戊辰，卫侯恶卒。十有二月癸亥，葬卫襄公。	秋八月，卫襄公卒。晋大夫言于范献子曰："卫事晋为睦，晋不礼焉，庇其贼人而取其地，故诸侯贰。诗曰：'鹡鸰在原，兄弟急难。'又曰：'死丧之威，兄弟孔怀。'兄弟之不睦，于是乎不吊；况远人，谁敢归之？今又不礼于卫之嗣，卫必叛我，是绝诸侯也。"献子以告韩宣子。宣子说，使献子如卫吊，且反戚田。 卫齐恶告丧于周，且请命。王使郕简公如卫吊，且追命襄公曰："叔父陟恪，在我先王之左右，以佐事上帝，余敢忘高圉、亚圉？" 卫襄公夫人姜氏无子，嬖人婤姶生孟絷。孔成子梦康叔谓己："立元，余使羁之孙圉与史苟相之。"史朝亦梦康叔谓己："余将命而子苟与孔烝鉏之曾孙圉相元。"史朝见成子，告之梦，梦协。晋韩宣子为政聘于诸侯之岁，婤姶生子，名之曰元。孟絷之足不良能行。孔成子以《周易》筮之，曰："元尚享卫国，主其社稷。"遇《屯》☷。又曰："余尚立絷，尚克嘉之。"遇《屯》☷之《比》☷。以示史朝。史朝曰："'元亨'，又何疑焉？"成子曰："非长之谓乎？"对曰："康叔名之，可谓长矣。孟非人也，将不列于宗，不可谓长。且其繇曰：'利建侯。'嗣吉，何建？建非嗣也。二卦皆云，子其建之！康叔命之，二卦告之，筮袭于梦，武王所用也，弗从何为？弱足者居。侯主社稷，临祭祀，奉民人，事鬼神，从会朝，又焉得居？各以所利，不亦可乎？"故孔成子立灵公。十二月癸亥，葬卫襄公。	卫灵公，名元，卫襄公（襄三十至昭七年在位）嬖人婤姶所生次子。卫灵公昭二年生（据昭七年"晋韩宣子为政聘于诸侯之岁，婤姶生子，名之曰元"推算出），哀二年卒，昭八年至哀二年在位，共在位四十二年。卫灵公相关世系如下（据陈厚耀《世族谱》）： | 献公 |||| | 襄公 |||| | 孟絷 | 灵公 | [缺] || | 公孟彄 | （见下） | 公孙般师 || | （以下灵公子） |||| | 庄公 | 公子起 | 悼公 | 公子郢子南 | （上表：献公衍见卷二"卫献公"。襄公恶襄三十立，立九年至昭七年卒，其子灵公元立。灵公子庄公、庄公子辄事见卷四"卫庄公""卫出公"。襄公子、灵公兄公孟絷昭七见，昭二十年被杀。其子公孟彄定十二见。灵公子公子起哀十七

770

昭十一	**昭十一**	齐执而立之，明年逐起，奔齐，出公辄复立。悼公黔哀二十六年继出公立，立五年卒，在春秋后。卫君此后为悼公后。灵公子公子郢〔子南〕哀二见。）
秋，季孙意如会晋韩起、齐国弱、宋华亥、卫北宫佗、郑罕虎、曹人、杞人于厥慭。		
昭十二	**昭十二**	灵公昭七年即位时只有五岁，哀二年卒时四十七岁（灵公生年见昭七年）。可以想见，灵公以一五岁孩童之知，早年在位期间只能一切委之于孔氏、北宫氏等族，尤其在孙、宁二氏皆成过去时的情况下。从后来灵公死后，孔成子之孙孔悝在庄公（太子蒯聩）废立上有决定权，亦可以看出孔氏在当时卫国的权力。而从此间北宫氏常代表卫国出使列国看，北宫氏同掌卫国之政。除了孔氏、北宫氏之外，卫国权臣此时还有世叔氏、公叔氏、史氏、齐氏等（陈厚耀《世族谱》）。
	齐侯、卫侯、郑伯如晋，朝嗣君也。	
昭十三	**昭十三**	
秋，公会刘子、晋侯、齐侯、宋公、卫侯、郑伯、曹伯、莒子、邾子、滕子、薛伯、杞伯、小邾子于平丘。八月甲戌，同盟于平丘。		
昭十八	**昭十八**	
夏五月壬午，宋、卫、陈、郑灾。	夏五月，火始昏见。丙子，风，梓慎曰："是谓融风，火之始也；七日，其火作乎！"戊寅，风甚。壬午，大甚。宋、卫、陈、郑皆火。梓慎登大庭氏之库以望之，曰："宋、卫、陈、郑也。"数日皆来告火。	
昭二十	**昭二十**	
秋，盗杀卫侯之兄絷。	卫公孟縶狎齐豹，夺之司寇与鄄。有役则反之，无则取之。公孟恶北宫喜、褚师圃，欲去之。公子朝通于襄夫人宣姜，惧，而欲以作乱。故齐豹、北宫喜、褚师圃、公子朝作乱。 初，齐豹见宗鲁于公孟，为骖乘焉。将作乱，而谓之曰："公孟之不善，子所知也，勿与乘，吾将杀之。"对曰："吾由子事公孟，子假吾名焉，	灵公一生命运可谓幸运。卫襄公夫人宣姜无子，襄公嬖妾生二子，长子公孟有足疾，不

故不吾远也。虽其不善，吾亦知之；抑以利故，不能去，是吾过也。今闻难而逃，是僭子也。子行事乎，吾将死之，以周事子；而归死于公孟，其可也。"

丙辰，卫侯在平寿。公孟有事于盖获之门外，齐子氏帷于门外，而伏甲焉。使祝鼃置戈于车薪以当门，使一乘从公孟以出；使华齐御公孟，宗鲁骖乘。及闳中，齐氏用戈击公孟，宗鲁以背蔽之，断肱，以中公孟之肩。皆杀之。

公闻乱，乘，驱自阅门入。庆比御公，公南楚骖乘。使华寅乘贰车。及公宫，鸿骝魋驷乘于公。公载宝以出。褚师子申遇公于马路之衢，遂从。过齐氏，使华寅肉袒，执盖以当其阙，齐氏射公，中南楚之背，公遂出。寅闭郭门，逾而从公。公如死鸟。析朱鉏宵从窦出，徒行从公。

齐侯使公孙青聘于卫。既出，闻卫乱，使请所聘。公曰："犹在竟内，则卫君也。"乃将事焉，遂从诸死鸟。请将事。辞曰："亡人不佞，失守社稷，越在草莽，吾子无所辱君命。"宾曰："寡君命下臣于朝：'阿下执事。'臣不敢贰。"主人曰："君若惠顾先君之好，照临敝邑，镇抚其社稷，则有宗祧在。"乃止。卫侯固请见之。不获命，以其良马见，为未致使故也。卫侯以为乘马。宾将撤，主人辞曰："亡人之忧，不可以及吾子；草莽之中，不足以辱从者。敢辞。"宾曰："寡君之下臣，君之牧圉也。若不获扞外役，是不有寡君也。臣惧不免于戾，请以除死。"亲执铎，终夕与于燎。

齐氏之宰渠子召北宫子。北宫氏之宰不与闻，谋杀渠子，遂伐齐氏，

为大臣所重，次子灵公因孔成子和史朝之力而即位。

灵公即位后十三年间，卫国无事，至昭二十年发生齐豹之乱，是年灵公十八岁。这是一次司寇齐氏与公室之间的争斗，以齐氏被灭告终。齐氏为公族，源于卫宣公（隐五至桓十二年在位）。闵二年传，"齐人使昭伯烝于宣姜"而生齐子，为齐氏之祖①。此后齐氏见于经传者有昭元、七年之齐恶（齐子四世孙，见杜预《世族谱》），齐豹当为齐恶之子。卫襄公夫人宣姜（非桓十六年之宣姜），通于公子朝。公子朝、宣姜皆与于齐氏，故宣姜因这场内乱而被杀。灵公被迫出逃。这场内乱无疑加强了灵公的权力，这对于灵公后来稳定政局、长期执政应起到了重要作用。

《论语》载有孔子与卫灵公及其夫人南子事若干。《论语·卫灵公》开篇卫灵公问陈于孔

---

① 闵二年，"惠公之即位也少，齐人使昭伯烝于宣姜，不可，强之。生齐子、戴公、文公、宋桓夫人、许穆夫人"。卫宣公夫人宣姜当为齐僖公之女（据杨伯峻闵二年注），本为急子之妻而宣公夺之。宣姜与宣公生惠公朔，构急子，事见桓十六。昭伯为卫宣公公子顽（《史记·卫世家》）。

	灭之。丁巳晦，公入，与北宫喜盟于彭水之上。秋七月戊午朔，遂盟国人。八月辛亥，公子朝、褚师圃、子玉霄、子高鲂出奔晋。闰月戊辰，杀宣姜。卫侯赐北宫喜谥曰贞子，赐析朱鉏谥曰成子，而以齐氏之墓予之。 卫侯告宁于齐，且言子石。齐侯将饮酒，徧赐大夫曰："二三子之教也。"苑何忌辞，曰："与于青之赏，必及于其罚。在《康诰》曰，父子兄弟，罪不相及，况在群臣？臣敢贪君赐以干先王？" 琴张闻宗鲁死，将往吊之。仲尼曰："齐豹之盗，而孟絷之贼，女何吊焉？君子不食奸，不受乱，不为利疚于回，不以回待人，不盖不义，不犯非礼。"
昭二十五 夏，叔诣会晋赵鞅、宋乐大心、卫北宫喜、郑游吉、曹人、邾人、滕人、薛人、小邾人于黄父。	**昭二十五** 夏，会于黄父，谋王室也。赵简子令诸侯之大夫输王粟、具戍人，曰："明年将纳王。"
昭二十七 秋，晋士鞅、宋乐祁犁、卫北宫喜、曹人、邾人、滕人会于扈。	**昭二十七** 秋，会于扈，令戍周，且谋纳公也。宋、卫皆利纳公，固请之。范献子取货于季孙，谓司城子梁与北宫贞子曰："季孙未知其罪，而君伐之。请囚、请亡，于是乎不获，君又弗克，而自出也。夫岂无备而能出君乎？季氏之复，天救之也。休公徒之怒，而启叔孙氏之心。不然，岂其伐人而说甲执冰以游？叔孙氏惧祸之滥，而自同于季氏，天之道也。鲁君守齐，三年而无成。季氏甚得其民，淮夷与之，有十年之备，有齐、楚之援，有天之赞，有民之助，有坚守之

子，孔子明日遂行，盖知其不见用也。《子路篇》载子路问："卫君待子而为政，子将奚先？"子曰："必也正名乎！"于此可见当时卫国内政之乱。《宪问》载孔子与季康子"言卫灵公之无道也"，称灵公赖"仲叔圉治宾客，祝鮀治宗庙，王孙贾治军旅"，其中仲叔圉即孔文子，祝鮀即祝佗。如此可见亦灵公之幸。《公冶长》载孔子评价孔文子，称其"敏而好学，不耻下问，是以谓之文也"。这些进一步说明灵公一生之政及其幸之所在。

灵公的昏庸，尤其体现在一味宠爱夫人南子在，导致死后卫国发生了一场长达二十余年君位之争（哀二至哀二十六），此间卫国六易其君，其直接起因是灵公夫人南子淫乱。灵公夫人美艳，灵公宠爱有加。南子通于宋朝，灵公为夫人召宋朝。南子之淫，致太子蒯聩欲杀之，事未成而灵公逐蒯聩，

	心，有列国之权，而弗敢宣也，事君如在国。故鞅以为难。二子皆图国者也，而欲纳鲁君，鞅之愿也，请从二子以围鲁。无成，死之。"二子惧，皆辞。乃辞小国，而以难复。	导致了后来一系列内乱（参卷四"卫出公"）。当然，灵公的昏庸还体现在受夫人蒙蔽，驱逐公叔戍、北官结（定十四）。
昭二十九	昭二十九	然而，灵公虽昏，亦非完全无勇无谋。定九年，晋车千乘在中牟，卫侯卜过五氏，而呈凶兆。卫侯曰："可也！卫车当其半，寡人当其半，敌矣。"若无相当勇气，岂敢自信一身可当敌之半。后来其言果然应验。
	卫侯来献其乘马，曰启服，堑而死。公将为之椟。子家子曰："从者病矣，请以食之。"乃以帷裹之。	
昭三十二	昭三十二	
冬，仲孙何忌会晋韩不信、齐高张、宋仲几、卫世叔申、郑国参、曹人、莒人、薛人、杞人、小邾人城成周。	冬十一月，晋魏舒、韩不信如京师，合诸侯之大夫于狄泉，寻盟，且令城成周。魏子南面。卫彪傒曰："魏子必有大咎。干位以令大事，非其任也。《诗》曰：'敬天之怒，不敢戏豫；敬天之渝，不敢驰驱。'况敢干位以作大事乎？" 己丑，士弥牟营成周，计丈数，揣高卑，度厚薄，仞沟洫，物土方，议远迩，量事期，计徒庸，虑材用，书餱粮，以令役于诸侯。属役赋丈，书以授帅，而效诸刘子。韩简子临之，以为成命。	卫灵公在位期间，正值晋国霸业全面衰退之际，由于晋国内混，卫国终于叛晋，走上了与齐国同盟的道路。定四年皋鼬之盟中，卫国尚在晋盟之中。但定七年，卫侯因齐侯、郑伯征会，而欲叛晋。次年卫侯不堪晋人羞辱，决意叛晋。在这一过程中，卫国君臣一心，共同抵抗了晋国压力。故齐景公晚年对卫灵公礼遇加（定九、十三）。此间，宋、鲁两国也逐渐脱离了晋国。
定四	定四	
三月，公会刘子、晋侯、宋公、蔡侯、卫侯、陈子、郑伯、许男、曹伯、莒子、邾子、顿子、胡子、滕子、薛伯、杞伯、小邾子、齐国夏于召陵，侵楚。 夏，五月，公及诸侯盟于皋鼬。 晋士鞅、	四年春三月，刘文公合诸侯于召陵，谋伐楚也。将会，卫子行敬子言于灵公曰："会同难，啧有烦言，莫之治也。其使祝佗从！"公曰："善。"乃使子鱼。子鱼辞，曰："臣展四体，以率旧职，犹惧不给而烦刑书。若又共二，徼大罪也。且夫祝，社稷之常隶也。社稷不动，祝不出竟，官之制也。君以军行，祓社、衅鼓，祝奉以从，于是乎出竟。若嘉好之事，君行师从，卿行旅从，臣无事焉。"公曰："行也！" 及皋鼬，将长蔡于卫。卫侯使祝佗私于苌弘曰："闻诸道路，不知信否。若闻蔡将先卫，信乎？"苌弘曰："信。蔡叔，康叔之兄也，先卫，不亦可乎？"子鱼曰："以先王观之，	

	也。吾子欲复文、武之略，而不正其德，将如之何？"苌弘说，告刘子，与范献子谋之，乃长卫侯于盟。	记》他处，灵公见孔子当以定十三年为是（参卷四"鲁孔子"）。
定七	**定七**	
秋，齐侯、郑伯盟于鹹。 齐人执卫行人北宫结以侵卫。 齐侯、卫侯盟于沙。	秋，齐侯、郑伯盟于鹹，征会于卫。 卫侯欲叛晋，诸大夫不可。使北宫结如齐，而私于齐侯曰："执结以侵我。" 齐侯从之，乃盟于琐。	
定八	**定八**	
秋，晋士鞅帅师侵郑，遂侵卫。 季孙斯、仲孙何忌帅师侵卫。 冬，卫侯、郑伯盟于曲濮。	晋师将盟卫侯于鄟泽，赵简子曰："群臣谁敢盟卫君者？"涉佗、成何曰："我能盟之。"卫人请执牛耳。成何曰："卫，吾温、原也，焉得视诸侯？"将歃，涉佗捘卫侯之手，及捥。卫侯怒，王孙贾趋进，曰："盟以信礼也，有如卫君，其敢不唯礼是事而受此盟也？"卫侯欲叛晋，而患诸大夫。王孙贾使次于郊。大夫问故，公以晋诟语之，且曰："寡人辱社稷，其改卜嗣，寡人从焉。"大夫曰："是卫之祸，岂君之过也？"公曰："又有患焉，谓寡人'必以而子与大夫之子为质'。"大夫曰："苟有益也，公子则往，群臣之子敢不皆负羁绁以从？"将行，王孙贾曰："苟卫国有难，工商未尝不为患，使皆行而后可。"公以告大夫，乃皆将行之。行有日，公朝国人，使贾问焉，曰："若卫叛晋，晋五伐我，病何如矣？"皆曰："五伐我，犹可以能战。"贾曰："然则如叛之，病而后质焉，何迟之有？"乃叛晋。晋人请改盟，弗许。 秋，晋士鞅会成桓公侵郑，围虫牢，报伊阙也。遂侵卫。 九月，师侵卫，晋故也。	

定九	**定九**
秋，齐侯、卫侯次于五氏。	秋，齐侯伐晋夷仪。敝无存之父将室之，辞，以与其弟，曰："此役也，不死，反，必娶于高、国。"先登，求自门出，死于霤下。东郭书让登，犂弥从之，曰："子让而左，我让而右，使登者绝而后下。"书左，弥先下。书与王猛息。猛曰："我先登。"书敛甲，曰："曩者之难，今又难焉！"猛笑曰："吾从子，如骖之有靳。" 晋车千乘在中牟，卫侯将如五氏，卜过之，龟焦，卫侯曰："可也！卫车当其半，寡人当其半，敌矣。"乃过中牟。中牟人欲伐之。卫褚师圃亡在中牟，曰："卫虽小，其君在焉，未可胜也。齐师克城而骄，其帅又贱，遇，必败之，不如从齐。"乃伐齐师，败之。齐侯致禚、媚、杏于卫。
定十	**定十**
冬，齐侯、卫侯、郑游速会于安甫。	晋赵鞅围卫，报夷仪也。 初，卫侯伐邯郸午于寒氏，城其西北而守之，宵熸。及晋围卫，午以徒七十人门于卫西门，杀人于门中，曰："请报寒氏之役。"涉佗曰："夫子则勇矣；然我往，必不敢启门。"亦以徒七十人旦门焉，步左右，皆至而立，如植。日中不启门，乃退。 反役，晋人讨卫之叛故，曰："由涉佗、成何。"于是执涉佗，以求成于卫。卫人不许。晋人遂杀涉佗，成何奔燕。君子曰："此之谓弃礼，必不钧。《诗》曰：'人而无礼，胡不遄死？'涉佗亦遄矣哉！"
定十二	**定十二**
夏，卫公孟彄帅师伐曹。	夏，卫公孟彄伐曹，克郊。还，滑罗殿。未出，不退于列。其御曰："殿而在列，其为无勇乎！"罗曰："与其素厉，宁为无勇。"

定十三	定十三
春，齐侯、卫侯次于垂葭。卫公孟彄帅师伐曹。	春，齐侯、卫侯次于垂葭，实郹氏。使师伐晋。将济河，诸大夫皆曰不可，邴意兹曰："可。锐师伐河内，传必数日而后及绛。绛不三月不能出河，则我既济水矣。"乃伐河内。 齐侯欲与卫侯乘，与之宴而驾乘广，载甲焉。使告曰："晋师至矣！"齐侯曰："比君之驾也，寡人请摄。"乃介而与之乘，驱之。或告曰："无晋师。"乃止。 晋赵鞅谓邯郸午曰："归我卫贡五百家，吾舍诸晋阳。"午许诺。归告其父兄。父兄皆曰："不可。卫是以为邯郸，而置诸晋阳，绝卫之道也。不如侵齐而谋之。"乃如之，而归之于晋阳。赵孟怒，召午，而囚诸晋阳，使其从者说剑而入，涉宾不可。乃使告邯郸人曰："吾私有讨于午也，二三子唯所欲立。"遂杀午。赵稷、涉宾以邯郸叛。夏六月，上军司马籍秦围邯郸。初，卫公叔文子朝，而请享灵公。退，见史䲡而告之。史䲡曰："子必祸矣！子富而君贪，其及子乎！"文子曰："然。吾不先告子，是吾罪也。君既许我矣，其若之何？"史䲡曰："无害。子臣，可以免。富而能臣，必免于难。上下同之。戌也骄，其亡乎！富而不骄者鲜，吾唯子之见。骄而不亡者，未之有也。戌必与焉。"及文子卒，卫侯始恶于公叔戌，以其富也。公叔戌又将去夫人之党，夫人诉之曰："戌将为乱。"
定十四	定十四
春，卫公叔戌来奔。卫赵阳出奔宋。夏，卫北宫结来奔。公	春，卫侯逐公叔戌与其党，故赵阳奔宋，戌来奔。 夏，卫北宫结来奔，公叔戌之故也。 卫侯为夫人南子召宋朝。会于

会齐侯、卫侯于牵。公至自会。卫世子蒯聩出奔宋。卫公孟彄出奔郑。	洮，大子蒯聩献盂于齐，过宋野。野人歌之曰："既定尔娄猪，盍归吾艾豭？"大子羞之，谓戏阳速曰："从我而朝少君，少君见我，我顾，乃杀之。"速曰："诺。"乃朝夫人。夫人见大子。大子三顾，速不进。夫人见其色，啼而走，曰："蒯聩将杀余。"公执其手以登台。大子奔宋。尽逐其党，故公孟彄出奔郑，自郑奔齐。大子告人曰："戏阳速祸余。"戏阳速告人曰："大子则祸余。大子无道，使余杀其母。余不许，将戕于余，若杀夫人，将以余说。余是故许而弗为，以纾余死。谚曰'民保于信'，吾以信义也。"
定十五	定十五
夏，齐侯、卫侯次于渠蒢。	齐侯、卫侯次于蘧挐，谋救宋也。
哀元	哀元
秋，齐侯、卫侯伐晋。	夏，四月，齐侯、卫侯救邯郸，围五鹿。 齐侯、卫侯会于干侯，救范氏也。师及齐师、卫孔圉、鲜虞人伐晋，取棘蒲。
哀二	哀二
夏四月丙子，卫侯元卒。 冬十月，葬卫灵公。	初，卫侯游于郊，子南仆。公曰："余无子，将立女。"不对。他日又谓之，对曰："郢不足以辱社稷，君其改图。君夫人在堂，三揖在下，君命祗辱。" 夏，卫灵公卒。夫人曰："命公子郢为太子，君命也。"对曰："郢异于他子，且君没于吾手，若有之，郢必闻之。且亡人之子辄在。"乃立辄。 六月乙酉，晋赵鞅纳卫大子于戚。宵迷，阳虎曰："右河而南，必至焉。"使大子绖，八人衰绖，伪自卫逆者。告于门，哭而入，遂居之。

哀三 三年春，齐国夏、卫石曼姑帅师围戚。	哀三 三年春，齐、卫围戚，求援于中山。	
哀十五 冬，及齐平。	哀十五 冬，及齐平，子服景伯如齐，子赣为介。陈成子馆客，曰："寡君使恒告曰：'寡人愿事君如事卫君。'"景伯揖子赣而进之，对曰："寡君之愿也。昔晋人伐卫，齐为卫故，伐晋冠氏，丧车五百。因与卫地，自济以西，禚、媚、杏以南，书社五百。吴人加敝邑以乱，齐因其病，取谨与阐，寡君是以寒心。若得视卫君之事君也，则固所愿也。"成子病之，乃归成，公孙宿以其兵甲入于嬴。	哀十五子赣追叙定八、九年晋人伐卫，齐伐晋助卫之事。

吴王阖庐（前525—前496）

昭十七 楚人及吴战于长岸。	昭十七 吴伐楚。阳匄为令尹，卜战，不吉。司马子鱼曰："我得上流，何故不吉？且楚故，司马令龟，我请改卜。"令曰："鲂也以其属死之，楚师继之，尚大克之？"吉。战于长岸，子鱼先死，楚师继之，大败吴师。获其乘舟余皇，使随人与后至者守之，环而堑之。及泉，盈其隧炭，陈以待命。吴公子光请于其众曰："丧先王之乘舟，岂唯光之罪？众亦有焉。请藉取之以救死！"众许之。使长鬣者三人潜伏于舟侧，曰："我呼皇，则对。师夜从之。"三呼，皆迭对。楚人从而杀之。楚师乱，吴人大败之，取余皇以归。	吴王阖庐，又称公子光，光等。杜注以为吴王诸樊之子。昭十七年始见，昭二十七年杀吴王僚自立，至定十四年卒，共在位十九年。吴王阖庐弑僚之事亦载《公羊传·襄二十九年》《史记·吴世家》。 吴王阖庐相关世系如下（据陈厚耀《世族谱》）：
昭二十	昭二十 三月，大子建奔宋。伍尚归。奢闻员不来，曰："楚君、大夫其旰食	

	乎！"楚人皆杀之。员如吴，言伐楚之利于州于。公子光曰："是宗为戮，而欲反其仇，不可从也。"员曰："彼将有他志，余姑为之求士，而鄙以待之。"乃见鱄设诸焉。	吴子寿梦 掩馀／蹶由／季札／吴子夷末／吴子馀祭／吴子诸樊 吴王僚／吴王阖庐 （以下诸樊之后） 吴王阖庐／夫槩王 太子终纍／夫差／子山
昭二十三 戊辰，吴败顿、胡、沈、蔡、陈、许之师于鸡父。胡子髡、沈子逞灭，获陈夏啮。	**昭二十三** 吴人伐州来。楚薳越帅师及诸侯之师奔命救州来。吴人御诸锺离。子瑕卒，楚师熸。吴公子光曰："诸侯从于楚者众，而皆小国也，畏楚而不获已，是以来。吾闻之曰：'作事威克其爱，虽小必济。'胡沈之君幼而狂，陈大夫啮壮而顽，顿与许、蔡疾楚政。楚令尹死，其师熸。帅贱多宠，政令不壹。七国同役而不同心，帅贱而不能整，无大威命，楚可败也。若分师先以犯胡、沈与陈，必先奔。三国败，诸侯之师乃摇心矣。诸侯乖乱，楚必大奔。请先者去备薄威，后者敦陈整旅。"吴子从之。戊辰晦，战于鸡父。吴子以罪人三千先犯胡沈与陈，三国争之。吴为三军以系于后，中军从王，光帅右，掩余帅左。吴之罪人，或奔或止，三国乱。吴师击之，三国败，获胡、沈之君及陈大夫。舍胡、沈之囚，使奔许与蔡、顿，曰："吾君死矣。"师噪而从之，三国奔，楚师大奔。书曰："胡子髡、沈子逞灭，获陈夏啮。"君臣之辞也。不言战，楚未陈也。	（上表：夫槩王为阖庐之弟。吴子寿梦成六立，襄十二年卒后，王位由其三位王子轮流担任。其顺序是：吴子诸樊襄十三年立，二十五年卒；其弟馀祭[戴吴]襄二十六年立，至二十九年为阍所弑；同年诸樊之弟夷末[又称勾馀，《公羊传》作夷昧]立，至昭十五年卒；昭十六年夷末之子僚立，立十二年至昭二十七年为公子光[阖庐]所弑[吴王僚为夷末之子据《史记·吴世家》]。①阖庐兄弟夫槩王定四年叛，兵败后奔楚，为堂谿氏。吴子夷
昭二十七 夏，四月，吴弑其君僚。	**昭二十七** 吴子欲因楚丧而伐之，使公子掩余、公子烛庸帅师围潜。使延州来季子聘于上国，遂聘于晋，以观诸侯。楚莠尹然、工尹麇帅师救潜，左司马沈尹戌帅都君子与王马之属以济师，	

---

① 《公羊传》襄二十九年以僚为吴子寿梦庶长子。然公子僚昭十六年立时距寿梦卒共三十六年，至昭二十七年被杀时距寿梦卒共四十七年，庶长子与生父年龄相隔四十岁左右，似乎悖理。

	与吴师遇于穷。令尹子常以舟师及沙汭而还。左尹郤宛、工尹寿帅师至于潜。吴师不能退。吴公子光曰："此时也，弗可失也！"告鱄设诸曰："上国有言曰：'不索，何获？'我，王嗣也，吾欲求之。事若克，季子虽至，不吾废也。"鱄设诸曰："王可弑也。母老子弱，是无若我何？"光曰："我，尔身也。" 夏，四月，光伏甲于堀室而享王。王使甲坐于道，及其门。门阶户席皆王亲也，夹之以铍。羞者献体改服于门外。执羞者坐行而入，执铍者夹承之，及体以相授也。光伪足疾，入于堀室。鱄设诸置剑于鱼中以进，抽剑刺王，铍交于胸，遂弑王。阖庐以其子为卿。季子至，曰："苟先君无废祀，民人无废主，社稷有奉，国家无倾，乃吾君也，吾谁敢怨？哀死事生，以待天命，非我生乱，立者从之，先人之道也。"复命哭墓，复位而待。吴公子掩余奔徐，公子烛庸奔钟吾。楚师闻吴乱而还。	末另有二子，即公子掩馀、公子烛庸，俱昭二十七年降楚。吴王僚有二子，即太子诸樊［昭二十三］、公子庆忌［哀二十，亦见《吕氏春秋》］。吴王阖庐另有二子：太子终纍未立，定六年见；子山定四年见。） 吴王阖庐大概是吴国历史上最有作为的一位国君，也是《左传》中描述最多和评价最高的一位吴王。 与春秋之际列国的国君相比，吴王阖庐在《左传》中的形象可以说别具一格。从其为公子时血战取余皇（昭十七），即可见其个性非同寻常。昭二十三年帅师大败楚、顿、胡、沈、蔡、陈、许七国之师，可知他在战场上是一位智勇双全的将领，颇能得众。昭二十年，楚伍员如吴，言伐楚，公子光曰："是宗为戮，而欲反其仇，不可从也。"昭三十年公子光弑君即位后问于伍员曰："初而言伐楚，余知其可也，
昭三十 冬，十有二月，吴灭徐，徐子章羽奔楚。	昭三十 吴子使徐人执掩馀，使钟吾人执烛庸，二公子奔楚。楚子大封而定其徙，使监马尹大心逆吴公子，使居养。莠尹然、左司马沈尹戌城之，取于城父与胡田以与之，将以害吴也。子西谏曰："吴光新得国而亲其民，视民如子，辛苦同之，将用之也。若好吴边疆，使柔服焉，犹惧其至。吾又彊其仇以重怒之，无乃不可乎？吴，周之胄裔也，而弃在海滨，不与姬通；今而始大，比于诸华，光又甚文，将自同于先王。不知天将以为虐乎？使翦丧吴国而封大异姓乎？其抑亦将卒以祚吴乎？其终不远矣。我盍姑亿吾鬼神而宁吾族姓，以待其归，将焉用自播扬焉。"王弗听。吴子怒。	

	冬十二月，吴子执钟吾子，遂伐徐，防山以水之。己卯，灭徐。徐子章禹断其发，携其夫人以逆吴子。吴子唁而送之，使其迩臣从之，遂奔楚。楚沈尹戌帅师救徐，弗及，遂城夷，使徐子处之。 吴子问于伍员曰："初而言伐楚，余知其可也，而恐其使余往也，又恶人之有余之功也。今余将自有之矣，伐楚何如？"对曰："楚执政，众而乖，莫适任患。若为三师以肄焉，一师至，彼必皆出，彼出则归，彼归则出，楚必道敝。亟肄以罢之，多方以误之，既罢而后以三军继之，必大克之。"阖庐从之。楚于是乎始病。	而恐其使余往也，又恶人之有余之功也。今余将自有之矣，伐楚何如？"毫不隐讳地承认自己当初阻止伍员是个人阴谋。 昭二十七年公子光弑君，鱄设诸曰："王可弑也，母老子弱，是无若我何？"光曰："我，尔身也。"公子光的答对铮铮有声，充满了血性，让我们对他的个性留下极深的印象。让我们看看《左传》是怎样写公子光弑君的：
昭三十一	昭三十一	
	秋，吴人侵楚，伐夷，侵潜、六。楚沈尹戌帅师救潜，吴师还。楚师迁潜于南冈而还。吴师围弦，左司马戌、右司马稽帅师救弦，及豫章，吴师还。始用子胥之谋也。	夏，四月，光伏甲于窟室而享王。王使甲坐于道，及其门。门阶户席皆王亲也，夹之以钺。羞者献体改服于门外。执羞者坐行而入，执钺者夹承之，及体以相授也。光伪足疾，入于窟室。鱄设诸置剑于鱼中以进，抽剑刺王，钺交于胸，遂弑王。
昭三十二	昭三十二	
夏，吴伐越。	夏，吴伐越，始用师于越也。史墨曰："不及四十年，越其有吴乎？越得岁而吴伐之，必受其凶。"	
定二	定二	
秋，楚人伐吴。	桐叛楚。吴子使舒鸠氏诱楚人，曰："以师临我，我伐桐，为我使之无忌。"秋，楚囊瓦伐吴，师于豫章。吴人见舟于豫章，而潜师于巢。冬，十月，吴军楚师于豫章，败之，遂围巢，克之，获楚公子繁。	
定四	定四	这段话虽然文字甚少，但却写得惊心动魄。先写公子光享吴王时到处戒备森严，衬托出无比紧张的气氛。然后说"光伪足
冬，十有一月庚午，蔡侯以吴子及楚人战于柏举。楚师败绩。楚囊瓦出奔郑。	伍员为吴行人以谋楚。楚之杀郤宛也，伯氏之族出，伯州犁之孙嚭为吴大宰，以谋楚。楚自昭王即位，无岁不有吴师。蔡侯因之，以其子乾与其大夫之子为质于吴。冬，蔡侯、吴子、唐侯伐楚，舍舟于淮汭，自豫章	

| 庚辰，吴入郢。 | 与楚夹汉。左司马戌谓子常曰："子沿汉而与之上下，我悉方城外以毁其舟，还塞大隧、直辕、冥阨。子济汉而伐之，我自后击之，必大败之！"既谋而行。武城黑谓子常曰："吴用木也，我用革也，不可久也。不如速战！"史皇谓子常："楚人恶子而好司马，若司马毁吴舟于淮，塞城口而入，是独克吴也。子必速战，不然不免。"乃济汉而陈。自小别至于大别。三战，子常知不可，欲奔，史皇曰："安求其事，难而逃之，将何所入？子必死之，初罪必尽说。"

十一月庚午，二师陈于柏举。阖庐之弟夫槩王晨请于阖庐曰："楚瓦不仁，其臣莫有死志，先伐之，其卒必奔，而后大师继之，必克！"弗许。夫槩王曰："所谓臣义而行不待命者，其此之谓也。今日我死，楚可入也！"以其属五千，先击子常之卒。子常之卒奔，楚师乱，吴师大败之。子常奔郑。史皇以其乘广死。

吴从楚师，及清发。将击之，夫槩王曰："困兽犹斗，况人乎？若知不免而致死，必败我。若使先济者知免，后者慕之，蔑有斗心矣。半济而后可击也。"从之，又败之。楚人为食，吴人及之，奔。食而从之，败诸雍澨。五战，及郢。己卯，楚子取其妹季芈畀我以出，涉雎。鍼尹固与王同舟。王使执燧象以奔吴师。庚辰，吴入郢。以班处宫。子山处令尹之宫，夫槩王欲攻之，惧而去之。夫槩王入之。

楚子涉雎，济江，入于云中。鬭辛与其弟巢以王奔随。吴人从之，谓随人曰："周之子孙在汉川者，楚实尽之。天诱其衷，致罚于楚，而君又窜之，周室何罪？君若顾报周室，施及寡人，以奖天衷，君之惠也。汉阳 | 疾……鱄设诸置剑于鱼中以进，抽剑刺王"，短短几行字，极为传神地刻画出公子光在刀光剑影之中无所畏惧的神态，让人们对他的大智大勇佩服得五体投地。不仅如此，他刺吴王的手段也令人叫绝，后来荆轲刺秦王的手段也未必比他高明，甚至可以说取材于他。定十四年，吴王阖庐战死于疆场，可以说这个死法也与他的个性完全一致。

《左传》弑君篡位之人，几乎无不把当事人写得面目可憎，人品极差，如春秋早年的卫公子州吁、鲁桓公，后来的齐公子商人、宋文公、楚灵王，等。唯有公子光不然，《左传》有多处楚人评公子光（吴王阖庐）之处：昭三十年子西谏曰："吴光新得国而亲其民，视民如子，辛苦同之，将用之也。……光又甚文，将自同于先王。"哀元年，吴师在陈，楚大夫皆惧，曰："阖庐惟能用其民，以败我于柏举。"子西曰： |

	之田,君实有之。"楚子在公宫之北,吴人在其南。子期似王,逃王,而己为王,曰:"以我与之,王必免。"随人卜,与之不吉,乃辞吴曰:"以随之辟小而密迩于楚,楚实存之。世有盟誓,至于今未改。若难而弃之,何以事君?执事之患不唯一人,若鸠楚竟,敢不听命?"吴人乃退。炉金初官于子期氏,实与随人要言。王使见,辞曰:"不敢以约为利。"王割子期之心,以与随人盟。	"昔阖庐食不二味,居不重席,室不崇坛,器不彤镂,宫室不观,舟车不饰,衣服财用择不取费。在国,天有菑疠,亲巡其孤寡而共其乏困;在军,熟食者分而后敢食,其所尝者,卒乘与焉。勤恤其民而与之劳逸,是以民不罢劳,死不知旷。吾先大夫子常易之,所以败我也。"这些可以说都是对吴王阖庐一生为政的极高评价。
定五	**定五**	
於越入吴。	越入吴,吴在楚也。申包胥以奉师至。秦子蒲、子虎帅车五百乘以救楚。子蒲曰:"吾未知吴道。"使楚人先与吴人战,而自稷会之,大败夫概王于沂。吴人获薳射于柏举,其子帅奔徒以从子西,败吴师于军祥。秋,七月,子期、子蒲灭唐。九月,夫㮣王归,自立也。以与王战而败,奔楚,为堂谿氏。吴师败楚师于雍澨,秦师又败吴师。吴师居麇,子期将焚之,子西曰:"父兄亲暴骨焉,不能收,又焚之,不可!"子期曰:"国亡矣!死者若有知也,可以歆旧祀?岂惮焚之?"焚之而又战,吴师败。又战于公壻之谿,吴师大败,吴子乃归。囚闉舆罢。闉舆罢请先,遂逃归。叶公诸梁之弟后臧从其母于吴,不待而归。叶公终不正视。	阖庐无疑是一位英勇无比、足智多谋、爱民如子、能与手下生死与共、同时又好战成性的将领。他一生最大的失败也许是启吴、越之争。阖庐于昭三十二年始用师于越,后被越人所杀(定十四),而吴亦终为越所灭。这大概可算是对阖庐性格的悲剧总结吧!
定十四	**定十四**	
五月,於越败吴于檇李。吴子光卒。	吴伐越,越子勾践御之,陈于檇李。勾患吴之整也,使死士再禽焉;不动。使罪人三行,属剑于颈,而辞曰:"二君有治,臣奸旗鼓。不敏于君之行前,不敢逃刑,敢归死!"遂自刭也。师属之目。越子因而伐之,大败之。灵姑浮以戈击阖庐,阖庐伤将指,取其一屦。还,卒于陉,去檇	

	李七里。夫差使人立于庭，苟出入，必谓己曰："夫差！而忘越王之杀而父乎？"则对曰："唯，不敢忘。"三年，乃报越。	
哀元	哀元	
	吴师在陈，楚大夫皆惧，曰："阖庐惟能用其民，以败我于柏举。今闻其嗣又甚焉，将若之何？"子西曰："二三子恤不相睦，无患吴矣。昔阖庐食不二味，居不重席，室不崇坛，器不彤镂，宫室不观，舟车不饰，衣服财用择不取费。在国，天有灾疠，亲巡其孤寡而共其乏困；在军，熟食者分而后敢食，其所尝者，卒乘与焉。勤恤其民而与之劳逸，是以民不罢劳，死不知旷。吾先大夫子常易之，所以败我也。今闻夫差，次有台榭陂池焉，宿有妃嫱嫔御焉；一日之行，所欲必成，玩好必从，珍异是聚，观乐是务；视民如仇而用之日新。夫先自败也已，安能败我？"	

齐景公（前548—前490）

襄二十五	襄二十五	齐景公，姜姓，又称景公、齐君、齐侯、杵臼等。齐景公为齐灵公之子，齐庄公庶弟，其母鲁女。他于襄公二十六年即位，哀五年卒，共在位五十八年。（齐景公相关世系参卷二"齐庄公"、卷四"齐悼公"。） 齐景公是春秋晚期列国政坛上叱咤风云的重要人物，其重要性不仅体现
夏，五月乙亥，齐崔杼弑其君光。公会晋侯、宋公、卫侯、郑伯、曹伯、莒子、邾子、滕子、薛伯、杞伯、小邾子于夷仪。秋，八月己巳，诸侯同盟于重丘。公至自会。	夏，五月，崔子称疾不视事。乙亥，公问崔子。甲兴，公逾墙，又射之，中股，反队，遂弑之。 叔孙宣伯之在齐也，叔孙还纳其女于灵公，嬖，生景公。丁丑，崔杼立而相之，庆封为左相，盟国人于大宫，曰："所不与崔、庆者……"晏子仰天叹曰："婴所不惟忠于君、利社稷者是与，有如上帝！"乃歃。辛巳，公与大夫及莒子盟。大史书曰："崔杼弑其君。"崔氏侧庄公于北郭。丁亥，葬诸士孙之里。 晋侯济自泮，会于夷仪，伐齐，以报朝歌之役。齐人以庄公说，使	

	隰鉏请成，庆封如师。男女以班。赂晋侯以宗器、乐器。自六正、五吏、三十帅、三军之大夫、百官之正长、师旅及处守者，皆有赂。晋侯许之。秋，七月己巳，同盟于重丘，齐成故也。 赵文子为政，令薄诸侯之币，而重其礼。穆叔见之，谓穆叔曰："自今以往，兵其少弭矣。齐崔、庆新得政，将求善于诸侯。武也知楚令尹。若敬行其礼，道之以文辞，以靖诸侯，兵可以弭。"	在他是衡量春秋末年晋国霸业如何衰退以及当时整个中原政治生态的一面镜子，而且他在位这段时期也是齐国政治史上一个极重要时期，这一点我们可从晏子、陈氏这两个重要人物在齐国的影响中看出。下面让我们从若干方面来剖析一下齐景公与齐国之政。
襄二十六	襄二十六	
公会晋人、郑良霄、宋人、曹人于澶渊。晋人执卫宁喜。	孙林父以戚如晋。晋人为孙氏故，召诸侯将以讨卫也。六月，公会晋赵武、宋向戌、郑良霄、曹人于澶渊，以讨卫，疆戚田。卫侯如晋，晋人执而囚之于士弱氏。 秋，七月，齐侯、郑伯为卫侯故如晋，晋侯兼享之。晋侯赋《嘉乐》。国景子相齐侯，赋《蓼萧》；子展相郑伯，赋《缁衣》。叔向命晋侯拜二君，曰："寡君敢拜齐君之安我先君之宗祧也，敢拜郑君之不贰也。"国子使晏平仲私叔向，曰："晋君宣其明德于诸侯，恤其患而补其阙，正其违而治其烦，所以为盟主也。今为臣执君，若之何？"叔向告赵文子，文子以告晋侯。晋侯言卫侯之罪，使叔向告二君。国子赋《辔之柔矣》，子展赋《将仲子兮》，晋侯乃许归卫侯。	齐景公襄公二十六年在齐国一片混乱之中被齐国权臣崔氏立为国君，从其后来在位达五十八年之久这一事实，可以推测他即位为国君时年龄一定很小。早在景公即位之前数十年间，齐国的内政曾长期困扰在崔、庆之乱之中。成十七至十八年崔、庆与国、高之争，国、高惨遭失败；襄十九年崔氏杀戎子、立庄公，崔氏当国；襄二十五年崔氏弑庄公，立景公；襄二十七年庆氏灭崔氏当国，二十八年庆氏又被齐人所灭。从这些内乱可以猜测，齐景公即
襄二十七	襄二十七	
夏，叔孙豹会晋赵武、楚屈建、蔡公孙归生、卫石恶、陈孔奂、郑良霄、许人、曹人于宋。秋，七月辛巳，豹及诸	宋向戌善于赵文子，又善于令尹子木，欲弭诸侯之兵以为名。如晋告赵孟，晋人许之。如楚，楚亦许之。如齐，齐人难之。陈文子曰："晋、楚许之，我焉得已？且人曰弭兵，而我弗许，则固携吾民矣，将焉用之？"齐人许之。乙酉，宋公及诸侯之大夫盟于蒙门之外。 九月庚辰，崔成、崔强杀东郭	位之初可能并无实

侯之大夫盟于宋。	偃、棠无咎于崔氏之朝。遂灭崔氏,杀成与强,而尽俘其家。庆封当国。	权。而二十八年庆氏灭后,人心思定,齐国政治终于从多年来极不正常的混乱局面中走上正轨,这也是齐景公能够在位近六十年而君位没有受到威胁的原因之一吧。
襄二十八 冬,齐庆封来奔。	**襄二十八** 夏,齐侯、陈侯、蔡侯、北燕伯、杞伯、胡子、沈子、白狄朝于晋,宋之盟故也。齐侯将行,庆封曰:"我不与盟,何为于晋?"陈文子曰:"先事后贿,礼也。小事大,未获事焉,从之如志,礼也。虽不与盟,敢叛晋乎?重丘之盟,未可忘也。子其劝行。" 冬,十月,庆封田于莱。十一月乙亥,尝于大公之庙,庆舍莅事。庆氏以其甲环公宫。陈氏、鲍氏之圉人为优。庆氏之马善惊,士皆释甲束马,而饮酒,且观优,至于鱼里。栾、高、陈、鲍之徒,介庆氏之甲。子尾抽桷击扉三,卢蒲癸自后刺子之,王何以戈击之,解其左肩。犹援庙桷,动于甍,以俎壶投杀人,而后死。遂杀庆绳、麻婴。公惧,鲍国曰:"群臣为君故也。"陈须无以公归,税服而如内宫。庆封归,遇告乱者。丁亥,伐西门,弗克。还伐北门,克之。入伐内宫,弗克。反,陈于岳。请战,弗许,遂来奔。 崔氏之乱,丧群公子,故鉏在鲁,叔孙还在燕,贾在句渎之丘。及庆氏亡,皆召之,具其器用而反其邑焉。与晏子邶殿其鄙六十,弗受。与北郭佐邑六十,受之。与子雅邑,辞多受少。与子尾邑,受而稍致之。公以为忠,故有宠。释卢蒲嫳于北竟。十二月乙亥朔,齐人迁庄公,殡于大寝。以其棺尸崔杼于市,国人犹知之,皆曰:"崔子也。"	齐景公是春秋末年中原地区的霸主之一,这个事实长期以来不被人重视。过去讲春秋五霸,一般的说法是齐桓、晋文、楚庄,外加秦穆、宋襄、吴阖庐、越勾践四人中的两位。其实将后面四个人称之为可与前三位相提并论的"霸"是有问题的,至少春秋时期很多君主的霸业成就比他们四人要大得多。《春秋》及《左传》中的宋襄公严格说来只有僖公二十一年算得上合诸侯,而合诸侯时被楚子所执、性命不保,此前宋襄公所合之诸侯只有曹、卫、邾等若干小国。至于秦穆、阖庐或勾践,他们一生也只能说称霸过一方,而未称霸过中原或华夏,相比之下他们的霸业
襄二十九 仲孙羯会晋荀盈、齐高止、宋华定、	**襄二十九** 二月癸卯,齐人葬庄公于北郭。 六月,知悼子合诸侯之大夫以城杞。	

卫世叔仪、郑公孙段、曹人、莒人、滕人、薛人、小邾人城杞。吴子使札来聘。齐高止出奔北燕。	齐高子容与宋司徒见知伯，女齐相礼。宾出，司马侯言于知伯曰："二子皆将不免。子容专，司徒侈，皆亡家之主也。"知伯曰："何如？"对曰："专则速及，侈将以其力毙，专则人实毙之，将及矣。" 吴公子札来聘。其出聘也，通嗣君也。故遂聘于齐，说晏平仲，谓之曰："子速纳邑与政。无邑无政，乃免于难。齐国之政，将有所归。未获所归，难未歇也。"故晏子因陈桓子以纳政与邑，是以免于栾、高之难。 秋，九月，齐公孙虿、公孙灶放其大夫高止于北燕。乙未，出。书曰"出奔"，罪高止也。高止好以事自为功，且专，故难及之。为高氏之难故，高竖以卢叛。十月庚寅，闾丘婴帅师围卢。高竖曰："苟使高氏有后，请致邑。"齐人立敬仲之曾孙酀，良敬仲也。十一月乙卯，高竖致卢而出奔晋。晋人城绵而寘旃。	成就即使比起春秋早年的郑庄公来说也有逊色之处。严格说来，真正在中原或华夏称过霸的人除了齐桓、晋文、楚庄以及晋国的襄公、灵公、成公、景公、厉公、悼公、平公等一批晋文以下的晋君之外，应该还有楚灵王和齐景公二人。灵王在位期间楚国在中原的势力压倒了晋国，昭四年灵王大会中原列国而主盟，后又会多方诸侯灭蔡、灭陈、伐吴，虽然霸业未果，但曾称霸于中原则是事实。 现在让我们来看看齐景公和齐国的霸业。首先应该认识到，齐国在中原的霸主地位虽然在齐桓公死后再未恢复，但它作为东方大国，在春秋中原的政治生态中一直有着举足轻重的地位，可以说它是春秋时期中原地区唯一一个有胆量向晋国之霸发起挑战的国家之一（楚国严格说不是中原国家）。今查知：自从晋文公卒后，齐国就无心事晋。文
襄三十	**襄三十**	
秋，七月，叔弓如宋，葬宋共姬。晋人、齐人、宋人、卫人、郑人、曹人、莒人、邾人、滕人、薛人、杞人、小邾人会于澶渊，宋灾故。	为宋灾故，诸侯之大夫会以谋归宋财。冬，十月，叔孙豹会晋赵武、齐公孙虿、宋向戌、卫北宫佗、郑罕虎及小邾之大夫，会于澶渊。既而无归于宋，故不书其人。君子曰："信其不可不慎乎！澶渊之会，卿不书，不信也夫。诸侯之上卿，会而不信，宠名皆弃，不信不可也如是。《诗》曰：'文王陟降，在帝左右。'信之谓也。又曰：'淑慎尔止，无载尔伪。'不信之谓也。"书曰："某人某人会于澶渊，宋灾故。"尤之也。不书鲁大夫，讳之也。	
襄三十一	**襄三十一**	
	齐子尾害闾丘婴，欲杀之，使帅师以伐阳州。我问师故。夏，五月，子尾杀闾丘婴，以说于我师。工偻洒、渻灶、孔虺、贾寅出奔莒。出群公子。	

昭元	**昭元**	二年垂陇之盟，三年伐沈之役，九年救郑之役，十四年新城之盟，都是由晋国召集中原列国的会盟或征伐，而齐国都没有参加。十五年齐公子商人弑君伐鲁，晋君率诸侯讨之，不克而还，事后齐国又多次侵鲁，显然是无视晋国的霸主地位；十七年伐宋之役及厇之会，宣元年棐林之役，二年侵郑之役，七年黑壤之会，九年厇之会，十年伐郑之役等一系列晋国会盟诸侯并率中原列国与楚争霸之事，齐国都没有参预。可以说齐国长期以来与晋国只是保持着名义上的同盟关系，而实际上几乎没有派兵参加过晋国主持的征伐，晋国长期以来最坚定的同盟只是宋、卫、鲁等一些小国。宣十二年晋国在晋、楚邲之战中惨败，次年齐国遂伐莒，实际上是开始向晋国争夺势力；十七年断道之会，齐人不盟，使晋人认识到能否服齐是决定晋国恢
叔孙豹会晋赵武、楚公子围、齐国弱、宋向戌、卫齐恶、陈公子招、蔡公子归生、郑罕虎、许人、曹人于虢。秋，莒去疾自齐入于莒。莒展舆出奔吴。叔弓帅师疆郓田。	春，楚公子围聘于郑，遂会于虢，寻宋之盟也。三月甲辰，盟。楚公子围设服离卫。齐国子曰："吾代二子愍矣。"子羽谓子皮曰："齐、卫、陈大夫其不免乎！国子代人忧，子招乐忧，齐子虽忧弗害。夫弗及而忧，与可忧而乐，与忧而弗害，皆取忧之道也，忧必及之。《大誓》曰：'民之所欲，天必从之。'三大夫兆忧，忧能无至乎？言以知物，其是之谓矣。"	
昭二	**昭二**	
	春，晋侯使韩宣子来聘，且告为政而来见，礼也。宣子遂如齐纳币。见子雅。子雅召子旗，使见宣子。宣子曰："非保家之主也，不臣。"见子尾。子尾见强，宣子谓之如子旗。大夫多笑之，唯晏子信之，曰："夫子，君子也。君子有信，其有以知之矣。"自齐聘于卫，卫侯享之。北宫文子赋《淇澳》，宣子赋《木瓜》。夏，四月，韩须如齐逆女。齐陈无宇送女，致少姜。少姜有宠于晋侯，晋侯谓之少齐。谓陈无宇非卿，执诸中都。少姜为之请曰："送从逆班。畏大国也，犹有所易，是以乱作。"晋少姜卒。叔向言陈无宇于晋侯曰："彼何罪？君使公族逆之，齐使上大夫送之，犹曰不共，君求以贪。国则不共，而执其使，君刑已颇，何以为盟主？且少姜有辞。"冬，十月，陈无宇归。	
昭三	**昭三**	
	齐侯使晏婴请继室于晋，曰："寡君使婴曰：'寡人愿事君，朝夕不倦，将奉质币以无失时，则国家多难，是以不获。不腆先君之适以备内官，	

焜耀寡人之望，则又无禄，早世陨命，寡人失望，君若不忘先君之好，惠顾齐国，辱收寡人，徼福于大公、丁公，照临敝邑，镇抚其社稷，则犹有先君之遗及遗姑姊妹若而人。君若不弃敝邑，而辱使董振择之，以备嫔嫱，寡人之望也。'"韩宣子使叔向对曰："寡君之愿也。寡君不能独任其社稷之事，未有伉俪，在缞绖之中，是以未敢请。君有辱命，惠莫大焉。若惠顾敝邑，抚有晋国，赐之内主，岂唯寡君，举群臣实受其贶，其自唐叔以下实宠嘉之。"

既成昏，晏子受礼，叔向从之宴，相与语。叔向曰："齐其何如？"晏子曰："此季世也，吾弗知齐其为陈氏矣。公弃其民，而归于陈氏。齐旧四量，豆、区、釜、钟。四升为豆，各自其四，以登于釜。釜十则钟。陈氏三量皆登一焉，钟乃大矣。以家量贷，而以公量收。山木如市，弗加于山；鱼盐蜃蛤，弗加于海。民参其力，二入于公，而衣食其一。公聚朽蠹，而三老冻馁。国之诸市，屦贱踊贵。民人痛疾，而或燠休之。其爱之如父母，而归之如流水。欲无获民，将焉辟之？箕伯、直柄、虞遂、伯戏，其相胡公、大姬已在齐矣！"叔向曰："然。虽吾公室，今亦季世也。戎马不驾，卿无军行，公乘无人，卒列无长。庶民罢敝，而宫室滋侈；道殣相望，而女富溢尤。民闻公命，如逃寇仇。栾、郤、胥、原、狐、续、庆、伯，降在皂隶，政在家门，民无所依。君日不悛，以乐慆忧。公室之卑，其何日之有？《谗鼎之铭》曰：'昧旦丕显，后世犹怠。'况日不悛，其能久乎？"晏子曰："子将若何？"叔向曰："晋之公族尽矣。肸闻之，公室将卑，其宗族枝叶先

复其在中原的霸主地位的关键，故于次年伐齐，并导致了成二年的鞌之战。鞌之战是齐、晋关系的一个重要转折点，由于齐国在这场战役中惨败，从此以后齐国开始频频参预由晋国主持的征伐或会盟，成五年虫牢之盟，七年马陵之盟，九年蒲之盟，十年伐郑之役，十三年伐秦之役，十五年戚之盟及钟离之会，十六年沙随之会，十七年伐郑之役，十八年虚打之盟，襄二年戚之会，三年鸡泽之盟，五年戚之会、伐陈之役，八年邢丘之会，九年伐郑之役，十年会吴及伐郑之役，十一年伐郑之役、萧鱼之会，十四年会吴之会及伐秦之役，齐人无不与之。其中襄元年，齐人不会彭城，晋国以为讨，大子光质于晋，随后齐会晋伐郑。

仔细分析可知，齐国自齐灵公成十年即位后即有叛晋之心。这表现在成十五年以后，齐侯

落，则公从之。胙之宗十一族，唯羊舌氏在而已。胙又无子，公室无度，幸而得死，岂其获祀？"

初，景公欲更晏子之宅，曰："子之宅近市，湫隘嚣尘，不可以居，请更诸爽垲者。"辞曰："君之先臣容焉。臣不足以嗣之，于臣侈矣。且小人近市，朝夕得所求，小人之利也。敢烦里旅？"公笑曰："子近市，识贵贱乎？"对曰："既利之，敢不识乎？"公曰："何贵何贱？"于是景公繁于刑，有鬻踊者，故对曰："踊贵屦贱。"既已告于君，故与叔向语而称之。景公为是省于刑。君子曰："仁人之言，其利博哉！晏子一言而齐侯省刑。《诗》曰：'君子如祉，乱庶遄已。'其是之谓乎？"

及晏子如晋，公更其宅。反则成矣。既拜，乃毁之，而为里室皆如其旧，则使宅人反之，"且谚曰：'非宅是卜，唯邻是卜。'二三子先卜邻矣。违卜不祥。君子不犯非礼，小人不犯不祥，古之制也。吾敢违诸乎？"卒复其旧宅，公弗许。因陈桓子以请，乃许之。

晋韩起如齐逆女。公孙虿为少姜之有宠也，以其子更公女，而嫁公子。人谓宣子："子尾欺晋，晋胡受之？"宣子曰："我欲得齐而远其宠，宠将来乎？"秋，七月，郑罕虎如晋，贺夫人。

齐侯田于莒，卢蒲嫳见，泣且请曰："余发如此种种，余奚能为？"公曰："诺。吾告二子。"归而告之，子尾欲复之，子雅不可，曰："彼其发短而心甚长，其或寝处我矣！"九月，子雅放卢蒲嫳于北燕。

齐公孙竃卒。司马竃见晏子，曰："又丧子雅矣。"晏子曰："惜也！子旗不免，殆哉！姜族弱矣，而妫将始昌。二惠竞爽犹可，又弱一个焉，姜其危哉！"

对晋国主持的会盟及征伐基本上不再亲自参加，而只是派臣下如世子光及崔氏、国氏、高氏前往，显然是恃大不惧。襄六年齐侯灭莱，同年十二月亦未参加晋国主持的救陈之会；十年晋率列国会吴于柤，齐高厚相太子光，有所不敬；十五年齐侯伐我西鄙，传曰："齐侯围成，贰于晋故也。"估计是想试探一下晋国的反映；次年溴梁之会，高厚逃归，此后又多次伐鲁，表明此时齐国存心叛晋；十八年晋侯率列国大会围齐，齐侯惧而逃归。十九年齐灵公卒，齐庄公在崔杼辅佐下即位，并参加了二十年晋国主持的澶渊之会，但是齐庄公很快又想叛晋。二十一年商任之会，齐侯不敬，并在此后晋国的栾、范之乱中帮助栾氏，二十三年齐侯伐卫、遂伐晋、袭莒。故二十四、二十五年晋率列国伐齐，并导致齐崔氏弑庄公，以此取说于晋人，二十五

昭六 齐侯伐北燕。	**昭六** 十一月，齐侯如晋，请伐北燕也。士匄相士鞅，逆诸河，礼也。晋侯许之。十二月，齐侯遂伐北燕，将纳简公。晏子曰："不入。燕有君矣，民不贰。吾君贿，左右谄谀，作大事不以信，未尝可也。"	年同盟于重丘。次年齐景公即位。 　　景公即位时，晋国的霸业已走向衰退，但景公即位之初还是吸取了齐灵公、齐庄公叛晋的教训，充分地表现了尊晋的姿态。襄二十七年宋之盟，二十九年城杞之役，三十年澶渊之会，昭元年虢之盟，齐人无不与之，此时齐国主政的大臣如崔杼、庆封、陈文子、晏子皆愿事晋。昭三年齐侯使晏婴请继室于晋，从晏婴的话（"寡人愿事君"）可以看出齐侯从晋之心颇坚。六年齐侯欲伐北燕，亲自赴晋请示，可见此时齐景公毫无叛晋之意。但此后情况开始发生变化：昭八年楚子灭陈，晋未率诸侯救之；昭十一年楚子灭蔡，韩起率列国请于楚，楚人不从，这次是晋国作为盟主在列国事务中表现得最无用的一次，故次年齐侯赴晋，即表现出对晋侯不屑一顾。这是齐景公叛晋之始。昭十三年平丘之会这种心理
昭七 春，王正月，暨齐平。叔孙婼如齐莅盟。	**昭七** 春，王正月，暨齐平，齐求之也。癸巳，齐侯次于虢。燕人行成曰："敝邑知罪，敢不听命？先君之敝器，请以谢罪。"公孙皙曰："受服而退，俟衅而动，可也。"二月戊午，盟于濡上。燕人归燕姬，赂以瑶罋、玉椟、斝耳。不克而还。	
昭八	**昭八** 七月甲戌，齐子尾卒。子旗欲治其室。丁丑，杀梁婴。八月庚戌，逐子成、子工、子车，皆来奔，而立子良氏之宰。其臣曰："孺子长矣，而相吾室，欲兼我也。"授甲，将攻之。陈桓子善于子尾，亦授甲，将助之。或告子旗，子旗不信。则数人告，将往，又数人告于道，遂如陈氏。桓子将出矣，闻之而还，游服而逆之，请命。对曰："闻强氏授甲，将攻子。子闻诸？"曰："弗闻。""子盍亦授甲？无宇请从。"子旗曰："子胡然？彼，孺子也。吾诲之，犹惧不济。吾又宠秩之。其若先人何？子盍谓之？《周书》曰：'惠不惠，茂不茂。'康叔所以服弘大也。"桓子稽颡曰："顷、灵福子，吾犹有望。"遂和之如初。	
昭九 秋，仲孙貜如齐。	**昭九** 晋荀盈如齐逆女，还，六月卒于戏阳。 孟僖子如齐殷聘，礼也。	
昭十 夏，齐栾	**昭十** 齐惠栾、高氏皆耆酒，信内多	

施来奔。九月，叔孙婼如晋，葬晋平公。

怨，强于陈、鲍氏而恶之。夏，有告陈桓子曰："子旗、子良将攻陈、鲍。"亦告鲍氏。桓子授甲而如鲍氏。遭子良醉而骋，遂见文子，则亦授甲矣。使视二子，则皆从饮酒。桓子曰："彼虽不信，闻我授甲则必逐我。及其饮酒也，先伐诸？"陈、鲍方睦，遂伐栾、高氏。子良曰："先得公，陈、鲍焉往？"遂伐虎门。晏平仲端委立于虎门之外，四族召之，无所往。其徒曰："助陈、鲍乎？"曰："何善焉？""助栾、高乎？"曰："庸愈乎？""然则归乎？"曰："君伐，焉归？"公召之，而后入。公卜，使王黑以灵姑銔率，吉，请断三尺焉而用之。五月庚辰，战于稷，栾、高败。又败诸庄。国人追之，又败诸鹿门。栾施、高强来奔。陈、鲍分其室。晏子谓桓子："必致诸公。让，德之主也。谓懿德。凡有血气，皆有争心。故利不可强，思义为愈。义，利之本也。蕴利生孽。姑使无蕴乎？可以滋长。"桓子尽致诸公，而请老于莒。桓子召子山，私具幄幕、器用、从者之衣屦，而反棘焉。子商亦如之，而反其邑。子周亦如之，而与之夫于。反子城、子公、公孙捷，而皆益其禄。凡公子、公孙之无禄者，私分之邑。国人贫约孤寡者，私与之粟。曰："《诗》云：'陈锡哉周。'能施也。桓公是以霸。"公与桓子莒之旁邑，辞。穆孟姬为之请高唐，陈氏始大。

九月，叔孙婼、齐国弱、宋华定、卫北宫喜、郑罕虎、许人、曹人、莒人、邾人、薛人、杞人、小邾人如晋，葬平公也。

在继续。昭十六年齐侯伐徐，是进一步叛晋的表现，这与昭六年齐侯欲伐北燕而亲赴晋国请示，形成鲜明对比，而叔孙昭子之言尤其值得理会。昭十九年伐莒是昭十六年叛晋行为的继续。此时晋国霸业已衰，在南方有楚、吴争霸于一方，在北方齐侯开始跃跃欲试。

齐侯叛晋在昭二十五年真正公开化。黄父之会，唯有齐侯不会；而昭二十五年至三十二年鲁国的昭公之难一发生，齐侯立即派兵救鲁，丝毫没有听命于晋国之意。一般皆以为昭二十六年的鄟陵之盟，是晋霸正式瓦解的标志，我认为定七年齐侯与郑、卫二国之盟则标志着从此齐景公开始走上了公开与晋争霸之路，并在定十三年至哀五年之间达到了顶峰。但是齐景公叛晋并不像齐庄公那样鲁莽，而是一步步前行，不断地等待时机。昭公之难发生前，

昭十一	昭十一	
秋，季孙意如会晋韩起、齐国弱、	秋，会于厥憖，谋救蔡也。郑子皮将行，子产曰："行不远，不能救蔡也。蔡小而不顺，楚大而弗德，天	

宋华亥、卫北宫佗、郑军虎、曹人、杞人于厥慭。冬，十有一月丁酉，楚师灭蔡，执蔡世子有以归，用之。	将弃蔡以壅楚，盈而罚之。蔡必亡矣，且丧君而能守者鲜矣。三年，王其有咎乎？美恶周必复，王恶周矣。"晋人使狐父请蔡于楚，弗许。 冬，十一月，楚子灭蔡，用隐大子于冈山。	齐国虽早已不从晋，但还未曾纠集其他诸侯共同对付晋国，诸侯当中也还没有哪个国家敢公开与晋国作对。如果说鄟陵之盟时齐侯还只是与莒、邾、杞等若干小国结为同盟，且同盟的目的在于平息鲁乱而非与晋作对；那么定七年以后齐景公就已联合一批中原诸侯时公开与晋国争霸了。可以说昭二十六年鄟陵之盟与定七年齐侯与郑伯鹹之盟、与卫侯沙之盟含义是大不一样的。只有后者才表明齐侯已正式要在中原公开争霸。此后齐国开始与晋国争夺鲁国、宋国等。定十年鲁及齐平，公会齐侯于夹谷，齐侯、卫侯、郑游速会于安甫；十一年，鲁及郑平，标志鲁国已叛晋即齐；十二年公会齐侯于黄；十三年齐侯、卫侯次于垂葭，使师伐晋。需要指出的是，定十三年晋国发生的范、赵之乱给齐景公联合诸侯称霸于中原提供了一次极佳的时机。定十三
昭十二	昭十二	
春，齐高偃帅师纳北燕伯于阳。	十二年，春，齐高偃纳北燕伯款于唐，因其众也。 齐侯、卫侯、郑伯如晋，朝嗣君也。 晋侯享诸侯，子产相郑伯，辞享，请免丧而后听命。晋人许之，礼也。晋侯以齐侯宴，中行穆子相。投壶，晋侯先。穆子曰："有酒如淮，有肉如坻。寡君中此，为诸侯师。"中之。齐侯举矢，曰："有酒如渑，有肉如陵。寡人中此，与君代兴。"亦中之。伯瑕谓穆子曰："子失辞！吾固师诸侯矣，壶何为焉？其以中隽也？齐君弱吾君，归弗来矣。"穆子曰："吾军帅强御，卒乘竞劝，今犹古也，齐将何事？"公孙傁趋进曰："日旰君勤，可以出矣。"以齐侯出。	
昭十三	昭十三	
秋，公会刘子、晋侯、齐侯、宋公、卫侯、郑伯、曹伯、莒子、邾子、滕子、薛伯、杞伯、小邾子于平丘。八月甲戌，同盟于平丘。	晋成虒祁，诸侯朝而归者，皆有贰心。为取郠故，晋将以诸侯来讨。叔向曰："诸侯不可以不示威。"乃并征会，告于吴。秋，晋侯会吴子于良。水道不可，吴子辞，乃还。七月丙寅，治兵于邾南，甲车四千乘。羊舌鲋摄司马，遂合诸侯于平丘。 晋人将寻盟，齐人不可。晋侯使叔向告刘献公，曰："抑齐人不盟，若之何？"对曰："盟以底信。君苟有信，诸侯不贰，何患焉？千之以文辞，董之以武师，虽齐不许，君庸多矣。天子之老，请帅王赋，元戎十乘，以先启行。迟速唯君！"叔向告	

	于齐曰:"诸侯求盟,已在此矣。今君弗利,寡君以为请。"对曰:"诸侯讨贰,则有寻盟。若皆用命,何盟之寻?"叔向曰:"国家之败,有事而无业,事则不经;有业而无礼,经则不序;有礼而无威,序则不共;有威而不昭,共则不明。不明弃,共,百事不终,所由倾覆也。是故,明王之制,使诸侯岁聘以志业,间朝以讲礼,再朝而会以示威,再会而盟以显昭明。志业于好,讲礼于等,示威于众,昭明于神,自古以来,未之或失也。存亡之道,恒由是兴。晋礼主盟,惧有不治,奉承齐牺而布诸君,求终事也。君曰:'余必废之。'何齐之有?唯君图之。寡君闻命矣!"齐人惧,对曰:"小国言之,大国制之,敢不听从?既闻命矣,敬共以往,迟速唯君!"叔向曰:"诸侯有间矣,不可以不示众。"八月辛未,治兵,建而不旆。壬申,复旆之。诸侯畏之。甲戌,同盟于平丘,齐服也。	年冬,晋荀寅、士吉射入于朝歌以叛;十四年,晋人围朝歌,公会齐侯、卫侯于牵,谋救范氏、中行氏;秋,齐侯、宋公会于洮,范氏故也;哀二年,齐侯、卫侯伐晋,救范氏也;同年,齐人输范氏粟,郑人送之,与晋师战于铁。三年齐、卫围戚,求援于中山。五年齐师围五鹿,救范氏。此外,齐侯发挥其霸主作用还体现在定十五年欲平郑宋之争及哀五年齐侯伐宋等之上。可以说齐景公的同盟者有郑、卫、鲁、宋等国,诸如莒、杞、邾等一些小国当也在齐国势力范围之内。这些都说明齐景公确实算得上春秋晚期中原一霸。
昭十六	**昭十六**	
春,齐侯伐徐。	齐侯伐徐。二月丙申,齐师至于蒲隧。徐人行成。徐子及郯人、莒人会齐侯,盟于蒲隧,赂以甲父之鼎。叔孙昭子曰:"诸侯之无伯,害哉!齐君之无道也,兴师而伐远方,会之有成而还,莫之亢也。无伯也夫!《诗》曰:'宗周既灭,靡所止戾。正大夫离居,莫知我肄。'其是之谓乎!"	齐景公一生的重要性还因另外两个重要人物而显然重要。他们分别是晏子和陈氏父子。我们都知道晏子是春秋时期齐国的一个重要人物,这不是因为他战功卓著,而只是由于他的人品和才识。而晏子
昭十九	**昭十九**	
秋,齐高发帅师伐莒。	齐高发帅师伐莒,莒子奔纪鄣,使孙书伐之。初,莒有妇人,莒子杀其夫,已为嫠妇。及老,托于纪鄣,纺焉以度而去之。及师至,则投诸外。或献诸子占。子占使师夜缒而登,登者六十人,缒绝。师鼓噪,城上之人亦噪。莒共公惧,启西门而出。七月丙子,齐师入纪。	

昭二十	昭二十
	齐侯使公孙青聘于卫。既出,闻卫乱,使请所聘。公曰:"犹在竟内,则卫君也。"乃将事焉,遂从诸死鸟。请将事,辞曰:"亡人不佞,失守社稷,越在草莽,吾子无所辱君命。"宾曰:"寡君命下臣于朝曰:'阿下执事。'臣不敢贰。"主人曰:"君若惠顾先君之好,照临敝邑,镇抚其社稷,则有宗祧在。"乃止。卫侯固请见之。不获命,以其良马见,为未致使故也。卫侯以为乘马。宾将掫,主人辞曰:"亡人之忧,不可以及吾子。草莽之中,不足以辱从者。敢辞。"宾曰:"寡君之下臣,君之牧圉也,若不获扞外役,是不有寡君也。臣惧不免于戾,请以除死。"亲执铎。卫侯告宁于齐,且言子石。齐侯将饮酒,遍赐大夫曰:"二三子之教也。"苑何忌辞曰:"与于青之赏,必及于其罚。在《康诰》曰:'父子兄弟,罪不相及。'况在群臣?臣敢贪君之赐以干先王?"

齐侯疥,遂痁,期而不瘳。诸侯之宾问疾者多在。梁丘据与裔款言于公曰:"吾事鬼神丰,于先君有加矣。今君疾病,为诸侯忧,是祝、史之罪也。诸侯不知,其谓我不敬,君盍诛于祝固、史嚚以辞宾?"公说,告晏子。晏子曰:"日宋之盟,屈建问范会之德于赵武,赵武曰:'夫子之家事治,言于晋国,竭情无私。其祝、史祭祀,陈信不愧。其家事无猜,其祝、史不祈。'建以语康王,康王曰:'神人无怨,宜夫子之光辅五君,以为诸侯主也。'"公曰:"据与款谓寡人能事鬼神,故欲诛于祝、史。子称是语,何故?"对曰:"若有德之君,外内不废,上下无怨,动无违事,其祝、史荐信,无愧心矣。是以鬼神用飨,国受其福,祝、史与焉。其所以

（婴）的很多言论之所以能保存下来,是与齐景公对他的重用有关的。今存《晏子春秋》中的绝大多数故事都是关于晏子与齐景公的,只有极个别属晏子谏齐庄公（尽管此书内容真实性有争议）。《左传》昭三年齐景公欲更晏子宅,这事充分体现了齐景公对晏子之赏识。昭二十年写晏子谏齐侯,齐侯用晏子,齐国内政焕然一新。晏子与齐侯论和与同之异,确实表明了晏子的见识不同凡响。

尽管齐景公一生在霸业方面有不少成就,但总的来说,齐景公在内政方面的失误还是极其严重的。这主要体现在两个方面:一是未能协调好齐国公族之间的关系,致使陈氏利用这个机会极大地损伤了公族势力,发展了自己,并为最终篡齐打下了良好基础。可以说齐国陈氏势力完全是在齐景公在位期间发展强大起来的。齐景公上台之初,正是齐国

蕃祉老寿者，为信君使也，其言忠信于鬼神。其适遇淫君，外内颇邪，上下怨疾，动作辟违，从欲厌私，高台深池，撞钟舞女，斩刈民力，输掠其聚，以成其违，不恤后人。暴虐淫从，肆行非度，无所还忌，不思谤讟，不惮鬼神，神怒民痛，无悛于心。其祝、史荐信，是言罪也；其盖失数美，是矫诬也；进退无辞，则虚以求媚。是以鬼神不飨其国以祸之，祝、史与焉。所以夭昏孤疾者，为暴君使也，其言僭嫚于鬼神。"公曰："然则若之何？"对曰："不可为也。山林之木，衡鹿守之；泽之萑蒲，舟鲛守之；薮之薪蒸，虞候守之；海之盐蜃，祈望守之。县鄙之人，入从其政；逼介之关，暴征其私；承嗣大夫，强易其贿。布常无艺，征敛无度，宫室日更，淫乐不违。内宠之妾，肆夺于市；外宠之臣，僭令于鄙。私欲养求，不给则应。民人苦病，夫妇皆诅。祝有益也，诅亦有损。聊摄以东，姑尤以西，其为人也多矣。虽其善祝，岂能胜亿兆人之诅？君若欲诛于祝、史，修德而后可。"公说，使有司宽政，毁关，去禁，薄敛，已责。

十二月，齐侯田于沛。招虞人以弓，不进。公使执之，辞曰："昔我先君之田也，旃以招大夫，弓以招士，皮冠以招虞人。臣不见皮冠，故不敢进。"乃舍之。仲尼曰："守道不如守官。"君子韪之。

齐侯至自田，晏子侍于遄台。子犹驰而造焉，公曰："唯据与我和夫。"晏子对曰："据亦同也，焉得为和？"公曰："和与同，异乎？"对曰："异。和如羹焉，水火醯醢盐梅以烹鱼肉，燀之以薪，宰夫和之，齐之以味，济其不及，以泄其过。君子食之，以平其心。君臣亦然。君所谓可，

从一系列内乱走向平息之时。在齐崔、庆之乱期间，齐国陈氏势力显然并不算大，那时齐国的强臣应该是高氏（如高厚、高止等）、国氏（如国佐、国弱、国夏等）、崔氏（崔杼、崔成等）、庆氏（庆克、庆封等）、鲍氏（鲍叔牙之后），其次有栾氏（子雅、子旗等）、高氏（子尾、子良等）。这些都是齐国的公族或公族远裔。而陈文子则直到襄二十三年才见于《左传》，此前不见陈氏在齐国内政中发挥过重要作用。

大体来说，齐国崔、庆二氏与国、高二氏不和，自宣十年、成十七年至襄二十八年的齐国崔、庆与国、高之乱导致崔氏、庆氏被灭，而高氏、国氏勉强幸存；与此同时，高氏（子尾、子良等）、栾氏（子雅、子旗等）、鲍氏（鲍国、鲍牧等）、陈氏（陈文子、陈桓子等）一些原来在齐国地位不显的家族开始兴盛，其中尤以陈氏为盛。栾、高、

	而有否焉，臣献其否，以成其可。君所谓否，而有可焉，臣献其可，以去其否。是以政平而不干，民无争心。故《诗》曰：'亦有和羹，既戒既平。鬷嘏无言，时靡有争。'先王之济五味，和五声也，以平其心，成其政也。声亦如味，一气，二体，三类，四物，五声，六律，七音，八风，九歌，以相成也。清浊，小大，短长，疾徐，哀乐，刚柔，迟速，高下，出入，周疏，以相济也。君子听之，以平其心。心平德和，故《诗》曰：'德音不瑕。'今据不然。君所谓可，据亦曰可；君所谓否，据亦曰否。若以水济水，谁能食之？若琴瑟之专一，谁能听之？同之不可也如是。"饮酒乐。公曰："古而无死，其乐若何？"晏子对曰："古而无死，则古之乐也，君何得焉？昔爽鸠氏始居此地，季萴因之，有逢伯陵因之，蒲姑氏因之，而后大公因之。古若无死，爽鸠氏之乐，非君所愿也。"	陈、鲍四族共同对消灭崔、庆二氏起到了不小的作用，这是他们得以兴起的原因。但崔、庆灭后，昭八至十年齐国发生的栾、高与陈、鲍之乱，陈氏将齐惠公之后栾氏、高氏一起消灭，这是陈氏强大起来的关键。哀六年齐景公刚死，陈氏又联合鲍氏重创了国氏、高氏（高厚一族，齐国有两个高氏）及鲍氏，后又于八年消灭了鲍氏。陈氏势力如果在齐景公在位期间没有得到巨大发展，是不可能在景公刚死之际消灭高氏、国氏、鲍氏等势力的。陈氏篡齐之事，《左传》屡次借晏子之口道之：昭三年晏子与叔向论陈氏得民之术；同年公孙竈死，晏子曰："惜也！子旗不免，殆哉！姜族弱矣，而妫将始昌。二惠竞爽犹可，又弱一个焉，姜其危哉！"昭二十六年与齐景公言曰："后世若少惰，陈氏而不亡，则国其国也已！"晏子可以说是齐景公在位期间对
昭二十五	昭二十五	
夏，叔诣会晋赵鞅、宋乐大心、卫北宫喜、郑游吉、曹人、邾人、滕人、薛人、小邾人于黄父。九月己亥，公孙于齐，次于阳州。齐侯唁公于野井。十有二月，齐侯取郓。	夏，会于黄父，谋王室也。赵简子令诸侯之大夫输王粟、具戍人，曰："明年将纳王。" 己亥，公孙于齐，次于阳州。齐侯将唁公于平阴，公先至于野井。齐侯曰："寡人之罪也。使有司待于平阴，为近故也。"书曰："公孙于齐，次于阳州。齐侯唁公于野井。"礼也。将求于人，则先下之，礼之善物也。齐侯曰："自莒疆以西，请致千社以待君命。寡人将帅敝赋以从执事，唯命是听。君之忧，寡人之忧也。"公喜。子家子曰："天禄不再。天若胙君，不过周公，以鲁足矣。失鲁而千社为臣，谁与之立？且齐君无信，不如早之晋。"弗从。 十二月庚辰，齐侯围郓。	

昭二十六	昭二十六	
三月，公至自齐，居于郓。秋，公会齐侯、莒子、邾子、杞伯，盟于鄟陵。公至自会，居于郓。	春，王正月庚辰，齐侯取郓。三月，公至自齐，处于郓，言鲁地也。夏，齐侯将纳公，命无受鲁货。申丰从女贾，以币锦二两，缚一如瑱，适齐师，谓子犹之人高龁："能货子犹，为高氏后，粟五千庾。"高龁以锦示子犹，子犹欲之，龁曰："鲁人买之，百两一布。以道之不通，先入币财。"子犹受之，言于齐侯曰："群臣不尽力于鲁君者，非不能事君也。然据有异焉：宋元公为鲁君如晋，卒于曲棘；叔孙昭子求纳其君，无疾而死。不知天之弃鲁耶？抑鲁君有罪于鬼神，故及此也？君若待于曲棘，使群臣从鲁君以卜焉。若可，师有济也，君而继之，兹无敌矣；若其无成，君无辱焉。"齐侯从之。使公子鉏帅师从公。 　　成大夫公孙朝谓平子曰："有都以卫国也，请我受师。"许之。请纳质，弗许，曰："信女足矣！"告于齐师曰："孟氏，鲁之敝室也。用成已甚，弗能忍也，请息肩于齐。"齐师围成。成人伐齐师之饮马于淄者，曰："将以厌众。"鲁成备而后告曰："不胜众。" 　　师及齐战于炊鼻。齐子渊捷从洩声子，射之，中楯瓦，繇胸汰辀，匕入者三寸。声子射其马，斩鞅，殪。改驾，人以为鬷戾也，而助之。子车曰："齐人也！"将击子车，子车射之，殪。其御曰："又之。"子车曰："众可惧也，而不可怒也。"子囊带从野洩，叱之，洩曰："军无私怒，报乃私也，将亢子。"又叱之，亦叱之。冉竖射陈武子，中手，失弓而骂。以告平子曰："有君子，白晳鬓须眉，甚口。"平子曰："必子强也。无乃亢诸？"对曰："谓之君子，何敢亢之？"林雍羞	齐国内政状况认识最清醒的人之一，而齐景公在这个问题上显然犯下了重大错误。 　　齐景公一生在为政方面的另一个重要失误就是因惑于女色而立公子荼，致使他刚一死齐国马上陷入一场严重的内乱。哀五年公子嘉、公子驹、公子黔奔卫。公子鉏、公子阳生奔鲁，这客观上给陈乞弑君及消灭自己的政敌提供了机会。 　　附识：昭二十六年：齐侯去年救鲁不成之后遂改变了对鲁昭公的态度，降低了接待他的档次。因为对齐侯来说，昭公已成废物，对齐称霸不复有用。 　　又：定十年，齐人来归齐人来归郓、讙、龟阴田：鲁国在与齐国的较量中发现齐不畏晋，只好委身下齐，而这也是齐侯的本来目的，而齐侯归田，实欲以此结鲁欢心。定四年召陵之会之后，诸侯纷纷欲叛晋，这给齐侯争霸创造了条件。齐国先于定七年与郑结盟，

为颜鸣右，下。苑何忌取其耳，颜鸣去之。苑子之御曰："视下。"顾。苑子刜林雍，断其足，鑋而乘于他车以归。颜鸣三入齐师，呼曰："林雍乘！"

秋，盟于鄟陵，谋纳公也。

齐有彗星，齐侯使禳之。晏子曰："无益也，祇取诬焉。天道不謟，不贰其命，若之何禳之！且天之有彗也，以除秽也。君无秽德，又何禳焉？若德之秽，禳之何损？《诗》曰：'惟此文王，小心翼翼；昭事上帝，聿怀多福。厥德不回，以受方国。'君无违德，方国将至，何患于彗？《诗》曰：'我无所监，夏后及商。用乱之故，民卒流亡。'若德回乱，民将流亡，祝史之为，无能补也！"公说，乃止。

齐侯与晏子坐于路寝。公叹曰："美哉室！其谁有此乎？"晏子曰："敢问何谓也？"公曰："吾以为在德。"对曰："如君之言，其陈氏乎？陈氏虽无大德，而有施于民，豆区釜钟之数，其取之公也薄，其施之民也厚。公厚敛焉，陈氏厚施焉，民归之矣。《诗》曰：'虽无德与女，式歌且舞。'陈氏之施，民歌舞之矣。后世若少惰，陈氏而不亡，则国其国也已！"公曰："善哉！是可若何？"对曰："唯礼可以已之。在礼：家施不及国，民不迁，农不移，工贾不变，士不滥，官不滔，大夫不收公利。"公曰："善哉！我不能矣。吾今而后，知礼之可以为国也。"对曰："礼之可以为国也久矣，与天地并。君令臣共，父慈子孝，兄爱弟敬，夫和妻柔，姑慈妇听，礼也。君令而不违，臣共而不贰；父慈而教，子孝而箴；兄爱而友，弟敬而顺；夫和而义，妻柔而正；姑慈而从，妇听而婉：礼之善物也。"公曰："善哉！寡人今而后，闻此礼之上也！"对曰："先王所禀于天地，以为其民也，是以先王上之。"

同时征会于卫，侵伐于鲁，此后又多次侵伐于鲁，目的在使鲁国归顺于齐。晋国曾于定八年派兵救鲁。定九年齐侯伐晋夷仪，卫师从齐，败晋师，这可能是次年鲁国与齐国为成的重要原因。传文似乎将齐国归鲁地归功于于孔子，其实若不是齐国欲结鲁以成其霸，又怎么会归鲁地呢？

昭二十七	昭二十七
春，公如齐。公至自齐，居于郓。秋，晋士鞅、宋乐祁犁、卫北宫喜、曹人、邾人、滕人会于扈。公如齐。公至自齐，居于郓。	春，公如齐。"公至自齐，处于郓。"言在外也。秋，会于扈，令戍周，且谋纳公也。宋、卫皆利纳公，固请之。范献子取货于季孙，乃辞小国，而以难复。 冬，公如齐。齐侯请飨之，子家子曰："朝夕立于其朝，又何飨焉？其饮酒也。"乃饮酒，使宰献，而请安。子仲之子曰重，为齐侯夫人，曰："请使重见。"子家子乃以君出。
昭二十九	昭二十九
春，公至自乾侯，居于郓。齐侯使高张来唁公。	春，公至自乾侯，处于郓。齐侯使高张来唁公，称主君。子家子曰："齐卑君矣，君祇辱焉。"公如乾侯。
昭三十二	昭三十二
冬，仲孙何忌会晋韩不信、齐高张、宋仲几、卫世叔申、郑国参、曹人、莒人、薛人、杞人、小邾人，城成周。	冬，十一月，晋魏舒、韩不信如京师，合诸侯之大夫于狄泉，寻盟，且令城成周。己丑，士弥牟营成周，计丈数，揣高卑，度厚薄，仞沟洫，物土方，议远迩，量事期，计徒庸，虑财用，书糇粮，以令役于诸侯。属役赋丈，书以授帅，而效诸刘子。韩简子临之，以为成命。
定元	定元
	春，王正月辛巳，晋魏舒合诸侯之大夫于狄泉，将以城成周。齐高张后，不从诸侯。晋女叔宽曰："周苌宏、齐高张皆将不免。苌叔违天，高子违人。天之所坏，不可支也；众之所为，不可奸也。"
定四	定四
三月，公会刘子、晋侯、宋公、蔡侯、卫侯、陈子、郑伯、许男、	春，三月，刘文公合诸侯于召陵，谋伐楚也。

曹伯、莒子、邾子、顿子、胡子、滕子、薛伯、杞伯、小邾子、齐国夏于召陵，侵楚。	
定七	**定七**
秋，齐侯、郑伯盟于鹹。齐人执卫行人北宫结以侵卫。齐侯、卫侯盟于沙。齐国夏帅师伐我西鄙。	齐人归郓、阳关。阳虎居之，以为政。 秋，齐侯、郑伯盟于鹹，征会于卫。卫侯欲叛晋，诸大夫不可。使北宫结如齐，而私于齐侯曰："执结以侵我。"齐侯从之，乃盟于琐。 齐国夏伐我，阳虎御季桓子，公敛处父御孟懿子，将宵军齐师。齐师闻之，堕，伏而待之。处父曰："虎不图祸，而必死。"苫夷曰："虎陷二子于难，不待有司，余必杀女。"虎惧，乃还，不败。
定八	**定八**
齐国夏帅师伐我西鄙。公会晋师于瓦。晋士鞅帅师侵郑，遂侵卫。冬，卫侯、郑伯盟于曲濮。	春，王正月，公侵齐，门于阳州。士皆坐列，曰："颜高之弓六钧。"皆取而传观之。阳州人出，颜高夺人弱弓，籍丘子鉏击之，与一人俱毙。偃，且射子鉏，中颊，殪。颜息射人中眉，退曰："我无勇，吾志其目也。"师退，冉猛伪伤足而先。其兄会乃呼曰："猛也殿！" 公侵齐，攻廪丘之郛。主人焚冲，或濡马褐以救之，遂毁之。主人出，师奔。阳虎伪不见冉猛者，曰："猛在此，必败！"猛逐之，顾而无继，伪颠。虎曰："尽客气也！" 夏，齐国夏、高张伐我西鄙。晋士鞅、赵鞅、荀寅救我。公会晋师于瓦。
定九	**定九**
秋，齐侯、卫侯次于五氏。	秋，齐侯伐晋夷仪。敝无存之父将室之，辞，以与其弟，曰："此役也不死，反必娶于高、国。"先登，

	求自门出，死于雷下。东郭书让登，犁弥从之曰："子让而左，我让而右，使登者绝而后下。"书左，弥先下。书与王猛息，猛曰："我先登。"书敛甲，曰："曩者之难，今又难焉！"猛笑曰："吾从子，如骖之靳。" 　　晋车千乘在中牟。卫侯将如五氏，卜过之，龟焦。卫侯曰："可也。卫车当其半，寡人当其半，敌矣！"乃过中牟。中牟人欲伐之，卫褚师圃亡在中牟，曰："卫虽小，其君在焉，未可胜也。齐师克城而骄，其帅又贱，遇必败之。不如从齐。"乃伐齐师，败之。齐侯致禚、媚、杏于卫。齐侯赏犁弥，犁弥辞曰："有先登者，臣从之。晰帻而衣狸制。"公使视东郭书曰："乃夫子也。吾贶子。"公赏东郭书。辞曰："彼宾旅也。"乃赏犁弥。 　　齐师之在夷仪也，齐侯谓夷仪人曰："得敝无存者，以五家免。"乃得其尸。公三禭之，与之犀轩与直盖，而先归之。坐引者，以师哭之，亲推之三。	
定十	**定十**	
春，王三月，及齐平。夏，公会齐侯于夹谷。公至自夹谷。晋赵鞅帅师围卫。齐人来归郓、谨、龟阴田。叔孙州仇、仲孙何忌帅师围邾。秋，叔孙州仇、仲孙何忌帅师围邾。宋乐大心出奔曹。宋公子地出奔陈。冬，	春，及齐平。 　夏，公会齐侯于祝其，实夹谷。孔丘相。犁弥言于齐侯曰："孔丘知礼而无勇，若使莱人以兵劫鲁侯，必得志焉。"齐侯从之。孔丘以公退，曰："士兵之！两君合好，而裔夷之俘以兵乱之，非齐君所以命诸侯也。裔不谋夏，夷不乱华，俘不干盟，兵不逼好。于神为不祥，于德为愆义，于人为失礼，君必不然！"齐侯闻之，遽辟之。将盟，齐人加于载书曰："齐师出竟，而不以甲车三百乘从我者，有如此盟！"孔丘使兹无还揖，对曰："而不反我汶阳之田，吾以共命者，亦如之。"齐侯将享公，孔丘谓梁丘据曰："齐、鲁之故，吾子何	

齐侯、卫侯、郑游速会于安甫。叔孙州仇如齐。宋公之弟辰暨仲佗、石彄出奔陈。

不闻焉？事既成矣，而又享之，是勤执事也。且牺、象不出门，嘉乐不野合。飨而既具，是弃礼也。若其不具，用秕稗也。用秕稗，君辱。弃礼，名恶。子盍图之？夫享，所以昭德也。不昭，不如其已也。"乃不果享。齐人来归郓、讙、龟阴之田。

秋，二子及齐师复围郈，弗克。叔孙谓郈工师驷赤曰："郈非唯叔氏之忧，社稷之患也。将若之何？"对曰："臣之业在《扬水》卒章之四言矣。"叔孙稽首。驷赤谓侯犯曰："居齐、鲁之际而无事，必不可矣！子盍求事于齐以临民？不然，将叛。"侯犯从之。齐使至，驷赤与郈人为之宣言于郈中曰："侯犯将以郈易于齐，齐人将迁郈民。"众凶惧。驷赤谓侯犯曰："众言异矣！子不如易于齐，与其死也，犹是郈也，而得纾焉。何必此？齐人欲以此逼鲁，必倍与子地。且盍多舍甲于子之门，以备不虞。"侯犯曰："诺。"乃多舍甲焉。侯犯请易于齐，齐有司观郈。将至，驷赤使周走呼曰："齐师至矣！"郈人大骇，介侯犯之门甲，以围侯犯。驷赤将射之，侯犯止之曰："谋免我！"侯犯请行，许之。驷赤先如宿，侯犯殿。每出一门，郈人闭之。及郭门，止之曰："子以叔孙氏之甲出，有司若诛之，群臣惧死。"驷赤曰："叔孙氏之甲有物，吾未敢以出。"犯谓驷赤曰："子止而与之数。"驷赤止而纳鲁人，侯犯奔齐。齐人乃致郈。

武叔聘于齐。齐侯享之，曰："子叔孙！若使郈在君之他竟，寡人何知焉？属与敝邑际，故敢助君忧之。"对曰："非寡君之望也。所以事君，封疆社稷是以，敢以家隶勤君之执事？夫不令之臣，天下之所恶也，君岂以为寡君赐？"

定十二	定十二	
冬，十月癸亥，公会齐侯，盟于黄。公至自黄。		
定十三	定十三	
春，齐侯、卫侯次于垂葭。卫公孟彄帅师伐曹。	春，齐侯、卫侯次于垂葭，实郫氏。使师伐晋。将济河，诸大夫皆曰不可，邴意兹曰："可。锐师伐河内，传必数日而后及绛。绛不三月，不能出河，则我既济水矣。"乃伐河内。齐侯皆敛诸大夫之轩，唯邴意兹乘轩。齐侯欲与卫侯乘，与之宴而驾乘广，载甲焉。使告曰："晋师至矣！"齐侯曰："比君之驾也，寡人请摄。"乃介而与之乘，驱之，或告曰："无晋师。"乃止。	
定十五	定十五	
郑罕达帅师伐宋。齐侯、卫侯次于渠蒢。	郑罕达败宋师于老丘。 齐侯、卫侯次于蘧拏，谋救宋也。	
哀元	哀元	
秋，齐侯、卫侯伐晋。	夏，四月，齐侯、卫侯救邯郸，围五鹿。 齐侯、卫侯会于乾侯，救范氏也。师及齐师、卫孔圉、鲜虞人伐晋，取棘蒲。	
哀二	哀二	
晋赵鞅帅师纳卫世子蒯聩于戚。秋，八月甲戌，晋赵鞅帅师及郑罕达帅师战于铁，郑师败绩。	六月乙酉，晋赵鞅纳卫大子于戚。宵迷，阳虎曰："右河而南，必至焉。"使大子绖，八人衰绖，伪自卫逆者。告于门，哭而入，遂居之。 秋，八月，齐人输范氏粟。郑子姚、子般送之。士吉射逆之，赵鞅御之，遇于戚。郑师大败，获齐粟千车。	
哀三	哀三	
齐国夏、卫石曼多帅师围戚。	春，齐、卫围戚，求援于中山。	

哀四	哀四 　　秋，七月，齐陈乞、弦施、卫宁跪救范氏。庚午，围五鹿。九月，赵鞅围邯郸。冬十一月，邯郸降。荀寅奔鲜虞，赵稷奔临。十二月，弦施逆之，遂堕临。国夏伐晋，取邢、任、栾、鄗、逆畤、阴人、盂、壶口，会鲜虞，纳荀寅于柏人。
哀五 　　夏，齐侯伐宋。晋赵鞅帅师伐卫。秋，九月癸酉，齐侯杵臼卒。冬，叔还如齐。闰月，葬齐景公。	哀五 　　春，晋围柏人，荀寅、士吉射奔齐。初，范氏之臣王生恶张柳朔，言诸昭子，使为柏人。昭子曰："夫非而雠乎？"对曰："私雠不及公，好不废过，恶不去善，义之经也。臣敢违之？"及范氏出，张柳朔谓其子："尔从主，勉之！我将止死，王生授我矣，吾不可以僭之。"遂死于柏人。夏，赵鞅伐卫，范氏之故也，遂围中牟。 　　齐燕姬生子，不成而死。诸子鬻姒之子荼嬖，诸大夫恐其为大子也，言于公曰："君之齿长矣，未有大子，若之何？"公曰："二三子间于忧虞，则有疾疢。亦姑谋乐，何忧于无君？"公疾，使国惠子、高昭子立荼，置群公子于莱。秋，齐景公卒。冬，十月，公子嘉、公子驹、公子黔奔卫。公子鉏、公子阳生来奔。莱人歌之曰："景公死乎不与埋，三军之事乎不与谋；师乎师乎，何党之乎？"
哀六 　　夏，齐国夏及高张来奔。齐阳生入于齐。齐陈乞弑其君荼。	哀六 　　齐陈乞伪事高、国者，每朝必骖乘焉，所从必言诸大夫曰："彼皆偃蹇，将弃子之命，皆曰：'高、国得君，必逼我，盍去诸？'固将谋子，子早图之！图之，莫如尽灭之。需，事之下也。"及朝，则曰："彼虎狼也，见我在子之侧，杀我无日矣。请就之位。"又谓诸大夫曰："二子者祸矣，恃得君而欲谋二三子，曰：'国之多难，贵宠之由。尽去之而后君定。'

既成谋矣。盍及其未作也，先诸？作而后悔，亦无及也。"大夫从之。夏，六月戊辰，陈乞、鲍牧及诸大夫以甲入于公宫。昭子闻之，与惠子乘如公。战于庄，败。国人追之，国夏奔莒，遂及高张、晏圉、弦施来奔。

八月，齐邴意兹来奔。陈僖子使召公子阳生。阳生驾而见南郭且于，曰："尝献马于季孙，不入于上乘，故又献此，请与子乘之。"出莱门而告之故。阚止知之，先待诸外。公子曰："事未可知，反，与壬也处。"戒之，遂行。逮夜，至于齐，国人知之。僖子使子士之母养之，与馈者皆入。冬，十月丁卯，立之。将盟，鲍子醉而往。其臣差车鲍点曰："此谁之命也？"陈子曰："受命于鲍子。"遂诬鲍子曰："子之命也。"鲍子曰："女忘君之为孺子牛而折其齿乎？而背之也。"悼公稽首，曰："吾子奉义而行者也。若我可，不必亡一大夫。若我不可，不必亡一公子。义则进，否则退，敢不唯子是从？废兴无以乱，则所愿也。"鲍子曰："谁非君之子？"乃受盟。使胡姬以安孺子如赖，去鬻姒，杀王甲，拘江说，囚王豹于句窦之丘。公使朱毛告于陈子，曰："微子，则不及此。然君异于器，不可以二。器二不匮，君二多难，敢布诸大夫。"僖子不对而泣，曰："君举不信群臣乎？以齐国之困，困又有忧。少君不可以访，是以求长君，庶亦能容群臣乎！不然，夫孺子何罪？"毛复命，公悔之。毛曰："君大访于陈子，而图其小，可也。"使毛迁孺子于骀。不至，杀诸野幕之下，葬诸殳冒淳。

楚昭王（前516—前489）

昭十九	昭十九 　　楚子之在蔡也，郹阳封人之女奔之，生大子建。及即位，使伍奢为之师，费无极为少师，无宠焉，欲谮诸王，曰："建可室矣。"王为之聘于秦，无极与逆，劝王取之。正月，楚夫人嬴氏至自秦。 　　楚子为舟师以伐濮。费无极言于楚子曰："晋之伯也，迩于诸夏，而楚辟陋，故弗能与争。若大城城父，而置大子焉，以通北方，王收南方，是得天下也。"王说，从之。故大子建居于城父。 　　令尹子瑕聘于秦，拜夫人也。	楚昭王轸，又称壬、大子壬、楚子，楚平王次子。昭二十六年即位（元年自昭二十七年算起），哀六年卒，共在位二十七年。 　　楚昭王之母为秦人嬴氏（昭十九传、昭二十六年杨伯峻注），昭十九年自秦归于楚。嬴氏本平王为建所娶妻，而平王自取之。若楚昭王轸为昭十九年所生，则昭二十六年即位时才八岁，故令尹子常称其"弱"。如此昭王哀六年卒时，年龄不超过三十五岁。昭王前后人物世系如下（附陈厚耀《世族谱》，附在位年）：
昭二十	昭二十 　　费无极言于楚子曰："建与伍奢将以方城之外叛，自以为犹宋、郑也，齐、晋又交辅之，将以害楚，其事集矣。"王信之，问伍奢。伍奢对曰："君一过多矣，何信于谗？"王执伍奢，使城父司马奋扬杀大子。未至，而使遣之。三月，大子建奔宋。王召奋扬，奋扬使城父人执己以至。王曰："言出于余口，入于尔耳，谁告建也？"对曰："臣告之。君王命臣曰：'事建如事余。'臣不佞，不能苟贰。奉初以还，不忍后命，故遣之。既而悔之，亦无及已。"王曰："而敢来，何也？"对曰："使而失命，召而不来，是再奸也。逃无所入。"王曰："归，从政如他日。"	

共王審				
平王弃疾				
太子建	昭王轸	子西	子期	子闾
白公胜、王孙燕	惠王章	公孙宁、公孙朝	公孙宽、公孙平	

昭二十六 　　九月庚申，楚子居卒。	昭二十六 　　九月，楚平王卒。令尹子常欲立子西，曰："大子壬弱，其母非适也，王子建实聘之。子西长而好善。立长则顺，建善则治。王顺、国治，可不务乎？"子西怒曰："是乱国而恶君	

	也。国有外援,不可渎也;王有適嗣,不可乱也。败亲、速雠、乱嗣,不祥。我受其名。赂吾以天下,吾滋不从也,楚国何为?必杀令尹!"令尹惧,乃立昭王。	(上表:共王成元至襄十三年在位,平王昭十四至二十年在位;平王之子太子建昭十九年见,死于郑,见哀十六年。太子建之子有白公胜[哀十六]及王孙燕[哀十六]。子西即公子申,事见卷四"楚子西"。子西之子有公孙宁[子国,哀十六]及公孙朝[武城尹,哀十七]。平王之子子期即公子结,为司马,定四年见,哀十六年见杀。子期之子有平与宽,宽为司马,俱哀十六年见。昭王之子惠王章哀六年见,哀七年立,立五十七年卒,在春秋后。昭王之子尚有子良,哀十七年见。)
昭二十七 夏四月,吴弑其君僚。楚杀其大夫郤宛。	昭二十七 吴子欲因楚丧而伐之,使公子掩馀、公子烛庸帅师围潜,使延州来季子聘于上国,遂聘于晋,以观诸侯。楚莠尹然、王尹麇帅师救潜,左司马沈尹戌帅都君子与王马之属以济师,与吴师遇于穷,令尹子常以舟师及沙汭而还。左尹郤宛、工尹寿帅师至于潜,吴师不能退。……吴公子掩馀奔徐、公子烛庸奔钟吾。楚师闻吴乱而还。 郤宛直而和,国人说之。鄢将师为右领,与费无极比而恶之。令尹子常赇而信谗,无极谮郤宛焉,谓子常曰:"子恶欲饮子酒。"又谓子恶:"令尹欲饮酒于子氏。"子恶曰:"我,贱人也,不足以辱令尹。令尹将必来辱,为惠已甚,吾无以酬之,若何?"无极曰:"令尹好甲兵,子出之,吾择焉。"取五甲五兵,曰:"置诸门。令尹至,必观之,而从以酬之。"及飨日,帷诸门左。无极谓令尹曰:"吾几祸子。子恶将为子不利,甲在门矣。子必无往!且此役也,吴可以得志。子恶取赂焉而还;又误群帅,使退其师,曰'乘乱不祥'。吴乘我丧,我乘其乱,不亦可乎?"令尹使视郤氏,则有甲焉。不往,召鄢将师而告之。将师退,遂令攻郤氏,且爇之。子恶闻之,遂自杀也。国人弗爇,令曰:"不爇郤氏,与之同罪。"或取一编菅焉,或取一秉秆焉,国人投之,遂弗爇也。令尹炮之,尽灭郤氏之族、党,杀阳令终与其弟完及佗,与晋陈及其子弟。晋陈之族呼于国曰:"鄢氏、费氏自以为王,专祸	楚昭王之得位,因为太子建(子木)被谮。平王昏庸,信无极而逐太子(昭十九、二十)。太子后奔波于宋、郑、晋之间,终因晋、郑矛盾而被杀(参哀十六)。故昭二十六年平王卒时,昭王为太子。令尹子常不欲立昭王,一因其幼弱,二因其母不正(太子建所聘)。

	楚国，弱寡王室，蒙王与令尹以自利也，令尹尽信之矣，国将如何？"令尹病之。 楚郤宛之难，国言未已，进胙者莫不谤令尹。沈尹戌言于子常曰："夫左尹与中厩尹，莫知其罪，而子杀之，以兴谤讟，至于今不已。戌也惑之：仁者杀人以掩谤，犹弗为也。今吾子杀人以兴谤，而弗图，不亦异乎！夫无极，楚之谗人也，民莫不知。去朝吴，出蔡侯朱，丧大子建，杀连尹奢，屏王之耳目，使不聪明。不然，平王之温惠共俭，有过成、庄，无不及焉。所以不获诸侯，迩无极也。今又杀三不辜，以兴大谤，几及子矣。子而不图，将焉用之？夫鄢将师矫子之命，以灭三族。三族，国之良也，而不愆位。吴新有君，疆场日骇。楚国若有大事，子其危哉！知者除谗以自安也，今子爱谗以自危也，甚矣，其惑也！"子常曰："是瓦之罪，敢不良图！"九月己未，子常杀费无极与鄢将师，尽灭其族，以说于国。谤言乃止。	楚昭王在位初期，延续了平王留下的政局，以令尹子常为政。子常贪而信谗，四面树敌，内结伍氏屈氏伯氏之怨，外兴蔡侯唐侯之仇，终致吴师入郢，楚子奔命。定四年传："楚自昭王即位，无岁不有吴师。"直至定五年，立子西为令尹，从此楚国内政才算走上了正轨。这似乎应验了一个观点：只有血的教训，才能使人醒悟。昭王临终翻然悔悟，宁愿舍己殉国，终成美谈。今按定四年入郢之时，楚昭王不超过十八岁，而此前杀郤宛、怒蔡侯、辱唐侯等许多事，昭王或尚幼，或并无实权，多与令尹子常有关。 楚国自定四年大伤元气，经过十年休养生息，终能重新振作，至定十五年灭胡，哀元年已与陈、随、许等国结盟，且围蔡；哀四年克夷虎，谋北方；晋人惧于楚，执戎蛮子赤归于楚，楚人尽俘其遗民以归。当然这些也与此时
昭三十	昭三十	
冬十有二月，吴灭徐，徐子章羽奔楚。	吴子使徐人执掩馀，使锺吾人执烛庸，二公子奔楚。楚子大封，而定其徙，使监马尹大心逆吴公子，使居养，莠尹然、左司马沈尹戌城之，取于城父与胡田以与之，将以害吴也。子西谏曰："吴光新得国，而亲其民，视民如子，辛苦同之，将用之也。若好吴边疆，使柔服焉，犹惧其至。吾又强其雠，以重怒之，无乃不可乎！吴，周之胄裔也，而弃在海滨，不与姬通，今而始大，比于诸华。光又甚文，将自同于先王。不知天将以为虐乎，使翦丧吴国而封大异姓乎，其抑亦将卒以祚吴乎，其终不远矣。我盍姑亿吾鬼神，而宁吾族姓，以待其归，将焉用自播扬焉？"王弗听。	

	吴子怒。冬十二月，吴子执钟吾子。遂伐徐，防山以水之。己卯，灭徐。徐子章禹断其发，攜其夫人以逆吴子。吴子唁而送之，使其迩臣从之，遂奔楚。楚沈尹戌帅师救徐，弗及。遂城夷，使徐子处之。 　　吴子问于伍员曰："初而言伐楚，余知其可也，而恐其使余往也，又恶人之有余之功也。今余将自有之矣。伐楚何如？"对曰："楚执政众而乖，莫适任患。若为三师以肄焉，一师至，彼必皆出。彼出则归，彼归则出，楚必道敝。亟肄以罢之，多方以误之。既罢而后以三军继之，必大克之。"阖庐从之，楚于是乎始病。	吴困于越、晋陷于乱有关（吴王阖庐定十四年卒）……
昭三十一	昭三十一	
	秋，吴人侵楚，伐夷，侵潜、六。楚沈尹戌帅师救潜，吴师还。楚师迁潜于南冈而还。吴师围弦，左司马戌、右司马稽帅师救弦，及豫章，吴师还——始用子胥之谋也。	
定二	定二	
秋，楚人伐吴。	桐叛楚。吴子使舒鸠氏诱楚人，曰："以师临我，我伐桐，为我使之无忌。" 　　秋，楚囊瓦伐吴，师于豫章。吴人见舟于豫章，而潜师于巢。冬十月，吴军楚师于豫章，败之。遂围巢，克之，获楚公子繁。	
定三	定三	
	蔡昭侯为两佩与两裘以如楚，献一佩一裘于昭王。昭王服之，以享蔡侯。蔡侯亦服其一。子常欲之，弗与，三年止之。唐成公如楚，有两肃爽马，子常欲之，弗与，亦三年止之。唐人或相与谋，请代先从者，许之。饮先从者酒，醉之，窃马而献之子常。子常归唐侯。自拘于司败，曰："君以弄马之故，隐君身，弃国家。群臣请相夫人以偿马，必如之。"	

唐侯曰："寡人之过也。二三子无辱!"皆赏之。蔡人闻之，固请，而献佩于子常。子常朝，见蔡侯之徒，命有司曰："蔡君之久也，官不共也。明日礼不毕，将死。"蔡侯归，及汉，执玉而沈，曰："余所有济汉而南者，有若大川!"蔡侯如晋，以其子元与其大夫之子为质焉，而请伐楚。

定四	定四
三月，公会刘子、晋侯、宋公、蔡侯、卫侯、陈子、郑伯、许男、曹伯、莒子、邾子、顿子、胡子、滕子、薛伯、杞伯、小邾子、齐国夏于召陵，侵楚。夏，四月庚辰，蔡公孙姓帅师灭沈，以沈子嘉归，杀之。楚人围蔡。冬，十有一月庚午，蔡侯以吴子及楚人战于柏举，楚师败绩。楚囊瓦出奔郑。庚辰，吴入郢。	春三月，刘文公合诸侯于召陵，谋伐楚也。晋荀寅求货于蔡侯，弗得，乃辞蔡侯。沈人不会于召陵，晋人使蔡伐之。夏，蔡灭沈。秋，楚为沈故，围蔡。伍员为吴行人以谋楚。楚之杀郤宛也，伯氏之族出。伯州犁之孙嚭为吴大宰以谋楚。楚自昭王即位，无岁不有吴师，蔡侯因之，以其子乾与其大夫之子为质于吴。冬，蔡侯、吴子、唐侯伐楚。舍舟于淮汭，自豫章与楚夹汉。左司马戌谓子常曰："子沿汉而与之上下，我悉方城外以毁其舟，还塞大隧、直辕、冥阨。子济汉而伐之，我自后击之，必大败之。"即谋而行。武城黑谓子常曰："吴用木也，我用革也，不可久也，不如速战。"史皇谓子常："楚人恶子而好司马。若司马毁吴舟于淮，塞城口而入，是独克吴也。子必速战! 不然，不免。"乃济汉而陈，自小别至于大别。三战，子常知不可，欲奔。史皇曰："安，求其事；难而逃之，将何所入? 子必死之，初罪必尽说。"十一月庚午，二师陈于柏举。阖庐之弟夫槩王晨请于阖庐曰："楚瓦不仁，其臣莫有死志。先伐之，其卒必奔；而后大师继之，必克。"弗许。夫槩王曰："所谓'臣义而行，不待命'者，其此之谓也。今日我死，楚

可入也。"以其属五千先击子常之卒。子常之卒奔，楚师乱，吴师大败之。子常奔郑。史皇以其乘广死。吴从楚师，及清发，将击之。夫槩王曰："困兽犹斗，况人乎？若知不免而致死，必败我。若使先济者知免，后者慕之，蔑有斗心矣。半济而后可击也。"从之，又败之。楚人为食，吴人及之，奔。食而从之，败诸雍澨。五战，及郢。

己卯，楚子取其妹季芈畀我以出，涉雎。鍼尹固与王同舟，王使执燧象以奔吴师。

庚辰，吴入郢，以班处宫。子山处令尹之宫，夫槩王欲攻之，惧而去之，夫槩王入之。

左司马戌及息而还，败吴师于雍澨，伤。初，司马臣阖庐，故耻为禽焉，谓其臣曰："谁能免吾首？"吴句卑曰："臣贱，可乎？"司马曰："我实失子，可哉！"三战皆伤，曰："吾不可用也已。"句卑布裳，刭而裹之，藏其身，而以其首免。

楚子涉雎，济江，入于云中。王寝，盗攻之，以戈击王，王孙由于以背受之，中肩。王奔郧。锺建负季芈以从。由于徐苏而从。郧公辛之弟怀将弑王，曰："平王杀吾父，我杀其子，不亦可乎？"辛曰："君讨臣，谁敢雠之？君命，天也。若死天命，将谁雠？《诗》曰：'柔亦不茹，刚亦不吐。不侮矜寡，不畏强御。'唯仁者能之。违强陵弱，非勇也；乘人之约，非仁也；灭宗废祀，非孝也；动无令名，非知也。必犯是，余将杀女。"鬬辛与其弟巢以王奔随。吴人从之，谓随人曰："周之子孙在汉川者，楚实尽之。天诱其衷，致罚于楚，而君又窜之，周室何罪？君若顾报周室，施及寡人，以奖天衷，君之惠也。汉阳之田，君实有之。"楚子在公宫之北，吴人在其南。子期似王，逃王，而己为王，曰："以我与之，王必免。"随人卜与之，不吉，乃辞吴曰："以随之辟小，而密迩于楚，楚实存之。世有盟誓，至于今未改。若难而弃之，何以事君？执事之患不唯一人，若鸠楚竟，敢不听命？"吴人乃退。鑪金初宦于子期氏，实与随人要言。王使见，辞，曰："不敢以约为利。"王割子期之心以与随人盟。

初，伍员与申包胥友。其亡也，谓申包胥曰："我必复楚国。"申包胥曰："勉之！子能复之，我必能兴之。"及昭王在随，申包胥如秦乞师，曰："吴为封豕、长蛇，以荐食上国，虐始于楚。寡君失守社稷，越在草莽，使下臣告急，曰：'夷德无厌，若邻于君，疆埸之患也。逮吴之未定，君其取分焉。若楚之遂亡，君之土也。若以君灵抚之，世以事君。'"秦伯使辞焉，曰："寡人闻命矣。子姑就馆，将图而告。"对曰："寡君越在草莽，未获所伏，下臣何敢即安？"立，依于庭墙而哭，日夜不绝声，勺饮不入口七日。秦哀公为之赋《无衣》。九顿首而坐。秦师乃出。

定五	定五
夏，於越入吴。	越入吴，吴在楚也。 申包胥以秦师至。秦子蒲、子虎帅车五百乘以救楚。子蒲曰："吾未知吴道。"使楚人先与吴人战，而自稷会之，大败夫槩王于沂。吴人获薳射于柏举，其子帅奔徒以从子西，败吴师于军祥。 秋七月，子期、子蒲灭唐。九月，夫槩王归，自立也，以与王战，而败，奔楚，为堂谿氏。吴师败楚师于雍澨。秦师又败吴师。吴师居麇，子期将焚之，子西曰："父兄亲暴骨

	焉,不能收,又焚之,不可。"子期曰:"国亡矣,死者若有知也,可以歆旧祀?岂惮焚之?"焚之,而又战,吴师败,又战于公壻之谿。吴师大败,吴子乃归。囚阖馀罢。阖馀罢请先,遂逃归。叶公诸梁之弟后臧从其母于吴,不待而归。叶公终不正视。 楚子入于郢。初,鬬辛闻吴人之争宫也,曰:"吾闻之:'不让,则不和;不和,不可以远征。'吴争于楚,必有乱;有乱,则必归,焉能定楚?" 王之奔随也,将涉于成臼。蓝尹亹涉其帑,不与王舟。及宁,王欲杀之。子西曰:"子常唯思旧怨以败,君何效焉?"王曰:"善。使复其所,吾以志前恶。"王赏鬬辛、王孙由于、王孙圉、锺建、鬬巢、申包胥、王孙贾、宋木、鬬怀。子西曰:"请舍怀也。"王曰:"大德灭小怨,道也。"申包胥曰:"吾为君也,非为身也。君既定矣,又何求?且吾尤子旗,其又为诸?"遂逃赏。王将嫁季芈,季芈辞曰:"所以为女子,远丈夫也。锺建负我矣。"以妻锺建,以为乐尹。 王之在随也,子西为王舆服以保路,国于脾洩。闻王所在,而后从王。王使由于城麇,复命。子西问高厚焉,弗知。子西曰:"不能,如辞。城不知高厚,小大何知?"对曰:"固辞不能,子使余也。人各有能有不能。王遇盗于云中,余受其戈,其所犹在。"袒而示之背,曰:"此余所能也。脾洩之事,余亦弗能也。"
定六	定六
	四月己丑,吴大子终累败楚舟师,获潘子臣、小惟子及大夫七人。楚国大惕,惧亡。子期又以陵师败于繁扬。令尹子西喜曰:"乃今可为矣。"于是乎迁郢于鄀,而改纪其政,以定楚国。

定十五	定十五
春，二月辛丑，楚子灭胡，以胡子豹归。	吴之入楚也，胡子尽俘楚邑之近胡者。楚既定，胡子豹又不事楚，曰："存亡有命，事楚何为？多取费焉。"二月，楚灭胡。
哀元	哀元
春，楚子、陈侯、随侯、许男围蔡。	元年春，楚子围蔡，报柏举也。里而栽，广丈，高倍。夫屯昼夜九日，如子西之素。蔡人男女以辨。使疆于江、汝之间而还。蔡于是乎请迁于吴。 秋，八月，吴侵陈，修旧怨也。吴师在陈，楚大夫皆惧，曰："阖庐惟能用其民，以败我于柏举。今闻其嗣又甚焉，将若之何？"子西曰："二三子恤不相睦，无患吴矣。昔阖庐食不二味，居不重席，室不崇坛，器不彤镂，宫室不观，舟车不饰；衣服财用，择不取费。在国，天有菑疠，亲巡孤寡而共其乏困。在军，熟食者分而后敢食，其所尝者，卒乘与焉。勤恤其民，而与之劳逸，是以民不罢劳，死知不旷。吾先大夫子常易之，所以败我也。今闻夫差，次有台榭陂池焉，宿有妃嫱、嫔御焉；一日之行，所欲必成，玩好必从；珍异是聚，观乐是务；视民如雠，而用之日新。夫先自败也已，安能败我？"
哀四	哀四
夏，晋人执戎蛮子赤归于楚。	夏，楚人既克夷虎，乃谋北方。左司马眅、申公寿馀、叶公诸梁致蔡于负函，致方城之外于缯关，曰："吴将溯江入郢，将奔命焉。"为一昔之期，袭梁及霍。单浮馀围蛮氏，蛮氏溃。蛮子赤奔晋阴地。司马起丰、析与狄戎，以临上雒。左师军于菟和，右师军于仓野，使谓阴地之命大夫士蔑曰："晋、楚有盟，好恶同之。若将不废，寡君之愿也。不然，将通于少习以听命。"士蔑请诸赵孟。赵

	孟曰:"晋国未宁,安能恶于楚?必速与之!"士蔑乃致九州之戎,将裂田以与蛮子而城之,且将为之卜。蛮子听卜,遂执之与其五大夫,以畀楚师于三户。司马致邑立宗焉,以诱其遗民,而尽俘以归。
哀六	**哀六**
春,吴伐陈。秋七月庚寅,楚子轸卒。	吴伐陈,复修旧怨也。楚子曰:"吾先君与陈有盟,不可以不救。"乃救陈,师于城父。 秋七月,楚子在城父,将救陈。卜战,不吉;卜退,不吉。王曰:"然则死也。再败楚师,不如死;弃盟、逃雠,亦不如死。死一也。其死雠乎!"命公子申为王,不可;则命公子结,亦不可;则命公子启,五辞而后许。将战,王有疾。庚寅,昭王攻大冥,卒于城父。子闾退,曰:"君王舍其子而让,群臣敢忘君乎?从君之命,顺也;立君之子,亦顺也。二顺不可失也。"与子西、子期谋,潜师,闭涂,逆越女之子章立之,而后还。 是岁也,有云如众赤鸟,夹日以飞三日。楚子使问诸周大史。周大史曰:"其当王身乎!若禜之,可移于令尹、司马。"王曰:"除腹心之疾,而置诸股肱,何益?不谷不有大过,天其夭诸?有罪受罚,又焉移之?"遂弗禜。 初,昭王有疾,卜曰:"河为祟。"王弗祭。大夫请祭诸郊。王曰:"三代命祀,祭不越望。江、汉、雎、漳,楚之望也。祸福之至,不是过也。不谷虽不德,河非所获罪也。"遂弗祭。 孔子曰:"楚昭王知大道矣。其不失国也,宜哉!《夏书》曰:'惟彼陶唐,帅彼天常,有此冀方。今失其行,乱其纪纲,乃灭而亡。'又曰:'允出兹在兹。'由己率常,可矣。"

鲁阳虎（前515—前486）

昭二十七	昭二十七	
	孟懿子、阳虎伐郓。郓人将战，子家子曰："天命不慆久矣，使君亡者，必此众也。天既祸之，而自福也，不亦难乎？犹有鬼神，此必败也。呜呼！为无望也夫。其死于此乎！"公使子家子如晋。公徒败于且知。	阳虎，又称阳氏，虎等，《论语》称阳货，姬姓。阳虎为季孙氏家臣，定八年欲去三桓而不成，次年奔齐，后奔晋，投靠赵简子。
定五	定五	《潜夫论·志氏姓》称鲁之公族有子阳氏。《元和姓纂》卷六《六止》："鲁公[族]有子阳者，其后以王父为氏。"不知子阳者为何君之子。
六月丙申，季孙意如卒。秋，七月壬子，叔孙不敢卒。	六月，季平子行东野。还，未至，丙申卒于房。阳虎将以玙璠敛，仲梁怀弗与，曰："改步改玉。"阳虎欲逐之，告公山不狃。不狃曰："彼为君也，子何怨焉？"既葬，桓子行东野，及费。子泄为费宰，逆劳于郊，桓子敬之。劳仲梁怀，仲梁怀弗敬。子泄怒，谓阳虎："子行之乎？" 乙亥，阳虎囚季桓子及公父文伯，而逐仲梁怀。冬，十月丁亥，杀公何藐。己丑，盟桓子于稷门之内。庚寅，大诅。逐公父歜及秦遄，皆奔齐。	
定六	定六	《左传》写阳虎，没有写他是如何地取得季孙的信任，一步步地强化自己的权力，达到连三桓都受他控制的地步，而只是集中写他如何地专权，如何地虐待季孙、孟孙等鲁国向来不可一世的权臣，如何地勾结一批人想驱逐三桓。联系当初三桓特别是季孙氏专政于鲁，毁公室、夺君权，气焰嚣张，不可一世，阳虎的所作所为让人感到痛快，以至于我们不愿追问阳虎是不是真的曾有那么大能耐，真的控制了出君达八年之久的
二月，公侵郑。公至自侵郑。夏，季池斯、仲孙何忌如晋。季孙斯、仲孙忌帅师围郓。	二月，公侵郑，取匡，为晋讨郑之胥靡也。往不假道于卫，及还，阳虎使季、孟自南门入，出自东门，舍于豚泽。卫侯怒，使弥子瑕追之。公叔文子老矣，辇而如公，曰："尤人而效之，非礼也。昭公之难，君将以文之舒鼎、成之昭兆、定之鞶鉴，苟可以纳之，择用一焉。公子与二三臣之子，诸侯苟忧之，将以为之质。此群臣之所闻也。今将以小忿蒙旧德，无乃不可乎？太姒之子，唯周公、康叔为相睦也，而效小人以弃之，不亦诬乎？天将多阳虎之罪以毙之，君姑待之若何？"乃止。 夏，季桓子如晋，献郑俘也。阳虎强使孟懿子往报夫人之币。晋人兼享之。孟孙立于房外，谓范献子曰：	

	"阳虎若不能居鲁，而息肩于晋，所不以为中军司马者，有如先君！"献子曰："寡君有官，将使其人，鞅何知焉？"献子谓简子曰："鲁人患阳虎矣。孟孙知其衅，以为必适晋，故强为之请，以取入焉。" 阳虎又盟公及三桓于周社，盟国人于亳社，诅于五父之衢。
定七	**定七**
齐国夏帅师伐我西鄙。	齐人归郓、阳关。阳虎居之，以为政。 齐国夏伐我，阳虎御季桓子，公敛处父御孟懿子，将宵军齐师。齐师闻之，坠，伏而待之。处父曰："虎不图祸，而必死。"苦夷曰："虎陷二子于难，不待有司，余必杀女。"虎惧，乃还，不败。
定八	**定八**
春，王正月，公侵齐。公至自侵齐。二月，公侵齐。三月，公至自侵齐。夏，齐国夏帅师伐我西鄙。公会晋师于瓦。公至自瓦。从祀先公。盗窃宝玉大弓。	春，王正月，公侵齐，门于阳州。士皆坐列，曰："颜高之弓六钧。"皆取而传观之。阳州人出，颜高夺人弱弓，籍丘之鉏击之，与一人俱毙。偃，且射子鉏，中颊，殪。颜息射人中眉，退曰："我无勇，吾志其目也。"师退，冉猛伪伤足而先。其兄会乃呼曰："猛也殿。" 公侵齐，攻廪丘之郛。主人焚冲，或濡马褐以救之。遂毁之。主人出，师奔。阳虎伪不见冉猛者，曰："猛在此，必败！"猛逐之，顾而无继，伪颠。虎曰："尽客气也！"苦越生子，将待事而名之。阳州之役获焉，名之曰阳州。 夏，齐国夏、高张伐我西鄙。晋士鞅、荀寅救我。公会晋师于瓦。范献子执羔，赵简子、中行文子皆执雁。鲁于是始尚羔。 季寤、公鉏极、公山不狃皆不得志于季氏，叔孙辄无宠于叔孙氏，叔仲志不得志于鲁，故五人因阳虎。阳

季孙氏。正当读者指望通过他把鲁国的三桓势力扫荡干净之时，他却可悲地失败了，这不禁让人感到失望。其实我们的这种想法是很幼稚的。阳虎本来就不是一个作风正派、品行高尚的人，他也不过与季孙氏一样，性质上都是目无君主（参定九年齐鲍文子之言），没有什么可欣赏的。如果阳虎真的能成功的话，他肯定会在日后成为第二个季孙氏，怎么会比季孙更加维护公室呢？

《左传》至少从两个方面表现了阳虎必败的原因，一是写阳虎所与之人季寤、公鉏极、公山不狃、叔孙辄（定五、八）都是些以私害公、昧小节而忘大体因而人品并不端正的人；二是左氏刻画了阳虎缺乏胆识和勇气，到关键时候不能有所作为的性格。定七年听苦夷之言而逃间接表现了阳虎因没有见识而得不到手下尊重；定八年廪丘之役，阳虎欲用冉猛，

	虎欲去三桓，以季寤更季氏，以叔孙辄更叔孙氏，己更孟氏。冬，十月，顺祀先公而祈焉。 　　辛卯，禘于僖公。壬辰，将享季氏于蒲圃而杀之，戒都车，曰："癸巳至。"成宰公敛处父告孟孙曰："季氏戒都车，何故？"孟孙曰："吾弗闻。"处父曰："然则乱也，必及于子，先备诸！"与孟孙以壬辰为期。阳虎前驱，林楚御桓子，虞人以铍盾夹之，阳越殿。将如蒲圃，桓子咋谓林楚曰："而先皆季氏之良也，尔以是继之。"对曰："臣闻命后。阳虎为政，鲁国服焉，违之征死，死无益于主。"桓子曰："何后之有？而能以我适孟氏乎？"对曰："不敢爱死，惧不免主。"桓子曰："往也。"孟氏选圉人之壮者三百人，以为公期筑室于门外。林楚怒焉，及衢而骋。阳越射之，不中。筑者阖门。有自门间射阳越，杀之。阳虎劫公与武叔，以伐孟氏。公敛处父帅成人自上东门入，与阳氏战于南门之内，弗胜。又战于棘下，阳氏败。阳虎说甲如公宫，取宝玉、大弓以出，舍于五父之衢，寝而为食。其徒曰："追其将至。"虎曰："鲁人闻余出，喜于征死，何暇追余？"从者曰："嘻！速驾，公敛阳在。"公敛阳请追之，孟孙勿许。阳欲杀桓子，孟孙惧而归之。子言辨舍爵于季氏之庙而出。阳虎入于讙、阳关以叛。	也表现了他不能识人，且在关键时候不能勇猛善战。不过有趣的是，阳虎逃到晋国成为赵鞅的臣下后，不再有叛乱之心，反倒表现得足智多谋，为赵鞅消灭范氏、中行氏立下了不小的功劳。 　　和阳虎同时以陪臣身份叛变作乱的人还有侯犯（定十）、公孙宿（哀十四）等。阳虎这类人的重要性是：他们都是鲁国权臣目无王法、目无国君的作风的必然产物。 　　阳虎亦见于《公羊传·定八年》《穀梁传·定九年》《论语·阳货》《孟子·滕文公上》《庄子·秋水》《列子·杨朱》《韩非子·外储说左》《战国策·燕策》等早期文献，亦见于《孔子家语》《孔丛子》《淮南子》《论衡》《说苑》《法言》《盐铁论》等后来文献。《论语》载阳货事有二，一是《子罕》载孔子畏于匡，包咸以为匡误以孔子为阳虎而欲杀之；二是《阳货》载阳货欲劝孔子为政。《春秋》
定九	**定九**	
得宝玉大弓。	夏，阳虎归宝玉、大弓，书曰"得"，器用也。凡获器用曰得，得用焉曰获。 　　六月，伐阳关。阳虎使焚莱门，师惊。犯之而出，奔齐，请师以伐鲁，曰："三加，必取之！"齐侯将许之，鲍文子谏曰："臣尝为隶于施矣。鲁未可取也：上下犹和，众庶犹睦，	

	能事大国，而无天灾。若之何取之？阳虎欲勤齐师也，齐师罢，大臣必多死亡，己于是乎奋其诈谋。夫阳虎有宠于季氏而将杀季孙，以不利鲁国，而求容焉。亲富不亲仁，君焉用之？君富于季氏，而大于鲁国，兹阳虎所欲倾覆也。鲁免其疾，而君又收之，无乃害乎？"齐侯执阳虎，将东之。阳虎愿东，乃囚诸西鄙。尽借邑人之车，锲其轴，麻约而且归之。载葱灵，寝于其中而逃。追而得之，囚于齐。又以葱灵逃，奔晋，适赵氏。仲尼曰："赵氏其世有乱乎？"	定八年以盗称阳货，可见孔子对其看法。《孟子·滕文公上》载阳虎曰"为富不仁矣，为仁不富矣"，颇能反映其人生观。
哀二	哀二	
夏，四月丙子，卫侯元卒。晋赵鞅帅师纳卫世子蒯聩于戚。秋，八月甲戌，晋赵鞅帅师及郑罕达战于铁，郑师败绩。	夏，卫灵公卒。乃立辄。六月乙酉，晋赵鞅纳卫大子于戚。宵迷，阳虎曰："右河而南，必至焉。"使大子绖，八人衰绖，为自卫逆者。告于门，哭而入，遂居之。 秋，八月，齐人输范氏粟，郑子姚、子般送之。士吉射逆之，赵鞅御之。遇于戚。阳虎曰："吾车少，以兵车之旆与罕、驷兵车先陈，罕、驷自后随而从之。彼见吾貌，必有惧心，于是乎会之，必大败之！"从之。卜战，龟焦。乐丁曰："《诗》曰：'爰始爰谋，爰契我龟。'谋协，以故兆询可也。"甲戌，将战，邮无恤御简子，卫大子为右。郑师大败，获齐粟千车。	
哀九	哀九	
宋皇瑗帅师取郑师于雍丘。夏，楚人伐陈。秋，宋公伐郑。	郑武子賸之嬖许瑕求邑，无以与之。请外取，许之，故围宋雍丘。宋皇瑗围郑师，每日迁舍，垒合。郑师哭。子姚救之，大败。二月甲戌，宋取郑师于雍丘，使有能者无死，以郏张与郑罗归。 晋赵鞅卜救郑，遇水适火，占诸史赵、史墨、史龟。史龟曰："'是谓沈阳，可以兴兵；利以伐姜，不利子商。'伐齐则可，敌宋不吉。"史墨曰：	

	"盈，水名也。子，水位也。名位敌，不可干也。炎帝为火师，姜姓其后也。水胜火，伐姜则可。"史赵曰："是谓如川之满，不可游也。郑方有罪，不可救也。救郑则不吉，不知其他。"阳虎以《周易》筮之，遇《泰》☰之《需》☰，曰："宋方吉，不可与也。微子启，帝乙之元子也。宋、郑，甥舅也。祉，禄也。若帝乙之元子归妹而有吉禄，我安得吉焉？"乃止。	

吴季札（前559—前485）

襄十四	襄十四	季札，又称季子，公子札，札，延州来季子等。吴公子，从襄十四年季札辞立之事可知季札为吴子寿梦之子（寿梦成六至襄十二年在位，参《公羊传·襄二十九年》）。季札世系如下（据陈厚耀《世族谱》）：
	吴子诸樊既除丧，将立季札。季札辞曰："曹宣公之卒也，诸侯与曹人不义曹君，将立子臧，子臧去之，遂弗为也，以成曹君。君子曰：'能守节。'君，义嗣也，谁敢奸君？有国，非吾节也。札虽不才，愿附于子臧，以无失节。"固立之，弃其室而耕，乃舍之。	
襄二十九	襄二十九	
吴子使札来聘。	吴公子札来聘，见叔孙穆子，说之。谓穆子曰："子其不得死乎？好善而不能择人。吾闻。君子务在择人，吾子为鲁宗卿，而任其大政，不慎举，何以堪之？祸必及子！"请观于周乐。使工为之歌《周南》《召南》，曰："美哉！始基之矣，犹未也，然勤而不怨矣。"为之歌《邶》《鄘》《卫》，曰："美哉，渊乎！忧而不困者也。吾闻卫康叔、武公之德如是，是其《卫风》乎？"为之歌《王》，曰："美哉！思而不惧，其周之东乎？"为之歌《郑》，曰："美哉！其细已甚，民弗堪也。是其先亡乎？"为之歌《齐》，曰："美哉！泱泱乎！大风也哉！表东海者，其大公乎！国	

吴子寿梦				
吴子诸樊	吴子馀祭	吴子夷末	蹶由	掩馀
吴子阖庐	吴王僚			

（上表：吴子寿梦襄十二年卒后，王位由吴子诸樊、吴子

未可量也。"为之歌《豳》,曰:"美哉!荡乎!乐而不淫,其周公之东乎?"为之歌《秦》,曰:"此之谓夏声。夫能夏则大,大之至也,其周之旧乎?"为之歌《魏》,曰:"美哉!渢渢乎!大而婉,险而易行,以德辅此,则明主也。"为之歌《唐》,曰:"思深哉!其有陶唐氏之遗民乎?不然,何忧之远也?非令德之后,谁能若是?"为之歌《陈》,曰:"国无主,其能久乎?"自《郐》以下无讥焉。为之歌《小雅》,曰:"美哉!思而不贰,怨而不言,其周德之衰乎?犹有先王之遗民焉。"为之歌《大雅》,曰:"广哉!熙熙乎!曲而有直体,有文王之德乎!"为之歌《颂》,曰:"至矣哉!直而不倨,曲而不屈,迩而不逼,远而不携,迁而不淫,复而不厌,哀而不愁,乐而不荒,用而不匮,广而不宣,施而不费,取而不贪,处而不底,行而不流。五声和,八风平。节有度,守有序,盛德之所同也。"

见舞《象箾》《南籥》者,曰:"美哉!犹有憾。"见舞《大武》者,曰:"美哉!周之盛也,其若此乎!"见舞《韶濩》者,曰:"圣人之弘也,而犹有惭德,圣人之难也。"见舞《大夏》者,曰:"美哉!勤而不德,非禹其谁能修之?"见舞《韶箾》者,曰:"德至矣哉!大矣!如天之无不帱也,如地之无不载也,虽甚盛德,其蔑以加于此矣,观止矣。若有他乐,吾不敢请已。"

其出聘也,通嗣君也。故遂聘于齐,说晏平仲,谓之曰:"子速纳邑与政,无邑无政,乃免于难。齐国之政,将有所归,未获所归,难未歇也。"故晏子因陈桓子以纳政与邑,是以免于栾、高之难。

馀祭、吴子夷末轮流继承,此后夷末之子僚[州于]昭十七年继立,至昭二十七年为公子光所弑。公子蹶由昭五年见,或云吴王僚弟。公子掩馀昭二十三年见,杜注寿梦子。)

《左传》中的季札,是被作为圣人来描写的,因而也有着浓厚的神话色彩。在《左传》记录的所有人物中,大概没有哪一个人的德行比季札还高的(孔子或许除外)。《左传》把季札当作一面镜子,他的高尚德性、高明远见,以及分析人物性格并能料事如神的能力,也许可看作左氏用来观照和评价中原各国人事的一把尺度。季札的事迹,能反映其人品的有襄十四年辞立、昭二十七年不对吴王及哀十年评吴、楚之争。显然材料甚少。但襄二十九年聘于中原列国,尤其是他在鲁评《诗》,及评当时中原各国卿大夫之为人,其分量之

	聘于郑，见子产，如旧相识。与之缟带，子产献纻衣焉。谓子产曰："郑之执政侈，难将至矣，政必及子。子为政，慎之以礼。不然，郑国将败。" 适卫，说蘧瑗、史狗、史鰌、公子荆、公叔发、公子朝，曰："卫多君子，未有患也。" 自卫如晋，将宿于戚，闻钟声焉，曰："异哉！吾闻之也：'辩而不德，必加于戮。'夫子获罪于君以在此，惧犹不足，而又何乐？夫子之在此也，犹燕之巢于幕上，君又在殡，而可以乐乎？"遂去之。文子闻之，终身不听琴瑟。 适晋，说赵文子、韩宣子、魏献子，曰："晋国其萃于三族乎！"说叔向。将行，谓叔向曰："吾子勉之。君侈而多良，大夫皆富，政将在家。吾子好直，必思自免于难。"	重是无与伦比的。 　襄十四年，季札辞立；襄三十一年，赵文子问吴使季子可否得立，吴使者说"季子，守节者也，虽有国不立"，此可见季子身在乱世，不愿介入权力之争，但求脱身免祸以保节操。昭二十七年，公子光弑君篡位，季子至，曰："苟先君废无祀，民人无废主，社稷有奉，国家无倾，乃吾君也，吾谁敢怨？哀死事生，以待天命，非我生乱，立者从之，先人之道也。"复命哭墓，复位而待。他的话体现了他身在乱世，秉持顺事而生的心态。然从季札多次奉君命出使列国（襄二十九、昭二十七），甚至率师出征，可见其并非一隐士。哀十年，楚子期伐陈，季札率师救陈，谓子期曰："二君不务德而力争诸侯，民何罪焉？我请退，以为子名，务德而安民。"乃还。此处体现了其良心未泯、心怀苍生。 　《左传》中所记
襄三十一	襄三十一 　吴子使屈狐庸聘于晋，通路也。赵文子问焉，曰："延州来季子，其果立乎？巢陨诸樊，阍戕戴吴，天似启之，何如？"对曰："不立。是二王之命也，非启季子也。若天所启，其在今嗣君乎？甚德而度，德不失民，度不失事，民亲而事有序，其天所启也。有吴国者必此君之子孙实终之。季子，守节者也，虽有国不立。"	
昭二十七 　夏，四月，吴弑其君僚。	昭二十七 　吴子欲因楚丧而伐之，使公子掩馀、公子烛庸帅师围潜。使延州来季子聘于上国，遂聘于晋，以观诸侯。楚莠尹然、工尹麇帅师救潜，左司马沈尹戌帅都君子与王马之属以济师，与吴师遇于穷。令尹子常以舟师及沙汭而还。左尹郤宛、工尹寿帅师至于潜。吴师不能退。吴公子光曰："此时也，弗可失也！"告鱄设诸曰："上	

	国有言曰：'不索，何获？'我，王嗣也，吾欲求之。事若克，季子虽至，不吾废也。"鱄设诸曰："王可弑也。母老子弱，是无若我何？"光曰："我，尔身也。" 夏，四月，光伏甲于堀室而享王。王使甲坐于道，及其门。门阶户席皆王亲也，夹之以铍。羞者献体改服于门外。执羞者坐行而入，执铍者夹承之，及体以相授也。光伪足疾，入于堀室。鱄设诸置剑于鱼中以进，抽剑刺王，铍交于胸，遂弑王。阖庐以其子为卿。季子至，曰："苟先君无废祀，民人无废主，社稷有奉，国家无倾，乃吾君也，吾谁敢怨？哀死事生，以待天命，非我生乱，立者从之，先人之道也。"复命哭墓，复位而待。吴公子掩馀奔徐，公子烛庸奔钟吾。楚师闻吴乱而还。	之季札，从襄十四年始，至哀十年，前后其有七十五年之久，若襄十四年辞立时年方十岁，则至哀十年其在《左传》中最后一次出现时已经八十五岁了！且十岁小儿，竟已懂得辞国守节，似不太可能。季札事亦见《公羊传·襄二十九年》《史记·吴世家》等书。
哀十	哀十	
冬，楚公子结帅师伐陈。吴救陈。	冬，楚子期伐陈。吴延州来季子救陈，谓子期曰："二君不务德而力争诸侯，民何罪焉？我请退，以为子名，务德而安民。"乃还。	

楚伍氏（前597—前484）

宣十二	宣十二	
夏，六月乙卯，晋荀林父帅师及楚子战于邲，晋师败绩。	夏，六月，晋师救郑。荀林父将中军，先縠佐之。士会将上军，郤克佐之，赵朔将下军，栾书佐之。赵括、赵婴齐为中军大夫，巩朔、韩穿为上军大夫，荀首、赵同为下军大夫，韩厥为司马。楚子北师次于郔。沈尹将中军，子重将左，子反将右，将饮马于河而归。闻晋师既济，王欲还。嬖人伍参欲战。令尹孙叔敖弗欲。曰："昔岁入陈，今兹入郑，不无事矣。战而不捷，参之肉其足食	伍氏，芈姓，楚公族，始祖不详。伍氏自伍参始兴，世系如下（参顾栋高《大事表·世系表》。附例见年）： 伍参 宣十一 伍举 襄二十六

		椒鸣 襄二十六	伍奢 昭十九	
			伍尚 昭二十	伍员 子胥 昭二十
				伍丰 哀十一

	乎?"参曰:"若事之捷,孙叔为无谋矣。不捷,参之肉将在晋军,可得食乎?"令尹南辕返旆,伍参言于王曰:"晋之从政者新,未能行令。其佐先縠,刚愎不仁,未肯用命。其三帅者,专行不获。听而无上,众谁适从?此行也,晋师必败。且君而逃臣,若社稷何?"	
襄二十六	**襄二十六** 初,楚伍参与蔡大师子朝友,其子伍举与声子相善也。伍举娶于王子牟。王子牟为申公而亡,楚人曰:"伍举实送之。"伍举奔郑,将遂奔晋。声子将如晋,遇之于郑郊,班荆相与食,而言复故。声子曰:"子行也,吾必复子!" 及宋向戌将平晋、楚,声子通使于晋,还如楚。令尹子木与之语,问晋故焉,且曰:"晋大夫与楚孰贤?"对曰:"晋卿不如楚,其大夫则贤,皆卿材也。如杞梓皮革,自楚往也。虽楚有材,晋实用之。"子木曰:"夫独无族姻乎?"对曰:"虽有,而用楚材实多。归生闻之,善为国者,赏不僭而刑不滥。赏僭,则惧及淫人;刑滥,则惧及善人。若不幸而过,宁僭无滥。与其失善,宁其利淫。无善人,则国从之。《诗》曰:'人之云亡,邦国殄瘁。'无善人之谓也。故《夏书》曰:'与其杀不辜,宁失不经。'惧失善也。《商颂》有之,曰:'不僭不滥,不敢怠皇。命于下国,封建厥福。'此汤所以获天福也。古之治民者,劝赏而畏刑,恤民不倦。赏以春夏,刑以秋冬。是以将赏为之加膳,加膳则饫赐,此以知其劝赏也。将刑,为之不举,不举则彻乐,此以知其畏刑也。夙兴夜寐,朝夕临政,此以知其恤民也。三者,礼之大节也。有礼,无败。今楚多淫刑,其大夫逃	伍参为楚庄王之嬖臣,在宣十二年晋、楚邲之战中发挥过不小作用。 伍参之子伍举,又称椒举,举,为楚灵王死党,助灵王成为楚君。椒鸣、伍奢均为伍举之子。 《左传》中的椒举,实可看作楚灵王的一面镜子,以此来揭示灵王之跋扈无道。这一点,尤其可从昭四年椒举多次谏楚王之言中看出。灵王败后,伍举之子伍奢为楚平王太子建之师,因费无极之谗而被害,同时被害的还有其长子伍尚。伍奢的另一子伍员(子胥)遂入吴,图谋报楚。 伍员(子胥)的个性及才能从以下两方面可以看出:一是成功地帮助吴王阖庐击败楚师,直至入郢;二是在阖庐死后,吴王夫差用大宰嚭,杀伍员,

死于四方,而为之谋主,以害楚国,不可救疗,所谓不能也。子仪之乱,析公奔晋。晋人置诸戎车之殿,以为谋主。绕角之役,晋将遁矣,析公曰:'楚师轻窕,易震荡也。若多鼓钧声,以夜军之,楚师必遁。'晋人从之,楚师宵溃。晋遂侵蔡、袭沈,获其君;败申、息之师于桑隧,获申丽而还。郑于是不敢南面。楚失华夏,则析公之为也。雍子之父兄谮雍子,君与大夫不善是也,雍子奔晋。晋人与之鄐,以为谋主。彭城之役,晋、楚遇于靡角之谷,晋将遁矣。雍子发命于军,曰:'归老幼,反孤疾,二人役归一人。简兵蒐乘,秣马蓐食,师陈焚次,明日将战。'行归者,而逸楚囚。楚师宵溃。晋降彭城而归诸宋,以鱼石归。楚失东夷,子辛死之,则雍子之为也。子反与子灵争夏姬,而雍害其事,子灵奔晋。晋人与之邢,以为谋主,扞御北狄,通吴于晋,教吴叛楚,教之乘车、射御、驱侵,使其子狐庸为吴行人焉。吴于是伐巢,取驾,克棘,入州来,楚罢于奔命,至今为患,则子灵之为也。若敖之乱,伯贲之子贲皇奔晋。晋人与之苗,以为谋主。鄢陵之役,楚晨压晋军而陈,晋将遁矣。苗贲皇曰:'楚师之良,在其中军王族而已。若塞井夷灶,成陈以当之,栾、范易行以诱之,中行、二郤必克二穆,吾乃四萃于王族,必大败之。'晋人从之,楚师大败,王夷师熸,子反死之。郑叛吴兴,楚失诸侯,则苗贲皇之为也。"

子木曰:"是皆然矣。"声子曰:"今又有甚于此。椒举娶于申公子牟,子牟得戾而亡,君大夫谓椒举:'女实遣之。'惧而奔郑,引领南望,曰:'庶几赦余。'亦弗图也。今在晋矣,晋人将与之县,以比叔向。彼若谋害

吴陷于无道,终为越所灭。夫差杀伍员而失国,足见其昏庸无道。

总之,《左传》在描写伍氏一族的人物时,重点刻画了伍举和伍员两人的个性和才识,而对其他人物用笔相对较少。伍参事在宣十二年,伍举事在襄二十六至昭九年,伍奢事在昭十九、二十年,伍尚事在昭二十年,伍员事在昭二十至哀十一年。

楚国伍氏一族,皆极有见地而工于谋略。宣十二年晋、楚邲之战,楚人不欲战,因伍参之谋而胜。灵王汏奢,伍举多次谏之以礼。至于伍员(子胥)就更不用说了。应该说,伍氏一族对于楚国的内政影响相当大,不管这种影响是正面的还是负面的。宣十二年晋、楚邲之战对于奠定楚国在中原的地位极端重要,同时它也是春秋史上最重要的战役之一,伍参在其中发挥了不小作用。楚灵王之所以能称霸四方,

	楚国,岂不为患?"子木惧,言诸王,益其禄爵而复之。声子使椒鸣逆之。	威震华夏,伍举的功劳最大。伍举之子伍奢因谗而死,也许与上述事实有关,即灵王与平王为敌,故其子伍奢难逃一死。伍奢虽死,其子伍子胥终报大仇;伍尚虽死,其言至今读来荡人心魄。这些都给人留下深刻印象。
昭元	**昭元**	
叔孙豹会晋赵武、楚公子围、齐国弱、宋向戌、卫齐恶、陈公子招、蔡公孙归生、郑罕虎、许人、曹人于虢。冬,十有一月己酉,楚子麇卒。楚公子比出奔晋。	春,楚公子围聘于郑,且娶于公孙段氏。伍举为介。将入馆,郑人恶之。使行人子羽与之言,乃馆于外。既聘,将以众逆。子产患之,使子羽辞,曰:"以敝邑褊小,不足以容从者,请墠听命。"令尹命大宰伯州犁对曰:"君辱贶寡大夫围,谓围将使丰氏抚有而室。围布几筵,告于庄、共之庙而来。若野赐之,是委君贶于草莽也,是寡大夫不得列于诸卿也。不宁唯是,又使围蒙其先君,将不得为寡君老,其蔑以复矣。唯大夫图之!"子羽曰:"小国无罪,恃实其罪。将恃大国之安靖己,而无乃包藏祸心以图之。小国失恃,而惩诸侯,使莫不憾者,距违君命,而有所壅塞不行是惧。不然,敝邑,馆人之属也,其敢爱丰氏之祧?"伍举知其有备也,请垂櫜而入,许之。三月甲辰,盟。 楚公子围使公子黑肱、伯州犁城犨、栎、郏。郑人惧。子产曰:"不害。令尹将行大事,而先除二子也。祸不及郑,何患焉?"冬,楚公子围将聘于郑,伍举为介。未出竟,闻王有疾而还。伍举遂聘。十一月己酉,公子围至,入问王疾,缢而弑之,遂杀其二子幕及平夏。右尹子干出奔晋,宫厩尹子皙出奔郑。杀大宰伯州犁于郏。葬王于郏,谓之郏敖。使赴于郑,伍举问应为后之辞焉,对曰:"寡大夫围。"伍举更之曰:"共王之子围为长。"子干奔晋,从车五乘。	
昭四	**昭四**	
夏,楚子、蔡侯、陈侯、郑伯、许男、徐子、滕子、顿子、	春,王正月,许男如楚,楚子止之,遂止郑伯。复田江南,许男与焉。使椒举如晋求诸侯,二君待之。椒举致命曰:"寡君使举曰:'日君有	

胡子、沈子、小邾子、宋世子佐、淮夷会于申。楚人执徐子。秋，七月，楚子、蔡侯、陈侯、许男、顿子、胡子、沈子、淮夷伐吴。执齐庆封，杀之。遂灭赖。

惠，赐盟于宋，曰：晋楚之交相见也。以岁之不易，寡人愿结欢于二三君。'使举请间。君若苟无四方之虞，则愿假宠，以请于诸侯。"晋侯欲勿许。司马侯曰："不可。楚王方侈，天或者欲逞其心，以厚其毒，而降之罚，未可知也。其使能终，亦未可知也。晋楚唯天所相，不可与争。君其许之，而修德以待其归。若归于德，吾犹将事之，况诸侯乎？若适淫虐，楚将弃之，吾又谁与争？"乃许楚使。使叔向对曰："寡君有社稷之事，是以不获春秋时见。诸侯，君实有之，何辱命焉？"椒举遂请昏，晋侯许之。

夏，诸侯如楚。鲁、卫、曹、邾不会。曹、邾辞以难，公辞以时祭，卫侯辞以疾。郑伯先待于申。六月丙午，楚子合诸侯于申。椒举言于楚子曰："臣闻诸侯无归，礼以为归。今君始得诸侯，其慎礼矣。霸之济否，在此会也。夏启有钧台之享，商汤有景亳之命，周武有孟津之誓，成有歧阳之蒐，康有酆宫之朝，穆有涂山之会，齐桓有召陵之师，晋文有践土之盟。君其何用？宋向戌、郑公孙侨，在诸侯之良也，君其选焉。"王曰："吾用齐桓。"

王使椒举侍于后，以规过。卒事不规。王问其故，对曰："礼，吾所未见者有六焉，又何以规？"宋大子佐后至。王田于武城，久而弗见。椒举请辞焉。王使往曰："属有宗祧之事于武城，寡君将堕币焉，敢谢后见。"徐子，吴出也。以为贰焉，故执诸申。楚子示诸侯侈。椒举曰："夫六王二公之事，皆所以示诸侯礼也，诸侯所由用命也。夏桀为仍之会，有缗叛之。商纣在黎之蒐，东夷叛之。周幽为大室之盟，戎狄叛之。皆所以示诸侯汰也，诸侯所由弃命也。

	今君以汰，无乃不济乎！"王弗听。 　　秋，七月，楚子以诸侯伐吴。宋大子、郑伯先归，宋华费遂、郑大夫从。使屈申围朱方。八月甲申，克之，执齐庆封，而尽灭其族。将戮庆封，椒举曰："臣闻无瑕者可以戮人。庆封惟逆命，是以在此，其肯从于戮乎？播于诸侯，焉用之？"王弗听，负之斧钺，以徇于诸侯，使言曰："无或如齐庆封，弑其君、弱其孤以盟其大夫！"庆封曰："无或如楚共王之庶子围，弑其君兄之子麇而代之，以盟诸侯！"王使速杀之。 　　遂以诸侯灭赖。赖子面缚衔璧，士袒，舆櫬从之，造于中军。王问诸椒举，对曰："成王克许，许僖公如是。王亲释其缚，受其璧，焚其櫬。"王从之。迁赖于鄢。
昭九 许迁于夷。	昭九 　　二月，庚申，楚公子弃疾迁许于夷，实城父。取州来淮北之田以益之，伍举授许男田。然丹迁城父人于陈，以夷濮西田益之。迁方城外人于许。
昭十九	昭十九 　　楚子之在蔡也，郹阳封人之女奔之，生太子建。及即位，使伍奢为之师。费无极为少师，无宠焉，欲谮诸王，曰："建可室矣。"王为之聘于秦。无极与逆，劝王取之。正月，楚夫人嬴氏至自秦。 　　楚子为舟师以伐濮。费无极言于楚子曰："晋之伯也，迩于诸夏，而楚辟陋，故弗能与争。若大城城父，而置大子焉，以通北方，王收南方，是得天下也。"王说，从之。故大子建居于城父。令尹子瑕聘于秦，拜夫人也。
昭二十	昭二十 　　费无极言于楚子曰："建与伍奢，将以方城之外叛，自以为犹宋、郑也，齐、晋又交辅之，将以害楚。其

	事集矣。"王信之,问伍奢。伍奢对曰:"君一过多矣,何信于谗?"王执伍奢,使城父司马奋扬杀大子。未至,而使遣之。三月,大子建奔宋。王召奋扬,奋扬使城父人执己以至。王曰:"言出于余口,入于尔耳,谁告建也?"对曰:"臣告之。君王命臣曰:'事建如事余。'臣不佞,不能苟贰。奉初以还,不忍后命,故遣之。既而悔之,亦无及已。"王曰:"而敢来,何也?"对曰:"使而失命,召而不来,是再奸也,逃无所入。"王曰:"归,从政如他日。"无极曰:"奢之子材,若在吴,必忧楚国。盍以免其父召之。彼仁,必来。不然,将为患。"王使召之,曰:"来,吾免而父。"棠君尚谓其弟员曰:"尔适吴,我将归死。吾知不逮,我能死,尔能报。闻免父之命,不可以莫之奔也。亲戚为戮,不可以莫之报也。奔死免父,孝也。度功而行,仁也。择任而往,知也。知死不辟,勇也。父不可弃,名不可废,尔其勉之!相从为愈。"伍尚归。奢闻员不来,曰:"楚君、大夫其旰食乎!"楚人皆杀之。员如吴,言伐楚之利于州于。公子光曰:"是宗为戮,而欲反其仇,不可从也。"员曰:"彼将有他志,余姑为之求士,而鄙以待之。"乃见鱄设诸焉,而耕于鄙。	昭十九至二十五年伍奢事。奢为伍举之子,伍员(子胥)与伍尚之父。伍奢材未彰于楚而死,其子使之发扬于吴。 昭二十年以下伍员至吴谋报楚,终成入郢之役。伍员之知体现在三方面:一知何以报楚,二知越人包藏祸心,三知吴王不慎必败于越。
昭二十七	昭二十七 沈尹戌言于子常曰:"夫左尹与中厩尹,莫知其罪,而子杀之,以兴谤讟,至于令不已。戌也惑之:仁者杀人以掩谤,犹弗为也;今吾子杀人以兴谤,而弗图,不亦异乎?夫无极,楚之谗人也,民莫不知。去朝吴,出蔡侯宋,丧大子建,杀连尹奢,屏王之耳目使不聪明。不然,平王之温惠共俭,有过成、庄,无不及	

	焉。所以不获诸侯，迄无及也。今又杀三不辜，以兴大谤，几及子矣。子而不图，将焉用之？夫鄢将师矫子之命，以灭三族，国之良也，而不愆位。吴新有君，疆场日骇。楚国若有大事，子其危哉！知者除谗以自安也，今子爱谗以自危也，甚矣其惑也！"子常曰："是瓦之罪，敢不良图！"九月己未，子常杀费无极与鄢将师，尽灭其族，以说于国，谤言乃止。
昭三十	昭三十
	吴子问于伍员曰："初而言伐楚，余知其可也，而恐其使余往也，又恶人之有余之功也。今余将自有之矣，伐楚何如？"对曰："楚执政，众而乖，莫适任患。若为三师以肄焉，一师至，彼必皆出；彼出则归，彼归则出，楚必道敝。亟肄以罢之，多方以误之，既罢而后以三军继之，必大克之。"阖庐从之。楚于是乎始病。
昭三十一	昭三十一
	秋，吴人侵楚，伐夷，侵潜、六。楚沈尹戌帅师救潜，吴师还。楚师迁潜于南冈而还。吴师围弦。左司马戌、右司马稽帅师救弦，及豫章，吴师还。始用子胥之谋也。
定四	定四
冬，十有一月庚午，蔡侯以吴子及楚人战于柏举。楚师败绩。楚囊瓦出奔郑。庚辰，吴入郢。	伍员为吴行人以谋楚。楚之杀郤宛也，伯氏之族出，伯州犁之孙嚭为吴大宰，以谋楚。楚自昭王即位，无岁不有楚师。蔡侯因之，以其子乾与其大夫之子为质于吴。冬，蔡侯、吴子、唐侯伐楚，舍舟于淮汭，自豫章与楚夹汉。十一月庚午，二师陈于柏举。夫概王以其属五千，先击子常之卒。子常之卒奔，楚师乱，吴师大败之。五战，及郢。楚子涉睢，济江，入于云中。 　　初，伍员与申包胥友。其亡也，谓申包胥曰："我必复楚国！"申包

	胥曰："勉之！子能复之，我必能兴之！"及昭王在随，申包胥如秦乞师，曰："吴为封豕长蛇，以荐食上国。若邻于君，疆埸之患也。逮吴之未定，君其取分焉！若楚之遂亡，君之土也。若以君灵抚之，世以事君！"秦伯使辞焉，曰："寡人闻命矣。子姑就馆，将图而告。"对曰："寡君越在草莽，未获所伏，下臣何敢即安？"立，依于庭墙而哭，日夜不绝声，勺饮不入口七日。秦哀公为之赋《无衣》，九顿首而坐。秦师乃出。	
哀元	哀元	
	吴王夫差败越于夫椒，报檇李也，遂入越。越子以甲楯五千保于会稽，使大夫种因吴大宰嚭以行成。吴子将许之，伍员曰："不可。臣闻之：树德莫如滋，去疾莫如尽。昔有过浇杀斟灌以伐斟鄩，灭夏后相。后缗方娠，逃出自窦，归于有仍，生少康焉。为仍牧正，惎浇，能戒之。浇使椒求之。逃奔有虞，为之庖正，以除其害。虞思于是妻之以二姚，而邑诸纶，有田一成，有众一旅。能布其德，而兆其谋，以收夏众，抚其官职。使女艾谍浇，使季杼诱豷。遂灭过、戈，复禹之绩，祀夏配天，不失旧物。今吴不如过，而越大于少康，或将丰之，不亦难乎？勾践能亲而务施，施不失人，亲不弃劳。与我同壤，而世为仇雠。于是乎克而弗取，将又存之，违天而长寇仇，后虽悔之，不可食已。姬之衰也，日可俟也！介在蛮夷而长寇仇，以是求伯，必不行矣！"弗听。退而告人曰："越十年生聚，而十年教训。二十年之外，吴其为沼乎！"三月，越及吴平。吴入越不书，吴不告庆，越不告败也。	
哀十一	哀十一	
	吴将伐齐，越子率其众以朝焉，	

王及列士皆有馈赂。吴人皆喜，唯子胥惧，曰："是豢吴也夫！"谏曰："越在我，心腹之疾也。壤地同而有欲于我，夫其柔服，求济其欲也。不如早从事焉。得志于齐，犹获石田也，无所用之。越不为沼，吴其泯矣！使医除疾，而曰'必遗类焉'者，未之有也。《盘庚之诰》曰：'其有颠越不共，则劓殄无遗育，无俾易种于兹邑。'是商所以兴也。今君易之，将以求大，不亦难乎？"弗听。使于齐，属其子于鲍氏，为王孙氏。反役，王闻之，使赐之属镂以死。将死，曰："树吾墓槚，槚可材也。吴其亡乎？！三年，其始弱矣。盈必毁，天之道也。"

鲁子服氏（前550—前480）

襄二十三	襄二十三	
冬，十月乙亥，臧孙纥出奔邾。	孟孙恶臧孙，季孙爱之。孟氏闭门，告于季孙曰："臧氏将为乱，不使我葬。"季孙不信。臧孙闻之，戒。冬，十月，孟氏将辟，藉除于臧氏。臧孙使正夫助之，除于东门，甲从己而视之。孟氏又告季孙，季孙怒，命攻臧氏。乙亥，臧纥斩鹿门之关以出，奔邾。初，臧宣叔娶于铸，生贾及为而死。继室以其侄，穆姜之姨子也。生纥长于公宫，姜氏爱之，故立之。臧贾、臧为出在铸。臧武仲自邾使告臧贾，且致大蔡焉，曰："纥不佞，失守宗祧，敢告不吊。纥之罪不及不祀，子以大蔡纳请，其可。"贾曰："是家之祸也，非子之过也。贾闻命矣。"再拜受龟，使为以纳请，遂自为也。臧孙如防，使来告曰："纥非能害也，知不足也。非敢私请。苟守先祀，无废二勋，敢不辟邑？"乃立臧为，臧纥致防而奔齐。其人	子服氏，姬姓，由公族仲孙氏分出，始祖为孟献子。子服氏之世系如下（据顾栋高《大事表》）：

公子庆父	
（隔二代）	
孟献子 仲孙蔑	
子服孝伯 它	子服懿伯 椒
子服惠伯 椒	
子服昭伯 回	
子服景伯 何	

（上表：子服它，又称仲孙它，见《国语·鲁语》。）

	曰："其盟我乎？"臧孙曰："无辞。"将盟臧氏，季孙召外史掌恶臣而问盟首焉，对曰："盟东门氏也，曰：'毋或如东门遂，不听公命杀适立庶。'盟叔孙氏也，曰：'毋或如叔孙侨如，欲废国常，荡覆公室。'"季孙曰："臧孙之罪，皆不及此。"孟椒曰："盍以其犯门斩关？"季孙用之，乃盟臧氏，曰："无或如臧孙纥，干国之纪，犯门斩关。"臧孙闻之，曰："国有人焉。谁居？其孟椒乎？"	1.子服惠伯，又称子服椒，椒，孟椒，惠伯，子服子，子服湫等。其事在襄二十三年至昭十三年之间。穆叔谓子服惠伯始学者也，然惠伯之见识不可谓小，昭三年不因私忌废公命，十二年论忠信，颇有见地，十三年逼晋归季孙。
襄二十五	襄二十五	
公会晋侯、宋公、卫侯、郑伯、曹伯、莒子、邾子、滕子、薛伯、杞伯、小邾子于夷仪。	晋侯济自泮，会于夷仪，伐齐，以报朝歌之役。齐人以庄公说，使隰鉏请成，庆封如师，男女以班。赂晋侯以宗器、乐器。自六正、五吏、三十帅、三军之大夫、百官之正长、师旅及处守者，皆有赂。晋侯许之。使叔向告于诸侯。公使子服惠伯对曰："君舍有罪以靖小国，君之惠也。寡君闻命矣。"	2.子服昭伯，又称子服回，事在昭十六年、二十三年。子服昭伯之事不多，然昭十六年之言亦善。 3.子服景伯，又称子服何，何，景伯等。事在哀三至十五年之间。子服景伯为鲁一代贤良，忠心事鲁，义正辞严，大义处吴；又刚正不阿，不畏强齐；救桓、僖之火，功德不小；谏季子勿伐邾，其言亦善。
襄二十八	襄二十八	
冬，齐庆封来奔。十有一月，公如楚。乙未，楚子昭卒。	庆封归，遇告乱者。丁亥，伐西门，弗克。还伐北门，克之。入伐内宫，弗克。反，陈于岳。请战，弗许，遂来奔。献车于季武子，美泽可以鉴。展庄叔见之，曰："车甚泽，人必瘁。宜其亡也。"叔孙穆子食庆封，庆封汜祭。穆子弗说，使工为之诵《茅鸱》，亦不知。既而齐人来让，奔吴。吴句馀予之朱方，聚其族焉而居之，富于其旧。子服惠伯谓叔孙曰："天殆富淫人，庆封又富矣。"穆子曰："善人富谓之赏，淫人富谓之殃。天其殃之也，其将聚而歼旃。" 为宋之盟故，公及宋公、陈侯、郑伯、许男如楚。及汉，楚康王卒。公欲反，叔仲昭伯曰："我楚国之为，岂为一人行也？"子服惠伯曰："君子有远虑，小人从迩。饥寒之不恤，谁	子服氏为仲孙蔑之后，其势力在鲁不及孟孙大，但子服氏之惠伯、昭伯、景伯皆贤能之辈，多贤德之言，亦颇有功于鲁国。 子服氏尚有子服懿伯，据杜注为孝伯兄弟，见于昭三年。

	遑其后？不如姑归也。"叔孙穆子曰："叔仲子专之矣，子服子始学者也。"荣成伯曰："远图者，忠也。"公遂行。	
襄三十一 冬，十月，滕子来会葬。	襄三十一 冬，十月，滕成公来会葬，惰而多涕。子服惠伯曰："滕君将死矣。怠于其位，而哀已甚，兆于死所矣，能无从乎？"	
昭三 夏，叔弓如滕。五月，葬滕成公。	昭三 五月，叔弓如滕，葬滕成公，子服椒为介。及郊，遇懿伯之忌，敬子不入。惠伯曰："公事有公利，无私忌。椒请先入。"乃先受馆。敬子从之。	
昭七 三月，公如楚。	昭七 楚子成章华之台，愿以诸侯落之。大宰薳启彊曰："臣能得鲁侯。"薳启彊来召公，辞曰："昔先君成公命我先大夫婴齐曰：'吾不忘先君之好，将使衡父照临楚国，镇抚其社稷，以辑宁尔民。'婴齐复命于蜀。奉承以来，弗敢失陨，而致诸宗祧。日我先君共王引领北望，日月以冀，传序相授，于今四王矣。嘉惠未至，唯襄公之辱临我丧。孤与其二三臣悼心失图，社稷之不皇，况能怀思君德？今君若步玉趾，辱见寡君，宠灵楚国，以信蜀之役，致君之嘉惠，是寡君既受贶矣，何蜀之敢望？其先君鬼神实嘉赖之，岂唯寡君？君若不来，使臣请问行期，寡君将承质币而见于蜀，以请先君之贶。"公将往，梦襄公祖。梓慎曰："君不果行。襄公之适楚也，梦周公祖而行。今襄公实祖，君其不行。"子服惠伯曰："行！先君未尝适楚，故周公祖以道之；襄公适楚矣，而祖以道君。不行，何之？"三月，公如楚。郑伯劳于师之梁。孟僖子为介，不能相仪。及楚，不能答郊劳。	

昭十二	昭十二	
冬，十月，公子慭出奔齐。	季平子立，而不礼于南蒯。南蒯谓子仲："吾出季氏，而归其室于公，子更其位，我以费为公臣。"子仲许之。南蒯语叔仲穆子，且告之故。……故叔仲小、南蒯、公子慭谋季氏。慭告公，而遂从公如晋。南蒯惧不克，以费叛，如齐。子仲还，及卫，闻乱，逃介而先。及郊，闻费叛，遂奔齐。 　　南蒯之将叛也，其乡人或知之，过之而叹，且言曰："恤恤乎，湫湫攸乎！深思而浅谋，迩身而远志，家臣而君图，有人矣哉！"南蒯枚筮之，遇《坤》䷁之《比》䷇，曰："黄裳元吉。"以为大吉也。示子服惠伯，曰："即欲有事，何如？"惠伯曰："吾尝学此矣。忠信之事则可，不然，必败。外强内温，忠也。和以率贞，信也。故曰：'黄裳元吉。'黄，中之色也。裳，下之饰也。元，善之长也。中不忠，不得其色。下不共，不得其饰。事不善，不得其极。外内倡和为忠，率事以信为共，共养三德为善。非此三者，弗当。且夫《易》不可以占险，将何事也？且可饰乎？中美能黄，上美为元，下美则裳，参成可筮，犹有阙也。筮虽吉，未也。"将适费，饮乡人酒。乡人或歌之曰："我有圃，生之杞乎！从我者子乎！去我者鄙乎！倍其邻者耻乎！已乎已乎，非吾党之士乎！"	
昭十三	昭十三	
秋，公会刘子、晋侯、宋公、卫侯、郑伯、曹伯、莒子、邾子、滕子、薛伯、杞伯、小邾子	晋成虒祁，诸侯朝而归者，皆有贰心。为取郠故，晋将以诸侯来讨。叔向曰："诸侯不可以不示威。"乃并征会，告于吴。秋，晋侯会吴子于良。水道不可，吴子辞，乃还。七月丙寅，治兵于邾南，甲车四千乘。羊舌鲋摄司马，遂合诸侯于平丘。	

于平丘。八月甲戌，同盟于平丘。公不与盟。晋人执季孙意如以归。公至自会。	邾人、莒人诉于晋，曰："鲁朝夕伐我，几亡矣。我之不共，鲁故之以。"晋侯不见公，使叔向来辞，曰："诸侯将以甲戌盟。寡君知不得事君矣，请君无勤！"子服惠伯对曰："君信蛮夷之诉，以绝兄弟之国，弃周公之后，亦惟君。寡君闻命矣！"叔向曰："寡君有甲车四千乘在，虽以无道行之，必可畏也，况其率道，其何敌之有？牛虽瘠，偾于豚上，其畏不死？南蒯、子仲之忧，其庸可弃乎？若奉晋之众，用诸侯之师，因邾、莒、杞、鄫之怒，以讨鲁罪，间其二忧，何求而弗克？"鲁人惧，听命。 甲戌，同盟于平丘，齐服也。公不与盟。晋人执季孙意如，以幕蒙之，使狄人守之。司铎射怀锦，奉壶饮冰，以蒲伏焉。守者御之，乃与之锦而入。晋人以平子归，子服湫从。 季孙犹在晋。子服惠伯私于中行穆子曰："鲁事齐、楚，其何瘳于晋？亲亲，与大，赏共，罚否，所以为盟主也。子其图之！谚曰：'臣一主二。吾岂无大国？"穆子告韩宣子，且曰："楚灭陈、蔡，不能救，而为夷执亲，将焉用之？"乃归季孙。惠伯曰："寡君未知其罪，合诸侯而执其老。若犹有罪，死命可也。若曰无罪而惠免之，诸侯不闻，是逃命也，何免之为？请从君惠于会。"宣子患之，谓叔向曰："子能归季孙乎？"对曰："不能。鲋也能。"乃使叔鱼。叔鱼见季孙，曰："昔鲋也得罪于晋君，自归于鲁君。微武子之赐，不至于今。虽获归骨于晋，犹子则肉之，敢不尽情？归子而不归，鲋也闻诸吏，将为子除馆于西河。其若之何？"且泣。平子惧，先归。惠伯待礼。	
昭十六 夏，公至	昭十六 公至自晋，子服昭伯语季平子	此下为子服昭伯（昭十六）。

自晋。季孙意如如晋。冬，十月，季平子如晋，葬晋昭公。	曰："晋之公室，其将遂卑矣。君幼弱，六卿强而奢傲，将因是以习。习实为常，能无卑乎？"平子曰："尔幼，恶识国？" 　冬，十月，季平子如晋，葬昭公。平子曰："子服回之言犹信。子服氏有子哉！"	
昭二十三	**昭二十三**	
春，叔孙婼如晋。晋人执我行人叔孙婼。	叔孙婼如晋，晋人执之。书曰："晋人执我行人叔孙婼。"言使人也。晋人使与邾大夫坐，叔孙曰："列国之卿，当小国之君，固周制也。邾又夷也。寡君之命介子服回在，请使当之。不敢废周制故也。"乃不果坐。韩宣子使邾人取其众，将以叔孙与之。叔孙闻之，去众与兵而朝。士弥牟谓韩宣子曰："子弗良图，而以叔孙与其仇，叔孙必死之！鲁亡叔孙，必亡邾。邾君亡国，将焉归？子虽悔之，何及？所谓盟主，讨违命也。若皆相执，焉用盟主？"乃弗与，使各居一馆。士伯听其辞而诉诸宣子，乃皆执之。士伯御叔孙，从者四人，过邾馆以如吏。先归邾子。士伯曰："以匄蒗之难，从者之病，将馆子于都。"叔孙旦而立，期焉。乃馆诸箕，舍子服昭伯于他邑。	
哀三	**哀三**	
五月辛卯，桓宫、僖宫灾。	夏，五月辛卯，司铎火。火逾公宫，桓、僖灾。救火者皆曰："顾府。"南宫敬叔至，命周人出御书，俟于宫，曰："庀女而不在，死！"子服景伯至，命宰人出礼书以待命，命不共，有常刑。校人乘马，巾车脂辖；百官官备，府库慎守，官人肃给；济濡帷幕，郁攸从之，蒙葺公屋，自大庙始，外内以俟。助所不给。有不用命，则有常刑，无赦。公父文伯至，命校人驾乘车。季桓子至，御公立于象魏之外，命救火者：	以下为子服景伯（哀三）。

	"伤人则止，财可为也。"命藏象魏，曰："旧章不可亡也！"富父槐至，曰："无备而官办者，犹拾渖也。"于是乎去表之槁，道还公宫。孔子在陈，闻火，曰："其桓、僖乎？"
哀七	哀七
夏，公会吴于鄫。秋，公伐邾。八月己酉，入邾，以邾子益来。	夏，公会吴于鄫。吴来征百牢，子服景伯对曰："先王未之有也。"吴人曰："宋百牢我，鲁不可以后宋。且鲁牢晋大夫过十，吴王百牢，不亦可乎？"景伯曰："晋范鞅贪而弃礼，以大国惧敝邑，故敝邑十一牢之。君若以礼命于诸侯，则有数矣。若亦弃礼，则有淫者矣。周之王也，制礼，上物不过十二，以为天之大数也。今弃周礼，而曰必百牢，亦唯执事。"吴人弗听。景伯曰："吴将亡矣，弃天而背本。不与，必弃疾于我。"乃与之。 　　季康子欲伐邾，乃飨大夫以谋之。子服景伯曰："小所以事大，信也。大所以保小，仁也。背大国不信，伐小国不仁。民保于城，城保于德。失二德者危，将焉保？"孟孙曰："二三子以为何如？恶贤而逆之？"对曰："禹合诸侯于涂山，执玉帛者万国。今其存者无数十焉，唯大不字小，小不事大也。知必危，何故不言？鲁德如邾，而以众加之，可乎？"不乐而出。秋，伐邾。及范门，犹闻钟声。大夫谏，不听。茅成子请告于吴，不许，曰："鲁击柝闻于邾。吴二千里，不三月不至，何及于我？且国内岂不足？"成子以茅叛。师遂入邾，处其公宫。众师昼掠，邾众保于绎。师宵掠，以邾子益来，献于亳社，囚诸负瑕，负瑕故有绎。邾茅夷鸿以束帛乘韦自请救于吴，曰："鲁弱晋而远吴，冯恃其众而背君之盟，辟君之执事，以陵我小国。邾非敢自

	爱也，惧君威之不立。君威之不立，小国之忧也。若夏盟于鄫衍，秋而背之，成求而不违，四方诸侯其何以事君？且鲁赋八百乘，君之贰也；邾赋六百乘，君之私也。以私奉贰，唯君图之！"吴子从之。
哀八 吴伐我。	**哀八** 　　三月，吴伐我。子泄率，故道险，从武城。初，武城人或有因于吴竟田焉，拘鄫人之沤菅者，曰："何故使吾水滋？"及吴师至，拘者道之以伐武城，克之。王犯尝为之宰，澹台子羽之父好焉，国人惧。懿子谓景伯："若之何？"对曰："吴师来，斯与之战，何患焉？且召之而至，又何求焉？"吴师克东阳而进，舍于五梧。明日，舍于蚕室。公宾庚、公甲叔子与战于夷，获叔子与析朱鉏，献于王。王曰："此同车，必使能，国未可望也。"明日，舍于庚宗，遂次于泗上。微虎欲宵攻王舍，私属徒七百人，三踊于幕庭，卒三百人，有若与焉。及稷门之内，或谓季孙曰："不足以害吴，而多杀国士，不如已也。"乃止之。吴子闻之，一夕三迁。 　　吴人行成，将盟，景伯曰："楚人围宋，易子而食，析骸而爨，犹无城下之盟。我未及亏而有城下之盟，是弃国也。吴轻而远，不能久，将归矣，请少待之。"弗从。景伯负载，造于莱门。乃请释子服何于吴，吴人许之，以王子姑曹当之，而后止。吴人盟而还。
哀十二 秋，公会卫侯、宋皇瑗于郧。	**哀十二** 　　吴征会于卫。初，卫人杀吴行人且姚而惧，谋于行人子羽。子羽曰："吴方无道，无乃辱吾君？不如止也。"子木曰："吴方无道。国无道，必弃疾于人。吴虽无道，犹足以患卫。往也！长木之毙，无不摽者也；

	国狗之瘈，无不噬也，而况大国乎？"秋，卫侯会吴于郧。公及卫侯、宋皇瑗盟，而卒辞吴盟。吴人藩卫侯之舍。子服景伯谓子贡曰："夫诸侯之会，事既毕矣，侯伯致礼，地主归饩，以相辞也。今吴不行礼于卫，而藩其君舍以难之，子盍见大宰？"乃请束锦以行。语及卫故，大宰嚭曰："寡君愿事卫君，卫君之来也缓，寡君惧，故将止之。"子贡曰："卫君之来，必谋于其众；其众或欲或否，是以缓来。其欲来者，子之党也；其不欲来者，子之仇也。若执卫君，是堕党而崇仇也，夫堕子者得其志矣。且合诸侯而执卫君，谁敢不惧？堕党崇仇而惧诸侯，或者难以霸乎？"大宰嚭说，乃舍卫侯。卫侯归，效夷言。子之尚幼，曰："君必不免，其死于夷乎！执焉，而又说其言，从之固矣。"
哀十三	哀十三
	吴人将以公见晋侯，子服景伯对使者曰："王合诸侯，则伯帅侯牧以见于王；伯合诸侯，则侯帅子、男以见于伯。自王以下，朝聘玉帛不同，故敝邑之职贡于吴，有丰于晋，无不及焉，以为伯也。今诸侯会，而君将以寡君见晋君，则晋成为伯矣。敝邑将改职贡：鲁赋于吴八百乘，若为子、男，则半邾以属于吴，而如邾以事晋。且执事以伯召诸侯，而以侯终之，何利之有焉？"吴人乃止。既而悔之，将囚景伯，景伯曰："何也立后于鲁矣，将以二乘与六人从，迟速唯命！"遂囚以还。及户牖，谓大宰曰："鲁将以十月上辛有事于上帝、先王，季辛而毕。何世有职焉，自襄以来，未之改也。若不会，祝宗将曰：吴实然。且谓鲁不共，而执其贱者七人，何损焉？"大宰嚭言于王曰："无损于鲁而只为名，不如归之。"乃归景伯。

843

哀十五	哀十五	
春，王正月，成叛。及齐平。	春，成叛于齐。武伯伐成，不克，遂城输。 冬，及齐平。子服景伯如齐，子赣为介，见公孙成曰："人皆臣人，而有背人之心，况齐人虽为子役，其有不贰乎？子，周公之孙也，多飨大利，犹思不义；利不可得，而丧宗国，将焉用之？"成曰："善哉！吾不早闻命。"陈成子馆客，曰："寡君使恒告曰：'寡人愿事君，如事卫君。'"景伯揖子赣而进之，对曰："寡君之愿也！昔晋人伐卫，齐为卫故，伐晋冠氏，丧车五百，因与卫地，自济以西，禚、媚、杏以南，书社五百。吴人加敝邑以乱。齐因其病，取谨与阐。寡君是以寒心。若得视卫君之事君也，则固所愿也！"成子病之，乃归成。公孙宿以其兵甲入于嬴。	

齐悼公附简公（前491—前479）

哀四	哀四	齐悼公，齐景公之子，名阳生，故又称公子阳生。哀五年立（从六年正式算起），哀十年被弑，共在位五年。 齐景公之后世系如下（参陈厚耀《世族谱》）：
	秋七月，齐陈乞、弦施、卫宁跪救范氏。庚午，围五鹿。九月，赵鞅围邯郸。冬十一月，邯郸降。荀寅奔鲜虞，赵稷奔临。十二月，弦施逆之，遂堕临。国夏伐晋，取邢、任、栾、鄗、逆畤、阴人、盂、壶口，会鲜虞，纳荀寅于柏人。	
哀五	哀五	
夏，齐侯伐宋。 秋九月癸酉，齐侯杵臼卒。 冬，叔还如齐。 闰月，葬	春，晋围柏人，荀寅、士吉射奔齐。 齐燕姬生子，不成而死。诸子鬻姒之子荼嬖，诸大夫恐其为大子也，言于公曰："君之齿长矣，未有大子，若之何？"公曰："二三子间于忧虞，则有疾疢，亦姑谋乐，何忧于无君？"公疾，使国惠子、高昭子立荼，置群	

齐景公					
安孺子荼	悼公阳生	公子鉏	公子嘉	公子驹	公子黔
	（以下悼公子）				
简公壬		平公骜			

齐景公。	公子于莱。秋，齐景公卒。 　　冬十月，公子嘉、公子驹、公子黔奔卫，公子鉏、公子阳生来奔。莱人歌之曰："景公死乎不与埋，三军之事乎不与谋，师乎师乎，何党之乎？"	（上表：齐景公襄二十六立，哀五卒。其子安孺子荼哀五年立，次年弑；悼公阳生哀七立，哀十弑。公子鉏［南郭且于］昭元、昭六见，公子嘉、公子驹、公子黔俱哀五见。简公壬哀十一立，哀十四弑。平公骜哀十五立，卒在春秋后。） 　　简公、平公皆悼公（阳生）之子。从这张表看出，齐景公死后，齐国发生多起弑君之乱，他的两个儿子安孺子荼、悼公阳生均被弑，他的孙子简公壬也被弑。安孺子之弑是因为陈乞与国、高二氏的权力斗争，悼公被弑是因为鲍氏与悼公的私人矛盾（此据《史记·齐世家》），齐简公之弑是因为陈恒与简公的权力斗争。 　　《左传》中的齐悼公，应该说是一个头脑精明但无智慧，负气自用而无胸怀的人，由此也决定了他一生的命运。 　　齐悼公即位前，
哀六	**哀六**	
夏，齐国夏及高张来奔。 　　齐阳生入于齐。 　　齐陈乞弑其君荼。	齐陈乞伪事高、国者，每朝，必骖乘焉。所从，必言诸大夫曰："彼皆偃蹇，将弃子之命。皆曰：'高、国得君，必偪我，盍去诸？'固将谋子，子早图之！图之，莫如尽灭之。需，事之下也。"及朝，则曰："彼，虎狼也。见我在子之侧，杀我无日矣，请就之位。"又谓诸大夫曰："二子者祸矣，恃得君而欲谋二三子，曰：'国之多难，贵宠之由，尽去之而后君定。'既成谋矣，盍及其未作也，先诸？作而后，悔亦无及也。"大夫从之。 　　夏六月戊辰，陈乞、鲍牧及诸大夫以甲入于公宫。昭子闻之，与惠子乘如公。战于庄，败。国人追之，国夏奔莒，遂及高张、晏圉、弦施来奔。 　　陈僖子使召公子阳生。阳生驾而见南郭且于，曰："尝献马于季孙，不入于上乘，故又献此，请与子乘之。"出莱门而告之故。阚止知之，先待诸外。公子曰："事未可知，反，与壬也处。"戒之，遂行。逮夜，至于齐，国人知之。僖子使子士之母养之，与馈者皆入。 　　冬十月丁卯，立之。将盟，鲍子醉而往。其臣差车鲍点曰："此谁之命也？"陈子曰："受命于鲍子。"遂诬鲍子曰："子之命也！"鲍子曰："女忘君之为孺子牛而折其齿乎，而背之也？"悼公稽首，曰："吾子，奉义而行者也。若我可，不必亡一大夫；若	

	我不可，不必亡一公子。义则进，否则退，敢不唯子是从？废兴无以乱，则所愿也。"鲍子曰："谁非君之子？"乃受盟。使胡姬以安孺子如赖，去鬻姒，杀王甲，拘江说，囚王豹于句渎之丘。 公使朱毛告于陈子，曰："微子，则不及此。然君异于器，不可以二。器二不匮，君二多难，敢布诸大夫。"僖子不对而泣，曰："君举不信群臣乎？以齐国之困，困又有忧，少君不可以访，是以求长君，庶亦能容群臣乎！不然，夫孺子何罪？"毛复命，公悔之。毛曰："君大访于陈子，而图其小可也。"使毛迁孺子于骀。不至，杀诸野幕之下，葬诸殳冒淳。	陈氏势力已经稳固且权倾朝野。悼公对于齐国的政治局势和未来命运显然缺少关注，甚至不及其子简公，其无远大志向是显而易见的。 由于齐景公晚年酷爱幼子（即安孺子荼），故生前不立大子，临终前嘱国夏（惠子）、高张（昭子）立嬖人鬻姒之子安孺子（荼），被陈僖子阴谋废除，齐悼公正是在这种情况下靠陈氏之力登上君位的。 齐悼公即位后所做的如下几件事，可以比较好地反映其为人： 一是急于除掉同父异母兄弟即安孺子。哀六年刚即位不久，使朱毛告僖子，促其除恶务尽，终致安孺子被杀。次年，又杀抚养安孺子的胡姬。 二是因私怨而兴兵伐鲁，齐鲁交兵不断。悼公哀五年奔鲁（时为公子），并娶季康子之妹（称季姬），后因季鲂侯与季姬私通，遂联吴伐鲁，后导致吴国、鲁国与齐国交
哀八 夏，齐人取谨及阐。 冬，齐人归谨及阐。	哀八 齐悼公之来也，季康子以其妹妻之，即位而逆之。季鲂侯通焉，女言其情，弗敢与也。齐侯怒。夏五月，齐鲍牧帅师伐我，取谨及阐。 或谮胡姬于齐侯曰："安孺子之党也。"六月，齐侯杀胡姬。 齐侯使如吴请师，将以伐我。秋，及齐平。九月，臧宾如如齐莅盟。齐闾丘明来莅盟，且逆季姬以归，嬖。 鲍牧又谓群公子曰："使女有马千乘乎？"公子诉之。公谓鲍子："或谮子，子姑居于潞以察之。若有之，则分室以行；若无之，则反子之所。"出门，使以三分之一行；半道，使以二乘。及潞，麇之以入，遂杀之。 冬十二月，齐人归谨及阐，季姬嬖故也。	
哀九	哀九 九年春，齐侯使公孟绰辞师于吴。吴子曰："昔岁寡人闻命，今又革之，不知所从，将进受命于君。" 冬，吴子使来儆师伐齐。	

哀十	哀十
春，公会吴伐齐。三月戊戌，齐侯阳生卒。夏，晋赵鞅帅师侵齐。五月，公至自伐齐。葬齐悼公。	春，邾隐公来奔；齐甥也，故遂奔齐。 公会吴子、邾子、郯子伐齐南鄙，师于鄎。 齐人弑悼公，赴于师。吴子三日哭于军门之外。徐承帅舟师将自海入齐，齐人败之，吴师乃还。 夏，赵鞅帅师伐齐，大夫请卜之。赵孟曰："吾卜于此起兵，事不再令，卜不袭吉。行也！"于是乎取犁及辕，毁高唐之郭，侵及赖而还。 秋，吴子使来复儆师。
哀十一	哀十一
春，齐国书帅师伐我。五月，公会吴伐齐。甲戌，齐国书帅师及吴战于艾陵，齐师败绩，获齐国书。	春，齐为鄎故，国书、高无㔻帅师伐我，及清。师及齐师战于郊。齐师自稷曲，师不逾沟。师入齐军。右师奔，齐人从之。陈瓘、陈庄涉泗。师获甲首八十，齐人不能师。宵谍曰："齐人遁。"冉有请从之三，季孙弗许。 为郊战故，公会吴子伐齐。五月，克博。壬申，至于嬴。中军从王，胥门巢将上军，王子姑曹将下军，展如将右军。齐国书将中军，高无㔻将上军，宗楼将下军。陈僖子谓其弟书："尔死，我必得志。"宗子阳与闾丘明相厉也。桑掩胥御国子。公孙夏曰："二子必死。"将战，公孙夏命其徒歌虞殡。陈子行命其徒具含玉。公孙挥命其徒曰："人寻约，吴发短。"东郭书曰："三战必死，于此三矣。"使问弦多以琴，曰："吾不复见子矣。"陈书曰："此行也，吾闻鼓而已，不闻金矣。" 甲戌，战于艾陵。展如败高子，国子败胥门巢，王卒助之，大败齐师，获国书、公孙夏、闾丘明、陈书、东郭书，革车八百乘，甲首三千，以献于公。

兵不断（哀八、十、十一）。

三是报复鲍氏，终致自己被杀。鲍牧对于悼公取代安孺子颇有异见（哀六），悼公遂杀之（哀八）。哀十年悼公之弑，《史记》谓即鲍子（或称鲍氏）所为。考鲍牧哀十年被杀，则弑悼公者当为其子（《晏子春秋·谏上篇》称田氏弑悼公，似不如鲍氏弑君更合情理）。

《左传》善于从小事反映性格。哀六年，陈氏、鲍氏驱逐国、高二氏之后召公子阳生（即悼公），阳生驾见公子鉏（即南郭且于），以出来试马为由，询问对策，此后夜归于齐，足见其谨慎。悼公之立，陈僖子不欲担责，诬为鲍牧之谋，鲍子曰："女忘君之为孺子牛而折其齿乎，而背之也？"悼公闻之，稽首曰："吾子，奉义而行者也。若我可，不必亡一大夫；若我不可，不必亡一公子。义则进，否则退。敢不唯子是从？废兴无

	公使大史固归国子之元，置之新箧，裹之以玄纁，加组带焉。置书于其上，曰："天若不识不衷，何以使下国？" 秋，季孙命修守备，曰："小胜大，祸也，齐至无日矣。"	以乱，则所愿也。"鲍子之言出于真情，盖不忘景公之恩也。悼公之言出于义气，盖有感于政治残酷也。二人之言，均称经典，后世流传。
哀十四	哀十四	
夏四月，齐陈恒执其君，置于舒州。 六月，齐人弑其君壬于舒州。	齐简公之在鲁也，阚止有宠焉。及即位，使为政。陈成子惮之，骤顾诸朝。诸御鞅言于公曰："陈、阚不可并也，君其择焉！"弗听。 子我夕，陈逆杀人，逢之，遂执以入。陈氏方睦，使疾，而遗之潘沐，备酒肉焉，飨守囚者，醉而杀之，而逃。子我盟诸陈于陈宗。 初，陈豹欲为子我臣，使公孙言己，已有丧而止，既而言之曰："有陈豹者，长而上偻，望视，事君子必得志，欲为子臣，吾惮其为人也，故缓以告。"子我曰："何害？是其在我也。"使为臣。他日，与之言政，说，遂有宠，谓之曰："我尽逐陈氏而立女，若何？"对曰："我远于陈氏矣，且其违者不过数人，何尽逐焉？"遂告陈氏。子行曰："彼得君，弗先，必祸子。"子行舍于公宫。 夏五月壬申，成子兄弟四乘如公。子我在幄，出，逆之，遂入，闭门。侍人御之，子行杀侍人。公与妇人饮酒于檀台，成子迁诸寝。公执戈，将击之。大史子余曰："非不利也，将除害也。"成子出舍于库，闻公犹怒，将出，曰："何所无君？"子行抽剑，曰："需，事之贼也。谁非陈宗？所不杀子者，有如陈宗！"乃止。 子我归，属徒，攻闱与大门，皆不胜，乃出。陈氏追之，失道于弇中，适丰丘。丰丘人执之，以告，杀诸郭关。成子将杀大陆子方，陈逆请	齐简公，齐悼公之子，名壬。悼公于哀十年即位，哀十四年被陈成子（陈恒）所弑，共在位四年。悼公被弑后，想必其子简公亦是僖子所立。然简公欲除陈氏，而重任阚止（字子我，或谓孔子弟子宰予），终为陈氏所害。在简公之难中，陈氏族人如陈豹、陈逆等相勾结，共同向国君发难，左氏写得栩栩如生。可惜简公其陈氏势力之大、对人心之难测、对政治之残酷认识不深。

	而免之。以公命取车于道，及耏，众知而东之，出雍门，陈豹与之车，弗受，曰："逆为余请，豹与余车，余有私焉。事子我而有私于其雠，何以见鲁、卫之士？"东郭贾奔卫。 庚辰，陈恒执公于舒州。公曰："吾早从鞅之言，不及此。" 甲午，齐陈恒弑其君壬于舒州。孔丘三日齐，而请伐齐三。公曰："鲁为齐弱久矣，子之伐之，将若之何？"对曰："陈恒弑其君，民之不与者半。以鲁之众加齐之半，可克也。"公曰："子告季孙。"孔子辞，退而告人曰："吾以从大夫之后也，故不敢不言。"	

鲁孔子（前632—前479）

僖二十八	僖二十八	高士奇《左传纪事本末》有"孔子仕鲁"章（卷十五），从定十年记起。吴闿生《左传微》有"孔子用鲁"章（卷十一），从昭七年记起。高士奇及吴闿生书皆只记孔子事迹，而略其言论，阙失甚多。 孔子，子姓，字仲尼，传中亦称孔丘、丘、尼父（其中"丘"为自称）。六世祖孔父嘉，其后以王父字为氏。《春秋左传》所见孔子世系人物如下：
冬，公会晋侯、齐侯、宋公、蔡侯、郑伯、陈子、莒子、邾子、秦人于温。 天王狩于河阳。	冬，会于温，讨不服也。是会也，晋侯召王，以诸侯见，且使王狩。仲尼曰："以臣召君，不可以训。故书曰'天王狩于河阳'，言非其地也，且明德也。"	
文二	**文二**	
丁丑，作僖公主。八月丁卯，大事于大庙，跻僖公。	秋八月丁卯，大事于大庙，跻僖公，逆祀也。 仲尼曰："臧文仲，其不仁者三，不知者三。下展禽，废六关，妾织蒲，三不仁也。作虚器，纵逆祀，祀爰居，三不知也。"	
宣二	**宣二**	
秋九月乙丑，晋赵盾弑其君夷皋。	乙丑，赵穿杀灵公于桃园。宣子未出山而复。大史书曰"赵盾弑其君"，以示于朝。宣子曰："不然。"对曰："子为正卿，亡不越竟，反不	

		人物	简况
	讨贼。非子而谁？"宣子曰："呜呼！《诗》曰'我之怀矣，自诒伊戚'。其我之谓矣。" 孔子曰："董狐，古之良史也，书法不隐。赵宣子，古之良大夫也，为法受恶。惜也，越竟乃免。"	宋闵公	微仲玄孙
		弗父何	昭七传"其祖弗父何以有宋而授厉公"
宣九 陈杀其大夫泄冶。	**宣九** 陈灵公与孔宁、仪行父通于夏姬，皆衷其祖服，以戏于朝。泄冶谏曰："公卿宣淫，民无效焉，且闻不令。君其纳之！"公曰："吾能改矣。"公告二子。二子请杀之，公弗禁，遂杀泄冶。 孔子曰："《诗》云：'民之多辟，无自立辟。'其泄冶之谓乎！"	（缺二代）	
		正考父	孔子七世祖，弗父何曾孙，佐戴、武、宣三公（昭七传）
		孔父嘉	孔子六世祖，又称孔父，大司马，隐三见，桓二为华督所杀
		（缺四代）	
成二 夏四月丙戌，卫孙良夫帅师及齐师战于新筑，卫师败绩。	**成二** 卫侯使孙良夫、石稷、宁相、向禽将侵齐，与齐师遇。新筑人仲叔于奚救孙桓子，桓子是以免。既，卫人赏之以邑，辞，请曲县、繁缨以朝，许之。仲尼闻之曰："惜也，不如多与之邑。唯器与名，不可以假人，君之所司也。名以出信，信以守器，器以藏礼，礼以行义，义以生利，利以平民，政之大节也。若以假人，与人政也。政亡，则国家从之，弗可止也已。"	叔梁纥	襄十传晋伐偪阳，县门发，郰人纥抉之。襄十七"郰叔纥、臧畴、臧贾帅甲三百，宵犯齐师，送之而复。齐师去之"。
成十七	**成十七** 齐庆克通于声孟子，与妇人蒙衣乘辇而入于闳。鲍牵见之，以告国武子。武子召庆克而谓之。庆克久不出，而告夫人曰："国子谪我。"夫人怒。国子相灵公以会，高、鲍处守。及还，将至，闭门而索客。孟子诉之曰："高、鲍将不纳君，而立公子角，国子知之。"秋七月壬寅，刖鲍牵而逐高无咎。无咎奔莒。高弱以卢叛。齐人来召鲍国而立之。 仲尼曰："鲍庄子之知不如葵，葵犹能卫其足。"	孔子	定元为司寇，定十夹谷之会，定十二堕三都，哀三在陈，哀十一年自卫返鲁，哀十六年卒
		（上表：弗父何为宋厉公之弟，据《史记·宋世家》则为宋微子弟微仲四世孙即玄孙。昭七年传："吾闻将有达者曰孔丘，圣人之后也，而灭于宋。其	

襄十	襄十	祖弗父何以有宋而授厉公。及正考父，佐戴、武、宣，三命兹益共。"戴、武、宣三公皆在春秋前。宋宣公与夷见于隐三年传。①）
夏五月甲午，遂灭偪阳。	晋荀偃、士匄请伐偪阳，而封宋向戌焉。丙寅，围之，弗克。孟氏之臣秦堇父辇重如役。偪阳人启门，诸侯之士门焉。县门发，郰人纥抏之，以出门者。狄虒弥建大车之轮，而蒙之以甲，以为橹。左执之，右拔戟，以成一队。孟献子曰："《诗》所谓'有力如虎'者也。"主人县布，堇父登之，及堞而绝之。队，则又县之。苏而复上者三，主人辞焉，乃退。带其断以徇于军三日。师归，孟献子以秦堇父为右。生秦丕兹，事仲尼。	《左传》记孔子始于僖二十八年，距孔子出生尚有81年，乃左氏追记。计《春秋左传》称"仲尼"34次（僖1次，文1次，成2次，襄5次，昭13次，定3次，哀9次），称"孔子"10次（宣2次，定1次，哀7次），称"孔丘"10次（昭2次，定5次，哀3次[含"经"1次]），称"丘"2次（哀十一、十二），称"尼父"1次（哀十六），共计57次（其中经文中仅1次）。称"仲尼"次数最多，远多于称"孔子"或"孔丘"（《左传》所附《春秋经》孔子之名仅出现一次，在哀十六年，严格说来哀十六年非经，故不见《公》《榖》，孔子所著《春秋》止于
襄二十三	襄二十三	
冬十月乙亥，臧孙纥出奔邾。	季武子无適子，公弥长，而爱悼子，欲立之。访于申丰曰："弥与纥，吾皆爱之，欲择才焉而立之。"申丰趋退，归，尽室将行。他日，又访焉。对曰："其然，将具敝车而行。"乃止。访于臧纥。臧纥曰："饮我酒，吾为子立之。"季氏饮大夫酒，臧纥为客。既献，臧孙命北面重席，新尊絜之。召悼子，降，逆之。大夫皆起。及旅，而召公鉏，使与之齿。季孙失色。季氏以公鉏为马正，愠而不出，闵子马见之，曰："子无然。祸福无门，唯人所召。为人子者，患不孝，不患无所。敬共父命，何常之有？若能孝敬，富倍季氏可也。奸回不轨，祸倍下民可也。"公鉏然之，敬共朝夕，恪居官次。季孙喜，使饮己酒，而以具往，尽舍旃。故公鉏氏富，又出为公左宰。孟孙恶臧孙，季孙爱之。孟氏之御驺丰点好羯也，曰："从余言，必为孟孙。"再三云，羯从之。孟庄子疾，丰点谓公鉏："苟立羯，请雠臧氏。"公鉏谓季孙曰："孺子秩固其所	

① 王符《潜夫论·志氏姓》："闵公子弗父何生宋父，宋父生世子，世子生正考父，正考父生孔父嘉，孔父嘉生子木金父。木金父降为士，故曰灭于宋。金父生祁父，祁父生防叔，防叔为华氏所逼，出奔鲁，为防大夫。故曰防叔。防叔生伯夏，伯夏生叔梁纥，为郰大夫，故曰郰叔纥，生孔子。"

也。若羯立，则季氏信有力于臧氏矣。"弗应。己卯，孟孙卒。公鉏奉羯立于户侧。季孙至，入，哭，而出，曰："秩焉在？"公鉏曰："羯在此矣。"季孙曰："孺子长。"公鉏曰："何长之有？唯其才也。且夫子之命也。"遂立羯，秩奔邾。

臧孙入哭，甚哀，多涕。出，其御曰："孟孙之恶子也，而哀如是。季孙若死，其若之何？"臧孙曰："季孙之爱我，疾疢也；孟孙之恶我，药石也。美疢不如恶石。夫石犹生我，疢之美，其毒滋多。孟孙死，吾亡无日矣。"孟氏闭门，告于季孙曰："臧氏将为乱，不使我葬。"季孙不信。臧孙闻之，戒。冬十月，孟氏将辟，藉除于臧氏。臧孙使正夫助之，除于东门，甲从己而视之。孟氏又告季孙。季孙怒，命攻臧氏。乙亥，臧纥斩鹿门之关以出，奔邾。

初，臧宣叔娶于铸，生贾及为而死。继室以其侄，穆姜之姨子也，生纥，长于公宫。姜氏爱之，故立之。臧贾、臧为出在铸。臧武仲自邾使告臧贾，且致大蔡焉，曰："纥不佞，失守宗祧，敢告不吊。纥之罪不及不祀，子以大蔡纳请，其可。"贾曰："是家之祸也，非子之过也。贾闻命矣。"再拜受龟，使为以纳请，遂自为也。臧孙如防，使来告曰："纥非能害也，知不足也。非敢私请。苟守先祀，无废二勋，敢不辟邑！"乃立臧为。臧纥致防而奔齐。其人曰："其盟我乎？"臧孙曰："无辞。"将盟臧氏，季孙召外史掌恶臣而问盟首焉。对曰："盟东门氏也，曰'毋或如东门遂不听公命，杀適立庶'。盟叔孙氏也，曰'毋或如叔孙侨如欲废国常，荡覆公室'。"季孙曰："臧孙之罪皆不及此。"孟椒曰："盍以其犯

哀十四年）。由上可知，《左传》记孔子甚多。据此，似亦可以从另一角度得出与吕祖谦相同的看法，即"仲尼授经于丘明"未必可信。至少如果作者是孔子弟子，不可能以"仲尼"或"孔丘"称呼孔子。

《左传》所记孔子，大体有两类，一是记言，二是记事。记言占绝大多数，记事则始于襄十年（特别是昭七）。具体来说，记言又分为两类，一是孔子论人，二是孔子论事。《左传》至昭七年起，始记孔子事，此前均只记孔子言。今分别以"孔子论人""论事""与事"三个方面分述：

1.孔子论人。见于：文二评臧文仲，宣二评赵盾（弑君），宣九评陈泄冶，成十七评齐鲍庄子，襄二十三评臧武仲（臧孙纥），襄三十一评子产，昭七评孟僖子，昭十二评楚灵王，昭十三评子产，昭十四评叔向，昭二十评卫宗鲁，昭二十八评魏献子（魏

	门斩关?"季孙用之,乃盟臧氏,曰:"毋或如臧孙纥干国之纪,犯门斩关!"臧孙闻之,曰:"国有人焉,谁居?其孟椒乎!" 齐侯将为臧纥田。臧孙闻之,见齐侯,与之言伐晋,对曰:"多则多矣,抑君似鼠。夫鼠,昼伏夜动,不穴于寝庙,畏人故也。今君闻晋之乱而后作焉,宁将事之,非鼠而何?"乃弗与田。 仲尼曰:"知之难也。有臧武仲之知,而不容于鲁国,抑有由也,作不顺而施不恕也。《夏书》曰:'念兹在兹',顺事、恕施也。"	舒),昭二十九评范宣子,定九评赵文子,定十五评子贡(之预言),哀六评楚昭王,哀十一评汪锜、冉有、季康子,哀十五论子路、子羔。 2.孔子论事。见于:僖二十八评天子狩河阳,成二论封赏于奚,襄二十五论郑辞于晋,襄二十七论弭兵宴会,昭十三论盟主封贡,昭十七论学在四夷,昭二十劝琴张,昭二十九评晋铸刑鼎,哀三论鲁宫大火,哀十一评季孙收田赋,哀十二论螽,哀十四论西狩获麟。 3.孔子与事,指孔子参与或与之有关的事。见于:襄十秦丕兹事仲尼,昭七孟僖子论孔子家世、孟懿子与南宫敬叔事仲尼,昭十七孔子学于郯子,定元孔子为司寇沟合昭公墓,定十孔子相夹谷之会、堕三都,哀十一卷入孔文子与大叔疾之乱,哀十二参加昭公夫人丧礼,哀十四陈恒弑君请伐之,哀十六孔子卒、
襄二十五 六月壬子,郑公孙舍之帅师入陈。冬,郑公孙夏帅师伐陈。	**襄二十五** 初,陈侯会楚子伐郑,当陈隧者,井堙,木刊,郑人怨之。六月,郑子展、子产帅车七百乘伐陈,宵突陈城,遂入之。陈侯扶其大子偃师奔墓,遇司马桓子,曰:"载余!"曰:"将巡城。"遇贾获,载其母妻,下之,而授公车。公曰:"舍而母。"对曰:"不祥。"与其妻扶其母以奔墓,亦免。子展命师无入公宫,与子产亲御诸门。陈侯使司马桓子赉以宗器。陈侯免,拥社,使其众男女别而累,以待于朝。子展执絷而见,再拜稽首,承饮而进献。子美入,数俘而出。祝祓社,司徒致民,司马致节,司空致地,乃还。 郑子产献捷于晋,戎服将事。晋人问陈之罪。对曰:"昔虞阏父为周陶正,以服事我先王。我先王赖其利器用也,与其神明之后也,庸以元女大姬配胡公,而封诸陈,以备三恪。则我周之自出,至于今是赖。桓公之乱,蔡人欲立其出,我先君庄公奉五父而立之,蔡人杀之,我又与蔡人奉戴厉公。至于庄、宣,皆我之自立。夏氏之乱,成公播荡,又我之自入,	

	君所知也。今陈忘周之大德，蔑我大惠，弃我姻亲，介恃楚众，以冯陵我敝邑，不可亿逞，我是以有往年之告。未获成命，则有我东门之役。当陈隧者，井堙、木刊。敝邑大惧不竞而耻大姬，天诱其衷，启敝邑之心。陈知其罪，授手于我。用敢献功。"晋人曰："何故侵小？"对曰："先王之命，唯罪所在，各致其辟。且昔天子之地一圻，列国一同，自是以衰。今大国多数圻矣，若无侵小，何以至焉？"晋人曰："何故戎服？"对曰："我先君武、庄为平、桓卿士。城濮之役，文公布命，曰：'各复旧职。'命我文公戎服辅王，以授楚捷——不敢废王命故也。"士庄伯不能诘，复于赵文子。文子曰："其辞顺。犯顺，不祥。"乃受之。 　　冬十月，子展相郑伯如晋，拜陈之功。子西复伐陈，陈及郑平。 　　仲尼曰："《志》有之：'言以足志，文以足言。'不言，谁知其志？言之无文，行之不远。晋为伯，郑入陈，非文辞不为功。慎辞也。"	哀公及子赣之言。记事之中多有孔子之言，故记事与记言不可分，这里以事为主。 　　计《左传》所记孔子言行，以僖二十八论天王狩河阳、文二评臧文仲三不仁三不知、成二论唯器与名不可假人、成十七论鲍庄子不能卫其足、襄二十三论臧武仲之知、昭二十评宗鲁为人、昭十七论学在四夷、昭二十九论晋铸刑鼎、哀十一卷入孔文子之乱、哀十一论季孙非礼较有意思。此外，昭七年孟僖子论述孔子家世及孔子本人，亦值重视。又记事多简略，而以孔子之言最有重要。 　　如何解读《左传》中的孔子言行？吴闿生《左传微·孔子用鲁》谓其义法"以道大莫容为主"，与吕祖谦之见相左。窃以为左氏记孔子，有两个特点：一是未以孔子以后世所谓万世宗师视之。明确评价孔子之处只有昭七年孟僖子谓孔子为
襄二十七 　秋七月辛巳，豹及诸侯之大夫盟于宋。	襄二十七 　宋向戌善于赵文子，又善于令尹子木，欲弭诸侯之兵以为名。如晋，告赵孟。赵孟谋于诸大夫。韩宣子曰："兵，民之残也，财用之蠹也，小国之大菑也。将或弭之，虽曰不可，必将许之。弗许，楚将许之，以召诸侯，则我失为盟主矣。"晋人许之。如楚，楚亦许之。如齐，齐人难之。陈文子曰："晋、楚许之，我焉得已？且人曰'弭兵'，而我弗许，则固携吾民矣，将焉用之？"齐人许之。告于秦，秦亦许之。皆告于小国，为会于宋。 　　五月甲辰，晋赵武至于宋。丙午，郑良霄至。六月丁未朔，宋人享赵文子，叔向为介。司马置折俎，礼也。仲尼使举是礼也，以为多文辞。	

襄三十一	襄三十一	"圣人之后"、为"达者""达人"、为"有礼者"。二是以体现左氏义法为主，故当谨慎对待。比如昭二十八年传载孔子赞魏献子"近不失亲"，"之举也义，其命也忠"，吴闿生《左传微·晋祁氏羊舌氏之亡》（卷九）认为孔子"以'近不失亲'称之，亦讥之也"，孔子以"自求多福"喻贾辛之忠，"此等赞词亦故为谬悠之词以讥之也"（此引宗尧语）。据此则孔子之评颇有正话反说之嫌，本不可仅从表面上来理解。吕祖谦著《左氏传说》《左氏传续说》《东莱博议》，其中认为左氏记孔子事"便无意思"，"又多失实"，"有欠精神处"，或是"后人附会"，"适所以为浅耳"。例如，《左氏传续说·纲领》称《左传》"只记孔子事便无意思。以此知杜预谓左丘明受经于仲尼，其说难信"。又卷十二〈哀公〉称："大抵《左传》载孔子事，多失其实，盖察不得圣人深，所以有欠
	郑人游于乡校，以论执政。然明谓子产曰："毁乡校何如？"子产曰："何为？夫人朝夕退而游焉，以议执政之善否。其所善者，吾则行之；其所恶者，吾则改之，是吾师也。若之何毁之？我闻忠善以损怨，不闻作威以防怨。岂不遽止？然犹防川。大决所犯，伤人必多，吾不克救也。不如小决使道，不如吾闻而药之也。"然明曰："蔑也今而后知吾子之信可事也。小人实不才，若果行此，其郑国实赖之，岂唯二三臣？" 仲尼闻是语也，曰："以是观之，人谓子产不仁，吾不信也。"	
昭五	昭五	
	昭子即位，朝其家众，曰："竖牛祸叔孙氏，使乱大从，杀適立庶，又披其邑，将以赦罪，罪莫大焉。必速杀之！"竖牛惧，奔齐。孟、仲之子杀诸塞关之外，投其首于宁风之棘上。 仲尼曰："叔孙昭子之不劳，不可能也。周任有言：'为政者不赏私劳，不罚私怨。'《诗》云：'有觉德行，四国顺之。'"	
昭七	昭七	
九月，公至自楚。	九月，公至自楚。孟僖子病不能相礼，乃讲学之，苟能礼者从之。及其将死也，召其大夫，曰："礼，人之干也。无礼，无以立。吾闻将有达者曰孔丘，圣人之后也，而灭于宋。其祖弗父何以有宋而授厉公。及正考父，佐戴、武、宣，三命兹益共，故其鼎铭曰：'一命而偻，再命而伛，三命而俯，循墙而走，亦莫余敢侮。饘于是，鬻于是，以餬余口。'其共也如是。臧孙纥有言曰：'圣人有明德者，若不当世，其后必有达人。'今其将在孔丘乎！我若获没，必属说	

	与何忌于夫子，使事之，而学礼焉，以定其位。"故孟懿子与南宫敬叔师事仲尼。仲尼曰："能补过者，君子也。《诗》曰：'君子是则是效。'孟僖子可则效已矣。"	精神处。"又同书卷七《成公》论孔子评太史书赵盾弑其君，曰："赵盾弑其君，太史既如此书，诸侯之国史皆从晋史如此书。然当时赵盾亦不为无意，使盾无意时，反必讨贼可也，焉可复使赵穿迎公子黑臀于周？左氏载孔子曰'越境乃免'，纵使越境，而反不讨贼，时亦不可，况不越境乎？此一段载夫子之言，传闻差了。如'为法受恶'一句，最讹了本意。然齐崔杼杀齐太史，而盾安受之，亦见宣子终是别看。前时盾说弃人用犬，虽猛何为，已自有无君之心。观太史所言四句，可见宣子分明弑君。孔子曰五句，恐非夫子之言，岂有弑君之后，才出竟便可免罪。"吾以此言体现左氏一贯以他人之言逞己之意笔法。故他人往往为己所用，吕氏之言当不虚。又卷十二《哀公》称："孔子曰：'其桓、僖乎？'"当时人欲以此推重圣人，不知适所以为浅耳。
昭十二	昭十二	
楚子伐徐。	楚子狩于州来，次于颍尾，使荡侯、潘子、司马督、嚣尹午、陵尹喜帅师围徐以惧吴。楚子次于干溪，以为之援。雨雪，王皮冠、秦复陶、翠被、豹舃，执鞭以出。仆析父从。右尹子革夕，王见之，去冠、被、舍鞭，与之语，曰："昔我先王熊绎与吕伋、王孙牟、燮父、禽父并事康王，四国皆有分，我独无有，今吾使人于周，求鼎以为分，王其与我乎？"对曰："与君王哉！昔我先王熊绎辟在荆山，筚路蓝缕以处草莽，跋涉山林以事天子，唯是桃弧、棘矢以共御王事。齐，王舅也；晋及鲁、卫，王母弟也。楚是以无分，而彼皆有。今周与四国服事君王，将唯命是从，岂其爱鼎？"王曰："昔我皇祖伯父昆吾，旧许是宅。今郑人贪赖其田，而不我与。我若求之，其与我乎？"对曰："与君王哉！周不爱鼎，郑敢爱田？"王曰："昔诸侯远我而畏晋，今我大城陈、蔡、不羹，赋皆千乘，子与有劳焉，诸侯其畏我乎！"对曰："畏君王哉！是四国者，专足畏也。又加之以楚，敢不畏君王哉！"工尹路请曰："君王命剥圭以为鏚柲，敢请命。"王入视之。析父谓子革："吾子，楚国之望也。今与王言如响，国其若之何？"子革曰："摩厉以须，王出，吾刃将斩矣。"王出，复语。左史倚相趋过，王曰："是良史也，子善视之！是能读《三坟》《五典》《八索》《九丘》。"对曰："臣尝问焉，昔穆王欲肆其心，周行天下，将皆必有车辙马迹

	焉。祭公谋父作《祈招》之诗以止王心，王是以获没于祇宫。臣问其诗而不知也。若问远焉，其焉能知之?"王曰："子能乎?"对曰："能。其诗曰：'祈招之愔愔，式昭德音。思我王度，式如玉，式如金。形民之力，而无醉饱之心。'"王揖而入，馈不食，寝不寐，数日，不能自克，以及于难。 仲尼曰："古也有志：'克己复礼，仁也。'信善哉！楚灵王若能如是，岂其辱于干溪？"	此说是附会，亦未可知。或夫子偶然说，亦未可知。左氏尚惑于此。" 襄十年《左传》记孔子为政于鲁，终于定十二年。未记孔子孔子从鲁国出逃之事，却有孔子自卫返鲁之迹。哀十一年，孔文子之乱前夕访仲尼，仲尼知孔将乱而归，传载"鲁人以币召之，乃归"。据《史记·孔子世家》，孔子出逃在定十四年，自卫返国在哀十一年，据此孔子在外共13年。 偪阳之战中的"聊人纥"一般认为是孔子父亲，又称叔梁纥，当为聊邑宰。孔子的出生里、也就是其父所治之邑聊，《论语·八佾》中写作郰，《史记·孔子世家》中写作陬。聊与陬两字音同而字异，本义有别。郰为邑名，陬为山隅，这是从字形看。据此《史记》写法当为误。不过考虑到古字通假，上述几种写法在古时可通用。 《史记·卫世家》谓灵公三十八年孔
昭十三 八月甲戌，同盟于平丘。	昭十三 甲戌，同盟于平丘，齐服也。令诸侯日中造于除。癸酉，退朝。子产命外仆速张于除，子大叔止之，使待明日。及夕，子产闻其未张也，使速往，乃无所张矣。 及盟，子产争承，曰："昔天子班贡，轻重以列。列尊贡重，周之制也。卑而贡重者，甸服也。郑伯，男也，而使从公侯之贡，惧弗给也，敢以为请。诸侯靖兵，好以为事。行理之命无月不至，贡之无艺，小国有阙，所以得罪也。诸侯修盟，存小国也。贡献无极，亡可待也。存亡之制，将在今矣。"自日中以请，至于昏，晋人许之。既盟，子大叔咎之曰："诸侯若讨，其可渎乎？"子产曰："晋政多门，贰偷之不暇，何暇讨？国不竞亦陵，何国之为？" 仲尼谓子产："于是行也，足以为国基矣。《诗》曰：'乐只君子，邦家之基。'子产，君子之求乐者也。"且曰："合诸侯，艺贡事，礼也。"	
昭十四	昭十四 晋邢侯与雍子争鄐田，久而无成。士景伯如楚，叔鱼摄理。韩宣子命断旧狱，罪在雍子。雍子纳其女于叔鱼，叔鱼蔽罪邢侯。邢侯怒，杀叔	

	鱼与雍子于朝。宣子问其罪于叔向。叔向曰："三人同罪，施生戮死可也。雍子自知其罪，而赂以买直；鲋也鬻狱；邢侯专杀，其罪一也。己恶而掠美为昏，贪以败官为墨，杀人不忌为贼。《夏书》曰'昏、墨、贼，杀'，皋陶之刑也，请从之。"乃施邢侯而尸雍子与叔鱼于市。 仲尼曰："叔向，古之遗直也。治国制刑，不隐于亲。三数叔鱼之恶，不为末减。曰义也夫，可谓直矣！平丘之会，数其贿也，以宽卫国，晋不为暴。归鲁季孙，称其诈也，以宽鲁国，晋不为虐。邢侯之狱，言其贪也，以正刑书，晋不为颇。三言而除三恶，加三利。犹义也夫！"	子自鲁来卫，此年当鲁定十三年。又谓孔子去卫返鲁在卫出公九年，即鲁哀十一年（此与《左传》一致）。然《史记·孔子世家》载孔子堕三都在定十三年，定十四年五十六岁时奔卫。今按《左传》孔子堕三都在定十二年，据此则孔子去鲁适卫，并见灵公在定十三年可信。《史记·孔子世家》亦载孔子因孔文子之乱返鲁，返鲁时共在外十四年。《左传》载孔文子之乱在哀十一年，据此孔子去鲁、见灵公亦是定十三年，非定十四年。
昭十七 秋，郯子来朝。	昭十七 秋，郯子来朝，公与之宴。昭子问焉，曰："少皞氏鸟名官，何故也？"郯子曰："吾祖也，我知之。昔者黄帝氏以云纪，故为云师而云名；炎帝氏以火纪，故为火师而火名；共工氏以水纪，故为水师而水名；大皞氏以龙纪，故为龙师而龙名。我高祖少皞挚之立也，凤鸟适至，故纪于鸟，为鸟师而鸟名：凤鸟氏，历正也；玄鸟氏，司分者也；伯赵氏，司至者也；青鸟氏，司启者也；丹鸟氏，司闭者也。祝鸠氏，司徒也；鴡鸠氏，司马也；鸤鸠氏，司空也；爽鸠氏，司寇也；鹘鸠氏，司事也。五鸠，鸠民者也。五雉为五工正，利器用、正度量，夷民者也。九扈为九农正，扈民无淫者也。自颛顼以来，不能纪远，乃纪于近。为民师而命以民事，则不能故也。" 仲尼闻之，见于郯子而学之。既而告人曰："吾闻之，'天子失官，官学在四夷'，犹信。"	

昭二十	昭二十
秋，盗杀卫侯之兄絷。	卫公孟絷狎齐豹，夺之司寇与鄄。有役则反之，无则取之。公孟恶北宫喜、褚师圃，欲去之。公子朝通于襄夫人宣姜，惧，而欲以作乱。故齐豹、北宫喜、褚师圃、公子朝作乱。
初，齐豹见宗鲁于公孟，为骖乘焉。将作乱，而谓之曰："公孟之不善，子所知也，勿与乘，吾将杀之。"对曰："吾由子事公孟，子假吾名焉，故不吾远也。虽其不善，吾亦知之；抑以利故，不能去，是吾过也。今闻难而逃，是僭子也。子行事乎，吾将死之，以周事子；而归死于公孟，其可也。"
丙辰，卫侯在平寿。公孟有事于盖获之门外，齐子氏帷于门外，而伏甲焉。使祝鼃置戈于车薪以当门，使一乘从公孟以出；使华齐御公孟，宗鲁骖乘。及闳中，齐氏用戈击公孟，宗鲁以背蔽之，断肱，以中公孟之肩。皆杀之。
公闻乱，乘，驱自阅门入。庆比御公，公南楚骖乘。使华寅乘贰车。及公宫，鸿骝魋驷乘于公。公载宝以出。褚师子申遇公于马路之衢，遂从。过齐氏，使华寅肉袒，执盖以当其阙，齐氏射公，中南楚之背，公遂出。寅闭郭门，逾而从公。公如死鸟。析朱鉏宵从窦出，徒行从公。
齐氏之宰渠子召北宫子。北宫氏之宰不与闻，谋杀渠子，遂伐齐氏，灭之。丁巳晦，公入，与北宫喜盟于彭水之上。秋七月戊午朔，遂盟国人。八月辛亥，公子朝、褚师圃、子玉霄、子高鲂出奔晋。闰月戊辰，杀宣姜。卫侯赐北宫喜谥曰贞子，赐析朱鉏谥曰成子，而以齐氏之墓予之。
琴张闻宗鲁死，将往吊之。仲尼

	曰："齐豹之盗，而孟絷之贼，女何吊焉？君子不食奸，不受乱，不为利疚于回，不以回待人，不盖不义，不犯非礼。"
昭二十八	昭二十八
	秋，晋韩宣子卒，魏献子为政，分祁氏之田以为七县，分羊舌氏之田以为三县。司马弥牟为邬大夫，贾辛为祁大夫，司马乌为平陵大夫，魏戊为梗阳大夫，知徐吾为涂水大夫，韩固为马首大夫，孟丙为盂大夫，乐霄为铜鞮大夫，赵朝为平阳大夫，僚安为杨氏大夫。谓贾辛、司马乌为有力于王室，故举之；谓知徐吾、赵朝、韩固、魏戊，余子之不失职、能守业者也；其四人者，皆受县而后见于魏子，以贤举也。 魏子谓成鱄："吾与戊也县，人其以我为党乎？"对曰："何也！戊之为人也，远不忘君，近不偪同；居利思义，在约思纯，有守心而无淫行，虽与之县，不亦可乎！昔武王克商，光有天下，其兄弟之国者十有五人，姬姓之国者四十人，皆举亲也。夫举无他，唯善所在，亲疏一也。《诗》曰：'惟此文王，帝度其心。莫其德音，其德克明。克明克类，克长克君。王此大国，克顺克比。比于文王，其德靡悔。既受帝祉，施于孙子。'心能制义曰度，德正应和曰莫，照临四方曰明，勤施无私曰类，教诲不倦曰长，赏庆刑威曰君，慈和徧服曰顺，择善而从之曰比，经纬天地曰文。九德不愆，作事无悔，故袭天禄，子孙赖之。主之举也，近文德矣，所及其远哉！" 贾辛将适其县，见于魏子。魏子曰："辛来！昔叔向适郑，鬷蔑恶，欲观叔向，从使之收器者，而往，立于堂下，一言而善。叔向将饮酒，闻

	之，曰：'必麣明也！'下，执其手以上，曰：'昔贾大夫恶，娶妻而美，三年不言不笑。御以如皋，射雉，获之，其妻始笑而言。贾大夫曰：'才之不可以已。我不能射，女遂不言不笑夫！'今子少不飏，子若无言，吾几失子矣。言之不可以已也如是！'遂如故知。今女有力于王室，吾是以举女。行乎！敬之哉！毋堕乃力！" 仲尼闻魏子之举也，以为义，曰："近不失亲，远不失举，可谓义矣。"又闻其命贾辛也，以为忠，《诗》曰：'永言配命，自求多福。'忠也。魏子之举也义，其命也忠，其长有后于晋国乎！"
昭二十九	昭二十九
	冬，晋赵鞅、荀寅帅师城汝滨，遂赋晋国一鼓铁，以铸刑鼎，著范宣子所为刑书焉。 仲尼曰："晋其亡乎！失其度矣。夫晋国将守唐叔之所受法度，以经纬其民，卿大夫以序守之，民是以能尊其贵，贵是以能守其业。贵贱不愆，所谓度也。文公是以作执秩之官，为被庐之法，以为盟主。今弃是度也，而为刑鼎，民在鼎矣，何以尊贵？贵何业之守？贵贱无序，何以为国？且夫宣子之刑，夷之蒐也，晋国之乱制也，若之何以为法？"
定元	定元
夏六月癸亥，公之丧至自乾侯。 秋七月癸巳，葬我君昭公。	六月癸亥，公之丧至自干侯。戊辰，公即位。季孙使役如阚公氏，将沟焉。荣驾鹅曰："生不能事，死又离之，以自旌也？纵子忍之，后必或耻之。"乃止。秋七月癸巳，葬昭公于墓道南。孔子之为司寇也，沟而合诸墓。
定九	定九
夏，得宝玉、大弓。	夏，阳虎归宝玉、大弓，书曰"得"，器用也。凡获器用曰"得"，

	得用焉曰"获"。 　　六月，伐阳关。阳虎使焚莱门。师惊，犯之而出，奔齐，请师以伐鲁，曰："三加，必取之。"齐侯将许之。鲍文子谏曰："臣尝为隶于施氏矣，鲁未可取也。上下犹和，众庶犹睦，能事大国，而无天菑，若之何取之？阳虎欲勤齐师也，齐师罢，大臣必多死亡，己于是乎奋其诈谋。夫阳虎有宠于季氏，而将杀季孙，以不利鲁国，而求容焉。亲富不亲仁，君焉用之？君富于季氏，而大于鲁国，兹阳虎所欲倾覆也。鲁免其疾，而君又收之，无乃害乎？"齐侯执阳虎，将东之。阳虎愿东，乃囚诸西鄙。尽借邑人之车，锲其轴，麻约而归之。载葱灵，寝于其中而逃。追而得之，囚于齐。又以葱灵逃，奔宋，遂奔晋，适赵氏。仲尼曰："赵氏其世有乱乎！"	
定十	**定十**	
夏，公会齐侯于夹谷。	夏，公会齐侯于祝其，实夹谷。孔丘相，犁弥言于齐侯曰："孔丘知礼而无勇，若使莱人以兵劫鲁侯，必得志焉。"齐侯从之。孔丘以公退，曰："士兵之！两君合好，而裔夷之俘以兵乱之，非齐君所以命诸侯也。裔不谋夏，夷不乱华，俘不干盟，兵不偪好——于神为不祥，于德为愆义，于人为失礼，君必不然。"齐侯闻之，遽辟之。 　　将盟，齐人加于载书曰："齐师出竟而不以甲车三百乘从我者，有如此盟！"孔丘使兹无还揖对，曰："而不反我汶阳之田，吾以共命者亦如之！" 　　齐侯将享公。孔丘谓梁丘据曰："齐、鲁之故，吾子何不闻焉？事既成矣，而又享之，是勤执事也。且牺、象不出门，嘉乐不野合。飨而既具，是弃礼也；若其不具，用秕稗也。用秕稗，君辱；弃礼，名恶。子	

	盍图之!夫享,所以昭德也。不昭,不如其已也。"乃不果享。 齐人来归郓、讙、龟阴之田。
定十二 夏,叔孙州仇帅师堕郈。季孙斯、仲孙何忌帅师堕费。	**定十二** 仲由为季氏宰,将堕三都,于是叔孙氏堕郈。季氏将堕费,公山不狃、叔孙辄帅费人以袭鲁。公与三子入于季氏之宫,登武子之台。费人攻之,弗克。入及公侧,仲尼命申句须、乐颀下,伐之,费人北。国人追之,败诸姑蔑。二子奔齐,遂堕费。
定十五 春王正月,邾子来朝。夏,壬申,公薨于高寝。	**定十五** 十五年,春,邾隐公来朝。子贡观焉。邾子执玉高,其容仰;公受玉卑,其容俯。子贡曰:"以礼观之,二君者,皆有死亡焉。夫礼,死生存亡之体也,将左右、周旋、进退、俯仰,于是乎取之;朝、祀、丧、戎,于是乎观之。今正月相朝,而皆不度,心已亡矣。嘉事不体,何以能久?高、仰,骄也;卑、俯,替也。骄近乱,替近疾,君为主,其先亡乎!" 夏五月壬申,公薨。仲尼曰:"赐不幸言而中,是使赐多言者也。"
哀三 五月辛卯,桓宫、僖宫灾。	**哀三** 夏五月辛卯,司铎火。火逾公宫,桓、僖灾。救火者皆曰顾府。孔子在陈,闻火,曰:"其桓、僖乎!"
哀六 秋七月庚寅,楚子轸卒。	**哀六** 秋七月,楚子在城父,将救陈。卜战,不吉;卜退,不吉。王曰:"然则死也。再败楚师,不如死;弃盟、逃仇,亦不如死。死一也。其死仇乎!"命公子申为王,不可;则命公子结,亦不可;则命公子启,五辞而后许。将战,王有疾。庚寅,昭王攻大冥,卒于城父。子闾退,曰:"君王舍其子而让,群臣敢忘君乎?从君

之命，顺也；立君之子，亦顺也。二顺不可失也。"与子西、子期谋，潜师，闭涂，逆越女之子章立之，而后还。

是岁也，有云如众赤鸟，夹日以飞三日。楚子使问诸周大史。周大史曰："其当王身乎！若禜之，可移于令尹、司马。"王曰："除腹心之疾，而置诸股肱，何益？不穀不有大过，天其夭诸？有罪受罚，又焉移之？"遂弗禜。

初，昭王有疾，卜曰："河为祟。"王弗祭。大夫请祭诸郊。王曰："三代命祀，祭不越望。江、汉、雎、漳，楚之望也。祸福之至，不是过也。不穀虽不德，河非所获罪也。"遂弗祭。

孔子曰："楚昭王知大道矣。其不失国也，宜哉！《夏书》曰：'惟彼陶唐，帅彼天常，有此冀方。今失其行，乱其纪纲，乃灭而亡。'又曰：'允出兹在兹。'由己率常，可矣。"

哀十一	哀十一	
春，齐国书帅师伐我。夏，五月，公会吴伐齐。甲戌，齐国书帅师及吴战于艾陵，齐师败绩，获齐国书。冬，卫世叔齐出奔宋。	春，齐为鄎故，国书、高无丕帅师伐我，及清。师及齐师战于郊。孟孺子语人曰："我不如颜羽，而贤于邴泄。子羽锐敏，我不欲战而能默，泄曰：'驱之。'"公为与其嬖僮汪锜乘，皆死，皆殡。孔子曰："能执干戈以卫社稷，可无殇也。"冉有用矛于齐师，故能入其军。孔子曰："义也。" 冬，卫大叔疾出奔宋。初，疾娶于宋子朝，其娣嬖。子朝出，孔文子使疾出其妻，而妻之。疾使侍人诱其初妻之娣置于犁，而为之一宫，如二妻。文子怒，欲攻之，仲尼止之。遂夺其妻。或淫于外州，外州人夺之轩以献。耻是二者，故出。 孔文子之将攻大叔也，访于仲尼。仲尼曰："胡簋之事，则尝学之矣；甲兵之事，未之闻也。"退，命	

	驾而行，曰："鸟则择木，木岂能择鸟？"文子遽止之曰："圉岂敢度其私，访卫国之难也。"将止，鲁人以币召之，乃归。 　　季孙欲以田赋，使冉有访诸仲尼。仲尼曰："丘不识也。"三发，卒曰："子为国老，待子而行，若之何子之不言也？"仲尼不对，而私于冉有曰："君子之行也，度于礼：施取其厚，事举其中，敛从其薄。如是，则以丘亦足矣。若不度于礼，而贪冒无厌，则虽以田赋，将又不足。且子季孙若欲行而法，则周公之典在；若欲苟而行，又何访焉？"弗听。
哀十二	**哀十二**
夏五月甲辰，孟子卒。公会吴于橐皋。	夏五月，昭夫人孟子卒。昭公娶于吴，故不书姓。死不赴，故不称夫人。不反哭，故不言葬小君。孔子与吊，适季氏。季氏不绖，放绖而拜。 　　冬十二月，螽，季孙问诸仲尼。仲尼曰："丘闻之：火伏而后蛰者毕。今火犹西流，司历过也。"
哀十四	**哀十四**
春，西狩获麟。 　　小邾射以句绎来奔。 　　夏，六月，齐人弑其君壬于舒州。	春，西狩于大野，叔孙氏之车子鉏商获麟，以为不祥，以赐虞人。仲尼观之，曰："麟也。"然后取之。 　　夏六月，甲午，齐陈恒弑其君壬于舒州。孔丘三日齐，而请伐齐三。公曰："鲁为齐弱久矣，子之伐之，将若之何？"对曰："陈恒弑其君，民之不与者半。以鲁之众加齐之半，可克也。"公曰："子告季孙。"孔子辞，退而告人曰："吾以从大夫之后也，故不敢不言。"
哀十五	**哀十五**
冬，晋侯伐郑。及齐平。卫公孟彄出奔齐。	秋，齐陈瓘如楚，过卫，仲由见之，曰："天或者以陈氏为斧斤，既翦丧公室，而他人有之，不可知也；其使终飨之，亦不可知也。若善鲁以

待时，不亦可乎！何必恶焉？"子玉曰："然。吾受命矣，子使告我弟。"

冬，及齐平，子服景伯如齐，子赣为介，见公孙成，曰："人皆臣人，而有背人之心，况齐人虽为子役，其有不贰乎？子，周公之孙也，多飨大利，犹思不义。利不可得，而丧宗国，将焉用之？"成曰："善哉！吾不早闻命。"

陈成子馆客，曰："寡君使恒告曰：'寡人愿事君如事卫君。'"景伯揖子赣而进之，对曰："寡君之愿也。昔晋人伐卫，齐为卫故，伐晋冠氏，丧车五百。因与卫地，自济以西，禚、媚、杏以南，书社五百。吴人加敝邑以乱，齐因其病，取讙与阐，寡君是以寒心。若得视卫君之事君也，则固所愿也。"成子病之，乃归成，公孙宿以其兵甲入于嬴。

卫孔圉取大子蒯聩之姊，生悝。孔氏之竖浑良夫长而美，孔文子卒，通于内。大子在戚，孔姬使之焉。大子与之言曰："苟使我入获国，服冕、乘轩，三死无与。"与之盟，为请于伯姬。

闰月，良夫与大子入，舍于孔氏之外圃。昏，二人蒙衣而乘，寺人罗御，如孔氏。孔氏之老栾宁问之，称姻妾以告，遂入，适伯姬氏。既食，孔伯姬杖戈而先，大子与五人介，舆豭从之。迫孔悝于厕，强盟之，遂劫以登台。栾宁将饮酒，炙未熟，闻乱，使告季子；召获驾乘车，行爵食炙，奉卫侯辄来奔。

季子将入，遇子羔将出，曰："门已闭矣。"季子曰："吾姑至焉。"子羔曰："弗及，不践其难！"季子曰："食焉，不辟其难。"子羔遂出，子路入。及门，公孙敢门焉，曰："无入为也。"季子曰："是公孙也，求利焉，

	而逃其难。由不然，利其禄，必救其患。"有使者出，乃入，曰："大子焉用孔悝？虽杀之，必或继之。"且曰："大子无勇，若燔台，半，必舍孔叔。"大子闻之，惧，下石乞、盂黡敌子路，以戈击之，断缨。子路曰："君子死，冠不免。"结缨而死。孔子闻卫乱，曰："柴也其来，由也死矣。"孔悝立庄公。	
哀十六 夏四月己丑，孔丘卒。	**哀十六** 夏四月己丑，孔丘卒。公诔之曰："旻天不吊，不慭遗一老，俾屏余一人以在位，茕茕余在疚。呜呼哀哉尼父！无自律。" 子赣曰："君其不没于鲁乎！夫子之言曰：'礼失则昏，名失则愆。'失志为昏，失所为愆。生不能用，死而诔之，非礼也；称一人，非名也。君两失之。"	

楚子西（前516—前479）

昭二十六 九月庚申，楚子居卒。	**昭二十六** 九月，楚平王卒。令尹子常欲立子西，曰："大子壬弱，其母非適也，王子建实聘之。子西长而好善，立长则顺，建善则治。王顺国治，可不务乎？"子西怒，曰："是乱国而恶君王也！国有外援，不可渎也。王有適嗣，不可乱也。败亲，速仇，乱嗣，不祥！我受其名。赂吾以天下，吾滋不从也，楚国何为？必杀令尹！"令尹惧，乃立昭王。	子西，即公子申，芈姓，楚平王之子（子西是其字）。杜注以为平王之长庶子（《史记·楚世家》称子西为平王庶弟），今从杜。子西昭二十六年见，哀十六年死于白公之乱。 子西相关世系如下（据陈厚耀《世族谱》）：
昭三十 冬，十有二月，吴灭徐，徐子章羽奔楚。	**昭三十** 吴子使徐人执掩馀，使钟吾人执烛庸，二公子奔楚。楚子大封而定其徙，使监马尹大心逆吴公子，使居养。莠尹然、左司马沈尹戌城之，取于城父与胡田以与之，将以害吴也。	共王审 平王弃疾

		大子建	昭王轸	子西	子期	子间
			惠王章	公孙宁、公孙朝		

（上表：大子建[子木]昭十九年见，因费无极之谗出奔，死于郑。子期即公子结，为司马，定四年见，哀十六年被杀。子间即公子启，或云昭王兄，哀六年见，哀十六年被杀。子西之子公孙宁[子国]哀十六年为令尹，公孙朝[武城尹]哀十七年帅师灭陈。）

		子西谏曰："吴光新得国而亲其民，视民如子，辛苦同之，将用之也。若好吴边疆，使柔服焉，犹惧其至。吾又疆其仇以重怒之，无乃不可乎？吴，周之胄裔也，而弃在海滨，不与姬通；今而始大，比于诸华，光又甚文，将自同于先王。不知天将以为虐乎？使蔫丧吴国而封大异姓乎？其抑亦将卒以祚吴乎？其终不远矣。我盍姑亿吾鬼神而宁吾族姓，以待其归，将焉用自播扬焉。"王弗听。吴子怒。冬十二月，吴子执钟吾子，遂伐徐，防山以水之。己卯，灭徐。徐子章禹断其发，携其夫人以逆吴子。吴子唁而送之，使其臣迩臣从之，遂奔楚。楚沈尹戌帅师救徐，弗及，遂城夷，使徐子处之。
定五	定五	
		申包胥以秦师至。秦子蒲、子虎帅车五百乘以救楚。子蒲曰："吾未知吴道。"使楚人先与吴人战，而自稷会之，大败夫概王于沂。吴人获薳射于柏举，其子帅奔徒以从子西，败吴师于军祥。秋，七月，子期、子蒲灭唐。九月，夫概王归，自立也。以与王战而败，奔楚，为堂谿氏。

吴师败楚师于雍澨，秦师又败吴师。吴师居麇，子期将焚之，子西曰："父兄亲暴骨焉，不能收，又焚之，不可！"子期曰："国亡矣！死者若有知也，可以歆旧祀？岂惮焚之？"焚之而又战，吴师败。又战于公壻之谿，吴师大败，吴子乃归。囚闉舆罢。闉舆罢请先，遂逃归。叶公诸梁之弟后臧从其母于吴，不待而归。叶公终不正视。

楚子入于郢。初，鬬辛闻吴人之争宫也，曰："吾闻之：'不让则不和，不和不可以远征。'吴争于楚，必有乱，有乱则必归，焉能定楚？"王之奔随也，将涉于成臼，蓝尹亹涉其 |

子西自定五年为楚令尹，哀十六年死于白公之乱，共在位二十七年。《左传》中子西自昭二十六年首次出现至哀十六年死时止前后共有三十八年。

子西有许多见识，体现在如下几处：柏举之役，入郢之败，子西头脑清醒；论吴国内政及阖庐与夫差之别，入木三分；子西忠，两

	帑，不与王舟。及宁，王欲杀之。子西曰："子常唯思旧怨以败，尹何效焉？"王曰："善！使复其所，吾以志前恶。"王赏鬭辛、王孙由于、王孙圉、钟建、鬭巢、申包胥、王孙贾、宋木、鬭怀。子西曰："请舍怀也！"王曰："大德灭小怨，道也。"申包胥曰："吾为君也，非为身也。君既定矣，又何求？且吾尤子旗，其又为诸？"遂逃赏。 王之在随也，子西为王舆服以保路，国于脾泄。闻王所在，而后从王。王使由于城麇，复命。子西问高厚焉，弗知。子西曰："不能，如辞。城不知高厚，小大何知？"对曰："固辞不能，子使余也。人各有能有不能。王遇盗于云中，余受其戈，其所犹在。"袒而视之背，曰："此余所能也。脾泄之事，余亦弗能也。"	度辞王（昭二十六、哀六）；身为平王庶长，忠心戮力于国家，尤见于定四年入郢之役时，子西为王舆服以靖楚国；哀六年楚昭王死后，子西仍然为楚国四处奔命。 子西在楚国因入郢之败而受到重创之后，从子常手中接过令尹之职，担当起重建楚国、安定社稷的重任，并终于使楚国从败乱中恢复过来，功劳甚大。 白公之难，子西之所以不听叶公之劝，而一力翼护白公，我认为可能是因为子西深惜大子建之被逐不公平，欲报之于其子白公之故。大子建乃平王之子，子西之兄，白公为子西侄儿。白公之死因有仁人之心，实在可惜！
哀元	哀元 吴师在陈，楚大夫皆惧，曰："阖庐惟能用其民，以败我于柏举。今闻其嗣又甚焉，将若之何？"子西曰："二三子恤不相睦，无患吴矣。昔阖庐食不二味，居不重席，室不崇坛，器不彤镂，宫室不观，舟车不饰，衣服财用择不取费。在国，天有灾疠，亲巡其孤寡而共其乏困；在军，熟食者分而后敢食，其所尝者，卒乘与焉。勤恤其民而与之劳逸，是以民不罢劳，死不知旷。吾先大夫子常易之，所以败我也。今闻夫差，次有台榭陂池焉，宿有妃嫱嫔御焉；一日之行，所欲必成，玩好必从，珍异是聚，观乐是务；视民如仇而用之日新。夫先自败也已，安能败我？"	
哀六 吴伐陈。秋，七月庚寅，楚子轸卒。	哀六 吴伐陈，复修旧怨也。楚子曰："吾先君与陈有盟，不可以不救。"乃救陈，师于城父。秋，七月，楚子在	

	城父,将救陈。卜战,不吉;卜退,不吉。王曰:"然则死也。再败楚师,不如死。弃盟逃仇,亦不如死。死一也,其死仇乎!"命公子申为王,不可;则命公子结,亦不可;则命公子启,五辞而后许。将战,王有疾。庚寅,昭王攻大冥,卒于城父。子闾退曰:"君王舍其子而让,群臣敢忘君乎?从君之命,顺也;立君之子,亦顺也。二顺不可失也。"与子西、子期谋,潜师闭涂,逆越女之子章,立之而后还。	
哀十三 楚公子申帅师伐陈。	**哀十三**	
哀十五	**哀十五** 夏,楚子西、子期伐吴,及桐汭。	
哀十六	**哀十六** 楚大子建之遇谗也,自城父奔宋,又辟华氏之乱于郑,郑人甚善之。又适晋,与晋人谋袭郑;乃求复焉,郑人复之如初。晋人使谍于子木,请行而期焉;子木暴虐于其私邑,邑人诉之。郑人省之,得晋谍焉,遂杀子木。其子曰胜,在吴,子西欲召之,叶公曰:"吾闻胜成诈而乱,无乃害乎?"子西曰:"吾闻胜也信而勇,不为不利。舍诸边竟,使卫藩焉。"叶公曰:"周仁之谓信,率义之谓勇。吾闻胜也好复言,而求死士,殆有私乎?复言非信也,期死非勇也。子必悔之!"弗从,召之,使处吴竟,为白公。请伐郑,子西曰:"楚未节也。不然,吾不忘也。"他日又请,许之。未起师,晋人伐郑;楚救之,与之盟。胜怒,曰:"郑人在此,仇不远矣!"胜自厉剑,子期之子平见之,曰:"王孙何自厉也?"曰:"胜以直闻。不告女,庸为直乎?将	

以杀尔父!"平以告子西,子西曰:"胜如卵,余翼而长之。楚国第我死,令尹、司马非胜而谁?"胜闻之曰:"令尹之狂也!得死,乃非我。"子西不悛。胜谓石乞曰:"王与二卿士,皆五百人当之,则可矣。"乞曰:"不可得也。"曰:"市南有熊宜僚者,若得之,可以当五百人矣。"乃从白公而见之。与之言,说。告之故,辞。承之以剑,不动。胜曰:"不为利谄,不为威惕,不泄人言以求媚者。去之!"吴人伐慎,白公败之。请以战备献,许之。遂作乱。秋,七月,杀子西、子期于朝,而劫惠王。子西以袂掩面而死。子期曰:"昔者吾以力事君,不可以弗终。"抉豫章以杀人而后死。石乞曰:"焚库弑王,不然不济。"白公曰:"不可。杀王,不祥,焚库无聚,将何以守矣?"乞曰:"有楚国而治其民,以敬事神,可以得祥,且有聚矣,何患?"弗从。叶公在蔡。方城之外皆曰:"可以入矣!"子高曰:"吾闻之:以险侥幸者,其求无餍,偏重必离。"闻其杀齐管修也,而后入。白公欲以子闾为王,子闾不可,遂劫以兵。子闾曰:"王孙若安靖楚国、匡正王室而后庇焉,启之愿也,敢不听从?若将专利以倾王室,不顾楚国,有死不能!"遂杀之,而以王如高府。石乞尹门。圉公阳穴宫,负王以如昭夫人之宫。

　　叶公亦至,及北门,或遇之,曰:"君胡不胄?国人望君如望慈父母焉。盗贼之矢若伤君,是绝民望也,若之何不胄?"乃胄而进。又遇一人曰:"君胡胄?国人望君如望岁焉,日日以几。若见君面,是得艾也,民知不死,其亦夫有奋心,犹将旌君以徇于国。而又掩面,以绝民望,不亦甚乎?"乃免胄而进。遇箴

	尹固帅其属,将与白公。子高曰:"微二子者,楚不国矣。弃德从贼,其可保乎?"乃从叶公。使与国人以攻白公。白公奔山而缢,其徒微之。生拘石乞,而问白公之死焉,对曰:"余知其死所,而长者使余勿言。"曰:"不言,将烹。"乞曰:"此事也,克则为卿,不克则烹,固其所也。何害?"乃烹石乞。王孙燕奔頯黄氏。沈诸梁兼二事。国宁,乃使宁为令尹,使宽为司马,而老于叶。	

晋赵简子(前517—前478)

昭二十五	昭二十五	赵简子,又称简子、赵孟、赵鞅、鞅、志父。赵简子为晋卿赵衰之后、赵武(文子)之孙、赵成(景子)之子。其中赵武于襄二十五年为晋执政,至昭元年卒;其子赵成昭七年时为中军佐(杜注);赵简子自定十三年为政,至哀二十年卒(顾栋高《大事表·春秋晋中军表》)。赵简子世系如下:
夏,叔诣会晋赵鞅、宋乐大心、卫北宫喜、郑游吉、曹人、邾人、滕人、薛人、小邾人于黄父。齐侯唁公于野井。十有二月,齐侯取郓。	夏,会于黄父,谋王室也。赵简子令诸侯之大夫输王粟、具戍人,曰:"明年将纳王。"子大叔见赵简子。简子问揖让周旋之礼焉,对曰:"是仪也,非礼也。"简子曰:"敢问何谓礼?"对曰:"吉也闻诸先大夫子产曰:'夫礼,天之经也,地之义也,民之行也。'天地之经,而民实则之。则天之明,因地之性,生其六气,用其五行。气为五味,发为五色,章为五声。淫则昏乱,民失其性。是故为礼以奉之。为六畜、五牲、三牺以奉五味,为九文、六采、五章以奉五色,为九歌、八风、七音、六律以奉五声。为君臣上下,以则地义。为夫妇外内,以经二物。为父子、兄弟、姑姊、甥舅、昏媾、姻亚以象天明。为政事庸力、行务,以从四时。为刑罚、威狱使民畏忌,以类其震曜杀戮。为温慈、惠和以效天之生殖长育。民有好、恶、喜、怒、哀、乐,生于六气,是故审则宜类以制六志,哀有哭泣,乐有歌舞,喜有施舍,怒有战斗。喜生于好,怒生于恶,是	

人物	简况
赵衰成子	僖二十三年从者赵衰
赵盾宣子	僖二十三年始见,文六年为政

	故审行信令，祸福赏罚，以制死生。生，好物也。死，恶物也。好物乐也，恶物哀也。哀乐不失，乃能协于天地之性，是以长久。"简子曰："甚哉！礼之大也。"对曰："礼，上下之纪，天地之经纬也，民之所以生也，是以先王尚之。故人之能自曲直以赴礼者，谓之成人。大，不亦宜乎！"简子曰："鞅也，请终身守此言也。" 宋乐大心曰："我不输粟，我于周为客，若之何使客？"晋士伯曰："自践土以来，宋何役之不会，而何盟之不同？曰'同恤王室'，子焉得辟之？子奉君命以会大事，而宋背盟，无乃不可乎？"右师不敢对，受牒而退。士伯告简子曰："宋右师必亡！奉君命以使，而欲背盟，以干盟主，无不祥大焉。"	赵朔庄子	宣八年佐下军，十二年将下军
		赵武文子	成八年始见，襄十三年将上军，二十五年为政
		赵成景子	昭七年子产适晋，赵景子问焉，杜注中军佐
		赵鞅简子	昭二十五年会于黄父，定十三年为政
		赵无恤襄子	哀二十年越围吴赵孟降于丧食
昭二十六 冬，十月，天王入于成周。尹氏、召伯、毛伯以王子朝奔楚。	昭二十六 晋知跞、赵鞅帅师纳王，使汝宽守阙塞。冬，十月丙申，王起师于滑。辛丑，在郊，遂次于尸。十一月辛酉，晋师克巩。召伯逐王子朝。王子朝及召氏之族、毛伯得、尹氏固、南宫嚣奉周之典籍以奔楚。阴忌奔莒以叛。召伯逆王于尸，及刘子、单子盟。遂军圉泽，次于隄上。癸酉，王入于成周。甲戌，盟于襄宫。晋师使成公般成周而还。十二月癸未，王入于庄宫。	赵简子是春秋末期晋国政治舞台上最活跃的人物之一，他在列国中的政治地位也非同一般。《左传》对简子之父赵成的个性并无突出描写，而对赵简子的描写则不然。写得有血有肉，个性极为明显。这显然与赵简子春秋末年列国政治中的特殊影响有关。 《左传》中赵简子的一生可从如下几方面看：一是范、赵之乱。赵简子这场内乱中击败并消灭了晋国的世家大	
昭二十九	昭二十九 冬，晋赵鞅、荀寅帅师城汝滨，遂赋晋国一鼓铁，以铸刑鼎，著范宣子所为刑书焉。仲尼曰："晋其亡乎？失其度矣！夫晋国将守唐叔之所受法度，以经纬其民，卿大夫以序守之，民是以能尊其贵，贵是以能守其业。贵贱不愆，所谓度也。文公是以作执秩之官，为被庐之法，以为盟主。今弃是度也而为刑鼎，民在鼎		

	矣,何尊贵?贵何业之守?贵贱无序,何以为国?且夫宣子之刑,夷之蒐也,晋国之乱制也,若之何以为法?"蔡史墨曰:"范氏、中行氏其亡乎?中行寅为下卿而干上令,擅作刑器以为国法,是法奸也。又加范氏焉,易之,亡也!其及赵氏,赵孟与焉,然不得已,若德可以免。"	族范氏、中行氏。二是处理与周、齐、郑、卫、宋、鲁、楚、吴等列国之关系。三是《左传》对赵简子个性的描写。 　　《左传》对范、赵之乱的描写从昭二十九年开始。昭二十九年冬,赵鞅、荀寅帅师铸刑鼎,蔡史墨曰:"范氏、中行氏其亡乎?中行寅为下卿而干上令,擅作刑器以为国法,是法奸也。又加范氏焉,易之,亡也!其及赵氏,赵孟与焉,然不得已,若德可以免。"显然是在预示范、赵之乱。定六年,宋乐祁赴晋,主赵氏而不主范氏,范献子遂使晋侯执乐祁,范、赵矛盾可见一斑。定八年,赵鞅再次为乐祁与范氏发生争执。定九年,阳虎奔晋、适赵氏,仲尼讥赵氏,事实上也是在预言范、赵之乱。定十三年,赵孟因卫贡而杀邯郸午,邯郸叛,传称:"邯郸午,荀寅之甥也;荀寅,范吉射之姻也,而相与睦。……七月,范氏、中行
昭三十一	昭三十一	
	十二月辛亥朔,日有食之。是夜也,赵简子梦童子裸而转以歌。旦,占诸史墨,曰:"吾梦如是,今而日食,何也?"对曰:"六年及此月也,吴其入郢乎?终亦弗克。入郢必以庚辰,日月在辰尾。庚午之日,日始有谪。火胜金,故弗克。"	
昭三十二	昭三十二	
	赵简子问于史墨曰:"季氏出其君,而民服焉,诸侯与之。君死于外,而莫之或罪也。"对曰:"物生有两,有三,有五,有陪贰。故天有三辰,地有五行,体有左右,各有妃耦。王有公,诸侯有卿,皆有贰也。天生季氏以贰鲁侯,为日久矣。民之服焉,不亦宜乎?鲁君世从其失,季氏世修其勤,民忘君矣。虽死于外,其谁矜之?社稷无常奉,君臣无常位,自古以然。故《诗》曰:'高岸为谷,深谷为陵。'三后之姓,于今为庶,王所知也。在《易》卦,雷乘乾曰《大壮》,天之道也。昔成季友,桓之季也,文姜之爱子也。始震而卜,卜人谒之曰:'生有嘉闻,其名曰友,为公室辅。'及生,如卜人之言,有文在其手曰友,遂以名之。既而有大功于鲁,受费以为上卿。至于文子、武子,世增其业,不废旧绩。鲁文公薨,而东门遂杀适立庶,鲁君于是乎失国,政在季氏,于此君也,四公矣。民不知君,何以得国?是以为君慎器与名,不可以假人。"	

定四	定四
	反自召陵，郑子大叔未至而卒。晋赵简子为之临，甚哀，曰："黄父之会，夫子语我九言，曰：'无始乱，无怙富，无恃宠，无违同，无敖礼，无骄能，无复怒，无谋非德，无犯非义。'"
定六	定六
秋，晋人执宋行人乐祁犁。	秋，八月，宋乐祁言于景公曰："诸侯唯我事晋，今使不往，晋其憾矣。"乐祁告其宰陈寅，陈寅曰："必使子往。"他日，公谓乐祁："唯寡人悦子之言，子必往。"陈寅曰："子立后而行，吾室亦不亡，唯君亦以我为知难而行也。"见溷而行。赵简子逆，而饮之酒于绵上，献杨楯六十于简子。陈寅曰："昔吾主范氏，今子主赵氏，又有纳焉。以杨楯贾祸，弗可为也已。然子死晋国，子孙必得志于宋。"范献子言于晋侯曰："以君命越疆而使，未致使而私饮酒，不敬二君，不可不讨也！"乃执乐祁。
定八	定八
齐国夏帅师伐我西鄙。公会晋师于瓦。公至自瓦。晋士鞅帅师侵郑，遂侵卫。季孙斯、仲孙何忌帅师侵卫。冬，卫侯、郑伯盟于曲濮。	赵鞅言于晋侯曰："诸侯唯宋事晋。好逆其使，犹惧不至；今又执之，是绝诸侯也。"将归乐祁，士鞅曰："三年止之，无故而归之，宋必叛晋。"献子私谓子梁曰："寡君惧不得事宋君，是以止子。子姑使溷代子。"子梁以告陈寅，陈寅曰："宋将叛晋，是弃溷也。不如待之！"乐祁归，卒于大行。士鞅曰："宋必叛！不如止其尸以求成焉。"乃止诸州。 夏，齐国夏、高张伐我西鄙。晋士鞅、赵鞅、荀寅救我。公会晋师于瓦。范献子执羔，赵简子、中行文子皆执雁。鲁于是始尚羔。 晋师将盟卫侯于鄟泽，赵简子曰："群臣谁敢盟卫君者？"涉佗、成何曰："我能盟之。"卫人请执牛耳。

氏伐赵氏之宫，赵鞅奔晋阳，晋人围之。"从此爆发了范、赵之乱。此时晋国上层最主要的势力有魏氏、韩氏、赵氏、知氏、中行氏及范氏，六族之中，魏、韩、赵皆欲逐范氏或中行氏，只有知氏（荀跞）倾向于范氏、中行氏。由于韩、魏公开支持赵氏，知伯从赵氏盟而不能公开卷入，再加上晋侯一切唯权臣是听，范氏、中行氏陷于孤立。在这种情况下，范氏、中行氏若无外援，已不能支撑太久，但是齐、卫、郑、鲁、宋等国的介入使事情复杂化。定十四年鲁、齐、卫三国之君相会，同年秋齐侯、宋公会于洮，皆为救范氏、中行氏。哀元年，齐侯、卫侯救邯郸，鲜虞人亦加入。从此以齐景公为首的诸侯公开出兵与晋作对，事见于哀元、二、三、四、五年，其中尤以哀二年铁之战及四年邯郸之战最关键，这两场战役决定了范氏、中行氏灭亡的

	成何曰："卫，吾温、原也，焉得视诸侯？"将歃，涉佗捘卫侯之手，及捥。卫侯怒，王孙贾趋进曰："盟以信礼也。有如卫君，其敢不唯礼是事而受此盟也？"卫侯欲叛晋，而患诸大夫。王孙贾使次于郊。大夫问故，公以晋诉语之，且曰："寡人辱社稷，其改卜嗣，寡人从焉。"大夫曰："是卫之祸也，岂君之过也？"公曰："又有患焉，谓寡人'必以而子与大夫之子为质'。"大夫曰："苟有益也，公子则往，群臣之子敢不皆负羁绁以从？"将行，王孙贾曰："苟卫国有难，工商未尝不为患，使皆行而后可。"公以告大夫，乃皆将行之。行有日，公朝国人，使贾问焉，曰："然则如叛之，病而后质焉，何迟之有？"乃叛晋。晋人请改盟，弗许。秋，晋士鞅会成桓公侵郑，围虫牢，报伊阙也。遂侵卫。 九月，师侵卫，晋故也。	命运。 　　从定十三年这场内乱正式爆发，至哀五年荀寅、士吉射奔齐，前后共历八年。这场内乱对晋国内政及当时中原局势的影响是极大的。从晋国内政方面讲，范氏、中行氏都是晋国的世家大族，有长达一百多年的历史，范氏、中行氏之亡，为韩、赵、魏三家分晋奠定了最重要的基础。从当时中原列国关系上来说，范、赵之乱的最大影响就是使得晋国在中原的盟主地位一去不复返的事实从隐到显，从不明朗到公开化。尽管晋国由于内政问题，自晋平公、昭公、顷公以来一直不能很好地发挥霸主的作用，越来越多的国家有叛晋之心，但是还不敢公开地与晋国作对。定四年召陵之会，周、晋主盟，是中原最后一次盛况空前的诸侯大聚会。范、赵之乱的爆发，给了一直有心与晋国作对的齐国极好的机会。过去晋国
定九	定九 　　春，宋公使乐大心盟于晋，且逆乐祁之尸。辞，伪有疾。乃使向巢如晋盟，且逆子梁之尸。 　　齐侯执阳虎，将东之。阳虎愿东，乃因诸西鄙。尽借邑人之车，锲其轴，麻约而且归之。载葱灵，寝于其中而逃。追而得之，囚于齐。又以葱灵逃，奔宋，遂奔晋，适赵氏。仲尼曰："赵氏其世有乱乎？"	
定十 晋赵鞅帅师围卫。	定十 　　晋赵鞅围卫，报夷仪也。初，卫侯伐邯郸午于寒氏，城其西北而守之，宵熸。及晋围卫，午以徒七十人于卫西门，杀人于门中曰："请报寒氏之役！"涉佗曰："夫子则勇矣。然我往，必不敢启门！"亦以徒七十人，旦门焉，步左右皆至而立如植。日中不启门，乃退。反役，晋人讨卫之叛	

	故，曰："由涉佗、成何。"于是执涉佗，以求成于卫，卫人不许。晋人遂杀涉佗，成何奔燕。君子曰："此之谓弃礼，必不钧。《诗》曰：'人而无礼，胡不遄死？'涉佗亦遄死矣哉！"
定十三	**定十三**
秋，晋赵鞅入于晋阳以叛。冬，晋荀寅、士吉射入于朝歌以叛。晋赵鞅归于晋。	晋赵鞅谓邯郸午曰："归我卫贡五百家，吾舍诸晋阳。"午许诺，归告其父兄。父兄皆曰："不可。卫是以为邯郸，而置诸晋阳，绝卫之道也。不如侵齐而谋之。"乃如之，而归之于晋阳。赵孟怒，召午而囚诸晋阳，使其从者说剑而入，涉宾不可。乃使告邯郸人曰："吾私有讨于午也。二三子唯所欲立。"遂杀午。赵稷、涉宾以邯郸叛。 夏，六月，上军司马籍秦围邯郸。邯郸午，荀寅之甥也；荀寅，范吉射之姻也，而相与睦，故不与围邯郸，将作乱。董安于闻之，告赵孟曰："先备诸！"赵孟曰："晋国有命：始祸者死。为后可也。"安于曰："与其害于民，宁我独死！请以我说。"赵孟不可。秋，七月，范氏、中行氏伐赵氏之宫，赵鞅奔晋阳，晋人围之。 范皋夷无宠于范吉射，而欲为乱于范氏。梁婴父嬖于知文子，文子欲以为卿。韩简子与中行文子相恶，魏襄子亦与范昭子相恶。故五子谋，将逐荀寅而以梁婴父代之，逐范吉射而以范皋夷代之。荀跞言于晋侯曰："君命大臣：始祸者死。载书在河。今三臣始祸，而独逐鞅，刑已不钧矣。请皆逐之？" 冬，十一月，荀跞、韩不信、魏曼多奉公以伐范氏、中行氏，弗克。二子将伐公，齐高强曰："三折肱知为良医。唯伐君为不可，民弗与也。我以伐君在此矣！三家未睦，可尽克也。克之，君将谁与？若先伐君，是

体现霸主作用的一个重要方面就是在列国发生内乱时出来主持公道，而从来没有说晋国自己的内乱也要外人来处理。襄二十一至二十三年栾、范之乱中，齐国欲与晋作对，但是偷偷进行的，而晋侯则先后两次会列国诸侯以锢栾氏，仍然体现了其号令列国的作用。但是范、赵之乱就不同了，这场内乱中卷入的国家除了齐、卫、鲁、宋、郑等中原诸国外，还有鲜虞、周等。这场内乱的爆发使得齐景公率领郑、卫、宋、鲁等诸国结成同盟，公开出来干预晋国内政，齐国成为晋国之后一个新的小霸，在晋国霸业衰退之后形成了中原新的政治生态。

今按：定四年召陵之会，郑、晋已生不和。六年卫欲叛晋，齐、郑、卫三国相与，诸侯唯宋事晋。定六至九年晋因赵、范有隙得罪宋国，宋欲叛晋；定八年，卫叛晋，晋、周侵郑、

	使睦也。"弗听，遂伐公。国人助公，二子败。从而伐之。丁未，荀寅、士吉射奔朝歌。 韩、魏以赵氏为请。十二月辛未，赵鞅入于绛，盟于公宫。
定十四	**定十四**
公会齐侯、卫侯于牵。公至自会。秋，齐侯、宋公会于洮。	梁婴父恶董安于，谓知文子曰："不杀安于，使终为政于赵氏，赵氏必得晋国。盍以其先发难也讨于赵氏？"文子使告于赵孟曰："范、中行氏虽信为乱，安于则发之，是安于与谋乱也。晋国有命，始祸者死。二子既伏其罪矣，敢以告。"赵孟患之。安于曰："我死而晋国宁，赵氏定，将焉用生？人谁不死？吾死莫矣！"乃缢而死。赵孟尸诸市，而告于知氏曰："主命戮罪人安于，既伏其罪矣，敢以告。"知伯从赵孟盟。而后赵氏定，祀安于于庙。 晋人围朝歌。公会齐侯、卫侯于脾、上梁之间，谋救范氏、中行氏。析成鲋、小王桃甲率师以袭晋，战于绛中，不克而还。士鲋奔周，小王桃甲入于朝歌。秋，齐侯、宋公会于洮，范氏故也。 冬，十二月，晋人败范氏、中行氏之师于潞，获籍秦、高疆。又败郑师及范氏之师于百泉。
哀元	**哀元**
秋，齐侯、卫侯伐晋。	夏，四月，齐侯、卫侯救邯郸，围五鹿。 齐侯、卫侯会于乾侯，救范氏也。师及齐师、卫孔圉、鲜虞人伐晋，取棘蒲。 冬，十一月，晋赵鞅伐朝歌。
哀二	**哀二**
夏，四月丙子，卫侯元卒。晋赵鞅帅	初，卫侯游于郊，子南仆。公曰："余无子，将立女。"不对。他日，又谓之，对曰："郢不足以辱社稷，

卫；定九年齐侯伐晋，卫人助齐；定六年以来，齐、鲁屡相侵伐，晋、鲁相助；定十年，齐、鲁相平，齐人归鲁地；十一年，鲁与郑平，遂叛晋，此时齐、卫、郑、鲁等国已结成同盟，形成与晋敌对之势；十三年齐侯、卫侯次于垂葭，欲伐晋；十四年，齐、鲁、卫、宋四国诸侯相会，谋救范氏、中行氏。到此时，晋国的同盟几乎全都叛晋即齐。哀元年，齐卫伐晋，救邯郸，救范氏。哀二年，齐、郑之师与赵鞅率领的晋师大战于铁；次年，齐、卫围戚，直指晋国；四年，齐、卫之师围五鹿，欲救范氏未成。五年，赵鞅伐卫，范氏之故也。总之，范、赵之乱的爆发，使得齐国在全力干预中成为中原政治生态中的重心。而晋国由于内乱等原因失郑、失宋、失卫、失鲁。赵鞅为范氏、中行氏疲于奔命之际，也就是晋国霸业一衰再衰之时。幸亏赵鞅能

师纳卫世子蒯聩于戚。秋，八月甲戌，晋赵鞅帅师及郑罕达战于铁，郑师败绩。冬，十月，葬卫灵公。

君其改图。君夫人在堂，三揖在下，君命祇辱。"夏，卫灵公卒。夫人曰："命公子郢为大子，君命也。"对曰："郢异于他子，且君没于吾手，若有之，郢必闻之。且亡人之子辄在。"乃立辄。六月乙酉，晋赵鞅纳卫大子于戚。宵迷，阳虎曰："右河而南，必至焉。"使大子绖，八人衰绖，伪自卫逆者。告于门，哭而入，遂居之。

秋，八月，齐人输范氏粟，郑子姚、子般送之。士吉射逆之，赵鞅御之。遇于戚。阳虎曰："吾车少，以兵车之旆与罕、驷兵车先陈，罕、驷自后随而从之。彼见吾貌，必有惧心，于是乎会之，必大败之！"从之。卜战，龟焦。乐丁曰："《诗》曰：'爰始爰谋，爰契我龟。'谋协，以故兆询可也。"简子誓曰："范氏、中行氏反易天明，斩艾百姓，欲擅晋国而灭其君。寡君恃郑而保焉。今郑为不道，弃君助臣，二三子顺天明，从君命，经德义，除诟耻，在此行也。克敌者，上大夫受县，下大夫受郡，士田十万，庶人工商遂，人臣隶圉免。志父无罪，君实图之！若其有罪，绞缢以戮，桐棺三寸，不设属辟，素车朴马，无入于兆，下卿之罚也。"

甲戌，将战，邮无恤御简子，卫大子为右。登铁上，望见郑师众，大子惧，自投于车下。子良授大子绥而乘之，曰："妇人也！"简子巡列曰："毕万，匹夫也，七战皆获，有马百乘，死于牖下。群子勉之！死不在寇。"繁羽御赵罗，宋勇为右。罗无勇，麇之；吏诘之，御对曰："痁作而伏。"卫大子祷曰："曾孙蒯聩敢昭告皇祖文王、列祖康叔、文祖襄公：郑胜乱从，晋午在难，不能治乱，使鞅讨之。蒯聩不敢自佚，备持矛焉。敢告无绝筋、无折骨、无面伤，以集大

战，保住了晋国实力。哀四年，楚人欲谋北方，赵孟在楚人恐吓面前惟命是从，充分体现了晋国此时因内乱而处于外交上的困境。

《左传》中的赵简子性格比较鲜明，有一定特色。首先，勇猛善战，在战场上有一定人格魅力。哀二年铁之战，赵鞅在战前宣誓和动员时说的那两番话，极能表现其个性。而他在这场战役中伏弢呕血、仍鼓音不衰，在被人所击、几乎毙命时，仍一马当先、冲锋在前的形象，更使我们理解了赵氏在这场内乱中何以能战胜范氏、中行氏。在这场内乱中，赵氏面对的不仅是范氏、中行氏这两个世家大族，还有以齐侯为首的一大批列国的联军。哀二年铁之战，三年朝歌之战，四年邯郸之战，五年柏人、中牟之围，赵鞅都是靠自己的勇猛善战才战胜列国及范氏、中行氏的势力的。

其次，赵鞅的为人处世。昭二十

	事,无作三祖羞。大命不敢请,佩玉不敢爱。"郑人击简子,中肩,毙于车中,获其蜂旗。大子救之以戈,郑师北,获温大夫赵罗。大子复伐之,郑师大败,获齐粟千车。赵孟喜曰:"可矣。"傅傁曰:"虽克郑,犹有知在,未艾也。" 初,周人与范氏田。公孙龙税焉,赵氏得而献之。吏请杀之,赵孟曰:"为其主也,何罪?"止而与之田。及铁之战,以徒五百人宵攻郑师,取蜂旗于子姚之幕下,献曰:"请报主德。"追郑师,姚、般、公孙林殿而射,前列多死。赵孟曰:"国无小!"既战,简子曰:"吾伏韬呕血,鼓音不衰,今我上也!"大子曰:"吾救主于车,退敌于下,我右之上也!"邮良曰:"两靷将绝,吾能止之,我御之上也!"驾而乘材,两靷皆绝。	五年黄父之会赵鞅向子大叔问礼,定四年子大叔死,赵鞅为之临、甚哀。乐祁为赵氏而得罪范氏,赵孟不忘报之。赵氏纳蒯聩于戚,但后来蒯聩以不义为卫君,赵氏遂伐之(哀十五年至十七年)。这些可见赵孟为人有个性、讲义气。此外,董安于、阳虎、公孙龙等人对简子的忠心,都能说明赵孟能容人。 最后,为政方面。赵鞅为政方面并非没有见识。昭二十五年黄父之会,赵简子主之,这可以说是昭十三年平丘之会以来晋国第一次以盟主身份大会列国。次年纳王,可以说功德无量。昭三十一、三十二年分别记赵简子与史墨之对话,充分体现他是当时晋国卿大夫中对中原形势较为清醒的人之一。赵鞅因与范氏之乱而失宋,因用涉佗、成何而失卫,晋国因范、赵之乱不复为盟主,可以说是成事在天,不能全归咎于他一人。
哀三 春,齐国夏、卫石曼姑帅师围戚。	哀三 春,齐、卫围戚,求援于中山。刘氏、范氏世为婚姻,苌宏事刘文公,故周与范氏。赵鞅以为讨。六月癸卯,周人杀苌宏。 冬,十月,晋赵鞅围朝歌,师于其南。荀寅伐其郛,使其徒自北门入,己犯师而出。癸丑,奔邯郸。十一月,赵鞅杀士皋夷,恶范氏也。	
哀四 晋人执戎蛮子赤,归于楚。	哀四 夏,楚人既克夷虎,乃谋北方。左司马、申公寿余、叶公诸梁致蔡于负函,致方城之外于缯关,曰:"吴将溯江入郢,将奔命焉。"为一昔之期,袭梁及霍。单浮余围蛮氏,蛮氏溃,蛮子赤奔晋阴地。司马起丰、析与狄戎以临上雒。左师军于菟和,右师军于仓野,使谓阴地之命大夫士蔑曰:"晋、楚有盟,好恶同之。若将不废,寡君之愿也。不然,将通于少习以听命。"士蔑请诸赵孟,赵孟曰:	

	"晋国未宁，安能恶于楚？必速与之！"士蔑乃致九州之戎，将裂田以与蛮子而城之，且将为之卜。蛮子听卜，遂执之，与其五大夫，以畀楚师于三户。司马致邑、立宗焉，以诱其民，而尽俘以归。 秋，七月，齐陈乞、弦施、卫宁跪救范氏。庚午，围五鹿。九月，赵鞅围邯郸。冬，十一月，邯郸降。荀寅奔鲜虞，赵稷奔临。十二月，弦逆之，遂堕临。国夏伐晋，取邢、任、栾、鄗、逆畤、阴人、盂、壶口，会鲜虞，纳荀寅于柏人。	（赵简子知人善任，能容人。可参《说苑》《国语》《王孙子》及清华简《赵简子》等。） 范、赵之乱结束后，赵鞅伐卫（哀五、七），伐鲜虞（哀六），救郑（哀九），伐齐（哀十），盟吴（哀十三），讨卫乱（哀十七），这些均可见赵鞅一生绝不像韩宣子那样懦弱无能、无远大之图，他主持的一系列会盟征伐想必还是想恢复晋国的霸业。总的来说他还是一个敢想敢做、进取有为，既有一定抱负，又有一定见识的人。（引《史记》）
哀五 晋赵鞅帅师伐卫。	**哀五** 春，晋围柏人，荀寅、士吉射奔齐。初，范氏之臣王生恶张柳朔，言诸昭子，使为柏人。昭子曰："夫非而仇乎？"对曰："私仇不及公，好不废过，恶不去善，义之经也。臣敢违之？"及范氏出，张柳朔谓其子："尔从主，勉之！我将止死，王生授我矣，吾不可以僭之。"遂死于柏人。 夏，赵鞅伐卫，范氏之故也，遂围中牟。	
哀六 晋赵鞅帅师伐鲜虞。	**哀六** 春，晋伐鲜虞，治范氏之乱也。	
哀七 春，宋皇瑗帅师侵郑。晋魏曼多帅师侵卫。	**哀七** 春，宋师侵郑，郑叛晋故也。 晋师侵卫，卫不服也。	
哀九 宋皇瑗帅师取郑师于雍丘。夏，楚人伐陈。秋，宋公伐郑。	**哀九** 郑武子剩之嬖许瑕求邑，无以与之。请外取，许之，故围宋雍丘。宋皇瑗围郑师，每日迁舍，垒合。郑师哭。子姚救之，大败。二月甲戌，宋取郑师于雍丘，使有能者无死，以郑张与郑罗归。	

	晋赵鞅卜救郑，遇水适火，占诸史赵、史墨、史龟。史龟曰："'是谓沈阳，可以兴兵；利以伐姜，不利子商。'伐齐则可，敌宋不吉。"史墨曰："盈，水名也。子，水位也。名位敌，不可干也。炎帝为火师，姜姓其后也。水胜火，伐姜则可。"史赵曰："是谓如川之满，不可游也。郑方有罪，不可救也。救郑则不吉，不知其他。"阳虎以《周易》筮之，遇《泰》䷊之《需》䷄，曰："宋方吉，不可与也。微子启，帝乙之元子也。宋、郑，甥舅也。祉，禄也。若帝乙之元子归妹而有吉禄，我安得吉焉？"乃止。
哀十	哀十
夏，宋人伐郑。晋赵鞅帅师侵齐。五月，公至自伐齐。	夏，赵鞅帅师伐齐，大夫请卜之。赵孟曰："吾卜于此起兵，事不再令，卜不袭吉，行也。"于是乎取犁及辕，毁高唐之郭，侵及赖而还。
哀十二	哀十二
秋，公会卫侯、宋皇瑗于郧。	宋、郑之间有隙地焉，曰弥作、顷邱、玉畅、嵒、戈、锡。子产与宋人为成，曰："勿有是！"及宋平、元之族自萧奔郑，郑人为之城嵒、戈、锡。九月，宋向巢伐郑，取锡，杀元公之孙，遂围嵒。十二月，郑罕达救嵒。丙申，围宋师。
哀十三	哀十三
春，郑罕达帅师取宋师于嵒。公会晋侯及吴子于黄池。晋魏曼多帅师侵卫。	春，宋向魋救其师。郑子剩使徇曰："得桓魋有赏！"魋也逃归。遂取宋师于嵒，获成讙、郜延。 夏，公会单平公、晋定公、吴夫差于黄池。 秋，七月辛丑，盟，吴、晋争先。吴人曰："于周室，我为长。"晋人曰："于姬姓，我为伯。"赵鞅呼司马寅曰："日昳矣，大事未成，二臣之罪也。建鼓整列，二臣死之，长幼必可知也。"对曰："请姑视之。"反

	曰："肉食者无墨。今吴王有墨，国胜乎？大子死乎？且夷德轻，不忍久，请少待之。"乃先晋人。
哀十四	**哀十四**
秋，晋赵鞅帅师伐卫。	司马牛又致其邑焉，而适吴。吴人恶之而反。赵简子召之，陈成子亦召之。卒于鲁郭门之外，阬氏葬诸丘舆。
哀十五	**哀十五**
郑伯伐宋。晋赵鞅帅师伐卫。冬，晋侯伐郑。及齐平。卫公孟彄出奔齐。	卫孔圉取大子蒯聩之姊，生悝。孔氏之竖浑良夫长而美，孔文子卒，通于内。大子在戚，孔姬使之焉。大子与之言曰："苟使我入获国，服冕乘轩，三死无与。"与之盟。为请于伯姬。 闰月，良夫与大子入，舍于孔氏之外圃。昏，二人蒙衣而乘，寺人罗御如孔氏。孔氏之老栾宁问之，称姻妾以告。遂入，适伯姬氏。既食，孔伯姬杖戈而先，大子与五人介。舆豭从之。迫孔悝于厕，强盟之，遂劫以登台。栾宁将饮酒，炙未熟，闻乱，使告季子。召获驾乘车，行爵食炙，奉卫侯辄来奔。 孔悝立庄公。庄公害故政，欲尽去之，先谓司徒瞒成曰："寡人离病于外久矣，子请亦尝之！"归告褚师比，欲与之伐公，不果。
哀十六	**哀十六**
春，王正月己卯，卫世子蒯聩自戚入于卫。卫侯辄来奔。二月，卫子还出奔宋。	春，瞒成、褚师比出奔宋。卫侯使鄢武子告于周，曰："蒯聩得罪于君父、君母，逋窜于晋。晋以王室之故，不弃兄弟，置诸河上。天诱其衷，获嗣守封焉，使下臣胅敢告执事。"王使单平公对曰："胅以嘉命来告余一人，往谓叔父：余嘉乃成世，复尔禄次。敬之哉！方天之休。弗敬弗休，悔其可追？" 六月，卫侯饮孔悝酒于平阳，重酬之。大夫皆有纳焉。醉而送之，夜半而遣之。载伯姬于平阳而行，及西

	门,使貳车反祏于西圃。子伯季子初为孔氏臣,新登于公,请追之。遇载祏者,杀而乘其车。许公为反祏,遇之,曰:"与不仁人争,明无不胜。"必使先射。射三发,皆远许为。许为射之,殪。或以其车从,得祏于橐中。孔悝出奔宋。乃逐大叔遗。遗奔晋。	
	哀十七	
	春,卫侯为虎幄于藉圃,成,求令名者而与之始食焉。大子请使良夫。良夫乘衷甸两牡,紫衣狐裘。至,袒裘,不释剑而食。大子使牵以退,数之以三罪而杀之。 　晋赵鞅使告于卫曰:"君之在晋也,志父为主。请君若大子来,以免志父。不然,寡君其曰志父之为也。"卫侯辞以难,大子又使椓之。夏,六月,赵鞅围卫。齐国观、陈瓘救卫,得晋人之致师者。子玉使服而见之,曰:"国子实执齐柄,而命瓘曰:'无辟晋师。'岂敢废命?子又何辱?"简子曰:"我卜伐卫,未卜与齐战。"乃还。 　冬,十月,晋复伐卫,入其郛。将入城,简子曰:"止。叔向有言曰:'怙乱灭国者无后。'"卫人出庄公而与晋平。晋立襄公之孙般师而还。 　十一月,卫侯自鄄入,般师出。卫人复公孙般师而立之。十二月,齐人伐卫。卫人请平,立公子起,执般师以归,舍诸潞。	
	哀十八	
	夏,卫石圃逐其君起,起奔齐。卫侯辄自齐复归,逐石圃,而复石魋与大叔遗。	
	哀二十	
	十一月,越围吴。赵孟降于丧食,楚隆曰:"三年之丧,亲昵之极也。主又降之,无乃有故乎?"赵孟曰:"黄池之役,先主与吴王有质,曰:	

	'好恶同之。'今越围吴，嗣子不废旧业而敌之，非晋之所能用也，吾是以为降。"楚隆曰："若使吴王知之，若何？"赵孟曰："可乎？"隆曰："请尝之。"乃往。先造于越军，曰："吴犯间上国多矣。闻君亲讨焉，诸夏之人，莫不欣喜。唯恐君之志不从，请入视之。"许之。告于吴王曰："寡君之老无恤，使陪臣隆敢展谢其不共：黄池之役，君之先臣志父得承齐盟，曰：'好恶同之。'今君在难，无恤不敢惮劳，非晋国之所能及也，使陪臣敢展布之。"王拜稽首曰："寡人不佞，不能事越，以为大夫忧，拜命之辱！"与之一箪珠，使问赵孟，曰："勾践将生忧寡人，寡人死之不得矣！"王曰："溺人必笑。吾将有问也：史黯何以得为君子？"对曰："黯也，进不见恶，退无谤言。"王曰："宜哉！"	

卫庄公（前497—前478）

定十三	定十三	卫庄公，名蒯聩，又称庄公，卫侯，大子蒯聩，世子蒯聩，蒯聩等，姬姓。庄公为卫灵公之子，卫出公辄之父。哀十五年入立，哀十七年被杀，在位不及三年。卫庄公相关世系如下（据陈厚耀《世族谱》）：
	初，卫公叔文子朝而请享灵公。退见史鳅而告之。史鳅曰："子必祸矣！子富而君贪，其及子乎！"文子曰："然。吾不先告子，是吾罪也。君既许我矣，其若之何？"史鳅曰："无害。子臣，可以免。富而能臣，必免于难。上下同之。戌也骄，其亡乎？富而不骄者鲜，吾唯子之见。骄而不亡者，未之有也。戌必与焉。"及文子卒，卫侯始恶于公叔戌，以其富也。公叔戌又将去夫人之党，夫人诉之曰："戌将为乱。"	
定十四 春，卫叔戌来奔。卫赵阳出奔宋。	定十四 春，卫侯逐公叔戌与其党，故赵阳奔宋，戌来奔。 夏，卫北宫结来奔，公叔戌之故也。	卫灵公元 | 庄公蒯聩 | 公子起 | 公子黚 悼公 | 公子郢 子南

		(以下庄公之子)
夏，卫北宫结来奔。卫世子蒯聩出奔宋。卫公孟彄出奔郑。	卫侯为夫人南子召宋朝。会于洮，大子蒯聩献盂于齐，过宋野。野人歌之，曰："既定尔娄猪，盍归吾艾豭？"大子羞之，谓戏阳速曰："从我而朝少君！少君见我，我顾，乃杀之！"速曰："诺。"乃朝夫人。夫人见大子，大子三顾，速不进。夫人见其色，啼而走，曰："蒯聩将杀余！"公执其手以登台。大子奔宋。尽逐其党，故公孟彄出奔郑，自郑奔齐。 大子告人曰："戏阳速祸余。"戏阳速告人曰："大子则祸余。大子无道，使余杀其母。余不许，将戕于余；若杀夫人，将以余说。余是故许而弗为，以纾余死。谚曰：民何保于信。吾以信义也。"	出公辄　太子疾　公子郢 (上表：卫灵公元昭八至哀二年在位。灵公、悼公黚、公子起、公子郢事见卷四"卫灵公"。卫出公事见卷四"卫出公"。卫庄公子太子疾哀十六年见，哀十七年与公子青被杀。)
哀二	哀二	
夏，四月丙子，卫侯元卒。晋赵鞅帅师纳卫世子蒯聩于戚。秋，八月甲戌，晋赵鞅帅师及郑罕达战于铁，郑师败绩。冬，十月，葬卫灵公。	初，卫侯游于郊，子南仆。公曰："余无子，将立女。"不对。他日，又谓之，对曰："郢不足以辱社稷，君其改图。君夫人在堂，三揖在下，君命祇辱。"夏，卫灵公卒。夫人曰："命公子郢为大子，君命也。"对曰："郢异于他子，且君没于吾手，若有之，郢必闻之。且亡人之子辄在。"乃立辄。六月乙酉，晋赵鞅纳卫大子于戚。宵迷，阳虎曰："右河而南，必至焉。"使大子絻，八人衰絰，为自卫逆者。告于门，哭而入，遂居之。 秋，八月，齐人输范氏粟，郑子姚、子般送之。士吉射逆之，赵鞅御之。遇于戚。甲戌，将战，邮无恤御简子，卫大子为右。登铁上，望见郑师众，大子惧，自投于车下。子良授大子绥而乘之，曰："妇人也！"简子巡列曰："毕万，匹夫也，七战皆获，有马百乘，死于牖下。群子勉之！死不在寇。"繁羽御赵罗，宋勇为右。罗无勇，麇之；吏诘之，御对曰：	蒯聩本为灵公大子，定十四年因灵公夫人南子之馋出奔宋。哀二年，灵公卒，卫人立蒯聩之子辄（卫出公）为君。是年蒯聩在晋赵鞅的帮助下入于戚，从此与他的儿子卫出公辄展开了一场多年的王位争夺战。哀三年，卫出公命石曼姑帅师会齐师围戚，大概是想把蒯聩赶出卫地。十五年，蒯聩通过与卫权臣孔氏家臣浑良夫私通，将卫出公辄赶出了卫国，即位为卫庄公。卫庄公即位为君后，害故政，出孔悝，逐大叔遗，杀浑良夫，剪戎州，等等。十七年卫庄

	"痁作而伏。"卫大子祷曰:"曾孙蒯聩敢昭告皇祖文王、列祖康叔、文祖襄公:郑胜乱从,晋午在难,不能治乱,使鞅讨之。蒯聩不敢自佚,备持矛焉。敢告无绝筋、无折骨、无面伤,以集大事,无作三祖羞。大命不敢请,佩玉不敢爱。"郑人击简子,中肩,毙于车中,获其蜂旗。大子救之以戈,郑师北,获温大夫赵罗。大子复伐之,郑师大败,获齐粟千车。赵孟喜曰:"可矣。"傅傁曰:"虽克郑,犹有知在,未艾也。"	公因晋师之逼出奔齐,后复入,为卫人所杀。 　　卫庄公之为人,从他与其子出公争夺王位及为君后的一系列所作所为,以及特别是哀十七年为一妇人所杀的经过,看得一清二楚。除此之外,《左传》还从各个不同角度作了细致的刻画:从哀二年蒯聩祷告之辞可以看出他是多么的胆小无识、鼠目寸光;庄公身边的人对他的为人不屑一顾,瞒成、孔悝、匠氏、己氏之妻皆然;庄公为人无信义可言,晋臣赵鞅本来一直为庄公的支持者,哀二年曾师师纳蒯聩于戚,但因蒯聩上台后多行不义,赵鞅不愿承担恶名,竟至哀十七年伐卫,将庄公赶出,为卫人另立国君;从庄公后来不是死于政敌之攻,而死于石圃之谋、戎州人之攻及己氏之杀,这三者都不是卫国政坛举足轻重的人物,更非参与卫侯入国之争的任何一方,这一事实本身已足见
哀三 　春,齐国夏、卫石曼姑帅师围戚。	哀三 　春,齐、卫围戚,求援于中山。	
哀十 　卫公孟彄自齐归于卫。	哀十	
哀十一 　卫世叔齐出奔宋。	哀十一 　冬,卫大叔疾出奔宋。初,疾娶于宋子朝,其娣嬖。子朝出,孔文子使疾出其妻,而妻之。疾使侍人诱其初妻之娣,置于犁,而为之一宫,如二妻。文子怒,欲攻之,仲尼止之;遂夺其妻。或淫于外州,外州人夺之轩以献。耻是二者,故出。卫人立遗,使室孔姞。疾臣向魋纳美珠焉,与之城鉏。宋公求珠,魋不与,由是得罪。及桓氏出,城鉏人攻大叔疾,卫庄公复之,使处巢,死焉。殡于郧,葬于少禘。 　　初,晋悼公子憗亡在卫,使其女仆而田。大叔懿子止而饮之酒,遂聘之,生悼子。悼子即位,故夏戊为大夫。悼子亡,卫人剪夏戊。 　　孔文子之将攻大叔也,访于仲尼。仲尼曰:"胡簋之事,则尝学之矣;甲兵之事,未之闻也。"退,命驾而行,曰:"鸟则择木,木岂能择	

887

	鸟?"文子遽止之,曰:"圉岂敢度其私?访卫国之难也。"将止,鲁人以币召之,乃归。	卫庄公之为人。 《左传》写卫庄公之事,有三个情节写得最生动:一是哀二年铁之战,蒯聩向其列祖列宗祷告时所说的一番话。二是哀十七年,"卫侯梦于北宫,见人登昆吾之观,被北面而噪曰:'登此昆吾之虚,绵绵生之瓜。余为浑良夫,叫天无辜。'"此事体现他做贼心虚的丑态。三是十七年蒯聩临死的具体经过:
哀十五 卫公孟彄出奔齐。	**哀十五** 卫孔圉取大子蒯聩之姊,生悝。孔氏之竖浑良夫长而美,孔文子卒,通于内。大子在戚,孔姬使之焉。大子与之言曰:"苟使我入获国,服冕乘轩,三死无与。"与之盟。为请于伯姬。 闰月,良夫与大子入,舍于孔氏之外圃。昏,二人蒙衣而乘,寺人罗御如孔氏。孔氏之老栾宁问之,称姻妾以告。遂入,适伯姬氏。既食,孔伯姬杖戈而先,大子与五人介,舆豭从之。迫孔悝于厕,强盟之,遂劫以登台。栾宁将饮酒,炙未熟,闻乱,使告季子。召获驾乘车,行爵食炙,奉卫侯辄来奔。 季子将入,遇子羔将出,曰:"门已闭矣。"季子曰:"吾姑至焉。"子羔曰:"弗及,不践其难!"季子曰:"食焉,不辟其难!"子羔遂出,子路入。及门,公孙敢门焉,曰:"无入为也!"季子曰:"是公孙也。求利焉,而逃其难。由不然,利其禄,必救其患!"有使者出,乃入,曰:"大子焉用孔悝?虽杀之,必或继之。"且曰:"大子无勇。若燔台,半,必舍孔叔。"大子闻之,惧,下石乞、盂黡敌子路。以戈击之,断缨。子路曰:"君子死,冠不免。"结缨而死。孔子闻卫乱,曰:"柴也其来,由也死矣。" 孔悝立庄公。庄公害故政,欲尽去之,先谓司徒瞒成曰:"寡人离病于外久矣,子请亦尝之!"归告褚师比,欲与之伐公,不果。	公入于戎州己氏。初,公自城上见己氏之妻发美,使髡之,以为吕姜髢。既入焉,而示之璧,曰:"活我,吾与女璧。"己氏曰:"杀女,璧其焉往?"遂杀之,而取其璧。 以上这三个情节可以说将卫庄公蒯聩为人贪婪无耻的人品刻画得淋漓尽致。 卫庄公与出公的君位之争,给卫国带来的祸患是极大的。哀十五至二十六年期间卫国六易其君,君位之争一件紧接一件,而庄公对这一系列君
哀十六 春,王正月己卯,卫世子蒯聩自戚入	**哀十六** 春,瞒成、褚师比出奔宋。卫侯使鄢武子告于周,曰:"蒯聩得罪于君父、君母,逋窜于晋。晋以王室之	

于卫。卫侯辄来奔。二月，卫子还成出奔宋。

故，不弃兄弟，置诸河上。天诱其衷，获嗣守封焉，使下臣肸敢告执事。"王使单平公对曰："肸以嘉命来告余一人，往谓叔父：余嘉乃成世，复尔禄次。敬之哉！方天之休。弗敬弗休，悔其可追？"

六月，卫侯饮孔悝酒于平阳，重酬之。大夫皆有纳焉。醉而送之，夜半而遣之。载伯姬于平阳而行，及西门，使贰车反祏于西圃。子伯季子初为孔氏臣，新登于公，请追之。遇载祏者，杀而乘其车。许公为反祏，遇之，曰："与不仁人争，明无不胜。"必使先射。射三发，皆远许为。许为射之，殪。或以其车从，得祏于橐中。孔悝出奔宋。

卫侯占梦。嬖人求酒于大叔僖子，不得，与卜人比而告公曰："君有大臣，在西南隅，弗去，惧害。"乃逐大叔遗。遗奔晋。

卫侯谓浑良夫曰："吾继先君而不得其器，若之何？"良夫代执火者而言曰："疾与亡君皆君之子也。召之而择材焉可也；若不材，器可得也。"竖告大子。大子使五人舆豭从己，劫公而强盟之，且请杀良夫。公曰："其盟免三死。"曰："请三之后有罪杀之。"公曰："诺哉！"

哀十七

春，卫侯为虎幄于藉圃，成，求令名者而与之始食焉。大子请使良夫。良夫乘衷甸两牡，紫衣狐裘。至，袒裘，不释剑而食。大子使牵以退，数之以三罪而杀之。

晋赵鞅使告于卫曰："君之在晋也，志父为主。请君若大子来，以免志父。不然，寡君其曰志父之为也。"卫侯辞以难，大子又使椓之。夏，六月，赵鞅围卫。齐国观、陈瓘救卫，得晋人之致师者。子玉使服而见之，

位之争是有不可推卸的责任的：十五年，卫庄公入，卫出公出；十七年，卫人在晋国的干预下出庄公，立卫公孙般师为君；紧接着庄公复入，卫人弑庄公，复公孙般师；齐人伐卫，卫人立公子起，执公孙般师；十八年，卫石圃逐其君起，卫出公自齐复归；二十五年卫出公再次为卫人所逐，卫人立悼公。这段时间卫国国君轮换如下：出公（哀二）→庄公（哀十五）→公孙般师（哀十七）→公子起（哀十七）→出公（哀十八）→悼公（哀二十五）。

曰："国子实执齐柄，而命瑾曰：'无辟晋师。'岂敢废命？子又何辱？"简子曰："我卜伐卫，未卜与齐战。"乃还。

卫侯梦于北宫，见人登昆吾之观，被发北面而噪曰："登此昆吾之虚，绵绵生之瓜。余为浑良夫，叫天无辜。"公亲筮之；胥弥赦占之，曰："不害。"与之邑，置之而逃，奔宋。卫侯贞卜，其繇曰："如鱼竀尾，衡流而方羊裔焉，大国灭之，将亡。阖门塞窦，乃自后逾。"

冬，十月，晋复伐卫，入其郛。将入城，简子曰："止。叔向有言曰：'怙乱灭国者无后。'"卫人出庄公而与晋平。晋立襄公之孙般师而还。

十一月，卫侯自鄄入，般师出。初，公登城以望，见戎州。问之，以告。公曰："我姬姓也，何戎之有焉？"翦之。公使匠久。公欲逐石圃，未及而难作。辛巳，石圃因匠氏攻公。公闭门而请，弗许。逾于北方而队，折股。戎州人攻之。大子疾、公子青逾从公，戎州人杀之。公入于戎州己氏。初，公自城上见己氏之妻发美，使髡之，以为吕姜髢。既入焉，而示之璧，曰："活我，吾与女璧。"己氏曰："杀女，璧其焉往？"遂杀之，而取其璧。卫人复公孙般师而立之。十二月，齐人伐卫。卫人请平，立公子起，执般师以归，舍诸潞。

卫孔氏（前660—前479）

闵二	闵二	孔氏，姞姓，卫世卿。孔氏概况参卷首二、卷首三。今据陈厚耀《世族谱》拟卫孔氏世系如下：
十有二月，狄入卫。	冬十二月，狄人伐卫。卫懿公好鹤，鹤有乘轩者。将战，国人受甲者皆曰："使鹤！鹤实有禄位，余焉能战？"公与石祁子玦，与宁庄子矢，使守，曰："以此赞国，择利而为之。"与夫人绣衣，曰："听于二子！"渠孔御戎，子伯为右；黄夷前驱，孔婴齐殿。及狄人战于荥泽，卫师败绩，遂灭卫。卫侯不去其旗，是以甚败。狄人因史华龙滑与礼孔，以逐卫人。二人曰："我，大史也，实掌其祭。不先，国不可得也。"乃先之。至，则告守曰："不可待也。"夜与国人出。狄入卫，遂从之，又败诸河。	

人物	简况
孔婴齐	闵二传孔婴齐殿
孔达	文元传帅师伐晋，宣十四卫杀其大夫孔达
（缺一代）	
孔烝鉏成子	成十四传卫侯有疾，使孔成子、宁惠子立敬姒之子衎为太子
孔羁	昭七传孔成子梦康叔谓己"立元，余使羁之孙圉与史苟相之"
（缺一代）	
孔圉文子	定四传士鞅、卫孔圉帅师伐鲜虞
孔悝	哀十五传卫孔悝娶太子蒯聩之姊生悝，十六年出奔宋

僖二十七	僖二十七	
冬，楚人、陈侯、蔡侯、郑伯、许男围宋。十有二月甲戌，公会诸侯，盟于宋。	冬，楚子及诸侯围宋。宋公孙固如晋告急。先轸曰："报施救患，取威定霸，于是乎在矣！"狐偃曰："楚始得曹，而新昏于卫，若伐曹、卫，楚必救之，则齐、宋免矣。"于是乎蒐于被庐，作三军，谋元帅。乃使郤縠将中军，郤溱佐之。使狐偃将上军，让于狐毛，而佐之。命赵衰为卿，让于栾枝、先轸。使栾枝将下军，先轸佐之。荀林父御戎，魏犨为右。	孔婴齐，杨伯峻注以为孔达之父，未知何据，然杜注、孔疏无说，陈厚耀、顾栋高均注世系不

僖二十八	僖二十八	
晋侯侵曹，晋侯伐卫。公子买戍卫，不卒戍，刺之。楚人救卫。夏，四月己巳，晋侯、齐师、宋师、秦师及楚人战于城濮，楚师败绩。卫侯	春，晋侯将伐曹，假道于卫，卫人弗许。还，自南河济，侵曹、伐卫。正月戊申，取五鹿。二月，晋郤縠卒。原轸将中军，胥臣佐下军，上德也。晋侯、齐侯盟于敛盂。卫侯请盟，晋人弗许。卫侯欲与楚，国人不欲，故出其君以说于晋。卫侯出居于襄牛。 公子买戍卫，楚人救卫，不克。公惧于晋，杀子丛以说焉。谓楚人曰："不卒戍也。"	

出奔楚。五月癸丑，公会晋侯、齐侯、宋公、蔡侯、郑伯、卫子、莒子盟于践土。六月，卫侯郑自楚复归于卫。卫元咺出奔晋。晋人执卫侯，归之京师。卫元咺自晋复归于卫。

宋人使门尹般如晋告急。公曰："宋人告急，舍之则绝，告楚不许。我欲战矣，齐、秦未可，若之何？"先轸曰："使宋舍我而赂齐、秦，藉之告楚。我执曹君而分曹、卫之田，以赐宋人。卫必不许也。喜赂怒顽，能无战乎？"公说。执曹伯，分曹、卫之田以畀宋人。

子玉使宛春告于晋师曰："请复卫侯而封曹，臣亦释宋之围。"子犯曰："子玉无礼哉！君取一，臣取二，不可失矣。"先轸曰："子与之！定人之谓礼，楚一言而定三国，我一言而亡之。我则无礼，何以战乎？不许楚言，是弃宋也；救而弃之，谓诸侯何？楚有三施，我有三怨。怨仇已多，将何以战？不如私许复曹、卫以携之，执宛春以怒楚，既战而后图之。"公说，乃拘宛春于卫，且私许复曹、卫。曹、卫告绝于楚。……

卫侯闻楚师败，惧，出奔楚，遂适陈，使元咺奉叔武以受盟。或诉元咺于卫侯曰："立叔武矣。"其子角从公，公使杀之。咺不废命，奉夷叔以入守。六月，晋人复卫侯。宁武子与卫人盟于宛濮，曰："天祸卫国，君臣不协，以及此忧也。今天诱其衷，使皆降心，以相从也。不有居者，谁守社稷？不有行者，谁扞牧圉？不协之故，用昭乞盟于尔大神，以诱天衷。自今日以往，既盟之后，行者无保其力，居者无惧其罪。有渝此盟，以相及也。明神先君，是纠是殛。"国人闻此盟也，而后不贰。卫侯先期入，宁子先，长牂守门，以为使也，与之乘而入。公子歂犬、华仲前驱。叔武将沐，闻君至，喜，捉发走出，前驱射而杀之。公知其无罪也，枕之股而哭之。歂犬走出，公使杀之。元咺出奔晋。

详。孔文子（圉）为孔成子（烝鉏）曾孙，另《礼记·祭统》郑玄注称孔达（庄叔）为孔悝七世祖，则孔达为孔成子祖父。

1.孔达，职位不明，文元年见，宣十四年因晋国压力自缢。

从《左传》记载可以看出，孔达在卫国的地位相当高，大概相当于执政之卿。卫人视孔达为"卫之良"（文四），可见卫人对孔达的评价。

卫国自践土以来一直是晋国的忠实附庸，宣十二年晋、楚邲之战以后，晋、宋、卫、曹四国为清丘之盟，但事后宋人为晋侵陈，孔达帅师救陈，并声称："先君有约言焉，若大国讨，我则死之。"次年晋人讨卫，孔达果然自缢身亡。

对于孔达的自杀行为，人们多不理解，以为孔达救陈不义，而自缢身亡更是咎由自取。然而如果我们仔细分析卫国自从晋文公以来与晋国的关

	卫侯与元咺讼，宁武子为辅，鍼庄子为坐，士荣为大夫。卫侯不胜，杀士荣，刖鍼庄子，谓宁俞忠而免之。执卫侯归之京师，置诸深室。宁子职纳橐饘焉。元咺归于卫，立公子瑕。	系，就可发现事实不是如此简单。我们知道，晋文公立国成霸，借侵曹伐卫而得成。此后卫侯仍不与于晋，僖二十八年温之会、二十九年翟泉之会，卫皆不与。紧接着卫国在晋人的逼压下发生内乱，晋人执卫侯。僖三十年晋侯欲害死卫侯，卫侯因宁俞而免于一死。可见卫国对晋文之霸在内心深处是不屑一顾的，只是迫于大国形势，无可奈何服从罢了。文元年晋襄公新即位后攻打卫国，孔达侵晋而被执，可以说是这种不屑一顾的表现。
僖三十	**僖三十**	
秋，卫杀其大夫元咺及公子瑕。卫侯郑归于卫。	晋侯使医衍酖卫侯。宁俞货医，使薄其酖，不死。公为之请，纳玉于王与晋侯，皆十毂。王许之。秋，乃释卫侯。卫侯使赂周歂、冶廑，曰："苟能纳我，吾使尔为卿。"周、冶杀元咺及子适、子仪。公入，祀先君。周、冶既服，将命，周歂先入，及门，遇疾而死。冶廑辞卿。	
文元	**文元**	
晋侯伐卫。卫人伐晋。秋，公孙敖会晋侯于戚。	晋文公之季年，诸侯朝晋。卫成公不朝，使孔达侵郑，伐绵、訾及匡。晋襄公既祥，使告于诸侯而伐卫，及南阳。先且居曰："效尤，祸也。请君朝王，臣从师。"晋侯朝王于温。先且居、胥臣伐卫。五月辛酉，朔，晋师围戚。六月戊戌，取之，获孙昭子。 卫人使告于陈。陈共公曰："更伐之，我辞之。"卫孔达帅师伐晋。君子以为古，古者越国而谋。 秋，晋侯疆戚田，故公孙敖会之。	孔达虽迫于势力而屈服于晋国，但他在内心深处对晋国十分痛恨则是完全可能的。这或许可以解释为什么宣十二年晋国兵败于楚后，孔达欲借伐陈以叛晋。孔达是不是不识大体呢？他说："若大国讨，我则死之！"可
文二	**文二**	
夏，六月，公孙敖会宋公、陈侯、郑伯、晋士穀，盟于垂陇。	公未至，六月，穆伯会诸侯及晋司空士穀盟于垂陇，晋讨卫故也。书'士穀'，堪其事也。陈侯为卫请成于晋，执孔达以说。	见他对自己所作所为的后果是很清楚的。他之所以率先伐晋，一方面表达
文四	**文四**	
	春，晋人归孔达于卫。以为卫之良也，故免之。夏，卫侯如晋拜。	

893

文九	**文九**	了卫国多年受迫于晋处境下的立场，另一方面也是为卫国长远计：深知其势不敌，让卫人归咎于己，给晋国一个交代。 孔达文元年始见，而本表详录僖二十七年以来卫国外交内政，与孔达无直接关系，主要是因为这些构成孔达自缢的重要背景。 2.孔成子，名烝鉏，见于成十四、襄十九、昭七年。孔成子立两位卫君，即卫襄公（成十四）、卫灵公（昭七），前后相距43年，可见其执政于卫时间之长。《左传》载成十四年他与宁惠子立卫定公与敬姒之子衎为大子（即卫献公），夫人姜氏见大子父死不哀，哀叹"天祸卫国"，孙文子"自是不敢舍重器于卫"，为襄十四年孙、宁逐君之乱前兆，亦可见献公与夫人姜氏及大臣孙氏皆不和。昭七年传文详述孔成子与史苟因梦立灵公，而舍孟絷。 据《左传》昭七年"羁之孙围"，知
公子遂会晋人、宋人、卫人、许人，救郑。	公子遂会晋赵盾、宋华耦、卫孔达、许大夫救郑，不及楚师。卿不书，缓也，以惩不恪。	
文十七	**文十七**	
春，晋人、卫人、陈人、郑人伐宋。	春，晋荀林父、卫孔达、陈公孙宁、郑石楚伐宋。讨曰："何故弑君？"犹立文公而还。卿不书，失其所也。	
宣十二	**宣十二**	
晋人、宋人、卫人、曹人同盟于清丘。宋师伐陈，卫人救陈。	晋原縠、宋华椒、卫孔达、曹人同盟于清丘，曰："恤病讨贰。"于是卿不书，不实其言也。 宋为盟故，伐陈。卫人救之。孔达曰："先君有约言焉。若大国讨，我则死之。"	
宣十三	**宣十三**	
	夏，楚子伐宋，以其救萧也。君子曰："清丘之盟，惟宋可以免焉。" 清丘之盟，晋以卫之救陈也，讨焉。使人弗去，曰："罪无所归，将加而师。"孔达曰："苟利社稷，请以我说，罪我之由。我则为政，而亢大国之讨，将以谁任？我则死之！"	
宣十四	**宣十四**	
春，卫杀其大夫孔达。	春，孔达缢而死，卫人以说于晋而免。遂告于诸侯曰："寡君有不令之臣达，构我敝邑于大国，既伏其罪矣，敢告。"	
成十四	**成十四**	
冬十月庚寅，卫侯臧卒。	卫侯有疾，使孔成子、宁惠子立敬姒之子衎以为大子。冬十月，卫定公卒。夫人姜氏既哭而息，见大子之不哀也，不内酌饮，叹曰："是夫也，将不唯卫国之败，其必始于未亡人。呜呼！天祸卫国也夫！吾不获鱄也使主社稷。"孙文子自是不敢舍其重器于卫，尽置诸戚，而甚善晋大夫。	

襄十九	襄十九	孔成子之子为孔羁。
	卫石共子卒，悼子不哀。孔成子曰："是谓蹷其本，必不有其宗。"	3.孔文子，名圉，主要活动在定四至哀十一年，哀十五年卒。昭七年传载"孔烝鉏之曾孙圉相元"，知孔文子为孔成子曾孙。文子娶卫灵公之女（伯姬）、太子蒯聩之姊而生孔悝。据昭七年传，孔文子当为卫侯主要辅臣。其主要事情是以女妻大叔疾而生冲突，终逐其人。《孔子家语》（卷九）所言此事与左氏基本同。
昭七	昭七	
秋八月戊辰，卫侯恶卒。十有二月癸亥，葬卫襄公。	卫襄公夫人姜氏无子，嬖人婤姶生孟絷。孔成子梦康叔谓己曰："立元，余使羁之孙圉与史苟相之。"史朝亦梦康叔谓己曰："余将命而子苟与孔烝鉏之曾孙圉相元。"史朝见成子，告之梦，梦协。晋韩宣子为政聘于诸侯之岁，婤姶生子，名之曰元。孟絷之足不良能行。孔成子以《周易》筮之，曰："元尚享卫国，主其社稷。"遇《屯》䷂。又曰："余尚立絷，尚克嘉之。"遇《屯》䷂之《比》䷇。以示史朝。史朝曰："'元亨'，又何疑焉？"成子曰："非长之谓乎？"对曰："康叔名之，可谓长矣。孟非人也，将不列于宗，不可谓长。且其繇曰：'利建侯。'嗣吉，何建？建非嗣也。二卦皆云，子其建之！康叔命之，二卦告之，筮袭于梦，武王所用也，弗从何为？弱足者居。侯主社稷，临祭祀，奉民人，事鬼神，从会朝，又焉得居？各以所利，不亦可乎？"故孔成子立灵公。十二月癸亥，葬卫襄公。	孔文子与孔子为同时代人，孔子在卫亦与之交往甚厚。传载孔文子欲攻大叔疾，先求教于仲尼，仲尼拒之，随即离卫返鲁。《论语·公冶长》载子贡问"孔文子何以谓之文"，子曰："敏而好学，不耻下问，是以谓之文也。"可见孔子对孔文子评价甚高。
定四	定四	
秋，晋士鞅、卫孔圉帅师伐鲜虞。		
哀元	哀元	4.孔悝，又称孔叔，哀十五年立卫庄公（蒯聩），子路为孔氏家臣，因乱而死，哀十六年因庄公之忌奔宋。《墨子·非儒下》称"子贡季路辅孔悝乎
秋，齐侯、卫侯伐晋。	齐侯、卫侯会于乾侯，救范氏也。师及齐师、卫孔圉、鲜虞人伐晋，取棘蒲。	
哀十一	哀十一	
冬，卫世叔齐出奔宋。	冬，卫大叔疾出奔宋。初，疾娶于宋子朝，其娣嬖。子朝出，孔文子使疾出其妻，而妻之。疾使侍人诱其初妻之娣置于犂，而为之一宫，如二	

895

	妻。文子怒，欲攻之，仲尼止之。遂夺其妻。或淫于外州，外州人夺之轩以献。耻是二者，故出。卫人立遗，使室孔姞。疾臣向魋，纳美珠焉，与之城鉏。宋公求珠，魋不与，由是得罪。及桓氏出，城鉏人攻大叔疾，卫庄公复之，使处巢，死焉，殡于鄖，葬于少禘。 初，晋悼公子憗亡在卫，使其女仆而田，大叔懿子止而饮之酒，遂聘之，生悼子。悼子即位，故夏戊为大夫。悼子亡，卫人翦夏戊。 孔文子之将攻大叔也，访于仲尼。仲尼曰："胡簋之事，则尝学之矣；甲兵之事，未之闻也。"退，命驾而行，曰："鸟则择木，木岂能择鸟？"文子遽止之曰："圉岂敢度其私，访卫国之难也。"将止，鲁人以币召之，乃归。	卫"，《盐铁论·殊路》有"子路仕卫，孔悝作乱不能救，君出亡身菹于卫，子贡子羔遁逃不能死其难"。《礼记·祭统》载"卫孔悝之鼎铭"如下："六月丁亥，公假于大庙。公曰'叔舅！乃祖庄叔，左右成公。成公乃命庄叔，随难于汉阳，即宫于宗周，奔走无射。启右献公。献公乃命成叔，纂乃祖服。乃考文叔，兴旧耆欲，作率庆士，躬恤卫国，其勤公家，夙夜不解，民咸曰：'休哉！'公曰：'叔舅！予女铭：若纂乃考服。'悝拜稽首曰：'对扬以辟之，勤大命施于烝彝鼎。'"《论衡·须颂篇》亦提及"卫孔悝之鼎铭"。
哀十五	哀十五 卫孔圉取大子蒯聩之姊，生悝。孔氏之竖浑良夫长而美，孔文子卒，通于内。大子在戚，孔姬使之焉。大子与之言曰："苟使我入获国，服冕、乘轩，三死无与。"与之盟，为请于伯姬。 闰月，良夫与大子入，舍于孔氏之外圃。昏，二人蒙衣而乘，寺人罗御，如孔氏。孔氏之老栾宁问之，称姻妾以告，遂入，适伯姬氏。既食，孔伯姬杖戈而先，大子与五人介，舆豭从之。迫孔悝于厕，强盟之，遂劫以登台。栾宁将饮酒，炙未熟，闻乱，使告季子；召获驾乘车，行爵食炙，奉卫侯辄来奔。 季子将入，遇子羔将出，曰："门已闭矣。"季子曰："吾姑至焉。"子羔曰："弗及，不践其难！"季子曰："食焉，不辟其难。"子羔遂出，子路入。及门，公孙敢门焉，曰："无入	

	为也。"季子曰："是公孙也，求利焉，而逃其难。由不然，利其禄，必救其患。"有使者出，乃入，曰："大子焉用孔悝？虽杀之，必或继之。"且曰："大子无勇，若燔台，半，必舍孔叔。"大子闻之，惧，下石乞、盂黡敌子路，以戈击之，断缨。子路曰："君子死，冠不免。"结缨而死。孔子闻卫乱，曰："柴也其来，由也死矣。" 孔悝立庄公。庄公害故政。欲尽去之，先谓司徒瞒成曰："寡人离病于外久矣，子请亦尝之。"归告褚师比，欲与之伐公，不果。	
哀十六	哀十六	
春王正月己卯，卫世子蒯聩自戚入于卫，卫侯辄来奔。二月，卫子还成出奔宋。	六月，卫侯饮孔悝酒于平阳，重酬之。大夫皆有纳焉。醉而送之，夜半而遣之。载伯姬于平阳而行，及西门，使贰车反祏于西圃。子伯季子初为孔氏臣，新登于公，请追之，遇载祏者，杀而乘其车。许公为反祏，遇之，曰："与不仁人争明，无不胜。"必使先射，射三发，皆远许为。许为射之，殪。或以其车从，得祏于橐中。孔悝出奔宋。	

卫石氏（前720—前477）

隐三	隐三	石氏，姬姓，出靖伯，卫公族。世为卫卿大夫。今据顾栋高《大事表》列卫石氏世系情况如下：
	卫庄公娶于齐东宫得臣之妹，曰庄姜，美而无子，卫人所为赋《硕人》也。又娶于陈，曰厉妫，生孝伯，早死。其娣戴妫，生桓公，庄姜以为己子。公子州吁，嬖人之子也。有宠而好兵，公弗禁。庄姜恶之。 石碏谏曰："臣闻爱子，教之以义方，弗纳于邪。骄、奢、淫、泆，所自邪也。四者之来，宠禄过也。将立州吁，乃定之矣；若犹未也，阶之为祸。夫宠而不骄，骄而能降，降而	

人物	简况
石碏	隐三谏庄公教子以义方，四年使陈人杀州吁，并大义灭亲，杀其子厚
石厚	

	不憾，憾而能眕者，鲜矣。且夫贱妨贵，少陵长，远间亲，新间旧，小加大，淫破义，所谓六逆也；君义，臣行，父慈，子孝，兄爱，弟敬，所谓六顺也。去顺效逆，所以速祸也。君人者，将祸是务去，而速之，无乃不可乎？"弗听。其子厚与州吁游，禁之，不可。桓公立，乃老。	石驼仲	《礼记檀弓》载驼仲卒前卜立石祁子
		石祁子	庄十二年传卫从欲不与卫人猛获，石祁子谏不可
		石稷成子	成二传侵齐，遇齐师欲还
隐四	隐四	石买共子	襄十七传帅师伐曹，取重丘，次年晋人执之，十九年卒
九月，卫人杀州吁于濮。 冬十有二月，卫人立晋。	州吁未能和其民，厚问定君于石子。石子曰："王觐为可。"曰："何以得觐？"曰："陈桓公方有宠于王。陈、卫方睦，若朝陈使请，必可得也。"厚从州吁如陈。石碏使告于陈曰："卫国褊小，老夫耄矣，无能为也。此二人者，实弑寡君，敢即图之。"陈人执之，而请莅于卫。九月，卫人使右宰丑莅杀州吁于濮。石碏使其宰獳羊肩莅杀石厚于陈。 君子曰："石碏，纯臣也。恶州吁而厚与焉。'大义灭亲'，其是之谓乎！" 卫人逆公子晋于邢。冬十二月宣公即位。书曰"卫人立晋"，众也。	石恶悼子	襄十七传共子卒悼子不哀，襄二十八出奔晋
		石圃	襄二十八悼子奔晋，卫人立为石氏祀
		石曼姑	哀三齐国夏、卫石曼姑帅师围戚
		石魋	哀十八卫人逐石圃而复石魋
庄十二	庄十二	(上表：石驼仲、石祁子父子来源不详，仅据年代列入，石曼姑、石魋、石乞亦来源未详。另有石乞哀十五年见。方按：襄二十八年，石晋奔晋，卫人立其从子石圃。哀十八年传"卫人逐石圃而复石魋"，石魋杜注以为曼姑子。故可推知，石曼姑可能为石恶之后。自襄十七年石恶始见，至哀三年石曼	
秋八月甲午，宋万弑其君捷及其大夫仇牧。 冬十月，宋万出奔陈。	秋，宋万弑闵公于蒙泽。遇仇牧于门，批而杀之。遇太宰督于东宫之西，又杀之。立子游。群公子奔萧，公子御说奔亳。南宫牛、猛获帅师围亳。冬十月，萧叔大心及戴、武、宣、穆、庄之族以曹师伐之。杀南宫牛于师，杀子游于宋，立桓公。猛获奔卫。南宫万奔陈，以乘车辇其母，一日而至。 宋人请猛获于卫。卫人欲勿与。石祁子曰："不可。天下之恶一也，恶于宋而保于我，保之何补？得一夫而失一国，与恶而弃好，非谋也。"卫人归之。亦请南宫万于陈，以赂。陈人使妇人饮之酒，而以犀		

	革裹之。比及宋，手足皆见。宋人皆醢之。	姑始见，隔64年，则石曼姑为石恶之孙不无可能。）
闵二	**闵二**	
冬，十有二月，狄入卫。	冬十有二月，狄人伐卫。卫懿公好鹤，鹤有乘轩者。将战，国人受甲者皆曰："使鹤！鹤实有禄位，余焉能战？"公与石祁子玦，与宁庄子矢，使守，曰："以此赞国，择利而为之。"与夫人绣衣，曰："听于二子！"渠孔御戎，子伯为右；黄夷前驱，孔婴齐殿。及狄人战于荧泽，卫师败绩，遂灭卫。卫侯不去其旗，是以甚败。狄人因史华龙滑与礼孔，以逐卫人。二人曰："我，大史也，实掌其祭。不先，国不可得也。"乃先之。至，则告守曰："不可待也。"夜与国人出。狄入卫，遂从之，又败诸河。	1.石碏，又称石子，其子石厚。见于隐三、四年。郑庄公母溺爱叔段，启其夺位之意；卫庄公溺爱州吁，启其篡弑之心。春秋时期类似这样的内乱很多，难道不正体现了中国人的人情特点吗？石碏身为先君之后、国之重臣，其于卫之命运可谓忧心。"臣闻爱子，教之以义方"，庄公爱子而无方，"骄、奢、淫、逸"以"自邪"。石碏之言，千载后听来仍掷地有声。所谓"六逆"，即"贱妨贵，少陵长，远间亲，新间旧，小加大，淫破义"，及所谓"六顺"，即"君义，臣行，父慈，子孝，兄爱，弟敬"，此语窥破人伦关系之秘密，堪为儒家思想之源头。石碏于庄公之子桓公即位后告退，退位十六年而州吁弑君。终因不忍心国体败坏，使出手段，借陈人之力杀州吁，
成二	**成二**	
夏四月丙戌，卫孙良夫帅师及齐师战于新筑，卫师败绩。	卫侯使孙良夫、石稷、宁相、向禽将侵齐，与齐师遇。石子欲还。孙子曰："不可。以师伐人，遇其师而还，将谓君何？若知不能，则如无出。今既遇矣，不如战也。" 夏，有…… 石成子曰："师败矣，子不少须，众惧尽。子丧师徒，何以复命？"皆不对。又曰："子，国卿也。陨子，辱矣。子以众退，我此乃止。"且告车来甚众。齐师乃止，次于鞫居。	
襄十七	**襄十七**	
夏，卫石买帅师伐曹。	卫孙蒯田于曹隧，饮马于重丘，毁其瓶。重丘人闭门而诟之，曰："亲逐而君，尔父为厉。是之不忧，而何以田为？"夏，卫石买、孙蒯伐曹，取重丘。曹人诉诸晋。	
襄十八	**襄十八**	
夏，晋人执卫行人石买。	夏，晋人执卫行人石买于长子，执孙蒯于纯留，为曹故也。	

襄十九	襄十九 卫石共子卒，悼子不哀。孔成子曰："是谓蹙其本，必不有其宗。"	立宣公。 对于石碏大义灭亲这件事，现代人恐怕很难理解。既已杀州吁，何必再杀子？且杀子在杀州吁之后，似无必要。试问为人父母者，谁能忍心？我以为石碏这么做，并非出于真心，而是迫不得已。他想必是惧国人不服，非如此不可以明己心、安危局，故左氏称其为"纯臣"，以"君子曰"赞之。 襄二十八年杜注称"石碏有大功于卫"，郑樵《通志·氏族略·以字为氏》亦称："石碏有大功于卫，世为卫大夫。" 2.石祁子，据《礼记·檀弓》郑注为石骀仲之子、石碏族人。见于庄十二、闵二年（前后相隔22年）。据《礼记·檀弓》，石祁子为石骀仲庶子（石骀仲不见于《左传》），郑注以骀仲为"石碏之族"。程公说《春秋分纪》（卷十六）称"碏生厚，厚生骀仲，骀仲生祁子，祁子生稷"，梁履绳《左通补释》尝疑程
襄二十七 夏，叔孙豹会晋赵武、楚屈建、蔡公孙归生、卫石恶、陈孔奂、郑良霄、许人、曹人于宋。 卫杀其大夫宁喜。 卫侯之弟鱄出奔晋。	襄二十七 卫宁喜专，公患之，公孙免余请杀之。公曰："微宁子，不及此。吾与之言矣。事未可知，祇成恶名，止也。"对曰："臣杀之，君勿与知。"乃与公孙无地、公孙臣谋，使攻宁氏，弗克，皆死。公曰："臣也无罪，父子死余矣！"夏，免余复攻宁氏，杀宁喜及右宰谷，尸诸朝。石恶将会宋之盟，受命而出，衣其尸，枕之股而哭之。欲敛以亡，惧不免，且曰："受命矣。"乃行。 宋向戌善于赵文子，又善于令尹子木，欲弭诸侯之兵以为名。皆告于小国，为会于宋。五月甲辰，晋赵武至于宋。丙午，郑良霄至。戊申，叔孙豹、齐庆封、陈须无、卫石恶至。……子木谓向戌，请晋、楚之从交相见也。	
襄二十八 夏，卫石恶出奔晋。	襄二十八 卫人讨宁氏之党，故石恶出奔晋。卫人立其从子圃，以守石氏之祀，礼也。	
哀三 春，齐国夏、卫石曼姑帅师围戚。	哀三 春，齐、卫围戚，求援于中山。	
哀十二 秋，公会卫侯、宋皇瑗于郧。	哀十二 吴征会于卫。初，卫人杀吴行人且姚而惧，谋于行人子羽。子羽曰："吴方无道，无乃辱吾君，不如止也。"子木曰："吴方无道，国无道，必弃疾于人。吴虽无道，犹足以患卫。往也！长木之毙，无不摽也；国狗之瘈，无不噬也，而况大国乎！"	

	秋，卫侯会吴于郧。公及卫侯、宋皇瑗盟，而卒辞吴盟。吴人藩卫侯之舍。卫侯归，效夷言。子之尚幼，曰："君必不免，其死于夷乎！执焉而又说其言，从之固矣。"	说。今按，石祁子从谥号看当为石氏掌门人，从年代看程说亦合，今从之。闵二年狄灭卫之役，石祁子受卫侯之托守国。体现石祁子见识之事见于庄十二年，宋人猛获参与弑君后逃卫，宋人平乱后请猛获于卫，卫人欲不与，石祁子否之，理由是"天下之恶一也，恶于宋而保于我，保之何补？得一夫而失一国，与恶而弃好，非谋也"。"天下之恶一也"，堪称至理。
哀十五 冬，卫公孟彄出奔齐。	**哀十五** 卫孔圉取大子蒯聩之姊，生悝。孔氏之竖浑良夫长而美，孔文子卒，通于内。大子在戚，孔姬使之焉。大子与之言曰："苟使我入获国，服冕、乘轩，三死无与。"与之盟，为请于伯姬。 闰月，良夫与大子入，舍于孔氏之外圃。昏，二人蒙衣而乘，寺人罗御，如孔氏。孔氏之老栾宁问之，称姻妾以告，遂入，适伯姬氏。既食，孔伯姬杖戈而先，大子与五人介，舆豭从之。迫孔悝于厕，强盟之，遂劫以登台。栾宁将饮酒，炙未熟，闻乱，使告季子；召获驾乘车，行爵食炙，奉卫侯辄来奔。 季子将入，遇子羔将出，曰："门已闭矣。"季子曰："吾姑至焉。"子羔曰："弗及，不践其难！"季子曰："食焉，不辟其难。"子羔遂出，子路入。及门，公孙敢门焉，曰："无入为也。"季子曰："是公孙也，求利焉而逃其难。由不然，利其禄，必救其患。"有使者出，乃入，曰："大子焉用孔悝？虽杀之，必或继之。"且曰："大子无勇，若燔台，半，必舍孔叔。"大子闻之，惧，下石乞、盂黡敌子路，以戈击之，断缨。子路曰："君子死，冠不免。"结缨而死。孔子闻卫乱，曰："柴也其来，由也死矣。" 孔悝立庄公。庄公害故政。欲尽去之，先谓司徒瞒成曰："寡人离病于外久矣，子请亦尝之。"归告褚师比，欲与之伐公，不果。	3.石成子，又称石稷、石子（稷为名、成子为谥），杜注以为石碏四世孙，程公说《分纪》以为石祁子之子（见前），见于成二年。成二年新筑之役，孙良夫初不听石成子之谋，一味求战，战败又一味求退，赖石子而止齐师，石成子之勇与谋可见。 4.石悼子（石恶），见于襄十九、二十七、二十八年。襄二十七年宁氏之难中，卫献公灭宁氏，石恶受其殃，出奔前犹尽己职。

	哀十七 卫人出庄公而与晋平。晋立襄公之孙般师而还。 十一月，卫侯自鄄入，般师出。公使匠久。公欲逐石圃，未及而难作。辛巳，石圃因匠氏攻公。公阖门而请，弗许。逾于北方而队，折股。戎州人攻之，大子疾、公子青逾从公，戎州人杀之。卫人复公孙般师而立之。十二月，齐人伐卫，卫人请平，立公子起，执般师以归，舍诸潞。 公会齐侯盟于蒙，孟武伯相。齐侯稽首，公拜。齐人怒。武伯曰："非天子，寡君无所稽首。"武伯问于高柴曰："诸侯盟，谁执牛耳？"季羔曰："鄫衍之役，吴公子姑曹；发阳之役，卫石魋。"武伯曰："然则彘也。"	5.石圃，石恶从子，襄二十八年代替石恶守石氏宗祀。哀十七逐庄公，十八年逐公子起，同年为卫出公辄所逐。 石氏人物活跃于政坛、见于左氏者还有石共子（买），为卫行人；石曼姑（哀三）；石乞（哀十五年杀死子路的重要人物）；石魋（曼姑子）为卫出公辄之党。
	哀十八 夏，卫石圃逐其君起，起奔齐。卫侯辄自齐复归，逐石圃，而复石魋与大叔遗。	

楚蒍氏（前706—前477）

桓六	**桓六** 春，楚武王侵随，使蒍章求成焉，军于瑕以待之。随人使少师董成。	蒍氏又称薳氏（薳、蒍通），芈姓，出楚君蚡冒，为楚世代大族。今据《大事表·世系表》列蒍氏世系如下（附始见年）：
桓八	**桓八** 夏，楚子合诸侯于沈鹿。黄、随不会。使蒍章让黄。	
桓九	**桓九** 巴子使韩服告于楚，请与邓为好。楚子使道朔将巴客以聘于邓，邓南鄙鄾人攻而夺之币，杀道朔及巴行	蚡冒 春秋前 蒍章 桓六 蒍吕臣 叔伯 僖二十八

		蒍贾 伯嬴 僖二十七
	人。楚子使薳章让于邓。邓人弗受。夏,楚使鬭廉帅师及巴师围鄾。邓师大败。鄾人宵溃。	蒍艾猎 宣十一 / 孙叔敖 宣十二
僖二十三 秋,楚人伐陈。	僖二十三 秋,楚成得臣帅师伐陈,讨其贰于宋也。遂取焦、夷,城顿而还。子文以为之功,使为令尹。叔伯曰:"子若国何?"对曰:"吾以靖国也。夫有大功而无贵仕,其人能靖者与有几?"	蒍子冯 襄十五 / 薳启彊 襄二十四
		蒍掩 襄二十五 / 薳罢子荡 襄二十七
		薳射 昭五
		薳泄 昭六
僖二十七 冬,楚人、陈侯、蔡侯、郑伯、许男围宋。	僖二十七 秋,楚子将围宋,使子文治兵于睽,终朝而毕,不戮一人。子玉复治兵于蒍,终日而毕,鞭七人,贯三人耳。国老皆贺子文。子文饮之酒。蒍贾尚幼,后至,不贺。子文问之。对曰:"不知所贺。子之传政于子玉,曰:'以靖国也。'靖诸内而败诸外,所获几何?子玉之败,子之举也。举以败国,将何贺焉?子玉刚而无礼,不可以治民,过三百乘,其不能以入矣。苟入而贺,何后之有?" 冬,楚子及诸侯围宋。	薳居 昭十三
		薳越 昭二十
		薳固 哀十八
僖二十八 夏四月,楚杀其大夫得臣。	僖二十八 初,楚子玉……及连谷而死。晋侯闻之而后喜可知也,曰:"莫余毒也已。蒍吕臣实为令尹,奉己而已,不在民矣。"	(上表:若敖僖二十八年见,蚡冒文十六、宣十二年见。薳启彊及以后七人皆世系不详,仅据年代排列。)
文十六 秋,楚人、秦人、巴人灭庸。	文十六 秋,楚大饥,戎伐其西南,至于阜山,师于大林。又伐其东南,至于阳丘,以侵訾枝。 庸人帅群蛮以叛楚,麇人率百濮聚于选,将伐楚。于是申、息之北门不启。 楚人谋徙于阪高。蒍贾曰:"不可。我能往,寇亦能往,不如伐庸。夫麇与百濮,谓我饥不能师,故伐我	顾栋高《大事表·世系表》载蒍氏人物共计十三人。楚蒍氏在《左传》中始见于桓六年薳章因楚武王之使赴随求成,蒍氏之盛始于蒍章之子蒍吕臣,此后蒍氏常为楚令尹、司马、大宰等要职。僖二十八年蒍吕臣(叔伯)实为令尹;其子蒍贾(伯嬴)宣四年为工正,后为司马;贾之子孙叔敖(蒍艾猎)宣十一年为令尹。襄十五年蒍子冯为大

	也。若我出师，必惧而归。百濮离居，将各走其邑，谁暇谋人？"乃出师。旬有五日，百濮乃罢。 自庐以往，振廪同食。次于句澨。使庐戢犁侵庸，及庸方城。庸人逐之，囚子扬窗。三宿而逸，曰："庸师众，群蛮聚焉，不如复大师，且起王卒，合而后进。"师叔曰："不可。姑又与之遇以骄之。彼骄我怒，而后可克，先君蚡冒所以服陉隰也。"又与之遇，七遇皆北，唯裨、儵、鱼人实逐之。 庸人曰："楚不足与战矣。"遂不设备。楚子乘驲，会师于临品，分为二队，子越自石溪，子贝自仞以伐庸。秦人、巴人从楚师。群蛮从楚子盟，遂灭庸。	司马，二十二年为令尹；二十五年蒍掩为司马、后为大司马（襄三十年）。昭元年楚灵王即位，蒍罢为令尹，蒍启疆为大宰。下面重点介绍蒍氏较重要七人： 1.蒍贾（僖二十七至宣四），字伯嬴，官至工正、司马（宣四）。 僖二十七年众人皆贺令尹子文，独蒍贾不贺，责其举荐子玉，将祸楚国，为次年城濮之战作传。是时蒍贾尚幼，而识得"子玉刚而无礼，不可以治民"，堪称有识。 宣四年，传载蒍贾为工正，谮子扬（鬬般）而杀之，使斗椒（子越）为令尹，己为司马，竟为子越所杀。 2.孙叔敖，名敖，字艾猎，亦称孙敖、叔敖、蒍敖、孙叔。蒍贾之子（宣十一杜注），见于宣十一、十二年。《左传》仅见两年中。顾栋高《大事表·楚令尹表》以其宣五至宣十八年为令尹。王符《潜夫论·志氏姓》称"令尹孙叔敖
宣元	宣元	
楚子、郑人侵陈，遂侵宋。晋赵盾帅师救陈。	秋，楚子侵陈，遂侵宋。晋赵盾帅师救陈、宋。会于棐林，以伐郑也。楚蒍贾救郑，遇于北林，囚晋解扬。晋人乃还。	
宣四	宣四	
	及令尹子文卒，鬬般为令尹，子越为司马。蒍贾为工正，谮子扬而杀之，子越为令尹，己为司马。子越又恶之，乃以若敖氏之族圉伯嬴于辕阳而杀之，遂处烝野，将攻王。王以三王之子为质焉，弗受。师于漳澨。秋七月戊戌，楚子与若敖氏战于皋浒。伯棼射王，汰辀，及鼓跗，著于丁宁。又射，汰辀，以贯笠毂。师惧，退。王使巡师曰："吾先君文王克息，获三矢焉，伯棼窃其二，尽于是矣。"鼓而进之，遂灭若敖氏。	
宣十一	宣十一	
	令尹蒍艾猎城沂，使封人虑事，以授司徒。量功命日，分财用，平板	

	榦，称畚筑，程土物，议远迩，略基趾，具餱粮，度有司。事三旬而成，不愆于素。	者，蔿章之子也"，二人例见年相距107年（桓六至宣十），似不可信。
宣十二	**宣十二**	宣十一年杜注以孙叔敖即蔿艾猎。孔疏引服虔亦云"艾猎，蔿贾之子孙叔敖也"，并称此年云"令尹蔿艾猎"，明年云"令尹孙叔敖"，证当为一人（孔疏同时提到《世本》以蔿艾猎为孙叔敖之兄说法）。①
春，楚子围郑。夏六月乙卯，晋荀林父帅师及楚子战于邲，晋师败绩。	十二年春，楚子围郑，郑人修城。三月，克之。退三十里而许之平。夏六月，晋师救郑。荀林父将中军，先縠佐之；士会将上军，郤克佐之；赵朔将下军，栾书佐之。赵括、赵婴齐为中军大夫，巩朔、韩穿为上军大夫，荀首、赵同为下军大夫。韩厥为司马。及河，闻郑既及楚平，桓子欲还，曰："无及于郑而勤民，焉用之？楚归而动，不后。"随武子曰："善。会闻用师，观衅而动。德、刑、政、事、典、礼不易，不可敌也，不为是征。楚君讨郑，怒其贰而哀其卑。叛而伐之，服而舍之，德、刑成矣。伐叛，刑也；柔服，德也，二者立矣。昔岁入陈，今兹入郑，民不罢劳，君无怨讟，政有经矣。荆尸而举，商、农、工、贾不败其业，而卒乘辑睦，事不奸矣。蔿敖为宰，择楚国之令典；军行，右辕，左追蓐，前茅虑无，中权，后劲。百官象物而动，军政不戒而备，能用典矣。其君之举也，内姓选于亲，外姓选于旧。举不失德，赏不失劳。老有加惠，旅有施舍。君子小人，物有服章。贵有常尊，贱有等威，礼不逆矣。德立、刑行、政成、事时、典从、礼顺，若之何敌之？见可而进，知难而退，军之善政也。兼弱攻昧，武之善经也。子姑整军而经武乎！犹有弱而昧者，何必楚？仲虺有言曰'取乱侮亡'，兼弱也。汋曰'于铄王师！遵养时	《左传》孙叔敖之事仅见于宣十一、十二年。宣十一年为令尹而城沂，极显为政才干。宣十二年邲之战，孙叔敖之谋发挥了关键作用。相比后世所传孙叔敖事，《左传》记载可谓少矣。《吕氏春秋·赞能》"孙叔敖为令尹，十二年而楚国霸"。《韩诗外传》"孙叔敖治楚，三年而楚国霸"。新出《郭店楚墓竹简·穷达以时》"孙叔三射（谢）期思少司马，出而为令尹，遇楚臧（庄）王也"。《史记·循吏列传》放第一位。

---

① 孙叔敖世系及封地，参徐少华：《孙叔敖故里封地考述——兼论《楚相孙叔敖碑》的真伪与文本年代》，载《江汉考古》2008年第2期，第80—86页。

晦'，耆昧也。《武》曰：'无竞惟烈。'抚弱耆昧，以务烈所，可也。"彘子曰："不可。"以中军佐济。师遂济。

楚子北师次于郔。沈尹将中军，子重将左，子反将右，将饮马于河而归。闻晋师既济，王欲还，嬖人伍参欲战。令尹孙叔敖弗欲，曰："昔岁入陈，今兹入郑，不无事矣。战而不捷，参之肉其足食乎？"参曰："若事之捷，孙叔为无谋矣。不捷，参之肉将在晋军，可得食乎？"令尹南辕、反旆，伍参言于王曰："晋之从政者新，未能行令。其佐先縠刚愎不仁，未肯用命。其三帅者，专行不获。听而无上，众谁适从？此行也，晋师必败。且君而逃臣，若社稷何？"王病之，告令尹改乘辕而北之，次于管以待之。

晋师在敖、鄗之间。楚子为乘广三十乘，分为左右。右广鸡鸣而驾，日中而说；左则受之，日入而说。许偃御右广，养由基为右；彭名御左广，屈荡为右。乙卯，王乘左广以逐赵旃。赵旃弃车而走林，屈荡搏之，得其甲裳。晋人惧二子之怒楚师也，使軘车逆之。潘党望其尘，使骋而告曰："晋师至矣！"楚人亦惧王之入晋军也，遂出陈。孙叔曰："进之！宁我薄人，无人薄我。《诗》云'元戎十乘，以启先行'，先人也。《军志》曰'先人有夺人之心'，薄之也。"遂疾进师，车驰、卒奔，乘晋军。桓子不知所为，鼓于军中曰："先济者有赏！"中军、下军争舟，舟中之指可掬也。

及昏，楚师军于邲。晋之馀师不能军，宵济，亦终夜有声。

丙辰，楚重至于邲，遂次于衡雍。祀于河，作先君宫，告成事而还。

孙叔敖又见于《论语·公冶长》《庄子》《荀子》《韩非子》《吕氏春秋·知分篇》《淮南子·人间》《新书》《新序》《盐铁论》《说苑》《潜夫论》《法言》《论衡》等。

3.蒍子冯（见于襄十五至襄二十五），称蒍子、蒍子、蒍子冯等。襄十五年为大司马，襄二十二至二十五为令尹。孙叔敖之子（襄十五年杜注称其为叔敖从子，然《孔疏》考证，以为孙叔敖与蒍艾猎既同一人，则子冯当为孙叔敖子）。

蒍子冯颇有政治智慧，懂得韬光养晦。襄二十一年，楚子使其为令尹，听申叔言"国多宠而王弱"，遂辞令尹。次年，子南被杀，蒍子冯正式为令尹，其家族子弟多人受宠，"皆无禄而多马"。子冯有感于子南、观起之祸，再听申叔之言而辞之，终使楚子安心。襄二十四年，康王欲伐舒鸠，蒍子反对，"彼告不叛，且请受盟，而

襄十五	襄十五	又伐之，伐无罪也。姑归息民，以待其卒。卒而不贰，吾又何求？若犹叛我，无辞有庸"，反对伐无罪，有意归息民。次年子木亦称之。
	楚公子午为令尹，公子罢戎为右尹，蒍子冯为大司马，公子橐师为右司马，公子成为左司马，屈到为莫敖，公子追舒为箴尹，屈荡为连尹，养由基为宫厩尹，以靖国人。 君子谓："楚于是乎能官人。官人，国之急也。能官人，则民无觊心。《诗》云：'嗟我怀人，置彼周行。'能官人也。王及公、侯、伯、子、男、甸、采、卫、大夫，各居其列，所谓周行也。"	
襄十八	襄十八	4.蒍掩（襄二十五至襄三十），蒍子冯之子（襄二十五年杜注），又作薳掩。襄二十五年为大司马，修土田，度山林，"量入修赋，赋车籍马"，以授令尹"，其整顿颇受楚康王赏识。襄三十年为楚公子围所杀。 5.薳罢（襄二十七至昭六），字子荡，世系不详。襄二十七年如晋莅盟，彬彬有礼，叔向曰："薳氏之有后于楚国也，宜哉！承君命，不忘敏。子荡将知政矣。敏以事君，必能养民，政将焉往？"次年为令尹。然通观其行，可知为公子围（楚灵王）死党，助其篡位。襄二十七年如晋盟，三十年聘于鲁，昭元至昭十三年为令尹（据顾栋高《大事表·楚令尹表》）。在其为令尹期间，正是楚灵王气焰嚣张、横行无道之日，
冬，楚公子午帅师伐郑。	楚师伐郑，次于鱼陵，右师城上棘，遂涉颍。次于旃然。蒍子冯、公子格率锐师侵费滑、胥靡、献于、雍梁，右回梅山，侵郑东北，至于虫牢而反。子庚门于纯门，信于城下而还，涉于鱼齿而下。甚雨及之。楚师多冻，役徒几尽。 晋人闻有楚师，师旷曰："不害。吾骤歌北风，又歌南风，南风不竞，多死声。楚必无功。"董叔曰："天道多在西北。南师不时，必无功。"叔向曰："在其君之德也。"	
襄二十一	襄二十一	
	夏，楚子庚卒。楚子使薳子冯为令尹，访于申叔豫。叔豫曰："国多宠而王弱，国不可为也。"遂以疾辞。方暑，阙地，下冰而床焉。重茧，衣裘，鲜食而寝。楚子使医视之。复曰："瘠则甚矣，而血气未动。"乃使子南为令尹。	
襄二十二	襄二十二	
楚杀其大夫公子追舒。	王遂杀子南于朝，轘观起于四竟。复使薳子冯为令尹，公子龄为司马，屈建为莫敖。有宠于薳子者八人，皆无禄而多马。他日朝，与申叔豫言，弗应而退。从之，入于人中。	

	又从之，遂归。退朝，见之，曰："子三困我于朝，吾惧，不敢不见。吾过，子姑告我，何疾我也？"对曰："吾不免是惧，何敢告子？"曰："何故？"对曰："昔观起有宠于子南，子南得罪，观起车裂，何故不惧？"自御而归，不能当道。至，谓八人者曰："吾见申叔，夫子所谓生死而肉骨也。知我者如夫子则可；不然，请止。"辞八人者，而后王安之。	可见其助纣为虐之情。 6.薳启彊（襄二十四至昭七），世系不详。薳启彊自襄二十四年频繁出使，或帅师出行（襄二十四、昭四、五），昭元年为大宰，与薳罢共同辅灵王。 左氏记薳启彊，有两次长篇大论，一是昭五年谏灵王不可轻辱晋使，分析晋国内政实力基础，头头是道，颇显见识。二是昭七年带昭公赴楚，且辱之，颇显其外交才能。其中威逼鲁君赴楚之辞曰：
襄二十四 齐崔杼帅师伐莒。冬，楚子、蔡侯、陈侯、许男伐郑。	**襄二十四** 齐侯既伐晋而惧，将欲见楚子。楚子使薳启彊如齐聘，且请期。齐社，蒐军实，使客观之。 秋，齐侯闻将有晋师，使陈无宇从薳启彊如楚，辞，且乞师。崔杼帅师送之，遂伐莒，侵介根。 冬，楚子伐郑以救齐，门于东门，次于棘泽。诸侯还救郑。晋侯使张骼、辅跞致楚师，求御于郑。楚子自棘泽还，使薳启彊帅师送陈无宇。 吴人为楚舟师之役故，召舒鸠人。舒鸠人叛楚。楚子师于荒浦，使沈尹寿与师祁犁让之。舒鸠子敬逆二子，而告无之，且请受盟。二子复命，王欲伐之，薳子曰："不可。彼告不叛，且请受盟，而又伐之，伐无罪也。姑归息民，以待其卒。卒而不贰，吾又何求？若犹叛我，无辞有庸。"乃还。	今君若步玉趾，辱见寡君，宠灵楚国，以信蜀之役，致君之嘉惠，是寡君既受贶矣，何蜀之敢望？其先君鬼神实嘉赖之，岂唯寡君？君若不来，使臣请问行期，寡君将承质币而见于蜀，以请先君之贶。 薳罢、薳启彊为楚灵王上台后最受重用的两个人，其中薳罢为令尹至昭十三年灵王死时止。此外受其重用
襄二十五	**襄二十五** 楚薳子冯卒，屈建为令尹，屈荡为莫敖。 楚蒍掩为司马，子木使庀赋，数甲兵。甲午，蒍掩书土、田，度山林，鸠薮泽，辨京陵，表淳卤，数疆潦，规偃豬，町原防，牧隰皋，井衍沃，量入修赋，赋车、籍马，赋车兵、徒卒、甲楯之数。既成，以授子木，礼也。	

	十二月，吴子诸樊伐楚，以报舟师之役。门于巢。巢牛臣曰："吴王勇而轻，若启之，将亲门。我获射之，必殪。是君也死，疆其少安！"从之。吴子门焉，牛臣隐于短墙以射之，卒。 楚子以灭舒鸠赏子木。辞曰："先大夫蒍子之功也。"以与蒍掩。	的蒍氏之人还有蒍射、蒍泄等。 7.蒍越（至昭二十一至二十三年）。自昭二十一至二十二年为司马，昭二十三年自缢。 蒍越昭二十一至二十二年参与平定宋国华、向之乱，昭二十三年奔命救州来，不成；同年，因君夫人为吴所虏而自缢。是时吴公子光兴起，"楚令尹死，其师熸。帅贱、多宠，政令不壹"，"帅贱而不能整，无大威命"，这些话可能包括对蒍越境遇的分析（据顾栋高《楚令尹表》昭十五至二十三年楚令尹为子瑕，即阳匄）。 今按：蒍罢、蒍启疆虽为灵王死党，然蒍氏对灵王的态度并不一致。根据襄三十年特别是昭十三年记载，楚灵王即位前后排斥蒍氏，杀蒍掩、夺蒍居田，这导致后来蒍氏有人向灵王发难。故灵王死后，蒍氏仍有后于楚国。后期蒍氏（蒍氏）人物尚有蒍射（昭二十五、定五）、蒍固（哀十八），世系
襄二十七	襄二十七 楚蒍罢如晋莅盟，晋侯享之。将出，赋《既醉》。叔向曰："蒍氏之有后于楚国也，宜哉！承君命，不忘敏。子荡将知政矣。敏以事君，必能养民，政其焉往？"	
襄三十 春，王正月，楚子使蒍罢来聘。	襄三十 春，王正月，楚子使蒍罢来聘，通嗣君也。穆叔问："王子围之为政何如？"对曰："吾侪小人，食而听事，犹惧不给命而不免于戾，焉与知政？"固问焉，不告。穆叔告大夫曰："楚令尹将有大事，子荡将与焉，助之匿其情矣。" 楚公子围杀大司马蒍掩而取其室。申无宇曰："王子必不免。善人，国之主也。王子相楚国，将善是封殖，而虐之，是祸国也。且司马，令尹之偏，而王之四体也。绝民之主，去身之偏，艾王之体，以祸其国，无不祥大焉！何以得免？"	
昭元 冬十有一月己酉，楚子麇卒。	昭元 楚灵王即位，蒍罢为令尹，蒍启疆为大宰。	
昭四	昭四 冬，吴伐楚，入棘、栎、麻，以报朱方之役。楚沈尹射奔命于夏汭，咸尹宜咎城钟离，蒍启疆城巢，然丹城州来。东国水，不可以城。彭生罢赖之师。	

昭五	昭五	
冬，楚子、蔡侯、陈侯、许男、顿子、沈子、徐人、越人伐吴。	楚子以屈申为贰于吴，乃杀之。以屈生为莫敖，使与令尹子荡如晋逆女。过郑，郑伯劳子荡于氾，劳屈生于菟氏。晋侯送女于邢丘。 晋韩宣子如楚送女，叔向为介。郑子皮、子大叔劳诸索氏。大叔谓叔向曰："楚王汏侈已甚，子其戒之！"叔向曰："汏侈已甚，身之灾也，焉能及人？若奉吾币、帛，慎吾威仪，守之以信，行之以礼，敬始而思终，终无不复。从而不失仪，敬而不失威，道之以训辞，奉之以旧法，考之以先王，度之以二国，虽汏侈，若我何？"及楚，楚子朝其大夫，曰："晋，吾仇敌也。苟得志焉，无恤其他。今其来者，上卿、上大夫也。若吾以韩起为阍，以羊舌肸为司宫，足以辱晋，吾亦得志矣。可乎？"大夫莫对。薳启彊曰："可。苟有其备，何故不可？耻匹夫不可以无备，况耻国乎？是以圣王务行礼，不求耻人。朝聘有珪，享觌有璋，小有述职，大有巡功。设机而不倚，爵盈而不饮；宴有好货，飧有陪鼎，入有郊劳，出有赠贿，礼之至也。国家之败，失之道也，则祸乱兴。城濮之役，晋无楚备，以败于邲。邲之役，楚无晋备，以败于鄢。自鄢以来，晋不失备，而加之以礼，重之以睦，是以楚弗能报，而求亲焉。既获姻亲，又欲耻之，以召寇仇，备之若何，谁其重此？若有其人，耻之可也。若其未有，君亦图之。晋之事君，臣曰可矣；求诸侯而麋至；求昏而荐女，君亲送之，上卿及上大夫致之。犹欲耻之，君其亦有备矣。不然，奈何？韩起之下，赵成、中行吴、魏舒、范鞅、知盈；羊舌肸之下，祁午、张趯、籍谈、女齐、梁丙、张骼、辅跞、	不详。 评曰：薳氏一族在楚国世代绵延，繁衍不绝，颇为兴盛。此族有知书识礼之传统，多出贤能，蔿贾、孙叔敖（蔿艾猎）、蔿子冯、蔿掩皆如此。薳启彊、薳罢辅佐不义之君，但非等闲之辈，或知礼，或善辞，或识政。后期人物薳越处衰世，知耻而缢，亦属不易。

	苗贲皇，皆诸侯之选也。韩襄为公族大夫，韩须受命而使矣；箕襄、邢带、叔禽、叔椒、子羽，皆大家也。韩赋七邑，皆成县也。羊舌四族，皆强家也。晋人若丧韩起、杨肸，五卿、八大夫辅韩须、杨石，因其十家九县，长毂九百，其余四十县，遗守四千，奋其武怒，以报其大耻，伯华谋之，中行伯、魏舒帅之，其蔑不济矣。君将以亲易怨，实无礼以速寇，而未有其备，使群臣往遗之禽，以逞君心，何不可之有？"王曰："不穀之过也，大夫无辱。"厚为韩子礼。王欲敖叔向以其所不知，而不能，亦厚其礼。 冬，十月，楚子以诸侯及东夷伐吴，以报棘、栎、麻之役。薳射以繁扬之师会于夏汭。越大夫常寿过帅师会楚子于琐。闻吴师出，薳启彊帅师从之，遽不设备，吴人败诸鹊岸。楚子以驲至于罗汭。 楚师济于罗汭，沈尹赤会楚子，次于莱山，薳射帅繁扬之师，先入南怀，楚师从之。及汝清，吴不可入。楚子遂观兵于坻箕之山。是行也，吴早设备，楚无功而还，以蹶由归。楚子惧吴，使沈尹射待命于巢，薳启彊待命于雩娄，礼也。
昭六 楚薳罢帅师伐吴。	**昭六** 徐仪楚聘于楚，楚子执之，逃归。惧其叛也，使薳泄伐徐。吴人救之。令尹子荡帅师伐吴，师于豫章，而次于乾谿。吴人败其师于房钟，获宫厩尹弃疾。子荡归罪于薳泄而杀之。
昭七	**昭七** 楚子成章华之台，愿与诸侯落之。大宰薳启彊曰："臣能得鲁侯。"薳启彊来召，公辞曰："昔先君成公命我先大夫婴齐：'吾不忘先君之好，将使衡父照临楚国，镇抚其社稷，以辑宁尔民。'婴齐复命于蜀。奉承

	以来，弗敢失郧，而致诸宗祧。日我先君共王，引领北望，日月以冀，传序相授，于今四王矣。嘉惠未至，唯襄公之辱临我丧。孤与其二三臣悼心失图，社稷之不皇，况能怀思君德？今君若步玉趾，辱见寡君，宠灵楚国，以信蜀之役，致君之嘉惠，是寡君既受贶矣，何蜀之敢望？其先君鬼神实嘉赖之，岂唯寡君？君若不来，使臣请问行期，寡君将承质币而见于蜀，以请先君之贶。"公将往，梦周公祖。梓慎曰："君不果行。襄公之适楚也，梦周公祖而行。今襄公实祖，君其不行。"子服惠伯曰："行！先君未尝适楚，故周公祖以道之；襄公适楚矣，而祖以道君。不行，何之？"三月，公如楚。郑伯劳于师之梁。孟僖子为介，不能相仪。及楚，不能答郊劳。 　　楚子享公于新台，使长鬣者相。好以大屈。既而悔之。薳启彊闻之，见公。公语之，拜贺。公曰："何贺？"对曰："齐与晋、越欲此久矣。寡君无适与也，而传诸君。君其备御三邻，慎守宝矣，敢不贺乎？"公惧，乃反之。
昭十一 　　五月，仲孙貜会邾子，盟于祲祥。	**昭十一** 　　孟僖子会邾庄公，盟于祲祥，修好，礼也。泉丘人有女，梦以其帷幕孟氏之庙，遂奔僖子，其僚从之。盟于清丘之社，曰："有子，无相弃也！"僖子使助薳氏之簉。反自祲祥，宿于薳氏，生懿子及南宫敬叔于泉丘人。其僚无子，使字敬叔。
昭十三 　　夏，四月，楚公子比自晋归于楚，弑其君虔于乾谿。楚公子弃疾杀公子比。	**昭十三** 　　楚子之为令尹也，杀大司马蒍掩，而取其室。及即位，夺薳居田，迁许而质许围。故薳氏之族及薳居、许围、蔡洧、蔓成然，皆王所不礼也，因群丧职之族，启越大夫常寿过作乱。围固城，克息舟，城而居之。

昭二十一	昭二十一	
	楚薳越帅师将逆华氏，大宰犯谏曰："诸侯唯宋事其君。今又争国，释君而臣是助，无乃不可乎！"王曰："而告我也后，既许之矣。"	
昭二十二	昭二十二	
	楚薳越使告于宋曰："寡君闻君有不令之臣为君忧，无宁以为宗羞，寡君请受而戮之。"对曰："孤不佞，不能媚于父兄，以为君忧，拜命之辱。抑君臣日战，君曰'余必臣是助'，亦唯命。人有言曰：'唯乱门之无过。'君若惠保敝邑，无亢不衷，以奖乱人，孤之望也。唯君图之！"楚人患之。诸侯之戍者曰："若华氏知困而致死，楚耻无功而疾战，非吾利也。不如出之，以为楚功，其亦无能为也已。救宋而除其害，又何求？"乃固请出之。宋人从之。己巳，宋华亥、向宁、华定、华貙、华登、皇奄伤、省臧、士平出奔楚。	
昭二十三	昭二十三	
秋，戊辰，吴败顿、胡、沈、蔡、陈、许之师于鸡父。胡子髡、沈子逞灭。 天王居于狄泉。	吴人伐州来，楚薳越帅师及诸侯之师奔命救州来。吴人御诸锺离。子瑕卒。楚师熸。吴公子光曰："诸侯从于楚者众，而皆小国也，畏楚而不获已，是以来。吾闻之曰：'作事威克其爱，虽小，必济。'胡、沈之君幼而狂，陈大夫龁壮而顽，顿与许、蔡疾楚政。楚令尹死，其师熸。帅贱、多宠，政令不壹。七国同役而不同心，帅贱而不能整，无大威命，楚可败也。若分师先以犯胡、沈与陈，必先奔。三国败，诸侯之师乃摇心矣。诸侯乖乱，楚必大奔。请先者去备薄威，后者敦陈整旅。"吴子从之。戊辰晦，战于鸡父。吴子以罪人三千先犯胡、沈与陈，三国争之。吴为三军以系其后，中军从王，光帅右，掩馀帅左。吴之罪人或奔或止，三国乱，吴师击之，三国败，获胡、沈之	

	君及陈大夫。舍胡、沈之囚使奔许与蔡、顿，曰："吾君死矣！"师譟而从之。三国奔，楚师大奔。书曰"胡子髡、沈子逞灭，获陈夏啮"，君臣之辞也。不言战，楚未陈也。 　　楚大子建之母在郹，召吴人而启之。冬十月甲申，吴大子诸樊入郹，取楚夫人与其宝器以归。楚司马薳越追之，不及。将死，众曰："请遂伐吴以徼之。"薳越曰："再败君师，死且有罪。亡君夫人，不可以莫之死也。"乃缢于薳澨。	
昭二十五	昭二十五 　　楚子使薳射城州屈，复茄人焉；城丘皇，迁訾人焉。使熊相禖郭巢，季然郭卷。子大叔闻之，曰："楚王将死矣。使民不安其土，民必忧，忧将及王，弗能久矣。"	
定五	定五 　　申包胥以秦师至，大败夫槩王于沂。吴人获薳射于柏举，其子帅奔徒以从子西，败吴师于军祥。	
	哀十八 　　巴人伐楚，围鄾。三月，楚公孙宁、吴由于、薳固败巴师于鄾，故封子国于析。	

楚沈尹戌附叶公（前523—前476）

昭十九	昭十九 　　楚人城州来。沈尹戌曰："楚人必败。昔吴灭州来，子旗请伐之，王曰：'吾未抚吾民。'今亦如之，而城州来以挑吴，能无败乎？"侍者曰："王施舍不倦，息民五年，可谓抚之矣。"戌曰："吾闻抚民者，节用于内，而树德于外。民乐其性，而无寇仇。今宫室无量，民人日骇，劳罢死转，忘寝与食，非抚之也。"	沈尹戌，又称左司马戌，芈姓，楚公族，相传出楚庄王。昭十九年初见于传，定四年柏举之役中战死，前后十八年。《左传》记沈尹戌至少有二子，一曰叶公子高，二是后臧（后臧仅定

昭二十三	昭二十三	五年一见）。
	楚囊瓦为令尹，城郢。沈尹戌曰："子常必亡郢。苟不能卫，城无益也。古者天子守在四夷。天子卑，守在诸侯。诸侯守在四邻。诸侯卑，守在四竟。慎其四竟，结其四援，民狎其野，三务成功。民无内忧而又无外惧，国焉用城？今吴是惧，而城于郢，守已小矣。卑之不获，能无亡乎？昔梁伯沟其公宫而民溃，民弃其上，不亡何待？夫正其疆场，修其土田，险其走集，亲其民人，明其伍候，信其邻国，慎其官守，守其交礼，不僭不贪，不懦不耆，完其守备，以待不虞，又何畏矣？《诗》曰：'无念尔祖，聿修厥德。'无亦监乎若敖、蚡冒至于武、文，土不过同，慎其四竟，犹不城郢。今土数圻，而郢是城，不亦难乎？"	《左传》记沈尹戌，昭十九至二十七年主要记言；自昭二十七年起，始记其以左司马身份帅师伐吴，至定四年卒为止（左司马身份始见于昭二十七）。与椒举作为反映楚灵王肆虐无道的一面镜子，《左传》所记录的沈尹戌的许多对话，也是某种程度上把他作为反映吴入郢前后楚国内政的一面镜子，这大概是左氏笔法的一个重要特征吧。
昭二十四 冬，吴灭巢。	昭二十四 　　楚子为舟师以略吴疆。沈尹戌曰："此行也，楚必亡邑。不抚民而劳之，吴不动而速之，吴踵楚，而疆场无备，邑能无亡乎？"越大夫胥犴劳王于豫章之汭，越公子仓归王乘舟。仓及寿梦帅师从王，王及圉阳而还。 　　吴人踵楚，而边人不备，遂灭巢及钟离而还。沈尹戌曰："亡郢之始，于此在矣。王壹动而亡二姓之帅，几如是而不及郢？《诗》曰：'谁生厉阶？至今为梗。'其王之谓乎？"	计沈尹戌之言有如下几处值得品味：1.昭十九，论抚民，"吾闻抚民者，节用于内，而树德于外。民乐其性，而无寇仇。今宫室无量，民人日骇，劳罢死转，忘寝与食，非抚之也。" 2.昭二十三年论守备，"昔梁伯沟其宫室而民溃，民弃其上，不亡何待？夫正其疆场，修其土田，险其走集，亲其民人，明其伍候，信其邻国，慎其官守，守其交礼，不
昭二十七	昭二十七 　　吴子欲因楚丧而伐之，使公子掩馀、公子烛庸帅师围潜。使延州来季子聘于上国，遂聘于晋，以观诸侯。楚莠尹然、工尹麇帅师救潜，左司马沈尹戌帅都君子与王马之属以济师，与吴师遇于穷。令尹子常以舟师及沙汭而还。左尹郤宛、工尹寿帅师至于潜。吴师不能退。	僭不贪，不懦不耆，

915

	楚郤宛之难，国言未已，进胙者莫不谤令尹。沈尹戌言于子常曰："夫左尹与中厩尹，莫知其罪，而子杀之，以兴谤讟，至于令不已。戌也惑之：仁者杀人以掩谤，犹弗为也；今吾子杀人以兴谤，而弗图，不亦异乎？夫无极，楚之谗人也，民莫不知。去朝吴，出蔡侯朱，丧大子建，杀连尹奢，屏王之耳目使不聪明。不然，平王之温惠共俭，有过成、庄，无不及焉。所以不获诸侯，迩无极也。今又杀三不辜，以兴大谤，几及子矣。子而不图，将焉用之？夫鄢将师矫子之命，以灭三族。国之良也，而不愆位。吴新有君，疆场日骇。楚国若有大事，子其危哉！知者除谗以自安也，今子爱谗以自危也，甚矣其惑也！"子常曰："是瓦之罪，敢不良图！"九月己未，子常杀费无极与鄢将师，尽灭其族，以说于国，谤言乃止。	完其守备，以待不虞，又何畏矣？《诗》曰：'无念尔祖，聿修厥德。'"3.昭二十七年论谤与谗，"仁者杀人以掩谤，犹弗为也；今吾子杀人以兴谤，而弗图，不亦异乎"？"知者除谗以自安也，今子爱谗以自危也，甚矣其惑也"。4.定四年论伐吴，"子沿江而与之上下，我悉方城外以毁其舟，还塞大隧、直辕、冥阨。子济汉而伐之，我自后击之，必大败"。 又，昭十九年，楚人城州来，沈尹戌曰"楚人必败"；昭二十三年，楚囊瓦城郢，沈尹戌曰"子常必亡郢"；昭二十四年，楚子为舟师以略吴疆，沈尹戌曰"此行也，楚必亡邑"；同年吴遂灭巢及钟离而还，沈尹戌曰"亡郢之始，于此在矣"。凡此之类非常灵验的预言，皆左氏惯用笔法，实欲借此说明楚国内政外战失败之原因。 在定四年吴入郢之役中，沈尹戌身负重伤，不愿为
昭三十 冬，十有二月，吴灭徐，徐子章羽奔楚。	昭三十 吴子使徐人执掩馀，使钟吾人执烛庸，二公子奔楚。楚子大封，而定其徙，使监马尹大心逆吴公子使居养，莠尹然、左司马沈尹戌城之，取于城父与胡田以与之，将以害吴也。吴子怒。冬，十二月，吴子执钟吾子。遂伐徐，防山以水之。己卯，灭徐。徐子章禹断其发，携其夫人，以逆吴子。吴子唁而送之，使其迩臣从之，遂奔楚。楚沈尹戌帅师救徐，弗及。遂城夷，使徐子处之。	
昭三十一 	昭三十一 秋，吴人侵楚，伐夷，侵潜、六。楚沈尹戌帅师救潜，吴师还。楚师迁潜于南冈而还。吴师围弦，左司马戌、右司马稽帅师救弦，及豫章，吴师还。始用子胥之谋也。	

定四	定四 冬，蔡侯、吴子、唐侯伐楚，舍舟于淮汭，自豫章与楚夹汉。左司马戌谓子常曰："子沿汉而与之上下，我悉方城外以毁其舟，还塞大隧、直辕、冥阨。子济汉而伐之，我自后击之，必大败之。"既谋而行。武城黑谓子常曰："吴用木也，我用革也，不可久也。不如速战。"史皇谓子常："楚人恶子而好司马，若司马毁吴舟于淮，塞城口而入，是独克吴也。子必速战，不然不免。"乃济汉而陈，自小别至于大别。三战，子常知不可，欲奔。五战，及郢。 己卯，楚子取其妹季芈畀我以出，涉睢。庚辰，吴入郢。左司马戌及息而还，败吴师于雍澨，伤。初，司马臣阖庐，故耻为禽焉，谓其臣曰："谁能免吾首？"吴句卑曰："臣贱，可乎？"司马曰："我实失子，可哉！"三战皆伤，曰："吾不可用也已！"句卑布裳，刭而裹之，藏其身而以其首免。	吴俘，他让句卑"布裳，刭而裹之，藏其身而以其首免"。在楚国国君昏庸、令尹无能、国家内忧外患的日子里，沈尹戌时刻为楚国社稷而奔忙，而且也是对楚国内政外交看得最清楚的人之一。真可谓闻其言而知其忠，观其死而叹其烈。 定四年有"初，司马臣阖庐"，沈尹戌何时何故曾为吴王之臣，实不知。又定五年，"叶公诸梁之弟后臧从其母于吴"，叶公之母即沈尹戌之妻，何以曾在吴？杜注以为吴入楚而获之，未知是否。 沈尹戌之子叶公，名诸梁，字子高，又称沈诸梁。因食采于叶，故称叶公。始见于定五年，终于哀十九年，前后三十年。叶公在哀十六年白公之乱中勤王，立大功，得兼司马、令尹之职，后致其任而终老于叶。叶公多嘉言善行，尤以哀十六年论信与勇及哀十七年论"率贱民慢"为精彩。哀
定五	定五 吴师大败，吴子乃归。……叶公诸梁之弟后臧从其母于吴，不待而归。叶公终不正视。	
哀四	哀四 夏，楚人既克夷虎，乃谋北方。左司马眅、申公寿馀、叶公诸梁致蔡于负函，致方城之外于缯关，曰："吴将泝江入郢，将奔命焉。"为一昔之期，袭梁及霍。单浮馀围蛮氏，蛮氏溃。	
哀十六	哀十六 楚大子建之遇谗也，自城父奔宋；又辟华氏之乱于郑。郑人甚善之。又适晋，与晋人谋袭郑，乃求复焉。郑人复之如初。晋人使谍于子木，请行而期焉。子木暴虐于其私	

邑，邑人诉之。郑人省之，得晋谍焉，遂杀子木。其子曰胜，在吴，子西欲召之。叶公曰："吾闻胜也诈而乱，无乃害乎？"子西曰："吾闻胜也信而勇，不为不利。舍诸边竟，使卫藩焉。"叶公曰："周仁之谓信，率义之谓勇。吾闻胜也好复言，而求死士，殆有私乎！复言，非信也；期死，非勇也——子必悔之。"弗从，召之，使处吴竟，为白公。请伐郑，子西曰："楚未节也。不然，吾不忘也。"他日，又请，许之，未起师。晋人伐郑，楚救之，与之盟。胜怒，曰："郑人在此，雠不远矣。"

胜自厉剑，子期之子平见之，曰："王孙何自厉也？"曰："胜以直闻，不告女，庸为直乎？将以杀尔父。"平以告子西。子西曰："胜如卵，余翼而长之。楚国，第我死，令尹、司马，非胜而谁？"胜闻之，曰："令尹之狂也！得死，乃非我。"子西不悛。胜谓石乞曰："王与二卿士，皆五百人当之，则可矣。"乞曰："不可得也。"曰："市南有熊宜僚者，若得之，可以当五百人矣。"乃从白公而见之。与之言，说。告之故，辞。承之以剑，不动。胜曰："不为利谄，不为威惕，不洩人言以求媚者，去之。"

吴人伐慎，白公败之。请以战备献，许之，遂作乱。秋七月，杀子西、子期于朝，而劫惠王。子西以袂掩面而死。子期曰："昔者吾以力事君，不可以弗终。"抉豫章以杀人而后死。石乞曰："焚库、弑王。不然，不济。"白公曰："不可。弑王，不祥；焚库，无聚，将何以守矣？"乞曰："有楚国而治其民，以敬事神，可以得祥，且有聚矣，何患？"弗从。

叶公在蔡，方城之外皆曰："可以入矣。"子高曰："吾闻之，以险徼

十七年，楚子问帅、问令尹于叶公，皆有佳对，可见叶公知政。

叶公为春秋时一名人，《论语》《荀子》《史记》均有记载。《史记·孔子世家》"齐景公卒之明年，孔子自蔡如叶。叶公问政"。《论语·述而》叶公问孔子于子路，子路不对。子曰："女奚不曰：其为人也，发愤忘食，乐以忘忧，不知老之将至云尔。"《子路》叶公问政。子曰："近者说，远者来。"同篇叶公语孔子曰："吾党有直躬者，其父攘羊，而子证之。"孔子曰："吾党之直者异于是。父为子隐，子为父隐，直在其中矣。"坊间广泛流传的叶公好龙故事，相传出于《庄子》逸篇，今可见于刘向《新序·杂事》，王充《论衡·乱龙篇》及《后汉书·襄楷传》亦简单提及。

幸者，其求无餍，偏重必离。"闻其杀齐管脩也，而后入。

白公欲以子闾为王，子闾不可，遂劫以兵。子闾曰："王孙若安靖楚国，匡正王室，而后庇焉，启之愿也，敢不听从？若将专利以倾王室，不顾楚国，有死不能。"遂杀之，而以王如高府。石乞尹门。圉公阳穴宫，负王以如昭夫人之宫。

叶公亦至，及北门，或遇之，曰："君胡不胄？国人望君如望慈父母焉，盗贼之矢若伤君，是绝民望也，若之何不胄？"乃胄而进。又遇一人曰："君胡胄？国人望君如望岁焉，日日以几，若见君面，是得艾也。民知不死，其亦夫有奋心，犹将旌君以徇于国；而又掩面以绝民望，不亦甚乎！"乃免胄而进。遇箴尹固帅其属，将与白公。子高曰："微二子者，楚不国矣。弃德从贼，其可保乎？"乃从叶公。使与国人以攻白公，白公奔山而缢。其徒微之。生拘石乞而问白公之死焉。对曰："余知其死所，而长者使余勿言。"曰："不言，将烹。"乞曰："此事克则为卿，不克则烹，固其所也，何害？"乃烹石乞。王孙燕奔頯黄氏。

沈诸梁兼二事，国宁，乃使宁为令尹，使宽为司马，而老于叶。

哀十七

楚白公之乱，陈人恃其聚而侵楚。楚既宁，将取陈麦。楚子问帅于大师子谷与叶公诸梁，子谷曰："右领差车与左史老皆相令尹、司马以伐陈，其可使也。"子高曰："率贱，民慢之，惧不用命焉。"子谷曰："观丁父，鄀俘也，武王以为军率，是以克州、蓼，服随、唐，大启群蛮。彭仲爽，申俘也，文王以为令尹，实县申、息，朝陈、蔡，封畛于汝。唯其

	任也，何贱之有？"子高曰："天命不谄。令尹有憾于陈，天若亡之，其必令尹之子是与，君盍舍焉？臣惧右领与左史有二俘之贱而无其令德也。"王卜之，武城尹吉。使帅师取陈麦。陈人御之，败，遂围陈。秋七月己卯，楚公孙朝师师灭陈。 王与叶公枚卜子良以为令尹。沈尹朱曰："吉。过于其志。"叶公曰："王子而相国，过将何为！"他日，改卜子国而使为令尹。	
	哀十九	
	秋，楚沈诸梁伐东夷，三夷男女及楚师盟于敖。	

吴王夫差（前496—前473）

定十四	定十四	吴王夫差，又称吴夫差，夫差，吴王阖庐之子。夫差定十五年立，哀二十二年越灭吴，夫差自缢而死，在位二十三年。夫差相关世系如下（据陈厚耀《世族谱》）：
五月，於越败吴于檇李。公会齐侯、卫侯于牵。公至自会。	吴伐越，越子句践御之，陈于檇李。句践患吴之整也，使死士再禽焉，不动。使罪人三作，属剑于颈，而辞曰："二君有治，臣奸旗鼓，不敏于君之行前，不敢逃刑，敢归死。"遂自刭也。师属之目，越子因而伐之，大败之。灵姑浮以戈击阖庐，阖庐伤将指，取其一履。还，卒于陉，去檇李七里。夫差使人立于庭，苟出入，必谓己曰："夫差，而忘越王之杀而父乎？"则对曰："唯。不敢忘。"三年，乃报越。	
哀元	哀元	
	吴王夫差败越于夫椒，报檇李也，遂入越。越子以甲楯五千保于会稽，使大夫种因吴大宰嚭以行成。吴子将许之，伍员曰："不可。臣闻之：树德莫如滋，去疾莫如尽。昔有过浇杀斟灌以伐斟鄩，灭夏后相。后缗方娠，逃出自窦，归于有仍，生少康焉。为仍牧正，惎浇，能戒之。浇	（上表：阖庐昭二十七至定十四年在位，夫差定十五至哀二十二年在位。太子友哀十三年见，为越所执；王子姑曹又称公子姑曹，哀八、哀十七年两见；

上表续：

吴王阖庐		
吴王夫差		
太子友	王子姑曹	王子地

使椒求之。逃奔有虞，为之庖正，以除其害。虞思于是妻之以二姚，而邑诸纶，有田一成，有众一旅。能布其德，而兆其谋，以收夏众，抚其官职。使女艾谍浇，使季杼诱豷。遂灭过、戈，复禹之绩，祀夏配天，不失旧物。今吴不如过，而越大于少康，或将丰之，不亦难乎？勾践能亲而务施，施不失人，亲不弃劳。与我同壤，而世为仇雠。于是乎克而弗取，将又存之，违天而长寇仇，后虽悔之，不可食已。姬之衰也，日可俟也！介在蛮夷而长寇仇，以是求伯，必不行矣！"弗听。退而告人曰："越十年生聚，而十年教训。二十年之外，吴其为沼乎！"三月，越及吴平。吴入越不书，吴不告庆，越不告败也。

吴之入楚也，使召陈怀公。怀公朝国人而问焉，曰："欲与楚者右，欲与吴者左。陈人从田，无田从党。"逢滑当公而进，曰："臣闻：'国人兴也以福，其亡也以祸。'今吴未有福，楚未有祸，楚未可弃，吴未可从。而盟主也，若以晋辞吴，若何？"公曰："国胜君亡，非祸而何？"对曰："国之有是多矣，何必不复？小国犹复，况大国乎？臣闻：'国之兴也，视民如伤，是其福也。其亡也，以民为土芥，是其祸也。'楚虽无德，亦不艾杀其民。吴日敝于兵，暴骨如莽，而未见德焉。天其或者正训楚也。祸之适吴，其何日之有？"陈侯从之。及夫差克越，乃修先君之怨。秋，八月，吴侵陈，修旧怨也。

吴师在陈，楚大夫皆惧，曰："阖庐惟能用其民，以败我于柏举。今闻其嗣又甚焉，将若之何？"子西曰："二三子恤不相睦，无患吴矣。昔阖庐食不二味，居不重席，室不崇

王子地哀十三年见。陈厚耀于夫差之子列公子庆忌［不知何据］，并谓"《左传》夫差有公子庆忌"，梁履绳《左通补释三十二》考证哀二十年之王子庆忌为吴王僚之子甚有据，故本表未列。）

吴王夫差从即位那天起就醉心于逐鹿中原，称霸天下。先是哀元年服越，随后紧接着伐陈，其后又多次与陈修怨（哀六、九、十、十五）；哀二年以师入蔡，蔡人哭而迁墓，迁于州来；哀七年征会于鲁，后又伐鲁（哀八），服鲁、邾、郯等小国（哀八、九、十）；征会于卫（哀十二）；伐齐（哀九、十、十一）；征会于晋、周，与晋争盟（哀十三年）；与楚争斗不息（哀六、九、十、十五、十六）；伐宋（哀十三）。

从吴王夫差逐鹿中原的方式，可以看出他对于齐桓、晋文所奉行的以德服人的霸主之道，实在是一无所

	坛,器不彤镂,宫室不观,舟车不饰,衣服财用,择不取费。在国,天有菑疠,亲巡其孤寡而共其乏困;在军,熟食者分而后敢食,其所尝者,卒乘与焉。勤恤其民,而与之劳逸,是以民不罢劳,死知不旷。吾先大夫子常易之,所以败我也。今闻夫差,次有台榭陂池焉,宿有妃嫱嫔御焉;一日之行,所欲必成,玩好必从,珍异是聚,观乐是务;视民如仇而用之日新。夫先自败也已,安能败我?"	知。《左传》多次记载吴王及其大宰征会于列国以力不以德的情形。与陈国交兵纯出于旧怨,无胸怀可言;哀二年以师入蔡,蔡人迁国又弑君,上下人心惶惶,实在缺德;向鲁征百牢(哀七)而鲁人不服,欲盟于鲁而鲁无心(哀十二);征会于卫而卫人不服(哀十二);王欲伐宋,杀其丈夫而囚其妇人,其贪婪之心可见一斑(哀十三)。哀元年子西称"今闻夫差,次有台榭陂池焉,宿有妃嫱、嫔御焉;一日之行,所欲必成,玩好必从,珍异是聚,观乐是务;视民如仇,而用之日新。夫先自败也已,安能败我",堪称对夫差一生的全面评价。哀十五年鲁人"吴人加敝邑以乱"的话,可以说代表了列国对吴王之霸愤慨的心理,而哀十年季札"不务德而力争诸侯,民何罪焉"的话,也是对吴王夫差霸业的极好评价,同时"不务德而力争诸侯"也是吴王之所
哀二 十有一月,蔡迁于州来。	哀二 吴泄庸如蔡纳聘,而稍纳师。师毕入,众知之。蔡侯告大夫,杀公子驷以说。哭而迁墓。冬,蔡迁于州来。	
哀四 春,王二月庚戌,盗杀蔡侯申。	哀四 春,蔡昭侯将如吴。诸大夫恐其又迁也,承公孙翩逐而射之,入于家人而卒。	
哀六 叔还会吴于柤。	哀六 吴伐陈,复修旧怨也。楚子曰:"吾先君与陈有盟,不可以不救。"乃救陈,师于城父。秋,七月,楚子在城父,将救陈。卜战,不吉;卜退,不吉。王曰:"然则死也。再败楚师,不如死。弃盟逃仇,亦不如死。死一也,其死仇乎!"命公子申为王,不可;则命公子结,亦不可;则命公子启,五辞而后许。将战,王有疾。庚寅,昭王攻大冥;卒于城父。	
哀七 夏,公会吴于鄫。秋,公伐邾。八月己酉,入邾,以邾子益来。	哀七 夏,公会吴于鄫。吴来征百牢,子服景伯对曰:"先王未之有也。"吴人曰:"宋百牢我,鲁不可以后宋。且鲁牢晋大夫过十,吴王百牢,不亦可乎?"景伯曰:"晋范鞅贪而弃礼,以大国惧敝邑,故敝邑十一牢之。君若以礼命于诸侯,则有数矣。若亦弃礼,则有淫者矣。周之王也,制礼,	

	上物不过十二，以为天之大数也。今弃周礼，而曰必百牢，亦唯执事。"吴人弗听。景伯曰："吴将亡矣，弃天而背本。不与，必弃疾于我。"乃与之。大宰嚭召季康子，康子使子贡辞。大宰嚭曰："国君道长，而大夫不出门，此何礼也？"对曰："岂以为礼，畏大国也。大国不以礼命于诸侯，苟不以礼，岂可量也？寡君既共命焉，其老岂敢弃其国？大伯端委以治周礼，仲雍嗣之，断发文身，臝以为饰，岂礼也哉？有由然也。"反自鄫，以吴为无能为也。 　　季康子欲伐邾，乃飨大夫以谋之。秋，伐邾。以邾子益来，献于亳社，囚诸负瑕，负瑕故有绎。邾茅夷鸿以束帛乘韦自请救于吴，曰："鲁弱晋而远吴，冯恃其众而背君之盟，辟君之执事，以陵我小国。邾非敢自爱也，惧君威之不立。君威之不立，小国之忧也。若夏盟于鄫衍，秋而背之，成求而不违，四方诸侯其何以事君？且鲁赋八百乘，君之贰也；邾赋六百乘，君之私也。以私奉贰，唯君图之！"吴子从之。	以失败的重要原因之一。 　　此外，吴王一生在政治上的失败还体现在如下几个方面：1.在内政方面，一切以我为中心，不能以德恤民（见哀元年子西之言）。2.在外交方面，缺乏远见卓识，对于越国这样的内患不先消除就急于称霸于中原，给自己留下了致命的后患。3.在用人方面，极没有头脑，对于伍员这样既赤胆忠心又极能深谋远虑的臣子，不但不用反而杀害；而对于大宰嚭这样既无远见又无至忠的人，却深信不疑，委以重任（大宰嚭后事越，其事参见本书卷四"晋伯氏"）。4.刚愎自用，常凭一时喜怒行事，给自己带来巨大不利。从定十四年为报父仇而发愤忘食之事，似乎可看出他是个颇有志气的人。但从后来胜越之后遂忘乎所以，四面出击，旁若无人，可以看出他是个非常情绪化，非沉毅之人。从他杀伍员，不纳
哀八	哀八	
吴伐我。归邾子益于邾。	吴为邾故，将伐鲁，问于叔孙辄。叔孙辄对曰："鲁有名而无情，伐之，必得志焉！"退而告公山不狃，公山不狃曰："非礼也。君子违，不适仇国。未臣而有伐之，奔命焉，死之可也！所托也，则隐。且夫人之行也，不以所恶废乡。今子以小恶而欲覆宗国，不亦难乎？若使子率，子必辞！王将使我。"子张病之。王问于子泄，对曰："虽无与立，必有与毙。诸侯将救之，未可以得志焉。晋与齐、楚辅之，是四仇也。夫鲁，齐、晋之唇。唇亡齿寒，君所知也，不救何为？"三月，吴伐我。子泄率，故	

	道险，从武城。初，武城人或有因于吴竟田焉，拘鄫人之沤菅者，曰："何故使吾水滋？"及吴师至，拘者道之以伐武城，克之。王犯尝为之宰，澹台子羽之父好焉，国人惧。懿子谓景伯："若之何？"对曰："吴师来，斯与之战，何患焉？且召之而至，又何求焉？"吴师克东阳而进，舍于五梧。明日，舍于蚕室。公宾庚、公甲叔子与战于夷，获叔子与析朱鉏，献于王。王曰："此同车，必使能，国未可望也。"明日，舍于庚宗，遂次于泗上。微虎欲宵攻王舍，私属徒七百人，三踊于幕庭，卒三百人，有若与焉。及稷门之内，或谓季孙曰："不足以害吴，而多杀国士，不如已也。"乃止之。吴子闻之，一夕三迁。 吴人行成，将盟，景伯曰："楚人围宋，易子而食，析骸而爨，犹无城下之盟。我未及亏而有城下之盟，是弃国也。吴轻而远，不能久，将归矣，请少待之。"弗从。景伯负载，造于莱门。乃请释子服何于吴，吴人许之，以王子姑曹当之，而后止。吴人盟而还。 齐侯使如吴请师，将以伐我，乃归邾子。邾子又无道，吴子使大宰子余讨之，囚诸楼台，栫之以棘。使诸大夫奉大子革以为政。	公子庆父之谏，可以看出他做事非常武断。而用大宰嚭这样的人，一定与此人能投其所好有关。哀十三年吴人告败于王，"王恶其闻也，自刭七人于幕下"，说明他对手下是何等残忍。 《左传》在写吴王夫差的过程中充分运用了左氏义法，具体来说有三个方面：一是借他人之口来总结吴王之所以失败的根本原因，二是借他人之口来预言吴王必败。这两个方面（评价和预言）都是左氏义法的重要特点，在《左传》中它们有时是互相分离的，有时则密不可分。哀元年伍员论吴越关系及子西比较阖庐与夫差，七年景伯论吴之失礼与将亡，十年季札与子期论吴、楚之君，哀十一年子胥之论，哀十二年郯子羽之言，都是在间接地总结吴王为什么必败。 三是，《左传》又多次记载吴向鲁、卫、邾等华夏后裔征会时的被动场景，以及小国与吴国交
哀九	哀九 春，齐侯使公孟绰辞师于吴。吴子曰："昔岁寡人闻命，今又革之，不知所从，将进受命于君。" 夏，楚人伐陈，陈即吴故也。秋，吴城邗，沟通江淮。 冬，吴子使来儆师，伐齐。	
哀十 公会吴伐齐。冬，楚公子结帅师伐	哀十 公会吴子、邾子、郯子伐齐南鄙，师于鄎。齐人弑悼公，赴于师。吴子三日哭于军门之外。徐承帅舟师，	

陈。吴救陈。	将自海入齐。齐人败之，吴师乃还。 秋，吴子使来复儆师。 冬，楚子期伐陈。吴延州来季子救陈，谓子期曰：“二君不务德，而力争诸侯，民何罪焉？我请退，以为子名，务德而安民。”乃还。	往时的抗争（如哀十五），以此来说明吴王之无道。这也体现了左氏的立场或左氏义法。
哀十一	**哀十一**	
春，齐国书帅师伐我。五月，公会吴伐齐。甲戌，齐国书帅师及吴战于艾陵。齐师败绩，获齐国书。	春，齐为鄎故，国书、高无丕帅师伐我，及清。季氏之甲七千，冉有以武城人三百为己徒卒，老幼守宫，次于雩门之外。五日，右师从之。师及齐师战于郊。齐师自稷曲，师不逾沟。师获甲首八十，齐人不能师。宵谍曰：“齐人遁。”冉有请从之，三，季孙弗许。 为郊战故，公会吴子伐齐。五月，克博。壬申，至于嬴。中军从王，胥门巢将上军，王子姑曹将下军，展如将右军。齐国书将中军，高无丕将上军，宗楼将下军。陈僖子谓其弟书：“尔死，我必得志。”宗子阳与闾丘明相厉也。桑掩胥御国子，公孙夏曰：“二子必死。”将战，公孙夏命其徒歌《虞殡》，陈子行命其徒具含玉，公孙挥命其徒曰：“人寻约，吴发短。”东郭书曰：“三战必死。于此三矣。”使问弦多以琴，曰：“吾不复见子矣！”陈书曰：“此行也，吾闻鼓而已，不闻金矣！”甲戌，战于艾陵。展如败高子，国子败胥门巢，王卒助之，大败齐师，获国书、公孙夏、闾邱明、陈书、东郭书，革车八百乘，甲首三千，以献于公。将战，吴子呼叔孙曰：“而事何也？”对曰：“从司马。”王赐之甲剑铍，曰：“奉尔君事，敬无废命。”叔孙未能对，卫赐进，曰：“州仇奉甲从君！”而拜。公使大史固归国子之元，置之新箧，褽之以玄纁，加组带焉。置书于其上，曰：“天若不识不衷，何以使下国？”	

	吴将伐齐，越子率其众以朝焉，王及列士皆有馈赂。吴人皆喜，唯子胥惧，曰："是豢吴也夫！"谏曰："越在我，心腹之疾也。壤地同而有欲于我，夫其柔服，救济其欲也。不如早从事焉。得志于齐，犹获石田也，无所用之。越不为沼，吴其泯矣！使医除疾，而曰'必遗类焉'者，未之有也。《盘庚之诰》曰：'其有颠越不共，则劓殄无遗育，无俾易种于兹邑。'是商所以兴也。今君易之，将以求大，不亦难乎？"弗听。使于齐，属其子于鲍氏，为王孙氏。反役，王闻之，使赐之属镂以死。将死，曰："树吾墓槚，槚可材也。吴其亡乎？！三年，其始弱矣。盈必毁，天之道也。" 秋，季孙命修守备，曰："小胜大，祸也。齐至无日矣。"	
哀十二 公会吴于橐皋。秋，公会卫侯、宋皇瑗于郧。	哀十二 公会吴于橐皋。吴子使大宰嚭请寻盟。公不欲，使子贡对曰："盟，所以周信也，故心以制之，玉帛以奉之，言以结之，明神以要之。寡君以为苟有盟焉，弗可改也已。若犹可改，日盟何益？今吾子曰：'必寻盟。'若可寻也，亦可寒也。"乃不寻盟。 吴征会于卫。初，卫人杀吴行人且姚而惧，谋于行人子羽。子羽曰："吴方无道，无乃辱吾君？不如止也。"子木曰："国无道，必弃疾于人。吴虽无道，犹足以患卫。往也！长木之毙，无不摽者也；国狗之瘈，无不噬也，而况大国乎？"秋，卫侯会吴于郧。公及卫侯、宋皇瑗盟，而卒辞吴盟。吴人藩卫侯之舍。子服景伯谓子贡曰："夫诸侯之会，事既毕矣，侯伯致礼，地主归饩，以相辞也。今吴不行礼于卫，而藩其君舍以难之，子盍见大宰？"乃请束锦以行。语及	

	卫故，大宰嚭曰："寡君愿事卫君，卫君之来也缓，寡君惧，故将止之。"子贡曰："卫君之来，必谋及其众；其众或欲或否，是以缓来。其欲来者，子之党也；其不欲来者，子之仇也。若执卫君，是堕党而崇仇也，夫堕子者得其志矣。且合诸侯而执卫君，谁敢不惧？堕党崇仇而惧诸侯，或者难以霸乎？"大宰嚭说，乃舍卫侯。卫侯归，效夷言。子之尚幼，曰："君必不免，其死于夷乎！执焉，而又说其言，从之固矣。"
哀十三	**哀十三**
公会晋侯及吴子于黄池。楚公子申帅师伐陈。於越入吴。秋，公至自会。	夏，公会单平公、晋定公、吴夫差于黄池。 六月丙子，越子伐吴，为二隧。畴无余、讴阳自南方先及郊。吴大子友、王子地、王孙弥庸、寿于姚自泓上观之。弥庸见姑蔑之旗，曰："吾父之旗也。不可以见仇而弗杀也。"大子曰："战而不克，将亡国。请待之！"弥庸不可，属徒五千，王子地助之。乙酉战，弥庸获畴无余，地获讴阳。越子至，王子地守。丙戌复战，大败吴师，获大子友、王孙弥庸、寿于姚。丁亥入吴，吴人告败于王。王恶其闻也，自刭七人于幕下。 秋，七月辛丑，盟，吴、晋争先。吴人曰："于周室，我为长。"晋人曰："于姬姓，我为伯。"赵鞅呼司马寅："日旰矣，大事未成，二臣之罪也。建鼓整列，二臣死之，长幼必可知也。"对曰："请姑视之。"反曰："肉食者无墨。今吴王有墨，国胜乎？大子死乎？且夷德轻，不忍久，请少待之。"乃先晋人。 吴人将以公见晋侯，子服景伯对使者曰："王合诸侯，则伯帅侯牧以见于王；伯合诸侯，则侯帅子、男以见于伯。自王以下，朝聘玉帛不同，

	故敝邑之职贡于吴，有丰于晋，无不及焉，以为伯也。今诸侯会，而君将以寡君见晋君，则晋成为伯矣。敝邑将改职贡：鲁赋于吴八百乘，若子、男，则将半邾以属于吴，而如邾以事晋。且执事以伯召诸侯，而以侯终之，何利之有焉？"吴人乃止。既而悔之，将囚景伯，景伯曰："何也立后于鲁矣，将以二乘与六人从，迟速唯命！"遂囚以还。及户牖，谓大宰曰："鲁将以十月上辛有事于上帝、先王，季辛而毕。何世有职焉，自襄以来，未之改也。若不会，祝宗将曰：吴实然。且谓鲁不共，而执其贱者七人，何损焉？"大宰嚭言于王曰："无损于鲁而只为名，不如归之。"乃归景伯。吴申仪乞粮于公孙有山氏，曰："佩玉櫐兮，余无所系之。旨酒一盛兮，余与褐之父睨之。"对曰："粱则无矣，粗则有之。若登首山以呼曰：'庚癸乎！'则诺。" 王欲伐宋，杀其丈夫而囚其妇人。大宰嚭曰："可胜也，而弗能居也。"乃归。 冬，吴及越平。	
哀十五 及齐平。	**哀十五** 夏，楚子西、子期伐吴，及桐汭。陈侯使公孙贞子吊焉，及良而卒，将以尸入。吴子使大宰嚭劳，且辞曰："以水潦之不时，无乃廪然陨大夫之尸，以重寡君之忧？寡君敢辞上介。"上介芋尹盖对曰："寡君闻楚为不道，荐伐吴国，灭厥民人。寡君使盖备使，吊君之下吏。无禄！使人逢天之戚，大命陨队，绝世于良。废日共积，一日迁次。今君命逆使人曰：'无以尸造于门'，是我寡君之命委于草莽也。且臣闻之曰：'事死如事生，礼也。'于是乎有朝聘而终，以尸将事之礼，又有朝聘而遭丧之	哀十五年再次借公孙贞子之事来说明吴子之无道。 鲁即齐，就是弃吴。这可能与越入吴有关。

	礼。若不以尸将命，是遭丧而还也，无乃不可乎！以礼防民犹或逾之，今大夫曰'死而弃之'，是弃礼也，其何以为诸侯主？先民有言曰：'无秽虐士。'备使奉尸将命，苟我寡君之命达于君所，虽陨于深渊，则天命也，非君与涉人之过也。"吴人内之。 　　冬，及齐平。子服景伯如齐，子赣为介，见公孙成曰："人皆臣人，而有背人之心，况齐人虽为子役，其有不贰乎？子，周公之孙也，多飨大利，犹思不义；利不可得，而丧宗国，将焉用之？"成曰："善哉！吾不早闻命。"陈成子馆客，曰："寡君使恒告曰：'寡人愿事君如事卫君。'"景伯揖子赣而进之，对曰："寡君之愿也！昔晋人伐卫，齐为卫故，伐晋冠氏，丧车五百，因与卫地，自济以西，禚、媚、杏以南，书社五百。吴人加敝邑以乱，齐因其病，取讙与阐。寡君是以寒心。若得视卫君之事君也，则固所愿也！"成子病之，乃归成。公孙宿以其兵甲入于嬴。
哀十六	哀十六
	吴人伐慎，白公败之。
	哀十七
	三月，越子伐吴，吴子御之笠泽，夹水而陈。越子为左右句卒，使夜或左或右，鼓噪而进。吴师分以御之。越子以三军潜涉，当吴中军而鼓之。吴师大乱，遂败之。
	哀十九
	春，越人侵楚，以误吴也。 　　夏，楚公子庆、公孙宽追越师，至冥，不及乃还。
	哀二十
	春，齐人来征会。夏，会于廪丘，为郑故，谋伐晋。郑人辞诸侯。秋，师还。

	吴公子庆忌骤谏吴子，曰："不改，必亡！"弗听。出居于艾，遂适楚，闻越将伐吴。冬，请归平越，遂归，欲除不忠者以说于越，吴人杀之。十一月，越围吴。赵孟降于丧食，楚隆曰："三年之丧，亲昵之极也。主又降之，无乃有故乎？"赵孟曰："黄池之役，先主与吴王有质，曰：'好恶同之。'今越围吴，嗣子不废旧业而敌之，非晋之所能及也，吾是以为降。"楚隆曰："若使吴王知之，若何？"赵孟曰："可乎？"隆曰："请尝之。"乃往。先造于越军，曰："吴犯间上国多矣。闻君亲讨焉，诸夏之人，莫不欣喜。唯恐君之志不从，请入视之。"许之。告于吴王曰："寡君之老无恤，使陪臣隆敢展谢其不共：黄池之役，君之先臣志父得承齐盟，曰：'好恶同之。'今君在难，无恤不敢惮劳，非晋国之所能及也，使陪臣敢展布之。"王拜稽首曰："寡人不佞，不能事越，以为大夫忧，拜命之辱！"与之一箪珠，使问赵孟，曰："勾践将生忧寡人，寡人死之不得矣！"王曰："溺人必笑。吾将有问也：史黯何以得为君子？"对曰："黯也，进不见恶，退无谤言。"王曰："宜哉！"	鲁国见吴王靠不住，遂已叛吴即齐（哀二十）。
	哀二十二	
	冬，十一月丁卯，越灭吴，请使吴王居甬东，辞曰："孤老矣，焉能事君？"乃缢。越人以归。	大宰嚭职位相当于吴之执政，故吴之灭其责难逃。吴灭后，大宰嚭即叛吴臣越（哀二十二）。
	哀二十四	
	闰月，公如越，得大子适郢，将妻公而多与之地。公孙有山使告于季孙。季孙惧，使因大宰嚭而纳赂焉，乃止。	

鲁子叔氏（前592—前472）

宣十七 冬十有一月壬午，公弟叔肸卒。	**宣十七** 冬，公弟叔肸卒，公母弟也。凡大子之母弟，公在曰公子，不在曰弟。凡称弟，皆母弟也。	子叔氏（又称叔氏）姬姓，鲁国公族，其祖叔肸为宣公母弟（宣十七），其后有子叔声伯（公孙婴齐）、子叔齐子（叔老）、叔弓（敬子）等。其世系如下（据顾栋高《大事表·世系表》。附始见年）：
成二 夏六月癸酉，季孙行父、臧孙许、叔孙侨如、公孙婴齐帅师会晋郤克、卫孙良夫、曹公子首及齐师战于鞌，齐师败绩。	**成二**	
成六 夏，公孙婴齐如晋。	**成六** 子叔声伯如晋，命伐宋。	
成八 春，公孙婴齐如莒。	**成八** 声伯如莒，逆也。	
成十一	**成十一** 声伯之母不聘，穆姜曰："吾不以妾为姒。"生声伯而出之，嫁于齐管于奚，生二子而寡，以归声伯。声伯以其外弟为大夫，而嫁其外妹于施孝叔。郤犨来聘，求妇于声伯。声伯夺施氏妇以与之。妇人曰："鸟兽犹不失俪，子将若何？"曰："吾不能死亡。"妇人遂行。生二子于郤氏。郤氏亡，晋人归之施氏。施氏逆诸河，沈其二子。妇人怒曰："己不能庇其伉俪而亡之，又不能字人之孤而杀之，将何以终？"遂誓施氏。	
成十六 秋，公会晋侯、齐侯、	**成十六** 宣伯通于穆姜，欲去季、孟而取其室。将行，穆姜送公，而使逐二子。	

子叔氏表：

鲁文公	
叔肸 宣十七	
子叔声伯 公孙婴齐 成六	
子叔齐子 叔老 襄十四	
叔弓 敬子 襄三十	
叔鞅 昭二十二	叔辄 伯张 昭二十一
叔诣 成子 昭二十五	
叔还 定十一	
叔青 哀十九	

（上表：叔还是否叔诣之子不确定，这里仅根据年代排。世系多据杜注。）

1. 子叔声伯。子叔氏之祖叔肸之子、宣文公孙。声伯之父叔肸仅见于卫侯、宋华元、邾人于沙随，不见公。

公至自会。

公会尹子、晋侯、齐国佐、邾人伐郑。

九月，晋人执季孙行父，舍之于苕丘。

冬十月乙亥，叔孙侨如出奔齐。

十有二月乙丑，季孙行父及晋郤犨盟于扈。

公至自会。

乙酉，刺公子偃。

公以晋难告，曰："请反而听命。"姜怒，公子偃、公子鉏趋过，指之曰："女不可，是皆君也。"公待于坏隤，申宫、儆备、设守，而后行，是以后。使孟献子守于公宫。

秋，会于沙随，谋伐郑也。宣伯使告郤犨曰："鲁侯待于坏隤，以待胜者。"郤犨将新军，且为公族大夫，以主东诸侯。取货于宣伯，而诉公于晋侯。晋侯不见公。

七月，公会尹武公及诸侯伐郑。将行，姜又命公如初。公又申守而行。诸侯之师次于郑西，我师次于督扬，不敢过郑。子叔声伯使叔孙豹请逆于晋师，为食于郑郊。师逆以至。声伯四日不食以待之，食使者而后食。

诸侯迁于制田，知武子佐下军，以诸侯之师侵陈，至于鸣鹿。遂侵蔡。未反，诸侯迁于颍上。戊午，郑子罕宵军之，宋、齐、卫皆失军。

曹人复请于晋。晋侯谓子臧："反，吾归而君。"子臧反，曹伯归。子臧尽致其邑与卿而不出。

宣伯使告郤犨曰："鲁之有季、孟，犹晋之有栾、范也，政令于是乎成。今其谋曰：'晋政多门，不可从也。宁事齐、楚，有亡而已，蔑从晋矣。'若欲得志于鲁，请止行父而杀之，我毙蔑也，而事晋，蔑有贰矣。鲁不贰，小国必睦。不然，归必叛矣。"九月，晋人执季文子于苕丘。公还，待于郓，使子叔声伯请季孙于晋。郤犨曰："苟去仲孙蔑，而止季孙行父，吾与子国，亲于公室。"对曰："侨如之情，子必闻之矣。若去蔑与行父，是大弃鲁国，而罪寡君也。若犹不弃，而惠徼周公之福，使寡君得事晋君，则夫二人者，鲁国社稷之臣也。若朝亡之，鲁必夕亡。以

宣十七年。子叔声伯又称声伯、子叔婴齐、公孙婴齐（子叔为氏，婴齐为名，声伯为谥）。见于成二至成十七年，成十七年卒。

子叔声伯多次代表鲁国与季孙行父（季文子）、臧孙许、叔孙侨如等为鲁之重卿出使列国盟会，左氏重点记声伯如下数事：一是慑于大国之威，强以同母异父之妹嫁于郤犨（成十一）。二是成十六年伐郑之会，"声伯使叔孙豹请逆于晋师，为食于郑郊。师逆以至。声伯四日不食以待之，食使者而后食"，其认真负责精神可见一斑。三是成十六年鲁叔孙侨如欲用晋之威力除己政敌，晋人欲杀季文子与仲孙蔑，声伯奉公命请于晋，可谓义正辞严，大义凛然："侨如之情，子必闻之矣。若去蔑与行父，是大弃鲁国，而罪寡君也。若犹不弃，而惠徼周公之福，使寡君得事晋君，则夫二人者，鲁国社稷之臣也。若朝亡之，

	鲁之密迩仇雠，亡而为雠，治之何及？"郤犨曰："吾为子请邑。"对曰："婴齐，鲁之常隶也，敢介大国以求厚焉？承寡君之命以请，若得所请，吾子之赐多矣，又何求？"范文子谓栾武子曰："季孙于鲁，相二君矣。妾不衣帛，马不食粟，可不谓忠乎？信谗慝而弃忠良，若诸侯何？子叔婴齐奉君命无私，谋国家不贰，图其身不忘其君。若虚其请，是弃善人也。子其图之！"乃许鲁平，赦季孙。 冬十月，出叔孙侨如而盟之。侨如奔齐。十二月，季孙及郤犨盟于扈。归，刺公子偃。召叔孙豹于齐而立之。
成十七	**成十七**
冬，公会单子、晋侯、宋公、卫侯、曹伯、齐人、邾人伐郑。 十有一月，公至自伐郑。 壬申，公孙婴齐卒于狸脤。	冬，诸侯伐郑。十月庚午，围郑。楚公子申救郑，师于汝上。十一月，诸侯还。 初，声伯梦涉洹，或与己琼瑰食之，泣而为琼瑰盈其怀，从而歌之曰："济洹之水，赠我以琼瑰。归乎归乎，琼瑰盈吾怀乎！"惧不敢占也。还自郑，壬申，至于狸脤而占之，曰："余恐死，故不敢占也。今众繁而从余三年矣，无伤也。"言之，之莫而卒。
襄十四	**襄十四**
十有四年春王正月，季孙宿、叔老会晋士匄、齐人、宋人、卫人、郑公孙虿、曹人、莒人、邾人、滕人、薛人、杞人、小邾人会吴于向。	十四年春，吴告败于晋。会于向，为吴谋楚故也。于是子叔齐子为季武子介以会，自是晋人轻鲁币而益敬其使。

鲁必夕亡。以鲁之密迩仇雠，亡而为雠，治之何及？"终使侨如之谮未能得逞，挽救国运于千钧一发。四是成十七年声伯梦琼瑰而死，亦甚有趣。

《左传》记范文子评声伯"子叔婴齐奉君命无私，谋国家不贰，图其身不忘其君"，称其为"善人"。

2. 叔老，又称齐子、子叔齐子（齐子或曰字或曰谥），声伯之子（杜注）。见于襄十四至二十二年，襄二十二年卒。从襄十四年叔老为季武子之介以会，"自是晋人轻鲁币而益敬其使"，似叔老禀承家传，知礼仪，擅外交，亦可知子叔氏与季孙关系。

3. 叔弓，叔老之子，传中又称子叔子、敬子。事见于襄三十年，昭元、二、三、五、六、八至十一、十三、十五年。昭十五年卒。

《左传》中叔弓多次代表鲁国出使列国，是三家之外鲁大夫中出使外国最多的一位。叔弓在政治上似乎与季

襄十六	襄十六
夏，公至自会。 叔老会郑伯、晋荀偃、卫宁殖、宋人伐许。	许男请迁于晋。诸侯遂迁许，许大夫不可，晋人归诸侯。郑子蟜闻将伐许，遂相郑伯以从诸侯之师。穆叔从公。齐子帅师会晋荀偃。书曰"会郑伯"，为夷故也。
襄二十	襄二十
秋，叔老如齐。	齐子初聘于齐，礼也。
襄二十二	襄二十二
秋七月辛酉，叔老卒。	
襄三十	襄三十
秋，七月，叔弓如宋，葬宋共姬。	秋，七月，叔弓如宋，葬共姬也。
昭元	昭元
叔弓帅师疆郓田。	叔弓帅师疆郓田，因莒乱也。
昭二	昭二
夏，叔弓如晋。	叔弓聘于晋，报宣子也。晋侯使郊劳，辞曰："寡君使弓来继旧好，固曰：'女无敢为宾。'彻命于执事，敝邑弘矣，敢辱郊使？请辞。"致馆，辞曰："寡君命下臣来继旧好，好合使成，臣之禄也。敢辱大馆！"叔向曰："子叔子知礼哉！吾闻之曰：'忠信，礼之器也；卑让，礼之宗也。'辞不忘国，忠信也；先国后己，卑让也。《诗》曰：'敬慎威仪，以近有德。'夫子近德矣。"
昭三	昭三
夏，叔弓如滕。 五月，葬滕成公。	五月，叔弓如滕，葬滕成公，子服椒为介。及郊，遇懿伯之忌，敬子不入。惠伯曰："公事有公利，无私忌。椒请先入。"乃先受馆。敬子从之。

孙氏同党，他做的许多事情似为季孙，比如疆郓田，败莒师，伐莒，围费，等。昭十年与季武子伐莒，昭十三年叔弓伐费而败，季平子怒。

关于叔弓之为人，《左传》中几无涉及，惟有昭二年叔向曰："子叔子知礼哉！……夫子近德矣"，或算是对他的一个评价。

子叔氏后人如叔鞅（昭二十二、二十三）、叔辄（昭二十一）、叔诣（昭二十五、二十九）、叔还（定十一至哀十四）、叔青等人，见于春秋，不绝如线，然无如前人之有声色，惟昭二十一年叔辄因哭日食而死稍成故事。自昭二十三年后，叔氏之人叔鞅、叔诣、叔还、叔青皆仅有出使列国之记载，叔诣、叔还之名皆不见于传。

昭五 戊辰，叔弓帅师败莒师于蚡泉。	昭五 莒人来讨，不设备。戊辰，叔弓败诸蚡泉，莒未陈也。
昭六 冬，叔弓如楚。	昭六 冬，叔弓如楚，聘且吊败也。
昭八 叔弓如晋。	昭八 叔弓如晋，贺虒祁也。
昭九 春，叔弓会楚子于陈。	昭九 春，叔弓、宋华亥、郑游吉、卫赵黡会楚子于陈。
昭十 秋，七月，季孙意如、叔弓、仲孙貜帅师伐莒。	昭十 秋，七月，平子伐莒，取郠。献俘，始用人于亳社。
昭十一	昭十一 春，王二月，叔弓如宋，葬平公也。
昭十三 春，叔弓帅师围费。	昭十三 春，叔弓围费。弗克，败焉。平子怒，令见费人执之，以为囚俘。冶区夫曰："非也。若见费人，寒者衣之，饥者食之，为之令主，而共其乏困，费来如归。南氏亡矣。民将叛之，谁与居邑？若惮之以威，惧之以怒，民疾而叛，为之聚也。若诸侯皆然，费人无归，不亲南氏，将焉入矣？"平子从之。费人叛南氏。
昭十五 二月癸酉，有事于武宫。籥入，叔弓卒，去乐卒事。	昭十五 春，将禘于武公，戒百官。梓慎曰："禘之日，其有咎乎？吾见赤黑之祲，非祭祥也，丧氛也。其在莅事乎？"二月癸酉，禘。叔弓莅事，籥入而卒。去乐卒事，礼也。

晋伯宗附伯州犂大宰嚭（前594—前471）

宣十五	宣十五	
夏，五月，宋人及楚人平。六月癸卯，晋师灭赤狄潞氏，以潞子婴儿归。	宋人使乐婴齐告急于晋。晋侯欲救之，伯宗曰："不可。古人有言曰：'虽鞭之长，不及马腹。'天方授楚，未可与争。虽晋之强，能违天乎？谚曰：'高下在心。'川泽纳污，山薮藏疾，瑾瑜匿瑕，国君含垢，天之道也。君其待之！"乃止。使解扬如宋，使无降楚，曰："晋师悉起，将至矣。" 潞子婴儿之夫人，晋景公之姊也，酆舒为政而杀之，又伤潞子之目。晋侯将伐之，诸大夫皆曰："不可！酆舒有三儁才，不如待后之人。"伯宗曰："必伐之！狄有五罪，儁才虽多，何补焉？不祀，一也；耆酒，二也；弃仲章而夺黎氏地，三也；虐我伯姬，四也；伤其君目，五也。怙其儁才，而不以茂德，兹益罪也。后之人，或者将敬奉德义以事神人，而申固其命，若之何待之？不讨有罪，曰：'将待后，后有辞而讨焉。'毋乃不可乎？夫恃才与众，亡之道也。商纣由之，故灭。天反时为灾，地反物为妖，民反德为乱。乱则妖灾生，故文反正为乏。尽在狄矣！"晋侯从之。六月癸卯，晋荀林父败赤狄于曲梁。辛亥，灭潞。酆舒奔卫，卫人归诸晋，晋人杀之。	伯宗出于晋郤氏，姬姓，属公族。伯宗之后有伯州犂、大宰嚭。三人同出，而分别效力于晋、楚和吴乃至越国（大宰嚭先在吴、后奔越）。其世系为： 伯宗→伯州犂→（缺一代）→太宰嚭 1.伯宗。见于宣十五至成十五年。伯宗为晋国一代名卿，在《左传》中虽出现次数不多，但却显示他是个见识不凡的人。《左传》成十五年对他有"善人，天地之纪也"的高度评价。成十五年，"晋三郤害伯宗，谮而杀之"，其子伯州犂奔楚。伯宗之所以被害致死，《左传》已借其妻之言概括之。
成五	成五	
梁山崩。	梁山崩，晋侯以传召伯宗。伯宗辟重，曰："辟传！"重人曰："待我，不如捷之速也。"问其所，曰："绛人也。"问绛事焉，曰："梁山崩，将召伯宗谋之。"问："将若之何？"曰："山有朽壤而崩，可若何？国主山川，故山崩川竭，君为之不举，降服、乘缦、彻乐、出次、祝币，史辞以礼焉。其如此而已。虽伯宗若之何？"伯宗请见之，不可。遂以告而从之。	2.伯州犂，见于成十六至昭元年。伯宗之子伯州犂逃楚后为大宰，但不甚得志（楚国令尹执政）。襄二十七年楚公子围（即楚灵王）欲行非礼，伯州犂"合诸侯之师以为不信"之言可以说颇有

成六 卫孙良夫帅师侵宋。	**成六** 三月,晋伯宗、夏阳说、卫孙良夫、宁相、郑人、伊雒之戎、陆浑、蛮氏侵宋,以其辞会也。师于鍼。卫人不保。说欲袭卫,曰:"虽不可入,多俘而归,有罪不及死。"伯宗曰:"不可!卫惟信晋,故师在其郊而不设备。若袭之,是弃信也。虽多卫俘,而晋无信,何以求诸侯?"乃止。师还,卫人登陴。	见识。昭元年,列国之卿皆讥公子围,伯州犁护之。伯州犁后来在公子围弑君之乱中被杀,估计因为他不是灵王同党。 3.大宰嚭,又称大宰,嚭、大宰子余等。见于定四至哀二十四年。伯氏之族昭二十七年因楚郤宛之难从楚逃往吴国,伯州犁之孙嚭为吴大宰。从《左传》中的记载可以看出,大宰嚭先在吴王阖庐手下为大宰,阖庐死后为其子吴王夫差之大宰,直至哀二十二年吴为越所灭为止,其后大宰嚭为越大宰。传文所载表明:大宰嚭在吴王夫差手下职位甚重,相当于执政之卿。但是他的才能比起伯宗来说就差得远了。吴王阖庐用伍子胥而入郢,吴王夫差用大宰嚭而亡吴,大宰嚭之无用可见一斑。大宰嚭与鲁人几次交手,每遭景伯、子贡等人戏弄,这也是他极乏见识的明证。 以大宰嚭职位之重,吴国之亡其
成十五	**成十五** 晋三郤害伯宗,谮而杀之,及栾弗忌。伯州犁奔楚。韩献子曰:"郤氏其不免乎?善人,天地之纪也,而骤绝之,不亡,何待?"初,伯宗每朝,其妻必戒之曰:"'盗憎主人,民恶其上。'子好直言,必及于难。"	
成十六 甲午晦,晋侯及楚子、郑伯战于鄢陵,楚子、郑师败绩。	**成十六** 晋侯将伐郑。六月,晋、楚遇于鄢陵。 甲午晦,楚晨压晋军而陈,军吏患之。楚子登巢车,以望晋军。子重使大宰伯州犁侍于王后。王曰:"骋而左右,何也?"曰:"召军吏也。""皆聚于中军矣。"曰:"合谋也。""张幕矣。"曰:"虔卜于先君也。""彻幕矣。"曰:"将发命也。""甚嚣,且尘上矣。"曰:"将塞井夷灶而为行也。""皆乘矣,左右执兵而下矣。"曰:"听誓也。""战乎?"曰:"未可知也。""乘而左右皆下矣。"曰:"战祷也。"伯州犁以公卒告王。	
襄二十六	**襄二十六** 楚子、秦人侵吴,及雩娄,闻吴有备而还。遂侵郑。五月,至于城麇。郑皇颉戍之,出,与楚师战,败。穿封戌囚皇颉,公子围与之争之,正于伯州犁。伯州犁曰:"请问于囚。"乃立囚。伯州犁曰:"所争,君子也,其何不知?"上其手,曰:	

	"夫子为王子围,寡君之贵介弟也。"下其手,曰:"此子为穿封戌,方城外之县尹也。谁获子?"囚曰:"颉遇王子,弱焉。"戌怒,抽戈逐王子围,弗及。楚人以皇颉归。	责难逃。吴灭后,大宰嚭即叛吴归越,可其见所谓"忠"(哀二十二)。 伯宗之后在楚者,后分出邻氏(见《潜夫论·志氏姓》《通志》卷九十二《列传》),邻宛其后也,盖因其源于邻氏乎?
襄二十七	襄二十七	
夏,叔孙豹会晋赵武、楚屈建、蔡公孙归生、卫石恶、陈孔奂、郑良霄、许人、曹人于宋。秋,七月辛巳,豹及诸侯之大夫盟于宋。	宋向戌善于赵文子,又善于令尹子木,欲弭诸侯之兵以为名。辛巳,将盟于宋西门之外。楚人衷甲。伯州犁曰:"合诸侯之师,以为不信,无乃不可乎?夫诸侯望信于楚,是以来服。若不信,是弃其所以服诸侯也。"固请释甲。子木曰:"晋、楚无信久矣!事利而已。苟得志焉,焉用有信!" 大宰退,告人曰:"令尹将死矣,不及三年。求逞志而弃信,志将逞乎?志以发言,言以出信,信以立志,参以定之。信亡,何以及三?"	
昭元	昭元	
叔孙豹会晋赵武、楚公子围、齐国弱、宋向戌、卫齐恶、陈公子招、蔡公孙归生、郑罕虎、许人、曹人于虢。冬,十有一月己酉,楚子麇卒。楚公子比出奔晋。	春,楚公子围聘于郑,且娶于公孙段氏。伍举为介。将入馆,郑人恶之。使行人子羽与之言,乃馆于外。既聘,将以众逆。子产患之,使子羽辞,曰:"以敝邑褊小,不足以容从者,请墠听命。"令尹命大宰伯州犁对曰:"君辱贶寡大夫围,谓围将使丰氏抚有而室。围布几筵,告于庄、共之庙而来。若野赐之,是委君贶于草莽也,是寡大夫不得列于诸卿也。不宁唯是,又使围蒙其先君,将不得为寡君老,其蔑以复矣。唯大夫图之!"子羽曰:"小国无罪,恃实其罪。将恃大国之安靖己,而无乃包藏祸心以图之。小国失恃,而惩诸侯,使莫不憾者,距违君命,而有所雍塞不行是惧。不然,敝邑,馆人之属也,其敢爱丰氏之祧?"伍举知其有备也,请垂櫜而入,许之。 三月甲辰,盟。楚公子围设服离	

	卫。叔孙穆子曰："楚公子美矣，君哉！"郑子皮曰："二执戈者前矣。"蔡子家曰："蒲宫有前，不亦可乎？"楚伯州犁曰："此行也，辞而假之寡君。"郑行人挥曰："假不反矣。"伯州犁曰："子姑忧子皙之欲背诞也。"子羽曰："当璧犹在，假而不反，子其无忧乎？"齐国子曰："吾代二子愍矣。"陈公子招曰："不忧何成？二子乐矣。"卫齐子曰："苟或知之，虽忧何害？"宋合左师曰："大国令，小国共，吾知共而已。"晋乐王鲋曰："《小旻》之卒章善矣，吾从之。"
	令尹享赵孟，赋《大明》之首章，赵孟赋《小宛》之二章。事毕，赵孟谓叔向曰："令尹自以为王矣，何如？"对曰："王弱，令尹强，其可哉！虽可，不终。"赵孟曰："何故？"对曰："强以克弱，而安之，强不义也。不义而强，其毙必速。《诗》曰：'赫赫宗周，褒姒灭之。'强不义也。令尹为王，必求诸侯。晋少懦矣，诸侯将往。若获诸侯，其虐滋甚，民弗堪也，将何以终？夫以强取，不义而克，必以为道，道以淫虐，弗可久已矣。"
	楚公子围使公子黑肱、伯州犁城犨、栎、郏。郑人惧。子产曰："不害。令尹将行大事，而先除二子也。祸不及郑，何患焉？"冬，楚公子围将聘于郑，伍举为介。未出竟，闻王有疾而还。伍举遂聘。十一月己酉，公子围至，入问王疾，缢而弑之，遂杀其二子幕及平夏。右尹子干出奔晋，宫厩尹子皙出奔郑。杀大宰伯州犁于郏。葬王于郏，谓之郏敖。
定四	定四
冬，十有一月庚午，蔡侯以吴子及楚人战于柏举。	伍员为吴行人，以谋楚。楚之杀郤宛也，伯氏之族出。伯州犁之孙嚭，为吴大宰以谋楚。楚自昭王即位，无岁不有吴师。蔡侯因之，以其

楚师败绩。楚囊瓦出奔郑。庚辰,吴入郢。	子乾与其大夫之子为质于吴。 　　冬,蔡侯、吴子、唐侯伐楚,舍舟于淮汭,自豫章与楚夹汉。
哀元	哀元
	吴王夫差败越于夫椒,报檇李也,遂入越。越子以甲楯五千保于会稽,使大夫种因吴大宰嚭以行成。
哀七	哀七
夏,公会吴于鄫。	夏,公会吴于鄫。吴来征百牢,子服景伯对曰:"先王未之有也。"吴人曰:"宋百牢我,鲁不可以后宋。且鲁牢晋大夫过十,吴王百牢,不亦可乎?"景伯曰:"晋范鞅贪而弃礼,以大国惧敝邑,故敝邑十一牢之。君若以礼命于诸侯,则有数矣。若亦弃礼,则有淫者矣。周之王也,制礼,上物不过十二,以为天之大数也。今弃周礼,而曰必百牢,亦唯执事。"吴人勿听。景伯曰:"吴将亡矣,弃天而背本。不与,必弃疾于我。"乃与之。大宰嚭召季康子,康子使子贡辞。大宰嚭曰:"国君道长,而大夫不出门,此何礼也?"对曰:"岂以为礼,畏大国也。大国不以礼命于诸侯,苟不以礼,岂可量也? 寡君既共命焉,其老岂敢弃其国? 大伯端委以治周礼,仲雍嗣之,断发文身,臝以为饰,岂礼也哉? 有由然也。"反自鄫,以吴为无能为也。
哀八	哀八
归邾子益于邾。	齐侯使如吴请师,将以伐我,乃归邾子。邾子又无道,吴子使大宰子余讨之,囚诸楼台,栫之以棘。使诸大夫奉大子革以为政。
哀十二	哀十二
公会吴于橐皋。秋,公会卫侯、宋皇瑗于郧。	公会吴于橐皋。吴子使大宰嚭请寻盟。公不欲,使子贡对曰:"盟,所以周信也,故心以制之,玉帛以奉之,言以结之,明神以要之。寡君以

	为苟有盟焉，弗可改也已。若犹可改，日盟何益？今吾子曰'必寻盟'，若可寻也，亦可寒也。"乃不寻盟。 　　吴征会于卫。初，卫人杀吴行人且姚而惧，谋于行人子羽。子羽曰："吴方无道，无乃辱吾君？不如止也。"子木曰："吴方无道，国无道，必弃疾于人。吴虽无道，犹足以患卫。往也！长木之毙，无不摽也；国狗之瘈，无不噬也，而况大国乎？"秋，卫侯会吴于郧。公及卫侯、宋皇瑗盟，而卒辞吴盟。吴人藩卫侯之舍。子服景伯谓子贡曰："夫诸侯之会，事既毕矣，侯伯致礼，地主归饩，以相辞也。今吴不行礼于卫，而藩其君舍以难之，子盍见大宰？"乃请束锦以行。语及卫故，大宰嚭曰："寡君愿事卫君，卫君之来也缓，寡君惧，故将止之。"子贡曰："卫君之来，必谋及其众；其众或欲或否，是以缓来。其欲来者，子之党也；其不欲来者，子之仇也。若执卫君，是堕党而崇仇也，夫堕子者得其志矣。且合诸侯而执卫君，谁敢不惧？堕党崇仇，而惧诸侯，或者难以霸乎？"大宰嚭说，乃舍卫侯。卫侯归，效夷言。子之尚幼，曰："君必不免，其死于夷乎！执焉，而又说其言，从之固矣。"
哀十三	**哀十三**
	吴人将以公见晋侯，子服景伯对使者曰："王合诸侯，则伯帅侯牧以见于王；伯合诸侯，则侯帅子、男以见于伯。自王以下，朝聘玉帛不同，故敝邑之职贡于吴，有丰于晋，无不及焉，以为伯也。今诸侯会，而君将以寡君见晋君，则晋成为伯矣。敝邑将改职贡：鲁赋于吴八百乘，若子、男，则将半邾以属于吴，而如邾以事晋。且执事以伯召诸侯，而以侯终之，何利之有焉？"吴人乃止。既

		而悔之，将囚景伯，景伯曰："何也立后于鲁矣，将以二乘与六人从，迟速唯命！"遂囚以还。及户牖，谓大宰曰："鲁将以十月上辛有事于上帝、先王，季辛而毕。何世有职焉，自襄以来，未之改也。若不会，祝宗将曰：吴实然。且谓鲁不共，而执其贱者七人，何损焉？"大宰嚭言于王曰："无损于鲁而只为名，不如归之。"乃归景伯。吴申仪乞粮于公孙有山氏，曰："佩玉繠兮，余无所系之。旨酒一盛兮，余与褐之父睨之。"对曰："粱则无矣，粗则有之。若登首山以呼曰：'庚癸乎！'则诺。" 王欲伐宋，杀其丈夫而囚其妇人。大宰嚭曰："可胜也，而弗能居也。"乃归。	
哀十五	哀十五	
	夏，楚子西、子期伐吴，及桐汭。陈侯使公孙贞子吊焉，及良而卒，将以尸入。吴子使大宰嚭劳，且辞曰："以水潦之不时，无乃廪然隙大夫之尸，以重寡君之忧？寡君敢辞上介。"上介芋尹盖对曰："寡君闻楚为不道，荐伐吴国，灭厥民人。寡君使盖备使，吊君之下吏。无禄！使人逢天之戚，大命陨队，绝世于良。废日共积，一日迁次。今君命逆使人曰'无以尸造于门'，是我寡君之命委于草莽也。且臣闻之曰：'事死如事生，礼也。'于是乎有朝聘而终，以尸将事之礼，又有朝聘而遭丧之礼。若不以尸将命，是遭丧而还也，无乃不可乎！以礼防民犹或逾之，今大夫曰'死而弃之'，是弃礼也，其何以为诸侯主？先民有言曰：'无秽虐士。'备使奉尸将命，苟我寡君之命达于君所，虽陨于深渊，则天命也，非君与涉人之过也。"吴人内之。	

	哀二十二	
	冬，十一月丁卯，越灭吴，请使吴王居甬东，辞曰："孤老矣，焉能事君？"乃缢。越人以归。	
	哀二十四	
	闰月，公如越，得大子适郢，将妻公而多与之地。公孙有山使告于季孙。季孙惧，使因大宰嚭而纳赂焉，乃止。	

卫出公（前493—前469）

哀二	哀二	卫出公，姬姓，名辄，又称卫侯、卫君、出公辄、卫侯辄、辄等，卫灵公之孙。哀二年先其父庄公立，立十二至哀十五年奔鲁，十八年复入，立九至哀二十六年出奔，卒于越。今据陈厚耀《世族谱》列卫襄公以来相关世系如下：
夏，四月丙子，卫侯元卒。晋赵鞅帅师纳卫世子蒯聩于戚。冬，十月，葬卫灵公。	初，卫侯游于郊，子南仆。公曰："余无子，将立女。"不对。他日，又谓之，对曰："郢不足以辱社稷，君其改图。君夫人在堂，三揖在下，君命祗辱。"夏，卫灵公卒。夫人曰："命公子郢为大子，君命也。"对曰："郢异于他子，且君没于吾手，若有之，郢必闻之。且亡人之子辄在。"乃立辄。六月乙酉，晋赵鞅纳卫大子于戚。宵迷，阳虎曰："右河而南，必至焉。"使大子絻，八人衰绖，伪自卫逆者。告于门，哭而入，遂居之。	

襄公恶			
灵公元			[缺]
庄公蒯聩	公子起	悼公黔	公子郢子南	公孙般师
出公辄		子之		

哀三	哀三
春，齐国夏、卫石曼姑帅师围戚。	春，齐、卫围戚，求援于中山。冬，十月，晋赵鞅围朝歌，师于其南。荀寅伐其郛，使其徒自北门入，己犯师而出。癸丑，奔邯郸。
哀五	哀五
晋赵鞅帅师伐卫。	夏，赵鞅伐卫，范氏之故也。遂围中牟。
哀七	哀七
晋魏曼多帅师侵卫。	晋师侵卫，卫不服也。

（上表：卫襄公襄三十至昭七在位，其子卫

哀十	哀十	灵公昭八至哀二在位。卫庄公事分见卷四"卫庄公"。襄公之孙公孙般师哀十七年见,庄公弑乃立,寻为齐所执,立公子起。公子起哀十七年立,明年逐起,奔齐,出公辄复立。悼公黚哀二十六年继出公立。更多世系情况参卷四"卫灵公"。)
卫公孟彄自齐归于卫。		
哀十一	哀十一	
卫世叔齐出奔宋。	冬,卫大叔疾出奔宋。初,疾娶于宋子朝,其娣嬖。子朝出,孔文子使疾出其妻,而妻之。疾使侍人诱其初妻之娣,置于犁,而为之一宫,如二妻。文子怒,欲攻之,仲尼止之;遂夺其妻。或淫于外州,外州人夺之轩以献。耻是二者,故出。卫人立遗,使室孔姞。疾臣向魋纳美珠焉,与之城鉏。宋公求珠,魋不与,由是得罪。及桓氏出,城鉏人攻大叔疾,卫庄公复之,使处巢,死焉。殡于郧,葬于少禘。 初,晋悼公子慭亡在卫,使其女仆而田。大叔懿子止而饮之酒,遂聘之,生悼子。悼子即位,故夏戊为大夫。悼子亡,卫人翦夏戊。 孔文子之将攻大叔也,访于仲尼。仲尼曰:"胡簋之事,则尝学之矣;甲兵之事,未之闻也。"退,命驾而行,曰:"鸟则择木,木岂能择鸟?"文子遽止之,曰:"圉岂敢度其私?访卫国之难也。"将止,鲁人以币召之,乃归。	卫出公即位前后,卫国君位争夺极为激烈,除庄公、出公父子之争,还涉及许多其他的公子、公孙。其大体过程如下: • 定十四年,太子蒯聩欲杀灵公夫人不成,奔宋; • 哀二年,灵公卒,卫人立蒯聩子公孙辄,是为出公;
哀十二	哀十二	• 哀十五年,蒯聩利用浑良夫,卫孔悝出公,立庄公;
秋,公会卫侯、宋皇瑗于郧。	吴征会于卫。初,卫人杀吴行人且姚而惧,谋于行人子羽。子羽曰:"吴方无道,无乃辱吾君?不如止也。"子木曰:"吴方无道。国无道,必弃疾于人。吴虽无道,犹足以患卫。往也!长木之毙,无不摽者也;国狗之瘈,无不噬也,而况大国乎?"秋,卫侯会吴于郧。公及卫侯、宋皇瑗盟,而卒辞吴盟。吴人藩卫侯之舍。子服景伯谓子贡曰:"夫诸侯之会,事既毕矣,侯伯致礼,地主归饩,以相辞也。今吴不行礼于卫,而	• 哀十七年,晋复伐卫,卫人出庄公,立公孙般师; • 是年十二月,齐伐卫,执般师,卫人立公子起; • 哀十八年,卫石圃逐其君起,起奔齐。卫侯辄自齐复归,立;

		·哀二十五年，卫侯辄奔宋，后卒于越。
	藩其君舍以难之，子盍见大宰？"乃请束锦以行。语及卫故，大宰嚭曰："寡君愿事卫君，卫君之来也缓，寡君惧，故将止之。"子贡曰："卫君之来，必谋于其众；其众或欲或否，是以缓来。其欲来者，子之党也；其不欲来者，子之仇也。若执卫君，是堕党而崇仇也，夫堕子者得其志矣。且合诸侯而执卫君，谁敢不惧？堕党崇仇，而惧诸侯，或者难以霸乎？"大宰嚭说，乃舍卫侯。卫侯归，效夷言。子之尚幼，曰："君必不免，其死于夷乎！执焉，而又说其言，从之固矣。"	·哀二十六年，卫人立灵公子悼公。 自哀二年以来，卫人六易其君，争立之斗一波接着一波。直到哀二十六年悼公之立，才算告一段落。下面我们来看卫出公。 卫出公因其父卫庄公（太子蒯聩）为灵公夫人南子谗害，被迫于定十四年奔宋，而得立。哀二年灵公卒，出公即位为君。卫出公立为卫君之初，即令石曼姑与齐围戚，显然是生怕其父庄公回来夺位，这是父子相争之始。哀十五年蒯聩入于卫，一举击败了他的儿子卫出公，出公奔鲁。哀十五至十八年间，卫国数易其君，祸乱频繁，在这种情况下卫出公于十八年出而复入，再次夺得了国君之位，真可谓得之侥幸！但不幸的是，卫出公并没有吸取前几场内乱的教训，特别是他的父亲为卫人所杀的经验，哀八年后竟
哀十三	**哀十三**	
晋魏曼多帅师侵卫。		
哀十四	**哀十四**	
秋，晋赵鞅帅师伐卫。		
哀十五	**哀十五**	
晋赵鞅帅师伐卫。卫公孟彄出奔齐。	卫孔圉取大子蒯聩之姊，生悝。孔氏之竖浑良夫长而美，孔文子卒，通于内。大子在戚，孔姬使之焉。大子与之言曰："苟使我入获国，服冕乘轩，三死无与。"与之盟。为请于伯姬。 闰月，良夫与大子入，舍于孔氏之外圃。昏，二人蒙衣而乘，寺人罗御如孔氏。孔氏之老栾宁问之，称姻妾以告。遂入，适伯姬氏。既食，孔伯姬杖戈而先，大子与五人介，舆豭从之。迫孔悝于厕，强盟之，遂劫以登台。栾宁将饮酒，炙未熟，闻乱，使告季子。召获驾乘车，行爵食炙，奉卫侯辄来奔。 季子将入，遇子羔将出，曰："门已闭矣。"季子曰："吾姑至焉。"子羔曰："弗及，不践其难！"季子	

	"食焉，不辟其难！"子羔遂出，子路入。及门，公孙敢门焉，曰："无入为也！"季子曰："是公孙也。求利焉，而逃其难。由不然，利其禄，必救其患！"有死者出，乃入，曰："大子焉用孔悝？虽杀之，必或继之。"且曰："大子无勇。若燔台，半，必舍孔叔。"大子闻之，惧，下石乞、盂黡敌子路。以戈击之，断缨。子路曰："君子死，冠不免。"结缨而死。孔子闻卫乱，曰："柴也其来，由也死矣。"孔悝立庄公。 庄公害故政，欲尽去之，先谓司徒瞒成曰："寡人离病于外久矣，子请亦尝之！"归告褚师比，欲与之伐公，不果。	因贪愎无道而再次被卫臣所逐。哀哉！ 《左传》于哀二十六年借子赣之口对他无德而贪、众叛亲离、所以不可能再为卫人接纳的经验教训作了总结，其言曰： 今君……内不闻献之亲，外不闻成之卿，则赐不识所由入也。《诗》曰："无竞惟人，四方其顺之。"若得其人，四方以为主，而国于何有？
哀十六	哀十六	
春，王正月己卯，卫世子蒯聩自戚入于卫。卫侯辄来奔。二月，卫子还成出奔宋。	春，瞒成、褚师比出奔宋。卫侯使鄢武子告于周，曰："蒯聩得罪于君父、君母，逋窜于晋。晋以王室之故，不弃兄弟，置诸河上。天诱其衷，获嗣守封焉，使下巨胖敢告执事。"王使单平公对曰："胖以嘉命来告余一人，往谓叔父：余嘉乃成世，复尔禄次。敬之哉！方天之休。弗敬弗休，悔其可追？" 六月，卫侯饮孔悝酒于平阳，重酬之。大夫皆有纳焉。醉而送之，夜半而遣之。载伯姬于平阳而行，及西门，使贰车反祏于西圃。子伯季子初为孔氏臣，新登于公，请追之。遇载祏者，杀而乘其车。许公为反祏，遇之，曰："与不仁人争，明无不胜。"必使先射。射三发，皆远许为。许为射之，殪。或以其车从，得祏于囊中。孔悝出奔宋。 卫侯占梦。嬖人求酒于大叔僖子，不得，与卜人比而告公曰："君有大臣，在西南隅，弗去，惧害。"乃逐大叔遗。遗奔晋。	

卫侯谓浑良夫曰："吾继先君而不得其器，若之何？"良夫代执火者而言曰："疾与亡君皆君之子也。召之而择材焉可也；若不材，器可得也。"竖告大子。大子使五人舆猳从己，劫公而强盟之，且请杀良夫。公曰："其盟免三死。"曰："请三之后有罪杀之。"公曰："诺哉！"

哀十七

春，卫侯为虎幄于藉圃，成，求令名者而与之始食焉。大子请使良夫。良夫乘衷甸两牡，紫衣狐裘。至，袒裘，不释剑而食。大子使牵以退，数之以三罪而杀之。

晋赵鞅使告于卫曰："君之在晋也，志父为主。请君若大子来，以免志父。不然，寡君其曰志父之为也。"卫侯辞以难，大子又使椓之。夏，六月，赵鞅围卫。齐国观、陈瓘救卫，得晋人之致师者。子玉使服而见之，曰："国子实执齐柄，而命瓘曰：'无辟晋师。'岂敢废命？子又何辱？"简子曰："我卜伐卫，未卜与齐战。"乃还。

卫侯梦于北宫，见人登昆吾之观，被发北面而噪曰："登此昆吾之虚，绵绵生之瓜。余为浑良夫，叫天无辜。"公亲筮之；胥弥赦占之，曰："不害。"与之邑，置之而逃，奔宋。卫侯贞卜，其繇曰："如鱼窥尾，衡流而方羊裔焉，大国灭之，将亡。阖门塞窦，乃自后逾。"

冬，十月，晋复伐卫，入其郛。将入城，简子曰："止。叔向有言曰：'怙乱灭国者无后。'"卫人出庄公而与晋平。晋立襄公之孙般师而还。

十一月，卫侯自鄄入，般师出。初，公登城以望，见戎州。问之，以告。公曰："我姬姓也，何戎之有焉？"翦之。公使匠久。公欲逐石圃，未及而难作。辛巳，石圃因匠氏攻

	公。公阖门而请，弗许。逾于北方而队，折股。戎州人攻之。大子疾、公子青、逾从公，戎州人杀之。公入于戎州己氏。初，公自城上见己氏之妻发美，使髡之，以为吕姜髢。既入焉，而示之璧，曰："活我，吾与女璧。"己氏曰："杀女，璧其焉往？"遂杀之，而取其璧。卫人复公孙般师而立之。十二月，齐人伐卫。卫人请平，立公子起，执般师以归，舍诸潞。	
	哀十八	
	夏，卫石圃逐其君起，起奔齐。卫侯辄自齐复归，逐石圃，而复石魋与大叔遗。	
	哀二十五	
	夏，五月庚辰，卫侯出奔宋。卫侯为灵台于藉圃，与诸大夫饮酒焉。褚师声子袜而登席，公怒。辞曰："臣有疾，异于人；若见之，君将殼之。是以不敢。"公愈怒。大夫辞之，不可。褚师出。公戟其手，曰："必断而足！"闻之。褚师与司寇亥乘，曰："今日幸而后亡！"公之入也，夺南氏邑，而夺司寇亥政。公使侍人纳公文懿子之车于池。 初，卫人翦夏丁氏，以其帑赐彭封弥子。弥子饮公酒，纳夏戊之女，嬖，以为夫人。其弟期，大叔疾之从孙甥也，少畜于公，以为司徒。夫人宠衰，期得罪。公使三匠久。公使优狡盟拳弥，而甚近信之。故褚师比、公孙弥牟、公文要、司寇亥、司徒期因三匠与拳弥以作乱，皆执利兵，无者执斤。使拳弥入于公宫，而自大子疾之宫噪以攻公。鄄子士请御之，弥援其手，曰："子则勇矣，将若君何？不见先君乎？君何所不逞欲？且君尝在外矣，岂必不反？当今不可，众怒难犯，休而易间也。"乃出。	

将适蒲，弥曰："晋无信，不可。"将适鄄，弥曰："齐、晋争我，不可。"将适泠，弥曰："鲁不足与。请适城鉏，以钩越。越有君。"乃适城鉏。弥曰："卫盗不可知也，请速，自我始。"乃载宝以归。

公为支离之卒，因祝史挥以侵卫。卫人病之。懿子知之，见子之，请逐挥。文子曰："无罪。"懿子曰："彼好专利而妄，夫见君之入也，将先道焉。若逐之，必出于南门，而适君所。夫越新得诸侯，将必请师焉。"挥在朝，使吏遣诸其室。挥出，信，弗内。五日，乃馆诸外里，遂有宠，使如越请师。

哀二十六

夏，五月，叔孙舒帅师会越皋如、后庸、宋乐茷纳卫侯。文子欲纳之，懿子曰："君愎而虐，少待之，必毒于民，乃睦于子矣。"师侵外州，大获。出御之，大败。掘褚师定子之墓，焚之于平庄之上。文子使王孙齐私于皋如，曰："子将大灭卫乎？抑纳君而已乎？"皋如曰："寡君之命无他，纳卫君而已。"文子致众而问焉，曰："君以蛮夷伐国，国几亡矣，请纳之。"众曰："勿纳。"曰："弥牟亡而有益，请自北门出。"众曰："勿出。"重赂越人，申开守陴而纳公，公不敢入。师还。立悼公，南氏相之。以城鉏与越人。公曰："期则为此。"令苟有怨于夫人者报之。司徒期聘于越，公攻而夺之币。期告王，王命取之。期以众取之。公怒，杀期之甥之为大子者，遂卒于越。

卫出公自城鉏使弓问子赣，且曰："吾其入乎？"子赣稽首受弓，对曰："臣不识也。"私与使者曰："昔成以公孙于陈，宁武子、孙庄子为宛濮之盟而君入。献公孙于齐，子鲜、子

| | 展为夷仪之盟而君入。今君再在孙矣，内不闻献之亲，外不闻成之卿，则赐不识所由入也。《诗》曰：'无竞惟人，四方其顺之。'若得其人，四方以为主，而国于何有？" | |

孔子弟子（前563—前468）

襄十	襄十	《左传》中孔子弟子，形象较鲜明者有仲由（子路）、子贡（端木赐，亦称子赣）、子有（冉求，又称冉有）、子迟（樊须，又称樊迟）、子羔（高柴）等，此外还有如澹台子羽、有若、琴张、孟懿子、南宫敬叔、秦丕兹等人。《左传》中孔子弟子始见于襄十年，主要见于两地，一是鲁国，二是卫国。卫国主要是子路和子羔二人，其他均在鲁国，子路也曾为鲁季氏宰。另有哀六年之子我（阚止），或谓即孔子弟子宰予，或谓不然（本表不录）。孔子诸弟子中，以子贡、子路、冉有三人材料相对丰富。 吕祖谦《左氏传说·齐师伐鲁冉求为季氏谋一子守二子从季孙曰不能》
夏五月甲午，遂灭偪阳。	晋荀偃、士匄请伐偪阳，而封宋向戌焉。丙寅，围之，弗克。孟氏之臣秦堇父辇重如役。偪阳人启门，诸侯之士门焉。县门发，郰人纥抉之，以出门者。狄虒弥建大车之轮，而蒙之以甲，以为橹。左执之，右拔戟，以成一队。孟献子曰："《诗》所谓'有力如虎'者也。"主人县布，堇父登之，及堞而绝之。队，则又县之。苏而复上者三，主人辞焉，乃退。带其断以徇于军三日。师还，孟献子以秦堇父为右。生秦丕兹，事仲尼。	
昭七 九月，公至自楚。	昭七 九月，公至自楚。孟僖子病不能相礼，乃讲学之，苟能礼者从之。及其将死也，召其大夫，曰："礼，人之干也。无礼，无以立。吾闻将有达者曰孔丘，圣人之后也，而灭于宋。其祖弗父何以有宋而授厉公。及正考父，佐戴、武、宣，三命兹益共，故其鼎铭曰：'一命而偻，再命而伛，三命而俯，循墙而走，亦莫余敢侮。饘于是，鬻于是，以糊余口。'其共也如是。臧孙纥有言曰：'圣人有明德者，若不当世，其后必有达人。'今其将在孔丘乎！我若获没，必属说与何忌于夫子，使事之，而学礼焉，以定其位。"故孟懿子与南宫敬叔师事仲尼。仲尼曰："能补过者，君子也。《诗》曰'君子是则是效'，孟僖子可则效已矣。"	

昭十一	**昭十一**
五月，仲孙貜会邾子，盟于祲祥。	孟僖子会邾庄公，盟于祲祥，修好，礼也。 泉丘人有女，梦以其帷幕孟氏之庙，遂奔僖子，其僚从之。盟于清丘之社，曰："有子，无相弃也！"僖子使助薳氏之簉。反自祲祥，宿于薳氏，生懿子及南宫敬叔于泉丘人。其僚无子，使字敬叔。
昭二十	**昭二十**
秋，盗杀卫侯之兄絷。	卫公孟絷狎齐豹，夺之司寇与鄄。有役则反之，无则取之。公孟恶北宫喜、褚师圃，欲去之。公子朝通于襄夫人宣姜，惧，而欲以作乱。故齐豹、北宫喜、褚师圃、公子朝作乱。 初，齐豹见宗鲁于公孟，为骖乘焉。将作乱，而谓之曰："公孟之不善，子所知也，勿与乘，吾将杀之。"对曰："吾由子事公孟，子假吾名焉，故不吾远也。虽其不善，吾亦知之；抑以利故，不能去，是吾过也。今闻难而逃，是僭子也。子行事乎，吾将死之，以周事子；而归死于公孟，其可也。" 丙辰，卫侯在平寿。公孟有事于盖获之门外，齐子氏帷于门外，而伏甲焉。使祝鼃置戈于车薪以当门，使一乘从公孟以出；使华齐御公孟，宗鲁骖乘。及闳中，齐氏用戈击公孟，宗鲁以背蔽之，断肱，以中公孟之肩。皆杀之。 琴张闻宗鲁死，将往吊之。仲尼曰："齐豹之盗，而孟絷之贼，女何吊焉？君子不食奸，不受乱，不为利疚于回，不以回待人，不盖不义，不犯非礼。"
定十二	**定十二**
夏，叔孙州仇帅师堕郈。季孙斯、仲孙何忌帅师	仲由为季氏宰，将堕三都，于是叔孙氏堕郈。季氏将堕费，公山不狃、叔孙辄帅费人以袭鲁。公与三子入于季氏之宫，登武子之台。费人攻

（卷二十）称："三家如此离心……而鲁之社稷未即泯灭者，皆孔子之徒之力也。当时孔子既不用于鲁，孔子之徒亦不为鲁用，尚余二三人仕于鲁，可以退强敌，存危邦，以此知君子初不负人之用。"此言主要强调了孔子弟子在鲁国内政外交中发挥的作用，在《左传》中这方面作用较明显者只有子贡和冉有（还可结合《论语》《史记·仲尼弟子列传》来看）。

下面分述之：

1.子路，又称仲由、由、季路。子路的记载主要见于定十二、哀十四、哀十五年。子路之名共出现11次，其中：称"子路"5次（哀十四2次，哀十五3次）；称"仲由"2次（定十二，哀十五），称"由"3次（哀十五2次，哀十四1次），称"季路"1次（哀十四）。定十二年仲由为季氏宰，将堕三都，时孔子为司寇且亲自参与堕费。哀十四年，小邾大夫射以句绎来奔，欲

堕费。	之，弗克。入及公侧，仲尼命申句须、乐颀下，伐之，费人北。国人追之，败诸姑蔑。二子奔齐，遂堕费。	子路代鲁国盟，而子路不义其人，故辞。哀十五年子路为卫孔悝家臣，卷入太子蒯聩之乱。子路明知入城必死，以食其禄不避其难的精神，死于蒯聩之党。传载孔子闻卫乱而预言子路必死，盖深知其为人。
定十五	**定十五**	
春王正月，邾子来朝。夏，壬申，公薨于高寝。	十五年，春，邾隐公来朝。子贡观焉。邾子执玉高，其容仰；公受玉卑，其容俯。子贡曰："以礼观之，二君者，皆有死亡焉。夫礼，死生存亡之体也，将左右、周旋、进退、俯仰，于是乎取之；朝、祀、丧、戎，于是乎观之。今正月相朝，而皆不度，心已亡矣。嘉事不体，何以能久？高、仰，骄也；卑、俯，替也。骄近乱，替近病，君为主，其先亡乎！" 夏五月壬申，公薨。仲尼曰："赐不幸言而中，是使赐多言者也。"	2.子贡，又称子赣、赐、卫赐，主要出现于定十五，哀七、十一、十二、十五、十六、二十六、二十七年（共计八年），其名共出现16次，其中称"子贡"6次（定十五2次，哀七1次，哀十二3次）；称"子赣"6次（哀十五2次，哀十六1次，哀二十六2次，哀二十七次）；称"赐"3次（定十五2次，哀二十六1次）；称"卫赐"1次（哀十一）。定十五年，子贡从邾隐公及鲁定公执玉、受玉姿态，预言二人将死。哀七年子贡为季康子辞于吴大宰嚭，责其背先无礼。哀十一年，叔孙州仇不能答吴王之赐，子贡以"奉甲从君"告之。哀十五年为
哀三	**哀三**	
五月辛卯，桓宫、僖宫灾。	夏五月辛卯，司铎火。火踰公宫，桓、僖灾。救火者皆曰顾府。南宫敬叔至，命周人出御书，俟于宫，曰："庀女，而不在，死。"	
哀七	**哀七**	
夏，公会吴于鄫。	夏，公会吴于鄫。吴来征百牢。子服景伯对曰："先王未之有也。"吴人曰："宋百牢我，鲁不可以后宋。且鲁牢晋大夫过十，吴王百牢，不亦可乎？"景伯曰："晋范鞅贪而弃礼，以大国惧敝邑，故敝邑十一牢之，君若以礼命于诸侯，则有数矣。若亦弃礼，则有淫者矣。周之王也，制礼，上物不过十二，以为天之大数也。今弃周礼，而曰必百牢，亦唯执事。"吴人弗听。景伯曰："吴将亡矣，弃天而背本。不与，必弃疾于我。"乃与之。 大宰嚭召季康子，康子使子贡辞。大宰嚭曰："国君道长，而大夫不出门，此何礼也？"对曰："岂以为礼？畏大国也。大国不以礼命于诸	

	侯，苟不以礼，岂可量也？寡君既共命焉，其老岂敢弃其国？大伯端委以治周礼，仲雍嗣之，断发文身，嬴以为饰，岂礼也哉？有由然也。"反自鄎，以吴为无能为也。	子服景伯之介使齐，迫使陈成子归成。哀十六年，孔子卒，子赣批评哀公"生不能事，死而诔之"。哀二十六年，卫出公使以弓问子赣，子贡总结卫国历史上几场出君之难，告诉出公内无顺臣，不可再得国。哀二十七年季康子念及之。除定十五年子贡之言为评论外，其他子贡言均为辞令。不过，《左传》并没有如《史记·仲尼弟子列传》那样，记载子贡如何"存鲁，乱齐，破吴，强晋而霸越"的外交故事。
哀八	**哀八**	
春，吴伐我。	三月，吴伐我，从武城，克之。王犯尝为之宰，澹台子羽之父好焉，国人惧。吴师克东阳而进，舍于五梧。明日，舍于蚕室。公宾庚、公甲叔子与战于夷，获叔子与析朱鉏，献于王。王曰："此同车，必使能，国未可望也。"明日，舍于庚宗，遂次于泗上。微虎欲宵攻王舍，私属徒七百人三踊于幕庭，卒三百人，有若与焉。及稷门之内，或谓季孙曰："不足以害吴，而多杀国士，不如已也。"乃止之。吴子闻之，一夕三迁。吴人盟而还。	
哀十一	**哀十一**	定十五年子贡论礼，称礼为"死生存亡之体"，主要从礼之细节入手看人，谓"将左右、周旋、进退、俯仰，于是乎取之；朝、祀、丧、戎，于是乎观之"，甚有见识。
春，齐国书帅师伐我。夏，五月，公会吴伐齐。甲戌，齐国书帅师及吴战于艾陵，齐师败绩，获齐国书。冬，卫世叔齐出奔宋。	春，齐为鄎故，国书、高无丕帅师伐我，及清。季孙谓其宰冉求曰："齐师在清，必鲁故也，若之何？"求曰："一子守，二子从公御诸竟。"季孙曰："不能。"求曰："居封疆之间。"季孙告二子，二子不可。求曰："若不可，则君无出。一子帅师，背城而战，不属者，非鲁人也。鲁之群室众于齐之兵车，一室敌车优矣，子何患焉？二子之不欲战也宜，政在季氏。当子之身，齐人伐鲁而不能战，子之耻也，大不列于诸侯矣。"季孙使从于朝，俟于党氏之沟。武叔呼而问战焉。对曰："君子有远虑，小人何知？"懿子强问之，对曰："小人虑材而言，量力而共者也。"武叔曰："是谓我不成丈夫也。"退而蒐乘。孟孺子洩帅右师，颜羽御，邴洩为右。冉求帅左师，管周父御，樊迟为右。季孙曰："须也弱。"有子曰："就用命	3.子有，又称冉有、冉求、求、有子，见于哀十一、十四、二十三年。冉有之名共出现15次，其中：称"冉有"7次（哀十一、十三、二十三），称"冉求"2次（哀十一），

焉。"季氏之甲七千,冉有以武城人三百为己徒卒,老幼守宫,次于雩门之外。五日,右师从之。公叔务人见保者而泣,曰:"事充,政重,上不能谋,士不能死,何以治民?吾既言之矣,敢不勉乎!"师及齐师战于郊。齐师自稷曲,师不踰沟。樊迟曰:"非不能也,不信子也,请三刻而踰之。"如之,众从之。师入齐军。右师奔,齐人从之。陈瓘、陈庄涉泗。孟之侧后入以为殿,抽矢策其马,曰:"马不进也。"林不狃之伍曰:"走乎?"不狃曰:"谁不如?"曰:"然则止乎?"不狃曰:"恶贤?"徐步而死。师获甲首八十,齐人不能师。宵谍曰:"齐人遁。"冉有请从之三,季孙弗许。

孟孺子语人曰:"我不如颜羽,而贤于邴洩。子羽锐敏,我不欲战而能默,洩曰'驱之。'"公为与其嬖僮汪锜乘,皆死,皆殡。孔子曰:"能执干戈以卫社稷,可无殇也。"冉有用矛于齐师,故能入其军。孔子曰:"义也。"

为郊战故,公会吴子伐齐。甲戌,战于艾陵。王卒助之,大败齐师。将战,吴子呼叔孙曰:"而事何也?"对曰:"从司马。"王赐之甲、剑铍,曰:"奉尔君事,敬无废命!"叔孙未能对。卫赐进,曰:"州仇奉甲从君。"而拜。

冬,卫大叔疾出奔宋。初,疾娶于宋子朝,其娣嬖。子朝出,孔文子使疾出其妻,而妻之。疾使侍人诱其初妻之娣置于犁,而为之一宫,如二妻。文子怒,欲攻之,仲尼止之。遂夺其妻。或淫于外州,外州人夺之轩以献。耻是二者,故出。

孔文子之将攻大叔也,访于仲尼。仲尼曰:"胡簋之事,则尝学之

称"求"5次(哀十一、二十三),称"有子"1次(哀十一)。《左传》中冉求有两个主要内容,一是哀十一年齐师伐鲁之战中表现出色,在鲁国三家惊慌失措之际,可谓成竹在胸、有勇有谋,且能"用矛于齐师",孔子称其"义"。可以说与《论语·先进》中的形象截然不同。另一方面,多次呈现冉求与季氏关系之亲近。如哀十一年从季氏上朝,季氏使冉有访诸仲尼,季康子使冉有传话于子路,哀二十三为季康子吊宋景曹且送葬。

《论语》中多处记冉有。《先进》孔子称"求也退"(退当指谦退)。《季氏》载冉有、子路同为季氏宰,欲灭颛臾,孔子严辞批评,称"远人不服,则修文德以来之"。又《先进》载孔子两处严厉批评冉求身为季氏宰,助纣为虐,甚至称冉求徒为"具臣","非吾徒也,小子鸣鼓而攻之,可也"。与此同时,孔子亦非常欣赏冉有

	矣；甲兵之事，未之闻也。"退，命驾而行，曰："鸟则择木，木岂能择鸟？"文子遽止之，曰："圉岂敢度其私，访卫国之难也。"将止，鲁人以币召之，乃归。 　　季孙欲以田赋，使冉有访诸仲尼。仲尼曰："丘不识也。"三发，卒曰："子为国老，待子而行，若之何子之不言也？"仲尼不对，而私于冉有曰："君子之行也，度于礼：施取其厚，事举其中，敛从其薄。如是，则以丘亦足矣。若不度于礼，而贪冒无厌，则虽以田赋，将又不足。且子季孙若欲行而法，则周公之典在；若欲苟而行，又何访焉？"弗听。	之才。《先进》载冉有等人侍坐，孔子称"方六七十，如五六十，求也为之，比及三年，可使足民；如其礼乐，以俟君子"；《公冶长》记孔子曰"求也，千室之邑，百乘之家，可使为之宰也"。《宪问》孔子称赏"若臧武仲之知，公绰之不欲，卞庄子之勇，冉求之艺，文之以礼乐，亦可以为成人矣"。《雍也》亦载孔子称"求也艺"。此外，《论语》亦载孔子批评冉求"中道而废，今女画"（《雍也》）。
哀十二	哀十二	
夏五月甲辰，孟子卒。公会吴于橐皋。	公会吴于橐皋，吴子使大宰嚭请寻盟。公不欲，使子贡对曰："盟，所以周信也，故心以制之，玉帛以奉之，言以结之，明神以要之。寡君以为苟有盟焉，弗可改也已。若犹可改，日盟何益？今吾子曰'必寻盟'，若可寻也，亦可寒也。"乃不寻盟。 　　吴征会于卫。初，卫人杀吴行人且姚而惧，谋于行人子羽。子羽曰："吴方无道，无乃辱吾君，不如止也。"子木曰："吴方无道，国无道，必弃疾于人。吴虽无道，犹足以患卫。往也！长木之毙，无不摽也；国狗之瘈，无不噬也，而况大国乎！" 　　秋，卫侯会吴于郧。公及卫侯、宋皇瑗盟，而卒辞吴盟。吴人藩卫侯之舍。子服景伯谓子贡曰："夫诸侯之会，事既毕矣，侯伯致礼，地主归饩，以相辞也。今吴不行礼于卫，而藩其君舍以难之，子盍见大宰？"乃请束锦以行。语及卫故，大宰嚭曰："寡君愿事卫君，卫君之来也缓，寡君惧，故将止之。"子贡曰："卫君之来，必谋于其众，其众或欲或否，是	4.高柴，字子羔，又称柴、季羔。见于哀十五、十七年。是年子羔与子路同为卫国孔氏家臣，在卫庄公夺权之乱中，子路殉身，子羔逃出。哀十七年相哀公与齐侯相传，智应齐侯之讨。盖高柴哀十五年自卫返鲁后，得鲁哀公重任。 　　《论语·先进》记子路以子羔为费宰，而遭孔子斥责，又称"柴也愚"。 　　5.樊须，字子迟，故亦称樊迟，

	以缓来。其欲来者，子之党也；其不欲来者，子之雠也。若执卫君，是堕党而崇雠也，夫堕子者得其志矣。且合诸侯而执卫君，谁敢不惧？堕党崇雠，而惧诸侯，或者难以霸乎！"大宰嚭说，乃舍卫侯。卫侯归，效夷言。子之尚幼，曰："君必不免，其死于夷乎！执焉，而又说其言，从之固矣。"	见于哀十一年。哀十一年齐师伐鲁，冉有帅左师，樊迟为右。季孙患其"弱"，而有子称之，后果发挥出色，助冉有立下战功。 《论语》多载樊迟事，尤以问孔子为多。见于《为政》问孝，《雍也》问知，《雍也》问崇德、修慝、辨惑，《子路》请学稼，《雍也》《子路》两次问仁。 6.其他孔子弟子，传中虽有，但较为简略，人物形象不鲜明。包括如： （1）秦丕兹，襄十年："孟献子以秦堇父为右。生秦丕兹，事仲尼。"《史记·仲尼弟子列传》："秦商，字子丕。"《孔子家语》："秦商，鲁人，字丕兹，少孔子四岁，其父堇。"则襄十年之文为追叙。 （2）孟懿子（仲孙何忌，又称何忌）与南宫敬叔（仲孙说，说或作阅，又称说），昭七、十一、哀三年见。《史记·仲尼弟子列传》："南宫括，字子容"（《孔子家语》作"南宫縚"），《史记
哀十四 小邾射以句绎来奔。 夏，六月，齐人弑其君壬于舒州。	哀十四 小邾射以句绎来奔，曰："使季路要我，吾无盟矣。"使子路，子路辞。季康子使冉有谓之曰："千乘之国，不信其盟，而信子之言，子何辱焉？"对曰："鲁有事于小邾，不敢问故，死其城下可也。彼不臣，而济其言，是义之也，由弗能。"	
哀十五 冬，冬，晋侯伐郑。及齐平。卫公孟彄出奔齐。	哀十五 秋，齐陈瓘如楚，过卫，仲由见之，曰："天或者以陈氏为斧斤，既斵丧公室，而他人有之，不可知也；其使终飨之，亦不可知也。若善鲁以待时，不亦可乎！何必恶焉？"子玉曰："然。吾受命矣，子使告我弟。" 冬，及齐平，子服景伯如齐，子赣为介，见公孙成，曰："人皆臣人，而有背人之心，况齐人虽为子役，其有不贰乎？子，周公之孙也，多飨大利，犹思不义。利不可得，而丧宗国，将焉用之？"成曰："善哉！吾不早闻命。" 陈成子馆客，曰："寡君使恒告曰：'寡人愿事君如事卫君。'"景伯揖子赣而进之，对曰："寡君之愿也。昔晋人伐卫，齐为卫故，伐晋冠氏，丧车五百。因与卫地，自济以西，禚、媚、杏以南，书社五百。吴人加敝邑以乱，齐因其病，取欢与阐，寡君是以寒心。若得视卫君之事君也，则固所愿也。"成子病之，乃归成。公孙宿以其兵甲入于嬴。	

	卫孔圉取大子蒯聩之姊，生悝。孔氏之竖浑良夫长而美，孔文子卒，通于内。大子在戚，孔姬使之焉。大子与之言曰："苟使我入获国，服冕、乘轩，三死无与。"与之盟，为请于伯姬。 闰月，良夫与大子入，舍于孔氏之外圃。昏，二人蒙衣而乘，寺人罗御，如孔氏。孔氏之老栾宁问之，称姻妾以告，遂入，适伯姬氏。既食，孔伯姬杖戈而先，大子与五人介，舆豭从之。迫孔悝于厕，强盟之，遂劫以登台。栾宁将饮酒，炙未熟，闻乱，使告季子；召获驾乘车，行爵食炙，奉卫侯辄来奔。 季子将入，遇子羔将出，曰："门已闭矣。"季子曰："吾姑至焉。"子羔曰："弗及，不践其难！"季子曰："食焉，不辟其难。"子羔遂出，子路入。及门，公孙敢门焉，曰："无入为也。"季子曰："是公孙也，求利焉而逃其难。由不然，利其禄，必救其患。"有使者出，乃入，曰："大子焉用孔悝？虽杀之，必或继之。"且曰："大子无勇，若燔台，半，必舍孔叔。"大子闻之，惧，下石乞、盂黡敌子路，以戈击之，断缨。子路曰："君子死，冠不免。"结缨而死。孔子闻卫乱，曰："柴也其来，由也死矣。" 孔悝立庄公。	索隐》称："其人是孟僖子之子仲孙阅也，盖居南宫，因姓焉。" （3）琴张，昭二十年一见。琴张与宗鲁友，宗鲁为卫灵公兄公孟臣，闻宗鲁欲往吊之，孔子以为不值。杜注："琴张，孔子弟子，字子开，名牢。"《孟子·尽心下》"如琴张、曾皙、牧皮者，孔子之所谓狂矣"。《庄子·大宗师》亦载"子琴张"。章太炎《春秋左传读》引贾逵、郑众以琴张即子张（颛孙师）之说，以为"琴张以善鼓琴得名，非氏琴"。杨伯峻注以为昭二十年孔子三十一岁，而《史记·仲尼弟子列传》载子张少孔子四十八岁，此时子张未生，故此琴张非孔子弟子。方按：杨注以琴张非子张似有道理，然杜注以琴张字子开，名牢，未必不可为孔子另一弟子。
哀十六	**哀十六**	
夏四月己丑，孔丘卒。	夏四月己丑，孔丘卒。公诔之曰："旻天不吊，不慭遗一老，俾屏余一人以在位，茕茕余在疚。呜呼哀哉尼父！无自律。" 子赣曰："君其不没于鲁乎！夫子之言曰：'礼失则昏，名失则愆。'失志为昏，失所为愆。生不能用，死而诔之，非礼也；称一人，非名也。君两失之。"	（4）澹台子羽，哀八年一及。即《论语·雍也》之澹台灭明（字子羽）。 （5）有若，哀八

	公会齐侯盟于蒙，孟武伯相。齐侯稽首，公拜。齐人怒。武伯曰："非天子，寡君无所稽首。"武伯问于高柴曰："诸侯盟，谁执牛耳？"季羔曰："鄫衍之役，吴公子姑曹；发阳之役，卫石魋。"武伯曰："然则彘也。"	年。即《论语·学而》中之有子。
	哀二十三	
	春，宋景曹卒。季康子使冉有吊，且送葬，曰："敝邑有社稷之事，使肥与有职竞焉，是以不得助执绋，使求从舆人，曰：'以肥之得备弥甥也，有不腆先人之产马，使求荐诸夫人之宰，其可以称旌繁乎！'"	
	哀二十六	
	卫出公自城鉏使以弓问子赣，且曰："吾其入乎？"子赣稽首受弓，对曰："臣不识也。"私于使者曰："昔成公孙于陈，宁武子、孙庄子为宛濮之盟而君入。献公孙于齐，子鲜、子展为夷仪之盟而君入。今君再在孙矣，内不闻献之亲，外不闻成之卿，则赐不识所由入也。《诗》曰：'无竞惟人，四方其顺之。'若得其人，四方以为主，而国于何有？"	
	哀二十七	
	春，越子使舌庸来聘，且言邾田，封于骀上。二月，盟于平阳，三子皆从。康子病之，言及子赣，曰："若在此，吾不及此夫！"武伯曰："然。何不召？"曰："固将召之。"文子曰："他日请念。"	

越王勾践（前496—前468）

宣八	宣八	勾践，或写作句践，又称越子、越子勾践、越王，定十四至悼三年在位，共在位三十二年。《史记·越世家》称："越王勾践，其先禹之苗裔而夏后帝少康之庶子也。封于会稽，以奉守禹之祀。文身断发，披草莱而邑焉。后二十余世，至于允常。允常之时，与吴王阖庐战而相怨伐。允常卒，子勾践立，是为越王。"史迁之言，与《左传》哀元年伍员称述少康之事呼应。定十四年为勾践元年，《史记》司马贞《索隐》引《纪年》云："晋出公十年十一月，於粤子勾践卒。"则勾践卒于鲁哀公后，即鲁悼公三年（前465）。勾践之后：有太子适郢，哀二十四年见；另有公子仓系未详，见于昭二十四。《左传》中宣八年（前601）首见越。①自襄二十九
	楚为众舒叛，故伐舒蓼，灭之。楚子疆之。及滑汭，盟吴、越而还。	
襄二十九	襄二十九	
夏，阍杀吴子余祭。	吴人伐越，获俘焉，以为阍，使守舟。吴子余祭观舟，阍以刀弑之。	
昭五	昭五	
冬，楚子、蔡侯、陈侯、许男、顿子、沈子、徐人、越人伐吴。	冬十月，楚子以诸侯及东夷伐吴，以报棘、栎、麻之役。楚师济于罗汭，吴不可入。楚子遂观兵于坻箕之山。是行也，吴早有备，楚无功而还，以蹶由归。	
昭二十四	昭二十四	
冬，吴灭巢。	越大夫胥犴劳王于豫章之汭，越公子仓归王乘舟。仓及寿梦帅师从王，王及圉阳而还。吴人踵楚，而边人不备，遂灭巢及钟离而还。	
昭三十二	昭三十二	
夏，吴伐越。	夏，吴伐越，始用师于越也。史墨曰："不及四十年，越其有吴乎！越得岁而吴伐之，必受其凶。"	
定五	定五	
夏，於越入吴。	夏，越入吴，吴在楚也。	
定十四	定十四	
夏，卫北宫结来奔。五月，於越败吴于檇李。	吴伐越，越子勾践御之，陈于檇李。勾践患吴之整也，使死士再禽焉，不动。使罪人三行，属剑于颈，而辞曰："二君有治，臣奸旗鼓。不敏于君之行前，不敢逃刑，敢归死。"遂自刭也。师属之目，越子因而伐之，大败之。灵姑浮以戈击阖庐，阖庐伤将指，取其一屦。还，卒于陉，去檇李七里。	

---

① 桓元年经"公及郑伯盟於越"，此越指地名，杨伯峻注谓在今山东省曹县附近，非指越国。

	夫差使人立于庭，苟出入，必谓己曰："夫差！而忘越王之杀而父乎？"则对曰："唯。不敢忘！"三年乃报越。	年始记吴伐越，是年为吴王余祭四年，距昭二十八年吴王阖庐即位尚有三十年，距勾践定十四年即位尚有四十八
哀元	哀元	
	吴王夫差败越于夫椒，报欙李也。遂入越。越子以甲楯五千保于会稽，使大夫种因吴大宰嚭以行成。吴子将许之。伍员曰："不可。臣闻之：'树德莫如滋，去疾莫如尽。'昔有过浇杀斟灌以伐斟鄩，灭夏后相。后缗方娠，逃出自窦，归于有仍，生少康焉。为仍牧正，惎浇能戒之。浇使椒求之，逃奔有虞，为之庖正，以除其害。虞思于是妻之以二姚，而邑诸纶，有田一成，有众一旅。能布其德，而兆其谋，以收夏众，抚其官职；使女艾谍浇，使季杼诱豷。遂灭过、戈，复禹之绩，祀夏配天，不失旧物。今吴不如过，而越大于少康，或将丰之，不亦难乎！勾践能亲而务施，施不失人，亲不弃劳，与我同壤，而世为仇雠。于是乎克而弗取，将又存之，违天而长寇雠，后虽悔之，不可食已。姬之衰也，日可俟也。介在蛮夷，而长寇雠，以是求伯，必不行矣。"弗听。退而告人曰："越十年生聚，而十年教训，二十年之外，吴其为沼乎！"三月，越及吴平。吴入越，不书，吴不告庆、越不告败也。 及夫差克越，乃修先君之怨。秋，八月，吴侵陈，修旧怨也。	年。昭三十二年传"吴伐越，始用师于越也"，盖指阖庐开始伐越之时，非指吴伐越始于是年。越之伐吴，亦在勾践之前，早在定五年（宣八年孔疏。昭五年经载楚子与诸侯及越人伐吴，此非越人主导），距勾践即位尚有九年。可见吴、越冲突由来已久，早于《史记》所说的阖庐之时。 勾践在位期间的吴越关系，大体有三阶段：第一阶段，定十四吴伐越而败，阖庐因此丧命；第二阶段，哀元年，夫差伐越，越及吴平，从此吴、越安定十二年；第
哀十一	哀十一	三阶段，哀十三至哀二十二年，共计十年，越灭吴。哀
夏，五月，公会吴伐齐。甲戌，齐国书帅师及吴战于艾陵，齐师败绩，获齐国书。	吴将伐齐，越子率其众以朝焉，王及列士皆有馈赂。吴人皆喜，唯子胥惧，曰："是豢吴也夫！"谏曰："越在我，心腹之疾也，壤地同，而有欲于我。夫其柔服，求济其欲也，不如早从事焉。得志于齐，犹获石田也，无所用之。越不为沼，吴其泯矣。使	十三年，越王趁夫差用兵求霸于中原，腹地空虚之际伐吴，吴王大败；哀十七年，越复伐吴，夫差亲自出征而不能

	医除疾,而曰'必遗类焉'者,未之有也。《盘庚之诰》曰'其有颠越不共,则劓殄无遗育,无俾易种于兹邑',是商所以兴也。今君易之,将以求大,不亦难乎?"弗听。使于齐,属其子于鲍氏,为王孙氏。反役,王闻之,使赐之属镂以死。将死,曰:"树吾墓槚,槚可材也。吴其亡乎!三年,其始弱矣。盈必毁,天之道也。"	胜,可见大势已去;哀十九年,越人侵楚以误吴;哀二十年越围吴;哀二十二年灭吴。 　　越王灭吴的故事如下几点:一是以勇取胜。定十四年以死士冲敌营,复以"使罪人三行、属剑于颈"而自刭的方式扰乱敌人以取胜,吴闿生《左传微·勾践灭吴》(卷十一)称以"阴鸷取胜",亦有道理。此种战法,绝非常人所能想。二是卧薪尝胆的精神。虽然夫差也能卧薪尝胆报父仇(定十四、哀元),但勾践之卧薪尝胆之精神似更胜,从定十四年御吴到哀二十二年灭吴,前后达二十四年;从哀元年勾践平于吴至灭吴,前后也有二十二年。不过要注意,《左传》所载勾践,大不如《史记·越世家》丰富,《越世家》所言勾践卧薪尝胆之行及大夫范蠡之计策,皆不见于左氏。比较《左传》与《史记·越世家》,似左氏更信实,而《史记》各种细节描述,
哀十三	哀十三	
夏,公会晋侯及吴子于黄池。 於越入吴。	夏,公会单平公、晋定公、吴夫差于黄池。 　　六月丙子,越子伐吴,为二隧,畴无余、讴阳自南方,先及郊。吴大子友、王子地、王孙弥庸、寿于姚自泓上观之。弥庸见姑蔑之旗,曰:"吾父之旗也。不可以见雠而弗杀也。"大子曰:"战而不克,将亡国,请待之。"弥庸不可,属徒五千,王子地助之。乙酉,战,弥庸获畴无余,地获讴阳。越子至,王子地守。丙戌,复战,大败吴师,获大子友、王孙弥庸、寿于姚。丁亥,入吴。吴人告败于王。王恶其闻也,自刭七人于幕下。 　　秋七月辛丑盟,吴、晋争先。吴人曰:"于周室,我为长。"晋人曰:"于姬姓,我为伯。"赵鞅呼司马寅曰:"日旰矣,大事未成,二臣之罪也。建鼓整列,二臣死之,长幼必可知也。"对曰:"请姑视之。"反,曰:"肉食者无墨。今吴王有墨,国胜乎?大子死乎?且夷德轻,不忍久,请少待之。"乃先晋人。 　　吴人将以公见晋侯,子服景伯对使者曰:"王合诸侯,则伯帅侯牧以见于王;伯合诸侯,则侯帅子、男以见于伯。自王以下,朝聘玉帛不同;故敝邑之职贡于吴,有丰于晋,无及焉,以为伯也。今诸侯会,而君将	

	以寡君见晋君，则晋成为伯矣，敝邑将改职贡：鲁赋于吴八百乘，若为子、男，则将半邾以属于吴，而如邾以事晋。且执事以伯召诸侯，而以侯终之，何利之有焉？"吴人乃止。既而悔之，将囚景伯。景伯曰："何也立后于鲁矣，将以二乘与六人从，迟速唯命。"遂囚以还。及户牖，谓大宰曰："鲁将以十月上辛有事于上帝、先王，季辛而毕，何世有职焉，自襄以来，未之改也。若不会，祝宗将曰'吴实然'，且谓鲁不共，而执其贱者七人，何损焉？"大宰嚭言于王曰："无损于鲁，而祗为名，不如归之。"乃归景伯。 　　吴申叔仪乞粮于公孙有山氏，曰："佩玉繠兮，余无所系之；旨酒一盛兮，余与褐之父睨之。"对曰："粱则无矣，粗则有之。若登首山以呼曰'庚癸乎'，则诺。" 　　王欲伐宋，杀其丈夫而囚其妇人。大宰嚭曰："可胜也，而弗能居也。"乃归。 　　冬，吴及越平。	不免夸张之嫌。 　　此外，左氏亦记自哀二十一年起，越始进于中原，干预列国，图霸一时，包括主导鲁、邾、卫之内政诸务，而鲁哀公亦寄望于以越除三桓，并终卒于越（参《史记·越世家》）。 　　哀元年，伍员对吴子一大段话，称述了越之前世，似有暗示勾践可能继少康之业之意，其中称"勾践能亲而务施，施不失人，亲不弃劳"，这句话应代表左氏对勾践一生的全面评价，特别是他何以能灭吴的主要原因。
	哀十七	
	三月，越子伐吴，吴子御之笠泽，夹水而陈。越子为左右句卒，使夜或左或右，鼓噪而进；吴师分以御之。越子以三军潜涉，当吴中军而鼓之，吴师大乱，遂败之。	
	哀十九	
	春，越人侵楚，以误吴也。夏，楚公子庆、公孙宽追越师，至冥，不及，乃还。 　　秋，楚沈诸梁伐东夷，三夷男女及楚师盟于敖。	
	哀二十	
	春，吴公子庆忌骤谏吴子曰："不改，必亡。"弗听。出居于艾，遂适楚。闻越将伐吴，冬，请归平越，遂归。欲除不忠者以说于越。吴人杀之。	

	十一月，越围吴，赵孟降于丧食。楚隆曰："三年之丧，亲昵之极也，主又降之，无乃有故乎？"赵孟曰："黄池之役，先主与吴王有质，曰：'好恶同之。'今越围吴，嗣子不废旧业而敌之，非晋之所能及也，吾是以为降。"楚隆曰："若使吴王知之，若何？"赵孟曰："可乎？"隆曰："请尝之。"乃往，先造于越军，曰："吴犯间上国多矣，闻君亲讨焉，诸夏之人莫不欣喜，唯恐君志之不从，请入视之。"许之。告于吴王曰："寡君之老无恤使陪臣隆，敢展谢其不共：黄池之役，君之先臣志父得承齐盟，曰'好恶同之'。今君在难，无恤不敢惮劳，非晋国之所能及也，使陪臣敢展布之。"王拜稽首曰："寡人不佞，不能事越，以为大夫忧，拜命之辱。"与之一箪珠，使问赵孟，曰："勾践将生忧寡人，寡人死之不得矣。"王曰："溺人必笑，吾将有问也。史黯何以得为君子？"对曰："黯也进不见恶，退无谤言。"王曰："宜哉！"	
	哀二十一	
	二十一年夏五月，越人始来。	
	哀二十二	
	夏四月，邾隐公自齐奔越，曰："吴为无道，执父立子。"越人归之，大子革奔越。 冬十一月丁卯，越灭吴，请使吴王居甬东。辞曰："孤老矣，焉能事君？"乃缢。越人以归。	
	哀二十三	
	秋八月，叔青如越，始使越也。越诸鞅来聘，报叔青也。	
	哀二十四	
	邾子又无道，越人执之以归，而立公子何。何亦无道。 闰月，公如越，得大子适郢，将	

	妻公而多与之地。公孙有山使告于季孙。季孙惧，使因大宰嚭而纳赂焉，乃止。	
	哀二十五	
	夏，公为支离之卒，因祝史挥以侵卫。卫人病之。懿子知之，见子之，请逐挥。文子曰："无罪。"懿子曰："彼好专利而妄，夫见君之入也，将先道焉。若逐之，必出于南门，而适君所。夫越新得诸侯，将必请师焉。"挥在朝，使吏遣诸其室。挥出，信，弗内。五日，乃馆诸外里，遂有宠，使如越请师。	
	六月，公至自越，季康子、孟武伯逆于五梧。	
	哀二十六	
	二十六年夏五月，叔孙舒帅师会越皋如、舌庸、宋乐茷纳卫侯，文子欲纳之。懿子曰："君愎而虐，少待之，必毒于民，乃睦于子矣。"师侵外州，大获。出御之，大败。掘褚师定子之墓，焚之于平庄之上。	
	文子使王孙齐私于皋如，曰："子将大灭卫乎？抑纳君而已乎？"皋如曰："寡君之命无他，纳卫君而已。"文子致众而问焉，曰："君以蛮夷伐国，国几亡矣，请纳之。"众曰："勿纳。"曰："弥牟亡而有益，请自北门出。"众曰："勿出。"重赂越人，申开守陴而纳公，公不敢入。师还。立悼公，南氏相之。以城鉏与越人。公曰："期则为此。"令苟有怨于夫人者报之。司徒期聘于越，公攻而夺之币。期告王，王命取之，期以众取之。公怒，杀期之甥之为大子者，遂卒于越。	
	哀二十七	
	春，越子使舌庸来聘，且言邾田，封于骀上。二月，盟于平阳，三	

	子皆从。 　　公欲以越伐鲁，而去三桓。秋八月甲戌，公如公孙有陉氏，因孙于邾，乃遂如越。国人施公孙有山氏。	

齐陈乞陈恒（前491—前468）

哀四	哀四	《左传》记陈氏，除了庄二十二年有陈公子完之外，接下来就讲陈文子陈桓子父子（卷三），再接下来讲到他们的后代陈乞（僖子）、陈恒（成子）。吴闿生《左传微·陈氏之大》以陈文子以下陈氏四代合为一篇，正呈现了"陈氏之大"全过程。具体地说，襄二十九至昭十年的栾、高之难，奠定了陈氏在齐国的雄厚基础，齐国主要公族如崔氏、庆氏、栾氏、高氏皆已根本削弱，所以到了陈僖子（乞）、陈成子（恒），陈氏可以为所欲为，一再弑君了。故陈僖子弑安孺子，而陈成子弑简公（陈乞、陈恒世系参本书卷三"齐陈文子附陈桓子"，齐公族参本书卷首二）。 　　总的来说，陈氏之大在很大程度
	秋七月，齐陈乞、弦施、卫宁跪救范氏。	
哀五	哀五	
秋九月癸酉，齐侯杵臼卒。 　　闰月，葬齐景公。	齐燕姬生子，不成而死。诸子鬻姒之子荼嬖，诸大夫恐其为大子也，言于公曰："君之齿长矣，未有大子，若之何？"公曰："二三子间于忧虞，则有疾疢，亦姑谋乐，何忧于无君？"公疾，使国惠子、高昭子立荼，置群公子于莱。秋，齐景公卒。 　　冬十月，公子嘉、公子驹、公子黔奔卫，公子鉏、公子阳生来奔。莱人歌之曰："景公死乎不与埋，三军之事乎不与谋，师乎师乎，何党之乎？"	
哀六	哀六	
夏，齐国夏及高张来奔。 　　齐阳生入于齐。 　　齐陈乞弑其君荼。	齐陈乞伪事高、国者，每朝，必骖乘焉。所从，必言诸大夫曰："彼皆偃蹇，将弃子之命。皆曰：'高、国得君，必偪我，盍去诸？'固将谋子，子早图之！图之，莫如尽灭之。需，事之下也。"及朝，则曰："彼，虎狼也。见我在子之侧，杀我无日矣，请就之位。"又谓诸大夫曰："二子者祸矣，恃得君而欲谋二三子，曰：'国之多难，贵宠之由，尽去之而后君定。'既成谋矣，盍及其未作也，先诸？作而后，悔亦无及也。"大夫从之。 　　夏六月戊辰，陈乞、鲍牧及诸大夫以甲入于公宫。昭子闻之，与惠子乘如公。战于庄，败。国人追之，国夏奔莒，遂及高张、晏圉、弦施来奔。	

965

	陈僖子使召公子阳生。阳生驾而见南郭且于，曰："尝献马于季孙，不入于上乘，故又献此，请与子乘之。"出莱门而告之故。阚止知之，先待诸外。公子曰："事未可知，反，与壬也处。"戒之，遂行。逮夜，至于齐，国人知之。僖子使子士之母养之，与馈者皆入。 冬十月丁卯，立之。将盟，鲍子醉而往。其臣差车鲍点曰："此谁之命也？"陈子曰："受命于鲍子。"遂诬鲍子曰："子之命也！"鲍子曰："女忘君之为孺子牛而折其齿乎，而背之也？"悼公稽首，曰："吾子，奉义而行者也。若我可，不必亡一大夫；若我不可，不必亡一公子。义则进，否则退，敢不唯子是从？废兴无以乱，则所愿也。"鲍子曰："谁非君之子？"乃受盟。使胡姬以安孺子如赖，去鬻姒，杀王甲，拘江说，囚王豹于句渎之丘。 公使朱毛告于陈子，曰："微子，则不及此。然君异于器，不可以二。器二不匮，君二多难，敢布诸大夫。"僖子不对而泣，曰："君举不信群臣乎？以齐国之困，困又有忧，少君不可以访，是以求长君，庶亦能容群臣乎！不然，夫孺子何罪？"毛复命，公悔之。毛曰："君大访于陈子，而图其小可也。"使毛迁孺子于骀。不至，杀诸野幕之下，葬诸殳冒淳。	上是由于齐国内政、特别公族内部不和、自相残杀所致。自襄十九年崔杼杀灵公子、立庄公以来，从崔、庆之乱到栾、高之难，齐国内政长达二十多年不得安宁，上演了一场又一场血腥的残杀。齐景公欲立所嬖孺子，导致安孺子被杀（哀六），与齐灵公欲从所嬖妾之子，导致戎子被杀（襄十九），两件事前后相隔66年，而性质何其相似！前者启二十余年内乱，后者启三位国君先后被弑（安孺子、悼公、简公）。 1.陈乞，妫姓，名乞，又称僖子、陈僖子、陈子，陈桓子（无宇）之子。见于哀四至哀十一年。 齐景公生前不立太子，临终托高、国二氏立所爱鬻姒之子（安孺子荼），引发政局巨大混乱，陈僖子正是成功地利用了这一有利形势，不仅弑君成功，而且达到了打击甚至消灭政敌高、国二氏的目的。 陈氏之人从陈
哀八 夏，齐人取谨及阐。 冬，齐人归谨及阐。	哀八 齐悼公之来也，季康子以其妹妻之，即位而逆之。季鲂侯通焉，女言其情，弗敢与也。齐侯怒。夏五月，齐鲍牧帅师伐我，取谨及阐。 或潛胡姬于齐侯曰："安孺子之党也。"六月，齐侯杀胡姬。 齐侯使如吴请师，将以伐我。秋，及齐平。九月，臧宾如如齐莅盟。齐闾丘明来莅盟，且逆季姬以	

	归,嬖。 鲍牧又谓群公子曰:"使女有马千乘乎?"公子诉之。公谓鲍子:"或谮子,子姑居于潞以察之。若有之,则分室以行;若无之,则反子之所。"出门,使以三分之一行;半道,使以二乘。及潞,麇之以入,遂杀之。 冬十二月,齐人归谮及阐,季姬嬖故也。	文子之后,多呈阴险、狡黠之态。在安孺子之难中,与其说陈氏以安孺子为敌,不如说以高、国二氏为敌。后者才是对陈氏势力的主要威胁。陈乞(僖子)既以高、国为敌,而表面上"伪事高、国",乃至于"每朝,必骖乘焉"。其狡猾还体现在为离间高、国与众大夫关系而两面三刀、刻意挑拨上。在安孺子荼被废这件事上,鲍氏的态度显然是不同于陈氏的,这从鲍牧"女忘君之为孺子牛而折其齿乎"一言,以及后来与悼公矛盾之事(哀八、哀九),均可看出。从陈乞一开始拉拢鲍氏、后来又诬赖鲍氏,可以看出其为人之虚伪。 陈乞的过人之处还可能体现在擅长人情事故上,故无论是高、国二氏,还是众大夫,都对之信而不疑;而鲍氏虽与其立场不同,却甘心为其所用(哀六)。这也体现在杀安孺子之事上。安孺子被废后,对陈氏已不构成威胁,
哀九	哀九	
	九年春,齐侯使公孟绰辞师于吴。吴子曰:"昔岁寡人闻命,今又革之,不知所从,将进受命于君。" 冬,吴子使来儆师伐齐。	
哀十	哀十	
春,三月戊戌,齐侯阳生卒。	春,公会吴子、邾子、郯子伐齐南鄙,师于鄎。 齐人弑悼公,赴于师。	
哀十一	哀十一	
春,齐国书帅师伐我。五月,公会吴伐齐。甲戌,齐国书帅师及吴战于艾陵,齐师败绩,获齐国书。	春,齐为鄎故,国书、高无㔻帅师伐我,及清。师及齐师战于郊。师入齐军。陈瓘、陈庄涉泗。师获甲首八十,齐人不能师。 为郊战故,公会吴子伐齐。五月,克博。壬申,至于嬴。中军从王,胥门巢将上军,王子姑曹将下军,展如将右军。齐国书将中军,高无㔻将上军,宗楼将下军。陈僖子谓其弟书:"尔死,我必得志。"陈子行命其徒具含玉。陈书曰:"此行也,吾闻鼓而已,不闻金矣。" 甲戌,战于艾陵。展如败高子,国子败胥门巢,王卒助之,大败齐师,获国书、公孙夏、闾丘明、陈书、东郭书,革车八百乘,甲首三千,以献于公。	
哀十四	哀十四	
夏四月,齐陈恒执其君,置于舒州。	齐简公之在鲁也,阚止有宠焉。及即位,使为政。陈成子惮之,骤顾诸朝。诸御鞅言于公曰:"陈、阚不可	

967

| 六月，齐人弑其君壬于舒州。 | 并也，君其择焉！"弗听。
　　子我夕，陈逆杀人，逢之，遂执以入。陈氏方睦，使疾，而遗之潘沐，备酒肉焉，飨守囚者，醉而杀之，而逃。子我盟诸陈于陈宗。
　　初，陈豹欲为子我臣，使公孙言己，已有丧而止，既而言之曰："有陈豹者，长而上偻，望视，事君子必得志，欲为子臣，吾惮其为人也，故缓以告。"子我曰："何害？是其在我也。"使为臣。他日，与之言政，说，遂有宠，谓之曰："我尽逐陈氏而立女，若何？"对曰："我远于陈氏矣，且其违者不过数人，何尽逐焉？"遂告陈氏。子行曰："彼得君，弗先，必祸子。"子行舍于公宫。
　　夏五月壬申，成子兄弟四乘如公。子我在幄，出，逆之，遂入，闭门。侍人御之，子行杀侍人。公与妇人饮酒于檀台，成子迁诸寝。公执戈，将击之。大史子余曰："非不利也，将除害也。"成子出舍于库，闻公犹怒，将出，曰："何所无君？"子行抽剑，曰："需，事之贼也。谁非陈宗？所不杀子者，有如陈宗！"乃止。
　　子我归，属徒，攻闱与大门，皆不胜，乃出。陈氏追之，失道于弇中，适丰丘。丰丘人执之，以告，杀诸郭关。成子将杀大陆子方，陈逆请而免之。以公命取车于道，及耏，众知而东之，出雍门，陈豹与之车，弗受，曰："逆为余请，豹与余车，余有私焉。事子我而有私于其雠，何以见鲁、卫之士？"东郭贾奔卫。
　　庚辰，陈恒执公于舒州。公曰："吾早从鞅之言，不及此。"
　　甲午，齐陈恒弑其君壬于舒州。孔丘三日齐，而请伐齐三。公曰："鲁为齐弱久矣，子之伐之，将若之何？"对曰："陈恒弑其君，民之不与者半。 | 陈氏亦未及杀之。故在得知悼公欲除安孺子时，陈乞能不对而泣，并说出一番既似真诚，又让悼公无地自容的话来："以齐国之困，困又有忧，少君不可以访，是以求长君，庶亦能容群臣乎！不然，夫孺子何罪？"
　　陈桓子之后如下：

陈桓子 无宇		
陈武子 子强	陈僖子 乞	陈书 子占

（以下陈僖子之子）			
陈成子 恒	陈瓘 子玉	陈庄	子士

　　哀十四年传杜注谓"成子之兄弟有昭子庄、简子齿、宣子夷、穆子安、廪丘子意兹、芒子盈、惠子得疑"，其中昭子庄盖即传之陈庄。另外，陈氏族人系未详者还包括陈逆（字子行）、陈豹。子士见哀六年传，杜注："子士母，僖子妾。"
　　2.陈恒，又称 |

	以鲁之众加齐之半，可克也。"公曰："子告季孙。"孔子辞，退而告人曰："吾以从大夫之后也，故不敢不言。"	陈成子、成子、恒。陈僖子见有三子（杜注）：陈恒（成子）、陈瓘、陈庄。见于哀十四至哀二十七年。
哀十五	**哀十五**	哀十年齐悼公被弑后（据《史记》鲍氏所为），齐人立悼公之子简公壬。简公重任阚氏（子我），引起陈氏警觉。由此引发了哀十四年一场惊心动魄的弑君之事。在这场内乱中，陈恒（成子）的初心并非弑君，但此时陈氏羽翼已丰，陈豹、陈逆均真心诚意效力陈氏。其中最诡异的事莫过于陈氏族人陈豹打入简子宠臣子我内部，表面上效忠子氏，实则给陈氏通风报信，再次体现出陈氏兴起过程中阴险的一面。而陈逆似一介酷好杀人的武夫，而在关键时刻能发挥有效作用，甚至能强迫陈成子弑君。 总的来说，陈氏的发展有这样几个特点：一是韬光养晦，锋芒不露，常人易受蒙蔽（包括齐景公在内）。哀六年安孺子之难中，国
夏五月，齐高无㔻出奔北燕。冬，及齐平。	十五年春，成叛于齐。武伯伐成，不克，遂城输。 秋，齐陈瓘如楚，过卫，仲由见之，曰："天或者以陈氏为斧斤，既斫丧公室，而他人有之，不可知也；其使终飨之，亦不可知也。若善鲁以待时，不亦可乎！何必恶焉？"子玉曰："然。吾受命矣，子使告我弟。"冬，及齐平。 陈成子馆客，曰："寡君使恒告曰：'寡人愿事君，如事卫君。'"景伯揖子赣而进之，对曰："寡君之愿也。昔晋人伐卫，齐为卫故，伐晋冠氏，丧车五百。因与卫地，自济以西，禚、媚、杏以南，书社五百。吴人加敝邑以乱，齐因其病，取谳与阐，寡君是以寒心。若得视卫君之事君也，则固所愿也。"成子病之，乃归成，公孙宿以其兵甲入于嬴。	
	哀十七	
	夏六月，赵鞅围卫。齐国观、陈瓘救卫，得晋人之致师者。子玉使服而见之，曰："国子实执齐柄，而命瓘曰'无辟晋师'，岂敢废命？子又何辱？"简子曰："我卜伐卫，未卜与齐战。"乃还。	
	哀二十三	
	夏六月，晋荀瑶伐齐，高无㔻帅师御之。知伯视齐师，马骇，遂驱之，曰："齐人知余旗，其谓余畏而反也。"及垒而还。 将战，长武子请卜。知伯曰："君告于天子，而卜之以守龟于宗祧，吉矣，吾又何卜焉？且齐人取我英丘，君命瑶，非敢耀武也，治英丘也。以辞伐罪足矣，何必卜？" 壬辰，战于犁丘，齐师败绩。	

	哀二十七	氏、高氏、鲍氏及众大夫皆为其所用即能说明问题。二是得众。昭三年晏子已经分析了陈氏在齐国长期收买人心，"以家量贷，而以公量收之"，"公弃其民，而归于陈氏"。哀六年陈氏发动政变后召公子阳生（悼公），阳生夜至齐，惟恐人知而"国人知之"，杜注称此亦说明陈氏得众。三是内部团结。哀十四年简公之难中，陈豹、陈逆等族人或向陈氏告密，或为陈氏内应，传称"陈氏方睦"，即说明问题。
	晋荀瑶帅师伐郑，次于桐丘。郑驷弘请救于齐。齐师将兴，陈成子属孤子三日朝。设乘车两马，系五邑焉。召颜涿聚之子晋，曰："隙之役，而父死焉。以国之多难，未女恤也。今君命女以是邑也，服车而朝，毋废前劳！"乃救郑。及留舒，违谷七里，谷人不知。及濮，雨，不涉。子思曰："大国在敝邑之宇下，是以告急。今师不行，恐无及也。"成子衣制杖戈，立于阪上，马不出者，助之鞭之。知伯闻之，乃还，曰："我卜伐郑，不卜敌齐。"使谓成子曰："大夫陈子，陈之自出。陈之不祀，郑之罪也，故寡君使瑶察陈衷焉，谓大夫其恤陈乎？若利本之颠，瑶何有焉？"成子怒曰："多陵人者皆不在，知伯其能久乎！" 中行文子告成子曰："有自晋师告寅者，将为轻车千乘以厌齐师之门，则可尽也。"成子曰："寡君命恒曰：'无及寡，无畏众。'虽过千乘，敢辟之乎？将以子之命告寡君。"文子曰："吾乃今知所以亡。君子之谋也，始、衷、终皆举之，而后入焉。今我三不知而入之，不亦难乎！"	

参考文献

1. 版本方面

（1）主要依［清］阮元校刻:《十三经注疏（附校勘记）》（全二册），北京：中华书局1980年影印本。

（2）杨伯峻编著:《春秋左传注》（修订本，全六册）北京：中华书局2016年第4版。

2. 主要工具书

（1）主要依［清］顾栋高辑:《春秋大事表》（全三册），吴树平、李解民点校，北京：中华书局1993年版（引用时简称《大事表》或《表》，其中《春秋列国卿大夫世系表》简称为《卿大夫世系表》或《世系表》）；［清］陈厚耀撰:《春秋世族谱》四库全书本及陈厚耀原本，叶兰（琪园）补钞:《春秋世族谱》清嘉庆五年刻本，此书引用时简称《世族谱》或《谱》；杨伯峻、徐提编:《春秋左传词典》，北京：中华书局1985年版。

（2）参洪业、聂崇岐、李书春、马锡用编纂:《春秋经传引得》，上海：上海古籍出版社1983年版；［日］重泽俊郎、佐藤匡玄:《左传人名地名索引》（一册），东京：弘文堂书房日本昭和十年（1935）发行。

3. 其他参考文献

［汉］司马迁著,［宋］裴骃集解,［唐］司马贞索隐,［唐］张守节正义:《史记》，见上海古籍出版社、上海书店编,《二十五史》（全十二册），第1册，上海：上海古籍出版社1986年版（其中《二十四史》部分用清乾隆四年武英殿本影印）。

［汉］司马迁著,［宋］裴骃集解,［唐］司马贞索隐,［唐］张守节正义:《史记》（全十册）（点校本二十四史修订本），北京：中华书局2013年版。

［汉］王符原著,［清］汪继培笺，彭铎校正:《潜夫论笺校正》，北京：中华书局1985年版。

［汉］宋衷注,［清］秦嘉谟等辑:《世本八种》，北京：中华书局2008年版。

［汉］应劭撰，王利器校注:《风俗通义校注》（全二册），北京：中华书局2010年第2版。

［汉］许慎撰:《说文解字》，北京：中华书局1963年版。

［蜀］冯继先:《春秋名号归一图》(二卷)，见《景印文渊阁四库全书·经部一四一·春秋类》(总第一四七册)，台北：台湾商务印书馆1983年发行。

［晋］杜预:《春秋释例》(上下册)，徐渊整理，北京：中国社会科学出版社2021年版。

［唐］陆德明:《经典释文》(上下册)，据北京图书馆藏宋刻本影印，上海：上海古籍出版社2013年版。

［唐］林宝撰，岑仲勉校记:《元和姓纂》(全三册)，北京：中华书局1994年版。

［唐］张参:《五经文字》(三卷)，见《景印文渊阁四库全书·经部二一八·小学类》(总第二二四册)，台北：台湾商务印书馆1983年发行。

［宋］郑樵:《通志》(全三册)，杭州：浙江古籍出版社2000年第2版。

［宋］章冲:《春秋左氏传事类始末》(五卷)，见《景印文渊阁四库全书·史部一〇七·纪事本末类》(总第三四九册)，台北：台湾商务印书馆1983年发行。

［宋］王当:《春秋臣传》(三十卷)，见《景印文渊阁四库全书·史部二〇六·传记类》(总第一四七册)，台北：台湾商务印书馆1983年发行。

［宋］沈棐:《春秋比事》(二十卷)，见《景印文渊阁四库全书·经部一四七·春秋类》(总第一五三册)，台北：台湾商务印书馆1983年发行。

［宋］程公说:《春秋分纪》(九十卷)，见《景印文渊阁四库全书·经部一四八·春秋类》(总第一五四册)，台北：台湾商务印书馆1983年发行。

［宋］吕祖谦:《左氏博议》，见黄灵庚、吴战垒主编:《吕祖谦全集》第六册，杭州：浙江古籍出版社2008年版。

［宋］吕祖谦:《左氏传说》《左氏传续说》，见黄灵庚、吴战垒主编:《吕祖谦全集》第七册，杭州：浙江古籍出版社2008年版。

［宋］陈彭年:《钜宋广韵》，上海：上海古籍出版社2017年版。

［明］傅逊:《春秋左传属事》(二十卷)，见《景印文渊阁四库全书·经部一四一·春秋类》(总第一六九册)，台北：台湾商务印书馆1983年发行。

［明］刘节:《春秋列传》(十卷)，全八册，明刊本。

［清］方苞:《左传义法举要》(一卷)，方苞口授，程崟传述，见张丙炎:《榕园丛书》，长洲王世琪抄本。

［清］马骕:《左传事纬》(十二卷)，见《景印文渊阁四库全书·经部一六九·春秋类》(总第一七五册)，台北：台湾商务印书馆1983年发行。

［清］陈厚耀撰，［清］李蝶园、王士濂考证并补正:《春秋世族谱补正》，

光绪二十四年（1898）鹤寿堂丛书刊本。

［清］高士奇：《左传纪事本末》（全三册），北京：中华书局1979年版。

［清］梁履绳：《左通补释》，见阮元、王先谦：《清经解 清经解续编》第10册，南菁书院本，第1387—1583页。

［清］刘文淇：《春秋左氏传旧注疏证》，中国科学院历史研究所整理，北京：科学出版社1959年版。

［清］元人注：《春秋三传》（全二册），新刊"四书五经"，北京：中国书店1994年版。

［清］段玉裁：《说文解字注（第2版）》，北京：中华书局1988年版。

［民］王国维：《古本竹书纪年辑校》，据首都图书馆藏民国十六年王氏遗书内编铅印本影印，北京：国家图书馆出版社2021年版。

［民］林舒：《左传撷华》（一册），上海：商务印书馆1924年版。

［民］吴闿生：《左传微》，白兆麟校注，合肥：黄山书社1995年版。

［民］章太炎：《春秋左传读》，章太炎全集本，姜义华点校，上海：上海人民出版社2014年版。

杨伯峻：《春秋左传注》（修订本，全六册），北京：中华书局2016年第4版。

沈玉成、刘宁：《春秋左传学史》，南京：江苏古籍出版社1992年版。

张高评：《左传之文韬》《左传之武略》，高雄：丽文文化事业股分有限公司1994年发行。

张高评：《左传文章义法撢微》，台北：文史哲出版社1982年发行。

程发轫：《春秋人谱》，台北：台湾商务印书馆1990年印行。

附录

附一：鲁十二公公元年代对照表*

鲁君	公元	鲁君	公元	鲁君	公元	鲁君	公元	鲁君	公元	鲁君	公元
隐元	前722	庄15	前679	僖24	前636	宣16	前593	襄23	前550	定3	前507
隐2	前721	庄16	前678	僖25	前635	宣17	前592	襄24	前549	定4	前506
隐3	前720	庄17	前677	僖26	前634	宣18	前591	襄25	前548	定5	前505
隐4	前719	庄18	前676	僖27	前633	成元	前590	襄26	前547	定6	前504
隐5	前718	庄19	前675	僖28	前632	成2	前589	襄27	前546	定7	前503
隐6	前717	庄20	前674	僖29	前631	成3	前588	襄28	前545	定8	前502
隐7	前716	庄21	前673	僖30	前630	成4	前587	襄29	前544	定9	前501
隐8	前715	庄22	前672	僖31	前629	成5	前586	襄30	前543	定10	前500
隐9	前714	庄23	前671	僖32	前628	成6	前585	襄31	前542	定11	前499
隐10	前713	庄24	前670	僖33	前627	成7	前584	昭元	前541	定12	前498
隐11	前712	庄25	前669	文元	前626	成8	前583	昭2	前540	定13	前497
桓元	前711	庄26	前668	文2	前625	成9	前582	昭3	前539	定14	前496
桓2	前710	庄27	前667	文3	前624	成10	前581	昭4	前538	定15	前495
桓3	前709	庄28	前666	文4	前623	成11	前580	昭5	前537	哀元	前494
桓4	前708	庄29	前665	文5	前622	成12	前579	昭6	前536	哀2	前493
桓5	前707	庄30	前664	文6	前621	成13	前578	昭7	前535	哀3	前492
桓6	前706	庄31	前663	文7	前620	成14	前577	昭8	前534	哀4	前491
桓7	前705	庄32	前662	文8	前619	成15	前576	昭9	前533	哀5	前490
桓8	前704	闵元	前661	文9	前618	成16	前575	昭10	前532	哀6	前489
桓9	前703	闵2	前660	文10	前617	成17	前574	昭11	前531	哀7	前488
桓10	前702	僖元	前659	文11	前616	成18	前573	昭12	前530	哀8	前487
桓11	前701	僖2	前658	文12	前615	襄元	前572	昭13	前529	哀9	前486
桓12	前700	僖3	前657	文13	前614	襄2	前571	昭14	前528	哀10	前485
桓13	前699	僖4	前656	文14	前613	襄3	前570	昭15	前527	哀11	前484
桓14	前698	僖5	前655	文15	前612	襄4	前569	昭16	前526	哀12	前483
桓15	前697	僖6	前654	文16	前611	襄5	前568	昭17	前525	哀13	前482
桓16	前696	僖7	前653	文17	前610	襄6	前567	昭18	前524	哀14	前481
桓17	前695	僖8	前652	文18	前609	襄7	前566	昭19	前523	哀15	前480
桓18	前694	僖9	前651	宣元	前608	襄8	前565	昭20	前522	哀16	前479
庄元	前693	僖10	前650	宣2	前607	襄9	前564	昭21	前521	哀17	前478
庄2	前692	僖11	前649	宣3	前606	襄10	前563	昭22	前520	哀18	前477
庄3	前691	僖12	前648	宣4	前605	襄11	前562	昭23	前519	哀19	前476
庄4	前690	僖13	前647	宣5	前604	襄12	前561	昭24	前518	哀20	前475
庄5	前689	僖14	前646	宣6	前603	襄13	前560	昭25	前517	哀21	前474
庄6	前688	僖15	前645	宣7	前602	襄14	前559	昭26	前516	哀22	前473
庄7	前687	僖16	前644	宣8	前601	襄15	前558	昭27	前515	哀23	前472
庄8	前686	僖17	前643	宣9	前600	襄16	前557	昭28	前514	哀24	前471
庄9	前685	僖18	前642	宣10	前599	襄17	前556	昭29	前513	哀25	前470
庄10	前684	僖19	前641	宣11	前598	襄18	前555	昭30	前512	哀26	前469
庄11	前683	僖20	前640	宣12	前597	襄19	前554	昭31	前511	哀27	前468
庄12	前682	僖21	前639	宣13	前596	襄20	前553	昭32	前510	悼4	前464
庄13	前681	僖22	前638	宣14	前595	襄21	前552	定元	前509		
庄14	前680	僖23	前637	宣15	前594	襄22	前551	定2	前508		

* 所谓的公元年代依杨伯峻《春秋左传注》，左侧为鲁国国君年号简写，右侧为公元年代。公元年与古代纪年有时差（《春秋》经传纪年用周正，即以农历十一月为正月），请读者注意。

附二：人物名号统一表*

（按姓氏拼音排序）

北宫括：北宫懿子，懿子
北宫佗：北宫文子，文子
北宫喜：北宫贞子，贞子
伯州犁：大宰，大宰伯州犁
伯宗
卜偃：郭偃（《国语》）
蔡哀侯：蔡侯，蔡季，蔡侯献舞
陈恒：恒，成子，陈成子
陈桓子：陈无宇，无宇，桓子
陈乞：乞，僖子，陈僖子，陈子
陈文子：文子，陈须无，须无
楚灵王：虔，灵，灵王，王子，王子围，公子围，楚令尹，令尹围，围，令尹，楚子虔，楚子，楚王，庶子围
楚平王：楚子居，楚子，楚王，平王，弃疾，公子弃疾，蔡公，熊居
楚文王：楚子、文王
楚武王：楚子、武王
楚昭王：楚子、壬、大子壬
楚庄王：楚子，楚子旅，庄王，庄
崔杼：崔武子，崔子，武子，杼
大宰嚭：大宰子馀，大宰，嚭
澹台子羽：澹台灭明（《论语》）
鬬伯比
鬬成然：子旗，蔓成然，令尹子旗
鬬廉，又称鬬射师
鬬辛
樊须：子迟、樊迟

---

* 考虑《左传》一人多名、多称现象，制此表以便查阅或检索。部分人物一人只有一名，为读者查询方便，亦收入本表。列国国君其自称或他称为"公""王""寡君"者，不计。

范文子：文子，士燮，燮，范叔
范献子：范叔，范鞅，鞅，士鞅，献子
范宣子：士匄，范匄，匄，宣子
费无极：费氏，无极
共仲：公子庆父，庆父，仲庆父
勾践：越子，越子勾践，越王
管仲：管夷吾，夷吾，管敬仲，敬仲，管
虢公醜：虢公，虢叔
韩厥：韩献子，厥，献子
韩宣子：宣子，韩子，韩起，起
华元：元，华氏，华，右师
季平子：平子，季孙，季孙意如，意如
季文子：文子，季孙，季孙行父，行父
季武子：季孙，季孙宿，武子，宿
季札：季子，公子札，札，延州来季子
晋悼公：晋君，晋侯，晋悼，周子，悼公，孙周
晋惠公：晋君，晋侯，晋侯夷吾，惠公，夷吾，惠
晋景公：晋君，晋侯，晋侯獳，景公
晋平公：晋君，晋侯，晋侯彪，平公，彪
晋文公：晋文，晋侯，晋侯重耳，晋重，公子重耳，重耳，文公
晋献公：晋侯，晋侯佹诸，晋献公，献公，献
孔成子：成子，孔烝鉏
孔达
孔悝：孔叔
孔文子：文子，孔圉
孔子：仲尼，孔丘，丘，尼父
乐祁：乐祁犁，司城子梁，子梁
令尹子文：鬬穀於菟，子文
鲁隐公：隐公，鲁隐
鲁昭公：昭公，公子裯，鲁侯，鲁君，主君，裯父
鲁庄公：庄公，同，子同
栾书：书，栾伯，栾武子，武子
栾黡，桓子，栾桓子，栾伯，黡
栾盈：栾怀子，怀子，盈，栾孺子

孟献子：献子，孟，孟孙，仲孙蔑，蔑
孟懿子：仲孙何忌，何忌
南宫敬叔：仲孙说，说（说或作阅）
宁速：宁庄子
宁喜：宁悼子，宁氏，宁子，悼子
宁相
宁俞：宁武子，宁子
宁殖：殖，宁子，惠子，宁惠子
齐悼公：悼公，公子阳生，阳生
齐桓公：齐小白，齐侯，齐侯小白，齐桓，小白，公子小白，桓公
齐简公：壬
齐景公：齐君，齐侯，齐侯杵臼，景公，杵臼
齐襄公：齐侯，襄公，诸儿，齐侯诸儿
齐懿公：齐君，齐侯，齐商人，公子商人，商人，懿公
齐庄公：庄公，齐侯，大子光，世子光，光
秦穆公：秦君，秦穆，秦伯，秦伯任好，穆，穆公
秦丕兹
琴张
庆封：庆季，庆氏，子家
屈建：令尹子木，子木
屈完
屈瑕：莫敖，莫敖屈瑕
冉有：冉求，求，有子，子有
申包胥
申公巫臣：屈巫，巫臣，子灵
申侯
申生：大子申生，世子申生，共大子，大子，共子，晋申生
申叔时
申叔豫：叔豫、申叔
申叔展：叔展、申叔
申无宇：芋尹无宇，无宇
申舟：文之无畏，无畏，毋畏，子舟
沈尹戌：左司马，左司马戌，左司马沈尹戌
师旷：子野

石成子：石稷，石子

石悼子：石恶

石圃

石祁子

石碏：石子

石共子：石买

石曼姑

石乞

石魋

士会：范武子，武子，范会，士季，随季，季氏，随会，会，随武子

士景伯：士伯，士弥牟，司马弥牟

士蒍：子舆

士文伯：士匄，匄，文伯，伯瑕

士贞子：士贞伯，士伯，士渥浊

士庄子：士弱，士弱氏，士庄伯

叔弓：子叔子，敬子

叔老：齐子，子叔齐子

叔孙豹：叔孙，穆叔，叔孙穆子，豹，穆子

叔孙侨如：叔孙宣伯，宣伯，侨如

叔孙婼：叔孙昭子，昭子，叔孙，婼

叔向：叔肸，羊舌肸，扬肸，肸

宋殇公：宋公，殇公，与夷

宋文公：文公，宋公，宋公鲍，公子鲍

宋襄公：宋子，宋公，宋公兹父，大子兹父，襄公

宋元公：大子，大子佐，世子佐，元公，宋大子，宋公，宋公佐

孙蒯

孙良夫：孙桓子，孙氏

孙林父：孙子，孙氏，孙文子，文子

孙叔敖：叔敖，蒍敖，孙叔

王子朝：子朝，西王

王子带：大叔带，大叔，叔带，子带，甘昭公

王子颓：子颓，颓

蒍艾猎：蒍敖，孙叔，孙叔敖，令尹孙叔敖

蒍贾：伯嬴

蒍吕臣：叔伯
蒍子冯：蒍子，蒍子冯
蒍罢：子荡，蒍氏，令尹子荡
蒍启彊：蒍子
蒍掩：蒍掩，蒍子
蒍越
卫出公：卫侯，卫君，出公辄，卫侯辄，辄
卫惠公：卫侯朔，公子朔，朔
卫灵公：卫侯，卫君，灵公，元
卫献公：献公，卫君，卫侯，卫侯衎，衎
卫庄公：卫侯，庄公，卫大子，大子蒯聩，世子蒯聩，蒯聩
魏绛：魏庄子，绛
魏献子：魏子，魏舒，献子
文姜：姜氏，夫人姜氏，夫人，小君文姜
巫臣：屈巫，巫臣，子灵
吴王夫差：夫差，吴夫差
吴王阖庐：阖庐，公子光，光
伍举：椒举，举
伍尚：棠君尚
伍奢：连尹奢
伍员：员，子胥
郤犨：犨，苦成叔，苦成家
郤克：驹伯，郤献子，郤子，献子，克
郤锜：郤子，驹伯
郤至：郤，郤氏，至，季子，温季
夏姬
先轸：原轸
襄仲：公子遂，东门襄仲，东门遂，东门氏，仲，仲遂，遂
向戌：戌，合左师，左师
荀林父：林父，伯氏，荀伯，中行桓子，中行伯，桓子
荀偃：中行献子，献子，中行伯，偃，中行偃，伯游
晏弱：晏子，晏桓子
晏婴：晏子，晏婴，婴，平仲，晏平仲
羊舌赤：伯华，赤

羊舌大夫：羊舌突
羊舌鲋：叔鱼，叔鲋，鲋
羊舌虎：叔虎
羊舌职
阳虎：阳氏，虎，阳货（《论语》）
杨食我：食我，杨石，伯石
叶公：诸梁，子高，沈诸梁
阴饴甥：瑕吕饴甥，瑕甥，吕甥，子金
有若
臧文仲：臧孙，臧孙辰
臧武仲：臧，臧纥，臧孙，臧孙纥，武仲，纥，臧氏
臧宣叔：臧孙，臧孙许，宣叔，许
赵盾：赵宣子，宣子，赵孟，盾，宣孟
赵简子：赵孟，赵鞅，简子，志父，鞅
赵括：屏括，屏季，屏，括
赵同：原同，原叔，原
赵武：赵文子，文子，赵孟，武
赵婴：楼婴，婴，赵婴齐
郑厉公：郑伯，郑伯突，厉公，公子突，突，厉
郑昭公：郑忽，昭公，昭，大子忽，公子忽，忽
郑庄公：郑伯，郑伯寤生，寤生，庄公
知䓨：知武子，武子，知伯，荀䓨，䓨
州吁：公子州吁
子产：子美，公孙侨，侨
子常：令尹子常，令尹，囊瓦，瓦
子大叔：大叔，游吉，吉
子服惠伯：子服椒，椒，孟椒，惠伯，子服子，子服湫
子服景伯：子服何，何，景伯
子服昭伯：子服回
子羔：季羔，高柴，柴
子犯：舅犯，舅氏，狐偃，偃
子贡：子赣，赐，卫赐
子罕：公子喜
子罕：司城子罕，乐喜，乐

子家懿伯：懿伯，子家，子家子，子家氏，子家羁，羁
子路：仲由，由，季路
子囊：公子贞
子皮：罕虎，虎，郑之罕，罕氏
子叔声伯：声伯，子叔婴齐，公孙婴齐
子西：公子申
子展：公孙舍之，舍之，罕氏

附三：人名总索引

【说明】仅限作为本书专门收录对象的人物名号，名称后面数字分别为所在本书卷数及起始页码。例如"楚王［见楚灵王3：511"指楚王这个人物见卷三页359。

（一）拼音索引

B

豹［见叔孙豹2：444
北宫括［见卫北宫氏4：764
北宫佗［见卫北宫氏4：764
北宫文子［见卫北宫氏4：764
北宫喜［见卫北宫氏4：764
北宫懿子［见卫北宫氏4：764
北宫贞子［见卫北宫氏4：764
彪［见晋平公2：475
伯华［见晋羊舌氏3：634
伯石［见晋羊舌氏3：634
伯氏［见荀林父1：206
伯瑕［见晋士贞子族3：682
伯嬴［见楚蒍氏4：902
伯游［见荀偃2：343
伯州犁4：936
伯宗4：936
卜偃1：170

C

蔡哀侯1：77
蔡公［见楚平王3：583

蔡侯［见蔡哀侯1：77
蔡侯献舞［见蔡哀侯1：77
蔡季［见蔡哀侯1：77
柴［见孔子弟子4：950
陈成子［见陈恒4：965
陈恒4：965
陈桓子3：504
陈乞4：965
陈文子3：504
陈无宇［见陈桓子3：504
陈僖子［见陈乞4：965
陈须无［见陈文子3：504
陈子［见陈乞4：965
成子［见陈恒4：965
成子［见卫孔氏4：891
赤［见晋羊舌氏3：634
犨［见三郤2：275
处父[见阳处父1：191
裯父［见鲁昭公3：658
出公辄［见卫出公4：943
杵臼［见齐景公4：786
楚灵王3：511
楚令尹［见楚灵王3：511
楚平王3：583

楚王［见楚灵王3：511
楚王［见楚平王3：583
楚文王1：78
楚武王1：78
楚昭王4：809
楚庄王1：214
楚子［见楚灵王3：511
楚子［见楚平王3：583
楚子［见楚文王1：78
楚子［见楚武王1：78
楚子［见楚昭王4：809
楚子［见楚庄王1：214
楚子居［见楚平王3：583
楚子旅［见楚庄王1：214
楚子虔［见楚灵王3：511
赐［见孔子弟子4：950
崔武子［见崔杼2：396
崔杼2：396
崔子［见崔杼2：396

D

大叔［见王子带1：147
大叔［见子大叔3：698
大叔带［见王子带1：147
澹台子羽［见孔子弟子4：950
悼公［见晋悼公2：325
悼公［见齐悼公4：844
悼子［见卫宁氏2：388
东门氏［见襄仲1：200
东门遂［见襄仲1：200
东门襄仲［见襄仲1：200
鬬伯比［见楚鬬氏3：709
鬬成然［见楚鬬氏3：709

鬬穀於菟［见楚鬬氏3：709
鬬廉［见楚鬬氏3：709
鬬射师［见楚鬬氏3：709
鬬辛［见楚鬬氏3：709
盾［见赵盾1：191

F

樊迟［见孔子弟子4：950
樊须［见孔子弟子4：950
范匄［见范宣子2：365
范会［见士会1：228
范叔［见范文子1：267
范叔［见范献子4：750
范文子1：267
范武子［见士会1：228
范献子4：750
范宣子2：365
范鞅［见范献子4：750
费氏［见费无极3：583
费无极3：583
夫差［见吴王夫差4：920
夫人［见文姜1：83
夫人姜氏［见文姜1：83

G

匄［见范宣子2：365
匄［见晋士贞子族3：682
甘昭公［见王子带1：147
高柴［见孔子弟子4：950
纥［见臧武仲3：495
公孙侨［见子产3：541
公孙舍之［见郑罕氏3：527

公孙婴齐［见鲁子叔氏 4：931
公子鲍［见宋文公 1：225
公子裯［见鲁昭公 3：658
公子光［见吴王阖庐 4：780
公子忽［见郑昭公 1：71
公子弃疾［见楚平王 3：583
公子庆父［见共仲 1：102
公子商人［见齐懿公 1：189
公子申［见子西 4：867
公子朔［见卫惠公 1：91
公子遂［见襄仲 1：200
公子突［见郑厉公 1：85
公子围［见楚灵王 3：511
公子喜［见郑罕氏 3：527
公子小白［见齐桓公 1：119
公子阳生［见齐悼公 4：844
公子札［见季札 4：823
公子贞［见子囊 2：320
公子重耳［见晋文公 1：155
公子州吁［见州吁 1：55
共大子［见申生 1：104
共仲 1：102
共子［见申生 1：104
勾践 4：959
管［见管仲 1：132
管敬仲［见管仲 1：132
管夷吾［见管仲 1：132
管仲 1：132
光［见齐庄公 2：379
光［见吴王阖庐 4：780
虢公［见虢公醜 1：107
虢公醜 1：107
虢叔［见虢公醜 1：107

H

韩厥 2：308
韩起［见韩宣子 3：619
韩献子［见韩厥 2：308
韩宣子 3：619
韩子［见韩宣子 3：619
罕虎［见郑罕氏 3：527
罕氏［见郑罕氏 3：527
合左师［见向戌 2：437
何［见鲁子服氏 4：835
何忌［见孔子弟子 4：950
阖庐［见吴王阖庐 4：780
恒［见陈恒 4：965
忽［见郑昭公 1：71
狐偃［见子犯 1：151
虎［见阳虎 4：819
虎［见郑罕氏 3：527
华［见华元 2：293
华氏［见华元 2：293
华元 2：293
怀子［见栾盈 2：357
桓公［见齐桓公 1：119
桓子［见陈桓子 3：504
桓子［见栾黡 2：357
桓子［见荀林父 1：206
会［见士会 1：228
惠［见晋惠公 1：139
惠伯［见鲁子服氏 4：835
惠公［见晋惠公 1：139
惠子［见卫宁氏 2：388

J

羁 [见子家懿伯 3：658
吉 [见子大叔 3：698
季羔 [见孔子弟子 4：950
季路 [见孔子弟子 4：950
季平子 4：739
季氏 [见士会 1：228
季孙 [见季平子 4：739
季孙 [见季文子 2：301
季孙 [见季武子 2：459
季孙宿 [见季武子 2：459
季孙行父 [见季文子 2：301
季孙意如 [见季平子 4：739
季文子 2：301
季武子 2：459
季札 4：823
季子 [见季札 4：823
季子 [见三郤 2：275
简子 [见赵简子 4：872
姜氏 [见文姜 1：83
绛 [见魏绛 2：339
椒 [见鲁子服氏 4：835
椒举 [见楚伍氏 4：826
晋悼 [见晋悼公 2：325
晋悼公 2：325
晋侯 [见晋悼公 2：325
晋侯 [见晋惠公 1：139
晋侯 [见晋景公 1：245
晋侯 [见晋平公 2：475
晋侯 [见晋文公 1：155
晋侯 [见晋献公 1：112
晋侯彪 [见晋平公 2：475
晋侯佹诸 [见晋献公 1：112

晋侯獳 [见晋景公 1：245
晋侯夷吾 [见晋惠公 1：139
晋侯重耳 [见晋文公 1：155
晋惠公 1：139
晋景公 1：245
晋君 [见晋悼公 2：325
晋君 [见晋惠公 1：139
晋君 [见晋景公 1：245
晋君 [见晋平公 2：475
晋君 [见晋文公 1：155
晋君 [见晋献公 1：112
晋平公 2：475
晋申生 [见申生 1：104
晋文 [见晋文公 1：155
晋文公 1：155
晋献公 1：112
晋重 [见晋文公 1：155
景伯 [见鲁子服氏 4：835
景公 [见晋景公 1：245
景公 [见齐景公 4：786
敬仲 [见管仲 1：132
敬子 [见鲁子叔氏 4：931
舅犯 [见子犯 1：151
舅氏 [见子犯 1：151
驹伯 [见三郤 2：275
驹伯 [见郤克 1：234
举 [见楚伍氏 4：826
厥 [见韩厥 2：308

K

衎 [见卫献公 2：405
克 [见郤克 1：234
孔成子 [见卫孔氏 4：891

孔达［见卫孔氏 4：891
孔悝［见卫孔氏 4：891
孔丘［见孔子 4：849
孔叔［见卫孔氏 4：891
孔文子［见卫孔氏 4：891
孔圉［见卫孔氏 4：891
孔烝鉏［见卫孔氏 4：891
孔子 4：849
苦成家［见三郤 2：275
苦成叔［见三郤 2：275
蒯聩［见卫庄公 4：885
括［见赵括 1：242

L

乐［见宋子罕 2：355
乐祁 4：762
乐祁犁［见乐祁 4：762
乐喜［见宋子罕 2：355
厉［见郑厉公 1：85
厉公［见郑厉公 1：85
连尹奢［见楚伍氏 4：826
林父［见荀林父 1：206
灵［见楚灵王 3：511
灵公［见卫灵公 4：770
灵王［见楚灵王 3：511
令尹［见楚灵王 3：511
令尹［见子常 3：692
令尹孙叔敖［见楚蔿氏 4：902
令尹围［见楚灵王 3：511
令尹子常［见子常 3：692
令尹子荡［见楚蔿氏 4：902
令尹子木［见楚屈氏 3：607
令尹子旗［见楚鬬氏 3：709

令尹子文［见楚鬬氏 3：709
楼婴［见赵婴 1：242
鲁侯［见鲁昭公 3：658
鲁君［见鲁昭公 3：658
鲁隐［见鲁隐公 1：56
鲁隐公 1：56
鲁昭公 3：658
鲁庄公 1：93
栾伯［见栾书 2：281
栾伯［见栾黡 2：357
栾怀子［见栾盈 2：357
栾桓子［见栾黡 2：357
栾孺子［见栾盈 2：357
栾书 2：281
栾武子［见栾书 2：281
栾黡 2：357
栾盈 2：357
吕甥［见阴饴甥 1：145

M

蔓成然［见楚鬬氏 3：709
孟［见孟献子 2：350
孟椒［见鲁子服氏 4：835
孟孙［见孟献子 2：350
孟献子 2：350
孟懿子［见孔子弟子 4：950
蔑［见孟献子 2：350
莫敖［见楚屈氏 3：607
莫敖屈瑕［见楚屈氏 3：607
穆［见秦穆公 1：175
穆公［见秦穆公 1：175
穆叔［见叔孙豹 2：444
穆子［见叔孙豹 2：444

N

南宫敬叔［见孔子弟子 4：950
囊瓦［见子常 3：692
尼父［见孔子 4：849
宁悼子［见卫宁氏 2：388
宁惠子［见卫宁氏 2：388
宁氏［见卫宁氏 2：388
宁速［见卫宁氏 2：388
宁武子［见卫宁氏 2：388
宁喜［见卫宁氏 2：388
宁俞［见卫宁氏 2：388
宁殖［见卫宁氏 2：388
宁庄子［见卫宁氏 2：388
宁子［见卫宁氏 2：388

P

嚭［见大宰嚭 4：936
平公［见晋平公 2：475
平王［见楚平王 3：583
平仲［见晏婴 3：594
平子［见季平子 4：739
屏［见赵括 1：242
屏季［见赵括 1：242
屏括［见赵括 1：242

Q

齐悼公 4：844
齐侯［见齐桓公 1：119
齐侯［见齐景公 4：786
齐侯［见齐襄公 1：74
齐侯［见齐懿公 1：189
齐侯［见齐庄公 2：379
齐侯杵臼［见齐景公 4：786
齐侯小白［见齐桓公 1：119
齐侯诸儿［见齐襄公 1：74
齐桓［见齐桓公 1：119
齐桓公 1：119
齐简公 4：844
齐景公 4：786
齐君［见齐景公 4：786
齐君［见齐懿公 1：189
齐商人［见齐懿公 1：189
齐襄公 1：74
齐小白［见齐桓公 1：119
齐懿公 1：189
齐庄公 2：379
齐子［见鲁子叔氏 4：931
乞［见陈乞 4：965
起［见韩宣子 3：619
弃疾［见楚平王 3：583
虔［见楚灵王 3：511
侨［见子产 3：541
侨如［见叔孙侨如 1：263
秦伯［见秦穆公 1：175
秦伯任好［见秦穆公 1：175
秦君［见秦穆公 1：175
秦穆［见秦穆公 1：175
秦穆公 1：175
秦丕兹［见孔子弟子 4：950
琴张［见孔子弟子 4：950
庆封 2：454
庆父［见共仲 1：102
庆季［见庆封 2：454
庆氏［见庆封 2：454
丘［见孔子 4：849

求［见孔子弟子4：950
屈建［见楚屈氏3：607
屈完［见楚屈氏3：607
屈巫［见楚屈氏3：607
屈瑕［见楚屈氏3：607

R

冉求［见孔子弟子4：950
冉有［见孔子弟子4：950
壬［见楚昭王4：809
壬［见齐简公4：844
婼［见叔孙婼3：574

S

殇公［见宋殇公1：61
商人［见齐懿公1：189
舍之［见郑罕氏3：527
申包胥［见楚申氏3：719
申侯［见楚申氏3：719
申生1：104
申叔［见楚申氏3：719
申叔时［见楚申氏3：719
申叔豫［见楚申氏3：719
申叔展［见楚申氏3：719
申无宇［见楚申氏3：719
申舟［见楚申氏3：719
沈尹戌4：914
沈诸梁［见叶公4：914
声伯［见鲁子叔氏4：931
师旷2：472
石成子［见卫石氏4：897
石悼子［见卫石氏4：897

石恶［见卫石氏4：897
石共子［见卫石氏4：897
石稷［见卫石氏4：897
石买［见卫石氏4：897
石曼姑［见卫石氏4：897
石圃［见卫石氏4：897
石祁子［见卫石氏4：897
石乞［见卫石氏4：897
石碏［见卫石氏4：897
石魋［见卫石氏4：897
石子［见卫石氏4：897
食我［见晋羊舌氏3：634
士伯［见晋士贞子族3：682
士匄［见范宣子2：365
士匄［见晋士贞子族3：682
士会1：228
士季［见士会1：228
士景伯［见晋士贞子族3：682
士弥牟［见晋士贞子族3：682
士弱［见晋士贞子族3：682
士弱氏［见晋士贞子族3：682
士蒍1：111
士文伯［见晋士贞子族3：682
士渥浊［见晋士贞子族3：682
士燮［见范文子1：267
士鞅［见范献子4：750
士贞伯［见晋士贞子族3：682
士贞子［见晋士贞子族3：682
士庄伯［见晋士贞子族3：682
士庄子［见晋士贞子族3：682
世子光［见齐庄公2：379
世子蒯聩［见卫庄公4：885
世子申生［见申生1：104
世子佐［见宋元公3：568

书［见栾书 2：281
叔敖［见楚蒍氏：4：902
叔伯［见楚蒍氏 4：902
叔带［见王子带 1：147
叔鲋［见晋羊舌氏 3：634
叔弓［见鲁子叔氏 4：931
叔虎［见晋羊舌氏 3：634
叔老［见鲁子叔氏 4：931
叔孙［见叔孙豹 2：444
叔孙［见叔孙婼 3：574
叔孙豹 2：444
叔孙穆子［见叔孙豹 2：444
叔孙侨如 1：263
叔孙婼 3：574
叔孙宣伯［见叔孙侨如 1：263
叔孙昭子［见叔孙婼 3：574
叔肸［见晋羊舌氏 3：634
叔向［见晋羊舌氏 3：634
叔鱼［见晋羊舌氏 3：634
叔豫［见楚申氏 3：719
叔展［见楚申氏 3：719
庶子围［见楚灵王 3：511
说［见孔子弟子 4：950
朔［见卫惠公 1：91
司城子罕［见宋子罕 2：355
司城子梁［见乐祁 4：762
司马弥牟［见晋士贞子族 3：682
宋大子［见宋元公 3：568
宋公［见宋殇公 1：61
宋公［见宋文公 1：225
宋公［见宋襄公 1：135
宋公［见宋元公 3：568
宋公鲍［见宋文公 1：225
宋公兹父［见宋襄公 1：135

宋公佐［见宋元公 3：568
宋殇公 1：61
宋文公 1：225
宋襄公 1：135
宋元公 3：568
宋子［见宋襄公 1：135
宿［见季武子 2：459
随会［见士会 1：228
随季［见士会 1：228
随武子［见士会 1：228
遂［见襄仲 1：200
孙桓子［见卫孙林父 2：416
孙蒯［见卫孙林父 2：416
孙良夫［见卫孙林父 2：416
孙林父［见卫孙林父 2：416
孙氏［见卫孙林父 2：416
孙叔［见楚蒍氏 4：902
孙叔敖［见楚蒍氏 4：902
孙文子［见卫孙林父 2：416
孙周［见晋悼公 2：325
孙子［见卫孙林父 2：416

T

大宰［见伯州犁 4：936
大宰［见大宰嚭 4：936
大宰伯州犁［见伯州犁 4：936
大宰嚭 4：936
大宰子馀［见大宰嚭 4：936
大子［见申生 1：104
大子［见宋元公 3：568
大子光［见齐庄公 2：379
大子忽［见郑昭公 1：71
大子蒯聩［见卫庄公 4：885

大子壬〔见楚昭王 4：809
大子申生〔见申生 1：104
大子兹父〔见宋襄公 1：135
大子佐〔见宋元公 3：568
大傅阳子〔见阳处父 1：191
棠君尚〔见楚伍氏 4：826
同〔见鲁庄公 1：93
突〔见郑厉公 1：85
颓〔见王子颓 1：89

W

瓦〔见子常 3：692
王子〔见楚灵王 3：511
王子朝 3：726
王子带 1：147
王子颓〔见王子颓 1：89
王子颓 1：89
王子围〔见楚灵王 3：511
围〔见楚灵王 3：511
蔿艾猎〔见楚蔿氏 4：902
蔿敖〔见楚蔿氏 4：902
蔿贾〔见楚蔿氏 4：902
蔿吕臣〔见楚蔿氏 4：902
蔿掩〔见楚蔿氏 4：902
蔿子〔见楚蔿氏 4：902
蔿子冯〔见楚蔿氏 4：902
蘧罢〔见楚蔿氏 4：902
蘧启彊〔见楚蔿氏 4：902
蘧氏〔见楚蔿氏 4：902
蘧掩〔见楚蔿氏 4：902
蘧越〔见楚蔿氏 4：902
蘧子〔见楚蔿氏 4：902
蘧子冯〔见楚蔿氏 4：902

卫出公 4：943
卫赐〔见孔子弟子 4：950
卫大子〔见卫庄公 4：885
卫侯〔见卫出公 4：943
卫侯〔见卫灵公 4：770
卫侯〔见卫献公 2：405
卫侯〔见卫庄公 4：885
卫侯衎〔见卫献公 2：405
卫侯朔〔见卫惠公 1：91
卫侯辄〔见卫出公 4：943
卫惠公 1：91
卫君〔见卫出公 4：943
卫君〔见卫灵公 4：770
卫君〔见卫献公 2：405
卫灵公 4：770
卫献公 2：405
卫庄公 4：885
魏绛 2：339
魏舒〔见魏献子 3：676
魏献子 3：676
魏庄子〔见魏绛 2：339
魏子〔见魏献子 3：676
温季〔见三郤 2：275
文伯〔见晋士贞子族 3：682
文公〔见晋文公 1：155
文公〔见宋文公 1：225
文姜 1：83
文王〔见楚文王 1：78
文之无畏〔见楚申氏 3：719
文子〔见陈文子 3：504
文子〔见范文子 1：267
文子〔见季文子 2：301
文子〔见卫北宫氏 4：764
文子〔见卫孔氏 4：891

文子［见卫孙林父 2：416
文子［见赵武 2：424
巫臣［见楚屈氏 3：607
无极［见费无极 3：583
无畏［见楚申氏 3：719
无宇［见陈桓子 3：504
无宇［见楚申氏 3：719
毋畏［见楚申氏 3：719
吴夫差［见吴王夫差 4：920
吴王夫差 4：920
吴王阖庐 4：780
伍举［见楚伍氏 4：826
伍尚［见楚伍氏 4：826
伍奢［见楚伍氏 4：826
伍员［见楚伍氏 4：826
武［见赵武 2：424
武王［见楚武王 1：78
武仲［见臧武仲 3：495
武子［见崔杼 2：396
武子［见季武子 2：459
武子［见栾书 2：281
武子［见士会 1：228
武子［见知䓖 2：312
寤生［见郑庄公 1：64

X

西王［见王子朝 3：726
肸［见晋羊舌氏 3：634
僖子［见陈乞 4：965
郤［见三郤 2：275
郤犨［见三郤 2：275
郤克 1：234
郤锜［见三郤 2：275

郤氏［见三郤 2：275
郤献子［见郤克 1：234
郤至［见三郤 2：275
郤子［见三郤 2：275
郤子［见郤克 1：234
瑕吕饴甥［见阴饴甥 1：145
瑕甥［见阴饴甥 1：145
夏姬 1：238
先轸 1：172
献［见晋献公 1：112
献公［见晋献公 1：112
献公［见卫献公 2：405
献子［见范献子 4：750
献子［见韩厥 2：308
献子［见孟献子 2：350
献子［见魏献子 3：676
献子［见郤克 1：234
献子［见荀偃 2：343
襄公［见齐襄公 1：74
襄公［见宋襄公 1：135
襄仲 1：200
向戌 2：437
小白［见齐桓公 1：119
小君文姜［见文姜 1：83
燮［见范文子 1：267
行父［见季文子 2：301
熊居［见楚平王 3：583
戌［见向戌 2：437
须无［见陈文子 3：504
许［见臧宣叔 3：495
宣伯［见叔孙侨如 1：263
宣孟［见赵盾 1：191
宣叔［见臧宣叔 3：495
宣子［见范宣子 2：365

宣子［见韩宣子 3：619
宣子［见赵盾 1：191
荀伯［见荀林父 1：206
荀林父 1：206
荀偃 2：343
荀罃［见知罃 2：312

Y

延州来季子［见季札 4：823
偃［见荀偃 2：343
偃［见子犯 1：151
魇［见栾魇 2：357
晏桓子 3：594
晏平仲［见晏婴 3：594
晏弱［见晏婴 3：594
晏婴 3：594
晏子［见晏婴 3：594
鞅［见范献子 4：750
鞅［见赵简子 4：872
扬肸［见晋羊舌氏 3：634
羊舌赤［见晋羊舌氏 3：634
羊舌鲋［见晋羊舌氏 3：634
羊舌虎［见晋羊舌氏 3：634
羊舌肸［见晋羊舌氏 3：634
羊舌职［见晋羊舌氏 3：634
阳处父 1：191
阳虎 4：819
阳生［见齐悼公 4：844
阳氏［见阳虎 4：819
阳子 [见阳处父 1：191
杨石［见晋羊舌氏 3：634
杨食我［见晋羊舌氏 3：634

叶公 4：914
夷吾［见管仲 1：132
夷吾［见晋惠公 1：139
意如［见季平子 4：739
懿伯［见子家懿伯 3：658
懿公［见齐懿公 1：189
懿子［见卫北宫氏 4：764
阴饴甥 1：145
隐公［见鲁隐公 1：56
罃［见知罃 2：312
婴［见晏婴 3：594
婴［见赵婴 1：242
盈［见栾盈 2：357
由［见孔子弟子 4：950
游吉［见子大叔 3：698
有若［见孔子弟子 4：950
有子［见孔子弟子 4：950
右师［见华元 2：293
与夷［见宋殇公 1：61
芋尹无宇［见楚申氏 3：719
元［见华元 2：293
元［见卫灵公 4：770
元公［见宋元公 3：568
员［见楚伍氏 4：826
原［见赵同 1：242
原叔［见赵同 1：242
原同［见赵同 1：242
原轸［见先轸 1：172
阅［见孔子弟子 4：950
越王［见勾践 4：959
越子［见勾践 4：959
越子勾践［见勾践 4：959

Z

臧〔见臧武仲 3：495
臧纥〔见臧武仲 3：495
臧氏〔见臧武仲 3：495
臧孙〔见臧文仲 1：186
臧孙〔见臧武仲 3：495
臧孙〔见臧宣叔 3：495
臧孙辰〔见臧文仲 1：186
臧孙纥〔见臧武仲 3：495
臧孙许〔见臧宣叔 3：495
臧文仲 1：186
臧武仲 3：495
臧宣叔 3：495
札〔见季札 4：823
昭〔见郑昭公 1：71
昭公〔见鲁昭公 3：658
昭公〔见郑昭公 1：71
昭子〔见叔孙婼 3：574
赵盾 1：191
赵简子 4：872
赵括 1：242
赵孟〔见赵盾 1：191
赵孟〔见赵简子 4：872
赵孟〔见赵武 2：424
赵同 1：242
赵文子〔见赵武 2：424
赵武 2：424
赵宣子〔见赵盾 1：191
赵鞅〔见赵简子 4：872
赵婴 1：242
赵婴齐〔见赵婴 1：242
辄〔见卫出公 4：943
贞子〔见卫北宫氏 4：764

郑伯〔见郑厉公 1：85
郑伯〔见郑庄公 1：64
郑伯突〔见郑厉公 1：85
郑伯寤生〔见郑庄公 1：64
郑忽〔见郑昭公 1：71
郑厉公 1：85
郑昭公 1：71
郑之罕〔见郑罕氏 3：527
郑庄公 1：64
知伯〔见知䓨 2：312
知武子〔见知䓨 2：312
知䓨 2：312
殖〔见卫宁氏 2：388
至〔见三郤 2：275
志父〔见赵简子 4：872
中行伯〔见荀林父 1：206
中行伯〔见荀偃 2：343
中行桓子〔见荀林父 1：206
中行献子〔见荀偃 2：343
中行偃〔见荀偃 2：343
仲〔见襄仲 1：200
仲尼〔见孔子 4：849
仲庆父〔见共仲 1：102
仲遂〔见襄仲 1：200
仲孙何忌〔见孔子弟子 4：950
仲孙蔑〔见孟献子 2：350
仲孙说〔见孔子弟子 4：950
仲孙阅〔见孔子弟子 4：950
仲由〔见孔子弟子 4：950
重耳〔见晋文公 1：155
州吁 1：55
周子〔见晋悼公 2：325
诸儿〔见齐襄公 1：74
诸梁〔见叶公 4：914

主君［见鲁昭公3：658
杼［见崔杼2：396
庄［见楚庄王1：214
庄公［见鲁庄公1：93
庄公［见齐庄公2：379
庄公［见卫庄公4：885
庄公［见郑庄公1：64
庄王［见楚庄王1：214
子产3：541
子常3：692
子朝［见王子朝3：726
子迟［见孔子弟子4：950
子大叔3：698
子带［见王子带1：147
子荡［见楚蒍氏4：902
子犯［见子犯1：151
子犯1：151
子服何［见鲁子服氏4：835
子服回［见鲁子服氏4：835
子服惠伯［见鲁子服氏4：835
子服椒［见鲁子服氏4：835
子服湫［见鲁子服氏4：835
子服景伯［见鲁子服氏4：835
子服昭伯［见鲁子服氏4：835
子服子［见鲁子服氏4：835
子赣［见孔子弟子4：950
子高［见叶公4：914
子羔［见孔子弟子4：950
子贡［见孔子弟子4：950
子罕［见宋子罕2：355
子罕［见郑罕氏3：527
子家［见庆封2：454

子家［见子家懿伯3：658
子家羁［见子家懿伯3：658
子家氏［见子家懿伯3：658
子家懿伯3：658
子家子［见子家懿伯3：658
子金［见阴饴甥1：145
子梁［见乐祁4：762
子灵［见楚屈氏3：607
子路［见孔子弟子4：950
子美［见子产3：541
子木［见楚屈氏3：607
子囊2：320
子皮［见郑罕氏3：527
子旗［见楚鬭氏3：709
子叔齐子［见鲁子叔氏4：931
子叔声伯［见鲁子叔氏4：931
子叔婴齐［见鲁子叔氏4：931
子叔子［见鲁子叔氏4：931
子同［见鲁庄公1：93
子颓［见王子颓1：89
子文［见楚鬭氏3：709
子西4：867
子胥［见楚伍氏4：826
子野［见师旷2：472
子有［见孔子弟子4：950
子舆［见士蒍1：111
子展［见郑罕氏3：527
子舟［见楚申氏3：719
左师［见向戌2：437
左司马［见沈尹戌4：914
左司马沈尹戌［见沈尹戌4：914
左司马戌［见沈尹戌4：914

995

（二）笔画索引

二画

卜偃 1：170

三画

士文伯［见晋士贞子族 3：682
士匄［见范宣子 2：365
士匄［见晋士贞子族 3：682
士贞子［见晋士贞子族 3：682
士贞伯［见晋士贞子族 3：682
士会 1：228
士庄子［见晋士贞子族 3：682
士庄伯［见晋士贞子族 3：682
士伯［见晋士贞子族 3：682
士季［见士会 1：228
士弥牟［见晋士贞子族 3：682
士弱［见晋士贞子族 3：682
士弱氏［见晋士贞子族 3：682
士景伯［见晋士贞子族 3：682
士渥浊［见晋士贞子族 3：682
士鞅［见范献子 4：750
士蔿 1：111
士燮［见范文子 1：267
大傅阳子［见阳处父 1：191
大子［见申生 1：104
大子［见宋元公 3：568
大子壬［见楚昭王 4：809
大子申生［见申生 1：104
大子光［见齐庄公 2：379
大子佐［见宋元公 3：568

大子忽［见郑昭公 1：71
大子兹父［见宋襄公 1：135
大子蒯聩［见卫庄公 4：885
大叔［见子大叔 3：698
大叔［见王子带 1：147
大叔带［见王子带 1：147
大宰［见大宰嚭 4：936
大宰［见伯州犁 4：936
大宰子馀［见大宰嚭 4：936
大宰伯州犁［见伯州犁 4：936
大宰嚭 4：936
与夷［见宋殇公 1：61
小白［见齐桓公 1：119
小君文姜［见文姜 1：83
乞［见陈乞 4：965
卫大子［见卫庄公 4：885
卫出公 4：943
卫庄公 4：885
卫君［见卫出公 4：943
卫君［见卫灵公 4：770
卫君［见卫献公 2：405
卫灵公 4：770
卫侯［见卫出公 4：943
卫侯［见卫庄公 4：885
卫侯［见卫灵公 4：770
卫侯［见卫献公 2：405
卫侯衎［见卫献公 2：405
卫侯朔［见卫惠公 1：91
卫侯辄［见卫出公 4：943
卫惠公 1：91
卫赐［见孔子弟子 4：950

卫献公2：405
子大叔3：698
子木［见楚屈氏3：607
子文［见楚鬬氏3：709
子犯［见子犯1：151
子犯1：151
子皮［见郑罕氏3：527
子西4：867
子有［见孔子弟子4：950
子同［见鲁庄公1：93
子舟［见楚申氏3：719
子产3：541
子贡［见孔子弟子4：950
子罕［见宋子罕2：355
子罕［见郑罕氏3：527
子灵［见楚屈氏3：607
子迟［见孔子弟子4：950
子叔子［见鲁子叔氏4：931
子叔齐子［见鲁子叔氏4：931
子叔声伯［见鲁子叔氏4：931
子叔婴齐［见鲁子叔氏4：931
子金［见阴饴甥1：145
子服子［见鲁子服氏4：835
子服回［见鲁子服氏4：835
子服何［见鲁子服氏4：835
子服昭伯［见鲁子服氏4：835
子服椒［见鲁子服氏4：835
子服惠伯［见鲁子服氏4：835
子服景伯［见鲁子服氏4：835
子服湫［见鲁子服氏4：835
子带［见王子带1：147
子荡［见楚蒍氏4：902
子美［见子产3：541
子胥［见楚伍氏4：826

子高［见叶公4：914
子羔［见孔子弟子4：950
子家［见子家懿伯3：658
子家［见庆封2：454
子家子［见子家懿伯3：658
子家氏［见子家懿伯3：658
子家羁［见子家懿伯3：658
子家懿伯3：658
子展［见郑罕氏3：527
子常3：692
子野［见师旷2：472
子梁［见乐祁4：762
子朝［见王子朝3：726
子路［见孔子弟子4：950
子颓［见王子颓1：89
子舆［见士蒍1：111
子旗［见楚鬬氏3：709
子赣［见孔子弟子4：950
子囊2：320

四画

王子［见楚灵王3：511
王子围［见楚灵王3：511
王子带1：147
王子朝3：726
王子颓［见王子颓1：89
王子颓1：89
夫人［见文姜1：83
夫人姜氏［见文姜1：83
夫差［见吴王夫差4：920
元［见卫灵公4：770
元［见华元2：293
元公［见宋元公3：568

无宇〔见陈桓子3：504
无宇〔见楚申氏3：719
无极〔见费无极3：583
无畏〔见楚申氏3：719
瓦〔见子常3：692
中行伯〔见荀林父1：206
中行伯〔见荀偃2：343
中行桓子〔见荀林父1：206
中行偃〔见荀偃2：343
中行献子〔见荀偃2：343
壬〔见齐简公4：844
壬〔见楚昭王4：809
公子小白〔见齐桓公1：119
公子札〔见季札4：823
公子申〔见子西4：867
公子贞〔见子囊2：320
公子光〔见吴王阖庐4：780
公子庆父〔见共仲1：102
公子州吁〔见州吁1：55
公子阳生〔见齐悼公4：844
公子围〔见楚灵王3：511
公子弃疾〔见楚平王3：583
公子忽〔见郑昭公1：71
公子重耳〔见晋文公1：155
公子突〔见郑厉公1：85
公子朔〔见卫惠公1：91
公子商人〔见齐懿公1：189
公子喜〔见郑罕氏3：527
公子遂〔见襄仲1：200
公子鲍〔见宋文公1：225
公子裯〔见鲁昭公3：658
公孙侨〔见子产3：541
公孙舍之〔见郑罕氏3：527
公孙婴齐〔见鲁子叔氏4：931

勾践4：959
文之无畏〔见楚申氏3：719
文子〔见卫孔氏4：891
文子〔见卫北宫氏4：764
文子〔见卫孙林父2：416
文子〔见陈文子3：504
文子〔见范文子1：267
文子〔见季文子2：301
文子〔见赵武2：424
文王〔见楚文王1：78
文公〔见宋文公1：225
文公〔见晋文公1：155
文伯〔见晋士贞子族3：682
文姜〔见文姜1：83
文姜1：83
孔子4：849
孔文子〔见卫孔氏4：891
孔丘〔见孔子4：849
孔达〔见卫孔氏4：891
孔成子〔见卫孔氏4：891
孔叔〔见卫孔氏4：891
孔悝〔见卫孔氏4：891
孔烝鉏〔见卫孔氏4：891
孔圉〔见卫孔氏4：891
书〔见栾书2：281
毋畏〔见楚申氏3：719

五画

甘昭公〔见王子带1：147
世子申生〔见申生1：104
世子光〔见齐庄公2：379
世子佐〔见宋元公3：568
世子蒯聩〔见卫庄公4：885

札［见季札4：823
左司马［见沈尹戌4：914
左司马戌［见沈尹戌4：914
左司马沈尹戌［见沈尹戌4：914
左师［见向戌2：437
厉［见郑厉公1：85
厉公［见郑厉公1：85
右师［见华元2：293
石乞［见卫石氏4：897
石子［见卫石氏4：897
石共子［见卫石氏4：897
石成子［见卫石氏4：897
石祁子［见卫石氏4：897
石买［见卫石氏4：897
石恶［见卫石氏4：897
石圃［见卫石氏4：897
石曼姑［见卫石氏4：897
石悼子［见卫石氏4：897
石碏［见卫石氏4：897
石稷［见卫石氏4：897
石魋［见卫石氏4：897
平子［见季平子4：739
平王［见楚平王3：583
平公［见晋平公2：475
平仲［见晏婴3：594
东门氏［见襄仲1：200
东门遂［见襄仲1：200
东门襄仲［见襄仲1：200
北宫文子［见卫北宫氏4：764
北宫贞子［见卫北宫氏4：764
北宫佗［见卫北宫氏4：764
北宫括［见卫北宫氏4：764
北宫喜［见卫北宫氏4：764
北宫懿子［见卫北宫氏4：764

叶公4：914
申无宇［见楚申氏3：719
申生1：104
申包胥［见楚申氏3：719
申舟［见楚申氏3：719
申叔［见楚申氏3：719
申叔时［见楚申氏3：719
申叔展［见楚申氏3：719
申叔豫［见楚申氏3：719
申侯［见楚申氏3：719
由［见孔子弟子4：950
冉有［见孔子弟子4：950
冉求［见孔子弟子4：950
丘［见孔子4：849
处父［见阳处父1：191
令尹［见子常3：692
令尹［见楚灵王3：511
令尹子木［见楚屈氏3：607
令尹子文［见楚鬬氏3：709
令尹子荡［见楚蒍氏4：902
令尹子常［见子常3：692
令尹子旗［见楚鬬氏3：709
令尹孙叔敖［见楚蒍氏4：902令尹
围］见楚灵王3：511
乐［见宋子罕2：355
乐祁4：762
乐祁犁［见乐祁4：762
乐喜［见宋子罕2：355
匄［见范宣子2：365
匄［见晋士贞子族3：682
主君［见鲁昭公3：658
宁子［见卫宁氏2：388
宁氏［见卫宁氏2：388
宁庄子［见卫宁氏2：388

宁武子［见卫宁氏 2：388
宁俞［见卫宁氏 2：388
宁速［见卫宁氏 2：388
宁悼子［见卫宁氏 2：388
宁喜［见卫宁氏 2：388
宁惠子［见卫宁氏 2：388
宁殖［见卫宁氏 2：388
司马弥牟［见晋士贞子族 3：682
司城子罕［见宋子罕 2：355
司城子梁［见乐祁 4：762
尼父［见孔子 4：849
出公辄［见卫出公 4：943

六画

吉［见子大叔 3：698
扬肸［见晋羊舌氏 3：634
芉尹无宇［见楚申氏 3：719
共大子［见申生 1：104
共子［见申生 1：104
共仲 1：102
西王［见王子朝 3：726
戌［见向戌 2：437
有子［见孔子弟子 4：950
有若［见孔子弟子 4：950
成子［见卫孔氏 4：891
成子［见陈恒 4：965
夷吾［见晋惠公 1：139
夷吾［见管仲 1：132
至［见三郤 2：275
贞子［见卫北宫氏 4：764
师旷 2：472
光［见齐庄公 2：379
光［见吴王阖庐 4：780

同［见鲁庄公 1：93
吕甥［见阴饴甥 1：145
先轸［见先轸 1：172
先轸 1：172
伍员［见楚伍氏 4：826
伍尚［见楚伍氏 4：826
伍举［见楚伍氏 4：826
伍奢［见楚伍氏 4：826
延州来季子［见季札 4：823
仲［见襄仲 1：200
仲由［见孔子弟子 4：950
仲尼［见孔子 4：849
仲庆父［见共仲 1：102
仲孙何忌［见孔子弟子 4：950
仲孙说［见孔子弟子 4：950
仲孙阅［见孔子弟子 4：950
仲孙蔑［见孟献子 2：350
仲遂［见襄仲 1：200
华［见华元 2：293
华元 2：293
华氏［见华元 2：293
向戌 2：437
行父［见季文子 2：301
会［见士会 1：228
合左师［见向戌 2：437
庄［见楚庄王 1：214
庄王［见楚庄王 1：214
庄公［见卫庄公 4：885
庄公［见齐庄公 2：379
庄公［见郑庄公 1：64
庄公［见鲁庄公 1：93
庆父［见共仲 1：102
庆氏［见庆封 2：454
庆季［见庆封 2：454

庆封 2：454
齐小白［见齐桓公 1：119
齐子［见鲁子叔氏 4：931
齐庄公 2：379
齐君［见齐景公 4：786
齐君［见齐懿公 1：189
齐侯［见齐庄公 2：379
齐侯［见齐桓公 1：119
齐侯［见齐景公 4：786
齐侯［见齐襄公 1：74
齐侯［见齐懿公 1：189
齐侯小白［见齐桓公 1：119
齐侯杵臼［见齐景公 4：786
齐侯诸儿［见齐襄公 1：74
齐桓［见齐桓公 1：119
齐桓公 1：119
齐商人［见齐懿公 1：189
齐悼公 4：844
齐景公 4：786
齐简公 4：844
齐襄公 1：74
齐懿公 1：189
羊舌赤［见晋羊舌氏 3：634 羊舌虎［见晋羊舌氏 3：634 羊舌肸［见晋羊舌氏 3：634 羊舌职［见晋羊舌氏 3：634 羊舌鲋［见晋羊舌氏 3：634
州吁 1：55
许［见臧武仲 3：495
孙子［见卫孙林父 2：416
孙氏［见卫孙林父 2：416
孙文子［见卫孙林父 2：416
孙良夫［见卫孙林父 2：416
孙林父［见卫孙林父 2：416
孙叔［见楚蒍氏 4：902

孙叔敖［见楚蒍氏 4：902
孙周［见晋悼公 2：325
孙桓子［见卫孙林父 2：416
孙蒯［见卫孙林父 2：416
阳处父 1：191
阳氏［见阳虎 4：819
阳生［见齐悼公 4：844
阳虎 4：819
阳子[见阳处父 1：191
阴饴甥［见阴饴甥 1：145
阴饴甥 1：145
纥［见臧武仲 3：495

七画

赤［见晋羊舌氏 3：634
志父［见赵简子 4：872
声伯［见鲁子叔氏 4：931
克［见郤克 1：234
巫臣［见楚屈氏 3：607
杨石［见晋羊舌氏 3：634
杨食我［见晋羊舌氏 3：634
求［见孔子弟子 4：950
连尹奢［见楚伍氏 4：826
吴王夫差 4：920
吴王阖庐 4：780
吴夫差［见吴王夫差 4：920
围［见楚灵王 3：511
员［见楚伍氏 4：826
何［见鲁子服氏 4：835
何忌［见孔子弟子 4：950
伯氏［见荀林父 1：206
伯石［见晋羊舌氏 3：634
伯华［见晋羊舌氏 3：634

伯州犁 4：936
伯宗 4：936
伯游 [见荀偃 2：343
伯瑕 [见晋士贞子族 3：682
伯嬴 [见楚蒍氏 4：902
弃疾 [见楚平王 3：583
沈尹戍 4：914
沈诸梁 [见叶公 4：914
怀子 [见栾盈 2：357
宋大子 [见宋元公 3：568
宋子 [见宋襄公 1：135
宋元公 3：568
宋公 [见宋元公 3：568
宋公 [见宋文公 1：225
宋公 [见宋殇公 1：61
宋公 [见宋襄公 1：135
宋公佐 [见宋元公 3：568
宋公兹父 [见宋襄公 1：135
宋公鲍 [见宋文公 1：225
宋文公 1：225
宋殇公 1：61
宋襄公 1：135
罕氏 [见郑罕氏 3：527
罕虎 [见郑罕氏 3：527
灵 [见楚灵王 3：511
灵王 [见楚灵王 3：511
灵公 [见卫灵公 4：770
陈乞 4：965
陈子 [见陈乞 4：965
陈无宇 [见陈桓子 3：504
陈文子 3：504
陈成子 [见陈恒 4：965
陈须无 [见陈文子 3：504
陈恒 4：965

陈桓子 3：504
陈僖子 [见陈乞 4：965

八画

武 [见赵武 2：424
武子 [见士会 1：228
武子 [见知䓨 2：312
武子 [见季武子 2：459
武子 [见栾书 2：281
武子 [见崔杼 2：396
武王 [见楚武王 1：78
武仲 [见臧武仲 3：495
苦成叔 [见三郤 2：275
苦成家 [见三郤 2：275
范文子 1：267
范匄 [见范宣子 2：365
范会 [见士会 1：228
范武子 [见士会 1：228
范叔 [见范文子 1：267
范叔 [见范献子 4：750
范宣子 2：365
范献子 4：750
范鞅 [见范献子 4：750
林父 [见荀林父 1：206
杵臼 [见齐景公 4：786
杼 [见崔杼 2：396
叔弓 [见鲁子叔氏 4：931
叔老 [见鲁子叔氏 4：931
叔向 [见晋羊舌氏 3：634 叔孙 [见
叔孙豹 2：444
叔孙 [见叔孙婼 3：574
叔孙侨如 1：263
叔孙昭子 [见叔孙婼 3：574

叔孙宣伯［见叔孙侨如1：263
叔孙豹2：444
叔孙婼3：574
叔孙穆子［见叔孙豹2：444
叔伯［见楚蒍氏4：902
叔虎［见晋羊舌氏3：634
叔肸［见晋羊舌氏3：634
叔鱼［见晋羊舌氏3：634
叔带［见王子带1：147
叔敖［见楚蒍氏：902
叔展［见楚申氏3：719
叔鲋［见晋羊舌氏3：634
叔豫［见楚申氏3：719
虎［见阳虎4：819
虎［见郑罕氏3：527
知伯［见知䓨2：312
知武子［见知䓨2：312
知䓨2：312
季子［见三郤2：275
季子［见季札4：823
季氏［见士会1：228
季文子2：301
季札4：823
季平子4：739
季孙［见季文子2：301
季孙［见季平子4：739
季孙［见季武子2：459
季孙行父［见季文子2：301
季孙宿［见季武子2：459
季孙意如［见季平子4：739
季武子2：459
季羔［见孔子弟子4：950
季路［见孔子弟子4：950
侨［见子产3：541

侨如［见叔孙侨如1：263
舍之［见郑罕氏3：527
肸［见晋羊舌氏3：634
周子［见晋悼公2：325
狐偃［见子犯1：151
忽［见郑昭公1：71
郑之罕［见郑罕氏3：527
郑厉公1：85
郑庄公1：64
郑伯［见郑厉公1：85
郑伯［见郑庄公1：64
郑伯突［见郑厉公1：85
郑伯寤生［见郑庄公1：64
郑忽［见郑昭公1：71
郑昭公1：71
屈巫［见楚屈氏3：607
屈完［见楚屈氏3：607
屈建［见楚屈氏3：607
屈瑕［见楚屈氏3：607
孟［见孟献子2：350
孟孙［见孟献子2：350
孟椒［见鲁子服氏4：835
孟献子2：350
孟懿子［见孔子弟子4：950
驹伯［见三郤2：275
驹伯［见郤克1：234

九画

赵文子［见赵武2：424
赵同1：242
赵武2：424
赵孟［见赵武2：424
赵孟［见赵盾1：191

赵孟［见赵简子4：872
赵括1：242
赵盾1：191
赵宣子［见赵盾1：191
赵婴1：242
赵婴齐［见赵婴1：242
赵简子4：872
赵鞅［见赵简子4：872
括［见赵括1：242
荀伯［见荀林父1：206
荀林父1：206
荀罃［见知罃2：312
荀偃2：343
南宫敬叔［见孔子弟子4：950
殇公［见宋殇公1：61
昭［见郑昭公1：71
昭子［见叔孙婼3：574
昭公［见郑昭公1：71
昭公［见鲁昭公3：658
重耳［见晋文公1：155
盾［见赵盾1：191
衎［见卫献公2：405
须无［见陈文子3：504
郤［见三郤2：275
郤子［见三郤2：275
郤子［见郤克1：234
郤氏［见三郤2：275
郤至［见三郤2：275
郤克1：234
郤献子［见郤克1：234
郤锜［见三郤2：275
郤犨［见三郤2：275
食我［见晋羊舌氏3：634
姜氏［见文姜1：83

恒［见陈恒4：965
举［见楚伍氏4：826
宣子［见范宣子2：365
宣子［见赵盾1：191
宣子［见韩宣子3：619
宣伯［见叔孙侨如1：263
宣叔［见臧宣叔3：495
宣孟［见赵盾1：191
突［见郑厉公1：85
说［见孔子弟子4：950
屏［见赵括1：242
屏季［见赵括1：242
屏括［见赵括1：242
费无极3：583
费氏［见费无极3：583
盈［见栾盈2：357
绛［见魏绛2：339

十画

秦丕兹［见孔子弟子4：950
秦伯［见秦穆公1：175
秦伯任好［见秦穆公1：175
秦君［见秦穆公1：175
秦穆［见秦穆公1：175
秦穆公1：175
起［见韩宣子3：619
莫敖［见楚屈氏3：607
莫敖屈瑕［见楚屈氏3：607
晋文［见晋文公1：155
晋文公1：155
晋平公2：475
晋申生［见申生1：104
晋君［见晋文公1：155

晋君〔见晋平公 2：475
晋君〔见晋悼公 2：325
晋君〔见晋惠公 1：139
晋君〔见晋景公 1：245
晋君〔见晋献公 1：112
晋重〔见晋文公 1：155
晋侯〔见晋文公 1：155
晋侯〔见晋平公 2：475
晋侯〔见晋悼公 2：325
晋侯〔见晋惠公 1：139
晋侯〔见晋景公 1：245
晋侯〔见晋献公 1：112
晋侯夷吾〔见晋惠公 1：139
晋侯佹诸〔见晋献公 1：112
晋侯重耳〔见晋文公 1：155
晋侯彪〔见晋平公 2：475
晋侯獳〔见晋景公 1：245
晋悼〔见晋悼公 2：325
晋悼公 2：325
晋惠公 1：139
晋景公 1：245
晋献公 1：112
桓子〔见陈桓子 3：504
桓子〔见荀林父 1：206
桓子〔见栾黡 2：357
桓公〔见齐桓公 1：119
夏姬 1：238
原〔见赵同 1：242
原同〔见赵同 1：242
原叔〔见赵同 1：242
原轸〔见先轸 1：172
柴〔见孔子弟子 4：950
虔〔见楚灵王 3：511
晏子〔见晏婴 3：594

晏子〔见晏婴 3：594
晏平仲〔见晏婴 3：594
晏桓子 3：594
晏弱〔见晏婴 3：594
晏婴 3：594
豹〔见叔孙豹 2：444
栾书 2：281
栾伯〔见栾书 2：281
栾伯〔见栾黡 2：357
栾怀子〔见栾盈 2：357
栾武子〔见栾书 2：281
栾盈 2：357
栾桓子〔见栾黡 2：357
栾孺子〔见栾盈 2：357
栾黡 2：357
高柴〔见孔子弟子 4：950
阅〔见孔子弟子 4：950
朔〔见卫惠公 1：91
诸儿〔见齐襄公 1：74
诸梁〔见叶公 4：914
䓨〔见知䓨 2：312

十一画

辄〔见卫出公 4：943
彪〔见晋平公 2：475
崔子〔见崔杼 2：396
崔武子〔见崔杼 2：396
崔杼 2：396
婴〔见赵婴 1：242
婴〔见晏婴 3：594
偃〔见子犯 1：151
偃〔见荀偃 2：343
庶子围〔见楚灵王 3：511

商人［见齐懿公 1：189
悼子［见卫宁氏 2：388
悼公［见齐悼公 4：844
悼公［见晋悼公 2：325
宿［见季武子 2：459
随会［见士会 1：228
随季［见士会 1：228
随武子［见士会 1：228
隐公［见鲁隐公 1：56
婼［见叔孙婼 3：574

十二画

琴张［见孔子弟子 4：950
越子［见勾践 4：959
越子勾践［见勾践 4：959
越王［见勾践 4：959
敬子［见鲁子叔氏 4：931
敬仲［见管仲 1：132
韩子［见韩宣子 3：619
韩宣子 3：619
韩起［见韩宣子 3：619
韩厥［见韩献子 2：308
韩献子 2：308
椒［见鲁子服氏 4：835
椒举［见楚伍氏 4：826
惠［见晋惠公 1：139
惠子［见卫宁氏 2：388
惠公［见晋惠公 1：139
惠伯［见鲁子服氏 4：835
厥［见韩献子 2：308
殖［见卫宁氏 2：388
棠君尚［见楚伍氏 4：826
景公［见齐景公 4：786

景公［见晋景公 1：245
景伯［见鲁子服氏 4：835
赐［见孔子弟子 4：950
鲁庄公 1：93
鲁君［见鲁昭公 3：658
鲁昭公 3：658
鲁侯［见鲁昭公 3：658
鲁隐［见鲁隐公 1：56
鲁隐公 1：56
遂［见襄仲 1：200
温季［见三郤 2：275
游吉［见子大叔 3：698

十三画

瑕吕饴甥［见阴饴甥 1：145
瑕甥［见阴饴甥 1：145
蒯聩［见卫庄公 4：885
献［见晋献公 1：112
献子［见范献子 4：750
献子［见孟献子 2：350
献子［见荀偃 2：343
献子［见郤克 1：234
献子［见韩献子 2：308
献子［见魏献子 3：676
献公［见卫献公 2：405
献公［见晋献公 1：112
楚子［见楚文王 1：78
楚子［见楚平王 3：583
楚子［见楚庄王 1：214
楚子［见楚灵王 3：511
楚子［见楚武王 1：78
楚子［见楚昭王 4：809
楚子居［见楚平王 3：583

楚子虔〔见楚灵王 3：511
楚子旅〔见楚庄王 1：214
楚王〔见楚平王 3：583
楚王〔见楚灵王 3：511
楚文王 1：78
楚平王 3：583
楚令尹〔见楚灵王 3：511
楚庄王 1：214
楚灵王 3：511
楚武王 1：78
楚昭王 4：809
楼婴〔见赵婴 1：242
颓〔见王子颓 1：89
简子〔见赵简子 4：872
舅氏〔见子犯 1：151
舅犯〔见子犯 1：151
意如〔见季平子 4：739
阖庐〔见吴王阖庐 4：780
裯父〔见鲁昭公 3：658

十四画

鞅〔见范献子 4：750
鞅〔见赵简子 4：872
蔓成然〔见楚鬬氏 3：709
蔑〔见孟献子 2：350
蔡公〔见楚平王 3：583
蔡季〔见蔡哀侯 1：77
蔡侯〔见蔡哀侯 1：77
蔡侯献舞〔见蔡哀侯 1：77
蔡哀侯 1：77
臧〔见臧武仲 3：495
臧氏〔见臧武仲 3：495

臧文仲 1：186
臧孙〔见臧文仲 1：186
臧孙〔见臧武仲 3：495
臧孙〔见臧宣叔 3：495
臧孙许〔见臧宣叔 3：495
臧孙纥〔见臧武仲 3：495
臧孙辰〔见臧文仲 1：186
臧纥〔见臧武仲 3：495
臧武仲 3：495
臧宣叔 3：495
管〔见管仲 1：132
管夷吾〔见管仲 1：132
管仲 1：132
管敬仲〔见管仲 1：132
僖子〔见陈乞 4：965
寤生〔见郑庄公 1：64
熊居〔见楚平王 3：583

十五画

蒍子〔见楚蒍氏 4：902
蒍子冯〔见楚蒍氏 4：902
蒍艾猎〔见楚蒍氏 4：902
蒍吕臣〔见楚蒍氏 4：902
蒍敖〔见楚蒍氏 4：902
蒍贾〔见楚蒍氏 4：902
蒍掩〔见楚蒍氏 4：902
樊迟〔见孔子弟子 4：950
樊须〔见孔子弟子 4：950
虢公〔见虢公丑 1：107
虢公丑 1：107
虢叔〔见虢公丑 1：107

十六画

薳子〔见楚蒍氏4：902
薳子冯〔见楚蒍氏4：902
薳氏〔见楚蒍氏4：902
薳启彊〔见楚蒍氏4：902
薳罢〔见楚蒍氏4：902
薳掩〔见楚蒍氏4：902
薳越〔见楚蒍氏4：902
穆〔见秦穆公1：175
穆子〔见叔孙豹2：444
穆公〔见秦穆公1：175
穆叔〔见叔孙豹2：444
澹台子羽〔见孔子弟子4：950

十七画

罃〔见子家懿伯3：658
魏子〔见魏献子3：676
魏庄子〔见魏绛2：339
魏绛2：339
魏舒〔见魏献子3：676
魏献子3：676
襄公〔见齐襄公1：74
襄公〔见宋襄公1：135
襄仲1：200

十八画

厵〔见栾厵2：357
爕〔见范文子1：267

十九画

嚭〔见大宰嚭4：936

二十画

犨〔见三郤2：275

二十二画

懿子〔见卫北宫氏4：764
懿公〔见齐懿公1：189
懿伯〔见子家懿伯3：658
囊瓦〔见子常3：692

二十五画

鬬成然〔见楚鬬氏3：709
鬬伯比〔见楚鬬氏3：709
鬬縠於菟〔见楚鬬氏3：709
鬬辛〔见楚鬬氏3：709
鬬射师〔见楚鬬氏3：709
鬬廉〔见楚鬬氏3：709

后记

在《春秋左传人物谱》即将付梓之际，首先我要深深地感谢清华大学思想文化研究所钱逊先生的多次举荐。在"中国孔子基金会文库"的专家论证会上，本书因蒙多位专家的激赏方得出版，在此我愿致以最诚挚的谢意。李学勤先生在百忙中为本书作序，不胜感激之至。

《春秋左传人物谱》一书是本人几年来在钻研《左传》的过程中整理出来的，前后共花了四年多时间。我一共完成了三个部分的草稿，即《春秋列国之际》《春秋列国之内乱》《春秋列国人物谱》，因考虑到前两部分的内容与前人对《左传》所作的各种纪事本末体的汇编之作有相重之处，故未申请出版。

本书在编写过程中难度最大的并不是材料的编纂，而是人物的评点，我在这方面花了大量的精力和笔墨。虽前后多次修订，仍不能完全满意。也正因如此，我才大言不惭地说自己是"编著"而不是"编纂"了这本书。如果说在材料编纂方面对我帮助最大的是顾栋高的《大事表》，陈厚耀的《世族谱》及杨伯峻、徐提的《春秋左传词典》三部书，那么在人物评点方面对我影响最大的也许就是桐城派之后吴闿生先生的《左传微》一书。我宁愿坦率地承认，吴闿生先生的《左传微》一书是迄今为止我所读到的所有的《左传》研究之作中给我启发最大的一部著作。本书不仅在许多人物的评点方面受到了《左传微》的影响，而且更重要的是，吴闿生对《左传》义法的分析构成了本书人物评点时的一个基本思路。

我在本书中所作的大量评点无疑强化了这样一种观点：《左传》一书在"微言大义"方面并不单纯是《春秋》经的一个"传"，而是有着自己独立的义法体系。因此本书的目的不在于汇编资料，而在于凸显《春秋左传》的思想价值。

但是本书在进行人物评点时有如下几个明显的局限：一是基本上没有结合《史记》《国语》《春秋事语》及其他先秦、秦汉典籍中相应人物的有关材料；二是基本上没有结合中国历代春秋家对《左传》人物的分析和评点；三是有些人物的评价和分析还可进一步探讨或加工。此外本书还有其他方面的一些局限。比如在人物的选取方面，显然并不是所有重要的人物（比如鲁哀公、鲁僖公等）都在本书收录之列；在材料的编纂方面，有不少地方还有可提炼之处。在校对最后一遍清样时，我发现有一些人物的引文有重要遗漏

（如楚庄王宣公十五年及成公二年的事迹有遗漏），有好多人物的引文有不少多余的成分，显然有待精炼。但由于版面已定，不能大改，只得放弃修改的念头。我确实为此而深感遗憾。

指出本书的缺点和限度，目的在于给人们一个明白的交待，以避免贻误读者。当然这不是说本书除此之外就没有其他的缺陷了。我愿恳请所有的读者从各个不同角度多提宝贵意见，以便有助于本书的进一步完善，以及本人水平的提高。

方朝晖

2000年7月28日

于清华大学思想文化研究所

修订后记

应该说，《春秋左传人物谱》的再版，首先要感谢我所在的山东省泰山学者团队及我们的《左传》读书班。自从我一年多以前与孔子研究院的朋友一起组建《春秋左传》读书班，每两周一次与一批学员、学生或朋友一起读《左传》。疫情期间改为线上读书，从未间断。读书班的学员们大多是尼山世界儒学中心孔子研究院、曲阜师范大学的研究员，也包括几位清华和曲阜师大的在读博士。在我的鼓动下，读书班学员和学生十余人一起将2001年版的《春秋左传人物谱》旧版底稿进行了全面校订，主要校订书稿所引《春秋》《左传》文字。前后校订达三次，历时近一年（校订所用底本是我当年给出版社的初稿）。

再版之际，我自己也对全书内容进行了一次全面修订，其中包括：

（一）人物增加。本次修订另一重要变化是增加了一些重要人物，其中包括楚武王、楚文王、卫灵公、楚昭王、齐悼公、齐简公、越勾践、鲁共仲、鲁孔子、孔子弟子（包括子路、子贡、高柴、冉求、樊迟、有若、澹台灭明、琴张等11人）、齐陈乞、齐陈恒、楚叶公（附于沈尹戍）、卫石氏、卫孔氏、鲁子叔氏、楚鬬氏、楚申氏、楚屈氏。主要是修订时发现这些人物历史地位重要（如孔子、孔子弟子、卫灵公、越王勾践皆重要人物，又如楚国屈氏、鬬氏皆世家大族，影响深远），或反映左氏义法较明显，或《左传》中个性鲜明。这三条是本书选取人物的三个标准。增加的国君，都是在春秋史上较重要的关键人物。比如楚武王、楚文王是刚入春秋时楚国国君，是楚国开始兴起并有意进向中原的重要国君。又如越王勾践也是春秋末期重要国君；增加卫灵公还因为灵公与孔子有交往；增加孔子及其弟子显然是因为他们的重要性。

人物增加方面，考虑的一个方面是尽量凸显列国的重要世族，所以将一些大的世族人物合并于一处，包括：将原楚屈瑕、楚巫臣、楚子木（屈建）合并，制作"楚屈氏"，增加屈氏其他人物；将原申叔时、申无宇、郑申侯合并，制作"楚申氏"，内增申氏其他人物（如申舟、申叔豫、申包胥等人，共列12人）。将原卷三"楚薳氏"更名为"楚蒍氏"，大幅增加了蒍氏各主要人物的材料，特别是蒍贾、孙叔敖等人（共列13人）。这部分原限于薳启彊、薳罢等个别人，名实不副，这次修订后蒍氏（薳氏）人物就全部集中了。删除原卷一"卫孔达"，合并到新增的"卫孔氏"，而增加孔氏人物孔成子、孔文子及孔悝数人，如此将卫国孔氏集中一处。此外还增加了卫石氏，增加鲁国子叔氏（原叔弓并入）。

初版对春秋早期人物选取较细，而后期人物选取较粗。这次作了一定的调整，删除晋乐王鲋等个别人物，主要因这些人物在《左传》中只作为陪衬，具见于本书所录其他人物，且几个被删人物在整个春秋时期的重要性有限。删减的同时，在赵盾、范宣子中增添阳处父、乐王鲋说明。另外，将楚费无极合并到楚平王中。

个别人名有所调整，"鲁臧氏父子"改为"鲁臧武仲附臧宣叔"；卷二"晋栾黡父子"改为"晋栾黡附栾盈"；卷四"晋伯氏［伯宗、伯州犁、大宰嚭］"更名为"晋伯宗附伯州犁大宰嚭"（后二人非晋人，原名称不合理）；原卷四"楚子木"更名"楚屈建"，并入"楚屈氏"；原卷一"晋狐偃"更名为"晋子犯"（主要考虑后者更常见）；更名以后标题与内容更一致，且更统一。

（二）人物世系信息增补。旧版注重左氏义法，对人物世系及生平交代甚少。为了让读者对本书所列人物的世系来源更清楚，新版的另一重要变化是人物世系及个人生平信息的增补（同时纠正了个别人物信息错误）。主要有两方面：

一是书首增加了三个有关列国世系来源的文件，即"卷首一、王室及列国国君世次表"，"卷首二、王室及列国公族来源表"及"卷首三、王室及列国卿大夫世系"。其中卷首一、卷首三主要依据陈厚耀《春秋世族谱》及顾栋高《春秋大事表·春秋列国卿大夫世系表》制作，校正了个别错误。卷首二主要说明列国公族来源，较多地参照了陈厚耀《春秋世族谱》，自己也查阅了不少文献。春秋列国的世卿大多是公族，但各公族因为来源不同而分成不同派别。在列国内乱或政治斗争中，派别所发挥的作用甚大。另一方面，只有了解各国卿大夫势力及消长、盛衰的动态过程，才能了解家族以及各人物在春秋整体发展形势中的作用和地位。因此卷首二、卷首三对各国主要卿大夫的来源、势力消长及动态发展过程作了分析。

二是新版在第三栏点评部分尽可能对每个重要人物的身世、世系等背景及个人生平大事交代清楚，针对全书人物全面绘制了数十张小表格，涉及人物上百个。小表格有利于读者检阅，但囿于空间狭窄，横排竖排无法统一，盼读者谅解。

（三）《春秋》《左传》原文（正文第一、二栏）修订。本书编纂时一大难处是如何辑录人物相关材料。因为很多人，特别是一些列国重卿及国君，他们参与的事件在《左传》中往往同时掺杂大量其他人物或细节的描写。这类描写与本书所录人物的关联有时是非常间接的，有时只代表故事发生的背景。比如当所选人物为国君时，其在位期间本国所发生的事情，是不是大事、小事都要收录，也是一个问题。还有一种情况，即几场大的战争或会盟，尤其是晋楚城濮之战（僖二十八年）、晋楚邲之战（宣十二年）、晋齐鞌之战（成二年）、晋楚鄢陵之战（成十六年）、晋楚弭兵之会（襄二十七年）及列国虢之盟（昭元年）等重大事件，参与其中的多个重要人物皆在本书收录之列，而这些人物之间，有时有重要互动。在这种情况下，人物材料的剪裁颇为费神。初版时对于如何辑录材料，采取的是宁宽勿漏的原则，结果将许多关系不大甚至无关的材料也辑录了进来，不能凸显所录人物的特点或左氏笔法。

这次修订时，我对所录《左传》中当事人文字进行了有重点的重新审读，并查阅原文作了全面重新处理。处理的原则是，一方面尽可能保留那些能反映整个事件的背景性文字，但另一方面，对于其他人物的对话或细节描写，如果与所录人物无直接关联或关系不大，则进行删减或重录。所以，这次修订的一个重要变化是对于表格第二栏的《左传》文字，作了较细致的压缩或处理，删掉了不少与人物关系不大或无关的文字。比如卷二"晋三郤"，成二年《左传》载有申公巫臣奔晋因于郤氏一事，旧版详录巫臣窃妻事件始末达600字，新版压缩为只有一句话。因为成二年郤氏主政者为郤克，非三郤，且巫臣奔晋与后来三郤命运几无关联；又如卷三"季武子"，新版昭五年删除了500多字详述叔孙豹私生子竖牛为害事，与季孙关系不大；卷三"羊舌氏"，闵二年删除了375字，因其只反映晋侯欲废大子申生，与羊舌氏无直接关系；成十八年删除241字，皆有关晋悼新政及任命者，与羊舌职关系甚浅。新增人物时，也对辑录材料详加审核。比如新增的孔子（卷四）材料中，有昭二十年孔子评宗鲁之语，原为针对卫国发生的齐豹公孟之乱而发，辑录时对于其中有关卫灵公特别是公孙青与卫侯关系的文字进行了删削，因为这部分与孔子之评关系不大。还有不少其他重要人物的辑录文字作了重新审读和处理。

此外，我也增补了少数当年遗漏的内容（如晋文公、楚庄子、楚费无极等人）。有的地方增加的文字未写到当事人，但作为背景很重要。如卷二"鲁叔孙豹"，新版开头增加了数百字涉及叔孙宣伯出奔（叔孙豹得立原因）的文字。

上述几类《左传》原文的修订加起来大约有数百处，相信修订后能更好地反映《春秋左传》相关人物的写作手法。

（四）点评文字修订。这次修订对第三栏点评部分的文字进行了逐字逐句审阅，并在这一过程中随时随地进行了修改或加工，修订不下数百处。修改内容除上述外，还包括：使文字更精练、表达更温和（当年的有些观点偏激或不客观）、评价更准确；有些地方有增补，有些地方有删减或调整。20年前初版时，我才30多岁，彼时人生的阅历和个性都大不相同，对人物的点评也带有那时的印记。总的来说，那时年轻气盛，点评时有偏激、不客观之处。今日重读，针对表述不够客观、准确的地方都尽量作了修改。

最后，这次修订增加了近20种新的参考文献，我把所有参考文献目录从旧版编纂说明部分挪到了最后。

这里要特别感谢这次帮我校正的一批研究员、正副教授和学生，他们包括：齐金江、宋冬梅、陈霞、卢巧玲、王红霞、房伟、陈金海、刘昭、郭云鹏、陈岳。另外，郭云鹏对书稿后期的重新编排做了大量认真细致的工作，使之成型为后来的版式。二校出来后，曲祯朋、郭云鹏通读了全稿并修订了不少错误。周秦汉帮我制作了人名索引。后期王羿龙、傅羿超亦帮助校订了索引。这里对他们的劳动表达由衷的谢忱。

方朝晖

2022年5月22日星期日于双清苑

图书在版编目（CIP）数据

春秋左传人物谱 / 方朝晖编著. -- 增订本. -- 北京：文津出版社，2025.3.（2025.7重印）-- ISBN 978-7-80554-935-4

Ⅰ. K820.25

中国国家版本馆 CIP 数据核字第 20246MY264 号

总 策 划：高立志
责任编辑：李　健
责任印制：燕雨萌
责任营销：猫　娘
封面设计：田　晗

春秋左传人物谱 增订本
CHUNQIU ZUOZHUAN RENWUPU ZENGDINGBEN

方朝晖　编著

出　　　版	北京出版集团 文 津 出 版 社
地　　　址	北京北三环中路 6 号
邮　　　编	100120
网　　　址	www.bph.com.cn
发　　　行	北京伦洋图书出版有限公司
印　　　刷	河北鑫玉鸿程印刷有限公司
开　　　本	787 毫米 × 1092 毫米　1/16
印　　　张	65
字　　　数	1073 千字
版　　　次	2025 年 3 月第 1 版
印　　　次	2025 年 7 月第 2 次印刷
书　　　号	ISBN 978-7-80554-935-4
定　　　价	268.00 元（全二册）

如有印装质量问题，由本社负责调换
质量监督电话　010-58572393